Steuergesetze

206. Ergänzungslieferung Juli 2021

(Anschluss an die Ergänzungslieferung April 2021)

Verlag C. H. BECK München

Anweisung zum Einordnen der Ergänzungslieferung Juli 2021

Herauszunehmen:	Zahl der Blätter	Einzufügen:	Zahl der Blätter
Titelblatt, Geleitwort	5	**Titelblatt, Geleitwort**	2
Inhalt 1–**Vor 1.18** 2*	80	**Inhalt** 1–**Abkürzungen** 6	9
1 3–8	3	**1** 3–8a	4
13/14	1	13/14	1
19–30	6	19–30a	7
33/34	1	33/34	1
37/38	1	37/38	1
43–50	4	43–50a	5
55–72	9	55–72a	11
101/102	1	101–102a	2
131/132	1	131–132a	2
139/140	1	139/140	1
145/146	1	145–146a	2
153/154	1	153–154a	2
181/182	1	181/182	1
215/216	1	215–216a	2
233/234	1	233–234a	2
237/238	1	237/238	1
251–254	2	251–254a	3
263–286	12	263–286a	16
295–318	12	295–318a	16
327/328	1	327–328a	2
335–346	6	335–346a	7
351–358	4	351–358a	5
10 1/2	1	**10** 1/2	1
21–24	2	21–24	2
29/30	1	29/30	1
39–40a	2	39–40a	2
Übertrag:	162	Übertrag:	111

* Der Teil **Vor 1** wird mit dieser Ergänzung wieder entnommen (inkl. dem blauen Zwischenblatt).

Herauszunehmen:	Zahl der Blätter
Übertrag:	162
12 1–**20** 2	3
21 1/2	1
60 1/2	1
9–12	2
15/16	1
100 1–4	2
11–36a	14
43–46	3
53–56	2
120 1–6	3
9–12	2
15/16	1
21/22	1
25–28	2
41/42	1
53/54	1
130 1–10	5
15/16	1
27/28	1
200 1/2	1
9/10	1
17/18	1
21/22	1
43/44	1
101–110	5
179–186	4
250 1/2	1
7/8	1
21–30	5
445 1–**450** 4	5
450 11–18	4
450 25–**460** 4	7
460 7/8	1
500 1/2	1
29/30	1
35/36	1
43/44	1
57/58	1
Übertrag:	252

Einzufügen:	Zahl der Blätter
Übertrag:	111
12 1–**20** 2	6
21 1–2a	2
60 1/2	1
9–12a	3
15–16a	2
100 1–4d	4
11–36a	15
43–46a	3
53–56a	3
120 1–6a	4
9–12a	3
15–16a	2
21/22	1
25–28a	3
41/42	1
53–56	2
130 1–10a	6
15/16	1
27/28	1
200 1–2a	2
9/10	1
17/18	1
21/22	1
43–44a	2
101–110a	6
179–186	4
250 1–2a	2
7/8	1
21–30a	6
445 1–**450** 4a	6
450 11–18a	5
450 25–**460** 4	7
460 7/8	1
500 1–2a	2
29/30	1
35/36	1
43/44	1
57/58	1
Übertrag:	225

Herauszunehmen:	Zahl der Blätter
Übertrag:	252
500 123/124	1
143–146	2
600 1–**650** 8	46
725 1–34	17
725b 1/2	1
13–18	3
750 1/2	1
800 3–10	4
17–20	2
35/36	1
55/56	1
65/66	1
77–84	4
89/90	1
95–96a	2
117/118	1
125/126	1
133–140	4
151–168	9
175/176	1
185/186	1
189/190	1
197–200a	3
205/206	1
211/212	1
223–230	4
257/258	1
800a 1/2	1
21/22	1
25–25c	2
802 1–2a	2
21/22	1
27–30	2
52/52a	1
802a 1/2	1
803 1–4a	4
7–12a	4
14/14a	1
Übertrag:	387

Einzufügen:	Zahl der Blätter
Übertrag:	225
500 123/124	1
143–146	2
600 1–**650** 6	45
725 1–52	26
725b 1/2	1
13–18a	4
750 1/2	1
800 3–10a	5
17–20	2
35–36a	2
55–56a	2
65/66	1
77–84a	7
89/90	1
95–96a	2
117/118	1
125/126	1
133–140a	5
151–168a	10
175–176a	2
185/186	1
189/190	1
197–200a	3
205–206a	2
211/212	1
223–230a	5
257/258	1
800a 1–2a	2
21–22a	2
25–25c	2
802 1–2a	2
21/22	1
27–30	2
52/52a	1
802a 1/2	1
803 1–4a	3
7–12c	5
14/14a	1
Übertrag:	382

Herauszunehmen:		Zahl der Blätter
Übertrag:		387
805	1–4	2
806	1–4a	3
	11–16	3
	37–42	3
835	1–30	17
840	1–6	4
	9–10a	2
	13/14	1
	17–20	3
	29–36	4
	39/40	1
	45/46	1
	49/49a	1
	55/56	1
	61–63a	2
	67/68	1
	83/84	1
	87/88	1
	91/92	1
850	1–8	4
	11/12	1
	15–18	2
	25/26	1
	31–34	2
	37–44	5
	48/48a	1
	53–78	15
	93/94	1
	101–108	4
Insgesamt herauszunehmen:		475

Einzufügen:		Zahl der Blätter
Übertrag:		382
805	1–4	2
806	1–4a	3
	11–16a	4
	37–42	3
835	1–34	17
840	1–6	4
	9–10a	2
	13/14	1
	17–20	3
	29–36a	5
	39/40	1
	45/46	1
	49/49a	1
	55–56a	2
	61–63a	3
	67/68	1
	83/84	1
	87/88	1
	91/92	1
850	1–8	4
	11/12	1
	15–18a	3
	25/26	1
	31–34a	3
	37–44	5
	48/48a	1
	53–78a	16
	93/94	1
	101–106	3
Insgesamt einzufügen:		476

STEUERGESETZE

Einkommen- und Lohnsteuer, Körperschaftsteuer, Umwandlungssteuer, Bewertung, Erbschaftsteuer, Realsteuern, Umsatzsteuer, sonstige Verkehrsteuern, Förderungsgesetze, Abgabenordnung, Finanzverwaltungsvorschriften

Textsammlung
mit Verweisungen und Sachverzeichnis

Stand: 1. Januar 2021 (Tabellen)
1. Juli 2021 (Texte)
(206. Ergänzungslieferung)

C.H.BECK

Dieses Titelblatt stammt aus der 206. Ergänzungslieferung Juli 2021.

Die Ergänzungslieferung Juli 2021 schließt an die
Ergänzungslieferung April 2021 an.

Redaktioneller Hinweis
Paragraphenüberschriften in eckigen Klammern sind nicht amtlich. Sie sind ebenso wie die Fußnoten urheber- und wettbewerbsrechtlich geschützt.
Die Angaben zum Stand der Sammlung auf dem Titelblatt beziehen sich auf das Verkündungsdatum der maßgeblichen Gesetz-, Verordnungs- und Amtsblätter.
Verbesserungsvorschläge und mögliche Fehlerhinweise sind jederzeit willkommen.

Verlag C. H. Beck oHG
Wilhelmstraße 9, 80801 München
Fax: (0 89) 3 81 89-3 98 · Internet: www.beck.de
E-Mail: bestellung@beck.de

www.beck.de

Grundwerk (zur Fortsetzung) 978 3 406 45605 3
Grundwerk (ohne Fortsetzung) 978 3 406 66000 9
ergänzt bis 978 3 406 76318 2

Wilhelmstraße 9, 80801 München
Druck: Druckerei C. H. Beck, Nördlingen
(Adresse wie Verlag)

Gedruckt auf säurefreiem, alterungsbeständigem Papier
(hergestellt aus chlorfrei gebleichtem Zellstoff)

Geleitwort

Zur 206. Ergänzungslieferung Juli 2021

Mit der vorliegenden **206. Ergänzungslieferung** wird Ihre rote **Loseblatt-Textausgabe Steuergesetze** für die Texte auf den allgemeinen **Rechtsstand 1.7.2021** gebracht. Es sind alle verkündeten Änderungsgesetze bis Bundesgesetzblatt Teil I Nr. 40 vom 8.7.2021 ausgewertet.

Berücksichtigt wurden:

- Verordnung zur Neufassung der Anlagen 27 bis 33 des Bewertungsgesetzes vom 29.6.2021 (BGBl. I S. 2290);
- Gesetz zur Modernisierung des notariellen Berufsrechts und zur Änderung weiterer Vorschriften vom 25.6.2021 (BGBl. I S. 2154);
- Gesetz zur Fortentwicklung der Strafprozessordnung und zur Änderung weiterer Vorschriften vom 25.6.2021 (BGBl. I S. 2099);
- Gesetz zur europäischen Vernetzung der Transparenzregister und zur Umsetzung der Richtlinie (EU) 2019/1153 des Europäischen Parlaments und des Rates vom 20. Juni 2019 zur Nutzung von Finanzinformationen für die Bekämpfung von Geldwäsche, Terrorismusfinanzierung und sonstigen schweren Straftaten (Transparenzregister- und Finanzinformationsgesetz) vom 25.6.2021 (BGBl. I S. 2083);
- Gesetz zur Änderung des Rennwett- und Lotteriegesetzes und der Ausführungsbestimmungen zum Rennwett- und Lotteriegesetz vom 25.6.2021 (BGBl. I S. 2065);
- Gesetz zur Abwehr von Steuervermeidung und unfairem Steuerwettbewerb und zur Änderung weiterer Gesetze vom 25.6.2021 (BGBl. I S. 2056);
- Gesetz zur Modernisierung des Körperschaftsteuerrechts vom 25.6.2021 (BGBl. I S. 2050);
- Gesetz zur Umsetzung der Anti-Steuervermeidungsrichtlinie (ATAD-Umsetzungsgesetz – ATADUmsG) vom 25.6.2021 (BGBl. I S. 2035);
- Gesetz zur Änderung des Gesetzes über Finanzhilfen des Bundes zum Ausbau der Tagesbetreuung für Kinder und zur Änderung weiterer Gesetze (Kitafinanzhilfenänderungsgesetz – KitaFinHÄndG) vom 25.6.2021 (BGBl. I S. 2020);
- Gesetz zur Stärkung der Finanzmarktintegrität (Finanzmarktintegritätsstärkungsgesetz – FISG) vom 3.6.2021 (BGBl. I S. 1534);
- Gesetz zur Stärkung des Fondsstandorts Deutschland und zur Umsetzung der Richtlinie (EU) 2019/1160 zur Änderung der Richtlinien 2009/65/EG und 2011/61/EU im Hinblick auf den grenzüberschreitenden Vertrieb von Organismen für gemeinsame Anlagen (Fondsstandortgesetz – FoStoG) vom 3.6.2021 (BGBl. I S. 1498),
- Gesetz zur digitalen Modernisierung von Versorgung und Pflege (Digitale Versorgung-und-Pflege-Modernisierungs-Gesetz – DVPMG) vom 3.6.2021 (BGBl. I S. 1309)

Geleitwort

- Gesetz zur Modernisierung der Entlastung von Abzugsteuern und der Bescheinigung der Kapitalertragsteuer (Abzugsteuerentlastungsmodernisierungsgesetz – AbzStEntModG) vom 2.6.2021 (BGBl. I S. 1259);
- Gesetz zur Umsetzung der Richtlinie (EU) 2019/2034 über die Beaufsichtigung von Wertpapierinstituten vom 12.5.2021 (BGBl. I S. 990);
- Gesetz zur Verlängerung des erhöhten Lohnsteuereinbehalts in der Seeschifffahrt vom 12.5.2021 (BGBl. I S. 989)
- Gesetz zur Änderung des Grunderwerbsteuergesetzes vom 12.5.2021 (BGBl. I S. 986);
- Gesetz zur Reform des Vormundschafts- und Betreuungsrechts vom 4.5.2021 (BGBl. I S. 882);
- Bekanntmachung der Neufassung des Versicherungsteuergesetzes vom 27.4. 2021 (BGBl. I S. 874) und
- Gesetz zur Verbesserung des Schutzes von Gerichtsvollziehern vor Gewalt sowie zur Änderung weiterer zwangsvollstreckungsrechtlicher Vorschriften und zur Änderung des Infektionsschutzgesetzes vom 7.5.2021 (BGBl. I S. 850).

Die Texte und Materialien, die anlässlich vieler Spezialregelungen zur Bekämpfung der wirtschaftlichen Folgen der Corona-Pandemie in **Vor 1** aufgenommen wurden, werden nunmehr wieder entnommen.

In Nr. **12** wird die **StHBekV** durch das neue **StAbwG** abgelöst. Die Nr. **636 RennwLottGZuStV** tritt außer Kraft und wird entnommen. Die neue **RennwLottDV** unter Nr. **635** enthält alle neuen Regelungen.

Ausblick auf die 207. Ergänzungslieferung

Die nächste Ergänzungslieferung wird weitere, bereits beschlossene, aber überwiegend zu einem späteren Zeitpunkt in Kraft tretende Änderungsgesetze und Verordnungen enthalten. Dies sind im Einzelnen:

- Verordnung zur Änderung der Kassensicherungsverordnung (BGBl. I S. 3295);
- Gesetz zur Vereinheitlichung des Stiftungsrechts und zur Änderung des Infektionsschutzgesetzes vom 16.7.2021 (BGBl. I S. 2947);
- Gesetz zur Rehabilitierung der wegen einvernehmlicher homosexueller Handlungen, wegen ihrer homosexuellen Orientierung oder wegen ihrer geschlechtlichen Identität dienstrechtlich benachteiligten Soldatinnen und Soldaten vom 16. Juli 2021 (BGBl. I S. 2993);
- Gesetz zur erleichterten Umsetzung der Reform der Grundsteuer und zur Änderung weiterer steuerrechtlicher Vorschriften (Grundsteuerreform-Umsetzungsgesetz – GrStRefUG) vom 16.7.2021 (BGBl. I S. 2931);
- Gesetz zur Neuregelung des Berufsrechts der anwaltlichen und steuerberatenden Berufsausübungsgesellschaften sowie zur Änderung weiterer Vorschriften im Bereich der rechtsberatenden Berufe vom 7.7.2021 (BGBl. I S. 2363).

Fragen, Anregungen und Kritik werden gerne unter steuerrecht@beck.de entgegengenommen.

München, im Juli 2021 *Verlag C.H.BECK*

Inhaltsübersicht

Systematisches Inhaltsverzeichnis[1]

Einkommensteuer, Lohnsteuer

Körperschaftsteuer

[1] Ein nach Stichworten alphabetisch geordnetes Inhaltsverzeichnis siehe S. 9 ff.

Bewertung, Vermögen- und Erbschaftsteuer

Realsteuergesetze

Umsatzsteuer

Sonstige Verkehrsteuern

Steuerliche Förderungsgesetze

[1] Mit EL 207.

Inhalt systematisch

Sachverzeichnis

Alphabetisches Inhaltsverzeichnis

Inhalt alphabetisch

[1] Mit EL 207.

Abkürzungen

ABl.	Amtsblatt
Abs.	Absatz
AEUV	Vertrag über die Arbeitsweise der Europäischen Union
ÄndG	Änderungsgesetz
aF	alte Fassung
AfA	Absetzung für Abnutzung
Amtl. Anm.	Amtliche Anmerkung
angef.	angefügt
AO	Abgabenordnung
Art.	Artikel
AStG	Außensteuergesetz
aufgeh.	aufgehoben
AuslInvestmG	Gesetz über den Vertrieb ausländischer Investmentanteile und über die Besteuerung der Erträge aus ausländischen Investmentanteilen
AuslInvG	Gesetz über steuerliche Maßnahmen bei Auslandsinvestitionen der deutschen Wirtschaft
BAnz.	Bundesanzeiger
BayRS	Bayerische Rechtssammlung
BdF	Bundesminister der Finanzen
BEEG	Bundeselterngeld- und Elternzeitgesetz
Bek.	Bekanntmachung
ber.	berichtigt
BergPDV	Verordnung zur Durchführung des Gesetzes über Bergmannsprämien
BergPG	Gesetz über Bergmannsprämien
BerlinFG	Gesetz zur Förderung der Berliner Wirtschaft
BErzGG	Bundeserziehungsgeldgesetz
BetrAVG	Gesetz zur Verbesserung der betrieblichen Altersversorgung
BetrKV	Betriebskostenverordnung
BewÄndG	Bewertungsänderungsgesetz
BewDV	Durchführungsverordnung zum Bewertungsgesetz
BewG	Bewertungsgesetz
BFH	Bundesfinanzhof
BGBl.	Bundesgesetzblatt
BGBl. III	Bereinigte Sammlung des Bundesrechts, abgeschlossen am 31. 12. 1968 (in Nachweisform fortgeführt in FNA)
bish.	bisher, bisherig
BKGG	Bundeskindergeldgesetz
BMF	Bundesminister der Finanzen
BodSchätzDB	Durchführungsbestimmungen zum Bodenschätzungsgesetz

Abkürzungen

BodSchätzG	Bodenschätzungsgesetz
BodSchätzOffVO	Verordnung über die Offenlegung der Ergebnisse der Bodenschätzung
BsGaV	Betriebsstättengewinnaufteilungsverordnung
BStBl.	Bundessteuerblatt
BV	II. Berechnungsverordnung
BVerfG	Bundesverfassungsgericht
DB	Durchführungs-Bestimmungen
DDR-IG	DDR-Investitionsgesetz
DV/DVO	Durchführungs-Verordnung
DVLStHV	Verordnung zur Durchführung der Vorschriften über Lohnsteuerhilfevereine
DVStB	Verordnung zur Durchführung der Vorschriften über Steuerberater, Steuerbevollmächtigte und Steuerberatungsgesellschaften
ECU	European Currency Unit (Währungseinheit des Europäischen Währungssystems)
EG	Europäische Gemeinschaft
EGAHiG	EG-Amtshilfe-Gesetz
EGAO	Einführungsgesetz zur Abgabenordnung
EigZulG	Eigenheimzulagengesetz
eingef.	eingefügt
EL	Ergänzungslieferung
EntwLStG	Gesetz über steuerliche Maßnahmen zur Förderung von privaten Kapitalanlagen in Entwicklungsländern
ErbStDV	Durchführungsverordnung zum Erbschaftsteuergesetz
ErbStG	Erbschaftsteuergesetz
ErbStRG	Gesetz zur Reform des Erbschaftsteuer- und Schenkungsteuerrechts
Erl.	Erlass
ERRV	Elektronischer-Rechtsverkehr-Verordnung
EStDV	Einkommensteuer-Durchführungsverordnung
EStG	Einkommensteuergesetz
EStR	Einkommensteuer-Richtlinien
EU	Europäische Union
EUAHiG	EU-Amtshilfegesetz
EUBeitrG	EU-Beitreibungsgesetz
EuGH	Europäischer Gerichtshof
EUStBV	Einfuhrumsatzsteuer-Befreiungsverordnung
EWS	Europäisches Währungssystem
EZ	Erhebungszeitraum
FA	Finanzamt
FAG	Finanzausgleichsgesetz
FeuerSchStG	Feuerschutzsteuergesetz
FG	Finanzgericht
FGO	Finanzgerichtsordnung
FKAustG	Finazkonten-Informationsaustauschgesetz
FM	Finanzminister(-ministerium)

FNA	Bundesgesetzblatt Teil I, Fundstellennachweis A (Bundesrecht ohne völkerrechtliche Vereinbarungen)
FördergebietsG	Gesetz über Sonderabschreibungen und Abzugsbeträge im Fördergebiet
FVG	Gesetz über die Finanzverwaltung
FVerlV	Funktionsverlagerungsverordnung
FzgLiefgMeldV	Fahrzeuglieferungs-Meldepflichtverordnung
FZulBV	Forschungszulagen-Bescheinigungsverordnung
FZulG	Forderungszulagengesetz
G	Gesetz
GAufzV	Gewinnabgrenzungsaufzeichnungsverordnung
GBl.	Gesetzblatt
geänd.	geändert
GewStDV	Durchführungsverordnung zum Gewerbesteuergesetz
GewStG	Gewerbesteuergesetz
GrEStG	Grunderwerbsteuergesetz
GrStG	Grundsteuergesetz
GVBl.	Gesetz- und Verordnungsblatt
GV. NW.	Gesetz- und Verordnungsblatt Nordrhein-Westfalen
GVOBl.	Gesetz- und Verordnungsblatt Schleswig-Holstein
HGB	Handelsgesetzbuch
idF	in der Fassung
InvStG	Investmentsteuergesetz
InvZulG	Investitionszulagengesetz
KAGG	Gesetz über Kapitalanlagesellschaften
KassenSichV	Kassensicherungsverordnung
KBV	Kleinbetragsverordnung
Kj	Kalenderjahr
KraftStDV	Durchführungsverordnung zum Kraftfahrzeugsteuergesetz
KraftStG	Kraftfahrzeugsteuergesetz
KStDV	Verordnung zur Durchführung des Körperschaftsteuergesetzes
KStG	Körperschaftsteuergesetz
LStDV	Lohnsteuer-Durchführungsverordnung
LStR	Lohnsteuerrichtlinien
MaßstG	Maßstäbegesetz
MinBlFin.	Ministerialblatt des Bundesministeriums der Finanzen
MV	Mitteilungsverordnung
MwStSystRL	Mehrwertsteuer-Systemrichtlinie
mWv	mit Wirkung vom
neu gef.	neu gefasst
nF	neue Fassung
Nr., Nrn.	Nummer, Nummern
OFD	Oberfinanzdirektion
Rdvfg.	Rundverfügung
REITG	REIT-Gesetz

Abkürzungen

RennwLottAB	Ausführungsbestimmungen zum Rennwett- und Lotteriegesetz
RennwLottG	Rennwett- und Lotteriegesetz
RennwLottGZuStV	Verordnung über die örtliche Zuständigkeit des Rennwett- und Lotteriegesetzes
RL	Richtlinie
S.	Seite
SachBezV	Verordnung über den Wert der Sachbezüge in der Sozialversicherung
SaDV	Sammelantrags-Datenträger-Verordnung
SolzG	Solidaritätszuschlaggesetz 1995
StADV	Steueranmeldungs-Datenträger-Verordnung
StAnz	Staatsanzeiger
StAuskV..................	Steuer-Auskunftsverordnung
StBerG	Steuerberatungsgesetz
StBVV	Steuerberatervergütungsverordnung
StDAV	Steuerdaten-Abrufverordnung
StDÜV	Steuerdaten-Übermittlungsverordnung
SteuerHBekV	Steuerhinterziehungsbekämpfungsverordnung
StIdV	Steueridentifikationsnummerverordnung
StuZBl.	Steuer- und Zollblatt
SvEV	Sozialversicherungsentgeltverordnung
UmwStG	Gesetz über steuerliche Maßnahmen bei Änderung der Unternehmensform
UStDV	Umsatzsteuer-Durchführungsverordnung
UStErstV	Umsatzsteuererstattungsverordnung
UStG	Umsatzsteuergesetz
UStZustV	Umsatzsteuerzuständigkeitsverordnung
v.	vom
VE	Vieheinheit
VermBDV	Verordnung zur Durchführung des Vermögensbildungsgesetzes
VermBG	Gesetz zur Vermögensbildung der Arbeitnehmer
VersStDV	Durchführungsverordnung zum Versicherungsteuergesetz
VersStG	Versicherungsteuergesetz
Vfg.	Verfügung
V, VO	Verordnung
VStG	Vermögensteuergesetz
VStRG	Gesetz zur Reform des Vermögensteuerrechts und zur Änderung anderer Steuergesetze
VwZG	Verwaltungszustellungsgesetz
VZ	Veranlagungszeitraum
WoBauG	Wohnungsbaugesetz
WoFlV	Wohnflächenverordnung
WoPDV	Verordnung zur Durchführung des Wohnungsbau-Prämiengesetzes
WoPG	Wohnungsbau-Prämiengesetz

WPO	Wirtschaftsprüferordnung
ZerlG	Zerlegungsgesetz
ZIV	Zinsinformationsverordnung
ZMDV	Datenträger-Verordnung über die Abgabe Zusammenfassender Meldungen
ZPO	Zivilprozessordnung

Abkürzungen

8.8.2020 (BGBl. I S. 1818), Gesetz zur Einführung der Grundrente für langjährige Versicherung in der gesetzlichen Rentenversicherung mit unterdurchschnittlichem Einkommen und für weitere Maßnahmen zur Erhöhung der Alterseinkommen (Grundrentengesetz) vom 12.8. 2020 (BGBl. I S. 1879), Zweites Gesetz zur steuerlichen Entlastung von Familien sowie zur Anpassung weiterer steuerlicher Regelungen (Zweites Familienentlastungsgesetz – 2. FamEntlastG) vom 1.12.2020 (BGBl. I S. 2616), Gesetz zur Digitalisierung von Verwaltungsverfahren bei der Gewährung von Familienleistungen vom 3.12.2020 (BGBl. I S. 2668), Gesetz zur Erhöhung der Behinderten-Pauschbeträge und zur Anpassung weiterer steuerlicher Regelungen vom 9.12.2020 (BGBl. I S. 2770), Jahressteuergesetz 2020 (JStG 2020) vom 21.12. 2020 (BGBl. I S. 3096), Gesetz zur Verbesserung der Transparenz in der Alterssicherung und der Rehabilitation sowie zur Modernisierung der Sozialversicherungswahlen und zur Änderung anderer Gesetze (Gesetz Digitale Rentenübersicht) vom 11.2.2021 (BGBl. I S. 154), Drittes Gesetz zur Umsetzung steuerlicher Hilfsmaßnahmen zur Bewältigung der Corona-Krise (Drittes Corona-Steuerhilfegesetz) vom 10.3.2021 (BGBl. I S. 330), Gesetz zur Reform des Vormundschafts- und Betreuungsrechts vom 4.5.2021 (BGBl. I S. 882), Gesetz zur Verlängerung des erhöhten Lohnsteuereinbehalts in der Seeschifffahrt vom 12.5.2021 (BGBl. I S. 989), Gesetz zur Umsetzung der Richtlinie (EU) 2019/2034 über die Beaufsichtigung von Wertpapierinstituten vom 12.5.2021 (BGBl. I S. 990), Gesetz zur Modernisierung der Entlastung von Abzugsteuern und der Bescheinigung der Kapitalertragsteuer (Abzugsteuerentlastungsmodernisierungsgesetz – AbzStEntModG) vom 2.6.2021 (BGBl. I S. 1259), Gesetz zur Stärkung des Fondsstandorts Deutschland und zur Umsetzung der Richtlinie (EU) 2019/1160 zur Änderung der Richtlinien 2009/65/EG und 2011/61/EU im Hinblick auf den grenzüberschreitenden Vertrieb von Organismen für gemeinsame Anlagen (Fondsstandortgesetz – FoStoG) vom 3.6.2021 (BGBl. I S. 1498), Gesetz zur Umsetzung der Anti-Steuervermeidungsrichtlinie (ATAD-Umsetzungsgesetz – ATADUmsG) vom 25.6.2021 (BGBl. I S. 2035), Gesetz zur Modernisierung des Körperschaftsteuerrechts vom 25.6.2021 (BGBl. I S. 2050) und Gesetz zur Abwehr von Steuervermeidung und unfairem Steuerwettbewerb und zur Änderung weiterer Gesetze vom 25.6.2021 (BGBl. I S. 2056)

BGBl. III/FNA 611-1

Inhaltsübersicht[1]

I. Steuerpflicht

II. Einkommen

1. Sachliche Voraussetzungen für die Besteuerung

2. Steuerfreie Einnahmen

3. Gewinn

[1] Zum Teil nicht amtlich.

4. Überschuss der Einnahmen über die Werbungskosten

4a. Umsatzsteuerrechtlicher Vorsteuerabzug

5. Sonderausgaben

III. Veranlagung

IV. Tarif

V. Steuerermäßigungen

1. Steuerermäßigung bei ausländischen Einkünften

2. Steuerermäßigung bei Einkünften aus Land- und Forstwirtschaft

2a. Steuerermäßigung für Steuerpflichtige mit Kindern bei Inanspruchnahme erhöhter Absetzungen für Wohngebäude oder der Steuerbegünstigungen für eigengenutztes Wohneigentum

2b. Steuerermäßigung bei Zuwendungen an politische Parteien und an unabhängige Wählervereinigungen

3. Steuerermäßigung bei Einkünften aus Gewerbebetrieb

4. Steuerermäßigung bei Aufwendungen für haushaltsnahe Beschäftigungsverhältnisse und für die Inanspruchnahme haushaltsnaher Dienstleistungen

5. Steuerermäßigung bei Belastung mit Erbschaftsteuer

6. Steuerermäßigung für energetische Maßnahmen bei zu eigenen Wohnzwecken genutzten Gebäuden

VI. Steuererhebung

1. Erhebung der Einkommensteuer

XI. Altersvorsorgezulage

(Fortsetzung nächstes Blatt)

(5a)[1] [1]Knüpfen außersteuerliche Rechtsnormen an die in den vorstehenden Absätzen definierten Begriffe (Einkünfte, Summe der Einkünfte, Gesamtbetrag der Einkünfte, Einkommen, zu versteuerndes Einkommen) an, erhöhen sich für deren Zwecke diese Größen um die nach § 32d Absatz 1 und nach § 43 Absatz 5 zu besteuernden Beträge sowie um die nach § 3 Nummer 40 steuerfreien Beträge und mindern sich um die nach § 3c Absatz 2 nicht abziehbaren Beträge. [2]Knüpfen außersteuerliche Rechtsnormen an die in den Absätzen 1 bis 3 genannten Begriffe (Einkünfte, Summe der Einkünfte, Gesamtbetrag der Einkünfte) an, mindern sich für deren Zwecke diese Größen um die nach § 10 Absatz 1 Nummer 5 abziehbaren Kinderbetreuungskosten.

(5b)[2] Soweit Rechtsnormen dieses Gesetzes an die in den vorstehenden Absätzen definierten Begriffe (Einkünfte, Summe der Einkünfte, Gesamtbetrag der Einkünfte, Einkommen, zu versteuerndes Einkommen) anknüpfen, sind Kapitalerträge nach § 32d Absatz 1 und § 43 Absatz 5 nicht einzubeziehen.

(6) [1]Die tarifliche Einkommensteuer, vermindert um [***VZ 2016–2022:*** den Unterschiedsbetrag nach § 32c Absatz 1 Satz 2,][3] die anzurechnenden ausländischen Steuern und die Steuerermäßigungen, vermehrt um die Steuer nach § 32d Absatz 3 und 4, die Steuer nach § 34c Absatz 5 und den Zuschlag nach § 3 Absatz 4 Satz 2 des Forstschaden-Ausgleichsgesetzes in der Fassung der Bekanntmachung vom 26. August 1985 (BGBl. I S. 1756), das zuletzt durch Artikel 412 der Verordnung vom 31. August 2015 (BGBl. I S. 1474) geändert worden ist, in der jeweils geltenden Fassung, ist die festzusetzende Einkommensteuer. [2]Wurde der Gesamtbetrag der Einkünfte in den Fällen des § 10a Absatz 2 um Sonderausgaben nach § 10a Absatz 1 gemindert, ist für die Ermittlung der festzusetzenden Einkommensteuer der Anspruch auf Zulage nach Abschnitt XI der tariflichen Einkommensteuer hinzuzurechnen; bei der Ermittlung der dem Steuerpflichtigen zustehenden Zulage bleibt die Erhöhung der Grundzulage nach § 84 Satz 2 außer Betracht. [3]Wird das Einkommen in den Fällen des § 31 um die Freibeträge nach § 32 Absatz 6 gemindert, ist der Anspruch auf Kindergeld nach Abschnitt X der tariflichen Einkommensteuer hinzuzurechnen; nicht jedoch für Kalendermonate, in denen durch Bescheid der Familienkasse ein Anspruch auf Kindergeld festgesetzt, aber wegen § 70 Absatz 1 Satz 2 nicht ausgezahlt wurde.[4]

(7) [1]Die Einkommensteuer ist eine Jahressteuer. [2]Die Grundlagen für ihre Festsetzung sind jeweils für ein Kalenderjahr zu ermitteln. [3]Besteht während eines Kalenderjahres sowohl unbeschränkte als auch beschränkte Einkommensteuerpflicht, so sind die während der beschränkten Einkommensteuerpflicht erzielten inländischen Einkünfte in eine Veranlagung zur unbeschränkten Einkommensteuerpflicht einzubeziehen.

---

[1] § 2 Abs. 5a Satz 2 angef. mWv VZ 2012 durch G v. 1.11.2011 (BGBl. I S. 2131).

[2] § 2 Abs. 5b Satz 2 aufgeh. mWv VZ 2012 durch G v. 1.11.2011 (BGBl. I S. 2131).

[3] § 2 Abs. 6 Satz 1 Klammerzusatz eingef. durch G v. 12.12.2019 (BGBl. I S. 2451); zum Inkrafttreten und Anwendung von § 32c siehe Fußnotenhinweise dort.

[4] § 2 Abs. 6 Satz 3 HS 2 angef. mWv 18.7.2019 durch G v. 11.7.2019 (BGBl. I S. 1066).

(8)[1] Die Regelungen dieses Gesetzes zu Ehegatten und Ehen sind auch auf Lebenspartner und Lebenspartnerschaften anzuwenden.

§ 2a[2] Negative Einkünfte mit Bezug zu Drittstaaten. (1) [1]Negative Einkünfte

1. aus einer in einem Drittstaat belegenen land- und forstwirtschaftlichen Betriebsstätte,
2. aus einer in einem Drittstaat belegenen gewerblichen Betriebsstätte,
3. a) aus dem Ansatz des niedrigeren Teilwerts eines zu einem Betriebsvermögen gehörenden Anteils an einer Drittstaaten-Körperschaft oder
   b) aus der Veräußerung oder Entnahme eines zu einem Betriebsvermögen gehörenden Anteils an einer Drittstaaten-Körperschaft oder aus der Auflösung oder Herabsetzung des Kapitals einer Drittstaaten-Körperschaft,
4. in den Fällen des § 17 bei einem Anteil an einer Drittstaaten-Kapitalgesellschaft,
5. aus der Beteiligung an einem Handelsgewerbe als stiller Gesellschafter und aus partiarischen Darlehen, wenn der Schuldner Wohnsitz, Sitz oder Geschäftsleitung in einem Drittstaat hat,
6. a) aus der Vermietung oder der Verpachtung von unbeweglichem Vermögen oder von Sachinbegriffen, wenn diese in einem Drittstaat belegen sind, oder
   b) aus der entgeltlichen Überlassung von Schiffen, sofern der Überlassende nicht nachweist, dass diese ausschließlich oder fast ausschließlich in einem anderen Staat als einem Drittstaat eingesetzt worden sind, es sei denn, es handelt sich um Handelsschiffe, die
      aa) von einem Vercharterer ausgerüstet überlassen oder
      bb) an in einem anderen als in einem Drittstaat ansässige Ausrüster, die die Voraussetzungen des § 510 Absatz 1 des Handelsgesetzbuchs erfüllen, überlassen oder
      cc) insgesamt nur vorübergehend an in einem Drittstaat ansässige Ausrüster, die die Voraussetzungen des § 510 Absatz 1 des Handelsgesetzbuchs erfüllen, überlassen

   worden sind, oder
   c) aus dem Ansatz des niedrigeren Teilwerts oder der Übertragung eines zu einem Betriebsvermögen gehörenden Wirtschaftsguts im Sinne der Buchstaben a und b,
7. a) aus dem Ansatz des niedrigeren Teilwerts, der Veräußerung oder Entnahme eines zu einem Betriebsvermögen gehörenden Anteils an
   b) aus der Auflösung oder Herabsetzung des Kapitals,
   c) in den Fällen des § 17 bei einem Anteil an

---

[1] § 2 Abs. 8 angef. durch G v. 15.7.2013 (BGBl. I S. 2397). Siehe auch BVerfG v. 7.5. 2013, 2 BvR 909/06, DStR 2013 S. 1228.

[2] Zur Anwendung von § 2a siehe § 52 Abs. 2.

[***ab 1.1.2020:***

5.[1] a) die Geld- und Sachbezüge, die Wehrpflichtige während des Wehrdienstes nach § 4 des Wehrpflichtgesetzes erhalten,

b) die Geld- und Sachbezüge, die Zivildienstleistende nach § 35 des Zivildienstgesetzes erhalten,

c) die Heilfürsorge, die Soldaten nach § 16 des Wehrsoldgesetzes und Zivildienstleistende nach § 35 des Zivildienstgesetzes erhalten,

d) das an Personen, die einen in § 32 Absatz 4 Satz 1 Nummer 2 Buchstabe d genannten Freiwilligendienst leisten, gezahlte Taschengeld oder eine vergleichbare Geldleistung,

e) Leistungen nach § 5 des Wehrsoldgesetzes;]

6.[2] Bezüge, die auf Grund gesetzlicher Vorschriften aus öffentlichen Mitteln versorgungshalber an Wehrdienstbeschädigte, im Freiwilligen Wehrdienst Beschädigte, Zivildienstbeschädigte und im Bundesfreiwilligendienst Beschädigte oder ihre Hinterbliebenen, Kriegsbeschädigte, Kriegshinterbliebene und ihnen gleichgestellte Personen gezahlt werden, soweit es sich nicht um Bezüge handelt, die auf Grund der Dienstzeit gewährt werden. 2 Gleichgestellte im Sinne des Satzes 1 sind auch Personen, die Anspruch auf Leistungen nach dem *Bundesversorgungsgesetz* [***ab 1.1.2024:*** Vierzehnten Buch Sozialgesetzbuch] oder auf Unfallfürsorgeleistungen nach dem Soldatenversorgungsgesetz, Beamtenversorgungsgesetz oder vergleichbarem Landesrecht haben;

7. Ausgleichsleistungen nach dem Lastenausgleichsgesetz, Leistungen nach dem Flüchtlingshilfegesetz, dem Bundesvertriebenengesetz, dem Reparationsschädengesetz, dem Vertriebenenzuwendungsgesetz, dem NS-Verfolgtenentschädigungsgesetz sowie Leistungen nach dem *Entschädigungsgesetz*[3] und nach dem Ausgleichsleistungsgesetz, soweit sie nicht Kapitalerträge im Sinne des § 20 Absatz 1 Nummer 7 und Absatz 2 sind;

8. Geldrenten, Kapitalentschädigungen und Leistungen im Heilverfahren, die auf Grund gesetzlicher Vorschriften zur Wiedergutmachung nationalsozialistischen Unrechts gewährt werden. 2 Die Steuerpflicht von Bezügen aus einem aus Wiedergutmachungsgründen neu begründeten oder wieder begründeten Dienstverhältnis sowie von Bezügen aus einem früheren Dienstverhältnis, die aus Wiedergutmachungsgründen neu gewährt oder wieder gewährt werden, bleibt unberührt;

8a.[4] Renten wegen Alters und Renten wegen verminderter Erwerbsfähigkeit aus der gesetzlichen Rentenversicherung, die an Verfolgte im Sinne des § 1 des Bundesentschädigungsgesetzes gezahlt werden, wenn rentenrechtliche Zeiten auf Grund der Verfolgung in der Rente enthalten sind. 2 Renten wegen Todes aus der gesetzlichen Rentenversicherung, wenn der verstorbene Versicherte Verfolgter im Sinne des § 1 des Bundesentschädi-

---

[1] § 3 Nr. 5 neu gef. mWv VZ 2020 durch G v. 12.12.2019 (BGBl. I S. 2451).

[2] § 3 Nr. 6 neu gef. mWv VZ 2014 durch G v. 25.7.2014 (BGBl. I S. 1266); Satz 2 geänd. mWv 1.1.2024 durch G v. 12.12.2019 (BGBl. I S. 2652); zur Anwendung siehe § 52 Abs. 54

[3] G aufgeh. durch Einigungsvertrag v. 31.8.1990 (BGBl. I S. 889).

[4] § 3 Nr. 8a eingef. durch G v. 7.12.2011 (BGBl. I S. 2592).

gungsgesetzes war und wenn rentenrechtliche Zeiten auf Grund der Verfolgung in dieser Rente enthalten sind;

9. Erstattungen nach § 23 Absatz 2 Satz 1 Nummer 3 und 4 sowie nach § 39 Absatz 4 Satz 2 des Achten Buches Sozialgesetzbuch;

10.[1)] Einnahmen einer Gastfamilie für die Aufnahme eines Menschen mit Behinderungen oder von Behinderung bedrohten Menschen nach § 2 Absatz 1 des Neunten Buches Sozialgesetzbuch zur Pflege, Betreuung, Unterbringung und Verpflegung, die auf Leistungen eines Leistungsträgers nach dem Sozialgesetzbuch beruhen. [2]Für Einnahmen im Sinne des Satzes 1, die nicht auf Leistungen eines Leistungsträgers nach dem Sozialgesetzbuch beruhen, gilt Entsprechendes bis zur Höhe der Leistungen nach dem Zwölften Buch Sozialgesetzbuch. [3]Überschreiten die auf Grund der in Satz 1 bezeichneten Tätigkeit bezogenen Einnahmen der Gastfamilie den steuerfreien Betrag, dürfen die mit der Tätigkeit in unmittelbarem wirtschaftlichen Zusammenhang stehenden Ausgaben abweichend von § 3c nur insoweit als Betriebsausgaben abgezogen werden, als sie den Betrag der steuerfreien Einnahmen übersteigen;

11. Bezüge aus öffentlichen Mitteln oder aus Mitteln einer öffentlichen Stiftung, die wegen Hilfsbedürftigkeit oder als Beihilfe zu dem Zweck bewilligt werden, die Erziehung oder Ausbildung, die Wissenschaft oder Kunst unmittelbar zu fördern. [2]Darunter fallen nicht Kinderzuschläge und Kinderbeihilfen, die auf Grund der Besoldungsgesetze, besonderer Tarife oder ähnlicher Vorschriften gewährt werden. [3]Voraussetzung für die Steuerfreiheit ist, dass der Empfänger mit den Bezügen nicht zu einer bestimmten wissenschaftlichen oder künstlerischen Gegenleistung oder zu einer bestimmten Arbeitnehmertätigkeit verpflichtet wird. [4]Den Bezügen aus öffentlichen Mitteln wegen Hilfsbedürftigkeit gleichgestellt sind Beitragsermäßigungen und Prämienrückzahlungen eines Trägers der gesetzlichen Krankenversicherung für nicht in Anspruch genommene Beihilfeleistungen;

11a.[2)] zusätzlich zum ohnehin geschuldeten Arbeitslohn vom Arbeitgeber in der Zeit vom 1. März 2020 bis zum 31. März 2022 auf Grund der Corona-Krise an seine Arbeitnehmer in Form von Zuschüssen und Sachbezügen gewährte Beihilfen und Unterstützungen bis zu einem Betrag von 1500 Euro;

12.[3)] aus einer Bundeskasse oder Landeskasse gezahlte Bezüge, die zum einen

a) in einem Bundesgesetz oder Landesgesetz,

b) auf Grundlage einer bundesgesetzlichen oder landesgesetzlichen Ermächtigung beruhenden Bestimmung oder

c) von der Bundesregierung oder einer Landesregierung

als Aufwandsentschädigung festgesetzt sind und die zum anderen jeweils auch als Aufwandsentschädigung im Haushaltsplan ausgewiesen werden.

[1)] Zur Anwendung von § 3 Nr. 10 a. F. siehe § 52 Abs. 4 Satz 3; Satz 1 geänd. mWv 15.12.2020 durch G v. 9.12.2020 (BGBl. I S. 2770).

[2)] § 3 Nr. 11a eingef. durch G v. 19.6.2020 (BGBl. I S. 1385); geänd. durch G v. 21.12.2020 (BGBl. I S. 3096); geänd. durch G v. 2.6.2021 (BGBl. I S. 1259).

[3)] § 3 Nr. 12 Satz 1 neu gef. mWv VZ 2014 durch G v. 25.7.2014 (BGBl. I S. 1266).

[2]Das Gleiche gilt für andere Bezüge, die als Aufwandsentschädigung aus öffentlichen Kassen an öffentliche Dienste leistende Personen gezahlt werden, soweit nicht festgestellt wird, dass sie für Verdienstausfall oder Zeitverlust gewährt werden oder den Aufwand, der dem Empfänger erwächst, offenbar übersteigen;

13.[1] die aus öffentlichen Kassen gezahlten Reisekostenvergütungen, Umzugskostenvergütungen und Trennungsgelder. [2]Die als Reisekostenvergütungen gezahlten Vergütungen für Verpflegung sind nur insoweit steuerfrei, als sie die Pauschbeträge nach § 9 Absatz 4a nicht übersteigen; Trennungsgelder sind nur insoweit steuerfrei, als sie die nach § 9 Absatz 1 Satz 3 Nummer 5 und Absatz 4a abziehbaren Aufwendungen nicht übersteigen;

14. Zuschüsse eines Trägers der gesetzlichen Rentenversicherung zu den Aufwendungen eines Rentners für seine Krankenversicherung und von dem gesetzlichen Rentenversicherungsträger getragene Anteile (§ 249a des Fünften Buches Sozialgesetzbuch) an den Beiträgen für die gesetzliche Krankenversicherung;

15.[2] Zuschüsse des Arbeitgebers, die zusätzlich zum ohnehin geschuldeten Arbeitslohn zu den Aufwendungen des Arbeitnehmers für Fahrten mit öffentlichen Verkehrsmitteln im Linienverkehr (ohne Luftverkehr) zwischen Wohnung und erster Tätigkeitsstätte und nach § 9 Absatz 1 Satz 3 Nummer 4a Satz 3 sowie für Fahrten im öffentlichen Personennahverkehr gezahlt werden. [2]Das Gleiche gilt für die unentgeltliche oder verbilligte Nutzung öffentlicher Verkehrsmittel im Linienverkehr (ohne Luftverkehr) für Fahrten zwischen Wohnung und erster Tätigkeitsstätte und nach § 9 Absatz 1 Satz 3 Nummer 4a Satz 3 sowie für Fahrten im öffentlichen Personennahverkehr, die der Arbeitnehmer auf Grund seines Dienstverhältnisses zusätzlich zum ohnehin geschuldeten Arbeitslohn in Anspruch nehmen kann. [3]Die nach den Sätzen 1 und 2 steuerfreien Leistungen mindern den nach § 9 Absatz 1 Satz 3 Nummer 4 Satz 2 abziehbaren Betrag;

16.[3] die Vergütungen, die Arbeitnehmer außerhalb des öffentlichen Dienstes von ihrem Arbeitgeber zur Erstattung von Reisekosten, Umzugskosten oder Mehraufwendungen bei doppelter Haushaltsführung erhalten, soweit sie die nach § 9 als Werbungskosten abziehbaren Aufwendungen nicht übersteigen;

17. Zuschüsse zum Beitrag nach § 32 des Gesetzes über die Alterssicherung der Landwirte;

18. das Aufgeld für ein an die Bank für Vertriebene und Geschädigte (Lastenausgleichsbank) zugunsten des Ausgleichsfonds (§ 5 des Lastenausgleichsgesetzes) gegebenes Darlehen, wenn das Darlehen nach § 7f des Gesetzes in der Fassung der Bekanntmachung vom 15. September 1953 (BGBl. I S. 1355) im Jahr der Hingabe als Betriebsausgabe abzugsfähig war;

---

[1] § 3 Nr. 13 geänd. mWv VZ 2014 durch G v. 20.2.2013 (BGBl. I S. 285).
[2] § 3 Nr. 15 eingef. mWv VZ 2019 durch G v. 11.12.2018 (BGBl. I S. 2338).
[3] § 3 Nr. 16 geänd. mWv VZ 2014 durch G v. 20.2.2013 (BGBl. I S. 285).

[Fassung für VZ 2019:]

19.[1] Weiterbildungsleistungen des Arbeitgebers für Maßnahmen nach § 82 Absatz 1 und 2 des Dritten Buches Sozialgesetzbuch sowie Weiterbildungsleistungen des Arbeitgebers, die der Verbesserung der Beschäftigungsfähigkeit des Arbeitnehmers dienen. [2]Die Weiterbildung darf keinen überwiegenden Belohnungscharakter haben;

[Fassung ab VZ 2020:]

19.[2] Weiterbildungsleistungen des Arbeitgebers oder auf dessen Veranlassung von einem Dritten
   a) für Maßnahmen nach § 82 Absatz 1 und 2 des Dritten Buches Sozialgesetzbuch oder
   b) die der Verbesserung der Beschäftigungsfähigkeit des Arbeitnehmers dienen.

   [2]Steuerfrei sind auch Beratungsleistungen des Arbeitgebers oder auf dessen Veranlassung von einem Dritten zur beruflichen Neuorientierung bei Beendigung des Dienstverhältnisses. [3]Die Leistungen im Sinne der Sätze 1 und 2 dürfen keinen überwiegenden Belohnungscharakter haben;

20. die aus öffentlichen Mitteln des Bundespräsidenten aus sittlichen oder sozialen Gründen gewährten Zuwendungen an besonders verdiente Personen oder ihre Hinterbliebenen;

21., 22.[3] *(aufgehoben)*

23.[4] die Leistungen nach dem Häftlingshilfegesetz, dem Strafrechtlichen Rehabilitierungsgesetz, dem Verwaltungsrechtlichen Rehabilitierungsgesetz, dem Beruflichen Rehabilitierungsgesetz und dem Gesetz zur strafrechtlichen Rehabilitierung der nach dem 8. Mai 1945 wegen einvernehmlicher homosexueller Handlungen verurteilten Personen;

24. Leistungen, die auf Grund des Bundeskindergeldgesetzes gewährt werden;

25. Entschädigungen nach dem Infektionsschutzgesetz vom 20. Juli 2000 (BGBl. I S. 1045);

26.[5] Einnahmen aus nebenberuflichen Tätigkeiten als Übungsleiter, Ausbilder, Erzieher, Betreuer oder vergleichbaren nebenberuflichen Tätigkeiten, aus nebenberuflichen künstlerischen Tätigkeiten oder der nebenberuflichen Pflege alter, kranker Menschen oder Menschen mit Behinderungen im Dienst oder im Auftrag einer juristischen Person des öffentlichen Rechts, die in einem Mitgliedstaat der Europäischen Union, in einem Staat, auf

---

[1] § 3 Nr. 19 eingef. mWv VZ 2019 durch G v. 12.12.2019 (BGBl. I S. 2451).

[2] § 3 Nr. 19 neu gef. mWv VZ 2020 durch G v. 21.12.2020 (BGBl. I S. 3096).

[3] § 3 Nrn. 21 und 22 aufgeh. durch G v. 1.11.2011 (BGBl. I S. 2131).

[4] § 3 Nr. 23 geänd. mWv VZ 2017 durch G v. 17.7.2017 (BGBl. I S. 2443).

[5] § 3 Nr. 26 Satz 2 geänd. durch G v. 8.12.2010 (BGBl. I S. 1768); Satz 1 geänd. durch G v. 11.12.2018 (BGBl. I S. 2338); zur Anwendung siehe § 52 Abs. 4 Satz 5; Satz 1 geänd. durch G v. 9.12.2020 (BGBl. I S. 2770).

den das Abkommen über den Europäischen Wirtschaftsraum Anwendung findet, oder in der Schweiz belegen ist, oder einer unter § 5 Absatz 1 Nummer 9 des Körperschaftsteuergesetzes fallenden Einrichtung zur Förderung gemeinnütziger, mildtätiger und kirchlicher Zwecke (§§ 52 bis 54 der Abgabenordnung) bis zur Höhe von insgesamt *2400* [***ab 1.1.2021:*** 3000] Euro[1] im Jahr. [2]Überschreiten die Einnahmen für die in Satz 1 bezeichneten Tätigkeiten den steuerfreien Betrag, dürfen die mit den nebenberuflichen Tätigkeiten in unmittelbarem wirtschaftlichen Zusammenhang stehenden Ausgaben abweichend von § 3c nur insoweit als Betriebsausgaben oder Werbungskosten abgezogen werden, als sie den Betrag der steuerfreien Einnahmen übersteigen;

26a.[2] Einnahmen aus nebenberuflichen Tätigkeiten im Dienst oder Auftrag einer juristischen Person des öffentlichen Rechts, die in einem Mitgliedstaat der Europäischen Union, in einem Staat, auf den das Abkommen über den Europäischen Wirtschaftsraum Anwendung findet, oder in der Schweiz belegen ist, oder einer unter § 5 Absatz 1 Nummer 9 des Körperschaftsteuergesetzes fallenden Einrichtung zur Förderung gemeinnütziger, mildtätiger und kirchlicher Zwecke (§§ 52 bis 54 der Abgabenordnung) bis zur Höhe von insgesamt *720* [***ab 1.1.2021:*** 840] Euro[3] im Jahr. [2]Die Steuerbefreiung ist ausgeschlossen, wenn für die Einnahmen aus der Tätigkeit – ganz oder teilweise – eine Steuerbefreiung nach § 3 Nummer 12, 26 oder 26b gewährt wird. [3]Überschreiten die Einnahmen für die in Satz 1 bezeichneten Tätigkeiten den steuerfreien Betrag, dürfen die mit den nebenberuflichen Tätigkeiten in unmittelbarem wirtschaftlichen Zusammenhang stehenden Ausgaben abweichend von § 3c nur insoweit als Betriebsausgaben oder Werbungskosten abgezogen werden, als sie den Betrag der steuerfreien Einnahmen übersteigen;

26b.[4] *Aufwandsentschädigungen nach § 1835a* [***ab 1.1.2023:*** Aufwandspauschalen nach § 1878] des Bürgerlichen Gesetzbuchs, soweit sie zusammen mit den steuerfreien Einnahmen im Sinne der Nummer 26 den Freibetrag nach Nummer 26 Satz 1 nicht überschreiten. [2]Nummer 26 Satz 2 gilt entsprechend;

27. der Grundbetrag der Produktionsaufgaberente und das Ausgleichsgeld nach dem Gesetz zur Förderung der Einstellung der landwirtschaftlichen Erwerbstätigkeit bis zum Höchstbetrag von 18407 Euro;

28. die Aufstockungsbeträge im Sinne des § 3 Absatz 1 Nummer 1 Buchstabe a sowie die Beiträge und Aufwendungen im Sinne des § 3 Absatz 1 Nummer 1 Buchstabe b und des § 4 Absatz 2 des Altersteilzeitgesetzes, die Zuschläge, die versicherungsfrei Beschäftigte im Sinne des § 27 Absatz 1

---

[1] Betrag geänd. durch G v. 21.3.2013 (BGBl. I S. 556); geänd. mWv VZ 2021 durch G v. 21.12.2020 (BGBl. I S. 3096).

[2] § 3 Nr. 26a Satz 1 geänd. durch G v. 11.12.2018 (BGBl. I S. 2338); zur Anwendung siehe § 52 Abs. 4 Satz 5.

[3] Betrag geänd. durch G v. 21.3.2013 (BGBl. I S. 556); geänd. mWv VZ 2021 durch G v. 21.12.2020 (BGBl. I S. 3096).

[4] § 3 Nr. 26b eingef. durch G v. 8.12.2010 (BGBl. I S. 1768); geänd. mWv 1.1.2023 durch G v. 4.5.2021 (BGBl. I S. 882).

Nummer 1 bis 3 des Dritten Buches Sozialgesetzbuch zur Aufstockung der Bezüge bei Altersteilzeit nach beamtenrechtlichen Vorschriften oder Grundsätzen erhalten sowie die Zahlungen des Arbeitgebers zur Übernahme der Beiträge im Sinne des § 187a des Sechsten Buches Sozialgesetzbuch, soweit sie 50 Prozent der Beiträge nicht übersteigen;

28a.[1] Zuschüsse des Arbeitgebers zum Kurzarbeitergeld und Saison-Kurzarbeitergeld, soweit sie zusammen mit dem Kurzarbeitergeld 80 Prozent des Unterschiedsbetrags zwischen dem Soll-Entgelt und dem Ist-Entgelt nach § 106 des Dritten Buches Sozialgesetzbuch nicht übersteigen und sie für Lohnzahlungszeiträume, die nach dem 29. Februar 2020 beginnen und vor dem 1. Januar 2022 enden, geleistet werden;

29. das Gehalt und die Bezüge,
    a) die die diplomatischen Vertreter ausländischer Staaten, die ihnen zugewiesenen Beamten und die in ihren Diensten stehenden Personen erhalten. [2]Dies gilt nicht für deutsche Staatsangehörige oder für im Inland ständig ansässige Personen;
    b) der Berufskonsuln, der Konsulatsangehörigen und ihres Personals, soweit sie Angehörige des Entsendestaates sind. [2]Dies gilt nicht für Personen, die im Inland ständig ansässig sind oder außerhalb ihres Amtes oder Dienstes einen Beruf, ein Gewerbe oder eine andere gewinnbringende Tätigkeit ausüben;

30. Entschädigungen für die betriebliche Benutzung von Werkzeugen eines Arbeitnehmers (Werkzeuggeld), soweit sie die entsprechenden Aufwendungen des Arbeitnehmers nicht offensichtlich übersteigen;

31. die typische Berufskleidung, die der Arbeitgeber seinem Arbeitnehmer unentgeltlich oder verbilligt überlässt; dasselbe gilt für eine Barablösung eines nicht nur einzelvertraglichen Anspruchs auf Gestellung von typischer Berufskleidung, wenn die Barablösung betrieblich veranlasst ist und die entsprechenden Aufwendungen des Arbeitnehmers nicht offensichtlich übersteigt;

32.[2] die unentgeltliche oder verbilligte Sammelbeförderung eines Arbeitnehmers zwischen Wohnung und erster Tätigkeitsstätte sowie bei Fahrten nach § 9 Absatz 1 Satz 3 Nummer 4a Satz 3 mit einem vom Arbeitgeber gestellten Beförderungsmittel, soweit die Sammelbeförderung für den betrieblichen Einsatz des Arbeitnehmers notwendig ist;

33. zusätzlich zum ohnehin geschuldeten Arbeitslohn erbrachte Leistungen des Arbeitgebers zur Unterbringung und Betreuung von nicht schulpflichtigen Kindern der Arbeitnehmer in Kindergärten oder vergleichbaren Einrichtungen;

34.[3] zusätzlich zum ohnehin geschuldeten Arbeitslohn erbrachte Leistungen des Arbeitgebers zur *Verbesserung des allgemeinen Gesundheitszustands und der*

---

[1] § 3 Nr. 28a eingef. durch G v. 19.6.2020 (BGBl. I S. 1385); geänd. mWv VZ 2021 durch G v. 21.12.2020 (BGBl. I S. 3096).

[2] § 3 Nr. 32 geänd. mWv VZ 2014 durch G v. 25.7.2014 (BGBl. I S. 1266).

[3] § 3 Nr. 34 neu gef. durch G v. 11.12.2018 (BGBl. I S. 2338); zur Anwendung siehe § 52 Abs. 4 Satz 6.

betrieblichen Gesundheitsförderung, die hinsichtlich Qualität, Zweckbindung und Zielgerichtetheit den Anforderungen der §§ 20 und 20a [***neue Fassung:*** Verhinderung und Verminderung von Krankheitsrisiken und zur Förderung der Gesundheit in Betrieben, die hinsichtlich Qualität, Zweckbindung, Zielgerichtetheit und Zertifizierung den Anforderungen der §§ 20 und 20b] des Fünften Buches Sozialgesetzbuch genügen, soweit sie *500* [***ab 1.1.2020:*** 600][1] Euro im Kalenderjahr nicht übersteigen;

34a.[2] zusätzlich zum ohnehin geschuldeten Arbeitslohn erbrachte Leistungen des Arbeitgebers

a) an ein Dienstleistungsunternehmen, das den Arbeitnehmer hinsichtlich der Betreuung von Kindern oder pflegebedürftigen Angehörigen berät oder hierfür Betreuungspersonen vermittelt sowie

b) zur kurzfristigen Betreuung von Kindern im Sinne des § 32 Absatz 1, die das 14. Lebensjahr noch nicht vollendet haben oder die wegen einer vor Vollendung des 25. Lebensjahres eingetretenen körperlichen, geistigen oder seelischen Behinderung außerstande sind, sich selbst zu unterhalten oder pflegebedürftigen Angehörigen des Arbeitnehmers, wenn die Betreuung aus zwingenden und beruflich veranlassten Gründen notwendig ist, auch wenn sie im privaten Haushalt des Arbeitnehmers stattfindet, soweit die Leistungen 600 Euro im Kalenderjahr nicht übersteigen;

35. die Einnahmen der bei der Deutsche Post AG, Deutsche Postbank AG oder Deutsche Telekom AG beschäftigten Beamten, soweit die Einnahmen ohne Neuordnung des Postwesens und der Telekommunikation nach den Nummern 11 bis 13 und 64 steuerfrei wären;

36.[3] Einnahmen für Leistungen zu körperbezogenen Pflegemaßnahmen, pflegerischen Betreuungsmaßnahmen oder Hilfen bei der Haushaltsführung bis zur Höhe des Pflegegeldes nach § 37 des Elften Buches Sozialgesetzbuch, mindestens aber bis zur Höhe des Entlastungsbetrages nach § 45b Absatz 1 Satz 1 des Elften Buches Sozialgesetzbuch, wenn diese Leistungen von Angehörigen des Pflegebedürftigen oder von anderen Personen, die damit eine sittliche Pflicht im Sinne des § 33 Absatz 2 gegenüber dem Pflegebedürftigen erfüllen, erbracht werden. [2]Entsprechendes gilt, wenn der Pflegebedürftige vergleichbare Leistungen aus privaten Versicherungsverträgen nach den Vorgaben des Elften Buches Sozialgesetzbuch oder nach den Beihilfevorschriften für häusliche Pflege erhält;

[***1.1.2019–31.12.2030:***

37.[4] zusätzlich zum ohnehin geschuldeten Arbeitslohn vom Arbeitgeber gewährte Vorteile für die Überlassung eines betrieblichen Fahrrads, das kein Kraftfahrzeug im Sinne des § 6 Absatz 1 Nummer 4 Satz 2 ist;]

---

[1] Betrag geänd. mWv VZ 2020 durch G v. 22.11.2019 (BGBl. I S. 1746).

[2] § 3 Nr. 34a eingef. mWv VZ 2015 durch G v. 22.12.2014 (BGBl. I S. 2417).

[3] § 3 Nr. 36 Satz 1 geänd. mWv VZ 2017 durch G v. 23.12.2016 (BGBl. I S. 3191); Satz 1 geänd., Satz 2 neu gef. mWv VZ 2018 durch G v. 11.12.2018 (BGBl. I S. 2338).

[4] § 3 Nr. 37 eingef. durch G v. 11.12.2018 (BGBl. I S. 2338); zur Anwendung siehe § 52 Abs. 4 Satz 7.

38.[1] Sachprämien, die der Steuerpflichtige für die persönliche Inanspruchnahme von Dienstleistungen von Unternehmen unentgeltlich erhält, die diese zum Zwecke der Kundenbindung im allgemeinen Geschäftsverkehr in einem jedermann zugänglichen planmäßigen Verfahren gewähren, soweit der Wert der Prämien 1080 Euro im Kalenderjahr nicht übersteigt;

39.[2] der Vorteil des Arbeitnehmers im Rahmen eines gegenwärtigen Dienstverhältnisses aus der unentgeltlichen oder verbilligten Überlassung von Vermögensbeteiligungen im Sinne des § 2 Absatz 1 Nummer 1 Buchstabe a, b und f bis l und Absatz 2 bis 5 des Fünften Vermögensbildungsgesetzes in der Fassung der Bekanntmachung vom 4. März 1994 (BGBl. I S. 406), zuletzt geändert durch Artikel 2 des Gesetzes vom 7. März 2009 (BGBl. I S. 451), in der jeweils geltenden Fassung, am Unternehmen des Arbeitgebers, soweit der Vorteil insgesamt *360 Euro* [***ab 1.7.2021:*** 1440 Euro] im Kalenderjahr nicht übersteigt. [2]Voraussetzung für die Steuerfreiheit ist, dass die Beteiligung mindestens allen Arbeitnehmern offensteht, die im Zeitpunkt der Bekanntgabe des Angebots ein Jahr oder länger ununterbrochen in einem gegenwärtigen Dienstverhältnis zum Unternehmen stehen. [3]Als Unternehmen des Arbeitgebers im Sinne des Satzes 1 gilt auch ein Unternehmen im Sinne des § 18 des Aktiengesetzes. [4]Als Wert der Vermögensbeteiligung ist der gemeine Wert anzusetzen;

40.[3] 40 Prozent

a)[4] der Betriebsvermögensmehrungen oder Einnahmen aus der Veräußerung oder der Entnahme von Anteilen an Körperschaften, Personenvereinigungen und Vermögensmassen, deren Leistungen beim Empfänger zu Einnahmen im Sinne des § 20 Absatz 1 Nummer 1 und 9 gehören, oder an einer Organgesellschaft im Sinne des § 14 oder § 17 des Körperschaftsteuergesetzes oder aus deren Auflösung oder Herabsetzung von deren Nennkapital oder aus dem Ansatz eines solchen Wirtschaftsguts mit dem Wert, der sich nach § 6 Absatz 1 Nummer 2 Satz 3 ergibt, soweit sie zu den Einkünften aus Land- und Forstwirtschaft, aus Gewerbebetrieb oder aus selbständiger Arbeit gehören. [2]Dies gilt nicht, soweit der Ansatz des niedrigeren Teilwerts in vollem Umfang zu einer Gewinnminderung geführt hat und soweit diese Gewinnminderung nicht durch Ansatz eines Werts, der sich nach § 6 Absatz 1 Nummer 2 Satz 3 ergibt, ausgeglichen worden ist. [3]Satz 1 gilt außer für Betriebsvermögensmehrungen aus dem Ansatz mit dem Wert, der sich nach § 6 Absatz 1 Nummer 2 Satz 3 ergibt, ebenfalls nicht, soweit Abzüge nach § 6b oder ähnliche Abzüge voll steuerwirksam vorgenommen worden sind,

---

[1] § 3 Nr. 38 bestätigt durch G v. 5.4.2011 (BGBl. I S. 554).

[2] § 3 Nr. 39 Satz 2 neu gef. (bish. Buchst. b wird neuer Satz) mWv VZ 2009 durch G v. 8.4.2010 (BGBl. I S. 386); Satz 1 Verweis geänd. durch G v. 25.7.2014 (BGBl. I S. 1266); Satz 1 Betrag geänd. durch G v. 3.6.2021 (BGBl. I S. 1498); zur Anwendung iVm § 19a vgl. § 52 Abs. 27.

[3] Zur erstmaligen bzw. zur weiteren Anwendung von § 3 Nr. 40 siehe § 52 Abs. 4 Sätze 8–12.

[4] § 3 Nr. 40 Buchst. a Satz 1 geänd. mWv VZ 2014 durch G v. 25.7.2014 (BGBl. I S. 1266).

b)[1] des Veräußerungspreises im Sinne des § 16 Absatz 2, soweit er auf die Veräußerung von Anteilen an Körperschaften, Personenvereinigungen und Vermögensmassen entfällt, deren Leistungen beim Empfänger zu Einnahmen im Sinne des § 20 Absatz 1 Nummer 1 und 9 gehören, oder an einer Organgesellschaft im Sinne des § 14 oder § 17 des Körperschaftsteuergesetzes. [2]Satz 1 ist in den Fällen des § 16 Absatz 3 entsprechend anzuwenden. [3]Buchstabe a Satz 3 gilt entsprechend,

c) des Veräußerungspreises oder des gemeinen Werts im Sinne des § 17 Absatz 2. [2]Satz 1 ist in den Fällen des § 17 Absatz 4 entsprechend anzuwenden,

d)[2] der Bezüge im Sinne des § 20 Absatz 1 Nummer 1 und der Einnahmen im Sinne des § 20 Absatz 1 Nummer 9. [2]Dies gilt nur, soweit sie das Einkommen der leistenden Körperschaft nicht gemindert haben. [***ab 1.1.2020:*** [3]Sofern die Bezüge in einem anderen Staat auf Grund einer vom deutschen Recht abweichenden steuerlichen Zurechnung einer anderen Person zugerechnet werden, gilt Satz 1 nur, soweit das Einkommen der anderen Person oder ihr nahestehender Personen nicht niedriger ist als bei einer dem deutschen Recht entsprechenden Zurechnung.] [4]Satz 1 Buchstabe d Satz 2 gilt nicht, soweit eine verdeckte Gewinnausschüttung das Einkommen einer dem Steuerpflichtigen nahe stehenden Person erhöht hat und § 32a des Körperschaftsteuergesetzes auf die Veranlagung dieser nahe stehenden Person keine Anwendung findet,

e) der Bezüge im Sinne des § 20 Absatz 1 Nummer 2,

f) der besonderen Entgelte oder Vorteile im Sinne des § 20 Absatz 3, die neben den in § 20 Absatz 1 Nummer 1 und Absatz 2 Satz 1 Nummer 2 Buchstabe a bezeichneten Einnahmen oder an deren Stelle gewährt werden,

g) des Gewinns aus der Veräußerung von Dividendenscheinen und sonstigen Ansprüchen im Sinne des § 20 Absatz 2 Satz 1 Nummer 2 Buchstabe a,

h) des Gewinns aus der Abtretung von Dividendenansprüchen oder sonstigen Ansprüchen im Sinne des § 20 Absatz 2 Satz 1 Nummer 2 Buchstabe a in Verbindung mit § 20 Absatz 2 Satz 2,

i) der Bezüge im Sinne des § 22 Nummer 1 Satz 2, soweit diese von einer nicht von der Körperschaftsteuer befreiten Körperschaft, Personenvereinigung oder Vermögensmasse stammen.

[2]Dies gilt für Satz 1 Buchstabe d bis h nur in Verbindung mit § 20 Absatz 8. [3]Satz 1 Buchstabe a, b und d bis h ist nicht anzuwenden auf Anteile, die bei Kreditinstituten *und Finanzdienstleistungsinstituten* [***ab***

---

[1] § 3 Nr. 40 Buchst. b Satz 1 geänd. mWv VZ 2014 durch G v. 25.7.2014 (BGBl. I S. 1266).

[2] § 3 Nr. 40 Satz 1 Buchst. d Satz 2 neu gef. durch G v. 26.6.2013 (BGBl. I S. 1809); zur Anwendung siehe § 52 Abs. 4 Satz 12; Satz 3 eingef., bish. Satz 3 wird Satz 4 durch G v. 25.6.2021 (BGBl. I S. 2035); zur Anwendung siehe § 52 Abs. 4 Satz 9.

26.6.2021: , Finanzdienstleistungsinstituten und Wertpapierinstituten] dem Handelsbestand im Sinne des § 340e Absatz 3 des Handelsgesetzbuchs zuzuordnen sind; Gleiches gilt für Anteile, die bei Finanzunternehmen im Sinne des Kreditwesengesetzes, an denen Kreditinstitute *oder Finanzdienstleistungsinstitute* [***ab 26.6.2021:*** , Finanzdienstleistungsinstitute oder Wertpapierinstitute][1] unmittelbar oder mittelbar zu mehr als 50 Prozent beteiligt sind, zum Zeitpunkt des Zugangs zum Betriebsvermögen als Umlaufvermögen auszuweisen sind. [4]Satz 1 ist nicht anzuwenden bei Anteilen an Unterstützungskassen;

40a.[2] 40 Prozent[3] der Vergütungen im Sinne des § 18 Absatz 1 Nummer 4;

41.[4] *a) Gewinnausschüttungen, soweit für das Kalenderjahr oder Wirtschaftsjahr, in dem sie bezogen werden, oder für die vorangegangenen sieben Kalenderjahre oder Wirtschaftsjahre aus einer Beteiligung an derselben ausländischen Gesellschaft Hinzurechnungsbeträge (§ 10 Absatz 2 des Außensteuergesetzes) der Einkommensteuer unterlegen haben, § 11 Absatz 1 und 2 des Außensteuergesetzes in der Fassung des Artikels 12 des Gesetzes vom 21. Dezember 1993 (BGBl. I S. 2310) nicht anzuwenden war und der Steuerpflichtige dies nachweist; § 3c Absatz 2 gilt entsprechend;*

b) Gewinne aus der Veräußerung eines Anteils an einer ausländischen Kapitalgesellschaft sowie aus deren Auflösung oder Herabsetzung ihres Kapitals, soweit für das Kalenderjahr oder Wirtschaftsjahr, in dem sie bezogen werden, oder für die vorangegangenen sieben Kalenderjahre oder Wirtschaftsjahre aus einer Beteiligung an derselben ausländischen Gesellschaft Hinzurechnungsbeträge (§ 10 Absatz 2 des Außensteuergesetzes) der Einkommensteuer unterlegen haben, § 11 Absatz 1 und 2 des Außensteuergesetzes in der Fassung des Artikels 12 des Gesetzes vom 21. Dezember 1993 (BGBl. I S. 2310) nicht anzuwenden war, der Steuerpflichtige dies nachweist und der Hinzurechnungsbetrag ihm nicht als Gewinnanteil zugeflossen ist.

[2]*Die Prüfung, ob Hinzurechnungsbeträge der Einkommensteuer unterlegen haben, erfolgt im Rahmen der gesonderten Feststellung nach § 18 des Außensteuergesetzes;*

42. die Zuwendungen, die auf Grund des Fulbright-Abkommens gezahlt werden;

43. der Ehrensold für Künstler sowie Zuwendungen aus Mitteln der Deutschen Künstlerhilfe, wenn es sich um Bezüge aus öffentlichen Mitteln handelt, die wegen der Bedürftigkeit des Künstlers gezahlt werden;

44.[5] Stipendien, die aus öffentlichen Mitteln oder von zwischenstaatlichen oder überstaatlichen Einrichtungen, denen die Bundesrepublik Deutschland als

---

[1] § 3 Nr. 40 Satz 3 neu gef., Satz 4 aufgeh. durch G v. 20.12.2016 (BGBl. I S. 3000); zur Anwendung von Satz 3 1. und 2. HS vgl. § 52 Abs. 4 Satz 11; Satz 4 angef. mWv VZ 2016 durch G v. 2.11.2015 (BGBl. I S. 1834); Satz 3 geänd. mWv 26.6.2021 durch G v. 12.5.2021 (BGBl. I S. 990).

[2] Zur Anwendung siehe § 52 Abs. 4 Sätze 13 und 14.

[3] Zur Anwendung siehe § 52 Abs. 4 Satz 14.

[4] § 3 Nr. 41 aufgeh. durch G v. 25.6.2021 (BGBl. I S. 2035); zur letztmaligen Anwendung für VZ 2021 siehe § 52 Abs. 4 Satz 15.

[5] § 3 Nr. 44 geänd. mWv VZ 2011 durch G v. 1.11.2011 (BGBl. I S. 2131).

Mitglied angehört, zur Förderung der Forschung oder zur Förderung der wissenschaftlichen oder künstlerischen Ausbildung oder Fortbildung gewährt werden. [2]Das Gleiche gilt für Stipendien, die zu den in Satz 1 bezeichneten Zwecken von einer Einrichtung, die von einer Körperschaft des öffentlichen Rechts errichtet ist oder verwaltet wird, oder von einer Körperschaft, Personenvereinigung oder Vermögensmasse im Sinne des § 5 Absatz 1 Nummer 9 des Körperschaftsteuergesetzes gegeben werden. [3]Voraussetzung für die Steuerfreiheit ist, dass

a) die Stipendien einen für die Erfüllung der Forschungsaufgabe oder für die Bestreitung des Lebensunterhalts und die Deckung des Ausbildungsbedarfs erforderlichen Betrag nicht übersteigen und nach den von dem Geber erlassenen Richtlinien vergeben werden,

b) der Empfänger im Zusammenhang mit dem Stipendium nicht zu einer bestimmten wissenschaftlichen oder künstlerischen Gegenleistung oder zu einer bestimmten Arbeitnehmertätigkeit verpflichtet ist;

45.[1)] die Vorteile des Arbeitnehmers aus der privaten Nutzung von betrieblichen Datenverarbeitungsgeräten und Telekommunikationsgeräten sowie deren Zubehör, aus zur privaten Nutzung überlassenen System- und Anwendungsprogrammen, die der Arbeitgeber auch in seinem Betrieb einsetzt, und aus den im Zusammenhang mit diesen Zuwendungen erbrachten Dienstleistungen. [2]Satz 1 gilt entsprechend für Steuerpflichtige, denen die Vorteile im Rahmen einer Tätigkeit zugewendet werden, für die sie eine Aufwandsentschädigung im Sinne des § 3 Nummer 12 erhalten;

[***vom 1.1.2017 bis 31.12.2030:***[2)]

46. zusätzlich zum ohnehin geschuldeten Arbeitslohn vom Arbeitgeber gewährte Vorteile für das elektrische Aufladen eines Elektrofahrzeugs oder Hybridelektrofahrzeugs im Sinne des § 6 Absatz 1 Nummer 4 Satz 2 zweiter Halbsatz an einer ortsfesten betrieblichen Einrichtung des Arbeitgebers oder eines verbundenen Unternehmens (§ 15 des Aktiengesetzes) und für die zur privaten Nutzung überlassene betriebliche Ladevorrichtung;]

47. Leistungen nach § 14a Absatz 4 und § 14b des Arbeitsplatzschutzgesetzes;

48.[3)] Leistungen nach dem Unterhaltssicherungsgesetz mit Ausnahme der Leistungen nach § 6 des Unterhaltssicherungsgesetzes;

49.[4)] *(aufgehoben)*

50. die Beträge, die der Arbeitnehmer vom Arbeitgeber erhält, um sie für ihn auszugeben (durchlaufende Gelder), und die Beträge, durch die Auslagen des Arbeitnehmers für den Arbeitgeber ersetzt werden (Auslagenersatz);

[1)] § 3 Nr. 45 neu gef. durch G v. 8.5.2012 (BGBl. I S. 1030); Satz 2 angef. mWv VZ 2015 durch G v. 22.12.2014 (BGBl. I S. 2417).

[2)] § 3 Nr. 46 eingef. durch G v. 7.11.2016 (BGBl. I S. 2498); zur Anwendung siehe § 52 Abs. 4 Satz 16.

[3)] § 3 Nr. 48 geänd. mWv VZ 2015 durch G v. 29.6.2015 (BGBl. I S. 1061); geänd. mWv VZ 2020 durch G v. 12.12.2019 (BGBl. I S. 2451).

[4)] § 3 Nr. 49 aufgeh. mWv VZ 2011 durch G v. 1.11.2011 (BGBl. I S. 2131).

51. Trinkgelder, die anlässlich einer Arbeitsleistung dem Arbeitnehmer von Dritten freiwillig und ohne dass ein Rechtsanspruch auf sie besteht, zusätzlich zu dem Betrag gegeben werden, der für diese Arbeitsleistung zu zahlen ist;
52. (weggefallen)
53.[1] die Übertragung von Wertguthaben nach § 7f Absatz 1 Satz 1 Nummer 2 des Vierten Buches Sozialgesetzbuch auf die Deutsche Rentenversicherung Bund. [2] Die Leistungen aus dem Wertguthaben durch die Deutsche Rentenversicherung Bund gehören zu den Einkünften aus nichtselbständiger Arbeit im Sinne des § 19. [3] Von ihnen ist Lohnsteuer einzubehalten;
54. Zinsen aus Entschädigungsansprüchen für deutsche Auslandsbonds im Sinne der §§ 52 bis 54 des Bereinigungsgesetzes für deutsche Auslandsbonds in der im Bundesgesetzblatt Teil III, Gliederungsnummer 4139-2, veröffentlichten bereinigten Fassung, soweit sich die Entschädigungsansprüche gegen den Bund oder die Länder richten. [2] Das Gleiche gilt für die Zinsen aus Schuldverschreibungen und Schuldbuchforderungen, die nach den §§ 9, 10 und 14 des Gesetzes zur näheren Regelung der Entschädigungsansprüche für Auslandsbonds in der im Bundesgesetzblatt Teil III, Gliederungsnummer 4139-3, veröffentlichten bereinigten Fassung vom Bund oder von den Ländern für Entschädigungsansprüche erteilt oder eingetragen werden;
55.[2] der in den Fällen des § 4 Absatz 2 Nummer 2 und Absatz 3 des Betriebsrentengesetzes vom 19. Dezember 1974 (BGBl. I S. 3610), das zuletzt durch Artikel 8 des Gesetzes vom 5. Juli 2004 (BGBl. I S. 1427) geändert worden ist, in der jeweils geltenden Fassung geleistete Übertragungswert nach § 4 Absatz 5 des Betriebsrentengesetzes, wenn die betriebliche Altersversorgung beim ehemaligen und neuen Arbeitgeber über einen Pensionsfonds, eine Pensionskasse oder ein Unternehmen der Lebensversicherung durchgeführt wird; dies gilt auch, wenn eine Versorgungsanwartschaft aus einer betrieblichen Altersversorgung auf Grund vertraglicher Vereinbarung ohne Fristerfordernis unverfallbar ist. [2] Satz 1 gilt auch, wenn der Übertragungswert vom ehemaligen Arbeitgeber oder von einer Unterstützungskasse an den neuen Arbeitgeber oder eine andere Unterstützungskasse geleistet wird. [3] Die Leistungen des neuen Arbeitgebers, der Unterstützungskasse, des Pensionsfonds, der Pensionskasse oder des Unternehmens der Lebensversicherung auf Grund des Betrags nach Satz 1 und 2 gehören zu den Einkünften, zu denen die Leistungen gehören würden, wenn die Übertragung nach § 4 Absatz 2 Nummer 2 und Absatz 3 des Betriebsrentengesetzes nicht stattgefunden hätte;
55a.[3] · [4] die nach § 10 des Versorgungsausgleichsgesetzes vom 3. April 2009 (BGBl. I S. 700) in der jeweils geltenden Fassung (interne Teilung) durchgeführte Übertragung von Anrechten für die ausgleichsberechtigte Person

---

[1] § 3 Nr. 53 eingef. mWv VZ 2009 durch G v. 19.12.2008 (BGBl. I S. 2794).

[2] Siehe § 82 Abs. 4 Nr. 5; § 3 Nr. 55 Satz 1 HS 2 angef. mWv VZ 2018 durch G v. 17.8.2017 (BGBl. I S. 3214).

[3] Siehe § 82 Abs. 4 Nr. 5.

[4] § 3 Nr. 55a eingef. durch G v. 3.4.2009 (BGBl. I S. 700); siehe § 82 Abs. 4 Nr. 5.

zu Lasten von Anrechten der ausgleichspflichtigen Person. [2]Die Leistungen aus diesen Anrechten gehören bei der ausgleichsberechtigten Person zu den Einkünften, zu denen die Leistungen bei der ausgleichspflichtigen Person gehören würden, wenn die interne Teilung nicht stattgefunden hätte;

55b.[1)] der nach § 14 des Versorgungsausgleichsgesetzes (externe Teilung) geleistete Ausgleichswert zur Begründung von Anrechten für die ausgleichsberechtigte Person zu Lasten von Anrechten der ausgleichspflichtigen Person, soweit Leistungen aus diesen Anrechten zu steuerpflichtigen Einkünften nach den §§ 19, 20 und 22 führen würden. [2]Satz 1 gilt nicht, soweit Leistungen, die auf dem begründeten Anrecht beruhen, bei der ausgleichsberechtigten Person zu Einkünften nach § 20 Absatz 1 Nummer 6 oder § 22 Nummer 1 Satz 3 Buchstabe a Doppelbuchstabe bb führen würden. [3]Der Versorgungsträger der ausgleichspflichtigen Person hat den Versorgungsträger der ausgleichsberechtigten Person über die für die Besteuerung der Leistungen erforderlichen Grundlagen zu informieren. [4]Dies gilt nicht, wenn der Versorgungsträger der ausgleichsberechtigten Person die Grundlagen bereits

(Fortsetzung nächstes Blatt)

[1)] § 3 Nr. 55b eingef. durch G v. 3.4.2009 (BGBl. I S. 700); siehe § 82 Abs. 4 Nr. 5.

le aus einer mietweisen Wohnungsüberlassung im Zusammenhang mit einem Arbeitsverhältnis, soweit sie die Vorteile aus einer entsprechenden Förderung nach dem *Zweiten Wohnungsbaugesetz*[1], nach dem Wohnraumförderungsgesetz oder einem Landesgesetz zur Wohnraumförderung nicht überschreiten;

[bis 13.8.2020 geltende Fassung:][2]

60. Leistungen aus öffentlichen Mitteln an Arbeitnehmer des Steinkohlen-, Pechkohlen- und Erzbergbaues, des Braunkohlentiefbaues und der Eisen- und Stahlindustrie aus Anlass von Stilllegungs-, Einschränkungs-, Umstellungs- oder Rationalisierungsmaßnahmen;

[ab 14.8.2020 geltende Fassung:][3]

60. das Anpassungsgeld für Arbeitnehmer der Braunkohlekraftwerke und -tagebaue sowie Steinkohlekraftwerke, die aus Anlass einer Stilllegungsmaßnahme ihren Arbeitsplatz verloren haben;

61. Leistungen nach § 4 Absatz 1 Nummer 2, § 7 Absatz 3, §§ 9, 10 Absatz 1, §§ 13, 15 des Entwicklungshelfer-Gesetzes;
62. Ausgaben des Arbeitgebers für die Zukunftssicherung des Arbeitnehmers, soweit der Arbeitgeber dazu nach sozialversicherungsrechtlichen oder anderen gesetzlichen Vorschriften oder nach einer auf gesetzlicher Ermächtigung beruhenden Bestimmung verpflichtet ist, und es sich nicht um Zuwendungen oder Beiträge des Arbeitgebers nach den Nummern 56, 63 und 63a[4] handelt. 2 Den Ausgaben des Arbeitgebers für die Zukunftssicherung, die auf Grund gesetzlicher Verpflichtung geleistet werden, werden gleichgestellt Zuschüsse des Arbeitgebers zu den Aufwendungen des Arbeitnehmers
    a) für eine Lebensversicherung,
    b) für die freiwillige Versicherung in der gesetzlichen Rentenversicherung,
    c) für eine öffentlich-rechtliche Versicherungs- oder Versorgungseinrichtung seiner Berufsgruppe,

    wenn der Arbeitnehmer von der Versicherungspflicht in der gesetzlichen Rentenversicherung befreit worden ist. 3 Die Zuschüsse sind nur insoweit steuerfrei, als sie insgesamt bei Befreiung von der Versicherungspflicht in der allgemeinen Rentenversicherung die Hälfte und bei Befreiung von der Versicherungspflicht in der knappschaftlichen Rentenversicherung zwei Drittel der Gesamtaufwendungen des Arbeitnehmers nicht übersteigen und nicht höher sind als der Betrag, der als Arbeitgeberanteil bei Versicherungspflicht in der allgemeinen Rentenversicherung oder in der knappschaftlichen Rentenversicherung zu zahlen wäre;[5]

---

[1] Zweites Wohnungsbaugesetz aufgeh. mWv 1.1.2002 durch WoFG v. 13.9.2001 (BGBl. I S. 2376); zur weiteren Anwendung siehe § 48 WoFG v. 13.9.2001 (BGBl. I S. 2376).
[2] Vgl. zur weiteren Anwendung § 52 Abs. 4 Satz 17.
[3] § 3 Nr. 60 neu gef. mWv 14.8.2020 durch G v. 8.8.2020 (BGBl. I S. 1818).
[4] Verweis geänd. mWv 1.1.2018 durch G v. 17.8.2017 (BGBl. I S. 3214).
[5] § 3 Nr. 62 Satz 4 aufgeh. mWv 1.1.2018 durch G v. 17.8.2017 (BGBl. I S. 3214).

63.[1] Beiträge des Arbeitgebers aus dem ersten Dienstverhältnis an einen Pensionsfonds, eine Pensionskasse oder für eine Direktversicherung zum Aufbau einer kapitalgedeckten betrieblichen Altersversorgung, bei der eine Auszahlung der zugesagten Alters-, Invaliditäts- oder Hinterbliebenenversorgungsleistungen entsprechend § 82 Absatz 2 Satz 2 vorgesehen ist, soweit die Beiträge im Kalenderjahr 8 Prozent[2] der Beitragsbemessungsgrenze in der allgemeinen Rentenversicherung nicht übersteigen. [2]Dies gilt nicht, soweit der Arbeitnehmer nach § 1a Absatz 3 des Betriebsrentengesetzes verlangt hat, dass die Voraussetzungen für eine Förderung nach § 10a oder Abschnitt XI erfüllt werden. [3]Aus Anlass der Beendigung des Dienstverhätnisses geleistete Beiträge im Sinne des Satzes 1 sind steuerfrei, soweit sie 4 Prozent der Beitragsbemessungsgrenze in der allgemeinen Rentenversicherung, vervielfältigt mit der Anzahl der Kalenderjahre, in denen das Dienstverhältnis des Arbeitnehmers zu dem Arbeitgeber bestanden hat, höchstens jedoch zehn Kalenderjahre, nicht übersteigen. [4]Beiträge im Sinne des Satzes 1, die für Kalenderjahre nachgezahlt werden, in denen das erste Dienstverhältnis ruhte und vom Arbeitgeber im Inland kein steuerpflichtiger Arbeitslohn bezogen wurde, sind steuerfrei, soweit sie 8 Prozent der Beitragsbemessungsgrenze in der allgemeinen Rentenversicherung, vervielfältigt mit der Anzahl dieser Kalenderjahre, höchstens jedoch zehn Kalenderjahre, nicht übersteigen;[3]

63a.[4] Sicherungsbeiträge des Arbeitgebers nach § 23 Absatz 1 des Betriebsrentengesetzes, soweit sie nicht unmittelbar dem einzelnen Arbeitnehmer gutgeschrieben oder zugerechnet werden;

64. bei Arbeitnehmern, die zu einer inländischen juristischen Person des öffentlichen Rechts in einem Dienstverhältnis stehen und dafür Arbeitslohn aus einer inländischen öffentlichen Kasse beziehen, die Bezüge für eine Tätigkeit im Ausland insoweit, als sie den Arbeitslohn übersteigen, der dem Arbeitnehmer bei einer gleichwertigen Tätigkeit am Ort der zahlenden öffentlichen Kasse zustehen würde. [2]Satz 1 gilt auch, wenn das Dienstverhältnis zu einer anderen Person besteht, die den Arbeitslohn entsprechend den im Sinne des Satzes 1 geltenden Vorschriften ermittelt, der Arbeitslohn aus einer öffentlichen Kasse gezahlt wird und ganz oder im Wesentlichen aus öffentlichen Mitteln aufgebracht wird. [3]Bei anderen für einen begrenzten Zeitraum in das Ausland entsandten Arbeitnehmern, die dort einen Wohnsitz oder gewöhnlichen Aufenthalt haben, ist der ihnen von einem inländischen Arbeitgeber gewährte Kaufkraftausgleich steuerfrei, soweit er den für vergleichbare Auslandsdienstbezüge nach § 55 des Bundesbesoldungsgesetzes zulässigen Betrag nicht übersteigt;

---

[1] Zur Anwendung siehe § 52 Abs. 4 Sätze 18 und 19; § 3 Nr. 63 Satz 1 geänd. mWv 15.12.2018 durch G v. 11.12.2018 (BGBl. I S. 2338).

[2] § 3 Nr. 63 Satz 1 geänd. durch G v. 17.8.2017 (BGBl. I S. 3214); zur Anwendung siehe § 52 Abs. 4 Satz 18.

[3] § 3 Nr. 63 Sätze 3 und 4 neu gef. durch G v. 17.8.2017 (BGBl. I S. 3214); zur Anwendung von Satz 3 siehe § 52 Abs. 4 Satz 19.

[4] § 3 Nr. 63a eingef. mWv VZ 2018 durch G v. 17.8.2017 (BGBl. I S. 3214).

[2] Satz 1 ist nicht anzuwenden,

a) wenn der Steuerpflichtige den Betrieb veräußert oder aufgibt und der Veräußerungsgewinn nach § 34 besteuert wird,

b) soweit der Steuerpflichtige von den Regelungen der §§ 6b und 6c Gebrauch macht,

c) soweit der Ansatz des niedrigeren Teilwerts in vollem Umfang zu einer Gewinnminderung geführt hat und soweit diese Gewinnminderung nicht durch den Ansatz eines Werts, der sich nach § 6 Absatz 1 Nummer 1 Satz 4 ergibt, ausgeglichen worden ist,

d) wenn im Fall des Satzes 1 Buchstabe a der Buchwert zuzüglich der Veräußerungskosten den Veräußerungserlös oder im Fall des Satzes 1 Buchstabe b der Buchwert den Teilwert übersteigt. [2] Ermittelt der Steuerpflichtige den Gewinn nach § 4 Absatz 3, treten an die Stelle des Buchwerts die Anschaffungs- oder Herstellungskosten verringert um die vorgenommenen Absetzungen für Abnutzung oder Substanzverringerung,

e) soweit vom Steuerpflichtigen in der Vergangenheit Abzüge bei den Anschaffungs- oder Herstellungskosten von Wirtschaftsgütern im Sinne des Satzes 1 nach § 6b oder ähnliche Abzüge voll steuerwirksam vorgenommen worden sind,

f) wenn es sich um eine Übertragung im Zusammenhang mit Rechtsvorgängen handelt, die dem Umwandlungssteuergesetz unterliegen und die Übertragung zu einem Wert unterhalb des gemeinen Werts erfolgt.

[3] Die Steuerbefreiung entfällt rückwirkend, wenn

a) innerhalb eines Zeitraums von vier Jahren seit dem Vertragsschluss im Sinne des Satzes 1 Buchstabe a der Erwerber oder innerhalb eines Zeitraums von vier Jahren nach dem Stichtag der Schlussbilanz im Sinne des Satzes 1 Buchstabe b die REIT-Aktiengesellschaft den Grund und Boden oder das Gebäude veräußert,

b)[1] der Vor-REIT oder ein anderer Vor-REIT als sein Gesamtrechtsnachfolger den Status als Vor-REIT gemäß § 10 Absatz 3 Satz 1 des REIT-Gesetzes verliert,

c) die REIT-Aktiengesellschaft innerhalb eines Zeitraums von vier Jahren seit dem Vertragsschluss im Sinne des Satzes 1 Buchstabe a oder nach dem Stichtag der Schlussbilanz im Sinne des Satzes 1 Buchstabe b in keinem Veranlagungszeitraum die Voraussetzungen für die Steuerbefreiung erfüllt,

d) die Steuerbefreiung der REIT-Aktiengesellschaft innerhalb eines Zeitraums von vier Jahren seit dem Vertragsschluss im Sinne des Satzes 1 Buchstabe a oder nach dem Stichtag der Schlussbilanz im Sinne des Satzes 1 Buchstabe b endet,

e) das Bundeszentralamt für Steuern dem Erwerber im Sinne des Satzes 1 Buchstabe a den Status als Vor-REIT im Sinne des § 2 Satz 4 des REIT-Gesetzes vom 28. Mai 2007 (BGBl. I S. 914) bestandskräftig aberkannt hat.

---

[1] § 3 Nr. 70 Satz 3 Buchst. b neu gef. durch G v. 22.6.2011 (BGBl. I S. 1126).

[4] Die Steuerbefreiung entfällt auch rückwirkend, wenn die Wirtschaftsgüter im Sinne des Satzes 1 Buchstabe a vom Erwerber an den Veräußerer oder eine ihm nahe stehende Person im Sinne des § 1 Absatz 2 des Außensteuergesetzes überlassen werden und der Veräußerer oder eine ihm nahe stehende Person im Sinne des § 1 Absatz 2 des Außensteuergesetzes nach Ablauf einer Frist von zwei Jahren seit Eintragung des Erwerbers als REIT-Aktiengesellschaft in das Handelsregister an dieser mittelbar oder unmittelbar zu mehr als 50 Prozent beteiligt ist. [5] Der Grundstückserwerber haftet für die sich aus dem rückwirkenden Wegfall der Steuerbefreiung ergebenden Steuern;

71.[1)] der aus einer öffentlichen Kasse gezahlte Zuschuss

a) für den Erwerb eines Anteils an einer Kapitalgesellschaft in Höhe von 20 Prozent der Anschaffungskosten, höchstens jedoch 100 000 Euro. [2] Voraussetzung ist, dass

aa) der Anteil an der Kapitalgesellschaft länger als drei Jahre gehalten wird,

bb) die Kapitalgesellschaft, deren Anteil erworben wird,

aaa) nicht älter ist als sieben Jahre, wobei das Datum der Eintragung der Gesellschaft in das Handelsregister maßgeblich ist,

bbb) weniger als 50 Mitarbeiter (Vollzeitäquivalente) hat,

ccc) einen Jahresumsatz oder eine Jahresbilanzsumme von höchstens 10 Millionen Euro hat und

ddd) nicht an einem regulierten Markt notiert ist und keine solche Notierung vorbereitet,

cc) der Zuschussempfänger das 18. Lebensjahr vollendet hat oder eine GmbH oder Unternehmergesellschaft ist, bei der mindestens ein Gesellschafter das 18. Lebensjahr vollendet hat und

dd) für den Erwerb des Anteils kein Fremdkapital eingesetzt wird. [2] Wird der Anteil von einer GmbH oder Unternehmergesellschaft im Sinne von Doppelbuchstabe cc erworben, gehören auch solche Darlehen zum Fremdkapital, die der GmbH oder Unternehmergesellschaft von ihren Anteilseignern gewährt werden und die von der GmbH oder Unternehmergesellschaft zum Erwerb des Anteils eingesetzt werden.

b) anlässlich der Veräußerung eines Anteils an einer Kapitalgesellschaft im Sinne von Buchstabe a in Höhe von 25 Prozent des Veräußerungsgewinns, wenn

aa) der Veräußerer eine natürliche Person ist,

bb) bei Erwerb des veräußerten Anteils bereits ein Zuschuss im Sinne von Buchstabe a gezahlt und nicht zurückgefordert wurde,

cc) der veräußerte Anteil frühestens drei Jahre (Mindesthaltedauer) und spätestens zehn Jahre (Höchsthaltedauer) nach Anteilserwerb veräußert wurde,

dd) der Veräußerungsgewinn nach Satz 2 mindestens 2000 Euro beträgt und

ee) der Zuschuss auf 80 Prozent der Anschaffungskosten begrenzt ist.

[1)] § 3 Nr. 71 neu gef. durch G v. 27.6.2017 (BGBl. I S. 2074); zur Anwendung siehe § 52 Abs. 4 Satz 21.

außer Ansatz, soweit auf die vorangegangene Teilwertabschreibung Satz 2 angewendet worden ist. [6] Satz 1 ist außerdem ungeachtet eines wirtschaftlichen Zusammenhangs mit den dem § 3 Nummer 40 zugrunde liegenden Betriebsvermögensmehrungen oder Einnahmen oder mit Vergütungen nach § 3 Nummer 40a auch auf Betriebsvermögensminderungen, Betriebsausgaben oder Veräußerungskosten eines Gesellschafters einer Körperschaft anzuwenden, soweit diese mit einer im Gesellschaftsverhältnis veranlassten unentgeltlichen Überlassung von Wirtschaftsgütern an diese Körperschaft oder bei einer teilentgeltlichen Überlassung von Wirtschaftsgütern mit dem unentgeltlichen Teil in Zusammenhang stehen und der Steuerpflichtige zu mehr als einem Viertel unmittelbar oder mittelbar am Grund- oder Stammkapital dieser Körperschaft beteiligt ist oder war. [7] Für die Anwendung des Satzes 1 ist die Absicht zur Erzielung von Betriebsvermögensmehrungen oder Einnahmen im Sinne des § 3 Nummer 40 oder von Vergütungen im Sinne des § 3 Nummer 40a ausreichend. [8] Satz 1 gilt auch für Wertminderungen des Anteils an einer Organgesellschaft, die nicht auf Gewinnausschüttungen zurückzuführen sind. [9] § 8b Absatz 10 des Körperschaftsteuergesetzes gilt sinngemäß.

(3) Betriebsvermögensminderungen, Betriebsausgaben oder Veräußerungskosten, die mit den Betriebsvermögensmehrungen oder Einnahmen im Sinne des § 3 Nummer 70 in wirtschaftlichem Zusammenhang stehen, dürfen unabhängig davon, in welchem Veranlagungszeitraum die Betriebsvermögensmehrungen oder Einnahmen anfallen, nur zur Hälfte abgezogen werden.

(4)[1] [1] Betriebsvermögensminderungen oder Betriebsausgaben, die mit einem steuerfreien Sanierungsertrag im Sinne des § 3a in unmittelbarem wirtschaftlichem Zusammenhang stehen, dürfen unabhängig davon, in welchem Veranlagungszeitraum der Sanierungsertrag entsteht, nicht abgezogen werden. [2] Satz 1 gilt nicht, soweit Betriebsvermögensminderungen oder Betriebsausgaben zur Erhöhung von Verlustvorträgen geführt haben, die nach Maßgabe der in § 3a Absatz 3 getroffenen Regelungen entfallen. [3] Zu den Betriebsvermögensminderungen oder Betriebsausgaben im Sinne des Satzes 1 gehören auch Aufwendungen im Zusammenhang mit einem Besserungsschein und vergleichbare Aufwendungen. [4] Satz 1 gilt für Betriebsvermögensminderungen oder Betriebsausgaben, die nach dem Sanierungsjahr entstehen, nur insoweit, als noch ein verbleibender Sanierungsertrag im Sinne von § 3a Absatz 3 Satz 4 vorhanden ist. [5] Wurden Betriebsvermögensminderungen oder Betriebsausgaben im Sinne des Satzes 1 bereits bei einer Steuerfestsetzung oder einer gesonderten Feststellung nach § 180 Absatz 1 Satz 1 der Abgabenordnung gewinnmindernd berücksichtigt, ist der entsprechende Steuer- oder Feststellungsbescheid insoweit zu ändern. [6] Das gilt auch dann, wenn der Steuer- oder Feststellungsbescheid bereits bestandskräftig geworden ist; die Festsetzungsfrist endet insoweit nicht, bevor die Festsetzungsfrist für das Sanierungsjahr abgelaufen ist.

[1] § 3c Abs. 4 angef. durch G v. 27.6.2017 (BGBl. I S. 2074); zur Anwendung siehe § 52 Abs. 5 Sätze 3 und 4; zum Inkrafttreten vorbehaltlich der Feststellung der Europäischen Kommission, dass die Regelungen entweder keine Beihilfen oder mit dem Binnenmarkt vereinbare Beihilfen darstellen, siehe § 3a.

3. Gewinn

§ 4 Gewinnbegriff im Allgemeinen. (1)[1] [1]Gewinn ist der Unterschiedsbetrag zwischen dem Betriebsvermögen am Schluss des Wirtschaftsjahres und dem Betriebsvermögen am Schluss des vorangegangenen Wirtschaftsjahres, vermehrt um den Wert der Entnahmen und vermindert um den Wert der Einlagen. [2]Entnahmen sind alle Wirtschaftsgüter (Barentnahmen, Waren, Erzeugnisse, Nutzungen und Leistungen), die der Steuerpflichtige dem Betrieb für sich, für seinen Haushalt oder für andere betriebsfremde Zwecke im Laufe des Wirtschaftsjahres entnommen hat. [3]Einer Entnahme für betriebsfremde Zwecke steht der Ausschluss oder die Beschränkung des Besteuerungsrechts der Bundesrepublik Deutschland hinsichtlich des Gewinns aus der Veräußerung oder der Nutzung eines Wirtschaftsguts gleich [*ab 1.1.2020:* ; dies gilt auf Antrag auch in den Fällen, in denen die Beschränkung des Besteuerungsrechts der Bundesrepublik Deutschland hinsichtlich des Gewinns aus der Veräußerung eines Wirtschaftsguts entfällt und in einem anderen Staat eine Besteuerung auf Grund des Ausschlusses oder der Beschränkung des Besteuerungsrechts dieses Staates hinsichtlich des Gewinns aus der Veräußerung des Wirtschaftsguts erfolgt.] [4]Ein Ausschluss oder eine Beschränkung des Besteuerungsrechts hinsichtlich des Gewinns aus der Veräußerung eines Wirtschaftsguts liegt insbesondere vor, wenn ein bisher einer inländischen Betriebsstätte des Steuerpflichtigen zuzuordnendes Wirtschaftsgut einer ausländischen Betriebsstätte zuzuordnen ist. [5]Satz 3 gilt nicht für Anteile an einer Europäischen Gesellschaft oder Europäischen Genossenschaft in den Fällen

1. einer Sitzverlegung der Europäischen Gesellschaft nach Artikel 8 der Verordnung (EG) Nr. 2157/2001 des Rates vom 8. Oktober 2001 über das Statut der Europäischen Gesellschaft (SE) (ABl. EG Nr. L 294 S. 1), zuletzt geändert durch die Verordnung (EG) Nr. 885/2004 des Rates vom 26. April 2004 (ABl. EU Nr. L 168 S. 1), und
2. einer Sitzverlegung der Europäischen Genossenschaft nach Artikel 7 der Verordnung (EG) Nr. 1435/2003 des Rates vom 22. Juli 2003 über das Statut der Europäischen Genossenschaft (SCE) (ABl. EU Nr. L 207 S. 1).

[6]Ein Wirtschaftsgut wird nicht dadurch entnommen, dass der Steuerpflichtige zur Gewinnermittlung nach § 13a übergeht. [7]Eine Änderung der Nutzung eines Wirtschaftsguts, die bei Gewinnermittlung nach Satz 1 keine Entnahme ist, ist auch bei Gewinnermittlung nach § 13a keine Entnahme. [8]Einlagen sind alle Wirtschaftsgüter (Bareinzahlungen und sonstige Wirtschaftsgüter), die der Steuerpflichtige dem Betrieb im Laufe des Wirtschaftsjahres zugeführt hat; einer Einlage steht die Begründung des Besteuerungsrechts der Bundesrepublik Deutschland hinsichtlich des Gewinns aus der Veräußerung eines Wirtschaftsguts gleich. [*ab 1.1.2020:* [9]In den Fällen des Satzes 3 zweiter Halbsatz

---

[1] § 4 Abs. 1 Satz 4 eingef., bish. Sätze 4 bis 8 werden Sätze 5 bis 9 durch G v. 8.12.2010 (BGBl. I S. 1768); zur Anwendung siehe § 52 Abs. 6 Satz 2; Abs. 1 Satz 3 HS 2 angef. durch G v. 25.6.2021 (BGBl. I S. 2035); zur Anwendung siehe § 52 Abs. 6 Satz 1; Abs. 1 Satz 9 eingef., bish. Satz 9 wird Satz 10 durch G v. 25.6.2021 (BGBl. I S. 2035); zur Anwendung siehe § 52 Abs. 6 Satz 3.

gilt das Wirtschaftsgut als unmittelbar nach der Entnahme wieder eingelegt.] [10]Bei der Ermittlung des Gewinns sind die Vorschriften über die Betriebsausgaben, über die Bewertung und über die Absetzung für Abnutzung oder Substanzverringerung zu befolgen.

(2) [1]Der Steuerpflichtige darf die Vermögensübersicht (Bilanz) auch nach ihrer Einreichung beim Finanzamt ändern, soweit sie den Grundsätzen ordnungsmäßiger Buchführung unter Befolgung der Vorschriften dieses Gesetzes nicht entspricht; diese Änderung ist nicht zulässig, wenn die Vermögensübersicht (Bilanz) einer Steuerfestsetzung zugrunde liegt, die nicht mehr aufgehoben oder geändert werden kann. [2]Darüber hinaus ist eine Änderung der Vermögensübersicht (Bilanz) nur zulässig, wenn sie in einem engen zeitlichen und sachlichen Zusammenhang mit einer Änderung nach Satz 1 steht und soweit die Auswirkung der Änderung nach Satz 1 auf den Gewinn reicht.

(3)[1)] [1]Steuerpflichtige, die nicht auf Grund gesetzlicher Vorschriften verpflichtet sind, Bücher zu führen und regelmäßig Abschlüsse zu machen, und die auch keine Bücher führen und keine Abschlüsse machen, können als Gewinn den Überschuss der Betriebseinnahmen über die Betriebsausgaben ansetzen. [2]Hierbei scheiden Betriebseinnahmen und Betriebsausgaben aus, die im Namen und für Rechnung eines anderen vereinnahmt und verausgabt werden (durchlaufende Posten). [3]Die Vorschriften über die Bewertungsfreiheit für geringwertige Wirtschaftsgüter (§ 6 Absatz 2), die Bildung eines Sammelpostens (§ 6 Absatz 2a) und über die Absetzung für Abnutzung oder Substanzverringerung sind zu befolgen.

[Fassung für vor dem 6.5.2006 angeschaffte WG][2)]

[4]Die Anschaffungs- oder Herstellungskosten für nicht abnutzbare Wirtschaftsgüter des Anlagevermögens sind erst im Zeitpunkt der Veräußerung oder Entnahme dieser Wirtschaftsgüter als Betriebsausgaben zu berücksichtigen. [5]Die nicht abnutzbaren Wirtschaftsgüter des Anlagevermögens sind unter Angabe des Tages der Anschaffung oder Herstellung und der Anschaffungs- oder Herstellungskosten oder des an deren Stelle getretenen Werts in besondere, laufend zu führende Verzeichnisse aufzunehmen.

[Fassung für nach dem 5.5.2006 angeschaffte WG][3)]

[4]Die Anschaffungs- oder Herstellungskosten für nicht abnutzbare Wirtschaftsgüter des Anlagevermögens, für Anteile an Kapitalgesellschaften, für Wertpapiere und vergleichbare nicht verbriefte Forderungen und Rechte, für Grund und Boden sowie Gebäude des Umlaufvermögens sind erst im Zeitpunkt des Zuflusses des Veräußerungserlöses oder bei Entnahme im Zeitpunkt der Entnahme als Betriebsausgaben zu berücksichtigen. [5]Die Wirtschaftsgüter des Anlagevermögens und Wirtschaftsgüter des Umlaufvermögens im Sinne des Satzes 4 sind unter Angabe des Tages der Anschaffung oder Herstellung und der

---

[1)] Zur Anwendung von § 4 Abs. 3 Satz 4 siehe § 52 Abs. 6 Satz 4.

[2)] Laut BGBl. „5.5.2006" – wohl Redaktionsversehen, da sonst der 5.5.2006 nicht eingeschlossen; zur Anwendung siehe § 52 Abs. 6 Satz 6.

[3)] Zur Anwendung siehe § 52 Abs. 6 Satz 5.

[Fassung für nach dem 5.5.2006 angeschaffte WG]

Anschaffungs- oder Herstellungskosten oder des an deren Stelle getretenen Werts in besondere, laufend zu führende Verzeichnisse aufzunehmen.

(4) Betriebsausgaben sind die Aufwendungen, die durch den Betrieb veranlasst sind.

(4a)[1] [1]Schuldzinsen sind nach Maßgabe der Sätze 2 bis 4 nicht abziehbar, wenn Überentnahmen getätigt worden sind. [2]Eine Überentnahme ist der Betrag, um den die Entnahmen die Summe des Gewinns und der Einlagen des Wirtschaftsjahres übersteigen. [3]Die nicht abziehbaren Schuldzinsen werden typisiert mit 6 Prozent der Überentnahme des Wirtschaftsjahres zuzüglich der Überentnahmen vorangegangener Wirtschaftsjahre und abzüglich der Beträge, um die in den vorangegangenen Wirtschaftsjahren der Gewinn und die Einlagen die Entnahmen überstiegen haben (Unterentnahmen), ermittelt; bei der Ermittlung der Überentnahme ist vom Gewinn ohne Berücksichtigung der nach Maßgabe dieses Absatzes nicht abziehbaren Schuldzinsen auszugehen. [4]Der sich dabei ergebende Betrag, höchstens jedoch der um 2050 Euro verminderte Betrag der im Wirtschaftsjahr angefallenen Schuldzinsen, ist dem Gewinn hinzuzurechnen. [5]Der Abzug von Schuldzinsen für Darlehen zur Finanzierung von Anschaffungs- oder Herstellungskosten von Wirtschaftsgütern des Anlagevermögens bleibt unberührt. [6]Die Sätze 1 bis 5 sind bei Gewinnermittlung nach § 4 Absatz 3 sinngemäß anzuwenden; hierzu sind Entnahmen und Einlagen gesondert aufzuzeichnen.

(5) [1]Die folgenden Betriebsausgaben dürfen den Gewinn nicht mindern:

1. Aufwendungen für Geschenke an Personen, die nicht Arbeitnehmer des Steuerpflichtigen sind. [2]Satz 1 gilt nicht, wenn die Anschaffungs- oder Herstellungskosten der dem Empfänger im Wirtschaftsjahr zugewendeten Gegenstände insgesamt 35 Euro nicht übersteigen;
2. Aufwendungen für die Bewirtung von Personen aus geschäftlichem Anlass, soweit sie 70 Prozent der Aufwendungen übersteigen, die nach der allgemeinen Verkehrsauffassung als angemessen anzusehen und deren Höhe und betriebliche Veranlassung nachgewiesen sind. [2]Zum Nachweis der Höhe und der betrieblichen Veranlassung der Aufwendungen hat der Steuerpflichtige schriftlich die folgenden Angaben zu machen: Ort, Tag, Teilnehmer und Anlass der Bewirtung sowie Höhe der Aufwendungen. [3]Hat die Bewirtung in einer Gaststätte stattgefunden, so genügen Angaben zu dem Anlass und den Teilnehmern der Bewirtung; die Rechnung über die Bewirtung ist beizufügen;
3. Aufwendungen für Einrichtungen des Steuerpflichtigen, soweit sie der Bewirtung, Beherbergung oder Unterhaltung von Personen, die nicht Arbeitnehmer des Steuerpflichtigen sind, dienen (Gästehäuser) und sich außerhalb des Orts eines Betriebs des Steuerpflichtigen befinden;

---

[1] Zur Anwendung von Abs. 4a siehe § 52 Abs. 6 Sätze 7 bis 9.

4. Aufwendungen für Jagd oder Fischerei, für Segeljachten oder Motorjachten sowie für ähnliche Zwecke und für die hiermit zusammenhängenden Bewirtungen;

5.[1] Mehraufwendungen für die Verpflegung des Steuerpflichtigen. [2]Wird der Steuerpflichtige vorübergehend von seiner Wohnung und dem Mittelpunkt seiner dauerhaft angelegten betrieblichen Tätigkeit entfernt betrieblich tätig, sind die Mehraufwendungen für Verpflegung nach Maßgabe des § 9 Absatz 4a abziehbar;

6.[2] Aufwendungen für die Wege des Steuerpflichtigen zwischen Wohnung und Betriebsstätte und für Familienheimfahrten, soweit in den folgenden Sätzen nichts anderes bestimmt ist. [2]Zur Abgeltung dieser Aufwendungen ist § 9 Absatz 1 Satz 3 Nummer 4 Satz 2 bis 6 und Nummer 5 Satz 5 bis 7 und Absatz 2 entsprechend anzuwenden. [3]Bei der Nutzung eines Kraftfahrzeugs dürfen die Aufwendungen in Höhe des positiven Unterschiedsbetrags zwischen 0,03 Prozent des inländischen Listenpreises im Sinne des § 6 Absatz 1 Nummer 4 Satz 2 des Kraftfahrzeugs im Zeitpunkt der Erstzulassung je Kalendermonat für jeden Entfernungskilometer und dem sich nach § 9 Absatz 1 Satz 3 Nummer 4 Satz 2 bis 6 oder Absatz 2 ergebenden Betrag sowie Aufwendungen für Familienheimfahrten in Höhe des positiven Unterschiedsbetrags zwischen 0,002 Prozent des inländischen Listenpreises im Sinne des § 6 Absatz 1 Nummer 4 Satz 2 für jeden Entfernungskilometer und dem sich nach § 9 Absatz 1 Satz 3 Nummer 5 Satz 5 bis 7 oder Absatz 2 ergebenden Betrag den Gewinn nicht mindern; ermittelt der Steuerpflichtige die private Nutzung des Kraftfahrzeugs nach § 6 Absatz 1 Nummer 4 Satz 1 oder Satz 3, treten an die Stelle des mit 0,03 oder 0,002 Prozent des inländischen Listenpreises ermittelten Betrags für Fahrten zwischen Wohnung und Betriebsstätte und für Familienheimfahrten die auf diese Fahrten entfallenden tatsächlichen Aufwendungen; § 6 Absatz 1 Nummer 4 Satz 3 zweiter Halbsatz gilt sinngemäß. [***ab 1.1.2021:*** [4]§ 9 Absatz 1 Satz 3 Nummer 4 Satz 8 und Nummer 5 Satz 9 gilt entsprechend;]

6a.[3] die Mehraufwendungen für eine betrieblich veranlasste doppelte Haushaltsführung, soweit sie die nach § 9 Absatz 1 Satz 3 Nummer 5 Satz 1 bis 4 abziehbaren Beträge und die Mehraufwendungen für betrieblich veranlasste Übernachtungen, soweit sie die nach § 9 Absatz 1 Satz 3 Nummer 5a abziehbaren Beträge übersteigen;

6b.[4] Aufwendungen für ein häusliches Arbeitszimmer sowie die Kosten der Ausstattung. [2]Dies gilt nicht, wenn für die betriebliche oder berufliche

---

[1] § 4 Abs. 5 Satz 1 Nr. 5 Satz 1 und 2 geänd., Sätze 3 bis 6 aufgeh. mWv 1.1.2014 (§ 52 Abs. 6 Satz 8) durch G v. 20.2.2013 (BGBl. I S. 285).

[2] § 4 Abs. 5 Satz 1 Nr. 6 Zitate geänd. mWv 1.1.2014 durch G v. 20.2.2013 (BGBl. I S. 285); Satz 3 zweiter Satzteil angef. mWv VZ 2013 durch G v. 26.6.2013 (BGBl. I S. 1809); Satz 4 angef. mWv VZ 2021 durch G v. 21.12.2019 (BGBl. I S. 2886).

[3] § 4 Abs. 5 Satz 1 Nr. 6a eingef. mWv 1.1.2014 (§ 52 Abs. 6 Satz 11) durch G v. 20.2.2013 (BGBl. I S. 285).

[4] § 4 Abs. 5 Satz 1 Nr. 6b Satz 2 ersetzt durch Sätze 2 und 3 durch G v. 8.12.2010 (BGBl. I S. 1768); Satz 4 angef. durch G v. 21.12.2020 (BGBl. I S. 3096), zur zeitlich begrenzten Anwendung siehe § 52 Abs. 6 Satz 15.

Tätigkeit kein anderer Arbeitsplatz zur Verfügung steht. [3]In diesem Fall wird die Höhe der abziehbaren Aufwendungen auf 1250 Euro begrenzt; die Beschränkung der Höhe nach gilt nicht, wenn das Arbeitszimmer den Mittelpunkt der gesamten betrieblichen und beruflichen Betätigung bildet. [***1.1.2020–31.12.2021:*** [4]Liegt kein häusliches Arbeitszimmer vor oder wird auf einen Abzug der Aufwendungen für ein häusliches Arbeitszimmer nach den Sätzen 2 und 3 verzichtet, kann der Steuerpflichtige für jeden Kalendertag, an dem er seine betriebliche oder berufliche Tätigkeit ausschließlich in der häuslichen Wohnung ausübt und keine außerhalb der häuslichen Wohnung belegene Betätigungsstätte aufsucht, für seine gesamte betriebliche und berufliche Betätigung einen Betrag von 5 Euro abziehen, höchstens 600 Euro im Wirtschafts- oder Kalenderjahr;]

7. andere als die in den Nummern 1 bis 6 und 6b bezeichneten Aufwendungen, die die Lebensführung des Steuerpflichtigen oder anderer Personen berühren, soweit sie nach allgemeiner Verkehrsauffassung als unangemessen anzusehen sind;

8.[1)] Geldbußen, Ordnungsgelder und Verwarnungsgelder, die von einem Gericht oder einer Behörde im Geltungsbereich dieses Gesetzes oder von einem Mitgliedstaat oder von Organen der Europäischen Union festgesetzt wurden sowie damit zusammenhängende Aufwendungen. [2]Dasselbe gilt für Leistungen zur Erfüllung von Auflagen oder Weisungen, die in einem berufsgerichtlichen Verfahren erteilt werden, soweit die Auflagen oder Weisungen nicht lediglich der Wiedergutmachung des durch die Tat verursachten Schadens dienen. [3]Die Rückzahlung von Ausgaben im Sinne der Sätze 1 und 2 darf den Gewinn nicht erhöhen. [4]Das Abzugsverbot für Geldbußen gilt nicht, soweit der wirtschaftliche Vorteil, der durch den Gesetzesverstoß erlangt wurde, abgeschöpft worden ist, wenn die Steuern vom Einkommen und Ertrag, die auf den wirtschaftlichen Vorteil entfallen, nicht abgezogen worden sind; Satz 3 ist insoweit nicht anzuwenden;

8a.[2)] Zinsen auf hinterzogene Steuern nach § 235 der Abgabenordnung und Zinsen nach § 233a der Abgabenordnung, soweit diese nach § 235 Absatz 4 der Abgabenordnung auf die Hinterziehungszinsen angerechnet werden;

9.[3)] Ausgleichszahlungen, die in den Fällen der §§ 14 und 17 des Körperschaftsteuergesetzes an außenstehende Anteilseigner geleistet werden;

10. die Zuwendung von Vorteilen sowie damit zusammenhängende Aufwendungen, wenn die Zuwendung der Vorteile eine rechtswidrige Handlung darstellt, die den Tatbestand eines Strafgesetzes oder eines Gesetzes verwirklicht, das die Ahndung mit einer Geldbuße zulässt. [2]Gerichte, Staatsanwaltschaften oder Verwaltungsbehörden haben Tatsachen, die sie dienstlich

---

[1)] § 4 Abs. 5 Satz 1 Nr. 8 neu gef. mWv 1.1.2019 (§ 52 Abs. 6 Satz 12) durch G v. 12.12. 2019 (BGBl. I S. 2451).

[2)] § 4 Abs. 5 Satz 1 Nr. 8a geänd. mWv 1.1.2019 (§ 52 Abs. 6 Satz 13) durch G v. 12.12. 2019 (BGBl. I S. 2451).

[3)] § 4 Abs. 5 Satz 1 Nr. 9 geänd. mWv VZ 2014 durch G v. 25.7.2014 (BGBl. I S. 1266).

erfahren und die den Verdacht einer Tat im Sinne des Satzes 1 begründen, der Finanzbehörde für Zwecke des Besteuerungsverfahrens und zur Verfolgung von Steuerstraftaten und Steuerordnungswidrigkeiten mitzuteilen. [3]Die Finanzbehörde teilt Tatsachen, die den Verdacht einer Straftat oder einer Ordnungswidrigkeit im Sinne des Satzes 1 begründen, der Staatsanwaltschaft oder der Verwaltungsbehörde mit. [4]Diese unterrichten die Finanzbehörde von dem Ausgang des Verfahrens und den zugrundeliegenden Tatsachen;

11. Aufwendungen, die mit unmittelbaren oder mittelbaren Zuwendungen von nicht einlagefähigen Vorteilen an natürliche oder juristische Personen oder Personengesellschaften zur Verwendung in Betrieben in tatsächlichem oder wirtschaftlichem Zusammenhang stehen, deren Gewinn nach § 5a Absatz 1 ermittelt wird;
12. Zuschläge nach § 162 Absatz 4 der Abgabenordnung;
13.[1)] Jahresbeiträge nach § 12 Absatz 2 des Restrukturierungsfondsgesetzes.

[2]Das Abzugsverbot gilt nicht, soweit die in den Nummern 2 bis 4 bezeichneten Zwecke Gegenstand einer mit Gewinnabsicht ausgeübten Betätigung des Steuerpflichtigen sind. [3]§ 12 Nummer 1 bleibt unberührt.

(5a) (weggefallen)

(5b) Die Gewerbesteuer und die darauf entfallenden Nebenleistungen sind keine Betriebsausgaben.

(6) Aufwendungen zur Förderung staatspolitischer Zwecke (§ 10b Absatz 2) sind keine Betriebsausgaben.

(7) [1]Aufwendungen im Sinne des Absatzes 5 Satz 1 Nummer 1 bis 4, 6b und 7 sind einzeln und getrennt von den sonstigen Betriebsausgaben aufzuzeichnen. [2]Soweit diese Aufwendungen nicht bereits nach Absatz 5 vom Abzug ausgeschlossen sind, dürfen sie bei der Gewinnermittlung nur berücksichtigt werden, wenn sie nach Satz 1 besonders aufgezeichnet sind.

(8) Für Erhaltungsaufwand bei Gebäuden in Sanierungsgebieten und städtebaulichen Entwicklungsbereichen sowie bei Baudenkmalen gelten die §§ 11a und 11b entsprechend.

(9)[2)] [1]Aufwendungen des Steuerpflichtigen für seine Berufsausbildung oder für sein Studium sind nur dann Betriebsausgaben, wenn der Steuerpflichtige zuvor bereits eine Erstausbildung (Berufsausbildung oder Studium) abgeschlossen hat. [2]§ 9 Absatz 6 Satz 2 bis 5 gilt entsprechend.

[***ab 1.1.2020:***

(10)[3)] § 9 Absatz 1 Satz 3 Nummer 5b ist entsprechend anzuwenden.]

§ 4a Gewinnermittlungszeitraum, Wirtschaftsjahr. (1) [1]Bei Land- und Forstwirten und bei Gewerbetreibenden ist der Gewinn nach dem Wirtschaftsjahr zu ermitteln. [2]Wirtschaftsjahr ist

---

1) § 4 Abs. 5 Satz 1 Nr. 13 angef. durch G v. 9.12.2010 (BGBl. I S. 1900).

2) § 4 Abs. 9 neu gef. mWv VZ 2015 durch G v. 22.12.2014 (BGBl. I S. 2417).

3) § 4 Abs. 10 angef. durch G v. 12.12.2019 (BGBl. I S. 2451); zur Anwendung siehe § 52 Abs. 6 Satz 14.

1. bei Land- und Forstwirten der Zeitraum vom 1. Juli bis zum 30. Juni. [2]Durch Rechtsverordnung[1)] kann für einzelne Gruppen von Land- und Forstwirten ein anderer Zeitraum bestimmt werden, wenn das aus wirtschaftlichen Gründen erforderlich ist;
2. bei Gewerbetreibenden, deren Firma im Handelsregister eingetragen ist, der Zeitraum, für den sie regelmäßig Abschlüsse machen. [2]Die Umstellung des Wirtschaftsjahres auf einen vom Kalenderjahr abweichenden Zeitraum ist steuerlich nur wirksam, wenn sie im Einvernehmen mit dem Finanzamt vorgenommen wird;
3. bei anderen Gewerbetreibenden das Kalenderjahr. [2]Sind sie gleichzeitig buchführende Land- und Forstwirte, so können sie mit Zustimmung des Finanzamts den nach Nummer 1 maßgebenden Zeitraum als Wirtschaftsjahr für den Gewerbebetrieb bestimmen, wenn sie für den Gewerbebetrieb Bücher führen und für diesen Zeitraum regelmäßig Abschlüsse machen.

(2) Bei Land- und Forstwirten und bei Gewerbetreibenden, deren Wirtschaftsjahr vom Kalenderjahr abweicht, ist der Gewinn aus Land- und Forstwirtschaft oder aus Gewerbebetrieb bei der Ermittlung des Einkommens in folgender Weise zu berücksichtigen:

1. [1]Bei Land- und Forstwirten ist der Gewinn des Wirtschaftsjahres auf das Kalenderjahr, in dem das Wirtschaftsjahr beginnt, und auf das Kalenderjahr, in dem das Wirtschaftsjahr endet, entsprechend dem zeitlichen Anteil aufzuteilen. [2]Bei der Aufteilung sind Veräußerungsgewinne im Sinne des § 14 auszuscheiden und dem Gewinn des Kalenderjahres hinzuzurechnen, in dem sie entstanden sind;
2. bei Gewerbetreibenden gilt der Gewinn des Wirtschaftsjahres als in dem Kalenderjahr bezogen, in dem das Wirtschaftsjahr endet.

§ 4b Direktversicherung. [1]Der Versicherungsanspruch aus einer Direktversicherung, die von einem Steuerpflichtigen aus betrieblichem Anlass abgeschlossen wird, ist dem Betriebsvermögen des Steuerpflichtigen nicht zuzurechnen, soweit am Schluss des Wirtschaftsjahres hinsichtlich der Leistungen des Versicherers die Person, auf deren Leben die Lebensversicherung abgeschlossen ist, oder ihre Hinterbliebenen bezugsberechtigt sind. [2]Das gilt auch, wenn der Steuerpflichtige die Ansprüche aus dem Versicherungsvertrag abgetreten oder beliehen hat, sofern er sich der bezugsberechtigten Person gegenüber schriftlich verpflichtet, sie bei Eintritt des Versicherungsfalls so zu stellen, als ob die Abtretung oder Beleihung nicht erfolgt wäre.

§ 4c Zuwendungen an Pensionskassen. (1) [1]Zuwendungen an eine Pensionskasse dürfen von dem Unternehmen, das die Zuwendungen leistet (Trägerunternehmen), als Betriebsausgaben abgezogen werden, soweit sie auf einer in der Satzung oder im Geschäftsplan der Kasse festgelegten Verpflichtung oder auf einer Anordnung der Versicherungsaufsichtsbehörde beruhen oder der Abdeckung von Fehlbeträgen bei der Kasse dienen. [2]Soweit die allgemeinen

---

1) Vgl. hierzu § 8c EStDV (Nr. **10**).

Versicherungsbedingungen und die fachlichen Geschäftsunterlagen im Sinne des § 219 Absatz 3 Nummer 1 Buchstabe b[1)] des Versicherungsaufsichtsgesetzes nicht zum Geschäftsplan gehören, gelten diese als Teil des Geschäftsplans.

(2) Zuwendungen im Sinne des Absatzes 1 dürfen als Betriebsausgaben nicht abgezogen werden, soweit die Leistungen der Kasse, wenn sie vom Trägerunternehmen unmittelbar erbracht würden, bei diesem nicht betrieblich veranlasst wären.

§ 4d Zuwendungen an Unterstützungskassen. (1) [1] Zuwendungen an eine Unterstützungskasse dürfen von dem Unternehmen, das die Zuwendun-

(Fortsetzung nächstes Blatt)

---

1) Verweis geänd. mWv 1.1.2016 durch G v. 1.4.2015 (BGBl. I S. 434); geänd. mWv 13.1.2019 durch G v. 19.12.2018 (BGBl. I S. 2672).

§ 4f[1] Verpflichtungsübernahmen, Schuldbeitritte und Erfüllungsübernahmen. (1) [1]Werden Verpflichtungen übertragen, die beim ursprünglich Verpflichteten Ansatzverboten, -beschränkungen oder Bewertungsvorbehalten unterlegen haben, ist der sich aus diesem Vorgang ergebende Aufwand im Wirtschaftsjahr der Schuldübernahme und den nachfolgenden 14 Jahren gleichmäßig verteilt als Betriebsausgabe abziehbar. [2]Ist auf Grund der Übertragung einer Verpflichtung ein Passivposten gewinnerhöhend aufzulösen, ist Satz 1 mit der Maßgabe anzuwenden, dass der sich ergebende Aufwand im Wirtschaftsjahr der Schuldübernahme in Höhe des aufgelösten Passivpostens als Betriebsausgabe abzuziehen ist; der den aufgelösten Passivposten übersteigende Betrag ist in dem Wirtschaftsjahr der Schuldübernahme und den nachfolgenden 14 Wirtschaftsjahren gleichmäßig verteilt als Betriebsausgabe abzuziehen. [3]Eine Verteilung des sich ergebenden Aufwands unterbleibt, wenn die Schuldübernahme im Rahmen einer Veräußerung oder Aufgabe des ganzen Betriebes oder des gesamten Mitunternehmeranteils im Sinne der §§ 14, 16 Absatz 1, 3 und 3a sowie des § 18 Absatz 3 erfolgt; dies gilt auch, wenn ein Arbeitnehmer unter Mitnahme seiner erworbenen Pensionsansprüche zu einem neuen Arbeitgeber wechselt oder wenn der Betrieb am Schluss des vorangehenden Wirtschaftsjahres die *Größenmerkmale des § 7g Absatz 1 Satz 2 Nummer 1 Buchstabe a bis c* [***ab 1.1.2020:*** Gewinngrenze des § 7g Absatz 1 Satz 2 Nummer 1][2] nicht überschreitet. [4]Erfolgt die Schuldübernahme in dem Fall einer Teilbetriebsveräußerung oder -aufgabe im Sinne der §§ 14, 16 Absatz 1, 3 und 3a sowie des § 18 Absatz 3, ist ein Veräußerungs- oder Aufgabeverlust um den Aufwand im Sinne des Satzes 1 zu vermindern, soweit dieser den Verlust begründet oder erhöht hat. [5]Entsprechendes gilt für den einen aufgelösten Passivposten übersteigenden Betrag im Sinne des Satzes 2. [6]Für den hinzugerechneten Aufwand gelten Satz 2 zweiter Halbsatz und Satz 3 entsprechend. [7]Der jeweilige Rechtsnachfolger des ursprünglichen Verpflichteten ist an die Aufwandsverteilung nach den Sätzen 1 bis 6 gebunden.

(2) Wurde für Verpflichtungen im Sinne des Absatzes 1 ein Schuldbeitritt oder eine Erfüllungsübernahme mit ganzer oder teilweiser Schuldfreistellung vereinbart, gilt für die vom Freistellungsberechtigten an den Freistellungsverpflichteten erbrachten Leistungen Absatz 1 Satz 1, 2 und 7 entsprechend.

§ 4g Bildung eines Ausgleichspostens bei Entnahme nach § 4 Absatz 1 Satz 3. (1)[3] [1]Der Steuerpflichtige kann in Höhe des Unterschiedsbetrags zwischen dem Buchwert und dem nach § 6 Absatz 1 Nummer 4 Satz 1 zweiter Halbsatz anzusetzenden Wert eines Wirtschaftsguts auf Antrag einen Ausgleichsposten bilden, soweit das Besteuerungsrecht der Bundesrepublik Deutschland hinsichtlich des Gewinns aus der Veräußerung des Wirtschaftsguts zugunsten eines Staates im Sinne des § 36 Absatz 5 Satz 1 beschränkt

---

[1] § 4f eingef. durch G v. 18.12.2013 (BGBl. I S. 4318); zur Anwendung siehe § 52 Abs. 8 Satz 1.

[2] § 4f Abs. 1 Satz 3 geänd. durch G v. 21.12.2020 (BGBl. I S. 3096); zur Anwendung (insb. zu abw. Wj.) siehe § 52 Abs. 8 Satz 2.

[3] § 4g Abs. 1 neu gef. durch G v. 25.6.2021 (BGBl. I S. 2035); zur Anwendung siehe § 52 Abs. 8a.

oder ausgeschlossen wird (§ 4 Absatz 1 Satz 3). [2]Der Ausgleichsposten ist für jedes Wirtschaftsgut getrennt auszuweisen. [3]Der Antrag ist unwiderruflich. [4]Die Vorschriften des Umwandlungssteuergesetzes bleiben unberührt.

(2)[1)] [1]Der Ausgleichsposten ist im Wirtschaftjahr der Bildung und in den vier folgenden Wirtschaftsjahren zu jeweils einem Fünftel gewinnerhöhend aufzulösen.

[Fassung bis VZ 2020:]

[2]Er ist in vollem Umfang gewinnerhöhend aufzulösen,

1. wenn das als entnommen geltende Wirtschaftsgut aus dem Betriebsvermögen des Steuerpflichtigen ausscheidet,
2. wenn das als entnommen geltende Wirtschaftsgut aus der Besteuerungshoheit der Mitgliedstaaten der Europäischen Union ausscheidet oder
3. wenn die stillen Reserven des als entnommen geltenden Wirtschaftsguts im Ausland aufgedeckt werden oder in entsprechender Anwendung der Vorschriften des deutschen Steuerrechts hätten aufgedeckt werden müssen.

[Fassung ab VZ 2021:]

[2]Er ist in vollem Umfang gewinnerhöhend aufzulösen, wenn ein Ereignis im Sinne des § 36 Absatz 5 Satz 4 eintritt oder wenn ein künftiger Steueranspruch aus der Auflösung des Ausgleichspostens gemäß Satz 1 gefährdet erscheint und der Steuerpflichtige dem Verlangen der zuständigen Finanzbehörde auf Leistung einer Sicherheit nicht nachkommt.

(3)[2)] [1]*Wird die Zuordnung eines Wirtschaftsguts zu einer anderen Betriebsstätte des Steuerpflichtigen in einem anderen Mitgliedstaat der Europäischen Union im Sinne des Absatzes 1 innerhalb der tatsächlichen Nutzungsdauer, spätestens jedoch vor Ablauf von fünf Jahren nach Änderung der Zuordnung, aufgehoben, ist der für dieses Wirtschaftsgut gebildete Ausgleichsposten ohne Auswirkungen auf den Gewinn aufzulösen und das Wirtschaftsgut mit den fortgeführten Anschaffungskosten, erhöht um zwischenzeitlich gewinnerhöhend berücksichtigte Auflösungsbeträge im Sinne der Absätze 2 und 5 Satz 2 und um den Unterschiedsbetrag zwischen dem Rückführungswert und dem Buchwert im Zeitpunkt der Rückführung, höchstens jedoch mit dem gemeinen Wert, anzusetzen.* [2]*Die Aufhebung der geänderten Zuordnung ist ein Ereignis im Sinne des § 175 Absatz 1 Satz 1 Nummer 2 der Abgabenordnung.*

(4)[3)] [1]Die Absätze 1 *bis 3* [***ab VZ 2021:*** und 2] finden entsprechende Anwendung bei der Ermittlung des Überschusses der Betriebseinnahmen über die Betriebsausgaben gemäß § 4 Absatz 3. [2]Wirtschaftsgüter, für die ein Ausgleichsposten nach Absatz 1 gebildet worden ist, sind in ein laufend zu führendes Verzeichnis aufzunehmen. [3]Der Steuerpflichtige hat darüber hinaus Aufzeichnun-

---

1) § 4g Abs. 2 Satz 2 neu gef. mWv VZ 2021 durch G v. 25.6.2021 (BGBl. I S. 2035).
2) § 4g Abs. 3 aufgeh. mWv VZ 2021 durch G v. 25.6.2021 (BGBl. I S. 2035).
3) § 4g Abs. 4 Satz 1 Verweis geänd. mWv VZ 2021 durch G v. 25.6.2021 (BGBl. I S. 2035).

gen zu führen, aus denen die Bildung und Auflösung der Ausgleichsposten hervorgeht. 4 Die Aufzeichnungen nach den Sätzen 2 und 3 sind der Steuererklärung beizufügen.

(5)[1] 1 Der Steuerpflichtige ist verpflichtet, der zuständigen Finanzbehörde die Entnahme oder ein Ereignis im Sinne des Absatzes 2 unverzüglich anzuzeigen. 2 Kommt der Steuerpflichtige dieser Anzeigepflicht, seinen Aufzeichnungspflichten nach Absatz 4 oder seinen sonstigen Mitwirkungspflichten im Sinne des § 90 der Abgabenordnung nicht nach, ist der Ausgleichsposten dieses Wirtschaftsguts gewinnerhöhend aufzulösen. [***ab VZ 2021:*** 3 § 36 Absatz 5 Satz 8 gilt entsprechend.]

(6)[2] Absatz 2 Satz 2 *Nummer 2 und Absatz 3 sind* [***ab VZ 2021:*** ist] mit der Maßgabe anzuwenden, dass allein der Austritt des Vereinigten Königreichs Großbritannien und Nordirland aus der Europäischen Union nicht dazu führt, dass ein als entnommen geltendes Wirtschaftsgut als aus der Besteuerungshoheit der Mitgliedstaaten der Europäischen Union ausgeschieden gilt.

§ 4h Betriebsausgabenabzug für Zinsaufwendungen (Zinsschranke).

(1)[3] 1 Zinsaufwendungen eines Betriebs sind abziehbar in Höhe des Zinsertrags, darüber hinaus nur bis zur Höhe des verrechenbaren EBITDA. 2 Das verrechenbare EBITDA ist 30 Prozent des um die Zinsaufwendungen und um die nach § 6 Absatz 2 Satz 1 abzuziehenden, nach § 6 Absatz 2a Satz 2 gewinnmindernd aufzulösenden und nach § 7 abgesetzten Beträge erhöhten und um die Zinserträge verminderten maßgeblichen Gewinns. 3 Soweit das verrechenbare EBITDA die um die Zinserträge geminderten Zinsaufwendungen des Betriebs übersteigt, ist es in die folgenden fünf Wirtschaftsjahre vorzutragen (EBITDA-Vortrag); ein EBITDA-Vortrag entsteht nicht in Wirtschaftsjahren, in denen Absatz 2 die Anwendung von Absatz 1 Satz 1 ausschließt. 4 Zinsaufwendungen, die nach Satz 1 nicht abgezogen werden können, sind bis zur Höhe der EBITDA-Vorträge aus vorangegangenen Wirtschaftsjahren abziehbar und mindern die EBITDA-Vorträge in ihrer zeitlichen Reihenfolge. 5 Danach verbleibende nicht abziehbare Zinsaufwendungen sind in die folgenden Wirtschaftsjahre vorzutragen (Zinsvortrag). 6 Sie erhöhen die Zinsaufwendungen dieser Wirtschaftsjahre, nicht aber den maßgeblichen Gewinn.

(2) 1 Absatz 1 Satz 1 ist nicht anzuwenden, wenn

a) der Betrag der Zinsaufwendungen, soweit er den Betrag der Zinserträge übersteigt, weniger als drei Millionen Euro beträgt,

b) der Betrieb nicht oder nur anteilmäßig zu einem Konzern gehört, oder

c) der Betrieb zu einem Konzern gehört und seine Eigenkapitalquote am Schluss des vorangegangenen Abschlussstichtages gleich hoch oder höher ist als die des Konzerns (Eigenkapitalvergleich). 2 Ein Unterschreiten der Ei-

---

[1] § 4g Abs. 5 Satz 3 angef. mWv VZ 2021 durch G v. 25.6.2021 (BGBl. I S. 2035).

[2] § 4g Abs. 6 angef. mWv 29.3.2019 durch Brexit-StBG v. 25.3.2019 (BGBl. I S. 357); geänd. mWv VZ 2021 durch G v 25.6.2021 (BGBl. I S. 2035).

[3] § 4h Abs. 1 neu gef. durch G v. 22.12.2009 (BGBl. I S. 3950).

genkapitalquote des Konzerns um bis zu zwei Prozentpunkte[1)] ist unschädlich. [3] Eigenkapitalquote ist das Verhältnis des Eigenkapitals zur Bilanzsumme; sie bemisst sich nach dem Konzernabschluss, der den Betrieb umfasst, und ist für den Betrieb auf der Grundlage des Jahresabschlusses oder Einzelabschlusses zu ermitteln. [4] Wahlrechte sind im Konzernabschluss und im Jahresabschluss oder Einzelabschluss einheitlich auszuüben; bei gesellschaftsrechtlichen Kündigungsrechten ist insoweit mindestens das Eigenkapital anzusetzen, das sich nach den Vorschriften des Handelsgesetzbuchs ergeben würde. [5] Bei der Ermittlung der Eigenkapitalquote des Betriebs ist das Eigenkapital um einen im Konzernabschluss enthaltenen Firmenwert, soweit er auf den Betrieb entfällt, und um die Hälfte von Sonderposten mit Rücklagenanteil (§ 273 des Handelsgesetzbuchs) zu erhöhen sowie um das Eigenkapital, das keine Stimmrechte vermittelt – mit Ausnahme von Vorzugsaktien –, die Anteile an anderen Konzerngesellschaften und um Einlagen der letzten sechs Monate vor dem maßgeblichen Abschlussstichtag, soweit ihnen Entnahmen oder Ausschüttungen innerhalb der ersten sechs Monate nach dem maßgeblichen Abschlussstichtag gegenüberstehen, zu kürzen. [6] Die Bilanzsumme ist um Kapitalforderungen zu kürzen, die nicht im Konzernabschluss ausgewiesen sind und denen Verbindlichkeiten im Sinne des Absatzes 3 in mindestens gleicher Höhe gegenüberstehen. [7] Sonderbetriebsvermögen ist dem Betrieb der Mitunternehmerschaft zuzuordnen, soweit es im Konzernvermögen enthalten ist. [8] Die für den Eigenkapitalvergleich maßgeblichen Abschlüsse sind einheitlich nach den International Financial Reporting Standards (IFRS) zu erstellen. [9] Hiervon abweichend können Abschlüsse nach dem Handelsrecht eines Mitgliedstaats der Europäischen Union verwendet werden, wenn kein Konzernabschluss nach den IFRS zu erstellen und offen zu legen ist und für keines der letzten fünf Wirtschaftsjahre ein Konzernabschluss nach den IFRS erstellt wurde; nach den Generally Accepted Accounting Principles der Vereinigten Staaten von Amerika (US-GAAP) aufzustellende und offen zu legende Abschlüsse sind zu verwenden, wenn kein Konzernabschluss nach den IFRS oder dem Handelsrecht eines Mitgliedstaats der Europäischen Union zu erstellen und offen zu legen ist. [10] Der Konzernabschluss muss den Anforderungen an die handelsrechtliche Konzernrechnungslegung genügen oder die Voraussetzungen erfüllen, unter denen ein Abschluss nach den §§ 291 und 292 des Handelsgesetzbuchs befreiende Wirkung hätte. [11] Wurde der Jahresabschluss oder Einzelabschluss nicht nach denselben Rechnungslegungsstandards wie der Konzernabschluss aufgestellt, ist die Eigenkapitalquote des Betriebs in einer Überleitungsrechnung nach den für den Konzernabschluss geltenden Rechnungslegungsstandards zu ermitteln. [12] Die Überleitungsrechnung ist einer prüferischen Durchsicht zu unterziehen. [13] Auf Verlangen der Finanzbehörde ist der Abschluss oder die Überleitungsrechnung des Betriebs durch einen Abschlussprüfer zu prüfen, der die Voraussetzungen des § 319 des Handelsgesetzbuchs erfüllt. [14] Ist ein dem Eigenkapitalvergleich zugrunde gelegter Abschluss unrichtig und führt der zutreffende Abschluss zu

---

1) Erweiterung des Toleranzrahmens mW für nach dem 31.12.2009 endende Wj. (§ 52 Abs. 12d Satz 4 a. F.) durch G v. 22.12.2009 (BGBl. I S. 3950).

einer Erhöhung der nach Absatz 1 nicht abziehbaren Zinsaufwendungen, ist ein Zuschlag entsprechend § 162 Absatz 4 Satz 1 und 2 der Abgabenordnung festzusetzen. [15]Bemessungsgrundlage für den Zuschlag sind die nach Absatz 1 nicht abziehbaren Zinsaufwendungen. [16]§ 162 Absatz 4 Satz 4 bis 6 der Abgabenordnung gilt sinngemäß.

[2]Ist eine Gesellschaft, bei der der Gesellschafter als Mitunternehmer anzusehen ist, unmittelbar oder mittelbar einer Körperschaft nachgeordnet, gilt für die Gesellschaft § 8a Absatz 2 und 3 des Körperschaftsteuergesetzes entsprechend.

(3) [1]Maßgeblicher Gewinn ist der nach den Vorschriften dieses Gesetzes mit Ausnahme des Absatzes 1 ermittelte steuerpflichtige Gewinn. [2]Zinsaufwendungen sind Vergütungen für Fremdkapital, die den maßgeblichen Gewinn gemindert haben. [3]Zinserträge sind Erträge aus Kapitalforderungen jeder Art, die den maßgeblichen Gewinn erhöht haben. [4]Die Auf- und Abzinsung unverzinslicher oder niedrig verzinslicher Verbindlichkeiten oder Kapitalforderungen führen ebenfalls zu Zinserträgen oder Zinsaufwendungen. [5]Ein Betrieb gehört zu einem Konzern, wenn er nach dem für die Anwendung des Absatzes 2 Satz 1 Buchstabe c zugrunde gelegten Rechnungslegungsstandard mit einem oder mehreren anderen Betrieben konsolidiert wird oder werden könnte. [6]Ein Betrieb gehört für Zwecke des Absatzes 2 auch zu einem Konzern, wenn seine Finanz- und Geschäftspolitik mit einem oder mehreren anderen Betrieben einheitlich bestimmt werden kann.

(4)[1)] [1]Der EBITDA-Vortrag und der Zinsvortrag sind gesondert festzustellen. [2]Zuständig ist das für die gesonderte Feststellung des Gewinns und Verlusts der Gesellschaft zuständige Finanzamt, im Übrigen das für die Besteuerung zuständige Finanzamt. [3]§ 10d Absatz 4 gilt sinngemäß. [4]Feststellungsbescheide sind zu erlassen, aufzuheben oder zu ändern, soweit sich die nach Satz 1 festzustellenden Beträge ändern.

(5)[2)] [1]Bei Aufgabe oder Übertragung des Betriebs gehen ein nicht verbrauchter EBITDA-Vortrag und ein nicht verbrauchter Zinsvortrag unter. [2]Scheidet ein Mitunternehmer aus einer Gesellschaft aus, gehen der EBITDA-Vortrag und der Zinsvortrag anteilig mit der Quote unter, mit der der ausgeschiedene Gesellschafter an der Gesellschaft beteiligt war. [3]§ 8c des Körperschaftsteuergesetzes ist auf den Zinsvortrag einer Gesellschaft entsprechend anzuwenden, soweit an dieser unmittelbar oder mittelbar eine Körperschaft als Mitunternehmer beteiligt ist.

§ 4i[3)] Sonderbetriebsausgabenabzug bei Vorgängen mit Auslandsbezug. [1]Aufwendungen dürfen nicht als Sonderbetriebsausgaben abgezogen werden, soweit sie auch die Steuerbemessungsgrundlage in einem anderen Staat mindern. [2]Satz 1 gilt nicht, soweit diese Aufwendungen Erträge desselben Steu-

---

[1)] § 4h Abs. 4 Sätze 1 und 4 geänd. durch G v. 22.12.2009 (BGBl. I S. 3950).

[2)] § 4h Abs. 5 Sätze 1 und 2 geänd. durch G v. 22.12.2009 (BGBl. I S. 3950).

[3)] § 4i eingef. mWv 1.1.2017 durch G v. 20.12.2016 (BGBl. I S. 3000); Überschr. geänd., Satz 1 kursiver Satzteil aufgeh. und geänd. mWv 25.6.2017 durch G v. 23.6.2017 (BGBl. I S. 1682).

erpflichtigen mindern, die bei ihm sowohl der inländischen Besteuerung unterliegen als auch nachweislich der tatsächlichen Besteuerung in dem anderen Staat.

§ 4j[1] Aufwendungen für Rechteüberlassungen. (1) [1] Aufwendungen für die Überlassung der Nutzung oder des Rechts auf Nutzung von Rechten, insbesondere von Urheberrechten und gewerblichen Schutzrechten, von gewerblichen, technischen, wissenschaftlichen und ähnlichen Erfahrungen, Kenntnissen und Fertigkeiten, zum Beispiel Plänen, Mustern und Verfahren, sind ungeachtet eines bestehenden Abkommens zur Vermeidung der Doppelbesteuerung nur nach Maßgabe des Absatzes 3 abziehbar, wenn die Einnahmen des Gläubigers einer von der Regelbesteuerung abweichenden, niedrigen Besteuerung nach Absatz 2 unterliegen (Präferenzregelung) und der Gläubiger eine dem Schuldner nahestehende Person im Sinne des § 1 Absatz 2 des Außensteuergesetzes ist. [2] Wenn auch der Gläubiger nach Satz 1 oder eine andere dem Schuldner nach Satz 1 nahestehende Person im Sinne des § 1 Absatz 2 des Außensteuergesetzes wiederum Aufwendungen für Rechte hat, aus denen sich die Rechte nach Satz 1 unmittelbar oder mittelbar ableiten, sind die Aufwendungen nach Satz 1 ungeachtet eines bestehenden Abkommens zur Vermeidung der Doppelbesteuerung auch dann nur nach Maßgabe des Absatzes 3 abziehbar, wenn die weiteren Einnahmen des weiteren Gläubigers einer von der Regelbesteuerung abweichenden, niedrigen Besteuerung nach Absatz 2 unterliegen und der weitere Gläubiger eine dem Schuldner nach Satz 1 nahestehende Person im Sinne des § 1 Absatz 2 des Außensteuergesetzes ist; dies gilt nicht, wenn die Abziehbarkeit der Aufwendungen beim Gläubiger oder der anderen dem Schuldner nahestehenden Person bereits nach dieser Vorschrift beschränkt ist. [3] Als Schuldner und Gläubiger gelten auch Betriebsstätten, die ertragsteuerlich als Nutzungsberechtigter oder Nutzungsverpflichteter der Rechte für die Überlassung der Nutzung oder des Rechts auf Nutzung von Rechten behandelt werden. [4] Die Sätze 1 und 2 sind nicht anzuwenden, soweit sich die niedrige Besteuerung daraus ergibt, dass die Einnahmen des Gläubigers oder des weiteren Gläubigers einer Präferenzregelung unterliegen, die dem Nexus-Ansatz gemäß Kapitel 4 des Abschlussberichts 2015 zu Aktionspunkt 5, OECD (2016) „Wirksamere Bekämpfung schädlicher Steuerpraktiken unter Berücksichtigung von Transparenz und Substanz", OECD/G20 Projekt Gewinnverkürzung und Gewinnverlagerung[2], entspricht. [5] Die Sätze 1 und 2 sind insoweit nicht anzuwenden, als auf Grund der aus den Aufwendungen resultierenden Einnahmen ein Hinzurechnungsbetrag im Sinne des § 10 Absatz 1 Satz 1 des Außensteuergesetzes anzusetzen ist.

(2)[3] [1] Eine niedrige Besteuerung im Sinne des Absatzes 1 liegt vor, wenn die von der Regelbesteuerung abweichende Besteuerung der Einnahmen des Gläubigers oder des weiteren Gläubigers zu einer Belastung durch Ertragsteuern von weniger als 25 Prozent führt; maßgeblich ist bei mehreren Gläubigern die niedrigste Belastung. [2] Bei der Ermittlung, ob eine niedrige Besteuerung vor-

---

[1] § 4j eingef. durch G v. 27.6.2017 (BGBl. I S. 2074); zur Anwendung siehe § 52 Abs. 8b.

[2] **[Amtl. Anm.:]** Zu beziehen unter OECD Publishing, Paris, http://dx.doi.org/10.1787/9789264258037-de.

[3] § 4j Abs. 2 Satz 4 Verweis geänd. durch G v. 25.6.2021 (BGBl. I S. 2035).

liegt, sind sämtliche Regelungen zu berücksichtigen, die sich auf die Besteuerung der Einnahmen aus der Rechteüberlassung auswirken, insbesondere steuerliche Kürzungen, Befreiungen, Gutschriften oder Ermäßigungen. [3] Werden die Einnahmen für die Überlassung der Nutzung oder des Rechts auf Nutzung von Rechten einer anderen Person ganz oder teilweise zugerechnet oder erfolgt die Besteuerung aus anderen Gründen ganz oder teilweise bei einer anderen Person als dem Gläubiger oder dem weiteren Gläubiger, ist auf die Summe der Belastungen abzustellen. [4] § 8 Absatz 5 Satz 2 und 3 des Außensteuergesetzes gilt entsprechend.

(3) [1] Aufwendungen nach Absatz 1 sind in den Fällen einer niedrigen Besteuerung nach Absatz 2 nur zum Teil abziehbar. [2] Der nicht abziehbare Teil ist dabei wie folgt zu ermitteln:

$$\frac{25\,\% - \text{Belastung durch Ertragsteuern in }\%}{25\,\%}$$

[ab 1.1.2020:]

§ 4k[1)] Betriebsausgabenabzug bei Besteuerungsinkongruenzen.

(1) [1] Aufwendungen für die Nutzung oder im Zusammenhang mit der Übertragung von Kapitalvermögen sind insoweit nicht als Betriebsausgaben abziehbar, als die den Aufwendungen entsprechenden Erträge auf Grund einer vom deutschen Recht abweichenden steuerlichen Qualifikation oder Zurechnung des Kapitalvermögens nicht oder niedriger als bei dem deutschen Recht entsprechender Qualifikation oder Zurechnung besteuert werden. [2] Satz 1 gilt nicht, soweit die Besteuerungsinkongruenz voraussichtlich in einem künftigen Besteuerungszeitraum beseitigt wird und die Zahlungsbedingungen einem Fremdvergleich standhalten.

(2) [1] Soweit nicht bereits die Voraussetzungen für die Versagung des Betriebsausgabenabzugs nach Absatz 1 vorliegen, sind Aufwendungen auch insoweit nicht als Betriebsausgaben abziehbar, als die den Aufwendungen entsprechenden Erträge auf Grund einer vom deutschen Recht abweichenden steuerlichen Behandlung des Steuerpflichtigen oder auf Grund einer vom deutschen Recht abweichenden steuerlichen Beurteilung von anzunehmenden schuldrechtlichen Beziehungen im Sinne des § 1 Absatz 4 Satz 1 Nummer 2 des Außensteuergesetzes in keinem Staat einer tatsächlichen Besteuerung unterliegen. [2] Handelt es sich bei dem Gläubiger der Erträge im Sinne des Satzes 1 um einen unbeschränkt steuerpflichtigen, unmittelbaren oder mittelbaren Gesellschafter einer ausländischen vermögensverwaltenden Personengesellschaft oder um eine Personengesellschaft, an der ein solcher Gesellschafter unmittelbar oder mittelbar beteiligt ist, gilt § 39 Absatz 2 Nummer 2 der Abgabenordnung nicht, soweit die in Satz 1 genannten Aufwendungen in dem anderen Staat zum Abzug zugelassen sind und die den Aufwendungen entsprechenden Erträge durch die vom deutschen Recht abweichende Zurechnung keiner tatsächlichen Besteuerung unterliegen. [3] Satz 1 gilt nicht, soweit den Aufwendungen Erträge desselben Steuerpflichtigen gegenüberste-

---

1) § 4k eingef. durch G v. 25.6.2021 (BGBl. I S. 2035); zur Anwendung siehe § 52 Abs. 8c.

hen, die sowohl im Inland als auch nachweislich in dem Staat des Gläubigers oder, wenn es sich bei dem Gläubiger um eine Personengesellschaft handelt, im Staat des unmittelbaren oder mittelbaren Gesellschafters beziehungsweise des anderen Unternehmensteils im Rahmen einer anzunehmenden schuldrechtlichen Beziehung einer tatsächlichen Besteuerung unterliegen.

(3) Soweit nicht bereits die Voraussetzungen für die Versagung des Betriebsausgabenabzugs nach den vorstehenden Absätzen vorliegen, sind Aufwendungen auch insoweit nicht als Betriebsausgaben abziehbar, als die den Aufwendungen entsprechenden Erträge auf Grund deren vom deutschen Recht abweichender steuerlicher Zuordnung oder Zurechnung nach den Rechtsvorschriften anderer Staaten in keinem Staat einer tatsächlichen Besteuerung unterliegen.

(4) [1] Soweit nicht bereits die Voraussetzungen für die Versagung des Betriebsausgabenabzugs nach den vorstehenden Absätzen vorliegen, sind Aufwendungen auch insoweit nicht als Betriebsausgaben abziehbar, als die Aufwendungen auch in einem anderen Staat berücksichtigt werden. [2] Eine Berücksichtigung der Aufwendungen im Sinne des Satzes 1 liegt bei unbeschränkt Steuerpflichtigen auch vor, wenn der andere Staat den Abzug der Aufwendungen bereits nach seinen Vorschriften nicht zulässt, die diesem oder den vorstehenden Absätzen entsprechen; dies gilt nicht, wenn der Abzug der Aufwendungen in einem anderen Staat auf Grund einer diesem Absatz entsprechenden Regelung nicht zugelassen wird bei

1. einem mittelbaren oder unmittelbaren Gesellschafter eines unbeschränkt Steuerpflichtigen im Sinne des § 1 des Körperschaftsteuergesetzes oder
2. dem Steuerpflichtigen, sofern sich dessen Wohnsitz, Sitz oder Ort der Geschäftsleitung auch in einem anderen Mitgliedstaat der Europäischen Union befindet und dieser Staat den Steuerpflichtigen für Zwecke der Anwendung eines Abkommens zur Vermeidung der Doppelbesteuerung zwischen der Bundesrepublik Deutschland und diesem Staat als nicht in diesem Staat ansässig behandelt.

[3] Satz 1 gilt nicht, soweit den Aufwendungen Erträge desselben Steuerpflichtigen gegenüberstehen, die sowohl im Inland als auch nachweislich in dem anderen Staat einer tatsächlichen Besteuerung unterliegen. [4] Bei unbeschränkt Steuerpflichtigen, bei denen eine Doppelbesteuerung durch Anrechnung oder Abzug der ausländischen Steuer vermieden wird, finden die Sätze 1 bis 3 nur Anwendung, soweit die Aufwendungen auch Erträge in einem anderen Staat mindern, die nicht der inländischen Besteuerung unterliegen.

(5) [1] Soweit nicht bereits die Voraussetzungen für die Versagung des Betriebsausgabenabzugs nach den vorstehenden Absätzen vorliegen, sind Aufwendungen auch insoweit nicht als Betriebsausgaben abziehbar, als den aus diesen Aufwendungen unmittelbar oder mittelbar resultierenden Erträgen Aufwendungen gegenüberstehen, deren Abzug beim Gläubiger, einem weiteren Gläubiger oder einer anderen Person bei entsprechender Anwendung dieses Absatzes oder der Absätze 1 bis 4 versagt würde. [2] Satz 1 findet keine Anwendung, soweit der steuerliche Vorteil infolge einer Besteuerungsinkongruenz im Sinne dieses Absatzes oder der Absätze 1 bis 4 bereits beim Gläu-

biger, beim weiteren Gläubiger oder bei der anderen Person im Sinne des Satzes 1 beseitigt wird.

(6) [1]Die Absätze 1 bis 5 finden nur Anwendung, wenn der Tatbestand dieser Absätze zwischen nahestehenden Personen im Sinne des § 1 Absatz 2 des Außensteuergesetzes oder zwischen einem Unternehmen und seiner Betriebsstätte verwirklicht wird oder wenn eine strukturierte Gestaltung anzunehmen ist. [2]Einer Person, die mit einer anderen Person durch abgestimmtes Verhalten zusammenwirkt, werden für Zwecke dieses Absatzes und der Absätze 1 bis 5 die Beteiligung, die Stimmrechte und die Gewinnbezugsrechte der anderen Person zugerechnet. [3]Eine strukturierte Gestaltung im Sinne des Satzes 1 ist anzunehmen, wenn der steuerliche Vorteil, der sich ohne die Anwendung der vorstehenden Absätze ergeben würde, ganz oder zum Teil in die Bedingungen der vertraglichen Vereinbarungen eingerechnet wurde oder die Bedingungen der vertraglichen Vereinbarungen oder die den vertraglichen Vereinbarungen zugrunde liegenden Umstände darauf schließen lassen, dass die an der Gestaltung Beteiligten den steuerlichen Vorteil erwarten konnten. [4]Ein Steuerpflichtiger wird nicht als Teil einer strukturierten Gestaltung behandelt, wenn nach den äußeren Umständen vernünftigerweise nicht davon auszugehen ist, dass ihm der steuerliche Vorteil bekannt war und er nachweist, dass er nicht an dem steuerlichen Vorteil beteiligt wurde.

(7) Die Absätze 1 bis 6 sind ungeachtet der Vorschriften eines Abkommens zur Vermeidung der Doppelbesteuerung anzuwenden.

§ 5 Gewinn bei Kaufleuten und bei bestimmten anderen Gewerbetreibenden. (1)[1)] [1]Bei Gewerbetreibenden, die auf Grund gesetzlicher Vorschriften verpflichtet sind, Bücher zu führen und regelmäßig Abschlüsse zu machen, oder die ohne eine solche Verpflichtung Bücher führen und regelmäßig Abschlüsse machen, ist für den Schluss des Wirtschaftsjahres das Betriebsvermögen anzusetzen (§ 4 Absatz 1 Satz 1), das nach den handelsrechtlichen Grundsätzen ordnungsmäßiger Buchführung auszuweisen ist, es sei denn, im Rahmen der Ausübung eines steuerlichen Wahlrechts wird oder wurde ein anderer Ansatz gewählt. [2]Voraussetzung für die Ausübung steuerlicher Wahlrechte ist, dass die Wirtschaftsgüter, die nicht mit dem handelsrechtlich maßgeblichen Wert in der steuerlichen Gewinnermittlung ausgewiesen werden, in besondere, laufend zu führende Verzeichnisse aufgenommen werden. [3]In den Verzeichnissen sind der Tag der Anschaffung oder Herstellung, die Anschaffungs- oder Herstellungskosten, die Vorschrift des ausgeübten steuerlichen Wahlrechts und die vorgenommenen Abschreibungen nachzuweisen.

(1a) [1]Posten der Aktivseite dürfen nicht mit Posten der Passivseite verrechnet werden. [2]Die Ergebnisse der in der handelsrechtlichen Rechnungslegung zur Absicherung finanzwirtschaftlicher Risiken gebildeten Bewertungseinheiten sind auch für die steuerliche Gewinnermittlung maßgeblich.

(2) Für immaterielle Wirtschaftsgüter des Anlagevermögens ist ein Aktivposten nur anzusetzen, wenn sie entgeltlich erworben wurden.

---

1) Vgl. auch Art. 66 Abs. 3 Satz 6 EGHGB.

(2a) Für Verpflichtungen, die nur zu erfüllen sind, soweit künftig Einnahmen oder Gewinne anfallen, sind Verbindlichkeiten oder Rückstellungen erst anzusetzen, wenn die Einnahmen oder Gewinne angefallen sind.

(3) [1]Rückstellungen wegen Verletzung fremder Patent-, Urheber- oder ähnlicher Schutzrechte dürfen erst gebildet werden, wenn

1. der Rechtsinhaber Ansprüche wegen der Rechtsverletzung geltend gemacht hat oder
2. mit einer Inanspruchnahme wegen der Rechtsverletzung ernsthaft zu rechnen ist.

[2]Eine nach Satz 1 Nummer 2 gebildete Rückstellung ist spätestens in der Bilanz des dritten auf ihre erstmalige Bildung folgenden Wirtschaftsjahres gewinnerhöhend aufzulösen, wenn Ansprüche nicht geltend gemacht worden sind.

(4) Rückstellungen für die Verpflichtung zu einer Zuwendung anlässlich eines Dienstjubiläums dürfen nur gebildet werden, wenn das Dienstverhältnis mindestens zehn Jahre bestanden hat, das Dienstjubiläum das Bestehen eines Dienstverhältnisses von mindestens 15 Jahren voraussetzt, die Zusage schriftlich erteilt ist und soweit der Zuwendungsberechtigte seine Anwartschaft nach dem 31. Dezember 1992 erwirbt.

(4a) [1]Rückstellungen für drohende Verluste aus schwebenden Geschäften dürfen nicht gebildet werden. [2]Das gilt nicht für Ergebnisse nach Absatz 1a Satz 2.

(4b) [1]Rückstellungen für Aufwendungen, die in künftigen Wirtschaftsjahren als Anschaffungs- oder Herstellungskosten eines Wirtschaftsguts zu aktivieren sind, dürfen nicht gebildet werden. [2]Rückstellungen für die Verpflichtung zur schadlosen Verwertung radioaktiver Reststoffe sowie ausgebauter oder abgebauter radioaktiver Anlagenteile dürfen nicht gebildet werden, soweit Aufwendungen im Zusammenhang mit der Bearbeitung oder Verarbeitung von Kernbrennstoffen stehen, die aus der Aufarbeitung bestrahlter Kernbrennstoffe gewonnen worden sind und keine radioaktiven Abfälle darstellen.

(5) [1]Als Rechnungsabgrenzungsposten sind nur anzusetzen

1. auf der Aktivseite Ausgaben vor dem Abschlussstichtag, soweit sie Aufwand für eine bestimmte Zeit nach diesem Tag darstellen;
2. auf der Passivseite Einnahmen vor dem Abschlussstichtag, soweit sie Ertrag für eine bestimmte Zeit nach diesem Tag darstellen.

[2]Auf der Aktivseite sind ferner anzusetzen

1. als Aufwand berücksichtigte Zölle und Verbrauchsteuern, soweit sie auf am Abschlussstichtag auszuweisende Wirtschaftsgüter des Vorratsvermögens entfallen,
2. als Aufwand berücksichtigte Umsatzsteuer auf am Abschlussstichtag auszuweisende Anzahlungen.

(6) Die Vorschriften über die Entnahmen und die Einlagen, über die Zulässigkeit der Bilanzänderung, über die Betriebsausgaben, über die Bewertung und über die Absetzung für Abnutzung oder Substanzverringerung sind zu befolgen.

(7)[1] 1 Übernommene Verpflichtungen, die beim ursprünglich Verpflichteten Ansatzverboten, -beschränkungen oder Bewertungsvorbehalten unterlegen haben, sind zu den auf die Übernahme folgenden Abschlussstichtagen bei dem Übernehmer und dessen Rechtsnachfolger so zu bilanzieren, wie sie beim ursprünglich Verpflichteten ohne Übernahme zu bilanzieren wären. 2 Dies gilt in Fällen des Schuldbeitritts oder der Erfüllungsübernahme mit vollständiger oder teilweiser Schuldfreistellung für die sich aus diesem Rechtsgeschäft ergebenden Verpflichtungen sinngemäß. 3 Satz 1 ist für den Erwerb eines Mitunternehmeranteils entsprechend anzuwenden. 4 Wird eine Pensionsverpflichtung unter gleichzeitiger Übernahme von Vermögenswerten gegenüber einem Arbeitnehmer übernommen, der bisher in einem anderen Unternehmen tätig war, ist Satz 1 mit der Maßgabe anzuwenden, dass bei der Ermittlung des Teilwertes der Verpflichtung der Jahresbetrag nach § 6a Absatz 3 Satz 2 Nummer 1 so zu bemessen ist, dass zu Beginn des Wirtschaftsjahres der Übernahme der Barwert der Jahresbeträge zusammen mit den übernommenen Vermögenswerten gleich dem Barwert der künftigen Pensionsleistungen ist; dabei darf sich kein negativer Jahresbetrag ergeben. 5 Für einen Gewinn, der sich aus der Anwendung der Sätze 1 bis 3 ergibt, kann jeweils in Höhe von vierzehn Fünfzehntel eine gewinnmindernde Rücklage gebildet werden, die in den folgenden 14 Wirtschaftsjahren jeweils mit mindestens einem Vierzehntel gewinnerhöhend aufzulösen ist (Auflösungszeitraum). 6 Besteht eine Verpflichtung, für die eine Rücklage gebildet wurde, bereits vor Ablauf des maßgebenden Auflösungszeitraums nicht mehr, ist die insoweit verbleibende Rücklage erhöhend aufzulösen.

§ 5a Gewinnermittlung bei Handelsschiffen im internationalen Verkehr. (1) 1 Anstelle der Ermittlung des Gewinns nach § 4 Absatz 1 oder § 5 ist bei einem Gewerbebetrieb mit Geschäftsleitung im Inland der Gewinn, soweit er auf den Betrieb von Handelsschiffen im internationalen Verkehr entfällt, auf unwiderruflichen Antrag des Steuerpflichtigen nach der in seinem Betrieb geführten Tonnage zu ermitteln, wenn die Bereederung dieser Handelsschiffe im Inland durchgeführt wird. 2 Der im Wirtschaftsjahr erzielte Gewinn beträgt pro Tag des Betriebs für jedes im internationalen Verkehr betriebene Handelsschiff für jeweils volle 100 Nettotonnen (Nettoraumzahl)

0,92 Euro	bei einer Tonnage bis zu 1000 Nettotonnen,
0,69 Euro	für die 1000 Nettotonnen übersteigende Tonnage bis zu 10 000 Nettotonnen,
0,46 Euro	für die 10 000 Nettotonnen übersteigende Tonnage bis zu 25 000 Nettotonnen,
0,23 Euro	für die 25 000 Nettotonnen übersteigende Tonnage.

(2) 1 Handelsschiffe werden im internationalen Verkehr betrieben, wenn eigene oder gecharterte Seeschiffe, die im Wirtschaftsjahr überwiegend in einem inländischen Seeschiffsregister eingetragen sind, in diesem Wirtschaftsjahr überwiegend zur Beförderung von Personen oder Gütern im Verkehr mit oder zwischen ausländischen Häfen, innerhalb eines ausländischen Hafens

[1] § 5 Abs. 7 angef. durch G v. 18.12.2013 (BGBl. I S. 4318); zur Anwendung siehe § 52 Abs. 9.

oder zwischen einem ausländischen Hafen und der Hohen See eingesetzt werden. [2]Zum Betrieb von Handelsschiffen im internationalen Verkehr gehören auch ihre Vercharterung, wenn sie vom Vercharterer ausgerüstet worden sind, und die unmittelbar mit ihrem Einsatz oder ihrer Vercharterung zusammenhängenden Neben- und Hilfsgeschäfte einschließlich der Veräußerung der Handelsschiffe und der unmittelbar ihrem Betrieb dienenden Wirtschaftsgüter. [3]Der Einsatz und die Vercharterung von gecharterten Handelsschiffen gilt nur dann als Betrieb von Handelsschiffen im internationalen Verkehr, wenn gleichzeitig eigene oder ausgerüstete Handelsschiffe im internationalen Verkehr betrieben werden. [4]Sind gecharterte Handelsschiffe nicht in einem inländischen Seeschiffsregister eingetragen, gilt Satz 3 unter der weiteren Voraussetzung, dass im Wirtschaftsjahr die Nettotonnage der gecharterten Handelsschiffe das Dreifache der nach den Sätzen 1 und 2 im internationalen Verkehr betriebenen Handelsschiffe nicht übersteigt; für die Berechnung der Nettotonnage sind jeweils die Nettotonnen pro Schiff mit der Anzahl der Betriebstage nach Absatz 1 zu vervielfältigen. [5]Dem Betrieb von Handelsschiffen im internationalen Verkehr ist gleichgestellt, wenn Seeschiffe, die im Wirtschaftsjahr überwiegend in einem inländischen Seeschiffsregister eingetragen sind, in diesem Wirtschaftsjahr überwiegend außerhalb der deutschen Hoheitsgewässer zum Schleppen, Bergen oder zur Aufsuchung von Bodenschätzen eingesetzt werden; die Sätze 2 bis 4 sind sinngemäß anzuwenden.

(3)[1)] [1]Der Antrag auf Anwendung der Gewinnermittlung nach Absatz 1 ist im Wirtschaftsjahr der Anschaffung oder Herstellung des Handelsschiffs (Indienststellung) mit Wirkung ab Beginn dieses Wirtschaftsjahres zu stellen. [2]Vor Indienststellung des Handelsschiffs durch den Betrieb von Handelsschiffen im internationalen Verkehr erwirtschaftete Gewinne sind in diesem Fall nicht zu besteuern; Verluste sind weder ausgleichsfähig noch verrechenbar. [3]Bereits erlassene Steuerbescheide sind insoweit zu ändern. [4]Das gilt auch dann, wenn der Steuerbescheid unanfechtbar geworden ist; die Festsetzungsfrist endet insoweit nicht, bevor die Festsetzungsfrist für den Veranlagungszeitraum abgelaufen ist, in dem der Gewinn erstmals nach Absatz 1 ermittelt wird. [5]Wird der Antrag auf Anwendung der Gewinnermittlung nach Absatz 1 nicht nach Satz 1 im Wirtschaftsjahr der Anschaffung oder Herstellung des Handelsschiffs (Indienststellung) gestellt, kann er erstmals in dem Wirtschaftsjahr gestellt werden, das jeweils nach Ablauf eines Zeitraumes von zehn Jahren, vom Beginn des Jahres der Indienststellung gerechnet, endet. [6]Die Sätze 2 bis 4 sind insoweit nicht anwendbar. [7]Der Steuerpflichtige ist an die Gewinnermittlung nach Absatz 1 vom Beginn des Wirtschaftsjahres an, in dem er den Antrag stellt, zehn Jahre gebunden. [8]Nach Ablauf dieses Zeitraumes kann er den Antrag mit Wirkung für den Beginn jedes folgenden Wirtschaftsjahres bis zum Ende des Jahres unwiderruflich zurücknehmen. [9]An die Gewinnermittlung nach allgemeinen Vorschriften ist der Steuerpflichtige ab dem Beginn des Wirtschaftsjahres, in dem er den Antrag zurücknimmt, zehn Jahre gebunden.

[1)] § 5a Abs. 3 neu gef. durch G v. 29.12.2003 (BGBl. I S. 3076); zur Anwendung siehe § 52 Abs. 10; Bestätigung durch G v. 5.4.2011 (BGBl. I S. 554).

(4)[1] [1]Zum Schluss des Wirtschaftsjahres, das der erstmaligen Anwendung des Absatzes 1 vorangeht (Übergangsjahr), ist für jedes Wirtschaftsgut, das unmittelbar dem Betrieb von Handelsschiffen im internationalen Verkehr dient, der Unterschiedsbetrag zwischen Buchwert und Teilwert in ein besonderes Verzeichnis aufzunehmen. [2]Der Unterschiedsbetrag ist gesondert und bei Gesellschaften im Sinne des § 15 Absatz 1 Satz 1 Nummer 2 einheitlich festzustellen. [3]Der Unterschiedsbetrag nach Satz 1 ist dem Gewinn hinzuzurechnen:

1. in den dem letzten Jahr der Anwendung des Absatzes 1 folgenden fünf Wirtschaftsjahren jeweils in Höhe von mindestens einem Fünftel,
2. in dem Jahr, in dem das Wirtschaftsgut aus dem Betriebsvermögen ausscheidet oder in dem es nicht mehr unmittelbar dem Betrieb von Handelsschiffen im internationalen Verkehr dient,
3. in dem Jahr des Ausscheidens eines Mitunternehmers hinsichtlich des auf ihn entfallenden Unterschiedsbetrags; mindert sich die Beteiligung des Mitunternehmers, ohne dass er aus der Mitunternehmerschaft ausscheidet, erfolgt eine Hinzurechnung entsprechend der Minderung der Beteiligung.

[4]Satz 3 Nummer 3 gilt auch in den Fällen der §§ 20 und 24 des Umwandlungssteuergesetzes. [5]Wird ein Betrieb, Teilbetrieb oder Anteil eines Mitunternehmers an einem Betrieb auf einen Rechtsnachfolger zum Buchwert nach § 6 Absatz 3 übertragen, geht der Unterschiedsbetrag insoweit auf den Rechtsnachfolger über. [6]§ 182 Absatz 2 der Abgabenordnung gilt sinngemäß. [7]Die Sätze 1 bis 6 sind entsprechend anzuwenden, wenn der Steuerpflichtige Wirtschaftsgüter des Betriebsvermögens dem Betrieb von Handelsschiffen im internationalen Verkehr zuführt.

(4a) [1]Bei Gesellschaften im Sinne des § 15 Absatz 1 Satz 1 Nummer 2 tritt für die Zwecke dieser Vorschrift an die Stelle des Steuerpflichtigen die Gesellschaft. [2]Der nach Absatz 1 ermittelte Gewinn ist den Gesellschaftern entsprechend ihrem Anteil am Gesellschaftsvermögen zuzurechnen. [3]Vergütungen im Sinne des § 15 Absatz 1 Satz 1 Nummer 2 und Satz 2 sind hinzuzurechnen.

(5) [1]Gewinne nach Absatz 1 umfassen auch Einkünfte nach § 16. [2]§§ 34, 34c Absatz 1 bis 3 und § 35 sind nicht anzuwenden. [3]Rücklagen nach den §§ 6b und 6d [*und 7g*][2] sind beim Übergang zur Gewinnermittlung nach Absatz 1 dem Gewinn im Erstjahr hinzuzurechnen [***für nach dem 17.8.2007 endende Wj.:*** ; bis zum Übergang in Anspruch genommene Investitionsabzugsbeträge nach § 7g Absatz 1 sind nach Maßgabe des § 7g Absatz 3 rückgängig zu machen][3]. [4]Für die Anwendung des § 15a ist der nach § 4 Absatz 1 oder § 5 ermittelte Gewinn zugrunde zu legen.

---

[1] § 5a Abs. 4 Satz 3 Nr. 3 neu gef., Satz 4 neu gef. mWv 9.6.2021, Sätze 5 bis 7 angef. durch G v. 2.6.2021 (BGBl. I S. 1259); zur Anwendung der Sätze 5 bis 7 siehe § 52 Abs. 10 Satz 4.

[2] § 5a Abs. 5 Satz 3 Verweis auf § 7g aufgeh. durch G v. 14.8.2007 (BGBl. I S. 1912); zur weiteren Anwendung der bish. Fassung siehe § 52 Abs. 10 Satz 5.

[3] § 5a Abs. 5 Satz 3 HS 2 angef. durch G v. 14.8.2007 (BGBl. I S. 1912); zur weiteren Anwendung der bish. Fassung siehe § 52 Abs. 10 Satz 5.

(6)[1] [1]In der Bilanz zum Schluss des Wirtschaftsjahres, in dem Absatz 1 letztmalig angewendet wird, ist für jedes Wirtschaftsgut, das unmittelbar dem Betrieb von Handelsschiffen im internationalen Verkehr dient, der Teilwert anzusetzen. [2]Für Wirtschaftsgüter des abnutzbaren Anlagevermögens sind den weiteren Absetzungen für Abnutzung unverändert die ursprünglichen Anschaffungs- oder Herstellungskosten zugrunde zu legen.

§ 5b[2] Elektronische Übermittlung von Bilanzen sowie Gewinn- und Verlustrechnungen. (1)[3] [1]Wird der Gewinn nach § 4 Absatz 1, § 5 oder § 5a ermittelt, so ist der Inhalt der Bilanz sowie der Gewinn- und Verlustrechnung nach amtlich vorgeschriebenem Datensatz durch Datenfernübertragung zu übermitteln. [2]Enthält die Bilanz Ansätze oder Beträge, die den steuerlichen Vorschriften nicht entsprechen, so sind diese Ansätze oder Beträge durch Zusätze oder Anmerkungen den steuerlichen Vorschriften anzupassen und nach amtlich vorgeschriebenem Datensatz durch Datenfernübertragung zu übermitteln. [3]Der Steuerpflichtige kann auch eine den steuerlichen Vorschriften entsprechende Bilanz nach amtlich vorgeschriebenem Datensatz durch Datenfernübertragung übermitteln. [4]Im Fall der Eröffnung des Betriebs sind die Sätze 1 bis *4*[4] für den Inhalt der Eröffnungsbilanz entsprechend anzuwenden.

(2) [1]Auf Antrag kann die Finanzbehörde zur Vermeidung unbilliger Härten auf eine elektronische Übermittlung verzichten. [2]§ 150 Absatz 8 der Abgabenordnung gilt entsprechend.

§ 6 Bewertung. (1) Für die Bewertung der einzelnen Wirtschaftsgüter, die nach § 4 Absatz 1 oder nach § 5 als Betriebsvermögen anzusetzen sind, gilt das Folgende:

1. [1]Wirtschaftsgüter des Anlagevermögens, die der Abnutzung unterliegen, sind mit den Anschaffungs- oder Herstellungskosten oder dem an deren Stelle tretenden Wert, vermindert um die Absetzungen für Abnutzung, erhöhte Absetzungen, Sonderabschreibungen, Abzüge nach § 6b und ähnliche Abzüge, anzusetzen. [2]Ist der Teilwert auf Grund einer voraussichtlich dauernden Wertminderung niedriger, so kann dieser angesetzt werden. [3]Teilwert ist der Betrag, den ein Erwerber des ganzen Betriebs im Rahmen des Gesamtkaufpreises für das einzelne Wirtschaftsgut ansetzen würde; dabei ist davon auszugehen, dass der Erwerber den Betrieb fortführt. [4]Wirtschaftsgüter, die bereits am Schluss des vorangegangenen Wirtschaftsjahres zum Anlagevermögen des Steuerpflichtigen gehört haben, sind in den folgenden Wirtschaftsjahren gemäß Satz 1 anzusetzen, es sei denn, der Steuerpflichtige weist nach, dass ein niedrigerer Teilwert nach Satz 2 angesetzt werden kann.

---

[1] § 5a Abs. 6 Satz 2 angef., bish. Text wird Satz 1 mWv 1.1.2019 (§ 52 Abs. 10 Satz 6) durch G v. 12.12.2019 (BGBl. I S. 2451).

[2] Zur erstmaligen Anwendung siehe § 52 Abs. 11 iVm **§ 1 Anwendungszeitpunktverschiebungsverordnung (AnwZpvV)** vom 20.12.2010 (BGBl. I S. 2135) – dort abgedr. als Fußnote.

[3] § 5b Abs. 1 Satz 4 aufgeh., bish. Satz 5 wird neuer Satz 4 mWv 1.1.2017 durch G v. 18.7.2016 (BGBl. I S. 1679).

[4] Red. Fehler: Muss wohl Satz *3* lauten.

1a. [1]Zu den Herstellungskosten eines Gebäudes gehören auch Aufwendungen für Instandsetzungs- und Modernisierungsmaßnahmen, die innerhalb von drei Jahren nach der Anschaffung des Gebäudes durchgeführt werden, wenn die Aufwendungen ohne die Umsatzsteuer 15 Prozent der Anschaffungskosten des Gebäudes übersteigen (anschaffungsnahe Herstellungskosten). [2]Zu diesen Aufwendungen gehören nicht die Aufwendungen für Erweiterungen im Sinne des § 255 Absatz 2 Satz 1 des Handelsgesetzbuchs sowie Aufwendungen für Erhaltungsarbeiten, die jährlich üblicherweise anfallen.

1b.[1)] [1]Bei der Berechnung der Herstellungskosten brauchen angemessene Teile der Kosten der allgemeinen Verwaltung sowie angemessene Aufwendungen für soziale Einrichtungen des Betriebs, für freiwillige soziale Leistungen und für die betriebliche Altersversorgung im Sinne des § 255 Absatz 2 Satz 3 des Handelsgesetzbuchs nicht einbezogen zu werden, soweit diese auf den Zeitraum der Herstellung entfallen. [2]Das Wahlrecht ist bei Gewinnermittlung nach § 5 in Übereinstimmung mit der Handelsbilanz auszuüben.

2. [1]Andere als die in Nummer 1 bezeichneten Wirtschaftsgüter des Betriebs (Grund und Boden, Beteiligungen, Umlaufvermögen) sind mit den Anschaffungs- oder Herstellungskosten oder dem an deren Stelle tretenden Wert, vermindert um Abzüge nach § 6b und ähnliche Abzüge, anzusetzen. [2]Ist der Teilwert (Nummer 1 Satz 3) auf Grund einer voraussichtlich dauernden Wertminderung niedriger, so kann dieser angesetzt werden. [3]Nummer 1 Satz 4 gilt entsprechend.

2a. [1]Steuerpflichtige, die den Gewinn nach § 5 ermitteln, können für den Wertansatz gleichartiger Wirtschaftsgüter des Vorratsvermögens unterstellen, dass die zuletzt angeschafften oder hergestellten Wirtschaftsgüter zuerst verbraucht oder veräußert worden sind, soweit dies den handelsrechtlichen Grundsätzen ordnungsmäßiger Buchführung entspricht. [2]Der Vorratsbestand am Schluss des Wirtschaftsjahres, das der erstmaligen Anwendung der Bewertung nach Satz 1 vorangeht, gilt mit seinem Bilanzansatz als erster Zugang des neuen Wirtschaftsjahres. [3]Von der Verbrauchs- oder Veräußerungsfolge nach Satz 1 kann in den folgenden Wirtschaftsjahren nur mit Zustimmung des Finanzamts abgewichen werden.

2b. [1]Steuerpflichtige, die in den Anwendungsbereich des § 340 des Handelsgesetzbuchs fallen, haben die zu Handelszwecken erworbenen Finanzinstrumente, die nicht in einer Bewertungseinheit im Sinne des § 5 Absatz 1a Satz 2 abgebildet werden, mit dem beizulegenden Zeitwert abzüglich eines Risikoabschlages (§ 340e Absatz 3 des Handelsgesetzbuchs[2)]) zu bewerten. [2]Nummer 2 Satz 2 ist nicht anzuwenden.

3. [1]Verbindlichkeiten sind unter sinngemäßer Anwendung der Vorschriften der Nummer 2 anzusetzen und mit einem Zinssatz von 5,5 Prozent abzuzinsen. [2]Ausgenommen von der Abzinsung sind Verbindlichkeiten, deren Laufzeit am Bilanzstichtag weniger als zwölf Monate beträgt, und Verbind

---

[1)] § 6 Abs. 1 Nr. 1b eingef. durch G v. 18.7.2016 (BGBl. I S. 1679); zur Anwendung siehe § 52 Abs. 12 Satz 1.

[2)] **Schönfelder Nr. 50.**

lichkeiten, die verzinslich sind oder auf einer Anzahlung oder Vorausleistung beruhen.

3a. Rückstellungen sind höchstens insbesondere unter Berücksichtigung folgender Grundsätze anzusetzen:

a) bei Rückstellungen für gleichartige Verpflichtungen ist auf der Grundlage der Erfahrungen in der Vergangenheit aus der Abwicklung solcher Verpflichtungen die Wahrscheinlichkeit zu berücksichtigen, dass der Steuerpflichtige nur zu einem Teil der Summe dieser Verpflichtungen in Anspruch genommen wird;

b) Rückstellungen für Sachleistungsverpflichtungen sind mit den Einzelkosten und den angemessenen Teilen der notwendigen Gemeinkosten zu bewerten;

c) künftige Vorteile, die mit der Erfüllung der Verpflichtung voraussichtlich verbunden sein werden, sind, soweit sie nicht als Forderung zu aktivieren sind, bei ihrer Bewertung wertmindernd zu berücksichtigen;

d) Rückstellungen für Verpflichtungen, für deren Entstehen im wirtschaftlichen Sinne der laufende Betrieb ursächlich ist, sind zeitanteilig in gleichen Raten anzusammeln. [2] Rückstellungen für gesetzliche Verpflichtungen zur Rücknahme und Verwertung von Erzeugnissen, die vor Inkrafttreten entsprechender gesetzlicher Verpflichtungen in Verkehr gebracht worden sind, sind zeitanteilig in gleichen Raten bis zum Beginn der jeweiligen Erfüllung anzusammeln; Buchstabe e ist insoweit nicht anzuwenden. [3] Rückstellungen für die Verpflichtung, ein Kernkraftwerk stillzulegen, sind ab dem Zeitpunkt der erstmaligen Nutzung bis zum Zeitpunkt, in dem mit der Stilllegung begonnen werden muss, zeitanteilig in gleichen Raten anzusammeln; steht der Zeitpunkt der Stilllegung nicht fest, beträgt der Zeitraum für die Ansammlung 25 Jahre;

e) Rückstellungen für Verpflichtungen sind mit einem Zinssatz von 5,5 Prozent abzuzinsen; Nummer 3 Satz 2 ist entsprechend anzuwenden. [2] Für die Abzinsung von Rückstellungen für Sachleistungsverpflichtungen ist der Zeitraum bis zum Beginn der Erfüllung maßgebend. [3] Für die Abzinsung von Rückstellungen für die Verpflichtung, ein Kernkraftwerk stillzulegen, ist der sich aus Buchstabe d Satz 3 ergebende Zeitraum maßgebend; und

f) bei der Bewertung sind die Wertverhältnisse am Bilanzstichtag maßgebend; künftige Preis- und Kostensteigerungen dürfen nicht berücksichtigt werden.

4.[1)] [1] Entnahmen des Steuerpflichtigen für sich, für seinen Haushalt oder für andere betriebsfremde Zwecke sind mit dem Teilwert anzusetzen; *in den Fällen des § 4 Absatz 1 Satz 3 ist die Entnahme mit dem gemeinen Wert anzusetzen* [***ab 1.1.2020:*** die Entnahme ist in den Fällen des § 4 Absatz 1 Satz 3

[1)] § 6 Abs. 1 Nr. 4 Sätze 2 und 3 neu gef. mWv 15.12.2018 durch G v. 11.12.2018 (BGBl. I S. 2338); Satz 2 Nrn. 1 und 2 geänd., Nrn. 3 bis 5 angef., Satzteil nach Satz 2 Nr. 5 angef., Satz 3 Nrn. 1 und 2 geänd., Nrn. 3 bis 5 angef., Satzteil nach Satz 3 Nr. 5 angef. mWv 1.1.2020 durch G v. 12.12.2019 (BGBl. I S. 2451); Satz 1 HS 2 neu gef. mWv 1.1.2020 (§ 52 Abs. 12 Satz 9) durch G v. 25.6.2021 (BGBl. I S. 2035).

erster Halbsatz mit dem gemeinen Wert und in den Fällen des § 4 Absatz 1 Satz 3 zweiter Halbsatz mit dem Wert anzusetzen, den der andere Staat der Besteuerung zugrunde legt, höchstens jedoch mit dem gemeinen Wert.] 2Die private Nutzung eines Kraftfahrzeugs, das zu mehr als 50 Prozent betrieblich genutzt wird, ist für jeden Kalendermonat mit 1 Prozent des inländischen Listenpreises im Zeitpunkt der Erstzulassung zuzüglich der Kosten für Sonderausstattung einschließlich Umsatzsteuer anzusetzen; bei der privaten Nutzung von Fahrzeugen mit Antrieb ausschließlich durch Elektromotoren, die ganz oder überwiegend aus mechanischen oder elektrochemischen Energiespeichern oder aus emissionsfrei betriebenen Energiewandlern gespeist werden (Elektrofahrzeuge), oder von extern aufladbaren Hybridelektrofahrzeugen, ist der Listenpreis dieser Kraftfahrzeuge

1. soweit *Nummer 2 keine Anwendung findet* [***ab 1.1.2020:*** die Nummern 2, 3 oder 4 nicht anzuwenden sind] und bei Anschaffung vor dem 1. Januar 2023 um die darin enthaltenen Kosten des Batteriesystems im Zeitpunkt der Erstzulassung des Kraftfahrzeugs wie folgt zu mindern: für bis zum 31. Dezember 2013 angeschaffte Kraftfahrzeuge um 500 Euro pro Kilowattstunde der Batteriekapazität, dieser Betrag mindert sich für in den Folgejahren angeschaffte Kraftfahrzeuge um jährlich 50 Euro pro Kilowattstunde der Batteriekapazität; die Minderung pro Kraftfahrzeug berägt höchstens 10 000 Euro; dieser Höchstbetrag mindert sich für in den Folgejahren angeschaffte Kraftfahrzeuge um jährlich 500 Euro, oder
2. [***ab 1.1.2020:*** soweit Nummer 3 nicht anzuwenden ist und] bei Anschaffung nach dem 31. Dezember 2018 und vor dem 1. Januar 2022 nur zur Hälfte anzusetzen; bei extern aufladbaren Hybridelektrofahrzeugen muss das Fahrzeug die Voraussetzungen des § 3 Absatz 2 Nummer 1 oder 2 des Elektromobilitätsgesetzes erfüllen, oder]

[***ab 1.1.2020:***[1)]

3. bei Anschaffung nach dem 31. Dezember 2018 und vor dem 1. Januar 2031 nur zu einem Viertel anzusetzen, wenn das Kraftfahrzeug keine Kohlendioxidemission je gefahrenen Kilometer hat und der Bruttolistenpreis des Kraftfahrzeugs nicht mehr als 60 000 Euro[2)] beträgt, oder
4. soweit Nummer 3 nicht anzuwenden ist und bei Anschaffung nach dem 31. Dezember 2021 und vor dem 1. Januar 2025 nur zur Hälfte anzusetzen, wenn das Kraftfahrzeug
   a) eine Kohlendioxidemission von höchstens 50 Gramm je gefahrenen Kilometer hat oder
   b) die Reichweite des Fahrzeugs unter ausschließlicher Nutzung der elektrischen Antriebsmaschine mindestens 60 Kilometer beträgt, oder

---

1) § 6 Abs. 1 Nr. 4 Satz 2 Nrn. 3 bis 5 angef., Text nach Nr. 5 angef. mWv 1.1.2020 durch G v. 12.12.2019 (BGBl. I S. 2451).

2) Betrag geänd. durch Corona-SteuerhilfeG II v. 29.6.2020 (BGBl. I S. 1512); zur Anwendung siehe § 52 Abs. 12 Satz 2.

5. soweit Nummer 3 nicht anzuwenden ist und bei Anschaffung nach dem 31. Dezember 2024 und vor dem 1. Januar 2031 nur zur Hälfte anzusetzen, wenn das Kraftfahrzeug
   a) eine Kohlendioxidemission von höchstens 50 Gramm je gefahrenen Kilometer hat oder
   b) die Reichweite des Fahrzeugs unter ausschließlicher Nutzung der elektrischen Antriebsmaschine mindestens 80 Kilometer beträgt,

die maßgebliche Kohlendioxidemission sowie die Reichweite des Kraftfahrzeugs unter ausschließlicher Nutzung der elektrischen Antriebsmaschine ist der Übereinstimmungsbescheinigung nach Anhang IX der Richtlinie 2007/46/EG oder aus der Übereinstimmungsbescheinigung nach Artikel 38 des Verordnung (EU) Nr. 168/2013 zu entnehmen.] [3]Die private Nutzung kann abweichend von Satz 2 mit den auf die Privatfahrten entfallenden Aufwendungen angesetzt werden, wenn die für das Kraftfahrzeug insgesamt entstehenden Aufwendungen durch Belege und das Verhältnis der privaten zu den übrigen Fahrten durch ein ordnungsgemäßes Fahrtenbuch nachgewiesen werden; bei der privaten Nutzung von Fahrzeugen mit Antrieb ausschließlich durch Elektromotoren, die ganz oder überwiegend aus mechanischen oder elektrochemischen Energiespeichern oder aus emissionsfrei betriebenen Energiewandlern gespeist werden (Elektrofahrzeuge), oder von extern aufladbaren Hybridelektrofahrzeugen, sind

1. soweit *Nummer 2 keine Anwendung findet* [***ab 1.1.2020:*** die Nummern 2, 3 oder 4 nicht anzuwenden sind] und bei Anschaffung vor dem 1. Januar 2023 die der Berechnung der Entnahme zugrunde zu legenden insgesamt entstandenen Aufwendungen um Aufwendungen für das Batteriesystem zu mindern; dabei ist bei zum Betriebsvermögen des Steuerpflichtigen gehörenden Elektro- und Hybridelektrofahrzeugen die der Berechnung der Absetzungen für Abnutzung zugrunde zu legende Bemessungsgrundlage um die nach Satz 2 in pauschaler Höhe festgelegten Aufwendungen zu mindern, wenn darin Kosten für ein Batteriesystem enthalten sind, oder
2. [***ab 1.1.2020:*** soweit Nummer 3 nicht anzuwenden ist und] bei Anschaffung nach dem 31. Dezember 2018 und vor dem 1. Januar 2022 bei der Ermittlung der insgesamt entstandenen Aufwendungen die Anschaffungskosten für das Kraftfahrzeug oder vergleichbare Aufwendungen nur zur Hälfte zu berücksichtigen; bei extern aufladbaren Hybridelektrofahrzeugen muss das Fahrzeug die Voraussetzungen des § 3 Absatz 2 Nummer 1 oder 2 des Elektromobilitätsgesetzes erfüllen, oder

[***ab 1.1.2020:***[1]

3. bei Anschaffung nach dem 31. Dezember 2018 und vor dem 1. Januar 2031 bei der Ermittlung der insgesamt entstandenen Aufwendungen die Anschaffungskosten für das Kraftfahrzeug oder vergleichbare Aufwendungen nur zu einem Viertel zu berücksichtigen, wenn das Kraftfahrzeug

---

[1] § 6 Abs. 1 Nr. 4 Satz 3 Nrn. 3 bis 5 angef., Text nach Nr. 5 angef. mWv 1.1.2020 durch G v. 12.12.2019 (BGBl. I S. 2451).

keine Kohlendioxidemission je gefahrenen Kilometer hat, und der Bruttolistenpreis des Kraftfahrzeugs nicht mehr als 60 000 Euro[1] beträgt oder

4. soweit Nummer 3 nicht anzuwenden ist und bei Anschaffung nach dem 31. Dezember 2021 und vor dem 1. Januar 2025 bei der Ermittlung der insgesamt entstandenen Aufwendungen die Anschaffungskosten für das Kraftfahrzeug oder vergleichbare Aufwendungen nur zur Hälfte zu berücksichtigen, wenn das Kraftfahrzeug
   a) eine Kohlendioxidemission von höchstens 50 Gramm je gefahrenen Kilometer hat oder
   b) die Reichweite des Kraftfahrzeugs unter ausschließlicher Nutzung der elektrischen Antriebsmaschine mindestens 60 Kilometer beträgt, oder
5. soweit Nummer 3 nicht anzuwenden ist und bei Anschaffung nach dem 31. Dezember 2024 und vor dem 1. Januar 2031 bei der Ermittlung der insgesamt entstandenen Aufwendungen die Anschaffungskosten für das Kraftfahrzeug oder vergleichbare Aufwendungen nur zur Hälfte zu berücksichtigen, wenn das Kraftfahrzeug
   a) eine Kohlendioxidemission von höchstens 50 Gramm je gefahrenen Kilometer hat oder
   b) die Reichweite des Kraftfahrzeugs unter ausschließlicher Nutzung der elektrischen Antriebsmaschine mindestens 80 Kilometer beträgt,

die maßgebliche Kohlendioxidemission sowie die Reichweite des Kraftfahrzeugs unter ausschließlicher Nutzung der elektrischen Antriebsmaschine ist der Übereinstimmungsbescheinigung nach Anhang IX der Richtlinie 2007/46/EG oder aus der Übereinstimmungsbescheinigung nach Artikel 38 des Verordnung (EU) Nr. 168/2013 zu entnehmen.] [4]Wird ein Wirtschaftsgut unmittelbar nach seiner Entnahme einer nach § 5 Absatz 1 Nummer 9 des Körperschaftsteuergesetzes von der Körperschaftsteuer befreiten Körperschaft, Personenvereinigung oder Vermögensmasse oder einer juristischen Person des öffentlichen Rechts zur Verwendung für steuerbegünstigte Zwecke im Sinne des § 10b Absatz 1 Satz 1 unentgeltlich überlassen, so kann die Entnahme mit dem Buchwert angesetzt werden. [5]Satz 4 gilt nicht für die Entnahme von Nutzungen und Leistungen. [***1.1.2019–31.12.2030:*** [6]Die private Nutzung eines betrieblichen Fahrrads, das kein Kraftfahrzeug im Sinne des Satzes 2 ist, bleibt außer Ansatz].[2]

5.[3] [1]Einlagen sind mit dem Teilwert für den Zeitpunkt der Zuführung anzusetzen; sie sind jedoch höchstens mit den Anschaffungs- oder Herstellungskosten anzusetzen, wenn das zugeführte Wirtschaftsgut
   a) innerhalb der letzten drei Jahre vor dem Zeitpunkt der Zuführung angeschafft oder hergestellt worden ist,

---

[1] Betrag geänd. durch Corona-SteuerhilfeG II v. 29.6.2020 (BGBl. I S. 1512).

[2] § 6 Abs. 1 Nr. 4 Satz 6 angef. mWv 1.1.2019 durch G v. 11.12.2018 (BGBl. I S. 2338); zur letztmaligen Anwendung siehe § 52 Abs. 12 Satz 3.

[3] § 6 Abs. 1 Nr. 5 Satz 1 Buchst. c geänd. durch G v. 11.12.2018 (BGBl. I S. 2338); zur Anwendung siehe § 52 Abs. 12 Satz 4.

b) ein Anteil an einer Kapitalgesellschaft ist und der Steuerpflichtige an der Gesellschaft im Sinne des § 17 Absatz 1 oder Absatz 6 beteiligt ist; § 17 Absatz 2 Satz 5 gilt entsprechend, oder

c) ein Wirtschaftsgut im Sinne des § 20 Absatz 2 oder im Sinne des § 2 Absatz 4 des Investmentsteuergesetzes ist.

2 Ist die Einlage ein abnutzbares Wirtschaftsgut, so sind die Anschaffungs- oder Herstellungskosten um Absetzungen für Abnutzung zu kürzen, die auf den Zeitraum zwischen der Anschaffung oder Herstellung des Wirtschaftsguts und der Einlage entfallen. 3 Ist die Einlage ein Wirtschaftsgut, das vor der Zuführung aus einem Betriebsvermögen des Steuerpflichtigen entnommen worden ist, so tritt an die Stelle der Anschaffungs- oder Herstellungskosten der Wert, mit dem die Entnahme angesetzt worden ist, und an die Stelle des Zeitpunkts der Anschaffung oder Herstellung der Zeitpunkt der Entnahme.

5a.[1] In den Fällen des § 4 Absatz 1 Satz 8 zweiter Halbsatz ist das Wirtschaftsgut mit dem gemeinen Wert anzusetzen [*ab 1.1.2020:* ; unterliegt der Steuerpflichtige in einem anderen Staat einer Besteuerung auf Grund des Ausschlusses oder der Beschränkung des Besteuerungsrechts dieses Staates, ist das Wirtschaftsgut mit dem Wert anzusetzen, den der andere Staat der Besteuerung zugrunde legt, höchstens jedoch mit dem gemeinen Wert.]

[*ab 1.1.2020:*
5b.[2] Im Fall des § 4 Absatz 1 Satz 9 ist das Wirtschaftsgut jeweils mit dem Wert anzusetzen, den der andere Staat der Besteuerung zugrunde legt, höchstens jedoch mit dem gemeinen Wert.]

6. Bei Eröffnung eines Betriebs ist Nummer 5 entsprechend anzuwenden.

7. Bei entgeltlichem Erwerb eines Betriebs sind die Wirtschaftsgüter mit dem Teilwert, höchstens jedoch mit den Anschaffungs- oder Herstellungskosten anzusetzen.

(2)[3] 1 Die Anschaffungs- oder Herstellungskosten oder der nach Absatz 1 Nummer 5 bis 6 an deren Stelle tretende Wert von abnutzbaren beweglichen Wirtschaftsgütern des Anlagevermögens, die einer selbständigen Nutzung fähig sind, können im Wirtschaftsjahr der Anschaffung, Herstellung oder Einlage des Wirtschaftsguts oder der Eröffnung des Betriebs in voller Höhe als Betriebsausgaben abgezogen werden, wenn die Anschaffungs- oder Herstellungskosten, vermindert um einen darin enthaltenen Vorsteuerbetrag (§ 9b Absatz 1), oder der nach Absatz 1 Nummer 5 bis 6 an deren Stelle tretende Wert für das einzelne Wirtschaftsgut 800[4] Euro nicht übersteigen. 2 Ein Wirtschaftsgut ist einer

---

[1] § 6 Abs. 1 Nr. 5a geänd. durch G v. 8.12.2010 (BGBl. I S. 1768); HS 2 angef. durch G v. 25.6.2021 (BGBl. I S. 2035); zur Anwendung siehe § 52 Abs. 12 Satz 9.

[2] § 6 Abs. 1 Nr. 5b eingef. durch G v. 25.6.2021 (BGBl. I S. 2035); zur Anwendung siehe § 52 Abs. 12 Satz 9; zur Anwendung von § 4 Abs. 1 Satz 9 siehe § 52 Abs. 6 Satz 3.

[3] § 6 Abs. 2 und 2a idF des G v. 22.12.2009 (BGBl. I S. 3950) sind erstmals für Wirtschaftsgüter anzuwenden, die nach dem 31.12.2009 angeschafft, hergestellt oder in das BV eingelegt worden sind (§ 52 Abs. 16 Satz 14 a. F.).

[4] Betrag geänd. durch G v. 27.6.2017 (BGBl. I S. 2074); zur Anwendung siehe § 52 Abs. 12 Satz 6.

selbständigen Nutzung nicht fähig, wenn es nach seiner betrieblichen Zweckbestimmung nur zusammen mit anderen Wirtschaftsgütern des Anlagevermögens genutzt werden kann und die in den Nutzungszusammenhang eingefügten Wirtschaftsgüter technisch aufeinander abgestimmt sind. 3 Das gilt auch, wenn das Wirtschaftsgut aus dem betrieblichen Nutzungszusammenhang gelöst und in einen anderen betrieblichen Nutzungszusammenhang eingefügt werden kann. 4 Wirtschaftsgüter im Sinne des Satzes 1, deren Wert 250[1] Euro übersteigt, sind unter Angabe des Tages der Anschaffung, Herstellung oder Einlage des Wirtschaftsguts oder der Eröffnung des Betriebs und der Anschaffungs- oder Herstellungskosten oder des nach Absatz 1 Nummer 5 bis 6 an deren Stelle tretenden Werts in ein besonderes, laufend zu führendes Verzeichnis aufzunehmen. 5 Das Verzeichnis braucht nicht geführt zu werden, wenn diese Angaben aus der Buchführung ersichtlich sind.

(2a)[2] 1 Abweichend von Absatz 2 Satz 1 kann für die abnutzbaren beweglichen Wirtschaftsgüter des Anlagevermögens, die einer selbständigen Nutzung fähig sind, im Wirtschaftsjahr der Anschaffung, Herstellung oder Einlage des Wirtschaftsguts oder der Eröffnung des Betriebs ein Sammelposten gebildet werden, wenn die Anschaffungs- oder Herstellungskosten, vermindert um einen darin enthaltenen Vorsteuerbetrag (§ 9b Absatz 1), oder der nach Absatz 1 Nummer 5 bis 6 an deren Stelle tretende Wert für das einzelne Wirtschaftsgut 250[3] Euro, aber nicht 1000 Euro übersteigen. 2 Der Sammelposten ist im Wirtschaftsjahr der Bildung und den folgenden vier Wirtschaftsjahren mit jeweils einem Fünftel gewinnmindernd aufzulösen. 3 Scheidet ein Wirtschaftsgut im Sinne des Satzes 1 aus dem Betriebsvermögen aus, wird der Sammelposten nicht vermindert. 4 Die Anschaffungs- oder Herstellungskosten oder der nach Absatz 1 Nummer 5 bis 6 an deren Stelle tretende Wert von abnutzbaren beweglichen Wirtschaftsgütern des Anlagevermögens, die einer selbständigen Nutzung fähig sind, können im Wirtschaftsjahr der Anschaffung, Herstellung oder Einlage des Wirtschaftsguts oder der Eröffnung des Betriebs in voller Höhe als Betriebsausgaben abgezogen werden, wenn die Anschaffungs- oder Herstellungskosten, vermindert um einen darin enthaltenen Vorsteuerbetrag (§ 9b Absatz 1), oder der nach Absatz 1 Nummer 5 bis 6 an deren Stelle tretende Wert für das einzelne Wirtschaftsgut 250[3] Euro nicht übersteigen. 5 Die Sätze 1 bis 3 sind für alle in einem Wirtschaftsjahr angeschafften, hergestellten oder eingelegten Wirtschaftsgüter einheitlich anzuwenden.

(3)[4] 1 Wird ein Betrieb, ein Teilbetrieb oder der Anteil eines Mitunternehmers an einem Betrieb unentgeltlich übertragen, so sind bei der Ermittlung des Gewinns des bisherigen Betriebsinhabers (Mitunternehmers) die Wirt-

---

[1] § 6 Abs. 2 Satz 4 Betrag geänd. mWv 1.1.2018 durch G v. 30.6.2017 (BGBl. I S. 2143); zur Anwendung siehe § 52 Abs. 12 Satz 5.

[2] § 6 Abs. 2 und 2a idF des G v. 22.12.2009 (BGBl. I S. 3950) sind erstmals für Wirtschaftsgüter anzuwenden, die nach dem 31.12.2009 angeschafft, hergestellt oder in das BV eingelegt worden sind (§ 52 Abs. 16 Satz 14 a. F.).

[3] Betrag geänd. durch G v. 27.6.2017 (BGBl. I S. 2074); zur Anwendung siehe § 52 Abs. 12 Satz 8.

[4] § 6 Abs. 3 Satz 1 geänd. durch G v. 20.12.2016 (BGBl. I S. 3000).

schaftsgüter mit den Werten anzusetzen, die sich nach den Vorschriften über die Gewinnermittlung ergeben, sofern die Besteuerung der stillen Reserven sichergestellt ist; dies gilt auch bei der unentgeltlichen Aufnahme einer natürlichen Person in ein bestehendes Einzelunternehmen sowie bei der unentgeltlichen Übertragung eines Teils eines Mitunternehmeranteils auf eine natürliche Person. [2] Satz 1 ist auch anzuwenden, wenn der bisherige Betriebsinhaber (Mitunternehmer) Wirtschaftsgüter, die weiterhin zum Betriebsvermögen derselben Mitunternehmerschaft gehören, nicht überträgt, sofern der Rechtsnachfolger den übernommenen Mitunternehmeranteil über einen Zeitraum von mindestens fünf Jahren nicht veräußert oder aufgibt. [3] Der Rechtsnachfolger ist an die in Satz 1 genannten Werte gebunden.

(4)[1)] Wird ein einzelnes Wirtschaftsgut außer in den Fällen der Einlage (§ 4 Absatz 1 Satz 8) unentgeltlich in das Betriebsvermögen eines anderen Steuerpflichtigen übertragen, gilt sein gemeiner Wert für das aufnehmende Betriebsvermögen als Anschaffungskosten.

(5) [1] Wird ein einzelnes Wirtschaftsgut von einem Betriebsvermögen in ein anderes Betriebsvermögen desselben Steuerpflichtigen überführt, ist bei der Überführung der Wert anzusetzen, der sich nach den Vorschriften über die Gewinnermittlung ergibt, sofern die Besteuerung der stillen Reserven sicher-

(Fortsetzung nächste Seite)

---

1) § 4 geänd. durch G v. 8.12.2010 (BGBl. I S. 1768).

2. jeweils *12* [***ab 1.1.2020:*** 14] Euro für den An- und Abreisetag, wenn der Arbeitnehmer an diesem, einem anschließenden oder vorhergehenden Tag außerhalb seiner Wohnung übernachtet,

3. *12* [***ab 1.1.2020:*** 14] Euro für den Kalendertag, an dem der Arbeitnehmer ohne Übernachtung außerhalb seiner Wohnung mehr als 8 Stunden von seiner Wohnung und der ersten Tätigkeitsstätte abwesend ist; beginnt die auswärtige berufliche Tätigkeit an einem Kalendertag und endet am nachfolgenden Kalendertag ohne Übernachtung, werden *12* [***ab 1.1.2020:*** 14] Euro für den Kalendertag gewährt, an dem der Arbeitnehmer den überwiegenden Teil der insgesamt mehr als 8 Stunden von seiner Wohnung und der ersten Tätigkeitsstätte abwesend ist.

4 Hat der Arbeitnehmer keine erste Tätigkeitsstätte, gelten die Sätze 2 und 3 entsprechend; Wohnung im Sinne der Sätze 2 und 3 ist der Hausstand, der den Mittelpunkt der Lebensinteressen des Arbeitnehmers bildet sowie eine Unterkunft am Ort der ersten Tätigkeitsstätte im Rahmen der doppelten Haushaltsführung. 5 Bei einer Tätigkeit im Ausland treten an die Stelle der Pauschbeträge nach Satz 3 länderweise unterschiedliche Pauschbeträge, die für die Fälle der Nummer 1 mit 120 sowie der Nummern 2 und 3 mit 80 Prozent der Auslandstagegelder nach dem Bundesreisekostengesetz vom Bundesministerium der Finanzen im Einvernehmen mit den obersten Finanzbehörden der Länder aufgerundet auf volle Euro festgesetzt werden; dabei bestimmt sich der Pauschbetrag nach dem Ort, den der Arbeitnehmer vor 24 Uhr Ortszeit zuletzt erreicht, oder, wenn dieser Ort im Inland liegt, nach dem letzten Tätigkeitsort im Ausland. 6 Der Abzug der Verpflegungspauschalen ist auf die ersten drei Monate einer längerfristigen beruflichen Tätigkeit an derselben Tätigkeitsstätte beschränkt. 7 Eine Unterbrechung der beruflichen Tätigkeit an derselben Tätigkeitsstätte führt zu einem Neubeginn, wenn sie mindestens vier Wochen dauert. 8 Wird dem Arbeitnehmer anlässlich oder während einer Tätigkeit außerhalb seiner ersten Tätigkeitsstätte vom Arbeitgeber oder auf dessen Veranlassung von einem Dritten eine Mahlzeit zur Verfügung gestellt, sind die nach den Sätzen 3 und 5 ermittelten Verpflegungspauschalen zu kürzen:

1. für Frühstück um 20 Prozent,

2. für Mittag- und Abendessen um jeweils 40 Prozent,

der nach Satz 3 Nummer 1 gegebenenfalls in Verbindung mit Satz 5 maßgebenden Verpflegungspauschale für einen vollen Kalendertag; die Kürzung darf die ermittelte Verpflegungspauschale nicht übersteigen. 9 Satz 8 gilt auch, wenn Reisekostenvergütungen wegen der zur Verfügung gestellten Mahlzeiten einbehalten oder gekürzt werden oder die Mahlzeiten nach § 40 Absatz 2 Satz 1 Nummer 1a pauschal besteuert werden. 10 Hat der Arbeitnehmer für die Mahlzeit ein Entgelt gezahlt, mindert dieser Betrag den Kürzungsbetrag nach Satz 8. 11 Erhält der Arbeitnehmer steuerfreie Erstattungen für Verpflegung, ist ein Werbungskostenabzug insoweit ausgeschlossen. 12 Die Verpflegungspauschalen nach den Sätzen 3 und 5, die Dreimonatsfrist nach den Sätzen 6 und 7 sowie die Kürzungsregelungen nach den Sätzen 8 bis 10 gelten entsprechend auch für den Abzug von Mehraufwendungen für Verpflegung, die bei einer beruflich veranlassten doppelten Haushaltsführung entstehen, soweit der Arbeitnehmer vom eigenen Hausstand im Sinne des § 9 Absatz 1 Satz 3 Nummer 5 abwesend ist; dabei ist für jeden Kalendertag innerhalb der Dreimonatsfrist, an dem gleichzeitig eine Tätigkeit im Sinne des Satzes 2 oder des Satzes 4 ausgeübt wird, nur der jeweils höchste in Betracht kommende Pauschbetrag abziehbar. 13 Die Dauer einer Tätigkeit im Sinne des Satzes 2 an dem Tätigkeitsort, an dem die doppelte Haushaltsführung begründet wurde, ist auf die Dreimonatsfrist anzurechnen, wenn sie ihr unmittelbar vorausgegangen ist.

(5)[1] 1 § 4 Absatz 5 Satz 1 Nummer 1 bis 4, 6b bis 8a, 10, 12 und Absatz 6 gilt sinngemäß. 2 Die §§ 4j, [***ab 1.1.2020:*** 4k,] 6 Absatz 1 Nummer 1a und § 6e gelten entsprechend.

(6)[2] 1 Aufwendungen des Steuerpflichtigen für seine Berufsausbildung oder für sein Studium sind nur dann Werbungskosten, wenn der Steuerpflichtige zuvor bereits eine Erstausbildung (Berufsausbildung oder Studium) abgeschlossen hat oder wenn die Berufsausbildung oder das Studium im Rahmen eines Dienstverhältnisses stattfindet. 2 Eine Berufsausbildung als Erstausbildung nach Satz 1 liegt vor, wenn eine geordnete Ausbildung mit einer Mindestdauer von 12 Monaten bei vollzeitiger Ausbildung und mit einer Abschlussprüfung durchgeführt wird. 3 Eine geordnete Ausbildung liegt vor, wenn sie auf der Grundlage von Rechts- oder Verwaltungsvorschriften oder internen Vorschriften eines Bildungsträgers durchgeführt wird. 4 Ist eine Abschlussprüfung nach dem Ausbildungsplan nicht vorgesehen, gilt die Ausbildung mit der tatsächlichen planmäßigen Beendigung als abgeschlossen. 5 Eine Berufsausbildung als Erstausbildung hat auch abgeschlossen, wer die Abschlussprüfung einer durch Rechts- oder Verwaltungsvorschriften geregelten Berufsausbildung mit einer Mindestdauer von 12 Monaten bestanden hat, ohne dass er zuvor die entsprechende Berufsausbildung durchlaufen hat.

§ 9a Pauschbeträge für Werbungskosten. 1 Für Werbungskosten sind bei der Ermittlung der Einkünfte die folgenden Pauschbeträge abzuziehen, wenn nicht höhere Werbungskosten nachgewiesen werden:

1. a)[3] von den Einnahmen aus nichtselbständiger Arbeit vorbehaltlich Buchstabe b:
   ein Arbeitnehmer-Pauschbetrag von 1000 Euro;
   b) von den Einnahmen aus nichtselbständiger Arbeit, soweit es sich um Versorgungsbezüge im Sinne des § 19 Absatz 2 handelt:
   ein Pauschbetrag von 102 Euro;

---

[1] § 9 Abs. 5 Satz 1 geänd. mWv VZ 2012 durch G v. 1.11.2011 (BGBl. I S. 2131); geänd. mWv 1.1.2014 durch G v. 20.2.2013 (BGBl. I S. 285); Satz 2 Verweis geänd. durch G v. 27.6.2017 (BGBl. I S. 2074), zur Anwendung siehe § 52 Abs. 16b Satz 2; Satz 2 neu gef. durch G v. 12.12.2019 (BGBl. I S. 2451); zur Anwendung siehe § 52 Abs. 16b Satz 3; Satz 2 Verweis erg. mWv 1.1.2020 (§ 52 Abs. 16b Satz 4; siehe auch § 52 Abs. 8c zur Anwendung von § 4k) durch G v. 25.6.2021 (BGBl. I S. 2035).

[2] § 9 Abs. 6 neu gef. mWv 1.1.2015 durch G v. 22.12.2014 (BGBl. I S. 2417).

[3] § 9a Satz 1 Nr. 1 Buchst. a Betrag geänd. mWv VZ 2011; 2. Satzteil aufgeh. mWv VZ 2012 (§ 52 Abs. 1 idF des Art. 1 Nr. 33 Buchst. b des G v. 1.11.2011) durch G v. 1.11.2011 (BGBl. I S. 2131).

2. (weggefallen)

3.[1] von den Einnahmen im Sinne des § 22 Nummer 1, 1a und 5:
ein Pauschbetrag von insgesamt 102 Euro.

(Fortsetzung nächstes Blatt)

---

[1] § 9a Satz 1 Nr. 3 geänd. mWv VZ 2010 durch G v. 8.12.2010 (BGBl. I S. 1768); geänd. mWv VZ 2015 durch G v. 22.12.2014 (BGBl. I S. 2417).

2. der Nutzungswert der Wohnung des Steuerpflichtigen, wenn die Wohnung die bei Betrieben gleicher Art übliche Größe nicht überschreitet und das Gebäude oder der Gebäudeteil nach den jeweiligen landesrechtlichen Vorschriften ein Baudenkmal ist;
3. die Produktionsaufgaberente nach dem Gesetz zur Förderung der Einstellung der landwirtschaftlichen Erwerbstätigkeit.

(3) 1 Die Einkünfte aus Land- und Forstwirtschaft werden bei der Ermittlung des Gesamtbetrags der Einkünfte nur berücksichtigt, soweit sie den Betrag von 900 Euro[1] übersteigen. 2 Satz 1 ist nur anzuwenden, wenn die Summe der Einkünfte 30 700 Euro nicht übersteigt. 3 Im Fall der Zusammenveranlagung von Ehegatten verdoppeln sich die Beträge der Sätze 1 und 2.

(4) 1 Absatz 2 Nummer 2 findet nur Anwendung, sofern im Veranlagungszeitraum 1986 bei einem Steuerpflichtigen für die von ihm zu eigenen Wohnzwecken oder zu Wohnzwecken des Altenteilers genutzte Wohnung die Voraussetzungen für die Anwendung des § 13 Absatz 2 Nummer 2 des Einkommensteuergesetzes in der Fassung der Bekanntmachung vom 16. April 1997 (BGBl. I S. 821) vorlagen. 2 Der Steuerpflichtige kann für einen Veranlagungszeitraum nach dem Veranlagungszeitraum 1998 unwiderruflich beantragen, dass Absatz 2 Nummer 2 ab diesem Veranlagungszeitraum nicht mehr angewendet wird. 3 § 52 Absatz 21 Satz 4 und 6 des Einkommensteuergesetzes in der Fassung der Bekanntmachung vom 16. April 1997 (BGBl. I S. 821) ist entsprechend anzuwenden. 4 Im Fall des Satzes 2 gelten die Wohnung des Steuerpflichtigen und die Altenteilerwohnung sowie der dazugehörende Grund und Boden zu dem Zeitpunkt als entnommen, bis zu dem Absatz 2 Nummer 2 letztmals angewendet wird. 5 Der Entnahmegewinn bleibt außer Ansatz. 6 Werden

1. die Wohnung und der dazugehörende Grund und Boden entnommen oder veräußert, bevor sie nach Satz 4 als entnommen gelten, oder
2. eine vor dem 1. Januar 1987 einem Dritten entgeltlich zur Nutzung überlassene Wohnung und der dazugehörende Grund und Boden für eigene Wohnzwecke oder für Wohnzwecke eines Altenteilers entnommen,

bleibt der Entnahme- oder Veräußerungsgewinn ebenfalls außer Ansatz; Nummer 2 ist nur anzuwenden, soweit nicht Wohnungen vorhanden sind, die Wohnzwecken des Eigentümers des Betriebs oder Wohnzwecken eines Altenteilers dienen und die unter Satz 4 oder unter Nummer 1 fallen.

(5) Wird Grund und Boden dadurch entnommen, dass auf diesem Grund und Boden die Wohnung des Steuerpflichtigen oder eine Altenteilerwohnung errichtet wird, bleibt der Entnahmegewinn außer Ansatz; der Steuerpflichtige kann die Regelung nur für eine zu eigenen Wohnzwecken genutzte Wohnung und für eine Altenteilerwohnung in Anspruch nehmen.

(6)[2] 1 Werden einzelne Wirtschaftsgüter eines land- und forstwirtschaftlichen Betriebs auf einen der gemeinschaftlichen Tierhaltung dienenden Betrieb

---

[1] Betrag geänd. mWv VZ 2015 durch G v. 22.12.2014 (BGBl. I S. 2417).

[2] § 13 Abs. 6 Satz 1 geänd. mWv 1.1.2022 durch G v. 25.6.2021 (BGBl. I S. 2050).

im Sinne des § 34 Absatz 6a des Bewertungsgesetzes einer *Erwerbs- und Wirtschaftsgenossenschaft* [***ab 1.1.2022:*** Genosenschaft] oder eines Vereins gegen Gewährung von Mitgliedsrechten übertragen, so ist die auf den dabei entstehenden Gewinn entfallende Einkommensteuer auf Antrag in jährlichen Teilbeträgen zu entrichten. 2 Der einzelne Teilbetrag muss mindestens ein Fünftel dieser Steuer betragen.

(7)[1] § 15 Absatz 1 Satz 1 Nummer 2, Absatz 1a, Absatz 2 Satz 2 und 3, §§ 15a und 15b sind entsprechend anzuwenden.

§ 13a[2] Ermittlung des Gewinns aus Land- und Forstwirtschaft nach Durchschnittssätzen. (1) 1 Der Gewinn eines Betriebs der Land- und Forstwirtschaft ist nach den Absätzen 3 bis 7 zu ermitteln, wenn

1. der Steuerpflichtige nicht auf Grund gesetzlicher Vorschriften verpflichtet ist, für den Betrieb Bücher zu führen und regelmäßig Abschlüsse zu machen und
2. in diesem Betrieb am 15. Mai innerhalb des Wirtschaftsjahres Flächen der landwirtschaftlichen Nutzung (§ 160 Absatz 2 Satz 1 Nummer 1 Buchstabe a des Bewertungsgesetzes) selbst bewirtschaftet werden und diese Flächen 20 Hektar ohne Sondernutzungen nicht überschreiten und
3. die Tierbestände insgesamt 50 Vieheinheiten (§ 13 Absatz 1 Nummer 1) nicht übersteigen und
4. die selbst bewirtschafteten Flächen der forstwirtschaftlichen Nutzung (§ 160 Absatz 2 Satz 1 Nummer 1 Buchstabe b des Bewertungsgesetzes) 50 Hektar nicht überschreiten und
5. die selbst bewirtschafteten Flächen der Sondernutzungen (Absatz 6) die in Anlage 1a Nummer 2 Spalte 2 genannten Grenzen nicht überschreiten.

2 Satz 1 ist auch anzuwenden, wenn nur Sondernutzungen bewirtschaftet werden und die in Anlage 1a Nummer 2 Spalte 2 genannten Grenzen nicht überschritten werden. 3 Die Sätze 1 und 2 gelten nicht, wenn der Betrieb im laufenden Wirtschaftsjahr im Ganzen zur Bewirtschaftung als Eigentümer, Miteigentümer, Nutzungsberechtigter oder durch Umwandlung übergegangen ist und der Gewinn bisher nach § 4 Absatz 1 oder 3 ermittelt wurde. 4 Der Gewinn ist letztmalig für das Wirtschaftsjahr nach Durchschnittssätzen zu ermitteln, das nach Bekanntgabe der Mitteilung endet, durch die die Finanzbehörde auf den Beginn der Buchführungspflicht (§ 141 Absatz 2 der Abgabenordnung) oder auf den Wegfall einer anderen Voraussetzung des Satzes 1 hingewiesen hat. 5 Der Gewinn ist erneut nach Durchschnittssätzen zu ermitteln, wenn die Voraussetzungen des Satzes 1 wieder vorliegen und ein Antrag nach Absatz 2 nicht gestellt wird.

(2) 1 Auf Antrag des Steuerpflichtigen ist für einen Betrieb im Sinne des Absatzes 1 der Gewinn für vier aufeinander folgende Wirtschaftsjahre nicht nach

---

[1] Zur Anwendung siehe § 52 Abs. 22 iVm Abs. 25.

[2] § 13a neu gef. durch G v. 22.12.2014 (BGBl. I S. 2417); zur Anwendung siehe § 52 Abs. 22a Satz 2.

den Absätzen 3 bis 7 zu ermitteln. [2]Wird der Gewinn eines dieser Wirtschaftsjahre durch den Steuerpflichtigen nicht nach § 4 Absatz 1 oder 3 ermittelt, ist der Gewinn für den gesamten Zeitraum von vier Wirtschaftsjahren nach den Absätzen 3 bis 7 zu ermitteln. [3]Der Antrag ist bis zur Abgabe der

(Fortsetzung nächstes Blatt)

b) Gewerbebetrieb (§ 2 Absatz 1 Satz 1 Nummer 2)

§ 15 Einkünfte aus Gewerbebetrieb. (1) [1]Einkünfte aus Gewerbebetrieb sind

1. Einkünfte aus gewerblichen Unternehmen. [2]Dazu gehören auch Einkünfte aus gewerblicher Bodenbewirtschaftung, z. B. aus Bergbauunternehmen und aus Betrieben zur Gewinnung von Torf, Steinen und Erden, soweit sie nicht land- oder forstwirtschaftliche Nebenbetriebe sind;
2. die Gewinnanteile der Gesellschafter einer Offenen Handelsgesellschaft, einer Kommanditgesellschaft und einer anderen Gesellschaft, bei der der Gesellschafter als Unternehmer (Mitunternehmer) des Betriebs anzusehen ist, und die Vergütungen, die der Gesellschafter von der Gesellschaft für seine Tätigkeit im Dienst der Gesellschaft oder für die Hingabe von Darlehen oder für die Überlassung von Wirtschaftsgütern bezogen hat. [2]Der mittelbar über eine oder mehrere Personengesellschaften beteiligte Gesellschafter steht dem unmittelbar beteiligten Gesellschafter gleich; er ist als Mitunternehmer des Betriebs der Gesellschaft anzusehen, an der er mittelbar beteiligt ist, wenn er und die Personengesellschaften, die seine Beteiligung vermitteln, jeweils als Mitunternehmer der Betriebe der Personengesellschaften anzusehen sind, an denen sie unmittelbar beteiligt sind;
3. die Gewinnanteile der persönlich haftenden Gesellschafter einer Kommanditgesellschaft auf Aktien, soweit sie nicht auf Anteile am Grundkapital entfallen, und die Vergütungen, die der persönlich haftende Gesellschafter von der Gesellschaft für seine Tätigkeit im Dienst der Gesellschaft oder für die Hingabe von Darlehen oder für die Überlassung von Wirtschaftsgütern bezogen hat.

[2]Satz 1 Nummer 2 und 3 gilt auch für Vergütungen, die als nachträgliche Einkünfte (§ 24 Nummer 2) bezogen werden. [3]§ 13 Absatz 5 gilt entsprechend, sofern das Grundstück im Veranlagungszeitraum 1986 zu einem gewerblichen Betriebsvermögen gehört hat.

(1a)[1)] [1]In den Fällen des § 4 Absatz 1 Satz 5 ist der Gewinn aus einer späteren Veräußerung der Anteile ungeachtet der Bestimmungen eines Abkommens zur Vermeidung der Doppelbesteuerung in der gleichen Art und Weise zu besteuern, wie die Veräußerung dieser Anteile an der Europäischen Gesellschaft oder Europäischen Genossenschaft zu besteuern gewesen wäre, wenn keine Sitzverlegung stattgefunden hätte. [2]Dies gilt auch, wenn später die Anteile verdeckt in eine Kapitalgesellschaft eingelegt werden, die Europäische Gesellschaft oder Europäische Genossenschaft aufgelöst wird oder wenn ihr Kapital herabgesetzt und zurückgezahlt wird oder wenn Beträge aus dem steuerlichen Einlagenkonto im Sinne des § 27 des Körperschaftsteuergesetzes ausgeschüttet oder zurückgezahlt werden.

(2) [1]Eine selbständige nachhaltige Betätigung, die mit der Absicht, Gewinn zu erzielen, unternommen wird und sich als Beteiligung am allgemeinen wirtschaftlichen Verkehr darstellt, ist Gewerbebetrieb, wenn die Betätigung weder als Ausübung von Land- und Forstwirtschaft noch als Ausübung eines freien

---

[1)] § 15 Abs. 1a Satz 1 geänd. durch G v. 8.12.2010 (BGBl. I S. 1768).

Berufs noch als eine andere selbständige Arbeit anzusehen ist. [2]Eine durch die Betätigung verursachte Minderung der Steuern vom Einkommen ist kein Gewinn im Sinne des Satzes 1. [3]Ein Gewerbebetrieb liegt, wenn seine Voraussetzungen im Übrigen gegeben sind, auch dann vor, wenn die Gewinnerzielungsabsicht nur ein Nebenzweck ist.

(3) Als Gewerbebetrieb gilt in vollem Umfang die mit Einkünfteerzielungsabsicht unternommene Tätigkeit

1.[1)] einer offenen Handelsgesellschaft, einer Kommanditgesellschaft oder einer anderen Personengesellschaft, wenn die Gesellschaft auch eine Tätigkeit im Sinne des Absatzes 1 Satz 1 Nummer 1 ausübt oder gewerbliche Einkünfte im Sinne des Absatzes 1 Satz 1 Nummer 2 bezieht. [2]Dies gilt unabhängig davon, ob aus der Tätigkeit im Sinne des Absatzes 1 Satz 1 Nummer 1 ein Gewinn oder Verlust erzielt wird oder ob die gewerblichen Einkünfte im Sinne des Absatzes 1 Satz 1 Nummer 2 positiv oder negativ sind;
2. einer Personengesellschaft, die keine Tätigkeit im Sinne des Absatzes 1 Satz 1 Nummer 1 ausübt und bei der ausschließlich eine oder mehrere Kapitalgesellschaften persönlich haftende Gesellschafter sind und nur diese oder Personen, die nicht Gesellschafter sind, zur Geschäftsführung befugt sind (gewerblich geprägte Personengesellschaft). [2]Ist eine gewerblich geprägte Personengesellschaft als persönlich haftender Gesellschafter an einer anderen Personengesellschaft beteiligt, so steht für die Beurteilung, ob die Tätigkeit dieser Personengesellschaft als Gewerbebetrieb gilt, die gewerblich geprägte Personengesellschaft einer Kapitalgesellschaft gleich.

(4)[2)] [1]Verluste aus gewerblicher Tierzucht oder gewerblicher Tierhaltung dürfen weder mit anderen Einkünften aus Gewerbebetrieb noch mit Einkünften aus anderen Einkunftsarten ausgeglichen werden; sie dürfen auch nicht nach § 10d abgezogen werden. [2]Die Verluste mindern jedoch nach Maßgabe des § 10d die Gewinne, die der Steuerpflichtige in dem unmittelbar vorangegangenen und in den folgenden Wirtschaftsjahren aus gewerblicher Tierzucht oder gewerblicher Tierhaltung erzielt hat oder erzielt; § 10d Absatz 4 gilt entsprechend. [3]Die Sätze 1 und 2 gelten entsprechend für Verluste aus Termingeschäften, durch die der Steuerpflichtige einen Differenzausgleich oder einen durch den Wert einer veränderlichen Bezugsgröße bestimmten Geldbetrag oder Vorteil erlangt. [4]Satz 3 gilt nicht für die Geschäfte, die zum gewöhnlichen Geschäftsbetrieb bei Kreditinstituten, Finanzdienstleistungsinstituten und Finanzunternehmen im Sinne des Gesetzes über das Kreditwesen [***ab 26.6.2021:*** oder bei Wertpapierinstituten im Sinne des Wertpapierinstitutsgesetzes] gehören oder die der Absicherung von Geschäften des gewöhnlichen Geschäftsbetriebs dienen. [5]Satz 4 gilt nicht, wenn es sich um Geschäfte handelt, die der Absicherung von Aktiengeschäften dienen, bei denen der Veräußerungsgewinn nach § 3 Nummer 40 Satz 1 Buchstabe a und b in Verbindung mit § 3c Absatz 2 teilweise steuerfrei ist, oder die nach § 8b Absatz 2 des Körperschaftsteuergesetzes bei der Ermittlung des Einkommens außer Ansatz bleiben. [6]Verluste aus stillen Ge-

---

[1)] § 15 Abs. 3 Nr. 1 Satz 2 angef. durch G v. 12.12.2019 (BGBl. I S. 2451); zur Anwendung siehe § 52 Abs. 23 Satz 1.

[2)] § 15 Abs. 4 Satz 2 und 7 ergänzt durch G v. 26.6.2013; zur Anwendung siehe § 52 Abs. 23 Satz 2; Satz 4 geänd. mWv 26.6.2021 durch G v. 12.5.2021 (BGBl. I S. 990).

den Werten anzusetzen, die sich nach den Vorschriften über die Gewinnermittlung ergeben, sofern die Besteuerung der stillen Reserven sichergestellt ist; der übernehmende Mitunternehmer ist an diese Werte gebunden; § 4 Absatz 1 Satz 4 ist entsprechend anzuwenden.[1)] [3]Dagegen ist für den jeweiligen Übertragungsvorgang rückwirkend der gemeine Wert anzusetzen, soweit bei einer Realteilung, bei der einzelne Wirtschaftsgüter übertragen worden sind, zum Buchwert übertragener Grund und Boden, übertragene Gebäude oder andere übertragene wesentliche Betriebsgrundlagen innerhalb einer Sperrfrist nach der Übertragung veräußert oder entnommen werden; diese Sperrfrist endet drei Jahre nach Abgabe der Steuererklärung der Mitunternehmerschaft für den Veranlagungszeitraum der Realteilung. [4]Satz 2 ist bei einer Realteilung, bei der einzelne Wirtschaftsgüter übertragen werden, nicht anzuwenden, soweit die Wirtschaftsgüter unmittelbar oder mittelbar auf eine Körperschaft, Personenvereinigung oder Vermögensmasse übertragen werden; in diesem Fall ist bei der Übertragung der gemeine Wert anzusetzen. [5]Soweit einzelne dem Betrieb gewidmete Wirtschaftsgüter im Rahmen der Aufgabe des Betriebs veräußert werden und soweit auf der Seite des Veräußerers und auf der Seite des Erwerbers dieselben Personen Unternehmer oder Mitunternehmer sind, gilt der Gewinn aus der Aufgabe des Gewerbebetriebs als laufender Gewinn. [6]Werden die einzelnen dem Betrieb gewidmeten Wirtschaftsgüter im Rahmen der Aufgabe des Betriebs veräußert, so sind die Veräußerungspreise anzusetzen. [7]Werden die Wirtschaftsgüter nicht veräußert, so ist der gemeine Wert im Zeitpunkt der Aufgabe anzusetzen. [8]Bei Aufgabe eines Gewerbebetriebs, an dem mehrere Personen beteiligt waren, ist für jeden einzelnen Beteiligten der gemeine Wert der Wirtschaftsgüter anzusetzen, die er bei der Auseinandersetzung erhalten hat.

(3a)[2)] Einer Aufgabe des Gewerbebetriebs steht der Ausschluss oder die Beschränkung des Besteuerungsrechts der Bundesrepublik Deutschland hinsichtlich des Gewinns aus der Veräußerung sämtlicher Wirtschaftsgüter des Betriebs oder eines Teilbetriebs gleich; § 4 Absatz 1 Satz 4 gilt entsprechend.

(3b)[3)] [1]In den Fällen der Betriebsunterbrechung und der Betriebsverpachtung im Ganzen gilt ein Gewerbebetrieb sowie ein Anteil im Sinne des Absatzes 1 Satz 1 Nummer 2 oder Nummer 3 nicht als aufgegeben, bis

1. der Steuerpflichtige die Aufgabe im Sinne des Absatzes 3 Satz 1 ausdrücklich gegenüber dem Finanzamt erklärt oder
2. dem Finanzamt Tatsachen bekannt werden, aus denen sich ergibt, dass die Voraussetzungen für eine Aufgabe im Sinne des Absatzes 3 Satz 1 erfüllt sind.

[2]Die Aufgabe des Gewerbebetriebs oder Anteils im Sinne des Absatzes 1 Satz 1 Nummer 2 oder Nummer 3 ist in den Fällen des Satzes 1 Nummer 1 rückwirkend für den vom Steuerpflichtigen gewählten Zeitpunkt anzuerken-

---

[1)] § 16 Abs. 3 Satz 2 HS 2 angef. durch G v. 8.12.2010 (BGBl. I S. 1768); zur Anwendung von § 4 Abs. 1 Satz 4 siehe § 52 Abs. 6 Satz 1.
[2)] § 16 Abs. 3a eingef. durch G v. 8.12.2010 (BGBl. I S. 1768).
[3)] § 16 Abs. 3b eingef. durch G v. 1.11.2011 (BGBl. I S. 2131).

nen, wenn die Aufgabeerklärung spätestens drei Monate nach diesem Zeitpunkt abgegeben wird. [3] Wird die Aufgabeerklärung nicht spätestens drei Monate nach dem vom Steuerpflichtigen gewählten Zeitpunkt abgegeben, gilt der Gewerbebetrieb oder Anteil im Sinne des Absatzes 1 Satz 1 Nummer 2 oder Nummer 3 erst in dem Zeitpunkt als aufgegeben, in dem die Aufgabeerklärung beim Finanzamt eingeht.

(4) [1] Hat der Steuerpflichtige das 55. Lebensjahr vollendet oder ist er im sozialversicherungsrechtlichen Sinne dauernd berufsunfähig, so wird der Veräußerungsgewinn auf Antrag zur Einkommensteuer nur herangezogen, soweit er 45 000 Euro übersteigt. [2] Der Freibetrag ist dem Steuerpflichtigen nur einmal zu gewähren. [3] Er ermäßigt sich um den Betrag, um den der Veräußerungsgewinn 136 000 Euro übersteigt.

(5) Werden bei einer Realteilung, bei der Teilbetriebe auf einzelne Mitunternehmer übertragen werden, Anteile an einer Körperschaft, Personenvereinigung oder Vermögensmasse unmittelbar oder mittelbar von einem nicht von § 8b Absatz 2 des Körperschaftsteuergesetzes begünstigten Steuerpflichtigen auf einen von § 8b Absatz 2 des Körperschaftsteuergesetzes begünstigten Mitunternehmer übertragen, ist abweichend von Absatz 3 Satz 2 rückwirkend auf den Zeitpunkt der Realteilung der gemeine Wert anzusetzen, wenn der übernehmende Mitunternehmer die Anteile innerhalb eines Zeitraums von sieben Jahren nach der Realteilung unmittelbar oder mittelbar veräußert oder durch einen Vorgang nach § 22 Absatz 1 Satz 6 Nummer 1 bis 5 des Umwandlungssteuergesetzes weiter überträgt; § 22 Absatz 2 Satz 3 des Umwandlungssteuergesetzes gilt entsprechend.

§ 17 Veräußerung von Anteilen an Kapitalgesellschaften. (1)[1)] [1] Zu den Einkünften aus Gewerbebetrieb gehört auch der Gewinn aus der Veräußerung von Anteilen an einer Kapitalgesellschaft, wenn der Veräußerer innerhalb der letzten fünf Jahre am Kapital der Gesellschaft unmittelbar oder mittelbar zu mindestens 1 Prozent beteiligt war. [2] Die verdeckte Einlage von Anteilen an einer Kapitalgesellschaft in eine Kapitalgesellschaft steht der Veräußerung der Anteile gleich. [3] Anteile an einer Kapitalgesellschaft sind Aktien, Anteile an einer Gesellschaft mit beschränkter Haftung, Genussscheine oder ähnliche Beteiligungen und Anwartschaften auf solche Beteiligungen [***ab 1.1.2022:*** sowie Anteile an einer optierenden Gesellschaft im Sinne des § 1a des Körperschaftsteuergesetzes.] [4] Hat der Veräußerer den veräußerten Anteil innerhalb der letzten fünf Jahre vor der Veräußerung unentgeltlich erworben, so gilt Satz 1 entsprechend, wenn der Veräußerer zwar nicht selbst, aber der Rechtsvorgänger oder, sofern der Anteil nacheinander unentgeltlich übertragen worden ist, einer der Rechtsvorgänger innerhalb der letzten fünf Jahre im Sinne von Satz 1 beteiligt war.

(2) [1] Veräußerungsgewinn im Sinne des Absatzes 1 ist der Betrag, um den der Veräußerungspreis nach Abzug der Veräußerungskosten die Anschaffungskosten übersteigt. [2] In den Fällen des Absatzes 1 Satz 2 tritt an die Stelle des Veräußerungspreises der Anteile ihr gemeiner Wert. [3] Weist der Veräußerer

---

[1)] § 17 Abs. 1 Satz 3 ergänzt mWv 1.1.2022 durch G v. 25.6.2021 (BGBl. I S. 2050).

nach, dass ihm die Anteile bereits im Zeitpunkt der Begründung der unbeschränkten Steuerpflicht nach § 1 Absatz 1 zuzurechnen waren und dass der bis zu diesem Zeitpunkt entstandene Vermögenszuwachs auf Grund gesetzlicher Bestimmungen des Wegzugsstaats im Wegzugsstaat einer der Steuer nach § 6 des Außensteuergesetzes vergleichbaren Steuer unterlegen hat, tritt an die

(Fortsetzung nächstes Blatt)

jeweils zuzüglich voraussichtlicher Sonderzahlungen im Kalenderjahr, auf die zu diesem Zeitpunkt ein Rechtsanspruch besteht. [5]Der Zuschlag zum Versorgungsfreibetrag darf nur bis zur Höhe der um den Versorgungsfreibetrag geminderten Bemessungsgrundlage berücksichtigt werden. [6]Bei mehreren Versorgungsbezügen mit unterschiedlichem Bezugsbeginn bestimmen sich der insgesamt berücksichtigungsfähige Höchstbetrag des Versorgungsfreibetrags und der Zuschlag zum Versorgungsfreibetrag nach dem Jahr des Beginns des ersten Versorgungsbezugs. [7]Folgt ein Hinterbliebenenbezug einem Versorgungsbezug, bestimmen sich der Prozentsatz, der Höchstbetrag des Versorgungsfreibetrags und der Zuschlag zum Versorgungsfreibetrag für den Hinterbliebenenbezug nach dem Jahr des Beginns des Versorgungsbezugs. [8]Der nach den Sätzen 3 bis 7 berechnete Versorgungsfreibetrag und Zuschlag zum Versorgungsfreibetrag gelten für die gesamte Laufzeit des Versorgungsbezugs. [9]Regelmäßige Anpassungen des Versorgungsbezugs führen nicht zu einer Neuberechnung. [10]Abweichend hiervon sind der Versorgungsfreibetrag und der Zuschlag zum Versorgungsfreibetrag neu zu berechnen, wenn sich der Versorgungsbezug wegen Anwendung von Anrechnungs-, Ruhens-, Erhöhungs- oder Kürzungsregelungen erhöht oder vermindert. [11]In diesen Fällen sind die Sätze 3 bis 7 mit dem geänderten Versorgungsbezug als Bemessungsgrundlage im Sinne des Satzes 4 anzuwenden; im Kalenderjahr der Änderung sind der höchste Versorgungsfreibetrag und Zuschlag zum Versorgungsfreibetrag maßgebend. [12]Für jeden vollen Kalendermonat, für den keine Versorgungsbezüge gezahlt werden, ermäßigen sich der Versorgungsfreibetrag und der Zuschlag zum Versorgungsfreibetrag in diesem Kalenderjahr um je ein Zwölftel.

§ 19a[1)] Sondervorschrift für Einkünfte aus nichtselbständiger Arbeit bei Vermögensbeteiligungen. (1) [1]Werden einem Arbeitnehmer von seinem Arbeitgeber zusätzlich zum ohnehin geschuldeten Arbeitslohn Vermögensbeteiligungen im Sinne des § 2 Absatz 1 Nummer 1 Buchstabe a, b und f bis l und Absatz 2 bis 5 des Fünften Vermögensbildungsgesetzes an dem Unternehmen des Arbeitgebers unentgeltlich oder verbilligt übertragen, so unterliegt der Vorteil im Sinne des § 19 Absatz 1 Satz 1 Nummer 1 im Kalenderjahr der Übertragung nicht der Besteuerung. [2]Dies gilt auch, wenn die Vermögensbeteiligungen mittelbar über Personengesellschaften gehalten werden. [3]Bei der Ermittlung des Vorteils im Sinne des Satzes 1 ist der Freibetrag nach § 3 Nummer 39 abzuziehen, wenn die Voraussetzungen vorliegen. [4]Ein nicht besteuerter Vorteil im Sinne des Satzes 1 ist bei der Berechnung der Vorsorgepauschale (§ 39b Absatz 2 Satz 5 Nummer 3) einzubeziehen. [5]Die Anschaffungskosten sind mit dem gemeinen Wert der Vermögensbeteiligung anzusetzen.

(2) [1]Die vorläufige Nichtbesteuerung nach Absatz 1 kann im Lohnsteuerabzugsverfahren nur mit Zustimmung des Arbeitnehmers angewendet werden. [2]Eine Nachholung der vorläufigen Nichtbesteuerung im Rahmen der Veranlagung zur Einkommensteuer ist ausgeschlossen.

---

1) § 19a neu gef. durch G v. 3.6.2021 (BGBl. I S. 1498); zur Anwendung siehe § 52 Abs. 27.

(3) Absatz 1 ist nur anzuwenden, wenn das Unternehmen des Arbeitgebers im Zeitpunkt der Übertragung der Vermögensbeteiligung die in Artikel 2 Absatz 1 des Anhangs der Empfehlung der Kommission vom 6. Mai 2003 betreffend die Definition der Kleinstunternehmen sowie der kleinen und mittleren Unternehmen (ABl. L 124 vom 20.5.2003, S. 36) in der jeweils geltenden Fassung genannten Schwellenwerte nicht überschreitet oder im vorangegangenen Kalenderjahr nicht überschritten hat und seine Gründung nicht mehr als zwölf Jahre zurückliegt.

(4) [1]Der nach Absatz 1 nicht besteuerte Arbeitslohn unterliegt erst dann der Besteuerung nach § 19 und dem Lohnsteuerabzug als sonstiger Bezug, wenn

1. die Vermögensbeteiligung ganz oder teilweise entgeltlich oder unentgeltlich übertragen wird, insbesondere auch in den Fällen des § 17 Absatz 4 und des § 20 Absatz 2 Satz 2 oder bei Einlagen in ein Betriebsvermögen,
2. seit der Übertragung der Vermögensbeteiligung zwölf Jahre vergangen sind oder
3. das Dienstverhältnis zu dem bisherigen Arbeitgeber beendet wird. [2]Übernimmt der Arbeitgeber in diesem Fall die Lohnsteuer, ist der übernommene Abzugsbetrag nicht Teil des zu besteuernden Arbeitslohns.

[2]In den Fällen des Satzes 1 sind für die zu besteuernden Arbeitslöhne § 34 Absatz 1 und § 39b Absatz 3 Satz 9 und 10 entsprechend anzuwenden, wenn seit der Übertragung der Vermögensbeteiligung mindestens drei Jahre vergangen sind. [3]Die nach Satz 1 zu besteuernden Arbeitslöhne sind bei der Berechnung der Vorsorgepauschale (§ 39b Absatz 2 Satz 5 Nummer 3) nicht einzubeziehen. [4]Ist in den Fällen des Satzes 1 der gemeine Wert der Vermögensbeteiligung abzüglich geleisteter Zuzahlungen des Arbeitnehmers bei der verbilligten Übertragung niedriger als der nach Absatz 1 nicht besteuerte Arbeitslohn, so unterliegt nur der gemeine Wert der Vermögensbeteiligung abzüglich geleisteter Zuzahlungen der Besteuerung. [5]In den Fällen des Satzes 4 gilt neben den geleisteten Zuzahlungen nur der tatsächlich besteuerte Arbeitslohn als Anschaffungskosten im Sinne der §§ 17 und 20. [6]Die Sätze 4 und 5 sind nicht anzuwenden, soweit die Wertminderung nicht betrieblich veranlasst ist oder diese auf einer gesellschaftsrechtlichen Maßnahme, insbesondere einer Ausschüttung oder Einlagerückgewähr, beruht.

(5) Das Betriebsstättenfinanzamt hat nach der Übertragung einer Vermögensbeteiligung im Rahmen einer Anrufungsauskunft (§ 42e) den vom Arbeitgeber nicht besteuerten Vorteil im Sinne des Absatzes 1 zu bestätigen.

(6) [1]Der nach Absatz 1 nicht besteuerte gemeine Wert der Vermögensbeteiligung und die übrigen Angaben des nach den vorstehenden Absätzen durchgeführten Besteuerungsverfahrens sind vom Arbeitgeber im Lohnkonto aufzuzeichnen. [2]Die Aufbewahrungsfrist nach § 41 Absatz 1 Satz 9 endet insoweit nicht vor Ablauf von sechs Jahren nach der Besteuerung im Sinne des Absatzes 4 Satz 1.

e) Kapitalvermögen (§ 2 Absatz 1 Satz 1 Nummer 5)

§ 20[1)] **[Kapitalvermögen]** (1)[2)] Zu den Einkünften aus Kapitalvermögen gehören

1. Gewinnanteile (Dividenden) [***bis 31.12.2021:*** *, Ausbeuten*] und sonstige Bezüge aus Aktien, Genussrechten, mit denen das Recht am Gewinn und Liquidationserlös einer Kapitalgesellschaft verbunden ist, aus Anteilen an Gesellschaften mit beschränkter Haftung, an *Erwerbs- und Wirtschaftsgenossenschaften sowie an bergbautreibenden Vereinigungen, die die Rechte einer juristischen Person haben* [***ab 1.1.2022:*** Genossenschaften sowie an einer optierenden Gesellschaft im Sinne des § 1a des Körperschaftsteuergesetzes.] [2]Zu den sonstigen Bezügen gehören auch verdeckte Gewinnausschüttungen. [3]Die Bezüge gehören nicht zu den Einnahmen, soweit sie aus Ausschüttungen einer Körperschaft stammen, für die Beträge aus dem steuerlichen Einlagekonto im Sinne des § 27 des Körperschaftsteuergesetzes als verwendet gelten. [4]Als sonstige Bezüge gelten auch Einnahmen, die anstelle der Bezüge im Sinne des Satzes 1 von einem anderen als dem Anteilseigner nach Absatz 5 bezogen werden, wenn die Aktien mit Dividendenberechtigung erworben, aber ohne Dividendenanspruch geliefert werden;
2. Bezüge, die nach der Auflösung einer Körperschaft oder Personenvereinigung im Sinne der Nummer 1 anfallen und die nicht in der Rückzahlung von Nennkapital bestehen; Nummer 1 Satz 3 gilt entsprechend. [2]Gleiches gilt für Bezüge, die auf Grund einer Kapitalherabsetzung oder nach der Auflösung einer unbeschränkt steuerpflichtigen Körperschaft oder Personenvereinigung im Sinne der Nummer 1 anfallen und die als Gewinnausschüttung im Sinne des § 28 Absatz 2 Satz 2 und 4 des Körperschaftsteuergesetzes gelten;
3. Investmenterträge nach § 16 des Investmentsteuergesetzes;

3a. Spezial-Investmenterträge nach § 34 des Investmentsteuergesetzes;

4. Einnahmen aus der Beteiligung an einem Handelsgewerbe als stiller Gesellschafter und aus partiarischen Darlehen, es sei denn, dass der Gesellschafter oder Darlehensgeber als Mitunternehmer anzusehen ist. [2]Auf An-

(Fortsetzung nächstes Blatt)

---

1) Zur Anwendung siehe **§ 52 Abs. 28.**

2) § 20 Abs. 1 Nrn. 3 und 3a eingef. durch G v. 19.7.2016 (BGBl. I S. 1730); zur Anwendung siehe § 52 Abs. 28 Satz 20; Nr. 1 Satz 1 kursiver Satzteil aufgeh. und geänd. mWv 1.1.2022 durch G v. 25.6.2021 (BGBl. I S. 2050).

beiden Ehegatten in einem Kindschaftsverhältnis steht. 3 Die Beträge nach Satz 2 stehen dem Steuerpflichtigen auch dann zu, wenn

1. der andere Elternteil verstorben oder nicht unbeschränkt einkommensteuerpflichtig ist oder
2. der Steuerpflichtige allein das Kind angenommen hat oder das Kind nur zu ihm in einem Pflegekindschaftsverhältnis steht.

4 Für ein nicht nach § 1 Absatz 1 oder 2 unbeschränkt einkommensteuerpflichtiges Kind können die Beträge nach den Sätzen 1 bis 3 nur abgezogen werden, soweit sie nach den Verhältnissen seines Wohnsitzstaates notwendig und angemessen sind. 5 Für jeden Kalendermonat, in dem die Voraussetzungen für einen Freibetrag nach den Sätzen 1 bis 4 nicht vorliegen, ermäßigen sich die dort genannten Beträge um ein Zwölftel. 6 Abweichend von Satz 1 wird bei einem unbeschränkt einkommensteuerpflichtigen Elternpaar, bei dem die Voraussetzungen des § 26 Absatz 1 Satz 1 nicht vorliegen, auf Antrag eines Elternteils der dem anderen Elternteil zustehende Kinderfreibetrag auf ihn übertragen, wenn er, nicht jedoch der andere Elternteil, seiner Unterhaltspflicht gegenüber dem Kind für das Kalenderjahr im Wesentlichen nachkommt oder der andere Elternteil mangels Leistungsfähigkeit nicht unterhaltspflichtig ist [*ab VZ 2021:* ; die Übertragung des Kinderfreibetrags führt stets auch zur Übertragung des Freibetrags für den Betreuungs- und Erziehungs- oder Ausbildungsbedarf].[1)] 7 Eine Übertragung nach Satz 6 scheidet für Zeiträume aus, für die Unterhaltsleistungen nach dem Unterhaltsvorschussgesetz gezahlt werden. 8 Bei minderjährigen Kindern wird der dem Elternteil, in dessen Wohnung das Kind nicht gemeldet ist, zustehende Freibetrag für den Betreuungs- und Erziehungs- oder Ausbildungsbedarf auf Antrag des anderen Elternteils auf diesen übertragen, wenn bei dem Elternpaar die Voraussetzungen des § 26 Absatz 1 Satz 1 nicht vorliegen. 9 Eine Übertragung nach Satz 8 scheidet aus, wenn der Übertragung widersprochen wird, weil der Elternteil, bei dem das Kind nicht gemeldet ist, Kinderbetreuungskosten trägt oder das Kind regelmäßig in einem nicht unwesentlichen Umfang betreut. 10 Die den Eltern nach den Sätzen 1 bis 9 zustehenden Freibeträge können auf Antrag auch auf einen Stiefelternteil oder Großelternteil übertragen werden, wenn dieser das Kind in seinen Haushalt aufgenommen hat oder dieser einer Unterhaltspflicht gegenüber dem Kind unterliegt. 11 Die Übertragung nach Satz 10 kann auch mit Zustimmung des berechtigten Elternteils erfolgen, die nur für künftige Kalenderjahre widerrufen werden kann.

§ 32a[2)] Einkommensteuertarif.

[Fassung von Abs. 1 für VZ 2021:][3)]

(1) 1 Die tarifliche Einkommensteuer bemisst sich nach dem zu ver-

[Fassung von Abs. 1 für VZ 2022:][3)]

(1) 1 Die tarifliche Einkommensteuer bemisst sich nach dem zu ver-

---

1) § 32 Abs. 6 Satz 6 HS 2 angef. mWv VZ 2021 durch G v. 2.6.2021 (BGBl. I S. 1259).

2) Zur Berechnung der geltenden Einkommensteuer siehe das beiliegende **Berechnungsprogramm auf CD-ROM** sowie die im **Anhang T 1a und T 1b** abgedruckten **Einkommensteuer-Grundtabellen und -Splittingtabellen.**

3) § 32a Abs. 1 neu gef. mWv 1.1.2021 bzw. 1.1.2022 durch G v. 1.12.2020 (BGBl. I S. 2616).

[Fassung von Abs. 1 für VZ 2021:]

steuernden Einkommen. [2]Sie beträgt im Veranlagungszeitraum 2021 vorbehaltlich der §§ 32b, 32d, 34, 34a, 34b und 34c jeweils in Euro für zu versteuernde Einkommen

1. bis 9744 Euro (Grundfreibetrag): 0;
2. von 9745 Euro bis 14 753 Euro: (995,21 · y + 1400) · y;
3. von 14 754 Euro bis 57 918 Euro: (208,85 · z + 2397) · z + 950,96;
4. von 57 919 Euro bis 274 612 Euro: 0,42 · x – 9136,63;
5. von 274 613 Euro an: 0,45 · x – 17 374,99.

[3]Die Größe „y" ist ein Zehntausendstel des den Grundfreibetrag übersteigenden Teils des auf einen vollen Euro-Betrag abgerundeten zu versteuernden Einkommens. [4]Die Größe „z" ist ein Zehntausendstel des 14 753 Euro übersteigenden Teils des auf einen vollen Euro-Betrag abgerundeten zu versteuernden Einkommens. [5]Die Größe „x" ist das auf einen vollen Euro-Betrag abgerundete zu versteuernde Einkommen. [6]Der sich ergebende Steuerbetrag ist auf den nächsten vollen Euro-Betrag abzurunden.

[Fassung von Abs. 1 für VZ 2022:]

steuernden Einkommen. [2]Sie beträgt ab dem Veranlagungszeitraum 2022 vorbehaltlich der §§ 32b, 32d, 34, 34a, 34b und 34c jeweils in Euro für zu versteuernde Einkommen

1. bis 9984 Euro (Grundfreibetrag): 0;
2. von 9985 Euro bis 14 926 Euro: (1008,70 · y + 1400) · y;
3. von 14 927 Euro bis 58 596 Euro: (206,43 · z + 2397) · z + 938,24;
4. von 58 597 Euro bis 277 825 Euro: 0,42 · x – 9267,53;
5. von 277 826 Euro an: 0,45 · x – 17 602,28.

[3]Die Größe „y" ist ein Zehntausendstel des den Grundfreibetrag übersteigenden Teils des auf einen vollen Euro-Betrag abgerundeten zu versteuernden Einkommens. [4]Die Größe „z" ist ein Zehntausendstel des 14 926 Euro übersteigenden Teils des auf einen vollen Euro-Betrag abgerundeten zu versteuernden Einkommens. [5]Die Größe „x" ist das auf einen vollen Euro-Betrag abgerundete zu versteuernde Einkommen. [6]Der sich ergebende Steuerbetrag ist auf den nächsten vollen Euro-Betrag abzurunden.

[Fassung von Abs. 1 für VZ 2020:][1)]

(1) [1]Die tarifliche Einkommensteuer bemisst sich nach dem zu versteuernden Einkommen. [2]Sie beträgt ab dem Veranlagungszeitraum 2020 vorbehaltlich der §§ 32b, 32d, 34, 34a, 34b und 34c jeweils in Euro für zu versteuernde Einkommen

1. bis 9408 Euro (Grundfreibetrag): 0;
2. von 9409 Euro bis 14 532 Euro: (972,87 · y + 1400) · y;

[Fassung von Abs. 1 für VZ 2019:][1)]

(1) [1]Die tarifliche Einkommensteuer bemisst sich nach dem zu versteuernden Einkommen. [2]Sie beträgt im Veranlagungszeitraum 2019 vorbehaltlich der §§ 32b, 32d, 34, 34a, 34b und 34c jeweils in Euro für zu versteuernde Einkommen

1. bis 9168 Euro (Grundfreibetrag): 0;
2. von 9169 Euro bis 14 254 Euro: (980,14 · y + 1400) · y;

---

1) § 32a Abs. 1 neu gef. mWv 1.1.2019 bzw. 1.1.2020 durch G v. 29.11.2018 (BGBl. I S. 2210).

VI. Steuererhebung

1. Erhebung der Einkommensteuer

§ 36 Entstehung und Tilgung der Einkommensteuer. (1) Die Einkommensteuer entsteht, soweit in diesem Gesetz nichts anderes bestimmt ist, mit Ablauf des Veranlagungszeitraums.

(2) Auf die Einkommensteuer werden angerechnet:

1. die für den Veranlagungszeitraum entrichteten Einkommensteuer-Vorauszahlungen (§ 37);

2.[1] die durch Steuerabzug erhobene Einkommensteuer, soweit sie entfällt auf

   a) die bei der Veranlagung erfassten Einkünfte oder

   b) die nach § 3 Nummer 40 dieses Gesetzes oder nach § 8b Absatz 1, 2 und 6 Satz 2 des Körperschaftsteuergesetzes bei der Ermittlung des Einkommens außer Ansatz bleibenden Bezüge

   und keine Erstattung beantragt oder durchgeführt worden ist. [2]Die durch Steuerabzug erhobene Einkommensteuer wird nicht angerechnet, wenn die in § 45a Absatz 2 oder Absatz 3 bezeichnete Bescheinigung nicht vorgelegt worden ist oder die Angaben gemäß § 45a Absatz 2a nicht übermittelt worden sind. [3]Soweit der Steuerpflichtige einen Antrag nach § 32d Absatz 4 oder Absatz 6 stellt, ist es für die Anrechnung ausreichend, wenn die Bescheinigung auf Verlangen des Finanzamts vorgelegt wird. [4]In den Fällen des § 8b Absatz 6 Satz 2 des Körperschaftsteuergesetzes ist es für die Anrechnung ausreichend, wenn die Bescheinigung nach § 45a Absatz 2 und 3 vorgelegt wird, die dem Gläubiger der Kapitalerträge ausgestellt worden ist. [*ab 1.1.2021:* [5]In den Fällen des § 2 Absatz 7 Satz 3 ist auch die durch Steuerabzug im Kalenderjahr des Wechsels von der unbeschränkten zur beschränkten Einkommensteuerpflicht erhobene Einkommensteuer anzurechnen, die auf Einkünfte entfällt, die weder der unbeschränkten noch der beschränkten Steuerpflicht unterliegen; § 37 Absatz 2 der Abgabenordnung findet insoweit keine Anwendung;]

[***ab 1.1.2020:***

3.[2] die nach § 10 des Forschungszulagengesetzes festgesetzte Forschungszulage. [2]Das gilt auch für die gesondert und einheitlich festgestellte Forschungszulage;]

[***Für VZ 2016–2022:***

4. in den Fällen des § 32c Absatz 1 Satz 2 der nicht zum Abzug gebrachte Unterschiedsbetrag, wenn dieser höher ist als die tarifliche Ein-

---

[1] § 36 Abs. 2 Nr. 2 neu gef. mWv 1.1.2017 durch G v. 18.7.2016 (BGBl. I S. 1679); Nr. 2 Satz 5 angef. durch G v. 21.12.2020 (BGBl. I S. 3096); zur Anwendung siehe § 52 Abs. 35b Satz 1; Nr. 2 Satz 2 letzter Satzteil angef. durch G v. 2.6.2021 (BGBl. I S. 1259); zur Anwendung von § 45a Abs. 2a **ab 1.1.2025** siehe § 52 Abs. 44a Satz 3.

[2] § 36 Abs. 2 Nr. 3 angef. mWv 1.1.2020 durch G v. 14.12.2019 (BGBl. I S. 2763).

kommensteuer des letzten Veranlagungszeitraums im Betrachtungszeitraum.][1)]

(3) [1]Die Steuerbeträge nach Absatz 2 Nummer 2 sind auf volle Euro aufzurunden. [2]Bei den durch Steuerabzug erhobenen Steuern ist jeweils die Summe der Beträge einer einzelnen Abzugsteuer aufzurunden.

(4) [1]Wenn sich nach der Abrechnung ein Überschuss zuungunsten des Steuerpflichtigen ergibt, hat der Steuerpflichtige (Steuerschuldner) diesen Betrag, soweit er den fällig gewordenen, aber nicht entrichteten Einkommensteuer-Vorauszahlungen entspricht, sofort, im Übrigen innerhalb eines Monats nach Bekanntgabe des Steuerbescheids zu entrichten (Abschlusszahlung). [2]Wenn sich nach der Abrechnung ein Überschuss zugunsten des Steuerpflichtigen ergibt, wird dieser dem Steuerpflichtigen nach Bekanntgabe des Steuerbescheids ausgezahlt. [3]Bei Ehegatten, die nach den §§ 26, 26b zusammen zur Einkommensteuer veranlagt worden sind, wirkt die Auszahlung an einen Ehegatten auch für und gegen den anderen Ehegatten.

[Fassung bis VZ 2020:]

(5)[2)] [1]In den Fällen des § 16 Absatz 3a kann auf Antrag des Steuerpflichtigen die festgesetzte Steuer, die auf den Aufgabegewinn und den durch den Wechsel der Gewinnermittlungsart erzielten Gewinn entfällt, in fünf gleichen Jahresraten entrichtet werden, wenn die Wirtschaftsgüter einem Betriebsvermögen des Steuerpflichtigen in einem anderen Mitgliedstaat der Europäischen Union oder des Europäischen Wirtschaftsraums zuzuordnen sind, sofern durch diese Staaten Amtshilfe entsprechend oder im Sinne der Amtshilferichtlinie gemäß § 2 Absatz 2 des EU-Amtshilfegesetzes und gegenseitige Unterstützung bei der Beitreibung im Sinne der Beitreibungsrichtlinie einschließlich der in diesem Zusammenhang anzuwendenden Durchführungsbestimmungen in den für den jeweiligen Veranlagungszeitraum geltenden Fassungen oder eines

[Fassung ab VZ 2021:]

(5)[3)] [1]Die festgesetzte Steuer, die auf den Aufgabegewinn nach § 16 Absatz 3a und den durch den Wechsel der Gewinnermittlungsart erzielten Gewinn entfällt, kann auf Antrag des Steuerpflichtigen in fünf gleichen Jahresraten entrichtet werden, wenn die Wirtschaftsgüter einem Betriebsvermögen des Steuerpflichtigen in einem anderen Mitgliedstaat der Europäischen Union oder des Europäischen Wirtschaftsraums zuzuordnen sind, sofern durch diese Staaten Amtshilfe entsprechend oder im Sinne der Amtshilferichtlinie gemäß § 2 Absatz 11 des EU-Amtshilfegesetzes und gegenseitige Unterstützung bei der Beitreibung im Sinne der Beitreibungsrichtlinie einschließlich der in diesem Zusammenhang anzuwendenden Durchführungsbestimmungen in den für den jeweiligen Veranlagungszeitraum geltenden Fassungen oder eines entsprechenden Nachfol-

---

[1)] § 36 Abs. 2 Nr. 3 angef. durch G v. 12.12.2019 (BGBl. I S. 2451); red. Versehen ber. durch G v. 21.12.2020 (BGBl. I S. 3096); zur Anwendung siehe § 52 Abs. 35b Satz 2.

[2)] § 36 Abs. 5 angef. durch G v. 8.12.2010 (BGBl. I S. 1768); Satz 1 geänd. mWv VZ 2012 durch G v. 7.12.2011 (BGBl. I S. 2592); Satz 1 geänd. mWv 1.1.2013 durch G v. 26.6.2013 (BGBl. I S. 1809).

[3)] § 36 Abs. 5 neu gef. mWv VZ 2021 durch G v. 25.6.2021 (BGBl. I S. 2035).

[Fassung bis VZ 2020:]

entsprechenden Nachfolgerechtsakts geleistet werden. [2]Die erste Jahresrate ist innerhalb eines Monats nach Bekanntgabe des Steuerbescheids zu entrichten; die übrigen Jahresraten sind jeweils am 31. Mai der Folgejahre fällig. [3]Die Jahresraten sind nicht zu verzinsen. [4]Wird der Betrieb oder Teilbetrieb während dieses Zeitraums eingestellt, veräußert oder in andere als die in Satz 1 genannten Staaten verlegt, wird die noch nicht entrichtete Steuer innerhalb eines Monats nach diesem Zeitpunkt fällig; Satz 2 bleibt unberührt. [5]Ändert sich die festgesetzte Steuer, sind die Jahresraten entsprechend anzupassen.

[Fassung ab VZ 2021:]

gerechtsakts geleistet werden. [2]Die erste Jahresrate ist innerhalb eines Monats nach Bekanntgabe des Steuerbescheids zu entrichten; die übrigen Jahresraten sind jeweils am 31. Juli des Folgejahre fällig. [3]Die Jahresraten sind nicht zu verzinsen; sie sollen in der Regel nur gegen Sicherheitsleistung gewährt werden. [4]Die noch nicht entrichtete Steuer wird innerhalb eines Monats nach Eintritt eines der nachfolgenden Ereignisse fällig,

1. soweit ein Wirtschaftsgut im Sinne des Satzes 1 veräußert, entnommen, in andere als die in Satz 1 genannten Staaten verlagert oder verdeckt in eine Kapitalgesellschaft eingelegt wird,
2. wenn der Betrieb oder Teilbetrieb während dieses Zeitraums eingestellt, veräußert oder in andere als die in Satz 1 genannten Staaten verlegt wird,
3. wenn der Steuerpflichtige aus der inländischen unbeschränkten Steuerpflicht oder der unbeschränkten Steuerpflicht in den in Satz 1 genannten Staaten ausscheidet oder in einem anderen als den in Satz 1 genannten Staaten ansässig wird,
4. wenn der Steuerpflichtige Insolvenz anmeldet oder abgewickelt wird oder
5. wenn der Steuerpflichtige seinen Verpflichtungen im Zusammenhang mit den Ratenzahlungen nicht nachkommt und über einen angemessenen Zeitraum, der zwölf Monate nicht überschreiten darf, keine Abhilfe für seine Situation schafft; Satz 2 bleibt unberührt.

[5]Ändert sich die festgesetzte Steuer, sind die Jahresraten entsprechend

[Fassung ab VZ 2021:]

anzupassen. [6]Der Steuerpflichtige hat der zuständigen Finanzbehörde jährlich mit der Steuererklärung oder, sofern keine Pflicht zur Abgabe einer Steuererklärung besteht, zum 31. Juli anzuzeigen, ob die Voraussetzungen für die Ratenzahlung weiterhin erfüllt sind; kommt er dieser Anzeigepflicht oder seinen sonstigen Mitwirkungspflichten im Sinne des § 90 der Abgabenordnung nicht nach, werden die noch nicht entrichteten Jahresraten rückwirkend zum 1. August des vorangegangenen Jahres fällig, frühestens aber einen Monat nach Bekanntgabe des Steuerbescheids. [7]Unbeschadet des Satzes 6 hat der Steuerpflichtige den Eintritt eines Ereignisses nach Satz 4 der zuständigen Finanzbehörde unverzüglich anzuzeigen. [8]Unterliegt der Steuerpflichtige einer Erklärungspflicht, kann die Anzeige auf Grund eines Ereignisses nach Satz 4 Nummer 1 abweichend von der in Satz 7 genannten Frist mit der nächsten Steuererklärung erfolgen.

§ 36a[1)] Beschränkung der Anrechenbarkeit der Kapitalertragsteuer. (1) [1]Bei Kapitalerträgen im Sinne des § 43 Absatz 1 Satz 1 Nummer 1a setzt die volle Anrechnung der durch Steuerabzug erhobenen Einkommensteuer ferner voraus, dass der Steuerpflichtige hinsichtlich der diesen Kapitalerträgen zugrunde liegenden Anteile oder Genussscheine

1. während der Mindesthaltedauer nach Absatz 2 ununterbrochen wirtschaftlicher Eigentümer ist,
2. während der Mindesthaltedauer nach Absatz 2 ununterbrochen das Mindestwertänderungsrisiko nach Absatz 3 trägt und

(Fortsetzung nächste Seite)

[1)] § 36a eingef. durch G v. 19.7.2016 (BGBl. I S. 1730); zur Anwendung siehe § 52 Abs. 35c.

Anwendung von Satz 2, zu vermindern oder zu erhöhen. [5] Der so verminderte oder erhöhte hochgerechnete Jahresarbeitslohn, vermindert um

1. den Arbeitnehmer-Pauschbetrag (§ 9a Satz 1 Nummer 1 Buchstabe a) oder bei Versorgungsbezügen den Pauschbetrag (§ 9a Satz 1 Nummer 1 Buchstabe b) und den Zuschlag zum Versorgungsfreibetrag (§ 19 Absatz 2) in den Steuerklassen I bis V,
2. den Sonderausgaben-Pauschbetrag (§ 10c Satz 1) in den Steuerklassen I bis V,
3. eine Vorsorgepauschale aus den Teilbeträgen
   a)[1] für die Rentenversicherung bei Arbeitnehmern, die in der gesetzlichen Rentenversicherung pflichtversichert oder von der gesetzlichen Rentenversicherung nach § 6 Absatz 1 Nummer 1 des Sechsten Buches Sozialgesetzbuch befreit sind, in den Steuerklassen I bis VI in Höhe des Betrags, der bezogen auf den Arbeitslohn 50 Prozent des Beitrags in der allgemeinen Rentenversicherung unter Berücksichtigung der jeweiligen Beitragsbemessungsgrenzen entspricht,
   b)[2] für die Krankenversicherung bei Arbeitnehmern, die in der gesetzlichen Krankenversicherung versichert sind, in den Steuerklassen I bis VI in Höhe des Betrags, der bezogen auf den Arbeitslohn unter Berücksichtigung der Beitragsbemessungsgrenze, den ermäßigten Beitragssatz (§ 243 des Fünften Buches Sozialgesetzbuch) und den Zusatzbeitragssatz der Krankenkasse (§ 242 des Fünften Buches Sozialgesetzbuch) dem Arbeitnehmeranteil eines pflichtversicherten Arbeitnehmers entspricht,
   c) für die Pflegeversicherung bei Arbeitnehmern, die in der sozialen Pflegeversicherung versichert sind, in den Steuerklassen I bis VI in Höhe des Betrags, der bezogen auf den Arbeitslohn unter Berücksichtigung der Beitragsbemessungsgenze und den bundeseinheitlichen Beitragssatz dem Arbeitnehmeranteil eines pflichtversicherten Arbeitnehmers entspricht, erhöht um den Beitragszuschlag des Arbeitnehmers nach § 55 Absatz 3 des Elften Buches Sozialgesetzbuch, wenn die Voraussetzungen dafür vorliegen,

[Fassung bis VZ 2023:]

d)[4] für die Krankenversicherung und für die private Pflege-Pflichtversicherung bei Arbeitnehmern, die nicht unter Buchstabe b und c fallen, in

[Fassung ab VZ 2024:][3]

d) für die Krankenversicherung und für die private Pflege-Pflichtversicherung bei Arbeitnehmern, die nicht unter die Buchstaben b und c fallen,

---

[1] Von 2010 bis 2024 siehe Maßgabe in Abs. 4.

[2] § 39b Abs. 2 Satz 5 Nr. 3 Buchst. b geänd. mWv VZ 2015 durch G v. 25.7.2014 (BGBl. I S. 1266).

[3] § 39b Abs. 2 Satz 5 Nr. 3 Buchst. d neu gef., Buchst. e angef. mWv VZ 2024 durch G v. 21.12.2020 (BGBl. I S. 3096); Buchst. d neu gef. durch G v. 2.6.2021 (BGBl. I S. 1259).

[4] § 39b Abs. 2 Satz 5 Nr. 3 Buchst. d geänd. mWv VZ 2019 durch G v. 12.12.2019 (BGBl. I S. 2451).

[Fassung bis VZ 2023:]

den Steuerklassen I bis V in Höhe der dem Arbeitgeber mitgeteilten Beiträge im Sinne des § 10 Absatz 1 Nummer 3, etwaig vervielfältigt unter sinngemäßer Anwendung von Satz 2 auf einen Jahresbetrag, vermindert um den Betrag, der bezogen auf den Arbeitslohn unter Berücksichtigung der Beitragsbemessungsgrenze, den ermäßigten Beitragssatz und den durchschnittlichen Zusatzbeitragssatz in der gesetzlichen Krankenversicherung sowie den bundeseinheitlichen Beitragssatz in der sozialen Pflegeversicherung dem Arbeitgeberanteil für einen pflichtversicherten Arbeitnehmer entspricht, wenn der Arbeitgeber gesetzlich verpflichtet ist, Zuschüsse zu den Kranken- und Pflegeversicherungsbeiträgen des Arbeitnehmers zu leisten;

[Fassung ab VZ 2024:]

in den Steuerklassen I bis V in Höhe der dem Arbeitgeber als Lohnsteuerabzugsmerkmal bereitgestellten Beiträge nach § 39 Absatz 4 Nummer 4 Buchstabe b, etwaig vervielfältigt unter sinngemäßer Anwendung von Satz 2 auf einen Jahresbetrag, vermindert um die nach § 3 Nummer 62 steuerfreien Zuschüsse, die unter Berücksichtigung der als Lohnsteuerabzugsmerkmal bereitgestellten Beiträge nach § 39 Absatz 4 Nummer 4 Buchstabe a ermittelt wurden;

e) für die Versicherung gegen Arbeitslosigkeit bei Arbeitnehmern, die in der Arbeitslosenversicherung (Drittes Buch Sozialgesetzbuch) versichert sind, in den Steuerklassen I bis V in Höhe des Betrags, der bezogen auf den Arbeitslohn unter Berücksichtigung der jeweiligen Beitragsbemessungsgrenze und den bundeseinheitlichen Beitragssatz, dem Arbeitnehmeranteil eines pflichtversicherten Arbeitnehmers entspricht; der Teilbetrag ist jedoch nur anzusetzen, soweit er zusammen mit den Teilbeträgen nach den Buchstaben b bis d einen Betrag in Höhe von 1900 Euro nicht übersteigt;

Entschädigungen im Sinne des § 24 Nummer 1 sind bei Anwendung der Buchstaben a bis c *nicht zu berücksichtigen; mindestens ist für die Summe der Teilbeträge nach den Buchstaben b und c oder für den Teilbetrag nach Buchstabe d ein Betrag in Höhe von 12 Prozent des Arbeitslohns, höchstens 1900 Euro in den Steuerklassen I, II, IV, V, VI und höchstens 3000 Euro in der Steuerklasse III anzusetzen* [***ab VZ 2024:*** und e nicht zu berücksichtigen][1],

---

[1] § 39b Abs. 2 Nr. 3 abschl. Satzteil geänd. mWv VZ 2024 durch G v. 21.12.2020 (BGBl. I S. 3096).

4.[1] den Entlastungsbetrag für Alleinerziehende für ein Kind (§ 24b Absatz 2 Satz 1) in der Steuerklasse II,

ergibt den zu versteuernden Jahresbetrag. [6] Für den zu versteuernden Jahresbetrag ist die Jahreslohnsteuer in den Steuerklassen I, II und IV nach § 32a

(Fortsetzung nächstes Blatt)

---

[1] § 39b Abs. 2 Satz 5 Nr. 4 geänd. durch G v. 16.7.2015 (BGBl. I S. 1202); zur Anwendung siehe § 52 Abs. 37b.

(4) In den Kalenderjahren 2010 bis 2024 ist Absatz 2 Satz 5 Nummer 3 Buchstabe a mit der Maßgabe anzuwenden, dass im Kalenderjahr 2010 der ermittelte Betrag auf 40 Prozent begrenzt und dieser Prozentsatz in jedem folgenden Kalenderjahr um je 4 Prozentpunkte erhöht wird.

(5) [1]Wenn der Arbeitgeber für den Lohnzahlungszeitraum lediglich Abschlagszahlungen leistet und eine Lohnabrechnung für einen längeren Zeitraum (Lohnabrechnungszeitraum) vornimmt, kann er den Lohnabrechnungszeitraum als Lohnzahlungszeitraum behandeln und die Lohnsteuer abweichend von § 38 Absatz 3 bei der Lohnabrechnung einbehalten. [2]Satz 1 gilt nicht, wenn der Lohnabrechnungszeitraum fünf Wochen übersteigt oder die Lohnabrechnung nicht innerhalb von drei Wochen nach dessen Ablauf erfolgt. [3]Das Betriebsstättenfinanzamt kann anordnen, dass die Lohnsteuer von den Abschlagszahlungen einzubehalten ist, wenn die Erhebung der Lohnsteuer sonst nicht gesichert erscheint. [4]Wenn wegen einer besonderen Entlohnungsart weder ein Lohnzahlungszeitraum noch ein Lohnabrechnungszeitraum festgestellt werden kann, gilt als Lohnzahlungszeitraum die Summe der tatsächlichen Arbeitstage oder Arbeitswochen.

(6)[1)] [1]Das Bundesministerium der Finanzen hat im Einvernehmen mit den obersten Finanzbehörden der Länder auf der Grundlage der Absätze 2 und 3 einen Programmablaufplan für die maschinelle Berechnung der Lohnsteuer aufzustellen und bekannt zu machen. [2]Im Programmablaufplan kann von den Regelungen in den Absätzen 2 und 3 abgewichen werden, wenn sich das Ergebnis der maschinellen Berechnung der Lohnsteuer an das Ergebnis einer Veranlagung zur Einkommensteuer anlehnt.

(7) (weggefallen)

§ 39c[2)] Einbehaltung der Lohnsteuer ohne Lohnsteuerabzugsmerkmale. (1) [1]Solange der Arbeitnehmer dem Arbeitgeber zum Zweck des Abrufs der elektronischen Lohnsteuerabzugsmerkmale (§ 39e Absatz 4 Satz 1) die ihm zugeteilte Identifikationsnummer sowie den Tag der Geburt schuldhaft nicht mitteilt oder das Bundeszentralamt für Steuern die Mitteilung elektronischer Lohnsteuerabzugsmerkmale ablehnt, hat der Arbeitgeber die Lohnsteuer nach Steuerklasse VI zu ermitteln. [2]Kann der Arbeitgeber die elektronischen Lohnsteuerabzugsmerkmale wegen technischer Störungen nicht abrufen oder hat der Arbeitnehmer die fehlende Mitteilung der ihm zuzuteilenden Identifikationsnummer nicht zu vertreten, hat der Arbeitgeber für die Lohnsteuerberechnung die voraussichtlichen Lohnsteuerabzugsmerkmale im Sinne des § 38b längstens für die Dauer von drei Kalendermonaten zu Grunde zu legen. [3]Hat nach Ablauf der drei Kalendermonate der Arbeitnehmer die Identifikationsnummer sowie den Tag der Geburt nicht mitgeteilt, ist rückwirkend Satz 1 anzuwenden. [4]Sobald dem Arbeitgeber in den Fällen des Satzes 2 die elektronischen Lohnsteuerabzugsmerkmale vorliegen, sind die Lohnsteuerermittlungen für die vorangegangenen Monate zu überprüfen und, falls erforderlich, zu än-

---

1) § 39b Abs. 6 Satz 2 angef. durch G v. 25.7.2014 (BGBl. I S. 1266).
2) § 39c neu gef. mWv VZ 2012 durch G v. 7.12.2011 (BGBl. I S. 2592).

dern. [5]Die zu wenig oder zu viel einbehaltene Lohnsteuer ist jeweils bei der nächsten Lohnabrechnung auszugleichen.

(2) [1]Ist ein Antrag nach § 39 Absatz 3 Satz 1 oder § 39e Absatz 8 nicht gestellt, hat der Arbeitgeber die Lohnsteuer nach Steuerklasse VI zu ermitteln. [2]Legt der Arbeitnehmer binnen sechs Wochen nach Eintritt in das Dienstverhältnis oder nach Beginn des Kalenderjahres eine Bescheinigung für den Lohnsteuerabzug vor, ist Absatz 1 Satz 4 und 5 sinngemäß anzuwenden.

(3) [1]In den Fällen des § 38 Absatz 3a Satz 1 kann der Dritte die Lohnsteuer für einen sonstigen Bezug mit 20 Prozent unabhängig von den Lohnsteuerabzugsmerkmalen des Arbeitnehmers ermitteln, wenn der maßgebende Jahresarbeitslohn nach § 39b Absatz 3 zuzüglich des sonstigen Bezugs 10 000 Euro nicht übersteigt. [2]Bei der Feststellung des maßgebenden Jahresarbeitslohns sind nur die Lohnzahlungen des Dritten zu berücksichtigen.

§ 39d.[1] *(aufgehoben)*

§ 39e[2] **Verfahren zur Bildung und Anwendung der elektronischen Lohnsteuerabzugsmerkmale.** (1) [1]Das Bundeszentralamt für Steuern bildet für jeden Arbeitnehmer grundsätzlich automatisiert die Steuerklasse und für die bei den Steuerklassen I bis IV zu berücksichtigenden Kinder die Zahl der Kinderfreibeträge nach § 38b Absatz 2 Satz 1 als Lohnsteuerabzugsmerkmale (§ 39 Absatz 4 Satz 1 Nummer 1 und 2); für Änderungen gilt § 39 Absatz 2 entsprechend. [2]Soweit das Finanzamt Lohnsteuerabzugsmerkmale nach § 39 bildet, teilt es sie dem Bundeszentralamt für Steuern zum Zweck der Bereitstellung für den automatisierten Abruf durch den Arbeitgeber mit. [3]Lohnsteuerabzugsmerkmale sind frühestens bereitzustellen mit Wirkung von Beginn des Kalenderjahres an, für das sie anzuwenden sind, jedoch nicht für einen Zeitpunkt vor Beginn des Dienstverhältnisses.

(2) [1]Das Bundeszentralamt für Steuern speichert zum Zweck der Bereitstellung automatisiert abrufbarer Lohnsteuerabzugsmerkmale für den Arbeitgeber die Lohnsteuerabzugsmerkmale unter Angabe der Identifikationsnummer sowie für jeden Steuerpflichtigen folgende Daten zu den in § 139b Absatz 3 der Abgabenordnung genannten Daten hinzu:

1. rechtliche Zugehörigkeit zu einer steuererhebenden Religionsgemeinschaft sowie Datum des Eintritts und Austritts,
2. melderechtlichen Familienstand sowie den Tag der Begründung oder Auflösung des Familienstands und bei Verheirateten die Identifikationsnummer des Ehegatten,
3. Kinder mit ihrer Identifikationsnummer.

[2]Die nach Landesrecht für das Meldewesen zuständigen Behörden (Meldebehörden) haben dem Bundeszentralamt für Steuern unter Angabe der Identifikationsnummer und des Tages der Geburt die in Satz 1 Nummer 1 bis 3 be-

---

[1] § 39d aufgeh. mWv VZ 2012 durch G v. 7.12.2011 (BGBl. I S. 2592); siehe nunmehr § 39 Abs. 2 und 3 n. F., § 39a Abs. 4 n. F.

[2] § 39e neu gef. mWv VZ 2012 durch G v. 7.12.2011 (BGBl. I S. 2592).

nach dem Mutterschutzgesetz, der Zuschuss bei Beschäftigungsverboten für die Zeit vor oder nach einer Entbindung sowie für den Entbindungstag während einer Elternzeit nach beamtenrechtlichen Vorschriften, die Entschädigungen für Verdienstausfall nach dem Infektionsschutzgesetz vom 20. Juli 2000 (BGBl. I S. 1045), die nach § 3 Nummer 28 steuerfreien Aufstockungsbeträge oder Zuschläge [***idF des Corona-SteuerhilfeG:*** und die nach § 3 Nummer 28a steuerfreien Zuschüsse][1] einzutragen. [5]Ist während der Dauer des Dienstverhältnisses in anderen Fällen als in denen des Satzes 4 der Anspruch auf Arbeitslohn für mindestens fünf aufeinander folgende Arbeitstage im Wesentlichen weggefallen, so ist dies jeweils durch Eintragung des Großbuchstabens U zu vermerken. [6]Hat der Arbeitgeber die Lohnsteuer von einem sonstigen Bezug im ersten Dienstverhältnis berechnet und ist dabei der Arbeitslohn aus früheren Dienstverhältnissen des Kalenderjahres außer Betracht geblieben, so ist dies durch Eintragung des Großbuchstabens S zu vermerken. [7]Die Bundesregierung wird ermächtigt, durch Rechtsverordnung mit Zustimmung des Bundesrates vorzuschreiben, welche Einzelangaben im Lohnkonto aufzuzeichnen sind und Einzelheiten für eine elektronische Bereitstellung dieser Daten im Rahmen einer Lohnsteuer-Außenprüfung oder einer Lohnsteuer-Nachschau durch die Einrichtung einer einheitlichen digitalen Schnittstelle zu regeln.[2] [8]Dabei können für Arbeitnehmer mit geringem Arbeitslohn und für die Fälle der §§ 40 bis 40b Aufzeichnungserleichterungen sowie für steuerfreie Bezüge Aufzeichnungen außerhalb des Lohnkontos zugelassen werden. [9]Die Lohnkonten sind bis zum Ablauf des sechsten Kalenderjahres, das auf die zuletzt eingetragene Lohnzahlung folgt, aufzubewahren. [10]Die Aufbewahrungsfrist nach Satz 9 gilt abweichend von § 93c Absatz 1 Nummer 4 der Abgabenordnung[3] auch für die dort genannten Aufzeichnungen und Unterlagen.

(2) [1]Betriebsstätte ist der Betrieb oder Teil des Betriebs des Arbeitgebers, in dem der für die Durchführung des Lohnsteuerabzugs maßgebende Arbeitslohn ermittelt wird. [2]Wird der maßgebende Arbeitslohn nicht in dem Betrieb oder einem Teil des Betriebs des Arbeitgebers oder nicht im Inland ermittelt, so gilt als Betriebsstätte der Mittelpunkt der geschäftlichen Leitung des Arbeitgebers im Inland; im Fall des § 38 Absatz 1 Satz 1 Nummer 2 gilt als Betriebsstätte der Ort im Inland, an dem die Arbeitsleistung ganz oder vorwiegend stattfindet. [3]Als Betriebsstätte gilt auch der inländische Heimathafen deutscher Handelsschiffe, wenn die Reederei im Inland keine Niederlassung hat.

§ 41a Anmeldung und Abführung der Lohnsteuer. (1)[4] [1]Der Arbeitgeber hat spätestens am zehnten Tag nach Ablauf eines jeden Lohnsteuer-Anmeldungszeitraums

1. dem Finanzamt, in dessen Bezirk sich die Betriebsstätte (§ 41 Absatz 2) befindet (Betriebsstättenfinanzamt), eine Steuererklärung einzureichen, in der

[1] § 41 Abs. 1 Satz 4 geänd. durch G v. 19.6.2020 (BGBl. I S. 1385).

[2] Vgl. hierzu § 4 Abs. 2a LStDV (Nr. **20**).

[3] **Nr. 800.**

[4] § 41a Abs. 1 Satz 2 geänd. mWv 1.1.2017 durch G v. 18.7.2016 (BGBl. I S. 1679); Abs. 1 Satz 1 Nr. 1 geänd. durch G v. 12.12.2019 (BGBl. I S. 2451); zur Anwendung siehe § 52 Abs. 40a Satz 1.

er die Summen der im Lohnsteueranmeldungszeitraum einzubehaltenden und zu übernehmenden Lohnsteuer [***ab 1.1.2021:*** , getrennt nach den Kalenderjahren in denen der Arbeitslohn bezogen wird oder als bezogen gilt,] angibt (Lohnsteuer-Anmeldung),

2. die im Lohnsteuer-Anmeldungszeitraum insgesamt einbehaltene und übernommene Lohnsteuer an das Betriebsstättenfinanzamt abzuführen.

[2] Die Lohnsteuer-Anmeldung ist nach amtlich vorgeschriebenem Datensatz durch Datenfernübertragung zu übermitteln. [3] Auf Antrag kann das Finanzamt zur Vermeidung unbilliger Härten auf eine elektronische Übermittlung verzichten; in diesem Fall ist die Lohnsteuer-Anmeldung nach amtlich vorgeschriebenem Vordruck abzugeben und vom Arbeitgeber oder von einer zu seiner Vertretung berechtigten Person zu unterschreiben. [4] Der Arbeitgeber wird von der Verpflichtung zur Abgabe weiterer Lohnsteuer-Anmeldungen befreit, wenn er Arbeitnehmer, für die er Lohnsteuer einzubehalten oder zu übernehmen hat, nicht mehr beschäftigt und das dem Finanzamt mitteilt.

(2) [1] Lohnsteuer-Anmeldungszeitraum ist grundsätzlich der Kalendermonat. [2] Lohnsteuer-Anmeldungszeitraum ist das Kalendervierteljahr, wenn die abzuführende Lohnsteuer für das vorangegangene Kalenderjahr mehr als 1080 Euro[1)], aber nicht mehr als 5000 Euro[2)] betragen hat; Lohnsteuer-Anmeldungszeitraum ist das Kalenderjahr, wenn die abzuführende Lohnsteuer für das vorangegangene Kalenderjahr nicht mehr als 1080 Euro[1)] betragen hat. [3] Hat die Betriebsstätte nicht während des ganzen vorangegangenen Kalenderjahres bestanden, so ist die für das vorangegangene Kalenderjahr abzuführende Lohnsteuer für die Feststellung des Lohnsteuer-Anmeldungszeitraums auf einen Jahresbetrag umzurechnen. [4] Wenn die Betriebsstätte im vorangegangenen Kalenderjahr noch nicht bestanden hat, ist die auf einen Jahresbetrag umgerechnete für den ersten vollen Kalendermonat nach der Eröffnung der Betriebsstätte abzuführende Lohnsteuer maßgebend.

(3) [1] Die oberste Finanzbehörde des Landes kann bestimmen, dass die Lohnsteuer nicht dem Betriebsstättenfinanzamt, sondern einer anderen öffentlichen Kasse anzumelden und an diese abzuführen ist; die Kasse erhält insoweit die Stellung einer Landesfinanzbehörde. [2] Das Betriebsstättenfinanzamt oder die zuständige andere öffentliche Kasse können anordnen, dass die Lohnsteuer abweichend von dem nach Absatz 1 maßgebenden Zeitpunkt anzumelden und abzuführen ist, wenn die Abführung der Lohnsteuer nicht gesichert erscheint.

(4)[3)] [1] *Arbeitgeber, die eigene oder gecharterte Handelsschiffe betreiben, dürfen*

[reguläre Fassung:][4)]	***[ab 1.6.2016 bis 31.5.2021:]***[5)]
vom Gesamtbetrag der anzumeldenden und abzuführenden Lohnsteuer einen Be-	*die gesamte anzumeldende und abzuführende Lohnsteuer, die auf den Arbeits-*

[1)] Betrag geänd. mWv VZ 2015 durch G v. 25.7.2014 (BGBl. I S. 1266).

[2)] Betrag geänd. mWv VZ 2017 durch G v. 30.6.2017 (BGBl. I S. 2143).

[3)] Zur Fassung ab 1.6.2021 siehe die im Anschluss abgedruckte Fassung.

[4)] Gilt wieder für Lohnzahlungszeitraum ab 1.6.2021 (§ 52 Abs. 40a Satz 2 bis 4).

[5)] § 41a Abs. 4 Satz 1 neu gef. durch G v. 24.2.2016 (BGBl. I S. 310); zur Anwendung siehe § 52 Abs. 40a Satz 2 bis 4 iVm Bek. über das Inkrafttreten des G zur Änderung des EStG zur Erhöhung des Lohnsteuereinbehalts in der Seeschifffahrt vom 18.5.2016 (BGBl. I S. 1248).

[reguläre Fassung:]

trag von 40 Prozent der Lohnsteuer der auf solchen Schiffen in einem zusammenhängenden Arbeitsverhältnis von mehr als 183 Tagen beschäftigten Besatzungsmitglieder abziehen und einbehalten.

[ab 1.6.2016 bis 31.5.2021:]

lohn entfällt, der an die Besatzungsmitglieder für die Beschäfti-gungszeiten auf diesen Schiffen gezahlt wird, abziehen und einbehalten.

²Die Handelsschiffe müssen in einem inländischen Seeschiffsregister eingetragen sein, die deutsche Flagge führen und zur Beförderung von Personen oder Gütern im Verkehr mit oder zwischen ausländischen Häfen, innerhalb eines ausländischen Hafens oder zwischen einem ausländischen Hafen und der Hohen See betrieben werden. ³Die Sätze 1 und 2 sind entsprechend anzuwenden, wenn Seeschiffe im Wirtschaftsjahr überwiegend außerhalb der deutschen Hoheitsgewässer zum Schleppen, Bergen oder zur Aufsuchung von Bodenschätzen oder zur Vermessung von Energielagerstätten unter dem Meeresboden eingesetzt werden. ⁴Ist für den Lohnsteuerabzug die Lohnsteuer nach der Steuerklasse V oder VI zu ermitteln, so bemisst sich der Betrag nach Satz 1 nach der Lohnsteuer der Steuerklasse I.

[***Fassung ab 1.6.2021 bis 1.6.2027:***

(4)[1] ¹Arbeitgeber, die eigene oder gecharterte Handelsschiffe betreiben, dürfen die anzumeldende und abzuführende Lohnsteuer abziehen und einbehalten, die auf den Arbeitslohn entfällt, der an die Besatzungsmitglieder für die Beschäftigungszeiten auf diesen Schiffen gezahlt wird. ²Die Handelsschiffe müssen in einem inländischen Seeschiffsregister eingetragen sein, die Flagge eines Mitgliedstaates der Europäischen Union oder eines Staates, auf den das Abkommen über den Europäischen Wirtschaftsraum anwendbar ist, führen und zur Beförderung von Personen oder Gütern im Verkehr mit oder zwischen ausländischen Häfen, innerhalb eines ausländischen Hafens oder zwischen einem ausländischen Hafen und der Hohen See betrieben werden. ³Die Sätze 1 und 2 sind entsprechend anzuwenden, wenn Seeschiffe im Wirtschaftsjahr überwiegend außerhalb der deutschen Hoheitsgewässer zum Schleppen, Bergen oder zur Aufsuchung von Bodenschätzen oder zur Vermessung von Energielagerstätten unter dem Meeresboden eingesetzt werden. ⁴Bei Besatzungsmitgliedern, die auf Schiffen, einschließlich Ro-Ro-Fahrgastschiffen, arbeiten, die im regelmäßigen Personenbeförderungsdienst zwischen Häfen im Hoheitsgebiet der Mitgliedstaaten der Europäischen Union eingesetzt werden, gelten die Sätze 1 und 2 nur, wenn die Besatzungsmitglieder Staatsangehörige eines Mitgliedstaates der Europäischen Union oder eines Staates sind, auf den das Abkommen über den Europäischen Wirtschaftsraum anwendbar ist. ⁵Bei Seeschiffen, die für Schlepp- und Baggerarbeiten genutzt werden, gelten die Sätze 1 und 2 nur, wenn es sich um seetüchtige Schlepper und Baggerschiffe mit Eigenantrieb handelt und die Schiffe während mindestens 50 Prozent ihrer Betriebszeit für Tätigkeiten auf See eingesetzt werden. ⁶Ist für den Lohnsteuerabzug die Lohnsteuer nach der Steuerklasse V oder VI

---

[1] § 41a Abs. 4 neu gef. durch G v. 12.5.2021 (BGBl. I S. 989); zur befristeten Anwendung mit dem Vorliegen der beihilferechtlichen Genehmigung der EU-Kommission siehe § 52 Abs. 40a Sätze 3 und 4 iVm BGBl. I 2021 S. 2247.

zu ermitteln, bemisst sich der Betrag nach Satz 1 nach der Lohnsteuer der Steuerklasse I.]

§ 41b Abschluss des Lohnsteuerabzugs. (1)[1] [1]Bei Beendigung eines Dienstverhältnisses oder am Ende des Kalenderjahres hat der Arbeitgeber das Lohnkonto des Arbeitnehmers abzuschließen. [2]Auf Grund der Aufzeichnungen im Lohnkonto hat der Arbeitgeber nach Abschluss des Lohnkontos für jeden Arbeitnehmer der für dessen Besteuerung nach dem Einkommen zuständigen Finanzbehörde nach Maßgabe des § 93c der Abgabenordnung neben den in § 93c Absatz 1 der Abgabenordnung genannten Daten insbesondere folgende Angaben zu übermitteln (elektronische Lohnsteuerbescheinigung):

1.[2] die abgerufenen elektronischen Lohnsteuerabzugsmerkmale oder die auf der entsprechenden Bescheinigung für den Lohnsteuerabzug eingetragenen Lohnsteuerabzugsmerkmale sowie die Bezeichnung und die Nummer des Finanzamts, an das die Lohnsteuer abgeführt worden ist,
2. die Dauer des Dienstverhältnisses während des Kalenderjahres sowie die Anzahl der nach § 41 Absatz 1 Satz 5[3] vermerkten Großbuchstaben U,
3. die Art und Höhe des gezahlten Arbeitslohns sowie den nach § 41 Absatz 1 Satz 6 vermerkten Großbuchstaben S,
4. die einbehaltene Lohnsteuer, den Solidaritätszuschlag und die Kirchensteuer,
5.[4] das Kurzarbeitergeld, den Zuschuss zum Mutterschaftsgeld nach dem Mutterschutzgesetz, die Entschädigungen für Verdienstausfall nach dem Infektionsschutzgesetz vom 20. Juli 2000 (BGBl. I S. 1045), zuletzt geändert durch Artikel 11 § 3 des Gesetzes vom 6. August 2002 (BGBl. I S. 3082), in der jeweils geltenden Fassung, die nach § 3 Nummer 28 steuerfreien Aufstockungsbeträge oder Zuschläge [***idF Corona-SteuerhilfeG:*** sowie die nach § 3 Nummer 28a steuerfreien Zuschüsse][5],
6.[6] die auf die Entfernungspauschale nach § 3 Nummer 15 Satz 3 und § 9 Absatz 1 Satz 3 Nummer 4 Satz 5 anzurechnenden steuerfreien Arbeitgeberleistungen,
7.[6] die auf die Entfernungspauschale nach § 40 Absatz 2 Satz 2 Nummer 1 2. Halbsatz anzurechnenden pauschal besteuerten Arbeitgeberleistungen,
8.[7] für die dem Arbeitnehmer zur Verfügung gestellten Mahlzeiten nach § 8 Absatz 2 Satz 8 den Großbuchstaben M,

---

[1] § 41b Abs. 1 Satz 2 Satzteil vor Nr. 1 geänd. mWv 1.1.2017 durch G v. 18.7.2016 (BGBl. I S. 1679).

[2] § 41b Abs. 1 Satz 2 Nr. 1 neu gef. mWv 1.1.2017 durch G v. 18.7.2016 (BGBl. I S. 1679).

[3] Verweis korrigiert durch G v. 18.7.2016 (BGBl. I S. 1679).

[4] § 41b Abs. 1 Satz 2 Nr. 5 geänd. mWv 1.1.2017 durch G v. 18.7.2016 (BGBl. I S. 1679).

[5] § 41b Abs. 1 Satz 2 Nr. 5 geänd. durch G v. 19.6.2020 (BGBl. I S. 1385).

[6] § 41b Abs. 1 Satz 2 Nrn. 6 und 7 neu gef. mWv VZ 2019 durch G v. 12.12.2019 (BGBl. I S. 2451).

[7] § 41b Abs. 1 Satz 2 Nr. 8 neu gef. mWv VZ 2014 durch G v. 20.2.2012 (BGBl. I S. 285).

9. für die steuerfreie Sammelbeförderung nach § 3 Nummer 32 den Großbuchstaben F,
10. die nach § 3 Nummer 13 und 16 steuerfrei gezahlten Verpflegungszuschüsse und Vergütungen bei doppelter Haushaltsführung,
11. Beiträge zu den gesetzlichen Rentenversicherungen und an berufsständische Versorgungseinrichtungen, getrennt nach Arbeitgeber- und Arbeitnehmeranteil,
12. die nach § 3 Nummer 62 gezahlten Zuschüsse zur Kranken- und Pflegeversicherung,
13. die Beiträge des Arbeitnehmers zur gesetzlichen Krankenversicherung und zur sozialen Pflegeversicherung,
14. die Beiträge des Arbeitnehmers zur Arbeitslosenversicherung,
15.[1] *den nach § 39b Absatz 2 Satz 5 Nummer 3 Buchstabe d berücksichtigten Teilbetrag der Vorsorgepauschale.*

[3]Der Arbeitgeber hat dem Arbeitnehmer die elektronische Lohnsteuerbescheinigung nach amtlich vorgeschriebenem Muster binnen angemessener Frist als Ausdruck auszuhändigen oder elektronisch bereitzustellen. [4]Soweit der Arbeitgeber nicht zur elektronischen Übermittlung nach Absatz 1 Satz 2 verpflichtet ist, hat er nach Ablauf des Kalenderjahres oder wenn das Dienstverhältnis vor Ablauf des Kalenderjahres beendet wird, eine Lohnsteuerbescheinigung nach amtlich vorgeschriebenem Muster auszustellen [***ab 1.1.2020:*** und an das Betriebsstättenfinanzamt bis zum letzten Tag des Monats Februar

(Fortsetzung nächstes Blatt)

---

[1] § 41b Abs. 1 Satz 2 Nr. 15 aufgeh. mWv VZ 2024 durch G v. 21.12.2020 (BGBl. I S. 3096).

1.[1] Kapitalerträgen im Sinne des § 20 Absatz 1 Nummer 1, soweit diese nicht nachfolgend in Nummer 1a gesondert genannt sind, und Kapitalerträgen im Sinne des § 20 Absatz 1 Nummer 2. 2 Entsprechendes gilt für Kapitalerträge im Sinne des § 20 Absatz 2 Satz 1 Nummer 2 Buchstabe a und Nummer 2 Satz 2;

1a.[2] Kapitalerträgen im Sinne des § 20 Absatz 1 Nummer 1 aus Aktien und Genussscheinen, die entweder gemäß § 5 des Depotgesetzes zur Sammelverwahrung durch eine Wertpapiersammelbank zugelassen sind und dieser zur Sammelverwahrung im Inland anvertraut wurden, bei denen eine Sonderverwahrung gemäß § 2 Satz 1 des Depotgesetzes erfolgt oder bei denen die Erträge gegen Aushändigung der Dividendenscheine oder sonstigen Erträgnisscheine ausgezahlt oder gutgeschrieben werden;

2.[3] Zinsen aus Teilschuldverschreibungen, bei denen neben der festen Verzinsung ein Recht auf Umtausch in Gesellschaftsanteile (Wandelanleihen) oder eine Zusatzverzinsung, die sich nach der Höhe der Gewinnausschüttungen des Schuldners richtet (Gewinnobligationen), eingeräumt ist, und Zinsen aus Genussrechten, die nicht in § 20 Absatz 1 Nummer 1 genannt sind. 2 Zu den Gewinnobligationen gehören nicht solche Teilschuldverschreibungen, bei denen der Zinsfuß nur vorübergehend herabgesetzt und gleichzeitig eine von dem jeweiligen Gewinnergebnis des Unternehmens abhängige Zusatzverzinsung bis zur Höhe des ursprünglichen Zinsfußes festgelegt worden ist. 3 Zu den Kapitalerträgen im Sinne des Satzes 1 gehören nicht die Bundesbankgenussrechte im Sinne des § 3 Absatz 1 des Gesetzes über die Liquidation der Deutschen Reichsbank und der Deutschen Golddiskontbank in der im Bundesgesetzblatt Teil III, Gliederungsnummer 7620-6, veröffentlichten bereinigten Fassung, das zuletzt durch das Gesetz vom 17. Dezember 1975 (BGBl. I S. 3123) geändert worden ist. 4 Beim Steuerabzug auf Kapitalerträge sind die für den Steuerabzug nach Nummer 1a geltenden Vorschriften entsprechend anzuwenden, wenn
   a) die Teilschuldverschreibungen und Genussrechte gemäß § 5 des Depotgesetzes zur Sammelverwahrung durch eine Wertpapiersammelbank zugelassen sind und dieser zur Sammelverwahrung im Inland anvertraut wurden,
   b) die Teilschuldverschreibungen und Genussrechte gemäß § 2 Satz 1 des Depotgesetzes gesondert aufbewahrt werden oder
   c) die Erträge der Teilschuldverschreibungen und Genussrechte gegen Aushändigung der Erträgnisscheine ausgezahlt oder gutgeschrieben werden;

3. Kapitalerträgen im Sinne des § 20 Absatz 1 Nummer 4;

4.[4] Kapitalerträgen im Sinne des § 20 Absatz 1 Nummer 6 Satz 1 bis 6; § 20 Absatz 1 Nummer 6 Satz 2 und 3 in der am 1. Januar 2008 anzuwendenden Fassung bleiben für Zwecke der Kapitalertragsteuer unberücksichtigt.

---

[1] § 43 Abs. 1 Satz 1 geänd. durch G v. 22.6.2011 (BGBl. I S. 1126).
[2] § 43 Abs. 1 Satz 1 Nr. 1a eingef. durch G v. 22.6.2011 (BGBl. I S. 1126); geänd. mWv 1.1.2013 durch G v. 26.6.2013 (BGBl. I S. 1809).
[3] § 43 Abs. 1 Satz 1 Nr. 2 Satz 4 angef. durch G v. 26.6.2013 (BGBl. I S. 1809).
[4] § 43 Abs. 1 Satz 1 Nr. 4 1. HS Verweis geänd. durch G v. 25.7.2014 (BGBl. I S. 1266).

[2]Der Steuerabzug vom Kapitalertrag ist in den Fällen des § 20 Absatz 1 Nummer 6 Satz 4 in der am 31. Dezember 2004 geltenden Fassung nur vorzunehmen, wenn das Versicherungsunternehmen auf Grund einer Mitteilung des Finanzamts weiß oder infolge der Verletzung eigener Anzeigeverpflichtungen nicht weiß, dass die Kapitalerträge nach dieser Vorschrift zu den Einkünften aus Kapitalvermögen gehören;

5.[1)] Kapitalerträgen im Sinne des § 20 Absatz 1 Nummer 3 mit Ausnahme der Gewinne aus der Veräußerung von Anteilen an Investmentfonds im Sinne des § 16 Absatz 1 Nummer 3 in Verbindung mit § 2 Absatz 13 des Investmentsteuergesetzes;

6.[2)] ausländischen Kapitalerträgen im Sinne der Nummern 1 und 1a;

7. Kapitalerträgen im Sinne des § 20 Absatz 1 Nummer 7, außer bei Kapitalerträgen im Sinne der Nummer 2, wenn

a) es sich um Zinsen aus Anleihen und Forderungen handelt, die in ein öffentliches Schuldbuch oder in ein ausländisches Register eingetragen oder über die Sammelurkunden im Sinne des § 9a des Depotgesetzes oder Teilschuldverschreibungen ausgegeben sind;

b)[3)] der Schuldner der nicht in Buchstabe a genannten Kapitalerträge ein inländisches Kreditinstitut oder ein inländisches Finanzdienstleistungsinstitut im Sinne des Gesetzes über das Kreditwesen [***ab 26.6.2021:*** oder ein Wertpapierinstitut im Sinne des Wertpapierinstitutsgesetzes] ist. [2]Kreditinstitut in diesem Sinne ist auch die Kreditanstalt für Wiederaufbau, eine Bausparkasse, ein Versicherungsunternehmen für Erträge aus Kapitalanlagen, die mit Einlagegeschäften bei Kreditinstituten vergleichbar sind, die Deutsche Bundesbank bei Geschäften mit jedermann einschließlich ihrer Betriebsangehörigen im Sinne der §§ 22 und 25 des Gesetzes über die Deutsche Bundesbank und eine inländische Zweigstelle oder Zweigniederlassung eines ausländischen Unternehmens im Sinne der §§ 53 und 53b des Gesetzes über das Kreditwesen, nicht aber eine ausländische Zweigstelle eines inländischen Kreditinstituts, eines inländischen Finanzdienstleistungsinstituts [***ab 26.6.2021:*** oder einem inländischen Wertpapierinstitut.] [3]Die inländische Zweigstelle oder Zweigniederlassung gilt anstelle des ausländischen Unternehmens als Schuldner der Kapitalerträge;

[***ab 1.1.2021:***

c)[4)] es sich um Zinsen aus Forderungen handelt, die über eine Internet-Dienstleistungsplattform erworben wurden. [2]Eine Internet-Dienstleistungsplattform in diesem Sinne ist ein webbasiertes Medium, das Kauf-

---

[1)] § 43 Abs. 1 Satz 1 Nr. 5 eingef. durch G v. 19.7.2016 (BGBl. I S. 1730); zur Anwendung siehe § 52 Abs. 42 Satz 4.

[2)] § 43 Abs. 1 Satz 1 Nr. 6 geänd. durch G v. 22.6.2011 (BGBl. I S. 1126).

[3)] Zur erstmaligen Anwendung von Nr. 7 Buchst. b Satz 2 siehe § 52 Abs. 42 Satz 1; Buchst. b Sätze 2 und 3 geänd. mWv 1.1.2014 durch G v. 25.7.2014 (BGBl. I S. 1266); Buchst. b Satz 2 geänd. mWv VZ 2019 durch G v. 12.12.2019 (BGBl. I S. 2451); Sätze 1 und 2 geänd. mWv 26.6.2021 durch G v. 12.5.2021 (BGBl. I S. 990).

[4)] § 43 Abs. 1 Satz 1 Nr. 7 Buchst. c angef. durch G v. 12.12.2019 (BGBl. I S. 2451); zur Anwendung siehe § 52 Abs. 42 Satz 2.

und Verkaufsaufträge in Aktien und anderen Finanzinstrumenten sowie Darlehensnehmer und Darlehensgeber zusammenführt und so einen Vertragsabschluss vermittelt;]

7a. Kapitalerträgen im Sinne des § 20 Absatz 1 Nummer 9;

7b. Kapitalerträgen im Sinne des § 20 Absatz 1 Nummer 10 Buchstabe a;

7c. Kapitalerträgen im Sinne des § 20 Absatz 1 Nummer 10 Buchstabe b;

8. Kapitalerträgen im Sinne des § 20 Absatz 1 Nummer 11;

9.[1] Kapitalerträgen im Sinne des § 20 Absatz 2 Satz 1 Nummer 1 und Gewinnen aus der Veräußerung von Anteilen an Investmentfonds im Sinne des § 16 Absatz 1 Nummer 3 in Verbindung mit § 2 Absatz 13 des Investmentsteuergesetzes;

10. Kapitalerträgen im Sinne des § 20 Absatz 2 Satz 1 Nummer 2 Buchstabe b und Nummer 7;

11. Kapitalerträgen im Sinne des § 20 Absatz 2 Satz 1 Nummer 3;

12. Kapitalerträgen im Sinne des § 20 Absatz 2 Satz 1 Nummer 8.

[2]Dem Steuerabzug unterliegen auch Kapitalerträge im Sinne des § 20 Absatz 3, die neben den in den Nummern 1 bis 12 bezeichneten Kapitalerträgen oder an deren Stelle gewährt werden. [3]Der Steuerabzug ist ungeachtet des § 3 Nummer 40 und des § 8b des Körperschaftsteuergesetzes vorzunehmen. [4]Für Zwecke des Kapitalertragsteuerabzugs gilt die Übertragung eines von einer auszahlenden Stelle verwahrten oder verwalteten Wirtschaftsguts im Sinne des § 20 Absatz 2 auf einen anderen Gläubiger als Veräußerung des Wirtschaftsguts. [5]Satz 4 gilt nicht, wenn der Steuerpflichtige der auszahlenden Stelle unter Benennung der in Satz 6 Nummer 4 bis 6 bezeichneten Daten mitteilt, dass es sich um eine unentgeltliche Übertragung handelt.[2] [6]Die auszahlende Stelle hat in den Fällen des Satzes 5 folgende Daten dem für sie zuständigen Betriebsstättenfinanzamt bis zum 31. Mai des jeweiligen Folgejahres nach Maßgabe des § 93c der Abgabenordnung mitzuteilen:

1. Bezeichnung der auszahlenden Stelle,
2. das zuständige Betriebsstättenfinanzamt,
3. das übertragene Wirtschaftsgut, den Übertragungszeitpunkt, den Wert zum Übertragungszeitpunkt und die Anschaffungskosten des Wirtschaftsguts,
4. Name, Geburtsdatum, Anschrift und Identifikationsnummer des Übertragenden,
5.[3] Name, Geburtsdatum, Anschrift und Identifikationsnummer des Empfängers sowie die Bezeichnung des Kreditinstituts, der Nummer des Depots, des Kontos oder des Schuldbuchkontos. [***ab 1.1.2020:*** [2]Sofern die Identifikationsnummer des Empfängers nicht bereits bekannt ist, kann die auszahlende Stelle diese in einem maschinellen Verfahren nach amtlich vorgeschriebenem Datensatz beim Bundeszentralamt für Steuern erfragen. [3]In

---

[1] § 43 Abs. 1 Satz 1 Nr. 9 neu gef. durch G v. 19.7.2016 (BGBl. I S. 1730); zur Anwendung siehe § 52 Abs. 42 Satz 5.

[2] § 43 Abs. 1 Satz 5 neu gef. durch G v. 8.12.2010 (BGBl. I S. 1768).

[3] § 43 Abs. 1 Satz 6 Nr. 5 Sätze 2 bis 5 angef. durch G v. 2.6.2021 (BGBl. I S. 1259); zur Anwendung siehe § 52 Abs. 42 Satz 5.

der Anfrage dürfen nur die in § 139b Absatz 3 der Abgabenordnung genannten Daten der betroffenen Person angegeben werden. [4]Das Bundeszentralamt für Steuern teilt der auszahlenden Stelle die Identifikationsnummer der betroffenen Person mit, sofern die übermittelten Daten mit den nach § 139b Absatz 3 der Abgabenordnung beim Bundeszentralamt für Steuern gespeicherten Daten übereinstimmen. [5]Ist eine eindeutige Zuordnung des Empfängers nicht möglich, ist die Depotübertragung als kapitalertragsteuerpflichtiger Vorgang nach Satz 4 dieses Absatzes zu behandeln;]

6. soweit bekannt, das persönliche Verhältnis (Verwandtschaftsverhältnis, Ehe, Lebenspartnerschaft) zwischen Übertragendem und Empfänger.[1)]

[7]§ 72a Absatz 4, § 93c Absatz 4 und § 203a der Abgabenordnung finden keine Anwendung.[2)]

(1a)[3)] *(aufgehoben)*

(2)[4)] [1]Der Steuerabzug ist außer in den Fällen des Absatzes 1 Satz 1 Nummer 1a und 7c nicht vorzunehmen, wenn Gläubiger und Schuldner der Kapitalerträge (Schuldner) oder die auszahlende Stelle im Zeitpunkt des Zufließens dieselbe Person sind. [2]Der Steuerabzug ist außerdem nicht vorzunehmen, wenn in den Fällen des Absatzes 1 Satz 1 Nummer 5 bis 7 und 8 bis 12 Gläubiger der Kapitalerträge ein inländisches Kreditinstitut oder inländisches Finanzdienstleistungsinstitut nach Absatz 1 Satz 1 Nummer 7 Buchstabe b oder eine inländische Kapitalverwaltungsgesellschaft[5)] ist. [3]Bei Kapitalerträgen im Sinne des Absatzes 1 Satz 1 Nummer 6 und 8 bis 12 ist ebenfalls kein Steuerabzug vorzunehmen, wenn

1. eine unbeschränkt steuerpflichtige Körperschaft, Personenvereinigung oder Vermögensmasse, die nicht unter Satz 2 oder § 44a Absatz 4 Satz 1 fällt, Gläubigerin der Kapitalerträge ist, oder
2. die Kapitalerträge Betriebseinnahmen eines inländischen Betriebs sind und der Gläubiger der Kapitalerträge dies gegenüber der auszahlenden Stelle nach amtlich vorgeschriebenem Muster erklärt; dies gilt entsprechend für Kapitalerträge aus Options- und Termingeschäften im Sinne des Absatzes 1 Satz 1 Nummer 8 und 11, wenn sie zu den Einkünften aus Vermietung und Verpachtung gehören.

[4]Im Fall des § 1 Absatz 1 Nummer 4 und 5 des Körperschaftsteuergesetzes ist Satz 3 Nummer 1 nur anzuwenden, wenn die Körperschaft, Personenvereinigung oder Vermögensmasse durch eine Bescheinigung des für sie zuständigen Finanzamts ihre Zugehörigkeit zu dieser Gruppe von Steuerpflichtigen nachweist. [5]Die Bescheinigung ist unter dem Vorbehalt des Widerrufs auszustellen.

[1)] § 43 Abs. 1 Sätze 5 und 6 neu gef. durch G v. 8.12.2010 (BGBl. I S. 1768); Satz 6 geänd. durch G v. 18.7.2016 (BGBl. I S. 1679); zur Anwendung siehe § 52 Abs. 42 Satz 3.

[2)] § 43 Abs. 1 Satz 7 angef. mWv 1.1.2017 durch G v. 18.7.2016 (BGBl. I S. 1679).

[3)] § 43 Abs. 1a aufgeh. mWv 1.1.2009 durch G v. 8.12.2010 (BGBl. I S. 1768).

[4)] § 43 Abs. 2 Satz 3 Nr. 2, Satz 6 geänd. mWv 1.1.2009 durch G v. 8.12.2010 (BGBl. I S. 1768); Satz 1 geänd. mWv. 1.1.2012 durch G v. 22.6.2011 (BGBl. I S. 1126); Sätze 7 und 8 neu gef. (zur Anwendung siehe § 52 Abs. 42 Satz 3) durch G v. 18.7.2016 (BGBl. I S. 1679); Satz 2 Verweis geänd. durch G v. 19.7.2016 (BGBl. I S. 1730); zur Anwendung siehe § 52 Abs. 42 Satz 4.

[5)] Bezeichnung geänd. durch G v. 18.12.2013 (BGBl. I S. 4318).

[6]Die Fälle des Satzes 3 Nummer 2 hat die auszahlende Stelle gesondert aufzuzeichnen und die Erklärung der Zugehörigkeit der Kapitalerträge zu den Betriebseinnahmen oder zu den Einnahmen aus Vermietung und Verpachtung sechs Jahre aufzubewahren; die Frist beginnt mit dem Schluss des Kalenderjahres, in dem die Freistellung letztmalig berücksichtigt wird. [7]Die auszahlende Stelle hat in den Fällen des Satzes 3 Nummer 2 der Finanzbehörde, die für die Besteuerung des Einkommens des Gläubigers der Kapitalerträge zuständig ist, nach Maßgabe des § 93c der Abgabenordnung neben den in § 93c Absatz 1 der Abgabenordnung genannten Angaben auch die Konto- und Depotbezeichnung oder die sonstige Kennzeichnung des Geschäftsvorgangs zu übermitteln. [8]§ 72a Absatz 4, § 93c Absatz 1 Nummer 3 und Absatz 4 sowie § 203a der Abgabenordnung finden keine Anwendung.

(3) [1]Kapitalerträge im Sinne des Absatzes 1 Satz 1 Nummer 1 Satz 1 sowie Nummer 1a bis 4[1)] sind inländische, wenn der Schuldner Wohnsitz, Geschäftsleitung oder Sitz im Inland hat; Kapitalerträge im Sinne des Absatzes 1 Satz 1 Nummer 4 sind auch dann inländische, wenn der Schuldner eine Niederlassung im Sinne der §§ 61, 65 oder des § 68[2)] des Versicherungsaufsichtsgesetzes im Inland hat. [2]Kapitalerträge im Sinne des Absatzes 1 Satz 1 Nummer 1 Satz 2 sind inländische, wenn der Schuldner der veräußerten Ansprüche die Voraussetzungen des Satzes 1 erfüllt. [3]Kapitalerträge im Sinne des § 20 Absatz 1 Nummer 1 Satz 4 sind inländische, wenn der Emittent der Aktien Geschäftsleitung oder Sitz im Inland hat. [4]Kapitalerträge im Sinne des Absatzes 1 Satz 1 Nummer 6 sind ausländische, wenn weder die Voraussetzungen nach Satz 1 noch nach Satz 2 vorliegen.

(4) Der Steuerabzug ist auch dann vorzunehmen, wenn die Kapitalerträge beim Gläubiger zu den Einkünften aus Land- und Forstwirtschaft, aus Gewerbebetrieb, aus selbständiger Arbeit oder aus Vermietung und Verpachtung gehören.

(5)[3)] [1]Für Kapitalerträge im Sinne des § 20, soweit sie der Kapitalertragsteuer unterlegen haben, ist die Einkommensteuer mit dem Steuerabzug abgegolten; die Abgeltungswirkung des Steuerabzugs tritt nicht ein, wenn der Gläubiger nach § 44 Absatz 1 Satz 10 und 11 und Absatz 5 in Anspruch genommen werden kann. [2]Dies gilt nicht in Fällen des § 32d Absatz 2 und für Kapitalerträge, die zu den Einkünften aus Land- und Forstwirtschaft, aus Gewerbebetrieb, aus selbständiger Arbeit oder aus Vermietung und Verpachtung gehören. [3]Auf Antrag des Gläubigers werden Kapitalerträge im Sinne des Satzes 1 in die besondere Besteuerung von Kapitalerträgen nach § 32d einbezogen. [4]Eine vorläufige Festsetzung der Einkommensteuer im Sinne des § 165 Absatz 1 Satz 2 Nummer 2 bis 4 der Abgabenordnung umfasst auch Einkünfte im Sinne des Satzes 1, für die der Antrag nach Satz 3 nicht gestellt worden ist.

---

1) Verweis geänd. durch G v. 22.6.2011 (BGBl. I S. 1126).

2) Verweis geänd. mWv 1.1.2016 durch G v. 1.4.2015 (BGBl. I S. 434).

3) § 43 Abs. 5 Satz 1 geänd., Satz 4 angef. mWv 1.1.2009 durch G v. 8.12.2010 (BGBl. I S. 1768); Satz 1 Verweis geänd. durch G v. 19.7.2016 (BGBl. I S. 1730), zur Anwendung siehe § 52 Abs. 42 Satz 4.

§ 43a Bemessung der Kapitalertragsteuer. (1) [1]Die Kapitalertragsteuer beträgt

1. in den Fällen des § 43 Absatz 1 Satz 1 Nummer 1 bis 7a[1)] und 8 bis 12 sowie Satz 2:
   25 Prozent des Kapitalertrags;
2. in den Fällen des § 43 Absatz 1 Satz 1 Nummer 7b und 7c:
   15 Prozent des Kapitalertrags.

[2]Im Fall einer Kirchensteuerpflicht ermäßigt sich die Kapitalertragsteuer um 25 Prozent der auf die Kapitalerträge entfallenden Kirchensteuer. [3]§ 32d Absatz 1 Satz 4 und 5 gilt entsprechend.

(2)[2)] [1]Dem Steuerabzug unterliegen die vollen Kapitalerträge ohne Abzug; dies gilt nicht für Erträge aus Investmentfonds nach § 16 Absatz 1 des Investmentsteuergesetzes, auf die nach § 20 des Investmentsteuergesetzes eine Teilfreistellung anzuwenden ist; § 20 Absatz 1 Satz 2 bis 4 des Investmentsteuergesetzes sind beim Steuerabzug nicht anzuwenden. [2]In den Fällen des § 43 Absatz 1 Satz 1 Nummer 9 bis 12 bemisst sich der Steuerabzug

1. bei Gewinnen aus der Veräußerung von Anteilen an Investmentfonds im Sinne des § 16 Absatz 1 Nummer 3 in Verbindung mit § 2 Absatz 13 des Investmentsteuergesetzes nach § 19 des Investmentsteuergesetzes und
2. in allen übrigen Fällen nach § 20 Absatz 4 und 4a,

wenn die Wirtschaftsgüter von der die Kapitalerträge auszahlenden Stelle erworben oder veräußert und seitdem verwahrt oder verwaltet worden sind. [3]Überträgt der Steuerpflichtige die Wirtschaftsgüter auf ein anderes Depot, hat die abgebende inländische auszahlende Stelle der übernehmenden inländischen auszahlenden Stelle die Anschaffungsdaten mitzuteilen. [4]Satz 3 gilt in den Fällen des § 43 Absatz 1 Satz 5 entsprechend. [5]Handelt es sich bei der abgebenden auszahlenden Stelle um ein Kreditinstitut *oder Finanzdienstleistungsinstitut* [***ab 26.6.2021:*** , ein Finanzdienstleistungsinstitut oder ein Wertpapierinstitut] mit Sitz in einem anderen Mitgliedstaat der Europäischen Union, in einem anderen Vertragsstaat des EWR-Abkommens vom 3. Januar 1994 (ABl. EG Nr. L 1 S. 3) in der jeweils geltenden Fassung oder in einem anderen Vertragsstaat nach Artikel 17 Absatz 2 Ziffer i der Richtlinie 2003/48/EG vom 3. Juni 2003 im Bereich der Besteuerung von Zinserträgen (ABl. EU Nr. L 157 S. 38), kann der Steuerpflichtige den Nachweis nur durch eine Bescheinigung des ausländischen Instituts führen; dies gilt entsprechend für eine in diesem Gebiet belegene Zweigstelle eines inländischen Kreditinstituts *oder Finanzdienstleistungsinstituts* [***ab 26.6.2021:*** , Finanzdienstleistungsinstituts oder einem inländischen Wertpapierinstitut].[3)] [6]In allen anderen Fällen ist ein Nachweis der Anschaffungsdaten nicht zulässig. [7]Sind die Anschaffungsdaten nicht nachgewiesen, bemisst sich der Steuerabzug nach 30 Prozent der Ein-

---

[1)] § 43a Abs. 1 Satz 1 Nr. 1 Verweis geänd. mWv 1.1.2018 (§ 52 Abs. 42a) durch G v. 19.7.2016 (BGBl. I S. 1730).

[2)] § 43a Abs. 2 Sätze 1 und 2 neu gef. durch G v. 19.7.2016 (BGBl. I S. 1730); zur Anwendung siehe § 52 Abs. 42a.

[3)] § 43a Abs. 2 Satz 5 geänd. mWv VZ 2013 durch G v. 26.6.2013 (BGBl. I S. 1809); geänd. mWv 26.6.2021 durch G v. 12.5.2021 (BGBl. I S. 990).

nahmen aus der Veräußerung oder Einlösung der Wirtschaftsgüter. [8]In den Fällen des § 43 Absatz 1 Satz 4 gelten der Börsenpreis zum Zeitpunkt der Übertragung zuzüglich Stückzinsen als Einnahmen aus der Veräußerung und die mit dem Depotübertrag verbundenen Kosten als Veräußerungskosten im Sinne des § 20 Absatz 4 Satz 1. [9]Zur Ermittlung des Börsenpreises ist der niedrigste am Vortag der Übertragung im regulierten Markt notierte Kurs anzusetzen; liegt am Vortag eine Notierung nicht vor, so werden die Wirtschaftsgüter mit dem letzten innerhalb von 30 Tagen vor dem Übertragungstag im regulierten Markt notierten Kurs angesetzt; Entsprechendes gilt für Wertpapiere, die im Inland in den Freiverkehr einbezogen sind oder in einem anderen Staat des Europäischen Wirtschaftsraums zum Handel an einem geregelten Markt im Sinne des Artikels 1 Nummer 13 der Richtlinie 93/22/EWG des Rates vom 10. Mai 1993 über Wertpapierdienstleistungen (ABl. EG Nr. L 141 S. 27) zugelassen sind. [10]Liegt ein Börsenpreis nicht vor, bemisst sich die Steuer nach 30 Prozent der Anschaffungskosten. [11]Die übernehmende auszahlende Stelle hat als Anschaffungskosten den von der abgebenden Stelle angesetzten Börsenpreis anzusetzen und die bei der Übertragung als Einnahmen aus der Veräußerung angesetzten Stückzinsen nach Absatz 3 zu berücksichtigen. [12]Satz 9 gilt entsprechend. [13]Liegt ein Börsenpreis nicht vor, bemisst sich der Steuerabzug nach 30 Prozent der Einnahmen aus der Veräußerung oder Einlösung der Wirtschaftsgüter. [14]Hat die auszahlende Stelle die Wirtschafsgüter vor dem 1. Januar 1994 erworben oder veräußert und seitdem verwahrt oder verwaltet, kann sie den Steuerabzug nach 30 Prozent der Einnahmen aus der Veräußerung oder Einlösung der Wertpapiere und Kapitalforderungen bemessen. [15]Abweichend von den Sätzen 2 bis 14 bemisst sich der Steuerabzug bei Kapitalerträgen aus nicht für einen marktmäßigen Handel bestimmten schuldbuchfähigen Wertpapieren des Bundes und der Länder oder bei Kapitalerträgen im Sinne des § 43 Absatz 1 Satz 1 Nummer 7 Buchstabe b aus nicht in Inhaber- oder Orderschuldverschreibungen verbrieften Kapitalforderungen nach dem vollen Kapitalertrag ohne jeden Abzug.

(3)[1)] [1]Die auszahlende Stelle hat ausländische Steuern auf Kapitalerträge nach Maßgabe des § 32d Absatz 5 zu berücksichtigen. [2]Sie hat unter Berücksichtigung des § 20 Absatz 6 Satz 4 im Kalenderjahr negative Kapitalerträge einschließlich gezahlter Stückzinsen bis zur Höhe der positiven Kapitalerträge auszugleichen; liegt ein gemeinsamer Freistellungsauftrag im Sinne des § 44a Absatz 2 Satz 1 Nummer 1 in Verbindung mit § 20 Absatz 9 Satz 2 vor, erfolgt ein gemeinsamer Ausgleich. [3]Der nicht ausgeglichene Verlust ist auf das nächste Kalenderjahr zu übertragen. [4]Auf Verlangen des Gläubigers der Kapitalerträge hat sie über die Höhe eines nicht ausgeglichenen Verlusts eine Bescheinigung nach amtlich vorgeschriebenem Muster zu erteilen; der Verlustübertrag entfällt in diesem Fall. [5]Der unwiderrufliche Antrag auf Erteilung der Bescheinigung muss bis zum 15. Dezember des laufenden Jahres der auszahlenden Stelle zugehen. [6]Überträgt der Gläubiger der Kapitalerträge seine im Depot befindlichen Wirtschaftsgüter vollständig auf ein anderes Depot, hat

[1)] § 43a Abs. 3 Satz 7 eingef., bish. Satz 7 wird Satz 8 mWv 1.1.2009 durch G v. 8.12.2010 (BGBl. I S. 1768); Satz 2 geänd. durch G v. 25.7.2014 (BGBl. I S. 1266).

die abgebende auszahlende Stelle der übernehmenden auszahlenden Stelle auf Verlangen des Gläubigers der Kapitalerträge die Höhe des nicht ausgeglichenen Verlusts mitzuteilen; eine Bescheinigung nach Satz 4 darf in diesem Fall nicht erteilt werden. 7 Erfährt die auszahlende Stelle nach Ablauf des Kalenderjahres von der Veränderung einer Bemessungsgrundlage oder einer zu erhebenden Kapitalertragsteuer, hat sie die entsprechende Korrektur erst zum Zeitpunkt ihrer Kenntnisnahme vorzunehmen; § 44 Absatz 5 bleibt unberührt. 8 Die vorstehenden Sätze gelten nicht in den Fällen des § 20 Absatz 8 und des § 44 Absatz 1 Satz 4 Nummer 1 Buchstabe a Doppelbuchstabe bb sowie bei Körperschaften, Personenvereinigungen oder Vermögensmassen.

(4)[1] 1 Die Absätze 2 und 3 gelten entsprechend für die das Bundesschuldbuch führende Stelle oder eine Landesschuldenverwaltung als auszahlende Stelle. 2 Werden die Wertpapiere oder Forderungen von einem Kreditinstitut *oder einem Finanzdienstleistungsinstitut* [***ab 26.6.2021:*** , Finanzdienstleistungsinstitut oder einem Wertpapierinstitut] mit der Maßgabe der Verwahrung und Verwaltung durch die das Bundesschuldbuch führende Stelle oder eine Landesschuldenverwaltung erworben, hat das Kreditinstitut *oder das Finanzdienstleistungsinstitut* [***ab 26.6.2021:*** , das Finanzdienstleistungsinstitut oder das Wertpapierinstitut] der das Bundesschuldbuch führenden Stelle oder einer Landesschuldenverwaltung zusammen mit den im Schuldbuch einzutragenden Wertpapieren und Forderungen den Erwerbszeitpunkt und die Anschaffungsdaten sowie in Fällen des Absatzes 2 den Erwerbspreis der für einen marktmäßigen Handel bestimmten schuldbuchfähigen Wertpapiere des Bundes oder der Länder und außerdem mitzuteilen, dass es diese Wertpapiere und Forderungen erworben oder veräußert und seitdem verwahrt oder verwaltet hat.

§ 43b Bemessung der Kapitalertragsteuer bei bestimmten Gesellschaften. (1) 1 Auf Antrag wird die Kapitalertragsteuer für Kapitalerträge im Sinne des § 20 Absatz 1 Nummer 1, die einer Muttergesellschaft, die weder ihren Sitz noch ihre Geschäftsleitung im Inland hat, oder einer in einem anderen Mitgliedstaat der Europäischen Union gelegenen Betriebsstätte dieser Muttergesellschaft, aus Ausschüttungen einer Tochtergesellschaft zufließen, nicht erhoben; § 50d Absatz 3 gilt entsprechend.[2] 2 Satz 1 gilt auch für Ausschüttungen einer Tochtergesellschaft, die einer in einem anderen Mitgliedstaat der Europäischen Union gelegenen Betriebsstätte einer unbeschränkt steuerpflichtigen Muttergesellschaft zufließen. 3 Ein Zufluss an die Betriebsstätte liegt nur vor, wenn die Beteiligung an der Tochtergesellschaft tatsächlich zu dem Betriebsvermögen der Betriebsstätte gehört. 4 Die Sätze 1 bis 3 gelten nicht für Kapitalerträge im Sinne des § 20 Absatz 1 Nummer 1, die anlässlich der Liquidation oder Umwandlung einer Tochtergesellschaft zufließen.

(2)[3] 1 Muttergesellschaft im Sinne des Absatzes 1 ist jede Gesellschaft, die

---

[1] § 43a Abs. 4 Satz 2 geänd. mWv 26.6.2021 durch G v. 12.5.2021 (BGBl. I S. 990).

[2] § 43b Abs. 1 Satz 1 letzter HS angef. durch G v. 2.6.2021 (BGBl. I S. 1259); zur Anwendung von § 50d Abs. 3 siehe § 52 Abs. 47b.

[3] § 43b Abs. 2 Satz 1 neu gef. durch G v. 2.11.2015 (BGBl. I S. 1834); zur Anwendung siehe § 52 Abs. 42b.

1. die in der Anlage 2[1] zu diesem Gesetz bezeichneten Voraussetzungen erfüllt und
2. nach Artikel 3 Absatz 1 Buchstabe a der Richtlinie 2011/96/EU des Rates vom 30. November 2011 über das gemeinsame Steuersystem der Mutter- und Tochtergesellschaften verschiedener Mitgliedstaaten (ABl. L 345 vom 29.12.2011, S. 8), die zuletzt durch die Richtlinie 2014/86/EU (ABl. L 219 vom 25.7.2014, S. 40) geändert worden ist, zum Zeitpunkt der Entstehung der Kapitalertragsteuer gemäß § 44 Absatz 1 Satz 2 nachweislich mindestens zu 10 Prozent unmittelbar am Kapital der Tochtergesellschaft beteiligt ist (Mindestbeteiligung).

[2]Ist die Mindestbeteiligung zu diesem Zeitpunkt nicht erfüllt, ist der Zeitpunkt des Gewinnverteilungsbeschlusses maßgeblich. [3]Tochtergesellschaft im Sinne des Absatzes 1 sowie des Satzes 1 ist jede unbeschränkt steuerpflichtige Gesellschaft, die die in der Anlage 2[1] zu diesem Gesetz und in Artikel 3 Absatz 1 Buchstabe b der Richtlinie 2011/96/EU bezeichneten Voraussetzungen erfüllt. [4]Weitere Voraussetzung ist, dass die Beteiligung nachweislich ununterbrochen zwölf Monate besteht. [5]Wird dieser Beteiligungszeitraum nach dem Zeitpunkt der Entstehung der Kapitalertragsteuer gemäß § 44 Absatz 1 Satz 2 vollendet, ist die einbehaltene und abgeführte Kapitalertragsteuer nach *§ 50d Absatz 1* [***neue Fassung:*** § 50c Absatz 3][2] zu erstatten; das Freistellungsverfahren nach *§ 50d* [***neue Fassung:*** § 50c][2] Absatz 2 ist ausgeschlossen.

(2a) Betriebsstätte im Sinne der Absätze 1 und 2 ist eine feste Geschäftseinrichtung in einem anderen Mitgliedstaat der Europäischen Union, durch die die Tätigkeit der Muttergesellschaft ganz oder teilweise ausgeübt wird, wenn das Besteuerungsrecht für die Gewinne dieser Geschäftseinrichtung nach dem jeweils geltenden Abkommen zur Vermeidung der Doppelbesteuerung dem Staat, in dem sie gelegen ist, zugewiesen wird und diese Gewinne in diesem Staat der Besteuerung unterliegen.

(3)[3] *(aufgehoben)*

§ 44 Entrichtung der Kapitalertragsteuer. (1)[4] [1]Schuldner der Kapitalertragsteuer ist in den Fällen des § 43 Absatz 1 Satz 1 Nummer 1 bis 7b und 8 bis 12 sowie Satz 2 der Gläubiger der Kapitalerträge. [2]Die Kapitalertragsteuer entsteht in dem Zeitpunkt, in dem die Kapitalerträge dem Gläubiger zufließen. [3]In diesem Zeitpunkt haben in den Fällen des § 43 Absatz 1 Satz 1 Nummer 1, 2 bis 4 sowie 7a und 7b der Schuldner der Kapitalerträge, jedoch in den Fällen des § 43 Absatz 1 Satz 1 Nummer 1 Satz 2 die für den Verkäufer der Wertpapiere den Verkaufsauftrag ausführende Stelle im Sinne des Satzes 4

---

[1] Abgedruckt im Anschluss an dieses Gesetz.

[2] Verweise geänd. durch G v. 2.6.2021 (BGBl. I S. 1259); zur Anwendung von § 50c siehe § 52 Abs. 47a.

[3] § 43b Abs. 3 ist letztmals auf Ausschüttungen anzuwenden, die vor dem 1.1.2009 zugeflossen sind, daher aufgeh. durch G v. 26.6.2013 (BGBl. I S. 1809).

[4] § 44 Abs. 1 Satz 3 und Satz 5 geänd. durch G v. 22.6.2011 (BGBl. I S. 1126); Satz 3 ergänzt mWv 1.1.2016 durch G v. 2.11.2015 (BGBl. I S. 1834); Satz 3 Verweis geänd. mWv 1.1.2018 (§ 52 Abs. 44 Satz 3) durch G v. 19.7.2016 (BGBl. I S. 1730).

Nummer 1, und in den Fällen des § 43 Absatz 1 Satz 1 Nummer 1a, 5 bis 7 und 8 bis 12 sowie Satz 2 die die Kapitalerträge auszahlende Stelle den Steuerabzug unter Beachtung der im Bundessteuerblatt veröffentlichten Auslegungsvorschriften der Finanzverwaltung für Rechnung des Gläubigers der Kapitalerträge vorzunehmen. [4]Die die Kapitalerträge auszahlende Stelle ist

1.[1)] in den Fällen des § 43 Absatz 1 Satz 1 Nummer 5 bis 7 Buchstabe a und Nummer 8 bis 12 sowie Satz 2
   a) das inländische Kreditinstitut oder das inländische Finanzdienstleistungsinstitut im Sinne des § 43 Absatz 1 Satz 1 Nummer 7 Buchstabe b, das inländische Wertpapierhandelsunternehmen oder die inländische Wertpapierhandelsbank,
      aa) das die Teilschuldverschreibungen, die Anteile an einer Sammelschuldbuchforderung, die Wertrechte, die Zinsscheine, die Anteile an Investmentfonds im Sinne des Investmentsteuergesetzes oder sonstigen Wirtschaftsgüter verwahrt oder verwaltet oder deren Veräußerung durchführt und die Kapitalerträge auszahlt oder gutschreibt oder in den Fällen des § 43 Absatz 1 Satz 1 Nummer 8 und 11[2)] die Kapitalerträge auszahlt oder gutschreibt,
      bb) das die Kapitalerträge gegen Aushändigung der Zinsscheine oder der Teilschuldverschreibungen einem anderen als einem ausländischen Kreditinstitut oder einem ausländischen Finanzdienstleistungsinstitut auszahlt oder gutschreibt;
   b) der Schuldner der Kapitalerträge in den Fällen des § 43 Absatz 1 Satz 1 Nummer 7 Buchstabe a und Nummer 10 unter den Voraussetzungen des Buchstabens a, wenn kein inländisches Kreditinstitut oder kein inländisches Finanzdienstleistungsinstitut die die Kapitalerträge auszahlende Stelle ist;
2. in den Fällen des § 43 Absatz 1 Satz 1 Nummer 7 Buchstabe b das inländische Kreditinstitut oder das inländische Finanzdienstleistungsinstitut, das die Kapitalerträge als Schuldner auszahlt oder gutschreibt;

[*ab 1.1.2021:*

2a.[3)] in den Fällen des § 43 Absatz 1 Satz 1 Nummer 7 Buchstabe c
   a) der inländische Betreiber oder die inländische Zweigniederlassung eines ausländischen Betreibers einer Internet-Dienstleistungsplattform im Sinne des § 43 Absatz 1 Satz 1 Nummer 7 Buchstabe c Satz 2, der die Kapitalerträge an den Gläubiger auszahlt oder gutschreibt,
   b) das inländische Kreditinstitut oder das inländische Finanzdienstleistungsinstitut im Sinne des § 43 Absatz 1 Satz 1 Nummer 7 Buchstabe b, das die Kapitalerträge im Auftrag des inländischen oder ausländischen Betreibers einer Internet-Dienstleistungsplattform im Sinne des § 43 Ab-

---

[1)] § 44 Abs. 1 Satz 4 Nr. 1 Satzteil vor Buchst. a Verweis geänd., Buchst. a Doppelbuchst. aa ergänzt mWv 1.1.2018 (§ 52 Abs. 44 Satz 3) durch G v. 19.7.2016 (BGBl. I S. 1730).

[2)] Verweis geänd. durch G v. 8.12.2010 (BGBl. I S. 1768).

[3)] § 44 Abs. 1 Satz 4 Nr. 2a eingef. durch G v. 12.12.2019 (BGBl. I S. 2451); zur Anwendung siehe § 52 Abs. 44 Satz 1.

satz 1 Satz 1 Nummer 7 Buchstabe c Satz 2 an den Gläubiger auszahlt oder gutschreibt,

sofern sich für diese Kapitalerträge kein zum Steuerabzug Verpflichteter nach der Nummer 1 ergibt.]

3.[1] in den Fällen des § 43 Absatz 1 Satz 1 Nummer 1a

a)[2] das inländische Kredit- oder Finanzdienstleistungsinstitut [***ab 26.6.2021:*** oder das inländische Wertpapierinstitut] im Sinne des § 43 Absatz 1 Satz 1 Nummer 7 Buchstabe b, *das inländische Wertpapierhandelsunternehmen oder die inländische Wertpapierhandelsbank*, welche die Anteile verwahrt oder verwaltet und die Kapitalerträge auszahlt oder gutschreibt oder die Kapitalerträge gegen Aushändigung der Dividendenscheine auszahlt oder gutschreibt oder die Kapitalerträge an eine ausländische Stelle auszahlt,

b) die Wertpapiersammelbank, der die Anteile zur Sammelverwahrung anvertraut wurden, wenn sie die Kapitalerträge an eine ausländische Stelle auszahlt,

c)[3] der Schuldner der Kapitalerträge, soweit die Wertpapiersammelbank, der die Anteile zur Sammelverwahrung anvertraut wurden, keine Dividendenregulierung vornimmt; die Wertpapiersammelbank hat dem Schuldner der Kapitalerträge den Umfang der Bestände ohne Dividendenregulierung mitzuteilen,

4.[4] in den Fällen des § 43 Absatz 1 Satz 1 Nummer 5, soweit es sich um die Vorabpauschale nach § 16 Absatz 1 Nummer 2 des Investmentsteuergesetzes handelt, das inländische Kredit- oder Finanzdienstleistungsinstitut im Sinne des § 43 Absatz 1 Satz 1 Nummer 7 Buchstabe b, das inländische Wertpapierhandelsunternehmen oder die inländische Wertpapierhandelsbank, welches oder welche die Anteile an dem Investmentfonds im Sinne des Investmentsteuergesetzes verwahrt oder verwaltet;

[***ab 30.12.2020:***

5.[5] in den Fällen des § 43 Absatz 1 Satz 1 Nummer 5 der Investmentfonds, wenn es sich um Kapitalerträge aus Anteilen an inländischen Investmentfonds handelt, die nicht von einem inländischen oder ausländischen Kredit- oder Finanzdienstleistungsinstitut im Sinne des § 43 Absatz 1 Satz 1 Nummer 7 Buchstabe b, einem inländischen oder ausländischen Wertpapierhandelsunternehmen oder einer inländischen oder ausländischen Wertpapierhandelsbank verwahrt oder verwaltet werden.]

---

[1] § 44 Abs. 1 Satz 4 Nr. 3 eingef. durch G v. 22.6.2011 (BGBl. I S. 1126).

[2] § 44 Abs. 1 Satz 4 Nr. 3 Buchst. a geänd. (Satzteil ergänzt, kursiver Satzteil aufgeh.) mWv 26.6.2021 durch G v. 12.5.2021 (BGBl. I S. 990).

[3] § 44 Abs. 1 Satz 4 Nr. 3 Buchst. c angef. mWv 1.1.2015 durch G v. 22.12.2014 (BGBl. I S. 2417).

[4] § 44 Abs. 1 Satz 4 Nr. 4 angef. mWv 1.1.2018 (§ 52 Abs. 44 Satz 3) durch G v. 19.7. 2016 (BGBl. I S. 1730).

[5] § 44 Abs. 1 Satz 4 Nr. 5 angef. durch G v. 21.12.2020 (BGBl. I S. 3096); zur Anwendung siehe § 52 Abs. 44 Satz 4.

[5]Die innerhalb eines Kalendermonats einbehaltene Steuer ist jeweils bis zum zehnten des folgenden Monats an das Finanzamt abzuführen, das für die Besteuerung

1. des Schuldners der Kapitalerträge,
2. der den Verkaufsauftrag ausführenden Stelle oder
3. der die Kapitalerträge auszahlenden Stelle

nach dem Einkommen zuständig ist; bei Kapitalerträgen im Sinne des § 43 Absatz 1 Satz 1 Nummer 1 ist die einbehaltene Steuer in dem Zeitpunkt abzuführen, in dem die Kapitalerträge dem Gläubiger zufließen. [6]Dabei ist die Kapitalertragsteuer, die zu demselben Zeitpunkt abzuführen ist, jeweils auf den nächsten vollen Eurobetrag abzurunden. [7]Wenn Kapitalerträge ganz oder teilweise nicht in Geld bestehen (§ 8 Absatz 2) und der in Geld geleistete Kapitalertrag nicht zur Deckung der Kapitalertragsteuer ausreicht, hat der Gläubiger der Kapitalerträge dem zum Steuerabzug Verpflichteten den Fehlbetrag zur Verfügung zu stellen. [8]Zu diesem Zweck kann der zum Steuerabzug Verpflichtete den Fehlbetrag von einem bei ihm unterhaltenen und auf den Namen des Gläubigers der Kapitalerträge lautenden Konto, ohne Einwilligung des Gläubigers, einziehen. [9]Soweit der Gläubiger nicht vor Zufluss der Kapitalerträge widerspricht, darf der zum Steuerabzug Verpflichtete auch insoweit die Geldbeträge von einem auf den Namen des Gläubigers der Kapitalerträge lautenden Konto einziehen, wie ein mit dem Gläubiger vereinbarter Kontokorrentkredit für dieses Konto nicht in Anspruch genommen wurde. [10]Soweit der Gläubiger seiner Verpflichtung nicht nachkommt, hat der zum Steuerabzug Verpflichtete dies dem für ihn zuständigen Betriebsstättenfinanzamt anzuzeigen. [11]Das Finanzamt hat die zu wenig erhobene Kapitalertragsteuer vom Gläubiger der Kapitalerträge nachzufordern.[1)]

(1a)[2)] [1]Werden inländische Aktien über eine ausländische Stelle mit Dividendenberechtigung erworben, aber ohne Dividendenanspruch geliefert und leitet die ausländische Stelle auf die Erträge im Sinne des § 20 Absatz 1 Nummer 1 Satz 4 einen einbehaltenen Steuerbetrag im Sinne des § 43a Absatz 1 Satz 1 Nummer 1 an eine inländische Wertpapiersammelbank weiter, ist diese zur Abführung der einbehaltenen Steuer verpflichtet. [2]Bei Kapitalerträgen im Sinne des § 43 Absatz 1 Satz 1 Nummer 1 und 2 gilt Satz 1 entsprechend.

(1b)[3)] Bei inländischen und ausländischen Investmentfonds ist für die Vorabpauschale nach § 16 Absatz 1 Nummer 2 des Investmentsteuergesetzes Absatz 1 Satz 7 bis 11 entsprechend anzuwenden.

(2)[4)] [1]Gewinnanteile (Dividenden) und andere Kapitalerträge im Sinne des § 43 Absatz 1 Satz 1 Nummer 1, deren Ausschüttung von einer Körperschaft beschlossen wird, fließen dem Gläubiger der Kapitalerträge an dem Tag zu (Absatz 1), der im Beschluss als Tag der Auszahlung bestimmt worden ist. [2]Ist die

---

1) § 44 Abs. 1 Sätze 8 und 9 eingef., bish. Sätze 8 und 9 werden Sätze 10 und 11 mWv 1.1.2018 (§ 52 Abs. 44 Satz 3) durch G v. 19.7.2016 (BGBl. I S. 1730).

2) § 44 Abs. 1a eingef. durch G v. 26.6.2013 (BGBl. I S. 1809).

3) § 44 Abs. 1b eingef. mWv 1.1.2018 (§ 52 Abs. 44 Satz 3) durch G v. 19.7.2016 (BGBl. I S. 1730).

4) § 44 Abs. 2 Satz 2 2. HS angefügt mWv 1.1.2016 durch G v. 2.11.2015 (BGBl. I S. 1834).

Ausschüttung nur festgesetzt, ohne dass über den Zeitpunkt der Auszahlung ein Beschluss gefasst worden ist, so gilt als Zeitpunkt des Zufließens der Tag nach der Beschlussfassung; ist durch Gesetz eine abweichende Fälligkeit des Auszahlungsanspruchs bestimmt oder lässt das Gesetz eine abweichende Bestimmung der Fälligkeit durch Satzungsregelung zu, gilt als Zeitpunkt des Zufließens der Tag der Fälligkeit. 3 Für Kapitalerträge im Sinne des § 20 Absatz 1 Nummer 1 Satz 4 gelten diese Zuflusszeitpunkte entsprechend.

(3) 1 Ist bei Einnahmen aus der Beteiligung an einem Handelsgewerbe als stiller Gesellschafter in dem Beteiligungsvertrag über den Zeitpunkt der Ausschüttung keine Vereinbarung getroffen, so gilt der Kapitalertrag am Tag nach der Aufstellung der Bilanz oder einer sonstigen Feststellung des Gewinnanteils des stillen Gesellschafters, spätestens jedoch sechs Monate nach Ablauf des Wirtschaftsjahres, für das der Kapitalertrag ausgeschüttet oder gutgeschrieben werden soll, als zugeflossen. 2 Bei Zinsen aus partiarischen Darlehen gilt Satz 1 entsprechend.

(4) Haben Gläubiger und Schuldner der Kapitalerträge vor dem Zufließen ausdrücklich Stundung des Kapitalertrags vereinbart, weil der Schuldner vorübergehend zur Zahlung nicht in der Lage ist, so ist der Steuerabzug erst mit Ablauf der Stundungsfrist vorzunehmen.

(5) 1 Die Schuldner der Kapitalerträge, die den Verkaufsauftrag ausführenden Stellen oder die die Kapitalerträge auszahlenden Stellen haften für die Kapitalertragsteuer, die sie einzubehalten und abzuführen haben, es sei denn, sie weisen nach, dass sie die ihnen auferlegten Pflichten weder vorsätzlich noch grob fahrlässig verletzt haben. 2 Der Gläubiger der Kapitalerträge wird nur in Anspruch genommen, wenn

1. der Schuldner, die den Verkaufsauftrag ausführende Stelle oder die die Kapitalerträge auszahlende Stelle die Kapitalerträge nicht vorschriftsmäßig gekürzt hat,
2. der Gläubiger weiß, dass der Schuldner, die den Verkaufsauftrag ausführende Stelle oder die die Kapitalerträge auszahlende Stelle die einbehaltene Kapitalertragsteuer nicht vorschriftsmäßig abgeführt hat, und dies dem Finanzamt nicht unverzüglich mitteilt oder
3. das die Kapitalerträge auszahlende inländische Kreditinstitut oder das inländische Finanzdienstleistungsinstitut die Kapitalerträge zu Unrecht ohne Abzug der Kapitalertragsteuer ausgezahlt hat.

3 Für die Inanspruchnahme des Schuldners der Kapitalerträge, der den Verkaufsauftrag ausführenden Stelle und der die Kapitalerträge auszahlenden Stelle bedarf es keines Haftungsbescheids, soweit der Schuldner, die den Verkaufsauftrag ausführende Stelle oder die die Kapitalerträge auszahlende Stelle die einbehaltene Kapitalertragsteuer richtig angemeldet hat oder soweit sie ihre Zahlungsverpflichtungen gegenüber dem Finanzamt oder dem Prüfungsbeamten des Finanzamts schriftlich anerkennen.

(6)[1] 1 In den Fällen des § 43 Absatz 1 Satz 1 Nummer 7c gilt die juristische Person des öffentlichen Rechts und die von der Körperschaftsteuer befreite

---

[1] Vgl. § 52 Abs. 44 Satz 2.

Körperschaft, Personenvereinigung oder Vermögensmasse als Gläubiger und der Betrieb gewerblicher Art und der wirtschaftliche Geschäftsbetrieb als Schuldner der Kapitalerträge. [2]Die Kapitalertragsteuer entsteht, auch soweit sie auf verdeckte Gewinnausschüttungen entfällt, die im abgelaufenen Wirtschaftsjahr vorgenommen worden sind, im Zeitpunkt der Bilanzerstellung; sie entsteht spätestens acht Monate nach Ablauf des Wirtschaftsjahres; in den Fällen des § 20 Absatz 1 Nummer 10 Buchstabe b Satz 2 am Tag nach der Beschlussfassung über die Verwendung und in den Fällen des § 22 Absatz 4 des Umwandlungssteuergesetzes am Tag nach der Veräußerung. [3]Die Kapitalertragsteuer entsteht in den Fällen des § 20 Absatz 1 Nummer 10 Buchstabe b Satz 3 zum Ende des Wirtschaftsjahres. [4]Die Absätze 1 bis 4 und 5 Satz 2 sind entsprechend anzuwenden. [5]Der Schuldner der Kapitalerträge haftet für die Kapitalertragsteuer, soweit sie auf verdeckte Gewinnausschüttungen und auf Veräußerungen im Sinne des § 22 Absatz 4 des Umwandlungssteuergesetzes entfällt.

(7) [1]In den Fällen des § 14 Absatz 3 des Körperschaftsteuergesetzes entsteht die Kapitalertragsteuer in dem Zeitpunkt der Feststellung der Handelsbilanz der Organgesellschaft; sie entsteht spätestens acht Monate nach Ablauf des Wirtschaftsjahres der Organgesellschaft. [2]Die entstandene Kapitalertragsteuer ist an dem auf den Entstehungszeitpunkt nachfolgenden Werktag an das Finanzamt abzuführen, das für die Besteuerung der Organgesellschaft nach dem Einkommen zuständig ist. [3]Im Übrigen sind die Absätze 1 bis 4 entsprechend anzuwenden.

§ 44a[1)] Abstandnahme vom Steuerabzug. (1)[2)] [1]Soweit die Kapitalerträge, die einem unbeschränkt einkommensteuerpflichtigen Gläubiger zufließen, zusammen mit den Kapitalerträgen, für die die Kapitalertragsteuer nach § 44b zu erstatten ist oder nach Absatz 10 kein Steuerabzug vorzunehmen ist, den Sparer-Pauschbetrag nach § 20 Absatz 9 nicht übersteigen, ist ein Steuerabzug nicht vorzunehmen bei Kapitalerträgen im Sinne des

1. § 43 Absatz 1 Satz 1 Nummer 1 und 2 aus Genussrechten oder
2. § 43 Absatz 1 Satz 1 Nummer 1 und 2 aus Anteilen, die von einer Kapitalgesellschaft ihren Arbeitnehmern überlassen worden sind und von ihr, einem von der Kapitalgesellschaft bestellten Treuhänder, einem inländischen Kreditinstitut oder einer inländischen Zweigniederlassung einer der in § 53b Absatz 1 oder 7 des Kreditwesengesetzes genannten Unternehmen verwahrt werden, und
3. § 43 Absatz 1 Satz 1 Nummer 3 bis 7 und 8 bis 12 sowie Satz 2.

[2]Den Arbeitnehmern im Sinne des Satzes 1 stehen Arbeitnehmer eines mit der Kapitalgesellschaft verbundenen Unternehmens nach § 15 des Aktiengesetzes sowie frühere Arbeitnehmer der Kapitalgesellschaft oder eines mit ihr verbundenen Unternehmens gleich. [3]Den von der Kapitalgesellschaft überlassenen Anteilen stehen Aktien gleich, die den Arbeitnehmern bei einer Kapitalerhöhung auf

---

[1)] Vgl. § 52 Abs. 43.

[2)] § 44a Abs. 1 neu gef. durch G v. 26.6.2013 (BGBl. I S. 1809); Satz 1 Nr. 2 geänd. mWv 1.1.2014 durch G v. 25.7.2014 (BGBl. I S. 1266); Satz 1 und Satz 1 Nr. 3 geänd. mWv 1.1.2016 durch G v. 2.11.2015 (BGBl. I S. 1834).

Grund ihres Bezugsrechts aus den von der Kapitalgesellschaft überlassenen Aktien zugeteilt worden sind oder die den Arbeitnehmern auf Grund einer Kapitalerhöhung aus Gesellschaftsmitteln gehören. [4] Bei Kapitalerträgen im Sinne des § 43 Absatz 1 Satz 1 Nummer 1, 2 bis 7 und 8 bis 12 sowie Satz 2, die einem unbeschränkt einkommensteuerpflichtigen Gläubiger zufließen, ist der Steuerabzug nicht vorzunehmen, wenn anzunehmen ist, dass auch für Fälle der Günstigerprüfung nach § 32d Absatz 6 keine Steuer entsteht.

(2) [1] Voraussetzung für die Abstandnahme vom Steuerabzug nach Absatz 1 ist, dass dem nach § 44 Absatz 1 zum Steuerabzug Verpflichteten in den Fällen

1.[1)] des Absatzes 1 Satz 1 ein Freistellungsauftrag des Gläubigers der Kapitalerträge nach amtlich vorgeschriebenem Muster oder

2. des Absatzes 1 Satz 4 eine Nichtveranlagungs-Bescheinigung des für den Gläubiger zuständigen Wohnsitzfinanzamts

vorliegt. [2] In den Fällen des Satzes 1 Nummer 2 ist die Bescheinigung unter dem Vorbehalt des Widerrufs auszustellen. [3] Ihre Geltungsdauer darf höchstens drei Jahre betragen und muss am Schluss eines Kalenderjahres enden. [4] Fordert das Finanzamt die Bescheinigung zurück oder erkennt der Gläubiger, dass die Voraussetzungen für ihre Erteilung weggefallen sind, so hat er dem Finanzamt die Bescheinigung zurückzugeben.

(2a)[2)] [1] Ein Freistellungsauftrag kann nur erteilt werden, wenn der Gläubiger der Kapitalerträge seine Identifikationsnummer (§ 139b der Abgabenordnung) und bei gemeinsamen Freistellungsaufträgen auch die Identifikationsnummer des Ehegatten mitteilt. [2] Ein Freistellungsauftrag ist ab dem 1. Januar 2016 unwirksam, wenn der Meldestelle im Sinne des § 45d Absatz 1 Satz 1 keine Identifikationsnummer des Gläubigers der Kapitalerträge und bei gemeinsamen Freistellungsaufträgen auch keine des Ehegatten vorliegen. [3] Sofern der Meldestelle im Sinne des § 45d Absatz 1 Satz 1 die Identifikationsnummer nicht bereits bekannt ist, kann sie diese beim Bundeszentralamt für Steuern abfragen. [4] In der Anfrage dürfen nur die in § 139b Absatz 3 der Abgabenordnung genannten Daten des Gläubigers der Kapitalerträge und bei gemeinsamen Freistellungsaufträgen die des Ehegatten angegeben werden, soweit sie der Meldestelle bekannt sind. [5] Die Anfrage hat nach amtlich vorgeschriebenem Datensatz durch Datenfernübertragung zu erfolgen. [6] Das Bundeszentralamt für Steuern teilt der Meldestelle die Identifikationsnummer mit, sofern die übermittelten Daten mit den nach § 139b Absatz 3 der Abgabenordnung beim Bundeszentralamt für Steuern gespeicherten Daten übereinstimmen. [7] Die Meldestelle darf die Identifikationsnummer nur verarbeiten, soweit dies zur Erfüllung von steuerlichen Pflichten erforderlich ist.

(3) Der nach § 44 Absatz 1 zum Steuerabzug Verpflichtete hat in seinen Unterlagen das Finanzamt, das die Bescheinigung erteilt hat, den Tag der Aus-

---

[1)] § 44a Abs. 2 Satz 1 Nr. 1 geänd. mWv 1.1.2009 durch G v. 8.12.2010 (BGBl. I S. 1768); Satz 1 Nrn. 1 und 2 Zitat geänd. durch G v. 26.6.2013 (BGBl. I S. 1809).

[2)] § 44a Abs. 2a eingef. durch G v. 8.12.2010 (BGBl. I S. 1768); Satz 3 neu gef. mWv 1.1.2014 durch G v. 25.7.2014 (BGBl. I S. 1266); Satz 6 aufgeh., bish. Sätze 7 und 8 werden Sätze 6 und 7 mWv 1.1.2017 durch G v. 18.7.2016 (BGBl. I S. 1679); Satz 7 geänd. mWv VZ 2019 durch G v. 20.11.2019 (BGBl. I S. 1626).

stellung der Bescheinigung und die in der Bescheinigung angegebene Steuer- und Listennummer zu vermerken sowie die Freistellungsaufträge aufzubewahren.

(4)[1] [1] Ist der Gläubiger

1. eine von der Körperschaftsteuer befreite inländische Körperschaft, Personenvereinigung oder Vermögensmasse oder
2. eine inländische juristische Person des öffentlichen Rechts,

so ist der Steuerabzug bei Kapitalerträgen im Sinne des § 43 Absatz 1 Satz 1 Nummer 4 bis 7 und 8 bis 12 sowie Satz 2 nicht vorzunehmen. [2] Dies gilt auch, wenn es sich bei den Kapitalerträgen um Bezüge im Sinne des § 20 Absatz 1 Nummer 1 und 2 handelt, die der Gläubiger von einer von der Körperschaftsteuer befreiten Körperschaft bezieht. [3] Voraussetzung ist, dass der Gläubiger dem Schuldner *oder dem die Kapitalerträge auszahlenden inländischen Kreditinstitut oder inländischen Finanzdienstleistungsinstitut* [***ab 26.6.2021:*** , dem die Kapitalerträge auszahlenden inländischen Kreditinstitut, Finanzdienstleistungsinstitut oder der die Kapitalerträge auszahlenden inländischen Wertpapierinstitute] durch eine Bescheinigung des für seine Geschäftsleitung oder seinen Sitz zuständigen Finanzamts nachweist, dass er eine Körperschaft, Personenvereinigung oder Vermögensmasse im Sinne des Satzes 1 Nummer 1 oder 2 ist. [4] Absatz 2 Satz 2 bis 4 und Absatz 3 gelten entsprechend. [5] Die in Satz 3 bezeichnete Bescheinigung wird nicht erteilt, wenn die Kapitalerträge in den Fällen des Satzes 1 Nummer 1 in einem wirtschaftlichen Geschäftsbetrieb anfallen, für den die Befreiung von der Körperschaftsteuer ausgeschlossen ist, oder wenn sie in den Fällen des Satzes 1 Nummer 2 in einem nicht von der Körperschaftsteuer befreiten Betrieb gewerblicher Art anfallen. [6] Ein Steuerabzug ist auch nicht vorzunehmen bei Kapitalerträgen im Sinne des § 49 Absatz 1 Nummer 5 Buchstabe c und d, die einem Anleger zufließen, der eine nach den Rechtsvorschriften eines Mitgliedstaates der Europäischen Union oder des Europäischen Wirtschaftsraums gegründete Gesellschaft im Sinne des Artikels 54 des Vertrags über die Arbeitsweise der Europäischen Union oder des Artikels 34 des Abkommens über den Europäischen Wirtschaftsraum mit Sitz und Ort der Geschäftsleitung innerhalb des Hoheitsgebietes eines dieser Staaten ist, und der einer Körperschaft im Sinne des § 5 Absatz 1 Nummer 3 des Körperschaftsteuergesetzes vergleichbar ist; soweit es sich um eine nach den Rechtsvorschriften eines Mitgliedstaates des Europäischen Wirtschaftsraums gegründete Gesellschaft oder eine Gesellschaft mit Ort und Geschäftsleitung in diesem Staat handelt, ist zusätzlich Voraussetzung, dass mit diesem Staat ein Amtshilfeabkommen besteht.

(4a)[2] [1] Absatz 4 ist entsprechend auf Personengesellschaften im Sinne des § 212 Absatz 1 des Fünften Buches Sozialgesetzbuch anzuwenden. [2] Dabei tritt die Personengesellschaft an die Stelle des Gläubigers der Kapitalerträge.

---

[1] § 44a Abs. 4 Satz 6 angef. mWv VZ 2009 durch G v. 8.12.2010 (BGBl. I S. 1768); Satz 1 Verweis geänd. durch G v. 19.7.2016 (BGBl. I S. 1730) – zur Anwendung von § 43 Abs. 1 Satz 1 Nr. 4 bis 7 siehe § 52 Abs. 42 Satz 3; Abs. 4 Satz 3 geänd. mWv 26.6.2021 durch G v. 12.5.2021 (BGBl. I S. 990).

[2] § 44a Abs. 4a eingef. mWv VZ 2009 durch G v. 8.12.2010 (BGBl. I S. 1768).

(4b)[1] [1]Werden Kapitalerträge im Sinne des § 43 Absatz 1 Satz 1 Nummer 1 von einer Genossenschaft an ihre Mitglieder gezahlt, hat sie den Steuerabzug nicht vorzunehmen, wenn ihr für das jeweilige Mitglied

1. eine Nichtveranlagungs-Bescheinigung nach Absatz 2 Satz 1 Nummer 2,
2. eine Bescheinigung nach Absatz 5 Satz 4,
3. eine Bescheinigung nach Absatz 7 Satz 2 oder
4. eine Bescheinigung nach Absatz 8 Satz 2 vorliegt; in diesen Fällen ist ein Steuereinbehalt in Höhe von drei Fünfteln vorzunehmen.

[2]Eine Genossenschaft hat keinen Steuerabzug vorzunehmen, wenn ihr ein Freistellungsauftrag erteilt wurde, der auch Kapitalerträge im Sinne des Satzes 1 erfasst, soweit die Kapitalerträge zusammen mit den Kapitalerträgen, für die nach Absatz 1 kein Steuerabzug vorzunehmen ist oder für die die Kapitalertragsteuer nach § 44b zu erstatten ist, den mit dem Freistellungsauftrag beantragten Freibetrag nicht übersteigen. [3]Dies gilt auch, wenn die Genossenschaft einen Verlustausgleich nach § 43a Absatz 3 Satz 2 unter Einbeziehung von Kapitalerträgen im Sinne des Satzes 1 durchgeführt hat.

(5) [1]Bei Kapitalerträgen im Sinne des § 43 Absatz 1 Satz 1 Nummer 1, 2, 5 bis 7[2] und 8 bis 12 sowie Satz 2, die einem unbeschränkt oder beschränkt einkommensteuerpflichtigen Gläubiger zufließen, ist der Steuerabzug nicht vorzunehmen, wenn die Kapitalerträge Betriebseinnahmen des Gläubigers sind und die Kapitalertragsteuer bei ihm auf Grund der Art seiner Geschäfte auf Dauer höher wäre als die gesamte festzusetzende Einkommensteuer oder Körperschaftsteuer. [2]Ist der Gläubiger ein Lebens- oder Krankenversicherungsunternehmen als Organgesellschaft, ist für die Anwendung des Satzes 1 eine bestehende Organschaft im Sinne des § 14 des Körperschaftsteuergesetzes nicht zu berücksichtigen, wenn die beim Organträger anzurechnende Kapitalertragsteuer, einschließlich der Kapitalertragsteuer des Lebens- oder Krankenversicherungsunternehmens, die auf Grund von § 19 Absatz 5 des Körperschaftsteuergesetzes anzurechnen wäre, höher wäre, als die gesamte festzusetzende Körperschaftsteuer. [3]Für die Prüfung der Voraussetzung des Satzes 2 ist auf die Verhältnisse der dem Antrag auf Erteilung einer Bescheinigung im Sinne des Satzes 4 vorangehenden drei Veranlagungszeiträume abzustellen. [4]Die Voraussetzung des Satzes 1 ist durch eine Bescheinigung des für den Gläubiger zuständigen Finanzamts nachzuweisen. [5]Die Bescheinigung ist unter dem Vorbehalt des Widerrufs auszustellen. [6]Die Voraussetzung des Satzes 2 ist gegenüber dem für den Gläubiger zuständigen Finanzamt durch eine Bescheinigung des für den Organträger zuständigen Finanzamts nachzuweisen.

(6)[3] [1]Voraussetzung für die Abstandnahme vom Steuerabzug nach den Absätzen 1, 4 und 5 bei Kapitalerträgen im Sinne des § 43 Absatz 1 Satz 1

---

[1] § 44a Abs. 4b eingef. durch G v. 1.11.2011 (BGBl. I S. 2131); Satz 1 Nr. 3 und 4 geänd. mWv 18.12.2019 durch G v. 12.12.2019 (BGBl. I S. 2451).

[2] § 44a Abs. 5 Satz 1 geänd. durch G v. 26.6.2013 (BGBl. I S. 1809); geänd. durch G v. 19.7.2016 (BGBl. I S. 1730).

[3] § 44a Abs. 6 Satz 3 angef. durch G v. 1.11.2011 (BGBl. I S. 2131); geänd. mWv 26.6.2021 durch G v. 12.5.2021 (BGBl. I S. 990).

Nummer 6, 7 und 8 bis 12 sowie Satz 2 ist, dass die Teilschuldverschreibungen, die Anteile an der Sammelschuldbuchforderung, die Wertrechte, die Einlagen und Guthaben oder sonstigen Wirtschaftsgüter im Zeitpunkt des Zufließens der Einnahmen unter dem Namen des Gläubigers der Kapitalerträge bei der die Kapitalerträge auszahlenden Stelle verwahrt oder verwaltet werden. [2] Ist dies nicht der Fall, ist die Bescheinigung nach § 45a Absatz 2 durch einen entsprechenden Hinweis zu kennzeichnen. [3] Wird bei einem inländischen Kredit- oder Finanzdienstleistungsinstitut [***ab 26.6.2021:*** oder bei einem inländischen Wertpapierinstitut] im Sinne des § 43 Absatz 1 Satz 1 Nummer 7 Buchstabe b ein Konto oder Depot für eine gemäß § 5 Absatz 1 Nummer 9 des Körperschaftsteuergesetzes befreite Stiftung im Sinne des § 1 Absatz 1 Nummer 5 des Körperschaftsteuergesetzes auf den Namen eines anderen Berechtigten geführt und ist das Konto oder Depot durch einen Zusatz zur Bezeichnung eindeutig sowohl vom übrigen Vermögen des anderen Berechtigten zu unterscheiden als auch steuerlich der Stiftung zuzuordnen, so gilt es für die Anwendung des Absatzes 4, des Absatzes 7, des Absatzes 10 Satz 1 Nummer 3 und des § 44b Absatz 6 in Verbindung mit Absatz 7 als im Namen der Stiftung geführt.

(7)[1)] [1] Ist der Gläubiger eine inländische

1. Körperschaft, Personenvereinigung oder Vermögensmasse im Sinne des § 5 Absatz 1 Nummer 9 des Körperschaftsteuergesetzes oder
2. Stiftung des öffentlichen Rechts, die ausschließlich und unmittelbar gemeinnützigen oder mildtätigen Zwecken dient, oder
3. juristische Person des öffentlichen Rechts, die ausschließlich und unmittelbar kirchlichen Zwecken dient,

so ist der Steuerabzug bei Kapitalerträgen im Sinne des § 43 Absatz 1 Satz 1 Nummer 1, 2, 3 und 7a bis 7c nicht vorzunehmen. [2] Voraussetzung für die Anwendung des Satzes 1 ist, dass der Gläubiger durch eine Bescheinigung des für seine Geschäftsleitung oder seinen Sitz zuständigen Finanzamts nachweist, dass er eine Körperschaft, Personenvereinigung oder Vermögensmasse nach Satz 1 ist. [3] Absatz 4 gilt entsprechend.

(8)[2)] [1] Ist der Gläubiger

1. eine nach § 5 Absatz 1 mit Ausnahme der Nummer 9 des Körperschaftsteuergesetzes oder nach anderen Gesetzen von der Körperschaftsteuer befreite Körperschaft, Personenvereinigung oder Vermögensmasse oder
2. eine inländische juristische Person des öffentlichen Rechts, die nicht in Absatz 7 bezeichnet ist,

so ist der Steuerabzug bei Kapitalerträgen im Sinne des § 43 Absatz 1 Satz 1 Nummer 1, 2, 3 und 7a nur in Höhe von drei Fünfteln vorzunehmen. [2] Voraussetzung für die Anwendung des Satzes 1 ist, dass der Gläubiger durch eine Bescheinigung des für seine Geschäftsleitung oder seinen Sitz zuständigen

[1)] § 44a Abs. 7 Satz 1 geänd., Sätze 2 und 3 aufgeh., bish. Sätze 4 und 5 werden Sätze 2 und 3, neuer Satz 2 geänd. durch G v. 26.6.2013 (BGBl. I S. 1809).

[2)] § 44a Abs. 8 Satz 1 geänd. durch G v. 1.11.2011 (BGBl. I S. 2131); Satz 1 geänd., Satz 2 aufgeh., bish. Sätze 3 und 4 werden Sätze 2 und 3 durch G v. 26.6.2013 (BGBl. I S. 1809).

Finanzamts nachweist, dass er eine Körperschaft, Personenvereinigung oder Vermögensmasse im Sinne des Satzes 1 ist. [3] Absatz 4 gilt entsprechend.

(8a)[1)] [1] Absatz 8 ist entsprechend auf Personengesellschaften im Sinne des § 212 Absatz 1 des Fünften Buches Sozialgesetzbuch anzuwenden. [2] Dabei tritt die Personengesellschaft an die Stelle des Gläubigers der Kapitalerträge.

(9)[2)] [1] Ist der Gläubiger der Kapitalerträge im Sinne des § 43 Absatz 1 eine beschränkt steuerpflichtige Körperschaft im Sinne des § 2 Nummer 1 des Körperschaftsteuergesetzes, so werden zwei Fünftel der einbehaltenen und abgeführten Kapitalertragsteuer erstattet.

[alte Fassung:]

[2] § 50d Absatz 1 Satz 3 bis 12[3)], Absatz 3 und 4 ist entsprechend anzuwenden. [3] Der Anspruch auf eine weitergehende Freistellung und Erstattung nach § 50d Absatz 1 in Verbindung mit § 43b oder § 50g oder nach einem Abkommen zur Vermeidung der Doppelbesteuerung bleibt unberührt. [4] Verfahren nach den vorstehenden Sätzen und nach § 50d Absatz 1 soll das Bundeszentralamt für Steuern verbinden.

[neue Fassung:]

[2] § 50c Absatz 3 und 5 sowie § 50d Absatz 3 sind entsprechend anzuwenden. [3] Weitergehende Ansprüche aus § 43b oder § 50g oder einem Abkommen zur Vermeidung der Doppelbesteuerung bleiben unberührt. [4] Verfahren nach den vorstehenden Sätzen und nach § 50c Absatz 3 soll das Bundeszentralamt für Steuern verbinden.

(10)[4)] [1] Werden Kapitalerträge im Sinne des § 43 Absatz 1 Satz 1 Nummer 1a gezahlt, hat die auszahlende Stelle keinen Steuerabzug vorzunehmen, wenn

1. der auszahlenden Stelle eine Nichtveranlagungs-Bescheinigung nach Absatz 2 Satz 1 Nummer 2 für den Gläubiger vorgelegt wird,

2. der auszahlenden Stelle eine Bescheinigung nach Absatz 5 für den Gläubiger vorgelegt wird,

2. der auszahlenden Stelle eine Bescheinigung nach Absatz 7 Satz 2 für den Gläubiger vorgelegt wird; soweit die Kapitalerträge einen Betrag von 20 000 Euro übersteigen, ist bei Gläubigern nach Absatz 7 Satz 1 Nummer 1 abweichend vom ersten Halbsatz ein Steuerabzug in Höhe von drei Fünfteln vorzunehmen, wenn der Gläubiger bei Zufluss der Kapitalerträge nicht seit mindestens einem Jahr ununterbrochen wirtschaftlicher Eigentümer der Aktien oder Genussscheine ist oder

---

1) § 44a Abs. 8a eingef. mWv VZ 2012 durch G v. 7.12.2011 (BGBl. I S. 2592).

2) § 44a Abs. 9 Sätze 1 und 3 geänd. mWv 1.1.2009 durch G v. 8.12.2010 (BGBl. I S. 1768); Satz 2 geänd. mWv 1.1.2012 durch G v. 22.6.2011 (BGBl. I S. 1126); Sätze 2 bis 4 neu gef. durch G v. 2.6.2021 (BGBl. I S. 1259); zur Anwendung von § 50d Abs. 3 siehe § 52 Abs. 47b, von § 50c Abs. 5 siehe § 52 Abs. 47a Satz 2.

3) Verweis geänd. durch G v. 26.6.2013 (BGBl. I S. 1809).

4) § 44a Abs. 10 eingef. durch G v. 22.6.2011 (BGBl. I S. 1126); Sätze 4 bis 7 angef. durch G v. 7.12.2011 (BGBl. I S. 2592); Nrn. 3 und 4 Zitate angepasst durch G v. 26.6.2013 (BGBl. I S. 1809); Nr. 3 HS 2 angef. mWv 1.1.2019 durch G v. 11.12.2018 (BGBl. I S. 2338); Nr. 2 aufgeh., Nrn. 3 und 4 werden Nrn. 2 und 3 mWv VZ 2021 durch G v. 2.6.2021 (BGBl. I S. 1259).

3. der auszahlenden Stelle eine Bescheinigung nach Absatz 8 Satz 2 für den Gläubiger vorgelegt wird; in diesen Fällen ist ein Steuereinbehalt in Höhe von drei Fünfteln vorzunehmen.

[2] Wird der auszahlenden Stelle ein Freistellungsauftrag erteilt, der auch Kapitalerträge im Sinne des Satzes 1 erfasst, oder führt diese einen Verlustausgleich nach § 43a Absatz 3 Satz 2 unter Einbeziehung von Kapitalerträgen im Sinne des Satzes 1 durch, so hat sie den Steuerabzug nicht vorzunehmen, soweit die Kapitalerträge zusammen mit den Kapitalerträgen, für die nach Absatz 1 kein Steuerabzug vorzunehmen ist oder die Kapitalertragsteuer nach § 44b zu erstatten ist, den mit dem Freistellungsauftrag beantragten Freistellungsbetrag nicht übersteigen. [3] Absatz 6 ist entsprechend anzuwenden. [4] Werden Kapitalerträge im Sinne des § 43 Absatz 1 Satz 1 Nummer 1a von einer auszahlenden Stelle im Sinne des § 44 Absatz 1 Satz 4 Nummer 3 an eine ausländische Stelle ausgezahlt, hat diese auszahlende Stelle über den von ihr vor der Zahlung in das Ausland von diesen Kapitalerträgen vorgenommenen Steuerabzug der letzten inländischen auszahlenden Stelle in der Wertpapierverwahrkette, welche die Kapitalerträge auszahlt oder gutschreibt, auf deren Antrag eine Sammel-Steuerbescheinigung für die Summe der eigenen und der für Kunden verwahrten Aktien nach amtlich vorgeschriebenem Muster auszustellen. [5] Der Antrag darf nur für Aktien gestellt werden, die mit Dividendenberechtigung erworben und mit Dividendenanspruch geliefert wurden. [6] Wird eine solche Sammel-Steuerbescheinigung beantragt, ist die Ausstellung von Einzel-Steuerbescheinigungen oder die Weiterleitung eines Antrags auf Ausstellung einer Einzel-Steuerbescheinigung über den Steuerabzug von denselben Kapitalerträgen ausgeschlossen; die Sammel-Steuerbescheinigung ist als solche zu kennzeichnen. [7] Auf die ihr ausgestellte Sammel-Steuerbescheinigung wendet die letzte inländische auszahlende Stelle § 44b Absatz 6 mit der Maßgabe an, dass sie von den ihr nach dieser Vorschrift eingeräumten Möglichkeiten Gebrauch zu machen hat.

§ 44b Erstattung der Kapitalertragsteuer. (1)[1] Nach Ablauf eines Kalenderjahres hat der zum Steuerabzug Verpflichtete die im vorangegangenen Kalenderjahr abgeführte Steuer auf Ausschüttungen eines Investmentfonds zu erstatten, soweit die Ausschüttungen nach § 17 des Investmentsteuergesetzes nicht als Ertrag gelten.

(2)[2] Ist bei Gläubigern nach § 44a Absatz 7 Satz 1 Nummer 1 gemäß § 44a Absatz 10 Satz 1 Nummer 2 Kapitalertragsteuer einbehalten und abgeführt worden, wird auf Antrag durch das Finanzamt, in dessen Bezirk sich die Geschäftsleitung oder der Sitz des Gläubigers befindet, die Kapitalertragsteuer erstattet, wenn der Gläubiger die Voraussetzungen nach § 36a Absatz 1 bis 3 erfüllt.

(3), (4)[2] *(aufgehoben)*

---

[1] § 44b Abs. 1 eingef. mWv 1.1.2018 durch G v. 19.7.2016 (BGBl. I S. 1730).

[2] § 44b Abs. 2 bis 4 aufgeh. mWv 1.1.2013 durch G v. 26.6.2013 (BGBl. I S. 1809); neuer Abs. 2 eingef. mWv 1.1.2019 durch G v. 11.12.2018 (BGBl. I S. 2338); Abs. 2 Verweis geänd. durch G v. 2.6.2021 (BGBl. I S. 1259).

(5)[1] [1] Ist Kapitalertragsteuer einbehalten oder abgeführt worden, obwohl eine Verpflichtung hierzu nicht bestand, oder hat der Gläubiger dem nach § 44 Absatz 1 zum Steuerabzug Verpflichteten die Bescheinigung nach § 43 Absatz 2 Satz 4, den Freistellungsauftrag, die Nichtveranlagungs-Bescheinigung oder die Bescheinigungen nach § 44a Absatz 4 oder Absatz 5 erst zu einem Zeitpunkt vorgelegt, zu dem die Kapitalertragsteuer bereits abgeführt war, oder nach diesem Zeitpunkt erst die Erklärung nach § 43 Absatz 2 Satz 3 Nummer 2 abgegeben, ist auf Antrag des nach § 44 Absatz 1 zum Steuerabzug Verpflichteten die Steueranmeldung (§ 45a Absatz 1) insoweit zu ändern; stattdessen kann der zum Steuerabzug Verpflichtete bei der folgenden Steueranmeldung die abzuführende Kapitalertragsteuer entsprechend kürzen. [2] Erstattungsberechtigt ist der Antragsteller. [3] Solange noch keine Steuerbescheinigung nach § 45a erteilt ist, hat der zum Steuerabzug Verpflichtete das Verfahren nach Satz 1 zu betreiben. [4] Die vorstehenden Sätze sind in den Fällen des Absatzes 6 nicht anzuwenden.

(6)[2] [1] Werden Kapitalerträge im Sinne des § 43 Absatz 1 Satz 1 Nummer 1 und 2 durch ein inländisches Kredit- oder Finanzdienstleistungsinstitut [***ab 26.6.2021:*** oder *einem*[3] inländischen Wertpapierinstitut] im Sinne des § 43 Absatz 1 Satz 1 Nummer 7 Buchstabe b, das die Wertpapiere, Wertrechte oder sonstigen Wirtschaftsgüter unter dem Namen des Gläubigers verwahrt oder verwaltet, als Schuldner der Kapitalerträge oder für Rechnung des Schuldners gezahlt, kann das Kredit- oder Finanzdienstleistungsinstitut [***ab 26.6.2021:*** oder das Wertpapierinstitut] die einbehaltene und abgeführte Kapitalertragsteuer dem Gläubiger der Kapitalerträge bis zur Ausstellung einer Steuerbescheinigung, längstens bis zum 31. März des auf den Zufluss der Kapitalerträge folgenden Kalenderjahres, unter den folgenden Voraussetzungen erstatten:

1. dem Kredit- oder Finanzdienstleistungsinstitut [***ab 26.6.2021:*** oder *das*[3] Wertpapierinstitut] wird eine Nichtveranlagungs-Bescheinigung nach § 44a Absatz 2 Satz 1 Nummer 2 für den Gläubiger vorgelegt,
2. dem Kredit- oder Finanzdienstleistungsinstitut [***ab 26.6.2021:*** oder *das*[3] Wertpapierinstitut] wird eine Bescheinigung nach § 44a Absatz 5 für den Gläubiger vorgelegt,
3. dem Kredit- oder Finanzdienstleistungsinstitut [***ab 26.6.2021:*** oder *das*[3] Wertpapierinstitut] wird eine Bescheinigung nach § 44a Absatz 7 Satz 2[4] für den Gläubiger vorgelegt und eine Abstandnahme war nicht möglich oder
4. dem Kredit- oder Finanzdienstleistungsinstitut [***ab 26.6.2021:*** oder *das*[3] Wertpapierinstitut] wird eine Bescheinigung nach § 44a Absatz 8 Satz 2[4] für den Gläubiger vorgelegt und die teilweise Abstandnahme war nicht möglich; in diesen Fällen darf die Kapitalertragsteuer nur in Höhe von zwei Fünfteln erstattet werden.

[2] Das erstattende Kredit- oder Finanzdienstleistungsinstitut [***ab 26.6.2021:*** oder das erstattende Wertpapierinstitut] haftet in sinngemäßer Anwendung des § 44

[1] § 44b Abs. 5 Satz 3 eingef., bish. Satz 3 wird Satz 4 mWv 1.1.2015 durch G v. 22.12. 2014 (BGBl. I S. 2417).

[2] § 44b Abs. 6 Sätze 1 bis 4 geänd. mWv 26.6.2021 durch G v. 12.5.2021 (BGBl. I S. 990).

[3] Sic; müsste lauten „ein“ und „dem“.

[4] Verweis geänd. durch G v. 26.6.2013 (BGBl. I S. 1809).

Absatz 5 für zu Unrecht vorgenommene Erstattungen; für die Zahlungsaufforderung gilt § 219 Satz 2 der Abgabenordnung entsprechend. [3]Das Kredit- oder Finanzdienstleistungsinstitut [*ab 26.6.2021:* oder das Wertpapierinstitut] hat die Summe der Erstattungsbeträge in der Steueranmeldung gesondert anzugeben und von der von ihm abzuführenden Kapitalertragsteuer abzusetzen. [4]Wird dem Kredit- oder Finanzdienstleistungsinstitut [*ab 26.6.2021:* oder *das*[1)] Wertpapierinstitut] ein Freistellungsauftrag erteilt, der auch Kapitalerträge im Sinne des Satzes 1 erfasst, oder führt das Institut [*ab 26.6.2021:* oder das Wertpapierinstitut] einen Verlustausgleich nach § 43a Absatz 3 Satz 2 unter Einbeziehung von Kapitalerträgen im Sinne des Satzes 1 aus, so hat es bis zur Ausstellung der Steuerbescheinigung, längstens bis zum 31. März des auf den Zufluss der Kapitalerträge folgenden Kalenderjahres, die einbehaltene und abgeführte Kapitalertragsteuer auf diese Kapitalerträge zu erstatten; Satz 2 ist entsprechend anzuwenden.

(7)[2)] [1]Eine Gesamthandsgemeinschaft kann für ihre Mitglieder im Sinne des § 44a Absatz 7 oder Absatz 8 eine Erstattung der Kapitalertragsteuer bei dem für die gesonderte Feststellung ihrer Einkünfte zuständigen Finanzamt beantragen. [2]Die Erstattung ist unter den Voraussetzungen des § 44a Absatz 4, 7 oder Absatz 8 und in dem dort bestimmten Umfang zu gewähren.

§ 45[3)] Ausschluss der Erstattung von Kapitalertragsteuer. [1]In den Fällen, in denen die Dividende an einen anderen als an den Anteilseigner ausgezahlt wird, ist die Erstattung oder Anrechnung von Kapitalertragsteuer für den Zahlungsempfänger ausgeschlossen. [2]Satz 1 gilt nicht für den Erwerber eines Dividendenscheines oder sonstigen Anspruches in den Fällen des § 20 Absatz 2 Satz 1 Nummer 2 Buchstabe a Satz 2; beim Erwerber sind drei Fünftel der Kapitalertragsteuer nicht anzurechnen oder zu erstatten. [3]In den Fällen des § 20 Absatz 2 Satz 1 Nummer 2 Buchstabe b ist die Erstattung von Kapitalertragsteuer an den Erwerber von Zinsscheinen nach § 37 Absatz 2 der Abgabenordnung ausgeschlossen.

§ 45a Anmeldung und Bescheinigung der Kapitalertragsteuer.

(1)[4)] [1]Die Anmeldung der einbehaltenen Kapitalertragsteuer ist dem Finanzamt innerhalb der in § 44 Absatz 1 oder Absatz 7 bestimmten Frist nach amtlich vorgeschriebenem Vordruck auf elektronischem Weg zu übermitteln; die auszahlende Stelle hat die Kapitalertragsteuer auf die Erträge im Sinne des § 43 Absatz 1 Satz 1 Nummer 1a jeweils gesondert für das Land, in dem sich der Ort der Geschäftsleitung des Schuldners der Kapitalerträge befindet, anzugeben. [2]Satz 1 gilt entsprechend, wenn ein Steuerabzug nicht oder nicht in voller Höhe vorzunehmen ist. [3]Der Grund für die Nichtabführung ist anzugeben. [4]Auf Antrag kann das Finanzamt zur Vermeidung unbilliger Härten auf eine elektronische

---

[1)] Sic; muss lauten „dem“.

[2)] § 44b Abs. 7 angef. mWv 1.1.2013 durch G v. 26.6.2013 (BGBl. I S. 1809).

[3)] § 45 Satz 2 neu gef. mWv 1.1.2014 durch G v. 25.7.2014 (BGBl. I S. 1266); Satz 1 geänd., Satz 2 HS 2 angef. mWv 15.12.2018 durch G v. 11.12.2018 (BGBl. I S. 2338).

[4)] § 45a Abs. 1 Satz 1 HS 2 angef. durch G v. 22.6.2011 (BGBl. I S. 1126); Satz 1 HS 1 geänd. mWv 1.1.2017 durch G v. 18.7.2016 (BGBl. I S. 1679); Abs. 2 Satz 1 Nr. 2 geänd. mWv 18.12.2019 durch G v. 12.12.2019 (BGBl. I S. 2451).

Übermittlung verzichten; in diesem Fall ist die Kapitalertragsteuer-Anmeldung von dem Schuldner, der den Verkaufsauftrag ausführenden Stelle, der auszahlenden Stelle oder einer vertretungsberechtigten Person zu unterschreiben.

(2)[1] [1]Folgende Stellen sind verpflichtet, dem Gläubiger der Kapitalerträge auf Verlangen eine Bescheinigung nach amtlich vorgeschriebenem Muster auszustellen, die die nach § 32d erforderlichen Angaben enthält; bei Vorliegen der Voraussetzungen des

1. § 43 Absatz 1 Satz 1 Nummer 1, 2 bis 4, 7a und 7b der Schuldner der Kapitalerträge,
2. § 43 Absatz 1 Satz 1 Nummer 1a, 5 bis 7 und 8 bis 12 sowie Satz 2 die die Kapitalerträge auszahlende Stelle vorbehaltlich des Absatzes 3,
3. § 44 Absatz 1a die zur Abführung der Steuer verpflichtete Stelle und

[***ab 30.12.2020:***

4.[2] § 44 Absatz 1 Satz 4 Nummer 5 der Investmentfonds.]

[2]Die Bescheinigung kann elektronisch übermittelt werden; auf Anforderung des Gläubigers der Kapitalerträge ist sie auf Papier zu übersenden. [3]Die Bescheinigung braucht nicht unterschrieben zu werden, wenn sie in einem maschinellen Verfahren ausgedruckt worden ist und den Aussteller erkennen lässt. [4]§ 44a Absatz 6 gilt sinngemäß; über die zu kennzeichnenden Bescheinigungen haben die genannten Institute und Unternehmen Aufzeichnungen zu führen. [5]Diese müssen einen Hinweis auf den Buchungsbeleg über die Auszahlung an den Empfänger der Bescheinigung enthalten.

[***ab 1.1.2025:***

(2a)[3] Ist der Gläubiger der Kapitalerträge beschränkt steuerpflichtig, tritt in den Fällen des § 43 Absatz 1 Satz 1 Nummer 1a und 2 Satz 4 an die Stelle der Bescheinigung nach Absatz 2 Satz 1 die Übermittlung der Angaben gemäß § 45b Absatz 5.]

(3)[4] [1]Werden Kapitalerträge für Rechnung des Schuldners durch ein inländisches Kreditinstitut, ein inländisches Finanzdienstleistungsinstitut [***ab 26.6.2021:*** oder ein inländisches Wertpapierinstitut] gezahlt, so hat anstelle des Schuldners das Kreditinstitut, das Finanzdienstleistungsinstitut [***ab 26.6.2021:*** oder das Wertpapierinstitut] die Bescheinigung zu erteilen, sofern nicht die Voraussetzungen des Absatzes 2 Satz 1 erfüllt sind. [2]Satz 1 gilt in den Fällen des § 20 Absatz 1 Nummer 1 Satz 4 entsprechend; der Emittent der Aktien gilt insoweit als Schuldner der Kapitalerträge.

(4) [1]Eine Bescheinigung nach Absatz 2 oder Absatz 3 ist auch zu erteilen, wenn in Vertretung des Gläubigers ein Antrag auf Erstattung der Kapitaler-

---

[1] § 45a Abs. 2 Satz 1 neu gef. durch G v. 26.6.2013 (BGBl. I S. 1809); Satz 2 eingef., bish. Sätze 2 bis 4 werden Sätze 3 bis 5 mWv 23.7.2016 durch G v. 18.7.2016 (BGBl. I S. 1679); Satz 1 Nr. 2 geänd. durch G v. 12.12.2019 (BGBl. I S. 2451).

[2] § 45a Abs. 2 Satz 1 Nr. 4 angef. durch G v. 21.12.2020 (BGBl. I S. 3096); zur Anwendung siehe § 52 Abs. 44a Satz 1.

[3] § 45a Abs. 2a eingef. durch G v. 2.6.2021 (BGBl. I S. 1259); zur Anwendung siehe § 52 Abs. 44a Satz 3.

[4] § 45a Abs. 3 Satz 1 geänd. durch G v. 22.6.2011 (BGBl. I S. 1126); Abs. 3 Sätze 1 und 2 geänd. mWv 26.6.2021 durch G v. 12.5.2021 (BGBl. I S. 990).

tragsteuer nach § 44b gestellt worden ist oder gestellt wird. [2]Satz 1 gilt entsprechend, wenn nach § 44a Absatz 8 Satz 1 der Steuerabzug nur nicht in voller Höhe vorgenommen worden ist.

(5)[1)] [1]Eine Ersatzbescheinigung darf nur ausgestellt werden, wenn die Urschrift oder die elektronisch übermittelten Daten nach den Angaben des Gläubigers abhandengekommen oder vernichtet sind. [2]Die Ersatzbescheinigung muss als solche gekennzeichnet sein. [3]Über die Ausstellung von Ersatzbescheinigungen hat der Aussteller Aufzeichnungen zu führen.

[Fassung bis 31.12.2022:]

(6)[2)] [1]Eine Bescheinigung, die den Absätzen 2 bis 5 nicht entspricht, hat der Aussteller durch eine berichtigte Bescheinigung zu ersetzen und im Fall der Übermittlung in Papierform zurückzufordern. [2]Die berichtigte Bescheinigung ist als solche zu kennzeichnen. [3]Wird die zurückgeforderte Bescheinigung nicht innerhalb eines Monats nach Zusendung der berichtigten Bescheinigung an den Aussteller zurückgegeben, hat der Aussteller das nach seinen Unterlagen für den Empfänger zuständige Finanzamt schriftlich zu benachrichtigen.

[Fassung ab 1.1.2023:]

(6)[3)] [1]Eine Bescheinigung, die den Absätzen 2 bis 5 nicht entspricht, hat der Aussteller unverzüglich durch eine berichtigte Bescheinigung zu ersetzen. [2]Die berichtigte Bescheinigung ist als solche zu kennzeichnen. [3]Der Aussteller hat dem für ihn zuständigen Betriebsstättenfinanzamt unverzüglich nach Maßgabe des § 93c der Abgabenordnung neben den in § 93c Absatz 1 der Abgabenordnung genannten Angaben folgende Daten zu übermitteln:

1. den Anlass für die Ausstellung der berichtigten Bescheinigung und deren Ausstellungsdatum,
2. die ursprünglichen und die berichtigten Angaben in der Bescheinigung sowie
3. in den Fällen des Gläubigerwechsels die Identifikationsnummer, den Namen und die Anschrift des bisherigen Gläubigers der Kapitalerträge.

[4]Bei Steuerpflichtigen, die nicht unbeschränkt steuerpflichtig sind, findet Satz 3 mit der Maßgabe Anwendung, dass der Aussteller die Daten an das Bundeszentralamt für Steuern zu übermitteln hat.

[1)] § 45a Abs. 5 Satz 1 geänd. mWv 23.7.2016 durch G v. 18.7.2016 (BGBl. I S. 1679).

[2)] § 45a Abs. 6 Satz 1 neu gef. mWv 23.7.2016 durch G v. 18.7.2016 (BGBl. I S. 1679).

[3)] § 45a Abs. 6 neu gef. durch G v. 21.12.2020 (BGBl. I S. 3096); zur Anwendung siehe § 52 Abs. 44a Satz 2.

(7)[1] [1]Der Aussteller einer Bescheinigung, die den Absätzen 2 bis 5 [***ab 1.1.2025:*** sowie § 45b Absatz 1 bis 4] nicht entspricht, haftet für die auf Grund *der Bescheinigung verkürzten Steuern oder zu Unrecht gewährten Steuervorteile* [***ab 1.1.2025:*** dessen verkürzten Steuern oder zu Unrecht gewährten Steuervorteile; dies gilt entsprechend für die die Kapitalerträge auszahlende Stelle im Hinblick auf die nach § 45b Absatz 5 zu übermittelnden Angaben.] [2]Ist die Bescheinigung nach Absatz 3 durch ein inländisches Kreditinstitut oder ein inländisches Finanzdienstleistungsinstitut auszustellen, so haftet der Schuldner auch, wenn er zum Zweck der Bescheinigung unrichtige Angaben macht. [3]*Der Aussteller haftet nicht*

1. *in den Fällen des Satzes 2,*
2. *wenn er die ihm nach Absatz 6 obliegenden Verpflichtungen erfüllt hat.*

[ab 1.1.2025:]

§ 45b[2] Angaben zur Bescheinigung und Abführung der Kapitalertragsteuer. (1) Die die Kapitalerträge auszahlende Stelle weist jeder nach Maßgabe des § 45a Absatz 2 zu erteilenden Bescheinigung und jedem nach § 45b Absatz 5 zu übermittelnden Datensatz eine nach amtlichem Muster zu erstellende Ordnungsnummer zu.

(2) Bei Kapitalerträgen im Sinne des § 43 Absatz 1 Satz 1 Nummer 1a und 2 Satz 4 ist die Bescheinigung nach § 45a Absatz 2 um folgende Angaben zu ergänzen:

1. die Identifikationsnummer nach § 139b der Abgabenordnung des Gläubigers der Kapitalerträge; handelt es sich bei dem Gläubiger der Kapitalerträge nicht um eine natürliche Person, so sind dessen Firma oder Name, Anschrift und Wirtschafts-Identifikationsnummer nach § 139c der Abgabenordnung oder, wenn die Wirtschafts-Identifikationsnummer noch nicht vergeben wurde, dessen Steuernummer anzugeben;
2. den Bruttobetrag der vom Gläubiger der Kapitalerträge je Wertpapiergattung und Zahlungstag erzielten Kapitalerträge unter Angabe der Bezeichnung und der Internationalen Wertpapierkennnummer des Wertpapiers;
3. den Betrag, der je Wertpapiergattung und Zahlungstag einbehaltenen und abgeführten Kapitalertragsteuer und den Betrag der einbehaltenen und abgeführten Zuschlagsteuern; die Ermäßigung der Kapitalertragsteuer um die auf die Kapitalerträge entfallende Kirchensteuer ist nicht zu berücksichtigen; sind die Kapitalerträge nach Maßgabe des § 43a Absatz 3 Satz 2 mit negativen Kapitalerträgen auszugleichen, sind statt der Beträge der abgeführten Steuern der Betrag der einbehaltenen und auf die Kapitalerträge entfallenden Kapitalertragsteuer vor Durchführung des Verlustausgleiches und vor Berücksichtigung des Sparer-Pauschbetrages sowie der Betrag der darauf entfallenden Zuschlagsteuern anzugeben;
4. die Höhe des jeweils angewendeten Steuersatzes;

---

[1] § 45a Abs. 7 Satz 1 neu gef. mWv 1.1.2025 (§ 52 Abs. 44a Satz 3), Satz 3 aufgeh. mWv 31.12.2023 (§ 52 Abs. 44a Satz 4) durch G v. 2.6.2021 (BGBl. I S. 1259).

[2] § 45b eingef. durch G v. 2.6.2021 (BGBl. I S. 1259); zur Anwendung siehe § 52 Abs. 44b.

5. die Stückzahl der Wertpapiere je Wertpapiergattung und Zahlungstag sowie davon die Stückzahl der Wertpapiere, die auf der Grundlage einer Wertpapierleihe oder eines Wertpapierpensionsgeschäftes übertragen wurden, verbunden mit der Angabe, ob bei Anschaffung der Aktien die Lieferung von Aktien mit oder ohne Dividendenanspruch vereinbart wurde und ob Aktien mit oder ohne Dividendenanspruch geliefert wurden;
6. zur Anschaffung der Wertpapiere oder zu ihrer Übertragung auf der Grundlage einer Wertpapierleihe oder eines Wertpapierpensionsgeschäftes jeweils das Datum des Handelstags, das Datum des vereinbarten Abwicklungstags und das Datum des tatsächlichen Abwicklungstags sowie die jeweilige Stückzahl;
7. zur Veräußerung der Wertpapiere oder zu ihrer Rückübertragung auf der Grundlage einer Wertpapierleihe oder eines Wertpapierpensionsgeschäftes, soweit die Wertpapiere innerhalb von 45 Tagen nach Fälligkeit der Kapitalerträge veräußert oder rückübertragen wurden, jeweils das Datum des Handelstags, das Datum des vereinbarten Abwicklungstags und das Datum des tatsächlichen Abwicklungstags sowie die jeweilige Stückzahl;
8. die Firma, die Rechtsform, die Anschrift und der Legal Entity Identifier der jeweils in die Verwahrkette nacheinander eingebundenen inländischen oder ausländischen Zwischenverwahrstellen der Wertpapiere sowie der Depotbank, die die Wertpapiere für den Gläubiger der Kapitalerträge unmittelbar verwahrt, unter Angabe der jeweiligen Depotnummern der durch die Zwischenverwahrstellen geführten Depots, in denen die Aktien verwahrt werden;
9. die Konto- oder Depotnummer des Gläubigers der Kapitalerträge; werden die Wertpapiere durch einen Treuhänder für den Gläubiger der Kapitalerträge verwahrt, sind die Konto- oder Depotnummer des Treuhänders sowie die Daten nach Nummer 1 auch für den Treuhänder anzugeben.

(3) [1]Soweit die Kapitalerträge im Sinne des Absatzes 2 auf Grund eines Hinterlegungsscheines bezogen wurden, beziehen sich die Angaben nach Absatz 2 auf den Hinterlegungsschein. [2]Die Bescheinigung nach § 45a Absatz 2 ist in diesem Fall je Wertpapiergattung und Zahlungstag um folgende Angaben zu ergänzen:

1. die Bezeichnung und die Internationale Wertpapierkennnummer der hinterlegten Wertpapiere;
2. das in den Emissionsbedingungen des Hinterlegungsscheines festgelegte Verhältnis der Hinterlegungsscheine zu den durch die inländische Hinterlegungsstelle verwahrten inländischen Wertpapieren;
3. die Gesamtzahl ausgegebener Hinterlegungsscheine sowie die Gesamtzahl der hinterlegten Wertpapiere, jeweils zum Zeitpunkt des Gewinnverteilungsbeschlusses;
4. die Anzahl der Hinterlegungsscheine des Gläubigers der Kapitalerträge zum Zeitpunkt des Gewinnverteilungsbeschlusses.

[3]Einem Kredit- oder Finanzdienstleistungsinstitut darf eine Bescheinigung nach § 45a Absatz 2 Satz 1 erster Halbsatz nur erteilt werden, soweit es dem

Aussteller schriftlich versichert, dass die Wertpapiere nicht als Deckungsbestand für ausgegebene Hinterlegungsscheine dienen. [4] Für Kapitalerträge, die auf einem Hinterlegungsschein beruhen, darf dem Inhaber des Hinterlegungsscheines eine Bescheinigung nur erteilt werden, wenn der Emittent des Hinterlegungsscheines dem Aussteller schriftlich versichert, dass die Gesamtzahl ausgegebener Hinterlegungsscheine im gesamten Zeitraum zwischen dem Gewinnverteilungsbeschluss für die bei der inländischen Hinterlegungsstelle hinterlegten Wertpapiere und der Gutschrift der Erträge bei den Inhabern der Hinterlegungsscheine dem Verhältnis nach Satz 2 Nummer 2 entsprochen hat.

(4) [1] Der Aussteller der Bescheinigung hat die nach Absatz 2 und 3 Satz 2 zu ergänzenden Angaben an das Bundeszentralamt für Steuern nach Maßgabe des § 93c Absatz 1 Nummer 1 und 2 der Abgabenordnung elektronisch zu übermitteln; dabei ist die nach Absatz 1 vergebene Ordnungsnummer anzugeben. [2] Die Datenübermittlung nach Satz 1 hat abweichend von § 93c Absatz 1 Nummer 1 der Abgabenordnung bis spätestens zum 31. Juli des auf den Zufluss des Kapitalertrages folgenden Kalenderjahres zu erfolgen. [3] Sind die Kapitalerträge nach Maßgabe des § 43a Absatz 3 Satz 2 mit negativen Kapitalerträgen auszugleichen, so sind neben den Angaben nach Satz 1 der Betrag der auf der nach amtlichem Muster erteilten Bescheinigung für den Gläubiger der Kapitalerträge ausgewiesenen Kapitalertragsteuer und der Betrag der ausgewiesenen Zuschlagsteuer zu übermitteln. [4] Die nach Maßgabe des § 93c Absatz 1 Nummer 3 der Abgabenordnung dem Steuerpflichtigen zu erteilende Information kann auf der Bescheinigung angegeben werden.

(5) [1] In den Fällen des § 45a Absatz 2a hat die die Kapitalerträge auszahlende Stelle auf Verlangen des Gläubigers der Kapitalerträge dem Bundeszentralamt für Steuern nach Maßgabe des § 93c Absatz 1 Nummer 1 und 2 der Abgabenordnung für jeden Zufluss unverzüglich elektronisch die in den Absätzen 2 und 3 Satz 2 genannten Angaben zu übermitteln; dabei sind die nach Absatz 1 vergebene Ordnungsnummer, das durch den Ansässigkeitsstaat vergebene Steueridentifikationsmerkmal des Gläubigers der Kapitalerträge sowie, sofern der Gläubiger der Kapitalerträge keine natürliche Person ist und eine Wirtschafts-Identifikationsnummer nach § 139c Absatz 1 der Abgabenordnung noch nicht vergeben wurde, die Rechtsform und das Datum des Gründungsaktes der Körperschaft, Personenvereinigung oder Vermögensmasse anzugeben. [2] Absatz 3 Satz 3 und 4 gilt entsprechend.

(6) [1] Wurde für Kapitalerträge im Sinne des § 43 Absatz 1 Satz 1 Nummer 1a oder Nummer 2 Satz 4 keine Bescheinigung nach § 45a Absatz 2 erteilt oder wurden keine Angaben gemäß § 45a Absatz 2a übermittelt, hat die die Kapitalerträge auszahlende Stelle dem Bundeszentralamt für Steuern elektronisch nach Maßgabe des § 93c Absatz 1 Nummer 1 und 2 der Abgabenordnung folgende Angaben zu den Zuflüssen des vorangegangenen Kalenderjahres zu übermitteln:

1. die Identifikationsnummer nach § 139b Absatz 1 der Abgabenordnung des Depotinhabers; handelt es sich bei dem Depotinhaber nicht um eine natürliche Person, so sind dessen Firma oder Name, Anschrift und Wirtschafts-Identifikationsnummer nach § 139c Absatz 1 der Abgabenordnung oder, wenn diese noch nicht vergeben wurde, dessen Steuernummer anzugeben;

bei im Ausland ansässigen Steuerpflichtigen ist zusätzlich das durch den Ansässigkeitsstaat vergebene Steueridentifikationsmerkmal anzugeben;

2. die Konto- oder Depotnummer;
3. den Bruttobetrag der je Wertpapiergattung und Zahlungstag erzielten Kapitalerträge unter Angabe der Bezeichnung und der Internationalen Wertpapierkennnummer des Wertpapiers sowie die Stückzahl der Wertpapiere und
4. den Betrag der je Wertpapiergattung und Zahlungstag einbehaltenen und abgeführten Kapitalertragsteuer und den Betrag der Zuschlagsteuern sowie den angewendeten Steuersatz.

[2] Wurde für Kapitalerträge im Sinne des § 43 Absatz 1 Satz 1 Nummer 1a oder Nummer 2 Satz 4 vom Steuerabzug ganz oder teilweise Abstand genommen, so hat die die Kapitalerträge auszahlende Stelle dem Bundeszentralamt für Steuern elektronisch nach Maßgabe des § 93c Absatz 1 Nummer 1 und 2 der Abgabenordnung neben den in den Absätzen 2, 3 Satz 2 und Absatz 5 Satz 1 genannten Angaben folgende Angaben zu den Zuflüssen des vorangegangenen Kalenderjahres zu übermitteln:

1. die Ordnungsnummer, die bei Erteilung einer Bescheinigung nach § 45a Absatz 2 oder Übermittlung von Angaben gemäß § 45a Absatz 2a vergeben wurde, und
2. die Rechtsgrundlage für den reduzierten oder unterlassenen Steuerabzug.

[3] Die Datenübermittlung nach den Sätzen 1 und 2 hat abweichend von § 93c Absatz 1 Nummer 1 der Abgabenordnung bis spätestens zum 31. Juli des auf den Zufluss des Kapitalertrages folgenden Kalenderjahres zu erfolgen.

(7) [1] Die inländischen und ausländischen Zwischenverwahrstellen sowie die Depotbank und der Treuhänder, die die Wertpapiere für den Gläubiger der Kapitalerträge unmittelbar verwahren, sind für die Zwecke der Absätze 2 bis 5 verpflichtet, ihrer jeweiligen Verwahrstelle die Angaben nach Absatz 2 Nummer 1, 2, 5 bis 9 und Absatz 3 Satz 2 vollständig und richtig mitzuteilen. [2] Das Kredit- oder Finanzdienstleistungsinstitut und der Emittent der Hinterlegungsscheine haben die nach § 45b Absatz 3 Satz 3 oder Satz 4 gegenüber dem Aussteller der Steuerbescheinigung zu erteilende schriftliche Versicherung vollständig und richtig abzugeben. [3] Die Bescheinigung nach § 45a Absatz 2 darf erst erteilt und die Angaben gemäß § 45a Absatz 2a dürfen erst übermittelt werden, wenn der die Kapitalerträge auszahlenden Stelle die Angaben nach den Absätzen 2 und 3 vollständig vorliegen.

(8) In den Fällen der Absätze 4 bis 6 gilt Folgendes:

1. § 93c Absatz 3 der Abgabenordnung ist mit der Maßgabe anzuwenden, dass der übermittelte Datensatz unabhängig davon zu korrigieren oder zu stornieren ist, wann die die Kapitalerträge auszahlende Stelle die Feststellung im Sinne des § 93c Absatz 3 Satz 1 Nummer 1 oder Nummer 2 der Abgabenordnung trifft; die die Kapitalerträge auszahlende Stelle ist unabhängig von der in § 93c Absatz 3 der Abgabenordnung genannten Frist verpflichtet, einen Datensatz zu übermitteln, wenn sie nachträglich erkennt, dass sie zur Übermittlung eines Datensatzes verpflichtet war und der Datensatz nicht übermittelt wurde;

2. § 171 Absatz 10a der Abgabenordnung ist mit der Maßgabe anzuwenden, dass die Festsetzungsfrist unabhängig vom Zeitpunkt des Zugangs der Daten bei dem Bundeszentralamt für Steuern nicht vor Ablauf von zwei Jahren nach Zugang der Daten endet.

(9) Inländische börsennotierte Gesellschaften haben gemäß § 67d des Aktiengesetzes Informationen über die Identität ihrer Aktionäre zum Zeitpunkt ihres Gewinnverteilungsbeschlusses zu verlangen und die ihnen übermittelten Informationen elektronisch nach Maßgabe des § 93c der Abgabenordnung unverzüglich elektronisch an das Bundeszentralamt für Steuern zu übermitteln.

(10) [1]Das Bundeszentralamt für Steuern speichert die nach den Absätzen 4 bis 6 und 9 übermittelten Daten zur Ermittlung der auf die Kapitalerträge einbehaltenen und abgeführten Kapitalertragsteuer und analysiert diese im Hinblick auf missbräuchliche Steuergestaltungsmodelle, die die Erlangung eines Steuervorteils aus der Erhebung oder Entlastung von Kapitalertragsteuer mit erheblicher Bedeutung zum Gegenstand haben. [2]Es darf dazu auch ihm nach Maßgabe dieser Absätze übermittelte personenbezogene Daten verarbeiten, soweit dies zur Erfüllung der Aufgabe nach Satz 1 erforderlich ist.

[ab 1.1.2025:]

§ 45c[1)] Zusammengefasste Mitteilung zur Bescheinigung und Abführung der Kapitalertragsteuer. (1) [1]Die die Kapitalerträge auszahlende Stelle hat dem Bundeszentralamt für Steuern bis zum 31. Juli des auf den Zufluss der Kapitalerträge folgenden Kalenderjahres folgende Daten zu übermitteln:

1. die Summe der in einem Kalenderjahr je Wertpapiergattung und Zahlungstag durch die die Kapitalerträge auszahlende Stelle berücksichtigten Bruttoerträge im Sinne des § 43 Absatz 1 Satz 1 Nummer 1a und 2 Satz 4;
2. den Betrag der auf diese Kapitalerträge einbehaltenen und abgeführten Kapitalertragsteuer und den Betrag der einbehaltenen und abgeführten Zuschlagsteuern;
3. die für diese Kapitalerträge nach § 45a Absatz 2 bescheinigte oder gemäß § 45a Absatz 2a angegebene Kapitalertragsteuer und Zuschlagsteuern; sind die Kapitalerträge nach Maßgabe des § 43a Absatz 3 Satz 2 mit negativen Kapitalerträgen auszugleichen, sind der Betrag der einbehaltenen und auf die Kapitalerträge entfallenden Kapitalertragsteuer vor Durchführung des Verlustausgleiches und vor Berücksichtigung des Sparer-Pauschbetrages sowie der Betrag der darauf entfallenden Zuschlagsteuern zu übermitteln;
4. die diesen Kapitalerträgen zugrunde liegende Stückzahl der Wertpapiere und
5. die Bezeichnung und die Internationale Wertpapierkennnummer der Wertpapiergattung.

[2]Satz 1 gilt entsprechend für die Summe der gutgeschriebenen Kapitalerträge, bei denen ein Steuerabzug nicht oder nicht in voller Höhe vorgenommen

---

1) § 45c eingef. durch G v. 2.6.2021 (BGBl. I S. 1259); zur Anwendung siehe § 52 Abs. 44c.

wurde. [3]Die Rechtsgrundlage für die Abstandnahme vom Steuerabzug und die darauf entfallenden Beträge sind anzugeben.

(2) [1]Die inländische Wertpapiersammelbank hat dem Bundeszentralamt für Steuern bis zum 31. Juli des auf den Zufluss der Kapitalerträge folgenden Kalenderjahres folgende Daten je Wertpapiergattung und Kundendepot unter Angabe der Internationalen Wertpapierkennnummer und der Stückzahl der Wertpapiere zu übermitteln:

1. die in § 45b Absatz 2 Nummer 1 genannten Angaben zum Depotinhaber; verfügt der Depotinhaber nicht über eine inländische Steuernummer, so ist die durch seinen Ansässigkeitsstaat vergebene Steueridentifikationsnummer anzugeben;
2. die Konto- oder Depotnummer;
3. die Summe der in einem Kalenderjahr am Zahlungstag gutgeschriebenen Kapitalerträge im Sinne des § 43 Absatz 1 Satz 1 Nummer 1a und 2 Satz 4, die auf Grund eines gebuchten Bestandes am Dividendenstichtag gutgeschrieben wurden;
4. die Summe der in einem Kalenderjahr gutgeschriebenen Kompensationszahlungen;
5. die Summe der in einem Kalenderjahr belasteten Kompensationszahlungen;
6. den Saldo aus der Summe der gutgeschriebenen Kapitalerträge zuzüglich der Summe der gutgeschriebenen Kompensationszahlungen und der Summe der belasteten Kompensationszahlungen;
7. den Betrag der einbehaltenen und abgeführten Kapitalertragsteuer und den Betrag der einbehaltenen und abgeführten Zuschlagsteuern auf die Beträge nach den Nummern 3 und 4;
8. die Stückzahl der Wertpapiere, für die die Wertpapiersammelbank keine Dividendenregulierung vorgenommen hat.

[2]Die Pflicht zur Datenübermittlung nach Satz 1 mit Ausnahme der Angabe nach Satz 1 Nummer 8 gilt entsprechend für die die Kapitalerträge auszahlenden Stellen nach § 44 Absatz 1 Satz 4 Nummer 3. [3]Dem Bundeszentralamt für Steuern sind bis zum 31. Juli des auf die Abführung des Steuerbetrages folgenden Kalenderjahres der Betrag der nach § 44 Absatz 1a abgeführten Kapitalertragsteuer sowie die nach § 45a Absatz 2 Satz 1 Nummer 3 bescheinigten Angaben zu übermitteln.

(3) [1]§ 93c der Abgabenordnung ist mit Ausnahme von dessen Absatz 1 Nummer 2 Buchstabe c und d und Nummer 3 entsprechend anzuwenden. [2]§ 45b Absatz 8 gilt entsprechend.

(4) [1]Das Bundeszentralamt für Steuern speichert die ihm nach den Absätzen 1 und 2 übermittelten Daten zur Ermittlung der auf diese Kapitalerträge einbehaltenen und bescheinigten Kapitalertragsteuer und analysiert diese im Hinblick auf missbräuchliche Steuergestaltungsmodelle, die die Erlangung eines Steuervorteils aus der Erhebung oder Entlastung von Kapitalertragsteuer mit erheblicher Bedeutung zum Gegenstand haben. [2]Es darf dazu ihm nach Maßgabe der Absätze 1 und 2 übermittelte personenbezogene Daten verarbeiten, soweit dies zur Erfüllung der Aufgabe nach Satz 1 erforderlich ist.

§ 45d Mitteilungen an das Bundeszentralamt für Steuern. (1)[1] [1]Wer nach § 44 Absatz 1 dieses Gesetzes und nach § 7 des Investmentsteuergesetzes[2] zum Steuerabzug verpflichtet ist, hat dem Bundeszentralamt für Steuern nach Maßgabe des § 93c der Abgabenordnung neben den in § 93c Absatz 1 der Abgabenordnung genannten Angaben folgende Daten zu übermitteln:

1. bei den Kapitalerträgen, für die ein Freistellungsauftrag erteilt worden ist,
   a) die Kapitalerträge, bei denen vom Steuerabzug Abstand genommen worden ist oder bei denen Kapitalertragsteuer auf Grund des Freistellungsauftrags gemäß § 44b Absatz 6 Satz 4 dieses Gesetzes oder gemäß § 7 Absatz 5 Satz 1 des Investmentsteuergesetzes erstattet wurde,
   b) die Kapitalerträge, bei denen die Erstattung von Kapitalertragsteuer beim Bundeszentralamt für Steuern beantragt worden ist,
2. die Kapitalerträge, bei denen auf Grund einer Nichtveranlagungs-Bescheinigung einer natürlichen Person nach § 44a Absatz 2 Satz 1 Nummer 2 vom Steuerabzug Abstand genommen oder eine Erstattung vorgenommen wurde.

[2]Bei einem gemeinsamen Freistellungsauftrag sind die Daten beider Ehegatten zu übermitteln. [3]§ 72a Absatz 4, § 93c Absatz 1 Nummer 3 und § 203a der Abgabenordnung finden keine Anwendung.

(2)[3] [1]Das Bundeszentralamt für Steuern darf den Sozialleistungsträgern die Daten nach Absatz 1 mitteilen, soweit dies zur Überprüfung des bei der Sozialleistung zu berücksichtigenden Einkommens oder Vermögens erforderlich ist oder die betroffene Person zustimmt. [2]Für Zwecke des Satzes 1 ist das Bundeszentralamt für Steuern berechtigt, die ihm von den Sozialleistungsträgern übermittelten Daten mit den vorhandenen Daten nach Absatz 1 im Wege des automatisierten Datenabgleichs zu überprüfen und das Ergebnis den Sozialleistungsträgern mitzuteilen.

(3)[4] [1]Ein inländischer Versicherungsvermittler im Sinne des § 59 Absatz 1 des Versicherungsvertragsgesetzes hat das Zustandekommen eines Vertrages im Sinne des § 20 Absatz 1 Nummer 6 zwischen einer im Inland ansässigen Person und einem Versicherungsunternehmen mit Sitz und Geschäftsleitung im Ausland nach Maßgabe des § 93c der Abgabenordnung dem Bundeszentralamt für Steuern mitzuteilen. [2]Dies gilt nicht, wenn das Versicherungsunternehmen eine Niederlassung im Inland hat oder das Versicherungsunternehmen dem Bundeszentralamt für Steuern bis zu diesem Zeitpunkt das Zustandekommen eines Vertrages angezeigt und den Versiche-

---

[1] § 45d Abs. 1 neu gef. durch G v. 18.7.2016 (BGBl. I S. 1679); zur Anwendung siehe § 52 Abs. 45 Satz 2.

[2] Nr. **120.**

[3] § 45d Abs. 2 Satz 1 geänd. mWv VZ 2019 durch G v. 20.11.2019 (BGBl. I S. 1626).

[4] § 45d Abs. 3 neu gef. durch G v. 18.7.2016 (BGBl. I S. 1679); zur Anwendung siehe § 52 Abs. 45 Satz 3.

rungsvermittler hierüber in Kenntnis gesetzt hat. [3]Neben den in § 93c Absatz 1 der Abgabenordnung genannten Daten sind folgende Daten zu übermitteln:

1. Name und Anschrift des Versicherungsunternehmens sowie Vertragsnummer oder sonstige Kennzeichnung des Vertrages,

(Fortsetzung nächste Seite)

3. Einkünfte aus selbständiger Arbeit (§ 18), die im Inland ausgeübt oder verwertet wird oder worden ist, oder für die im Inland eine feste Einrichtung oder eine Betriebsstätte unterhalten wird;

4. Einkünfte aus nichtselbständiger Arbeit (§ 19), die
   a) im Inland ausgeübt oder verwertet wird oder worden ist,
   b)[1] aus inländischen öffentlichen Kassen einschließlich der Kassen des Bundeseisenbahnvermögens und der Deutschen Bundesbank mit Rücksicht auf ein gegenwärtiges oder früheres Dienstverhältnis gewährt werden, ohne dass ein Zahlungsanspruch gegenüber der inländischen öffentlichen Kasse bestehen muss [*ab 1.1.2020:* ; dies gilt nicht, wenn das Dienstverhältnis im Tätigkeitsstaat oder einem anderen ausländischen Staat begründet wurde, der Arbeitnehmer keinen inländischen Wohnsitz oder gewöhnlichen Aufenthalt auf Grund des Dienstverhältnisses oder eines vorangegangenen vergleichbaren Dienstverhältnisses aufgegeben hat und mit dem Tätigkeitsstaat kein Abkommen zur Vermeidung der Doppelbesteuerung besteht,]
   c) als Vergütung für eine Tätigkeit als Geschäftsführer, Prokurist oder Vorstandsmitglied einer Gesellschaft mit Geschäftsleitung im Inland bezogen werden,
   d) als Entschädigung im Sinne des § 24 Nummer 1 für die Auflösung eines Dienstverhältnisses gezahlt werden, soweit die für die zuvor ausgeübte Tätigkeit bezogenen Einkünfte der inländischen Besteuerung unterlegen haben,
   e) an Bord eines im internationalen Luftverkehr eingesetzten Luftfahrzeugs ausgeübt wird, das von einem Unternehmen mit Geschäftsleitung im Inland betrieben wird;

5.[2] Einkünfte aus Kapitalvermögen im Sinne des

[Fassung bis 31.12.2019:]

a) § 20 Absatz 1 Nummer 1, 2, 4, 6 und 9, wenn der Schuldner Wohnsitz, Geschäftsleitung oder Sitz im Inland hat oder wenn es sich um Fälle des § 44 Absatz 1 Satz 4 Nummer 1 Buchstabe a Doppelbuchstabe bb handelt; dies gilt auch für Erträge aus Wandelanleihen und Gewinnobligationen,

[Fassung ab 1.1.2020:]

a) § 20 Absatz 1 Nummer 1, 2, 4, 6 und 9, wenn
   aa) der Schuldner Wohnsitz, Geschäftsleitung oder Sitz im Inland hat,
   bb) in den Fällen des § 20 Absatz 1 Nummer 1 Satz 4 der Emittent der Aktien Geschäftsleitung oder Sitz im Inland hat oder
   cc) es sich um Fälle des § 44 Absatz 1 Satz 4 Nummer 1

---

[1] § 49 Abs. 1 Nr. 4 Buchst. b HS 2 angef. mWv VZ 2020 durch G v. 12.12.2019 (BGBl. I S. 2451).

[2] § 49 Abs. 1 Nr. 5 Satz 1 Buchst. a geänd., Buchst. b aufgeh. durch G v. 19.7.2016 (BGBl. I S. 1730); zur Anwendung siehe § 52 Abs. 45a Satz 3; Nr. 5 Satz 1 Buchst. a neu gef., Buchst. c Doppelbuchst. aa) Satz 2 geänd. mWv VZ 2020 durch G v. 12.12.2019 (BGBl. I S. 2451).

[Fassung ab 1.1.2020:]

Buchstabe a Doppelbuchstabe bb handelt;

dies gilt auch für Erträge aus Wandelanleihen und Gewinnobligationen,

b) *(aufgehoben)*

c) § 20 Absatz 1 Nummer 5 und 7, wenn

aa) das Kapitalvermögen durch inländischen Grundbesitz, durch inländische Rechte, die den Vorschriften des bürgerlichen Rechts über Grundstücke unterliegen, oder durch Schiffe, die in ein inländisches Schiffsregister eingetragen sind, unmittelbar oder mittelbar gesichert ist. [2] Ausgenommen sind Zinsen aus Anleihen und Forderungen, die in ein öffentliches Schuldbuch eingetragen oder über die Sammelurkunden im Sinne des § 9a des Depotgesetzes oder Teilschuldverschreibungen [***ab 1.1.2020:*** , soweit es sich nicht um Wandelanleihen oder Gewinnobligationen handelt,] ausgegeben sind, oder

bb) das Kapitalvermögen aus Genussrechten besteht, die nicht in § 20 Absatz 1 Nummer 1 genannt sind,

d)[1] § 43 Absatz 1 Satz 1 Nummer 7 Buchstabe a, Nummer 9 und 10 sowie Satz 2, wenn sie von einem Schuldner oder von einem inländischen Kreditinstitut oder einem inländischen Finanzdienstleistungsinstitut [***ab 26.6.2021:*** oder einem inländischen Wertpapierinstitut] im Sinne des § 43 Absatz 1 Satz 1 Nummer 7 Buchstabe b einem anderen als einem ausländischen Kreditinstitut oder einem ausländischen Finanzdienstleistungsinstitut [***ab 26.6.2021:*** oder einem ausländischen Wertpapierinstitut]

aa) gegen Aushändigung der Zinsscheine ausgezahlt oder gutgeschrieben werden und die Teilschuldverschreibungen nicht von dem Schuldner, dem inländischen Kreditinstitut, dem inländischen Finanzdienstleistungsinstitut [***ab 26.6.2021:*** oder dem inländischen Wertpapierinstitut] verwahrt werden oder

bb) gegen Übergabe der Wertpapiere ausgezahlt oder gutgeschrieben werden und diese vom Kreditinstitut weder verwahrt noch verwaltet werden.

[2] § 20 Absatz 3 gilt entsprechend;

6. Einkünfte aus Vermietung und Verpachtung (§ 21), soweit sie nicht zu den Einkünften im Sinne der Nummern 1 bis 5 gehören, wenn das unbewegliche Vermögen, die Sachinbegriffe oder Rechte im Inland belegen oder in ein inländisches öffentliches Buch oder Register eingetragen sind oder in einer inländischen Betriebsstätte oder in einer anderen Einrichtung verwertet werden;

---

[1] § 49 Abs. 1 Nr. 5 Buchst. d geänd. mWv 26.6.2021 durch G v. 12.5.2021 (BGBl. I S. 990).

7.[1] sonstige Einkünfte im Sinne des § 22 Nummer 1 Satz 3 Buchstabe a, die von den inländischen gesetzlichen Rentenversicherungsträgern, der inländischen landwirtschaftlichen Alterskasse, den inländischen berufsständischen Versorgungseinrichtungen, den inländischen Versicherungsunternehmen oder sonstigen inländischen Zahlstellen gewährt werden; dies gilt entsprechend für Leibrenten und andere Leistungen ausländischer Zahlstellen, wenn die Beiträge, die den Leistungen zugrunde liegen, nach § 10 Absatz 1 Nummer 2 ganz oder teilweise bei der Ermittlung der Sonderausgaben berücksichtigt wurden;

8. sonstige Einkünfte im Sinne des § 22 Nummer 2, soweit es sich um private Veräußerungsgeschäfte handelt, mit
   a) inländischen Grundstücken oder
   b) inländischen Rechten, die den Vorschriften des bürgerlichen Rechts über Grundstücke unterliegen;

8a. sonstige Einkünfte im Sinne des § 22 Nummer 4;

9. sonstige Einkünfte im Sinne des § 22 Nummer 3, auch wenn sie bei Anwendung dieser Vorschrift einer anderen Einkunftsart zuzurechnen wären, soweit es sich um Einkünfte aus inländischen unterhaltenden Darbietungen, aus der Nutzung beweglicher Sachen im Inland oder aus der Überlassung der Nutzung oder des Rechts auf Nutzung von gewerblichen, technischen, wissenschaftlichen und ähnlichen Erfahrungen, Kenntnissen und Fertigkeiten, zum Beispiel Plänen, Mustern und Verfahren, handelt, die im Inland genutzt werden oder worden sind; dies gilt nicht, soweit es sich um steuerpflichtige Einkünfte im Sinne der Nummern 1 bis 8 handelt;

10.[2] sonstige Einkünfte im Sinne des § 22 Nummer 5; dies gilt auch für Leistungen ausländischer Zahlstellen, soweit die Leistungen bei einem unbeschränkt Steuerpflichtigen zu Einkünften nach § 22 Nummer 5 Satz 1 führen würden oder wenn die Beiträge, die den Leistungen zugrunde liegen, nach § 10 Absatz 1 Nummer 2 ganz oder teilweise bei der Ermittlung der Sonderausgaben berücksichtigt wurden.

[ab 1.1.2022:

11.[3] Einkünfte aus der Beteiligung an einer Personengesellschaft oder Gemeinschaft, die ihren Sitz oder ihre Geschäftsleitung im Inland hat oder in ein inländisches Register eingetragen ist, soweit diese Einkünfte
   a) in dem Staat, in dem der Beteiligte seinen Wohnsitz oder gewöhnlichen Aufenthalt hat, aufgrund einer vom deutschen Recht abweichenden steuerlichen Behandlung der Personengesellschaft oder Gemeinschaft keiner Besteuerung unterliegen,
   b) nicht bereits als Einkünfte im Sinne der Nummern 1 bis 10 einer Besteuerung unterliegen und
   c) in keinem anderen Staat einer Besteuerung unterliegen

---

[1] § 49 Abs. 1 Nr. 7 2. HS angef. mWv VZ 2010 durch G v. 8.4.2010 (BGBl. I S. 386); 1. HS geänd. mWv VZ 2013 durch G v. 12.4.2012 (BGBl. I S. 579).

[2] § 49 Abs. 1 Nr. 10 neu gef. mWv VZ 2010 durch G v. 8.4.2010 (BGBl. I S. 386).

[3] § 49 Abs. 1 Nr. 11 angef. durch G v. 25.6.2021 (BGBl. I S. 2035); zur Anwendung siehe § 52 Abs. 45a Satz 1.

[2]Satz 1 gilt nur, wenn dem Beteiligten allein oder zusammen mit ihm nahestehenden Personen im Sinne des § 1 Absatz 2 des Außensteuergesetzes, die keiner unbeschränkten Steuerpflicht im Inland nach § 1 Absatz 1 oder nach § 1 des Körperschaftsteuergesetzes unterliegen, mehr als die Hälfte der Stimmrechte oder mehr als die Hälfte der Anteile am Kapital unmittelbar oder mittelbar zuzurechnen sind oder unmittelbar oder mittelbar ein Anspruch auf mehr als die Hälfte des Gewinns oder des Liquidationserlöses der Personengesellschaft oder Gemeinschaft zusteht; eine Beteiligung in diesem Sinne setzt nicht die Stellung als Gesellschafter oder Gemeinschafter voraus. [3]Die Sätze 1 und 2 gelten nicht, wenn es sich bei der Personengesellschaft oder Gemeinschaft um einen Altersvorsorgevermögensfonds im Sinne des § 53 des Investmentsteuergesetzes handelt oder die Einkünfte auch bei einer nicht vom deutschen Recht abweichenden Behandlung der Personengesellschaft oder Gemeinschaft im ausländischen Staat keiner Besteuerung unterliegen würden. [4]Die Besteuerung nach den vorstehenden Sätzen erfolgt ungeachtet der Bestimmungen eines Abkommens zur Vermeidung der Doppelbesteuerung.]

(2) Im Ausland gegebene Besteuerungsmerkmale bleiben außer Betracht, soweit bei ihrer Berücksichtigung inländische Einkünfte im Sinne des Absatzes 1 nicht angenommen werden könnten.

(3) [1]Bei Schifffahrt- und Luftfahrtunternehmen sind die Einkünfte im Sinne des Absatzes 1 Nummer 2 Buchstabe b mit 5 Prozent der für diese Beförderungsleistungen vereinbarten Entgelte anzusetzen. [2]Das gilt auch, wenn solche Einkünfte durch eine inländische Betriebsstätte oder einen inländischen ständigen Vertreter erzielt werden (Absatz 1 Nummer 2 Buchstabe a). [3]Das gilt nicht in den Fällen des Absatzes 1 Nummer 2 Buchstabe c oder soweit das deutsche Besteuerungsrecht nach einem Abkommen zur Vermeidung der Doppelbesteuerung ohne Begrenzung des Steuersatzes aufrechterhalten bleibt.

(4) [1]Abweichend von Absatz 1 Nummer 2 sind Einkünfte steuerfrei, die ein beschränkt Steuerpflichtiger mit Wohnsitz oder gewöhnlichem Aufenthalt in einem ausländischen Staat durch den Betrieb eigener oder gecharterter Schiffe oder Luftfahrzeuge aus einem Unternehmen bezieht, dessen Geschäftsleitung sich in dem ausländischen Staat befindet. [2]Voraussetzung für die Steuerbefreiung ist, dass dieser ausländische Staat Steuerpflichtigen mit Wohnsitz oder gewöhnlichem Aufenthalt im Geltungsbereich dieses Gesetzes eine entsprechende Steuerbefreiung für derartige Einkünfte gewährt und dass das Bundesministerium für Verkehr und digitale Infrastruktur[1)] die Steuerbefreiung nach Satz 1 für verkehrspolitisch unbedenklich erklärt hat.

§ 50 Sondervorschriften für beschränkt Steuerpflichtige. (1)[2)] [1]Beschränkt Steuerpflichtige dürfen Betriebsausgaben (§ 4 Absatz 4 bis 8) oder

---

1) Bezeichnung geänd. durch VO v. 31.8.2015 (BGBl. I S. 1474).

2) § 50 Abs. 1 Satz 2 geänd., Satz 4 ergänzt mWv VZ 2011 durch G v. 7.12.2011 (BGBl. I S. 2592); Sätze 3 und 4 geänd. mWv VZ 2012 durch G v. 1.11.2011 (BGBl. I S. 2131); Satz 3 geänd. mWv 1.1.2017 (§ 52 Abs. 46 Satz 1) durch G v. 20.12.2016 (BGBl. I S. 3000); Satz 3 Verweis geänd. mWv 1.1.2020 durch G v. 21.12.2019 (BGBl. I S. 2886); Satz 3 eingef., bish. Sätze 3 bis 5 werden Sätze 4 bis 6 durch G v. 21.12.2020 (BGBl. I S. 3096), zur Anwendung siehe § 52 Abs. 46 Satz 1; Satz 2 geänd. durch G v. 2.6.2021 (BGBl. I S. 1259); zur Anwendung siehe § 52 Abs. 46 Satz 5.

Werbungskosten (§ 9) nur insoweit abziehen, als sie mit inländischen Einkünften in wirtschaftlichem Zusammenhang stehen. 2 § 32a Absatz 1 ist mit der Maßgabe anzuwenden, dass das zu versteuernde Einkommen um den Grundfreibetrag des § 32a Absatz 1 Satz 2 Nummer 1 erhöht wird; dies gilt bei Einkünften nach § 49 Absatz 1 Nummer 4 nur in Höhe des diese Einkünfte abzüglich der nach Satz 5 abzuziehenden Aufwendungen übersteigenden Teils des Grundfreibetrags. 3 Wenn für das um den Grundfreibetrag erhöhte zu versteuernde Einkommen ein besonderer Steuersatz nach § 32b Absatz 2 oder nach § 2 Absatz 5 des Außensteuergesetzes gilt, ist dieser auf das zu versteuernde Einkommen anzuwenden. 4 § 10 Absatz 1, 1a Nummer 1, 3 und 4, Absatz 2 bis 6, die §§ 10a, 10c, 16 Absatz 4, die §§ 24b, 32, 32a Absatz 6, die §§ 33, 33a, 33b *und 35a* [***ab 1.1.2020:*** , 35a und 35c] sind nicht anzuwenden. 5 Hiervon abweichend sind bei Arbeitnehmern, die Einkünfte aus nichtselbständiger Arbeit im Sinne des § 49 Absatz 1 Nummer 4 beziehen, § 10 Absatz 1 Nummer 2 Buchstabe a, Nummer 3 und Absatz 3[1] sowie § 10c anzuwenden, soweit die Aufwendungen auf die Zeit entfallen, in der Einkünfte im Sinne des § 49 Absatz 1 Nummer 4 erzielt wurden und die Einkünfte nach § 49 Absatz 1 Nummer 4 nicht übersteigen. 6 Die Jahres- und Monatsbeträge der Pauschalen nach § 9a Satz 1 Nummer 1 und § 10c ermäßigen sich zeitanteilig, wenn Einkünfte im Sinne des § 49 Absatz 1 Nummer 4 nicht während eines vollen Kalenderjahres oder Kalendermonats zugeflossen sind.

[***ab 1.1.2021:***

(1a)[2] 1 Abweichend von Absatz 1 Satz 4 ist § 10 Absatz 1 Nummer 2 Buchstabe a sowie Absatz 2 und 3 auf Beiträge an berufsständische Versorgungseinrichtungen anzuwenden, wenn eine gesetzliche Pflichtmitgliedschaft in der Versorgungseinrichtung besteht, die auf einer für die inländische Berufsausübung erforderlichen Zulassung beruht. 2 Dies gilt nur für Staatsangehörige

1. eines Mitgliedstaates der Europäischen Union oder eines Staates, auf den das Abkommen über den Europäischen Wirtschaftsraum Anwendung findet, und die im Hoheitsgebiet eines dieser Staaten oder der Schweiz ihren Wohnsitz oder gewöhnlichen Aufenthalt haben, sowie
2. der Schweizerischen Eidgenossenschaft, die ihren Wohnsitz oder gewöhnlichen Aufenthalt im Hoheitsgebiet eines Mitgliedstaates der Europäischen Union oder der Schweiz haben.

3 Die Beiträge können nur als Sonderausgaben abgezogen werden, soweit sie in unmittelbarem wirtschaftlichem Zusammenhang mit inländischen Einkünften nach § 49 Absatz 1 Nummer 2 oder 3 stehen, die aus der durch die Zulassung ermöglichten Berufsausübung erzielt werden. 4 Der Abzug der Beiträge erfolgt entsprechend dem Anteil der inländischen Einkünfte im Sinne des Satzes 3 an dem Gesamtbetrag der positiven in- und ausländischen Einkünfte aus der durch die Zulassung ermöglichten Berufsausübung. 5 Der Abzug der Beiträge ist ausgeschlossen, soweit sie im Rahmen der Einkommensbesteuerung des

---

[1] Verweis geänd. durch G v. 8.12.2010 (BGBl. I S. 1768).

[2] § 50 Abs. 1a eingef. durch G v. 21.12.2020 (BGBl. I S. 3096); zur Anwendung siehe § 52 Abs. 46 Satz 2.

Steuerpflichtigen in einem Staat, in dem er seinen Wohnsitz oder gewöhnlichen Aufenthalt hat, abgezogen worden sind oder sie die Einkünfte nach Satz 3 übersteigen.]

(2)[1)] [1]Die Einkommensteuer für Einkünfte, die dem Steuerabzug vom Arbeitslohn oder vom Kapitalertrag oder dem Steuerabzug auf Grund des § 50a unterliegen, gilt bei beschränkt Steuerpflichtigen durch den Steuerabzug als abgegolten. [2]Satz 1 gilt nicht

1. für Einkünfte eines inländischen Betriebs;
2. wenn nachträglich festgestellt wird, dass die Voraussetzungen der unbeschränkten Einkommensteuerpflicht im Sinne des § 1 Absatz 2 oder Absatz 3 oder des § 1a nicht vorgelegen haben; § 39 Absatz 7 ist sinngemäß anzuwenden;
3. in Fällen des § 2 Absatz 7 Satz 3;
4. für Einkünfte aus nichtselbständiger Arbeit im Sinne des § 49 Absatz 1 Nummer 4,
   a) wenn als Lohnsteuerabzugsmerkmal ein Freibetrag nach § 39a Absatz 4 gebildet worden ist *oder* [***ab 1.1.2020:*** und der im Kalenderjahr insgesamt erzielte Arbeitslohn *11 900* {***ab 1.1.2021:*** 12 250; ***ab 1.1.2022:*** 12 550}[2)] Euro übersteigt,]
   b) wenn die Veranlagung zur Einkommensteuer beantragt wird (§ 46 Absatz 2 Nummer 8) oder

[***ab 1.1.2020:***

   c) in den Fällen des § 46 Absatz 2 Nummer 2, 5 und 5a;]
5. für Einkünfte im Sinne des § 50a Absatz 1 Nummer 1, 2 und 4, wenn die Veranlagung zur Einkommensteuer beantragt wird;
6.[3)] für Einkünfte aus Kapitalvermögen im Sinne des § 49 Absatz 1 Nummer 5 Satz 1 Buchstabe a, auf die § 20 Absatz 1 Nummer 6 Satz 2 anzuwenden ist, wenn die Veranlagung zur Einkommensteuer beantragt wird.

[3]In den Fällen des Satzes 2 Nummer 4 erfolgt die Veranlagung durch das Betriebsstättenfinanzamt, das nach § 39 Absatz 2 Satz 2 oder Satz 4 für die Bildung und die Änderung der Lohnsteuerabzugsmerkmale zuständig ist. [4]Bei mehreren Betriebsstättenfinanzämtern ist das Betriebsstättenfinanzamt zuständig, in dessen Bezirk der Arbeitnehmer zuletzt beschäftigt war. [5]Bei Arbeitnehmern mit Steuerklasse VI ist das Betriebsstättenfinanzamt zuständig, in dessen Bezirk der Arbeitnehmer zuletzt unter Anwendung der Steuerklasse I beschäftigt war. [6]Hat der Arbeitgeber für den Arbeitnehmer keine elektronischen Lohnsteuerabzugsmerkmale (§ 39e Absatz 4 Satz 2) abgerufen und wurde

---

[1)] § 50 Abs. 2 Satz 2 Nr. 2 geänd., Nr. 4 Buchst. a neu gef., Sätze 3 und 6 geänd. mWv VZ 2012 durch G v. 7.12.2011 (BGBl. I S. 2592); Abs. 2 Satz 2 Nr. 6 angef. durch Art. 1 des G v. 12.12.2019 (BGBl. I S. 2451); zur Anwendung siehe § 52 Abs. 46 Satz 3; Abs. 2 Satz 2 Nr. 4 Buchst. a geänd., Buchst. c angef., Satz 6 geänd. mWv 1.1.2020 durch Art. 2 des G v. 12.12. 2019 (BGBl. I S. 2451); Abs. 2 Sätze 9 und 10 angef. mWv 1.1.2021 durch G v. 21.12.2020 (BGBl. I S. 3096).

[2)] Beträge geänd. mWv 1.1.2021/2022 durch G v. 1.12.2020 (BGBl. I S. 2616).

[3)] Siehe hierzu § 52 Abs. 46 Satz 3; red. Ber. durch G v. 21.12.2020 (BGBl. I S. 3096).

keine Bescheinigung für den Lohnsteuerabzug nach § 39 Absatz 3 oder § 39e Absatz 7 Satz 5 ausgestellt, ist das Betriebsstättenfinanzamt zuständig, in dessen Bezirk der Arbeitnehmer zuletzt beschäftigt war. 7 Satz 2 Nummer 4 Buchstabe b und Nummer 5 gilt nur für Staatsangehörige eines Mitgliedstaats der Europäischen Union oder eines anderen Staates, auf den das Abkommen über den Europäischen Wirtschaftsraum Anwendung findet, die im Hoheitsgebiet eines dieser Staaten ihren Wohnsitz oder gewöhnlichen Aufenthalt haben. 8 In den Fällen des Satzes 2 Nummer 5 erfolgt die Veranlagung durch das Bundeszentralamt für Steuern.[1] [***ab 1.1.2021:*** 9 In den Fällen des Satzes 2 Nummer 6 ist für die Besteuerung des Gläubigers nach dem Einkommen das Finanzamt zuständig, das auch für die Besteuerung des Schuldners nach dem Einkommen zuständig ist; bei mehreren Schuldnern ist das Finanzamt zuständig, das für den Schuldner, dessen Leistung dem Gläubiger im Veranlagungszeitraum zuerst zufloss, zuständig ist. 10 Werden im Rahmen einer Veranlagung Einkünfte aus nichtselbständiger Arbeit im Sinne des § 49 Absatz 1 Nummer 4 bei der Ermittlung des zu versteuernden Einkommens berücksichtigt, gilt § 46 Absatz 3 und 5 entsprechend.]

(3) § 34c Absatz 1 bis 3 ist bei Einkünften aus Land- und Forstwirtschaft, Gewerbebetrieb oder selbständiger Arbeit, für die im Inland ein Betrieb unterhalten wird, entsprechend anzuwenden, soweit darin nicht Einkünfte aus einem ausländischen Staat enthalten sind, mit denen der beschränkt Steuerpflichtige dort in einem der unbeschränkten Steuerpflicht ähnlichen Umfang zu einer Steuer vom Einkommen herangezogen wird.

(4) Die obersten Finanzbehörden der Länder oder die von ihnen beauftragten Finanzbehörden können mit Zustimmung des Bundesministeriums der Finanzen die Einkommensteuer bei beschränkt Steuerpflichtigen ganz oder zum Teil erlassen oder in einem Pauschbetrag festsetzen, wenn dies im besonderen öffentlichen Interesse liegt; ein besonderes öffentliches Interesse besteht *insbesondere*[2]

1.[3] an der inländischen Veranstaltung international bedeutsamer kultureller und sportlicher Ereignisse, um deren Ausrichtung ein internationaler Wettbewerb stattfindet, oder

2.[3] am inländischen Auftritt einer ausländischen Kulturvereinigung, wenn ihr Auftritt wesentlich aus öffentlichen Mitteln gefördert wird.

§ 50a Steuerabzug bei beschränkt Steuerpflichtigen. (1) Die Einkommensteuer wird bei beschränkt Steuerpflichtigen im Wege des Steuerabzugs erhoben

1. bei Einkünften, die durch im Inland ausgeübte künstlerische, sportliche, artistische, unterhaltende oder ähnliche Darbietungen erzielt werden, einschließlich der Einkünfte aus anderen mit diesen Leistungen zusammenhän-

---

[1] Zur erstmaligen Anwendung von Satz 8 siehe § 52 Abs. 46 Satz 2 iVm § 2 Abs. 1 der VO v. 24.6.2013 (BGBl. I S. 1679): 1.1.2014.

[2] Kursives Wort gestrichen mWv 1.1.2016 durch G v. 2.11.2015 (BGBl. I S. 1834); zur weiteren Anwendung siehe § 52 Abs. 46 Satz 4.

[3] § 50 Abs. 4 Nr. 1 und 2 geänd. mWv VZ 2010 durch G v. 8.12.2010 (BGBl. I S. 1768).

genden Leistungen, unabhängig davon, wem die Einkünfte zufließen (§ 49 Absatz 1 Nummer 2 bis 4 und 9), es sei denn, es handelt sich um Einkünfte aus nichtselbständiger Arbeit, die bereits dem Steuerabzug vom Arbeitslohn nach § 38 Absatz 1 Satz 1 Nummer 1 unterliegen,

2. bei Einkünften aus der inländischen Verwertung von Darbietungen im Sinne der Nummer 1 (§ 49 Absatz 1 Nummer 2 bis 4 und 6),

3.[1] bei Einkünften, die aus Vergütungen für die Überlassung der Nutzung oder des Rechts auf Nutzung von Rechten, insbesondere von Urheberrechten und gewerblichen Schutzrechten, von gewerblichen, technischen, wissenschaftlichen und ähnlichen Erfahrungen, Kenntnissen und Fertigkeiten, zum Beispiel Plänen, Mustern und Verfahren, herrühren, sowie bei Einkünften, die aus der Verschaffung der Gelegenheit erzielt werden, einen Berufssportler über einen begrenzten Zeitraum vertraglich zu verpflichten (§ 49 Absatz 1 Nummer 2, 3, 6 und 9),

4.[2] bei Einkünften, die Mitgliedern des Aufsichtsrats, Verwaltungsrats oder anderen mit der Überwachung der Geschäftsführung von Körperschaften, Personenvereinigungen und Vermögensmassen im Sinne des § 1 des Körperschaftsteuergesetzes beauftragten Personen sowie von anderen inländischen Personenvereinigungen des privaten und öffentlichen Rechts, bei denen die Gesellschafter nicht als Unternehmer (Mitunternehmer) anzusehen sind, für die Überwachung der Geschäftsführung gewährt werden (§ 49 Absatz 1 Nummer 3).

(2) [1]Der Steuerabzug beträgt 15 Prozent, in den Fällen des Absatzes 1 Nummer 4 beträgt er 30 Prozent der gesamten Einnahmen. [2]Vom Schuldner der Vergütung ersetzte oder übernommene Reisekosten gehören nur insoweit zu den Einnahmen, als die Fahrt- und Übernachtungsauslagen die tatsächlichen Kosten und die Vergütungen für Verpflegungsmehraufwand die Pauschbeträge nach § 4 Absatz 5 Satz 1 Nummer 5 übersteigen. [3]Bei Einkünften im Sinne des Absatzes 1 Nummer 1 wird ein Steuerabzug nicht erhoben, wenn die Einnahmen je Darbietung 250 Euro nicht übersteigen.

(3)[3] [1]Der Schuldner der Vergütung kann von den Einnahmen in den Fällen des Absatzes 1 Nummer 1, 2 und 4 mit ihnen in unmittelbarem wirtschaftlichem Zusammenhang stehende Betriebsausgaben oder Werbungskosten abziehen, die ihm ein beschränkt Steuerpflichtiger in einer für das Bundeszentralamt für Steuern nachprüfbaren Form nachgewiesen hat oder die vom Schuldner der Vergütung übernommen worden sind. [2]Das gilt nur, wenn der beschränkt Steuerpflichtige Staatsangehöriger eines Mitgliedstaats der Europäischen Union oder eines anderen Staates ist, auf den das Abkommen über den Europäischen Wirtschaftsraum Anwendung findet, und im Hoheitsgebiet eines dieser Staaten seinen Wohnsitz oder gewöhnlichen Aufenthalt hat. [3]Es gilt entsprechend bei einer beschränkt steuerpflichtigen Körperschaft, Personen-

[1] § 50a Abs. 1 Nr. 3 geänd. mWv VZ 2010 durch G v. 8.12.2010 (BGBl. I S. 1768).

[2] § 50a Abs. 1 Nr. 4 geänd. durch G v. 12.12.2019 (BGBl. I S. 2451).

[3] Zur erstmaligen Anwendung siehe § 52 Abs. 47 Satz 1 iVm § 2 Abs. 2 der VO vom 24.6.2013 (BGBl. I S. 1679): 1.1.2014.

vereinigung oder Vermögensmasse im Sinne des § 32 Absatz 4 des Körperschaftsteuergesetzes. [4]In diesen Fällen beträgt der Steuerabzug von den nach Abzug der Betriebsausgaben oder Werbungskosten verbleibenden Einnahmen (Nettoeinnahmen), wenn

1. Gläubiger der Vergütung eine natürliche Person ist, 30 Prozent,
2. Gläubiger der Vergütung eine Körperschaft, Personenvereinigung oder Vermögensmasse ist, 15 Prozent.

(4)[1)] [1]Hat der Gläubiger einer Vergütung seinerseits Steuern für Rechnung eines anderen beschränkt steuerpflichtigen Gläubigers einzubehalten (zweite Stufe), kann er vom Steuerabzug absehen, wenn seine Einnahmen bereits dem Steuerabzug nach Absatz 2 unterlegen haben. [2]Wenn der Schuldner der Vergütung auf zweiter Stufe Betriebsausgaben oder Werbungskosten nach Absatz 3 geltend macht, die Veranlagung nach § 50 Absatz 2 Satz 2 Nummer 5 beantragt oder die Erstattung der Abzugsteuer nach *§ 50d Absatz 1* [***neue Fassung:*** § 50c Absatz 3] oder einer anderen Vorschrift beantragt, hat er die sich nach Absatz 2 oder Absatz 3 ergebende Steuer zu diesem Zeitpunkt zu entrichten; Absatz 5 gilt entsprechend.

(5)[2)] [1]Die Steuer entsteht in dem Zeitpunkt, in dem die Vergütung dem Gläubiger zufließt. [2]In diesem Zeitpunkt hat der Schuldner der Vergütung den Steuerabzug für Rechnung des Gläubigers (Steuerschuldner) vorzunehmen. [3]Er hat die innerhalb eines Kalendervierteljahres einzubehaltende Steuer jeweils bis zum zehnten des dem Kalendervierteljahr folgenden Monats beim Bundeszentralamt für Steuern anzumelden und die einbehaltene Steuer an das Bundeszentralamt für Steuern abzuführen. [4]Eine Anmeldungsverpflichtung beim Bundeszentralamt für Steuern besteht auch, wenn ein Steuerabzug auf Grund des Absatzes 2 Satz 3 oder des Absatzes 4 Satz 1 nicht vorzunehmen ist oder auf Grund des § 50c Absatz 2 nicht oder nicht in voller Höhe vorzunehmen ist; Satz 3 gilt insoweit entsprechend. [5]Der Schuldner der Vergütung haftet für die Einbehaltung und Abführung der Steuer. [6]Der Steuerschuldner kann in Anspruch genommen werden, wenn der Schuldner der Vergütung den Steuerabzug nicht vorschriftsmäßig vorgenommen hat. [7]Der Schuldner der Vergütung ist verpflichtet, dem Gläubiger auf Verlangen die folgenden Angaben nach amtlich vorgeschriebenem Muster zu bescheinigen:

1. den Namen und die Anschrift des Gläubigers,
2. die Art der Tätigkeit und Höhe der Vergütung in Euro,
3. den Zahlungstag,
4. den Betrag der einbehaltenen und abgeführten Steuer nach Absatz 2 oder Absatz 3.
5.[3)] *(aufgehoben)*

[1)] § 50a Abs. 4 Satz 2 Verweis geänd. durch G v. 2.6.2021 (BGBl. I S. 1259); zur Anwendung von § 50c Abs. 3 siehe § 52 Abs. 47a Satz 2.

[2)] § 50a Abs. 5 Satz 3 ersetzt durch Sätze 3 und 4, Sätze 4 bis 6 werden Sätze 5 bis 7 durch G v. 2.6.2021 (BGBl. I S. 1259).

[3)] § 50a Abs. 5 Satz 7 Nr. 5 aufgeh.; zur erstmaligen Anwendung siehe § 52 Abs. 47 Satz 1.

(6) Die Bundesregierung kann durch Rechtsverordnung[1] mit Zustimmung des Bundesrates bestimmen, dass bei Vergütungen für die Nutzung oder das Recht auf Nutzung von Urheberrechten (Absatz 1 Nummer 3), die nicht unmittelbar an den Gläubiger, sondern an einen Beauftragten geleistet werden, anstelle des Schuldners der Vergütung der Beauftragte die Steuer einzubehalten und abzuführen hat und für die Einbehaltung und Abführung haftet.

(7)[2] [1]Das Finanzamt des Vergütungsgläubigers kann anordnen, dass der Schuldner der Vergütung für Rechnung des Gläubigers (Steuerschuldner) die Einkommensteuer von beschränkt steuerpflichtigen Einkünften, soweit diese nicht bereits dem Steuerabzug unterliegen, im Wege des Steuerabzugs einzubehalten und abzuführen hat, wenn dies zur Sicherung des Steueranspruchs zweckmäßig ist. [2]Der Steuerabzug beträgt 25 Prozent der gesamten Einnahmen, bei Körperschaften, Personenvereinigungen oder Vermögensmassen 15 Prozent der gesamten Einnahmen; das Finanzamt kann die Höhe des Steuerabzugs hiervon abweichend an die voraussichtlich geschuldete Steuer anpassen. [3]Absatz 5 gilt entsprechend mit der Maßgabe, dass die Steuer bei dem Finanzamt anzumelden und abzuführen ist, das den Steuerabzug angeordnet hat; das Finanzamt kann anordnen, dass die innerhalb eines Monats einbehaltene Steuer jeweils bis zum zehnten des Folgemonats anzumelden und abzuführen ist. [4]§ 50 Absatz 2 Satz 1 ist nicht anzuwenden. [***ab VZ 2021:*** [5]Ist für Einkünfte im Sinne des § 49 Absatz 1 Nummer 7 und 10 der Steuerabzug einbehalten und abgeführt worden, obwohl eine Verpflichtung hierzu nicht bestand, ist auf Antrag des Schuldners der Vergütung die Anmeldung über den Steuerabzug insoweit zu ändern; stattdessen kann der Schuldner der Vergütung, sobald er erkennt, dass er den Steuerabzug ohne Verpflichtung einbehalten und abgeführt hat, bei der folgenden Steueranmeldung den abzuführenden Steuerabzug entsprechend kürzen; erstattungsberechtigt ist der Schuldner der Vergütung; die nach Absatz 5 Satz 6 erteilte Bescheinigung ist durch eine berichtigte Bescheinigung zu ersetzen und im Fall der Übermittlung in Papierform zurückzufordern. [6]Die Anrechnung der durch Steuerabzug erhobenen Einkommensteuer nach § 36 Absatz 2 Nummer 2 Buchstabe a richtet sich nach der Höhe der in der Rentenbezugsmitteilung nach § 22a ausgewiesenen einbehaltenen Steuerabzugsbeträge. [7]Wird eine Rentenbezugsmitteilung wegen einbehaltener Steuerabzugsbeträge korrigiert, ist die Anrechnung insoweit nachzuholen oder zu ändern.]

IX. Sonstige Vorschriften, Bußgeld-, Ermächtigungs- und Schlussvorschriften

§ 50b Prüfungsrecht. [1]Die Finanzbehörden sind berechtigt, Verhältnisse, die für die Anrechnung oder Vergütung von Körperschaftsteuer, für die Anrechnung oder Erstattung von Kapitalertragsteuer, für die Nichtvornahme des

---

[1] Vgl. hierzu § 73 EStDV (Nr. **10**).

[2] § 50a Abs. 7 Sätze 2 und 3 geänd. durch G v. 25.7.2014 (BGBl. I S. 1266); zur Anwendung siehe § 52 Abs. 47 Satz 2; Abs. 7 Sätze 5 bis 7 angef. mWv VZ 2021 durch G v. 21.12.2020 (BGBl. I S. 3096).

Steuerabzugs, für die Ausstellung der Jahresbescheinigung nach § 24c oder für die Mitteilungen an das Bundeszentralamt für Steuern nach § 45e von Bedeutung sind oder der Aufklärung bedürfen, bei den am Verfahren Beteiligten zu prüfen. [2]Die §§ 193 bis 203 der Abgabenordnung gelten sinngemäß.

§ 50c[1)] Entlastung vom Steuerabzug in bestimmten Fällen. (1) [1]Soweit der Besteuerung von Einkünften, die der Kapitalertragsteuer oder dem Steuerabzug nach § 50a unterliegen, der § 43b, der § 50g oder ein Abkommen zur Vermeidung der Doppelbesteuerung entgegenstehen, sind dessen ungeachtet die Vorschriften zur Einbehaltung, Abführung und Anmeldung der Steuer anzuwenden. [2]Der zum Steuerabzug Verpflichtete kann sich vorbehaltlich des Absatzes 2 nicht auf die Rechte des Gläubigers der Kapitalerträge oder Vergütungen aus § 43b, § 50g oder dem Abkommen berufen.

(2) [1]Der Schuldner der Kapitalerträge oder Vergütungen ist zur Einbehaltung und Abführung der Steuer nicht verpflichtet,

1. soweit dem Gläubiger der Kapitalerträge oder Vergütungen auf dessen Antrag (Freistellungsantrag) vom Bundeszentralamt für Steuern bescheinigt wird, dass § 43b, § 50g oder ein Abkommen zur Vermeidung der Doppelbesteuerung der Besteuerung der Einkünfte entgegensteht (Freistellungsbescheinigung), oder
2.[2)] soweit es sich um Einkünfte eines beschränkt Steuerpflichtigen im Sinne des § 50a Absatz 1 Nummer 3 handelt und soweit der Besteuerung der Einkünfte ein Abkommen zur Vermeidung der Doppelbesteuerung entgegensteht; dies gilt nur, wenn die Vergütung zuzüglich der dem beschränkt Steuerpflichtigen in demselben Kalenderjahr vom Schuldner bereits zugeflossenen Vergütungen 5 000 Euro nicht übersteigt.

[2]Der Schuldner ist zur Steueranmeldung auch dann verpflichtet, wenn er gemäß Satz 1 keine Steuer einzubehalten und abzuführen hat. [3]Eine Steueranmeldung kann auf der Grundlage des Satzes 1 nicht geändert werden, es sei denn, die Freistellungsbescheinigung ist zum Zeitpunkt der Anmeldung der Steuer noch nicht erteilt worden. [4]Eine Freistellungsbescheinigung ist auf einen Zeitraum von höchstens drei Jahren frühestens ab dem Tag, an dem der Antrag beim Bundeszentralamt für Steuern eingeht, zu befristen und von der Einhaltung der Voraussetzungen ihrer Erteilung während ihrer Geltung abhängig zu machen; sie kann mit weiteren Nebenbestimmungen gemäß § 120 Absatz 2 der Abgabenordnung versehen werden. [5]Eine Freistellungsbescheinigung für die Kapitalertragsteuer auf Grund eines Abkommens zur Vermeidung der Doppelbesteuerung ist nur zu erteilen, wenn der Gläubiger der Kapitalerträge eine Kapitalgesellschaft ist, die im Staat ihrer Ansässigkeit den Steuern vom Einkommen oder Gewinn unterliegt, ohne davon befreit zu sein, und soweit dem Gläubiger Kapitalerträge von einer unbeschränkt steuerpflichtigen Kapitalgesellschaft im Sinne des § 1 Absatz 1 Nummer 1 des Körperschaftsteuergesetzes zufließen, an deren Nennkapital der Gläubiger zu mindestens einem Zehntel unmittelbar beteiligt ist. [6]Über einen Freistellungsantrag ist

---

[1)] § 50c eingef. durch G v. 2.6.2021 (BGBl. I S. 1259); zur Anwendung siehe § 52 Abs. 47a; Abs. 2 Satz 3 geänd. durch G v. 25.6.2021 (BGBl. I S. 2035).

[2)] Vgl. § 52 Abs. 47a Satz 1.

innerhalb von drei Monaten nach Vorlage aller erforderlichen Nachweise zu entscheiden.

(3) [1]Dem beschränkt steuerpflichtigen Gläubiger der Kapitalerträge oder Vergütungen wird auf seinen fristgemäßen Antrag beim Bundeszentralamt für Steuern (Erstattungsantrag) auf der Grundlage eines Freistellungsbescheides die gemäß Absatz 1 Satz 1 einbehaltene und abgeführte oder auf Grund eines Haftungsbescheids oder Nachforderungsbescheids entrichtete Steuer erstattet, wenn die Steuer nicht nach § 36 Absatz 2 Nummer 2 auf die Einkommensteuer oder die Körperschaftsteuer des Gläubigers angerechnet werden kann. [2]Die Frist für einen Erstattungsantrag beträgt vier Jahre und beginnt mit Ablauf des Kalenderjahres, in dem die Kapitalerträge oder Vergütungen bezogen worden sind; sie endet nicht vor Ablauf eines Jahres seit dem Zeitpunkt der Entrichtung der Steuer und nicht vor Ablauf der im Abkommen zur Vermeidung der Doppelbesteuerung vorgesehenen Frist. [3]Ein Freistellungsbescheid für Kapitalertragsteuer wird nur erteilt, wenn die in § 45a Absatz 2 oder Absatz 3 bezeichnete Bescheinigung vorgelegt wurde oder die Angaben gemäß § 45a Absatz 2a übermittelt wurden; einem Antrag auf Erstattung der nach § 50a entrichteten Steuer ist die Bescheinigung nach § 50a Absatz 5 Satz 6 beizufügen. [4]Hat der Gläubiger nach § 50a Absatz 5 Steuern für Rechnung anderer beschränkt steuerpflichtiger Gläubiger einzubehalten, kann die Auszahlung des Erstattungsanspruchs davon abhängig gemacht werden, dass er die Zahlung der von ihm einzubehaltenden Steuer nachweist, hierfür Sicherheit leistet oder unwiderruflich die Zustimmung zur Verrechnung seines Erstattungsanspruchs mit dem Steueranspruch nach § 50a Absatz 5 Satz 3 erklärt.

(4) [1]Ein nach Absatz 3 in Verbindung mit § 50g zu erstattender Betrag ist nach Maßgabe der §§ 238 und 239 der Abgabenordnung zu verzinsen. [2]Die Festsetzungsfrist beginnt mit Ablauf des Kalenderjahres, in dem der Freistellungsbescheid erlassen, aufgehoben oder nach § 129 der Abgabenordnung berichtigt worden ist. [3]Der Zinslauf beginnt zwölf Monate nach Ablauf des Monats, in dem der Erstattungsantrag und alle für die Entscheidung erforderlichen Nachweise vorliegen, frühestens am Tag der Entrichtung der Steuer. [4]Der Zinslauf endet mit Ablauf des Tages, an dem der Freistellungsbescheid wirksam wird. [5]§ 233a Absatz 5 der Abgabenordnung gilt sinngemäß.

(5)[1)] [1]Der Freistellungsantrag und der Erstattungsantrag sind nach amtlich vorgeschriebenem Datensatz über die amtlich bestimmte Schnittstelle zu übermitteln. [2]Der Antragsteller hat durch eine Bestätigung der für ihn zuständigen Steuerbehörde des anderen Staates nachzuweisen, dass er dort ansässig ist oder in den Fällen des § 43b Absatz 1 Satz 1 zweite Alternative oder des § 50g Absatz 1 Satz 1 letzte Alternative dort eine Betriebsstätte hat. [3]Zur Vermeidung unbilliger Härten kann das Bundeszentralamt für Steuern auf Antrag auf eine Übermittlung gemäß Satz 1 verzichten; in diesem Fall ist der Freistellungsantrag oder der Erstattungsantrag nach amtlich vorgeschriebenem Vordruck zu stellen. [4]Die Entscheidung über einen Freistellungsantrag und die Entscheidung über einen Erstattungsantrag werden zum Datenabruf über die amtlich bestimmte Schnittstelle bereitgestellt, es sei denn, der Antrag war nach amtlich vorgeschriebenem Vordruck zu stellen; § 122a Absatz 3 und 4 der Abgabenordnung ist entsprechend anzuwenden.

[1)] Vgl. § 52 Abs. 47a Satz 2.

[alte Fassung:]

§ 50d Besonderheiten im Fall von Doppelbesteuerungsabkommen und der §§ 43b und 50g.

(1)[2] 1 Können Einkünfte, die dem Steuerabzug vom Kapitalertrag oder dem Steuerabzug auf Grund des § 50a unterliegen, nach den §§ 43b, 50g oder nach einem Abkommen zur Vermeidung der Doppelbesteuerung nicht oder nur nach einem niedrigeren Steuersatz besteuert werden, so sind die Vorschriften über die Einbehaltung, Abführung und Anmeldung der Steuer ungeachtet der §§ 43b und 50g sowie des Abkommens anzuwenden. 2 Unberührt bleibt der Anspruch des Gläubigers der Kapitalerträge oder Vergütungen auf völlige oder teilweise Erstattung der einbehaltenen und abgeführten oder der auf Grund Haftungsbescheid oder Nachforderungsbescheid entrichteten Steuer. 3 Die Erstattung erfolgt auf Antrag des Gläubigers der Kapitalerträge oder Vergütungen auf der Grundlage eines Freistellungsbescheids; der Antrag ist nach amtlich vorgeschriebenem Vordruck bei dem Bundeszentralamt für Steuern zu stellen. 4 Dem Vordruck ist in den Fällen des § 43 Absatz 1 Satz 1 Nummer 1a eine Bescheinigung nach § 45a Absatz 2 beizufügen. 5 Der zu erstattende Betrag wird nach Bekanntgabe des Freistellungsbescheids ausgezahlt. 6 Hat der Gläubiger der Vergütungen im Sinne des § 50a nach § 50a Absatz 5 Steuern für Rechnung beschränkt steuerpflichti-

[neue Fassung:]

§ 50d[1] Anwendung von Abkommen zur Vermeidung der Doppelbesteuerung.

(1)–(2)[3] *(aufgehoben)*

---

[1] § 50d Überschr. geänd., Abs. 1, 1a und 2 aufgeh., Abs. 3 neu get., Abs. 4 bis 6 aufgeh. durch G v. 2.6.2021 (BGBl. I S. 1259).

[2] § 50d Abs. 1 Satz 4 eingef., bish. Sätze 4 bis 6 werden Sätze 5 bis 7, Satz 8 eingef., bish. Sätze 7 bis 10 werden Sätze 9 bis 12 durch G v. 22.6.2011 (BGBl. I S. 1126); Satz 11 eingef., bish. Sätze 11 und 12 werden Sätze 12 und 13 durch G v. 26.6.2013 (BGBl. I S. 1809). **Die Regelungen von § 50d Abs. 1 wurden in § 50c Abs. 1 und 3 überführt.**

[3] Siehe nunmehr § 50c.

[alte Fassung:]

ger Gläubiger einzubehalten, kann die Auszahlung des Erstattungsanspruchs davon abhängig gemacht werden, dass er die Zahlung der von ihm einzubehaltenden Steuer nachweist, hierfür Sicherheit leistet oder unwiderruflich die Zustimmung zur Verrechnung seines Erstattungsanspruchs mit seiner Steuerzahlungsschuld erklärt. [7]Das Bundeszentralamt für Steuern kann zulassen, dass Anträge auf maschinell verwertbaren Datenträgern gestellt werden. [8]Der Antragsteller hat in den Fällen des § 43 Absatz 1 Satz 1 Nummer 1a zu versichern, dass ihm eine Bescheinigung im Sinne des § 45a Absatz 2 vorliegt oder, soweit er selbst die Kapitalerträge als auszahlende Stelle dem Steuerabzug unterworfen hat, nicht ausgestellt wurde; er hat die Bescheinigung zehn Jahre nach Antragstellung aufzubewahren. [9]Die Frist für den Antrag auf Erstattung beträgt vier Jahre nach Ablauf des Kalenderjahres, in dem die Kapitalerträge oder Vergütungen bezogen worden sind. [10]Die Frist nach Satz 9 endet nicht vor Ablauf von sechs Monaten nach dem Zeitpunkt der Entrichtung der Steuer. [11]Ist der Gläubiger der Kapitalerträge oder Vergütungen eine Person, der die Kapitalerträge oder Vergütungen nach diesem Gesetz oder nach dem Steuerrecht des anderen Vertragsstaats nicht zugerechnet werden, steht der Anspruch auf völlige oder teilweise Erstattung des Steuerabzugs vom Kapitalertrag oder nach § 50a auf Grund eines Abkommens zur Vermeidung der Doppelbesteuerung nur der Person zu, der die Kapitalerträge oder Vergütungen nach den Steuergesetzen des anderen Vertragsstaats als Einkünfte oder Gewinne

[neue Fassung:]

[alte Fassung:]

einer ansässigen Person zugerechnet werden.[1)] [12]Für die Erstattung der Kapitalertragsteuer gilt § 45 entsprechend. [13]Der Schuldner der Kapitalerträge oder Vergütungen kann sich vorbehaltlich des Absatzes 2 nicht auf die Rechte des Gläubigers aus dem Abkommen berufen.

(1a)[2)] [1]Der nach Absatz 1 in Verbindung mit § 50g zu erstattende Betrag ist zu verzinsen. [2]Der Zinslauf beginnt zwölf Monate nach Ablauf des Monats, in dem der Antrag auf Erstattung und alle für die Entscheidung erforderlichen Nachweise vorliegen, frühestens am Tag der Entrichtung der Steuer durch den Schuldner der Kapitalerträge oder Vergütungen. [3]Er endet mit Ablauf des Tages, an dem der Freistellungsbescheid wirksam wird. [4]Wird der Freistellungsbescheid aufgehoben, geändert oder nach § 129 der Abgabenordnung berichtigt, ist eine bisherige Zinsfestsetzung zu ändern. [5]§ 233a Absatz 5 der Abgabenordnung gilt sinngemäß. [6]Für die Höhe und Berechnung der Zinsen gilt § 238 der Abgabenordnung. [7]Auf die Festsetzung der Zinsen ist § 239 der Abgabenordnung sinngemäß anzuwenden. [8]Die Vorschriften dieses Absatzes sind nicht anzuwenden, wenn der Steuerabzug keine abgeltende Wirkung hat (§ 50 Absatz 2).

(2)[3)] [1]In den Fällen der §§ 43b, 50a Absatz 1, § 50g kann der Schuldner der Kapitalerträge oder Vergütungen den Steuerabzug nach Maßgabe von § 43b oder § 50g oder des Abkommens unterlassen oder nach einem niedrigeren Steuersatz

[neue Fassung:]

---

1) Siehe jetzt **Abs. 11a**.
2) Siehe jetzt § 50c Abs. 4.
3) Siehe jetzt § 50c Abs. 2.

[alte Fassung:]

vornehmen, wenn das Bundeszentralamt für Steuern dem Gläubiger auf Grund eines von ihm nach amtlich vorgeschriebenem Vordruck gestellten Antrags bescheinigt, dass die Voraussetzungen dafür vorliegen (Freistellung im Steuerabzugsverfahren); dies gilt auch bei Kapitalerträgen, die einer nach einem Abkommen zur Vermeidung der Doppelbesteuerung im anderen Vertragsstaat ansässigen Kapitalgesellschaft, die am Nennkapital einer unbeschränkt steuerpflichtigen Kapitalgesellschaft im Sinne des § 1 Absatz 1 Nummer 1 des Körperschaftsteuergesetzes zu mindestens einem Zehntel unmittelbar beteiligt ist und im Staat ihrer Ansässigkeit den Steuern vom Einkommen oder Gewinn unterliegt, ohne davon befreit zu sein, von der unbeschränkt steuerpflichtigen Kapitalgesellschaft zufließen. [2]Die Freistellung kann unter dem Vorbehalt des Widerrufs erteilt und von Auflagen oder Bedingungen abhängig gemacht werden. [3]Sie kann in den Fällen des § 50a Absatz 1 von der Bedingung abhängig gemacht werden, dass die Erfüllung der Verpflichtungen nach § 50a Absatz 5 nachgewiesen werden, soweit die Vergütungen an andere beschränkt Steuerpflichtige weitergeleitet werden. [4]Die Geltungsdauer der Bescheinigung nach Satz 1 beginnt frühestens an dem Tag, an dem der Antrag beim Bundeszentralamt für Steuern eingeht; sie beträgt mindestens ein Jahr und darf drei Jahre nicht überschreiten; der Gläubiger der Kapitalerträge oder der Vergütungen ist verpflichtet, den Wegfall der Voraussetzungen für die Freistellung unverzüglich dem Bundeszentralamt für Steuern mitzuteilen.

[neue Fassung:]

[alte Fassung:]

[5] Voraussetzung für die Abstandnahme vom Steuerabzug ist, dass dem Schuldner der Kapitalerträge oder Vergütungen die Bescheinigung nach Satz 1 vorliegt. [6] Über den Antrag ist innerhalb von drei Monaten zu entscheiden. [7] Die Frist beginnt mit der Vorlage aller für die Entscheidung erforderlichen Nachweise. [8] Bestehende Anmeldeverpflichtungen bleiben unberührt.

(3)[1)] [1] Eine ausländische Gesellschaft hat keinen Anspruch auf völlige oder teilweise Entlastung nach Absatz 1 oder Absatz 2, soweit Personen an ihr beteiligt sind, denen die Erstattung oder Freistellung nicht zustände, wenn sie die Einkünfte unmittelbar erzielten, und die von der ausländischen Gesellschaft im betreffenden Wirtschaftsjahr erzielten Bruttoerträge nicht aus eigener Wirtschaftstätigkeit stammen, sowie

1. in Bezug auf diese Erträge für die Einschaltung der ausländischen Gesellschaft wirtschaftliche oder sonst beachtliche Gründe fehlen oder
2. die ausländische Gesellschaft nicht mit einem für ihren Geschäftszweck angemessen eingerichteten Geschäftsbetrieb am allgemeinen wirtschaftlichen Verkehr teilnimmt.

[neue Fassung:]

(3) [1] Eine Körperschaft, Personenvereinigung oder Vermögensmasse hat auf der Grundlage eines Abkommens zur Vermeidung der Doppelbesteuerung keinen Anspruch auf Entlastung von der Kapitalertragsteuer und vom Steuerabzug nach § 50a, soweit

1. Personen an ihr beteiligt oder durch die Satzung, das Stiftungsgeschäft oder die sonstige Verfassung begünstigt sind, denen dieser Anspruch nicht zustünde, wenn sie die Einkünfte unmittelbar erzielten, und
2. die Einkunftsquelle keinen wesentlichen Zusammenhang mit einer Wirtschaftstätigkeit dieser Körperschaft, Personenvereinigung oder Vermögensmasse aufweist; das Erzielen der Einkünfte, deren Weiterleitung an beteiligte oder begünstigte Personen sowie eine Tätigkeit, soweit sie mit einem für den Geschäftszweck nicht angemessen eingerichteten Geschäftsbetrieb ausgeübt wird, gelten nicht als Wirtschaftstätigkeit.

[2] Satz 1 findet keine Anwendung, soweit die Körperschaft, Personenvereinigung oder Vermögensmasse nachweist, dass keiner der Haupt-

---

[1)] § 50d Abs. 3 Satz 1 neu gef., Satz 4 eingef., bish. Satz 4 wird Satz 5 mWv VZ 2012 durch G v. 7.12.2011 (BGBl. I S. 2592).

[alte Fassung:]

[2]Maßgebend sind ausschließlich die Verhältnisse der ausländischen Gesellschaft; organisatorische, wirtschaftliche oder sonst beachtliche Merkmale der Unternehmen, die der ausländischen Gesellschaft nahe stehen (§ 1 Absatz 2 des Außensteuergesetzes), bleiben außer Betracht. [3]An einer eigenen Wirtschaftstätigkeit fehlt es, soweit die ausländische Gesellschaft ihre Bruttoerträge aus der Verwaltung von Wirtschaftsgütern erzielt oder ihre wesentlichen Geschäftstätigkeiten auf Dritte überträgt. [4]Die Feststellungslast für das Vorliegen wirtschaftlicher oder sonst beachtlicher Gründe im Sinne von Satz 1 Nummer 1 sowie des Geschäftsbetriebs im Sinne von Satz 1 Nummer 2 obliegt der ausländischen Gesellschaft. [5]Die Sätze 1 bis 3 sind nicht anzuwenden, wenn mit der Hauptgattung der Aktien der ausländischen Gesellschaft ein wesentlicher und regelmäßiger Handel an einer anerkannten Börse stattfindet oder für die ausländische Gesellschaft die Vorschriften des Investmentsteuergesetzes gelten.

(4)[1] [1]Der Gläubiger der Kapitalerträge oder Vergütungen im Sinne des § 50a hat nach amtlich vorgeschriebenem Vordruck durch eine Bestätigung der für ihn zuständigen Steuerbehörde des anderen Staates nachzuweisen, dass er dort ansässig ist oder die Voraussetzungen des § 50g Absatz 3 Nummer 5 Buchstabe c erfüllt sind. [2]Das Bundesministerium der Finanzen kann im Einvernehmen mit den obersten Finanzbehörden der Länder erleichterte Verfahren oder vereinfachte Nachweise zulassen.

[neue Fassung:]

zwecke ihrer Einschaltung die Erlangung eines steuerlichen Vorteils ist, oder wenn mit der Hauptgattung der Anteile an ihr ein wesentlicher und regelmäßiger Handel an einer anerkannten Börse stattfindet. [3]§ 42 der Abgabenordnung bleibt unberührt.

(4)–(6)[2] *(aufgehoben)*

---

[1] Siehe jetzt § 50c Abs. 5 Satz 2.

[2] Siehe nunmehr § 50c.

[alte Fassung:]

(5)[1] [1] Abweichend von Absatz 2 kann das Bundeszentralamt für Steuern in den Fällen des § 50a Absatz 1 Nummer 3 den Schuldner der Vergütung auf Antrag allgemein ermächtigen, den Steuerabzug zu unterlassen oder nach einem niedrigeren Steuersatz vorzunehmen (Kontrollmeldeverfahren). [2] Die Ermächtigung kann in Fällen geringer steuerlicher Bedeutung erteilt und mit Auflagen verbunden werden. [3] Einer Bestätigung nach Absatz 4 Satz 1 bedarf es im Kontrollmeldeverfahren nicht. [4] Inhalt der Auflage kann die Angabe des Namens, des Wohnortes oder des Ortes des Sitzes oder der Geschäftsleitung des Schuldners und des Gläubigers, der Art der Vergütung, des Bruttobetrags und des Zeitpunkts der Zahlungen sowie des einbehaltenen Steuerbetrags sein. [5] Mit dem Antrag auf Teilnahme am Kontrollmeldeverfahren gilt die Zustimmung des Gläubigers und des Schuldners zur Weiterleitung der Angaben des Schuldners an den Wohnsitz- oder Sitzstaat des Gläubigers als erteilt. [6] Die Ermächtigung ist als Beleg aufzubewahren. [7] Absatz 2 Satz 8 gilt entsprechend.

(6) Soweit Absatz 2 nicht anwendbar ist, gilt Absatz 5 auch für Kapitalerträge im Sinne des § 43 Absatz 1 Satz 1 Nummer 1 und 4, wenn sich im Zeitpunkt der Zahlung des Kapitalertrags der Anspruch auf Besteuerung nach einem niedrigeren Steuersatz ohne nähere Ermittlung feststellen lässt.

(7) Werden Einkünfte im Sinne des § 49 Absatz 1 Nummer 4 aus einer Kasse einer juristischen Person des öffentlichen Rechts im Sinne der Vorschrift eines Abkommens zur Vermeidung der Doppelbesteuerung über den öffentlichen Dienst gewährt, so ist diese Vorschrift bei Bestehen eines Dienstverhältnisses mit einer anderen Person in der Weise auszulegen, dass die Vergütungen für der

[1] Siehe jetzt § 50c Abs. 2 Satz 1 Nr. 2.

erstgenannten Person geleistete Dienste gezahlt werden, wenn sie ganz oder im Wesentlichen aus öffentlichen Mitteln aufgebracht werden.

(8) [1] Sind Einkünfte eines unbeschränkt Steuerpflichtigen aus nichtselbständiger Arbeit (§ 19) nach einem Abkommen zur Vermeidung der Doppelbesteuerung von der Bemessungsgrundlage der deutschen Steuer auszunehmen, wird die Freistellung bei der Veranlagung ungeachtet des Abkommens nur gewährt, soweit der Steuerpflichtige nachweist, dass der Staat, dem nach dem Abkommen das Besteuerungsrecht zusteht, auf dieses Besteuerungsrecht verzichtet hat oder dass die in diesem Staat auf die Einkünfte festgesetzten Steuern entrichtet wurden. [2] Wird ein solcher Nachweis erst geführt, nachdem die Einkünfte in eine Veranlagung zur Einkommensteuer einbezogen wurden, ist der Steuerbescheid insoweit zu ändern. [3] § 175 Absatz 1 Satz 2 der Abgabenordnung ist entsprechend anzuwenden.

(9)[1)] [1] Sind Einkünfte eines unbeschränkt Steuerpflichtigen nach einem Abkommen zur Vermeidung der Doppelbesteuerung von der Bemessungsgrundlage der deutschen Steuer auszunehmen, so wird die Freistellung der Einkünfte ungeachtet des Abkommens nicht gewährt, soweit

1. der andere Staat die Bestimmungen des Abkommens so anwendet, dass die Einkünfte in diesem Staat von der Besteuerung auszunehmen sind oder nur zu einem durch das Abkommen begrenzten Steuersatz besteuert werden können,
2. die Einkünfte in dem anderen Staat nur deshalb nicht steuerpflichtig sind, weil sie von einer Person bezogen werden, die in diesem Staat nicht auf Grund ihres Wohnsitzes, ständigen Aufenthalts, des Ortes ihrer Geschäftsleitung, des Sitzes oder eines ähnlichen Merkmals unbeschränkt steuerpflichtig ist, oder

[***ab VZ 2021:***

3.[2)] die Einkünfte in dem anderen Staat nur deshalb nicht steuerpflichtig sind, weil sie einer Betriebsstätte in einem anderen Staat zugeordnet werden oder auf Grund einer anzunehmenden schuldrechtlichen Beziehung die steuerliche Bemessungsgrundlage in dem anderen Staat gemindert wird.]

[2] Nummer 2 gilt nicht für Dividenden, die nach einem Abkommen zur Vermeidung der Doppelbesteuerung von der Bemessungsgrundlage der deutschen Steuer auszunehmen sind, es sei denn, die Dividenden sind bei der Ermittlung des Gewinns der ausschüttenden Gesellschaft abgezogen worden. [3] Bestimmungen eines Abkommens zur Vermeidung der Doppelbesteuerung sowie Absatz 8 und § 20 Absatz 2 des Außensteuergesetzes bleiben unberührt, soweit sie jeweils die Freistellung von Einkünften in einem weitergehenden Umfang einschränken. [4] Bestimmungen eines Abkommens zur Vermeidung der Doppelbesteuerung, nach denen Einkünfte aufgrund ihrer Behandlung im anderen Vertragsstaat nicht von der Bemessungsgrundlage der deutschen Steuer ausgenommen werden, sind auch auf Teile von Einkünften anzuwenden, soweit die Voraussetzungen der jeweiligen Bestimmung des Abkommens hinsichtlich dieser Einkunftsteile erfüllt sind.

[1)] § 50d Abs. 9 Satz 3 geänd. durch G v. 26.6.2013 (BGBl. I S. 1809); Satz 1 geänd., Satz 4 angef. mWv 1.1.2017 durch G v. 20.12.2016 (BGBl. I S. 3000).

[2)] § 50d Abs. 9 Satz 1 Nr. 3 angef. mWv VZ 2021 durch G v. 25.6.2021 (BGBl. I S. 2035).

(10)[1] [1]Sind auf eine Vergütung im Sinne des § 15 Absatz 1 Satz 1 Nummer 2 Satz 1 zweiter Halbsatz und Nummer 3 zweiter Halbsatz die Vorschriften eines Abkommens zur Vermeidung der Doppelbesteuerung anzuwenden und enthält das Abkommen keine solche Vergütungen betreffende ausdrückliche Regelung, gilt die Vergütung für Zwecke der Anwendung des Abkommens zur Vermeidung der Doppelbesteuerung ausschließlich als Teil des Unternehmensgewinns des vergütungsberechtigten Gesellschafters. [2]Satz 1 gilt auch für die durch das Sonderbetriebsvermögen veranlassten Erträge und Aufwendungen. [3]Die Vergütung des Gesellschafters ist ungeachtet der Vorschriften eines Abkommens zur Vermeidung der Doppelbesteuerung über die Zuordnung von Vermögenswerten zu einer Betriebsstätte derjenigen Betriebsstätte der Gesellschaft zuzurechnen, der der Aufwand für die der Vergütung zugrunde liegende Leistung zuzuordnen ist; die in Satz 2 genannten Erträge und Aufwendungen sind der Betriebsstätte zuzurechnen, der die Vergütung zuzuordnen ist. [4]Die Sätze 1 bis 3 gelten auch in den Fällen des § 15 Absatz 1 Satz 1 Nummer 2 Satz 2 sowie in den Fällen des § 15 Absatz 1 Satz 2 entsprechend. [5]Sind Einkünfte im Sinne der Sätze 1 bis 4 einer Person zuzurechnen, die nach einem Abkommen zur Vermeidung der Doppelbesteuerung als im anderen Staat ansässig gilt, und weist der Steuerpflichtige nach, dass der andere Staat die Einkünfte besteuert, ohne die darauf entfallende deutsche Steuer anzurechnen, ist die in diesem Staat nachweislich auf diese Einkünfte festgesetzte und gezahlte und um einen entstandenen Ermäßigungsanspruch gekürzte, der deutschen Einkommensteuer entsprechende, anteilige ausländische Steuer bis zur Höhe der anteilig auf diese Einkünfte entfallenden deutschen Einkommensteuer anzurechnen. [6]Satz 5 gilt nicht, wenn das Abkommen zur Vermeidung der Doppelbesteuerung eine ausdrückliche Regelung für solche Einkünfte enthält. [7]Die Sätze 1 bis 6

1. sind nicht auf Gesellschaften im Sinne des § 15 Absatz 3 Nummer 2 anzuwenden;
2. gelten entsprechend, wenn die Einkünfte zu den Einkünften aus selbständiger Arbeit im Sinne des § 18 gehören; dabei tritt der Artikel über die selbständige Arbeit an die Stelle des Artikels über die Unternehmenseinkünfte, wenn das Abkommen zur Vermeidung der Doppelbesteuerung einen solchen Artikel enthält.

[8]Absatz 9 Satz 1 Nummer 1 bleibt unberührt.

(11)[2] [1]Sind Dividenden bei einem unbeschränkt steuerpflichtigen Zahlungsempfänger nach einem Abkommen zur Vermeidung der Doppelbesteuerung von der Bemessungsgrundlage der deutschen Steuer auszunehmen, wird die Freistellung ungeachtet des Abkommens nur insoweit gewährt, als die Dividenden nach deutschem Steuerrecht nicht einer anderen Person zuzurechnen sind. [2]Soweit die Dividenden nach deutschem Steuerrecht einer anderen Person zuzurechnen sind, werden sie bei dieser Person freigestellt, wenn sie

---

[1] § 50d Abs. 10 neu gef. durch G v. 26.6.2013 (BGBl. I S. 1809).

[2] § 50d Abs. 11 angef. durch G v. 8.5.2012 (BGBl. I S. 1030); Satz 1 geänd. mWv 9.6.2021 durch G v. 2.6.2021 (BGBl. I S. 1259).

bei ihr als Zahlungsempfänger nach Maßgabe des Abkommens freigestellt würden.

(11a)[1] Ist der Gläubiger der Kapitalerträge oder Vergütungen eine Person, der die Kapitalerträge oder Vergütungen nach diesem Gesetz oder nach dem Steuerrecht des anderen Vertragsstaats nicht zugerechnet werden, steht der Anspruch auf völlige oder teilweise Erstattung des Steuerabzugs vom Kapitalertrag oder nach § 50a auf Grund eines Abkommens zur Vermeidung der Doppelbesteuerung nur der Person zu, der die Kapitalerträge oder Vergütungen nach den Steuergesetzen des anderen Vertragsstaats als Einkünfte oder Gewinne einer ansässigen Person zugerechnet werden.

(12)[2] [1] Abfindungen, die anlässlich der Beendigung eines Dienstverhältnisses gezahlt werden, gelten für Zwecke der Anwendung eines Abkommens zur Vermeidung der Doppelbesteuerung als für frühere Tätigkeit geleistetes zusätzliches Entgelt. [2] Dies gilt nicht, soweit das Abkommen in einer gesonderten, ausdrücklich solche Abfindungen betreffenden Vorschrift eine abweichende Regelung trifft. [3] Absatz 9 Satz 1 Nummer 1 sowie Rechtsverordnungen gemäß § 2 Absatz 2 Satz 1 der Abgabenordnung bleiben unberührt.

[*ab 1.1.2020:*

(13)[3] Werden Aktien einer Gesellschaft mit Sitz oder Geschäftsleitung im Inland mit Dividendenberechtigung erworben, aber ohne Dividendenanspruch geliefert, sind vom Erwerber an Stelle von Dividenden erhaltene sonstige Bezüge für Zwecke der Anwendung eines Abkommens zur Vermeidung der Doppelbesteuerung den Dividenden, die von dieser Gesellschaft gezahlt werden, gleichgestellt.]

[*ab 1.1.2022:*

(14)[4] [1] Dem Gläubiger der Kapitalerträge im Sinne des § 20 Absatz 1 Nummer 1 und 2 aus Anteilen an einer optierenden Gesellschaft im Sinne des § 1a des Körperschaftsteuergesetzes steht ungeachtet der Bestimmungen eines Abkommens zur Vermeidung der Doppelbesteuerung kein Anspruch auf Entlastung von der Kapitalertragsteuer zu, wenn die Kapitalerträge im anderen Staat aufgrund einer vom deutschen Recht abweichenden steuerlichen Behandlung der optierenden Gesellschaft nicht der Besteuerung unterliegen. [2] Gewinne aus der Veräußerung von Anteilen an einer optierenden Gesellschaft im Sinne des § 1a des Körperschaftsteuergesetzes sind ungeachtet der Bestimmungen eines Abkommens zur Vermeidung der Doppelbesteuerung zu versteuern, wenn sie im anderen Staat aufgrund einer vom deutschen Recht abweichenden steuerlichen Behandlung der optierenden Gesellschaft nicht der Besteuerung unterliegen.]

§ 50e Bußgeldvorschriften; Nichtverfolgung von Steuerstraftaten bei geringfügiger Beschäftigung in Privathaushalten. (1) Ordnungswidrig handelt, wer vorsätzlich oder leichtfertig entgegen § 45d Absatz 1 Satz 1,

---

[1] § 50d Abs. 11a eingef. durch G v. 2.6.2021 (BGBl. I S. 1259).

[2] § 50d Abs. 12 angef. mWv 1.1.2017 durch G v. 20.12.2016 (BGBl. I S. 3000); Satz 3 geänd. durch G v. 2.6.2021 (BGBl. I S. 1259).

[3] § 50d Abs. 13 angef. mWv 1.1.2020 durch G v. 12.12.2019 (BGBl. I S. 2451).

[4] § 50d Abs. 14 angef. mWv 1.1.2022 durch G v. 25.6.2021 (BGBl. I S. 2050).

§ 45d Absatz 3 Satz 1, der nach § 45e erlassenen Rechtsverordnung[1] oder den unmittelbar geltenden Verträgen mit den in Artikel 17 der Richtlinie 2003/48/EG genannten Staaten und Gebieten eine Mitteilung nicht, nicht richtig, nicht vollständig oder nicht rechtzeitig abgibt. [2] *Die Ordnungswidrigkeit kann mit einer Geldbuße bis zu fünftausend Euro geahndet werden.*[2]

(1a)[3] *Verwaltungsbehörde im Sinne des § 36 Absatz 1 Nummer 1 des Gesetzes über Ordnungswidrigkeiten ist in den Fällen des Absatzes 1 Satz 1 das Bundeszentralamt für Steuern.*

[***ab 1.1.2025:***

(2)[4, 5] Ordnungswidrig handelt, wer vorsätzlich oder leichtfertig

1. entgegen § 45b Absatz 3 Satz 3 oder 4, jeweils auch in Verbindung mit Absatz 5 Satz 2, eine Bescheinigung erteilt,
2. entgegen § 45b Absatz 4 Satz 1 erster Halbsatz, Absatz 5 Satz 1 erster Halbsatz oder Absatz 6 Satz 1 oder 2, § 45c Absatz 1 Satz 1, auch in Verbindung mit Satz 2, oder § 45c Absatz 2 Satz 1, auch in Verbindung mit Satz 2, eine dort genannte Angabe oder dort genannte Daten nicht richtig oder nicht vollständig übermittelt oder
3. entgegen
   a) § 45b Absatz 7 Satz 1 eine Mitteilung nicht richtig oder nicht vollständig macht oder
   b) § 45b Absatz 7 Satz 2 eine schriftliche Versicherung nicht richtig oder nicht vollständig abgibt

und dadurch ermöglicht, Steuern zu verkürzen oder nicht gerechtfertigte Steuervorteile zu erlangen.

(3)[4, 5] In den Fällen des Absatzes 2 Nummer 2 kann die Ordnungswidrigkeit auch dann geahndet werden, wenn sie nicht im Geltungsbereich dieses Gesetzes begangen wird.]

[***ab 1.1.2022:***

(4)[4, 6] Die Ordnungswidrigkeit kann in den Fällen des Absatzes 2 mit einer Geldbuße bis zu zwanzigtausend Euro, in den Fällen des Absatzes 1 mit einer Geldbuße bis zu fünftausend Euro geahndet werden.

(5)[4, 6] Verwaltungsbehörde im Sinne des § 36 Absatz 1 Nummer 1 des Gesetzes über Ordnungswidrigkeiten ist das Bundeszentralamt für Steuern.]

(6)[4, 7] [1] Liegen die Voraussetzungen des § 40a Absatz 2 vor, werden Steuerstraftaten (§§ 369 bis 376 der Abgabenordnung) als solche nicht verfolgt, wenn der Arbeitgeber in den Fällen des § 8a des Vierten Buches Sozialgesetzbuch entgegen § 41a Absatz 1 Nummer 1, auch in Verbindung mit Absatz 2 und 3 und § 51a, und § 40a Absatz 6 Satz 3 dieses Gesetzes in Verbindung mit § 28a

---

[1] Vgl. ZinsinformationsVO (Nr. **11**) in der jeweils geltenden Fassung.

[2] § 50e Abs. 1 Satz 2 aufgeh. mWv 1.1.2022 (§ 52 Abs. 47c Satz 1) durch G v. 2.6.2021 (BGBl. I S. 1259).

[3] § 50e Abs. 1a aufgeh. mWv 1.1.2022 (§ 52 Abs. 47c Satz 1) durch G v. 2.6.2021 (BGBl. I S. 1259).

[4] § 50e Abs. 2 bis 5 eingef., bish. Abs. 2 wird Abs. 6 durch G v. 2.6.2021 (BGBl. I S. 1259).

[5] Zur Anwendung siehe § 52 Abs. 47c Satz 2.

[6] Zur Anwendung siehe § 52 Abs. 47c Satz 1.

[7] Bis 31.12.2021: (2).

Absatz 7 Satz 1 des Vierten Buches Sozialgesetzbuch für das Arbeitsentgelt die Lohnsteuer-Anmeldung und die Anmeldung der einheitlichen Pauschsteuer nicht oder nicht rechtzeitig durchführt und dadurch Steuern verkürzt oder für sich oder einen anderen nicht gerechtfertigte Steuervorteile erlangt. [2]Die Freistellung von der Verfolgung nach Satz 1 gilt auch für den Arbeitnehmer einer in Satz 1 genannten Beschäftigung, der die Finanzbehörde pflichtwidrig über steuerlich erhebliche Tatsachen aus dieser Beschäftigung in Unkenntnis lässt. [3]Die Bußgeldvorschriften der §§ 377 bis 384 der Abgabenordnung bleiben mit der Maßgabe anwendbar, dass § 378 der Abgabenordnung auch bei vorsätzlichem Handeln anwendbar ist.

§ 50f[1)] Bußgeldvorschriften. (1) Ordnungswidrig handelt, wer vorsätzlich oder leichtfertig entgegen § 22a Absatz 1 Satz 1 dort genannte Daten nicht, nicht vollständig oder nicht rechtzeitig übermittelt oder eine dort genannte Mitteilung nicht, nicht vollständig oder nicht rechtzeitig macht.

(2) Die Ordnungswidrigkeit kann mit einer Geldbuße bis zu fünfzigtausend Euro geahndet werden.

(3) Verwaltungsbehörde im Sinne des § 36 Absatz 1 Nummer 1 des Gesetzes über Ordnungswidrigkeiten ist die zentrale Stelle nach § 81.

§ 50g Entlastung vom Steuerabzug bei Zahlungen von Zinsen und Lizenzgebühren zwischen verbundenen Unternehmen verschiedener Mitgliedstaaten der Europäischen Union. (1) [1]Auf Antrag werden die Kapitalertragsteuer für Zinsen und die Steuer auf Grund des § 50a für Lizenzgebühren, die von einem Unternehmen der Bundesrepublik Deutschland oder einer dort gelegenen Betriebsstätte eines Unternehmens eines anderen Mitgliedstaates der Europäischen Union als Schuldner an ein Unternehmen eines anderen Mitgliedstaates der Europäischen Union oder an eine in einem anderen Mitgliedstaat der Europäischen Union gelegene Betriebsstätte eines Unternehmens eines Mitgliedstaates der Europäischen Union als Gläubiger gezahlt werden, nicht erhoben. [2]Erfolgt die Besteuerung durch Veranlagung, werden die Zinsen und Lizenzgebühren bei der Ermittlung der Einkünfte nicht erfasst. [3]Voraussetzung für die Anwendung der Sätze 1 und 2 ist, dass der Gläubiger der Zinsen oder Lizenzgebühren ein mit dem Schuldner verbundenes Unternehmen oder dessen Betriebsstätte ist. [4]Die Sätze 1 bis 3 sind nicht anzuwenden, wenn die Zinsen oder Lizenzgebühren an eine Betriebsstätte eines Unternehmens eines Mitgliedstaates der Europäischen Union als Gläubiger gezahlt werden, die in einem Staat außerhalb der Europäischen Union oder im Inland gelegen ist und in der die Tätigkeit des Unternehmens ganz oder teilweise ausgeübt wird.

(2) Absatz 1 ist nicht anzuwenden auf die Zahlung von

1. Zinsen,
   a) die nach deutschem Recht als Gewinnausschüttung behandelt werden (§ 20 Absatz 1 Nummer 1 Satz 2) oder
   b) die auf Forderungen beruhen, die einen Anspruch auf Beteiligung am Gewinn des Schuldners begründen;

[1)] § 50f Abs. 1 und 2 neu gef. mWv VZ 2019 durch G v. 20.11.2019 (BGBl. I S. 1626).

2. Zinsen oder Lizenzgebühren, die den Betrag übersteigen, den der Schuldner und der Gläubiger ohne besondere Beziehungen, die zwischen den beiden oder einem von ihnen und einem Dritten auf Grund von Absatz 3 Nummer 5 Buchstabe b bestehen, vereinbart hätten.

(3) Für die Anwendung der Absätze 1 und 2 gelten die folgenden Begriffsbestimmungen und Beschränkungen:

1. [1]Der Gläubiger muss der Nutzungsberechtigte sein. [2]Nutzungsberechtigter ist
   a) ein Unternehmen, wenn es die Einkünfte im Sinne von § 2 Absatz 1 erzielt;
   b) eine Betriebsstätte, wenn
      aa) die Forderung, das Recht oder der Gebrauch von Informationen, auf Grund derer/dessen Zahlungen von Zinsen oder Lizenzgebühren geleistet werden, tatsächlich zu der Betriebsstätte gehört und
      bb)[1] die Zahlungen der Zinsen oder Lizenzgebühren Einkünfte darstellen, auf Grund derer die Gewinne der Betriebsstätte in dem Mitgliedstaat der Europäischen Union, in dem sie gelegen ist, zu einer der in Nummer 5 Satz 1 Buchstabe a Doppelbuchstabe cc genannten Steuern beziehungsweise im Fall Belgiens dem „impôt des non-résidents/belasting der nietverblijfhouders" beziehungsweise im Fall Spaniens dem „Impuesto sobre la Renta de no Residentes" oder zu einer mit diesen Steuern identischen oder weitgehend ähnlichen Steuer herangezogen werden, die nach dem jeweiligen Zeitpunkt des Inkrafttretens der Richtlinie 2003/49/EG des Rates vom 3. Juni 2003 über eine gemeinsame Steuerregelung für Zahlungen von Zinsen und Lizenzgebühren zwischen verbundenen Unternehmen verschiedener Mitgliedstaaten (ABl. L 157 vom 26.6.2003, S. 49), die zuletzt durch die Richtlinie 2013/13/EU (ABl. L 141 vom 28.5.2013, S. 30) geändert worden ist, anstelle der bestehenden Steuern oder ergänzend zu ihnen eingeführt wird.
2. Eine Betriebsstätte gilt nur dann als Schuldner der Zinsen oder Lizenzgebühren, wenn die Zahlung bei der Ermittlung des Gewinns der Betriebsstätte eine steuerlich abzugsfähige Betriebsausgabe ist.
3. Gilt eine Betriebsstätte eines Unternehmens eines Mitgliedstaates der Europäischen Union als Schuldner oder Gläubiger von Zinsen oder Lizenzgebühren, so wird kein anderer Teil des Unternehmens als Schuldner oder Gläubiger der Zinsen oder Lizenzgebühren angesehen.
4. Im Sinne des Absatzes 1 sind
   a) „Zinsen" Einkünfte aus Forderungen jeder Art, auch wenn die Forderungen durch Pfandrechte an Grundstücken gesichert sind, insbesondere Einkünfte aus öffentlichen Anleihen und aus Obligationen einschließlich

---

[1] § 50g Abs. 3 Nr. 1 Buchst. b Doppelbuchst. bb geänd. durch G v. 25.7.2014 (BGBl. I S. 1266); zur Anwendung siehe § 52 Abs. 59c Satz 2 a. F.: „§ 50g und die Anlage 3 (zu § 50g) in der am 1. Juli 2013 geltenden Fassung sind erstmals auf Zahlungen anzuwenden, die nach dem 30. Juni 2013 erfolgen."

der damit verbundenen Aufgelder und der Gewinne aus Losanleihen; Zuschläge für verspätete Zahlung und die Rückzahlung von Kapital gelten nicht als Zinsen;

b) „Lizenzgebühren" Vergütungen jeder Art, die für die Nutzung oder für das Recht auf Nutzung von Urheberrechten an literarischen, künstlerischen oder wissenschaftlichen Werken, einschließlich kinematografischer Filme und Software, von Patenten, Marken, Mustern oder Modellen, Plänen, geheimen Formeln oder Verfahren oder für die Mitteilung gewerblicher, kaufmännischer oder wissenschaftlicher Erfahrungen gezahlt werden; Zahlungen für die Nutzung oder das Recht auf Nutzung gewerblicher, kaufmännischer oder wissenschaftlicher Ausrüstungen gelten als Lizenzgebühren.

5. Die Ausdrücke „Unternehmen eines Mitgliedstaates der Europäischen Union", „verbundenes Unternehmen" und „Betriebsstätte" bedeuten:

a) „Unternehmen eines Mitgliedstaates der Europäischen Union" jedes Unternehmen, das

aa) eine der in Anlage 3 Nummer 1 zu diesem Gesetz aufgeführten Rechtsformen aufweist und

bb) nach dem Steuerrecht eines Mitgliedstaates in diesem Mitgliedstaat ansässig ist und nicht nach einem zwischen dem betreffenden Staat und einem Staat außerhalb der Europäischen Union geschlossenen Abkommen zur Vermeidung der Doppelbesteuerung von Einkünften für steuerliche Zwecke als außerhalb der Gemeinschaft ansässig gilt und

cc)[1] einer der in Anlage 3 Nummer 2 zu diesem Gesetz aufgeführten Steuern unterliegt und nicht von ihr befreit ist. [2]Entsprechendes gilt für eine mit diesen Steuern identische oder weitgehend ähnliche Steuer, die nach dem jeweiligen Zeitpunkt des Inkrafttretens der Richtlinie 2003/49/EG des Rates vom 3. Juni 2003 (ABl. L 157 vom 26.6. 2003, S. 49), zuletzt geändert durch die Richtlinie 2013/13/EU des Rates (ABl. L 141 vom 28.5.2013, S. 30) anstelle der bestehenden Steuern oder ergänzend zu ihnen eingeführt wird.

[2]Ein Unternehmen ist im Sinne von Doppelbuchstabe bb in einem Mitgliedstaat der Europäischen Union ansässig, wenn es der unbeschränkten Steuerpflicht im Inland oder einer vergleichbaren Besteuerung in einem anderen Mitgliedstaat der Europäischen Union nach dessen Rechtsvorschriften unterliegt.

b) „Verbundenes Unternehmen" jedes Unternehmen, das dadurch mit einem zweiten Unternehmen verbunden ist, dass

aa) das erste Unternehmen unmittelbar mindestens zu 25 Prozent an dem Kapital des zweiten Unternehmens beteiligt ist oder

bb) das zweite Unternehmen unmittelbar mindestens zu 25 Prozent an dem Kapital des ersten Unternehmens beteiligt ist oder

---

[1] § 50g Abs. 3 Nr. 5 Buchst. a Satz 1 Doppelbuchst. cc geänd. durch G v. 25.7.2014 (BGBl. I S. 1266); zur Anwendung siehe § 52 Abs. 59c Satz 2 a. F.: „§ 50g und die Anlage 3 (zu § 50g) in der am 1. Juli 2013 geltenden Fassung sind erstmals auf Zahlungen anzuwenden, die nach dem 30. Juni 2013 erfolgen."

cc) ein drittes Unternehmen unmittelbar mindestens zu 25 Prozent an dem Kapital des ersten Unternehmens und dem Kapital des zweiten Unternehmens beteiligt ist.

[2]Die Beteiligungen dürfen nur zwischen Unternehmen bestehen, die in einem Mitgliedstaat der Europäischen Union ansässig sind.

c) „Betriebsstätte“ eine feste Geschäftseinrichtung in einem Mitgliedstaat der Europäischen Union, in der die Tätigkeit eines Unternehmens eines anderen Mitgliedstaates der Europäischen Union ganz oder teilweise ausgeübt wird.

(4)[1)] § 50d Absatz 3 gilt entsprechend.

(5) Entlastungen von der Kapitalertragsteuer für Zinsen und der Steuer auf Grund des § 50a nach einem Abkommen zur Vermeidung der Doppelbesteuerung, die weiter gehen als die nach Absatz 1 gewährten, werden durch Absatz 1 nicht eingeschränkt.

(6) [1]Ist im Fall des Absatzes 1 Satz 1 eines der Unternehmen ein Unternehmen der Schweizerischen Eidgenossenschaft oder ist eine in der Schweizerischen Eidgenossenschaft gelegene Betriebsstätte eines Unternehmens eines anderen Mitgliedstaats der Europäischen Union Gläubiger der Zinsen oder Lizenzgebühren, gelten die Absätze 1 bis 5 entsprechend mit der Maßgabe, dass die Schweizerische Eidgenossenschaft insoweit einem Mitgliedstaat der Europäischen Union gleichgestellt ist. [2]Absatz 3 Nummer 5 Buchstabe a gilt entsprechend mit der Maßgabe, dass ein Unternehmen der Schweizerischen Eidgenossenschaft jedes Unternehmen ist, das

1. eine der folgenden Rechtsformen aufweist:
   – Aktiengesellschaft/société anonyme/società anonima;
   – Gesellschaft mit beschränkter Haftung/société à responsabilité limitée/società a responsabilità limitata;
   – Kommanditaktiengesellschaft/société en commandite par actions/società in accomandita per azioni, und
2. nach dem Steuerrecht der Schweizerischen Eidgenossenschaft dort ansässig ist und nicht nach einem zwischen der Schweizerischen Eidgenossenschaft und einem Staat außerhalb der Europäischen Union geschlossenen Abkommen zur Vermeidung der Doppelbesteuerung von Einkünften für steuerliche Zwecke als außerhalb der Gemeinschaft oder der Schweizerischen Eidgenossenschaft ansässig gilt, und
3. unbeschränkt der schweizerischen Körperschaftsteuer unterliegt, ohne von ihr befreit zu sein.

§ 50h Bestätigung für Zwecke der Entlastung von Quellensteuern in einem anderen Mitgliedstaat der Europäischen Union oder der Schweizerischen Eidgenossenschaft. Auf Antrag hat das Finanzamt, das für die Besteuerung eines Unternehmens der Bundesrepublik Deutschland oder einer dort gelegenen Betriebsstätte eines Unternehmens eines anderen Mit-

---

1) § 50g Abs. 4 neu gef. durch G v. 2.6.2021 (BGBl. I S. 1259); zur Anwendung von § 50d Abs. 3 siehe § 52 Abs. 47b.

gliedstaats der Europäischen Union im Sinne des § 50g Absatz 3 Nummer 5 oder eines Unternehmens der Schweizerischen Eidgenossenschaft im Sinne des § 50g Absatz 6 Satz 2 zuständig ist, für die Entlastung von der Quellensteuer dieses Staats auf Zinsen oder Lizenzgebühren im Sinne des § 50g zu bescheinigen, dass das empfangende Unternehmen steuerlich im Inland ansässig ist oder die Betriebsstätte im Inland gelegen ist.

§ 50i[1)] Besteuerung bestimmter Einkünfte und Anwendung von Doppelbesteuerungsabkommen. (1)[2)] [1]Sind Wirtschaftsgüter des Betriebsvermögens oder sind Anteile im Sinne des § 17

1. vor dem 29. Juni 2013 in das Betriebsvermögen einer Personengesellschaft im Sinne des § 15 Absatz 3 übertragen oder überführt worden,
2. ist eine Besteuerung der stillen Reserven im Zeitpunkt der Übertragung oder Überführung unterblieben, und
3. ist das Recht der Bundesrepublik Deutschland hinsichtlich der Besteuerung des Gewinns aus der Veräußerung oder Entnahme dieser Wirtschaftsgüter oder Anteile ungeachtet der Anwendung dieses Absatzes vor dem 1. Januar 2017 ausgeschlossen oder beschränkt worden,

so ist der Gewinn, den ein Steuerpflichtiger, der im Sinne eines Abkommens zur Vermeidung der Doppelbesteuerung im anderen Vertragsstaat ansässig ist, aus der späteren Veräußerung oder Entnahme dieser Wirtschaftsgüter oder Anteile erzielt, ungeachtet entgegenstehender Bestimmungen des Abkommens zur Vermeidung der Doppelbesteuerung zu versteuern. [2]Als Übertragung oder Überführung von Anteilen im Sinne des § 17 in das Betriebsvermögen einer Personengesellschaft gilt auch die Gewährung neuer Anteile an eine Personengesellschaft, die bisher auch eine Tätigkeit im Sinne des § 15 Absatz 1 Satz 1 Nummer 1 ausgeübt hat oder gewerbliche Einkünfte im Sinne des § 15 Absatz 1 Satz 1 Nummer 2 bezogen hat, im Rahmen der Einbringung eines Betriebs oder Teilbetriebs oder eines Mitunternehmeranteils dieser Personengesellschaft in eine Körperschaft nach § 20 des Umwandlungssteuergesetzes, wenn

1. der Einbringungszeitpunkt vor dem 29. Juni 2013 liegt,
2. die Personengesellschaft nach der Einbringung als Personengesellschaft im Sinne des § 15 Absatz 3 fortbesteht und
3. das Recht der Bundesrepublik Deutschland hinsichtlich der Besteuerung des Gewinns aus der Veräußerung oder Entnahme der neuen Anteile ungeachtet der Anwendung dieses Absatzes bereits im Einbringungszeitpunkt ausgeschlossen oder beschränkt ist oder vor dem 1. Januar 2017 ausgeschlossen oder beschränkt worden ist.

[3]Auch die laufenden Einkünfte aus der Beteiligung an der Personengesellschaft, auf die die in Satz 1 genannten Wirtschaftsgüter oder Anteile übertragen oder überführt oder der im Sinne des Satzes 2 neue Anteile gewährt wur-

---

[1)] § 50i eingef. durch G v. 26.6.2013 (BGBl. I S. 1809); neu gef. durch G v. 25.7.2014 (BGBl. I S. 1266); zur Anwendung siehe § 52 Abs. 48.

[2)] § 50i Abs. 1 Satz 1 und 2 neu gef. durch G v. 20.12.2016 (BGBl. I S. 3000).

den, sind ungeachtet entgegenstehender Bestimmungen des Abkommens zur Vermeidung der Doppelbesteuerung zu versteuern. [4]Die Sätze 1 und 3 gelten sinngemäß, wenn Wirtschaftsgüter vor dem 29. Juni 2013 Betriebsvermögen eines Einzelunternehmens oder einer Personengesellschaft geworden sind, die deswegen Einkünfte aus Gewerbebetrieb erzielen, weil der Steuerpflichtige sowohl im überlassenden Betrieb als auch im nutzenden Betrieb allein oder zusammen mit anderen Gesellschaftern einen einheitlichen geschäftlichen Betätigungswillen durchsetzen kann und dem nutzenden Betrieb eine wesentliche Betriebsgrundlage zur Nutzung überlässt.[1)]

(2)[2)] Bei Einbringung nach § 20 des Umwandlungssteuergesetzes sind die Wirtschaftsgüter und Anteile im Sinne des Absatzes 1 abweichend von § 20 Absatz 2 Satz 2 des Umwandlungssteuergesetzes stets mit dem gemeinen Wert anzusetzen, soweit das Recht der Bundesrepublik Deutschland hinsichtlich der Besteuerung des Gewinns aus der Veräußerung der erhaltenen Anteile oder hinsichtlich der mit diesen im Zusammenhang stehenden Anteile im Sinne des § 22 Absatz 7 des Umwandlungssteuergesetzes ausgeschlossen oder beschränkt ist.

§ 50j[3)] Versagung der Entlastung von Kapitalertragsteuern in bestimmten Fällen. (1) [1]Ein Gläubiger von Kapitalerträgen im Sinne des § 43 Absatz 1 Satz 1 Nummer 1a, die nach einem Abkommen zur Vermeidung der Doppelbesteuerung nicht oder nur nach einem Steuersatz unterhalb des Steuersatzes des § 43a Absatz 1 Satz 1 Nummer 1 besteuert werden, hat ungeachtet dieses Abkommens nur dann Anspruch auf völlige oder teilweise Entlastung nach *§ 50d Absatz 1* [***n. F.:*** § 50c Absatz 3], wenn er

1. während der Mindesthaltedauer nach Absatz 2 hinsichtlich der diesen Kapitalerträgen zugrunde liegenden Anteile oder Genussscheine ununterbrochen wirtschaftlicher Eigentümer ist,
2. während der Mindesthaltedauer nach Absatz 2 ununterbrochen das Mindestwertänderungsrisiko nach Absatz 3 trägt und
3. nicht verpflichtet ist, die Kapitalerträge im Sinne des § 43 Absatz 1 Satz 1 Nummer 1a ganz oder überwiegend, unmittelbar oder mittelbar anderen Personen zu vergüten.

[2]Satz 1 gilt entsprechend für Anteile oder Genussscheine, die zu inländischen Kapitalerträgen im Sinne des § 43 Absatz 3 Satz 1 führen und einer Wertpapiersammelbank im Ausland zur Verwahrung anvertraut sind.

(2) [1]Die Mindesthaltedauer umfasst 45 Tage und muss innerhalb eines Zeitraums von 45 Tagen vor und 45 Tagen nach der Fälligkeit der Kapitalerträge erreicht werden. [2]Bei Anschaffungen und Veräußerungen ist zu unterstellen, dass die zuerst angeschafften Anteile oder Genussscheine zuerst veräußert wurden

---

[1)] Zur Anwendung von Satz 4 siehe § 52 Abs. 48 Satz 3.

[2)] § 50i Abs. 2 neu gef. durch G v. 20.12.2016 (BGBl. I S. 3000); zur Anwendung siehe § 52 Abs. 48 Satz 4. Siehe auch BMF v. 5.1.2017 – IV B 5 – S 1300/14/10007, DStR 2017, 157.

[3)] § 50j eingef. mWv 1.1.2017 durch G v. 20.12.2016 (BGBl. I S. 3000); Abs. 1 Satz 1 und Abs. 4 Satz 2 Verweise geänd. durch G v. 2.6.2021 (BGBl. I S. 1259).

(3) [1]Der Gläubiger der Kapitalerträge muss unter Berücksichtigung von gegenläufigen Ansprüchen und Ansprüchen nahe stehender Personen das Risiko aus einem sinkenden Wert der Anteile oder Genussscheine im Umfang von mindestens 70 Prozent tragen (Mindestwertänderungsrisiko). [2]Kein hinreichendes Mindestwertänderungsrisiko liegt insbesondere dann vor, wenn der Gläubiger der Kapitalerträge oder eine ihm nahe stehende Person Kurssicherungsgeschäfte abgeschlossen hat, die das Wertänderungsrisiko der Anteile oder Genussscheine unmittelbar oder mittelbar um mehr als 30 Prozent mindern.

(4) [1]Die Absätze 1 bis 3 sind nur anzuwenden, wenn

1. die Steuer auf die dem Antrag zu Grunde liegenden Kapitalerträge nach einem Abkommen zur Vermeidung der Doppelbesteuerung 15 Prozent des Bruttobetrags der Kapitalerträge im Sinne des § 43 Absatz 1 Satz 1 Nummer 1a und des Absatzes 1 Satz 2 unterschreitet und
2. es sich nicht um Kapitalerträge handelt, die einer beschränkt steuerpflichtigen Kapitalgesellschaft, die am Nennkapital einer unbeschränkt steuerpflichtigen Kapitalgesellschaft im Sinne des § 1 Absatz 1 Nummer 1 des Körperschaftsteuergesetzes zu mindestens einem Zehntel unmittelbar beteiligt ist und im Staat ihrer Ansässigkeit den Steuern vom Einkommen oder Gewinn unterliegt, ohne davon befreit zu sein, von der unbeschränkt steuerpflichtigen Kapitalgesellschaft zufließen.

[2]Die Absätze 1 bis 3 sind nicht anzuwenden, wenn der Gläubiger der Kapitalerträge im Sinne des § 43 Absatz 1 Satz 1 Nummer 1a und des Absatzes 1 Satz *4* [***n. F.:*** 2] bei Zufluss seit mindestens einem Jahr ununterbrochen wirtschaftlicher Eigentümer der Aktien oder Genussscheine ist; Absatz 2 Satz 2 gilt entsprechend.

(5) Bestimmungen eines Abkommens zur Vermeidung der Doppelbesteuerung, § 42 der Abgabenordnung und andere steuerliche Vorschriften bleiben unberührt, soweit sie jeweils die Entlastung in einem weitergehenden Umfang einschränken.

§ 51 Ermächtigungen. (1) Die Bundesregierung wird ermächtigt, mit Zustimmung des Bundesrates

1. zur Durchführung dieses Gesetzes Rechtsverordnungen zu erlassen, soweit dies zur Wahrung der Gleichmäßigkeit bei der Besteuerung, zur Beseitigung von Unbilligkeiten in Härtefällen, zur Steuerfreistellung des Existenzminimums oder zur Vereinfachung des Besteuerungsverfahrens erforderlich ist, und zwar:
   a) über die Abgrenzung der Steuerpflicht, die Beschränkung der Steuererklärungspflicht auf die Fälle, in denen eine Veranlagung in Betracht

      kommt, über die den Einkommensteuererklärungen beizufügenden Unterlagen und über die Beistandspflichten Dritter;
   b) über die Ermittlung der Einkünfte und die Feststellung des Einkommens einschließlich der abzugsfähigen Beträge;

c) über die Höhe von besonderen Betriebsausgaben-Pauschbeträgen für Gruppen von Betrieben, bei denen hinsichtlich der Besteuerungsgrundlagen annähernd gleiche Verhältnisse vorliegen, wenn der Steuerpflichtige Einkünfte aus Gewerbebetrieb (§ 15) oder selbständiger Arbeit (§ 18) erzielt, in Höhe eines Prozentsatzes der Umsätze im Sinne des § 1 Absatz 1 Nummer 1 des Umsatzsteuergesetzes; Umsätze aus der Veräußerung von Wirtschaftsgütern des Anlagevermögens sind nicht zu berücksichtigen. [2] Einen besonderen Betriebsausgaben-Pauschbetrag dürfen nur Steuerpflichtige in Anspruch nehmen, die ihren Gewinn durch Einnahme-Überschussrechnung nach § 4 Absatz 3 ermitteln. [3] Bei der Festlegung der Höhe des besonderen Betriebsausgaben-Pauschbetrags ist der Zuordnung der Betriebe entsprechend der Klassifikation der Wirtschaftszweige, Fassung für Steuerstatistiken, Rechnung zu tragen. [4] Bei der Ermittlung der besonderen Betriebsausgaben-Pauschbeträge sind alle Betriebsausgaben mit Ausnahme der an das Finanzamt gezahlten Umsatzsteuer zu berücksichtigen. [5] Bei der Veräußerung oder Entnahme von Wirtschaftsgütern des Anlagevermögens sind die Anschaffungs- oder Herstellungskosten, vermindert um die Absetzungen für Abnutzung nach § 7 Absatz 1 oder 4 sowie die Veräußerungskosten neben dem besonderen Betriebsausgaben-Pauschbetrag abzugsfähig. [6] Der Steuerpflichtige kann im folgenden Veranlagungszeitraum zur Ermittlung der tatsächlichen Betriebsausgaben übergehen. [7] Wechselt der Steuerpflichtige zur Ermittlung der tatsächlichen Betriebsausgaben, sind die abnutzbaren Wirtschaftsgüter des Anlagevermögens mit ihren Anschaffungs- oder Herstellungskosten, vermindert um die Absetzungen für Abnutzung nach § 7 Absatz 1 oder 4, in ein laufend zu führendes Verzeichnis aufzunehmen. [8] § 4 Absatz 3 Satz 5 bleibt unberührt. [9] Nach dem Wechsel zur Ermittlung der tatsächlichen Betriebsausgaben ist eine erneute Inanspruchnahme des besonderen Betriebsausgaben-Pauschbetrags erst nach Ablauf der folgenden vier Veranlagungszeiträume zulässig; die §§ 140 und 141 der Abgabenordnung bleiben unberührt;

d) über die Veranlagung, die Anwendung der Tarifvorschriften und die Regelung der Steuerentrichtung einschließlich der Steuerabzüge;

e) über die Besteuerung der beschränkt Steuerpflichtigen einschließlich eines Steuerabzugs;

f)[1] *in Fällen, in denen ein Sachverhalt zu ermitteln und steuerrechtlich zu beurteilen ist, der sich auf Vorgänge außerhalb des Geltungsbereichs dieses Gesetzes bezieht, und außerhalb des Geltungsbereichs dieses Gesetzes ansässige Beteiligte oder andere Personen nicht wie bei Vorgängen innerhalb des Geltungsbereichs dieses Gesetzes zur Mitwirkung bei der Ermittlung des Sachverhalts herangezogen werden können, zu bestimmen,*

aa) in welchem Umfang Aufwendungen im Sinne des § 4 Absatz 4 oder des § 9 den Gewinn oder den Überschuss der Einnahmen über die Werbungs-

---

[1] Zu § 51 Abs. 1 Nr. 1 Buchst. f siehe SteuerhinterziehungsbekämpfungsVO v. 18.9.2009 (BGBl. I S. 3046), aufgeh. mWv 1.7.2021 durch G v. 25.6.2021 (BGBl. I S. 2056); demzuf. Buchst. f aufgeh. mWv 1.7.2021 durch G v. 25.6.2021 (BGBl. I S. 2056).

kosten nur unter Erfüllung besonderer Mitwirkungs- und Nachweispflichten mindern dürfen. 2 Die besonderen Mitwirkungs- und Nachweispflichten können sich erstrecken auf

aaa) die Angemessenheit der zwischen nahestehenden Personen im Sinne des § 1 Absatz 2 des Außensteuergesetzes in ihren Geschäftsbeziehungen vereinbarten Bedingungen,

bbb) die Angemessenheit der Gewinnabgrenzung zwischen unselbständigen Unternehmensteilen,

ccc) die Pflicht zur Einhaltung von für nahestehende Personen geltenden Dokumentations- und Nachweispflichten auch bei Geschäftsbeziehungen zwischen nicht nahestehenden Personen,

ddd) die Bevollmächtigung der Finanzbehörde durch den Steuerpflichtigen, in seinem Namen mögliche Auskunftsansprüche gegenüber den von der Finanzbehörde benannten Kreditinstituten außergerichtlich und gerichtlich geltend zu machen;

bb) dass eine ausländische Gesellschaft ungeachtet des § 50d Absatz 3 nur dann einen Anspruch auf völlige oder teilweise Entlastung vom Steuerabzug nach § 50c Absatz 2 oder 3[1] *oder § 44a Absatz 9 hat, soweit sie die Ansässigkeit der an ihr unmittelbar oder mittelbar beteiligten natürlichen Personen, deren Anteil unmittelbar oder mittelbar 10 Prozent übersteigt, darlegt und nachweisen kann;*

cc) dass § 2 Absatz 5b Satz 1, § 32d Absatz 1 und § 43 Absatz 5 in Bezug auf Einkünfte im Sinne des § 20 Absatz 1 Nummer 1 und die steuerfreien Einnahmen nach § 3 Nummer 40 Satz 1 und 2 nur dann anzuwenden sind, wenn die Finanzbehörde bevollmächtigt wird, im Namen des Steuerpflichtigen mögliche Auskunftsansprüche gegenüber den von der Finanzbehörde benannten Kreditinstituten außergerichtlich und gerichtlich geltend zu machen.

2 Die besonderen Nachweis- und Mitwirkungspflichten auf Grund dieses Buchstabens gelten nicht, wenn die außerhalb des Geltungsbereichs dieses Gesetzes ansässigen Beteiligten oder andere Personen in einem Staat oder Gebiet ansässig sind, mit dem ein Abkommen besteht, das die Erteilung von Auskünften entsprechend Artikel 26 des Musterabkommens der OECD zur Vermeidung der Doppelbesteuerung auf dem Gebiet der Steuern vom Einkommen und vom Vermögen in der Fassung von 2005 vorsieht oder der Staat oder das Gebiet Auskünfte in einem vergleichbaren Umfang erteilt oder die Bereitschaft zu einer entsprechenden Auskunftserteilung besteht;

2. Vorschriften durch Rechtsverordnung zu erlassen

   a) über die sich aus der Aufhebung oder Änderung von Vorschriften dieses Gesetzes ergebenden Rechtsfolgen, soweit dies zur Wahrung der Gleichmäßigkeit bei der Besteuerung oder zur Beseitigung von Unbilligkeiten in Härtefällen erforderlich ist;

(Fortsetzung nächste Seite)

---

[1] Verweis geänd. durch G v. 2.6.2021 (BGBl. I S. 1259).

(3) [1]Die Bundesregierung wird ermächtigt, durch Rechtsverordnung mit Zustimmung des Bundesrates Vorschriften zu erlassen, nach denen die Einkommensteuer einschließlich des Steuerabzugs vom Arbeitslohn, des Steuerabzugs vom Kapitalertrag und des Steuerabzugs bei beschränkt Steuerpflichtigen

1. um höchstens 10 Prozent herabgesetzt werden kann. [2]Der Zeitraum, für den die Herabsetzung gilt, darf ein Jahr nicht übersteigen; er soll sich mit dem Kalenderjahr decken. [3]Voraussetzung ist, dass eine Störung des gesamtwirtschaftlichen Gleichgewichts eingetreten ist oder sich abzeichnet, die eine nachhaltige Verringerung der Umsätze oder der Beschäftigung zur Folge hatte oder erwarten lässt, insbesondere bei einem erheblichen Rückgang der Nachfrage nach Investitionsgütern und Bauleistungen oder Verbrauchsgütern;
2. um höchstens 10 Prozent erhöht werden kann. [2]Der Zeitraum, für den die Erhöhung gilt, darf ein Jahr nicht übersteigen; er soll sich mit dem Kalenderjahr decken. [3]Voraussetzung ist, dass eine Störung des gesamtwirtschaftlichen Gleichgewichts eingetreten ist oder sich abzeichnet, die erhebliche Preissteigerungen mit sich gebracht hat oder erwarten lässt, insbesondere, wenn die Nachfrage nach Investitionsgütern und Bauleistungen oder Verbrauchsgütern das Angebot wesentlich übersteigt.

[2]Rechtsverordnungen auf Grund dieser Ermächtigung bedürfen der Zustimmung des Bundestages.

(4)[1)] Das Bundesministerium der Finanzen wird ermächtigt,

1. im Einvernehmen mit den obersten Finanzbehörden der Länder die Vordrucke für
   a) (weggefallen)
   b) die Erklärungen zur Einkommensbesteuerung,
   c) die Anträge nach § 38b Absatz 2, nach § 39a Absatz 2, in dessen Vordrucke der Antrag nach § 39f einzubeziehen ist, die Anträge nach § 39a Absatz 4 sowie die Anträge zu den elektronischen Lohnsteuerabzugsmerkmalen (§ 38b Absatz 3 und § 39e Absatz 6 Satz 7),
   d) die Lohnsteuer-Anmeldung (§ 41a Absatz 1),
   e) die Anmeldung der Kapitalertragsteuer (§ 45a Absatz 1) und den Freistellungsauftrag nach § 44a Absatz 2 Satz 1 Nummer 1,
   f) die Anmeldung des Abzugsbetrags (§ 48a),
   g) die Erteilung der Freistellungsbescheinigung (§ 48b),
   h) die Anmeldung der Abzugsteuer (§ 50a Absatz 7)
   i) *die Entlastung von der Kapitalertragsteuer und vom Steuerabzug nach § 50a auf Grund von Abkommen zur Vermeidung der Doppelbesteuerung*

   und die Muster der Bescheinigungen für den Lohnsteuerabzug nach § 39 Absatz 3 und § 39e Absatz 7 Satz 5, des Ausdrucks der elektronischen Lohnsteuerbescheinigung (§ 41b Absatz 1), das Muster der Lohnsteuerbe

---

1) § 51 Abs. 4 Nr. 1 Buchst. c neu gef., Satzteil nach Buchst. i neu gef. durch G v. 7.12.2011 (BGBl. I S. 2592); Nr. 1 Verweise geänd. durch G v. 12.12.2019 (BGBl. I S. 2451); Buchst. i aufgeh. mWv 1.1.2024 (§ 52 Abs. 48a) durch G v. 2.6.2021 (BGBl. I S. 1259).

scheinigung nach § 41b Absatz 3 Satz 1, der Anträge auf Erteilung einer Bescheinigung für den Lohnsteuerabzug nach § 39 Absatz 3 und § 39e Absatz 7 Satz 1 sowie der in § 45a Absatz 2 und 3 und § 50a Absatz 5 Satz 6 vorgesehenen Bescheinigungen zu bestimmen;

1a. im Einvernehmen mit den obersten Finanzbehörden der Länder auf der Basis der §§ 32a und 39b einen Programmablaufplan für die Herstellung von Lohnsteuertabellen zur manuellen Berechnung der Lohnsteuer aufzustellen und bekannt zu machen. [2]Der Lohnstufenabstand beträgt bei den Jahrestabellen 36. [3]Die in den Tabellenstufen auszuweisende Lohnsteuer ist aus der Obergrenze der Tabellenstufen zu berechnen und muss an der Obergrenze mit der maschinell berechneten Lohnsteuer übereinstimmen. [4]Die Monats-, Wochen- und Tagestabellen sind aus den Jahrestabellen abzuleiten;

1b. im Einvernehmen mit den obersten Finanzbehörden der Länder den Mindestumfang der nach § 5b elektronisch zu übermittelnden Bilanz und Gewinn- und Verlustrechnung zu bestimmen;

1c. durch Rechtsverordnung zur Durchführung dieses Gesetzes mit Zustimmung des Bundesrates Vorschriften über einen von dem vorgesehenen erstmaligen Anwendungszeitpunkt gemäß § 52 *Absatz 15a*[1)] in der Fassung des Artikels 1 des Gesetzes vom 20. Dezember 2008 (BGBl. I S. 2850) abweichenden späteren Anwendungszeitpunkt[2)] zu erlassen, wenn bis zum 31. Dezember 2010 erkennbar ist, dass die technischen oder organisatorischen Voraussetzungen für eine Umsetzung der in § 5b Absatz 1 in der Fassung des Artikels 1 des Gesetzes vom 20. Dezember 2008 (BGBl. I S. 2850) vorgesehenen Verpflichtung nicht ausreichen;

1d.[3)] die Vordrucke für die Anmeldung des Steuerabzugs von Vergütungen im Sinne des § 50a Absatz 1 zu bestimmen;

[***ab 1.1.2024:***

1e.[4)] im Einvernehmen mit den obersten Finanzbehörden der Länder die Vorgaben für die Zuweisung der Ordnungsnummer nach § 45b Absatz 1 zu bestimmen;]

2. den Wortlaut dieses Gesetzes und der zu diesem Gesetz erlassenen Rechtsverordnungen in der jeweils geltenden Fassung satzweise nummeriert mit neuem Datum und in neuer Paragraphenfolge bekannt zu machen und dabei Unstimmigkeiten im Wortlaut zu beseitigen.

§ 51a Festsetzung und Erhebung von Zuschlagsteuern. (1)[5)] [1]Auf die Festsetzung und Erhebung von Steuern, die nach der Einkommensteuer bemessen werden (Zuschlagsteuern), sind die Vorschriften dieses Gesetzes

---

[1)] Jetzt § 52 Abs. 11.

[2)] Siehe hierzu Anwendungszeitpunktverschiebungsverordnung **(AnwZpvV)** vom 20.12. 2010 (BGBl. I S. 2135); abgedruckt zu § 52 Abs. 11.

[3)] § 51 Abs. 4 Nr. 1d eingef. mWv 18.12.2019 durch G v. 12.12.2019 (BGBl. I S. 2451).

[4)] § 51 Abs. 4 Nr. 1e eingef. mWv 1.1.2024 (§ 52 Abs. 48a) durch G v. 2.6.2021 (BGBl. I S. 1259).

[5)] § 51a Abs. 1 Satz 2 angef., bish. Wortlaut wird Satz 1 mWv VZ 2019 durch G v. 20.11.2019 (BGBl. I S. 1626); § 51 Abs. 1 Satz 1 geänd. mWv 1.1.2021 durch G v. 1.12.2020 (BGBl. I S. 2616).

[***ab 1.1.2021:*** mit Ausnahme des § 36a] entsprechend anzuwenden. [2]Wird Einkommensteuer im Wege des Steuerabzugs erhoben, dürfen die zu diesem Zweck verarbeiteten personenbezogenen Daten auch für die Erhebung einer Zuschlagsteuer im Wege des Steuerabzugs verarbeitet werden.

(Fortsetzung nächstes Blatt)

Fassung ergibt oder soweit eine in einem ausländischen Staat belegene Betriebsstätte im Sinne des § 2a Absatz 4 in der Fassung des § 52 Absatz 3 Satz 8 in der am 30. Juli 2014[1)] geltenden Fassung in eine Kapitalgesellschaft umgewandelt, übertragen oder aufgegeben wird. [4] Insoweit ist in § 2a Absatz 3 Satz 5 letzter Halbsatz in der am 29. April 1997 geltenden Fassung die Angabe „§ 10d Absatz 3“ durch die Angabe „§ 10d Absatz 4“ zu ersetzen.

(3) § 2b in der Fassung der Bekanntmachung vom 19. Oktober 2002 (BGBl. I S. 4210; 2003 I S. 179) ist weiterhin für Einkünfte aus einer Einkunftsquelle im Sinne des § 2b anzuwenden, die der Steuerpflichtige nach dem 4. März 1999 und vor dem 11. November 2005 rechtswirksam erworben oder begründet hat.

(4)[2)] [1] § 3 Nummer 5 in der am 30. Juni 2013 geltenden Fassung ist vorbehaltlich des Satzes 2 erstmals für den Veranlagungszeitraum 2013 anzuwenden. [2] § 3 Nummer 5 in der am 29. Juni 2013 geltenden Fassung ist weiterhin anzuwenden für freiwillig Wehrdienst Leistende, die das Dienstverhältnis vor dem 1. Januar 2014 begonnen haben. [3] § 3 Nummer 10 in der am 31. Dezember 2005 geltenden Fassung ist weiter anzuwenden für ausgezahlte Übergangsbeihilfen an Soldatinnen auf Zeit und Soldaten auf Zeit, wenn das Dienstverhältnis vor dem 1. Januar 2006 begründet worden ist. [4] Auf fortlaufende Leistungen nach dem Gesetz über die Heimkehrerstiftung vom 21. Dezember 1992 (BGBl. I S. 2094, 2101), das zuletzt durch Artikel 1 des Gesetzes vom 10. Dezember 2007 (BGBl. I S. 2830) geändert worden ist, in der jeweils geltenden Fassung ist § 3 Nummer 19 in der am 31. Dezember 2010 geltenden Fassung weiter anzuwenden. [5] § 3 Nummer 26 und 26a in der Fassung des Artikels 2 des Gesetzes vom 11. Dezember 2018 (BGBl. I S. 2338) ist in allen offenen Fällen anzuwenden. [6] Für die Anwendung des § 3 Nummer 34 in der Fassung des Artikels 3 des Gesetzes vom 11. Dezember 2018 (BGBl. I S. 2338) ist das Zertifizierungserfordernis nach § 20 Absatz 2 Satz 2 in Verbindung mit § 20 Absatz 5 des Fünften Buches Sozialgesetzbuch für bereits vor dem 1. Januar 2019 begonnene unzertifizierte Gesundheitsmaßnahmen erstmals maßgeblich für Sachbezüge, die nach dem 31. Dezember 2019 gewährt werden. [7] § 3 Nummer 37 in der Fassung des Artikels 3 des Gesetzes vom 11. Dezember 2018 (BGBl. I S. 2338) ist letztmals für den Veranlagungszeitraum 2030 anzuwenden, sowie beim Steuerabzug vom Arbeitslohn auf Vorteile, die in einem vor dem 1. Januar 2031 endenden Lohnzahlungszeitraum oder als sonstige Bezüge vor dem 1. Januar 2031 zugewendet werden. [8] § 3 Nummer 40 ist erstmals anzuwenden für

---

[1)] Datum des Tags der Verkündung des G v. 25.7.2014 (BGBl. I S. 1266).

[2)] § 52 Abs. 4 Satz 13 angef. durch G v. 22.12.2014 (BGBl. I S. 2417); Satz 10 eingef., bish. Sätze 10 bis 13 werden Sätze 11 bis 14 durch G v. 7.11.2016 (BGBl. I S. 2498); Satz 7 eingef., bish. Sätze 7 bis 14 werden Sätze 8 bis 15 durch G v. 20.12.2016 (BGBl. I S. 3000); Satz 16 angef. durch G v. 27.6.2017 (BGBl. I S. 2074); Sätze 12 und 13 geänd., Satz 14 neu gef., Satz 15 eingef., Sätze 15 und 16 werden Sätze 16 und 17 mWv 1.1.2018 durch G v. 17.8.2017 (BGBl. I S. 3214); Sätze 5 bis 7 eingef., bish. Sätze 5 bis 11 werden Sätze 8 bis 14, bish. Sätze 12 und 13 aufgeh., bish. Sätze 14 bis 17 werden Sätze 15 bis 18 durch G v. 11.12.2018 (BGBl. I S. 2338); Sätze 7 und 14 geänd. durch G v. 12.12.2019 (BGBl. I S. 2451); Satz 15 eingef., bish. Sätze 15 bis 18 werden Sätze 16 bis 19 durch G v. 8.8.2020 (BGBl. I S. 1818); Satz 9 eingef., bish. Sätze 9 bis 13 werden Sätze 10 bis 14, Satz 15 eingef., bish. Sätze 14 bis 19 werden Sätze 16 bis 21 durch G v. 25.6.2021 (BGBl. I S. 2035).

1. Gewinnausschüttungen, auf die bei der ausschüttenden Körperschaft der nach Artikel 3 des Gesetzes vom 23. Oktober 2000 (BGBl. I S. 1433) aufgehobene Vierte Teil des Körperschaftsteuergesetzes nicht mehr anzuwenden ist; für die übrigen in § 3 Nummer 40 genannten Erträge im Sinne des § 20 gilt Entsprechendes;
2. Erträge im Sinne des § 3 Nummer 40 Satz 1 Buchstabe a, b, c und j nach Ablauf des ersten Wirtschaftsjahres der Gesellschaft, an der die Anteile bestehen, für das das Körperschaftsteuergesetz in der Fassung des Artikels 3 des Gesetzes vom 23. Oktober 2000 (BGBl. I S. 1433) erstmals anzuwenden ist.

[9] § 3 Nummer 40 Satz 1 Buchstabe d Satz 3 in der Fassung des Artikels 1 des Gesetzes vom 25. Juni 2021 (BGBl. I S. 2035) ist erstmals für Bezüge anzuwenden, die nach dem 31. Dezember 2019 zufließen. [10] § 3 Nummer 40 Satz 3 und 4 in der am 12. Dezember 2006 geltenden Fassung ist für Anteile, die einbringungsgeboren im Sinne des § 21 des Umwandlungssteuergesetzes in der am 12. Dezember 2006 geltenden Fassung sind, weiter anzuwenden. [11] § 3 Nummer 40 Satz 3 erster Halbsatz in der am 1. Januar 2017 geltenden Fassung ist erstmals für den Veranlagungszeitraum 2017 anzuwenden; der zweite Halbsatz ist anzuwenden auf Anteile, die nach dem 31. Dezember 2016 dem Betriebsvermögen zugehen. [12] Bei vom Kalenderjahr abweichenden Wirtschaftsjahren ist § 3 Nummer 40 Buchstabe d Satz 2 in der am 30. Juni 2013 geltenden Fassung erstmals für den Veranlagungszeitraum anzuwenden, in dem das Wirtschaftsjahr endet, das nach dem 31. Dezember 2013 begonnen hat. [13] § 3 Nummer 40a in der am 6. August 2004 geltenden Fassung ist auf Vergütungen im Sinne des § 18 Absatz 1 Nummer 4 anzuwenden, wenn die vermögensverwaltende Gesellschaft oder Gemeinschaft nach dem 31. März 2002 und vor dem 1. Januar 2009 gegründet worden ist oder soweit die Vergütungen in Zusammenhang mit der Veräußerung von Anteilen an Kapitalgesellschaften stehen, die nach dem 7. November 2003 und vor dem 1. Januar 2009 erworben worden sind. [14] § 3 Nummer 40a in der am 19. August 2008 geltenden Fassung ist erstmals auf Vergütungen im Sinne des § 18 Absatz 1 Nummer 4 anzuwenden, wenn die vermögensverwaltende Gesellschaft oder Gemeinschaft nach dem 31. Dezember 2008 gegründet worden ist. [15] § 3 Nummer 41 in der am 30. Juni 2021 geltenden Fassung ist letztmals für den Veranlagungszeitraum 2021 anzuwenden. [16] § 3 Nummer 46 in der am 17. November 2016 geltenden Fassung ist erstmals anzuwenden auf Vorteile, die in einem nach dem 31. Dezember 2016 endenden Lohnzahlungszeitraum oder als sonstige Bezüge nach dem 31. Dezember 2016 zugewendet werden, und letztmals anzuwenden auf Vorteile, die in einem vor dem 1. Januar 2031 endenden Lohnzahlungszeitraum oder als sonstige Bezüge vor dem 1. Januar 2031 zugewendet werden. [17] § 3 Nummer 60 in der am 13. August 2020 geltenden Fassung ist weiterhin anzuwenden für Anpassungsgelder an Arbeitnehmer im Steinkohlenbergbau bis zum Auslaufen dieser öffentlichen Mittel im Jahr 2027. [18] Der Höchstbetrag nach § 3 Nummer 63 Satz 1 verringert sich um Zuwendungen, auf die § 40b Absatz 1 und 2 Satz 1 und 2 in der am 31. Dezember 2004 geltenden Fassung angewendet wird. [19] § 3 Nummer 63 Satz 3 in der ab dem 1. Januar 2018 geltenden Fassung ist nicht anzuwenden, soweit § 40b Absatz 1 und 2 Satz 3 und 4 in der am 31. Dezember 2004 gel-

tenden Fassung angewendet wird. [20] § 3 Nummer 71 in der am 31. Dezember 2014 geltenden Fassung ist erstmals für den Veranlagungszeitraum 2013 anzuwenden. [21] § 3 Nummer 71 in der Fassung des Artikels 1 des Gesetzes vom 27. Juni 2017 (BGBl. I S. 2074) ist erstmals für den Veranlagungszeitraum 2017 anzuwenden.

(4a)[1)] [1] § 3a in der Fassung des Artikels 2 des Gesetzes vom 27. Juni 2017 (BGBl. I S. 2074) ist erstmals in den Fällen anzuwenden, in denen die Schulden ganz oder teilweise nach dem 8. Februar 2017 erlassen wurden. [2] Satz 1 gilt bei einem Schuldenerlass nach dem 8. Februar 2017 nicht, wenn dem Steuerpflichtigen auf Antrag Billigkeitsmaßnahmen aus Gründen des Vertrauensschutzes für einen Sanierungsertrag auf Grundlage von § 163 Absatz 1 Satz 2 und den §§ 222, 227 der Abgabenordnung zu gewähren sind. [3] Auf Antrag des Steuerpflichtigen ist § 3a auch in den Fällen anzuwenden, in denen die Schulden vor dem 9. Februar 2017 erlassen wurden. [4] Satz 1 gilt auch für § 3a Absatz 3a in der Fassung des Artikels 1 des Gesetzes vom 12. Dezember 2019 (BGBl. I S. 2451).

(5)[2)] [1] § 3c Absatz 2 *Satz 3 und 4*[3)] in der am 12. Dezember 2006 geltenden Fassung ist für Anteile, die einbringungsgeboren im Sinne des § 21 des Umwandlungssteuergesetzes in der am 12. Dezember 2006 geltenden Fassung sind, weiter anzuwenden. [2] § 3c Absatz 2 in der am 31. Dezember 2014 geltenden Fassung ist erstmals für Wirtschaftsjahre anzuwenden, die nach dem 31. Dezember 2014 beginnen. [3] § 3c Absatz 4 in der Fassung des Artikels 2 des Gesetzes vom 27. Juni 2017 (BGBl. I S. 2074) ist für Betriebsvermögensminderungen oder Betriebsausgaben in unmittelbarem wirtschaftlichem Zusammenhang mit einem Schuldenerlass nach dem 8. Februar 2017 anzuwenden, für den § 3a angewendet wird. [4] § 3c Absatz 4 ist auch in den Fällen anzuwenden, in denen dem Steuerpflichtigen die Steuerbefreiung des § 3a auf Grund eines Antrags nach Absatz 4a Satz 3 gewährt wird.

(6)[4)] [1] § 4 Absatz 1 Satz 3 in der Fassung des Artikels 1 des Gesetzes vom 25. Juni 2021 (BGBl. I S. 2035) ist erstmals für nach dem 31. Dezember 2019 endende Wirtschaftsjahre anzuwenden. [2] § 4 Absatz 1 Satz 4 in der Fassung des Artikels 1 des Gesetzes vom 8. Dezember 2010 (BGBl. I S. 1768) gilt in allen Fällen, in denen § 4 Absatz 1 Satz 3 anzuwenden ist. [3] § 4 Absatz 1 Satz 9 in der Fassung des Artikels 1 des Gesetzes vom 25. Juni 2021 (BGBl. I S. 2035) ist erstmals für nach dem 31. Dezember 2019 endende Wirtschaftsjahre anzuwenden. [4] § 4 Absatz 3 Satz 4 ist nicht anzuwenden, soweit die Anschaffungs- oder Herstellungskosten vor dem 1. Januar 1971 als Betriebsausgaben abgesetzt worden sind. [5] § 4 Absatz 3 Satz 4 und 5 in der Fassung des Artikels 1 des Geset-

---

[1)] § 52 Abs. 4a eingef. durch G v. 27.6.2017 (BGBl. I S. 2074); Satz 3 angef. durch G v. 11.12.2018 (BGBl. I S. 2338); Satz 4 angef. durch G v. 12.12.2019 (BGBl. I S. 2451).

[2)] § 52 Abs. 5 Satz 2 angef. durch G v. 22.12.2014 (BGBl. I S. 2417); Satz 3 angef. durch G v. 27.6.2017 (BGBl. I S. 2074); Satz 4 angef. durch G v. 11.12.2018 (BGBl. I S. 2338).

[3)] Jetzt: Satz 8 und 9.

[4)] § 52 Abs. 6 Sätze 10 bis 12 angef. durch G v. 12.12.2019 (BGBl. I S. 2451); Satz 13 angef. durch G v. 21.12.2020 (BGBl. I S. 3096); neuer Satz 1 eingef., bish. Satz 1 wird Satz 2, Satz 3 eingef., bish. Sätze 2 bis 13 werden Sätze 4 bis 15 durch G v. 25.6.2021 (BGBl. I S. 2035).

zes vom 28. April 2006 (BGBl. I S. 1095) ist erstmals für Wirtschaftsgüter anzuwenden, die nach dem 5. Mai 2006 angeschafft, hergestellt oder in das Betriebsvermögen eingelegt werden. [6] Die Anschaffungs- oder Herstellungskosten für nicht abnutzbare Wirtschaftsgüter des Anlagevermögens, die vor dem 5. Mai 2006 angeschafft, hergestellt oder in das Betriebsvermögen eingelegt wurden, sind erst im Zeitpunkt des Zuflusses des Veräußerungserlöses oder im Zeitpunkt der Entnahme als Betriebsausgaben zu berücksichtigen. [7] § 4 Absatz 4a in der Fassung des Gesetzes vom 22. Dezember 1999 (BGBl. I S. 2601) ist erstmals für das Wirtschaftsjahr anzuwenden, das nach dem 31. Dezember 1998 endet. [8] Über- und Unterentnahmen vorangegangener Wirtschaftsjahre bleiben unberücksichtigt. [9] Bei vor dem 1. Januar 1999 eröffneten Betrieben sind im Fall der Betriebsaufgabe bei der Überführung von Wirtschaftsgütern aus dem Betriebsvermögen in das Privatvermögen die Buchwerte nicht als Entnahme anzusetzen; im Fall der Betriebsveräußerung ist nur der Veräußerungsgewinn als Entnahme anzusetzen. [10] § 4 Absatz 5 Satz 1 Nummer 5 in der Fassung des Artikels 1 des Gesetzes vom 20. Februar 2013 (BGBl. I S. 285) ist erstmals ab dem 1. Januar 2014 anzuwenden. [11] § 4 Absatz 5 Satz 1 Nummer 6a in der Fassung des Artikels 1 des Gesetzes vom 20. Februar 2013 (BGBl. I S. 285) ist erstmals ab dem 1. Januar 2014 anzuwenden. [12] § 4 Absatz 5 Satz 1 Nummer 8 in der Fassung des Artikels 1 des Gesetzes vom 12. Dezember 2019 (BGBl. I S. 2451) ist erstmals anzuwenden auf nach dem 31. Dezember 2018 festgesetzte Geldbußen, Ordnungsgelder und Verwarnungsgelder sowie auf nach dem 31. Dezember 2018 entstandene mit der Geldbuße, dem Ordnungsgeld oder dem Verwarnungsgeld zusammenhängende Aufwendungen. [13] § 4 Absatz 5 Satz 1 Nummer 8a in der Fassung des Artikels 1 des Gesetzes vom 12. Dezember 2019 (BGBl. I S. 2451) ist erstmals anzuwenden auf nach dem 31. Dezember 2018 festgesetzte Zinsen im Sinne der Vorschrift. [14] § 4 Absatz 10 in der Fassung des Artikels 2 des Gesetzes vom 12. Dezember 2019 (BGBl. I S. 2451) ist erstmals anzuwenden auf nach dem 31. Dezember 2019 durchgeführte Übernachtungen im Sinne der Vorschrift. [15] § 4 Absatz 5 Satz 1 Nummer 6b Satz 4 in der Fassung des Artikels 1 des Gesetzes vom 21. Dezember 2020 (BGBl. I S. 3096) ist für nach dem 31. Dezember 2019 und vor dem 1. Januar 2022 in der häuslichen Wohnung ausgeübte Tätigkeiten anzuwenden.

(7)[1] *(aufgehoben)*

(8)[2] [1] § 4f in der Fassung des Gesetzes vom 18. Dezember 2013 (BGBl. I S. 4318) ist erstmals für Wirtschaftsjahre anzuwenden, die nach dem 28. November 2013 enden. [2] § 4f Absatz 1 Satz 3 in der Fassung des Artikels 1 des Gesetzes vom 21. Dezember 2020 (BGBl. I S. 3096) ist erstmals für Wirtschaftsjahre anzuwenden, die nach dem 31. Dezember 2019 enden; bei nach § 4a vom Kalenderjahr abweichenden Wirtschaftsjahren ist § 4f Absatz 1 Satz 3 spätestens für Wirtschaftsjahre anzuwenden, die nach dem 17. Juli 2020 enden.

(8a)[3] § 4g Absatz 1 in der Fassung des Artikels 1 des Gesetzes vom 25. Juni 2021 (BGBl. I S. 2035) ist in allen offenen Fällen anzuwenden.

---

[1] § 52 Abs. 7 aufgeh. mWv 1.1.2018 durch G v. 21.12.2015 (BGBl. I S. 2553).
[2] § 8 Satz 2 angef. durch G v. 21.12.2020 (BGBl. I S. 3096).
[3] § 52 Abs. 8a eingef. durch G v. 25.6.2021 (BGBl. I S. 2035).

(8b)[1] § 4j in der Fassung des Artikels 1 des Gesetzes vom 27. Juni 2017 (BGBl. I S. 2074) ist erstmals für Aufwendungen anzuwenden, die nach dem 31. Dezember 2017 entstehen.

(8c)[2] [1] § 4k in der Fassung des Artikels 1 des Gesetzes vom 25. Juni 2021 (BGBl. I S. 2035) ist erstmals für Aufwendungen anzuwenden, die nach dem 31. Dezember 2019 entstehen. [2] Aufwendungen, die rechtlich bereits vor dem 1. Januar 2020 verursacht wurden, gelten bei der Anwendung des Satzes 1 nur insoweit als nach dem 31. Dezember 2019 entstanden, als ihnen ein Dauerschuldverhältnis zugrunde liegt und sie ab diesem Zeitpunkt ohne wesentliche Nachteile hätten vermieden werden können. [3] Ein Nachteil ist insbesondere dann wesentlich im Sinne des Satzes 2, wenn sämtliche mit der Vermeidung der Aufwendungen verbundenen Kosten den steuerlichen Vorteil infolge der Besteuerungsinkongruenz übersteigen. [4] Satz 2 gilt nicht, wenn das Dauerschuldverhältnis nach dem 31. Dezember 2019 wesentlich geändert wurde.

(9) [1] § 5 Absatz 7 in der Fassung des Gesetzes vom 18. Dezember 2013 (BGBl. I S. 4318) ist erstmals für Wirtschaftsjahre anzuwenden, die nach dem 28. November 2013 enden. [2] Auf Antrag kann § 5 Absatz 7 auch für frühere Wirtschaftsjahre angewendet werden. [3] Bei Schuldübertragungen, Schuldbeitritten und Erfüllungsübernahmen, die vor dem 14. Dezember 2011 vereinbart wurden, ist § 5 Absatz 7 Satz 5 mit der Maßgabe anzuwenden, dass für einen Gewinn, der sich aus der Anwendung von § 5 Absatz 7 Satz 1 bis 3 ergibt, jeweils in Höhe von 19 Zwanzigsteln eine gewinnmindernde Rücklage gebildet werden kann, die in den folgenden 19 Wirtschaftsjahren jeweils mit mindestens einem Neunzehntel gewinnerhöhend aufzulösen ist.

(10)[3] [1] § 5a Absatz 3 in der Fassung des Artikels 9 des Gesetzes vom 29. Dezember 2003 (BGBl. I S. 3076) ist erstmals für das Wirtschaftsjahr anzuwenden, das nach dem 31. Dezember 2005 endet. [2] § 5a Absatz 3 Satz 1 in der am 31. Dezember 2003 geltenden Fassung ist weiterhin anzuwenden, wenn der Steuerpflichtige im Fall der Anschaffung das Handelsschiff auf Grund eines vor dem 1. Januar 2006 rechtswirksam abgeschlossenen schuldrechtlichen Vertrags oder gleichgestellten Rechtsakts angeschafft oder im Fall der Herstellung mit der Herstellung des Handelsschiffs vor dem 1. Januar 2006 begonnen hat. [3] In Fällen des Satzes 2 muss der Antrag auf Anwendung des § 5a Absatz 1 spätestens bis zum Ablauf des Wirtschaftsjahres gestellt werden, das vor dem 1. Januar 2008 endet. [4] § 5a Absatz 4 Satz 5 bis 7 in der Fassung des Artikels 1 des Gesetzes vom 2. Juni 2021 (BGBl. I S. 1259) ist erstmals auf Wirtschaftsjahre anzuwenden, die nach dem 31. Dezember 1998 beginnen. [5] Soweit Ansparabschreibungen im Sinne des § 7g Absatz 3 in der am 17. August 2007 geltenden Fassung zum Zeitpunkt des Übergangs zur Gewinnermittlung nach § 5a Absatz 1 noch nicht gewinnerhöhend aufgelöst worden sind, ist § 5a Absatz 5

[1] § 52 Abs. 8a eingef. durch G v. 27.6.2017 (BGBl. I S. 2074); wird Abs. 8b durch G v. 25.6.2021 (BGBl. I S. 2035).

[2] § 52 Abs. 8c eingef. durch G v. 25.6.2021 (BGBl. I S. 2035).

[3] § 52 Abs. 10 Satz 5 angef. durch G v. 12.12.2019 (BGBl. I S. 2451); Satz 4 eingef., bish. Sätze 4 und 5 werden Sätze 5 und 6 durch G v. 2.6.2021 (BGBl. I S. 1259).

Satz 3 in der am 17. August 2007 geltenden Fassung weiter anzuwenden. [6] § 5a Absatz 6 in der durch Artikel 1 des Gesetzes vom 12. Dezember 2019 (BGBl. I S. 2451) geänderten Fassung ist erstmals für Wirtschaftsjahre anzuwenden, die nach dem 31. Dezember 2018 beginnen.

(11)[1)] § 5b in der Fassung des Artikels 1 des Gesetzes vom 20. Dezember 2008 (BGBl. I S. 2850) ist erstmals für Wirtschaftsjahre anzuwenden, die nach dem 31. Dezember 2010 beginnen.

(12)[2)] [1] § 6 Absatz 1 Nummer 1b kann auch für Wirtschaftsjahre angewendet werden, die vor dem 23. Juli 2016[3)] enden. [2] § 6 Absatz 1 Nummer 4 Satz 2 Nummer 3 und Satz 3 Nummer 3 in der Fassung des Artikels 1 des Gesetzes vom 29. Juni 2020 (BGBl. I S. 1512) ist bereits ab dem 1. Januar 2020 anzuwenden. [3] § 6 Absatz 1 Nummer 4 Satz 6 ist bis zum 31. Dezember 2030 anzuwenden. [4] § 6 Absatz 1 Nummer 5 Satz 1 Buchstabe c in der Fassung des Artikels 2 des Gesetzes vom 11. Dezember 2018 (BGBl. I S. 2338) ist erstmals bei Wirtschaftsgütern anzuwenden, die nach dem 31. Dezember 2017 in ein Betriebsvermögen eingelegt werden. [5] § 6 Absatz 2 Satz 4 in der Fassung des Artikels 4 des Gesetzes vom 30. Juni 2017 (BGBl. I S. 2143) ist erstmals bei Wirtschaftsgütern anzuwenden, die nach dem 31. Dezember 2017 angeschafft, hergestellt oder in das Betriebsvermögen eingelegt werden. [6] § 6 Absatz 2 Satz 1 in der Fassung des Artikels 1 des Gesetzes vom 27. Juni 2017 (BGBl. I S. 2074) ist erstmals bei Wirtschaftsgütern anzuwenden, die nach dem 31. Dezember 2017 angeschafft, hergestellt oder in das Betriebsvermögen eingelegt werden. [7] § 6 Absatz 5 Satz 1 zweiter Halbsatz in der am 14. Dezember 2010 geltenden Fassung gilt in allen Fällen, in denen § 4 Absatz 1 Satz 3 anzuwenden ist. [8] § 6 Absatz 2a in der Fassung des Artikels 1 des Gesetzes vom 27. Juni 2017 (BGBl. I S. 2074) ist erstmals bei Wirtschaftsgütern anzuwenden, die nach dem 31. Dezember 2017 angeschafft, hergestellt oder in das Betriebsvermögen eingelegt werden. [9] § 6 Absatz 1 Nummer 4 Satz 1 zweiter Halbsatz, Nummer 5a zweiter Halbsatz und Nummer 5b in der Fassung des Artikels 1 des Gesetzes vom 25. Juni 2021 (BGBl. I S. 2035) ist erstmals für nach dem 31. Dezember 2019 endende Wirtschaftsjahre anzuwenden.

(13)[4)] *(aufgehoben)*

[1)] Siehe hierzu jedoch Verordnung zur Festlegung eines späteren Anwendungszeitpunkts der Verpflichtungen nach § 5b des Einkommensteuergesetzes **(Anwendungszeitpunktverschiebungsverordnung – AnwZpvV)** vom 20.12.2010 (BGBl. I S. 2135): „**§ 1 Verschiebung des erstmaligen Anwendungszeitpunktes der Verpflichtungen nach § 5b des Einkommensteuergesetzes.** Abweichend von § 52 Absatz 15a des Einkommensteuergesetzes sind die Bilanz und die Gewinn- und Verlustrechnung erstmals für Wirtschaftsjahre, die nach dem 31. Dezember 2011 beginnen, elektronisch zu übermitteln."

[2)] § 52 Abs. 12 Satz 1 geänd. durch G v. 2.11.2015 (BGBl. I S. 1834); Satz 1 eingef., bish. Sätze 1 und 2 werden Sätze 2 und 3 durch G v. 18.7.2016 (BGBl. I S. 1679); Satz 3 eingef., bish. Satz 3 wird Satz 4, Satz 5 angef. durch G v. 27.6.2017 (BGBl. I S. 2074); Satz 3 eingef., bish. Sätze 3 bis 5 werden Sätze 4 bis 6 durch G v. 30.6.2017 (BGBl. I S. 2143); Satz 2 eingef., bish. Satz 2 wird Satz 3 und neu gef., bish. Sätze 3 bis 6 werden Sätze 4 bis 7 durch G v. 11.12.2018 (BGBl. I S. 2338); Satz 2 geänd. durch G v. 12.12.2019 (BGBl. I S. 2451); Satz 2 eingef., bish. Sätze 2 bis 7 werden Sätze 3 bis 8 durch G v. 29.6.2020 (BGBl. I S. 1512); Satz 9 angef. durch G v. 25.6.2021 (BGBl. I S. 2035).

[3)] Tag nach der Verkündung des G v. 18.7.2016 (BGBl. I S. 1679).

[4)] § 52 Abs. 13 aufgeh. mWv 1.1.2018 durch G v. 21.12.2015 (BGBl. I S. 2553).

(14)[1] [1] § 6b Absatz 2a in der am 6. November 2015 geltenden Fassung ist auch auf Gewinne im Sinne des § 6b Absatz 2 anzuwenden, die vor dem 6. November 2015 entstanden sind. [2] § 6b Absatz 10 Satz 11 in der am 12. Dezember 2006 geltenden Fassung ist für Anteile, die einbringungsgeboren im Sinne des § 21 des Umwandlungssteuergesetzes in der am 12. Dezember 2006 geltenden Fassung sind, weiter anzuwenden. [3] § 6b Absatz 2a in der Fassung des Artikels 1 des Gesetzes vom 11. Dezember 2018 (BGBl. I S. 2338) ist erstmals auf Gewinne im Sinne des § 6b Absatz 2 anzuwenden, die in nach dem 31. Dezember 2017 beginnenden Wirtschaftsjahren entstanden sind. [4] Die Fristen des § 6b Absatz 3 Satz 2, 3 und 5, Absatz 8 Satz 1 Nummer 1 sowie Absatz 10 Satz 1 und 8 verlängern sich jeweils um zwei Jahre, wenn die Rücklage wegen § 6b Absatz 3 Satz 5, Absatz 8 Satz 1 Nummer 1 in Verbindung mit Absatz 3 Satz 5 oder Absatz 10 Satz 8 am Schluss des nach dem 29. Februar 2020 und vor dem 1. Januar 2021 endenden Wirtschaftsjahres aufzulösen wäre. [5] Die in Satz 4 genannten Fristen verlängern sich um ein Jahr, wenn die Rücklage wegen § 6b Absatz 3 Satz 5, Absatz 8 Satz 1 Nummer 1 in Verbindung mit Absatz 3 Satz 5 oder Absatz 10 Satz 8 am Schluss des nach dem 31. Dezember 2020 und vor dem 1. Januar 2022 endenden Wirtschaftsjahres aufzulösen wäre.

(14a)[2] § 6e in der Fassung des Artikels 1 des Gesetzes vom 12. Dezember 2019 (BGBl. I S. 2451) ist auch in Wirtschaftsjahren anzuwenden, die vor dem 18. Dezember 2019 enden.

(15) [1] Bei Wirtschaftsgütern, die vor dem 1. Januar 2001 angeschafft oder hergestellt worden sind, ist § 7 Absatz 2 Satz 2 in der Fassung des Gesetzes vom 22. Dezember 1999 (BGBl. I S. 2601) weiter anzuwenden. [2] Bei Gebäuden, soweit sie zu einem Betriebsvermögen gehören und nicht Wohnzwecken dienen, ist § 7 Absatz 4 Satz 1 und 2 in der am 31. Dezember 2000 geltenden Fassung weiter anzuwenden, wenn der Steuerpflichtige im Fall der Herstellung vor dem 1. Januar 2001 mit der Herstellung des Gebäudes begonnen hat oder im Fall der Anschaffung das Objekt auf Grund eines vor dem 1. Januar 2001 rechtswirksam abgeschlossenen obligatorischen Vertrags oder gleichstehenden Rechtsakts angeschafft hat. [3] Als Beginn der Herstellung gilt bei Gebäuden, für die eine Baugenehmigung erforderlich ist, der Zeitpunkt, in dem der Bauantrag gestellt wird; bei baugenehmigungsfreien Gebäuden, für die Bauunterlagen einzureichen sind, der Zeitpunkt, in dem die Bauunterlagen eingereicht werden.

(15a)[3] [1] Die Inanspruchnahme der Sonderabschreibungen nach § 7b in der Fassung des Artikels 1 des Gesetzes vom 4. August 2019 (BGBl. I S. 1122) kann erstmalig für den Veranlagungszeitraum 2018 und letztmalig für den Veranlagungszeitraum 2026, in den Fällen des § 4a letztmalig für Wirtschaftsjahre, die vor dem 1. Januar 2027 enden, geltend gemacht werden. [2] Das gilt

---

[1] § 52 Abs. 14 Satz 1 eingef., bish. Wortlaut wird Satz 2 durch G v. 2.11.2015 (BGBl. I S. 1834); Satz 3 angef. durch G v. 11.12.2018 (BGBl. I S. 2338); Sätze 4 bis 6 angef. durch G v. 29.6.2020 (BGBl. I S. 1512); Satz 4 geänd., Satz 5 neu gef., Satz 6 aufgeh. durch G v. 25.6.2021 (BGBl. I S. 2050).

[2] § 52 Abs. 14a eingef. durch G v. 12.12.2019 (BGBl. I S. 2451).

[3] § 52 Abs. 15a eingef. durch G v. 4.8.2019 (BGBl. I S. 1122); Satz 1 geänd. durch G v. 12.12.2019 (BGBl. I S. 2451).

auch dann, wenn der Abschreibungszeitraum nach § 7b Absatz 1 noch nicht abgelaufen ist.

(15b)[1] § 7c in der Fassung des Artikels 2 des Gesetzes vom 12. Dezember 2019 (BGBl. I S. 2451) ist für nach dem 31. Dezember 2019 und vor dem 1. Januar 2031 angeschaffte neue Elektrolieferfahrzeuge anzuwenden.

(16)[2] [1] § 7g Absatz 1 Satz 1, 2 Nummer 1, Absatz 2 Satz 1 und 3, Absatz 4 Satz 1 sowie Absatz 6 in der Fassung des Artikels 1 des Gesetzes vom 21. Dezember 2020 (BGBl. I S. 3096) ist erstmals für Investitionsabzugsbeträge und Sonderabschreibungen anzuwenden, die in nach dem 31. Dezember 2019 endenden Wirtschaftsjahren in Anspruch genommen werden; bei nach § 4a vom Kalenderjahr abweichenden Wirtschaftsjahren ist § 7g Absatz 1 Satz 2 Nummer 1 und Absatz 6 Nummer 1 spätestens für Investitionsabzugsbeträge und Sonderabschreibungen anzuwenden, die in nach dem 17. Juli 2020 endenden Wirtschaftsjahren in Anspruch genommen werden. [2] § 7g Absatz 2 Satz 2 und Absatz 7 in der Fassung des Artikels 1 des Gesetzes vom 21. Dezember 2020 (BGBl. I S. 3096) ist erstmals für Investitionsabzugsbeträge anzuwenden, die in nach dem 31. Dezember 2020 endenden Wirtschaftsjahren in Anspruch genommen werden. [3] Bei in nach dem 31. Dezember 2016 und vor dem 1. Januar 2018 endenden Wirtschaftsjahren beanspruchten Investitionsabzugsbeträgen endet die Investitionsfrist abweichend von § 7g Absatz 3 Satz 1 erst zum Ende des fünften auf das Wirtschaftsjahr des Abzugs folgenden Wirtschaftsjahres. [4] Bei in nach dem 31. Dezember 2017 und vor dem 1. Januar 2019 endenden Wirtschaftsjahren beanspruchten Investitionsabzugsbeträgen endet die Investitionsfrist abweichend von § 7g Absatz 3 Satz 1 erst zum Ende des vierten auf das Wirtschaftsjahr des Abzugs folgenden Wirtschaftsjahres.

(16a)[3] [1] § 7h Absatz 1a in der Fassung des Artikels 1 des Gesetzes vom 12. Dezember 2019 (BGBl. I S. 2451) ist erstmals auf Baumaßnahmen anzuwenden, mit denen nach dem 31. Dezember 2018 begonnen wurde. [2] Als Beginn der Baumaßnahmen am Gebäude, für die eine Baugenehmigung erforderlich ist, gilt der Zeitpunkt, in dem der Bauantrag gestellt wurde. [3] Bei baugenehmigungsfreien Baumaßnahmen, für die Bauunterlagen einzureichen sind, gilt als Beginn der Baumaßnahmen der Zeitpunkt, in dem die Bauunterlagen eingereicht werden. [4] § 7h Absatz 2 Satz 1 in der Fassung des Artikels 1 des Gesetzes vom 21. Dezember 2020 (BGBl. I S. 3096) ist erstmals anzuwenden auf Bescheinigungen der zuständigen Gemeindebehörde, die nach dem 31. Dezember 2020 erteilt werden. [5] § 7h Absatz 2 Satz 1 letzter Halbsatz in der Fassung des Artikels 1 des Gesetzes vom 12. Dezember 2019 (BGBl. I S. 2451) ist erstmals anzuwenden auf Bescheinigungen der zuständigen Gemeindebehörde, die nach dem 31. Dezember 2018 erteilt werden. [6] § 7h Absatz 3 in der Fassung des Artikels 1 des Gesetzes vom 12. Dezember 2019 (BGBl. I S. 2451) ist erstmals anzuwenden auf Baumaßnahmen, mit denen nach dem 31. Dezember 2018 begonnen wurde sowie auf Bescheinigungen,

---

[1] § 52 Abs. 15b eingef. durch G v. 12.12.2019 (BGBl. I S. 2451).

[2] § 52 Abs. 16 neu gef. durch G v. 21.12.2020 (BGBl. I S. 3096); Satz 3 geänd., Satz 4 angef. durch G v. 25.6.2021 (BGBl. I S. 2050).

[3] § 52 Abs. 16a eingef. durch G v. 12.12.2019 (BGBl. I S. 2451); Satz 4 eingef., bish. Sätze 4 und 5 werden Sätze 5 und 6, Satz 7 angef. durch G v. 21.12.2020 (BGBl. I S. 3096).

die nach dem 31. Dezember 2018 erteilt werden. [7] § 7i Absatz 2 Satz 1 in der Fassung des Artikels 1 des Gesetzes vom 21. Dezember 2020 (BGBl. I S. 3096) ist erstmals anzuwenden auf Bescheinigungen der nach Landesrecht zuständigen oder von der Landesregierung bestimmten Stelle, die nach dem 31. Dezember 2020 erteilt werden.

(16b)[1)] [1] § 9 Absatz 1 Satz 3 Nummer 7 Satz 1 in der Fassung des Artikels 1 des Gesetzes vom 12. Dezember 2019 (BGBl. I S. 2451) ist erstmals anzuwenden auf Sonderabschreibungen nach § 7b in der Fassung des Artikels 1 des Gesetzes vom 4. August 2019 (BGBl. I S. 1122). [2] § 9 Absatz 5 Satz 2 in der Fassung des Artikels 1 des Gesetzes vom 27. Juni 2017 (BGBl. I S. 2074) ist erstmals für Aufwendungen im Sinne des § 4j in der Fassung des Artikels 1 des Gesetzes vom 27. Juni 2017 (BGBl. I S. 2074) anzuwenden, die nach dem 31. Dezember 2017 entstehen. [3] § 9 Absatz 5 Satz 2 in der Fassung des Artikels 1 des Gesetzes vom 12. Dezember 2019 (BGBl. I S. 2451) ist auch für Veranlagungszeiträume vor 2019 anzuwenden. [4] § 9 Absatz 5 Satz 2 in der Fassung des Artikels 1 des Gesetzes vom 25. Juni 2021 (BGBl. I S. 2035) ist erstmals für Aufwendungen im Sinne des § 4k anzuwenden, die nach dem 31. Dezember 2019 entstehen.

(17) § 9b Absatz 2 in der Fassung des Artikels 11 des Gesetzes vom 18. Dezember 2013 (BGBl. I S. 4318) ist auf Mehr- und Minderbeträge infolge von Änderungen der Verhältnisse im Sinne von § 15a des Umsatzsteuergesetzes anzuwenden, die nach dem 28. November 2013 eingetreten sind.

(18)[2)] [1] § 10 Absatz 1a Nummer 2 in der am 1. Januar 2015 geltenden Fassung ist auf alle Versorgungsleistungen anzuwenden, die auf Vermögensübertragungen beruhen, die nach dem 31. Dezember 2007 vereinbart worden sind. [2] Für Versorgungsleistungen, die auf Vermögensübertragungen beruhen, die vor dem 1. Januar 2008 vereinbart worden sind, gilt dies nur, wenn das übertragene Vermögen nur deshalb einen ausreichenden Ertrag bringt, weil ersparte Aufwendungen, mit Ausnahme des Nutzungsvorteils eines vom Vermögensübernehmer zu eigenen Zwecken genutzten Grundstücks, zu den Erträgen des Vermögens gerechnet werden. [3] § 10 Absatz 1 Nummer 5 in der am 1. Januar 2012 geltenden Fassung gilt auch für Kinder, die wegen einer vor dem 1. Januar 2007 in der Zeit ab Vollendung des 25. Lebensjahres und vor Vollendung des 27. Lebensjahres eingetretenen körperlichen, geistigen oder seelischen Behinderung außerstande sind, sich selbst zu unterhalten. [4] § 10 Absatz 2 Satz 1 Nummer 1 in der Fassung des Artikels 1 des Gesetzes vom 21. Dezember 2020 (BGBl. I S. 3096) ist in allen offenen Fällen anzuwenden. [5] § 10 Absatz 4b Satz 4 bis 6 in der am 30. Juni 2013 geltenden Fassung ist erstmals für die Übermittlung der Daten des Veranlagungszeitraums 2016 anzuwenden. [6] § 10 Absatz 5 in der am 31. Dezember 2009 geltenden Fassung ist auf Beiträge zu Versicherungen im Sinne des § 10 Absatz 1 Nummer 2 Buch

---

[1)] § 52 Abs. 16a eingef. durch G v. 27.6.2017 (BGBl. I S. 2074); Abs. 16a wird Abs. 16b, Satz 1 eingef., bish. Wortlaut wird Satz 2 und Satz 3 angef. durch G v. 12.12.2019 (BGBl. I S. 2451); Satz 4 angef. durch G v. 25.6.2021 (BGBl. I S. 2035).

[2)] § 52 Abs. 18 Satz 1 geänd. durch G v. 22.12.2014 (BGBl. I S. 2417); Satz 4 eingef., bish. Sätze 4 und 5 werden Sätze 5 und 6 durch G v. 11.12.2018 (BGBl. I S. 2338); Satz 4 geänd. durch G v. 21.12.2020 (BGBl. I S. 3096).

stabe b Doppelbuchstabe bb bis dd in der am 31. Dezember 2004 geltenden Fassung weiterhin anzuwenden, wenn die Laufzeit dieser Versicherungen vor dem 1. Januar 2005 begonnen hat und ein Versicherungsbeitrag bis zum 31. Dezember 2004 entrichtet wurde.

(18a)[1] § 10b Absatz 1 Satz 8 in der Fassung des Artikels 2 des Gesetzes vom 12. Dezember 2019 (BGBl. I S. 2451) ist erstmals auf Mitgliedsbeiträge anzuwenden, die nach dem 31. Dezember 2019 gezahlt werden.

(18b)[2] [1]§ 10d Absatz 1 Satz 1 in der Fassung des Artikels 1 des Gesetzes vom 10. März 2021 (BGBl. I S. 330) ist für die Veranlagungszeiträume 2020 und 2021 anzuwenden. [2]§ 10d Absatz 1 Satz 1 in der Fassung des Artikels 2 des Gesetzes vom 10. März 2021 (BGBl. I S. 330) ist erstmals für den Veranlagungszeitraum 2022 anzuwenden.

(19) [1]Für nach dem 31. Dezember 1986 und vor dem 1. Januar 1991 hergestellte oder angeschaffte Wohnungen im eigenen Haus oder Eigentumswohnungen sowie in diesem Zeitraum fertiggestellte Ausbauten oder Erweiterungen ist § 10e in der am 30. Dezember 1989 geltenden Fassung weiter anzuwenden. [2]Für nach dem 31. Dezember 1990 hergestellte oder angeschaffte Wohnungen im eigenen Haus oder Eigentumswohnungen sowie in diesem Zeitraum fertiggestellte Ausbauten oder Erweiterungen ist § 10e in der am 28. Juni 1991 geltenden Fassung weiter anzuwenden. [3]Abweichend von Satz 2 ist § 10e Absatz 1 bis 5 und 6 bis 7 in der am 28. Juni 1991 geltenden Fassung erstmals für den Veranlagungszeitraum 1991 bei Objekten im Sinne des § 10e Absatz 1 und 2 anzuwenden, wenn im Fall der Herstellung der Steuerpflichtige nach dem 30. September 1991 den Bauantrag gestellt oder mit der Herstellung des Objekts begonnen hat oder im Fall der Anschaffung der Steuerpflichtige das Objekt nach dem 30. September 1991 auf Grund eines nach diesem Zeitpunkt rechtswirksam abgeschlossenen obligatorischen Vertrags oder gleichstehenden Rechtsakts angeschafft hat oder mit der Herstellung des Objekts nach dem 30. September 1991 begonnen worden ist. [4]§ 10e Absatz 5a ist erstmals bei den in § 10e Absatz 1 und 2 bezeichneten Objekten anzuwenden, wenn im Fall der Herstellung der Steuerpflichtige den Bauantrag nach dem 31. Dezember 1991 gestellt oder, falls ein solcher nicht erforderlich ist, mit der Herstellung nach diesem Zeitpunkt begonnen hat, oder im Fall der Anschaffung der Steuerpflichtige das Objekt auf Grund eines nach dem 31. Dezember 1991 rechtswirksam abgeschlossenen obligatorischen Vertrags oder gleichstehenden Rechtsakts angeschafft hat. [5]§ 10e Absatz 1 Satz 4 in der am 27. Juni 1993 geltenden Fassung und § 10e Absatz 6 Satz 3 in der am 30. Dezember 1993 geltenden Fassung sind erstmals anzuwenden, wenn der Steuerpflichtige das Objekt auf Grund eines nach dem 31. Dezember 1993 rechtswirksam abgeschlossenen obligatorischen Vertrags oder gleichstehenden Rechtsakts angeschafft hat. [6]§ 10e ist letztmals anzuwenden, wenn der Steuerpflichtige im Fall der Herstellung vor dem 1. Januar 1996 mit der Herstellung des Objekts begonnen hat oder im Fall der Anschaffung das Objekt auf Grund

[1] § 52 Abs. 18a eingef. durch G v. 12.12.2019 (BGBl. I S. 2451).

[2] § 52 Abs. 18b eingef. duch G v. 29.6.2020 (BGBl. I S. 1512); geänd. durch G v. 10.3.2021 (BGBl. I S. 330).

eines vor dem 1. Januar 1996 rechtswirksam abgeschlossenen obligatorischen Vertrags oder gleichstehenden Rechtsakts angeschafft hat. 7 Als Beginn der Herstellung gilt bei Objekten, für die eine Baugenehmigung erforderlich ist, der Zeitpunkt, in dem der Bauantrag gestellt wird; bei baugenehmigungsfreien Objekten, für die Bauunterlagen einzureichen sind, gilt als Beginn der Herstellung der Zeitpunkt, in dem die Bauunterlagen eingereicht werden.

(20)[1] § 12 Nummer 4 in der Fassung des Artikels 1 des Gesetzes vom 12. Dezember 2019 (BGBl. I S. 2451) ist erstmals anzuwenden auf nach dem 31. Dezember 2018 festgesetzte Geldstrafen, sonstige Rechtsfolgen vermögensrechtlicher Art, bei denen der Strafcharakter überwiegt, und Leistungen zur Erfüllung von Auflagen oder Weisungen, soweit die Auflagen oder Weisungen nicht lediglich der Wiedergutmachung des durch die Tat verursachten Schadens dienen, sowie auf nach dem 31. Dezember 2018 entstandene damit zusammenhängende Aufwendungen.

(21)[2] *(aufgehoben)*

(22) Für die Anwendung des § 13 Absatz 7 in der am 31. Dezember 2005 geltenden Fassung gilt Absatz 25 entsprechend.

(22a)[3] 1 § 13a in der am 31. Dezember 2014 geltenden Fassung ist letztmals für das Wirtschaftsjahr anzuwenden, das vor dem 31. Dezember 2015 endet. 2 § 13a in der am 1. Januar 2015 geltenden Fassung ist erstmals für das Wirtschaftsjahr anzuwenden, das nach dem 30. Dezember 2015 endet. 3 Die Bindungsfrist auf Grund des § 13a Absatz 2 Satz 1 in der am 31. Dezember 2014 geltenden Fassung bleibt bestehen.

(22b)[4] 1 § 13b in der Fassung des Artikels 5 des Gesetzes vom 12. Dezember 2019 (BGBl. I S. 2451) ist erstmals für das Wirtschaftsjahr anzuwenden, das nach dem 31. Dezember 2024 beginnt. 2 Für gemeinschaftliche Tierhaltungen gemäß § 51a des Bewertungsgesetzes gelten für einkommensteuerrechtliche Zwecke die zu Beginn des Wirtschaftsjahres 2024/2025 noch gültigen Vorschriften der §§ 51, 51a des Bewertungsgesetzes bis zum Ablauf des Wirtschaftsjahres 2024/2025 fort.

(22c)[5] 1 § 14 Absatz 3 ist erstmals auf Fälle anzuwenden, in denen die Übertragung oder Überführung der Grundstücke nach dem 16. Dezember 2020 stattgefunden hat. 2 Auf unwiderruflichen Antrag des jeweiligen Mitunternehmers ist § 14 Absatz 3 auch für Übertragungen oder Überführungen vor dem 17. Dezember 2020 anzuwenden. 3 Der Antrag ist bei dem Finanzamt zu stellen, das für die einheitliche und gesonderte Feststellung der Einkünfte der Mitunternehmerschaft zuständig ist.

(23)[6] 1 § 15 Absatz 3 Nummer 1 Satz 2 ist auch für Veranlagungszeiträume vor 2019 anzuwenden. 2 § 15 Absatz 4 Satz 2 und 7 in der am 30. Juni 2013

---

[1] § 52 Abs. 20 eingef. durch G v. 12.12.2019 (BGBl. I S. 2451).

[2] § 52 Abs. 21 aufgeh. durch G v. 18.7.2016 (BGBl. I S. 1679).

[3] § 52 Abs. 22a eingef. durch G v. 22.12.2014 (BGBl. I S. 2417).

[4] § 52 Abs. 22b eingef. durch G v. 12.12.2019 (BGBl. I S. 2451); ber. durch G v. 21.12.2020 (BGBl. I S. 3096).

[5] § 52 Abs. 22c eingef. durch G v. 21.12.2020 (BGBl. I S. 3096).

[6] § 52 Abs. 23 Satz 1 eingef., bish. Wortlaut wird Satz 2 durch G v. 12.12.2019 (BGBl. I S. 2451).

geltenden Fassung ist in allen Fällen anzuwenden, in denen am 30. Juni 2013 die Feststellungsfrist noch nicht abgelaufen ist.

(24) [1] § 15a ist nicht auf Verluste anzuwenden, soweit sie

1. durch Sonderabschreibungen nach § 82f der Einkommensteuer-Durchführungsverordnung,
2. durch Absetzungen für Abnutzung in fallenden Jahresbeträgen nach § 7 Absatz 2 von den Herstellungskosten oder von den Anschaffungskosten von in ungebrauchtem Zustand vom Hersteller erworbenen Seeschiffen, die in einem inländischen Seeschiffsregister eingetragen sind,

entstehen; Nummer 1 gilt nur bei Schiffen, deren Anschaffungs- oder Herstellungskosten zu mindestens 30 Prozent durch Mittel finanziert werden, die weder unmittelbar noch mittelbar in wirtschaftlichem Zusammenhang mit der Aufnahme von Krediten durch den Gewerbebetrieb stehen, zu dessen Betriebsvermögen das Schiff gehört. [2] § 15a ist in diesen Fällen erstmals anzuwenden auf Verluste, die in nach dem 31. Dezember 1999 beginnenden Wirtschaftsjahren entstehen, wenn der Schiffbauvertrag vor dem 25. April 1996 abgeschlossen worden ist und der Gesellschafter der Gesellschaft vor dem 1. Januar 1999 beigetreten ist; soweit Verluste, die in dem Betrieb der Gesellschaft entstehen und nach Satz 1 oder nach § 15a Absatz 1 Satz 1 ausgleichsfähig oder abzugsfähig sind, zusammen das Eineinviertelfache der insgesamt geleisteten Einlage übersteigen, ist § 15a auf Verluste anzuwenden, die in nach dem 31. Dezember 1994 beginnenden Wirtschaftsjahren entstehen. [3] Scheidet ein Kommanditist oder ein anderer Mitunternehmer, dessen Haftung der eines Kommanditisten vergleichbar ist und dessen Kapitalkonto in der Steuerbilanz der Gesellschaft auf Grund von ausgleichs- oder abzugsfähigen Verlusten negativ geworden ist, aus der Gesellschaft aus oder wird in einem solchen Fall die Gesellschaft aufgelöst, so gilt der Betrag, den der Mitunternehmer nicht ausgleichen muss, als Veräußerungsgewinn im Sinne des § 16. [4] In Höhe der nach Satz 3 als Gewinn zuzurechnenden Beträge sind bei den anderen Mitunternehmern unter Berücksichtigung der für die Zurechnung von Verlusten geltenden Grundsätze Verlustanteile anzusetzen. [5] Bei der Anwendung des § 15a Absatz 3 sind nur Verluste zu berücksichtigen, auf die § 15a Absatz 1 anzuwenden ist.

(25) [1] § 15b in der Fassung des Artikels 1 des Gesetzes vom 22. Dezember 2005 (BGBl. I S. 3683) ist nur auf Verluste der dort bezeichneten Steuerstundungsmodelle anzuwenden, denen der Steuerpflichtige nach dem 10. November 2005 beigetreten ist oder für die nach dem 10. November 2005 mit dem Außenvertrieb begonnen wurde. [2] Der Außenvertrieb beginnt in dem Zeitpunkt, in dem die Voraussetzungen für die Veräußerung der konkret bestimmbaren Fondsanteile erfüllt sind und die Gesellschaft selbst oder über ein Vertriebsunternehmen mit Außenwirkung an den Markt herangetreten ist. [3] Dem Beginn des Außenvertriebs stehen der Beschluss von Kapitalerhöhungen und die Reinvestition von Erlösen in neue Projekte gleich. [4] Besteht das Steuerstundungsmodell nicht im Erwerb eines Anteils an einem geschlossenen Fonds, ist § 15b in der Fassung des Artikels 1 des Gesetzes vom 22. Dezember 2005 (BGBl. I S. 3683) anzuwenden, wenn die Investition nach dem 10. November 2005 rechtsverbindlich getätigt wurde. [5] § 15b Absatz 3a ist erstmals auf Verluste

der dort bezeichneten Steuerstundungsmodelle anzuwenden, bei denen Wirtschaftsgüter des Umlaufvermögens nach dem 28. November 2013 angeschafft, hergestellt oder in das Betriebsvermögen eingelegt werden.

(25a)[1] [1] § 17 Absatz 2a in der Fassung des Artikels 2 des Gesetzes vom 12. Dezember 2019 (BGBl. I S. 2451) ist erstmals für Veräußerungen im Sinne von § 17 Absatz 1, 4 oder 5 nach dem 31. Juli 2019[2] anzuwenden. [2] Auf Antrag des Steuerpflichtigen ist § 17 Absatz 2a Satz 1 bis 4 auch für Veräußerungen im Sinne von § 17 Absatz 1, 4 oder 5 vor dem 31. Juli 2019[2] anzuwenden.

(26) Für die Anwendung des § 18 Absatz 4 Satz 2 in der Fassung des Artikels 1 des Gesetzes vom 22. Dezember 2005 (BGBl. I S. 3683) gilt Absatz 25 entsprechend.

(26a)[3] § 19 Absatz 1 Satz 1 Nummer 3 Satz 2 und 3 in der am 31. Dezember 2014 geltenden Fassung gilt für alle Zahlungen des Arbeitgebers nach dem 30. Dezember 2014.

(27)[4] § 19a in der Fassung des Artikels 3 des Gesetzes vom 3. Juni 2021 (BGBl. I S. 1498) ist erstmals anzuwenden auf Vermögensbeteiligungen, die nach dem 30. Juni 2021 übertragen werden.

(Fortsetzung nächstes Blatt)

---

[1] § 52 Abs. 25a eingef. durch G v. 12.12.2019 (BGBl. I S. 2451).
[2] Datum des Kabinettbeschlusses zur Einbringung des Regierungsentwurfs.
[3] § 52 Abs. 26a eingef. durch G v. 22.12.2014 (BGBl. I S. 2417).
[4] § 52 Abs. 27 neu gef. durch G v. 3.6.2021 (BGBl. I S. 1498).

(33a)[1] [1] § 32c in der Fassung des Artikels 4 des Gesetzes vom 12. Dezember 2019 (BGBl. I S. 2451) ist erstmals für den Veranlagungszeitraum 2016 anzuwenden. [2] § 32c ist im Veranlagungszeitraum 2016 mit der Maßgabe anzuwenden, dass der erste Betrachtungszeitraum die Veranlagungszeiträume 2014 bis 2016 umfasst. [3] Die weiteren Betrachtungszeiträume umfassen die Veranlagungszeiträume 2017 bis 2019 und 2020 bis 2022. [4] § 32c ist letztmalig für den Veranlagungszeitraum 2022 anzuwenden.

(33b)[2] [1] § 32d Absatz 2 Nummer 1 Buchstabe b in der Fassung des Artikels 1 des Gesetzes vom 21. Dezember 2020 (BGBl. I S. 3096) ist auf Kapitalerträge anzuwenden, die nach dem 31. Dezember 2020 erzielt werden. [2] Auf Kapitalerträge aus Darlehen an die Kapitalgesellschaft oder Genossenschaft, deren rechtliche Grundlage vor dem 1. Januar 2021 begründet wurde, ist § 32d Absatz 2 Nummer 1 Buchstabe b in der Fassung des Artikels 1 des Gesetzes vom 21. Dezember 2020 (BGBl. I S. 3096) ab dem Veranlagungszeitraum 2024 anzuwenden. [3] § 32d Absatz 2 Nummer 3 Buchstabe b in der Fassung des Artikels 7 des Gesetzes vom 20. Dezember 2016 (BGBl. I S. 3000) ist erstmals auf Anträge für den Veranlagungszeitraum 2017 anzuwenden.

(33c)[3] Die §§ 33 und 33b in der Fassung des Artikels 1 des Gesetzes vom 9. Dezember 2020 (BGBl. I S. 2770) sind erstmals für den Veranlagungszeitraum 2021 anzuwenden.

(34)[4] [1] § 34a in der Fassung des Artikels 1 des Gesetzes vom 19. Dezember 2008 (BGBl. I S. 2794) ist erstmals für den Veranlagungszeitraum 2008 anzuwenden. [2] § 34a Absatz 6 Satz 1 Nummer 3 und Satz 2 in der Fassung des Artikels 1 des Gesetzes vom 27. Juni 2017 (BGBl. I S. 2074) ist erstmals für unentgeltliche Übertragungen nach dem 5. Juli 2017 anzuwenden.

(34a)[5] Für Veranlagungszeiträume bis einschließlich 2014 ist § 34c Absatz 1 Satz 2 in der bis zum 31. Dezember 2014 geltenden Fassung in allen Fällen, in denen die Einkommensteuer noch nicht bestandskräftig festgesetzt ist, mit der Maßgabe anzuwenden, dass an die Stelle der Wörter „Summe der Einkünfte" die Wörter „Summe der Einkünfte abzüglich des Altersentlastungsbetrages (§ 24a), des Entlastungsbetrages für Alleinerziehende (§ 24b), der Sonderausgaben (§§ 10, 10a, 10b, 10c), der außergewöhnlichen Belastungen (§§ 33 bis 33b), der berücksichtigten Freibeträge für Kinder (§§ 31, 32 Absatz 6) und des Grundfreibetrages (§ 32a Absatz 1 Satz 2 Nummer 1)" treten.

(34b)[6] [1] § 34d Nummer 4 Buchstabe b Doppelbuchstabe bb in der Fassung des Artikels 3 des Gesetzes vom 11. Dezember 2018 (BGBl. I S. 2338) ist erstmals auf Gewinne aus der Veräußerung von Anteilen anzuwenden, bei denen die Veräußerung nach dem 31. Dezember 2018 erfolgt, und nur soweit den Gewinnen nach dem 31. Dezember 2018 eingetretene Wertveränderungen

---

[1] § 52 Abs. 33a eingef. durch G v. 12.12.2019 (BGBl. I S. 2451).

[2] § 52 Abs. 33a eingef. durch G v. 20.12.2016 (BGBl. I S. 3000); wird Abs. 33b und geänd. durch G v. 12.12.2019 (BGBl. I S. 2451); Sätze 1 und 2 eingef., bish. Wortlaut wird Satz 3 durch G v. 21.12.2020 (BGBl. I S. 3096).

[3] § 52 Abs. 33c eingef. durch G v. 9.12.2020 (BGBl. I S. 2770).

[4] § 52 Abs. 34 Satz 2 angef., bish. Text wird Satz 1 durch G v. 27.6.2017 (BGBl. I S. 2074).

[5] § 52 Abs. 34a eingef. durch G v. 22.12.2014 (BGBl. I S. 2417).

[6] § 52 Abs. 34b eingef. durch G v. 11.12.2018 (BGBl. I S. 2338).

zugrunde liegen. [2] § 34d Nummer 7 in der Fassung des Artikels 3 des Gesetzes vom 11. Dezember 2018 (BGBl. I S. 2338) ist erstmals auf Wertveränderungen anzuwenden, die nach dem 31. Dezember 2018 eintreten.

(35) [1] § 34f Absatz 3 und 4 Satz 2 in der Fassung des Gesetzes vom 25. Februar 1992 (BGBl. I S. 297) ist erstmals anzuwenden bei Inanspruchnahme der Steuerbegünstigung nach § 10e Absatz 1 bis 5 in der Fassung des Gesetzes vom 25. Februar 1992 (BGBl. I S. 297). [2] § 34f Absatz 4 Satz 1 ist erstmals anzuwenden bei Inanspruchnahme der Steuerbegünstigung nach § 10e Absatz 1 bis 5 oder nach § 15b des Berlinförderungsgesetzes für nach dem 31. Dezember 1991 hergestellte oder angeschaffte Objekte.

(35a)[1)] [1] § 35c ist erstmals auf energetische Maßnahmen anzuwenden, mit deren Durchführung nach dem 31. Dezember 2019 begonnen wurde und die vor dem 1. Januar 2030 abgeschlossen sind. [2] Als Beginn gilt bei energetischen Maßnahmen, für die eine Baugenehmigung erforderlich ist, der Zeitpunkt, in dem der Bauantrag gestellt wird. [3] Bei nicht genehmigungsbedürftigen Vorhaben für solche Vorhaben, die nach Maßgabe des Bauordnungsrechts der zuständigen Behörde zur Kenntnis zu geben sind, gilt als Beginn der Zeitpunkt des Eingangs der Kenntnisgabe bei der zuständigen Behörde und für sonstige nicht genehmigungsbedürftige, insbesondere genehmigungs-, anzeige- und verfahrensfreie Vorhaben, der Zeitpunkt des Beginns der Bauausführung.

(35b)[2)] [1] § 36 Absatz 2 Nummer 2 Satz 5 in der Fassung des Artikels 2 des Gesetzes vom 21. Dezember 2020 (BGBl. I S. 3096) ist erstmals auf Kapitalerträge anzuwenden, die nach dem 31. Dezember 2020 zufließen. [2] § 36 Absatz 2 Nummer 4 in der Fassung des Artikels 2 des Gesetzes vom 21. Dezember 2020 (BGBl. I S. 3096) ist erstmals für den Veranlagungszeitraum 2016 und letztmalig für den Veranlagungszeitraum 2022 anzuwenden.

(35c)[3)] [1] § 36a in der am 27. Juli 2016 geltenden Fassung ist erstmals auf Kapitalerträge anzuwenden, die ab dem 1. Januar 2016 zufließen. [2] § 36a in der Fassung des Artikels 1 des Gesetzes vom 12. Dezember 2019 (BGBl. I S. 2451) ist erstmals auf Kapitalerträge anzuwenden, die ab dem 1. Januar 2019 zufließen.

(35d)[4)] § 37 Absatz 3 Satz 3 ist auf Antrag des Steuerpflichtigen mit der Maßgabe anzuwenden, dass für den Veranlagungszeitraum 2019 an die Stelle des 15. Kalendermonats der 21. Kalendermonat und an die Stelle des 23. Kalendermonats der 28. Kalendermonat tritt sowie dass für den Veranlagungs-

---

[1)] § 52 Abs. 35a eingef. durch G v. 29.6.2020 (BGBl. I S. 1512); neu gef. durch G v. 21.12.2020 (BGBl. I S. 3096).

Durch die Neufassung von § 52 Abs. 35a wird der vorherige Abs. 35a überschrieben; dieser lautete:

„§(35a) § 35 Absatz 1 in der Fassung des Artikels 1 des Gesetzes von 29. Juni 2020 (BGBl. I S. 1512) ist erstmals für den Veranlagungszeitraum 2020 anzuwenden."

[2)] § 52 Abs. 35a eingef. durch G v. 12.12.2019 (BGBl. I S. 2451); Sätze 1 bis 3 eingef.; bish. Wortlaut wird Satz 4 durch G v. 21.12.2019 (BGBl. I S. 2886); Abs. 35a wird Abs. 35b durch G v. 29.6.2020 (BGBl. I S. 1512); neu gef. durch G v. 21.12.2020 (BGBl. I S. 3096).

[3)] § 52 Abs. 35a eingef. durch G v. 20.12.2016 (BGBl. I S. 3045); Satz 2 angef., bish. Wortlaut wird Satz 1 durch G v. 12.12.2019 (BGBl. I S. 2451); Abs. 35a wird Abs. 35b durch G v. 12.12.2019 (BGBl. I S. 2451); Abs. 35b wird Abs. 35c durch G v. 29.6.2020 (BGBl. I S. 1512).

[4)] § 52 Abs. 35d eingef. durch G v. 25.6.2021 (BGBl. I S. 2035).

zeitraum 2020 an die Stelle des 15. Kalendermonats der 18. Kalendermonat und an die Stelle des 23. Kalendermonats der 26. Kalendermonat tritt.

(36)[1)] [1]Das Bundesministerium der Finanzen kann im Einvernehmen mit den obersten Finanzbehörden der Länder in einem Schreiben mitteilen, wann das in § 39 Absatz 4 Nummer 5 genannten Lohnsteuerabzugsmerkmal erstmals abgerufen werden kann (§ 39e Absatz 3 Satz 1). [2]Dieses Schreiben ist im Bundessteuerblatt zu veröffentlichen. [3]§ 39 in der Fassung des Artikels 4 des Gesetzes vom 21. Dezember 2020 (BGBl. I S. 3096) ist erstmals ab dem 1. Januar 2024 anzuwenden; er kann im Rahmen eines Pilotprojekts mit Echtdaten bereits ab dem 1. Januar 2023 angewendet werden.

(37) [1]Das Bundesministerium der Finanzen kann im Einvernehmen mit den obersten Finanzbehörden der Länder in einem Schreiben mitteilen, ab wann die Regelungen in § 39a Absatz 1 Satz 3 bis 5 erstmals anzuwenden sind. [2]Dieses Schreiben ist im Bundessteuerblatt zu veröffentlichen.[2)]

(37a)[3)] § 39f Absatz 1 Satz 9 bis 11 und Absatz 3 Satz 1 ist erstmals für den Veranlagungszeitraum 2019 anzuwenden.

(37b)[4)] [1]§ 39b Absatz 2 Satz 5 Nummer 4 in der am 23. Juli 2015 geltenden Fassung ist erstmals anzuwenden auf laufenden Arbeitslohn, der für einen nach dem 30. November 2015 endenden Lohnzahlungszeitraum gezahlt wird, und auf sonstige Bezüge, die nach dem 30. November 2015 zufließen. [2]Bei der Lohnsteuerberechnung auf laufenden Arbeitslohn, der für einen nach dem 30. November 2015, aber vor dem 1. Januar 2016 endenden täglichen, wöchentlichen und monatlichen Lohnzahlungszeitraum gezahlt wird, ist zu berücksichtigen, dass § 39b Absatz 2 Satz 5 Nummer 4 in der am 23. Juli 2015 geltenden Fassung bis zum 30. November 2015 nicht angewandt wurde (Nachholung). [3]Das Bundesministerium der Finanzen hat dies im Einvernehmen mit den obersten Finanzbehörden der Länder bei der Aufstellung und Bekanntmachung der geänderten Programmablaufpläne für 2015 zu berücksichtigen (§ 39b Absatz 6 und § 51 Absatz 4 Nummer 1a). [4]In den Fällen des § 24b Absatz 4 ist für das Kalenderjahr 2015 eine Veranlagung durchzuführen, wenn die Nachholung nach Satz 2 durchgeführt wurde.

(37c)[5)] [1]§ 40 Absatz 2 Satz 1 Nummer 6 in der am 17. November 2016 gelten den Fassung ist erstmals anzuwenden auf Vorteile, die in einem nach dem 31. Dezember 2016 endenden Lohnzahlungszeitraum oder als sonstige Bezüge nach dem 31. Dezember 2016 zugewendet werden, und letztmals anzuwenden auf Vorteile, die in einem vor dem 1. Januar 2031 endenden Lohnzahlungszeitraum oder als sonstige Bezüge vor dem 1. Januar 2031 zugewendet werden. [2]§ 40 Absatz 2 Satz 2 Nummer 3 und Satz 4 in der Fassung des Artikels 2 des Gesetzes vom 21. Dezember 2020 (BGBl. I S. 3096) ist erst-

---

1) § 52 Abs. 36 Satz 1 geänd., Satz 3 angef. durch G v. 21.12.2020 (BGBl. I S. 3096).

2) BMF v. 21.5.2015 (BStBl. I S. 488).

3) § 52 Abs. 37a eingef. durch G v. 28.7.2015 (BGBl. I S. 1400) und neu gef. durch G v. 23.6.2017 (BGBl. I S. 1682).

4) § 52 Abs. 37b eingef. durch G v. 16.7.2015 (BGBl. I S. 1202).

5) § 52 Abs. 37c eingef. durch G v. 7.11.2016 (BGBl. I S. 2498); geänd. durch G v. 12.12.2019 (BGBl. I S. 2451); Satz 2 angef. durch G v. 21.12.2020 (BGBl. I S. 3096).

mals auf Freifahrtberechtigungen anzuwenden, die nach dem 31. Dezember 2020 gewährt werden.

(38) § 40a Absatz 2, 2a und 6 in der am 31. Juli 2014[1] geltenden Fassung ist erstmals ab dem Kalenderjahr 2013 anzuwenden.

(39)[2] *(aufgehoben)*

(40)[3] § 40b Absatz 1 und 2 in der am 31. Dezember 2004 geltenden Fassung ist weiter anzuwenden auf Beiträge für eine Direktversicherung des Arbeitnehmers und Zuwendungen an eine Pensionskasse, wenn vor dem 1. Januar 2018 mindestens ein Beitrag nach § 40b Absatz 1 und 2 in einer vor dem 1. Januar 2005 geltenden Fassung pauschal besteuert wurde.

(40a)[4] [1] § 41a Absatz 1 Satz 1 Nummer 1 in der Fassung des Artikels 2 des Gesetzes vom 12. Dezember 2019 (BGBl. I S. 2451) ist erstmals für Lohnzahlungszeiträume anzuwenden, die nach dem 31. Dezember 2020 enden. [2] § 41a Absatz 4 Satz 1 in der Fassung des Artikels 1 des Gesetzes vom 24. Februar 2016 (BGBl. I S. 310) gilt für eine Dauer von 60 Monaten und ist erstmals für laufenden Arbeitslohn anzuwenden, der für den Lohnzahlungszeitraum gezahlt wird, der nach dem Kalendermonat folgt, in dem die Europäische Kommission die Genehmigung zu diesem Änderungsgesetz erteilt hat; die Regelung ist erstmals für sonstige Bezüge anzuwenden, die nach dem Monat zufließen, in dem die Europäische Kommission die Genehmigung zu diesem Änderungsgesetz erteilt hat. [3] § 41a Absatz 4 in der Fassung des Artikels 1 des Gesetzes vom 12. Mai 2021 (BGBl. I S. 989) gilt für eine Dauer von 72 Monaten und ist erstmals für laufenden Arbeitslohn anzuwenden, der für den Lohnzahlungszeitraum gezahlt wird, der nach dem Kalendermonat folgt, in dem die Europäische Kommission die beihilferechtliche Genehmigung zu diesem Gesetz erteilt hat, aber nicht vor dem 1. Juni 2021; die Regelung ist erstmals für sonstige Bezüge anzuwenden, die nach dem Monat zufließen, in dem die Europäische Kommission die Genehmigung zu diesem Gesetz erteilt hat, aber nicht vor dem 1. Juni 2021. [4] Das Bundesministerium der Finanzen gibt den Beschluss der Europäischen Kommission über die Vereinbarkeit mit dem Beihilferecht sowie den Tag der erstmaligen Anwendung im Bundesgesetzblatt bekannt.[5]

(41) Bei der Veräußerung oder Einlösung von Wertpapieren und Kapitalforderungen, die von der das Bundesschuldbuch führenden Stelle oder einer Landesschuldenverwaltung verwahrt oder verwaltet werden können, bemisst sich der Steuerabzug nach den bis zum 31. Dezember 1993 geltenden Vorschriften, wenn die Wertpapier- und Kapitalforderungen vor dem 1. Januar 1994 emittiert worden sind; dies gilt nicht für besonders in Rechnung gestellte Stückzinsen.

---

[1] Tag nach der Verkündung des G v. 25.7.2014 (BGBl. I S. 1266).

[2] § 52 Abs. 39 aufgeh. durch G v. 23.6.2017 (BGBl. I S. 1682).

[3] § 52 Abs. 40 Satz 1 geänd. durch G v. 17.8.2017 (BGBl. I S. 3214); siehe auch Seite 1 Fn. 2: Genehmigung am 3.5.2016 erteilt; Satz 1 geänd., Satz 2 aufgeh. durch G v. 11.12.2018 (BGBl. I S. 2338).

[4] § 52 Abs. 40a eingef. durch G v. 24.2.2016 (BGBl. I S. 310); Satz 1 eingef., bish. Sätze 1 bis 3 werden Sätze 2 bis 4 durch G v. 12.12.2019 (BGBl. I S. 2451); Sätze 3 und 4 neu gef. durch G v. 12.5.2021 (BGBl. I S. 989).

[5] BGBl. I 2021 S. 2247: ab Lohnzahlungszeitraum Juni 2021.

(42)[1] [1]§ 43 Absatz 1 Satz 1 Nummer 7 Buchstabe b Satz 2 in der Fassung des Artikels 1 des Gesetzes vom 13. Dezember 2006 (BGBl. I S. 2878) ist erstmals auf Verträge anzuwenden, die nach dem 31. Dezember 2006 abgeschlossen werden. [2]§ 43 Absatz 1 Satz 1 Nummer 7 Buchstabe c in der Fassung des Artikels 2 des Gesetzes vom 12. Dezember 2019 (BGBl. I S. 2451) ist erstmals auf Kapitalerträge anzuwenden, die dem Gläubiger nach dem 31. Dezember 2020 zufließen. [3]§ 43 Absatz 1 Satz 6 und Absatz 2 Satz 7 und 8 in der am 1. Januar 2017 geltenden Fassung ist erstmals anzuwenden auf Kapitalerträge, die dem Gläubiger nach dem 31. Dezember 2016 zufließen. [4]§ 43 in der Fassung des Artikels 3 des Gesetzes vom 19. Juli 2016 (BGBl. I S. 1730) ist erstmals ab dem 1. Januar 2018 anzuwenden. [5]§ 43 Absatz 1 Satz 6 Nummer 5 in der Fassung des Artikels 1 des Gesetzes vom 2. Juni 2021 (BGBl. I S. 1259) ist erstmals auf Kapitalerträge anzuwenden, die nach dem 31. Dezember 2019 zufließen.

(42a)[2] § 43a in der Fassung des Artikels 3 des Gesetzes vom 19. Juli 2016 (BGBl. I S. 1730) ist erstmals ab dem 1. Januar 2018 anzuwenden.

(42b)[3] § 43b und Anlage 2 (zu § 43b) in der am 1. Januar 2016 geltenden Fassung sind erstmals auf Ausschüttungen anzuwenden, die nach dem 31. Dezember 2015 zufließen.

(43) [1]Ist ein Freistellungsauftrag im Sinne des § 44a vor dem 1. Januar 2007 unter Beachtung des § 20 Absatz 4 in der bis dahin geltenden Fassung erteilt worden, darf der nach § 44 Absatz 1 zum Steuerabzug Verpflichtete den angegebenen Freistellungsbetrag nur zu 56,37 Prozent berücksichtigen. [2]Sind in dem Freistellungsauftrag der gesamte Sparer-Freibetrag nach § 20 Absatz 4 in der Fassung des Artikels 1 des Gesetzes vom 19. Juli 2006 (BGBl. I S. 1652) und der gesamte Werbungskosten-Pauschbetrag nach § 9a Satz 1 Nummer 2 in der Fassung des Artikels 1 des Gesetzes vom 19. Juli 2006 (BGBl. I S. 1652) angegeben, ist der Werbungskosten-Pauschbetrag in voller Höhe zu berücksichtigen.

(44)[4] [1]§ 44 Absatz 1 Satz 4 Nummer 2a in der Fassung des Artikels 2 des Gesetzes vom 12. Dezember 2019 (BGBl. I S. 2451) ist erstmals auf Kapitalerträge anzuwenden, die dem Gläubiger nach dem 31. Dezember 2020 zufließen. [2]§ 44 Absatz 6 Satz 2 und 5 in der am 12. Dezember 2006 geltenden Fassung ist für Anteile, die einbringungsgeboren im Sinne des § 21 des Umwandlungssteuergesetzes in der am 12. Dezember 2006 geltenden Fassung sind, weiter anzuwenden. [3]§ 44 in der Fassung des Artikels 3 des Gesetzes vom 19. Juli 2016 (BGBl. I S. 1730) ist erstmals ab dem 1. Januar 2018 anzuwenden. [4]§ 44 Absatz 1 in der Fassung des Artikels 1 des Gesetzes vom 21. Dezember 2020

---

[1] § 52 Abs. 42 Satz 2 angef. durch G v. 18.7.2016 (BGBl. I S. 1679); Satz 3 angef. durch G v. 19.7.2016 (BGBl. I S. 1730), Satz 2 eingef., bish. Sätze 2 und 3 werden Sätze 3 und 4 durch G v. 12.12.2019 (BGBl. I S. 2451); Satz 5 angef. durch G v. 2.6.2021 (BGBl. I S. 1259).

[2] § 52 Abs. 42a eingef. durch G v. 19.7.2016 (BGBl. I S. 1730).

[3] § 52 Abs. 42a eingef. durch G v. 2.11.2015 (BGBl. I S. 1834); wird Abs. 42b durch G v. 19.7.2016 (BGBl. I S. 1730).

[4] § 52 Abs. 44 Satz 2 angef. durch G v. 19.7.2016 (BGBl. I S. 1730); Satz 1 eingef., bish. Sätze 1 und 2 werden Sätze 2 und 3 durch G v. 12.12.2019 (BGBl. I S. 2451); Satz 4 angef. durch G v. 21.12.2020 (BGBl. I S. 3096).

(BGBl. I S. 3096) ist erstmals auf Kapitalerträge anzuwenden, die dem Gläubiger nach dem 29. Dezember 2020 zufließen.

(44a)[1] [1] § 45a Absatz 2 Satz 1 in der Fassung des Artikels 1 des Gesetzes vom 21. Dezember 2020 (BGBl. I S. 3096) ist erstmals auf Kapitalerträge anzuwenden, die dem Gläubiger nach dem 29. Dezember 2020 zufließen. [2] § 45a Absatz 6 in der Fassung des Artikels 2 des Gesetzes vom 21. Dezember 2020 (BGBl. I S. 3096) ist auf Kapitalerträge anzuwenden, die nach dem 31. Dezember 2022 zufließen. [3] § 45a Absatz 2a und 7 Satz 1 in der Fassung des Artikels 1 des Gesetzes vom 2. Juni 2021 (BGBl. I S. 1259) ist erstmals auf Kapitalerträge anzuwenden, die dem Gläubiger nach dem 31. Dezember 2024 zufließen. [4] § 45a Absatz 7 Satz 3 in der am 8. Juni 2021 geltenden Fassung ist letztmals anzuwenden für Kapitalerträge, die vor dem 1. Januar 2024 zufließen.

(44b)[2] § 45b in der Fassung des Artikels 1 des Gesetzes vom 2. Juni 2021 (BGBl. I S. 1259) ist erstmals auf Kapitalerträge anzuwenden, die dem Gläubiger nach dem 31. Dezember 2024 zufließen.

(44c)[2] § 45c in der Fassung des Artikels 1 des Gesetzes vom 2. Juni 2021 (BGBl. I S. 1259) ist erstmals auf Kapitalerträge anzuwenden, die dem Gläubiger nach dem 31. Dezember 2024 zufließen.

(45)[3] [1] § 45d Absatz 1 in der am 14. Dezember 2010 geltenden Fassung ist erstmals für Kapitalerträge anzuwenden, die ab dem 1. Januar 2013 zufließen; eine Übermittlung der Identifikationsnummer hat für Kapitalerträge, die vor dem 1. Januar 2016 zufließen, nur zu erfolgen, wenn die Identifikationsnummer der Meldestelle vorliegt. [2] § 45d Absatz 1 in der am 1. Januar 2017 geltenden Fassung ist erstmals anzuwenden auf Kapitalerträge, die dem Gläubiger nach dem 31. Dezember 2016 zufließen. [3] § 45d Absatz 3 in der am 1. Januar 2017 geltenden Fassung ist für Versicherungsverträge anzuwenden, die nach dem 31. Dezember 2016 abgeschlossen werden.

(45a)[4] [1] § 49 Absatz 1 Nummer 2 Buchstabe e Doppelbuchstabe cc in der Fassung des Artikels 3 des Gesetzes vom 11. Dezember 2018 (BGBl. I S. 2338) ist erstmals auf Gewinne aus der Veräußerung von Anteilen anzuwenden, bei denen die Veräußerung nach dem 31. Dezember 2018 erfolgt, und nur soweit den Gewinnen nach dem 31. Dezember 2018 eingetretene Wertveränderungen zugrunde liegen. [2] § 49 Absatz 1 Nummer 2 Buchstabe f in der Fassung des Artikels 3 des Gesetzes vom 11. Dezember 2018 (BGBl. I S. 2338) ist erstmals auf Wertveränderungen anzuwenden, die nach dem 31. Dezember 2018 eintreten. [3] § 49 Absatz 1 Nummer 5 in der am 27. Juli 2016 geltenden Fassung ist erstmals auf Kapitalerträge anzuwenden, die ab dem 1. Januar 2018 zufließen. [4] § 49 Absatz 1 Nummer 11 in der am 1. Juli 2021 geltenden Fassung ist erstmals auf Einkünfte anzuwenden, die nach dem 31. Dezember 2021 zufließen.

---

[1] § 52 Abs. 44a eingef. und Satz 2 angef. durch G v. 21.12.2020 (BGBl. I S. 3096); Sätze 3 und 4 angef. durch G v. 2.6.2021 (BGBl. I S. 1259).

[2] § 52 Abs. 44b und 44c eingef. durch G v. 2.6.2021 (BGBl. I S. 1259).

[3] § 52 Abs. 45 Sätze 2 und 3 angef. durch G v. 18.7.2016 (BGBl. I S. 1679).

[4] § 52 Abs. 45a eingef. durch G v. 19.7.2016 (BGBl. I S. 1730); geänd. durch G v. 20.12. 2016 (BGBl. I S. 3000); Sätze 1 und 2 eingef., bish. Sätze 1 und 2 werden Sätze 3 und 4 durch G v. 11.12.2018 (BGBl. I S. 2338); Satz 4 neu gef. durch G v. 25.6.2021 (BGBl. I S. 2035).

(46)[1] [1]§ 50 Absatz 1 Satz 3 in der Fassung des Artikels 1 des Gesetzes vom 21. Dezember 2020 (BGBl. I S. 3096) ist in allen offenen Fällen anzuwenden. [2]§ 50 Absatz 1a in der Fassung des Artikels 2 des Gesetzes vom 21. Dezember 2020 (BGBl. I S. 3096) ist erstmals auf Beiträge an berufsständische Versorgungseinrichtungen anzuwenden, die nach dem 31. Dezember 2020 geleistet werden. [3]§ 50 Absatz 2 Satz 2 Nummer 6 in der Fassung des Artikels 1 des Gesetzes vom 12. Dezember 2019 (BGBl. I S. 2451) ist erstmals auf Kapitalerträge anzuwenden, die nach dem 31. Dezember 2016 zufließen. [4]§ 50 Absatz 4 in der am 1. Januar 2016 geltenden Fassung ist in allen offenen Fällen anzuwenden. [5]§ 50 Absatz 1 Satz 2 in der Fassung des Artikels 1 des Gesetzes vom 2. Juni 2021 (BGBl. I S. 1259) ist in allen offenen Fällen anzuwenden.

(47) [1]Der Zeitpunkt der erstmaligen Anwendung des § 50a Absatz 3 und 5 in der am 18. August 2009 geltenden Fassung wird durch eine Rechtsverordnung[2] der Bundesregierung bestimmt, die der Zustimmung des Bundesrates bedarf; dieser Zeitpunkt darf nicht vor dem 31. Dezember 2011 liegen. [2]§ 50a Absatz 7 in der am 31. Juli 2014 geltenden Fassung ist erstmals auf Vergütungen anzuwenden, für die der Steuerabzug nach dem 31. Dezember 2014 angeordnet worden ist.

(47a)[3] [1]§ 50c Absatz 2 Satz 1 Nummer 2 in der Fassung des Artikels 1 des Gesetzes vom 2. Juni 2021 (BGBl. I S. 1259) ist erstmals auf Einkünfte anzuwenden, die dem beschränkt Steuerpflichtigen nach dem 31. Dezember 2021 zufließen; die Geltung von Ermächtigungen nach § 50d Absatz 5 und 6 des Gesetzes in der Fassung, die vor dem Inkrafttreten des Artikels 1 des Gesetzes vom 2. Juni 2021 (BGBl. I S. 1259) galt, endet spätestens zu diesem Zeitpunkt. [2]§ 50c Absatz 5 Satz 1, 3 und 4 in der Fassung des Artikels 1 des Gesetzes vom 2. Juni 2021 (BGBl. I S. 1259) ist erstmals auf Anträge anzuwenden, die nach dem 31. Dezember 2022 gestellt werden; für Anträge, die gemäß § 50c Absatz 2 oder 3 bis zu diesem Zeitpunkt gestellt werden, ist der amtlich vorgeschriebene Vordruck zu verwenden und § 50d Absatz 1 Satz 7 und 8 des Gesetzes in der Fassung anzuwenden, die vor dem Inkrafttreten des Artikels 1 des Gesetzes vom 2. Juni 2021 (BGBl. I S. 1259) galt.

(47b)[3] § 50d Absatz 3 in der Fassung des Artikels 1 des Gesetzes vom 2. Juni 2021 (BGBl. I S. 1259) ist in allen offenen Fällen anzuwenden, es sei denn, § 50d Absatz 3 in der Fassung, die zu dem Zeitpunkt galt, in dem die Einkünfte zugeflossen sind, steht dem Anspruch auf Entlastung nicht entgegen.

(47c)[3] [1]§ 50e Absatz 1 und 4 bis 6 in der Fassung des Artikels 1 des Gesetzes vom 2. Juni 2021 (BGBl. I S. 1259) ist ab dem 1. Januar 2022 anzuwenden. [2]§ 50e Absatz 2 und 3 in der Fassung des Artikels 1 des Gesetzes vom 2. Juni 2021 (BGBl. I S. 1259) ist erstmals auf die nach dem 31. Dezember

---

[1] § 52 Abs. 46 Satz 2 angef., bish. Text wird Satz 1 durch G v. 2.11.2015 (BGBl. I S. 1834); Satz 1 eingef., bish. Sätze 1 und 2 werden Sätze 2 und 3 durch G v. 20.12.2016 (BGBl. I S. 3000); Satz 3 eingef., bish. Satz 3 wird Satz 4 durch G v. 12.12.2019 (BGBl. I S. 2451); Sätze 1 und 2 neu gef. durch G v. 21.12.2020 (BGBl. I S. 3096); Satz 5 angef. durch G v. 2.6.2021 (BGBl. I S. 1259).

[2] VO v. 24.6.2013 (BGBl. I S. 1679).

[3] § 52 Abs. 47a bis 47c eingef. durch G v. 2.6.2021 (BGBl. I S. 1259).

2024 nicht oder nicht vollständig erfolgte Übermittlung von Daten oder Mitteilungen anzuwenden.

(48) [1] § 50i Absatz 1 Satz 1 und 2 ist auf die Veräußerung oder Entnahme von Wirtschaftsgütern oder Anteilen anzuwenden, die nach dem 29. Juni 2013 stattfindet. [2] Hinsichtlich der laufenden Einkünfte aus der Beteiligung an der Personengesellschaft ist die Vorschrift in allen Fällen anzuwenden, in denen die Einkommensteuer noch nicht bestandskräftig festgesetzt worden ist. [3] § 50i Absatz 1 Satz 4 in der am 31. Juli 2014[1)] geltenden Fassung ist erstmals auf die Veräußerung oder Entnahme von Wirtschaftsgütern oder Anteilen anzuwenden, die nach dem 31. Dezember 2013 stattfindet. [4] § 50i Absatz 2 in der Fassung des Artikels 7 des Gesetzes vom 20. Dezember 2016 (BGBl. I S. 3000) ist erstmals für Einbringungen anzuwenden, bei denen der Einbringungsvertrag nach dem 31. Dezember 2013 geschlossen worden ist.[2)]

(48a)[3)] § 51 in der Fassung des Artikels 1 des Gesetzes vom 2. Juni 2021 (BGBl. I S. 1259) gilt erstmals für die Vergabe von Ordnungsnummern zu Steuerbescheinigungen für Kapitalerträge, die nach dem 31. Dezember 2023 zufließen.

(49) § 51a Absatz 2c und 2e in der am 30. Juni 2013 geltenden Fassung ist erstmals auf nach dem 31. Dezember 2014 zufließende Kapitalerträge anzuwenden.

(49a)[4)] [1] § 62 Absatz 1a in der am 18. Juli 2019 geltenden Fassung ist für Kindergeldfestsetzungen anzuwenden, die Zeträume betreffen, die nach dem 31. Juli 2019 beginnen. [2] § 62 Absatz 2 Nummer 1 bis 4 in der Fassung des Artikels 3 des Gesetzes vom 12. Dezember 2019 (BGBl. I S. 2451) ist für Kindergeldfestsetzungen anzuwenden, die Zeiträume betreffen, die nach dem 29. Februar 2020 beginnen. [3] § 62 Absatz 2 Nummer 5 in der Fassung des Artikels 3 des Gesetzes vom 12. Dezember 2019 (BGBl. I S. 2451) ist für Kindergeldfestsetzungen anzuwenden, die Zeiträume betreffen, die nach dem 31. Dezember 2019 beginnen. [4] Die §§ 62, 63 und 67 in der am 9. Dezember 2014 geltenden Fassung sind für Kindergeldfestsetzungen anzuwenden, die Zeiträume betreffen, die nach dem 31. Dezember 2015 beginnen. [5] Die §§ 62, 63 und 67 in der am 9. Dezember 2014 geltenden Fassung sind auch für Kindergeldfestsetzungen anzuwenden, die Zeiträume betreffen, die vor dem

---

1) Tag der Verkündung des G v. 25.7.2014 (BGBl. I S. 1266); Datum korrigiert durch G v. 22.12.2014 (BGBl. I S. 2417).

2) § 52 Abs. 4 Sätze 4 und 5 ersetzt durch Satz 4 durch G v. 20.12.2016 (BGBl. I S. 3000).

3) § 52 Abs. 48a eingef. durch G v. 2.6.2021 (BGBl. I S. 1259).

4) § 52 Abs. 49a eingef. durch G v. 2.12.2014 (BGBl. I S. 1922); Sätze 3 und 4 angef. durch G v. 16.7.2015 (BGBl. I S. 1202); Sätze 5 und 6 angef. durch G v. 20.12.2016 (BGBl. I S. 3000); Sätze 7 und 8 angef. durch G v. 23.6.2017 (BGBl. I S. 1682); Satz 9 angef. durch G v. 29.11.2018 (BGBl. I S. 2210); Satz 1 eingef., bish. Sätze 1 bis 9 werden Sätze 2 bis 10, Satz 8 geänd. durch G v. 11.7.2019 (BGBl. I S. 1066); Satz 2 eingef., bish. Sätze 2 bis 10 werden Sätze 3 bis 11 durch Art. 2 des G v. 12.12.2019 (BGBl. I S. 2451); Satz 2 geänd., Satz 3 eingef., aktuelle Sätze 3 bis 11 werden Sätze 4 bis 12 durch Art. 3 des G v. 12.12.2019 (BGBl. I S. 2451); das Inkrafttreten erfolgt zum Datum des ersten Tags des siebten auf die Verkündung des Fachkräfteeinwanderungsgesetzes folgenden Kalendermonats (siehe Art. 39 Abs. 3 des G v. 12.12.2019). Dies ist der 1. März 2020. Satz 13 angef. durch G v. 1.12.2020 (BGBl. I S. 2616).

1. Januar 2016 liegen, der Antrag auf Kindergeld aber erst nach dem 31. Dezember 2015 gestellt wird. [6] § 66 Absatz 1 in der am 23. Juli 2015 geltenden Fassung ist für Kindergeldfestsetzungen anzuwenden, die Zeiträume betreffen, die nach dem 31. Dezember 2014 beginnen. [7] § 66 Absatz 1 in der am 1. Januar 2016 geltenden Fassung ist für Kindergeldfestsetzungen anzuwenden, die Zeiträume betreffen, die nach dem 31. Dezember 2015 beginnen. [8] § 66 Absatz 1 in der am 1. Januar 2017 geltenden Fassung ist für Kindergeldfestsetzungen anzuwenden, die Zeiträume betreffen, die nach dem 31. Dezember 2016 beginnen. [9] § 66 Absatz 1 in der am 1. Januar 2018 geltenden Fassung ist für Kindergeldfestsetzungen anzuwenden, die Zeiträume betreffen, die nach dem 31. Dezember 2017 beginnen. [10] § 66 Absatz 3 ist auf Anträge anzuwenden, die nach dem 31. Dezember 2017 und vor dem 18. Juli 2019 eingehen. [11] § 69 in der am 1. Januar 2018 geltenden Fassung ist erstmals am 1. November 2019 anzuwenden. [12] § 66 Absatz 1 in der Fassung des Artikels 2 des Gesetzes vom 29. November 2018 (BGBl. I S. 2210) ist für Kindergeldfestsetzungen anzuwenden, die Zeiträume betreffen, die nach dem 30. Juni 2019 beginnen. [13] § 66 Absatz 1 in der Fassung des Artikels 1 des Gesetzes vom 1. Dezember 2020 (BGBl. I S. 2616) ist für Kindergeldfestsetzungen anzuwenden, die Zeiträume betreffen, die nach dem 31. Dezember 2020 beginnen.

(50)[1)] [1] § 70 Absatz 1 Satz 2 ist auf Anträge anzuwenden, die nach dem 18. Juli 2019 eingehen. [2] § 70 Absatz 4 in der am 31. Dezember 2011 geltenden Fassung ist weiter für Kindergeldfestsetzungen anzuwenden, die Zeiträume betreffen, die vor dem 1. Januar 2012 enden.

(51)[2)] [1] § 89 Absatz 2 Satz 1 in der am 1. Januar 2017 geltenden Fassung ist erstmals für die Übermittlung von Daten ab dem 1. Januar 2017 anzuwenden. [2] § 89 Absatz 2 Satz 1 in der Fassung des Artikels 3 des Gesetzes vom 11. Dezember 2018 (BGBl. I S. 2338) ist erstmals für die Übermittlung von Daten ab dem 1. Januar 2020 anzuwenden.

(52)[3)] § 110 in der Fassung des Artikels 1 des Gesetzes vom 10. März 2021 (BGBl. I S. 330) ist für den Veranlagungszeitraum 2019 anzuwenden.

(53)[4)] § 111 in der Fassung des Artikels 1 des Gesetzes vom 10. März 2021 (BGBl. I S. 330) ist für die Veranlagungszeiträume 2019 und 2020 anzuwenden.

(54)[5)] Für Personen, die Leistungen nach dem Soldatenversorgungsgesetz in der Fassung der Bekanntmachung vom 16. September 2009 (BGBl. I S. 3054), das zuletzt durch Artikel 19 des Gesetzes vom 4. August 2019 (BGBl. I S. 1147) geändert worden ist, in Verbindung mit dem Bundesversorgungsgesetz in der Fassung der Bekanntmachung vom 22. Januar 1982 (BGBl. I S. 21), das zuletzt

---

[1)] § 52 Abs. 50 Satz 1 eingef., bish. Wortlaut wird Satz 2 durch G v. 11.7.2019 (BGBl. I S. 1066).

[2)] § 52 Abs. 51 angef. durch G v. 18.7.2016 (BGBl. I S. 1679); Satz 2 angef., bish. Wortlaut wird Satz 1 durch G v. 11.12.2018 (BGBl. I S. 2338).

[3)] § 52 Abs. 52 eingef. durch G v. 29.6.2020 (BGBl. I S. 1512), geänd. durch G v. 10.3.2021 (BGBl. I S. 330).

[4)] § 52 Abs. 53 eingef. durch G v. 29.6.2020 (BGBl. I S. 1512); geänd. durch G v. 10.3.2021 (BGBl. I S. 330).

[5)] § 52 Abs. 54 angef. durch G v. 21.12.2020 (BGBl. I S. 3096).

durch Artikel 1 der Verordnung vom 13. Juni 2019 (BGBl. I S. 793) geändert worden ist, erhalten, gelten die Vorschriften des § 3 Nummer 6 Satz 2, des § 32b Absatz 1 Satz 1 Nummer 1 Buchstabe f und des § 33b Absatz 4 Satz 1 Nummer 1 in der am 31. Dezember 2023 geltenden Fassung weiter.

§ 52a.[1] *(aufgehoben)*

§ 52b.[2] *(aufgehoben)*

§ 53.[3] *(aufgehoben)*

§ 54. (weggefallen)

(Fortsetzung nächste Seite)

---

[1] § 52a aufgeh. durch G v. 25.7.2014 (BGBl. I S. 1266).
[2] § 52b aufgeh. durch G v. 12.12.2019 (BGBl. I S. 2451).
[3] § 53 aufgeh. durch G v. 18.7.2016 (BGBl. I S. 1679).

10. Einkommensteuer-Durchführungsverordnung 2000 (EStDV 2000)[1]

In der Fassung der Bekanntmachung vom 10. Mai 2000
(BGBl. I S. 717)

Geändert durch Gesetz zur weiteren steuerlichen Förderung von Stiftungen vom 14.7.2000 (BGBl. I S. 1034), Steuersenkungsgesetz vom 23.10.2000 (BGBl. I S. 1433), Steuer-Euroglättungsgesetz vom 19.12.2000 (BGBl. I S. 1790), Neuntes Buch Sozialgesetzbuch (SGB IX) vom 19.6.2001 (BGBl. I S. 1046), Siebente Zuständigkeitsanpassungs-Verordnung vom 29.10.2001 (BGBl. I S. 2785), Steueränderungsgesetz 2001 vom 20.12.2001 (BGBl. I S. 3794), Flutopfersolidaritätsgesetz vom 19.9.2002 (BGBl. I S. 3651), Kleinunternehmerförderungsgesetz vom 31.7.2003 (BGBl. I S. 1550), Achte Zuständigkeitsanpassungsverordnung vom 25.11.2003 (BGBl. I S. 2304), Gesetz zur Umsetzung der Protokollerklärung der Bundesregierung zur Vermittlungsempfehlung zum Steuervergünstigungsabbaugesetz vom 22.12.2003 (BGBl. I S. 2840), Gesetz zur Einordnung des Sozialhilferechts in das Sozialgesetzbuch vom 27.12.2003 (BGBl. I S. 3022), Haushaltsbegleitgesetz 2004 vom 29.12.2003 (BGBl. I S. 3076), Geschmacksmusterreformgesetz vom 12.3.2004 (BGBl. I S. 390), Alterseinkünftegesetz vom 5.7.2004 (BGBl. I S. 1427), EU-Richtlinien-Umsetzungsgesetz vom 9.12.2004 (BGBl. I S. 3310), Dreiundzwanzigste Verordnung zur Änderung der Einkommensteuer-Durchführungsverordnung vom 29.12.2004 (BGBl. I S. 3884), Neunte Zuständigkeitsanpassungsverordnung vom 31.10.2006 (BGBl. I S. 2407), Gesetz über steuerliche Begleitungsmaßnahmen zur Einführung der Europäischen Gesellschaft und zur Änderung weiterer steuerrechtlicher Vorschriften (SEStEG) vom 7.12.2006 (BGBl. I S. 2782), Gesetz zur weiteren Stärkung des bürgerschaftlichen Engagements vom 10.10.2007 (BGBl. I S. 2332), Jahressteuergesetz 2008 vom 20.12.2007 (BGBl. I S. 3150), Jahressteuergesetz 2009 vom 19.12.2008 (BGBl. I S. 2794), Steuerbürokratieabbaugesetz vom 20.12.2008 (BGBl. I S. 2850), Gesetz zur Sicherung von Beschäftigung und Stabilität in Deutschland vom 2.3.2009 (BGBl. I S. 416), Begleitgesetz zur zweiten Föderalismusreform vom 10.8.2009 (BGBl. I S. 2702), Verordnung zur Änderung steuerlicher Verordnungen vom 17.11.2010 (BGBl. I S. 1544), Gesetz über die weitere Bereinigung von Bundesrecht vom 8.12.2010 (BGBl. I S. 1864), Steuervereinfachungsgesetz 2011 vom 1.11.2011 (BGBl. I S. 2131), Verordnung zum Erlass und zur Änderung steuerlicher Verordnungen vom 11.12.2012 (BGBl. I S. 2637), Ehrenamtsstärkungsgesetz vom 21.3.2013 (BGBl. I S. 556), Verordnung zur Übertragung der Zuständigkeit für das Steuerabzugs- und Veranlagungsverfahren nach den §§ 50 und 50a des Einkommensteuergesetzes auf das Bundeszentralamt für Steuern und zur Regelung verschiedener Anwendungszeitpunkte und weiterer Vorschriften vom 24.6.2013 (BGBl. I S. 1679), Gesetz zur Anpassung steuerlicher Regelungen an die Rechtsprechung des Bundesverfassungsgerichts vom 18.7.2014 (BGBl. I S. 1042), Gesetz zur Anpassung des nationalen Steuerrechts an den Beitritt Kroatiens zur EU und zur Änderung weiterer steuerlicher Vorschriften vom 25.7.2014 (BGBl. I S. 1266), Verordnung zur Änderung steuerlicher Verordnungen und weiterer Vorschriften vom 22.12.2014 (BGBl. I S. 2392), Zehnte Zuständigkeitsanpassungsverordnung vom 31.8.2015 (BGBl. I S. 1474), Gesetz zur Modernisierung des Besteuerungsverfahrens vom 18.7.2016 (BGBl. I S. 1679), Dritte Verordnung zur Änderung steuerlicher Verordnungen vom 18.7.2016 (BGBl. I S. 1722), Gesetz zur Stärkung der Teilhabe und Selbstbestimmung von Menschen mit Behinderungen (Bundesteilhabegesetz – BTHG) vom 23.12.2016 (BGBl. I S. 3234), Vierte Verordnung zur Änderung Steuerlicher Verordnungen vom 12.7. 2017 (BGBl. I S. 2360), Gesetz zum Ausschluss verfassungsfeindlicher Parteien von der Partei-

---

[1] Neubekanntmachung der Einkommensteuer-Durchführungsverordnung idF der Bek. v. 18.6.1997 (BGBl. I S. 1558) auf Grund des § 51 Abs 4 Nr 2 des EStG idF der Bek. v. 16.4.1997 (BGBl. I S. 821) und auf Grund des Art. 26 des StBereinG 1999 v. 22.12.1999 (BGBl. I S. 2601) in der ab 1.1.2000 geltenden Fassung.

Zum Anwendungsbereich vgl. § 84.

Zur Anwendung im **Beitrittsgebiet** siehe §§ 56–58 EStG (Nr. **1**).

enfinanzierung vom 18.7.2017 (BGBl. I S. 2730), Fünfte Verordnung zur Änderung steuerlicher Verordnungen vom 25.6.2020 (BGBl. I S. 1495), Gesetz zur Erhöhung der Behinderten-Pauschbeträge und zur Anpassung weiterer steuerlicher Regelungen vom 9.12.2020 (BGBl. I S. 2770), Jahressteuergesetz 2020 (JStG 2020) vom 21.12.2020 (BGBl. I S. 3096) und Gesetz zur Modernisierung der Entlastung von Abzugsteuern und der Bescheinigung der Kapitalertragsteuer (Abzugsteuerentlastungsmodernisierungsgesetz – AbzStEntModG) vom 2.6.2021 (BGBl. I S. 1259)

BGBl. III/FNA 611-1-1

Inhaltsübersicht §§

für Verluste derjenigen Veranlagungszeiträume geltend machen, in denen die Ehegatten nach § 26a des Gesetzes einzeln veranlagt worden sind. [2] Im Fall der Zusammenveranlagung von Ehegatten (§ 26b des Gesetzes) in einem Veranlagungszeitraum, in den negative Einkünfte nach § 10d Abs. 1 des Gesetzes zurückgetragen werden, sind nach Anwendung des § 10d Abs. 1 des Gesetzes verbleibende negative Einkünfte für den Verlustvortrag nach § 10d Abs. 2 des Gesetzes in Veranlagungszeiträume, in denen eine Zusammenveranlagung nicht stattfindet, auf die Ehegatten nach dem Verhältnis aufzuteilen, in dem die auf den einzelnen Ehegatten entfallenden Verluste im Veranlagungszeitraum der Verlustentstehung zueinander stehen.

§ 63. (weggefallen)

Zu § 33 des Gesetzes

§ 64[1)] Nachweis von Krankheitskosten und der Voraussetzungen der behinderungsbedingten Fahrtkostenpauschale. (1) Den Nachweis der Zwangsläufigkeit von Aufwendungen im Krankheitsfall hat der Steuerpflichtige zu erbringen:

1. durch eine Verordnung eines Arztes oder Heipraktikers für Arznei-, Heil- und Hilfsmittel (§§ 2, 23, 31 bis 33 des Fünften Buches Sozialgesetzbuch);
2. durch ein amtsärztliches Gutachten oder eine ärztliche Bescheinigung eines Medizinischen Dienstes der Krankenversicherung (§ 275 des Fünften Buches Sozialgesetzbuch) für
   a) eine Bade- oder Heilkur; bei einer Vorsorgekur ist auch die Gefahr einer durch die Kur abzuwendenden Krankheit, bei einer Klimakur der medizinisch angezeigte Kurort und die voraussichtliche Kurdauer zu bescheinigen,
   b) eine psychotherapeutische Behandlung; die Fortführung einer Behandlung nach Ablauf der Bezuschussung durch die Krankenversicherung steht einem Behandlungsbeginn gleich,
   c) eine medizinisch erforderliche auswärtige Unterbringung eines an Legasthenie oder einer anderen Behinderung leidenden Kindes des Steuerpflichtigen,
   d) die Notwendigkeit der Betreuung des Steuerpflichtigen durch eine Begleitperson, sofern sich diese nicht bereits aus dem Nachweis der Behinderung nach § 65 Absatz 1 Nummer 1 ergibt,
   e) medizinische Hilfsmittel, die als allgemeine Gebrauchsgegenstände des täglichen Lebens im Sinne von § 33 Absatz 1 des Fünften Buches Sozialgesetzbuch anzusehen sind,
   f) wissenschaftlich nicht anerkannte Behandlungsmethoden, wie z. B. Frisch- und Trockenzellenbehandlungen, Sauerstoff-, Chelat- und Eigenbluttherapie.

---

1) § 64 Überschr. neu gef., Abs. 3 angef. mWv 1.1.2021 durch G v. 9.12.2020 (BGBl. I S. 2770).

²Der nach Satz 1 zu erbringende Nachweis muss vor Beginn der Heilmaßnahme oder dem Erwerb des medizinischen Hilfsmittels ausgestellt worden sein;

3. durch eine Bescheinigung des behandelnden Krankenhausarztes für Besuchsfahrten zu einem für längere Zeit in einem Krankenhaus liegenden Ehegatten oder Kind des Steuerpflichtigen, in dem bestätigt wird, dass der Besuch des Steuerpflichtigen zur Heilung oder Linderung einer Krankheit entscheidend beitragen kann.

(2) Die zuständigen Gesundheitsbehörden haben auf Verlangen des Steuerpflichtigen die für steuerliche Zwecke erforderlichen Gesundheitszeugnisse, Gutachten oder Bescheinigungen auszustellen.

(3) Für den Nachweis der Anspruchsvoraussetzungen zur behinderungsbedingten Fahrtkostenpauschale sind die Vorschriften des § 65 anzuwenden.

Zu § 33b des Gesetzes

§ 65[1] Nachweis der Behinderung und des Pflegegrads. (1) Den Nachweis einer Behinderung hat der Steuerpflichtige zu erbringen:

1. bei einer Behinderung, deren Grad auf mindestens 50 festgestellt ist, durch Vorlage eines Ausweises nach dem Neunten Buch Sozialgesetzbuch oder eines Bescheides der nach § 152[2] Absatz 1 des Neunten Buches Sozialgesetzbuch[3] zuständigen Behörde,

[Fassung bis VZ 2020:]

2. bei einer Behinderung, deren Grad auf weniger als 50, aber mindestens 25 festgestellt ist,
   a) durch eine Bescheinigung der nach § 69 Absatz 1 des Neunten Buches Sozialgesetzbuch[2] zuständigen Behörde auf Grund eines Feststellungsbescheids nach § 152[2] Absatz 1 des Neunten Buches Sozialgesetzbuch, die eine Äußerung darüber enthält, ob die Behinderung zu einer dauernden Einbuße der körperlichen Beweglichkeit geführt hat oder auf einer typischen Berufskrankheit beruht, oder,

[Fassung ab VZ 2021:]

2.[4] bei einer Behinderung, deren Grad auf weniger als 50, aber mindestens 20 festgestellt ist,
   a) durch eine Bescheinigung oder einen Bescheid der nach § 152 Absatz 1 des Neunten Buches Sozialgesetzbuch zuständigen Behörde oder,
   b) wenn ihm wegen seiner Behinderung nach den gesetzlichen Vorschriften Renten oder andere laufende Bezüge zustehen, durch den Rentenbescheid oder den die anderen laufenden Bezüge nachweisenden Bescheid.

---

[1] § 65 Überschr. neu gef. durch G v. 9.12.2020 (BGBl. I S. 2770). Zur letztmaligen Anwendung von Abs. 1 siehe § 84 Abs. 3g Satz 4 und 5.

[2] Verweis geänd. mWv 1.1.2018 durch G v. 23.12.2016 (BGBl. I S. 3234).

[3] Verweis geänd. durch VO v. 17.11.2010 (BGBl. I S. 1544).

[4] § 65 Abs. 1 Nr. 2 neu gef. durch G v. 2.6.2021 (BGBl. I S. 1259); zur Anwendung siehe § 84 Abs. 3g Satz 1.

[Fassung bis VZ 2020:]

b) wenn ihm wegen seiner Behinderung nach den gesetzlichen Vorschriften Renten oder andere laufende Bezüge zustehen, durch den Rentenbescheid oder den die anderen laufenden Bezüge nachweisenden Bescheid.

(2)[1] [1]Die gesundheitlichen Merkmale „blind" und „hilflos" hat der Steuerpflichtige durch einen Ausweis nach dem Neunten Buch Sozialgesetzbuch, der mit den Merkzeichen „Bl" oder „H" gekennzeichnet ist, oder durch einen Bescheid der nach § 152 Absatz 1 des Neunten Buches Sozialgesetzbuch[2] zuständigen Behörde, der die entsprechenden Feststellungen enthält, nachzuweisen. [2]Dem Merkzeichen „H" steht die Einstufung als pflegebedürftige Person mit schwersten Beeinträchtigungen der Selbständigkeit oder der Fähigkeiten in die Pflegegrade 4 oder 5 nach dem Elften Buch Sozialgesetzbuch, dem Zwölften Buch Sozialgesetzbuch oder diesen entsprechenden gesetzlichen Bestimmungen gleich.

(2a)[3] Den Nachweis der Einstufung in einen Pflegegrad nach dem Elften Buch Sozialgesetzbuch, dem Zwölften Buch Sozialgesetzbuch oder diesen entsprechenden gesetzlichen Bestimmungen hat der Steuerpflichtige durch Vorlage des entsprechenden Bescheides nachzuweisen.

(3)[4] [1]Die Gewährung des Behinderten-Pauschbetrags setzt voraus, dass der Antragsteller Inhaber gültiger Unterlagen nach den Absätzen 1 und 2 ist. [2]Bei erstmaliger Geltendmachung des Pauschbetrags oder bei Änderung der Verhältnisse hat der Steuerpflichtige die Unterlagen nach den Absätzen 1 und 2 zusammen mit seiner Steuererklärung oder seinem Antrag auf Lohnsteuerermäßigung, ansonsten auf Anforderung des Finanzamts vorzulegen.

(3a)[4]·[5] [1]Die Gewährung des Behinderten-Pauschbetrags setzt voraus, dass die für die Feststellung einer Behinderung zuständige Stelle als mitteilungspflichtige Stelle ihre Feststellungen zur Behinderung nach den Absätzen 1 und 2 nach Maßgabe des § 93c der Abgabenordnung an die für die Besteuerung des Antragstellers zuständige Finanzbehörde übermittelt hat. [2]Die nach Satz 1 mitteilungspflichtige Stelle hat ihre Feststellungen auf schriftlichen oder elektronischen Antrag derjenigen Person, die diese Feststellungen begehrt, an die nach Satz 1 zuständige Finanzbehörde zu übermitteln. [3]Die Person hat der mitteilungspflichtigen Stelle zu diesem Zweck ihre Identifikationsnummer (§ 139b der Abgabenordnung) mitzuteilen. [4]Neben den nach § 93c Absatz 1 der Abgabenordnung zu übermittelnden Daten sind zusätzlich folgende Daten zu übermitteln:

---

[1] § 65 Abs. 2 Satz 2 neu gef. mWv 1.1.2021 durch G v. 9.12.2020 (BGBl. I S. 2770).

[2] Verweis geänd. mWv 1.1.2018 durch G v. 23.12.2016 (BGBl. I S. 3234).

[3] § 65 Abs. 2a eingef. mWv 1.1.2021 durch G v. 9.2020 (BGBl. I S. 2770).

[4] § 65 Abs. 3 ersetzt durch Abs. 3 und 3a durch G v. 18.7.2016 (BGBl. I S. 1679); zur Anwendung von Abs. 3 siehe § 84 Satz 5 und 6.

[5] Zur erstmaligen Anwendung von § 65 Abs. 3a siehe § 84 Abs. 3g Sätze 2 bis 4.

1. der Grad der Behinderung,
2. die Feststellung weiterer gesundheitlicher Merkmale (Merkzeichen):
   a) G (erheblich gehbehindert),
   b) aG (außergewöhnlich gehbehindert),
   c) B (ständige Begleitung notwendig),
   d) H (hilflos),
   e) Bl (blind),
   f) Gl (gehörlos),
3. die Feststellung, dass die Behinderung zu einer dauernden Einbuße der körperlichen Beweglichkeit geführt hat,
4. die Feststellung, dass die Behinderung auf einer typischen Berufskrankheit beruht,
5.[1] die Einstufung als *Schwerstpflegebedürftiger in die Pflegestufe III,* [***künftige Fassung:*** pflegebedürftige Person mit schwersten Beeinträchtigungen der Selbständigkeit oder der Fähigkeiten in den Pflegegraden 4 oder 5],
6. die Dauer der Gültigkeit der Feststellung.

[5] Die mitteilungspflichtige Stelle hat jede Änderung der Feststellungen nach Satz 4 abweichend von § 93c Absatz 1 Nummer 1 der Abgabenordnung unverzüglich zu übermitteln. [6] § 72a Absatz 4, § 93c Absatz 1 Nummer 3 und Absatz 4 sowie § 203a der Abgabenordnung finden keine Anwendung.

(4)[2] [1] Ist der Mensch mit Behinderung verstorben und kann sein Rechtsnachfolger die Unterlagen nach den Absätzen 1 und 2 nicht vorlegen, so genügt zum Nachweis eine gutachtliche Stellungnahme der nach § 152[3] Absatz 1 des Neunten Buches Sozialgesetzbuch[4] zuständigen Behörde. [2] Diese Stellungnahme hat die Finanzbehörde einzuholen.

§§ 66 und **67.** (weggefallen)

Zu § 34b des Gesetzes

§ 68[5] **Nutzungssatz, Betriebsgutachten, Betriebswerk.** (1) [1] Der Nutzungssatz muss periodisch für zehn Jahre durch die Finanzbehörde festgesetzt werden. [2] Er muss den Holznutzungen entsprechen, die unter Berücksichtigung der vollen Ertragsfähigkeit des Waldes in Kubikmetern im Festmaß (Erntefestmeter Derbholz ohne Rinde) nachhaltig erzielbar sind.

(2) [1] Der Festsetzung des Nutzungssatzes ist ein amtlich anerkanntes Betriebsgutachten oder ein Betriebswerk zugrunde zu legen, das auf den Anfang des Wirtschaftsjahres aufzustellen ist, von dem an die Periode von zehn Jahren

---

[1] § 65 Abs. 3a Satz 4 Nr. 5 geänd. durch G. v. 9.12.2020 (BGBl. I S. 2770); zur Anwendung siehe § 84 Abs. 3g Sätze 2 ff.

[2] § 65 Abs. 4 Satz 1 geänd. mWv 1.1.2021 durch G v. 9.12.2020 (BGBl. I S. 2770).

[3] Verweis geänd. mWv 1.1.2018 durch G v. 23.12.2016 (BGBl. I S. 3234).

[4] Verweis geänd. durch VO v. 17.11.2010 (BGBl. I S. 1544).

[5] § 68 neu gef. mWv VZ 2012 durch G v. 1.11.2011 (BGBl. I S. 2131); Abs. 1 Satz 2 neu gef., Abs. 2 Satz 3 geänd. mWv VZ 2016 durch VO v. 18.7.2016 (BGBl. I S. 1722).

[3]Er hat in Fällen des § 50a Abs. 3 des Gesetzes die von der Bemessungsgrundlage des Steuerabzugs abgezogenen Betriebsausgaben oder Werbungskosten und die Staatsangehörigkeit des beschränkt steuerpflichtigen Gläubigers in einer für das Bundeszentralamt für Steuern[1)] nachprüfbaren Form zu dokumentieren.

(2) Bei der Veranlagung des Schuldners zur Einkommensteuer (Körperschaftsteuer) und bei Außenprüfungen, die bei dem Schuldner vorgenommen werden, ist auch zu prüfen, ob die Steuern ordnungsmäßig einbehalten und abgeführt worden sind.

§ 73e[2)] Einbehaltung, Abführung und Anmeldung der Steuer von Vergütungen im Sinne des § 50a Abs. 1 und 7 des Gesetzes (§ 50a Abs. 5 des Gesetzes). [1]Der Schuldner hat die innerhalb eines Kalendervierteljahrs einbehaltene Steuer von Vergütungen im Sinne des § 50a Absatz 1 des Gesetzes unter der Bezeichnung „Steuerabzug von Vergütungen im Sinne des § 50a Absatz 1 des Einkommensteuergesetzes" jeweils bis zum zehnten des dem Kalendervierteljahr folgenden Monats an das Bundeszentralamt für Steuern[3)] abzuführen. [2]Bis zum gleichen Zeitpunkt hat der Schuldner dem Bundeszentralamt für Steuern[3)] eine Steueranmeldung über den Gläubiger, die Höhe der Vergütungen im Sinne des § 50a Absatz 1 des Gesetzes, die Höhe und Art der von der Bemessungsgrundlage des Steuerabzugs abgezogenen Betriebsausgaben oder Werbungskosten und die Höhe des Steuerabzugs zu übersenden. [3]Satz 2 gilt entsprechend, wenn ein Steuerabzug auf Grund des § 50a Absatz 2 Satz 3 oder Absatz 4 Satz 1 des Gesetzes nicht vorzunehmen ist oder auf Grund des § 50c Absatz 2 des Gesetzes nicht oder nicht in voller Höhe vorzunehmen ist.[4)] [4]Die Steueranmeldung ist nach amtlich vorgeschriebenem Datensatz durch Datenfernübertragung zu übermitteln.[5)] [5]Auf Antrag kann das Bundeszentralamt für Steuern[3)] zur Vermeidung unbilliger Härten auf eine elektronische Übermittlung verzichten; in diesem Fall ist die Steueranmeldung vom Schuldner oder von einem zu seiner Vertretung Berechtigten zu unterschreiben. [6]Ist es zweifelhaft, ob der Gläubiger beschränkt oder unbeschränkt steuerpflichtig ist, so darf der Schuldner die Einbehaltung der Steuer nur dann unterlassen, wenn der Gläubiger durch eine Bescheinigung des nach den abgabenrechtlichen Vorschriften für die Besteuerung seines Einkommens zuständigen Finanzamts nachweist, dass er unbeschränkt steuerpflichtig ist. [7]Die Sätze 1, 2, 4 und 5 gelten entsprechend für die Steuer nach § 50a Absatz 7 des Gesetzes mit der Maßgabe, dass

1. die Steuer an das Finanzamt abzuführen und bei dem Finanzamt anzumelden ist, das den Steuerabzug angeordnet hat, und

---

[1)] § 73d Abs. 1 Satz 3 Zuständigkeit geänd. durch G v. 10.8.2009 (BGBl. I S. 2702); zur erstmaligen Anwendung ab 1.1.2014 siehe § 84 Abs. 3i Satz 4.

[2)] § 73e neu gef. durch G v. 19.12.2008 (BGBl. I S. 2794); zur erstmaligen Anwendung siehe § 84 Abs. 3i Sätze 1 und 2.

[3)] § 73e Sätze 1, 2 und 5 geänd. durch G v. 10.8.2009 (BGBl. I S. 2702); zur erstmaligen Anwendung siehe § 84 Abs. 3i Satz 4.

[4)] § 73e Satz 3 geänd. mWv 9.6.2021 durch G v. 2.6.2021 (BGBl. I S. 1259).

[5)] § 73e Satz 4 geänd. mWv 1.1.2017 durch G v. 18.7.2016 (BGBl. I S. 1679); geänd. mWv 1.1.2017 durch G v. 12.7.2017 (BGBl. I S. 2360).

2. bei entsprechender Anordnung die innerhalb eines Monats einbehaltene Steuer jeweils bis zum zehnten des Folgemonats anzumelden und abzuführen ist.[1)]

§ 73f Steuerabzug in den Fällen des § 50a Abs. 6 des Gesetzes. [1]Der Schuldner der Vergütungen für die Nutzung oder das Recht auf Nutzung von Urheberrechten im Sinne des § 50a Abs. 1 Nr. 3[2)] des Gesetzes braucht den Steuerabzug nicht vorzunehmen, wenn er diese Vergütungen auf Grund eines Übereinkommens nicht an den beschränkt steuerpflichtigen Gläubiger (Steuerschuldner), sondern an die Gesellschaft für musikalische Aufführungs- und mechanische Vervielfältigungsrechte (Gema) oder an einen anderen Rechtsträger abführt und die obersten Finanzbehörden der Länder mit Zustimmung des Bundesministeriums der Finanzen einwilligen, dass dieser andere Rechtsträger an die Stelle des Schuldners tritt. [2]In diesem Fall hat die Gema oder der andere Rechtsträger den Steuerabzug vorzunehmen; § 50a Abs. 5 des Gesetzes sowie die §§ 73d und 73e gelten entsprechend.

§ 73g[3)] Haftungsbescheid. (1) Ist die Steuer nicht ordnungsmäßig einbehalten oder abgeführt, so hat das Bundeszentralamt für Steuern oder das zuständige Finanzamt die Steuer von dem Schuldner, in den Fällen des § 73f von dem dort bezeichneten Rechtsträger, durch Haftungsbescheid oder von dem Steuerschuldner durch Steuerbescheid anzufordern.

(2) Der Zustellung des Haftungsbescheids an den Schuldner bedarf es nicht, wenn der Schuldner die einbehaltene Steuer dem Bundeszentralamt für Steuern oder dem Finanzamt ordnungsmäßig angemeldet hat (§ 73e) oder wenn er vor dem Bundeszentralamt für Steuern oder dem Finanzamt oder einem Prüfungsbeamten des Bundeszentralamts für Steuern oder des Finanzamts seine Verpflichtung zur Zahlung der Steuer schriftlich anerkannt hat.

Zu § 51 des Gesetzes

§§ 74 bis **80.** (weggefallen)

(Fortsetzung nächste Seite)

[1)] § 73e Satz 7 neu gef. durch G v. 25.7.2014 (BGBl. I S. 1266); zur Anwendung siehe § 84 Abs. 3i Satz 5.

[2)] § 73f Verweis geänd. durch G v. 19.12.2008 (BGBl. I S. 2794); zur erstmaligen Anwendung siehe § 84 Abs. 3i Satz 1.

[3)] § 73g Abs. 1 und Abs. 2 geänd. durch G v. 10.8.2009 (BGBl. I S. 2702); zur erstmaligen Anwendung siehe § 84 Abs. 3i Satz 4.

(3c)[1] [1]§ 54 Abs. 1 Satz 2 in der Fassung des Artikels 1a des Gesetzes vom 20. Dezember 2007 (BGBl. I S. 3150) ist erstmals für Vorgänge nach dem 31. Dezember 2007 anzuwenden. [2]§ 54 Abs. 4 in der Fassung des Artikels 2 des Gesetzes vom 7. Dezember 2006 (BGBl. I S. 2782) ist erstmals auf Verfügungen über Anteile an Kapitalgesellschaften anzuwenden, die nach dem 31. Dezember 2006 beurkundet werden.

(3d)[2] § 56 in der Fassung des Artikels 10 des Gesetzes vom 29. Dezember 2003 (BGBl. I S. 3076) ist erstmals für den Veranlagungszeitraum 2004 anzuwenden.

(3e)[3] § 60 Abs. 1 und 4 in der Fassung des Artikels 2 des Gesetzes vom 20. Dezember 2008 (BGBl. I S. 2850) ist erstmals für Wirtschaftsjahre (Gewinnermittlungszeiträume) anzuwenden, die nach dem 31. Dezember 2010 beginnen.

(3f)[4] § 62d Abs. 2 Satz 2 in der Fassung des Artikels 2 des Gesetzes vom 22. Dezember 2003 (BGBl. I S. 2840) ist erstmals auf Verluste anzuwenden, die aus dem Veranlagungszeitraum 2004 in den Veranlagungszeitraum 2003 zurückgetragen werden.

(3g)[5] [1]§ 65 Absatz 1 in der Fassung des Artikels 10 des Gesetzes vom 2. Juni 2021 (BGBl. I S. 1259) ist erstmals für den Veranlagungszeitraum 2021 anzuwenden. [2]§ 65 Absatz 3a ist erstmals für den Veranlagungszeitraum anzuwenden, der auf den Veranlagungszeitraum folgt, in dem die für die Anwendung erforderlichen Programmierarbeiten für das elektronische Datenübermittlungsverfahren abgeschlossen sind. [3]Das Bundesministerium der Finanzen gibt im Einvernehmen mit den obersten Finanzbehörden der Länder im Bundessteuerblatt Teil I den Veranlagungszeitraum bekannt, ab dem die Regelung des § 65 Absatz 3a erstmals anzuwenden ist. [4]Mit der Anwendung von § 65 Absatz 3a ist § 65 Absatz 1 Nummer 1 und 2 Buchstabe a, Absatz 2 Satz 1 und 2 zweiter Halbsatz nicht weiter anzuwenden. [5]Der Anwendungsbereich des § 65 Absatz 3 wird auf die Fälle des § 65 Absatz 1 Nummer 2 Buchstabe b beschränkt. [6]Zu diesem Zeitpunkt noch gültige und dem Finanzamt vorliegende Feststellungen über eine Behinderung werden bis zum Ende ihrer Gültigkeit weiter berücksichtigt, es sei denn, die Feststellungen ändern sich vor Ablauf der Gültigkeit.

---

[1] § 84 früherer Abs. 3b eingef. durch G v. 7.12.2006 (BGBl. I S. 2782), Satz 1 eingef., bish. Wortlaut wird Satz 2 durch G v. 20.12.2007 (BGBl. I S. 3150); bish. Abs. 3b wird Abs. 3c durch VO v. 25.6.2020 (BGBl. I S. 1495).

[2] § 84 früherer Abs. 3b neu gef. durch G v. 29.12.2003 (BGBl. I S. 3076); bish. Abs. 3b wird Abs. 3c durch G v. 7.12.2006 (BGBl. I S. 2782); bish. Abs. 3c wird Abs. 3d durch VO v. 25.6.2020 (BGBl. I S. 1495).

[3] § 84 früherer Abs. 3d neu gef. durch G v. 20.12.2008 (BGBl. I S. 2850); bish. Abs. 3d wird Abs. 3e durch VO v. 25.6.2020 (BGBl. I S. 1495).

[4] § 84 früherer Abs. 3d eingef. durch G v. 22.12.2003 (BGBl. I S. 2840); bish. Abs. 3d wird Abs. 3e durch G v. 7.12.2006 (BGBl. I S. 2782); bish. Abs. 3e wird Abs. 3f durch VO v. 25.6.2020 (BGBl. I S. 1495).

[5] § 84 Abs. 3g neu gef. durch G v. 9.12.2020 (BGBl. I S. 2770); Satz 1 geänd., Satz 4 ersetzt durch Sätze 4 und 5, bish. Satz 5 wird Satz 6 durch G v. 2.6.2021 (BGBl. I S. 1259).

(3h)[1] § 70 in der Fassung des Artikels 24 des Gesetzes vom 25. Juli 2014 (BGBl. I S. 1266) ist erstmals ab dem Veranlagungszeitraum 2014 anzuwenden.

(3i)[2] [1]Die §§ 73a, 73c, 73d Abs. 1 sowie die §§ 73e und 73f Satz 1 in der Fassung des Artikels 2 des Gesetzes vom 19. Dezember 2008 (BGBl. I S. 2794) sind erstmals auf Vergütungen anzuwenden, die nach dem 31. Dezember 2008 zufließen. [2]Abweichend von Satz 1 ist § 73e Satz 4 und 5 in der Fassung des Artikels 2 des Gesetzes vom 19. Dezember 2008 (BGBl. I S. 2794) erstmals auf Vergütungen anzuwenden, die nach dem 31. Dezember 2009 zufließen. [3]§ 73e Satz 4 in der Fassung der Bekanntmachung vom 10. Mai 2000 (BGBl. I S. 717) ist letztmals auf Vergütungen anzuwenden, die vor dem 1. Januar 2010 zufließen. [4]§ 73d Absatz 1 Satz 3, § 73e Satz 1, 2 und 5 sowie § 73g Absatz 1 und 2 in der Fassung des Artikels 9 des Gesetzes vom 10. August 2009 (BGBl. I S. 2702) sind erstmals auf Vergütungen anzuwenden, die nach dem 31. Dezember 2013 zufließen. [5]§ 73e Satz 7 in der am 31. Juli 2014[3] geltenden Fassung ist erstmals auf Vergütungen anzuwenden, für die der Steuerabzug nach dem 31. Dezember 2014 angeordnet worden ist. [6]§ 73a Absatz 3 in der am 30. Dezember 2014 geltenden Fassung ist erstmals ab dem 1. Januar 2014 anzuwenden.

(3j)[4] § 80 der Einkommensteuer-Durchführungsverordnung 1997 in der Fassung der Bekanntmachung vom 18. Juni 1997 (BGBl. I S. 1558) ist letztmals für das Wirtschaftsjahr anzuwenden, das vor dem 1. Januar 1999 endet.

(4) [1]§ 82a ist auf Tatbestände anzuwenden, die in dem in Artikel 3 des Einigungsvertrages genannten Gebiet nach dem 31. Dezember 1990 und vor dem 1. Januar 1992 verwirklicht worden sind. [2]Auf Tatbestände, die im Geltungsbereich dieser Verordnung ausschließlich des in Artikel 3 des Einigungsvertrages genannten Gebiets verwirklicht worden sind, ist

1. § 82a Abs. 1 und 2 bei Herstellungskosten für Einbauten von Anlagen und Einrichtungen im Sinne von dessen Absatz 1 Nr. 1 bis 5 anzuwenden, die nach dem 30. Juni 1985 und vor dem 1. Januar 1992 fertiggestellt worden sind,
2. § 82a Abs. 3 Satz 1 ab dem Veranlagungszeitraum 1987 bei Erhaltungsaufwand für Arbeiten anzuwenden, die vor dem 1. Januar 1992 abgeschlossen worden sind,

---

[1] § 84 früherer Abs. 3g neu gef. durch G v. 25.7.2014 (BGBl. I S. 1266); bish. Abs. 3g wird Abs. 3h durch VO v. 25.6.2020 (BGBl. I S. 1495).

[2] § 84 früherer Abs. 3f neu gef. durch G v. 19.12.2008 (BGBl. I S. 2794), Satz 4 angef. durch G v. 10.8.2009 (BGBl. I S. 2702); Satz 4 neu gef. durch VO v. 24.6.2013 (BGBl. I S. 1679); Satz 5 angef. durch G v. 25.7.2014 (BGBl. I S. 1266); Satz 6 angef. durch VO v. 22.12.2014 (BGBl. I S. 2392); bish. Abs. 3h wird Abs. 3i durch VO v. 25.6.2020 (BGBl. I S. 1495).

[3] Datum der Verkündung des G. v. 25.7.2014.

[4] § 84 früherer Abs. 3f wird Abs. 3g durch G v. 20.12.2001 (BGBl. I S. 3794); bish. Abs. 3g wird Abs. 3h durch G v. 22.12.2003 (BGBl. I S. 2840); bish. Abs. 3 wird Abs. 3i durch G v. 7.12.2006 (BGBl. I S. 2782); bish. Abs. 3i wird Abs. 3j durch VO v. 25.6.2020 (BGBl. I S. 1495).

3. § 82a Abs. 3 Satz 2 ab dem Veranlagungszeitraum 1987 bei Aufwendungen für Einzelöfen anzuwenden, die vor dem 1. Januar 1992 angeschafft worden sind,
4. § 82a Abs. 3 Satz 1 in der Fassung der Bekanntmachung vom 24. Juli 1986 für Veranlagungszeiträume vor 1987 bei Erhaltungsaufwand für Arbeiten anzuwenden, die nach dem 30. Juni 1985 abgeschlossen worden sind,
5. § 82a Abs. 3 Satz 2 in der Fassung der Bekanntmachung vom 24. Juli 1986 für Veranlagungszeiträume vor 1987 bei Aufwendungen für Einzelöfen anzuwenden, die nach dem 30. Juni 1985 angeschafft worden sind,

(Fortsetzung nächstes Blatt)

12. Gesetz zur Abwehr von Steuervermeidung und unfairem Steuerwettbewerb (Steueroasen-Abwehrgesetz – StAbwG)

Vom 25. Juni 2021 (BGBl. I S. 2056)

FNA 610-1-29

Inhaltsübersicht

Abschnitt 1. Allgemeine Vorschriften

§ 1 Anwendungsbereich. (1) Die Vorschriften dieses Gesetzes sind auf natürliche Personen, Körperschaften, Personenvereinigungen und Vermögensmassen anzuwenden.

(2) Dieses Gesetz ist auf Steuern einschließlich der Steuervergütungen anzuwenden, die durch Bundesrecht oder Recht der Europäischen Union geregelt sind und durch Bundesfinanzbehörden, Landesfinanzbehörden oder Gemeinden verwaltet werden, ausgenommen die Umsatzsteuer, einschließlich der Einfuhrumsatzsteuer, Einfuhr- und Ausfuhrabgaben und Verbrauchsteuern.

(3) [1]Die Vorschriften dieses Gesetzes werden durch Abkommen zur Vermeidung der Doppelbesteuerung nicht eingeschränkt oder ausgeschlossen. [2]Darüber hinaus werden deutsche Besteuerungsrechte durch Abkommen zur Vermeidung der Doppelbesteuerung mit nicht kooperativen Steuerhoheitsge-

bieten für den Zeitraum, in denen die Abschnitte 3 und 4 bezogen auf dieses Steuerhoheitsgebiet Anwendung finden, nicht berührt.

§ 2 Begriffsbestimmungen. (1) Ein Staat oder ein Gebiet (Steuerhoheitsgebiet) ist im Sinne dieses Gesetzes nicht kooperativ, wenn das Steuerhoheitsgebiet eine der Voraussetzungen des § 4 Absatz 1, des § 5 Absatz 1 oder des § 6 erfüllt.

(2) Ansässig in einem nicht kooperativen Steuerhoheitsgebiet im Sinne dieses Gesetzes sind

1. natürliche Personen, wenn sie einen Wohnsitz (§ 8 der Abgabenordnung) oder ihren gewöhnlichen Aufenthalt (§ 9 der Abgabenordnung);
2. Körperschaften, Personenvereinigungen und Vermögensmassen, wenn sie einen Sitz (§ 11 der Abgabenordnung) oder ihren Ort der Geschäftsleitung (§ 10 der Abgabenordnung)

in einem nicht kooperativen Steuerhoheitsgebiet haben.

§ 3 Verordnungsermächtigung. (1) [1] Zur Sicherstellung einer einheitlichen Rechtsanwendung erlassen das Bundesministerium der Finanzen und das Bundesministerium für Wirtschaft und Energie mit Zustimmung des Bundesrates eine Rechtsverordnung, in der genannt sind

1. die Steuerhoheitsgebiete, die nach Maßgabe des § 2 Absatz 1 nicht kooperative Steuerhoheitsgebiete sind, wenn sie in der im Amtsblatt der Europäischen Union veröffentlichten EU-Liste nicht kooperativer Länder und Gebiete für Steuerzwecke in der jeweils aktuellen Fassung genannt sind; und
2. der Zeitpunkt, ab dem ein bisher als nicht kooperativ genanntes Steuerhoheitsgebiet die Voraussetzungen des § 2 Absatz 1 nicht länger erfüllt.

[2] Die Rechtsverordnung ist für die Anwendung der Abschnitte 3 und 4 maßgeblich.

(2) [1] Wird in der Rechtsverordnung nach Absatz 1 ein Steuerhoheitsgebiet als nicht kooperatives Steuerhoheitsgebiet genannt, finden die Abschnitte 3 und 4 in Bezug auf dieses Steuerhoheitsgebiet ab dem Beginn des Folgejahres des Inkrafttretens der Rechtsverordnung Anwendung. [2] Eine Ausnahme soll gelten für § 8, der ab dem Beginn des vierten Jahres nach Inkrafttreten, sowie für § 11, der ab Beginn des dritten Jahres nach Inkrafttreten der Rechtsverordnung, Anwendung findet. [3] Weicht das Wirtschaftsjahr der Person, die Adressat der Maßnahmen der Abschnitte 3 und 4 ist, vom Kalenderjahr ab, gelten die Sätze 1 und 2 mit der Maßgabe, dass auf den Beginn des folgenden Wirtschaftsjahres abzustellen ist.

(3) [1] Wird in der Rechtsverordnung nach Absatz 1 ein Steuerhoheitsgebiet nicht länger als nicht kooperatives Steuerhoheitsgebiet genannt, finden die Abschnitte 3 und 4 in Bezug auf dieses Steuerhoheitsgebiet bereits ab dem 1. Januar des Kalenderjahres, in dessen Verlauf der in der Rechtsverordnung genannte Zeitpunkt des Wegfalls der Voraussetzungen fällt, keine Anwendung mehr. [2] Weicht das Wirtschaftsjahr der Person, die Adressat der Maßnahmen der Abschnitte 3 und 4 ist, vom Kalenderjahr ab, gilt Satz 1 mit der Maßgabe, dass auf den Beginn des Wirtschaftsjahres abzustellen ist.

Abschnitt 2. Qualifikation eines Staates oder Gebiets

§ 4 Intransparenz in Steuersachen. (1) Ein Steuerhoheitsgebiet ist nicht kooperativ, wenn dieses Steuerhoheitsgebiet keine hinreichende Transparenz in Steuersachen gewährleistet.

(2) Ein Steuerhoheitsgebiet gewährleistet keine hinreichende Transparenz in Steuersachen, wenn dieses Steuerhoheitsgebiet

1. den automatischen Austausch von Informationen über Finanzkonten in Steuersachen mit der Bundesrepublik Deutschland sowie allen anderen Mitgliedstaaten der Europäischen Union nach dem gemeinsamen Meldestandard nicht durchführt;
2. nicht weitgehend den OECD Standard für Transparenz und effektiven Informationsaustausch auf Ersuchen umgesetzt hat; oder
3. das Übereinkommen vom 25. Januar 1988 über die gegenseitige Amtshilfe in Steuersachen in der Fassung des Änderungsprotokolls vom 27. Mai 2010 nicht ratifiziert hat oder, sofern das Steuerhoheitsgebiet nicht über die volle staatliche Souveränität verfügt, es dem Übereinkommen vom 25. Januar 1988 über die gegenseitige Amtshilfe in Steuersachen in der Fassung des Änderungsprotokolls vom 27. Mai 2010 nicht beigetreten ist; die Transparenz ist allerdings hinreichend gewährleistet, wenn das Steuerhoheitsgebiet den wirksamen Austausch von Informationen auf Ersuchen sowie den automatischen Austausch von Informationen mit der Bundesrepublik Deutschland und allen anderen Mitgliedstaaten der Europäischen Union aufgrund geltender Abkommen sicherstellt.

(3) Gemeinsamer Meldestandard nach Absatz 2 Nummer 1 ist der durch die Organisation für wirtschaftliche Zusammenarbeit und Entwicklung (OECD) zusammen mit den G20-Staaten entwickelte Standard für den automatischen Austausch von Informationen über Finanzkonten in Steuersachen in dem Stand der Veröffentlichung durch die OECD vom 15. Juli 2014.

(4) [1] Der OECD Standard nach Absatz 2 Nummer 2 bestimmt sich anhand der „2016 Terms of Reference" im „Informationsaustausch auf Ersuchen, Handbuch für die gegenseitige Überprüfung 2016–2020", Global Forum on Transparency and Exchange of Information for Tax Purposes (2016).[1)] [2] Der Standard ist in einem Steuerhoheitsgebiet weitgehend nicht umgesetzt, wenn von ihm wesentlich abgewichen wird und diese Abweichung signifikante Auswirkungen auf die praktische Durchführung des Informationsaustausches auf Ersuchen hatte oder voraussichtlich haben wird.

§ 5 Unfairer Steuerwettbewerb. (1) Ein Steuerhoheitsgebiet ist nicht kooperativ, wenn es unfairen Steuerwettbewerb betreibt.

---

1) Amtlicher Hinweis: Dieses Dokument ist im Internet abrufbar unter https://www.bzst.de/DE/Behoerden/InternationaleAmtshilfe/AmtshilfeDirekteSteuern/amtshilfe_direkte_steuern_node.html

(2) [1]Ein Steuerhoheitsgebiet betreibt unfairen Steuerwettbewerb, wenn es Regelungen, einschließlich Rechts-, Verwaltungsvorschriften und Verwaltungspraktiken auf dem Gebiet des Steuerrechts, anwendet, die gemessen an den üblicherweise in dem betreffenden Steuerhoheitsgebiet geltenden Besteuerungsniveaus eine deutlich niedrigere Effektivbesteuerung, einschließlich einer Nullbesteuerung, bewirken. [2]Diese Regelungen sind insbesondere dann als unfairer Steuerwettbewerb anzusehen, wenn sie

1. Vorteile ausschließlich Gebietsfremden oder für Transaktionen mit Gebietsfremden gewähren;
2. Vorteile gewähren, die von der inländischen Wirtschaft des nicht kooperativen Steuerhoheitsgebietes nicht in Anspruch genommen werden können, so dass sie keine Auswirkungen auf dessen Steuergrundlage haben;
3. Vorteile von einer tatsächlichen wirtschaftlichen Tätigkeit oder Präsenz in dem diese Vorteile gewährenden Steuerhoheitsgebiet entkoppeln und die steuerlichen Vorteile auch ohne eine derartige Tätigkeit oder Präsenz gewährt werden;
4. bei der Gewinnermittlung bei Aktivitäten innerhalb einer multinationalen Unternehmensgruppe von international allgemein anerkannten Grundsätzen, insbesondere denen der OECD, abweichen; oder
5. intransparent, insbesondere nicht allgemein vorhersehbar oder hinreichend dokumentiert sind, einschließlich der Fälle, in denen von den Regelungen in der Handhabung durch die Verwaltungsbehörden bewusst abgewichen wird, um gesetzlich nicht vorgesehene Vorteile zu gewähren.

(3) [1]Für ein Steuerhoheitsgebiet, das über kein Körperschaftsteuersystem oder über ein Körperschaftsteuersystem verfügt, dessen Anwendung zu einem effektiven Körperschaftsteuersatz von null oder nahe null führt (Nullsatzjurisdiktion), sind Regelungen sowie Strukturen als unfairer Steuerwettbewerb anzusehen, wenn sie zum Ziel haben, Gewinne anzuziehen, die keine reale Wirtschaftstätigkeit in dem Steuerhoheitsgebiet abbilden. [2]Regelungen und Strukturen sind insbesondere dann als unfairer Steuerwettbewerb anzusehen, wenn hierdurch eine den Regelungen unter Absatz 2 Satz 2 Nummer 1 bis 5 entsprechende Wirkung entsteht. [3]Für die Beurteilung der Wirkung ist unerheblich, ob es sich um steuerliche oder nichtsteuerliche Regelungen und Strukturen in dem betreffenden Steuerhoheitsgebiet handelt. [4]Allein der Umstand, dass ein Steuerhoheitsgebiet eine Nullsatzjurisdiktion ist, führt nicht dazu, dass die betreffenden Regelungen oder Strukturen dieses Steuerhoheitsgebietes als unfairer Steuerwettbewerb anzusehen sind.

§ 6 Nichterfüllung der BEPS-Mindeststandards. (1) [1]Ein Steuerhoheitsgebiet ist nicht kooperativ, wenn es sich nicht zur Umsetzung der Mindeststandards des OECD/G20 BEPS-Projekts (Base Erosion and Profit Shifting, vgl. BEPS-Projekt Erläuterungen, Abschlussbericht 2015) gegen Gewinnverkürzung und Gewinnverschiebung verpflichtet hat. [2]Die Mindeststandards umfassen Aktionspunkt 5 „Wirksame Bekämpfung schädlicher Steuerpraktiken unter Berücksichtigung von Transparenz und Substanz“, Aktionspunkt 6 „Verhinderung von Abkommensmissbrauch“, Aktionspunkt 13 „Verrechnungspreisdokumentation und länderbezogene Berichterstattung“ und Aktionspunkt 14 „Verbesserung der Wirksamkeit von Streitbeilegungsmechanismen“.

(2) Ein Steuerhoheitsgebiet ist auch dann nicht kooperativ, wenn es

1. nicht mit der Bundesrepublik Deutschland sowie allen anderen Mitgliedstaaten der Europäischen Union über einen Mechanismus zum Austausch länderbezogener Berichte verfügt; oder
2. hinsichtlich der Vertraulichkeit, der Datenschutzvorkehrungen, der sachgemäßen Verwendung oder dem rechtzeitigen und ausreichenden Austausch von Informationen zu länderbezogenen Berichten von dem Mindeststandard des OECD/G20 BEPS-Projekts, Aktionspunkt 13 „Verrechnungspreisdokumentation und länderbezogene Berichterstattung“ wesentlich abweicht.

Abschnitt 3. Abwehrmaßnahmen

§ 7 Betroffene Geschäftsvorgänge. [1]Unterhält ein Steuerpflichtiger Geschäftsbeziehungen oder Beteiligungsverhältnisse in oder mit Bezug zu einem nicht kooperativen Steuerhoheitsgebiet (Geschäftsvorgänge), gelten die §§ 8 bis 11. [2]Satz 1 ist auch auf anzunehmende schuldrechtliche Beziehungen im Sinne des § 1 Absatz 4 Satz 1 Nummer 2 des Außensteuergesetzes sowie auf Vorgänge, die auf einer gesellschaftsrechtlichen Vereinbarung beruhen, anzuwenden.

§ 8 Verbot des Betriebsausgaben- und Werbungskostenabzugs. [1]Aufwendungen aus Geschäftsvorgängen im Sinne des § 7 dürfen den Gewinn oder den Überschuss der Einnahmen über die Werbungskosten nicht mindern. [2]Dies gilt nicht, soweit

1. die den Aufwendungen entsprechenden Erträge der unbeschränkten oder beschränkten Steuerpflicht nach den Vorschriften des Einkommensteuergesetzes, Körperschaftsteuergesetzes oder dieses Gesetzes unterliegen; oder
2. auf Grund der aus den Aufwendungen resultierenden Einnahmen ein Hinzurechnungsbetrag im Sinne des § 10 Absatz 1 Satz 1 des Außensteuergesetzes anzusetzen ist.

§ 9 Verschärfte Hinzurechnungsbesteuerung. [1]Sind unbeschränkt steuerpflichtige Personen an einer ausländischen Gesellschaft im Sinne des § 7 Absatz 1 des Außensteuergesetzes gemäß § 7 des Außensteuergesetzes beteiligt, die in einem nicht kooperativen Steuerhoheitsgebiet ansässig ist, ist die ausländische Gesellschaft über § 8 Absatz 1 des Außensteuergesetzes hinaus und ungeachtet von § 8 Absatz 2 bis 4 und § 9 des Außensteuergesetzes Zwischengesellschaft für ihre gesamten Einkünfte, die insgesamt einer niedrigen Besteuerung im Sinne des § 8 Absatz 5 des Außensteuergesetzes unterliegen. [2]Satz 1 gilt nicht, soweit dessen Anwendung zu niedrigeren steuerpflichtigen Einkünften führt als ohne dessen Geltung. [3]Für in einem nicht kooperativen Steuerhoheitsgebiet gelegene Betriebsstätten eines unbeschränkt Steuerpflichtigen gilt § 20 Absatz 2 Satz 1 des Außensteuergesetzes mit der Maßgabe, dass dieser auf sämtliche Einkünfte der Betriebstätte anzuwenden ist; § 20 Absatz 2 Satz 2 des Außensteuergesetzes ist nicht anzuwenden und Satz 2 gilt entsprechend.

§ 10 Quellensteuermaßnahmen. [1] Über § 49 des Einkommensteuergesetzes hinaus liegen steuerpflichtige Einkünfte natürlicher Personen, Körperschaften, Personenvereinigungen oder Vermögensmassen, die in einem nicht kooperativen Steuerhoheitsgebiet ansässig sind, auch vor, soweit sie Einkünfte erzielen aus

1. Finanzierungsbeziehungen,
2. Versicherungs- oder Rückversicherungsleistungen,
3. der Erbringung von Dienstleistungen, soweit nicht bereits Nummern 1 und 2, oder
4. dem Handel mit Waren oder Dienstleistungen,

die nach § 2 Absatz 1 Satz 1 erster Halbsatz des Einkommensteuergesetzes bei unbeschränkt Steuerpflichtigen der Besteuerung unterlägen, und die ihnen hierbei gewährten Vergütungen als Betriebsausgaben oder Werbungskosten eines anderen Steuerpflichtigen ungeachtet des § 8 Satz 1 bei dessen Veranlagung zur unbeschränkten Einkommensteuer oder Körperschaftsteuerpflicht berücksichtigt werden können. [2] § 50a des Einkommensteuergesetzes, mit Ausnahme von dessen Absätzen 6 und 7, und §§ 73c bis 73g der Einkommensteuer-Durchführungsverordnung sowie die weiteren gesetzlichen Vorschriften, die an den Steuerabzug auf Grund des § 50a des Einkommensteuergesetzes anknüpfen, gelten für die Vergütungen des Satzes 1 entsprechend. [3] Dabei ist § 50a Absatz 2 Satz 1 des Einkommensteuergesetzes mit der Maßgabe anzuwenden, dass der Steuerabzug 15 Prozent der gesamten Einnahmen beträgt.

§ 11 Maßnahmen bei Gewinnausschüttungen und Anteilsveräußerungen. (1) [1] Auf Bezüge im Sinne des § 20 Absatz 1 Nummer 1, 2, 9 und 10 Buchstabe a des Einkommensteuergesetzes, die von einer in einem nicht kooperativen Steuerhoheitsgebiet ansässigen Körperschaft geleistet werden, finden keine Anwendung

1. die Vorschriften über die Steuerbefreiung nach § 8b Absatz 1 Satz 1 des Körperschaftsteuergesetzes und
2. den in Nummer 1 genannten Vorschriften vergleichbare Vorschriften in Abkommen zur Vermeidung der Doppelbesteuerung.

[2] Auf Gewinne aus der Veräußerung eines Anteils an einer Körperschaft oder Personenvereinigung, deren Leistungen beim Empfänger zu Bezügen im Sinne des Satzes 1 gehören, finden die Vorschriften über die Steuerbefreiung nach § 8b Absatz 2 Satz 1 des Körperschaftsteuergesetzes und vergleichbare Vorschriften in Abkommen zur Vermeidung der Doppelbesteuerung keine Anwendung. [3] Die Sätze 1 und 2 gelten auch, wenn der Steuerpflichtige Bezüge von einer nahestehenden Person im Sinne des § 1 Absatz 2 des Außensteuergesetzes erhält und diese Bezüge aus Ausschüttungen oder Veräußerungsge-

winnen resultieren, die die nahestehende Person unmittelbar oder mittelbar von einer Körperschaft im Sinne des Satzes 1 erhalten hat; dies gilt nicht, wenn bereits auf Ebene der nahestehenden Person die Sätze 1 und 2 oder vergleichbare Vorschriften angewendet worden sind.

(2) Für Einkünfte im Sinne des Absatzes 1 sind § 2 Absatz 5b Satz 1, § 32d Absatz 1 und § 43 Absatz 5 des Einkommensteuergesetzes in Bezug auf Einkünfte, die das Kreditinstitut für Rechnung des Schuldners an den Steuerpflichtigen zahlt, und § 3 Nummer 40 Satz 1 und 2 des Einkommensteuergesetzes nicht anzuwenden.

(3) Die Absätze 1 und 2 gelten nicht, soweit der Steuerpflichtige nachweist, dass die Ausschüttungen aus Beträgen resultieren, die beim Leistenden bereits der Besteuerung nach § 10 unterlegen haben oder für die bereits das Abzugsverbot nach § 8 angewendet worden ist.

Abschnitt 4. Besondere Anforderungen an das Steuerverwaltungsverfahren

§ 12 Gesteigerte Mitwirkungspflichten. (1) [1]Der Steuerpflichtige hat über die nach § 90 der Abgabenordnung bestehenden Mitwirkungspflichten hinaus eine gesteigerte Mitwirkungspflicht. [2]Die gesteigerte Mitwirkungspflicht umfasst die in den folgenden Absätzen geregelten Verpflichtungen.

(2) [1]Der Steuerpflichtige hat für Geschäftsvorgänge im Sinne des § 7 folgende Aufzeichnungen zu erstellen:

1. Darstellung der Geschäftsbeziehungen, Übersicht über Art und Umfang dieser Geschäftsbeziehungen, insbesondere Wareneinkauf, Dienstleistungen, Darlehensverhältnisse, Versicherungsverhältnisse, Nutzungsüberlassungen sowie Kostenumlagen;
2. Verträge und vereinbarte Vertragsbedingungen, die den Geschäftsbeziehungen zugrunde liegen, und ihre Veränderung innerhalb des Wirtschaftsjahres;
3. Auflistung von Vereinbarungen mit Bezug zu immateriellen Werten, einschließlich Kostenumlagevereinbarungen sowie Forschungsdienstleistungsvereinbarungen und Lizenzvereinbarungen, sowie Auflistung der immateriellen Werte, die der Steuerpflichtige im Rahmen der betreffenden Geschäftsbeziehungen nutzt oder zur Nutzung überlässt;
4. die von den Beteiligten im Rahmen der Geschäftsbeziehungen ausgeübten Funktionen und übernommenen Risiken sowie deren Veränderungen innerhalb des Wirtschaftsjahres;
5. die eingesetzten wesentlichen Vermögenswerte;
6. die gewählten Geschäftsstrategien;
7. die Markt- und Wettbewerbsverhältnisse, die für die Besteuerung von Bedeutung sind;
8. die natürlichen Personen, die unmittelbar oder mittelbar Gesellschafter oder Anteilseigner einer Gesellschaft in dem nicht kooperativen Steuerhoheitsgebiet sind, zu dem der Steuerpflichtige in Geschäftsbeziehung steht; das gilt nicht, soweit mit der Hauptgattung der Aktien der ausländischen

Gesellschaft ein wesentlicher und regelmäßiger Handel an einer Börse in einem Mitgliedstaat der Europäischen Union oder in einem Vertragsstaat des EWR-Abkommens stattfindet oder an einer Börse, die in einem anderen Staat nach § 193 Absatz 1 Satz 1 Nummer 2 und 4 des Kapitalanlagegesetzbuchs von der Bundesanstalt für Finanzdienstleistungsaufsicht zugelassen ist.

2 Die Aufzeichnungen nach Satz 1 sind spätestens ein Jahr nach Ablauf des betreffenden Kalenderjahres oder Wirtschaftsjahres zu erstellen und an die örtlich zuständige Finanzbehörde sowie in den Fällen, in denen die Voraussetzungen des § 138a der Abgabenordnung erfüllt sind, dem Bundeszentralamt für Steuern, zu übermitteln. 3 Daneben sind die Aufzeichnungen auf Anforderung entsprechend § 90 Absatz 3 Satz 6 und 7 der Abgabenordnung vorzulegen.

(3) 1 Nach Aufforderung der zuständigen Finanzbehörde hat der Steuerpflichtige die Richtigkeit und Vollständigkeit der Angaben gemäß Absatz 2 an Eides statt zu versichern und die Finanzbehörde zu bevollmächtigen, in seinem Namen mögliche Auskunftsansprüche gegenüber den von der Finanzbehörde benannten Personen, zu denen Geschäftsvorgänge im Sinne des § 7 bestehen, außergerichtlich und gerichtlich geltend zu machen. 2 § 95 der Abgabenordnung bleibt unberührt.

Abschnitt 5. Schlussvorschriften

§ 13 Anwendungsvorschriften. (1) Die Abschnitte 3 und 4 dieses Gesetzes sind ab dem 1. Januar 2022 anzuwenden.

(2) Abweichend von Absatz 1 sind die Abschnitte 3 und 4 dieses Gesetzes in Bezug auf Steuerhoheitsgebiete, die am 1. Januar 2021 nicht auf der im Amtsblatt der Europäischen Union veröffentlichten EU-Liste nicht kooperativer Länder und Gebiete für Steuerzwecke genannt waren, ab dem 1. Januar 2023 anzuwenden.

(3) 1 Vorbehaltlich der Absätze 1 und 2 ist § 9 in der am Tag nach Verkündung geltenden Fassung erstmals anzuwenden

1. für die Einkommen- und Körperschaftsteuer für den Veranlagungszeitraum,
2. für die Gewerbesteuer für den Erhebungszeitraum,

für den Zwischeneinkünfte hinzuzurechnen sind, die in einem Wirtschaftsjahr der Zwischengesellschaft oder der Betriebsstätte entstanden sind, das nach dem 31. Dezember 2021 beginnt. 2 Für Zwischeneinkünfte einer Zwischengesellschaft oder einer Untergesellschaft im Sinne des § 14 Absatz 1 des Außensteuergesetzes in der am 30. Juni 2021 geltenden Fassung oder einer ihr nachgeschalteten ausländischen Gesellschaft im Sinne des § 14 Absatz 3 des Außensteuergesetzes in der am 30. Juni 2021 geltenden Fassung oder einer Betriebsstätte, die in einem Wirtschaftsjahr entstanden sind, das vor dem 1. Januar 2022 beginnt, ist § 9 vorbehaltlich der Absätze 1 und 2 in der folgenden Fassung anzuwenden:

„**§ 9 Verschärfte Hinzurechnungsbesteuerung.** [1] Sind unbeschränkt steuerpflichtige Personen an einer ausländischen Gesellschaft im Sinne des § 7 Absatz 1 des Außensteuergesetzes in der am 30. Juni 2021 geltenden Fassung gemäß § 7 des Außensteuergesetzes in der am 30. Juni 2021 geltenden Fassung beteiligt, die in einem nicht kooperativen Steuerhoheitsgebiet ansässig ist, ist die ausländische Gesellschaft über § 8 Absatz 1 des Außensteuergesetzes in der am 30. Juni 2021 geltenden Fassung hinaus und ungeachtet von § 8 Absatz 2 und § 9 des Außensteuergesetzes in der am 30. Juni 2021 geltenden Fassung Zwischengesellschaft für ihre gesamten Einkünfte, die insgesamt einer niedrigen Besteuerung im Sinne des § 8 Absatz 3 des Außensteuergesetzes in der am 30. Juni 2021 geltenden Fassung unterliegen. [2] Untergesellschaften im Sinne des § 14 Absatz 1 des Außensteuergesetzes in der am 30. Juni 2021 geltenden Fassung und ihnen nachgeschaltete ausländische Gesellschaften im Sinne des § 14 Absatz 3 des Außensteuergesetzes in der am 30. Juni 2021 geltenden Fassung, die in nicht kooperativen Steuerhoheitsgebieten ansässig sind, sind über § 14 Absatz 1 und § 8 Absatz 1 des Außensteuergesetzes in der am 30. Juni 2021 geltenden Fassung hinaus und ungeachtet von § 8 Absatz 2 und § 9 des Außensteuergesetzes in der am 30. Juni 2021 geltenden Fassung nachgeschaltete Zwischengesellschaften für ihre gesamten Einkünfte, soweit diese einer niedrigen Besteuerung unterlegen haben; negative Einkünfte solcher Gesellschaften sind abweichend von § 14 Absatz 1 Satz 1 des Außensteuergesetzes in der am 30. Juni 2021 geltenden Fassung nicht zuzurechnen. [3] Die Sätze 1 und 2 gelten nicht, soweit deren Anwendung zu niedrigeren steuerpflichtigen Einkünften oder zuzurechnenden Einkünften führen würden als ohne deren Geltung. [4] Für in einem nicht kooperativen Steuerhoheitsgebiet gelegene Betriebsstätten eines unbeschränkt Steuerpflichtigen gilt § 20 Absatz 2 Satz 1 des Außensteuergesetzes in der am 30. Juni 2021 geltenden Fassung mit der Maßgabe, dass dieser auf sämtliche Einkünfte der Betriebstätte anzuwenden ist; § 20 Absatz 2 Satz 2 des Außensteuergesetzes in der am 30. Juni 2021 geltenden Fassung ist nicht anzuwenden und Satz 3 gilt entsprechend."

20. Lohnsteuer-Durchführungsverordnung (LStDV 1990)

In der Fassung der Bekanntmachung vom 10. Oktober 1989 (BGBl. I S. 1848)[1)]

Geändert durch Steueränderungsgesetz 1992 vom 25.2.1992 (BGBl. I S. 297), Jahressteuergesetz 1996 vom 11.10.1995 (BGBl. I S. 1250), Steuerentlastungsgesetz 1999/2000/2002 vom 24.3.1999 (BGBl. I S. 402), Steuerbereinigungsgesetz 1999 vom 22.12.1999 (BGBl. I S. 2601), Steuer-Euroglättungsgesetz vom 19.12.2000 (BGBl. I S. 1790), Steueränderungsgesetz 2001 vom 20.12.2001 (BGBl. I S. 3794), Steueränderungsgesetz 2003 vom 15.12.2003 (BGBl. I S. 2645), Alterseinkünftegesetz vom 5.7.2004 (BGBl. I S. 1427), Jahressteuergesetz 2007 vom 13.12.2006 (BGBl. I S. 2878), Verordnung zur Änderung steuerlicher Verordnungen vom 17.11.2010 (BGBl. I S. 1544), Beitreibungsrichtlinie-Umsetzungsgesetz (BeitrRLUmsG) vom 7.12.2011 (BGBl. I S. 2592), Gesetz zur Änderung und Vereinfachung der Unternehmensbesteuerung und des steuerlichen Reisekostenrechts vom 20.2.2013 (BGBl. I S. 285), Gesetz zur Anpassung des nationalen Steuerrechts an den Beitritt Kroatiens zur EU und zur Änderung weiterer steuerlicher Vorschriften vom 25.7.2014 (BGBl. I S. 1266), Gesetz zur Modernisierung des Besteuerungsverfahrens vom 18.7.2016 (BGBl. I S. 1679), Gesetz zur Stärkung der betrieblichen Altersversorgung, zur Anwendung anderer Gesetze (Betriebsrentenstärkungsgesetz) vom 17.8.2017 (BGBl. I S. 3214), Gesetz zur Vermeidung von Umsatzsteuerausfällen beim Handel mit Waren im Internet und zur Änderung weiterer steuerlicher Vorschriften vom 11.12.2018 (BGBl. I S. 2338) und Fünfte Verordnung zur Änderung steuerlicher Verordnungen vom 25.6.2020 (BGBl. I S. 1495)

BGBl. III/FNA 611-2

§ 1 Arbeitnehmer, Arbeitgeber. (1) [1]Arbeitnehmer sind Personen, die in öffentlichem oder privatem Dienst angestellt oder beschäftigt sind oder waren und die aus diesem Dienstverhältnis oder einem früheren Dienstverhältnis Arbeitslohn beziehen. [2]Arbeitnehmer sind auch die Rechtsnachfolger dieser Personen, soweit sie Arbeitslohn aus dem früheren Dienstverhältnis ihres Rechtsvorgängers beziehen.

(2) [1]Ein Dienstverhältnis (Absatz 1) liegt vor, wenn der Angestellte (Beschäftigte)dem Arbeitgeber (öffentliche Körperschaft, Unternehmer, Haushaltsvorstand) seine Arbeitskraft schuldet. [2]Dies ist der Fall, wenn die tätige Person in der Betätigung ihres geschäftlichen Willens unter der Leitung des Arbeitgebers steht oder im geschäftlichen Organismus des Arbeitgebers dessen Weisungen zu folgen verpflichtet ist.

(3) Arbeitnehmer ist nicht, wer Lieferungen und sonstige Leistungen innerhalb der von ihm selbständig ausgeübten gewerblichen oder beruflichen Tätigkeit im Inland gegen Entgelt ausführt, soweit es sich um die Entgelte für diese Lieferungen und sonstigen Leistungen handelt.

---

1) Neubekanntmachung der Lohnsteuer-Durchführungsverordnung idF der Bek. v. 23.10. 1984 (BGBl. I S. 1313) auf Grund des § 51 Abs. 4 EStG idF der Bek. v. 27.2.1987 (BGBl. I S. 657) in der ab 20.10.1989 geltenden Fassung.

§ 2 Arbeitslohn. (1) [1]Arbeitslohn sind alle Einnahmen, die dem Arbeitnehmer aus dem Dienstverhältnis zufließen. [2]Es ist unerheblich, unter welcher Bezeichnung oder in welcher Form die Einnahmen gewährt werden.

(2) Zum Arbeitslohn gehören auch

1. Einnahmen im Hinblick auf ein künftiges Dienstverhältnis;
2. Einnahmen aus einem früheren Dienstverhältnis, unabhängig davon, ob sie dem zunächst Bezugsberechtigten oder seinem Rechtsnachfolger zufließen. [2]Bezüge, die ganz oder teilweise auf früheren Beitragsleistungen des Bezugsberechtigten oder seines Rechtsvorgängers beruhen, gehören nicht zum Arbeitslohn, es sei denn, daß die Beitragsleistungen Werbungskosten gewesen sind;
3.[1)] Ausgaben, die ein Arbeitgeber leistet, um einen Arbeitnehmer oder diesem nahestehende Personen für den Fall der Krankheit, des Unfalls, der Invalidität, des Alters oder des Todes abzusichern (Zukunftssicherung). [2]Voraussetzung ist, daß der Arbeitnehmer der Zukunftssicherung ausdrücklich oder stillschweigend zustimmt. [3]Ist bei einer Zukunftssicherung für mehrere Arbeitnehmer oder diesen nahestehende Personen in Form einer Gruppenversicherung oder Pauschalversicherung der für den einzelnen Arbeitnehmer geleistete Teil der Ausgaben nicht in anderer Weise zu ermitteln, so sind die Ausgaben nach der Zahl der gesicherten Arbeitnehmer auf diese aufzuteilen. [4]Nicht zum Arbeitslohn gehören Ausgaben, die nur dazu dienen, dem Arbeitgeber die Mittel zur Leistung einer dem Arbeitnehmer zugesagten Versorgung zu verschaffen;
4. Entschädigungen, die dem Arbeitnehmer oder seinem Rechtsnachfolger als Ersatz für entgangenen oder entgehenden Arbeitslohn oder für die Aufgabe oder Nichtausübung einer Tätigkeit gewährt werden;
5. besondere Zuwendungen, die auf Grund des Dienstverhältnisses oder eines früheren Dienstverhältnisses gewährt werden, zum Beispiel Zuschüsse im Krankheitsfall;
6. besondere Entlohnungen für Dienste, die über die regelmäßige Arbeitszeit hinaus geleistet werden, wie Entlohnung für Überstunden, Überschichten, Sonntagsarbeit;
7. Lohnzuschläge, die wegen der Besonderheit der Arbeit gewährt werden;
8. Entschädigungen für Nebenämter und Nebenbeschäftigungen im Rahmen eines Dienstverhältnisses.

§ 3[2)] *(aufgehoben)*

§ 4 Lohnkonto. (1) Der Arbeitgeber hat im Lohnkonto des Arbeitnehmers Folgendes aufzuzeichnen:

1.[3)] den Vornamen, den Familiennamen, den Tag der Geburt, den Wohnort, die Wohnung sowie die in einer vom Finanzamt ausgestellten Bescheini-

---

[1)] § 2 Abs. 2 Nr. 3 Satz 1 bish. Halbsatz 2 aufgeh. durch G v. 22.12.1999 (BGBl. I S. 2601).

[2)] § 3 aufgeh. mWv 1.1.1999 durch G v. 24.3.1999 (BGBl. I S. 402).

[3)] § 4 Abs. 1 Nr. 1 neu gef. mWv 1.1.2012 durch G v. 7.12.2011 (BGBl. I S. 2592).

21. Verordnung über die sozialversicherungsrechtliche Beurteilung von Zuwendungen des Arbeitgebers als Arbeitsentgelt (Sozialversicherungsentgeltverordnung – SvEV)[1) · 2)]

Vom 21. Dezember 2006 (BGBl. I S. 3385)

Geändert durch VO vom 21.12.2006 (BGBl. I S. 3385), Gesetz zur Förderung der zusätzlichen Altersvorsorge vom 10.12.2007 (BGBl. I S. 2838), Gesetz zur Änderung des Vierten Buches Sozialgesetzbuch und anderer Gesetze vom 19.12.2007 (BGBl. I S. 3024), Erste VO zur Änderung der SozialversicherungsentgeltVO vom 18.11.2008 (BGBl. I S. 2220), Gesetz zur Änderung des Vierten Buches Sozialgesetzbuch, zur Errichtung einer Versorgungsausgleichskasse und anderer Gesetze vom 15.7.2009 (BGBl. I S. 1939), Zweite VO zur Änderung der SozialversicherungsentgeltVO vom 19.10.2009 (BGBl. I S. 3667), Dritte VO zur Änderung der SozialversicherungsentgeltVO vom 10.11.2010 (BGBl. I S. 1751), Vierte VO zur Änderung der SozialversicherungsentgeltVO vom 2.12.2011 (BGBl. I S. 2453), Beitreibungsrichtlinie-Umsetzungsgesetz (BeitrRLUmsG) vom 7.12.2011 (BGBl. I S. 2592), Gesetz zur Verbesserung der Eingliederungschancen am Arbeitsmarkt vom 20.12.2011 (BGBl. I S. 2854), Fünfte Verordnung zur Änderung der Sozialversicherungsentgeltverordnung vom 19.12.2012 (BGBl. I S. 2714), Sechste Verordnung zur Änderung der Sozialversicherungsentgeltverordnung vom 21.10.2013 (BGBl. I S. 3871), Siebte Verordnung zur Änderung der Sozialversicherungsentgeltverordnung vom 24.11.2014 (BGBl. I S. 1799), Fünftes Gesetz zur Änderung des Vierten Buches Sozialgesetzbuch und anderer Gesetze vom 15.4.2015 (BGBl. I S. 583), Achte Verordnung zur Änderung der Sozialversicherungsentgeltverordnung vom 18.11.2015 (BGBl. I S. 2075), Neunte Verordnung zur Änderung der Sozialversicherungsentgeltverordnung vom 21.11.2016 (BGBl. I S. 2637), Gesetz zur Neuregelung des Mutterschutzrechts vom 23.5.2017 (BGBl. I S. 1228), Gesetz zur Stärkung der betrieblichen Altersversorgung und zur Änderung anderer Gesetze (Betriebsrentenstärkungsgesetz) vom 17.8.2017 (BGBl. I S. 3214), Verordnung zur Änderung der Sozialversicherungsentgeltverordnung und anderer Verordnungen vom 7.12.2017 (BGBl. I S. 3906), Zehnte Verordnung zur Änderung der Sozialversicherungsentgeltverordnung vom 6.11.2018 (BGBl. I S. 1842), Elfte Verordnung zur Änderung der Sozialversicherungsentgeltverordnung vom 29.11.2019 (BGBl. I S. 1997) und Verordnung zur Änderung der Sozialversicherungsentgeltverordnung, der Unfallversicherungsobergrenzenverordnung vom 15.12.2020 (BGBl. I S. 2933) und Gesetz zur Stärkung des Fondsstandorts Deutschland und zur Umsetzung der Richtline (EU) 2019/1160 zur Änderung der Richtlinien 2009/65/EG und 2011/61/EU im Hinblick auf den grenzüberschreitenden Vertrieb von Organismen für gemeinsame Anlagen (Fondsstandortgesetz – FoStoG) vom 3.6.2021 (BGBl. I S. 1498)

BGBl. III/FNA 860-4-1-16

§ 1 Dem sozialversicherungspflichtigen Arbeitsentgelt nicht zuzurechnende Zuwendungen. (1)[3)] [1]Dem Arbeitsentgelt sind nicht zuzurechnen:

[1)] Die SvEV ist als Art. 1 der VO zur Neuordnung der Regelungen über die sozialversicherungsrechtliche Beurteilung von Zuwendungen des Arbeitgebers als Arbeitsentgelt v. 21.12.2006 verkündet worden.

[2)] In Kraft ab 1.1.2007. Gleichzeitig tritt die SachbezV außer Kraft.

[3)] § 1 Abs. 1 Satz 3 geänd. und Satz 4 angef. mWv 1.1.2008 durch G v. 19.12.2007 (BGBl. I S. 3024); Satz 2 neu gef., Satz 3 ergänzt mWv 22.4.2015 durch G v. 15.4.2015 (BGBl. I S. 583), Satz 1 Nr. 1 letzter Satzteil angef. mWv 1.7.2021 durch G v. 3.6.2021 (BGBl. I S. 1498).

1. einmalige Einnahmen, laufende Zulagen, Zuschläge, Zuschüsse sowie ähnliche Einnahmen, die zusätzlich zu Löhnen oder Gehältern gewährt werden, soweit sie lohnsteuerfrei sind; dies gilt nicht für Sonntags-, Feiertags- und Nachtarbeitszuschläge, soweit das Entgelt, auf dem sie berechnet werden, mehr als 25 Euro für jede Stunde beträgt, und nicht für Vermögensbeteiligungen nach § 19a Absatz 1 Satz 1 des Einkommensteuergesetzes,
2. sonstige Bezüge nach § 40 Abs. 1 Satz 1 Nr. 1 des Einkommensteuergesetzes, die nicht einmalig gezahltes Arbeitsentgelt nach § 23a des Vierten Buches Sozialgesetzbuch sind,
3. Einnahmen nach § 40 Abs. 2 des Einkommensteuergesetzes,
4.[1] Beiträge nach § 40b des Einkommensteuergesetzes in der am 31. Dezember 2004 geltenden Fassung, die zusätzlich zu Löhnen und Gehältern gewährt werden; dies gilt auch für darin enthaltene Beiträge, die aus einer Entgeltumwandlung (§ 1 Abs. 2 Nr. 3 des Betriebsrentengesetzes[2]) stammen,

4a.[3] Zuwendungen nach § 3 Nr. 56 und § 40b des Einkommensteuergesetzes, die zusätzlich zu Löhnen und Gehältern gewährt werden und für die Satz 3 und 4 nichts Abweichendes bestimmen,

5. Beträge nach § 10 des Entgeltfortzahlungsgesetzes,
6.[4] Zuschüsse zum Mutterschaftsgeld nach § 20 des Mutterschutzgesetzes,
7. in den Fällen des § 3 Abs. 3 der vom Arbeitgeber insoweit übernommene Teil des Gesamtsozialversicherungsbeitrags,
8. Zuschüsse des Arbeitgebers zum Kurzarbeitergeld und Saison-Kurzarbeitergeld, soweit sie zusammen mit dem Kurzarbeitergeld 80 Prozent des Unterschiedsbetrages zwischen dem Sollentgelt und dem Ist-Entgelt nach § 106[5] des Dritten Buches Sozialgesetzbuch nicht übersteigen,
9.[6] steuerfreie Zuwendungen an Pensionskassen, Pensionsfonds oder Direktversicherungen nach § 3 Nr. 63 Satz 1 und 2 sowie § 100 Absatz 6 Satz 1 des Einkommensteuergesetzes im Kalenderjahr bis zur Höhe von insgesamt 4 Prozent der Beitragsbemessungsgrenze in der allgemeinen Rentenversicherung; dies gilt auch für darin enthaltene Beträge, die aus einer Entgeltumwandlung (§ 1 Abs. 2 Nr. 3 des Betriebsrentengesetzes) stammen,
10. Leistungen eines Arbeitgebers oder einer Unterstützungskasse an einen Pensionsfonds zur Übernahme bestehender Versorgungsverpflichtungen oder Versorgungsanwartschaften durch den Pensionsfonds, soweit diese nach § 3 Nr. 66 des Einkommensteuergesetzes steuerfrei sind,

---

[1] § 1 Abs. 1 Satz 1 Nr. 4 neu gef. mWv 1.1.2008 durch G v. 19.12.2007 (BGBl. I S. 3024), Nr. 4 HS 2 angef. mWv 1.1.2009 durch VO v. 18.11.2008 (BGBl. I S. 2220).

[2] Nr. **70.**

[3] § 1 Abs. 1 Satz 1 Nr. 4a eingef. mWv 1.1.2008 durch G v. 19.12.2007 (BGBl. I S. 3024).

[4] § 1 Abs. 1 Satz 1 Nr. 6 geänd. mWv 1.1.2018 durch G v. 23.5.2017 (BGBl. I S. 1228).

[5] Verweis geänd. mWv 1.4.2012 durch G v. 20.12.2011 (BGBl. I S. 2854).

[6] § 1 Abs. 1 Satz 1 Nr. 9 HS 2 angef. mWv 1.1.2009 durch G v. 10.12.2007 (BGBl. I S. 2838); Verweis geänd. mWv 1.1.2018 durch G v. 17.8.2017 (BGBl. I S. 3214).

11. steuerlich nicht belastete Zuwendungen des Beschäftigten zugunsten von durch Naturkatastrophen im Inland Geschädigten aus Arbeitsentgelt einschließlich Wertguthaben,

12.[1] Sonderzahlungen nach § 19 Absatz 1 Satz 1 Nummer 3 Satz 2 bis 4 des Einkommensteuergesetzes der Arbeitgeber zur Deckung eines finanziellen Fehlbetrages an die Einrichtungen, für die Satz 3 gilt,

13.[2] Sachprämien nach § 37a des Einkommensteuergesetzes,

(Fortsetzung nächstes Blatt)

---

[1] § 1 Abs. 1 Satz 1 Nr. 12 geänd. mWv 22.4.2015 durch G v. 15.4.2015 (BGBl. I S. 583).

[2] § 1 Abs. 1 Satz 1 Nr. 13 angef. mWv 1.1.2009 durch VO v. 18.11.2008 (BGBl. I S. 2220).

60. Bundeskindergeldgesetz (BKGG)

In der Fassung der Bekanntmachung vom 28. Januar 2009 (BGBl. I S. 142, ber. S. 3177)[1)]

Geändert durch Dienstrechtsneuordnungsgesetz vom 5.2.2009 (BGBl. I S. 160), Gesetz zur Sicherung von Beschäftigung und Stabilität in Deutschland vom 2.3.2009 (BGBl. I S. 416), Bürgerentlastungsgesetz Krankenversicherung vom 16.7.2009 (BGBl. I S. 1959), Wachstumsbeschleunigungsgesetz vom 22.12.2009 (BGBl. I S. 3950), Gesetz zur Ermittlung von Regelbedarfen und zur Änderung des Zweiten und Zwölften Buches Sozialgesetzbuch vom 24.3.2011 (BGBl. I S. 453), Gesetz zur Änderung des Bundesversorgungsgesetzes und anderer Vorschriften vom 20.6.2011 (BGBl. I S. 1114), Steuervereinfachungsgesetz 2011 vom 1.11.2011 (BGBl. I S. 2131), Beitreibungsrichtlinie-Umsetzungsgesetz (BeitrRLUmsG) vom 7.12.2011 (BGBl. I S. 2592), Unterhaltsvorschussentbürokratisierungsgesetz vom 3.5.2013 (BGBl. I S. 1108), Gesetz zur Änderung des Zweiten Buches Sozialgesetzbuch und anderer Gesetze vom 7.5.2013 (BGBl. I S. 1167), Amtshilferichtlinie-Umsetzungsgesetz (AmtshilfeRLUmsG) vom 26.6.2013 (BGBl. I S. 1809), Gesetz zur Anpassung steuerlicher Regelungen an die Rechtsprechung des Bundesverfassungsgerichts vom 18.7.2014 (BGBl. I S. 1042), Gesetz zur Anpassung des nationalen Steuerrechts an den Beitritt Kroatiens zur EU und zur Änderung weiterer steuerlicher Vorschriften vom 25.7.2014 (BGBl. I S. 1266), Gesetz zur Anpassung der Abgabenordnung an den Zollkodex der Union und zur Änderung weiterer steuerlicher Vorschriften vom 22.12.2014 (BGBl. I S. 2417), Gesetz zur Anhebung des Grundfreibetrags, des Kinderfreibetrags, des Kindergeldes und des Kinderzuschlags vom 16.7.2015 (BGBl. I S. 1202), Neuntes Gesetz zur Änderung des Zweiten Buches Sozialgesetzbuch – Rechtsvereinfachung – sowie zur vorübergehenden Aussetzung der Insolvenzantragspflicht vom 26.7.2016 (BGBl. I S. 1824), Gesetz zur Umsetzung der Änderungen der EU-Amtshilferichtlinie und von weiteren Maßnahmen gegen Gewinnkürzungen und -verlagerungen vom 20.12.2016 (BGBl. I S. 3000), Gesetz zum Abbau verzichtbarer Anordnungen der Schriftform im Verwaltungsrecht des Bundes vom 29.3.2017 (BGBl. I S. 626), Gesetz zur Bekämpfung der Steuerumgehung, und zur Änderung weiterer steuerlicher Vorschriften (Steuerumgehungsbekämpfungsgesetz – StUmgBG) vom 23.6.2017 (BGBl. I S. 1682), Gesetz zur steuerlichen Entlastung der Familien sowie zur Anpassung weiterer steuerlicher Regelungen vom 29.11.2018 (BGBl. I S. 2210), Gesetz zur zielgenauen Stärkung von Familien und ihren Kindern durch die Neugestaltung des Kinderzuschlags und die Verbesserung der Leistungen für Bildung und Teilhabe (Starke-Familien-Gesetz – StaFamG) vom 29.4.2019 (BGBl. I S. 530), Gesetz gegen illegale Beschäftigung und Sozialleistungsmissbrauch vom 11.7.2019 (BGBl. I S. 1066), Gesetz zur weiteren steuerlichen Förderung der Elektromobilität und zur Änderung weiterer steuerlicher Vorschriften vom 12.12.2019 (BGBl. I S. 2451), Gesetz für den erleichterten Zugang zu sozialer Sicherung und zum Einsatz und zur Absicherung sozialer Dienstleister aufgrund des Coronavirus SARS-CoV-2 (Sozialschutz-Paket) vom 27.3.2020 (BGBl. I S. 575), Gesetz zu Sozialen Maßnahmen zur Bekämpfung der Corona-Pandemie (Sozialschutz-Paket II) vom 20.5.2020 (BGBl. I S. 1055), Zweites Gesetz zur Umsetzung steuerlicher Hilfsmaßnahmen zur Bewältigung der Corona-Krise (Zweites Corona-Steuerhilfegesetz) vom 29.6.2020 (BGBl. I S. 1512), Gesetz für ein Zukunftsprogramm Krankenhäuser (Krankenhauszukunftsgesetz – KHZG) vom 23.10.2020 (BGBl. I S. 2208), Zweites Gesetz zur steuerlichen Entlastung von Familien sowie zur Anpassung weiterer steuerlicher Regelungen (Zweites Familienentlastungsgesetz – 2. FamEntlastG) vom 1.12.2020 (BGBl. I S. 2616), Gesetz zur Ermittlung des Regelbedarfs und zur Änderung des Zwölften Buches Sozialgesetzbuch sowie weiterer Gesetze vom 9.12.2020 (BGBl. I S. 2855), Drittes Gesetz zur Umsetzung steuerlicher Hilfsmaßnahmen zur Bewältigung der Corona-Krise (Drittes Corona-Steuerhilfegesetz) vom 10.3.2021 (BGBl. I S. 330), Sozialschutz-Paket III vom 10.3.2021 (BGBl. I S. 335) und Gesetz zur Änderung des Gesetzes über Finanzhilfen des Bundes zum Ausbau der Tagesbetreuung für Kinder und zur Änderung weiterer Gesetze (Kitafinanzhilfenänderungsgesetz – KitaFinHÄndG) vom 25.6.2021 (BGBl. I S. 2020)

BGBl. III/FNA 85-4

---

1) Neubekanntmachung des BKGG idF der Bek. v. 17.7.2007 (BGBl. I S. 1450) auf Grund Art. 6 Familienleistungsgesetz v. 22.12.2009 (BGBl. I S. 2955) in der ab 1.1.2009 geltenden Fassung.

Zum Kindergeld für unbeschränkt Steuerpflichtige siehe §§ 62 ff. EStG (Nr. 1).

Erster Abschnitt. Leistungen

§ 1 Anspruchsberechtigte. (1) Kindergeld nach diesem Gesetz für seine Kinder erhält, wer nach § 1 Absatz 1 und 2 des Einkommensteuergesetzes nicht unbeschränkt steuerpflichtig ist und auch nicht nach § 1 Absatz 3 des Einkommensteuergesetzes als unbeschränkt steuerpflichtig behandelt wird und

1. in einem Versicherungspflichtverhältnis zur Bundesagentur für Arbeit nach dem Dritten Buch Sozialgesetzbuch steht oder versicherungsfrei nach § 28 Absatz 1 Nummer 1 des Dritten Buches Sozialgesetzbuch ist oder
2. als Entwicklungshelfer Unterhaltsleistungen im Sinne des § 4 Absatz 1 Nummer 1 des Entwicklungshelfer-Gesetzes erhält oder als Missionar der Missionswerke und -gesellschaften, die Mitglieder oder Vereinbarungspartner des Evangelischen Missionswerkes Hamburg, der Arbeitsgemeinschaft Evangelikaler Missionen e. V., des Deutschen katholischen Missionsrates oder der Arbeitsgemeinschaft pfingstlich-charismatischer Missionen sind, tätig ist oder
3.[1] eine nach § 123a des Beamtenrechtsrahmengesetzes oder § 29 des Bundesbeamtengesetzes oder § 20 des Beamtenstatusgesetzes bei einer Einrichtung außerhalb Deutschlands zugewiesene Tätigkeit ausübt oder
4.[2] als Ehegatte oder Lebenspartner eines Mitglieds der Truppe oder des zivilen Gefolges eines NATO-Mitgliedstaates die Staatsangehörigkeit eines EU/EWR-Mitgliedstaates besitzt und in Deutschland seinen Wohnsitz oder gewöhnlichen Aufenthalt hat.

(2) [1]Kindergeld für sich selbst erhält, wer

1. in Deutschland einen Wohnsitz oder seinen gewöhnlichen Aufenthalt hat,
2. Vollwaise ist oder den Aufenthalt seiner Eltern nicht kennt und
3. nicht bei einer anderen Person als Kind zu berücksichtigen ist.

[2]§ 2 Absatz 2 und 3 sowie die §§ 4 und 5 sind entsprechend anzuwenden. [3]Im Fall des § 2 Absatz 2 Satz 1 Nummer 3 wird Kindergeld längstens bis zur Vollendung des 25. Lebensjahres[3] gewährt.

(3)[4] [1]Ein nicht freizügigkeitsberechtigter Ausländer erhält Kindergeld nur, wenn er

1. eine Niederlassungserlaubnis oder eine Erlaubnis zum Daueraufenthalt-EU besitzt,
2. eine Blaue Karte EU, eine ICT-Karte, eine Mobiler-ICT-Karte oder eine Aufenthaltserlaubnis besitzt, die für einen Zeitraum von mindestens sechs Monaten zur Ausübung einer Erwerbstätigkeit berechtigen oder berechtigt haben oder diese erlauben, es sei denn, die Aufenthaltserlaubnis wurde
   a) nach § 16e des Aufenthaltsgesetzes zu Ausbildungszwecken, nach § 19c Absatz 1 des Aufenthaltsgesetzes zum Zweck der Beschäftigung als Au-

---

[1] § 1 Abs. 1 Nr. 3 geänd. durch G v. 5.2.2009 (BGBl. I S. 160/271); geänd. durch G v. 1.11.2011 (BGBl. I S. 2131).

[2] § 1 Abs. 1 Nr. 4 ergänzt mWv 24.7.2014 durch G v. 18.7.2014 (BGBl. I S. 1042).

[3] Fassung durch G v. 19.7.2006 (BGBl. I S. 1652); zur Übergangsregelung siehe § 20 Abs. 8.

[4] § 1 Abs. 3 neu gef. mWv 1.1.2020 durch Art. 34 des G v. 12.12.2019 (BGBl. I S. 2451).

Beträge nach § 11b des Zweiten Buches Sozialgesetzbuch nicht abzusetzen sind, und

3.[1] bei Bezug des Kinderzuschlags keine Hilfebedürftigkeit im Sinne des § 9 des Zweiten Buches Sozialgesetzbuch besteht, wobei die Bedarfe nach § 28 des Zweiten Buches Sozialgesetzbuch außer Betracht bleiben. [***ab 1.1.2021:*** [2] Bei der Prüfung der Hilfebedürftigkeit ist das für den Antragsmonat bewilligte Wohngeld zu berücksichtigen. [3] Wird kein Wohngeld bezogen und könnte mit Wohngeld und Kinderzuschlag Hilfebedürftigkeit vermieden werden, ist bei der Prüfung Wohngeld in der Höhe anzusetzen, in der es voraussichtlich für den Antragsmonat zu bewilligen wäre.]

[***bis 31.12.2022:***

(1a)[2] Ein Anspruch auf Kinderzuschlag besteht abweichend von Absatz 1 Nummer 3, wenn

1. bei Bezug von Kinderzuschlag Hilfebedürftigkeit besteht, der Bedarfsgemeinschaft zur Vermeidung von Hilfebedürftigkeit aber mit ihrem Einkommen, dem Kinderzuschlag und dem Wohngeld höchstens 100 Euro fehlen,
2. sich bei der Ermittlung des Einkommens der Eltern nach § 11b Absatz 2 und 3 des Zweiten Buches Sozialgesetzbuch wegen Einkommen aus Erwerbstätigkeit Absetzbeträge in Höhe von mindestens 100 Euro ergeben und
3. kein Mitglied der Bedarfsgemeinschaft Leistungen nach dem Zweiten oder nach dem Zwölften Buch Sozialgesetzbuch erhält oder beantragt hat.]

(2)[3] [1] Der monatliche Höchstbetrag des Kinderzuschlags deckt zusammen mit dem für ein erstes Kind nach § 66 des Einkommensteuergesetzes zu zahlenden Kindergeld ein Zwölftel des steuerfrei zu stellenden sächlichen Existenzminimums eines Kindes für das jeweilige Kalenderjahr mit Ausnahme des Anteils für Bildung und Teilhabe. [2] Steht dieses Existenzminimum eines Kindes zu Beginn eines Jahres nicht fest, ist insoweit der für das Jahr geltende Betrag für den Mindestunterhalt eines Kindes in der zweiten Altersstufe nach der Mindestunterhaltsverordnung maßgeblich. [3] Als Höchstbetrag des Kinderzuschlags in dem jeweiligen Kalenderjahr gilt der Betrag, der sich zu Beginn des Jahres nach den Sätzen 1 und 2 ergibt, mindestens jedoch ein Betrag in Höhe des Vorjahres.

(3)[4] [1] Ausgehend vom Höchstbetrag mindert sich der jeweilige Kinderzuschlag, wenn das Kind nach den §§ 11 bis 12 des Zweiten Buches Sozialgesetzbuch zu berücksichtigendes Einkommen oder Vermögen hat. [2] Bei der Berücksichtigung des Einkommens bleiben das Wohngeld, das Kindergeld und der Kinderzuschlag außer Betracht. [3] Der Kinderzuschlag wird um 45 Prozent des zu berücksichtigenden Einkommens des Kindes monatlich gemindert. [4] Ein Anspruch auf Zahlung des Kinderzuschlags für ein Kind besteht nicht

---

[1] § 6a Abs. 1 Nr. 3 Sätze 2 und 3 angef. mWv 1.1.2021 durch G v. 1.12.2020 (BGBl. I S. 2616).

[2] Zur Anwendung siehe § 20 Abs. 2.

[3] Siehe hierzu § 20 Abs. 3.

[4] § 6a Abs. 3 Satz 4 geänd. mWv 30.6.2021 durch G v. 25.6.2021 (BGBl. I S. 2020).

wenn zumutbare Anstrengungen unterlassen wurden, Ansprüche auf Einkommen des Kindes geltend zu machen. 5 Bei der Berücksichtigung des Vermögens des Kindes ist der Grundfreibetrag nach § 12 Absatz 2 Satz 1 Nummer 1a des Zweiten Buches Sozialgesetzbuch abzusetzen. 6 Ist das zu berücksichtigende Vermögen höher als der nach den Sätzen 1 bis 5 verbleibende monatliche Anspruch auf Kinderzuschlag, so dass es den Kinderzuschlag für den ersten Monat des Bewilligungszeitraums vollständig mindert, entfällt der Anspruch auf Kinderzuschlag. 7 Ist das zu berücksichtigende Vermögen niedriger als der monatliche Anspruch auf Kinderzuschlag, ist der Kinderzuschlag im ersten Monat des Bewilligungszeitraums um einen Betrag in Höhe des zu berücksichtigenden Vermögens zu mindern und ab dem folgenden Monat Kinderzuschlag ohne Minderung wegen des Vermögens zu zahlen.

(4) Die Summe der einzelnen Kinderzuschläge nach den Absätzen 2 und 3 bildet den Gesamtkinderzuschlag.

(5) 1 Der Gesamtkinderzuschlag wird in voller Höhe gewährt, wenn das nach den §§ 11 bis 12 des Zweiten Buches Sozialgesetzbuch mit Ausnahme des Wohngeldes und des Kinderzuschlags zu berücksichtigende Einkommen oder Vermögen der Eltern einen Betrag in Höhe der bei der Berechnung des Arbeitslosengeldes II oder des Sozialgeldes zu berücksichtigenden Bedarfe der Eltern (Gesamtbedarf der Eltern) nicht übersteigt. 2 Als Einkommen oder Vermögen der Eltern gilt dabei dasjenige der Mitglieder der Bedarfsgemeinschaft mit Ausnahme des Einkommens oder Vermögens der in dem Haushalt lebenden Kinder. 3 Zur Feststellung des Gesamtbedarfs der Eltern sind die Bedarfe für Unterkunft und Heizung in dem Verhältnis aufzuteilen, das sich aus den im 12. Bericht der Bundesregierung über die Höhe des Existenzminimums von Erwachsenen und Kindern festgestellten entsprechenden Bedarfen für Alleinstehende, Ehepaare, Lebenspartnerschaften und Kinder ergibt. 4 Bei der Berücksichtigung des maßgeblichen Vermögens gilt Absatz 3 Satz 6 und 7 entsprechend.

(6) 1 Der Gesamtkinderzuschlag wird stufenweise gemindert, wenn das zu berücksichtigende Einkommen oder Vermögen der Eltern deren Gesamtbedarf übersteigt. 2 Wenn das zu berücksichtigende Einkommen der Eltern nicht nur aus Erwerbseinkünften besteht, ist davon auszugehen, dass die Überschreitung des Gesamtbedarfs der Eltern durch die Erwerbseinkünfte verursacht wird, wenn nicht die Summe der anderen Einkommensteile oder des Vermögens für sich genommen diesen maßgebenden Betrag übersteigt. 3 Der Gesamtkinderzuschlag wird um 45 Prozent des Betrags, um den die monatlichen Erwerbseinkünfte den maßgebenden Betrag übersteigen, monatlich gemindert. 4 Anderes Einkommen oder Vermögen der Eltern mindern den Gesamtkinderzuschlag in voller Höhe.

(7)[1] 1 Über den Gesamtkinderzuschlag ist jeweils für sechs Monate zu entscheiden (Bewilligungszeitraum).[2] 2 Der Bewilligungszeitraum beginnt mit dem Monat, in dem der Antrag gestellt wird, jedoch frühestens nach Ende eines laufenden Bewilligungszeitraums. 3 Änderungen in den tatsächlichen oder rechtlichen Verhältnissen während des laufenden Bewilligungszeitraums

---

[1] Siehe hierzu § 20 Abs. 5.
[2] Siehe hierzu § 20 Abs. 4.

sind abweichend von § 48 des Zehnten Buches Sozialgesetzbuch nicht zu berücksichtigen, es sei denn, die Zusammensetzung der Bedarfsgemeinschaft oder der Höchstbetrag des Kinderzuschlags ändert sich. [4]Wird ein neuer Antrag gestellt, unverzüglich nachdem der Verwaltungsakt nach § 48 des Zehnten Buches Sozialgesetzbuch wegen einer Änderung der Bedarfsgemeinschaft aufgehoben worden ist, so beginnt ein neuer Bewilligungszeitraum unmittelbar nach dem Monat, in dem sich die Bedarfsgemeinschaft geändert hat.

(8)[1)] [1]Für die Ermittlung des monatlich zu berücksichtigenden Einkommens ist der Durchschnitt des Einkommens aus den sechs Monaten vor Beginn des Bewilligungszeitraums maßgeblich. [2]Bei Personen, die den selbst genutzten Wohnraum mieten, sind als monatliche Bedarfe für Unterkunft und Heizung die laufenden Bedarfe für den ersten Monat des Bewilligungszeitraums zugrunde zu legen. [3]Bei Personen, die an dem selbst genutzten Wohnraum Eigentum haben, sind als monatliche Bedarfe für Unterkunft und Heizung die Bedarfe aus den durchschnittlichen Monatswerten des Kalenderjahres vor Beginn des Bewilligungszeitraums zugrunde zu legen. [4]Liegen die entsprechenden Monatswerte für den Wohnraum nicht vor, soll abweichend von Satz 3 ein Durchschnitt aus den letzten vorliegenden Monatswerten für den Wohnraum zugrunde gelegt werden, nicht jedoch aus mehr als zwölf Monatswerten. [5]Im Übrigen sind die tatsächlichen und rechtlichen Verhältnisse zu Beginn des Bewilligungszeitraums maßgeblich.

§ 6b[2)] Leistungen für Bildung und Teilhabe. (1)[3)] [1]Personen erhalten Leistungen für Bildung und Teilhabe für ein Kind, wenn sie für dieses Kind nach diesem Gesetz oder nach dem X. Abschnitt des Einkommensteuergesetzes Anspruch auf Kindergeld oder Anspruch auf andere Leistungen im Sinne von § 4 haben und wenn

1. das Kind mit ihnen in einem Haushalt lebt und sie für ein Kind Kinderzuschlag nach § 6a beziehen oder
2. im Falle der Bewilligung von Wohngeld sie und das Kind, für das sie Kindergeld beziehen, zu berücksichtigende Haushaltsmitglieder sind.

[2]Satz 1 gilt entsprechend, wenn das Kind, nicht jedoch die berechtigte Person zu berücksichtigendes Haushaltsmitglied im Sinne von Satz 1 Nummer 2 ist und die berechtigte Person Leistungen nach dem Zweiten oder Zwölften Buch Sozialgesetzbuch bezieht. [3]Wird das Kindergeld nach § 74 Absatz 1 des Einkommensteuergesetzes oder nach § 48 Absatz 1 des Ersten Buches Sozialgesetzbuch ausgezahlt, stehen die Leistungen für Bildung und Teilhabe dem Kind oder der Person zu, die dem Kind Unterhalt gewährt.

(2)[4)] [1]Die Leistungen für Bildung und Teilhabe entsprechenden Leistungen zur Deckung der Bedarfe nach § 28 Absatz 2 bis 7 des Zweiten Buches Sozi-

---

[1)] Siehe hierzu § 20 Abs. 6 und 7.

[2)] § 6b eingef. mWv 1.1.2011 durch G v. 24.3.2011 (BGBl. I S. 453).

[3)] Siehe hierzu § 20 Abs. 7a.

[4)] § 6b Abs. 2 Satz 3 geänd. Sätze 4 und 5 gestrichen, bish. Sätze 6 und 7 werden 4 und 5 mWv 1.8.2019 durch G v. 29.4.2019 (BGBl. I S. 530).

algesetzbuch. [2] § 28 Absatz 1 Satz 2 des Zweiten Buches Sozialgesetzbuch gilt entsprechend. [3] Für die Bemessung der Leistungen für die Schülerbeförderung nach § 28 Absatz 4 des Zweiten Buches Sozialgesetzbuch sind die erforderlichen tatsächlichen Aufwendungen zu berücksichtigen, soweit sie nicht von Dritten übernommen werden. [4] Die Leistungen nach Satz 1 gelten nicht als Einkommen oder Vermögen im Sinne dieses Gesetzes. [5] § 19 Absatz 3 des Zweiten Buches Sozialgesetzbuch findet keine Anwendung.

(2a)[1)] Ansprüche auf Leistungen für Bildung und Teilhabe verjähren in zwölf Monaten nach Ablauf des Kalendermonats, in dem sie entstanden sind.

(3)[2)] Für die Erbringung der Leistungen für Bildung und Teilhabe gelten die §§ 29, 30 und 40 Absatz 6 des Zweiten Buches Sozialgesetzbuch entsprechend.

§ 6c[3)] Unterhaltspflichten. Unterhaltspflichten werden durch den Kinderzuschlag nicht berührt.

§ 6d[4)] Kinderfreizeitbonus aus Anlass der COVID-19-Pandemie für Familien mit Kinderzuschlag, Wohngeld oder Sozialhilfe. (1) [1] Personen erhalten eine Einmalzahlung in Höhe von 100 Euro für ein Kind, welches das 18. Lebensjahr noch nicht vollendet hat und für das sie für den Monat August 2021 Kindergeld nach diesem Gesetz oder nach dem X. Abschnitt des Einkommensteuergesetzes oder andere Leistungen im Sinne von § 4 beziehen, wenn

1. sie für dieses Kind für den Monat August 2021 Kinderzuschlag nach § 6a beziehen,
2. sie und dieses Kind oder nur dieses Kind zu berücksichtigende Haushaltsmitglieder im Sinne der §§ 5 und 6 Absatz 1 des Wohngeldgesetzes sind und die Wohngeldbewilligung den Monat August 2021 umfasst oder
3. dieses Kind für den Monat August 2021 Leistungen nach dem Dritten Kapitel des Zwölften Buches Sozialgesetzbuch bezieht.

[2] Eines gesonderten Antrags bedarf es in den Fällen des Satzes 1 Nummer 1 nicht. [3] In den Fällen des Satzes 1 Nummer 2 und 3 bedarf es eines Antrags; § 9 Absatz 1 Satz 2 ist entsprechend anzuwenden.

(2) [1] Die Einmalzahlung nach Absatz 1 Satz 1 ist bei Sozialleistungen, deren Zahlung von anderen Einkommen abhängig ist, nicht als Einkommen zu berücksichtigen. [2] Der Anspruch auf die Einmalzahlung nach Absatz 1 Satz 1 ist unpfändbar. [3] § 6c gilt entsprechend.

---

1) § 6b Abs. 2a eingef. mWv 1.8.2013 durch G v. 7.5.2013 (BGBl. I S. 1167).

2) § 6b Abs. 3 geänd. mWv 1.8.2013 durch G v. 7.5.2013 (BGBl. I S. 1167); geänd. mWv. 1.1.2017 durch G v. 20.12.2016 (BGBl. I S. 3000).

3) § 6c eingef. mWv 30.6.2021 durch G v. 25.6.2021 (BGBl. I S. 2020); siehe zur Anwendung auch § 19 Abs. 4.

4) § 6d eingef. mWv 1.7.2021 durch G v. 25.6.2021 (BGBl. I S. 2020).

Zweiter Abschnitt. Organisation und Verfahren

§ 7[1] Zuständigkeit. (1) Die Bundesagentur für Arbeit (Bundesagentur) führt dieses Gesetz nach fachlichen Weisungen des Bundesministeriums für Familie, Senioren, Frauen und Jugend durch.

(2) Die Bundesagentur führt bei der Durchführung dieses Gesetzes die Bezeichnung „Familienkasse“.

(3) Abweichend von Absatz 1 führen die Länder § 6b als eigene Angelegenheit aus.

§ 7a[2] Datenübermittlung. Die Träger der Leistungen nach § 6b und die Träger der Grundsicherung für Arbeitsuchende teilen sich alle Tatsachen mit, die für die Erbringung und Abrechnung der Leistungen nach § 6b dieses Gesetzes und § 28 des Zweiten Buches Sozialgesetzbuch erforderlich sind.

§ 7b[3] Automatisiertes Abrufverfahren. Macht das Bundesministerium der Finanzen von seiner Ermächtigung nach § 68 Absatz 6 Satz 2 des Einkommensteuergesetzes Gebrauch und erlässt eine Rechtsverordnung zur Durchführung von automatisierten Abrufen nach § 68 Absatz 6 Satz 1 des Einkommensteuergesetzes, so ist die Rechtsverordnung im Geltungsbereich dieses Gesetzes entsprechend anzuwenden.

§ 8[4] Aufbringung der Mittel. (1) Die Aufwendungen der Bundesagentur für die Durchführung dieses Gesetzes trägt der Bund.

(2) Der Bund stellt der Bundesagentur nach Bedarf die Mittel bereit, die sie für die Zahlung des Kindergeldes und des Kinderzuschlags benötigt.

(Fortsetzung nächstes Blatt)

---

[1] § 7 Überschr. geänd., Abs. 3 angef. mWv 1.1.2011 durch G v. 24.3.2011 (BGBl. I S. 453).

[2] § 7a eingef. mWv 1.1.2011 durch G v. 24.3.2011 (BGBl. I S. 453).

[3] § 7b eingef. mWv 18.7.2019 durch G v. 11.7.2019 (BGBl. I S. 1066).

[4] § 8 Überschr. geänd., Abs. 4 angef. mWv 1.1.2011 durch G v. 24.3.2011 (BGBl. I S. 453); Abs. 2 geänd., Abs. 3 Satz 2 angef., bish. Text wird Satz 1 und geänd. mWv. 1.1.2021 durch G v. 1.12.2020 (BGBl. I S. 2616).

§ 14[1] **Bescheid.** [1]Wird der Antrag auf Kindergeld, Kinderzuschlag oder Leistungen für Bildung und Teilhabe abgelehnt, ist ein Bescheid[2] zu erteilen. [2]Das Gleiche gilt, wenn das Kindergeld, Kinderzuschlag oder Leistungen für Bildung und Teilhabe entzogen werden.

§ 15 Rechtsweg. Für Streitigkeiten nach diesem Gesetz sind die Gerichte der Sozialgerichtsbarkeit zuständig.

Dritter Abschnitt. Bußgeldvorschriften

§ 16 Ordnungswidrigkeiten. (1) Ordnungswidrig handelt, wer vorsätzlich oder leichtfertig

1. entgegen § 60 Absatz 1 Satz 1 Nummer 1 oder Nummer 3 des Ersten Buches Sozialgesetzbuch in Verbindung mit § 10 Absatz 1 auf Verlangen nicht die leistungserheblichen Tatsachen angibt oder Beweisurkunden vorlegt,
2.[3] entgegen § 60 Absatz 1 Satz 1 Nummer 2 des Ersten Buches Sozialgesetzbuch eine Änderung in den Verhältnissen, die für einen Anspruch auf Kindergeld, Kinderzuschlag oder Leistungen für Bildung und Teilhabe erheblich ist, nicht, nicht richtig, nicht vollständig oder nicht rechtzeitig mitteilt oder
3. entgegen § 10 Absatz 2 oder Absatz 3 auf Verlangen eine Bescheinigung nicht, nicht richtig, nicht vollständig oder nicht rechtzeitig ausstellt.

(2) Die Ordnungswidrigkeit kann mit einer Geldbuße geahndet werden.

(3) § 66 des Zehnten Buches Sozialgesetzbuch gilt entsprechend.

(4) Verwaltungsbehörden im Sinne des § 36 Absatz 1 Nummer 1 des Gesetzes über Ordnungswidrigkeiten sind die nach § 409 der Abgabenordnung bei Steuerordnungswidrigkeiten wegen des Kindergeldes nach dem X. Abschnitt des Einkommensteuergesetzes zuständigen Verwaltungsbehörden.

Vierter Abschnitt. Übergangs- und Schlussvorschriften

§ 17 Recht der Europäischen Gemeinschaft. [1]Soweit in diesem Gesetz Ansprüche Deutschen vorbehalten sind, haben Angehörige der anderen Mitgliedstaaten der Europäischen Union, Flüchtlinge und Staatenlose nach Maßgabe des Vertrages zur Gründung der Europäischen Gemeinschaft und der auf seiner Grundlage erlassenen Verordnungen die gleichen Rechte. [2]Auch im Übrigen bleiben die Bestimmungen der genannten Verordnungen unberührt.

---

[1] § 14 geänd. mWv 1.1.2011 durch G v. 24.3.2011 (BGBl. I S. 453).

[2] § 14 Satz 1 geänd. (Schriftformerfordernis aufgeh.) mWv 5.4.2017 durch G v. 29.3.2017 (BGBl. I S. 626).

[3] § 16 Abs. 1 Nr. 2 geänd. mWv 1.1.2011 durch G v. 24.3.2011 (BGBl. I S. 453).

§ 18 Anwendung des Sozialgesetzbuches. Soweit dieses Gesetz keine ausdrückliche Regelung trifft, ist bei der Ausführung das Sozialgesetzbuch anzuwenden.

§ 19 Übergangsvorschriften. (1) Ist für die Nachzahlung und Rückforderung von Kindergeld und Zuschlag zum Kindergeld für Berechtigte mit geringem Einkommen der Anspruch eines Jahres vor 1996 maßgeblich, finden die §§ 10, 11 und 11 a in der bis zum 31. Dezember 1995 geltenden Fassung[1] Anwendung.

(2) Verfahren, die am 1. Januar 1996 anhängig sind, werden nach den Vorschriften des Sozialgesetzbuches und des Bundeskindergeldgesetzes in der bis zum 31. Dezember 1995 geltenden Fassung zu Ende geführt, soweit in § 78 des Einkommensteuergesetzes nichts anderes bestimmt ist.

(3)[2] Wird Kinderzuschlag vor dem 1. Juli 2019 bewilligt, finden die Regelungen des Bundeskindergeldgesetzes in der bis zum 30. Juni 2019 geltenden Fassung weiter Anwendung, mit Ausnahme der Regelung zum monatlichen Höchstbetrag des Kinderzuschlags nach § 20 Absatz 3.

(4)[3] § 6c lässt Unterhaltsleistungen, die vor dem 30. Juni 2021 fällig geworden sind, unberührt.

§ 20[4] Anwendungsvorschrift. (1) [1] § 1 Absatz 3 in der am 19. Dezember 2006 geltenden Fassung ist in Fällen, in denen eine Entscheidung über den Anspruch auf Kindergeld für Monate in dem Zeitraum zwischen dem 1. Januar 1994 und dem 18. Dezember 2006 noch nicht bestandskräftig geworden ist, anzuwenden, wenn dies für den Antragsteller günstiger ist. [2] In diesem Fall werden die Aufenthaltsgenehmigungen nach dem Ausländergesetz den Aufenthaltstiteln nach dem Aufenthaltsgesetz entsprechend den Fortgeltungsregelungen in § 101 des Aufenthaltsgesetzes gleichgestellt.

(2)[5] Die Regelung der erweiterten Zugangsmöglichkeit nach § 6a Absatz 1a ist bis zum 31. Dezember 2023 anzuwenden.

(3) Abweichend von § 6a Absatz 2 beträgt für die Zeit vom 1. Juli 2019 bis zum 31. Dezember 2020 der monatliche Höchstbetrag des Kinderzuschlags für jedes zu berücksichtigende Kind 185 Euro.

(4)[6] Wird einer Person Kinderzuschlag für einen nach dem 30. Juni 2019 und vor dem 1. Juli 2021 beginnenden Bewilligungszeitraum bewilligt und wird ihr der Verwaltungsakt erst nach Ablauf des ersten Monats des Bewilligungszeitraums bekannt gegeben, endet dieser Bewilligungszeitraum ab-

---

[1] Nachstehend als Anhang abgedruckt.

[2] § 19 Abs. 3 angef. mWv 1.7.2019, geänd. mWv 1.1.2020 durch G v. 29.4.2019 (BGBl. I S. 530).

[3] § 19 Abs. 4 eingef. mWv 30.6.2021 durch G v. 25.6.2021 (BGBl. I S. 2020).

[4] § 20 Abs. 2 und 3 neu gef.; Abs. 5 Sätze 1–4 aufgeh., bish. Satz 5 wird alleiniger Wortlaut, Abs. 7 und 8 aufgeh., bish. Abs. 9 und 10 werden Abs. 7 und 8 mWv 1.7.2019, Abs. 2 eingef., bish. Abs. 2–8 werden Abs. 3–9 mWv 1.1.2020 durch G v. 29.4.2019 (BGBl. I S. 530).

[5] § 20 Abs. 2 geänd. durch G v. 1.12.2020 (BGBl. I S. 2616).

[6] § 20 Abs. 4 geänd. durch G v. 27.3.2020 (BGBl. I S. 575).

weichend von § 6a Absatz 7 Satz 1 am Ende des fünften Monats nach dem Monat der Bekanntgabe des Verwaltungsaktes.

(5)[1] [1] Abweichend von § 6a Absatz 7 Satz 1 wird in Fällen, in denen der höchstmögliche Gesamtkinderzuschlag bezogen wird und der sechsmonatige Bewilligungszeitraum in der Zeit vom 1. April 2020 bis zum 30. September 2020 endet, der Bewilligungszeitraum von Amts wegen einmalig um weitere sechs Monate verlängert. [2] Satz 1 gilt entsprechend, wenn der ursprüngliche

(Fortsetzung nächstes Blatt)

---

[1] § 20 Abs. 5 bis 7 eingef. durch G v. 27.3.2020 (BGBl. I S. 575).

100. Körperschaftsteuergesetz (KStG)[1)]

In der Fassung der Bekanntmachung vom 15. Oktober 2002

(BGBl. I S. 4144)

Geändert durch Steuervergünstigungsabbaugesetz vom 16.5.2003 (BGBl. I S. 660), Förderbankenneustrukturierungsgesetz vom 15.8.2003 (BGBl. I S. 1657), Steueränderungsgesetz 2003 vom 15.12.2003 (BGBl. I S. 2645), Gesetz zur Umsetzung der Protokollerklärung der Bundesregierung zur Vermittlungsempfehlung zum Steuervergünstigungsabbaugesetz vom 22.12.2003 (BGBl. I S. 2840), Haushaltsbegleitgesetz 2004 vom 29.12.2003 (BGBl. I S. 3076), EG-Amtshilfe-Anpassungsgesetz vom 2.12.2004 (BGBl. I S. 3112), Gesetz zur Organisationsreform in der gesetzlichen Rentenversicherung vom 9.12.2004 (BGBl. I S. 3242), EU-Richtlinien-Umsetzungsgesetz vom 9.12.2004 (BGBl. I S. 3310), Gesetz zur Änderung des Versicherungsaufsichtsgesetzes und anderer Gesetze vom 15.12.2004 (BGBl. I S. 3416), Steueränderungsgesetz 2007 vom 19.7.2006 (BGBl. I S. 1652), Gesetz zur Umsetzung der neu gefassten Bankenrichtlinie und der neu gefassten Kapitaladäquanzrichtlinie vom 17.11.2006 (BGBl. I S. 2606), Gesetz über steuerliche Begleitmaßnahmen zur Einführung der Europäischen Gesellschaft und zur Änderung weiterer steuerrechtlicher Vorschriften (SEStEG) vom 7.12.2006 (BGBl. I S. 2782, ber. BGBl. 2007 I S. 68), Jahressteuergesetz 2007 vom 13.12.2006 (BGBl. I S. 2878), Unternehmensteuerreformgesetz 2008 vom 14.8.2007 (BGBl. I S. 1912), Gesetz zur weiteren Stärkung des bürgerschaftlichen Engagements vom 10.10.2007 (BGBl. I S. 2332), Jahressteuergesetz 2008 vom 20.12.2007 (BGBl. I S. 3150), Gesetz zur Modernisierung der Rahmenbedingungen für Kapitalbeteiligungen vom 12.8.2008 (BGBl. I S. 1672)[2)], Jahressteuergesetz 2009 vom 19.12.2008 (BGBl. I S. 2794), Steuerbürokratieabbaugesetz vom 20.12.2008 (BGBl. I S. 2850), Drittes Mittelstandsentlastungsgesetz vom 17.3.2009 (BGBl. I S. 550), Gesetz zur Fortführung der Gesetzeslage 2006 bei der Entfernungspauschale vom 20.4.2009 (BGBl. I S. 774), Bürgerentlastungsgesetz Krankenversicherung vom 16.7.2009 (BGBl. I S. 1959), Steuerhinterziehungsbekämpfungsgesetz vom 29.7.2009 (BGBl. I S. 2302), Wachstumsbeschleunigungsgesetz vom 22.12.2009 (BGBl. I S. 3950), Gesetz zur Umsetzung steuerlicher EU-Vorgaben sowie zur Änderung steuerlicher Vorschriften vom 8.4.2010 (BGBl. I S. 386), Jahressteuergesetz 2010 (JStG 2010) vom 8.12.2010 (BGBl. I S. 1768), OGAW-IV-Umsetzungsgesetz (OGAW-IV-UmsG) vom 22. Juni 2011 (BGBl. I S. 1126), Steuervereinfachungsgesetz 2011 vom 1.11.2011 (BGBl. I S. 2131), Beitreibungsrichtlinie-Umsetzungsgesetz (BeitrRLUmsG) vom 7.12.2011 (BGBl. I S. 2592), Gesetz zur Änderung und Vereinfachung der Unternehmensbesteuerung und des steuerlichen Reisekostenrechts vom 20.2.2013 (BGBl. I S. 285), Ehrenamtsstärkungsgesetz vom 21.3.2013 (BGBl. I S. 556), Gesetz zur Umsetzung des EuGH-Urteils vom 20. Oktober 2011 in der Rechtssache C-284/09 vom 21.3.2013 (BGBl. I S. 561), Amtshilferichtlinie-Umsetzungsgesetz (AmtshilfeRLUmsG) vom 26.6.2013 (BGBl. I S. 1809), Gesetz zur Anpassung des Investmentsteuergesetzes und anderer Gesetze an das AIFM-Umsetzungsgesetz (AIFM-Steuer-Anpassungsgesetz – AIFM-StAnpG) vom 18.12.2013 (BGBl. I S. 4318), Gesetz zur Anpassung des nationalen Steuerrechts an den Beitritt Kroatiens zur EU und zur Änderung weiterer steuerlicher Vorschriften vom 25.7.2014 (BGBl. I S. 1266), Gesetz zur Anpassung der Abgabenordnung an den Zollkodex der Union und zur Änderung weiterer steuerlicher Vorschriften vom 22.12.2014 (BGBl. I S. 2417), Gesetz zur Modernisierung der Finanzaufsicht über Versicherungen vom 1.4.2015 (BGBl. I S. 434), Steueränderungsgesetz 2015 vom 2.11.2015 (BGBl. I S. 1834), Gesetz zur Reform der Investmentbesteuerung (Investmentsteuerreformge-

---

[1)] Neubekanntmachung des KStG idF der Bek. v. 22.4.1999 (BGBl. I S. 817) auf Grund des § 33 Abs. 2 Nr. 2 KStG idF der Bek. v. 22.4.1999 (BGBl. I S. 817), eingef. durch Art. 3 Nr. 19 des G v. 23.10.2000 (BGBl. I S. 1433), in der ab 21.9.2002 geltenden Fassung.

Vgl. dazu die KStDV (Nr. **110**) und die Körperschaftsteuer-Richtlinien (**Steuerrichtlinien Nr. 100). Zum Anwendungsbereich vgl. § 34. Zur Anwendung im Beitrittsgebiet siehe § 35.**

[2)] Die Änderungen des KStG durch das MoRaKG standen unter dem **Vorbehalt der Genehmigung der EU-Kommission.** Diese wurde jedoch nicht erteilt, so dass die entspr. Änderungsartikel nicht in Kraft getreten sind (Art. 8 Abs. 2 MoRaKG).

setz – InvStRefG) vom 19.7.2016 (BGBl. I S. 1730), Gesetz zur Weiterentwicklung der steuerlichen Verlustverrechung bei Körperschaften vom 20.12.2016 (BGBl. I S. 2998), Gesetz zur Umsetzung der Änderungen der EU-Amtshilferichtlinie und von weiteren Maßnahmen gegen Gewinnkürzungen und -verlagerungen vom 20.12.2016 (BGBl. I S. 3000), Gesetz gegen schädliche Steuerpraktiken im Zusammenhang mit Rechteüberlassungen vom 27.6.2017 (BGBl. I S. 2074), Gesetz zum Ausschluss verfassungsfeindlicher Parteien von der Parteienfinanzierung vom 18.7.2017 (BGBl. I S. 2730), Gesetz zur Vermeidung von Umsatzsteuerausfällen beim Handel mit Waren im Internet und zur Änderung weiterer steuerlicher Vorschriften vom 11.12. 2018 (BGBl. I S. 2338), Gesetz über steuerliche und weitere Begleitregelungen zum Austritt des Vereinigten Königreichs Großbritannien und Nordirland aus der Europäischen Union (Brexit-Steuerbegleitgesetz – Brexit-StBG) vom 25.3.2019 (BGBl. I S. 357), Gesetz zur steuerlichen Förderung des Mietwohnungsneubaus vom 4.8.2019 (BGBl. I S. 1122), Gesetz zur weiteren steuerlichen Förderung der Elektromobilität und zur Änderung weiterer steuerlicher Vorschriften vom 12.12.2019 (BGBl. I S. 2451), Gesetz zur Einführung einer Pflicht zur Mitteilung grenzüberschreitender Steuergestaltungen vom 21.12.2019 (BGBl. I S. 2875), Jahressteuergesetz 2020 (JStG 2020) vom 21.12.2020 (BGBl. I S. 3096), Gesetz zur Umsetzung der Richtlinie (EU) 2019/2034 über die Beaufsichtigung von Wertpapierinstituten vom 12.5.2021 (BGBl. I S. 990), Gesetz zur Umsetzung der Anti-Steuervermeidungsrichtlinie (ATAD-Umsetzungsgesetz – ATADUmsG) vom 25.6.2021 (BGBl. I S. 2035), Gesetz zur Modernisierung des Körperschaftsteuerrechts vom 25.6.2021 (BGBl. I S. 2050) und Gesetz zur Abwehr von Steuervermeidung und unfairem Steuerwettbewerb und zur Änderung weiterer Gesetze vom 25.6.2021 (BGBl. I S. 2056)

BGBl. III/FNA 611-4-4

Inhaltsübersicht

Erster Teil. Steuerpflicht

Zweiter Teil. Einkommen

Erstes Kapitel. Allgemeine Vorschriften

Zweites Kapitel. Sondervorschriften für die Organschaft

Erster Teil. Steuerpflicht

§ 1 Unbeschränkte Steuerpflicht. (1) Unbeschränkt körperschaftsteuerpflichtig sind die folgenden Körperschaften, Personenvereinigungen und Vermögensmassen, die ihre Geschäftsleitung oder ihren Sitz im Inland haben:

1.[1] Kapitalgesellschaften (insbesondere Europäische Gesellschaften, Aktiengesellschaften, Kommanditgesellschaften auf Aktien, Gesellschaften mit beschränkter Haftung) [***ab 1.1.2022:*** einschließlich optierender Gesellschaften im Sinne des § 1a];

2.[1] Genossenschaften einschließlich der Europäischen Genossenschaften;

3. Versicherungs- und Pensionsfondsvereine[2] auf Gegenseitigkeit;

4. sonstige juristische Personen des privaten Rechts;

5. nichtrechtsfähige Vereine, Anstalten, Stiftungen und andere Zweckvermögen des privaten Rechts;

6. Betriebe gewerblicher Art von juristischen Personen des öffentlichen Rechts.

(2) Die unbeschränkte Körperschaftsteuerpflicht erstreckt sich auf sämtliche Einkünfte.

(3)[3] Zum Inland im Sinne dieses Gesetzes gehört auch der der Bundesrepublik Deutschland zustehende Anteil

1. an der ausschließlichen Wirtschaftszone, soweit dort
   a) die lebenden und nicht lebenden natürlichen Ressourcen der Gewässer über dem Meeresboden, des Meeresbodens und seines Untergrunds erforscht, ausgebeutet, erhalten oder bewirtschaftet werden,
   b) andere Tätigkeiten zur wirtschaftlichen Erforschung oder Ausbeutung der ausschließlichen Wirtschaftszone ausgeübt werden, wie beispielsweise die Energieerzeugung aus Wasser, Strömung und Wind oder
   c) künstliche Inseln errichtet oder genutzt werden und Anlagen und Bauwerke für die in den Buchstaben a und b genannten Zwecke errichtet oder genutzt werden, und
2. am Festlandsockel, soweit dort
   a) dessen natürliche Ressourcen erforscht oder ausgebeutet werden; natürliche Ressourcen in diesem Sinne sind die mineralischen und sonstigen nicht lebenden Ressourcen des Meeresbodens und seines Untergrunds sowie die zu den sesshaften Arten gehörenden Lebewesen, die im nutzbaren Stadium entweder unbeweglich auf oder unter dem Meeresboden verbleiben oder sich nur in ständigem körperlichen Kontakt mit dem Meeresboden oder seinem Untergrund fortbewegen können; oder
   b) künstliche Inseln errichtet oder genutzt werden und Anlagen und Bauwerke für die in Buchstabe a genannten Zwecke errichtet oder genutzt werden.

---

[1] § 1 Abs. 1 Nrn. 1 und 2 neu gef. mWv VZ 2006 durch G v. 7.12.2006 (BGBl. I S. 2782); Nr. 1 ergänzt durch G v. 25.6.2021 (BGBl. I S. 2050); zur **Anwendung von § 1a siehe § 34 Abs. 1a.**

[2] Bezeichnung geänd. durch G v. 9.12.2004 (BGBl. I S. 3310).

[3] § 1 Abs. 3 neu gef. mWv VZ 2016 durch G v. 2.11.2015 (BGBl. I S. 1834).

§ 1a[1] Option zur Körperschaftsbesteuerung. (1) [1]Auf unwiderruflichen Antrag sind für Zwecke der Besteuerung nach dem Einkommen eine Personenhandels- oder Partnerschaftsgesellschaft wie eine Kapitalgesellschaft (optierende Gesellschaft) und ihre Gesellschafter wie die nicht persönlich haftenden Gesellschafter einer Kapitalgesellschaft zu behandeln; § 217 Absatz 1 des Umwandlungsgesetzes gilt sinngemäß. [2]Der Antrag ist von der Personenhandels- oder Partnerschaftsgesellschaft nach amtlich vorgeschriebenem Datensatz durch Datenfernübertragung bei dem für die gesonderte und einheitliche Feststellung der Einkünfte nach § 180 der Abgabenordnung zuständigen Finanzamt spätestens einen Monat vor Beginn des Wirtschaftsjahrs zu stellen, ab dem die Besteuerung wie eine Kapitalgesellschaft gelten soll; § 31 Absatz 1a Satz 2 gilt entsprechend. [3]Erfolgt für die Personenhandels- oder Partnerschaftsgesellschaft keine gesonderte und einheitliche Feststellung der Einkünfte, ist der Antrag bei dem für die Einkommensteuer oder Körperschaftsteuer des Gesellschafters zuständigen Finanzamt zu stellen. [4]Erzielt eine Personenhandels- oder Partnerschaftsgesellschaft ausschließlich Einkünfte, die dem Steuerabzug vom Kapitalertrag oder dem Steuerabzug auf Grund des § 50a des Einkommensteuergesetzes unterliegen und gilt infolgedessen die Einkommensteuer nach § 50 Absatz 2 Satz 1 des Einkommensteuergesetzes oder die Körperschaftsteuer nach § 32 Absatz 1 als abgegolten, ist der Antrag bei dem Bundeszentralamt für Steuern zu stellen. [5]Hat die Gesellschaft ihren Sitz im Inland, ist der Antrag abweichend von den Sätzen 3 und 4 bei dem Finanzamt zu stellen, in dessen Bezirk die Gesellschaft ihren Sitz hat. [6]Die Sätze 1 bis 5 finden keine Anwendung auf

1. Investmentfonds im Sinne des Investmentsteuergesetzes und
2. Gesellschaften, die nach Ausübung der Option in dem Staat, in dem sich ihre Geschäftsleitung befindet, keiner der deutschen unbeschränkten Körperschaftsteuerpflicht vergleichbaren Steuerpflicht unterliegen.

(2) [1]Der Übergang zur Körperschaftsbesteuerung gilt als Formwechsel im Sinne des § 1 Absatz 3 Nummer 3 des Umwandlungssteuergesetzes. [2]Die §§ 1 und 25 des Umwandlungssteuergesetzes sind entsprechend anzuwenden. [3]Als Einbringungszeitpunkt gilt das Ende des Wirtschaftsjahrs, das dem Wirtschaftsjahr im Sinne des Absatzes 1 Satz 2 unmittelbar vorangeht; § 9 Satz 3 des Umwandlungssteuergesetzes ist nicht anzuwenden. [4]Das im Einbringungszeitpunkt in der Steuerbilanz auszuweisende Eigenkapital wird auf dem steuerlichen Einlagekonto der optierenden Gesellschaft erfasst. [5]Die zur Vertretung der Gesellschaft ermächtigten Personen gelten als gesetzliche Vertreter der optierenden Gesellschaft.

(3) [1]Aufgrund der Option gilt die Beteiligung an einer optierenden Gesellschaft für Zwecke der Besteuerung nach dem Einkommen als Beteiligung eines nicht persönlich haftenden Gesellschafters an einer Kapitalgesellschaft. [2]Beim Gesellschafter führen daher insbesondere

1. durch das Gesellschaftsverhältnis veranlasste Einnahmen zu Einkünften im Sinne des § 20 Absatz 1 Nummer 1 des Einkommensteuergesetzes,

---

[1] § 1a eingef. durch G v. 25.6.2021 (BGBl. I S. 2050); zur Anwendung siehe § 34 Abs. 1a.

2. Einnahmen, die er von der Gesellschaft für seine Tätigkeit im Dienst der Gesellschaft bezieht, zu Einkünften im Sinne des § 19 des Einkommensteuergesetzes,
3. Einnahmen aus der Hingabe von Darlehen zu Einkünften im Sinne des § 20 Absatz 1 Nummer 7 oder Absatz 2 Satz 1 Nummer 7 des Einkommensteuergesetzes und
4. Einnahmen aus der Überlassung von Wirtschaftsgütern zu Einkünften im Sinne des § 21 oder § 22 des Einkommensteuergesetzes.

[3]Die §§ 13 bis 16, 18 und 35 des Einkommensteuergesetzes sind vorbehaltlich des Satzes 4 nicht anzuwenden. [4]Soweit entsprechende Einnahmen bei einem Gesellschafter einer Kapitalgesellschaft anderen Einkunftsarten zuzurechnen wären, gilt abweichend von Satz 3, dass auch die Einnahmen des Gesellschafters der optierenden Gesellschaft zu diesen Einkünften gehören. [5]Gewinnanteile gelten erst dann als ausgeschüttet, wenn sie entnommen werden oder ihre Auszahlung verlangt werden kann. [6]§ 4 Absatz 3 des Einkommensteuergesetzes ist bei einer optierenden Gesellschaft nicht anzuwenden. [7]In den Fällen des Satzes 2 Nummer 2 gelten die optierende Gesellschaft als lohnsteuerlicher Arbeitgeber und der Gesellschafter als Arbeitnehmer.

(4) [1]Eine Gesellschaft, die nach Absatz 1 zur Körperschaftsbesteuerung optiert hat, kann beantragen, dass sie nicht mehr wie eine Kapitalgesellschaft und ihre Gesellschafter nicht mehr wie die nicht persönlich haftenden Gesellschafter einer Kapitalgesellschaft behandelt werden (Rückoption). [2]Die Rückoption gilt als Formwechsel nach § 1 Absatz 1 Satz 1 Nummer 2 des Umwandlungssteuergesetzes mit der Maßgabe, dass § 9 Satz 3 des Umwandlungssteuergesetzes keine Anwendung findet. [3]Absatz 1 Satz 2, 3 und 5 gilt mit der Maßgabe entsprechend, dass der Antrag bei dem für die Körperschaftsbesteuerung zuständigen Finanzamt zu stellen ist; in den Fällen des Absatzes 1 Satz 4 ist der Antrag bei dem Bundeszentralamt für Steuern zu stellen. [4]Die Sätze 1 und 2 finden auch ohne Antrag Anwendung, wenn die Voraussetzungen des Absatzes 1 entfallen. [5]Scheidet der vorletzte Gesellschafter aus der Gesellschaft aus, gilt die optierende Gesellschaft als unmittelbar danach aufgelöst und, sofern der verbleibende Gesellschafter die persönlichen Voraussetzungen eines übernehmenden Rechtsträgers einer Umwandlung einer Kapitalgesellschaft im Sinne des § 1 Absatz 1 Satz 1 Nummer 1 oder 4 des Umwandlungssteuergesetzes erfüllt, im Fall des § 1 Absatz 1 Satz 1 Nummer 1 des Umwandlungssteuergesetzes als auf den verbleibenden Gesellschafter verschmolzen beziehungsweise gilt im Fall des § 1 Absatz 1 Satz 1 Nummer 4 des Umwandlungssteuergesetzes das Vermögen der optierenden Gesellschaft als auf den verbleibenden Gesellschafter übertragen mit der Maßgabe, dass jeweils § 2 des Umwandlungssteuergesetzes keine Anwendung findet. [6]Erfüllt der verbleibende Gesellschafter nicht die persönlichen Voraussetzungen eines übernehmenden Rechtsträgers einer Umwandlung einer Kapitalgesellschaft im Sinne des § 1 Absatz 1 Satz 1 Nummer 1 oder 4 des Umwandlungssteuergesetzes, gilt die optierende Gesellschaft als aufgelöst und ihr Vermögen als an die Gesellschafter ausgeschüttet; § 11 des Körperschaftsteuergesetzes ist entsprechend mit der Maßgabe anzuwenden, dass an die Stelle des zur Verteilung kommenden Vermögens der gemeine Wert des vorhandenen Vermögens tritt. [7]Abweichend von Satz 4 gilt die

Umwandlung der optierenden Gesellschaft in eine Körperschaft im Sinne des Umwandlungssteuergesetzes als Umwandlung einer Kapitalgesellschaft in eine Körperschaft.

§ 2 Beschränkte Steuerpflicht. Beschränkt körperschaftsteuerpflichtig sind

1. Körperschaften, Personenvereinigungen und Vermögensmassen, die weder ihre Geschäftsleitung noch ihren Sitz im Inland haben, mit ihren inländischen Einkünften;

(Fortsetzung nächstes Blatt)

16.[1] Körperschaften, Personenvereinigungen und Vermögensmassen, soweit sie

a) als Einlagensicherungssysteme im Sinne des § 2 Absatz 1 des Einlagensicherungsgesetzes sowie als Entschädigungseinrichtungen im Sinne des Anlegerentschädigungsgesetzes ihre gesetzlichen Pflichtaufgaben erfüllen oder

b) als nicht als Einlagensicherungssysteme anerkannte vertragliche Systeme zum Schutz von Einlagen und institutsbezogene Sicherungssysteme im Sinne des § 61 des Einlagensicherungsgesetzes nach ihrer Satzung oder sonstigen Verfassung ausschließlich den Zweck haben, Einlagen zu sichern oder bei Gefahr für die Erfüllung der Verpflichtungen eines Kreditinstituts im Sinne des § 1 Absatz 1 des Kreditwesengesetzes oder eines Finanzdienstleistungsinstituts im Sinne des § 1 Absatz 1a Satz 2 Nummer 1 bis 4 des Kreditwesengesetzes [***ab 26.6.2021:*** oder eines Wertpapierinstituts im Sinne des § 2 Absatz 1 des Wertpapierinstitutsgesetzes] Hilfe zu leisten oder Einlagensicherungssysteme im Sinne des § 2 Absatz 1 des Einlagensicherungsgesetzes bei deren Pflichtenerfüllung zu unterstützen.

[2]Voraussetzung für die Steuerbefreiung nach Satz 1 ist zusätzlich, dass das Vermögen und etwa erzielte Überschüsse dauernd nur zur Erreichung des gesetzlichen oder satzungsmäßigen Zwecks verwendet werden. [3]Die Sätze 1 und 2 gelten entsprechend für Sicherungsfonds im Sinne der §§ 223 und 224[2] des Versicherungsaufsichtsgesetzes sowie für Einrichtungen zur Sicherung von Einlagen bei Wohnungsgenossenschaften mit Spareinrichtung. [4]Die Steuerbefreiung ist für wirtschaftliche Geschäftsbetriebe ausgeschlossen, die nicht ausschließlich auf die Erfüllung der begünstigten Aufgaben gerichtet sind;

17. Bürgschaftsbanken (Kreditgarantiegemeinschaften), deren Tätigkeit sich auf die Wahrnehmung von Wirtschaftsförderungsmaßnahmen insbesondere in Form der Übernahme und Verwaltung von staatlichen Bürgschaften und Garantien oder von Bürgschaften und Garantien mit staatlichen Rückbürgschaften oder auf der Grundlage staatlich anerkannter Richtlinien gegenüber Kreditinstituten, Versicherungsunternehmen, Leasinggesellschaften und Beteiligungsgesellschaften für Kredite, Leasingforderungen und Beteiligungen an mittelständischen Unternehmen zu ihrer Gründung und zur Erhaltung und Förderung ihrer Leistungsfähigkeit beschränkt. [2]Voraussetzung ist, dass das Vermögen und etwa erzielte Überschüsse nur zur Erreichung des in Satz 1 genannten Zwecks verwendet werden;

18. Wirtschaftsförderungsgesellschaften, deren Tätigkeit sich auf die Verbesserung der sozialen und wirtschaftlichen Struktur einer bestimmten Region durch Förderung der Wirtschaft, insbesondere durch Industrieansiedlung, Beschaffung neuer Arbeitsplätze und der Sanierung von Altlasten beschränkt, wenn an ihnen überwiegend Gebietskörperschaften beteiligt sind.

---

[1] § 5 Abs. 1 Nr. 16 Sätze 1 und 2 neu gef. durch G v. 2.11.2015 (BGBl. I S. 1834); zur Anwendung siehe § 34 Abs. 3 Satz 3; Abs. 1 Nr. 16 Buchst. b geänd. mWv 26.6.2021 durch G v. 12.5.2020 (BGBl. I S. 990).

[2] Verweis geänd. durch G v. 1.4.2015 (BGBl. I S. 434); zur Anwendung siehe § 34 Abs. 3a.

[2] Voraussetzung ist, dass das Vermögen und etwa erzielte Überschüsse nur zur Erreichung des in Satz 1 genannten Zwecks verwendet werden;

19. Gesamthafenbetriebe im Sinne des § 1 des Gesetzes über die Schaffung eines besonderen Arbeitgebers für Hafenarbeiter vom 3. August 1950 (BGBl. I S. 352), soweit sie Tätigkeiten ausüben, die in § 2 Abs. 1 dieses Gesetzes bestimmt und nach § 2 Abs. 2 dieses Gesetzes genehmigt worden sind. [2] Voraussetzung ist, dass das Vermögen und etwa erzielte Überschüsse nur zur Erfüllung der begünstigten Tätigkeiten verwendet werden. [3] Wird ein wirtschaftlicher Geschäftsbetrieb unterhalten, dessen Tätigkeit nicht ausschließlich auf die Erfüllung der begünstigten Tätigkeiten gerichtet ist, ist die Steuerbefreiung insoweit ausgeschlossen;
20. Zusammenschlüsse von juristischen Personen des öffentlichen Rechts, von steuerbefreiten Körperschaften oder von steuerbefreiten Personenvereinigungen,
    a) deren Tätigkeit sich auf den Zweck beschränkt, im Wege des Umlageverfahrens die Versorgungslasten auszugleichen, die den Mitgliedern aus Versorgungszusagen gegenüber ihren Arbeitnehmern erwachsen,
    b) wenn am Schluss des Wirtschaftsjahrs das Vermögen nicht höher ist als 60 Prozent der im Wirtschaftsjahr erbrachten Leistungen an die Mitglieder;
21. die nicht in der Rechtsform einer Körperschaft des öffentlichen Rechts errichteten Arbeitsgemeinschaften Medizinischer Dienst der Krankenversicherung im Sinne des § 278 des Fünften Buches Sozialgesetzbuch und der Medizinische Dienst der Spitzenverbände der Krankenkassen im Sinne des § 282 des Fünften Buches Sozialgesetzbuch, soweit sie die ihnen durch Gesetz zugewiesenen Aufgaben wahrnehmen. [2] Voraussetzung ist, dass das Vermögen und etwa erzielte Überschüsse nur zur Erreichung der in Satz 1 genannten Zwecke verwendet werden;
22. gemeinsame Einrichtungen der Tarifvertragsparteien im Sinne des § 4 Abs. 2 des Tarifvertragsgesetzes vom 25. August 1969 (BGBl. I S. 1323), die satzungsmäßige Beiträge auf der Grundlage des § 186a des Arbeitsförderungsgesetzes vom 25. Juni 1969 (BGBl. I S. 582) oder tarifvertraglicher Vereinbarungen erheben und Leistungen ausschließlich an die tarifgebundenen Arbeitnehmer des Gewerbezweigs oder an deren Hinterbliebene erbringen, wenn sie dabei zu nicht steuerbegünstigten Betrieben derselben oder ähnlicher Art nicht in größerem Umfang in Wettbewerb treten, als es bei Erfüllung ihrer begünstigten Aufgaben unvermeidlich ist. [2] Wird ein wirtschaftlicher Geschäftsbetrieb unterhalten, dessen Tätigkeit nicht ausschließlich auf die Erfüllung der begünstigten Tätigkeiten gerichtet ist, ist die Steuerbefreiung insoweit ausgeschlossen;
23. [1] die Auftragsforschung öffentlich-rechtlicher Wissenschafts- und Forschungseinrichtungen; ist die Tätigkeit auf die Anwendung gesicherter wissenschaftlicher Erkenntnisse, die Übernahme von Projektträgerschaften sowie wirtschaftliche Tätigkeiten ohne Forschungsbezug gerichtet, ist die Steuerbefreiung insoweit ausgeschlossen;

---

[1] § 5 Abs. 1 Nr. 23 angef. durch G v. 15.12.2003 (BGBl. I S. 2645).

24.[1] die Global Legal Entity Identifier Stiftung, soweit die Stiftung Tätigkeiten ausübt, die im unmittelbaren Zusammenhang mit der Einführung, dem Unterhalten und der Fortentwicklung eines Systems zur eindeutigen Identifikation von Rechtspersonen mittels eines weltweit anzuwendenden Referenzcodes stehen.

(2) Die Befreiungen nach Absatz 1 und nach anderen Gesetzen als dem Körperschaftsteuergesetz gelten nicht

1.[2] für inländische Einkünfte, die dem Steuerabzug vollständig oder teilweise unterliegen; Entsprechendes gilt für die in § 32 Abs. 3 Satz 1 zweiter Halbsatz genannten Einkünfte,

2.[3] für beschränkt Steuerpflichtige im Sinne des § 2 Nr. 1, es sei denn, es handelt sich um Steuerpflichtige im Sinne des Absatzes 1 Nr. 9, die nach den Rechtsvorschriften eines Mitgliedstaats der Europäischen Union oder nach den Rechtsvorschriften eines Staates, auf den das Abkommen über den Europäischen Wirtschaftsraum vom 3. Januar 1994 (ABl. EG Nr. L 1 S. 3), zuletzt geändert durch den Beschluss des Gemeinsamen EWR-Ausschusses Nr. 91/2007 vom 6. Juli 2007 (ABl. EU Nr. L 328 S. 40), in der jeweiligen Fassung Anwendung findet, gegründete Gesellschaften im Sinne des Artikels 54 des Vertrags über die Arbeitsweise der Europäischen Union oder des Artikels 34 des Abkommens über den Europäischen Wirtschaftsraum sind, deren Sitz und Ort der Geschäftsleitung sich innerhalb des Hoheitsgebiets eines dieser Staaten befindet, und mit diesen Staaten ein Amtshilfeabkommen besteht,

3.[4] soweit § 38 Abs. 2 anzuwenden ist.

§ 6 Einschränkung der Befreiung von Pensions-, Sterbe-, Kranken- und Unterstützungskassen. (1) Übersteigt am Schluss des Wirtschaftsjahrs, zu dem der Wert der Deckungsrückstellung versicherungsmathematisch zu berechnen ist, das Vermögen einer Pensions-, Sterbe- oder Krankenkasse im Sinne des § 5 Abs. 1 Nr. 3 den in Buchstabe d dieser Vorschrift bezeichneten Betrag, so ist die Kasse steuerpflichtig, soweit ihr Einkommen anteilig auf das übersteigende Vermögen entfällt.

(2) Die Steuerpflicht entfällt mit Wirkung für die Vergangenheit, soweit das übersteigende Vermögen innerhalb von achtzehn Monaten nach dem Schluss des Wirtschaftsjahrs, für das es festgestellt worden ist, mit Zustimmung der Versicherungsaufsichtsbehörde zur Leistungserhöhung, zur Auszahlung an das Trägerunternehmen, zur Verrechnung mit Zuwendungen des Trägerunternehmens, zur gleichmäßigen Herabsetzung künftiger Zuwendungen des Trägerunternehmens oder zur Verminderung der Beiträge der Leistungsempfänger verwendet wird.

---

[1] § 5 Abs. 1 Nr. 24 angef. durch G v. 22.12.2014 (BGBl. I S. 2417); zur Anwendung siehe § 34 Abs. 3 Satz 4.

[2] § 5 Abs. 2 Nr. 1 geänd. durch G v. 15.12.2003 (BGBl. I S. 2645); Abs. 2 Nr. 1 HS 2 angef. durch G v. 14.8.2007 (BGBl. I S. 1912).

[3] § 5 Abs. 2 Nr. 2 ergänzt durch G v. 19.12.2008 (BGBl. I S. 2794); geänd. durch G v. 26.6.2013 (BGBl. I S. 1809).

[4] § 5 Abs. 2 Nr. 3 neu gef. mWv VZ 2009 durch G v. 19.12.2008 (BGBl. I S. 2794).

(3) Wird das übersteigende Vermögen nicht in der in Absatz 2 bezeichneten Weise verwendet, so erstreckt sich die Steuerpflicht auch auf die folgenden Kalenderjahre, für die der Wert der Deckungsrückstellung nicht versicherungsmathematisch zu berechnen ist.

(4) 1 Bei der Ermittlung des Einkommens der Kasse sind Beitragsrückerstattungen oder sonstige Vermögensübertragungen an das Trägerunternehmen außer in den Fällen des Absatzes 2 nicht abziehbar. 2 Das Gleiche gilt für Zuführungen zu einer Rückstellung für Beitragsrückerstattung, soweit den Leistungsempfängern ein Anspruch auf die Überschussbeteiligung nicht zusteht.

(5)[1)] 1 Übersteigt am Schluss des Wirtschaftsjahrs das Vermögen einer Unterstützungskasse im Sinne des § 5 Abs. 1 Nr. 3 den in Buchstabe e dieser Vorschrift bezeichneten Betrag, so ist die Kasse steuerpflichtig, soweit ihr Einkommen anteilig auf das übersteigende Vermögen entfällt. 2 Bei der Ermittlung des Einkommens sind Zuwendungen des Trägerunternehmens nicht erhöhend und Versorgungsleistungen der Kasse sowie Vermögensübertragungen an das Trägerunternehmen nicht mindernd zu berücksichtigen.

(5a)[2)] 1 Unterstützungskassen in der Rechtsform der Kapitalgesellschaft können bis zum 31. Dezember 2016 auf amtlich vorgeschriebenem Vordruck einen positiven Zuwendungsbetrag erklären. 2 Dieser errechnet sich aus den Zuwendungen des Trägerunternehmens in den Veranlagungszeiträumen 2006 bis 2015 abzüglich der Versorgungsleistungen in diesem Zeitraum, soweit diese Zuwendungen und diese Versorgungsleistungen in dem steuerpflichtigen Teil des Einkommens der Kasse nach Absatz 5 Satz 1 enthalten waren. 3 Dabei gelten Versorgungsleistungen in den Veranlagungszeiträumen 2006 bis 2015 als vornehmlich aus Zuwendungen des Trägerunternehmens in diesem Zeitraum erbracht. 4 Ab dem Veranlagungszeitraum 2016 mindert sich das steuerpflichtige Einkommen der Kasse in Höhe des zum Schluss des vorherigen Veranlagungszeitraums festgestellten Betrags nach Satz 6; es mindert sich höchstens um einen Betrag in Höhe der im Wirtschaftsjahr getätigten Versorgungsleistungen. 5 Durch die Minderung darf das Einkommen nicht negativ werden. 6 Gesondert festzustellen sind,

1. der Zuwendungsbetrag auf den 31. Dezember 2015 und
2. der zum 31. Dezember des jeweiligen Folgejahres verbleibende Zuwendungsbetrag, der sich ergibt, wenn vom zum Schluss des Vorjahres festgestellten Betrag der Betrag abgezogen wird, um den sich das steuerpflichtige Einkommen im laufenden Veranlagungszeitraum nach den Sätzen 4 und 5 gemindert hat.

(6) 1 Auf den Teil des Vermögens einer Pensions-, Sterbe-, Kranken- oder Unterstützungskasse, der am Schluss des Wirtschaftsjahrs den in § 5 Abs. 1 Nr. 3 Buchstabe d oder e bezeichneten Betrag übersteigt, ist Buchstabe c dieser Vorschrift nicht anzuwenden. 2 Bei Unterstützungskassen gilt dies auch, soweit das Vermögen vor dem Schluss des Wirtschaftsjahrs den in § 5 Abs. 1 Nr. 3 Buchstabe e bezeichneten Betrag übersteigt.

---

1) § 6 Abs. 5 Satz 2 geänd. mWv VZ 2016 durch G v. 2.11.2015 (BGBl. I S. 1834).

2) § 6 Abs. 5a eingef. mWv VZ 2016 durch G v. 2.11.2015 (BGBl. I S. 1834).

§ 6a[1]) Einkommensermittlung bei voll steuerpflichtigen Unterstützungskassen. Bei Unterstützungskassen, die voll steuerpflichtig sind, ist § 6 Absatz 5 Satz 2 und Absatz 5a entsprechend anzuwenden.

Zweiter Teil. Einkommen

Erstes Kapitel. Allgemeine Vorschriften

§ 7 Grundlagen der Besteuerung. (1) Die Körperschaftsteuer bemisst sich nach dem zu versteuernden Einkommen.

(2) Zu versteuerndes Einkommen ist das Einkommen im Sinne des § 8 Abs. 1, vermindert um die Freibeträge der §§ 24 und 25.

(3) [1]Die Körperschaftsteuer ist eine Jahressteuer. [2]Die Grundlagen für ihre Festsetzung sind jeweils für ein Kalenderjahr zu ermitteln. [3]Besteht die unbeschränkte oder beschränkte Steuerpflicht nicht während eines ganzen Kalenderjahrs, so tritt an die Stelle des Kalenderjahrs der Zeitraum der jeweiligen Steuerpflicht.

(4) [1]Bei Steuerpflichtigen, die verpflichtet sind, Bücher nach den Vorschriften des Handelsgesetzbuchs zu führen, ist der Gewinn nach dem Wirtschaftsjahr zu ermitteln, für das sie regelmäßig Abschlüsse machen. [2]Weicht bei diesen Steuerpflichtigen das Wirtschaftsjahr, für das sie regelmäßig Abschlüsse machen, vom Kalenderjahr ab, so gilt der Gewinn aus Gewerbebetrieb als in dem Kalenderjahr bezogen, in dem das Wirtschaftsjahr endet. [3]Die Umstellung des Wirtschaftsjahrs auf einen vom Kalenderjahr abweichenden Zeitraum ist steuerlich nur wirksam, wenn sie im Einvernehmen mit dem Finanzamt vorgenommen wird.

§ 8 Ermittlung des Einkommens. (1)[2]) [1]Was als Einkommen gilt und wie das Einkommen zu ermitteln ist, bestimmt sich nach den Vorschriften des Einkommensteuergesetzes und dieses Gesetzes. [2]Bei Betrieben gewerblicher Art im Sinne des § 4 sind die Absicht, Gewinn zu erzielen, und die Beteiligung am allgemeinen wirtschaftlichen Verkehr nicht erforderlich. [3]Bei den inländischen öffentlich-rechtlichen Rundfunkanstalten beträgt das Einkommen aus dem Geschäft der Veranstaltung von Werbesendungen 16 Prozent der Entgelte (§ 10 Abs. 1 des Umsatzsteuergesetzes) aus Werbesendungen. [4]Bei Körperschaften im Sinne des § 1 Absatz 1 mit Sitz im Ausland, deren Ort der Geschäftsleitung im Inland belegen ist und die nach inländischem Gesellschaftsrecht mangels Rechtsfähigkeit nicht als juristische Person zu behandeln sind, sind Leistungen und Leistungsversprechen zwischen der Körperschaft und Personen, die aus dieser Körperschaft Einkünfte im Sinne des § 20 Absatz 1 Nummer 1 und 9 des Einkommensteuergesetzes erzielen, für Zwe-

[1]) § 6a eingef. mWv VZ 2016 durch G v. 2.11.2015 (BGBl. I S. 1834).

[2]) § 8 Abs. 1 Satz 2 eingef. durch G v. 19.12.2008 (BGBl. I S. 2794); Satz 4 angef. durch G v. 25.6.2021 (BGBl. I S. 2056); zur Anwendung siehe § 34 Abs. 3c.

cke der Durchführung der Besteuerung mit Ertragsteuern wie Leistungen und Leistungsversprechen zwischen einer rechtsfähigen Körperschaft und deren Anteilseignern zu behandeln.

(2)[1] Bei unbeschränkt Steuerpflichtigen im Sinne des § 1 Abs. 1 Nr. 1 bis 3 sind alle Einkünfte als Einkünfte aus Gewerbebetrieb zu behandeln.

(3)[2] 1 Für die Ermittlung des Einkommens ist es ohne Bedeutung, ob das Einkommen verteilt wird. 2 Auch verdeckte Gewinnausschüttungen sowie Ausschüttungen jeder Art auf Genussrechte, mit denen das Recht auf Beteiligung am Gewinn und am Liquidationserlös der Kapitalgesellschaft verbunden ist, mindern das Einkommen nicht. 3 Verdeckte Einlagen erhöhen das Einkommen nicht. 4 Das Einkommen erhöht sich, soweit eine verdeckte Einlage das Einkommen des Gesellschafters gemindert hat. 5 Satz 4 gilt auch für eine verdeckte Einlage, die auf einer verdeckten Gewinnausschüttung einer dem Gesellschafter nahe stehenden Person beruht und bei der Besteuerung des Gesellschafters nicht berücksichtigt wurde, es sei denn, die verdeckte Gewinnausschüttung hat bei der leistenden Körperschaft das Einkommen nicht gemindert. 6 In den Fällen des Satzes 5 erhöht die verdeckte Einlage nicht die Anschaffungskosten der Beteiligung.

(4)[3] *(aufgehoben)*

(5) Bei Personenvereinigungen bleiben für die Ermittlung des Einkommens Beiträge, die auf Grund der Satzung von den Mitgliedern lediglich in ihrer Eigenschaft als Mitglieder erhoben werden, außer Ansatz.

(6) Besteht das Einkommen nur aus Einkünften, von denen lediglich ein Steuerabzug vorzunehmen ist, so ist ein Abzug von Betriebsausgaben oder Werbungskosten nicht zulässig.

(7)[4] 1 Die Rechtsfolgen einer verdeckten Gewinnausschüttung im Sinne des Absatzes 3 Satz 2 sind

1. bei Betrieben gewerblicher Art im Sinne des § 4 nicht bereits deshalb zu ziehen, weil sie ein Dauerverlustgeschäft ausüben;
2. bei Kapitalgesellschaften nicht bereits deshalb zu ziehen, weil sie ein Dauerverlustgeschäft ausüben. 2 Satz 1 gilt nur bei Kapitalgesellschaften, bei denen die Mehrheit der Stimmrechte unmittelbar oder mittelbar auf juristische Personen des öffentlichen Rechts entfällt und nachweislich ausschließlich diese Gesellschafter die Verluste aus Dauerverlustgeschäften tragen.

2 Ein Dauerverlustgeschäft liegt vor, soweit aus verkehrs-, umwelt-, sozial-, kultur-, bildungs- oder gesundheitspolitischen Gründen eine wirtschaftliche Betätigung ohne kostendeckendes Entgelt unterhalten wird oder in den Fällen von Satz 1 Nr. 2 das Geschäft Ausfluss einer Tätigkeit ist, die bei juristischen Personen des öffentlichen Rechts zu einem Hoheitsbetrieb gehört.

---

[1] § 8 Abs. 2 neu gef. mWv VZ 2006 durch G v. 7.12.2006 (BGBl. I S. 2782).
[2] § 8 Abs. 3 Sätze 3 bis 6 angef. durch G v. 13.12.2006 (BGBl. I S. 2878).
[3] § 8 Abs. 4 aufgeh. durch G v. 14.8.2007 (BGBl. I S. 1912).
[4] § 8 Abs. 7 angef. durch G v. 19.12.2008 (BGBl. I S. 2794).

(8)[1] [1]Werden Betriebe gewerblicher Art zusammengefasst, ist § 10d des Einkommensteuergesetzes auf den Betrieb gewerblicher Art anzuwenden, der sich durch die Zusammenfassung ergibt. [2]Nicht ausgeglichene negative Einkünfte der einzelnen Betriebe gewerblicher Art aus der Zeit vor der Zusammenfassung können nicht beim zusammengefassten Betrieb gewerblicher Art abgezogen werden. [3]Ein Rücktrag von Verlusten des zusammengefassten Betriebs gewerblicher Art auf die einzelnen Betriebe gewerblicher Art vor Zusammenfassung ist unzulässig. [4]Ein bei einem Betrieb gewerblicher Art vor der Zusammenfassung festgestellter Verlustvortrag kann nach Maßgabe des § 10d des Einkommensteuergesetzes vom Gesamtbetrag der Einkünfte abgezogen werden, den dieser Betrieb gewerblicher Art nach Beendigung der Zusammenfassung erzielt. [5]Die Einschränkungen der Sätze 2 bis 4 gelten nicht, wenn gleichartige Betriebe gewerblicher Art zusammengefasst oder getrennt werden. [6]Kommt es bei einem Betrieb gewerblicher Art, der sich durch eine Zusammenfassung ergeben hat, innerhalb eines Zeitraums von fünf Jahren nach der Zusammenfassung zur Anwendung des § 3a des Einkommensteuergesetzes, ist § 3a Absatz 3 Satz 3 des Einkommensteuergesetzes entsprechend auf die in Satz 4 genannten Verlustvorträge anzuwenden.[2]

(9)[3] [1]Wenn für Kapitalgesellschaften Absatz 7 Satz 1 Nr. 2 zur Anwendung kommt, sind die einzelnen Tätigkeiten der Gesellschaft nach folgender Maßgabe Sparten zuzuordnen:

1. Tätigkeiten, die als Dauerverlustgeschäfte Ausfluss einer Tätigkeit sind, die bei juristischen Personen des öffentlichen Rechts zu einem Hoheitsbetrieb gehören, sind jeweils gesonderten Sparten zuzuordnen;
2. Tätigkeiten, die nach § 4 Abs. 6 Satz 1 zusammenfassbar sind oder aus den übrigen, nicht in Nummer 1 bezeichneten Dauerverlustgeschäften stammen, sind jeweils gesonderten Sparten zuzuordnen, wobei zusammenfassbare Tätigkeiten jeweils eine einheitliche Sparte bilden;
3. alle übrigen Tätigkeiten sind einer einheitlichen Sparte zuzuordnen.

[2]Für jede sich hiernach ergebende Sparte ist der Gesamtbetrag der Einkünfte getrennt zu ermitteln. [3]Die Aufnahme einer weiteren, nicht gleichartigen Tätigkeit führt zu einer neuen, gesonderten Sparte; Entsprechendes gilt für die Aufgabe einer solchen Tätigkeit. [4]Ein negativer Gesamtbetrag der Einkünfte einer Sparte darf nicht mit einem positiven Gesamtbetrag der Einkünfte einer anderen Sparte ausgeglichen oder nach Maßgabe des § 10d des Einkommensteuergesetzes abgezogen werden. [5]Er mindert jedoch nach Maßgabe des

---

[1] § 8 Abs. 8 angef. durch G v. 19.12.2008 (BGBl. I S. 2794); Satz 6 angef. mWv VZ 2017 durch G v. 27.6.2017 (BGBl. I S. 2074); zur Anwendung vor VZ 2017 siehe § 34 Abs. 3d.

[2] Das Inkrafttreten von § 8 Abs. 8 Satz 6 hing von der Feststellung der Europäischen Kommission ab, dass § 3a EStG mit dem Europ. Beihilferecht vereinbar ist. Die Generaldirektion Wettbewerb der KOM hat Deutschland mitgeteilt, dass die Steuerbefreiung für Sanierungserträge (§ 3a EStG/§ 7b GewStG) als bestehende Maßnahme anzusehen ist, da sie vor Inkrafttreten des AEUV in Deutschland eingeführt wurde und auch nach dessen Inkrafttreten weiterhin anwendbar ist. Mithin gilt § 8 Abs. 8 Satz 6 mWv VZ 2017; zur Anwendung vor VZ 2017 siehe § 34 Abs. 3d.

[3] § 8 Abs. 9 angef. durch G v. 19.12.2008 (BGBl. I S. 2794).

§ 10d des Einkommensteuergesetzes die positiven Gesamtbeträge der Einkünfte, die sich in dem unmittelbar vorangegangenen und in den folgenden Veranlagungszeiträumen für dieselbe Sparte ergeben. [6]Liegen die Voraussetzungen des Absatzes 7 Satz 1 Nr. 2 Satz 2 ab einem Zeitpunkt innerhalb eines Veranlagungszeitraums nicht mehr vor, sind die Sätze 1 bis 5 ab diesem Zeitpunkt nicht mehr anzuwenden; hiernach nicht ausgeglichene oder abgezogene negative Beträge sowie verbleibende Verlustvorträge aus den Sparten, in denen Dauerverlusttätigkeiten ausgeübt werden, entfallen. [7]Liegen die Voraussetzungen des Absatzes 7 Satz 1 Nr. 2 Satz 2 erst ab einem bestimmten Zeitpunkt innerhalb eines Veranlagungszeitraums vor, sind die Sätze 1 bis 5 ab diesem Zeitpunkt anzuwenden; ein bis zum Eintritt der Voraussetzungen entstandener Verlust kann nach Maßgabe des § 10d des Einkommensteuergesetzes abgezogen werden; ein danach verbleibender Verlust ist der Sparte zuzuordnen, in denen keine Dauerverlustgeschäfte ausgeübt werden. [8]Der am Schluss eines Veranlagungszeitraums verbleibende negative Gesamtbetrag der Einkünfte einer Sparte ist gesondert festzustellen; § 10d Absatz 4 des Einkommensteuergesetzes gilt entsprechend. [9]Die §§ 3a und 3c Absatz 4 des Einkommensteuergesetzes sind entsprechend anzuwenden; § 3a Absatz 2 des Einkommensteuergesetzes ist für die Kapitalgesellschaft anzuwenden.[1)]

(10)[2)] [1]Bei Einkünften aus Kapitalvermögen ist § 2 Absatz 5b des Einkommensteuergesetzes nicht anzuwenden. [2]§ 32d Abs. 2 Satz 1 Nr. 1 Satz 1 und Nr. 3 Satz 1 und Satz 3 bis 6 des Einkommensteuergesetzes ist entsprechend anzuwenden; in diesen Fällen ist § 20 Abs. 6 und 9 des Einkommensteuergesetzes nicht anzuwenden.

§ 8a[3)] Betriebsausgabenabzug für Zinsaufwendungen bei Körperschaften (Zinsschranke). (1)[4)] [1]§ 4h Abs. 1 Satz 2 des Einkommensteuergesetzes ist mit der Maßgabe anzuwenden, dass anstelle des maßgeblichen Gewinns das maßgebliche Einkommen tritt. [2]Maßgebliches Einkommen ist das nach den Vorschriften des Einkommensteuergesetzes und dieses Gesetzes ermittelte Einkommen mit Ausnahme der §§ 4h und 10d des Einkommensteuergesetzes und des § 9 Abs. 1 Nr. 2 dieses Gesetzes. [3]Die §§ 8c und 8d gelten für den Zinsvortrag nach § 4h Absatz 1 Satz 5 des Einkommensteuergesetzes mit der Maßgabe entsprechend, dass stille Reserven im Sinne des § 8c Absatz 1 Satz 6 nur zu berücksichtigen sind, soweit sie die nach § 8c Absatz 1 Satz 5 und § 8d Absatz 2 Satz 1 abziehbaren nicht genutzten Verluste übersteigen.[5)] [4]Auf Kapitalgesellschaften, die ihre Einkünfte nach § 2 Abs. 2 Nr. 2 des

---

1) § 8 Abs. 9 Satz 8 angef. mWv VZ 2009 durch G v. 8.12.2010 (BGBl. I S. 1768); Satz 9 angef. mWv VZ 2017 durch G v. 27.6.2017 (BGBl. I S. 2074); zur Anwendung vor VZ 2017 siehe § 34 Abs. 3d.

2) § 8 Abs. 10 angef. mWv VZ 2009 durch G v. 19.12.2008 (BGBl. I S. 2794); Satz 1 Verweis geänd. mWv VZ 2012 durch G v. 1.11.2011 (BGBl. I S. 2131).

3) § 8a neu gef. mW für nach dem 25.5.2007 beginnende Wj. durch G v. 14.8.2007 (BGBl. I S. 1912).

4) § 8a Abs. 1 Satz 1 geänd. durch G v. 22.12.2009 (BGBl. I S. 3950).

5) § 8a Abs. 1 Satz 3 neu gef. durch G v. 22.12.2009 (BGBl. I S. 3950); geänd. durch G v. 20.12.2016 (BGBl. I S. 2998), zur Anwendung von § 8d siehe § 34 Abs. 6a; Satz 3 geänd. durch G v. 11.12.2018 (BGBl. I S. 2338).

Einkommensteuergesetzes ermitteln, ist § 4h des Einkommensteuergesetzes sinngemäß anzuwenden.

(2)[1] § 4h Abs. 2 Satz 1 Buchstabe b des Einkommensteuergesetzes ist nur anzuwenden, wenn die Vergütungen für Fremdkapital an einen zu mehr als einem Viertel unmittelbar oder mittelbar am Grund- oder Stammkapital beteiligten Anteilseigner, eine diesem nahe stehende Person (§ 1 Abs. 2 des Außensteuergesetzes vom 8. September 1972 – BGBl. I S. 1713 –, das zuletzt durch Artikel 3 des Gesetzes vom 28. Mai 2007 – BGBl. I S. 914 – geändert worden ist, in der jeweils geltenden Fassung) oder einen Dritten, der auf den zu mehr als einem Viertel am Grund- oder Stammkapital beteiligten Anteilseigner oder eine diesem nahe stehende Person zurückgreifen kann, nicht mehr als 10 Prozent der die Zinserträge übersteigenden Zinsaufwendungen der Körperschaft im Sinne des § 4h Abs. 3 des Einkommensteuergesetzes betragen und die Körperschaft dies nachweist.

(3)[2] [1] § 4h Abs. 2 Satz 1 Buchstabe c des Einkommensteuergesetzes ist nur anzuwenden, wenn die Vergütungen für Fremdkapital der Körperschaft oder eines anderen demselben Konzern zugehörenden Rechtsträgers an einen zu mehr als einem Viertel unmittelbar oder mittelbar am Kapital beteiligten Gesellschafter einer konzernzugehörigen Gesellschaft, eine diesem nahe stehende Person (§ 1 Abs. 2 des Außensteuergesetzes) oder einen Dritten, der auf den zu mehr als einem Viertel am Kapital beteiligten Gesellschafter oder eine diesem nahe stehende Person zurückgreifen kann, nicht mehr als 10 Prozent der die Zinserträge übersteigenden Zinsaufwendungen des Rechtsträgers im Sinne des § 4h Abs. 3 des Einkommensteuergesetzes betragen und die Körperschaft dies nachweist. [2] Satz 1 gilt nur für Zinsaufwendungen aus Verbindlichkeiten, die in dem voll konsolidierten Konzernabschluss nach § 4h Abs. 2 Satz 1 Buchstabe c des Einkommensteuergesetzes ausgewiesen sind und bei Finanzierung durch einen Dritten einen Rückgriff gegen einen nicht zum Konzern gehörenden Gesellschafter oder eine diesem nahe stehende Person auslösen.

§ 8b Beteiligung an anderen Körperschaften und Personenvereinigungen. (1)[3] [1] Bezüge im Sinne des § 20 Abs. 1 Nr. 1, 2, 9 und 10 Buchstabe a des Einkommensteuergesetzes bleiben bei der Ermittlung des Einkommens außer Ansatz. [2] Satz 1 gilt nur, soweit die Bezüge das Einkommen der leistenden Körperschaft nicht gemindert haben. [***ab 1.1.2020:*** [3] Sofern die Bezüge in einem anderen Staat auf Grund einer vom deutschen Recht abweichenden steuerlichen Zurechnung der Anteile im Sinne des Satzes 1 einer anderen Person zugerechnet werden, gilt Satz 1 nur, soweit das Einkommen der anderen Person oder ihr nahestehender Personen nicht niedriger ist als bei einer dem deutschen Recht entsprechenden Zurechnung.] [4] Sind die Bezüge im Sinne des Satzes 1 nach einem Abkommen zur Vermeidung der Doppel-

---

[1] Zur Anwendung von § 8a Abs. 2 siehe § 34 Abs. 4.

[2] Zur Anwendung von § 8a Abs. 3 siehe § 34 Abs. 4.

[3] § 8b Abs. 1 Sätze 2 bis 4 eingef. durch G v. 13.12.2006 (BGBl. I S. 2878); Abs. 1 Satz 2 neu gef. durch G v. 26.6.2013 (BGBl. I S. 1809); Abs. 1 Satz 3 eingef., bish. Sätze 3 bis 5 werden Sätze 4 bis 6 durch G v. 25.6.2021 (BGBl. I S. 2035); zur Anwendung siehe § 34 Abs. 5 Satz 1.

besteuerung von der Bemessungsgrundlage für die Körperschaftsteuer auszunehmen, gilt Satz 2 ungeachtet des Wortlauts des Abkommens für diese Freistellung entsprechend. [5]Satz 2 gilt nicht, soweit die verdeckte Gewinnausschüttung das Einkommen einer dem Steuerpflichtigen nahe stehenden Person erhöht hat und § 32a des Körperschaftsteuergesetzes auf die Veranlagung dieser nahe stehenden Person keine Anwendung findet. [6]Bezüge im Sinne des Satzes 1 sind auch Einnahmen aus der Veräußerung von Dividendenscheinen und sonstigen Ansprüchen im Sinne des § 20 Abs. 2 Satz 1 Nr. 2 Buchstabe a des Einkommensteuergesetzes sowie Einnahmen aus der Abtretung von Dividendenansprüchen oder sonstigen Ansprüchen im Sinne des § 20 Abs. 2 Satz 2 des Einkommensteuergesetzes.

(2)[1)] [1]Bei der Ermittlung des Einkommens bleiben Gewinne aus der Veräußerung eines Anteils an einer Körperschaft oder Personenvereinigung, deren Leistungen beim Empfänger zu Einnahmen im Sinne des § 20 Abs. 1 Nr. 1, 2, 9 und 10 Buchstabe a des Einkommensteuergesetzes gehören, oder an einer Organgesellschaft im Sinne des § 14 oder § 17 außer Ansatz. [2]Veräußerungsgewinn im Sinne des Satzes 1 ist der Betrag, um den der Veräußerungspreis oder der an dessen Stelle tretende Wert nach Abzug der Veräußerungskosten den Wert übersteigt, der sich nach den Vorschriften über die steuerliche Gewinnermittlung im Zeitpunkt der Veräußerung ergibt (Buchwert). [3]Satz 1 gilt entsprechend für Gewinne aus der Auflösung oder der Herabsetzung des Nennkapitals oder aus dem Ansatz des in § 6 Absatz 1 Nummer 2 Satz 3 des Einkommensteuergesetzes bezeichneten Werts. [4]Die Sätze 1 und 3 gelten nicht, soweit der Anteil in früheren Jahren steuerwirksam auf den niedrigeren Teilwert abgeschrieben und die Gewinnminderung nicht durch den Ansatz eines höheren Werts ausgeglichen worden ist. [5]Satz 4 gilt außer für Gewinne aus dem Ansatz mit dem Wert, der sich nach § 6 Abs. 1 Nr. 2 Satz 3 des Einkommensteuergesetzes ergibt, auch für steuerwirksam vorgenommene Abzüge nach § 6b des Einkommensteuergesetzes und ähnliche Abzüge. [6]Veräußerung im vorstehenden Sinne ist auch die verdeckte Einlage.

(3)[2)] [1]Von dem jeweiligen Gewinn im Sinne des Absatzes 2 Satz 1, 3 und 6 gelten 5 Prozent als Ausgaben, die nicht als Betriebsausgaben abgezogen werden dürfen. [2]§ 3c Abs. 1 des Einkommensteuergesetzes ist nicht anzuwenden. [3]Gewinnminderungen, die im Zusammenhang mit dem in Absatz 2 genannten Anteil entstehen, sind bei der Ermittlung des Einkommens nicht zu berücksichtigen. [4]Zu den Gewinnminderungen im Sinne des Satzes 3 gehören auch Gewinnminderungen im Zusammenhang mit einer Darlehensforderung oder aus der Inanspruchnahme von Sicherheiten, die für ein Darlehen hingegeben wurden, wenn das Darlehen oder die Sicherheit von einem Gesellschafter gewährt wird, der zu mehr als einem Viertel unmittelbar oder mit-

---

[1)] § 8b Abs. 2 neu gef. mWv VZ 2004 durch G v. 22.12.2003 (BGBl. I S. 2840); Satz 3 geänd., Satz 5 eingef. mWv VZ 2006 durch G v. 7.12.2006 (BGBl. I S. 2782); Sätze 1 und 3 geänd. mWv VZ 2015 durch G v. 25.7.2014 (BGBl. I S. 1266).

[2)] § 8b Abs. 3 neu gef. mWv VZ 2004 durch G v. 22.12.2003 (BGBl. I S. 2840); Sätze 4 bis 8 angef. mWv VZ 2008 durch G v. 20.12.2007 (BGBl. I S. 3150); Satz 6 eingef., bish. Sätze 6 bis 8 werden Sätze 7 bis 9 und neuer Satz 8 geänd. durch G v. 25.6.2021 (BGBl. I S. 2050); zur Anwendung siehe § 34 Abs. 5 Satz 2.

telbar am Grund- oder Stammkapital der Körperschaft, der das Darlehen gewährt wurde, beteiligt ist oder war. 5 Dies gilt auch für diesem Gesellschafter nahestehende Personen im Sinne des § 1 Abs. 2 des Außensteuergesetzes oder für Gewinnminderungen aus dem Rückgriff eines Dritten auf den zu mehr als einem Viertel am Grund- oder Stammkapital beteiligten Gesellschafter oder eine diesem nahestehende Person auf Grund eines der Gesellschaft gewährten Darlehens. [***ab 1.1.2022:*** 6 Währungskursverluste gelten nicht als Gewinnminderungen im Sinne der Sätze 4 und 5.] 7 Die Sätze 4 und 5 sind nicht anzuwenden, wenn nachgewiesen wird, dass auch ein fremder Dritter das Darlehen bei sonst gleichen Umständen gewährt oder noch nicht zurückgefordert hätte; dabei sind nur die eigenen Sicherungsmittel der Gesellschaft zu berücksichtigen. 8 Die Sätze 4 bis *6* [***ab 1.1.2022:*** 7] gelten entsprechend für Forderungen aus Rechtshandlungen, die einer Darlehensgewährung wirtschaftlich vergleichbar sind. 9 Gewinne aus dem Ansatz einer Darlehensforderung mit dem nach § 6 Abs. 1 Nr. 2 Satz 3 des Einkommensteuergesetzes maßgeblichen Wert bleiben bei der Ermittlung des Einkommens außer Ansatz, soweit auf die vorangegangene Teilwertabschreibung Satz 3 angewendet worden ist.

(4)[1] 1 Bezüge im Sinne des Absatzes 1 sind abweichend von Absatz 1 Satz 1 bei der Ermittlung des Einkommens zu berücksichtigen, wenn die Beteiligung zu Beginn des Kalenderjahres unmittelbar weniger als 10 Prozent des Grund- oder Stammkapitals betragen hat; ist ein Grund- oder Stammkapital nicht vorhanden, ist die Beteiligung an dem Vermögen, bei Genossenschaften die Beteiligung an der Summe der Geschäftsguthaben, maßgebend. 2 Für die Bemessung der Höhe der Beteiligung ist § 13 Absatz 2 Satz 2 des Umwandlungssteuergesetzes nicht anzuwenden. 3 Überlässt eine Körperschaft Anteile an einen anderen und hat der andere diese oder gleichartige Anteile zurückzugeben, werden die Anteile für die Ermittlung der Beteiligungsgrenze der überlassenden Körperschaft zugerechnet. 4 Beteiligungen über eine Mitunternehmerschaft sind dem Mitunternehmer anteilig zuzurechnen; § 15 Absatz 1 Satz 1 Nummer 2 Satz 2 des Einkommensteuergesetzes gilt sinngemäß. 5 Eine dem Mitunternehmer nach Satz 4 zugerechnete Beteiligung gilt für die Anwendung dieses Absatzes als unmittelbare Beteiligung. 6 Für Zwecke dieses Absatzes gilt der Erwerb einer Beteiligung von mindestens 10 Prozent als zu Beginn des Kalenderjahres erfolgt. 7 Absatz 5 ist auf Bezüge im Sinne des Satzes 1 nicht anzuwenden. 8 Beteiligungen von Kreditinstituten im Sinne des § 1 Absatz 1 Satz 1 des Kreditwesengesetzes, die Mitglied einer kreditwirtschaftlichen Verbundgruppe im Sinne des § 2 Absatz 1 Nummer 13 des Zahlungsdiensteaufsichtsgesetzes sind, an anderen Unternehmen und Einrichtungen dieser Verbundgruppe sind zusammenzurechnen.

(5)[2] 1 Von den Bezügen im Sinne des Absatzes 1, die bei der Ermittlung des Einkommens außer Ansatz bleiben, gelten 5 Prozent als Ausgaben, die

---

[1] § 8b Abs. 4 neu gef. durch G v. 21.3.2013 (BGBl. I S. 561); zur Anwendung siehe § 34 Abs. 5 Satz 3 sowie § 27 Abs. 11 UmwStG (Nr. **130**); Abs. 4 Satz 8 geänd. durch G v. 12.12.2019 (BGBl. I S. 2451); zur Anwendung siehe § 34 Abs. 5 Satz 4.

[2] § 8b Abs. 5 neu gef. mWv VZ 2004 durch G v. 22.12.2003 (BGBl. I S. 2840).

nicht als Betriebsausgaben abgezogen werden dürfen. 2 § 3c Abs. 1 des Einkommensteuergesetzes ist nicht anzuwenden.

(6) 1 Die Absätze 1 bis 5 gelten auch für die dort genannten Bezüge, Gewinne und Gewinnminderungen, die dem Steuerpflichtigen im Rahmen des Gewinnanteils aus einer Mitunternehmerschaft zugerechnet werden, sowie für Gewinne und Verluste, soweit sie bei der Veräußerung oder Aufgabe eines Mitunternehmeranteils auf Anteile im Sinne des Absatzes 2 entfallen. 2 Die Absätze 1 bis 5 gelten für Bezüge und Gewinne, die einem Betrieb gewerblicher Art einer juristischen Person des öffentlichen Rechts über andere juristische Personen des öffentlichen Rechts zufließen, über die sie mittelbar an der leistenden Körperschaft, Personenvereinigung oder Vermögensmasse beteiligt ist und bei denen die Leistungen nicht im Rahmen eines Betriebs gewerblicher Art erfasst werden, und damit im Zusammenhang stehende Gewinnminderungen entsprechend.

(7)[1] 1 Die Absätze 1 bis 6 sind nicht auf Anteile anzuwenden, die bei Kreditinstituten [***ab 26.6.2021:*** , Wertpapierinstituten] und Finanzdienstleistungsinstituten dem Handelsbestand im Sinne des § 340e Absatz 3 des Handelsgesetzbuchs zuzuordnen sind. 2 Gleiches gilt für Anteile, die bei Finanzunternehmen im Sinne des Kreditwesengesetzes, an denen Kreditinstitute [***ab 26.6. 2021:*** , Wertpapierinstitute] oder Finanzdienstleistungsinstitute unmittelbar oder mittelbar zu mehr als 50 Prozent beteiligt sind, zum Zeitpunkt des Zugangs zum Betriebsvermögen als Umlaufvermögen auszuweisen sind.

(8)[2] 1 Die Absätze 1 bis 7 sind nicht anzuwenden auf Anteile, die bei Lebens- und Krankenversicherungsunternehmen den Kapitalanlagen zuzurechnen sind. 2 Satz 1 gilt nicht für Gewinne im Sinne des Absatzes 2, soweit eine Teilwertabschreibung in früheren Jahren nach Absatz 3 bei der Ermittlung des Einkommens unberücksichtigt geblieben ist und diese Minderung nicht durch den Ansatz eines höheren Werts ausgeglichen worden ist. 3 Gewinnminderungen, die im Zusammenhang mit den Anteilen im Sinne des Satzes 1 stehen, sind bei der Ermittlung des Einkommens nicht zu berücksichtigen, wenn das Lebens- oder Krankenversicherungsunternehmen die Anteile von einem verbundenen Unternehmen (§ 15 des Aktiengesetzes) erworben hat, soweit ein Veräußerungsgewinn für das verbundene Unternehmen nach Absatz 2 in der Fassung des Artikels 3 des Gesetzes vom 23. Oktober 2000 (BGBl. I S. 1433) bei der Ermittlung des Einkommens außer Ansatz geblieben ist. 4 Für die Ermittlung des Einkommens sind die Anteile mit den nach handelsrechtlichen Vorschriften ausgewiesenen Werten anzusetzen, die bei der Ermittlung der nach § 21 abziehbaren Beträge zu Grunde gelegt wurden. 5 Entsprechendes gilt für Pensionsfonds.

(9)[3] Die Absätze 7 und 8 gelten nicht für Bezüge im Sinne des Absatzes 1, auf die die Mitgliedstaaten der Europäischen Union Artikel 4 Abs. 1

---

[1] § 8b Abs. 7 neu gef. durch G v. 20.12.2016 (BGBl. I S. 3000); zur Anwendung siehe § 34 Abs. 5 Satz 4; Sätze 1 und 2 geänd. mWv 26.6.2021 durch G v. 12.5.2021 (BGBl. I S. 990).

[2] § 8b Abs. 8 angef. mWv VZ 2004 bzw. bei abweichendem Wj. mWv VZ 2005 durch G v. 22.12.2003 (BGBl. I S. 2840).

[3] § 8b Abs. 9 angef. durch G v. 9.12.2004 (BGBl. I S. 3310); geänd. durch G v. 26.6.2013 (BGBl. I S. 1809).

keit oder Überschuldung zu verhindern oder zu beseitigen und zugleich die wesentlichen Betriebsstrukturen zu erhalten.

[3]Die Erhaltung der wesentlichen Betriebsstrukturen setzt voraus, dass

1. die Körperschaft eine geschlossene Betriebsvereinbarung mit einer Arbeitsplatzregelung befolgt oder
2. die Summe der maßgebenden jährlichen Lohnsummen der Körperschaft innerhalb von fünf Jahren nach dem Beteiligungserwerb 400 Prozent der Ausgangslohnsumme nicht unterschreitet; § 13a Absatz 1 Satz 3 und 4 und Absatz 4 des Erbschaftsteuer- und Schenkungsteuergesetzes in der Fassung des Gesetzes vom 24. Dezember 2008 (BGBl. I S. 3018) gilt sinngemäß; oder
3. der Körperschaft durch Einlagen wesentliches Betriebsvermögen zugeführt wird. [2]Eine wesentliche Betriebsvermögenszuführung liegt vor, wenn der Körperschaft innerhalb von zwölf Monaten nach dem Beteiligungserwerb neues Betriebsvermögen zugeführt wird, das mindestens 25 Prozent des in der Steuerbilanz zum Schluss des vorangehenden Wirtschaftsjahrs enthaltenen Aktivvermögens entspricht. [3]Wird nur ein Anteil an der Körperschaft erworben, ist nur der entsprechende Anteil des Aktivvermögens zuzuführen. [4]Der Erlass von Verbindlichkeiten durch den Erwerber oder eine diesem nahestehende Person steht der Zuführung neuen Betriebsvermögens gleich, soweit die Verbindlichkeiten werthaltig sind. [5]Leistungen der Kapitalgesellschaft, die innerhalb von drei Jahren nach der Zuführung des neuen Betriebsvermögens erfolgen, mindern den Wert des zugeführten Betriebsvermögens.[1)] [6]Wird dadurch die erforderliche Zuführung nicht mehr erreicht, ist Satz 1 nicht mehr anzuwenden.

[4]Keine Sanierung liegt vor, wenn die Körperschaft ihren Geschäftsbetrieb im Zeitpunkt des Beteiligungserwerbs im Wesentlichen eingestellt hat oder nach dem Beteiligungserwerb ein Branchenwechsel innerhalb eines Zeitraums von fünf Jahren erfolgt.

(2)[2)] § 3a Absatz 3 des Einkommensteuergesetzes ist auf verbleibende nicht genutzte Verluste anzuwenden, die sich nach einer Anwendung des Absatzes 1 ergeben.

§ 8d[3)] Fortführungsgebundener Verlustvortrag. (1)[4)] [1]§ 8c ist nach einem schädlichen Beteiligungserwerb auf Antrag nicht anzuwenden, wenn die Körperschaft seit ihrer Gründung oder zumindest seit dem Beginn des dritten Veranlagungszeitraums, der dem Veranlagungszeitraum nach Satz 5 vorausgeht, ausschließlich denselben Geschäftsbetrieb unterhält und in diesem Zeitraum bis

---

[1)] § 8c Abs. 1a Satz 3 Nr. 3 Satz 5 geänd. durch G v. 22.12.2009 (BGBl. I S. 3950).

[2)] § 8c Abs. 2 angef. mWv VZ 2017 durch G v. 27.6.2017 (BGBl. I S. 2074) zur Anwendung vor VZ 2017 siehe § 34 Abs. 3d.

[3)] § 8d eingef. durch G v. 20.12.2016 (BGBl. I S. 2998); zur Anwendung siehe § 34 Abs. 6a.

[4)] § 8d Abs. 1 Satz 9 angef. mWv VZ 2017 durch G v. 27.6.2017 (BGBl. I S. 2074); zur Anwendung vor VZ 2017 siehe § 34 Abs. 3d.

zum Schluss des Veranlagungszeitraums des schädlichen Beteiligungserwerbs kein Ereignis im Sinne von Absatz 2 stattgefunden hat. ²Satz 1 gilt nicht:

1. für Verluste aus der Zeit vor einer Einstellung oder Ruhendstellung des Geschäftsbetriebs[1] oder
2. wenn die Körperschaft zu Beginn des dritten Veranlagungszeitraums, der dem Veranlagungszeitraum nach Satz 5 vorausgeht, Organträger oder an einer Mitunternehmerschaft beteiligt ist.

³Ein Geschäftsbetrieb umfasst die von einer einheitlichen Gewinnerzielungsabsicht getragenen, nachhaltigen, sich gegenseitig ergänzenden und fördernden Betätigungen der Körperschaft und bestimmt sich nach qualitativen Merkmalen in einer Gesamtbetrachtung. ⁴Qualitative Merkmale sind insbesondere die angebotenen Dienstleistungen oder Produkte, der Kunden- und Lieferantenkreis, die bedienten Märkte und die Qualifikation der Arbeitnehmer. ⁵Der Antrag ist in der Steuererklärung für die Veranlagung des Veranlagungszeitraums zu stellen, in den der schädliche Beteiligungserwerb fällt. ⁶Der Verlustvortrag, der zum Schluss des Veranlagungszeitraums verbleibt, in den der schädliche Beteiligungserwerb fällt, wird zum fortführungsgebundenen Verlust (fortführungsgebundener Verlustvortrag). ⁷Dieser ist gesondert auszuweisen und festzustellen; § 10d Absatz 4 des Einkommensteuergesetzes gilt entsprechend. ⁸Der fortführungsgebundene Verlustvortrag ist vor dem nach § 10d Absatz 4 des Einkommensteuergesetzes festgestellten Verlustvortrag abzuziehen. ⁹Satz 8 gilt bei Anwendung des § 3a Absatz 3 des Einkommensteuergesetzes entsprechend.[2]

(2) ¹Wird der Geschäftsbetrieb im Sinne des Absatzes 1 eingestellt, geht der nach Absatz 1 zuletzt festgestellte fortführungsgebundene Verlustvortrag unter; § 8c Absatz 1 Satz 5 bis 8[3] gilt bezogen auf die zum Schluss des vorangegangenen Veranlagungszeitraums vorhandenen stillen Reserven entsprechend. ²Gleiches gilt, wenn

1. der Geschäftsbetrieb ruhend gestellt wird,
2. der Geschäftsbetrieb einer andersartigen Zweckbestimmung zugeführt wird,
3. die Körperschaft einen zusätzlichen Geschäftsbetrieb aufnimmt,
4. die Körperschaft sich an einer Mitunternehmerschaft beteiligt,
5. die Körperschaft die Stellung eines Organträgers im Sinne des § 14 Absatz 1 einnimmt oder
6. auf die Körperschaft Wirtschaftsgüter übertragen werden, die sie zu einem geringeren als dem gemeinen Wert ansetzt.

§ 9 Abziehbare Aufwendungen. (1) Abziehbare Aufwendungen sind auch:

1.[4] bei Kommanditgesellschaften auf Aktien und bei vergleichbaren Kapitalgesellschaften der Teil des Gewinns, der an persönlich haftende Gesell-

---

[1] Zur Anwendung siehe § 34 Abs. 6a Satz 2.
[2] *Siehe zur Anwendung von § 8d Abs. 1 Satz 9 § 34 Abs. 3d.*
[3] Verweis geänd. durch G v. 11.12.2018 (BGBl. I S. 2338).
[4] § 9 Abs. 1 Nr. 1 geänd. mWv VZ 2006 durch G v. 7.12.2006 (BGBl. I S. 2782).

schafter auf ihre nicht auf das Grundkapital gemachten Einlagen oder als Vergütung (Tantieme) für die Geschäftsführung verteilt wird;

2.[1] vorbehaltlich des § 8 Absatz 3 Zuwendungen (Spenden und Mitgliedsbeiträge) zur Förderung steuerbegünstigter Zwecke im Sinne der §§ 52 bis 54 der Abgabenordnung bis zur Höhe von insgesamt

a) 20 Prozent des Einkommens oder

b) 4 Promille der Summe der gesamten Umsätze und der im Kalenderjahr aufgewendeten Löhne und Gehälter.

[2] Voraussetzung für den Abzug ist, dass diese Zuwendungen

a) an eine juristische Person des öffentlichen Rechts oder an eine öffentliche Dienststelle, die in einem Mitgliedstaat der Europäischen Union oder in einem Staat belegen ist, auf den das Abkommen über den Europäischen Wirtschaftsraum (EWR-Abkommen) Anwendung findet, oder

b) an eine nach § 5 Absatz 1 Nummer 9 steuerbefreite Körperschaft, Personenvereinigung oder Vermögensmasse oder

c) an eine Körperschaft, Personenvereinigung oder Vermögensmasse, die in einem Mitgliedstaat der Europäischen Union oder in einem Staat belegen ist, auf den das Abkommen über den Europäischen Wirtschaftsraum (EWR-Abkommen) Anwendung findet, und die nach § 5 Absatz 1 Nummer 9 in Verbindung mit § 5 Absatz 2 Nummer 2 zweiter Halbsatz steuerbefreit wäre, wenn sie inländische Einkünfte erzielen würde,

geleistet werden (Zuwendungsempfänger). [3] Für nicht im Inland ansässige Zuwendungsempfänger nach Satz 2 ist weitere Voraussetzung, dass durch diese Staaten Amtshilfe und Unterstützung bei der Beitreibung geleistet werden. [4] Amtshilfe ist der Auskunftsaustausch im Sinne oder entsprechend der Amtshilferichtlinie gemäß § 2 Absatz 2 des EU-Amtshilfegesetes[2]. [5] Beitreibung ist die gegenseitige Unterstützung bei der Beitreibung von Forderungen im Sinne oder entsprechend der Beitreibungsrichtlinie[3] einschließlich der in diesem Zusammenhang anzuwendenden Durchführungsbestimmungen in den für den jeweiligen Veranlagungszeitraum geltenden Fassungen oder eines entsprechenden Nachfolgerechtsaktes. [6] Werden die steuerbegünstigten Zwecke des Zuwendungsempfängers im Sinne von Satz 2 Buchstabe a nur im Ausland verwirklicht, ist für die Abziehbarkeit der Zuwendungen Voraussetzung, dass natürliche Personen, die ihren Wohnsitz oder ihren gewöhnlichen Aufenthalt im Geltungsbereich dieses Gesetzes haben, gefördert werden oder dass die Tätigkeit dieses Zuwendungsempfängers neben der Verwirklichung der steuerbegünstigten Zwecke auch zum Anse-

---

[1] § 9 Abs. 1 Nr. 2 Satz 1 ersetzt durch Sätze 1 bis 7, bish. Sätze 2 bis 4 werden Sätze 8 bis 10 durch G v. 8.4.2010 (BGBl. I S. 386); Satz 8 geänd. durch G v. 12.12.2019 (BGBl. I S. 2451).

[2] Verweis geänd. durch G v. 26.6.2013 (BGBl. I S. 1809).

[3] Geänd. mWv VZ 2012 (§ 34 Abs. 8a Satz 7) durch G v. 7.12.2011 (BGBl. I S. 2592).

hen der Bundesrepublik Deutschland beitragen kann. 7 Abziehbar sind auch Mitgliedsbeiträge an Körperschaften, die Kunst und Kultur gemäß § 52 Absatz 2 Nummer 5 der Abgabenordnung fördern, soweit es sich nicht um Mitgliedsbeiträge nach Satz 8 Nummer 2 handelt, auch wenn den Mitgliedern Vergünstigungen gewährt werden. 8 Nicht abziehbar sind Mitgliedsbeiträge an Körperschaften,

1. die den Sport (§ 52 Absatz 2 Satz 1 Nummer 21 der Abgabenordnung),
2. die kulturelle Betätigungen, die in erster Linie der Freizeitgestaltung dienen,
3. die die Heimatpflege und Heimatkunde (§ 52 Absatz 2 Satz 1 Nummer 22 der Abgabenordnung),
4. die Zwecke im Sinne des § 52 Absatz 2 Satz 1 Nummer 23 der Abgabenordnung

fördern oder

[***ab 1.1.2020:***

5.[1)] deren Zweck nach § 52 Absatz 2 Satz 2 der Abgabenordnung für gemeinnützig erklärt worden ist, weil deren Zweck die Allgemeinheit auf materiellem, geistigem oder sittlichem Gebiet entsprechend einem Zweck nach den Nummern 1 bis 4 fördert.]

9 Abziehbare Zuwendungen, die die Höchstbeträge nach Satz 1 überschreiten, sind im Rahmen der Höchstbeträge in den folgenden Veranlagungszeiträumen abzuziehen. 10 § 10d Abs. 4 des Einkommensteuergesetzes gilt entsprechend.

(2)[2)] 1 Als Einkommen im Sinne dieser Vorschrift gilt das Einkommen vor Abzug der in Absatz 1 Nr. 2 bezeichneten Zuwendungen und vor dem Verlustabzug nach § 10d des Einkommensteuergesetzes. 2 Als Zuwendung im Sinne dieser Vorschrift gilt auch die Zuwendung von Wirtschaftsgütern mit Ausnahme von Nutzungen und Leistungen. 3 Der Wert der Zuwendung ist nach § 6 Absatz 1 Nummer 4 Satz 1 und 4[3)] des Einkommensteuergesetzes zu ermitteln. 4 Aufwendungen zugunsten einer Körperschaft, die zum Empfang steuerlich abziehbarer Zuwendungen berechtigt ist, sind nur abziehbar, wenn ein Anspruch auf die Erstattung der Aufwendungen durch Vertrag oder Satzung eingeräumt und auf die Erstattung verzichtet worden ist. 5 Der Anspruch darf nicht unter der Bedingung des Verzichts eingeräumt worden sein.

(3)[4)] 1 Der Steuerpflichtige darf auf die Richtigkeit der Bestätigung über Spenden und Mitgliedsbeiträge vertrauen, es sei denn, dass er die Bestätigung

---

[1)] § 9 Abs. 1 Nr. 2 Satz 8 Nr. 5 angef. durch G v. 12.12.2019 (BGBl. I S. 2451); zur Anwendung siehe § 34 Abs. 6b.

[2)] § 9 Abs. 2 neu gef. mWv VZ 2007 durch G v. 10.10.2007 (BGBl. I S. 2332).

[3)] § 9 Abs. 2 Satz 3 Zitat geänd. durch G v. 20.4.2009 (BGBl. I S. 774).

[4)] § 9 Abs. 3 Satz 2 HS 2 angef. mWv 1.1.2010, Sätze 3 und 4 ersetzt durch Satz 3 durch G v. 8.4.2010 (BGBl. I S. 386).

durch unlautere Mittel oder falsche Angaben erwirkt hat oder dass ihm die Unrichtigkeit der Bestätigung bekannt oder infolge grober Fahrlässigkeit nicht bekannt war. 2Wer vorsätzlich oder grob fahrlässig eine unrichtige Bestätigung ausstellt oder veranlasst, dass Zuwendungen nicht zu den in der Bestätigung angegebenen steuerbegünstigten Zwecken verwendet werden (Veranlasserhaftung), haftet für die entgangene Steuer; diese ist mit 30 Prozent des zugewendeten Betrags anzusetzen. 3In den Fällen der Veranlasserhaftung ist vorrangig der Zuwendungsempfänger in Anspruch zu nehmen; die natürlichen Personen, die in diesen Fällen für den Zuwendungsempfänger handeln, sind nur in Anspruch zu nehmen, wenn die entgangene Steuer nicht nach § 47 der Abgabenordnung erloschen ist und Vollstreckungsmaßnahmen gegen den Zuwendungsempfänger nicht erfolgreich sind; § 10b Absatz 4 Satz 5 des Einkommensteuergesetzes gilt entsprechend.

§ 10[1] Nichtabziehbare Aufwendungen. Nichtabziehbar sind auch:

1. die Aufwendungen für die Erfüllung von Zwecken des Steuerpflichtigen, die durch Stiftungsgeschäft, Satzung oder sonstige Verfassung vorgeschrieben sind. 2§ 9 Abs. 1 Nr. 2 bleibt unberührt,
2. die Steuern vom Einkommen und sonstige Personensteuern sowie die Umsatzsteuer für Umsätze, die Entnahmen oder verdeckte Gewinnausschüttungen sind, und die Vorsteuerbeträge auf Aufwendungen, für die das Abzugsverbot des § 4 Abs. 5 Satz 1 Nr. 1 bis 4 und 7 oder Abs. 7 des Einkommensteuergesetzes gilt; das gilt auch für die auf diese Steuern entfallenden Nebenleistungen,
3. in einem Strafverfahren festgesetzte Geldstrafen, sonstige Rechtsfolgen vermögensrechtlicher Art, bei denen der Strafcharakter überwiegt, und Leistungen zur Erfüllung von Auflagen oder Weisungen, soweit die Auflagen oder Weisungen nicht lediglich der Wiedergutmachung des durch die Tat verursachten Schadens dienen, sowie damit zusammenhängende Aufwendungen,
4. die Hälfte der Vergütungen jeder Art, die an Mitglieder des Aufsichtsrats, Verwaltungsrats, *Grubenvorstands* oder andere mit der Überwachung der Geschäftsführung beauftragte Personen gewährt werden.

§ 11 Auflösung und Abwicklung (Liquidation). (1)[2] 1Wird ein unbeschränkt Steuerpflichtiger im Sinne des § 1 Abs. 1 Nr. 1 bis 3 nach der Auflösung abgewickelt, so ist der im Zeitraum der Abwicklung erzielte Gewinn der Besteuerung zugrunde zu legen. 2Der Besteuerungszeitraum soll drei Jahre nicht übersteigen.

(2) Zur Ermittlung des Gewinns im Sinne des Absatzes 1 ist das Abwicklungs-Endvermögen dem Abwicklungs-Anfangsvermögen gegenüberzustellen.

---

[1] § 10 Nr. 3 geänd. mWv VZ 2019 (§ 34 Abs. 6c), Nr. 4 geänd. (kursiver Satzteil gestrichen) mWv VZ 2020 durch G v. 12.12.2019 (BGBl. I S. 2451).

[2] § 11 Abs. 1 Satz 1 geänd. mWv VZ 2006 durch G v. 7.12.2006 (BGBl. I S. 2782).

(3) Abwicklungs-Endvermögen ist das zur Verteilung kommende Vermögen, vermindert um die steuerfreien Vermögensmehrungen, die dem Steuerpflichtigen in dem Abwicklungszeitraum zugeflossen sind.

(4) 1 Abwicklungs-Anfangsvermögen ist das Betriebsvermögen, das am Schluss des der Auflösung vorangegangenen Wirtschaftsjahrs der Veranlagung zur Körperschaftsteuer zugrunde gelegt worden ist. 2 Ist für den vorangegangenen Veranlagungszeitraum eine Veranlagung nicht durchgeführt worden, so ist das Betriebsvermögen anzusetzen, das im Falle einer Veranlagung nach den steuerrechtlichen Vorschriften über die Gewinnermittlung auszuweisen gewesen wäre. 3 Das Abwicklungs-Anfangsvermögen ist um den Gewinn eines vorangegangenen Wirtschaftsjahrs zu kürzen, der im Abwicklungszeitraum ausgeschüttet worden ist.

(5) War am Schluss des vorangegangenen Veranlagungszeitraums Betriebsvermögen nicht vorhanden, so gilt als Abwicklungs-Anfangsvermögen die Summe der später geleisteten Einlagen.

(6) Auf die Gewinnermittlung sind im Übrigen die sonst geltenden Vorschriften anzuwenden.

(7)[1] Unterbleibt eine Abwicklung, weil über das Vermögen des unbeschränkt Steuerpflichtigen im Sinne des § 1 Abs. 1 Nr. 1 bis 3 das Insolvenzverfahren eröffnet worden ist, sind die Absätze 1 bis 6 sinngemäß anzuwenden.

§ 12[2] ***Verlust oder Beschränkung des Besteuerungsrechts der Bundesrepublik Deutschland* [*ab 1.1.2020:* Entstrickungs- und Wegzugsbesteuerung].**

(1) [3] 1 Wird bei der Körperschaft, Personenvereinigung oder Vermögensmasse das Besteuerungsrecht der Bundesrepublik Deutschland hinsichtlich des Gewinns aus der Veräußerung oder der Nutzung eines Wirtschaftsguts ausgeschlossen oder beschränkt, gilt dies als Veräußerung oder Überlassung des Wirtschaftsguts zum gemeinen Wert; § 4 Absatz 1 Satz 5, § 4g[4] und § 15 Abs. 1a des Einkommensteuergesetzes gelten entsprechend. 2 Ein Ausschluss oder eine Beschränkung des Besteuerungsrechts hinsichtlich des Gewinns aus der Veräußerung eines Wirtschaftsguts liegt insbesondere vor, wenn ein bisher einer inländischen Betriebsstätte einer Körperschaft, Personenvereinigung oder Vermögensmasse zuzuordnendes Wirtschaftsgut einer ausländischen Betriebsstätte dieser Körperschaft, Personenvereinigung oder Vermögensmasse zuzuordnen ist. [***ab 1.1.2020:*** 3 Entfällt die Beschränkung des Besteuerungsrechts der Bundesrepublik Deutschland hinsichtlich des Gewinns aus der Veräußerung eines Wirtschaftsguts und erfolgt in einem anderen Staat eine Besteuerung auf Grund des Ausschlusses oder der Beschränkung des Besteuerungsrechts dieses Staates hinsichtlich des Gewinns aus der Veräußerung des Wirtschaftsguts, gilt dies auf Antrag als Veräußerung und Anschaffung des

---

[1] § 11 Abs. 7 geänd. mWv VZ 2006 durch G v. 7.12.2006 (BGBl. I S. 2782).

[2] § 12 neu gef. durch G v. 7.12.2006 (BGBl. I S. 2782); Überschr. neu gef. mWv 1.1.2020 durch G v. 25.6.2021 (BGBl. I S. 2035).

[3] § 12 Abs. 1 Satz 1 Verweis geänd., Satz 2 angef. durch G v. 8.12.2010 (BGBl. I S. 1768); Abs. *1* Satz 3 angef. durch G v. 25.6.2021 (BGBl. I S. 2035); zur Anwendung siehe § 34 Abs. 6d.

[4] § 12 Abs. 1 geänd. durch G v. 20.12.2007 (BGBl. I S. 3150).

Wirtschaftsguts zu dem Wert, den der andere Staat der Besteuerung zugrunde legt, höchstens zum gemeinen Wert.]

[***ab 1.1.2020:***

(1a)[1)] § 4 Absatz 1 Satz 3 zweiter Halbsatz, Satz 8 zweiter Halbsatz, Satz 9 und Satz 10 des Einkommensteuergesetzes gilt im Fall der Begründung des Besteuerungsrechts oder des Wegfalls einer Beschränkung des Besteuerungsrechts der Bundesrepublik Deutschland hinsichtlich des Gewinns aus der Veräußerung eines Wirtschaftsguts, das der außerbetrieblichen Sphäre einer Körperschaft, Personenvereinigung oder Vermögensmasse zuzuordnen ist, entsprechend.]

(2)[2)] *[1] Wird das Vermögen einer beschränkt steuerpflichtigen Körperschaft, Personenvereinigung oder Vermögensmasse als Ganzes auf eine andere Körperschaft desselben ausländischen Staates durch einen Vorgang übertragen, der einer Verschmelzung im Sinne des § 2 des Umwandlungsgesetzes vom 28. Oktober 1994 (BGBl. I S. 3210, 1995 I S. 428), das zuletzt durch Artikel 10 des Gesetzes vom 9. Dezember 2004 (BGBl. I S. 3214) geändert worden ist, in der jeweils geltenden Fassung vergleichbar ist, sind die übergehenden Wirtschaftsgüter abweichend von Absatz 1 mit dem Buchwert anzusetzen, soweit*

1. *sichergestellt ist, dass sie später bei der übernehmenden Körperschaft der Besteuerung mit Körperschaftsteuer unterliegen,*
2. *das Recht der Bundesrepublik Deutschland hinsichtlich der Besteuerung der übertragenen Wirtschaftsgüter bei der übernehmenden Körperschaft nicht beschränkt wird,*
3. *eine Gegenleistung nicht gewährt wird oder in Gesellschaftsrechten besteht und*
4. *wenn der übernehmende und der übertragende Rechtsträger nicht die Voraussetzungen des § 1 Abs. 2 Satz 1 und 2 des Umwandlungssteuergesetzes vom 7. Dezember 2006 (BGBl. I S. 2782, 2791)[3)] in der jeweils geltenden Fassung erfüllen.*

[2] Wird das Vermögen einer Körperschaft durch einen Vorgang im Sinne des Satzes 1 auf eine andere Körperschaft übertragen, gilt § 13 des Umwandlungs-steuergesetzes für die Besteuerung der Anteilseigner der übertragenden Körperschaft entsprechend.

(3)[4)] *[1] Verlegt eine Körperschaft, Vermögensmasse oder Personenvereinigung ihre Geschäftsleitung oder ihren Sitz und scheidet sie dadurch aus der unbeschränkten Steuerpflicht in einem Mitgliedstaat der Europäischen Union oder einem Staat aus, auf den das Abkommen über den Europäischen Wirtschaftsraum Anwendung findet, gilt sie als aufgelöst, und § 11 ist entsprechend anzuwenden. [2] Gleiches gilt, wenn die Körperschaft, Vermögensmasse oder Personenvereinigung auf Grund eines Abkommens zur Vermeidung der Doppelbesteuerung infolge der Verlegung ihres Sitzes oder ihrer Geschäftleitung als außerhalb des Hoheitsgebietes der in Satz 1 genannten Staaten ansässig anzusehen ist. [3] An die Stelle des zur Verteilung kommenden Vermögens tritt der gemeine Wert des vorhandenen Vermögens.* [***ab 29.3.2019:*** *[4] Dieser Absatz ist mit der Maßgabe anzuwenden, dass allein der Austritt des Vereinigten Königreichs Großbri-*

---

1) § 12 Abs. 1a eingef. durch G v. 25.6.2021 (BGBl. I S. 2035); zur Anwendung siehe § 34 Abs. 6d.

2) § 12 Abs. 2 aufgeh. durch G v. 25.6.2021 (BGBl. I S. 2050); zur letztmaligen Anwendung siehe § 34 Abs. 6d Satz 2.

3) Nr. **130.**

4) § 12 Abs. 3 Satz 4 angef. mWv 29.3.2019 durch Brexit-StBG v. 25.3.2019 (BGBl. I S. 357) und Abs. 3 aufgeh. mWv 1.1.2022 durch G v. 25.6.2021 (BGBl. I S. 2050).

tannien und Nordirland aus der Europäischen Union nicht dazu führt, dass eine Körperschaft, Vermögensmasse oder Personenvereinigung dadurch als aus der unbeschränkten Steuerpflicht in einem Mitgliedstaat der Europäischen Union ausgeschieden gilt oder als außerhalb der Europäischen Union ansässig anzusehen ist.]

(4)[1)] *Einer unbeschränkt steuerpflichtigen Körperschaft mit Sitz im Vereinigten Königreich Großbritannien und Nordirland ist nach dem Austritt des Vereinigten Königreichs Großbritannien und Nordirland aus der Europäischen Union das Betriebsvermögen ununterbrochen zuzurechnen, das ihr bereits vor dem Austritt zuzurechnen war.*

§ 13 Beginn und Erlöschen einer Steuerbefreiung. (1) Wird eine steuerpflichtige Körperschaft, Personenvereinigung oder Vermögensmasse von der Körperschaftsteuer befreit, so hat sie auf den Zeitpunkt, in dem die Steuerpflicht endet, eine Schlussbilanz aufzustellen.

(2) Wird eine von der Körperschaftsteuer befreite Körperschaft, Personenvereinigung oder Vermögensmasse steuerpflichtig und ermittelt sie ihren Gewinn durch Betriebsvermögensvergleich, so hat sie auf den Zeitpunkt, in dem die Steuerpflicht beginnt, eine Anfangsbilanz aufzustellen.

(3)[2)] In der Schlussbilanz im Sinne des Absatzes 1 und in der Anfangsbilanz im Sinne des Absatzes 2 sind die Wirtschaftsgüter vorbehaltlich des Absatzes 4 mit den Teilwerten anzusetzen.

(4)[3)] [1]Beginnt die Steuerbefreiung auf Grund des § 5 Abs. 1 Nr. 9, sind die Wirtschaftsgüter, die der Förderung steuerbegünstigter Zwecke im Sinne *des § 9 Abs. 1 Nr. 2* [***ab VZ 2020:*** der §§ 52 bis 54 der Abgabenordnung] dienen, in der Schlussbilanz mit den Buchwerten anzusetzen. [2]Erlischt die Steuerbefreiung, so ist in der Anfangsbilanz für die in Satz 1 bezeichneten Wirtschaftsgüter der Wert anzusetzen, der sich bei ununterbrochener Steuerpflicht nach den Vorschriften über die steuerliche Gewinnermittlung ergeben würde.

(5) Beginnt oder erlischt die Steuerbefreiung nur teilweise, so gelten die Absätze 1 bis 4 für den entsprechenden Teil des Betriebsvermögens.

(6) [1]Gehören Anteile an einer Kapitalgesellschaft nicht zu dem Betriebsvermögen der Körperschaft, Personenvereinigung oder Vermögensmasse, die von der Körperschaftsteuer befreit wird, so ist § 17 des Einkommensteuergesetzes auch ohne Veräußerung anzuwenden, wenn die übrigen Voraussetzungen dieser Vorschrift in dem Zeitpunkt erfüllt sind, in dem die Steuerpflicht endet. [2]Als Veräußerungspreis gilt der gemeine Wert der Anteile. [3]Im Falle des Beginns der Steuerpflicht gilt der gemeine Wert der Anteile als Anschaffungskosten der Anteile. [4]Die Sätze 1 und 2 gelten nicht in den Fällen des Absatzes 4 Satz 1.

---

1) § 12 Abs. 4 angef. mWv 29.3.2019 durch Brexit-StBG v. 25.3.2019 (BGBl. I S. 357) und aufgeh. durch G v. 25.6.2021 (BGBl. I S. 2056); zur letztmaligen Anwendung siehe § 34 Abs. 6d Satz 3.

2) § 13 Abs. 3 Sätze 2 bis 11 aufgeh. durch G v. 8.12.2010 (BGBl. I S. 1768).

3) § 13 Abs. 4 Satz 1 Verweis geänd. mWv VZ 2020 durch G v. 12.12.2019 (BGBl. I S. 2451).

Zweites Kapitel. Sondervorschriften für die Organschaft

§ 14 Aktiengesellschaft oder Kommanditgesellschaft auf Aktien als Organgesellschaft. (1)[1] [1]Verpflichtet sich eine Europäische Gesellschaft, Aktiengesellschaft oder Kommanditgesellschaft auf Aktien mit Geschäftsleitung im Inland und Sitz in einem Mitgliedstaat der Europäischen Union oder in einem Vertragsstaat des EWR-Abkommens (Organgesellschaft) durch einen Gewinnabführungsvertrag im Sinne des § 291 Abs. 1 des Aktiengesetzes, ihren ganzen Gewinn an ein einziges anderes gewerbliches Unternehmen abzuführen, ist das Einkommen der Organgesellschaft, soweit sich aus § 16 nichts anderes ergibt, dem Träger des Unternehmens (Organträger) zuzurechnen, wenn die folgenden Voraussetzungen erfüllt sind:

1. [1]Der Organträger muss an der Organgesellschaft vom Beginn ihres Wirtschaftsjahrs an ununterbrochen in einem solchen Maße beteiligt sein, dass ihm die Mehrheit der Stimmrechte aus den Anteilen an der Organgesellschaft zusteht (finanzielle Eingliederung). [2]Mittelbare Beteiligungen sind zu berücksichtigen, wenn die Beteiligung an jeder vermittelnden Gesellschaft die Mehrheit der Stimmrechte gewährt.

2.[2] [1]Organträger muss eine natürliche Person oder eine nicht von der Körperschaftsteuer befreite Körperschaft, Personenvereinigung oder Vermögensmasse sein. [2]Organträger kann auch eine Personengesellschaft im Sinne des § 15 Absatz 1 Satz 1 Nummer 2 des Einkommensteuergesetzes sein, wenn sie eine Tätigkeit im Sinne des § 15 Absatz 1 Satz 1 Nummer 1 des Einkommensteuergesetzes ausübt. [3]Die Voraussetzung der Nummer 1 muss im Verhältnis zur Personengesellschaft selbst erfüllt sein. [4]Die Beteiligung im Sinne der Nummer 1 an der Organgesellschaft oder, bei mittelbarer Beteiligung an der Organgesellschaft, die Beteiligung im Sinne der Nummer 1 an der vermittelnden Gesellschaft, muss ununterbrochen während der gesamten Dauer der Organschaft einer inländischen Betriebsstätte im Sinne des § 12 der Abgabenordnung des Organträgers zuzuordnen sein. [5]Ist der Organträger mittelbar über eine oder mehrere Personengesellschaften an der Organgesellschaft beteiligt, gilt Satz 4 sinngemäß. [6]Das Einkommen der Organgesellschaft ist der inländischen Betriebsstätte des Organträgers zuzurechnen, der die Beteiligung im Sinne der Nummer 1 an der Organgesellschaft oder, bei mittelbarer Beteiligung an der Organgesellschaft, die Beteiligung im Sinne der Nummer 1 an der vermittelnden Gesellschaft zuzuordnen ist. [7]Eine inländische Betriebsstätte im Sinne der vorstehenden Sätze ist nur gegeben, wenn die dieser Betriebsstätte zuzurechnenden Einkünfte sowohl nach innerstaatlichem Steuerrecht als auch nach einem anzuwendenden Abkommen zur Vermeidung der Doppelbesteuerung der inländischen Besteuerung unterliegen.

---

[1] § 14 Abs. 1 geänd. mWv VZ 2006 durch G v. 7.12.2006 (BGBl. I S. 2782); Satzteil vor Nr. 1 geänd. durch G v. 20.2.2013 (BGBl. I S. 285); Satzteil vor Nr. 1 geänd. durch G v. 20.2.2013 (BGBl. I S. 285).

[2] § 14 Abs. 1 Satz 1 Nr. 2 neu gef. mWv VZ 2012 durch G v. 20.2.2013 (BGBl. I S. 285).

3.[1] [1]Der Gewinnabführungsvertrag muss auf mindestens fünf Jahre abgeschlossen und während seiner gesamten Geltungsdauer durchgeführt werden. [2]Eine vorzeitige Beendigung des Vertrags durch Kündigung ist unschädlich, wenn ein wichtiger Grund die Kündigung rechtfertigt. [3]Die Kündigung oder Aufhebung des Gewinnabführungsvertrags auf einen Zeitpunkt während des Wirtschaftsjahrs der Organgesellschaft wirkt auf den Beginn dieses Wirtschaftsjahrs zurück. [4]Der Gewinnabführungsvertrag gilt auch als durchgeführt, wenn der abgeführte Gewinn oder ausgeglichene Verlust auf einem Jahresabschluss beruht, der fehlerhafte Bilanzansätze enthält, sofern
   a) der Jahresabschluss wirksam festgestellt ist,
   b) die Fehlerhaftigkeit bei Erstellung des Jahresabschlusses unter Anwendung der Sorgfalt eines ordentlichen Kaufmanns nicht hätte erkannt werden müssen und
   c) ein von der Finanzverwaltung beanstandeter Fehler spätestens in dem nächsten nach dem Zeitpunkt der Beanstandung des Fehlers aufzustellenden Jahresabschluss der Organgesellschaft und des Organträgers korrigiert und das Ergebnis entsprechend abgeführt oder ausgeglichen wird, soweit es sich um einen Fehler handelt, der in der Handelsbilanz zu korrigieren ist.

   [5]Die Voraussetzung des Satzes 4 Buchstabe b gilt bei Vorliegen eines uneingeschränkten Bestätigungsvermerks nach § 322 Absatz 3 des Handelsgesetzbuchs zum Jahresabschluss, zu einem Konzernabschluss, in den der handelsrechtliche Jahresabschluss einbezogen worden ist, oder über die freiwillige Prüfung des Jahresabschlusses oder der Bescheinigung eines Steuerberaters oder Wirtschaftsprüfers über die Erstellung eines Jahresabschlusses mit umfassenden Beurteilungen als erfüllt.

4. Die Organgesellschaft darf Beträge aus dem Jahresüberschuss nur insoweit in die Gewinnrücklagen (§ 272 Abs. 3 des Handelsgesetzbuchs) mit Ausnahme der gesetzlichen Rücklagen einstellen, als dies bei vernünftiger kaufmännischer Beurteilung wirtschaftlich begründet ist.

5.[2] Negative Einkünfte des Organträgers oder der Organgesellschaft bleiben bei der inländischen Besteuerung unberücksichtigt, soweit sie in einem ausländischen Staat im Rahmen der Besteuerung des Organträgers, der Organgesellschaft oder einer anderen Person berücksichtigt werden.

[2]Das Einkommen der Organgesellschaft ist dem Organträger erstmals für das Kalenderjahr zuzurechnen, in dem das Wirtschaftsjahr der Organgesellschaft endet, in dem der Gewinnabführungsvertrag wirksam wird.[3]

(2)[4] [1]Der ganze Gewinn gilt auch dann als abgeführt im Sinne des Absatzes 1 Satz 1, wenn über den mindestens zugesicherten Betrag im Sinne

---

[1] § 14 Nr. 3 neu gef. mWv VZ 2003 durch G v. 16.5.2003 (BGBl. I S. 660); Sätze 4 und 5 angef. durch G v. 20.2.2013 (BGBl. I S. 285).

[2] § 14 Abs. 1 Satz 1 Nr. 5 neu gef. durch G v. 20.2.2013 (BGBl. I S. 285).

[3] § 14 Abs. 1 Satz 2 angef. durch G v. 16.5.2003 (BGBl. I S. 660).

[4] § 14 Abs. 2 eingef. durch G v. 11.12.2018 (BGBl. I S. 2338); zur Anwendung siehe § 34 Abs. 6e.

des § 304 Absatz 2 Satz 1 des Aktiengesetzes hinausgehende Ausgleichszahlungen vereinbart und geleistet werden. 2 Dies gilt nur, wenn die Ausgleichszahlungen insgesamt den dem Anteil am gezeichneten Kapital entsprechenden Gewinnanteil des Wirtschaftsjahres nicht überschreiten, der ohne Gewinnabführungsvertrag hätte geleistet werden können. 3 Der über den Mindestbetrag nach § 304 Absatz 2 Satz 1 des Aktiengesetzes hinausgehende Betrag muss nach vernünftiger kaufmännischer Beurteilung wirtschaftlich begründet sein.

(3)[1] 1 Mehrabführungen, die ihre Ursache in vororganschaftlicher Zeit haben, gelten als Gewinnausschüttungen der Organgesellschaft an den Organträger. 2 Minderabführungen, die ihre Ursache in vororganschaftlicher Zeit haben, sind als Einlage durch den Organträger in die Organgesellschaft zu behandeln. 3 Mehrabführungen nach Satz 1 und Minderabführungen nach Satz 2 gelten in dem Zeitpunkt als erfolgt, in dem das Wirtschaftsjahr der Organgesellschaft endet. 4 Der Teilwertansatz nach § 13 Abs. 3 Satz 1 ist der vororganschaftlichen Zeit zuzurechnen.

[alte Fassung:]

(4)[2] 1 Für Minder- und Mehrabführungen, die ihre Ursache in organschaftlicher Zeit haben, ist in der Steuerbilanz des Organträgers ein besonderer aktiver oder passiver Ausgleichsposten in Höhe des Betrags zu bilden, der dem Verhältnis der Beteiligung des Organträgers am Nennkapital der Organgesellschaft entspricht. 2 Im Zeitpunkt der Veräußerung der Organbeteiligung sind die besonderen Ausgleichsposten aufzulösen. 3 Dadurch erhöht oder verringert sich das Einkommen des Organträgers. 4 § 3 Nr. 40, § 3c Abs. 2 des Einkommensteuergesetzes und § 8b dieses Gesetzes sind anzuwenden. 5 Der Veräußerung gleichgestellt sind insbesondere die Umwandlung der Organgesellschaft auf eine Personengesellschaft oder eine natürliche Person, die verdeckte Einlage der Beteiligung an der Organgesellschaft und die Auflösung der Organgesellschaft.

[neue Fassung:]

(4)[3] 1 Minderabführungen der Organgesellschaft, die ihre Ursache in organschaftlicher Zeit haben, sind als Einlage durch den Organträger in die Organgesellschaft zu behandeln. 2 Mehrabführungen der Organgesellschaft, die ihre Ursache in organschaftlicher Zeit haben, gelten als Einlagenrückgewähr der Organgesellschaft an den Organträger. 3 Minder- oder Mehrabführungen im Sinne der Sätze 1 und 2 liegen insbesondere vor, wenn der an den Organträger abgeführte Gewinn von dem Steuerbilanzgewinn der Organgesellschaft abweicht und diese Abweichung in organschaftlicher Zeit verursacht ist. 4 Minder- und Mehrabführungen nach den Sätzen 1 und 2 gelten in dem Zeitpunkt als erfolgt, in dem das Wirtschaftsjahr der Organgesellschaft endet.

---

[1] § 14 Abs. 3 angef. durch G v. 9.12.2004 (BGBl. I S. 3310).

[2] § 14 Abs. 4 angef. durch G v. 20.12.2007 (BGBl. I S. 3150).

[3] § 14 Abs. 4 neu gef. durch G v. 25.6.2021 (BGBl. I S. 2050); zur Anwendung siehe § 34 Abs. 6e Sätze 5 ff.

[alte Fassung:]

6 Minder- oder Mehrabführungen im Sinne des Satzes 1 liegen insbesondere vor, wenn der an den Organträger abgeführte Gewinn von dem Steuerbilanzgewinn der Organgesellschaft abweicht und diese Abweichung in organschaftlicher Zeit verursacht ist.

(5)[1] 1 Das dem Organträger zuzurechnende Einkommen der Organgesellschaft und damit zusammenhängende andere Besteuerungsgrundlagen werden gegenüber dem Organträger und der Organgesellschaft gesondert und einheitlich festgestellt. 2 Die Feststellungen nach Satz 1 sind für die Besteuerung des Einkommens des Organträgers und der Organgesellschaft bindend. 3 Die Sätze 1 und 2 gelten entsprechend für von der Organgesellschaft geleistete Steuern, die auf die Steuer des Organträgers anzurechnen sind. 4 Zuständig für diese Feststellungen ist das Finanzamt, das für die Besteuerung nach dem Einkommen der Organgesellschaft zuständig ist. 5 Die Erklärung zu den gesonderten und einheitlichen Feststellungen nach den Sätzen 1 und 3 soll mit der Körperschaftsteuererklärung der Organgesellschaft verbunden werden.

§ 15 Ermittlung des Einkommens bei Organschaft. 1 Bei der Ermittlung des Einkommens bei Organschaft gilt abweichend von den allgemeinen Vorschriften Folgendes:

1.[2] 1 Ein Verlustabzug im Sinne des § 10d des Einkommensteuergesetzes ist bei der Organgesellschaft nicht zulässig. 2 Satz 1 steht einer Anwendung von § 3a des Einkommensteuergesetzes nicht entgegen. 3 Der für § 3c Absatz 4 Satz 4 des Einkommensteuergesetzes maßgebende Betrag ist der sich nach Anwendung von Nummer 1a ergebende verminderte Sanierungsertrag.

1a.[2] 1 Auf einen sich nach § 3a Absatz 3 Satz 4 des Einkommensteuergesetzes ergebenden verbleibenden Sanierungsertrag einer Organgesellschaft ist § 3a Absatz 3 Satz 2, 3 und 5 des Einkommensteuergesetzes beim Organträger anzuwenden. 2 Wird der Gewinn des Organträgers gesondert und einheitlich festgestellt, gilt § 3a Absatz 4 des Einkommensteuergesetzes entsprechend. 3 Die Sätze 1 und 2 gelten auch, wenn die Voraussetzungen des § 14 Absatz 1 im Sanierungsjahr nicht vorliegen und das Einkommen der Organgesellschaft in einem innerhalb der letzten fünf Jahre vor dem Sanierungsjahr liegenden Veranlagungszeitraum dem Organträger gemäß § 14 Absatz 1 Satz 1 zugerechnet worden ist.

---

[1] *§ 14* Abs. 5 angef. durch G v. 20.2.2013 (BGBl. I S. 285).

[2] § 15 Satz 1 Nr. 1 Sätze 2 und 3 angef., Nr. 1a eingef. mWv VZ 2017 durch G v. 27.6.2017 (BGBl. I S. 2074); zur Anwendung vor VZ 2017 siehe § 34 Abs. 3d.

[Fassung bis 12.12.2019:]

2.[1] [1] § 8b Abs. 1 bis 6 dieses Gesetzes sowie § 4 Abs. 6 des Umwandlungssteuergesetzes sind bei der Organgesellschaft nicht anzuwenden. [2] Sind in dem dem Organträger zugerechneten Einkommen Bezüge, Gewinne oder Gewinnminderungen im Sinne des § 8b Abs. 1 bis 3 dieses Gesetzes oder mit solchen Beträgen zusammenhängende Ausgaben im Sinne des § 3c Abs. 2 des Einkommensteuergesetzes oder ein Übernahmeverlust im Sinne des § 4 Abs. 6 des Umwandlungssteuergesetzes enthalten, sind § 8b dieses Gesetzes, § 4 Abs. 6 des Umwandlungssteuergesetzes sowie § 3 Nr. 40 und § 3c Abs. 2 des Einkommensteuergesetzes bei der Ermittlung des Einkommens des Organträgers anzuwenden.

[Fassung ab 13.12.2019:]

2.[2] § 8b Absatz 1 bis 6 dieses Gesetzes sowie § 4 Absatz 6 und § 12 Absatz 2 Satz 1 des Umwandlungssteuergesetzes sind bei der Organgesellschaft nicht anzuwenden. [2] Sind in dem dem Organträger zugerechneten Einkommen Bezüge, Gewinne oder Gewinnminderungen im Sinne des § 8b Absatz 1 bis 3 dieses Gesetzes oder mit solchen Beträgen zusammenhängende Ausgaben im Sinne des § 3c Absatz 2 des Einkommensteuergesetzes, ein Übernahmeverlust im Sinne des § 4 Absatz 6 des Umwandlungssteuergesetzes oder ein Gewinn oder Verlust im Sinne des § 12 Absatz 2 Satz 1 des Umwandlungssteuergesetzes enthalten, sind § 8b dieses Gesetzes, § 4 Absatz 6 und § 12 Absatz 2 des Umwandlungssteuergesetzes sowie § 3 Nummer 40 und § 3c Absatz 2 des Einkommensteuergesetzes bei der Ermittlung des Einkommens des Organträgers anzuwenden; in den Fällen des § 12 Absatz 2 Satz 2 des Umwandlungssteuergesetzes sind neben § 8b dieses Gesetzes auch § 3 Nummer 40 und § 3c Absatz 2 des Einkommensteuergesetzes entsprechend anzuwenden.

[3] Satz 2 gilt nicht, soweit bei der Organgesellschaft § 8b Abs. 7, 8 oder 10 anzuwenden ist. [4] Für die Anwendung der Beteiligungsgrenze im Sinne des § 8b Absatz 4 in der Fassung des Artikels 1 des Gesetzes vom 21. März 2013 (BGBl. I S. 561) werden Beteiligungen der Organgesellschaft und Beteiligungen des Organträgers getrennt betrachtet.

2a.[3] [1] § 20 Absatz 1 Satz 1 bis 3 und Absatz 2 bis 4, die §§ 21, 30 Absatz 2, die §§ 42 und 43 Absatz 3, § 44 sowie § 49 Absatz 1 des Investmentsteuer-

---

[1] § 15 Satz 1 Nr. 2 neu gef. mWv VZ 2006 durch G v. 7.12.2006 (BGBl. I S. 2782) Satz 3 angef. durch G v. 19.12.2008 (BGBl. I S. 2794); Satz 4 angef. durch G v. 21.3.2013 (BGBl. I S. 561).

[2] § 15 Satz 1 Nr. 2 Satz 1 und 2 neu gef. durch G v. 12.12.2019 (BGBl. I S. 2451); zur Anwendung siehe § 34 Abs. 6g.

[3] § 15 Satz 1 Nr. 2a eingef. mWv VZ 2018 durch G v. 11.12.2018 (BGBl. I S. 2338); zur Anwendung siehe § 34 Abs. 6f.

gesetzes sind bei der Organgesellschaft nicht anzuwenden. 2 Sind im dem dem Organträger zugerechneten Einkommen Erträge im Sinne des § 16 oder § 34 des Investmentsteuergesetzes oder mit solchen Erträgen zusammenhängende Betriebsvermögensminderungen, Betriebsausgaben oder Veräußerungskosten im Sinne des § 21 oder § 44 des Investmentsteuergesetzes enthalten, sind die §§ 20, 21, 30 Absatz 2, die §§ 42, 43 Absatz 3, § 44 sowie § 49 Absatz 1 des Investmentsteuergesetzes bei der Ermittlung des Einkommens des Organträgers anzuwenden. 3 Für Zwecke des Satzes 2 gilt der Organträger als Anleger im Sinne des § 2 Absatz 10 des Investmentsteuergesetzes. 4 Die bloße Begründung oder Beendigung einer Organschaft nach § 14 Absatz 1 Satz 1 führt nicht zu einer Veräußerung nach § 22 Absatz 1 des Investmentsteuergesetzes. 5 Die Sätze 1 bis 4 gelten nicht, soweit die Organgesellschaft die Voraussetzungen des § 20 Absatz 1 Satz 4 oder des § 30 Absatz 3 des Investmentsteuergesetzes erfüllt. 6 Für die Anwendung der Beteiligungsgrenze im Sinne des § 30 Absatz 2 Nummer 2 des Investmentsteuergesetzes werden Beteiligungen der Organgesellschaft und Beteiligungen des Organträgers getrennt betrachtet.

3.[1] 1 § 4h des Einkommensteuergesetzes ist bei der Organgesellschaft nicht anzuwenden. 2 Organträger und Organgesellschaften gelten als ein Betrieb im Sinne des § 4h des Einkommensteuergesetzes. 3 Sind in dem dem Organträger zugerechneten Einkommen der Organgesellschaften Zinsaufwendungen und Zinserträge im Sinne des § 4h Abs. 3 des Einkommensteuergesetzes enthalten, sind diese bei Anwendung des § 4h Abs. 1 des Einkommensteuergesetzes beim Organträger einzubeziehen.

4.[2] 1 § 8 Abs. 3 Satz 2 und Abs. 7 ist bei der Organgesellschaft auf Dauerverlustgeschäfte im Sinne des § 8 Abs. 7 Satz 2 nicht anzuwenden. 2 Sind in dem dem Organträger zugerechneten Einkommen Verluste aus Dauerverlustgeschäften im Sinne des § 8 Abs. 7 Satz 2 enthalten, ist § 8 Abs. 3 Satz 2 und Abs. 7 bei der Ermittlung des Einkommens des Organträgers anzuwenden.

5.[2] 1 § 8 Abs. 9 ist bei der Organgesellschaft nicht anzuwenden. 2 Sind in dem dem Organträger zugerechneten Einkommen Einkommen einer Kapitalgesellschaft enthalten, auf die § 8 Abs. 7 Satz 1 Nr. 2 anzuwenden ist, ist § 8 Abs. 9 bei der Ermittlung des Einkommens des Organträgers anzuwenden.

2 Nummer 2 gilt entsprechend für Gewinnanteile aus der Beteiligung an einer ausländischen Gesellschaft, die nach den Vorschriften eines Abkommens zur Vermeidung der Doppelbesteuerung von der Besteuerung auszunehmen sind. 3 Bei Anwendung des Satzes 2 finden § 16 Absatz 4 sowie § 43 Absatz 1 Satz 3 des Investmentsteuergesetzes beim Organträger Anwendung. 4 Für Zwecke des Satzes 3 gilt der Organträger als Anleger im Sinne des § 2 Absatz 10 des Investmentsteuergesetzes.[3]

---

[1] § 15 Satz 1 Nr. 3 angef. durch G v. 14.8.2007 (BGBl. I S. 1912).

[2] § 15 Satz 1 Nrn. 4 und 5 angef. durch G v. 19.12.2008 (BGBl. I S. 2794).

[3] § 15 Satz 2 angef. mWv VZ 2003 durch G v. 16.5.2003 (BGBl. I S. 660); Sätze 3 und 4 angef. mWv VZ 2018 durch G v. 11.12.2018 (BGBl. I S. 2338); zur Anwendung siehe § 34 Abs. 6 f.

§ 16 Ausgleichszahlungen. [1]Die Organgesellschaft hat ihr Einkommen in Höhe von $^{20}/_{17}$[1)] der geleisteten Ausgleichszahlungen selbst zu versteuern. [2]Ist die Verpflichtung zum Ausgleich vom Organträger erfüllt worden, so hat die Organgesellschaft $^{20}/_{17}$[1)] der geleisteten Ausgleichszahlungen anstelle des Organträgers zu versteuern.

§ 17 Andere Kapitalgesellschaften als Organgesellschaft. (1)[2)] [1]Die §§ 14 bis 16 gelten entsprechend, wenn eine andere als die in § 14 Absatz 1 Satz 1 bezeichnete Kapitalgesellschaft mit Geschäftsleitung im Inland und Sitz in einem Mitgliedstaat der Europäischen Union oder in einem Vertragsstaat des EWR-Abkommens sich wirksam verpflichtet, ihren ganzen Gewinn an ein anderes Unternehmen im Sinne des § 14 abzuführen. [2]Weitere Voraussetzung ist, dass

1. eine Gewinnabführung den in § 301 des Aktiengesetzes genannten Betrag nicht überschreitet und
2.[3)] eine Verlustübernahme durch Verweis auf die Vorschriften des § 302 des Aktiengesetzes in seiner jeweils gültigen Fassung vereinbart wird.

(Fortsetzung nächstes Blatt)

---

1) Geänd. mWv VZ 2008 durch G v. 14.8.2007 (BGBl. I S. 1912).
2) § 17 Abs. 1 geänd. durch G v. 20.2.2013 (BGBl. I S. 285).
3) Zur Anwendung siehe Abs. 2.

§ 25[1)] Freibetrag für Genossenschaften sowie Vereine, die Land- und Forstwirtschaft betreiben. (1) [1]Vom Einkommen der steuerpflichtigen Genossenschaften sowie der steuerpflichtigen Vereine, deren Tätigkeit sich auf den Betrieb der Land- und Forstwirtschaft beschränkt, ist ein Freibetrag in Höhe von 15 000 Euro, höchstens jedoch in Höhe des Einkommens, im Veranlagungszeitraum der Gründung und in den folgenden neun Veranlagungszeiträumen abzuziehen. [2]Voraussetzung ist, dass

1. die Mitglieder der Genossenschaft oder dem Verein Flächen zur Nutzung oder für die Bewirtschaftung der Flächen erforderliche Gebäude überlassen und
2. a) bei Genossenschaften das Verhältnis der Summe der Werte der Geschäftsanteile des einzelnen Mitglieds zu der Summe der Werte aller Geschäftsanteile,
   b) bei Vereinen das Verhältnis des Werts des Anteils an dem Vereinsvermögen, der im Fall der Auflösung des Vereins an das einzelne Mitglied fallen würde, zu dem Wert des Vereinsvermögens

   nicht wesentlich von dem Verhältnis abweicht, in dem der Wert der von dem einzelnen Mitglied zur Nutzung überlassenen Flächen und Gebäude zu dem Wert der insgesamt zur Nutzung überlassenen Flächen und Gebäude steht.

(2)[2)] Absatz 1 Satz 1 gilt auch für steuerpflichtige Genossenschaften sowie für steuerpflichtige Vereine, die eine gemeinschaftliche Tierhaltung im Sinne des *§ 51a des Bewertungsgesetzes* [***ab VZ 2025:*** § 13b des Einkommensteuergesetzes] betreiben.

§ 26[3)] Steuerermäßigung bei ausländischen Einkünften. (1) [1]Für die Anrechnung einer der deutschen Körperschaftsteuer entsprechenden ausländischen Steuer auf die deutsche Körperschaftsteuer und für die Berücksichtigung anderer Steuerermäßigungen bei ausländischen Einkünften gelten vorbehaltlich des Satzes 2 und des Absatzes 2 die folgenden Bestimmungen entsprechend:

1. bei unbeschränkt Steuerpflichtigen § 34c Absatz 1 bis 3 und 5 bis 7 und § 50d Absatz 10 des Einkommensteuergesetzes sowie
2. bei beschränkt Steuerpflichtigen § 50 Absatz 3 und § 50d Absatz 10 des Einkommensteuergesetzes.

[2]Dabei ist auf Bezüge im Sinne des § 8b Absatz 1 Satz 1, die auf Grund des § 8b Absatz 1 Satz 2 und 3 bei der Ermittlung des Einkommens nicht außer Ansatz bleiben, vorbehaltlich des Absatzes 2 § 34c Absatz 1 bis 3 und 6 Satz 6 des Einkommensteuergesetzes entsprechend anzuwenden.

[1)] § 25 Überschr. geänd. durch G v. 12.12.2019 (BGBl. I S. 2451); Abs. 1 Satz 1 geänd. mWv VZ 2009 durch G v. 17.3.2009 (BGBl. I S. 550).

[2)] § 25 Abs. 2 neu gef. mWv VZ 2009 durch G v. 17.3.2009 (BGBl. I S 550); geänd. mWv VZ 2025 (§ 34 Abs. 8c) durch G v. 12.12.2019 (BGBl. I S. 2451).

[3)] § 26 neu gef. durch G v. 25.7.2014 (BGBl. I S. 1266); Überschr. geänd., Abs. 1 Satz 1 geänd., Abs. 2 Satz 1 neu gef. durch G v. 22.12.2014 (BGBl. I S. 2417); zur Anwendung siehe § 34 Abs. 9.

(2) [1]Abweichend von § 34c Absatz 1 Satz 2 des Einkommensteuergesetzes ist die auf die ausländischen Einkünfte entfallende deutsche Körperschaftsteuer in der Weise zu ermitteln, dass die sich bei der Veranlagung des zu versteuernden Einkommens, einschließlich der ausländischen Einkünfte, ohne Anwendung der §§ 37 und 38 ergebende deutsche Körperschaftsteuer im Verhältnis dieser ausländischen Einkünfte zur Summe der Einkünfte aufgeteilt wird.[1)] [2]Bei der entsprechenden Anwendung von § 34c Absatz 2 des Einkommensteuergesetzes ist die ausländische Steuer abzuziehen, soweit sie auf ausländische Einkünfte entfällt, die bei der Ermittlung der Einkünfte nicht außer Ansatz bleiben. [3]§ 34c Absatz 6 Satz 3 des Einkommensteuergesetzes ist auch auf Einkünfte entsprechend anzuwenden, die auf Grund einer Verordnung oder Richtlinie der Europäischen Union in einem anderen Mitgliedstaat der Europäischen Union nicht besteuert werden.

Vierter Teil. Nicht in das Nennkapital geleistete Einlagen und Entstehung und Veranlagung

§ 27[2)] Nicht in das Nennkapital geleistete Einlagen. (1)[3)] [1]Die unbeschränkt steuerpflichtige Kapitalgesellschaft hat die nicht in das Nennkapital geleisteten Einlagen am Schluss jedes Wirtschaftsjahrs auf einem besonderen Konto (steuerliches Einlagekonto) auszuweisen. [2]Das steuerliche Einlagekonto ist ausgehend von dem Bestand am Ende des vorangegangenen Wirtschaftsjahrs um die jeweiligen Zu- und Abgänge des Wirtschaftsjahrs fortzuschreiben. [3]Leistungen der Kapitalgesellschaft mit Ausnahme der Rückzahlung von Nennkapital im Sinne des § 28 Abs. 2 Satz 2 und 3 [***ab VZ 2022:*** und der Mehrabführungen im Sinne des Absatzes 6] mindern das steuerliche Einlagekonto unabhängig von ihrer handelsrechtlichen Einordnung nur, soweit sie den auf den Schluss des vorangegangenen Wirtschaftsjahrs ermittelten ausschüttbaren Gewinn übersteigen (Einlagenrückgewähr). [4]Der Bestand des steuerlichen Einlagekontos kann durch Leistungen nicht negativ werden; Absatz 6 bleibt unberührt. [5]Als ausschüttbarer Gewinn gilt das um das gezeichnete Kapital geminderte in der Steuerbilanz ausgewiesene Eigenkapital abzüglich des Bestands des steuerlichen Einlagekontos.

(2) [1]Der unter Berücksichtigung der Zu- und Abgänge des Wirtschaftsjahrs ermittelte Bestand des steuerlichen Einlagekontos wird gesondert festgestellt. [2]Der Bescheid über die gesonderte Feststellung ist Grundlagenbescheid für den Bescheid über die gesonderte Feststellung zum folgenden Feststellungszeitpunkt. [3]Bei Eintritt in die unbeschränkte Steuerpflicht ist der zum Zeitpunkt des Eintritts in die Steuerpflicht vorhandene Bestand der nicht in das

---

[1)] Zur Anwendung siehe § 34 Abs. 9 Satz 2.

[2)] § 27 Abs. 1 bish. Satz 3 ersetzt durch Sätze 3 und 4, bish. Satz 6 aufgeh., Abs. 2 Satz 3 eingef., Abs. 5 und Abs. 7 neu gef., Abs. 8 angef. mWv VZ 2006 durch G v. 7.12.2006 (BGBl. I S. 2782, ber. BGBl. 2007 I S. 68).

[3)] *§ 27 Abs. 1 Satz 3 Zitat* ergänzt durch G v. 20.12.2007 (BGBl. I S. 3150); Abs. 1 Satz 6 aufgeh. durch G v. 25.7.2014 (BGBl. I S. 1266); zur Anwendung siehe § 34 Abs. 10; Satz 3 geänd. durch G v. 25.6.2021 (BGBl. I S. 2050); zur Anwendung siehe § 34 Abs. 6e Sätze 5 ff.

Nennkapital geleisteten Einlagen gesondert festzustellen; der gesondert festgestellte Bestand gilt als Bestand des steuerlichen Einlagekontos am Ende des vorangegangenen Wirtschaftsjahrs. [4] Kapitalgesellschaften haben auf den Schluss jedes Wirtschaftsjahrs Erklärungen zur gesonderten Feststellung von Besteuerungsgrundlagen abzugeben. [5] Die Erklärungen sind von den in § 34 der Abgabenordnung bezeichneten Personen eigenhändig zu unterschreiben.

(3) [1] Erbringt eine Kapitalgesellschaft für eigene Rechnung Leistungen, die nach Absatz 1 Satz 3 als Abgang auf dem steuerlichen Einlagekonto zu berücksichtigen sind, so ist sie verpflichtet, ihren Anteilseignern die folgenden Angaben nach amtlich vorgeschriebenem Muster zu bescheinigen:

1. den Namen und die Anschrift des Anteilseigners,
2. die Höhe der Leistungen, soweit das steuerliche Einlagekonto gemindert wurde,
3. den Zahlungstag.

[2] Die Bescheinigung braucht nicht unterschrieben zu werden, wenn sie in einem maschinellen Verfahren ausgedruckt worden ist und den Aussteller erkennen lässt.

(4) [1] Ist die in Absatz 1 bezeichnete Leistung einer Kapitalgesellschaft von der Vorlage eines Dividendenscheins abhängig und wird sie für Rechnung der Kapitalgesellschaft durch ein inländisches Kreditinstitut erbracht, so hat das Institut dem Anteilseigner eine Bescheinigung mit den in Absatz 3 Satz 1 bezeichneten Angaben nach amtlich vorgeschriebenem Muster zu erteilen. [2] Aus der Bescheinigung muss ferner hervorgehen, für welche Kapitalgesellschaft die Leistung erbracht wird. [3] Die Sätze 1 und 2 gelten entsprechend, wenn anstelle eines inländischen Kreditinstituts eine inländische Zweigniederlassung eines der in § 53b Absatz 1 oder 7 des Kreditwesengesetzes[1)] genannten Unternehmen die Leistung erbringt.

(5) [1] Ist für eine Leistung der Kapitalgesellschaft die Minderung des Einlagekontos zu niedrig bescheinigt worden, bleibt die der Bescheinigung zugrunde gelegte Verwendung unverändert. [2] Ist für eine Leistung bis zum Tag der Bekanntgabe der erstmaligen Feststellung im Sinne des Absatzes 2 zum Schluss des Wirtschaftsjahrs der Leistung eine Steuerbescheinigung im Sinne des Absatzes 3 nicht erteilt worden, gilt der Betrag der Einlagenrückgewähr als mit 0 Euro bescheinigt. [3] In den Fällen der Sätze 1 und 2 ist eine Berichtigung oder erstmalige Erteilung von Steuerbescheinigungen im Sinne des Absatzes 3 nicht zulässig. [4] In anderen Fällen ist die auf den überhöht ausgewiesenen Betrag der Einlagenrückgewähr entfallende Kapitalertragsteuer durch Haftungsbescheid geltend zu machen; § 44 Abs. 5 Satz 1 zweiter Halbsatz des Einkommensteuergesetzes gilt insoweit nicht. [5] Die Steuerbescheinigungen können berichtigt werden. [6] Die Feststellung im Sinne des Absatzes 2 für das Wirtschaftsjahr, in dem die entsprechende Leistung erfolgt ist, ist an die der Kapitalertragsteuerhaftung nach Satz 4 zugrunde gelegte Einlagenrückgewähr anzupassen.

[1)] Verweis geänd. mWv VZ 2015 durch G v. 25.7.2014 (BGBl. I S. 1266).

(6)[1)] [1]Minderabführungen erhöhen und Mehrabführungen mindern das Einlagekonto einer Organgesellschaft, wenn sie ihre Ursache in organschaftlicher Zeit haben. [***ab VZ 2022:*** [2]Mehrabführungen im Sinne des Satzes 1 mindern das steuerliche Einlagekonto der Organgesellschaft vor anderen Leistungen.]

(7) Die vorstehenden Absätze gelten sinngemäß für andere unbeschränkt steuerpflichtige Körperschaften und Personenvereinigungen, die Leistungen im Sinne des § 20 Abs. 1 Nr. 1, 9 oder Nr. 10 des Einkommensteuergesetzes gewähren können.

(8) [1]Eine Einlagenrückgewähr können auch Körperschaften oder Personenvereinigungen erbringen, die in einem anderen Mitgliedstaat der Europäischen Union der unbeschränkten Steuerpflicht unterliegen, wenn sie Leistungen im Sinne des § 20 Abs. 1 Nr. 1 oder 9 des Einkommensteuergesetzes gewähren können. [2]Die Einlagenrückgewähr ist in entsprechender Anwendung der Absätze 1 bis 6 und der §§ 28 und 29 zu ermitteln. [3]Der als Leistung im Sinne des Satzes 1 zu berücksichtigende Betrag wird auf Antrag der Körperschaft oder Personenvereinigung für den jeweiligen Veranlagungszeitraum gesondert festgestellt. [4]Der Antrag ist nach amtlich vorgeschriebenem Vordruck bis zum Ende des Kalenderjahrs zu stellen, das auf das Kalenderjahr folgt, in dem die Leistung erfolgt ist. [5]Zuständig für die gesonderte Feststellung ist die Finanzbehörde, die im Zeitpunkt der Abgabe des Antrags nach § 20 der Abgabenordnung für die Besteuerung nach dem Einkommen örtlich zuständig ist. [6]Bei Körperschaften oder Personenvereinigungen, für die im Zeitpunkt der Antragstellung nach § 20 der Abgabenordnung keine Finanzbehörde zuständig ist, ist abweichend von Satz 5 das Bundeszentralamt für Steuern zuständig. [7]Im Antrag sind die für die Berechnung der Einlagenrückgewähr erforderlichen Umstände darzulegen. [8]In die Bescheinigung nach Absatz 3 ist das Aktenzeichen der nach Satz 5 oder 6 zuständigen Behörde aufzunehmen. [9]Soweit Leistungen nach Satz 1 nicht gesondert festgestellt worden sind, gelten sie als Gewinnausschüttung, die beim Anteilseigner zu Einnahmen im Sinne des § 20 Abs. 1 Nr. 1 oder 9 des Einkommensteuergesetzes führen.

§ 28 Umwandlung von Rücklagen in Nennkapital und Herabsetzung des Nennkapitals. (1) [1]Wird das Nennkapital durch Umwandlung von Rücklagen erhöht, so gilt der positive Bestand des steuerlichen Einlagekontos als vor den sonstigen Rücklagen umgewandelt. [2]Maßgeblich ist dabei der sich vor Anwendung des Satzes 1 ergebende Bestand des steuerlichen Einlagekontos zum Schluss des Wirtschaftsjahrs der Rücklagenumwandlung. [3]Enthält das Nennkapital auch Beträge, die ihm durch Umwandlung von sonstigen Rücklagen mit Ausnahme von aus Einlagen der Anteilseigner stammenden Beträgen zugeführt worden sind, so sind diese Teile des Nennkapitals getrennt auszuweisen und gesondert festzustellen (Sonderausweis). [4]§ 27 Abs. 2 gilt entsprechend.

---

1) § 27 Abs. 6 Sätze 2 bis 4 aufgeh. mWv VZ 2008 durch G v. 20.12.2007 (BGBl. I S. 3150); Satz 2 angef., bish. Wortlaut wird Satz 1 durch G v. 25.6.2021 (BGBl. I S. 2050); zur Anwendung siehe § 34 Abs. 6e Sätze 5 ff.

(2)[1] [1]Im Fall der Herabsetzung des Nennkapitals oder der Auflösung der Körperschaft wird zunächst der Sonderausweis zum Schluss des vorangegangenen Wirtschaftsjahrs gemindert; ein übersteigender Betrag ist dem steuerlichen Einlagekonto gutzuschreiben, soweit die Einlage in das Nennkapital geleistet ist. [2]Die Rückzahlung des Nennkapitals gilt, soweit der Sonderausweis zu mindern ist, als Gewinnausschüttung, die beim Anteilseigner zu Bezügen im Sinne des § 20 Abs. 1 Nr. 2 des Einkommensteuergesetzes führt. [3]Ein den Sonderausweis übersteigender Betrag ist vom positiven Bestand des steuerlichen Einlagekontos abzuziehen. [4]Soweit der positive Bestand des steuerlichen Einlagekontos für den Abzug nach Satz 3 nicht ausreicht, gilt die Rückzahlung des Nennkapitals ebenfalls als Gewinnausschüttung, die beim Anteilseigner zu Bezügen im Sinne des § 20 Abs. 1 Nr. 2 des Einkommensteuergesetzes führt.

(Fortsetzung nächstes Blatt)

---

[1] § 28 Abs. 2 neu gef. mWv VZ 2006 durch G v. 7.12.2006 (BGBl. I S. 2782).

stellungskosten dieser Wirtschaftsgüter vorgenommen werden kann. ²§ 51 Abs. 1 Nr. 2 Buchstabe s des Einkommensteuergesetzes gilt entsprechend;

d) nach denen Versicherungsvereine auf Gegenseitigkeit von geringerer wirtschaftlicher Bedeutung, die eine Schwankungsrückstellung nach § 20 Abs. 1 nicht gebildet haben, zum Ausgleich des schwankenden Jahresbedarfs zu Lasten des steuerlichen Gewinns Beträge der nach § 193[1] des Versicherungsaufsichtsgesetzes zu bildenden Verlustrücklage zuführen können.

e)[2] *(aufgehoben)*

(2) Das Bundesministerium der Finanzen wird ermächtigt,

1. im Einvernehmen mit den obersten Finanzbehörden der Länder Muster der in den §§ 27 und 37 vorgeschriebenen Bescheinigungen zu bestimmen;
2. den Wortlaut dieses Gesetzes und der zu diesem Gesetz erlassenen Durchführungsverordnungen in der jeweils geltenden Fassung mit neuem Datum, unter neuer Überschrift und in neuer Paragrafenfolge bekannt zu machen und dabei Unstimmigkeiten des Wortlauts zu beseitigen.

§ 34[3] Schlussvorschriften. (1)[4] Diese Fassung des Gesetzes gilt, soweit in den folgenden Absätzen nichts anderes bestimmt ist, erstmals für den Veranlagungszeitraum 2022.

(1a)[5] § 1a in der Fassung des Artikels 1 des Gesetztes vom 25. Juni 2021 (BGBl. I S. 2050) ist erstmals für den Veranlagungszeitraum 2021 anzuwenden mit der Maßgabe, dass der Antrag erstmals für nach dem 31. Dezember 2021 beginnende Wirtschaftsjahre gestellt werden kann.

(2)[6] ¹Genossenschaften sowie Vereine können bis zum 31. Dezember 1991, in den Fällen des § 54 Absatz 4 in der Fassung des Artikels 9 des Gesetzes vom 18. Dezember 1989 (BGBl. I S. 2212) bis zum 31. Dezember 1992 oder, wenn es sich um Genossenschaften oder Vereine in dem in Artikel 3 des Einigungsvertrages genannten Gebiet handelt, bis zum 31. Dezember 1993 durch schriftliche Erklärung auf die Steuerbefreiung nach § 5 Absatz 1 Nummer 10 und 14 des Körperschaftsteuergesetzes in der Fassung des Artikels 4 des Gesetzes vom 14. Juli 2000 (BGBl. I S. 1034) verzichten, und zwar auch für den Veranlagungszeitraum 1990. ²Die Körperschaft ist mindestens für fünf aufeinanderfolgende Kalenderjahre an die Erklärung gebunden. ³Die Erklärung kann nur mit Wirkung vom Beginn eines Kalenderjahrs an widerrufen werden. ⁴Der Wider-

---

[1] Verweis geänd. durch G v. 1.4.2015 (BGBl. I S. 434); zur Anwendung siehe § 34 Abs. 10a.

[2] § 33 Abs. 1 Nr. 2 Buchst. e aufgeh. durch G v. 25.6.2021 (BGBl. I S. 2056).

[3] § 34 neu gef. durch G v. 25.7.2014 (BGBl. I S. 1266).

[4] § 34 Abs. 1 geänd. durch G v. 2.11.2015 (BGBl. I S. 1834); geänd. durch G v. 27.6.2017 (BGBl. I S. 2074); geänd. durch G v. 12.12.2019 (BGBl. I S. 2451); geänd. durch G v. 25.6.2021 (BGBl. I S. 2050).

[5] § 34 Abs. 1a eingef. durch G v. 25.6.2021 (BGBl. I S. 2050).

[6] § 34 Abs. 2 Satz 1 geänd. durch G v. 12.12.2019 (BGBl. I S. 2451).

ruf ist spätestens bis zur Unanfechtbarkeit der Steuerfestsetzung des Kalenderjahrs zu erklären, für das er gelten soll.

(2a)[1] § 5 Absatz 1 Nummer 1 in der Fassung des Artikels 6 des Gesetzes vom 12. Dezember 2019 (BGBl. I S. 2451) ist erstmals für den Veranlagungszeitraum 2019 anzuwenden.

(3)[2] [1]§ 5 Absatz 1 Nummer 2 ist für die Hamburgische Investitions- und Förderbank erstmals für den Veranlagungszeitraum 2013 anzuwenden. [2]Die Steuerbefreiung nach § 5 Absatz 1 Nummer 2 in der bis zum 30. Juli 2014[3] geltenden Fassung ist für die Hamburgische Wohnungsbaukreditanstalt letztmals für den Veranlagungszeitraum 2013 anzuwenden. [3]§ 5 Absatz 1 Nummer 16 Satz 1 und 2 in der am 1. Januar 2016 geltenden Fassung ist erstmals für den Veranlagungszeitraum 2015 anzuwenden. [4]§ 5 Absatz 1 Nummer 24 in der am 31. Dezember 2014 geltenden Fassung ist erstmals für den Veranlagungszeitraum 2014 anzuwenden.

(3a)[4] § 5 Absatz 1 Nummer 3 Buchstabe d, Nummer 4 und 16 Satz 3 in der am 1. Januar 2016 geltenden Fassung ist erstmals für den Veranlagungszeitraum 2016 anzuwenden.

(3b)[5] § 5 Absatz 1 Nummer 10 in der Fassung des Artikels 2 des Gesetzes vom 4. August 2019 (BGBl. I S. 1122) ist erstmals für den Veranlagungszeitraum 2019 anzuwenden.

(3c)[6] § 8 Absatz 1 in der Fassung des Artikels 3 des Gesetztes vom 25. Juni 2021 (BGBl. I S. 2056) ist auch für Veranlagungszeiträume vor 2021 anzuwenden.

(3d)[7] § 8 Absatz 8 Satz 6, § 8 Absatz 9 Satz 9, § 8c Absatz 2, § 8d Absatz 1 Satz 9, § 15 Satz 1 Nummer 1 Satz 2 und 3 und § 15 Satz 1 Nummer 1a in der Fassung des Artikels 3 des Gesetzes vom 27. Juni 2017 (BGBl. I S. 2074) sind auch für Veranlagungszeiträume vor 2017 anzuwenden, wenn der Steuerpflichtige einen Antrag nach § 52 Absatz 4a Satz 3 des Einkommensteuergesetzes in der Fassung des Artikels 2 des Gesetzes vom 11. Dezember 2018 (BGBl. I S. 2338) stellt.

(4) § 8a Absatz 2 und 3 ist nicht anzuwenden, wenn die Rückgriffsmöglichkeit des Dritten allein auf der Gewährträgerhaftung einer Gebietskörperschaft oder einer anderen Einrichtung des öffentlichen Rechts gegenüber den Gläubigern eines Kreditinstituts für Verbindlichkeiten beruht, die bis zum 18. Juli 2001 vereinbart waren; Gleiches gilt für bis zum 18. Juli 2005 vereinbarte Verbindlichkeiten, wenn deren Laufzeit nicht über den 31. Dezember 2015 hinausgeht.

---

[1] § 34 Abs. 2a eingef. durch G v. 12.12.2019 (BGBl. I S. 2451).

[2] § 34 Abs. 3 Satz 3 angef. durch G v. 22.12.2014 (BGBl. I S. 2417); Satz 3 eingef., bish. Satz 3 wird Satz 4 durch G v. 2.11.2015 (BGBl. I S. 1834).

[3] Datum des Tags der Verkündung des G v. 25.7.2014 (BGBl. I S. 1266).

[4] § 34 Abs. 3a eingef. durch G v. 1.4.2015 (BGBl. I S. 434).

[5] § 34 Abs. 3b eingef. durch G v. 4.8.2019 (BGBl. I S. 1122).

[6] § 34 Abs. 3c eingef. durch G v. 25.6.2021 (BGBl. I S. 2056).

[7] § 34 Abs. 3b eingef. durch G v. 11.12.2018 (BGBl. I S. 2338); wird Abs. 3c durch G v. 4.8.2019 (BGBl. I S. 1122); wird Abs. 3d durch G v. 25.6.2021 (BGBl. I S. 2056).

(5)[1] [1] § 8b Absatz 1 Satz 3 in der Fassung des Artikels 2 des Gesetzes vom 25. Juni 2021 (BGBl. I S. 2035) ist erstmals für Bezüge anzuwenden, die nach dem 31. Dezember 2019 zufließen. [2] § 8b Absatz 3 Satz 6 in der Fassung des Artikels 1 des Gesetzes vom 25. Juni 2021 (BGBl. I S. 2050) ist erstmals für Gewinnminderungen im Sinne des § 8b Absatz 3 Satz 4 und 5 anzuwenden, die nach dem 31. Dezember 2021 eintreten.[3] § 8b Absatz 4 in der am 12. Dezember 2006 geltenden Fassung ist für Anteile weiter anzuwenden, die einbringungsgeboren im Sinne des § 21 des Umwandlungssteuergesetzes in der am 12. Dezember 2006 geltenden Fassung sind, und für Anteile im Sinne des § 8b Absatz 4 Satz 1 Nummer 2, die auf einer Übertragung bis zum 12. Dezember 2006 beruhen. [4] § 8b Absatz 4 Satz 8 in der Fassung des Artikels 5 des Gesetzes vom 12. Dezember 2019 (BGBl. I S. 2451) ist erstmals für den Veranlagungszeitraum 2018 anzuwenden. [5] § 8b Absatz 7 Satz 1 in der am 1. Januar 2017 geltenden Fassung ist erstmals für den Veranlagungszeitraum 2017 anzuwenden; § 8b Absatz 7 Satz 2 in der am 1. Januar 2017 geltenden Fassung ist anzuwenden auf Anteile, die nach dem 31. Dezember 2016 dem Betriebsvermögen zugehen.

(6)[2] [1] § 8c Absatz 1 Satz 1 bis 3 in der Fassung des Artikels 6 des Gesetzes vom 11. Dezember 2018 (BGBl. I S. 2338) findet erstmals für den Veranlagungszeitraum 2008 und auf Anteilsübertragungen nach dem 31. Dezember 2007 Anwendung. [2] § 8c Absatz 1 Satz 4 bis 8 in der Fassung des Artikels 6 des Gesetzes vom 11. Dezember 2018 (BGBl. I S. 2338) ist erstmals auf schädliche Beteiligungserwerbe nach dem 31. Dezember 2009 anzuwenden. [3] § 8c Absatz 1a in der Fassung des Artikels 6 des Gesetzes vom 12. Dezember 2019 (BGBl. I S. 2451) ist erstmals für den Veranlagungszeitraum 2008 und auf Anteilsübertragungen nach dem 31. Dezember 2007 anzuwenden. [4] Erfüllt ein nach dem 31. Dezember 2007 erfolgter Beteiligungserwerb die Voraussetzungen des § 8c Absatz 1a, bleibt er bei der Anwendung des § 8c Absatz 1 Satz 1 unberücksichtigt.

(6a)[3] [1] § 8d ist erstmals auf schädliche Beteiligungserwerbe im Sinne des § 8c anzuwenden, die nach dem 31. Dezember 2015 erfolgen, wenn der Geschäftsbetrieb der Körperschaft vor dem 1. Januar 2016 weder eingestellt noch ruhend gestellt war. [2] § 8d Absatz 1 Satz 2 Nummer 1 ist auf Einstellungen oder Ruhendstellungen anzuwenden, die nach dem 31. Dezember 2015 erfolgen.

(6b)[4] § 9 Absatz 1 Satz 8 in der Fassung des Artikels 6 des Gesetzes vom 12. Dezember 2019 (BGBl. I S. 2451) ist erstmals auf Mitgliedsbeiträge anzuwenden, die nach dem 31. Dezember 2019 gezahlt werden.

(6c)[4] § 10 Nummer 3 in der Fassung des Artikels 6 des Gesetzes vom 12. Dezember 2019 (BGBl. I S. 2451) ist erstmals anzuwenden auf nach dem

---

[1] § 34 Abs. 5 Satz 2 angef., bish. Text wird Satz 1 durch G v. 20.12.2016 (BGBl. I S. 3000); Satz 2 eingef., bish. Satz 2 wird Satz 3 durch G v. 12.12.2019 (BGBl. I S. 2451); Satz 1 eingef., bish. Sätze 1 bis 3 werden Sätze 2 bis 4 durch G v. 25.6.2021 (BGBl. I S. 2035; Satz 2 eingef., Sätze 2 bis 4 werden Sätze 3 bis 5 durch G v. 25.6.2021 (BGBl. I S. 2050).

[2] § 34 Abs. 6 neu gef. durch G v. 11.12.2018 (BGBl. I S. 2338); Satz 3 neu gef. durch G v. 12.12.2019 (BGBl. I S. 2451).

[3] § 34 Abs. 6a eingef. durch G v. 20.12.2016 (BGBl. I S. 2998).

[4] § 34 Abs. 6b und 6c eingef. durch G v. 12.12.2019 (BGBl. I S. 2451).

31. Dezember 2018 festgesetzte Geldstrafen, sonstige Rechtsfolgen vermögensrechtlicher Art, bei denen der Strafcharakter überwiegt, und Leistungen zur Erfüllung von Auflagen oder Weisungen, soweit die Auflagen oder Weisungen nicht lediglich der Wiedergutmachung des durch die Tat verursachten Schadens dienen, sowie auf nach dem 31. Dezember 2018 entstandene damit zusammenhängende Aufwendungen.

(6d)[1)] [1]§ 12 Absatz 1 und 1a in der Fassung des Artikels 2 des Gesetzes vom 25. Juni 2021 (BGBl. I S. 2035) ist erstmals für den nach dem 31. Dezember 2019 endende Wirtschaftsjahre anzuwenden. [2]§ 12 Absatz 2 in der am 31. Dezember 2021 geltenden Fassung ist letztmals auf Verschmelzungen anwendbar, deren steuerlicher Übertragungsstichtag vor dem 1. Januar 2022 liegt. [3]§ 12 Absatz 4 in der am 30. Juni 2021 geltenden Fassung ist letztmals für den Veranlagungszeitraum 2020 anzuwenden.

(6e)[2)] [1]§ 14 Absatz 2 in der Fassung des Artikels 6 des Gesetzes vom 11. Dezember 2018 (BGBl. I S. 2338) ist auch für Veranlagungszeiträume vor 2017 anzuwenden. [2]Ist im Einzelfall eine vor dem 1. August 2018 bestehende Organschaft unter Berücksichtigung von Ausgleichszahlungen nach anderen Grundsätzen als denen des § 14 Absatz 2 in der Fassung des Artikels 6 des Gesetzes vom 11. Dezember 2018 (BGBl. I S. 2338) anerkannt worden, so sind diese Grundsätze insoweit letztmals für den Veranlagungszeitraum 2021 maßgebend. [3]Wird ein Gewinnabführungsvertrag im Sinne des Satzes 2 vorzeitig nach dem 1. August 2018 durch Kündigung beendet, gilt die Kündigung als durch einen wichtigen Grund im Sinne des § 14 Absatz 1 Satz 1 Nummer 3 Satz 2 gerechtfertigt. [4]Wird ein Gewinnabführungsvertrag im Sinne des Satzes 2 an die Anforderungen des § 14 Absatz 2 in der Fassung des Artikels 6 des Gesetzes vom 11. Dezember 2018 (BGBl. I S. 2338) angepasst, gilt diese Anpassung für die Anwendung des § 14 Absatz 1 Satz 1 Nummer 3 nicht als Neuabschluss. [5]§ 14 Absatz 4 sowie § 27 Absatz 1 Satz 3 und Absatz 6 in der Fassung des Artikels 1 des Gesetzes vom 25. Juni 2021 (BGBl. I S. 2050) sind erstmals auf Minder- und Mehrabführungen anzuwenden, die nach dem 31. Dezember 2021 erfolgen. [6]Hinsichtlich des Zeitpunkts der Minder- und Mehrabführungen ist dabei auf das Ende des Wirtschaftsjahres der Organgesellschaft abzustellen. [7]Beim Organträger sind noch bestehende Ausgleichsposten für organschaftliche Minder- und Mehrabführungen, die nach Maßgabe des § 14 Absatz 4 in der am 31. Dezember 2021 geltenden Fassung in der Steuerbilanz gebildet wurden, in dem Wirtschaftsjahr aufzulösen, das nach dem 31. Dezember 2021 endet. [8]Aktive Ausgleichsposten erhöhen, passive Ausgleichsposten mindern dabei den Buchwert der Beteiligung des Organträgers an der Organgesellschaft in der Steuerbilanz. [9]Soweit ein passiver Ausgleichsposten die Summe aus dem aktiven Ausgleichsposten und dem Buchwert der Beteiligung des Organträgers an der Organgesellschaft in

---

[1)] § 34 Abs. 6d eingef. durch G v. 25.6.2021 (BGBl. I S. 2035); Satz 2 angef., bish. Wortlaut wird Satz 1 durch G v. 25.6.2021 (BGBl. I S. 2050); Satz 3 angef. durch G v. 25.6.2021 (BGBl. I S. 2056).

[2)] *§ 34 Abs. 6b* eingef. durch G v. 11.12.2018 (BGBl. I S. 2338); wird Abs. 6d durch G v. 12.12.2019 (BGBl. I S. 2451); wird Abs. 6e durch G v. 25.6.2021 (BGBl. I S. 2035); Sätze 5 bis 16 angef. durch G v. 25.6.2021 (BGBl. I S. 2050).

der Steuerbilanz übersteigt, liegt ein Ertrag aus der Beteiligung an der Organgesellschaft vor. [10]§ 3 Nummer 40 Buchstabe c und § 3c Absatz 2 des Einkommensteuergesetzes sowie § 8b Absatz 2, 3, 7 und 8 dieses Gesetzes sind auf diesen Beteiligungsertrag anzuwenden. [11]Bis zur Höhe des Betrages nach Satz 9 kann durch den Steuerpflichtigen eine den steuerlichen Gewinn mindernde Rücklage gebildet werden. [12]Soweit diese Rücklage gebildet wird, sind § 3 Nummer 40 Buchstabe c und § 3c Absatz 2 des Einkommensteuergesetzes sowie § 8b Absatz 2, 3, 7 und 8 dieses Gesetzes auf den Ertrag nach Satz 9 nicht anzuwenden. [13]Die Rücklage nach Satz 11 ist grundsätzlich im Wirtschaftsjahr der Bildung und in den neun folgenden Wirtschaftsjahren zu jeweils einem Zehntel gewinnerhöhend aufzulösen. [14]Die Rücklage ist in vollem Umfang gewinnerhöhend aufzulösen, wenn die Beteiligung des Organträgers an der Organgesellschaft veräußert wird. [15]Der Veräußerung gleichgestellt sind insbesondere die Umwandlung der Organgesellschaft auf eine Personengesellschaft oder eine natürliche Person, die verdeckte Einlage der Beteiligung an der Organgesellschaft und die Auflösung der Organgesellschaft. [16]§ 3 Nummer 40 Buchstabe c und § 3c Absatz 2 des Einkommensteuergesetzes sowie § 8b Absatz 2, 3, 7 und 8 dieses Gesetzes sind bei der Auflösung der Rücklage anzuwenden.

(6f)[1)] § 15 in der Fassung des Artikels 6 des Gesetzes vom 11. Dezember 2018 (BGBl. I S. 2338) ist erstmals für den Veranlagungszeitraum 2018 anzuwenden.

(6g)[2)] § 15 Satz 1 Nummer 2 Satz 1 und 2 in der Fassung Artikels 6 des Gesetzes vom 12. Dezember 2019 (BGBl. I S. 2451) ist erstmals auf Umwandlungen anzuwenden, bei denen die Anmeldung zur Eintragung in das für die Wirksamkeit des jeweiligen Vorgangs maßgebende öffentliche Register nach dem 12. Dezember 2019 erfolgt ist.

(7) § 19 in der am 31. Juli 2014[3)] geltenden Fassung ist erstmals für den Veranlagungszeitraum 2012 anzuwenden.

(7a)[4)] [1]§ 20 Absatz 1 in der am 1. Januar 2016 geltenden Fassung ist auch für Veranlagungszeiträume vor 2016 anzuwenden. [2]§ 20 Absatz 2 in der am

(Fortsetzung nächstes Blatt)

[1)] § 34 Abs. 6c eingef. durch G v. 11.12.2018 (BGBl. I S. 2338); wird Abs. 6e durch G v. 12.12.2019 (BGBl. I S. 2451); wird Abs. 6f durch G v. 25.6.2021 (BGBl. I S. 2035).

[2)] § 34 Abs. 6f eingef. durch G v. 12.12.2019 (BGBl. I S. 2451); wird Abs. 6g durch G v. 25.6.2021 (BGBl. I S. 2035).

[3)] Datum des Tags nach der Verkündung des G v. 25.7.2014 (BGBl. I S. 1266).

[4)] § 34 Abs. 7a eingef. durch G v. 1.4.2015 (BGBl. I S. 434); Satz 1 eingef., bish. Wortlaut wird Satz 2 durch G v. 2.11.2015 (BGBl. I S. 1834).

120. Investmentsteuergesetz 2018 (InvStG 2018)

Vom 19. Juli 2016 (BGBl. I S. 1730; ber. BGBl. I S. 3000, 3014)

Geändert durch Gesetz zur Bekämpfung der Steuerumgehung und zur Änderung weiterer steuerlicher Vorschriften (Steuerumgehungsbekämpfungsgesetz – StUmgBG) vom 23.6.2017 (BGBl. I S. 1682), Gesetz zur Vermeidung von Umsatzsteuerausfällen beim Handel mit Waren im Internet und zur Änderung weiterer steuerlicher Vorschriften vom 11.12.2018 (BGBl. I S. 2338), Gesetz zur weiteren steuerlichen Förderung der Elektromobilität und zur Änderung weiterer steuerlicher Vorschriften vom 12.12.2019 (BGBl. I S. 2451), Jahressteuergesetz 2020 (JStG 2020) vom 21.12.2020 (BGBl. I S. 3096), Gesetz zur Modernisierung der Entlastung von Abzugsteuern und der Bescheinigung der Kapitalertragsteuer (Abzugsteuerentlastungsmodernisierungsgesetz – AbzStEntModG) vom 2.6.2021 (BGBl. I S. 1259), Fondsstandortgesetz vom 3.6.2021 (BGBl. I S. 1498), Gesetz zur Umsetzung der Anti-Steuervermeidungsrichtlinie (ATAD-Umsetzungsgesetz – ATADUmsG) vom 25.6.2021 (BGBl. I S. 2035) und Gesetz zur Modernisierung des Körperschaftsteuerrechts vom 25.6.2021 (BGBl. I S. 2050)

BGBl. III/FNA 610-6-18

Inhaltsübersicht

Kapitel 1. Allgemeine Regelungen

Kapitel 2. Investmentfonds

Abschnitt 1. Besteuerung des Investmentfonds

Abschnitt 2. Besteuerung des Anlegers eines Investmentfonds

Abschnitt 3. Verschmelzung von Investmentfonds

Abschnitt 4. Verhältnis zu den Besteuerungsregelungen für Spezial-Investmentfonds §§

Kapitel 3. Spezial-Investmentfonds

Abschnitt 1. Voraussetzungen und Besteuerung eines Spezial-Investmentfonds

Abschnitt 2. Besteuerung des Anlegers eines Spezial-Investmentfonds

Abschnitt 3. Wegfall der Voraussetzungen eines Spezial-Investmentfonds

Kapitel 4. Altersvorsorgevermögenfonds

Kapitel 5. Verschmelzung von Spezial-Investmentfonds und von Altersvorsorgevermögenfonds

Kapitel 6. Bußgeldvorschriften, Anwendungs- und Übergangsvorschriften

Kapitel 1. Allgemeine Regelungen

§ 1 Anwendungsbereich. (1) Dieses Gesetz ist anzuwenden auf Investmentfonds und deren Anleger.

(2)[1] [1]Investmentfonds sind Investmentvermögen nach § 1 Absatz 1 des Kapitalanlagegesetzbuchs. [*ab 1.1.2021:* [2]Für Zwecke dieses Gesetzes besteht keine Bindungswirkung an die aufsichtsrechtliche Entscheidung nach § 5 Absatz 3 des Kapitalanlagegesetzbuches.] [3]Als Investmentfonds im Sinne dieses Gesetzes gelten auch

1. Organismen für gemeinsame Anlagen, bei denen die Zahl der möglichen Anleger auf einen Anleger begrenzt ist, wenn die übrigen Voraussetzungen des § 1 Absatz 1 des Kapitalanlagegesetzbuchs erfüllt sind,
2. Kapitalgesellschaften, denen nach dem Recht des Staates, in dem sie ihren Sitz oder ihre Geschäftsleitung haben, eine operative unternehmerische Tätigkeit untersagt ist und die keiner Ertragsbesteuerung unterliegen oder die von der Ertragsbesteuerung befreit sind, und
3. von AIF-Kapitalverwaltungsgesellschaften verwaltete Investmentvermögen nach § 2 Absatz 3 des Kapitalanlagegesetzbuchs.

(3)[2] [1]Keine Investmentfonds im Sinne dieses Gesetzes sind

1. Gesellschaften, Einrichtungen und Organisationen nach § 2 Absatz 1 und 2 des Kapitalanlagegesetzbuchs,
2. Investmentvermögen in der Rechtsform einer Personengesellschaft oder einer vergleichbaren ausländischen Rechtsform, es sei denn, es handelt sich um Organismen für gemeinsame Anlagen in Wertpapieren nach § 1 Absatz 2 des Kapitalanlagegesetzbuchs oder um Altersvorsorgevermögenfonds nach § 53,
3. Unternehmensbeteiligungsgesellschaften nach § 1a Absatz 1 des Gesetzes über Unternehmensbeteiligungsgesellschaften,
4. Kapitalbeteiligungsgesellschaften, die im öffentlichen Interesse mit Eigenmitteln oder mit staatlicher Hilfe Beteiligungen erwerben, und
5. REIT-Aktiengesellschaften nach § 1 Absatz 1 des REIT-Gesetzes und andere REIT-Körperschaften, -Personenvereinigungen oder -Vermögensmassen nach § 19 Absatz 5 des REIT-Gesetzes.

[2]Sondervermögen und vergleichbare ausländische Rechtsformen gelten nicht als Personengesellschaft im Sinne des Satzes 1 Nummer 2. [*ab 1.1.2022:* [3]Investmentvermögen in der Rechtsform einer Personengesellschaft sind auch

[1] § 1 Abs. 2 Satz 2 eingef., bish. Satz 2 wird Satz 3 durch G v. 21.12.2020 (BGBl. I S. 3096); zur Anwendung siehe § 57 Abs. 2 Nr. 1.

[2] § 1 Abs. 3 Satz 3 eingef. durch G v. 25.6.2021 (BGBl. I S. 2050); zur Anwendung siehe § 57 Abs. 6 Nr. 1.

dann keine Investmentfonds, wenn sie nach § 1a des Körperschaftsteuergesetzes zur Körperschaftsbesteuerung optiert haben.]

(4) Haftungs- und vermögensrechtlich voneinander getrennte Teile eines Investmentfonds gelten für die Zwecke dieses Gesetzes als eigenständige Investmentfonds.

§ 2 Begriffsbestimmungen. (1) Die Begriffsbestimmungen des Kapitalanlagegesetzbuchs gelten entsprechend, soweit sich keine abweichenden Begriffsbestimmungen aus diesem Gesetz ergeben.

(2) Ein inländischer Investmentfonds ist ein Investmentfonds, der dem inländischen Recht unterliegt.

(3) Ein ausländischer Investmentfonds ist ein Investmentfonds, der ausländischem Recht unterliegt.

(4) [1] Investmentanteil ist der Anteil an einem Investmentfonds, unabhängig von der rechtlichen Ausgestaltung des Anteils oder des Investmentfonds. [2] Spezial-Investmentanteil ist der Anteil an einem Spezial-Investmentfonds, unabhängig von der rechtlichen Ausgestaltung des Anteils oder des Spezial-Investmentfonds.

(5) [1] Ein Dach-Investmentfonds ist ein Investmentfonds, der Investmentanteile an einem anderen Investmentfonds (Ziel-Investmentfonds) hält. [2] Ein Dach-Spezial-Investmentfonds ist ein Spezial-Investmentfonds, der Spezial-Investmentanteile an einem anderen Spezial-Investmentfonds (Ziel-Spezial-Investmentfonds) hält.

[Fassung bis 10.8.2018:]

(6) Aktienfonds sind Investmentfonds, die gemäß den Anlagebedingungen fortlaufend mindestens 51 Prozent ihres Wertes in Kapitalbeteiligungen anlegen.

[Fassung ab 11.8.2018:][1)]

(6) [1] Aktienfonds sind Investmentfonds, die gemäß den Anlagebedingungen fortlaufend mehr als 50 Prozent ihres Aktivvermögens in Kapitalbeteiligungen anlegen (Aktienfonds-Kapitalbeteiligungsquote). [2] Ein Dach-Investmentfonds ist auch dann ein Aktienfonds, wenn der Dach-Investmentfonds nach seinen Anlagebedingungen verpflichtet ist, derart in Ziel-Investmentfonds zu investieren, dass fortlaufend die Aktienfonds-Kapitalbeteiligungsquote erreicht wird und die Anlagebedingungen vorsehen, dass der Dach-Investmentfonds für die Einhaltung der Aktienfonds-Kapitalbeteiligungsquote auf die bewertungstäglich von den Ziel-Investmentfonds veröffentlichten tatsäch-

[1)] § 2 Abs. 6 neu gef. durch G v. 11.12.2018 (BGBl. I S. 2338); zur Anwendung siehe § 56 Abs. 1 Satz 5 und Abs. 1a.

[Fassung bis 10.8.2018:]

(7) Mischfonds sind Investmentfonds, die gemäß den Anlagebedingungen fortlaufend mindestens 25 Prozent ihres Wertes in Kapitalbeteiligungen anlegen.

[Fassung ab 11.8.2018:]

lichen Kapitalbeteiligungsquoten abstellt. [3] Satz 2 ist nur auf Ziel-Investmentfonds anzuwenden, die mindestens einmal pro Woche eine Bewertung vornehmen. [4] In dem Zeitpunkt, in dem der Investmentfonds wesentlich gegen die Anlagebedingungen verstößt und dabei die Aktienfonds-Kapitalbeteiligungsquote unterschreitet, endet die Eigenschaft als Aktienfonds.

(7) [1] Mischfonds sind Investmentfonds, die gemäß den Anlagebedingungen fortlaufend mindestens 25 Prozent ihres Aktivvermögens in Kapitalbeteiligungen anlegen (Mischfonds-Kapitalbeteiligungsquote) [2] Ein Dach-Investmentfonds ist auch dann ein Mischfonds, wenn der Dach-Investmentfonds nach seinen Anlagebedingungen verpflichtet ist, derart in Ziel-Investmentfonds zu investieren, dass fortlaufend die Mischfonds-Kapitalbeteiligungsquote erreicht wird und die Anlagebedingungen vorsehen, dass der Dach-Investmentfonds für deren Einhaltung auf die bewertungstäglich von den Ziel-Investmentfonds veröffentlichten tatsächlichen Kapitalbeteiligungsquoten abstellt. [3] Satz 2 ist nur auf Ziel-Investmentfonds anzuwenden, die mindestens einmal pro Woche eine Bewertung vornehmen. [4] Absatz 6 Satz 4 ist entsprechend anzuwenden.

(8) [1] Kapitalbeteiligungen sind

1. zum amtlichen Handel an einer Börse zugelassene oder auf einem organisierten Markt notierte Anteile an einer Kapitalgesellschaft,
2. Anteile an einer Kapitalgesellschaft, die keine Immobilien-Gesellschaft ist und die
   a) in einem Mitgliedstaat der Europäischen Union oder in einem anderen Vertragsstaat des Abkommens über den Europäischen Wirtschaftsraum ansässig ist und dort der Ertragsbesteuerung für Kapitalgesellschaften unterliegt und nicht von ihr befreit ist, oder

b) in einem Drittstaat ansässig ist und dort einer Ertragsbesteuerung für Kapitalgesellschaften in Höhe von mindestens 15 Prozent unterliegt und nicht von ihr befreit ist,

3. Investmentanteile an Aktienfonds in Höhe von 51 Prozent des Wertes des Investmentanteils oder
4. Investmentanteile an Mischfonds in Höhe von 25 Prozent des Wertes des Investmentanteils.

[Fassung bis 10.8.2018:]

[2] Mit Ausnahme der Fälle des Satzes 1 Nummer 3 oder 4 gelten Investmentanteile nicht als Kapitalbeteiligungen.

[Fassung ab 11.8.2018:]

[2] Sieht ein Aktienfonds in seinen Anlagebedingungen einen höheren Prozentsatz als 51 Prozent seines Aktivvermögens für die fortlaufende Mindestanlage in Kapitalbeteiligungen vor, gilt abweichend von Satz 1 Nummer 3 der Investmentanteil im Umfang dieses höheren Prozentsatzes als Kapitalbeteiligung. [3] Sieht ein Mischfonds in seinen Anlagebedingungen einen höheren Prozentsatz als 25 Prozent seines Aktivvermögens für die fortlaufende Mindestanlage in Kapitalbeteiligungen vor, gilt abweichend von Satz 1 Nummer 4 der Investmentanteil im Umfang dieses höheren Prozentsatzes als Kapitalbeteiligung. [4] Im Übrigen gelten Investmentanteile nicht als Kapitalbeteiligungen.

[***ab 1.1.2020:*** [5] Auch nicht als Kapitalbeteiligungen gelten

1. [1)] Anteile an Personengesellschaften, auch wenn die Personengesellschaften Anteile an Kapitalgesellschaften halten [***ab 1.1.2022:*** oder wenn die Personengesellschaften nach § 1a des Körperschaftsteuergesetzes zur Körperschaftsbesteuerung optiert haben],
2. Anteile an Kapitalgesellschaften, die nach Absatz 9 Satz 6 als Immobilien gelten,
3. Anteile an Kapitalgesellschaften, die von der Ertragsbesteuerung

---

[1)] § 2 Abs. 8 Satz 5 Nr. 1 geänd. mWv 1.1.2022 durch G v. 25.6.2021 (BGBl. I S. 2050).

befreit sind, soweit sie Ausschüttungen vornehmen, es sei denn, die Ausschüttungen unterliegen einer Besteuerung von mindestens 15 Prozent und der Investmentfonds ist nicht davon befreit und

4. Anteile an Kapitalgesellschaften,

   a) deren Einnahmen unmittelbar oder mittelbar zu mehr als 10 Prozent aus Beteiligungen an Kapitalgesellschaften stammen, die nicht die Voraussetzungen des Satzes 1 Nummer 2 erfüllen oder

(Fortsetzung nächstes Blatt)

(14) Der Gewinnbegriff umfasst auch Verluste aus einem Rechtsgeschäft.

(15) Ein Amts- und Beitreibungshilfe leistender ausländischer Staat ist ein Mitgliedstaat der Europäischen Union oder ein Drittstaat, der

1. der Bundesrepublik Deutschland Amtshilfe gemäß der Amtshilferichtlinie im Sinne des § 2 Absatz 2 des EU-Amtshilfegesetzes oder gemäß vergleichbaren völkerrechtlichen Vereinbarungen leistet und
2. die Bundesrepublik Deutschland bei der Beitreibung von Forderungen gemäß der Beitreibungsrichtlinie im Sinne des § 2 Absatz 2 des EU-Beitreibungsgesetzes oder gemäß vergleichbaren völkerrechtlichen Vereinbarungen unterstützt.

[*ab 1.1.2022:*

(16)[1] Anteile an Personengesellschaften, die nach § 1a des Körperschaftsteuergesetzes zur Körperschaftsbesteuerung optiert haben, gelten für die Zwecke der §§ 26, 28 und 48 nicht als Beteiligung an einer Kapitalgesellschaft, sondern es sind weiterhin die für Personengesellschaften geltenden Regelungen anzuwenden.]

§ 3 Gesetzlicher Vertreter. (1) [1]Die Rechte und Pflichten eines Investmentfonds nach diesem Gesetz sind von dem gesetzlichen Vertreter des Investmentfonds wahrzunehmen oder zu erfüllen. [2]Die Rechte und Pflichten gegenüber einem Investmentfonds nach diesem Gesetz sind gegenüber dem gesetzlichen Vertreter des Investmentfonds wahrzunehmen oder zu erfüllen.

(2) [1]Als gesetzlicher Vertreter von inländischen Investmentfonds gilt für die Zwecke dieses Gesetzes die Kapitalverwaltungsgesellschaft oder die inländische Betriebsstätte oder Zweigniederlassung einer ausländischen Verwaltungsgesellschaft. [2]Wird der inländische Investmentfonds von einer ausländischen Verwaltungsgesellschaft verwaltet, die über keine inländische Betriebsstätte oder Zweigniederlassung verfügt, so gilt die inländische Verwahrstelle als gesetzlicher Vertreter.

(3) Während der Abwicklung eines inländischen Investmentfonds ist die inländische Verwahrstelle oder der an ihrer Stelle bestellte Liquidator gesetzlicher Vertreter des Investmentfonds.

(4) Die Verwaltungsgesellschaft eines ausländischen Investmentfonds gilt als gesetzlicher Vertreter, sofern kein davon abweichender gesetzlicher Vertreter nachgewiesen wird.

§ 4 Zuständige Finanzbehörden, Verordnungsermächtigung. (1) Für die Besteuerung von Investmentfonds ist das Finanzamt örtlich zuständig, in dessen Bezirk sich die Geschäftsleitung des gesetzlichen Vertreters nach § 3 befindet.

(2) Befindet sich die Geschäftsleitung des gesetzlichen Vertreters außerhalb des Geltungsbereichs dieses Gesetzes, so ist für die Besteuerung des Investmentfonds zuständig

---

[1] § 2 Abs. 16 angef. durch G v. 25.6.2021 (BGBl. I S. 2050); zur Anwendung siehe § 57 Abs. 6 Nr. 2.

1. das Finanzamt, in dessen Bezirk sich das Vermögen des Investmentfonds oder, wenn dies für mehrere Finanzämter zutrifft, das Finanzamt, in dessen Bezirk sich der wertvollste Teil des Vermögens befindet, sofern der Investmentfonds Einkünfte nach § 6 Absatz 2 erzielt, die keinem Steuerabzug unterliegen,
2. das Bundeszentralamt für Steuern in allen übrigen Fällen.

(3) Das Bundesministerium der Finanzen kann durch Rechtsverordnung mit Zustimmung des Bundesrates die Zuständigkeit nach Absatz 2 Nummer 2 und nach § 9 Absatz 1 Nummer 2 einer anderen Finanzbehörde oder mehreren anderen Finanzbehörden übertragen.

§ 5 Prüfung der steuerlichen Verhältnisse. (1) Die zuständige Finanzbehörde ist zur Überprüfung der steuerlichen Verhältnisse befugt.

(2) [1]Eine Prüfung nach Absatz 1 ist zulässig bei Investmentfonds zur Ermittlung

1. der steuerlichen Verhältnisse des Investmentfonds,
2. der Voraussetzungen für eine Besteuerung als Spezial-Investmentfonds und
3. der Besteuerungsgrundlagen der Anleger.

[2]Die §§ 194 bis 203 der Abgabenordnung sind entsprechend anzuwenden.

§ 5a Übertragung von Wirtschaftsgütern in einen Investmentfonds. [1]Werden ein oder mehrere Wirtschaftsgüter aus dem Betriebsvermögen eines Anlegers in das Vermögen eines Investmentfonds übertragen, so ist bei der Übertragung der Teilwert anzusetzen. [2]Die Übertragung von einem oder mehreren Wirtschaftsgütern aus dem Privatvermögen eines Anlegers in das Vermögen eines Investmentfonds gilt als Veräußerung zum gemeinen Wert. [3]Die Sätze 1 und 2 sind unabhängig davon anzuwenden, ob bei der Übertragung der Wirtschaftsgüter neue Investmentanteile ausgegeben werden.

Kapitel 2. Investmentfonds

Abschnitt 1. Besteuerung des Investmentfonds

§ 6 Körperschaftsteuerpflicht eines Investmentfonds. (1)[1)] [1]Inländische Investmentfonds gelten als Zweckvermögen nach § 1 Absatz 1 Nummer 5 des Körperschaftsteuergesetzes [***ab 1.1.2020:*** und sind unbeschränkt körperschaftsteuerpflichtig]. [2]Ausländische Investmentfonds gelten als Vermögensmassen nach § 2 Nummer 1 des Körperschaftsteuergesetzes [***ab 1.1.2020:*** und sind beschränkt körperschaftsteuerpflichtig].

[1)] § 6 Abs. 1 Satz 1 und 2 geänd. durch G v. 12.12.2019 (BGBl. I S. 2451); zur Anwendung siehe § 57 Abs. 1 Satz 1 Nr. 2.

[Fassung bis 31.12.2019:]

(2) [1] Investmentfonds unterliegen mit ihren inländischen Beteiligungseinnahmen, inländischen Immobilienerträgen und sonstigen inländischen Einkünften der Körperschaftsteuer. [2] Einkünfte nach Satz 1 sind zugleich inländische Einkünfte nach § 2 Nummer 1 des Körperschaftsteuergesetzes.

[Fassung ab 1.1.2020:]

(2)[1)] [1] Investmentfonds sind vorbehaltlich des Satzes 2 steuerbefreit. [2] Nicht steuerbefreit sind inländische Beteiligungseinnahmen, inländische Immobilienerträge und sonstige inländische Einkünfte. [3] Die nach Satz 2 steuerpflichtigen Einkünfte sind zugleich inländische Einkünfte nach § 2 Nummer 1 des Körperschaftsteuergesetzes.

(3) [1] Inländische Beteiligungseinnahmen sind

1. Einnahmen nach § 43 Absatz 1 Satz 1 Nummer 1 und 1a des Einkommensteuergesetzes und
2. Entgelte, Einnahmen und Bezüge nach § 2 Nummer 2 Buchstabe a bis c des Körperschaftsteuergesetzes.

[2] Die Regelungen zum Steuerabzug nach § 32 Absatz 3 des Körperschaftsteuergesetzes sind entsprechend anzuwenden.

(4) [1] Inländische Immobilienerträge sind

1. Einkünfte aus der Vermietung und Verpachtung von im Inland belegenen Grundstücken oder grundstücksgleichen Rechten und
2. Gewinne aus der Veräußerung von im Inland belegenen Grundstücken oder grundstücksgleichen Rechten.

[2] Zur Ermittlung des Gewinns nach Satz 1 Nummer 2 ist § 23 Absatz 3 Satz 1 bis 4 des Einkommensteuergesetzes entsprechend anzuwenden. [3] Wertveränderungen, die vor dem 1. Januar 2018 eingetreten sind, sind steuerfrei, sofern der Zeitraum zwischen der Anschaffung und der Veräußerung mehr als zehn Jahre beträgt.

(5)[2)] [1] Sonstige inländische Einkünfte sind

1. Einkünfte nach § 49 Absatz 1 des Einkommensteuergesetzes mit Ausnahme der Einkünfte nach § 49 Absatz 1 Nummer 2 Buchstabe e des Einkommensteuergesetzes, soweit sie nicht von den Absätzen 3 oder 4 erfasst werden, und
2. bei inländischen Investmentfonds in der Rechtsform einer Investmentaktiengesellschaft darüber hinaus
   a) Einkünfte, die die Investmentaktiengesellschaft oder eines ihrer Teilgesellschaftsvermögen aus der Verwaltung ihres Vermögens erzielt, und
   b) Einkünfte, die die Investmentaktiengesellschaft oder eines ihrer Teilgesellschaftsvermögen aus der Nutzung ihres Investmentbetriebsvermögens nach § 112 Absatz 2 Satz 1 des Kapitalanlagegesetzbuchs erzielt.

[1)] § 6 Abs. 2 neu gef. durch G v. 12.12.2019 (BGBl. I S. 2451); zur Anwendung siehe § 57 Abs. 1 Satz 1 Nr. 2.

[2)] § 6 Abs. 5 Satz 2 angef. durch G v. 12.12.2019 (BGBl. I S. 2451); zur Anwendung siehe § 57 Abs. 1 Satz 1 Nr. 2.

[*ab 1.1.2020:* 2 Von gewerblichen Einkünften nach § 49 Absatz 1 Nummer 2 des Einkommensteuergesetzes ist nur auszugehen, wenn der Investmentfonds seine Vermögensgegenstände aktiv unternehmerisch bewirtschaftet.]

(6) § 8b des Körperschaftsteuergesetzes ist nicht anzuwenden.

[*ab 1.1.2020:*

(6a)[1] Die Anschaffung oder Veräußerung einer unmittelbaren oder mittelbaren Beteiligung an einer Personengesellschaft gilt als Anschaffung oder Veräußerung der anteiligen Wirtschaftsgüter.]

(7)[2] 1 Die Einkünfte sind als Überschuss der Einnahmen über die Werbungskosten, die in einem wirtschaftlichen Zusammenhang zu den Einnahmen stehen, zu ermitteln. 2 § 4 Absatz 5 bis 7 des Einkommensteuergesetzes gilt bei der Ermittlung der Einkünfte nach Satz 1 entsprechend. 3 Bei Einkünften, die einem Steuerabzug unterliegen, sind der Ansatz der Werbungskosten sowie eine Verrechnung mit negativen Einkünften ausgeschlossen. [*ab 1.1.2020:* 4 Weicht das Geschäftsjahr des Investmentfonds vom Kalenderjahr ab, gelten die Einkünfte des Investmentfonds als in dem Kalenderjahr bezogen, in dem sein Geschäftsjahr endet.]

(8) 1 Nicht ausgeglichene negative Einkünfte sind in den folgenden Veranlagungszeiträumen abzuziehen. 2 § 10d Absatz 4 des Einkommensteuergesetzes ist sinngemäß anzuwenden.

§ 7 Erhebung der Kapitalertragsteuer gegenüber Investmentfonds.

(1) 1 Bei Einkünften nach § 6 Absatz 2, die einem Steuerabzug unterliegen, beträgt die Kapitalertragsteuer 15 Prozent des Kapitalertrags. 2 Es ist keine Erstattung von Kapitalertragsteuer nach § 44a Absatz 9 Satz 1 des Einkommensteuergesetzes vorzunehmen. 3 Wird Solidaritätszuschlag erhoben, so mindert sich die Kapitalertragsteuer in der Höhe, dass die Summe aus der geminderten Kapitalertragsteuer und dem Solidaritätszuschlag 15 Prozent des Kapitalertrags beträgt. 4 Im Übrigen ist gegenüber Investmentfonds keine Kapitalertragsteuer zu erheben.

(2) Soweit Einkünfte nach § 6 Absatz 2 einem Steuerabzug unterliegen, sind die Körperschaftsteuer und der Solidaritätszuschlag durch den Steuerabzug abgegolten.

(3) 1 Absatz 1 ist nur anzuwenden, wenn der nach § 44 des Einkomensteuergesetzes zum Abzug der Kapitalertragsteuer verpflichteten Person (Entrichtungspflichtiger) eine Bescheinigung vorliegt, in der die zuständige Finanzbehörde den Status als Investmentfonds bestätigt hat (Statusbescheinigung). 2 Der Entrichtungspflichtige hat den Tag der Ausstellung der Statusbescheinigung und die darin verwendeten Identifikationsmerkmale aufzuzeichnen.

---

[1] § 6 Abs. 6a eingef. durch G v. 12.12.2019 (BGBl. I S. 2451); zur Anwendung siehe § 57 *Abs. 1 Satz 1* Nr. 2.

[2] § 6 Abs. 7 Satz 4 angef. durch G v. 12.12.2019 (BGBl. I S. 2451); zur Anwendung siehe § 57 Abs. 1 Satz 1 Nr. 2.

(4)[1] [1]Die Erteilung der Statusbescheinigung erfolgt auf Antrag, der nach amtlich vorgeschriebenem Muster zu stellen ist. [2]Die Gültigkeit der Statusbescheinigung darf höchstens drei Jahre betragen. [***ab 1.7.2021:*** [3]In der Statusbescheinigung ist anzugeben, ob der Investmentfonds unbeschränkt oder beschränkt körperschaftsteuerpflichtig ist.] [4]Die Statusbescheinigung kann rückwirkend für einen Zeitraum von sechs Monaten vor der Antragstellung erteilt werden. [5]Die zuständige Finanzbehörde kann die Statusbescheinigung jederzeit zurückfordern. [6]Fordert die zuständige Finanzbehörde die Statusbescheinigung zurück oder erkennt der Investmentfonds, dass die Voraussetzungen für ihre Erteilung weggefallen sind, so ist die Statusbescheinigung unverzüglich zurückzugeben.

(5)[2] [1]Wenn *der* [***ab 1.7.2021:*** ein unbeschränkt körperschaftsteuerpflichtiger] Investmentfonds innerhalb von 18 Monaten nach Zufluss eines Kapitalertrags eine Statusbescheinigung vorlegt, so hat der Entrichtungspflichtige dem Investmentfonds die Kapitalertragsteuer zu erstatten, die den nach Absatz 1 vorzunehmenden Steuerabzug übersteigt. [2]Das Gleiche gilt,

(Fortsetzung nächstes Blatt)

---

[1] § 7 Abs. 4 Satz 3 eingef., bish. Sätze 3 bis 5 werden Sätze 4 bis 6 durch G v. 2.6.2021 (BGBl. I S. 1259); zur Anwendung siehe § 57 Abs. 3 Satz 1 und 2.

[2] § 7 Abs. 5 Satz 1 geänd. durch G v. 2.6.2021 (BGBl. I S. 1259); zur Anwendung siehe § 57 Abs. 3 Satz 1 und 2.

(2) Inländische Immobilienerträge eines Investmentfonds oder einer Anteilklasse sind steuerbefreit, wenn sich nur steuerbegünstigte Anleger nach § 8 Absatz 1 oder 2 beteiligen dürfen.

(3) Die Steuerbefreiung nach den Absätzen 1 und 2 setzt voraus, dass die Anlagebedingungen nur eine Rückgabe von Investmentanteilen an den Investmentfonds zulassen und die Übertragung von Investmentanteilen ausgeschlossen ist.

(4) [1]Die Anleger haben ihre Steuerbefreiung gegenüber dem Investmentfonds nachzuweisen. [2]Zum Nachweis der Steuerbefreiung hat

1. ein Anleger nach § 8 Absatz 1 Nummer 1 oder Absatz 2 eine gültige Bescheinigung nach § 9 Absatz 1 an den Investmentfonds zu übermitteln und
2. der Anbieter eines Altersvorsorge- oder Basisrentenvertrags gegenüber dem Investmentfonds mitzuteilen, dass er die Investmentanteile ausschließlich im Rahmen von Altersvorsorge- und Basisrentenverträgen erwirbt.

(5)[1)] Bei der Auszahlung von Kapitalerträgen an steuerbefreite Investmentfonds oder Anteilklassen [*ab 1.1.2021:* im Sinne des Absatzes 1 Satz 1] ist kein Steuerabzug vorzunehmen.

§ 11 Erstattung von Kapitalertragsteuer an Investmentfonds durch die Finanzbehörden. (1)[2)] [1]Das Betriebsstättenfinanzamt des Entrichtungspflichtigen erstattet auf Antrag des Investmentfonds die einbehaltene Kapitalertragsteuer, wenn

[Fassung bis 31.12.2019:]

1. auf nicht nach § 6 Absatz 2 steuerpflichtige Kapitalerträge oder in über § 7 hinausgehender Höhe Kapitalertragsteuer und Solidaritätszuschlag einbehalten und abgeführt wurde und der Entrichtungspflichtige keine Erstattung vorgenommen hat oder
2. in den Fällen der §§ 8 und 10 nicht vom Steuerabzug Abstand genommen wurde.

[2]Die Erstattung nach Satz 1 Nummer 1 setzt voraus, dass eine Steuerbescheinigung und eine Erklärung des Entrichtungspflichtigen vorgelegt werden, aus der hervor geht, dass eine Erstattung weder vorgenommen wurde noch vorgenommen wird.

[Fassung ab 1.1.2020:]

1. auf nicht nach § 6 Absatz 2 steuerpflichtige Kapitalerträge Kapitalertragsteuer und Solidaritätszuschlag einbehalten und abgeführt wurde und der Entrichtungspflichtige keine Erstattung vorgenommen hat,
2. in über § 7 hinausgehender Höhe Kapitalertragsteuer und Solidaritätszuschlag einbehalten und abgeführt wurde und der Entrichtungspflichtige keine Erstattung vorgenommen hat oder
3. in den Fällen der §§ 8 und 10 nicht vom Steuerabzug Abstand genommen wurde

und eine Statusbescheinigung eine Steuerbescheinigung und eine Er-

---

1) § 10 Abs. 5 geänd. durch G v. 21.12.2020 (BGBl. I S. 3096); zur Anwendung siehe § 57 Abs. 2 Nr. 2.

2) § 11 Abs. 1 neu gef. durch G v. 12.12.2019 (BGBl. I S. 2451); zur Anwendung siehe § 57 Abs. 1 Satz 1 Nr. 4.

[Fassung bis 31.12.2019:]

[3]Die Erstattung nach Satz 1 Nummer 2 setzt voraus, dass die Statusbescheinigungen, die Bescheinigungen und die Mitteilungen nach den §§ 8 und 10 beigefügt werden.

[Fassung ab 1.1.2020:]

klärung des Entrichtungspflichtigen vorgelegt werden, aus der hervorgeht, dass eine Erstattung weder vorgenommen wurde noch vorgenommen wird. [2]Die Erstattung nach Satz 1 Nummer 3 setzt zusätzlich voraus, dass die Bescheinigungen und die Mitteilungen nach den §§ 8 bis 10 beigefügt werden.

[*ab 1.7.2021:* [3]Bei beschränkt körperschaftsteuerpflichtigen Investmentfonds tritt das Bundeszentralamt für Steuern an die Stelle des Betriebsstättenfinanzamtes des Entrichtungspflichtigen. [4]Eine Steuerbescheinigung gilt als vorgelegt, soweit bei beschränkt körperschaftsteuerpflichtigen Investmentfonds Angaben nach § 45a Absatz 2a des Einkommensteuergesetzes übermittelt wurden.][1)]

(2)[2)] [1]Der Antrag auf Erstattung der Kapitalertragsteuer ist innerhalb von zwei Jahren nach Ablauf des Geschäftsjahres des Investmentfonds für das Geschäftsjahr nach amtlich vorgeschriebenem Muster zu stellen. [2]Beträgt der Zeitraum zwischen dem Zugang eines Antrags auf Erteilung einer Statusbescheinigung als Investmentfonds oder eines Antrags auf Erteilung einer Bescheinigung nach § 9 Absatz 1 und der Bestandskraft der Entscheidung über diesen Antrag mehr als sechs Monate, so verlängert sich die Antragsfrist entsprechend. [3]Im Übrigen kann die Antragsfrist nicht verlängert werden. [4]Eine Erstattung ist ausgeschlossen, wenn die Unterlagen nach Absatz 1 Satz 1 oder 2 nicht innerhalb der Antragsfrist eingereicht werden.

§ 12 Leistungspflicht gegenüber steuerbegünstigten Anlegern. (1) Der Investmentfonds hat den steuerbegünstigten Anlegern einen Betrag in Höhe der aufgrund der §§ 8 und 10 nicht erhobenen Steuer und der nach § 7 Absatz 5 oder nach § 11 Absatz 1 Satz 1 Nummer 2 erstatteten Steuer (Befreiungsbetrag) auszuzahlen.

(2) [1]Die Anbieter von Altersvorsorge- oder Basisrentenverträgen haben den Befreiungsbetrag zugunsten der Berechtigten aus den Altersvorsorge- oder Basisrentenverträgen wieder anzulegen. [2]Ein Anspruch auf Wiederanlage besteht nur, wenn zum Zeitpunkt des Zuflusses des Befreiungsbetrags an den Anbieter (Stichtag) ein Altersvorsorge- oder Basisrentenvertrag besteht. [3]Die Höhe des wieder anzulegenden Betrags richtet sich nach der Anzahl der Investmentanteile, die im Rahmen des Vertrags am Stichtag gehalten werden, im Verhältnis zum Gesamtzufluss.

[1)] § 11 Abs. 1 Sätze 3 und 4 angef. durch G v. 2.6.2021 (BGBl. I S. 1259); zur Anwendung siehe § 57 Abs. 3 Satz 1.

[2)] § 11 Abs. 2 Satz 4 red. geänd. durch G v. 2.6.2021 (BGBl. I S. 1259).

§ 13 Wegfall der Steuerbefreiung eines Anlegers. (1) [1] Fallen die Voraussetzungen für eine Steuerbefreiung eines Anlegers eines Investmentfonds oder einer Anteilklasse nach § 10 weg, so ist der Anleger verpflichtet, dies dem Investmentfonds innerhalb eines Monats nach dem Wegfall der Voraussetzungen mitzuteilen. [2] Das Gleiche gilt, wenn ein Anleger seine Investmentanteile an einem Investmentfonds oder einer Anteilklasse nach § 10 auf einen anderen Anleger überträgt.

(2) Die Steuerbefreiung eines Investmentfonds oder einer Anteilklasse nach § 10 entfällt in dem Umfang, in dem bei den Anlegern des Investmentfonds die Voraussetzungen für eine Steuerbefreiung wegfallen oder die Investmentanteile auf einen anderen Anleger übertragen werden.

(Fortsetzung nächstes Blatt)

des Jahres errechnet. [3]Das Bundesministerium der Finanzen veröffentlicht den maßgebenden Zinssatz im Bundessteuerblatt.

§ 19 Gewinne aus der Veräußerung von Investmentanteilen. (1) [1]Für die Ermittlung des Gewinns aus der Veräußerung von Investmentanteilen, die nicht zu einem Betriebsvermögen gehören, ist § 20 Absatz 4 des Einkommensteuergesetzes entsprechend anzuwenden. [2]§ 20 Absatz 4a des Einkommensteuergesetzes ist nicht anzuwenden. [3]Der Gewinn ist um die während der Besitzzeit angesetzten Vorabpauschalen zu vermindern. [4]Die angesetzten Vorabpauschalen sind ungeachtet einer möglichen Teilfreistellung nach § 20 in voller Höhe zu berücksichtigen.

(2) [1]Fällt ein Investmentfonds nicht mehr in den Anwendungsbereich dieses Gesetzes, so gelten seine Anteile als veräußert. [2]Als Veräußerungserlös gilt der gemeine Wert der Investmentanteile zu dem Zeitpunkt, zu dem der Investmentfonds nicht mehr in den Anwendungsbereich fällt.

§ 20 Teilfreistellung. (1)[1)] [1]Steuerfrei sind bei Aktienfonds 30 Prozent der Erträge (Aktienteilfreistellung). [2]Bei natürlichen Personen, die ihre Investmentanteile im Betriebsvermögen halten, beträgt die Aktienteilfreistellung 60 Prozent. [3]Bei Anlegern, die dem Körperschaftsteuergesetz unterliegen, beträgt die Aktienteilfreistellung 80 Prozent. [4]Die Sätze 2 und 3 gelten nicht,

[Fassung bis 31.12.2019:]

1. wenn der Anleger ein Lebens- oder Krankenversicherungsunternehmen ist und der Investmentanteil den Kapitalanlagen zuzurechnen ist oder
2. wenn der Anleger ein Institut oder Unternehmen nach § 3 Nummer 40 Satz 3 oder 4 des Einkommensteuergesetzes oder § 8b Absatz 7 des Körperschaftsteuergesetzes ist und der Investmentanteil dem Handelsbuch zuzurechnen ist oder mit dem Ziel der kurzfristigen Erzielung eines Eigenhandelserfolges erworben wurde.

[Fassung ab 1.1.2020:]

1. wenn der Anleger ein Lebens- oder Krankenversicherungsunternehmen ist und der Investmentanteil den Kapitalanlagen zuzurechnen ist oder
2. wenn der Anleger ein Institut oder Unternehmen nach § 3 Nummer 40 Satz 3 des Einkommensteuergesetzes oder nach § 8b Absatz 7 des Körperschaftsteuergesetzes ist und der Investmentanteil dem Handelsbestand im Sinne des § 340e Absatz 3 des Handelsgesetzbuchs zuzuordnen oder zum Zeitpunkt des Zugangs zum Betriebsvermögen als Umlaufvermögen auszuweisen ist.

[5]Satz 4 Nummer 1 gilt entsprechend, wenn der Anleger ein Pensionsfonds ist.

---

1) § 20 Abs. 1 Satz 4 geänd., Satz 5 angef. durch G v. 12.12.2019 (BGBl. I S. 2451); zur Anwendung siehe § 57 Abs. 1 Satz 1 Nr. 7.

(2) Bei Mischfonds ist die Hälfte der für Aktienfonds geltenden Aktienteilfreistellung anzusetzen.

[Fassung bis 31.12.2019:]

(3)[2] [1]Steuerfrei sind bei Immobilienfonds (Immobilienteilfreistellung)

1. 60 Prozent der Erträge, wenn gemäß den Anlagebedingungen fortlaufend *mindestens 51 Prozent des Wertes* [***ab 11.8.2018:*** mehr als 50 Prozent des Aktivvermögens] des Investmentfonds in Immobilien und Immobilien-Gesellschaften angelegt werden, oder
2. 80 Prozent der Erträge, wenn gemäß den Anlagebedingungen fortlaufend *mindestens 51 Prozent des Wertes* [***ab 11.8.2018:*** mehr als 50 Prozent des Aktivvermögens] des Investmentfonds in ausländischen Immobilien und Auslands-Immobiliengesellschaften angelegt werden. [2]Auslands-Immobiliengesellschaften sind Immobiliengesellschaften, die ausschließlich in ausländische Immobilien investieren.

[2]Die Anwendung der Immobilienteilfreistellung schließt die Anwendung der Aktienteilfreistellung aus.

[Fassung ab 1.1.2020:][1]

(3) [1]Bei Immobilienfonds sind 60 Prozent der Erträge steuerfrei (Immobilienteilfreistellung). [2]Bei Auslands-Immobilienfonds sind 80 Prozent der Erträge steuerfrei (Auslands-Immobilienteilfreistellung). [3]Die Anwendung der Immobilienteilfreistellung oder der Auslands-Immobilienteilfreistellung schließt die Anwendung der Aktienteilfreistellung aus.

(3a) [1]Die Absätze 1 bis 3 gelten auch für Investmentanteile, die mittelbar über Personengesellschaften gehalten werden. [***ab 1.1.2022:*** [2]Satz 1 ist nicht auf Personengesellschaften anzuwenden, die nach § 1a des Körperschaftsteuergesetztes zur Körperschaftsbesteuerung optiert haben.][3]

(4)[4] Weist der Anleger nach, dass der Investmentfonds die *Anlagegrenzen* [***ab 1.1.2020:*** Aktienfonds- oder Mischfonds-Kapitalbeteiligungsquote oder Immobilienfonds- oder Auslands-Immobilienfondsquote] während des Geschäftsjahres tatsächlich durchgehend überschritten hat, so ist die Teilfreistellung auf Antrag des Anlegers in der Veranlagung anzuwenden.

(5) Bei der Ermittlung des Gewerbeertrags nach § 7 des Gewerbesteuergesetzes sind die Freistellungen nach den Absätzen 1 bis 3 nur zur Hälfte zu berücksichtigen.

---

[1] § 20 Abs. 3 neu gef., Abs. 3a eingef. durch G v. 12.12.2019 (BGBl. I S. 2451); zur Anwendung siehe § 57 Abs. 1 Satz 1 Nr. 7.

[2] § 20 Abs. 3 Satz 1 Nr. 1 und 2 geänd. durch G v. 11.12.2018 (BGBl. I S. 2338); zur Anwendung siehe § 56 Abs. 1 Satz 5 und Abs. 1a.

[3] § 20 Abs. 3a Satz 2 angef., bish. Text wird Satz 1 durch G v. 25.6.2021 (BGBl. I S. 2050); zur Anwendung siehe § 57 Abs. 6 Nr. 3.

[4] § 20 Abs. 4 geänd. durch G v. 12.12.2019 (BGBl. I S. 2451); zur Anwendung siehe § 57 Abs. 1 Satz 1 Nr. 7.

Abschnitt 4. Verhältnis zu den Besteuerungsregelungen für Spezial-Investmentfonds

§ 24 Kein Wechsel zu den Besteuerungsregelungen für Spezial-Investmentfonds. Wenn Investmentfonds oder ihre Anleger der Besteuerung nach Kapitel 2 unterlegen haben, so ist ein Wechsel zur Besteuerung nach Kapitel 3 ausgeschlossen.

Kapitel 3. Spezial-Investmentfonds

Abschnitt 1. Voraussetzungen und Besteuerung eines Spezial-Investmentfonds

§ 25 Getrennte Besteuerungsregelungen. Die Vorschriften des Kapitels 2 sind auf Spezial-Investmentfonds und deren Anleger nicht anzuwenden, es sei denn, in Kapitel 3 werden abweichende Bestimmungen getroffen.

§ 26 Anlagebestimmungen. Ein Spezial-Investmentfonds ist ein Investmentfonds, der die Voraussetzungen für eine Gewerbesteuerbefreiung nach § 15 Absatz 2 und 3 erfüllt und in der Anlagepraxis nicht wesentlich gegen die nachfolgenden weiteren Voraussetzungen (Anlagebestimmungen) verstößt:

1. [1]Der Investmentfonds oder dessen Verwalter ist in seinem Sitzstaat einer Aufsicht über Vermögen zur gemeinschaftlichen Kapitalanlage unterstellt. [2]Diese Bestimmung gilt für Investmentfonds, die nach § 2 Absatz 3 des Kapitalanlagegesetzbuchs von AIF-Kapitalverwaltungsgesellschaften verwaltet werden, als erfüllt.
2. Die Anleger können mindestens einmal pro Jahr das Recht zur Rückgabe oder Kündigung ihrer Anteile, Aktien oder Beteiligung ausüben.
3. [1]Das Vermögen wird nach dem Grundsatz der Risikomischung angelegt. [2]Eine Risikomischung liegt regelmäßig vor, wenn das Vermögen in mehr als drei Vermögensgegenstände mit unterschiedlichen Anlagerisiken angelegt ist. [3]Der Grundsatz der Risikomischung gilt als gewahrt, wenn der Investmentfonds in nicht nur unerheblichem Umfang Anteile an einem oder mehreren anderen Investmentfonds hält und diese anderen Investmentfonds unmittelbar oder mittelbar nach dem Grundsatz der Risikomischung angelegt sind.
4. [1)] Das Vermögen wird zu mindestens 90 Prozent des Wertes des Investmentfonds in die folgenden Vermögensgegenstände angelegt:
   a) Wertpapiere im Sinne des § 193 des Kapitalanlagegesetzbuchs und sonstige Anlageinstrumente im Sinne des § 198 des Kapitalanlagegesetzbuchs,
   b) Geldmarktinstrumente,

[1)] § 26 Nr. 4 Buchst. j geänd. durch G v. 3.6.2021 (BGBl. I S. 1498); zur Anwendung siehe § 57 Abs. 4; Buchst. n angef. mWv 2.8.2021 durch G v. 3.6.2021 (BGBl. I S. 1498).

c) Derivate,

d) Bankguthaben,

e) Grundstücke, grundstücksgleiche Rechte und vergleichbare Rechte nach dem Recht anderer Staaten,

f) Beteiligungen an Immobilien-Gesellschaften nach § 1 Absatz 19 Nummer 22 des Kapitalanlagegesetzbuchs,

g) Betriebsvorrichtungen und andere Bewirtschaftungsgegenstände nach § 231 Absatz 3 des Kapitalanlagegesetzbuchs,

h) Investmentanteile an inländischen und ausländischen Organismen für gemeinsame Kapitalanlagen in Wertpapieren sowie an inländischen und ausländischen Investmentfonds, die die Voraussetzungen der Nummern 1 bis 7 erfüllen,

i) Spezial-Investmentanteile,

j) Beteiligungen an ÖPP-Projektgesellschaften nach § 1 Absatz 19 Nummer 28 des Kapitalanlagegesetzbuchs [***ab 2.8.2021:*** und an Infrastruktur-Projektgesellschaften nach § 1 Absatz 19 Nummer 23a des Kapitalanlagegesetzbuchs], wenn der Verkehrswert dieser Beteiligung ermittelt werden kann,

k) Edelmetalle,

l) unverbriefte Darlehensforderungen,

m) Beteiligungen an Kapitalgesellschaften, wenn der Verkehrswert dieser Beteiligungen ermittelt werden kann,

[***ab 2.8.2021:***

n) Kryptowerte im Sinne von § 1 Absatz 11 Satz 4 des Kreditwesengesetzes, wenn deren Verkehrswert ermittelt werden kann und es sich nicht um Wertpapiere im Sinne des § 193 des Kapitalanlagegesetzbuchs handelt.]

5.[1)] [1] Höchstens 20 Prozent des Wertes des Investmentfonds werden in Beteiligungen an Kapitalgesellschaften investiert, die weder zum Handel an einer Börse zugelassen noch in einem anderen organisierten Markt zugelassen oder in diesen einbezogen sind. [2] Investmentfonds, die nach ihren Anlagebedingungen *mehr als 50 Prozent ihres Aktivvermögens in Immobilien oder Immobilien-Gesellschaften anlegen, dürfen bis zu 100 Prozent ihres Wertes in Immobilien-Gesellschaften investieren* [***ab 2.8.2021:*** das bei ihnen angelegte Geld in Immobilien, Immobilien-Gesellschaften oder in Infrastruktur-Projektgesellschaften anlegen, dürfen bis zu 100 Prozent ihres Wertes in Beteiligungen an Kapitalgesellschaften investieren, die die Voraussetzungen von Immobilien-Gesellschaften oder Infrastruktur-Projektgesellschaften erfüllen]. [3] Innerhalb der Grenzen des Satzes 1 dürfen auch Unternehmensbeteiligungen gehalten werden, die vor dem 28. November 2013 erworben wurden. [***ab 2.8.2021:*** [4] Höchstens 20 Prozent des Wertes des In-

---

[1)] *§ 26* Nr. 5 Satz 2 geänd. durch G v. 11.12.2018 (BGBl. I S. 2338); zur Anwendung siehe § 56 Abs. 1 Satz 5 und Abs. 1a; Nr. 5 Satz 2 neu gef. mWv 2.8.2021 (§ 57 Abs. 4), Satz 4 angef. mWv 2.8.2021 durch G v. 3.6.2021 (BGBl. I S. 1498).

vestmentfonds werden in Kryptowerte im Sinne von Nummer 4 Buchstabe n investiert.]

6. [1] Die Höhe der unmittelbaren Beteiligung oder der mittelbaren Beteiligung über eine Personengesellschaft an einer Kapitalgesellschaft liegt unter 10 Prozent des Kapitals der Kapitalgesellschaft. [2] Dies gilt nicht für Beteiligungen eines Investmentfonds an
   a) Immobilien-Gesellschaften,
   b) ÖPP-Projektgesellschaften und
   c) Gesellschaften, deren Unternehmensgegenstand auf die Erzeugung erneuerbarer Energien nach § 5 Nummer 14 des Erneuerbare-Energien-Gesetzes gerichtet ist.
7.[1)] [1] Ein Kredit darf nur kurzfristig und nur bis zu einer Höhe von 30 Prozent des Wertes des Investmentfonds aufgenommen werden. [2] Investmentfonds, die nach den Anlagebedingungen das bei ihnen eingelegte Geld in Immobilien anlegen, dürfen kurzfristige Kredite bis zu einer Höhe von 30 Prozent des Wertes des Investmentfonds und im Übrigen Kredite bis zu einer Höhe von *50* [***ab 2.8.2021:*** 60] Prozent des Verkehrswertes der unmittelbar oder mittelbar gehaltenen Immobilien aufnehmen.
8. [1] An dem Investmentfonds dürfen sich unmittelbar und mittelbar über Personengesellschaften insgesamt nicht mehr als 100 Anleger beteiligen. [2] Natürliche Personen dürfen nur beteiligt sein, wenn
   a) die natürlichen Personen ihre Spezial-Investmentanteile im Betriebsvermögen halten,
   b) die Beteiligung natürlicher Personen aufgrund aufsichtsrechtlicher Regelungen erforderlich ist oder
   c) die mittelbare Beteiligung von natürlichen Personen an einem Spezial-Investmentfonds vor dem 9. Juni 2016 erworben wurde. [3] Der Bestandsschutz nach Satz 2 Buchstabe c ist bei Beteiligungen, die ab dem 24. Februar 2016 erworben wurden, bis zum 1. Januar 2020 und bei Beteiligungen, die vor dem 24. Februar 2016 erworben wurden, bis zum 1. Januar 2030 anzuwenden. [4] Der Bestandsschutz nach Satz 2 Buchstabe c ist auch auf die Gesamtrechtsnachfolger von natürlichen Personen anzuwenden.
9. Der Spezial-Investmentfonds hat ein Sonderkündigungsrecht, wenn die zulässige Anlegerzahl überschritten wird oder Personen beteiligt sind, die nicht die Voraussetzungen der Nummer 8 Satz 2 erfüllen.
10. Die Anlagebestimmungen gehen aus den Anlagebedingungen hervor.

§ 27 Rechtsformen von inländischen Spezial-Investmentfonds. Inländische Spezial-Investmentfonds können gebildet werden
1. in Form eines Sondervermögens nach § 1 Absatz 10 des Kapitalanlagegesetzbuchs oder

---

1) § 26 Nr. 7 geänd. durch G v. 3.6.2021 (BGBl. I S. 1498); zur Anwendung siehe § 57 Abs. 4.

2. in Form einer Investmentaktiengesellschaft mit veränderlichem Kapital nach § 108 des Kapitalanlagegesetzbuchs.

§ 28 Beteiligung von Personengesellschaften. (1) [1]Personengesellschaften, die unmittelbar oder mittelbar über andere Personengesellschaften Anleger eines Spezial-Investmentfonds sind, haben dem Spezial-Investmentfonds innerhalb von drei Monaten nach einem Erwerb des Spezial-Investmentanteils den Namen und die Anschrift ihrer Gesellschafter mitzuteilen. [2]Die Personengesellschaft hat dem Spezial-Investmentfonds Änderungen in ihrer Zusammensetzung innerhalb von drei Monaten anzuzeigen.

(2) Der gesetzliche Vertreter des Spezial-Investmentfonds hat die unmittelbar und mittelbar über Personengesellschaften beteiligten Anleger spätestens sechs Monate nach dem Erwerb eines Spezial-Investmentanteils in einem Anteilsregister einzutragen.

(3) Erlangt der Spezial-Investmentfonds Kenntnis von einer Überschreitung der zulässigen Anlegerzahl oder von der Beteiligung natürlicher Personen, die nicht die Voraussetzungen des § 26 Nummer 8 erfüllen, so hat er unverzüglich sein Sonderkündigungsrecht auszuüben oder sonstige Maßnahmen zu ergreifen, um die zulässige Anlegerzahl und Anlegerzusammensetzung wiederherzustellen.

§ 29 Steuerpflicht des Spezial-Investmentfonds. (1) Die Vorschriften der §§ 6 und 7 für die Besteuerung von Investmentfonds sind auf Spezial-Investmentfonds anzuwenden, soweit sich aus den nachfolgenden Regelungen keine Abweichungen ergeben.

(2) In der Statusbescheinigung nach § 7 Absatz 3 ist der Status als Spezial-Investmentfonds zu bestätigen.

(3) [1]Bei einer Überschreitung der zulässigen Beteiligungshöhe nach § 26 Nummer 6 sind auf den Spezial-Investmentfonds keine Besteuerungsregelungen anzuwenden, die eine über dieser Grenze liegende Beteiligungshöhe voraussetzen. [2]Dies gilt auch, wenn in Abkommen zur Vermeidung der Doppelbesteuerung Abweichendes geregelt ist.

(4) Spezial-Investmentfonds sind von der Gewerbesteuer befreit.

§ 30 Inländische Beteiligungseinnahmen und sonstige inländische Einkünfte mit Steuerabzug. (1) [1]Die Körperschaftsteuerpflicht für die inländischen Beteiligungseinnahmen eines Spezial-Investmentfonds entfällt, wenn der Spezial-Investmentfonds gegenüber dem Entrichtungspflichtigen unwiderruflich erklärt, dass den Anlegern des Spezial-Investmentfonds Steuerbescheinigungen gemäß § 45a Absatz 2 des Einkommensteuergesetzes ausgestellt werden sollen (Transparenzoption). [2]Die Anleger gelten in diesem Fall als Gläubiger der inländischen Beteiligungseinnahmen und als Schuldner der Kapitalertragsteuer.

(2) § 8b des Körperschaftsteuergesetzes ist vorbehaltlich des Absatzes 3 auf die dem Anleger zugerechneten Beteiligungseinnahmen anwendbar, soweit

1. es sich um Gewinnausschüttungen einer Gesellschaft im Sinne des § 26 Nummer 6 Satz 2 handelt und
2. die auf die Spezial-Investmentanteile des Anlegers rechnerisch entfallende Beteiligung am Kapital der Gesellschaft die Voraussetzungen für eine Freistellung nach § 8b des Körperschaftsteuergesetzes erfüllt.

(3)[1] 1 § 3 Nummer 40 des Einkommensteuergesetzes und § 8b des Körperschaftsteuergesetzes sind auf die dem Anleger zugerechneten [***ab 1.1.2020:*** inländischen] Beteiligungseinnahmen nicht anzuwenden, wenn der Anleger

1. ein Lebens- oder Krankenversicherungsunternehmen ist und der Spezial-Investmentanteil den Kapitalanlagen zuzurechnen ist oder

[Fassung bis 31.12.2019:]

2. ein Institut oder Unternehmen nach § 3 Nummer 40 Satz 3 oder 4 des Einkommensteuergesetzes

[Fassung ab 1.1.2020:]

2. ein Institut oder Unternehmen nach § 3 Nummer 40 Satz 3 des Einkommensteuergesetzes oder

(Fortsetzung nächstes Blatt)

---

[1] § 30 Abs. 3 neu gef. durch G v. 12.12.2019 (BGBl. I S. 2451); zur Anwendung siehe § 57 Abs. 1 Satz 1 Nr. 8.

2. dem Spezial-Investmentfonds kein Ermäßigungsanspruch aus einem Abkommen zur Vermeidung der Doppelbesteuerung aufgrund eines Quellensteuerhöchstsatzes von unter 15 Prozent zusteht.

(5) [1]Sind in den ausgeschütteten oder ausschüttungsgleichen Erträgen inländische Immobilienerträge oder sonstige inländische Einkünfte enthalten, die von dem Spezial-Investmentfonds versteuert wurden, so sind 20 Prozent dieser ausgeschütteten oder ausschüttungsgleichen Erträge steuerfrei. [2]Absatz 4 Satz 2 ist entsprechend anzuwenden.

§ 43 Steuerbefreiung aufgrund von Abkommen zur Vermeidung der Doppelbesteuerung, der Hinzurechnungsbesteuerung und der Teilfreistellung. (1) [1]Die ausgeschütteten und ausschüttungsgleichen Erträge sind bei der Veranlagung des Anlegers insoweit von der Bemessungsgrundlage der deutschen Steuer auszunehmen, als sie aus einem ausländischen Staat stammende Einkünfte enthalten, für die die Bundesrepublik Deutschland aufgrund eines Abkommens zur Vermeidung der Doppelbesteuerung auf die Ausübung des Besteuerungsrechts verzichtet hat. [2]Satz 1 ist nicht auf Erträge nach § 20 Absatz 1 Nummer 1 und 3 des Einkommensteuergesetzes anzuwenden. [3]Satz 2 ist nicht auf Erträge nach § 20 Absatz 1 Nummer 1 des Einkommensteuergesetzes aus einer Gesellschaft im Sinne des § 26 Nummer 6 Satz 2 anzuwenden, soweit

1. der Anleger die persönlichen Voraussetzungen für eine Freistellung nach dem Abkommen zur Vermeidung der Doppelbesteuerung erfüllt und
2. die auf die Spezial-Investmentanteile des Anlegers rechnerisch entfallende Beteiligung am Kapital der Gesellschaft die Voraussetzungen für eine Freistellung nach dem Abkommen zur Vermeidung der Doppelbesteuerung erfüllt.

(2)[1)] *§ 3 Nummer 41 Buchstabe a des Einkommensteuergesetzes ist entsprechend anzuwenden.*

(3) Auf ausgeschüttete oder ausschüttungsgleiche Erträge, die aus Ausschüttungen von Investmentfonds, Vorabpauschalen oder Gewinnen aus der Veräußerung von Investmentanteilen stammen, ist die Teilfreistellung nach § 20 entsprechend anzuwenden.

§ 44 Anteilige Abzüge aufgrund einer Steuerbefreiung. § 21 ist entsprechend auf Betriebsvermögensminderungen, Betriebsausgaben, Veräußerungskosten oder Werbungskosten anzuwenden, die mit Erträgen in wirtschaftlichem Zusammenhang stehen, die ganz oder teilweise von der Besteuerung freizustellen sind.

§ 45 Gewerbesteuer bei Spezial-Investmenterträgen. (1) [1]Bei der Ermittlung des Gewerbeertrags nach § 7 des Gewerbesteuergesetzes sind § 42 Absatz 4 sowie § 3 Nummer 40 des Einkommensteuergesetzes und § 8b des Körperschaftsteuergesetzes nicht anzuwenden auf Kapitalerträge nach § 43 Absatz 1 Satz 1 Nummer 1, 1a und 6 sowie Satz 2 des Einkommensteuerge-

---

1) § 43 Abs. 2 aufgeh. durch G v. 25.6.2021 (BGBl. I S. 2035); zur letztmaligen Anwendung siehe § 57 Abs. 5.

setzes, die in den ausgeschütteten oder ausschüttungsgleichen Erträgen enthalten sind und auf inländische Beteiligungseinnahmen, die dem Anleger nach § 30 Absatz 1 Satz 2 zugerechnet werden. [2]Dies gilt nicht, wenn

1. der Schuldner der Kapitalerträge eine Gesellschaft nach § 26 Nummer 6 Satz 2 ist,
2. der Anleger dem Körperschaftsteuergesetz unterliegt und kein Institut oder Unternehmen nach § 3 Nummer 40 Satz 3 oder 4 des Einkommensteuergesetzes oder § 8b Absatz 7 oder 8 des Körperschaftsteuergesetzes ist und
3. die auf die Spezial-Investmentanteile des Anlegers rechnerisch entfallende Beteiligung am Kapital der Gesellschaft die Voraussetzungen für eine Kürzung nach § 9 Nummer 2a und 7 des Gewerbesteuergesetzes erfüllt.

(2) Die nach § 43 Absatz 3 zu gewährenden Teilfreistellungen sind bei der Ermittlung des Gewerbeertrags nach § 7 des Gewerbesteuergesetzes nur zur Hälfte zu berücksichtigen.

§ 46 Zinsschranke. (1) [1]Beim Anleger sind für Zwecke des § 4h Absatz 1 des Einkommensteuergesetzes ausgeschüttete oder ausschüttungsgleiche Erträge, die aus Zinserträgen nach § 4h Absatz 3 Satz 3 des Einkommensteuergesetzes stammen, als Zinserträge zu berücksichtigen. [2]Dies gilt nicht für ausgeschüttete Erträge, die nach § 35 Absatz 6 als Substanzbeträge gelten.

(2) Der anzusetzende Zinsertrag mindert sich um die folgenden Abzugsbeträge:

1. Direktkosten,
2. die nach § 40 den Zinserträgen zuzurechnenden Allgemeinkosten,
3. Zinsaufwendungen und
4. negative Kapitalerträge nach § 20 Absatz 1 Nummer 7 oder Absatz 2 Satz 1 Nummer 7 des Einkommensteuergesetzes.

(3) Übersteigen die Abzugsbeträge den Zinsertrag, so ist die Differenz auf die folgenden Geschäftsjahre des Spezial-Investmentfonds zu übertragen; dies mindert den Zinsertrag der folgenden Geschäftsjahre.

§ 47 Anrechnung und Abzug von ausländischer Steuer. (1) [1]Enthalten die ausgeschütteten und ausschüttungsgleichen Erträge Einkünfte aus einem ausländischen Staat, die in diesem Staat zu einer Steuer herangezogen wurden, die anrechenbar ist

1. nach § 34c Absatz 1 des Einkommensteuergesetzes,
2. nach § 26 Absatz 1 des Körperschaftsteuergesetzes oder
3. nach einem Abkommen zur Vermeidung der Doppelbesteuerung auf die Einkommensteuer oder Körperschaftsteuer,

so ist bei unbeschränkt steuerpflichtigen Anlegern die festgesetzte und gezahlte und um einen entstandenen Ermäßigungsanspruch gekürzte ausländische Steuer auf den Teil der Einkommensteuer oder Körperschaftsteuer anzurechnen, der auf diese ausländischen, um die anteilige ausländische Steuer erhöhten Einkünfte entfällt. [2]Wird von auf ausländische Spezial-Investmentanteile

2. Wertveränderungen, die ab dem 1. Januar 2018 eingetreten sind, steuerpflichtig, soweit der Gewinn aus der Veräußerung von bestandsgeschützten Alt-Anteilen 100 000 Euro übersteigt.

2 Der am Schluss des Veranlagungszeitraums verbleibende Freibetrag nach Satz 1 Nummer 2 ist bis zu seinem vollständigen Verbrauch jährlich gesondert festzustellen. [***ab 1.1.2021:*** 3 Verbleibender Freibetrag ist im Jahr der erstmaligen Inanspruchnahme der Betrag von 100 000 Euro vermindert um den bei der Ermittlung der Einkünfte berücksichtigten Freibetrag nach Satz 1 Nummer 2; verbleibender Freibetrag ist in den Folgejahren der zum Schluss des vorangegangenen Veranlagungszeitraums festgestellte verbleibende Freibetrag vermindert um den bei der Ermittlung der Einkünfte berücksichtigten Freibetrag nach Satz 1 Nummer 2.] 4 Zuständig für die gesonderte Feststellung des verbleibenden Freibetrags ist das Finanzamt, das für die Besteuerung des Anlegers nach dem Einkommen zuständig ist. [***ab 1.1.2021:*** 5 § 10d Absatz 4 Satz 4 bis 6 des Einkommensteuergesetzes ist entsprechend anzuwenden.] 6 Anteile im Sinne des § 21 Absatz 2a und 2b des Investmentsteuergesetzes in der bis zum 31. Dezember 2017 geltenden Fassung sind keine bestandsgeschützten Alt-Anteile im Sinne der Sätze 1 bis *3* [***ab 1.1.2021:*** 5].

(7)[1] 1 Ordentliche Alterträge gelten mit Ablauf des Geschäftsjahres, in dem sie vereinnahmt wurden, als den Anlegern zugeflossene ausschüttungsgleiche Erträge, wenn sie nicht ausgeschüttet werden und den Anlegern vor dem 1. Januar 2018 zufließen. 2 Soweit ein Anleger einen Anteil an einem Spezial-Investmentfonds von dem Tag, an dem das Geschäftsjahr des Spezial-Investmentfonds nach dem 30. Juni 2017 geendet hat, bis zum 2. Januar 2018 ununterbrochen hält, gelten die darauf entfallenden ausschüttungsgleichen Erträge nach Satz 1, die in einem nach dem 30. Juni 2017 endenden Geschäftsjahr vereinnahmt wurden, als am 1. Januar 2018 zugeflossen. 3 Die ausschüttungsgleichen Erträge nach den Sätzen 1 und 2 unterliegen der Besteuerung nach dem Investmentsteuergesetz in der am 31. Dezember 2017 geltenden Fassung und nach dem Einkommensteuergesetz in der am 26. Juli 2016 geltenden Fassung. 4 Die ausschüttungsgleichen Erträge nach Satz 2 können als ausschüttungsgleiche Erträge der Vorjahre im Sinne des § 35 Absatz 5 ausgeschüttet werden. 5 Ordentliche Alterträge sind Erträge der in § 1 Absatz 3 Satz 3 Nummer 1 und 2 sowie Satz 4 des Investmentsteuergesetzes in der am 31. Dezember 2017 geltenden Fassung bezeichneten Art, die der Investmentfonds oder der Spezial-Investmentfonds vor dem 1. Januar 2018 vereinnahmt.

(8)[1] 1 Außerordentliche Alterträge, ausschüttungsgleiche Erträge, die vor dem 1. Januar 2018 als zugeflossen gelten, Absetzungsbeträge, die auf Zeiträume vor dem 1. Januar 2018 entfallen, nicht ausgeglichene negative Erträge nach § 3 Absatz 4 Satz 2 des Investmentsteuergesetzes in der am 31. Dezember 2017 geltenden Fassung und sonstige für die Zeiträume vor dem 1. Januar 2018 ermittelte Werte sind für die Anwendung dieses Gesetzes in der am 1. Januar 2018 geltenden Fassung nicht zu berücksichtigen. 2 Außerordentliche Alterträge sind Erträge, deren Art nicht unter § 1 Absatz 3 Satz 3 Nummer 1 und 2 sowie Satz 4 des Investmentsteuergesetzes in der am 31. Dezember 2017

[1] § 56 Abs. 7 und Abs. 8 angef. durch G v. 23.6.2017 (BGBl. I S. 1682).

geltenden Fassung fällt und von dem Investmentfonds oder dem Spezial-Investmentfonds vor dem 1. Januar 2018 vereinnahmt wurden. [3]Bei der Ermittlung des Fonds-Aktiengewinns, des Fonds-Abkommensgewinns und des Fonds-Teilfreistellungsgewinns sind die vor dem 1. Januar 2018 vereinnahmten Gewinne, eingetretenen Wertveränderungen und die vereinnahmten Erträge nicht zu berücksichtigen.

(9)[1)] [1]Substanzbeträge gelten als Spezial-Investmenterträge nach § 34 Absatz 1 Nummer 1, soweit bei dem Anleger ein positiver Gewinn nach Absatz 3 Satz 1 vorhanden ist. [2]Sie unterliegen nicht dem Steuerabzug nach § 50.

§ 57[2)] Anwendungsvorschriften. (1) [1]Ab dem 1. Januar 2020 anzuwenden sind:

1. § 2 Absatz 8 Satz 5, Absatz 9 und 13,
2. § 6 Absatz 1, 2, 4 Satz 1, Absatz 5 Satz 2, Absatz 6a und 7 Satz 4,
3. § 8 Absatz 4,
4. § 11 Absatz 1,
5. § 15 Absatz 2 Satz 1 und Absatz 4,
6. § 17 Absatz 1 Satz 1 bis 3,
7. § 20 Absatz 1, 3, 3a und 4,
8. § 30 Absatz 3,
9. § 31 Absatz 1 und 3,
10. § 35,
11. § 36 Absatz 4,
12. § 42 Absatz 1 und 2,
13. § 52 Absatz 2,
14. § 56 Absatz 3a und 6 Satz 4

in der Fassung des Artikels 17 des Gesetzes vom 12. Dezember 2019 (BGBl. I S. 2451). [2]Bis einschließlich 31. Dezember 2019 gewährte Stundungen nach § 52 Absatz 2 Satz 4 in der am 17. Dezember 2019 geltenden Fassung bleiben unberührt.

(2) Ab dem 1. Januar 2021 anzuwenden sind:

1. § 1 Absatz 2 Satz 2,
2. § 10 Absatz 5,
3. § 22 Absatz 2 Satz 3 bis 6 und Absatz 3,
4. § 37 Absatz 2 und 3,
5. § 42 Absatz 1 Satz 2 und Absatz 2 Satz 3,
6. § 49 Absatz 1 Satz 3,
7. § 56 Absatz 6 Satz 3 bis 6

[1)] *§ 56 Abs. 9* angef. durch G v. 23.6.2017 (BGBl. I S. 1682).

[2)] § 57 angef. durch G v. 12.12.2019 (BGBl. I S. 2451); Abs. 2 angef., bish. Wortlaut wird Abs. 1 durch G v. 21.12.2020 (BGBl. I S. 3096).

in der Fassung des Artikels 10 des Gesetzes vom 21. Dezember 2020 (BGBl. I S. 3096).

(3)[1] [1] § 7 Absatz 4 Satz 3 und Absatz 5 Satz 1 sowie § 11 Absatz 1 Satz 3 und 4 in der Fassung des Artikels 3 des Gesetzes vom 2. Juni 2021 (BGBl. I S. 1259) sind ab dem 1. Juli 2021 anzuwenden. [2] Bei Vorlage einer Statusbescheinigung, die nicht die Angaben nach § 7 Absatz 4 Satz 3 in der Fassung des Artikels 3 des Gesetzes vom 2. Juni 2021 (BGBl. I S. 1259) enthält, ist ab dem 1. Juli 2021 eine Erstattung nach § 7 Absatz 5 ausgeschlossen.

(4)[2] § 26 Nummer 4 Buchstabe j, Nummer 5 Satz 2 und Nummer 7 Satz 2 in der Fassung des Artikels 5 des Gesetzes vom 3. Juni 2021 (BGBl. I S. 1498) ist ab dem 2. August 2021 anzuwenden.

(5)[3] § 43 Absatz 2 in der am 30. Juni 2021 geltenden Fassung ist letztmals für den Veranlagungszeitraum 2021 anzuwenden.

(6)[4] Ab dem 1. Januar 2022 anzuwenden sind:

1. § 1 Absatz 3 Satz 2,
2. § 2 Absatz 16,
3. § 20 Absatz 3a Satz 2

in der Fassung des Artikels 4 des Gesetzes vom 25. Juni 2021 (BGBl. I S. 2050).

---

[1] § 57 Abs. 3 angef. durch G v. 2.6.2021 (BGBl. I S. 1259).
[2] § 57 Abs. 4 angef. durch G v. 3.6.2021 (BGBl. I S. 1498).
[3] § 57 Abs. 5 angef. durch G v. 25.6.2021 (BGBl. I S. 2035).
[4] § 57 Abs. 6 angef. durch G v. 25.6.2021 (BGBl. I S. 2050).

130. Umwandlungssteuergesetz[1)·2)·3)]

Vom 7. Dezember 2006 (BGBl. I S. 2782/2791)

Geändert durch Unternehmensteuerreformgesetz 2008 vom 14.8.2007 (BGBl. I S. 1912), Jahressteuergesetz 2008 vom 20.12.2007 (BGBl. I S. 3150), Jahressteuergesetz 2009 vom 19.12.2008 (BGBl. I S. 2794), Wachstumsbeschleunigungsgesetz vom 22.12.2009 (BGBl. I S. 3950), Gesetz zur Umsetzung des EuGH-Urteils vom 20. Oktober 2011 in der Rechtssache C-284/09 vom 21.3.2013 (BGBl. I S. 561), Amtshilferichtlinie-Umsetzungsgesetz (AmtshilfeRLUmsG) vom 26. Juni 2013 (BGBl. I S. 1809), Gesetz zur Anpassung des nationalen Steuerrechts an den Beitritt Kroatiens zur EU und zur Änderung weiterer steuerlicher Vorschriften vom 25.7.2014 (BGBl. I S. 1266), Steueränderungsgesetz 2015 vom 2.11.2015 (BGBl. I S. 1834), Gesetz über steuerliche und weitere Begleitregelungen zum Austritt des Vereinigten Königreichs Großbritannien und Nordirland aus der Europäischen Union (Brexit-Steuerbegleitgesetz – Brexit-StBG) vom 25.3.2019 (BGBl. I S. 357), Gesetz zur Umsetzung steuerlicher Hilfsmaßnahmen zur Bewältigung der Corona-Krise (Corona-Steuerhilfegesetz) vom 19.6.2020 (BGBl. I S. 1385), Gesetz zur Modernisierung der Entlastung von Abzugsteuern und der Bescheinigung der Kapitalertragsteuer (Abzugsteuerentlastungsmodernisierungsgesetz – AbzStEntModG) vom 2.6.2021 (BGBl. I S. 1259) und Gesetz zur Modernisierung des Körperschaftsteuerrechts vom 25.6.2021 (BGBl. I S. 2050)

BGBl. III/FNA 610-6-16

Inhaltsübersicht

---

1) Das Umwandlungssteuergesetz wurde verkündet als Art. 6 des Gesetzes über steuerliche Begleitmaßnahmen zur Einführung der Europäischen Gesellschaft und zur Änderung weiterer steuerrechtlicher Vorschriften (SEStEG) vom 7.12.2006 (BGBl. I S. 2782).

2) Das UmwStG in dieser Fassung gilt für **nach dem 12.12.2006** erfolgte Umwandlungen und Einbringungen (§ 27 Abs. 1). Für **vom 1.1.1995 bis 12.12.2006** erfolgte Umwandlungen und Einbringungen siehe UmwStG idF der Bek. v. 15.10.2002 (BGBl. I S. 4133, ber. BGBl. I 2003 S. 738), zuletzt geänd. durch G v. 16.5.2003 (BGBl. I S. 660).

3) Das Umwandlungsgesetz abgedr. im **Schönfelder** Nr. **52a.**

Erster Teil. Allgemeine Vorschriften

§ 1 Anwendungsbereich und Begriffsbestimmungen. (1) [1]Der Zweite bis Fünfte Teil gilt nur für

1. die Verschmelzung, Aufspaltung und Abspaltung im Sinne der §§ 2, 123 Abs. 1 und 2 des Umwandlungsgesetzes von Körperschaften oder vergleichbare ausländische Vorgänge sowie des Artikels 17 der Verordnung (EG) Nr. 2157/2001 und des Artikels 19der Verordnung (EG) Nr. 1435/2003;
2. den Formwechsel einer Kapitalgesellschaft in eine Personengesellschaft im Sinne des § 190 Abs. 1 des Umwandlungsgesetzes oder vergleichbare ausländische Vorgänge;

3. die Umwandlung im Sinne des § 1 Abs. 2 des Umwandlungsgesetzes, soweit sie einer Umwandlung im Sinne des § 1 Abs. 1 des Umwandlungsgesetzes entspricht sowie

4.[1] die Vermögensübertragung im Sinne des § 174 des Umwandlungsgesetzes *vom 28. Oktober 1994 (BGBl. I S. 3210, 1995 I S. 428), das zuletzt durch Artikel 10 des Gesetzes vom 9. Dezember 2004 (BGBl. I S. 3214) geändert worden ist, in der jeweils geltenden Fassung.*

2 Diese Teile gelten nicht für die Ausgliederung im Sinne des § 123 Abs. 3 des Umwandlungsgesetzes.

(2)[2] *1 Absatz 1 findet nur Anwendung, wenn*

1. *beim Formwechsel der umwandelnde Rechtsträger oder bei den anderen Umwandlungen die übertragenden und die übernehmenden Rechtsträger nach den Rechtsvorschriften eines Mitgliedstaats der Europäischen Union oder eines Staates, auf den das Abkommen über den Europäischen Wirtschaftsraum Anwendung findet, gegründete Gesellschaften im Sinne des Artikels 54 des Vertrags über die Arbeitsweise der Europäischen Union oder des Artikels 34 des Abkommens über den Europäischen Wirtschaftsraum sind, deren Sitz und Ort der Geschäftsleitung sich innerhalb des Hoheitsgebiets eines dieser Staaten befinden oder*
2. *übertragender Rechtsträger eine Gesellschaft im Sinne der Nummer 1 und übernehmender Rechtsträger eine natürliche Person ist, deren Wohnsitz oder gewöhnlicher Aufenthalt sich innerhalb des Hoheitsgebiets eines der Staaten im Sinne der Nummer 1 befindet und die nicht auf Grund eines Abkommens zur Vermeidung der Doppelbesteuerung mit einem dritten Staat als außerhalb des Hoheitsgebiets dieser Staaten ansässig angesehen wird.*

2 Eine Europäische Gesellschaft im Sinne der Verordnung (EG) Nr. 2157/2001 und eine Europäische Genossenschaft im Sinne der Verordnung (EG) Nr. 1435/2003 gelten für die Anwendung des Satzes 1 als eine nach den Rechtsvorschriften des Staates gegründete Gesellschaft, in dessen Hoheitsgebiet sich der Sitz der Gesellschaft befindet. ***[ab 29.3.2019:*** *3 Eine übertragende Gesellschaft, auf die § 122m des Umwandlungsgesetzes Anwendung findet, gilt als Gesellschaft mit Sitz und Ort der Geschäftsleitung innerhalb des Hoheitsgebiets eines Mitgliedstaats der Europäischen Union.]*

(3) Der Sechste bis Achte Teil gilt nur für

1. die Verschmelzung, Aufspaltung und Abspaltung im Sinne der §§ 2 und 123 Abs. 1 und 2 des Umwandlungsgesetzes von Personenhandelsgesellschaften und Partnerschaftsgesellschaften oder vergleichbare ausländische Vorgänge;
2. die Ausgliederung von Vermögensteilen im Sinne des § 123 Abs. 3 des Umwandlungsgesetzes oder vergleichbare ausländische Vorgänge;
3. den Formwechsel einer Personengesellschaft in eine Kapitalgesellschaft oder Genossenschaft im Sinne des § 190 Abs. 1 des Umwandlungsgesetzes oder vergleichbare ausländische Vorgänge;

---

[1] § 1 Abs. 1 Satz 1 Nr. 4 kursiver Satzteil aufgeh. mWv 1.1.2022 (§ 27 Abs. 18) durch G v. 25.6.2021 (BGBl. I S. 2050).

[2] § 1 Abs. 2 Satz 3 angef. mWv 29.3.2019 durch Brexit-StBG v. 25.3.2019 (BGBl. I S. 357); Abs. 2 aufgeh. mWv 1.1.2022 (§ 27 Abs. 18) durch G v. 25.6.2021 (BGBl. I S. 2050).

4. die Einbringung von Betriebsvermögen durch Einzelrechtsnachfolge in eine Kapitalgesellschaft, eine Genossenschaft oder Personengesellschaft sowie
5. den Austausch von Anteilen.

(4) [1] Absatz 3 gilt nur, wenn

1.[1)] der übernehmende Rechtsträger eine *Gesellschaft im Sinne von Absatz 2 Satz 1 Nr. 1 ist* [***ab 1.1.2022:*** Europäische Gesellschaft im Sinne der Verordnung (EG) Nr. 2157/2001, eine Europäische Genossenschaft im Sinne der Verordnung (EG) Nr. 1435/2003 oder eine andere Gesellschaft im Sinne des Artikels 54 des Vertrags über die Arbeitsweise der Europäischen Union oder des Artikels 34 des Abkommens über den Europäischen Wirtschaftsraum ist, deren Sitz und Ort der Geschäftsleitung sich innerhalb des Hoheitsgebiets eines dieser Staaten befindet,] und
2. in den Fällen des Absatzes 3 Nr. 1 bis 4
   a)[2)] beim Formwechsel der umwandelnde Rechtsträger, bei der Einbringung durch Einzelrechtsnachfolge der einbringende Rechtsträger oder bei den anderen Umwandlungen der übertragende Rechtsträger

[Fassung bis 31.12.2021:]

aa) eine Gesellschaft im Sinne von Absatz 2 Satz 1 Nr. 1 ist und, wenn es sich um eine Personengesellschaft handelt, soweit an dieser Körperschaften, Personenvereinigungen, Vermögensmassen oder natürliche Personen unmittelbar oder mittelbar über eine oder mehrere Personengesellschaften beteiligt sind, die die Voraussetzungen im Sinne von Absatz 2 Satz 1 Nr. 1 und 2 erfüllen, oder

bb) eine natürliche Person im Sinne von Absatz 2 Satz 1 Nr. 2 ist

[Fassung ab 1.1.2022:]

aa) eine natürliche Person ist, deren Wohnsitz oder gewöhnlicher Aufenthalt sich innerhalb des Hoheitsgebiets eines der Staaten im Sinne der Nummer 1 befindet und die nicht auf Grund eines Abkommens zur Vermeidung der Doppelbesteuerung mit einem dritten Staat als außerhalb des Hoheitsgebiets dieser Staaten ansässig angesehen wird, oder

bb) eine Gesellschaft im Sinne der Nummer 1 ist und, wenn es sich um eine Personengesellschaft handelt, soweit an dieser Körperschaften, Personenvereinigungen, Vermögensmassen oder natürliche Personen unmittelbar oder mittelbar über eine oder mehrere Personengesellschaften beteiligt sind, die die Voraussetzungen im Sinne der Nummern 1 und 2 Buchstabe a Doppelbuchstabe aa erfüllen,

oder

[1)] § 1 Abs. 4 Satz 1 Nr. 1 neu gef. mWv 1.1.2022 (§ 27 Abs. 18) durch G v. 25.6.2021 *(BGBl. I S. 2050)*.

[2)] § 1 Abs. 4 Satz 1 Nr. 2 Buchst. a Doppelbuchst. aa und bb neu gef. mWv 1.1.2022 (§ 27 Abs. 18) durch G v. 25.6.2021 (BGBl. I S. 2050).

b) das Recht der Bundesrepublik Deutschland hinsichtlich der Besteuerung des Gewinns aus der Veräußerung der erhaltenen Anteile nicht ausgeschlossen oder beschränkt ist.

[2]Satz 1 ist in den Fällen der Einbringung eines Betriebs, Teilbetriebs oder Mitunternehmeranteils in eine Personengesellschaft nach § 24 nicht anzuwenden.

(5) Soweit dieses Gesetz nichts anderes bestimmt, ist

1.[1)] Richtlinie 2009/133/EG
die Richtlinie 2009/133/EG des Rates vom 19. Oktober 2009 über das gemeinsame Steuersystem für Fusionen, Spaltungen, Abspaltungen, die Einbringung von Unternehmensteilen und den Austausch von Anteilen, die Gesellschaften verschiedener Mitgliedstaaten betreffen, sowie für die Verlegung des Sitzes einer Europäischen Gesellschaft oder einer Europäischen Genossenschaft von einem Mitgliedstaat in einen anderen Mitgliedstaat (ABl. L 310 vom 25.11.2009, S. 34), die zuletzt durch die Richtlinie 2013/13/EU (ABl. L 141 vom 28.5.2013, S. 30) geändert worden ist, in der zum Zeitpunkt des steuerlichen Übertragungsstichtags jeweils geltenden Fassung;

2. Verordnung (EG) Nr. 2157/2001
die Verordnung (EG) Nr. 2157/2001 des Rates vom 8. Oktober 2001 über das Statut der Europäischen Gesellschaft (SE) (ABl. EG Nr. L 294 S. 1), zuletzt geändert durch die Verordnung (EG) Nr. 885/2004 des Rates vom 26. April 2004 (ABl. EU Nr. L 168 S. 1), in der zum Zeitpunkt des steuerlichen Übertragungsstichtags jeweils geltenden Fassung;

3. Verordnung (EG) Nr. 1435/2003
die Verordnung (EG) Nr. 1435/2003 des Rates vom 22. Juli 2003 über das Statut der Europäischen Genossenschaften (SCE) (ABl. EU Nr. L 207 S. 1) in der zum Zeitpunkt des steuerlichen Übertragungsstichtags jeweils geltenden Fassung;

4. Buchwert
der Wert, der sich nach den steuerrechtlichen Vorschriften über die Gewinnermittlung in einer für den steuerlichen Übertragungsstichtag aufzustellenden Steuerbilanz ergibt oder ergäbe.

§ 2 Steuerliche Rückwirkung. (1) [1]Das Einkommen und das Vermögen der übertragenden Körperschaft sowie des übernehmenden Rechtsträgers sind so zu ermitteln, als ob das Vermögen der Körperschaft mit Ablauf des Stichtags der Bilanz, die dem Vermögensübergang zu Grunde liegt (steuerlicher Übertragungsstichtag), ganz oder teilweise auf den übernehmenden Rechtsträger übergegangen wäre. [2]Das Gleiche gilt für die Ermittlung der Bemessungsgrundlagen bei der Gewerbesteuer.

(2) Ist die Übernehmerin eine Personengesellschaft, gilt Absatz 1 Satz 1 für das Einkommen und das Vermögen der Gesellschafter.

(3) Die Absätze 1 und 2 sind nicht anzuwenden, soweit Einkünfte auf Grund abweichender Regelungen zur Rückbeziehung eines in § 1 Abs. 1

[1)] § 1 Abs. 5 Nr. 1 neu gef. mWv 31.7.2014 durch G v. 25.7.2014 (BGBl. I S. 1266).

bezeichneten Vorgangs in einem anderen Staat der Besteuerung entzogen werden.

(4)[1] [1]Der Ausgleich oder die Verrechnung eines Übertragungsgewinns mit verrechenbaren Verlusten, verbleibenden Verlustvorträgen, nicht ausgeglichenen negativen Einkünften, einem Zinsvortrag nach § 4h Absatz 1 Satz 5 des Einkommensteuergesetzes und einem EBITDA-Vortrag nach § 4h Absatz 1 Satz 3 des Einkommensteuergesetzes (Verlustnutzung) des übertragenden Rechtsträgers ist nur zulässig, wenn dem übertragenden Rechtsträger die Verlustnutzung auch ohne Anwendung der Absätze 1 und 2 möglich gewesen wäre. [2]Satz 1 gilt für negative Einkünfte des übertragenden Rechtsträgers im Rückwirkungszeitraum entsprechend. [3]Der Ausgleich oder die Verrechnung von positiven Einkünften des übertragenden Rechtsträgers im Rückwirkungszeitraum mit verrechenbaren Verlusten, verbleibenden Verlustvorträgen, nicht ausgeglichenen negativen Einkünften und einem Zinsvortrag nach § 4h Absatz 1 Satz 5 des Einkommensteuergesetzes des übernehmenden Rechtsträgers ist nicht zulässig. [4]Ist übernehmender Rechtsträger eine Organgesellschaft, gilt Satz 3 auch für einen Ausgleich oder eine Verrechnung beim Organträger entsprechend. [5]Ist übernehmender Rechtsträger eine Personengesellschaft, gilt Satz 3 auch für einen Ausgleich oder eine Verrechnung bei den Gesellschaftern entsprechend. [6]Die Sätze 3 bis 5 gelten nicht, wenn übertragender Rechtsträger und übernehmender Rechtsträger vor Ablauf des steuerlichen Übertragungsstichtags verbundene Unternehmen im Sinne des § 271 Absatz 2 des Handelsgesetzbuches sind.[2]

(5)[3] [1]Unbeschadet anderer Vorschriften ist der Ausgleich oder die sonstige Verrechnung negativer Einkünfte des übernehmenden Rechtsträgers, die von diesem infolge der Anwendung der Absätze 1 und 2 erzielt werden, auch insoweit nicht zulässig, als die negativen Einkünfte auf der Veräußerung oder der Bewertung von Finanzinstrumenten oder Anteilen an einer Körperschaft beruhen. [2]Als negative Einkünfte im Sinne des Satzes 1 gelten auch Aufwendungen außerhalb des Rückwirkungszeitraums, die darauf beruhen, dass Finanzinstrumente oder Anteile an einer Körperschaft, die dem übernehmenden Rechtsträger auf Grund der Anwendung der Absätze 1 und 2 zugerechnet werden, bis zu dem in Satz 4 bezeichneten Zeitpunkt veräußert werden oder nach den Sätzen 3 und 4 als veräußert gelten. [3]Als Veräußerung im Sinne der Sätze 1 und 2 gilt auch die Einlösung, Rückzahlung, Abtretung, Entnahme, verdeckte Einlage in eine Kapitalgesellschaft oder ein sonstiger ertragsteuerlich einer Veräußerung gleichgestellter Vorgang. [4]Mit Ablauf des nach der Umwandlung endenden Gewinnermittlungszeitraums nach § 4a des Einkommensteuergesetzes oder in anderen Fällen mit Ablauf des nach der Umwandlung endenden Kalenderjahrs noch nicht veräußerte oder nach Satz 3 als

---

[1] § 2 Abs. 4 angef. durch G v. 19.12.2008 (BGBl. I S. 2794); zur Anwendung siehe § 27 Abs. 9; Satz 1 geänd. durch G v. 22.12.2009 (BGBl. I S. 3950); zur Anwendung siehe § 27 Abs. 10.

[2] § 2 Abs. 4 Sätze 3 bis 6 angef. durch G v. 26.6.2013 (BGBl. I S. 1809); zur Anwendung *siehe § 27 Abs. 12.*

[3] § 2 Abs. 5 angef. durch G v. 2.6.2021 (BGBl. I S. 1259); zur Anwendung siehe § 27 Abs. 16.

veräußert geltende Wirtschaftsgüter im Sinne des Satzes 2 gelten zu diesem Zeitpunkt als zum gemeinen Wert veräußert und wieder angeschafft. [5] Satz 2 findet keine Anwendung, soweit die Finanzinstrumente oder Anteile an einer Körperschaft ohne die Anwendung der Absätze 1 und 2 beim übertragenden Rechtsträger in dessen steuerlicher Schlussbilanz mit einem anderen als dem gemeinen Wert hätten angesetzt werden können. [6] Die Sätze 1 bis 5 finden keine Anwendung, wenn der Steuerpflichtige nachweist, dass die Verrechnung negativer Einkünfte im Sinne der Sätze 1 und 2 kein Haupt- oder Nebenzweck der Umwandlung war. [7] Ist der übernehmende Rechtsträger an den Finanzinstrumenten oder Anteilen an einer Körperschaft unmittelbar oder mittelbar über eine oder mehrere Personengesellschaften beteiligt, gelten die Sätze 2 bis 6 sinngemäß für Aufwendungen und Einkünfteminderungen infolge der Veräußerung oder eines niedrigeren Wertansatzes der Finanzinstrumente oder Anteile beziehungsweise infolge der Veräußerung von Anteilen an den Personengesellschaften oder deren Auflösung.

Zweiter Teil. Vermögensübergang bei Verschmelzung auf eine Personengesellschaft oder auf eine natürliche Person und Formwechsel einer Kapitalgesellschaft in eine Personengesellschaft

§ 3 Wertansätze in der steuerlichen Schlussbilanz der übertragenden Körperschaft. (1) [1] Bei einer Verschmelzung auf eine Personengesellschaft oder natürliche Person sind die übergehenden Wirtschaftsgüter, einschließlich nicht entgeltlich erworbener und selbst geschaffener immaterieller Wirtschaftsgüter, in der steuerlichen Schlussbilanz der übertragenden Körperschaft mit dem gemeinen Wert anzusetzen. [2] Für die Bewertung von Pensionsrückstellungen gilt § 6a des Einkommensteuergesetzes.

(2) [1] Auf Antrag können die übergehenden Wirtschaftsgüter abweichend von Absatz 1 einheitlich mit dem Buchwert oder einem höheren Wert, höchstens jedoch mit dem Wert nach Absatz 1, angesetzt werden, soweit

1. sie Betriebsvermögen der übernehmenden Personengesellschaft oder natürlichen Person werden und sichergestellt ist, dass sie später der Besteuerung mit Einkommensteuer oder Körperschaftsteuer unterliegen, und
2. das Recht der Bundesrepublik Deutschland hinsichtlich der Besteuerung des Gewinns aus der Veräußerung der übertragenen Wirtschaftsgüter bei den Gesellschaftern der übernehmenden Personengesellschaft oder bei der natürlichen Person nicht ausgeschlossen oder beschränkt wird und
3. eine Gegenleistung nicht gewährt wird oder in Gesellschaftsrechten besteht.

[2] Der Antrag ist spätestens bis zur erstmaligen Abgabe der steuerlichen Schlussbilanz bei dem für die Besteuerung der übertragenden Körperschaft zuständigen Finanzamt zu stellen.

(3) [1] Haben die Mitgliedstaaten der Europäischen Union bei Verschmelzung einer unbeschränkt steuerpflichtigen Körperschaft Artikel 10 der Richtlinie

2009/133/EG anzuwenden, ist die Körperschaftsteuer auf den Übertragungsgewinn gemäß § 26 des Körperschaftsteuergesetzes um den Betrag ausländischer Steuer zu ermäßigen, der nach den Rechtsvorschriften eines anderen Mitgliedstaats der Europäischen Union erhoben worden wäre, wenn die übertragenen Wirtschaftsgüter zum gemeinen Wert veräußert worden wären. 2 Satz 1 gilt nur, soweit die übertragenen Wirtschaftsgüter einer Betriebsstätte der übertragenden Körperschaft in einem anderen Mitgliedstaat der Europäischen Union zuzurechnen sind und die Bundesrepublik Deutschland die Doppelbesteuerung bei der übertragenden Körperschaft nicht durch Freistellung vermeidet.

§ 4 Auswirkungen auf den Gewinn des übernehmenden Rechtsträgers. (1) 1 Der übernehmende Rechtsträger hat die auf ihn übergegangenen Wirtschaftsgüter mit dem in der steuerlichen Schlussbilanz der übertragenden Körperschaft enthaltenen Wert im Sinne des § 3 zu übernehmen. 2 Die Anteile an der übertragenden Körperschaft sind bei dem übernehmenden Rechtsträger zum steuerlichen Übertragungsstichtag mit dem Buchwert, erhöht um Abschreibungen, die in früheren Jahren steuerwirksam vorgenommen worden sind, sowie um Abzüge nach § 6b des Einkommensteuergesetzes und ähnliche Abzüge, höchstens mit dem gemeinen Wert, anzusetzen. 3 Auf einen sich daraus ergebenden Gewinn finden § 8b Abs. 2 Satz 4 und 5 des Körperschaftsteuergesetzes sowie § 3 Nr. 40 Satz 1 Buchstabe a Satz 2 und 3 des Einkommensteuergesetzes Anwendung.

(2)[1)] 1 Der übernehmende Rechtsträger tritt in die steuerliche Rechtsstellung der übertragenden Körperschaft ein, insbesondere bezüglich der Bewertung der übernommenen Wirtschaftsgüter, der Absetzungen für Abnutzung und der den steuerlichen Gewinn mindernden Rücklagen. 2 Verrechenbare Verluste, verbleibende Verlustvorträge, vom übertragenden Rechtsträger nicht ausgeglichene negative Einkünfte, ein Zinsvortrag nach § 4h Absatz 1 Satz 5 des Einkommensteuergesetzes und ein EBITDA-Vortrag nach § 4h Absatz 1 Satz 3 des Einkommensteuergesetzes gehen nicht über. 3 Ist die Dauer der Zugehörigkeit eines Wirtschaftsguts zum Betriebsvermögen für die Besteuerung bedeutsam, so ist der Zeitraum seiner Zugehörigkeit zum Betriebsvermögen der übertragenden Körperschaft dem übernehmenden Rechtsträger anzurechnen. 4 Ist die übertragende Körperschaft eine Unterstützungskasse, erhöht sich der laufende Gewinn des übernehmenden Rechtsträgers in dem Wirtschaftsjahr, in das der Umwandlungsstichtag fällt, um die von ihm, seinen Gesellschaftern oder seinen Rechtsvorgängern an die Unterstützungskasse geleisteten Zuwendungen nach § 4d des Einkommensteuergesetzes; § 15 Abs. 1 Satz 1 Nr. 2 Satz 2 des Einkommensteuergesetzes gilt sinngemäß. 5 In Höhe der nach Satz 4 hinzugerechneten Zuwendungen erhöht sich der Buchwert der Anteile an der Unterstützungskasse.

(3) Sind die übergegangenen Wirtschaftsgüter in der steuerlichen Schlussbilanz der übertragenden Körperschaft mit einem über dem Buchwert liegenden

---

[1)] *§ 4 Abs. 2 Satz 2* geänd. durch G v. 14.8.2007 (BGBl. I S. 1912); zur erstmaligen Anwendung siehe § 27 Abs. 5; geänd. durch G v. 22.12.2009 (BGBl. I S. 3950); zur Anwendung siehe § 27 Abs. 10.

Wert angesetzt, sind die Absetzungen für Abnutzung bei dem übernehmenden Rechtsträger in den Fällen des § 7 Abs. 4 Satz 1 und Abs. 5 des Einkommensteuergesetzes nach der bisherigen Bemessungsgrundlage, in allen anderen Fällen nach dem Buchwert, jeweils vermehrt um den Unterschiedsbetrag zwischen dem Buchwert der einzelnen Wirtschaftsgüter und dem Wert, mit dem die Körperschaft die Wirtschaftsgüter in der steuerlichen Schlussbilanz angesetzt hat, zu bemessen.

(4) [1] Infolge des Vermögensübergangs ergibt sich ein Übernahmegewinn oder Übernahmeverlust in Höhe des Unterschiedsbetrags zwischen dem Wert, mit dem die übergegangenen Wirtschaftsgüter zu übernehmen sind, abzüglich der Kosten für den Vermögensübergang und dem Wert der Anteile an der übertragenden Körperschaft (Absätze 1 und 2, § 5 Abs. 2 und 3). [2] Für die Ermittlung des Übernahmegewinns oder Übernahmeverlusts sind abweichend von Satz 1 die übergegangenen Wirtschaftsgüter der übertragenden Körperschaft mit dem Wert nach § 3 Abs. 1 anzusetzen, soweit an ihnen kein Recht der Bundesrepublik Deutschland zur Besteuerung des Gewinns aus einer Veräußerung bestand. [3] Bei der Ermittlung des Übernahmegewinns oder des Übernahmeverlusts bleibt der Wert der übergegangenen Wirtschaftsgüter außer Ansatz, soweit er auf Anteile an der übertragenden Körperschaft entfällt, die am steuerlichen Übertragungsstichtag nicht zum Betriebsvermögen des übernehmenden Rechtsträgers gehören.

(5)[1)] [1] *Ein Übernahmegewinn erhöht sich und ein Übernahmeverlust verringert sich um einen Sperrbetrag im Sinne des § 50c des Einkommensteuergesetzes, soweit die Anteile an der übertragenden Körperschaft am steuerlichen Übertragungsstichtag zum Betriebsvermögen des übernehmenden Rechtsträgers gehören.* Ein Übernahmegewinn vermindert sich oder ein Übernahmeverlust erhöht sich um die Bezüge, die nach § 7 zu den Einkünften aus Kapitalvermögen im Sinne des § 20 Abs. 1 Nr. 1 des Einkommensteuergesetzes gehören.

(6) [1] Ein Übernahmeverlust bleibt außer Ansatz, soweit er auf eine Körperschaft, Personenvereinigung oder Vermögensmasse als Mitunternehmerin der Personengesellschaft entfällt. [2] Satz 1 gilt nicht für Anteile an der übertragenden Gesellschaft, die die Voraussetzungen des § 8b Abs. 7 oder des Abs. 8 Satz 1 des Körperschaftsteuergesetzes erfüllen. [3] In den Fällen des Satzes 2 ist der Übernahmeverlust bis zur Höhe der Bezüge im Sinne des § 7 zu berücksichtigen. [4] In den übrigen Fällen ist er in Höhe von 60 Prozent, höchstens jedoch in Höhe von 60 Prozent[2)] der Bezüge im Sinne des § 7 zu berücksichtigen; ein danach verbleibender Übernahmeverlust bleibt außer Ansatz. [5] Satz 4 gilt nicht für Anteile an der übertragenden Gesellschaft, die die Voraussetzungen des § 3 Nr. 40 Satz 3 und 4 des Einkommensteuergesetzes erfüllen; in diesen Fällen gilt Satz 3 entsprechend.[3)] [6] Ein Übernahmeverlust bleibt abweichend von den Sätzen 2 bis 5[3)] außer Ansatz, soweit bei Veräußerung

---

[1)] § 4 Abs. 5 Satz 1 aufgeh. (§ 50c EStG ist mWv 1.9.2009 weggefallen) durch G v. 2.6.2021 (BGBl. I S. 1259); zur weiteren Anwendung siehe § 27 Abs. 17.

[2)] § 4 Abs. 6 Satz 4 geänd. durch G v. 19.12.2008 (BGBl. I S. 2794); zur Anwendung siehe § 27 Abs. 8.

[3)] § 4 Abs. 6 Satz 5 eingef., bish. Satz 5 wird Satz 6 und geänd., Abs. 7 Satz 2 geänd. durch G v. 19.12.2008 (BGBl. I S. 2794); zur Anwendung siehe § 27 Abs. 8.

der Anteile an der übertragenden Körperschaft ein Veräußerungsverlust nach § 17 Abs. 2 Satz 6[1] des Einkommensteuergesetzes nicht zu berücksichtigen wäre oder soweit die Anteile an der übertragenden Körperschaft innerhalb der letzten fünf Jahre vor dem steuerlichen Übertragungsstichtag entgeltlich erworben wurden.

(7)[1] [1]Soweit der Übernahmegewinn auf eine Körperschaft, Personenvereinigung oder Vermögensmasse als Mitunternehmerin der Personengesellschaft entfällt, ist § 8b des Körperschaftsteuergesetzes anzuwenden. [2]In den übrigen Fällen ist § 3 Nr. 40 sowie § 3c des Einkommensteuergesetzes anzuwenden.

§ 5 Besteuerung der Anteilseigner der übertragenden Körperschaft. (1) Hat der übernehmende Rechtsträger Anteile an der übertragenden Körperschaft nach dem steuerlichen Übertragungsstichtag angeschafft oder findet er einen Anteilseigner ab, so ist sein Gewinn so zu ermitteln, als hätte er die Anteile an diesem Stichtag angeschafft.

(2) Anteile an der übertragenden Körperschaft im Sinne des § 17 des Einkommensteuergesetzes, die an dem steuerlichen Übertragungsstichtag nicht zu einem Betriebsvermögen eines Gesellschafters der übernehmenden Personengesellschaft oder einer natürlichen Person gehören, gelten für die Ermittlung des Gewinns als an diesem Stichtag in das Betriebsvermögen des übernehmenden Rechtsträgers mit den Anschaffungskosten eingelegt.

(3) [1]Gehören an dem steuerlichen Übertragungsstichtag Anteile an der übertragenden Körperschaft zum Betriebsvermögen eines Anteilseigners, ist der Gewinn so zu ermitteln, als seien die Anteile an diesem Stichtag zum Buchwert, erhöht um Abschreibungen sowie um Abzüge nach § 6b des Einkommensteuergesetzes und ähnliche Abzüge, die in früheren Jahren steuerwirksam vorgenommen worden sind, höchstens mit dem gemeinen Wert, in das Betriebsvermögen des übernehmenden Rechtsträgers überführt worden. [2]§ 4 Abs. 1 Satz 3 gilt entsprechend.

§ 6 Gewinnerhöhung durch Vereinigung von Forderungen und Verbindlichkeiten. (1) [1]Erhöht sich der Gewinn des übernehmenden Rechtsträgers dadurch, dass der Vermögensübergang zum Erlöschen von Forderungen und Verbindlichkeiten zwischen der übertragenden Körperschaft und dem übernehmenden Rechtsträger oder zur Auflösung von Rückstellungen führt, so darf der übernehmende Rechtsträger insoweit eine den steuerlichen Gewinn mindernde Rücklage bilden. [2]Die Rücklage ist in den auf ihre Bildung folgenden drei Wirtschaftsjahren mit mindestens je einem Drittel gewinnerhöhend aufzulösen.

(2) [1]Absatz 1 gilt entsprechend, wenn sich der Gewinn eines Gesellschafters des übernehmenden Rechtsträgers dadurch erhöht, dass eine Forderung oder Verbindlichkeit der übertragenden Körperschaft auf den übernehmenden Rechtsträger übergeht oder dass infolge des Vermögensübergangs eine Rückstellung aufzulösen ist. [2]Satz 1 gilt nur für Gesellschafter, die im Zeitpunkt der

---

[1] § 4 Abs. 6 Satz 5 eingef., bish. Satz 5 wird Satz 6 und geänd., Abs. 7 Satz 2 geänd. durch G v. 19.12.2008 (BGBl. I S. 2794); zur Anwendung siehe § 27 Abs. 8.

Eintragung des Umwandlungsbeschlusses in das öffentliche Register an dem übernehmenden Rechtsträger beteiligt sind.

(3) [1]Die Anwendung der Absätze 1 und 2 entfällt rückwirkend, wenn der übernehmende Rechtsträger den auf ihn übergegangenen Betrieb innerhalb von fünf Jahren nach dem steuerlichen Übertragungsstichtag in eine Kapitalgesellschaft einbringt oder ohne triftigen Grund veräußert oder aufgibt. [2]Bereits erteilte Steuerbescheide, Steuermessbescheide, Freistellungsbescheide oder Feststellungsbescheide sind zu ändern, soweit sie auf der Anwendung der Absätze 1 und 2 beruhen.

§ 7 Besteuerung offener Rücklagen. [1]Dem Anteilseigner ist der Teil des in der Steuerbilanz ausgewiesenen Eigenkapitals abzüglich des Bestands des steuerlichen Einlagekontos im Sinne des § 27 des Körperschaftsteuergesetzes, der sich nach Anwendung des § 29 Abs. 1 des Körperschaftsteuergesetzes ergibt, in dem Verhältnis der Anteile zum Nennkapital der übertragenden Körperschaft als Einnahmen aus Kapitalvermögen im Sinne des § 20 Abs. 1 Nr. 1 des Einkommensteuergesetzes zuzurechnen. [2]Dies gilt unabhängig davon, ob für den Anteilseigner ein Übernahmegewinn oder Übernahmeverlust nach § 4 oder § 5 ermittelt wird.

§ 8 Vermögensübergang auf einen Rechtsträger ohne Betriebsvermögen. (1) [1]Wird das übertragene Vermögen nicht Betriebsvermögen des übernehmenden Rechtsträgers, sind die infolge des Vermögensübergangs entstehenden Einkünfte bei diesem oder den Gesellschaftern des übernehmenden Rechtsträgers zu ermitteln. [2]Die §§ 4, 5 und 7 gelten entsprechend.

(2) In den Fällen des Absatzes 1 sind § 17 Abs. 3 und § 22 Nr. 2 des Einkommensteuergesetzes nicht anzuwenden.

§ 9[1)] Formwechsel in eine Personengesellschaft. [1]Im Falle des Formwechsels einer Kapitalgesellschaft in eine Personengesellschaft sind die §§ 3 bis 8 und 10 entsprechend anzuwenden. [2]Die Kapitalgesellschaft hat für steuerliche Zwecke auf den Zeitpunkt, in dem der Formwechsel wirksam wird, eine Übertragungsbilanz, die Personengesellschaft eine Eröffnungsbilanz aufzustellen. [3]Die Bilanzen nach Satz 2 können auch für einen Stichtag aufgestellt werden, der höchstens acht Monate vor der Anmeldung des Formwechsels zur Eintragung in ein öffentliches Register liegt (Übertragungsstichtag); § 2 Absatz 3 bis 5[2)] gilt entsprechend.

§ 10.[3)] *(aufgehoben)*

[1)] Zur Anwendung siehe § 27 Abs. 15.

[2)] Verweis geänd. durch G v. 22.12.2009 (BGBl. I S. 3950); zur Anwendung siehe § 27 Abs. 10; geänd. durch G v. 2.6.2021 (BGBl. I S. 1259); zur Anwendung siehe § 27 Abs. 16.

[3)] § 10 aufgeh. durch G v. 20.12 2007 (BGBl. I S. 3150); zur Anwendung siehe § 27 Abs. 6.

Dritter Teil. Verschmelzung oder Vermögensübertragung (Vollübertragung) auf eine andere Körperschaft

§ 11 Wertansätze in der steuerlichen Schlussbilanz der übertragenden Körperschaft. (1) [1]Bei einer Verschmelzung oder Vermögensübertragung (Vollübertragung) auf eine andere Körperschaft sind die übergehenden Wirtschaftsgüter, einschließlich nicht entgeltlich erworbener oder selbst geschaffener immaterieller Wirtschaftsgüter, in der steuerlichen Schlussbilanz der übertragenden Körperschaft mit dem gemeinen Wert anzusetzen. [2]Für die Bewertung von Pensionsrückstellungen gilt § 6a des Einkommensteuergesetzes.

(2) [1]Auf Antrag können die übergehenden Wirtschaftsgüter abweichend von Absatz 1 einheitlich mit dem Buchwert oder einem höheren Wert, höchstens jedoch mit dem Wert nach Absatz 1, angesetzt werden, soweit

1. sichergestellt ist, dass sie später bei der übernehmenden Körperschaft der Besteuerung mit Körperschaftsteuer unterliegen und
2. das Recht der Bundesrepublik Deutschland hinsichtlich der Besteuerung des Gewinns aus der Veräußerung der übertragenen Wirtschaftsgüter bei der übernehmenden Körperschaft nicht ausgeschlossen oder beschränkt wird und
3. eine Gegenleistung nicht gewährt wird oder in Gesellschaftsrechten besteht.

[2]Anteile an der übernehmenden Körperschaft sind mindestens mit dem Buchwert, erhöht um Abschreibungen sowie um Abzüge nach § 6b des Einkommensteuergesetzes und ähnliche Abzüge, die in früheren Jahren steuerwirksam vorgenommen worden sind, höchstens mit dem gemeinen Wert,

(Fortsetzung nächste Seite)

desrepublik Deutschland hinsichtlich der Besteuerung des Gewinns aus der Veräußerung des eingebrachten Betriebsvermögens im Zeitpunkt der Einbringung ausgeschlossen und wird dieses auch nicht durch die Einbringung begründet, gilt für den Einbringenden insoweit der gemeine Wert des Betriebsvermögens im Zeitpunkt der Einbringung als Anschaffungskosten der Anteile. 3 Soweit neben den Gesellschaftsanteilen auch andere Wirtschaftsgüter gewährt werden, ist deren gemeiner Wert bei der Bemessung der Anschaffungskosten der Gesellschaftsanteile von dem sich nach den Sätzen 1 und 2 ergebenden Wert abzuziehen. 4 Umfasst das eingebrachte Betriebsvermögen auch einbringungsgeborene Anteile im Sinne von § 21 Abs. 1 in der Fassung der Bekanntmachung vom 15. Oktober 2002 (BGBl. I S. 4133, 2003 I S. 738), geändert durch Artikel 3 des Gesetzes vom 16. Mai 2003 (BGBl. I S. 660), gelten die erhaltenen Anteile insoweit auch als einbringungsgeboren im Sinne von § 21 Abs. 1 in der Fassung der Bekanntmachung vom 15. Oktober 2002 (BGBl. I S. 4133, 2003 I S. 738), geändert durch Artikel 3 des Gesetzes vom 16. Mai 2003 (BGBl. I S. 660).

(4) 1 Auf einen bei der Sacheinlage entstehenden Veräußerungsgewinn ist § 16 Abs. 4 des Einkommensteuergesetzes nur anzuwenden, wenn der Einbringende eine natürliche Person ist, es sich nicht um die Einbringung von Teilen eines Mitunternehmeranteils handelt und die übernehmende Gesellschaft das eingebrachte Betriebsvermögen mit dem gemeinen Wert ansetzt. 2 In diesen Fällen ist § 34 Abs. 1 und 3 des Einkommensteuergesetzes nur anzuwenden, soweit der Veräußerungsgewinn nicht nach § 3 Nr. 40 Satz 1 in Verbindung mit § 3c Abs. 2 des Einkommensteuergesetzes teilweise steuerbefreit ist.

(5) 1 Das Einkommen und das Vermögen des Einbringenden und der übernehmenden Gesellschaft sind auf Antrag so zu ermitteln, als ob das eingebrachte Betriebsvermögen mit Ablauf des steuerlichen Übertragungsstichtags (Absatz 6) auf die Übernehmerin übergegangen wäre. 2 Dies gilt hinsichtlich des Einkommens und des Gewerbeertrags nicht für Entnahmen und Einlagen, die nach dem steuerlichen Übertragungsstichtag erfolgen. 3 Die Anschaffungskosten der Anteile (Absatz 3) sind um den Buchwert der Entnahmen zu vermindern und um den sich nach § 6 Abs. 1 Nr. 5 des Einkommensteuergesetzes ergebenden Wert der Einlagen zu erhöhen.

(6)[1] 1 Als steuerlicher Übertragungsstichtag (Einbringungszeitpunkt) darf in den Fällen der Sacheinlage durch Verschmelzung im Sinne des § 2 des Umwandlungsgesetzes der Stichtag angesehen werden, für den die Schlussbilanz jedes der übertragenden Unternehmen im Sinne des § 17 Abs. 2 des Umwandlungsgesetzes aufgestellt ist; dieser Stichtag darf höchstens acht Monate vor der Anmeldung der Verschmelzung zur Eintragung in das Handelsregister liegen. 2 Entsprechendes gilt, wenn Vermögen im Wege der Sacheinlage durch Aufspaltung, Abspaltung oder Ausgliederung nach § 123 des Umwandlungsgesetzes auf die übernehmende Gesellschaft übergeht. 3 In anderen Fällen der Sacheinlage darf die Einbringung auf einen Tag zurückbezogen werden, der höchstens acht Monate vor dem Tag des Abschlusses des Einbringungsvertrags

---

[1] Zur Anwendung siehe § 27 Abs. 15.

liegt und höchstens acht Monate vor dem Zeitpunkt liegt, an dem das eingebrachte Betriebsvermögen auf die übernehmende Gesellschaft übergeht. [4] § 2 Absatz 3 bis 5[1)] gilt entsprechend.

(7) § 3 Abs. 3 ist entsprechend anzuwenden.

(8) Ist eine gebietsfremde einbringende oder erworbene Gesellschaft im Sinne von Artikel 3 der Richtlinie 2009/133/EG[2)] als steuerlich transparent anzusehen, ist auf Grund Artikel 11[2)] der Richtlinie 2009/133/EG die ausländische Steuer, die nach den Rechtsvorschriften des anderen Mitgliedstaats der Europäischen Union erhoben worden wäre, wenn die einer in einem anderen Mitgliedstaat belegenen Betriebsstätte zuzurechnenden eingebrachten Wirtschaftsgüter zum gemeinen Wert veräußert worden wären, auf die auf den Einbringungsgewinn entfallende Körperschaftsteuer oder Einkommensteuer unter entsprechender Anwendung von § 26 *Abs. 6*[2)] des Körperschaftsteuergesetzes und von den §§ 34c und 50 Absatz 3[2)] des Einkommensteuergesetzes anzurechnen.

(9)[3)] Ein Zinsvortrag nach § 4h Abs. 1 Satz 5 des Einkommensteuergesetzes und ein EBITDA-Vortrag nach § 4h Absatz 1 Satz 3 des Einkommensteuergesetzes des eingebrachten Betriebs gehen nicht auf die übernehmende Gesellschaft über.

§ 21 Bewertung der Anteile beim Anteilstausch. (1)[4)] [1] Werden Anteile an einer Kapitalgesellschaft oder einer Genossenschaft (erworbene Gesellschaft) in eine Kapitalgesellschaft oder Genossenschaft (übernehmende Gesellschaft) gegen Gewährung neuer Anteile an der übernehmenden Gesellschaft eingebracht (Anteilstausch), hat die übernehmende Gesellschaft die eingebrachten Anteile mit dem gemeinen Wert anzusetzen. [2] Abweichend von Satz 1 können die eingebrachten Anteile auf Antrag mit dem Buchwert oder einem höheren Wert, höchstens jedoch mit dem gemeinen Wert, angesetzt werden, wenn

1. die übernehmende Gesellschaft nach der Einbringung auf Grund ihrer Beteiligung einschließlich der eingebrachten Anteile nachweisbar unmittelbar die Mehrheit der Stimmrechte an der erworbenen Gesellschaft hat (qualifizierter Anteilstausch) und soweit
2. der gemeine Wert von sonstigen Gegenleistungen, die neben den neuen Anteilen gewährt werden, nicht mehr beträgt als

   a) 25 Prozent des Buchwerts der eingebrachten Anteile oder

---

1) § 20 Abs. 6 Satz 4 Hinweis auf § 2 Abs. 4 eingef. durch G v. 19.12.2008 (BGBl. I S. 2794); zur Anwendung siehe § 27 Abs. 9; geänd. durch G v. 2.6.2021 (BGBl. I S. 1259); zur Anwendung siehe § 27 Abs. 16.

2) Verweise geänd. durch G v. 25.7.2014 (BGBl. I S. 1266); zur Anwendung siehe § 27 Abs. 13.

3) § 20 Abs. 9 neu gef. durch G v. 22.12.2009 (BGBl. I S. 3950); zur Anwendung siehe *§ 27 Abs. 10*.

4) § 21 Abs. 1 Sätze 2 und 3 neu gef., Satz 4 angef. durch G v. 2.11.2015 (BGBl. I S. 1834); zur Anwendung siehe § 27 Abs. 14.

sind erstmals auf Einbringungen anzuwenden, wenn in den Fällen der Gesamtrechtsnachfolge der Umwandlungsbeschluss nach dem 31. Dezember 2014 erfolgt ist oder in den anderen Fällen der Einbringungsvertrag nach dem 31. Dezember 2014 geschlossen worden ist.

(15)[1)] [1]§ 9 Satz 3 sowie § 20 Absatz 6 Satz 1 und 3 sind mit der Maßgabe anzuwenden, dass an die Stelle des Zeitraums von acht Monaten ein Zeitraum von zwölf Monaten tritt, wenn die Anmeldung zur Eintragung oder der Abschluss des Einbringungsvertrags im Jahr 2020 erfolgt. [2]Erlässt das Bundesministerium der Justiz und für Verbraucherschutz eine Rechtsverordnung auf Grundlage des § 8 in Verbindung mit § 4 des Gesetzes über Maßnahmen im Gesellschafts-, Genossenschafts-, Vereins-, Stiftungs- und Wohnungseigentumsrecht zur Bekämpfung der Auswirkungen der COVID-19-Pandemie vom 27. März 2020 (BGBl. I S. 569, 570), wird das Bundesministerium der Finanzen ermächtigt, durch Rechtsverordnung mit Zustimmung des Bundesrates die Geltung des Satzes 1 für Anmeldungen zur Eintragung und Einbringungsvertragsabschlüsse zu verlängern, die bis zu dem Tag erfolgen, der in der Rechtsverordnung des Bundesministeriums der Justiz und für Verbraucherschutz festgelegt wurde.

(16)[2)] [1]§ 2 Absatz 5, § 9 Satz 3 zweiter Halbsatz und § 20 Absatz 5 Satz 4 in der Fassung des Artikels 4 des Gesetzes vom 2. Juni 2021 (BGBl. I S. 1259) sind erstmals auf Umwandlungen und Einbringungen anzuwenden, bei denen die Anmeldung zur Eintragung in das für die Wirksamkeit des Vorgangs maßgebende öffentliche Register beziehungsweise bei Einbringungen der Übergang des wirtschaftlichen Eigentums nach dem 20. November 2020 erfolgt. [2]Abweichend von Satz 1 sind § 2 Absatz 5, § 9 Satz 3 zweiter Halbsatz und § 20 Absatz 6 Satz 4 in der Fassung des Artikels 4 des Gesetzes vom 2. Juni 2021 (BGBl. I S. 1259) auch in anderen offenen Fällen anzuwenden, in denen die äußeren Umstände darauf schließen lassen, dass die Verrechnung übergehender stiller Lasten wesentlicher Zweck der Umwandlung oder Einbringung war und der Steuerpflichtige dies nicht widerlegen kann.

(17)[3)] § 4 Absatz 5 Satz 1 in der am 8. Juni 2021 geltenden Fassung ist weiterhin anzuwenden, soweit die Anteile an der übertragenden Körperschaft am steuerlichen Übertragungsstichtag zum Betriebsvermögen des übernehmenden Rechtsträgers gehören und mit einem Sperrbetrag im Sinne des § 50c des Einkommensteuergesetzes in der Fassung des Gesetzes vom 24. März 1999 (BGBl. I S. 402) behaftet sind.

(18)[4)] § 1 in der Fassung des Artikels 3 des Gesetzes vom 25 Juni 2021 (BGBl. I S. 2050) ist erstmals auf Umwandlungen und Einbringungen anzuwenden, deren steuerlicher Übertragungsstichtag nach dem 31. Dezember 2021 liegt.

[1)] § 27 Abs. 15 angef. durch G v. 19.6.2020 (BGBl. I S. 1385).
[2)] § 27 Abs. 16 angef. durch G. v. 2.6.2021 (BGBl. I S. 1259).
[3)] § 27 Abs. 17 angef. durch G v. 2.6.2021 (BGBl. I S. 1259).
[4)] § 27 Abs. 18 angef. durch G v. 25.6.2021 (BGBl. I S. 2050).

§ 28 Bekanntmachungserlaubnis. Das Bundesministerium der Finanzen wird ermächtigt, den Wortlaut dieses Gesetzes und der zu diesem Gesetz erlassenen Rechtsverordnungen in der jeweils geltenden Fassung satzweise nummeriert mit neuem Datum und in neuer Paragraphenfolge bekannt zu machen und dabei Unstimmigkeiten im Wortlaut zu beseitigen.

200. Bewertungsgesetz (BewG)

In der Fassung der Bekanntmachung vom 1. Februar 1991 (BGBl. I S. 230)[1)·2)·3)]

Geändert durch Steueränderungsgesetz 1991 vom 24.6.1991 (BGBl. I S. 1322), Steueränderungsgesetz 1992 vom 25.2.1992 (BGBl. I S. 297), Zinsabschlaggesetz vom 9.11.1992 (BGBl. I S. 1853), Gesetz zur Umsetzung des Föderalen Konsolidierungsprogramms vom 23.6.1993 (BGBl. I S. 944), Standortsicherungsgesetz vom 13.9.1993 (BGBl. I S. 1569), Mißbrauchsbekämpfungs- und Steuerbereinigungsgesetz vom 21.12.1993 (BGBl. I S. 2310), Pflege-Versicherungsgesetz vom 26.5.1994 (BGBl. I. S. 1014), Agrarsozialreformgesetz 1995 vom 29.7.1994 (BGBl. I S. 1890), Postneuordnungsgesetz vom 14.9.1994 (BGBl. I S. 2325), Entschädigungs- und Ausgleichsleistungsgesetz vom 27.9.1994 (BGBl. I S. 2624), Jahressteuergesetz 1996 vom 11.10.1995 (BGBl. I S. 1250), Gesetz zur Neuregelung der steuerrechtlichen Wohneigentumsförderung vom 15.12.1995 (BGBl. I S. 1783), Jahressteuergesetz 1997 vom 20.12.1996 (BGBl. I S. 2049), Gesetz zur Fortsetzung der Unternehmenssteuerreform vom 29.10.1997 (BGBl. I S. 2590), Gesetz zur Anpassung steuerlicher Vorschriften der Land- und Forstwirtschaft vom 29.6.1998 (BGBl. I S. 1692), Steuer-Euroglättungsgesetz vom 19.12.2000 (BGBl. I S. 1790), Gesetz zur Reform des Wohnungsbaurechts vom 13.9.2001 (BGBl. I S. 2376), Siebente Zuständigkeitsanpassungs-Verordnung vom 29.10.2001 (BGBl. I S. 2785), Gesetz zur Änderung des Bewertungsgesetzes vom 10.12.2001 (BGBl. I S. 3435), Steueränderungsgesetz 2001 vom 20.12.2001 (BGBl. I S. 3794), Neunte ZuständigkeitsanpassungsVO vom 31.10.2006 (BGBl. I S. 2407), Gesetz über steuerliche Begleitmaßnahmen zur Einführung der Europäischen Gesellschaft und zur Änderung weiterer steuerrechtlicher Vorschriften (SEStEG) vom 7.12.2006 (BGBl. I S. 2782), Jahressteuergesetz 2007 vom 13.12.2006 (BGBl. I S. 2878), Finanzmarktrichtlinie-Umsetzungsgesetz vom 16.7.2007 (BGBl. I S. 1330), Jahressteuergesetz 2008 vom 20.12.2007 (BGBl. I S. 3150), Erbschaftsteuerreformgesetz vom 24.12.2008 (BGBl. I S. 3018), Jahressteuergesetz 2010 (JStG 2010) vom 8.12.2010 (BGBl. I S. 1768), Steuervereinfachungsgesetz 2011 vom 1.11.2011 (BGBl. I S. 2131), Beitreibungsrichtlinie-Umsetzungsgesetz (BeitrRLUmsG) vom 7.12.2011 (BGBl. I S. 2592), LSV-Neuordnungsgesetz vom 12.4.2012 (BGBl. I S. 579), Amtshilferichtlinie-Umsetzungsgsetz (AmtshilfeRLUmsG) vom 26.6.2013 (BGBl. I S. 1809), Gesetz zur Anpassung des Investmentsteuergesetzes und anderer Gesetze an das AIFM-Umsetzungsgesetz (AIFM-Steuer-Anpassungsgesetz – AIFM-StAnpG) vom 18.12.2013 (BGBl. I S. 4318), Gesetz zur Anpassung steuerlicher Regelungen an die Rechtsprechung des Bundesverfassungsgerichts vom 18.7.2014 (BGBl. I S. 1042), Zehnte Zuständigkeitsanpassungsverordnung vom 31.8.2015 (BGBl. I S. 1474), Steueränderungsgesetz 2015 vom 2.11.2015 (BGBl. I S. 1834), Gesetz zur Anpassung des Erbschaftsteuer- und Schenkungsteuergesetzes an die Rechtsprechung des Bundesverfassungsgerichts vom 4.11.2016 (BGBl. I S. 2464), Gesetz zur Reform des Grundsteuer- und Bewertungsrechts (Grundsteuer-Reformgesetz – GrStRefG) vom 26.11.2019 (BGBl. I S. 1794)[4)], Gesetz zur weiteren steuerlichen Förderung der Elektromobilität und zur Änderung weiterer steuerlicher Vorschriften vom 12.12.2019 (BGBl. I S. 2451), Jahressteuergesetz 2020 (JStG 2020) vom 21.12.2020 (BGBl. I S. 3096), Gesetz zur Stärkung des Fondsstandorts Deutschland und zur Umsetzung der Richtlinie (EU) 2019/1160 zur Änderung der Richtlinien 2009/65/EG und 2011/61/EU im Hinblick auf den grenzüberschreitenden Vertrieb von Organismen für gemeinsame Anlagen (Fondsstandortgesetz –

---

1) Neubekanntmachung des BewG idF der Bek. v. 30.5.1985 (BGBl. I S. 845) auf Grund des § 123 Abs. 2 des BewG idF der Bek. v. 30.5.1985 in der ab 1.1.1991 geltenden Fassung.

2) **Zum Anwendungsbereich vgl. § 265.**

3) Zur Bewertung von Vermögen im Gebiet der ehem. DDR siehe §§ 125 ff.

4) **[Anm. des Lektorats:] Die Reform des GrStG tritt zum 1.1.2022 bzw. 1.1.2025 in Kraft. Bitte achten Sie auf die Fußnotenhinweise.**

FoStoG) vom 3.6.2021 (BGBl. I S. 1498), Gesetz zur Modernisierung des Körperschaftsteuerrechts vom 25.6.2021 (BGBl. I S. 2050), Gesetz zur Abwehr von Steuervermeidung und unfairem Steuerwettbewerb und zur Änderung weiterer Gesetze vom 25.6.2021 (BGBl. I S. 2056) und Verordnung zur Neufassung der Anlagen 27 bis 33 des Bewertungsgesetzes vom 29.6.2021 (BGBl. I S. 2290)

BGBl. III/FNA 610-7

Inhaltsübersicht

B. Land- und forstwirtschaftliches Vermögen

I. Allgemeines

(Fortsetzung nächstes Blatt)

Anlagen

Erster Teil. Allgemeine Bewertungsvorschriften

§ 1 Geltungsbereich. (1) Die allgemeinen Bewertungsvorschriften (§§ 2 bis 16) gelten für alle öffentlich-rechtlichen Abgaben, die durch Bundesrecht geregelt sind, soweit sie durch Bundesfinanzbehörden oder durch Landesfinanzbehörden verwaltet werden.

(2) Die allgemeinen Bewertungsvorschriften gelten nicht, soweit im Zweiten Teil dieses Gesetzes oder in anderen Steuergesetzen besondere Bewertungsvorschriften enthalten sind.

§ 2 Wirtschaftliche Einheit. (1) [1]Jede wirtschaftliche Einheit ist für sich zu bewerten. [2]Ihr Wert ist im ganzen festzustellen. [3]Was als wirtschaftliche Einheit zu gelten hat, ist nach den Anschauungen des Verkehrs zu entscheiden. [4]Die örtliche Gewohnheit, die tatsächliche Übung, die Zweckbestimmung und die wirtschaftliche Zusammengehörigkeit der einzelnen Wirtschaftsgüter sind zu berücksichtigen.

(2) Mehrere Wirtschaftsgüter kommen als wirtschaftliche Einheit nur insoweit in Betracht, als sie demselben Eigentümer gehören.

(3) Die Vorschriften der Absätze 1 und 2 gelten nicht, soweit eine Bewertung der einzelnen Wirtschaftsgüter vorgeschrieben ist.

§ 3 Wertermittlung bei mehreren Beteiligten. [1]Steht ein Wirtschaftsgut mehreren Personen zu, so ist sein Wert im ganzen zu ermitteln. [2]Der Wert ist auf die Beteiligten nach dem Verhältnis ihrer Anteile zu verteilen, soweit nicht nach dem maßgebenden Steuergesetz die Gemeinschaft selbständig steuerpflichtig ist.

§ 3a.[1)] *(aufgehoben)*

§ 4 Aufschiebend bedingter Erwerb. Wirtschaftsgüter, deren Erwerb vom Eintritt einer aufschiebenden Bedingung abhängt, werden erst berücksichtigt, wenn die Bedingung eingetreten ist.

§ 5 Auflösend bedingter Erwerb. (1) [1]Wirtschaftsgüter, die unter einer auflösenden Bedingung erworben sind, werden wie unbedingt erworbene behandelt. [2]Die Vorschriften über die Berechnung des Kapitalwerts der Nutzungen von unbestimmter Dauer (§ 13 Abs. 2 und 3, § 14, § 15 Abs. 3) bleiben unberührt.

---

1) § 3a aufgeh. durch G v. 20.12.1996 (BGBl. I S. 2049).

abgerundete Wert, der sich für den Beginn eines Kalenderjahrs ergibt, von dem entsprechenden Wert des letzten Feststellungszeitpunkts nach oben um mehr als den zehnten Teil, mindestens aber um 5000 Deutsche Mark, oder um mehr als 100 000 Deutsche Mark, nach unten um mehr als den zehnten Teil, mindestens aber um 500 Deutsche Mark, oder um mehr als 5000 Deutsche Mark, abweicht.

(2) Über die Art oder Zurechnung des Gegenstandes (§ 19 Abs. 3 Nr. 1 und 2) wird eine neue Feststellung getroffen (Artfortschreibung oder Zurechnungsfortschreibung), wenn sie von der zuletzt getroffenen Feststellung abweicht und es für die Besteuerung von Bedeutung ist.

(3) 1 Eine Fortschreibung nach Absatz 1 oder Absatz 2 findet auch zur Beseitigung eines Fehlers der letzten Feststellung statt. 2 § 176 der Abgabenordnung ist hierbei entsprechend anzuwenden. 3 Dies gilt jedoch nur für die Feststellungszeitpunkte, die vor der Verkündung der maßgeblichen Entscheidung eines obersten Gerichts des Bundes liegen.

(4)[1] *1 Eine Fortschreibung ist vorzunehmen, wenn dem Finanzamt bekannt wird, daß die Voraussetzungen für sie vorliegen. 2 Der Fortschreibung werden vorbehaltlich des § 27 die Verhältnisse im Fortschreibungszeitpunkt zugrunde gelegt. 3 Fortschreibungszeitpunkt ist*

1. bei einer Änderung der tatsächlichen Verhältnisse der Beginn des Kalenderjahrs, das auf die Änderung folgt;

2. in den Fällen des Absatzes 3 der Beginn des Kalenderjahrs, in dem der Fehler dem Finanzamt bekannt wird, bei einer Erhöhung des Einheitswerts jedoch frühestens der Beginn des Kalenderjahrs, in dem der Feststellungsbescheid erteilt wird.

4 Die Vorschriften in § 35 Abs. 2 und den §§ 54 und 59 über die Zugrundelegung eines anderen Zeitpunkts bleiben unberührt.

§ 23[2] ***Nachfeststellung.*** *(1) Für wirtschaftliche Einheiten, für die ein Einheitswert festzustellen ist, wird der Einheitswert nachträglich festgestellt (Nachfeststellung), wenn nach dem Hauptfeststellungszeitpunkt (§ 21 Abs. 2)*

1. die wirtschaftliche Einheit neu entsteht;

2. eine bereits bestehende wirtschaftliche Einheit erstmals zu einer Steuer herangezogen werden soll.

3. (aufgehoben)

(2) 1 Der Nachfeststellung werden vorbehaltlich des § 27 die Verhältnisse im Nachfeststellungszeitpunkt zugrunde gelegt. 2 Nachfeststellungszeitpunkt ist in den Fällen des Absatzes 1 Nr. 1 der Beginn des Kalenderjahrs, das auf die Entstehung der wirtschaftlichen Einheit folgt, und in den Fällen des Absatzes 1 Nr. 2 der Beginn des Kalenderjahrs, in dem der Einheitswert erstmals der Besteuerung zugrunde gelegt wird. 3 Die Vorschriften in § 35 Abs. 2 und den §§ 54 und 59 über die Zugrundelegung eines anderen Zeitpunkts bleiben unberührt.

---

[1] § 22 Abs. 4 Satz 3 Nr. 1 bish. Satz 2 aufgeh., Satz 4 neu gef. mWv 1.1.1998 durch G v. 29.10.1997 (BGBl. I S. 2590).

[2] § 23 wird aufgeh. **mWv 1.1.2025** durch G v. 26.11.2019 (BGBl. I S. 1794).

§ 24[1)] ***Aufhebung des Einheitswerts.*** *(1) Der Einheitswert wird aufgehoben, wenn dem Finanzamt bekannt wird, daß*

1. die wirtschaftliche Einheit wegfällt;

2. der Einheitswert der wirtschaftlichen Einheit infolge von Befreiungsgründen der Besteuerung nicht mehr zugrunde gelegt wird.

3. (aufgehoben)

(2) Aufhebungszeitpunkt ist in den Fällen des Absatzes 1 Nr. 1 der Beginn des Kalenderjahrs, das auf den Wegfall der wirtschaftlichen Einheit folgt, und in den Fällen des Absatzes 1 Nr. 2 der Beginn des Kalenderjahrs, in dem der Einheitswert erstmals der Besteuerung nicht mehr zugrunde gelegt wird.

§ 24a[2)] ***Änderung von Feststellungsbescheiden.*** *[1] Bescheide über Fortschreibungen oder Nachfeststellungen von Einheitswerten des Grundbesitzes können schon vor dem maßgebenden Feststellungszeitpunkt erteilt werden. [2] Sie sind zu ändern oder aufzuheben, wenn sich bis zu diesem Zeitpunkt Änderungen ergeben, die zu einer abweichenden Feststellung führen.*

§ 25[3)] ***Nachholung einer Feststellung.*** *(1) [1] Ist die Feststellungsfrist (§ 181 der Abgabenordnung) bereits abgelaufen, kann eine Fortschreibung (§ 22) oder Nachfeststellung (§ 23) unter Zugrundelegung der Verhältnisse vom Fortscheibungs- oder Nachfeststellungszeitpunkt mit Wirkung für einen späteren Feststellungszeitpunkt vorgenommen werden, für den diese Frist noch nicht abgelaufen ist. [2] § 181 Abs. 5 der Abgabenordnung bleibt unberührt.*

(2) Absatz 1 ist bei der Aufhebung des Einheitswerts (§ 24) entsprechend anzuwenden.

§ 26[4)] ***Umfang der wirtschaftlichen Einheit bei Ehegatten oder Lebenspartnern.*** *Die Zurechnung mehrerer Wirtschaftsgüter zu einer wirtschaftlichen Einheit (§ 2) wird beim Grundbesitz im Sinne der §§ 33 bis 94, 99 und 125 bis 133 nicht dadurch ausgeschlossen, daß die Wirtschaftsgüter zum Teil dem einen, zum Teil dem anderen Ehegatten oder Lebenspartner gehören.*

§ 27[5)] ***Wertverhältnisse bei Fortschreibungen und Nachfeststellungen.*** *Bei Fortschreibungen und bei Nachfeststellungen der Einheitswerte für Grundbesitz sind die Wertverhältnisse im Hauptfeststellungszeitpunkt zugrunde zu legen.*

§ 28[6)] ***Erklärungspflicht.*** *(1) Erklärungen zur Feststellung des Einheitswerts sind auf jeden Hauptfeststellungszeitpunkt abzugeben.*

(2) [1] Die Erklärungen sind innerhalb der Frist abzugeben, die das Bundesministerium der Finanzen im Einvernehmen mit den obersten Finanzbehörden der Länder bestimmt. [2] Die Frist ist im Bundesanzeiger bekanntzumachen. [3] Fordert die Finanzbehörde zur Abgabe einer Erklärung auf einen Hauptfeststellungszeitpunkt oder auf einen

---

[1)] § 24 wird aufgeh. **mWv 1.1.2025** durch G v. 26.11.2019 (BGBl. I S. 1794).

[2)] § 24a wird aufgeh. **mWv 1.1.2025** durch G v. 26.11.2019 (BGBl. I S. 1794).

[3)] § 25 wird aufgeh. **mWv 1.1.2025** durch G v. 26.11.2019 (BGBl. I S. 1794).

[4)] § 26 wird aufgeh. **mWv 1.1.2025** durch G v. 26.11.2019 (BGBl. I S. 1794); siehe § 266 Abs. 5.

[5)] § 27 wird aufgeh. **mWv 1.1.2025** durch G v. 26.11.2019 (BGBl. I S. 1794).

[6)] § 28 wird aufgeh. **mWv 1.1.2025** durch G v. 26.11.2019 (BGBl. I S. 1794).

B. Land- und forstwirtschaftliches Vermögen

I. Allgemeines

§ 33[1] ***Begriff des land- und forstwirtschaftlichen Vermögens.***

(1) [1] Zum land- und forstwirtschaftlichen Vermögen gehören alle Wirtschaftsgüter, die einem Betrieb der Land- und Forstwirtschaft dauernd zu dienen bestimmt sind. [2] Betrieb der Land- und Forstwirtschaft ist die wirtschaftliche Einheit des land- und forstwirtschaftlichen Vermögens.

(2) Zu den Wirtschaftsgütern, die einem Betrieb der Land- und Forstwirtschaft dauernd zu dienen bestimmt sind, gehören insbesondere der Grund und Boden, die Wohn- und Wirtschaftsgebäude, die stehenden Betriebsmittel und ein normaler Bestand an umlaufenden Betriebsmitteln; als normaler Bestand gilt ein solcher, der zur gesicherten Fortführung des Betriebes erforderlich ist.

(3) Zum land- und forstwirtschaftlichen Vermögen gehören nicht

1. *Zahlungsmittel, Geldforderungen, Geschäftsguthaben und Wertpapiere,*
2. *Geldschulden,*
3. *über den normalen Bestand hinausgehende Bestände (Überbestände) an umlaufenden Betriebsmitteln,*
4. *Tierbestände oder Zweige des Tierbestands und die hiermit zusammenhängenden Wirtschaftsgüter (z. B. Gebäude und abgrenzbare Gebäudeteile mit den dazugehörenden Flächen, Betriebsmittel), wenn die Tiere weder nach § 51 oder § 51a zur landwirtschaftlichen Nutzung noch nach § 62 zur sonstigen land- und forstwirtschaftlichen Nutzung gehören. [2] Die Zugehörigkeit der landwirtschaftlich genutzten Flächen zum land- und forstwirtschaftlichen Vermögen wird hierdurch nicht berührt.*

§ 34[2] ***Betrieb der Land- und Forstwirtschaft.*** *(1) Ein Betrieb der Land- und Forstwirtschaft umfaßt*

1. *den Wirtschaftsteil,*
2. *den Wohnteil.*

(2) Der Wirtschaftsteil eines Betriebs der Land- und Forstwirtschaft umfaßt

1. *die land- und forstwirtschaftlichen Nutzungen:*
   a) *die landwirtschaftliche Nutzung,*
   b) *die forstwirtschaftliche Nutzung,*
   c) *die weinbauliche Nutzung,*
   d) *die gärtnerische Nutzung,*
   e) *die sonstige land- und forstwirtschaftliche Nutzung;*
2. *die folgenden nicht zu einer Nutzung nach Nummer 1 gehörenden Wirtschaftsgüter:*
   a) *Abbauland (§ 43),*

---

[1] § 33 wird aufgeh. **mWv 1.1.2025** durch G v. 26.11.2019 (BGBl. I S. 1794).

[2] § 34 wird aufgeh. **mWv 1.1.2025** durch G v. 26.11.2019 (BGBl. I S. 1794); vgl. auch § 266 Abs. 5.

b) Geringstland (§ 44),

c) Unland (§ 45);

3. die Nebenbetriebe (§ 42).

(3) Der Wohnteil eines Betriebs der Land- und Forstwirtschaft umfaßt die Gebäude und Gebäudeteile, soweit sie dem Inhaber des Betriebs, den zu seinem Haushalt gehörenden Familienangehörigen und den Altenteilern zu Wohnzwecken dienen.

(4) In den Betrieb sind auch dem Eigentümer des Grund und Bodens nicht gehörende Gebäude, die auf dem Grund und Boden des Betriebs stehen, und dem Eigentümer des Grund und Bodens nicht gehörende Betriebsmittel, die der Bewirtschaftung des Betriebs dienen, einzubeziehen.

(5) Ein Anteil des Eigentümers eines Betriebs der Land- und Forstwirtschaft an einem Wirtschaftsgut ist in den Betrieb einzubeziehen, wenn es mit dem Betrieb zusammen genutzt wird.

(6) In einem Betrieb der Land- und Forstwirtschaft, der von einer Gesellschaft oder Gemeinschaft des bürgerlichen Rechts betrieben wird, sind auch die Wirtschaftsgüter einzubeziehen, die einem oder mehreren Beteiligten gehören und dem Betrieb zu dienen bestimmt sind.

(6a) Einen Betrieb der Land- und Forstwirtschaft bildet auch die gemeinschaftliche Tierhaltung (§ 51a) einschließlich der hiermit zusammenhängenden Wirtschaftsgüter.

(7) [1] Einen Betrieb der Land- und Forstwirtschaft bilden auch Stückländereien. [2] Stückländereien sind einzelne land- und forstwirtschaftlich genutzte Flächen, bei denen die Wirtschaftsgebäude oder die Betriebsmittel oder beide Arten von Wirtschaftsgütern nicht dem Eigentümer des Grund und Bodens gehören.

§ 35[1)] ***Bewertungsstichtag.*** *(1) Für die Größe des Betriebs sowie für den Umfang und den Zustand der Gebäude und der stehenden Betriebsmittel sind die Verhältnisse im Feststellungszeitpunkt maßgebend.*

(2) Für die umlaufenden Betriebsmittel ist der Stand am Ende des Wirtschaftsjahres maßgebend, das dem Feststellungszeitpunkt vorangegangen ist.

§ 36[2)] ***Bewertungsgrundsätze.*** *(1) Bei der Bewertung ist unbeschadet der Regelung, die in § 47 für den Wohnungswert getroffen ist, der Ertragswert zugrunde zu legen.*

(2) [1] Bei der Ermittlung des Ertragswerts ist von der Ertragsfähigkeit auszugehen. [2] Ertragsfähigkeit ist der bei ordnungsmäßiger und schuldenfreier Bewirtschaftung mit entlohnten fremden Arbeitskräften gemeinhin und nachhaltig erzielbare Reinertrag. [3] Ertragswert ist das Achtzehnfache dieses Reinertrags.

(3) Bei der Beurteilung der Ertragsfähigkeit sind die Ertragsbedingungen zu berücksichtigen, soweit sie nicht unwesentlich sind.

§ 37[3)] ***Ermittlung des Ertragswerts.*** *(1) [1] Der Ertragswert der Nutzungen wird durch ein vergleichendes Verfahren (§§ 38 bis 41) ermittelt. [2] Das vergleichende Verfahren kann auch auf Nutzungsteile angewendet werden.*

---

1) § 35 wird aufgeh. **mWv 1.1.2025** durch G v. 26.11.2019 (BGBl. I S. 1794).
2) § 36 wird aufgeh. **mWv 1.1.2025** durch G v. 26.11.2019 (BGBl. I S. 1794).
3) § 37 wird aufgeh. **mWv 1.1.2025** durch G v. 26.11.2019 (BGBl. I S. 1794).

(3) [1] Entsprechen die im Grundbuch eingetragenen Miteigentumsanteile an dem gemeinschaftlichen Eigentum nicht dem Verhältnis der Jahresrohmiete zueinander, so kann dies bei der Feststellung des Wertes entsprechend berücksichtigt werden. [2] Sind einzelne Räume, die im gemeinschaftlichen Eigentum stehen, vermietet, so ist ihr Wert nach den im Grundbuch eingetragenen Anteilen zu verteilen und bei den einzelnen wirtschaftlichen Einheiten zu erfassen.

§ 94[1)] ***Gebäude auf fremdem Grund und Boden.*** *(1) [1] Bei Gebäuden auf fremdem Grund und Boden ist der Bodenwert dem Eigentümer des Grund und Bodens und der Gebäudewert dem wirtschaftlichen Eigentümer des Gebäudes zuzurechnen. [2] Außenanlagen (z. B. Umzäunungen, Wegebefestigungen), auf die sich das wirtschaftliche Eigentum am Gebäude erstreckt, sind unbeschadet der Vorschriften in § 68 Abs. 2 in die wirtschaftliche Einheit des Gebäudes einzubeziehen. [3] Für die Grundstücksart des Gebäudes ist § 75 maßgebend; der Grund und Boden, auf dem das Gebäude errichtet ist, gilt als bebautes Grundstück derselben Grundstücksart.*

(2) Für den Grund und Boden ist der Wert nach den für unbebaute Grundstücke geltenden Grundsätzen zu ermitteln; beeinträchtigt die Nutzungsbehinderung, welche sich aus dem Vorhandensein des Gebäudes ergibt, den Wert, so ist dies zu berücksichtigen.

(3) [1] Die Bewertung der Gebäude erfolgt nach § 76. [2] Wird das Gebäude nach dem Ertragswertverfahren bewertet, so ist von dem sich nach den §§ 78 bis 80 ergebenden Wert der auf den Grund und Boden entfallende Anteil abzuziehen. [3] Ist vereinbart, daß das Gebäude nach Ablauf der Miet- oder Pachtzeit abzubrechen ist, so ist dieser Umstand durch einen entsprechenden Abschlag zu berücksichtigen; der Abschlag unterbleibt, wenn vorauszusehen ist, daß das Gebäude trotz der Verpflichtung nicht abgebrochen werden wird.

D. Betriebsvermögen

§ 95[2)] **Begriff des Betriebsvermögens.** (1)[3)] [1] Das Betriebsvermögen umfasst alle Teile eines Gewerbebetriebs im Sinne des § 15 Absatz 1 und 2 des Einkommensteuergesetzes, die bei der steuerlichen Gewinnermittlung zum Betriebsvermögen gehören. [***ab 1.7.2021:*** [2] Als Gewerbebetrieb im Sinne des Satzes 1 gilt auch der Betrieb von Gesellschaften im Sinne des § 1 Absatz 1 des Körperschaftsteuergesetzes mit Sitz im Ausland, deren Ort der Geschäftsleitung im Inland belegen ist, und die nach inländischem Gesellschaftsrecht nicht als juristische Person zu behandeln sind, wenn dem Grunde nach eine Tätigkeit im Sinne des § 15 Absatz 1 und Absatz 2 des Einkommensteuergesetzes vorliegt.]

(2) Als Gewerbebetrieb gilt unbeschadet des § 97 nicht die Land- und Forstwirtschaft, wenn sie den Hauptzweck des Unternehmens bildet.

(3) *(aufgehoben)*

---

1) § 94 wird aufgeh. **mWv 1.1.2025** durch G v. 26.11.2019 (BGBl. I S. 1794)

2) § 95 neu gef. mWv 1.1.1993 durch G v. 25.2.1992 (BGBl. I S. 297), Abs. 3 neu gef. mWv 1.1.1993 durch G v. 9.11.1993 (BGBl. I S. 1853), Abs. 1 Satz 1 Halbsatz 2 geänd. mWv 1.1.1993 durch G v. 13.9.1993 (BGBl. I S. 1569), Abs. 1 Satz 1 zweiter Halbsatz geänd. und Abs. 3 aufgeh. durch G v. 20.12.2001 (BGBl. I S. 3794).

3) § 95 Abs. 1 Satz 1 HS 2 und Satz 2 aufgeh. mWv 1.1.2009 durch G v. 24.12.2008 (BGBl. I S. 3018); Abs. 1 Satz 2 angef. mWv 1.7.2021 durch G v. 25.6.2021 (BGBl I S. 2056).

§ 96[1] **Freie Berufe.** Dem Gewerbebetrieb steht die Ausübung eines freien Berufs im Sinne des § 18 Abs. 1 Nr. 1 des Einkommensteuergesetzes gleich; dies gilt auch für die Tätigkeit als Einnehmer einer staatlichen Lotterie, soweit die Tätigkeit nicht schon im Rahmen eines Gewerbebetriebs ausgeübt wird.

§ 97[2] **Betriebsvermögen von Körperschaften, Personenvereinigungen und Vermögensmassen.** (1) [1] Einen Gewerbebetrieb bilden insbesondere alle Wirtschaftsgüter, die den folgenden Körperschaften, Personenvereinigungen und Vermögensmassen gehören, wenn diese ihre Geschäftsleitung oder ihren Sitz im Inland haben:

1.[3] Kapitalgesellschaften (Aktiengesellschaften, Kommanditgesellschaften auf Aktien, Gesellschaften mit beschränkter Haftung, Europäische Gesellschaften[4]);

2. Erwerbs- und Wirtschaftsgenossenschaften;

3. Versicherungsvereinen auf Gegenseitigkeit;

4. Kreditanstalten des öffentlichen Rechts;

5.[5] Gesellschaften im Sinne des § 15 Absatz 1 Satz 1 Nummer 2 *und Absatz 3 oder § 18 Absatz 4 Satz 2 des Einkommensteuergesetzes* [***ab 1.7.2021:*** , des § 15 Absatz 3, des § 18 Absatz 4 Satz 2 des Einkommensteuergesetzes und, wenn sie ihrer Tätigkeit nach einer Gesellschaft im Sinne des § 15 Absatz 1 Satz 1 Nummer 2, des § 15 Absatz 3 oder des § 18 Absatz 4 Satz 2 des Einkommensteuergesetzes entsprechen, Gesellschaften im Sinne des § 1a Absatz 1 des Körperschaftsteuergesetzes und Gesellschaften im Sinne des § 1 Absatz 1 des Körperschaftsteuergesetzes mit Sitz im Ausland, deren Ort der Geschäftsleitung im Inland belegen ist, und die nach inländischem Gesellschaftsrecht als Personengesellschaft zu behandeln sind.] [2] Zum Gewerbebetrieb einer solchen Gesellschaft gehören auch die Wirtschaftsgüter, die im Eigentum eines Gesellschafters, mehrerer oder aller Gesellschafter stehen, und Schulden eines Gesellschafters, mehrerer oder aller Gesellschafter, soweit die Wirtschaftsgüter und Schulden bei der steuerlichen Gewinnermittlung zum Betriebsvermögen der Gesellschaft gehören (§ 95); diese Zurechnung geht anderen Zurechnungen vor.

[2] *§ 34 Abs. 6a und § 51a bleiben unberührt.*[6]

---

[1] § 96 neu gef. mWv 1.1.1993 durch G v. 25.2.1992 (BGBl. I S. 297).

[2] § 97 geänd. mWv 1.1.1993 durch G v. 25.2.1992 (BGBl. I S. 297).

[3] § 97 Abs. 1 Nr. 1 geänd. durch G v. 20.12.2001 (BGBl. I S. 3794).

[4] § 97 Abs. 1 Satz 1 Nr. 1 ergänzt mWv 1.1.2006 (§ 158 Abs. 3 a. F.) durch G v. 7.12.2006 (BGBl. I S. 2782).

[5] § 97 Abs. 1 Satz 1 Nr. 5 neu gef. mWv 1.1.2002 durch G v. 20.12.2001 (BGBl. I S. 3794); Satz 1 Verweise ber. durch G v. 12.12.2019 (BGBl. I S. 2451); Nr. 5 Satz 1 geänd. mWv 1.7.2021 durch G v. 25.6.2021 (BGBl. I S. 2050); geänd. mWv 1.7.2021 durch G v. 25.6.2021 (*BGBl. I S. 2056*).

[6] § 97 Abs. 1 Satz 2 wird aufgeh. **mWv 1.1.2025** durch G v. 26.11.2019 (BGBl. I S. 1794).

(1a)[1] Der gemeine Wert eines Anteils am Betriebsvermögen einer in § 97 Abs. 1 Satz 1 Nr. 5 genannten Personengesellschaft ist wie folgt zu ermitteln und aufzuteilen:

1. Der nach § 109 Abs. 2 ermittelte gemeine Wert des der Personengesellschaft gehörenden Betriebsvermögens (Gesamthandsvermögen) ist wie folgt aufzuteilen:
   a) die Kapitalkonten aus der Gesamthandsbilanz sind dem jeweiligen Gesellschafter vorweg zuzurechnen;
   b) der verbleibende Wert ist nach dem für die Gesellschaft maßgebenden Gewinnverteilungsschlüssel auf die Gesellschafter aufzuteilen; Vorabgewinnanteile sind nicht zu berücksichtigen.
2. [1] Für die Wirtschaftsgüter und Schulden des Sonderbetriebsvermögens eines Gesellschafters ist der gemeine Wert zu ermitteln. [2] Er ist dem jeweiligen Gesellschafter zuzurechnen.

(Fortsetzung nächstes Blatt)

---

[1] § 97 Abs. 1a neu gef., Abs. 1b eingef. mWv 1.1.2009 durch G v. 24.12.2008 (BGBl. I S. 3018).

4.[1] *beim Wohnungserbbaurecht und beim Teilerbbaurecht das Erbbaurecht zusammen mit dem* [***ab 29.12.2020:*** jedes Wohnungserbbaurecht und Teilerbbaurecht zusammen mit dem anteiligen] belasteten Grund und Boden.

§ 245[2] Gebäude, Gebäudeteile und Anlagen für den Zivilschutz. Gebäude, Gebäudeteile und Anlagen, die wegen der in § 1 des Zivilschutz- und Katastrophenhilfegesetzes bezeichneten Zwecke geschaffen worden sind und im Frieden nicht oder nur gelegentlich oder geringfügig für andere Zwecke benutzt werden, bleiben bei der Ermittlung des Grundsteuerwerts außer Betracht.

II. Unbebaute Grundstücke

§ 246[2] Begriff der unbebauten Grundstücke. (1) [1]Unbebaute Grundstücke sind Grundstücke, auf denen sich keine benutzbaren Gebäude befinden. [2]Die Benutzbarkeit beginnt zum Zeitpunkt der Bezugsfertigkeit. [3]Gebäude sind als bezugsfertig anzusehen, wenn den zukünftigen Bewohnern oder sonstigen vorgesehenen Benutzern die bestimmungsgemäße Gebäudenutzung zugemutet werden kann. [4]Nicht entscheidend für den Zeitpunkt der Bezugsfertigkeit ist die Abnahme durch die Bauaufsichtsbehörde.

(2) [1]Befinden sich auf dem Grundstück Gebäude, die auf Dauer keiner Nutzung zugeführt werden können, so gilt das Grundstück als unbebaut. [2]Als unbebaut gilt auch ein Grundstück, auf dem infolge von Zerstörung oder Verfall der Gebäude auf Dauer kein benutzbarer Raum mehr vorhanden ist.

§ 247[2] Bewertung der unbebauten Grundstücke. (1)[3] [1]Der Grundsteuerwert unbebauter Grundstücke ermittelt sich regelmäßig durch Multiplikation ihrer Fläche mit dem jeweiligen Bodenrichtwert (§ 196 des Baugesetzbuchs). [***ab 1.7.2021:*** [2]Soweit in den §§ 243 bis 262 sowie in den Anlagen 36 bis 43 nichts anderes bestimmt ist, werden Abweichungen zwischen den Grundstücksmerkmalen des Bodenrichtwertgrundstücks und des zu bewertenden Grundstücks mit Ausnahme unterschiedlicher

1. Entwicklungszustände und
2. Arten der Nutzung bei überlagernden Bodenrichtwertzonen

nicht berücksichtigt.]

(2) Die Bodenrichtwerte sind von den Gutachterausschüssen im Sinne der §§ 192 ff. des Baugesetzbuchs auf den Hauptfeststellungzeitpunkt zu ermitteln, zu veröffentlichen und nach amtlich vorgeschriebenem Datensatz durch Datenfernübertragung an die zuständigen Finanzbehörden zu übermitteln.

(3) Wird von den Gutachterausschüssen im Sinne der §§ 192 ff. des Baugesetzbuchs kein Bodenrichtwert ermittelt, ist der Wert des unbebauten Grundstücks aus den Werten vergleichbarer Flächen abzuleiten.

---

[1] § 244 Abs. 3 Nr. 4 neu gef. mWv 29.12.2020 durch G v. 21.12.2020 (BGBl. I S. 3096).

[2] Siebenter Abschnitt des Zweiten Teils (§§ 218 bis 263) angefügt durch G. v. 26.11.2019 (BGBl. I S. 1794); zur Anwendung siehe § 266.

[3] § 247 Abs. 1 Satz 2 angef. mWv 1.7.2021 durch G v. 3.6.2021 (BGBl. I S. 1498).

III. Bebaute Grundstücke

§ 248[1] **Begriff der bebauten Grundstücke.** [1] Bebaute Grundstücke sind Grundstücke, auf denen sich benutzbare Gebäude befinden. [2] Wird ein Gebäude in Bauabschnitten errichtet, ist der bezugsfertige Teil als benutzbares Gebäude anzusehen.

§ 249[1] **Grundstücksarten.** (1) Bei der Bewertung bebauter Grundstücke sind die folgenden Grundstücksarten zu unterscheiden:

1. Einfamilienhäuser,
2. Zweifamilienhäuser,
3. Mietwohngrundstücke,
4. Wohnungseigentum,
5. Teileigentum,
6. Geschäftsgrundstücke,
7. gemischt genutzte Grundstücke und
8. sonstige bebaute Grundstücke.

(2) [1] Einfamilienhäuser sind Wohngrundstücke, die eine Wohnung enthalten und kein Wohnungseigentum sind. [2] Ein Grundstück gilt auch dann als Einfamilienhaus, wenn es zu weniger als 50 Prozent der Wohn- und Nutzfläche zu anderen als Wohnzwecken mitbenutzt und dadurch die Eigenart als Einfamilienhaus nicht wesentlich beeinträchtigt wird.

(3) [1] Zweifamilienhäuser sind Wohngrundstücke, die zwei Wohnungen enthalten und kein Wohnungseigentum sind. [2] Ein Grundstück gilt auch dann als Zweifamilienhaus, wenn es zu weniger als 50 Prozent der Wohn- und Nutzfläche zu anderen als Wohnzwecken mitbenutzt und dadurch die Eigenart als Zweifamilienhaus nicht wesentlich beeinträchtigt wird.

(4) Mietwohngrundstücke sind Grundstücke, die zu mehr als 80 Prozent der Wohn- und Nutzfläche Wohnzwecken dienen und nicht Ein- und Zweifamilienhäuser oder Wohnungseigentum sind.

(5) Wohnungseigentum ist das Sondereigentum an einer Wohnung in Verbindung mit dem Miteigentumsanteil an dem gemeinschaftlichen Eigentum, zu dem es gehört.

(6) Teileigentum ist das Sondereigentum an nicht zu Wohnzwecken dienenden Räumen eines Gebäudes in Verbindung mit dem Miteigentum an dem gemeinschaftlichen Eigentum, zu dem es gehört.

(7) Geschäftsgrundstücke sind Grundstücke, die zu mehr als 80 Prozent der Wohn- und Nutzfläche eigenen oder fremden betrieblichen oder öffentlichen Zwecken dienen und nicht Teileigentum sind.

(8) Gemischt genutzte Grundstücke sind Grundstücke, die teils Wohnzwecken, teils eigenen oder fremden betrieblichen oder öffentlichen Zwecken

---

[1] Siebenter Abschnitt des Zweiten Teils (§§ 218 bis 263) angefügt durch G. v. 26.11.2019 (BGBl. I S. 1794); zur Anwendung siehe § 266.

dienen und nicht Ein- und Zweifamilienhäuser, Mietwohngrundstücke, Wohnungseigentum, Teileigentum oder Geschäftsgrundstücke sind.

(9) Sonstige bebaute Grundstücke sind solche Grundstücke, die nicht unter die Absätze 2 bis 8 fallen.

(10) [1]Eine Wohnung ist in der Regel die Zusammenfassung mehrerer Räume, die in ihrer Gesamtheit so beschaffen sein müssen, dass die Führung eines selbständigen Haushalts möglich ist. [2]Die Zusammenfassung der Räume muss eine von anderen Wohnungen oder Räumen, insbesondere Wohnräumen, baulich getrennte, in sich abgeschlossene Wohneinheit bilden und einen selbständigen Zugang haben. [3]Daneben ist erforderlich, dass die für die Führung eines selbständigen Haushalts notwendigen Nebenräume (Küche, Bad oder Dusche, Toilette) vorhanden sind. [4]Die Wohnfläche soll mindestens 20 Quadratmeter betragen.

§ 250[1)] Bewertung der bebauten Grundstücke. (1) Der Grundsteuerwert bebauter Grundstücke ist nach dem Ertragswertverfahren (Absatz 2) oder dem Sachwertverfahren (Absatz 3) zu ermitteln.

(2) Im Ertragswertverfahren nach den §§ 252 bis 257 sind zu bewerten:

1. Einfamilienhäuser,
2. Zweifamilienhäuser,
3. Mietwohngrundstücke,
4. Wohnungseigentum.

(3) Im Sachwertverfahren nach den §§ 258 bis 260 sind zu bewerten:

1. Geschäftsgrundstücke,
2. gemischt genutzte Grundstücke,
3. Teileigentum,
4. sonstige bebaute Grundstücke.

§ 251[1)] Mindestwert. [1]Der für ein bebautes Grundstück anzusetzende Wert darf nicht geringer sein als 75 Prozent des Werts, mit dem der Grund und Boden allein als unbebautes Grundstück zu bewerten wäre (§ 247). [2]Bei der Bewertung von Ein- und Zweifamilienhäusern im Sinne des § 249 Absatz 2 und 3 ist bei der Ermittlung des Mindestwerts § 257 Absatz 1 Satz 2 anzuwenden.

§ 252[1)] Bewertung im Ertragswertverfahren. [1]Im Ertragswertverfahren ermittelt sich der Grundsteuerwert aus der Summe des kapitalisierten Reinertrags nach § 253 (Barwert des Reinertrags) und des abgezinsten Bodenwerts nach § 257. [2]Mit dem Grundsteuerwert sind die Werte für den Grund und Boden, die Gebäude, die baulichen Anlagen, insbesondere Außenanlagen, und die sonstigen Anlagen abgegolten.

[1)] Siebenter Abschnitt des Zweiten Teils (§§ 218 bis 263) angefügt durch G. v. 26.11.2019 (BGBl. I S. 1794); zur Anwendung siehe § 266.

§ 253[1)] Ermittlung des kapitalisierten Reinertrags. (1) [1]Zur Ermittlung des kapitalisierten Reinertrags ist vom Reinertrag des Grundstücks auszugehen. [2]Dieser ergibt sich aus dem Rohertrag des Grundstücks (§ 254) abzüglich der Bewirtschaftungskosten (§ 255).

(2)[2)] [1]Der Reinertrag des Grundstücks ist mit dem sich aus Anlage 37 ergebenden Vervielfältiger zu kapitalisieren. [2]Maßgebend für den Vervielfältiger sind der Liegenschaftszinssatz nach § 256 und die Restnutzungsdauer des Gebäudes. [3]Die Restnutzungsdauer ist grundsätzlich der Unterschiedsbetrag zwischen der wirtschaftlichen Gesamtnutzungsdauer, die sich aus Anlage 38 ergibt, und dem Alter des Gebäudes *am Bewertungsstichtag* [***ab 1.7.2021:*** im Hauptfeststellungszeitpunkt]. [4]Sind nach der Bezugsfertigkeit des Gebäudes Veränderungen eingetreten, die die wirtschaftliche Gesamtnutzungsdauer des Gebäudes wesentlich verlängert haben, ist von einer der Verlängerung entsprechenden Restnutzungsdauer auszugehen. [5]Die Restnutzungsdauer eines noch nutzbaren Gebäudes beträgt mindestens 30 Prozent der wirtschaftlichen Gesamtnutzungsdauer. [6]Bei einer bestehenden Abbruchverpflichtung für das Gebäude ist die Restnutzungsdauer abweichend von den Sätzen 3 bis 5 auf den Unterschiedsbetrag zwischen der tatsächlichen Gesamtnutzungsdauer und dem Alter des Gebäudes *am Bewertungsstichtag* [***ab 1.7.2021:*** im Hauptfeststellungszeitpunkt] begrenzt.

§ 254[1)·3)] Rohertrag des Grundstücks. Der jährliche Rohertrag des Grundstücks ergibt sich aus den in Anlage 39 nach Land, Gebäudeart, Wohnfläche und Baujahr des Gebäudes angegebenen monatlichen Nettokaltmieten je Quadratmeter Wohnfläche einschließlich der in Abhängigkeit der Mietniveaustufen festgelegten Zu- und Abschläge.

§ 255[1)·4)] Bewirtschaftungskosten. [1]Als Bewirtschaftungskosten werden die bei ordnungsgemäßer Bewirtschaftung und zulässiger Nutzung marktüblich entstehenden jährlichen Verwaltungskosten, Betriebskosten, Instandhaltungskosten und das Mietausfallwagnis berücksichtigt, die nicht durch Umlagen oder sonstige Kostenübernahmen gedeckt sind. [2]Sie ergeben sich aus den pauschalierten Erfahrungssätzen nach Anlage 40.

§ 256[1)] Liegenschaftszinssätze. (1) [1]Liegenschaftszinssätze sind die Zinssätze, mit denen der Wert von Grundstücken abhängig von der Grundstücksart durchschnittlich und marktüblich verzinst wird. [2]Bei der Bewertung bebauter Grundstücke gelten die folgenden Zinssätze:

1. 2,5 Prozent für Ein- und Zweifamilienhäuser,
2. 3,0 Prozent für Wohnungseigentum,
3. 4,0 Prozent für Mietwohngrundstücke mit bis zu sechs Wohnungen,
4. 4,5 Prozent für Mietwohngrundstücke mit mehr als sechs Wohnungen.

[1)] Siebenter Abschnitt des Zweiten Teils (§§ 218 bis 263) angefügt durch G. v. 26.11.2019 (BGBl. I S. 1794); zur Anwendung siehe § 266.

[2)] § 253 Abs. 2 Sätze 3 und 6 geänd. mWv 1.7.2021 durch G v. 3.6.2021 (BGBl. I S. 1498). *Siehe Anlage 37 und 38.*

[3)] Siehe Anlage 39.

[4)] Siehe Anlage 40.

(2) 1 Bei der Bewertung von Ein- und Zweifamilienhäusern im Sinne des § 249 Absatz 2 und 3 verringert sich der Zinssatz nach Absatz 1 Satz 2 Nummer 1 um jeweils 0,1 Prozentpunkte für jede vollen 100 Euro, die der Bodenrichtwert oder der Bodenwert nach § 247 Absatz 3 je Quadratmeter den Betrag von 500 Euro je Quadratmeter übersteigt. 2 Ab einem Bodenrichtwert oder Bodenwert nach § 247 Absatz 3 je Quadratmeter in Höhe von 1 500 Euro je Quadratmeter beträgt der Zinssatz für Ein- und Zweifamilienhäuser einheitlich 1,5 Prozent.

(3) 1 Bei der Bewertung von Wohnungseigentum im Sinne des § 249 Absatz 5 verringert sich der Zinssatz nach Absatz 1 Satz 2 Nummer 1 um jeweils 0,1 Prozentpunkte für jede vollen 100 Euro, die der Bodenrichtwert oder der Bodenwert nach § 247 Absatz 3 je Quadratmeter den Betrag von 2000 Euro je Quadratmeter übersteigt. 2 Ab einem Bodenrichtwert oder Bodenwert nach § 247 Absatz 3 je Quadratmeter in Höhe von 3000 Euro je Quadratmeter beträgt der Zinssatz für Wohnungseigentum einheitlich 2 Prozent.

§ 257[1] **Ermittlung des abgezinsten Bodenwerts.** (1)[2] 1 Zur Ermittlung des abgezinsten Bodenwerts ist vom Bodenwert nach § 247 auszugehen. 2 Bei der Bewertung von Ein- und Zweifamilienhäusern im Sinne des § 249 Absatz 2 und 3 sind zur Berücksichtigung abweichender Grundstücksgrößen beim Bodenwert die Umrechnungskoeffizienten nach Anlage 36 anzuwenden.

(2)[3] 1 Der Bodenwert nach Absatz 1 ist mit Ausnahme des Werts von selbständig nutzbaren Teilflächen nach Absatz 3 mit dem sich aus Anlage 41 ergebenden Abzinsungsfaktor abzuzinsen. 2 Der jeweilige Abzinsungsfaktor bestimmt sich nach dem Liegenschaftszinssatz nach § 256 und der Restnutzungsdauer des Gebäudes nach § 253 Absatz 2 Satz 3 bis 6.

(3) Eine selbständig nutzbare Teilfläche ist ein Teil eines Grundstücks, der für die angemessene Nutzung der Gebäude nicht benötigt wird und selbständig genutzt oder verwertet werden kann.

§ 258[1] **Bewertung im Sachwertverfahren.** (1) Bei Anwendung des Sachwertverfahrens ist der Wert der Gebäude (Gebäudesachwert) getrennt vom Bodenwert zu ermitteln.

(2) Der Bodenwert ist der Wert des unbebauten Grundstücks nach § 247.

(3) 1 Die Summe aus Bodenwert (§ 247) und Gebäudesachwert (§ 259) ergibt den vorläufigen Sachwert des Grundstücks. 2 Dieser ist zur Ermittlung des Grundsteuerwerts im Sachwertverfahren mit der Wertzahl nach § 260 zu multiplizieren. 3 Mit dem Grundsteuerwert sind die Werte für den Grund und Boden, die Gebäude, die baulichen Anlagen, insbesondere Außenanlagen, und die sonstigen Anlagen abgegolten.

§ 259[1] **Ermittlung des Gebäudesachwerts.** (1)[4] Bei der Ermittlung des Gebäudesachwerts ist von den Normalherstellungskosten des Gebäudes in Anlage 42 auszugehen.

---

[1] Siebenter Abschnitt des Zweiten Teils (§§ 218 bis 263) angefügt durch G. v. 26.11.2019 (BGBl. I S. 1794); zur Anwendung siehe § 266.

[2] Siehe Anlage 36.

[3] Siehe Anlage 41.

[4] Siehe Anlage 42.

(2) Der Gebäudenormalherstellungswert ergibt sich durch Multiplikation der jeweiligen nach Absatz 3 an den Hauptfeststellungszeitpunkt angepassten Normalherstellungskosten mit der Brutto-Grundfläche des Gebäudes.

(3) [1]Die Anpassung der Normalherstellungskosten erfolgt anhand der vom Statistischen Bundesamt veröffentlichten Baupreisindizes. [2]Dabei ist auf die Preisindizes für die Bauwirtschaft abzustellen, die das Statistische Bundesamt für den Neubau in konventioneller Bauart von Wohn- und Nichtwohngebäuden jeweils für das Vierteljahr vor dem Hauptfeststellungzeitpunkt ermittelt hat. [3]Diese Preisindizes sind für alle Bewertungsstichtage des folgenden Hauptfeststellungszeitraums anzuwenden. [4]Das Bundesministerium der Finanzen veröffentlicht die maßgebenden Baupreisindizes im Bundessteuerblatt.

(4)[1)] [1]Vom Gebäudenormalherstellungswert ist eine Alterswertminderung abzuziehen. [2]Die Alterswertminderung ergibt sich durch Multiplikation des Gebäudenormalherstellungswerts mit dem Verhältnis des Alters des Gebäudes *am Bewertungsstichtag* [***ab 1.7.2021:*** im Hauptfeststellungszeitpunkt] zur wirtschaftlichen Gesamtnutzungsdauer nach Anlage 38. [3]Sind nach Bezugsfertigkeit des Gebäudes Veränderungen eingetreten, die die wirtschaftliche Gesamtnutzungsdauer des Gebäudes wesentlich verlängert haben, ist von einem der Verlängerung entsprechenden späteren Baujahr auszugehen. [4]Der nach Abzug der Alterswertminderung verbleibende Gebäudewert ist mit mindestens 30 Prozent des Gebäudenormalherstellungswerts anzusetzen. [5]Bei bestehender Abbruchverpflichtung für das Gebäude ist die Alterswertminderung abweichend von den Sätzen 2 bis 4 auf das Verhältnis des Alters des Gebäudes *am Bewertungsstichtag* [***ab 1.7.2021:*** im Hauptfeststellungszeitpunkt] zur tatsächlichen Gesamtnutzungsdauer begrenzt.

§ 260[2)·3)] **Wertzahlen.** Zur Ermittlung des Grundsteuerwerts ist der vorläufige Sachwert des Grundstücks im Sinne des § 258 Absatz 3 mit der sich aus Anlage 43 ergebenden Wertzahl zu multiplizieren.

IV. Sonderfälle

§ 261[2)] **Erbbaurecht.** [1]Bei Erbbaurechten ist für das Erbbaurecht und das Erbbaurechtsgrundstück ein Gesamtwert nach den §§ 243 bis 260 zu ermitteln, der festzustellen wäre, wenn die Belastung mit dem Erbbaurecht nicht bestünde. [2]Der ermittelte Wert ist dem Erbbauberechtigten zuzurechnen. [***ab 29.12.2020:*** [3]Für Wohnungserbbaurechte und Teilerbbaurechte gelten die Sätze 1 und 2 entsprechend.][4)]

§ 262[2)] **Gebäude auf fremdem Grund und Boden.** [1]Bei einem Gebäude auf fremdem Grund und Boden ist für den Grund und Boden sowie für das Gebäude auf fremdem Grund und Boden ein Gesamtwert nach den §§ 243 bis 260 zu ermitteln. [2]Der ermittelte Wert ist dem Eigentümer des Grund und Bodens zuzurechnen.

[1)] § 259 Abs. 4 Sätze 2 und 5 geänd. mWv 1.7.2021 durch G v. 3.6.2021 (BGBl. I S. 1498). Siehe Anlage 38.

[2)] Siebenter Abschnitt des Zweiten Teils (§§ 218 bis 263) angefügt durch G. v. 26.11.2019 (BGBl. I S. 1794); zur Anwendung siehe § 266.

[3)] Siehe Anlage 43.

[4)] § 261 Satz 3 angef. mWv 29.12.2020 durch G v. 21.12.2020 (BGBl. I S. 3096).

V. Ermächtigungen

§ 263[1] **Ermächtigungen.** (1) [1]Das Bundesministerium der Finanzen wird ermächtigt, durch Rechtsverordnung mit Zustimmung des Bundesrates die folgenden Anlagen zu ändern:

1. die Anlagen 27 bis 33 durch Anpassung der darin aufgeführten Bewertungsfaktoren und Zuschläge zum Reinertrag an die Ergebnisse der Erhebungen nach § 2 des Landwirtschaftsgesetzes oder an die Erhebungen der Finanzverwaltung zum nächsten Feststellungszeitpunkt,
2. im Einvernehmen mit dem Bundesministerium für Ernährung und Landwirtschaft die Anlagen 34 und 35 durch Anpassung des darin aufgeführten Umrechnungsschlüssels und der Gruppen der Zweige eines Tierbestands an geänderte wirtschaftliche oder technische Entwicklungen und
3. die Anlagen 36 bis 43 durch Anpassung der darin aufgeführten Bewertungsfaktoren des Ertrags- und Sachwertverfahrens an geänderte wirtschaftliche oder technische Verhältnisse.

[2]In der jeweiligen Rechtsverordnung kann das Bundesministerium der Finanzen zur Sicherstellung der Gleichmäßigkeit der Besteuerung, insbesondere zur Sicherstellung einer relations- und realitätsgerechten Abbildung der Grundsteuerwerte, anordnen, dass ab dem nächsten Feststellungszeitpunkt Grundsteuerwerte unter Berücksichtigung der tatsächlichen Verhältnisse und der geänderten Wertverhältnisse durch Anwendung der jeweils angepassten Anlagen 27 bis 43 festgestellt werden.

(2) Das Bundesministerium der Finanzen wird ermächtigt, durch Rechtsverordnung mit Zustimmung des Bundesrates die gemeindebezogene Einordnung in die jeweilige Mietniveaustufe zur Ermittlung der Zu- und Abschläge nach § 254 in Verbindung mit Anlage 39 Teil II auf der Grundlage der Einordnung nach § 12 des Wohngeldgesetzes in Verbindung mit § 1 Absatz 3 und der Anlage der Wohngeldverordnung für steuerliche Zwecke herzuleiten.

Dritter Teil.[2] Schlussbestimmungen

§ 264[3] **Bekanntmachung.** Das Bundesministerium der Finanzen wird ermächtigt, den Wortlaut dieses Gesetzes und der zu diesem Gesetz erlassenen Rechtsverordnungen in der jeweils geltenden Fassung satzweise nummeriert bekannt zu machen.

§ 265[3] **Anwendungsvorschriften.** (1)[4] Dieses Gesetz in der Fassung des Artikels 7 des Gesetzes vom 1. November 2011 (BGBl. I S. 2131) ist auf Bewertungsstichtage nach dem 30. Juni 2011 anzuwenden.

---

[1] Siebenter Abschnitt des Zweiten Teils (§§ 218 bis 263) angefügt durch G. v. 26.11.2019 (BGBl. I S. 1794); zur Anwendung siehe § 266.

[2] Dritter Teil eingef. durch G v. 20.12.1996 (BGBl. I S. 2049).

[3] Bish. §§ 157, 158 werden §§ 204, 205 und neu gef. durch G v. 24.12.2008 (BGBl. I S. 3018); werden §§ 264, 265 durch Gesetz vom 26.11.2019 (BGBl. I S. 1794).

[4] § 265 Abs. 1 geänd. durch G v. 1.11.2011 (BGBl. I S. 2131).

(2) Soweit die §§ 40, 41, 44, 55 und 125 Beträge in Deutscher Mark enthalten, gelten diese nach dem 31. Dezember 2001 als Berechnungsgrößen fort.

(3)[1] § 145 Absatz 3 Satz 1 und 4, § 166 Absatz 2 Nummer 1, § 179 Satz 4 und § 192 Satz 2 in der Fassung des Artikels 10 des Gesetzes vom 7. Dezember 2011 (BGBl. I S. 2592) sind auf Bewertungsstichtage nach dem 13. Dezember 2011 anzuwenden.

(4)[1] Anlage 1, Anlage 19 und Teil II der Anlage 24 in der Fassung des Artikels 10 des Gesetzes vom 7. Dezember 2011 (BGBl. I S. 2592) sind auf Bewertungsstichtage nach dem 31. Dezember 2011 anzuwenden.

(5)[2] § 11 Absatz 4 in der Fassung des Artikels 3 des Gesetzes vom 18. Dezember 2013 (BGBl. I S. 4318) ist auf Bewertungsstichtage ab dem 22. Juli 2013[3] anzuwenden.

(6)[4] § 48a in der Fassung des Artikels 20 des Gesetzes vom 26. Juni 2013 (BGBl. I S. 1809) ist auf Bewertungsstichtage ab dem 1. Januar 2014 anzuwenden.

(7)[5] § 26 in der Fassung des Artikels 6 des Gesetzes vom 18. Juli 2014 (BGBl. I S. 1042) ist auf Bewertungsstichtage ab dem 1. August 2001 anzuwenden, soweit Feststellungsbescheide noch nicht bestandskräftig sind.

(8)[6] § 97 Absatz 1b Satz 4 in der am 6. November 2015 geltenden Fassung ist auf Bewertungsstichtage nach dem 31. Dezember 2015 anzuwenden.

(9)[6] § 154 Absatz 1 Satz 1 Nummer 3 und Satz 2 in der am 6. November 2015 geltenden Fassung ist auf Bewertungsstichtage nach dem 31. Dezember 2015 anzuwenden.

(10)[7] Die §§ 190, 195 Absatz 2 Satz 4 und 5 sowie die Anlagen 22, 24 und 25 in der am 6. November 2015 geltenden Fassung sind auf Bewertungsstichtage nach dem 31. Dezember 2015 anzuwenden.

(11)[8] § 203 in der Fassung des Artikels 2 des Gesetzes vom 4. November 2016 (BGBl. I S. 2464) ist auf Bewertungsstichtage nach dem 31. Dezember 2015 anzuwenden.

§ 266[9] Erstmalige Anwendung des Siebenten Abschnitts des Zweiten Teils. (1) Die erste Hauptfeststellung für die Grundsteuerwerte nach § 221 wird auf den 1. Januar 2022 für die Hauptveranlagung auf den 1. Januar 2025 durchgeführt.

---

[1] § 265 Abs. 3 und 4 angef. durch G v. 7.12.2011 (BGBl. I S. 2592).
[2] § 265 Abs. 5 eingef. durch G v. 18.12.2013 (BGBl. I S. 4318).
[3] Datum des Inkrafttretens des Kapitalanlagegesetzbuchs.
[4] § 265 Abs. 6 angef. durch G v. 26.6.2013 (BGBl. I S. 1809).
[5] § 265 Abs. 7 angef. durch G v. 18.7.2014 (BGBl. I S. 1042).
[6] § 265 Abs. 8 und 9 angef. durch G v. 2.11.2015 (BGBl. I S. 1834).
[7] *§ 265 Abs. 10* angef. durch G v. 2.11.2015 (BGBl. I S. 1834).
[8] § 265 Abs. 11 angef. durch G v. 4.11.2015 (BGBl. I S. 2464).
[9] § 266 eingef. durch G v. 26.11.2019 (BGBl. I S. 1794).

(2) [1] Für die Anwendung des § 219 Absatz 3 bei der Hauptfeststellung nach Absatz 1 ist zu unterstellen, dass anstelle von Einheitswerten Grundsteuerwerte für die Besteuerung nach dem Grundsteuergesetz in der am 1. Januar 2022 geltenden Fassung von Bedeutung sind. [2] Die Steuerbefreiungen des Grundsteuergesetzes in der am 1. Januar 2022 gültigen Fassung sind bei der Hauptfeststellung nach Absatz 1 zu beachten. [3] Bei Artfortschreibungen und Zurechnungsfortschreibungen nach § 222 Absatz 2 ist von der Hauptfeststellung auf den 1. Januar 2022 bis zum 1. Januar 2025 zu unterstellen, dass anstelle von Einheitswerten Grundsteuerwerte nach dem Grundsteuergesetz in der jeweils geltenden Fassung von Bedeutung sind.

(3) Werden der Finanzbehörde durch eine Erklärung im Sinne des § 228 auf den 1. Januar 2022 für die Bewertung eines Betriebs der Land- und Forstwirtschaft oder eines Grundstücks vor dem 1. Januar 2022 eingetretene Änderungen der tatsächlichen Verhältnisse erstmals bekannt, sind diese bei Fortschreibungen nach § 22 und Nachfeststellungen nach § 23 auf Feststellungszeitpunkte vor dem 1. Januar 2022 nicht zu berücksichtigen.

(4)[1] [1] Einheitswertbescheide, Grundsteuermessbescheide und Grundsteuerbescheide, die vor dem 1. Januar 2025 erlassen wurden, werden kraft Gesetzes zum 31. Dezember 2024 mit Wirkung für die Zukunft aufgehoben, soweit sie auf den §§ 19 bis 23, 27, 76, 79 Absatz 5, § 93 Absatz 1 Satz 2 des Bewertungsgesetzes in Verbindung mit Artikel 2 Absatz 1 Satz 1 und 3 des Gesetzes zur Änderung des Bewertungsgesetzes in der Fassung des Artikels 2 des Gesetzes vom 22. Juli 1970 (BGBl. I S. 1118) beruhen. [2] Für die Bewertung des inländischen Grundbesitzes (§ 19 Absatz 1 in der Fassung vom 31. Dezember 2024) für Zwecke der Grundsteuer bis einschließlich zum Kalenderjahr 2024 ist das Bewertungsgesetz in der Fassung vom 1. Februar 1991 (BGBl. I S. 230), das zuletzt durch Artikel 2 des Gesetzes vom 4. November 2016 (BGBl. I S. 2464) geändert worden ist, weiter anzuwenden.

[***bis 31.12.2028:***

(5)[2] *Bestehende wirtschaftliche Einheiten, die für Zwecke der Einheitsbewertung unter Anwendung der §§ 26 oder 34 Absatz 4 bis 6 in der bis zum 31. Dezember 2024 gültigen Fassung gebildet wurden, können weiterhin für Zwecke der Feststellung von Grundsteuerwerten nach den Regelungen des Siebenten Abschnitts zugrunde gelegt werden.*]

(Fortsetzung nächstes Blatt)

---

[1] § 266 Abs. 4 Satz 2 angef. mWv 1.7.2021 durch G v. 3.6.2021 (BGBl. I S. 1498).

[2] § 266 Abs. 5 eingef. mWv 1.7.2021 und aufgeh. mWv 1.1.2029 durch G v. 3.6.2021 (BGBl. I S. 1498).

Anlage 1[1]
(zu § 51)

Umrechnungsschlüssel für Tierbestände in Vieheinheiten nach dem Futterbedarf[2]

Tierart	*1 Tier*
Alpakas	*0,08 VE*
Damtiere	
Damtiere unter 1 Jahr	*0,04 VE*
Damtiere 1 Jahr und älter	*0,08 VE*
Geflügel	
Legehennen (einschließlich einer normalen Aufzucht zur Ergänzung des Bestandes)	*0,02 VE*
Legehennen aus zugekauften Junghennen	*0,0183 VE*
Zuchtputen, -enten, -gänse	*0,04 VE*
Kaninchen	
Zucht- und Angorakaninchen	*0,025 VE*
Lamas	*0,1 VE*
Pferde	
Pferde unter 3 Jahren und Kleinpferde	*0,7 VE*
Pferde 3 Jahre und älter	*1,1 VE*
Rindvieh	
Kälber und Jungvieh unter 1 Jahr (einschließlich Mastkälber, Starterkälber und Fresser)	*0,3 VE*
Jungvieh 1 bis 2 Jahre alt	*0,7 VE*
Färsen (älter als 2 Jahre)	*1 VE*
Masttiere (Mastdauer weniger als 1 Jahr)	*1 VE*
Kühe (einschließlich Mutter- und Ammenkühe mit den dazugehörigen Saugkälbern)	*1 VE*
Zuchtbullen, Zugochsen	*1,2 VE*
Schafe	
Schafe unter 1 Jahr einschließlich Mastlämmer	*0,05 VE*
Schafe 1 Jahr und älter	*0,1 VE*

[1] Anlage 1 wird aufgeh. **mWv 1.1.2025** durch G v. 26.11.2019 (BGBl. I S. 1794).
[2] Zur Anwendung siehe § 265 Abs. 4.

Restlaufzeit des Erbbaurechts bzw. des Nutzungsrechts (in Jahren)	Zinssatz										
	3%	3,5%	4%	4,5%	5%	5,5%	6%	6,5%	7%	7,5%	8%
99	0,0536	0,0332	0,0206	0,0128	0,0080	0,0050	0,0031	0,0020	0,0012	0,0008	0,0005
100	0,0520	0,0321	0,0198	0,0123	0,0076	0,0047	0,0029	0,0018	0,0012	0,0007	0,0005

In den Fällen anderer Zinssätze der Gutachterausschüsse ist der Abzinsungsfaktor nach folgender Formel zu bilden:

$$\text{Abzinsungsfaktor} = \frac{1}{q^n}$$

q = Zinsfaktor = 1 + p : 100

p = Zinssatz

n = Restlaufzeit

Anlage 27[1)]
(zu § 237 Absatz 2)

Landwirtschaftliche Nutzung

Bewertungsfaktoren	**Bezugseinheit**	**in EUR**
Grundbetrag	pro Ar	2,52
Ertragsmesszahl	pro Ertragsmesszahl (Produkt aus Acker-/Grünlandzahl und Ar)	0,041
Zuschläge für	**Bezugseinheit**	**in EUR**
Verstärkte Tierhaltung	je Vieheinheit über einem Besatz von 2,0 Vieheinheiten je Hektar selbst bewirtschafteter Fläche der landwirtschaftlichen Nutzung	79,00

[1)] Anlage 27 eingef. durch G v. 26.11.2019 (BGBl. I S. 1794); geänd. mWv 9.7.2021 durch VO v. 29.6.2021 (BGBl. I S. 2290); zur Anwendung siehe § 266.

Anlage 28[1)]
(zu § 237 Absatz 3)

Forstwirtschaftliche Nutzung

Bewertungsfaktor für Wuchsgebiet		in EUR/ha
1	Schleswig-Holstein Nordwest	86,17
2	Jungmoränenlandschaft Schleswig-Holstein Ost/Nordwest-Mecklenburg	80,53
3	Schleswig-Holstein Südwest	90,24
4	Mecklenburg-Westvorpommersches Küstenland	64,57
5	Ostholsteinisch-Westmecklenburger Jungmoränenland	73,13
6	(Mittel-)Mecklenburger Jungmoränenland	62,38
7	Ostmecklenburg-Vorpommersches Jungmoränenland	78,03
8	Ostvorpommersches Küstenland	56,36
9	Nordostbrandenburger Jungmoränenland (Mittelbrandenburger Jungmoränenland)	53,83
10	Ostmecklenburg-Nordbrandenburger Jungmoränenland (Nordbrandenburger Jungmoränenland)	55,09
11	Ostniedersächsisch-Altmärkisches Altmoränenland (Westprignitz-Altmärkisches Altmoränenland)	46,03
12	Südost-Holsteinisch-Südwestmecklenburger Altmoränenland	57,31
13	Ostniedersächsisches Tiefland	66,34
14	Niedersächsischer Küstenraum	79,05
15	Mittelwestniedersächsisches Tiefland	67,41
16	Westfälische Bucht	70,03
17	Weserbergland	101,93
18	Nordwestdeutsche Berglandschwelle	73,10
19	Nordwestliches Harzvorland	65,70
20	Nordöstliche Harzvorländer	43,24
21	Sachsen-Anhaltinische Löss-Ebene	51,09
22	Mittleres nordostdeutsches Altmoränenland	38,39
23	Hoher Fläming	47,69
24	Mittelbrandenburger Talsand- und Moränenland	37,53
25	Düben-Niederlausitzer Altmoränenland	37,65
26	Lausitzer Löss-Hügelland	84,73
27	Zittauer Gebirge	163,92
28	Oberlausitzer Bergland	155,56
29	Elbsandsteingebirge	123,19
30	Westlausitzer Platte und Elbtalzone	68,56
31	Sächsisch-Thüringisches Löss-Hügelland	63,80
32	Leipziger Sandlöss-Ebene	50,58
33	Ostthüringisches Trias-Hügelland	72,24

[1)] Anlage 28 eingef. durch G v. 26.11.2019 (BGBl. I S. 1794); geänd. mWv 9.7.2021 durch VO v. 29.6.2021 (BGBl. I S. 2290); zur Anwendung siehe § 266.

Bewertungsfaktor für Wuchsgebiet		in EUR/ha
34	Thüringer Becken	64,12
35	Nordthüringisches Trias-Hügelland	60,06
36	Harz	142,70
37	Mitteldeutsches Trias-Berg- und Hügelland	98,77
38	Nordwesthessisches Bergland	88,55
39	Nördliches hessisches Schiefergebirge	99,86
40	Sauerland	145,62
41	Bergisches Land	113,51
42	Niederrheinisches Tiefland	68,33
43	Niederrheinische Bucht	68,27
44	Nordwesteifel	135,51
45	Osteifel	99,15
46	Mittelrheintal	62,52
47	Westerwald	112,73
48	Taunus	94,94
49	Wetterau und Gießener Becken	73,66
50	Vogelsberg und östlich angrenzende Sandsteingebiete	102,75
51	Rhön	97,18
52	Südthüringisches-Oberfränkisches Trias-Hügelland	106,95
53	Thüringer Gebirge	162,51
54	Vogtland	140,47
55	Erzgebirgsvorland	93,22
56	Erzgebirge	171,75
57	Frankenwald, Fichtelgebirge und Steinwald	183,51
58	Oberpfälzer Wald	147,30
59	Oberpfälzer Becken- und Hügelland	78,21
60	Frankenalb und Oberpfälzer Jura	106,82
61	Fränkischer Keuper und Albvorland	73,44
62	Fränkische Platte	67,76
63	Spessart	105,47
64	Odenwald	124,93
65	Oberrheinisches Tiefland und Rhein-Main-Ebene	64,13
66	Hunsrück	116,75
67	Moseltal	87,42
68	Gutland	97,81
69	Saarländisch-Pfälzisches Muschelkalkgebiet	78,64
70	Saar-Nahe-Bergland	75,52
71	Westricher Moorniederung	79,49
72	Pfälzerwald	78,67
73	Schwarzwald	181,38
74	Baar-Wutach	172,51
75	Neckarland	117,23

Bewertungsfaktor für Wuchsgebiet		**in EUR/ha**
76	Schwäbische Alb	123,63
77	Südwestdeutsches Alpenvorland	177,56
78	Tertiäres Hügelland	166,59
79	Bayerischer Wald	160,79
80	Schwäbisch-Bayerische Schotterplatten- und Altmoränenlandschaft	165,45
81	Schwäbisch-Bayerische Jungmoräne und Molassevorberge	157,93
82	Bayerische Alpen	135,61

Anlage 29[1)]
(zu § 237 Absatz 4)

Weinbauliche Nutzung

Bewertungsfaktor für	**Flächeneinheit**	**in EUR**
Traubenerzeugung	pro Ar	11,70

---

1) Anlage 29 eingef. durch G v. 26.11.2019 (BGBl. I S. 1794); geänd. mWv 9.7.2021 durch VO v. 29.6.2021 (BGBl. I S. 2290); zur Anwendung siehe § 266.

Anlage 30[1)]
(zu § 237 Absatz 5)

Gärtnerische Nutzung

Nutzungsteil Gemüsebau		
Bewertungsfaktor für	**Flächeneinheit**	**in EUR**
Flächen im Freiland und für Kleingarten- und Dauerkleingartenland	pro Ar	12,35
Zuschläge für	**Flächeneinheit**	**in EUR**
Flächen unter Glas und Kunststoffen	pro Ar	45,00
Nutzungsteil Blumen-/Zierpflanzenbau		
Bewertungsfaktor für	**Flächeneinheit**	**in EUR**
Flächen im Freiland	pro Ar	27,60
Zuschläge für	**Flächeneinheit**	**in EUR**
Flächen unter Glas und Kunststoffen	pro Ar	65,15
Nutzungsteil Obstbau		
Bewertungsfaktor für	**Flächeneinheit**	**in EUR**
Flächen im Freiland	pro Ar	9,53
Zuschläge für	**Flächeneinheit**	**in EUR**
Flächen unter Glas und Kunststoffen	pro Ar	45,00
Nutzungsteil Baumschulen		
Bewertungsfaktor für	**Flächeneinheit**	**in EUR**
Flächen im Freiland	pro Ar	22,29
Zuschläge für	**Flächeneinheit**	**in EUR**
Flächen unter Glas und Kunststoffen	pro Ar	65,15

1) Anlage 30 eingef. durch G v. 26.11.2019 (BGBl. I S. 1794); geänd. mWv 9.7.2021 durch VO v. 29.6.2021 (BGBl. I S. 2290); zur Anwendung siehe § 266.

Anlage 31[1)]
(zu § 237 Absatz 6 und 7)

Übrige land- und forstwirtschaftliche Nutzungen sowie Abbauland, Geringstland und Unland

Sondernutzungen		
Bewertungsfaktor für	**Flächeneinheit**	**in EUR**
Hopfen	pro Ar	13,75
Spargel	pro Ar	12,69
Sonstige land- und forstwirtschaftliche Nutzungen		
Bewertungsfaktor für	**Bezugseinheit**	**in EUR**
Wasserflächen	pro Ar	1,00
Zuschläge für stehende Gewässer		
Wasserflächen für Binnenfischerei, Teichwirtschaft und Fischzucht für Binnenfischerei und Teichwirtschaft	ab 1,00 kg bis 4,00 kg Fischertrag/Ar pro Ar	2,00
Wasserflächen für Binnenfischerei, Teichwirtschaft und Fischzucht für Binnenfischerei und Teichwirtschaft	über 4,00 kg Fischertrag/Ar pro Ar	2,50
Zuschläge für fließende Gewässer[2)]		
Binnenfischerei, Teichwirtschaft und Fischzucht für Binnenfischerei und Teichwirtschaft	bis 500 Liter/Sekunde Durchfluss pro Liter/Sekunde	12,50
Binnenfischerei, Teichwirtschaft und Fischzucht für Binnenfischerei und Teichwirtschaft	über 500 Liter/Sekunde Durchfluss pro Liter/Sekunde	15,00
Saatzucht	pro Ar	Anlage 27
Weihnachtsbaumkulturen	pro Ar	19,40
Kurzumtriebsplantagen	pro Ar	Anlage 27
Sonstige land- und forstwirtschaftliche Nutzungen, für die kein Bewertungsfaktor festgelegt wurde		
Wirtschaftsgebäude	pro Quadratmeter Bruttogrundfläche und Monat	1,23
Nutzungsarten Abbauland, Geringstland und Unland		
Bewertungsfaktor für	**Flächeneinheit**	**in EUR**
Abbauland	pro Ar	1,00
Geringstland	pro Ar	0,38
Unland	pro Ar	0,00

[1)] Anlage 31 eingef. durch G v. 26.11.2019 (BGBl. I S. 1794); geänd. mWv 1.7.2021 durch G v. 3.6.2021 (BGBl. I S. 1498); geänd. durch VO v. 29.6.2021 (BGBl. I S. 2290).

[2)] Kursive Satzteile aufgeh. mWv 1.7.2021 durch G v. 3.6.2021 (BGBl. I S. 1498); in der Neufassung mWv 9.7.2021 durch VO v. 29.6.2021 (BGBl. I S. 2290) wieder enthalten.

Anlage 32[1]
(zu § 237 Absatz 8)

Nutzungsart Hofstelle

Bewertungsfaktor für	**Flächeneinheit**	**in EUR**
Hofflächen	pro Ar	6,62
Zuschläge für	**Flächeneinheit**	**in EUR**
Wirtschaftsgebäude der weinbaulichen Nutzung bei Fass- und Flaschenweinerzeugung	pro Quadratmeter Bruttogrundfläche und Monat	1,23
Wirtschaftsgebäude der Nebenbetriebe	pro Quadratmeter Bruttogrundfläche und Monat	1,23

Anlage 33[2]
(zu § 238 Absatz 2)

Weitere den Ertragswert erhöhende Umstände

Bewertungsfaktor für	**Flächeneinheit**	**in EUR**
Abgegrenzte Standortfläche der Windenergieanlage	pro Ar	59,58

[1] Anlage 32 eingef. durch G v. 26.11.2019 (BGBl. I S. 1794); geänd. mWv 9.7.2021 durch VO v. 29.6.2021 (BGBl. I S. 2290); zur Anwendung siehe § 266.

[2] Anlage 33 eingef. durch G v. 26.11.2019 (BGBl. I S. 1794); geänd. mWv 9.7.2021 durch VO v. 29.6.2021 (BGBl. I S. 2290); zur Anwendung siehe § 266.

250. Erbschaftsteuer- und Schenkungsteuergesetz (ErbStG)[1), 2)]

In der Fassung der Bekanntmachung vom 27. Februar 1997 (BGBl. I S. 378)

Geändert durch Steuerentlastungsgesetz 1999/2000/2002 vom 24.3.1999 (BGBl. I S. 402), Gesetz zur weiteren steuerlichen Förderung von Stiftungen vom 14.7.2000 (BGBl. I S. 1034), Steuer-Euroglättungsgesetz vom 19.12.2000 (BGBl. I S. 1790), Steueränderungsgesetz 2001 vom 20.12.2001 (BGBl. I S. 3794), Gesetz zur Modernisierung des Stiftungsrechts vom 15.7.2002 (BGBl. I S. 2634), Drittes Gesetz zur Änderungverwaltungsverfahrensrechtlicher Vorschriften vom 21.8.2002 (BGBl. I S. 3322), Haushaltsbegleitgesetz 2004 vom 29.12.2003 (BGBl. I S. 3076), Gesetz zur weiteren Stärkung des bürgerschaftlichen Engagements vom 10.10.2007 (BGBl. I S. 2332), Erbschaftsteuerreformgesetz vom 24.12.2008 (BGBl. I S. 3018)[3)], Wachstumsbeschleunigungsgesetz vom 22.12.2009 (BGBl. I S. 3950), Jahressteuergesetz 2010 (JStG 2010) vom 8.12.2010 (BGBl. I S. 1768), Steuervereinfachungsgesetz 2011 vom 1.11.2011 (BGBl. I S. 2131), Betreibungsrichtlinie-Umsetzungsgesetz (BeitrRLUmsG) vom 7.12.2011 (BGBl. I S. 2592), Gesetz zu dem Abkommen vom 4.2.2010 zwischen der Bundesrepublik Deutschland und der Französischen Republik über den Güterstand der Wahl-

---

[1)] Neubekanntmachung des Erbschaft- und Schenkungsteuergesetzes idF der Bek. v. 19.2. 1991 (BGBl. I S. 468) auf Grund des § 36 Abs. 2 ErbStG idF der Bek. v. 19.2.1991 (BGBl. I S. 468) in der ab 28.12.1996 geltenden Fassung.

[2)] **Zum Anwendungsbereich vgl. § 37.**

Zur Anwendung im Beitrittsgebiet ab 1.1.1991 siehe § 37a.

[3)] Siehe **Übergangsregelung in Art. 3 des ErbStRG:**

„**Art. 3 Rückwirkende Anwendung des durch dieses Gesetz geänderten Erbschaftsteuer- und Bewertungsrechts.** (1) Ein Erwerber kann bis zur Unanfechtbarkeit der Steuerfestsetzung beantragen, dass die durch dieses Gesetz geänderten Vorschriften des Erbschaftsteuer- und Schenkungsteuergesetzes, mit Ausnahme des § 16 des Erbschaftsteuer- und Schenkungsteuergesetzes, und des Bewertungsgesetzes auf Erwerbe von Todes wegen anzuwenden sind, für die die Steuer nach dem 31. Dezember 2006 und vor dem 1 Januar 2009 entstanden ist. In diesem Fall ist § 16 des Erbschaftsteuer- und Schenkungsteuergesetzes in der Fassung der Bekanntmachung vom 27. Februar 1997 (BGBl. I S. 378), der zuletzt durch Artikel 19 Nr. 4 des Gesetzes vom 19. Dezember 2000 (BGBl. I S. 1790) geändert worden ist, anzuwenden.[*)]

(2) Ist die Steuer, die auf einen Erwerb von Todes wegen nach dem 31. Dezember 2006 und vor dem 1. Januar 2009 entstanden ist, vor dem 1. Januar 2009 festgesetzt worden, kann der Antrag innerhalb von sechs Monaten nach Inkrafttreten des Gesetzes gestellt werden; in diesem Fall kann die Steuerfestsetzung entsprechend geändert werden.

(3) Der Erwerber kann den Antrag nicht widerrufen, wenn die Steuerfestsetzung nachträglich deshalb geändert wird, weil er gegen die Verschonungsvoraussetzungen (§§ 13a, 19a des Erbschaftsteuer- und Schenkungsteuergesetzes in der Fassung des Artikels 1 des Gesetzes vom 24. Dezember 2008, BGBl. I S. 3018) verstoßen hat.[*)]"

Art. 3 tritt am 1.7.2009 außer Kraft (Art. 6 Abs. 3 ErbStRG).

[*)] **Vgl. zu Abs. 1 auch Wachstumsbeschleunigungsgesetz Art. 14: „Anwendung des Artikels 3 des Erbschaftsteuerreformgesetzes:** Hat ein Erwerber einen Antrag nach Artikel 3 Absatz 1 des Erbschaftsteuerreformgesetzes vom 24. Dezember 2008 (BGBl. I S. 3018) gestellt, ist Artikel 3 Absatz 1 und 3 des Erbschaftsteuerreformgesetzes mit der Maßgabe anzuwenden, dass an die Stelle der §§ 13a und 19a des Erbschaftsteuer- und Schenkungsteuergesetzes in der Fassung des Artikels 1 des Gesetzes vom 24. Dezember 2008 (BGBl. I S. 3018) die §§ 13a und 19a des Erbschaftsteuer- und Schenkungsteuergesetzes in der Fassung des Artikels 6 des Gesetzes vom 22. Dezember 2009 (BGBl. I S. 3950) treten."

Art. 14 tritt am 1.7.2010 außer Kraft (Art. 15 Abs. 5 Wachstumsbeschleunigungsgesetz).

Zugewinngemeinschaft vom 15.3.2012 (BGBl. II S. 178), Amtshilferichtlinie-Umsetzungsgesetz (AmtshilfeRLUmsG) vom 26. Juni 2013 (BGBl. I S. 1809), Gesetz zum Internationalen Erbrecht und zur Änderung von Vorschriften zum Erbschein sowie zur Änderung sonstiger Vorschriften vom 29.6.2015 (BGBl. I S. 1042), Steueränderungsgesetz 2015 vom 2.11.2015 (BGBl. I S. 1834), Gesetz zur Neuregelung des Kulturgutschutzrechts vom 31.7.2016 (BGBl. I S. 1914), Gesetz zur Anpassung des Erbschaftsteuer- und Schenkungsteuergesetzes an die Rechtsprechung des Bundesverfassungsgerichts vom 4.11.2016 (BGBl. I S. 2464), Gesetz zur Bekämpfung der Steuerumgehung und zur Änderung weiterer steuerlicher Vorschriften (Steuerumgehungsbekämpfungsgesetz – StUmgBG) vom 23.6.2017 (BGBl. I S. 1682), Gesetz zum Ausschluss verfassungsfeindlicher Parteien von der Parteienfinanzierung vom 18.7.2017 (BGBl. I S. 2730), Gesetz zur Vermeidung von Umsatzsteuerausfällen beim Handel mit Waren im Internet und zur Änderung weiterer steuerlicher Vorschriften vom 11.12.2018 (BGBl. I S. 2338), Gesetz über steuerliche und weitere Begleitregelungen zum Austritt des Vereinigten Königreichs Großbritannien und Nordirland aus der Europäischen Union (Brexit-Steuerbegleitgesetz – Brexit-StBG) vom 25.3.2019 (BGBl. I S. 357), Gesetz zur Reform des Grundsteuer- und Bewertungsrechts (Grundsteuer-Reformgesetz – GrStRefG) vom 26.11.2019 (BGBl. I S. 1794), Jahressteuergesetz 2020 (JStG 2020) vom 21.12.2020 (BGBl. I S. 3096), Gesetz zur Umsetzung der Richtlinie (EU) 2019/2034 über die Beaufsichtigung von Wertpapierinstituten vom 12.5.2021 (BGBl. I S. 990), Gesetz zur Modernisierung des Körperschaftsteuerrechts vom 25.6.2021 (BGBl. I S. 2050) und Gesetz zur Abwehr von Steuervermeidung und unfairem Steuerwettbewerb und zur Änderung weiterer Gesetze vom 25.6.2021 (BGBl. I S. 2056)

BGBl. III/FNA 611-8-2-2

Inhaltsübersicht

Abschnitt 1. Steuerpflicht

Abschnitt 2. Wertermittlung

Abschnitt 3. Berechnung der Steuer

Abschnitt 4. Steuerfestsetzung und Erhebung

(Fortsetzung nächstes Blatt)

Wert angesetzt worden ist, gilt höchstens der dem Steuerwert des Endvermögens[1] entsprechende Betrag nicht als Erwerb im Sinne des § 3. [*ab 29.12. 2020:* [6] Sind bei der Ermittlung der Bereicherung des überlebenden Ehegatten oder des überlebenden Lebenspartners Steuerbefreiungen berücksichtigt worden, gilt die Ausgleichsforderung im Verhältnis des um den Wert des steuerbefreiten Vermögens geminderten Werts des Endvermögens zum ungeminderten Wert des Endvermögens des Erblassers nicht als Erwerb im Sinne des § 3.]

(2)[2] Wird der Güterstand der Zugewinngemeinschaft in anderer Weise als durch den Tod eines Ehegatten oder eines Lebenspartners[2] beendet oder wird der Zugewinn nach § 1371 Abs. 2 des Bürgerlichen Gesetzbuchs ausgeglichen, gehört die Ausgleichsforderung (§ 1378 des Bürgerlichen Gesetzbuchs) nicht zum Erwerb im Sinne der §§ 3 und 7.

(3)[2] Wird der Güterstand der Wahl-Zugewinngemeinschaft (§ 1519 des Bürgerlichen Gesetzbuchs) beendet und der Zugewinn ausgeglichen, so gehört die Ausgleichsforderung (Artikel 12 Absatz 1 des Abkommens vom 4. Februar 2010 zwischen der Bundesrepublik Deutschland und der Französischen Republik über den Güterstand der Wahl-Zugewinngemeinschaft) nicht zum Erwerb im Sinne der §§ 3 und 7.

§ 6 Vor- und Nacherbschaft. (1) Der Vorerbe gilt als Erbe.

(2) [1] Bei Eintritt der Nacherbfolge haben diejenigen, auf die das Vermögen übergeht, den Erwerb als vom Vorerben stammend zu versteuern. [2] Auf Antrag ist der Versteuerung das Verhältnis des Nacherben zum Erblasser zugrunde zu legen. [3] Geht in diesem Fall auch eigenes Vermögen des Vorerben auf den Nacherben über, sind beide Vermögensanfälle hinsichtlich der Steuerklasse getrennt zu behandeln. [4] Für das eigene Vermögen des Vorerben kann ein Freibetrag jedoch nur gewährt werden, soweit der Freibetrag für das der Nacherbfolge unterliegende Vermögen nicht verbraucht ist. [5] Die Steuer ist für jeden Erwerb jeweils nach dem Steuersatz zu erheben, der für den gesamten Erwerb gelten würde.

(3) [1] Tritt die Nacherbfolge nicht durch den Tod des Vorerben ein, gilt die Vorerbfolge als auflösend bedingter, die Nacherbfolge als aufschiebend bedingter Anfall. [2] In diesem Fall ist dem Nacherben die vom Vorerben entrichtete Steuer abzüglich desjenigen Steuerbetrags anzurechnen, welcher der tatsächlichen Bereicherung des Vorerben entspricht.

(4) Nachvermächtnisse und beim Tod des Beschwerten fällige Vermächtnisse oder Auflagen[3] stehen den Nacherbschaften gleich.

§ 7 Schenkungen unter Lebenden. (1) Als Schenkungen unter Lebenden gelten

---

[1] § 5 Abs. 1 Sätze 1, 4 und 5 geänd. bzw. ergänzt mWv 1.1.2009 durch G v. 24.12.2008 (BGBl. I S. 3018); Satz 6 angef. durch G v. 21.12.2020 (BGBl. I S. 3096); zur Anwendung siehe § 37 Abs. 18.

[2] § 5 Abs. 2 geänd. bzw. ergänzt, Abs. 3 angef. durch G v. 15.3.2012 (BGBl. II S. 178); nach Art. 6 Abs. 1 des G tritt er jedoch erst dann in Kraft, wenn das Abkommen v. 4.2.2010 in Kraft tritt. Dies geschah mWv 1.5.2013

[3] § 6 Abs. 4 ergänzt mWv 1.1.2009 durch G v. 24.12.2008 (BGBl. I S. 3018).

1. jede freigebige Zuwendung unter Lebenden, soweit der Bedachte durch sie auf Kosten des Zuwendenden bereichert wird;
2. was infolge Vollziehung einer von dem Schenker angeordneten Auflage oder infolge Erfüllung einer einem Rechtsgeschäft unter Lebenden beigefügten Bedingung ohne entsprechende Gegenleistung erlangt wird, es sei denn, daß eine einheitliche Zweckzuwendung vorliegt;
3. was jemand dadurch erlangt, daß bei Genehmigung einer Schenkung Leistungen an andere Personen angeordnet oder zur Erlangung der Genehmigung freiwillig übernommen werden;
4.[1] die Bereicherung, die ein Ehegatte oder ein Lebenspartner[2] bei Vereinbarung der Gütergemeinschaft (§ 1415 des Bürgerlichen Gesetzbuchs) erfährt;
5. was als Abfindung für einen Erbverzicht (§§ 2346 und 2352 des Bürgerlichen Gesetzbuchs) gewährt wird;
6.[3] *(aufgehoben)*
7. was ein Vorerbe dem Nacherben mit Rücksicht auf die angeordnete Nacherbschaft vor ihrem Eintritt herausgibt;
8.[4] der Übergang von Vermögen auf Grund eines Stiftungsgeschäfts unter Lebenden. [2]Dem steht gleich die Bildung oder Ausstattung einer Vermögensmasse ausländischen Rechts, deren Zweck auf die Bindung von Vermögen gerichtet ist;
9.[5] was bei Aufhebung einer Stiftung oder bei Auflösung eines Vereins, dessen Zweck auf die Bindung von Vermögen gerichtet ist, erworben wird. [2]Dem steht gleich der Erwerb bei Auflösung einer Vermögensmasse ausländischen Rechts, deren Zweck auf die Bindung von Vermögen gerichtet ist, sowie der Erwerb durch Zwischenberechtigte während des Bestehens der Vermögensmasse. [3]Wie eine Auflösung wird auch der Formwechsel eines rechtsfähigen Vereins, dessen Zweck wesentlich im Interesse einer Familie oder bestimmter Familien auf die Bindung von Vermögen gerichtet ist, in eine Kapitalgesellschaft behandelt;
10. was als Abfindung für aufschiebend bedingt, betagt oder befristet erworbene Ansprüche, soweit es sich nicht um einen Fall des § 3 Abs. 2 Nr. 5 handelt, vor dem Zeitpunkt des Eintritts der Bedingung oder des Ereignisses gewährt wird.

(2) [1]Im Fall des Absatzes 1 Nr. 7 ist der Versteuerung auf Antrag das Verhältnis des Nacherben zum Erblasser zugrunde zu legen. [2]§ 6 Abs. 2 Satz 3 bis 5 gilt entsprechend.

(3) Gegenleistungen, die nicht in Geld veranschlagt werden können, werden bei der Feststellung, ob eine Bereicherung vorliegt, nicht berücksichtigt.

---

[1] Wegen der Sonderregelung bei der Vereinbarung der Gütergemeinschaft vgl. Art. 5 G zur Reform des Erbschaftsteuer- und Schenkungsteuerrechts v. 17.4.1974 (BGBl. I S. 933).
[2] § 7 Abs. 1 Nr. 4 ergänzt mWv 1.1.2009 durch G v. 24.12.2008 (BGBl. I S. 3018).
[3] § 7 Abs. 1 Nr. 6 aufgeh. mWv 1.1.2009 durch G v. 24.12.2008 (BGBl. I S. 3018).
[4] § 7 Abs. 1 Nr. 8 Satz 2 angef. mWv 5.3.1999 durch G v. 24.3.1999 (BGBl. I S. 402).
[5] § 7 Abs. 1 Nr. 9 Satz 2 angef. mWv 5.3.1999 durch G v. 24.3.1999 (BGBl. I S. 402), Nr. 9 Satz 3 angef. mWv 1.1.2009 durch G v. 24.12.2008 (BGBl. I S. 3018).

digen Wahlbehörde oder dem zuständigen Wahlorgan angezeigt hat, dass er mit eigenen Wahlvorschlägen auf Bundes-, Landes- oder Kommunalebene an der jeweils nächsten Wahl teilnehmen will.

2 Die Steuerbefreiung fällt mit Wirkung für die Vergangenheit weg, wenn der Verein an der jeweils nächsten Wahl nach der Zuwendung nicht teilnimmt, es sei denn, dass der Verein sich ernsthaft um eine Teilnahme bemüht hat;

(2) 1 Angemessen im Sinne des Absatzes 1 Nr. 5 und 12 ist eine Zuwendung, die den Vermögensverhältnissen und der Lebensstellung des Bedachten entspricht. 2 Eine dieses Maß übersteigende Zuwendung ist in vollem Umfang steuerpflichtig.

(3) 1 Jede Befreiungsvorschrift ist für sich anzuwenden. 2 In den Fällen des Absatzes 1 Nr. 2 und 3 kann der Erwerber der Finanzbehörde bis zur Unanfechtbarkeit der Steuerfestsetzung erklären, daß er auf die Steuerbefreiung verzichtet.

§ 13a[1] Steuerbefreiung für Betriebsvermögen, Betriebe der Land- und Forstwirtschaft und Anteile an Kapitalgesellschaften. (1) 1 Begünstigtes Vermögen im Sinne des § 13b Absatz 2 bleibt vorbehaltlich der folgenden Absätze zu 85 Prozent steuerfrei (Verschonungsabschlag), wenn der Erwerb begünstigten Vermögens im Sinne des § 13b Absatz 2 zuzüglich der Erwerbe im Sinne des Satzes 2 insgesamt 26 Millionen Euro nicht übersteigt. 2 Bei mehreren Erwerben begünstigten Vermögens im Sinne des § 13b Absatz 2 von derselben Person innerhalb von zehn Jahren werden bei der Anwendung des Satzes 1 die früheren Erwerbe nach ihrem früheren Wert dem letzten Erwerb hinzugerechnet. 3 Wird die Grenze von 26 Millionen Euro durch mehrere innerhalb von zehn Jahren von derselben Person anfallende Erwerbe überschritten, entfällt die Steuerbefreiung für die bis dahin nach Satz 1 oder Absatz 10 als steuerfrei behandelten früheren Erwerbe mit Wirkung für die Vergangenheit. 4 Die Festsetzungsfrist für die Steuer der früheren Erwerbe endet nicht vor dem Ablauf des vierten Jahres, nachdem das für die Erbschaftsteuer zuständige Finanzamt von dem letzten Erwerb Kenntnis erlangt.[1]

(2) 1 Der nach Anwendung des Absatzes 1 verbleibende Teil des begünstigten Vermögens bleibt außer Ansatz, soweit der Wert dieses Vermögens insgesamt 150 000 Euro nicht übersteigt (Abzugsbetrag). 2 Der Abzugsbetrag von 150 000 Euro verringert sich, soweit der Wert dieses Vermögens insgesamt die Wertgrenze von 150 000 Euro übersteigt, um 50 Prozent des diese Wertgrenze übersteigenden Betrags. 3 Der Abzugsbetrag kann innerhalb von zehn Jahren für von derselben Person anfallende Erwerbe begünstigten Vermögens nur einmal berücksichtigt werden.

(3) 1 Voraussetzung für die Gewährung des Verschonungsabschlags nach Absatz 1 ist, dass die Summe der maßgebenden jährlichen Lohnsummen (Sätze 6

---

[1] § 13a neu gef. durch G v. 4.11.2016 (BGBl. I S. 2464); zur Anwendung siehe grds. § 37 Abs. 12 Satz 1. Zur Anwendung von § 13a Abs. 1 Sätze 3 und 4 siehe § 37 Abs. 12 Satz 2.

bis 13) des Betriebs, bei Beteiligungen an einer Personengesellschaft oder Anteilen an einer Kapitalgesellschaft des Betriebs der jeweiligen Gesellschaft innerhalb von fünf Jahren nach dem Erwerb (Lohnsummenfrist) insgesamt 400 Prozent der Ausgangslohnsumme nicht unterschreitet (Mindestlohnsumme). 2 Ausgangslohnsumme ist die durchschnittliche Lohnsumme der letzten fünf vor dem Zeitpunkt der Entstehung der Steuer (§ 9) endenden Wirtschaftsjahre. 3 Satz 1 ist nicht anzuwenden, wenn

1. die Ausgangslohnsumme 0 Euro beträgt oder
2. der Betrieb unter Einbeziehung der in den Sätzen 11 bis 13 genannten Beteiligungen und Gesellschaften sowie der nach Maßgabe dieser Bestimmung anteilig einzubeziehenden Beschäftigten nicht mehr als fünf Beschäftigte hat.

4 An die Stelle der Mindestlohnsumme von 400 Prozent tritt bei

1. mehr als fünf, aber nicht mehr als zehn Beschäftigten eine Mindestlohnsumme von 250 Prozent,
2. mehr als zehn, aber nicht mehr als 15 Beschäftigten eine Mindestlohnsumme von 300 Prozent.

5 Unterschreitet die Summe der maßgebenden jährlichen Lohnsummen die Mindestlohnsumme, vermindert sich der nach Absatz 1 zu gewährende Verschonungsabschlag mit Wirkung für die Vergangenheit in demselben prozentualen Umfang, wie die Mindestlohnsumme unterschritten wird. 6 Die Lohnsumme umfasst alle Vergütungen (Löhne und Gehälter und andere Bezüge und Vorteile), die im maßgebenden Wirtschaftsjahr an die auf den Lohn- und Gehaltslisten erfassten Beschäftigten gezahlt werden. 7 Außer Ansatz bleiben Vergütungen an solche Beschäftigte,

1. die sich im Mutterschutz im Sinne des Mutterschutzgesetzes in der Fassung der Bekanntmachung vom 20. Juni 2002 (BGBl. I S. 2318), das zuletzt durch Artikel 6 des Gesetzes vom 23. Oktober 2012 (BGBl. I S. 2246) geändert worden ist, befinden oder
2. die sich in einem Ausbildungsverhältnis befinden oder
3. die Krankengeld im Sinne des § 44 des Fünften Buches Sozialgesetzbuch – Gesetzliche Krankenversicherung – (Artikel 1 des Gesetzes vom 20. Dezember 1988, BGBl. I S. 2477, 2482), das zuletzt durch Artikel 3 des Gesetzes vom 30. Mai 2016 (BGBl. I S. 1254) geändert worden ist, beziehen oder
4. die Elterngeld im Sinne des Bundeselterngeld- und Elternzeitgesetzes in der Fassung der Bekanntmachung vom 27. Januar 2015 (BGBl. I S. 33) beziehen oder
5. die nicht ausschließlich oder überwiegend in dem Betrieb tätig sind (Saisonarbeiter);

diese im Zeitpunkt der Entstehung der Steuer (§ 9) einem Betrieb zuzurechnenden Beschäftigten bleiben bei der Anzahl der Beschäftigten des Betriebs im Sinne der Sätze 3 und 4 unberücksichtigt. 8 Zu den Vergütungen zählen alle Geld- oder Sachleistungen für die von den Beschäftigten erbrachte Arbeit, unabhängig davon, wie diese Leistungen bezeichnet werden und ob es sich um regelmäßige oder unregelmäßige Zahlungen handelt. [9]Zu den Löhnen und Gehältern gehören alle von den Beschäftigten zu entrichtenden Sozialbeiträge, Einkommensteuern und Zuschlagsteuern auch dann, wenn sie vom Arbeitgeber einbehalten und von ihm im Namen des Beschäftigten direkt an den Sozialversicherungsträger und die Steuerbehörde abgeführt werden. [10]Zu den Löhnen und Gehältern zählen alle von den Beschäftigten empfangenen Sondervergütungen, Prämien, Gratifikationen, Abfindungen, Zuschüsse zu Lebenshaltungskosten, Familienzulagen, Provisionen, Teilnehmergebühren und vergleichbare Vergütungen. [11]Gehören zum Betriebsvermögen des Betriebs, bei Beteiligungen an einer Personengesellschaft und Anteilen an einer Kapitalgesellschaft des Betriebs der jeweiligen Gesellschaft, unmittelbar oder mittelbar Beteiligungen an Personengesellschaften, die ihren Sitz oder ihre Geschäftsleitung im Inland, in einem Mitgliedstaat der Europäischen Union oder in einem Staat des Europäischen Wirtschaftsraums haben, sind die Lohnsummen und die Anzahl der Beschäftigten dieser Gesellschaften einzubeziehen zu dem Anteil, zu dem die unmittelbare oder mittelbare Beteiligung besteht. [12]Satz 11 gilt für Anteile an Kapitalgesellschaften entsprechend, wenn die unmittelbare oder mittelbare Beteiligung mehr als 25 Prozent beträgt. [13]Im Fall einer Betriebsaufspaltung sind die Lohnsummen und die Anzahl der Beschäftigten der Besitzgesellschaft und der Betriebsgesellschaft zusammenzuzählen.

(4) [1]Das für die Bewertung der wirtschaftlichen Einheit örtlich zuständige Finanzamt im Sinne des § 152 Nummer 1 bis 3 des Bewertungsgesetzes stellt die Ausgangslohnsumme, die Anzahl der Beschäftigten und die Summe der maßgebenden jährlichen Lohnsummen gesondert fest, wenn diese Angaben für die Erbschaftsteuer oder eine andere Feststellung im Sinne dieser Vorschrift von Bedeutung sind. [2]Bei Anteilen an Kapitalgesellschaften, die nach § 11 Absatz 1 des Bewertungsgesetzes zu bewerten sind, trifft die Feststellungen des Satzes 1 das örtlich zuständige Finanzamt entsprechend § 152 Nummer 3 des Bewertungsgesetzes. [3]Die Entscheidung über die Bedeutung trifft das Finanzamt, das für die Festsetzung der Erbschaftsteuer oder die Feststellung nach § 151 Absatz 1 Satz 1 Nummer 1 bis 3 des Bewertungsgesetzes zuständig ist. [4]§ 151 Absatz 3 und die §§ 152 bis 156 des Bewertungsgesetzes sind auf die Sätze 1 bis 3 entsprechend anzuwenden.

(5) [1]Ein Erwerber kann den Verschonungsabschlag (Absatz 1) und den Abzugsbetrag (Absatz 2) nicht in Anspruch nehmen, soweit er begünstigtes Vermögen im Sinne des § 13b Absatz 2 auf Grund einer letztwilligen Verfügung des Erblassers oder einer rechtsgeschäftlichen Verfügung des Erblassers oder Schenkers auf einen Dritten übertragen muss. [2]Gleiches gilt, wenn ein Erbe im Rahmen der Teilung des Nachlasses begünstigtes Vermögen im Sinne des § 13b Absatz 2 auf einen Miterben überträgt. [3]Überträgt ein Erbe erworbenes begünstigtes Vermögen im Sinne des § 13b Absatz 2 im Rahmen der Teilung des Nachlasses auf einen Dritten und gibt der Dritte dabei diesem Erwerber nicht begünstigtes Vermögen hin, das er vom Erblasser erworben hat, erhöht sich insoweit der Wert des begünstigten Vermögens des Dritten um den Wert des hingegebenen Vermögens, höchstens jedoch um den Wert des übertragenen Vermögens.

(6)[1] [1]Der Verschonungsabschlag (Absatz 1) und der Abzugsbetrag (Absatz 2) fallen nach Maßgabe des Satzes 2 mit Wirkung für die Vergangenheit weg, soweit der Erwerber innerhalb von fünf Jahren (Behaltensfrist)

1. einen Gewerbebetrieb oder einen Teilbetrieb, eine Beteiligung an einer Gesellschaft im Sinne des *§ 15 Absatz 1 Satz 1 Nummer 2 und Absatz 3 oder § 18 Absatz 4 Satz 2 des Einkommensteuergesetzes* [***ab 1.7.2021:*** § 97 Absatz 1 Satz 1 Nummer 5 Satz 1 des Bewertungsgesetztes], einen Anteil eines persönlich haftenden Gesellschafters einer Kommanditgesellschaft auf Aktien oder einen Anteil daran veräußert; als Veräußerung gilt auch die Aufgabe des Gewerbebetriebs. [2]Gleiches gilt, wenn wesentliche Betriebsgrundlagen eines Gewerbebetriebs veräußert oder in das Privatvermögen überführt oder anderen betriebsfremden Zwecken zugeführt werden oder wenn Anteile an einer Kapitalgesellschaft veräußert werden, die der Veräußerer durch eine Sacheinlage (§ 20 Absatz 1 des Umwandlungssteuergesetzes vom 7. Dezember 2006 (BGBl. I S. 2782, 2791), zuletzt geändert durch Artikel 6 des Gesetzes vom 2. November 2015 (BGBl. I S. 1834), in der jeweils geltenden Fassung) aus dem Betriebsvermögen im Sinne des § 13b erworben hat oder wenn eine Beteiligung an einer Gesellschaft im Sinne des *§ 15 Absatz 1 Satz 1 Nummer 2 und Absatz 3 oder § 18 Absatz 4 Satz 2 des Einkommensteuergesetzes* [***ab 1.7.2021:*** § 97 Absatz 1 Satz 1 Nummer 5 Satz 1 des Bewertungsgesetztes] oder ein Anteil daran veräußert wird, den der Veräußerer durch eine Einbringung des Betriebsvermögens im Sinne des § 13b in eine Personengesellschaft (§ 24 Absatz 1 des Umwandlungssteuergesetzes) erworben hat;
2. das land- und forstwirtschaftliche Vermögen im Sinne des § 168 Absatz 1 Nummer 1 des Bewertungsgesetzes und selbst bewirtschaftete Grundstücke im Sinne des § 159 des Bewertungsgesetzes veräußert. [2]Gleiches gilt, wenn das land- und forstwirtschaftliche Vermögen einem Betrieb der Land- und Forstwirtschaft nicht mehr dauernd zu dienen bestimmt ist oder wenn der bisherige Betrieb innerhalb der Behaltensfrist als Stückländerei zu qualifizieren wäre oder Grundstücke im Sinne des § 159 des Bewertungsgesetzes nicht mehr selbst bewirtschaftet werden;
3. als Inhaber eines Gewerbebetriebs, als Gesellschafter einer Gesellschaft im Sinne des *§ 15 Absatz 1 Satz 1 Nummer 2 und Absatz 3 oder § 18 Absatz 4 Satz 2 des Einkommensteuergesetzes* [***ab 1.7.2021:*** § 97 Absatz 1 Satz 1 Nummer 5 Satz 1 des Bewertungsgesetztes] oder als persönlich haftender Gesellschafter einer Kommanditgesellschaft auf Aktien bis zum Ende des letzten in die Fünfjahresfrist fallenden Wirtschaftsjahres Entnahmen tätigt, die die Summe seiner Einlagen und der ihm zuzurechnenden Gewinne oder Gewinnanteile seit dem Erwerb um mehr als 150 000 Euro übersteigen; Verluste bleiben unberücksichtigt. [2]Gleiches gilt für Inhaber eines begünstigten Betriebs der Land- und Forstwirtschaft oder eines Teilbetriebs oder eines Anteils an einem Betrieb der Land- und Forstwirtschaft. [3]Bei Ausschüttungen an Gesellschafter einer Kapitalgesellschaft ist sinngemäß zu verfahren;

---

[1] § 13a Abs. 6 Satz 1 Nr. 1 Satz 1 und 2 sowie Nr. 3 Satz 1 geänd. mWv 1.7.2021 durch G v. 25.6.2021 (BGBl. I S. 2050).

4. Anteile an Kapitalgesellschaften im Sinne des § 13b Absatz 1 Nummer 3 ganz oder teilweise veräußert; eine verdeckte Einlage der Anteile in eine Kapitalgesellschaft steht der Veräußerung der Anteile gleich. [2]Gleiches gilt, wenn die Kapitalgesellschaft innerhalb der Frist aufgelöst oder ihr Nennkapital herabgesetzt wird, wenn diese wesentliche Betriebsgrundlagen veräußert und das Vermögen an die Gesellschafter verteilt wird; Satz 1 Nummer 1 Satz 2 gilt entsprechend;
5. im Fall des § 13b Absatz 1 Nummer 3 Satz 2 die Verfügungsbeschränkung oder die Stimmrechtsbündelung aufgehoben wird.

[2]Der rückwirkende Wegfall des Verschonungsabschlags beschränkt sich in den Fällen des Satzes 1 Nummer 1, 2, 4 und 5 auf den Teil, der dem Verhältnis der im Zeitpunkt der schädlichen Verfügung verbleibenden Behaltensfrist einschließlich des Jahres, in dem die Verfügung erfolgt, zur gesamten Behaltensfrist entspricht. [3]In den Fällen des Satzes 1 Nummer 1, 2 und 4 ist von einer rückwirkenden Besteuerung abzusehen, wenn der Veräußerungserlös innerhalb der jeweils nach § 13b Absatz 1 begünstigungsfähigen Vermögensart verbleibt. [4]Hiervon ist auszugehen, wenn der Veräußerungserlös innerhalb von sechs Monaten in entsprechendes Vermögen investiert wird, das zum begünstigten Vermögen im Sinne des § 13b Absatz 2 gehört.

(7) [1]Der Erwerber ist verpflichtet, dem für die Erbschaftsteuer zuständigen Finanzamt innerhalb einer Frist von sechs Monaten nach Ablauf der Lohnsummenfrist das Unterschreiten der Mindestlohnsumme (Absatz 3 Satz 1) anzuzeigen. [2]In den Fällen des Absatzes 6 ist der Erwerber verpflichtet, dem für die Erbschaftsteuer zuständigen Finanzamt den entsprechenden Sachverhalt innerhalb einer Frist von einem Monat, nachdem der jeweilige Tatbestand verwirklicht wurde, anzuzeigen. [3]Die Festsetzungsfrist für die Steuer endet nicht vor dem Ablauf des vierten Jahres, nachdem das für die Erbschaftsteuer zuständige Finanzamt von dem Unterschreiten der Mindestlohnsumme (Absatz 3 Satz 1) oder dem Verstoß gegen die Behaltensregelungen (Absatz 6) Kenntnis erlangt. [4]Die Anzeige ist eine Steuererklärung im Sinne der Abgabenordnung. [5]Sie ist schriftlich abzugeben. [6]Die Anzeige hat auch dann zu erfolgen, wenn der Vorgang zu keiner Besteuerung führt.

(8) Soweit nicht inländisches Vermögen zum begünstigten Vermögen im Sinne des § 13b Absatz 2 gehört, hat der Steuerpflichtige nachzuweisen, dass die Voraussetzungen für eine Steuerbefreiung im Zeitpunkt der Entstehung der Steuer (§ 9) und während der gesamten in den Absätzen 3 und 6 genannten Zeiträume bestehen.

(9) [1]Für begünstigtes Vermögen im Sinne des § 13b Absatz 2 wird vor Anwendung des Absatzes 1 ein Abschlag gewährt, wenn der Gesellschaftsvertrag oder die Satzung Bestimmungen enthält, die

1. die Entnahme oder Ausschüttung auf höchstens 37,5 Prozent des um die auf den Gewinnanteil oder die Ausschüttungen aus der Gesellschaft entfallenden Steuern vom Einkommen gekürzten Betrages des steuerrechtlichen Gewinns beschränken; Entnahmen zur Begleichung der auf den Gewinnanteil oder die Ausschüttungen aus der Gesellschaft entfallenden Steuern vom

Einkommen bleiben von der Beschränkung der Entnahme oder Ausschüttung unberücksichtigt und

2. die Verfügung über die Beteiligung an der Personengesellschaft oder den Anteil an der Kapitalgesellschaft auf Mitgesellschafter, auf Angehörige im Sinne des § 15 der Abgabenordnung oder auf eine Familienstiftung (§ 1 Absatz 1 Nummer 4) beschränken und
3. für den Fall des Ausscheidens aus der Gesellschaft eine Abfindung vorsehen, die unter dem gemeinen Wert der Beteiligung an der Personengesellschaft oder des Anteils an der Kapitalgesellschaft liegt,

und die Bestimmungen den tatsächlichen Verhältnissen entsprechen. [2] Gelten die in Satz 1 genannten Bestimmungen nur für einen Teil des begünstigten Vermögens im Sinne des § 13b Absatz 2, ist der Abschlag nur für diesen Teil des begünstigten Vermögens zu gewähren. [3] Die Höhe des Abschlags entspricht der im Gesellschaftsvertrag oder in der Satzung vorgesehenen prozentualen Minderung der Abfindung gegenüber dem gemeinen Wert (Satz 1 Nummer 3) und darf 30 Prozent nicht übersteigen. [4] Die Voraussetzungen des Satzes 1 müssen zwei Jahre vor dem Zeitpunkt der Entstehung der Steuer (§ 9) vorliegen. [5] Die Steuerbefreiung entfällt mit Wirkung für die Vergangenheit, wenn die Voraussetzungen des Satzes 1 nicht über einen Zeitraum von 20 Jahren nach dem Zeitpunkt der Entstehung der Steuer (§ 9) eingehalten werden; die §§ 13c und 28a bleiben unberührt. [6] In den Fällen des Satzes 1

1. ist der Erwerber verpflichtet, dem für die Erbschaftsteuer zuständigen Finanzamt die Änderungen der genannten Bestimmungen oder der tatsächlichen Verhältnisse innerhalb einer Frist von einem Monat anzuzeigen,
2. endet die Festsetzungsfrist für die Steuer nicht vor dem Ablauf des vierten Jahres, nachdem das für die Erbschaftsteuer zuständige Finanzamt von der Änderung einer der in Satz 1 genannten Bestimmungen oder der tatsächlichen Verhältnisse Kenntnis erlangt.

[***ab 29.12.2020:***

(9a)[1] [1] Das für die Bewertung der wirtschaftlichen Einheit örtlich zuständige Finanzamt im Sinne des § 152 Nummer 2 und 3 des Bewertungsgesetzes stellt das Vorliegen der Voraussetzungen für den Abschlag nach Absatz 9 und dessen Höhe auf den Zeitpunkt der Entstehung der Steuer (§ 9) gesondert fest, wenn diese Angaben für die Erbschaftsteuer von Bedeutung sind. [2] Die Entscheidung über die Bedeutung trifft das Finanzamt, das für die Festsetzung der Erbschaftsteuer zuständig ist. [3] § 151 Absatz 3 und die §§ 152 bis 156 des Bewertungsgesetzes sind auf die Sätze 1 und 2 entsprechend anzuwenden.]

(10) [1] Der Erwerber kann unwiderruflich erklären, dass die Steuerbefreiung nach den Absätzen 1 bis 9 in Verbindung mit § 13b nach folgender Maßgabe gewährt wird:

---

[1] § 13a Abs. 9a eingef. durch G v. 21.12.2020 (BGBl. I S. 3096); zur Anwendung siehe § 37 Abs. 18.

1. In Absatz 1 Satz 1 tritt an die Stelle des Verschonungsabschlags von 85 Prozent ein Verschonungsabschlag von 100 Prozent;
2. in Absatz 3 Satz 1 tritt an die Stelle der Lohnsummenfrist von fünf Jahren eine Lohnsummenfrist von sieben Jahren;
3. in Absatz 3 Satz 1 und 4 tritt an die Stelle der Mindestlohnsumme von 400 Prozent eine Mindestlohnsumme von 700 Prozent;
4. in Absatz 3 Satz 4 Nummer 1 tritt an die Stelle der Mindestlohnsumme von 250 Prozent eine Mindestlohnsumme von 500 Prozent;
5. in Absatz 3 Satz 4 Nummer 2 tritt an die Stelle der Mindestlohnsumme von 300 Prozent eine Mindestlohnsumme von 565 Prozent;
6. in Absatz 6 tritt an die Stelle der Behaltensfrist von fünf Jahren eine Behaltensfrist von sieben Jahren.

2 Voraussetzung für die Gewährung der Steuerbefreiung nach Satz 1 ist, dass das begünstigungsfähige Vermögen nach § 13b Absatz 1 nicht zu mehr als 20 Prozent aus Verwaltungsvermögen nach § 13b Absatz 3 und 4 besteht. 3 Der Anteil des Verwaltungsvermögens am gemeinen Wert des Betriebs bestimmt sich nach dem Verhältnis der Summe der gemeinen Werte der Einzelwirtschaftsgüter des Verwaltungsvermögens nach § 13b Absatz 3 und 4 zum gemeinen Wert des Betriebs.

(11) Die Absätze 1 bis 10 gelten in den Fällen des § 1 Absatz 1 Nummer 4 entsprechend.

§ 13b[1] Begünstigtes Vermögen. (1)[2] Zum begünstigungsfähigen Vermögen gehören

1. der inländische Wirtschaftsteil des land- und forstwirtschaftlichen Vermögens (§ 168 Absatz 1 Nummer 1 des Bewertungsgesetzes) mit Ausnahme der Stückländereien (§ 160 Absatz 7 des Bewertungsgesetzes) und selbst bewirtschaftete Grundstücke im Sinne des § 159 des Bewertungsgesetzes sowie entsprechendes land- und forstwirtschaftliches Vermögen, das einer Betriebsstätte in einem Mitgliedstaat der Europäischen Union oder in einem Staat des Europäischen Wirtschaftsraums dient;
2. inländisches Betriebsvermögen (§§ 95 bis 97 Absatz 1 Satz 1 des Bewertungsgesetzes) beim Erwerb eines ganzen Gewerbebetriebs oder Teilbetriebs, einer Beteiligung an einer Gesellschaft im Sinne des *§ 15 Absatz 1 Satz 1 Nummer 2 und Absatz 3 oder § 18 Absatz 4 Satz 2 des Einkommensteuergesetzes* [***ab 1.7.2021:*** § 97 Absatz 1 Satz 1 Nummer 5 Satz 1 des Bewertungsgesetztes], eines Anteils eines persönlich haftenden Gesellschafters einer Kommanditgesellschaft auf Aktien oder Anteils daran und entsprechendes Betriebsvermögen, das einer Betriebsstätte in einem Mitgliedstaat der Europäischen Union oder in einem Staat des Europäischen Wirtschaftsraums dient;

[1] § 13b neu gef. durch G v. 4.11.2016 (BGBl. I S. 2464); zur Anwendung siehe § 37 Abs. 12 Satz 1.

[2] § 13b Abs. 1 Nr. 2 geänd. mWv 1.7.2021 durch G v. 25.6.2021 (BGBl. I S. 2050).

3. Anteile an einer Kapitalgesellschaft, wenn die Kapitalgesellschaft im Zeitpunkt der Entstehung der Steuer (§ 9) Sitz oder Geschäftsleitung im Inland oder in einem Mitgliedstaat der Europäischen Union oder in einem Staat des Europäischen Wirtschaftsraums hat und der Erblasser oder Schenker am Nennkapital dieser Gesellschaft unmittelbar zu mehr als 25 Prozent beteiligt war (Mindestbeteiligung). [2] Ob der Erblasser oder Schenker die Mindestbeteiligung erfüllt, ist nach der Summe der dem Erblasser oder Schenker unmittelbar zuzurechnenden Anteile und der Anteile weiterer Gesellschafter zu bestimmen, wenn der Erblasser oder Schenker und die weiteren Gesellschafter untereinander verpflichtet sind, über die Anteile nur einheitlich zu verfügen oder ausschließlich auf andere derselben Verpflichtung unterliegende Anteilseigner zu übertragen und das Stimmrecht gegenüber nichtgebundenen Gesellschaftern einheitlich auszuüben.

(2) [1] Das begünstigungsfähige Vermögen ist begünstigt, soweit sein gemeiner Wert den um das unschädliche Verwaltungsvermögen im Sinne des Absatzes 7 gekürzten Nettowert des Verwaltungsvermögens im Sinne des Absatzes 6 übersteigt (begünstigtes Vermögen). [2] Abweichend von Satz 1 ist der Wert des begünstigungsfähigen Vermögens vollständig nicht begünstigt, wenn das Verwaltungsvermögen nach Absatz 4 vor der Anwendung des Absatzes 3 Satz 1, soweit das Verwaltungsvermögen nicht ausschließlich und dauerhaft der Erfüllung von Schulden aus durch Treuhandverhältnisse abgesicherten Altersversorgungsverpflichtungen dient und dem Zugriff aller übrigen nicht aus diesen Altersversorgungsverpflichtungen unmittelbar berechtigten Gläubiger entzogen ist, sowie der Schuldenverrechnung und des Freibetrags nach Absatz 4 Nummer 5 sowie der Absätze 6 und 7 mindestens 90 Prozent des gemeinen Werts des begünstigungsfähigen Vermögens beträgt.

(3) [1] Teile des begünstigungsfähigen Vermögens, die ausschließlich und dauerhaft der Erfüllung von Schulden aus Altersversorgungsverpflichtungen dienen und dem Zugriff aller übrigen nicht aus den Altersversorgungsverpflichtungen unmittelbar berechtigten Gläubiger entzogen sind, gehören bis zur Höhe des gemeinen Werts der Schulden aus Altersversorgungsverpflichtungen nicht zum Verwaltungsvermögen im Sinne des Absatzes 4 Nummer 1 bis 5. [2] Soweit Finanzmittel und Schulden bei Anwendung von Satz 1 berücksichtigt wurden, bleiben sie bei der Anwendung des Absatzes 4 Nummer 5 und des Absatzes 6 außer Betracht.

(4) Zum Verwaltungsvermögen gehören

1. Dritten zur Nutzung überlassene Grundstücke, Grundstücksteile, grundstücksgleiche Rechte und Bauten. [2] Eine Nutzungsüberlassung an Dritte ist nicht anzunehmen, wenn
   a) der Erblasser oder Schenker sowohl im überlassenden Betrieb als auch im nutzenden Betrieb allein oder zusammen mit anderen Gesellschaftern einen einheitlichen geschäftlichen Betätigungswillen durchsetzen konnte oder als Gesellschafter einer Gesellschaft im Sinne des § 15 Absatz 1 Satz 1 Nummer 2 und Absatz 3 oder § 18 Absatz 4 des Einkommensteuergesetzes den Vermögensgegenstand der Gesellschaft zur Nutzung überlassen hatte, und diese Rechtsstellung auf den Erwerber übergegangen ist, soweit keine Nutzungsüberlassung an einen weiteren Dritten erfolgt;

b) die Nutzungsüberlassung im Rahmen der Verpachtung eines ganzen Betriebs erfolgt, welche beim Verpächter zu Einkünften nach § 2 Absatz 1 Satz 1 Nummer 2 und 3 des Einkommensteuergesetzes führt und

aa) der Verpächter des Betriebs im Zusammenhang mit einer unbefristeten Verpachtung den Pächter durch eine letztwillige Verfügung oder eine rechtsgeschäftliche Verfügung als Erben eingesetzt hat oder

bb) die Verpachtung an einen Dritten erfolgt, weil der Beschenkte im Zeitpunkt der Entstehung der Steuer (§ 9) den Betrieb noch nicht führen kann, und die Verpachtung auf höchstens zehn Jahre befristet ist; hat der Beschenkte das 18. Lebensjahr noch nicht vollendet, beginnt die Frist mit der Vollendung des 18. Lebensjahres.

[2] Dies gilt nicht für verpachtete Betriebe, soweit sie vor ihrer Verpachtung die Voraussetzungen als begünstigtes Vermögen nach Absatz 2 nicht erfüllt haben und für verpachtete Betriebe, deren Hauptzweck in der Überlassung von Grundstücken, Grundstücksteilen, grundstücksgleichen Rechten und Bauten an Dritte zur Nutzung besteht, die nicht unter Buchstabe d fallen;

c) sowohl der überlassende Betrieb als auch der nutzende Betrieb zu einem Konzern im Sinne des § 4h des Einkommensteuergesetzes gehören, soweit keine Nutzungsüberlassung an einen weiteren Dritten erfolgt;

d) die überlassenen Grundstücke, Grundstücksteile, grundstücksgleichen Rechte und Bauten zum Betriebsvermögen, zum gesamthänderisch gebundenen Betriebsvermögen einer Personengesellschaft oder zum Vermögen einer Kapitalgesellschaft gehören und der Hauptzweck des Betriebs in der Vermietung von Wohnungen im Sinne des § 181 Absatz 9 des Bewertungsgesetzes besteht, dessen Erfüllung einen wirtschaftlichen Geschäftsbetrieb (§ 14 der Abgabenordnung) erfordert;

e) die Grundstücke, Grundstücksteile, grundstücksgleichen Rechte und Bauten vorrangig überlassen werden, um im Rahmen von Lieferungsverträgen dem Absatz von eigenen Erzeugnissen und Produkten zu dienen;

f) die Grundstücke, Grundstücksteile, grundstücksgleichen Rechte und Bauten an Dritte zur land- und forstwirtschaftlichen Nutzung überlassen werden;

2.[1] Anteile an Kapitalgesellschaften, wenn die unmittelbare Beteiligung am Nennkapital dieser Gesellschaften 25 Prozent oder weniger beträgt und sie nicht dem Hauptzweck des Gewerbebetriebs eines Kreditinstitutes oder eines Finanzdienstleistungsinstitutes im Sinne des § 1 Absatz 1 und 1a des Kreditwesengesetzes in der Fassung der Bekanntmachung vom 9. September 1998 (BGBl. I S. 2776), das zuletzt durch Artikel 14 des Gesetzes vom 10. Mai 2016 (BGBl. I S. 1142) geändert worden ist, [***ab 26.6.2021:*** eines Wertpapierinstituts im Sinne des § 2 Absatz 1 des Wertpapierinstitutsgesetzes] oder eines Versicherungsunternehmens, das der Aufsicht nach § 1 Ab-

---

[1] § 13b Abs. 4 Nr. 2 Satz 1 geänd. mWv 26.6.2021 durch G v. 12.5.2021 (BGBl. I S. 990).

satz 1 Nummer 1 des Versicherungsaufsichtsgesetzes in der Fassung der Bekanntmachung vom 1. April 2015 (BGBl. I S. 434), das zuletzt durch Artikel 13 des Gesetzes vom 10. Mai 2016 (BGBl. I S. 1142) geändert worden ist, unterliegt, zuzurechnen sind. [2]Ob diese Grenze unterschritten wird, ist nach der Summe der dem Betrieb unmittelbar zuzurechnenden Anteile und der Anteile weiterer Gesellschafter zu bestimmen, wenn die Gesellschafter untereinander verpflichtet sind, über die Anteile nur einheitlich zu verfügen oder sie ausschließlich auf andere derselben Verpflichtung unterliegende Anteilseigner zu übertragen und das Stimmrecht gegenüber nichtgebundenen Gesellschaftern nur einheitlich auszuüben;

3. Kunstgegenstände, Kunstsammlungen, wissenschaftliche Sammlungen, Bibliotheken und Archive, Münzen, Edelmetalle und Edelsteine, Briefmarkensammlungen, Oldtimer, Yachten, Segelflugzeuge sowie sonstige typischerweise der privaten Lebensführung dienende Gegenstände, wenn der Handel mit diesen Gegenständen, deren Herstellung oder Verarbeitung oder die entgeltliche Nutzungsüberlassung an Dritte nicht der Hauptzweck des Betriebs ist;

4.[1)] Wertpapiere sowie vergleichbare Forderungen, wenn sie nicht dem Hauptzweck des Gewerbebetriebs eines Kreditinstitutes oder eines Finanzdienstleistungsinstitutes im Sinne des § 1 Absatz 1 und 1a des Kreditwesengesetzes in der Fassung der Bekanntmachung vom 9. September 1998 (BGBl. I S. 2776), das zuletzt durch Artikel 14 des Gesetzes vom 10. Mai 2016 (BGBl. I S. 1142) geändert worden ist, [***ab 26.6.2021:*** eines Wertpapierinstituts im Sinne des § 2 Absatz 1 des Wertpapierinstitutsgesetzes] oder eines Versicherungsunternehmens, das der Aufsicht nach § 1 Absatz 1 Nummer 1 des Versicherungsaufsichtsgesetzes in der Fassung der Bekanntmachung vom 1. April 2015 (BGBl. I S. 434), das zuletzt durch Artikel 13 des Gesetzes vom 10. Mai 2016 (BGBl. I S. 1142) geändert worden ist, unterliegt, zuzurechnen sind;

5.[2)] der gemeine Wert des nach Abzug des gemeinen Werts der Schulden verbleibenden Bestands an Zahlungsmitteln, Geschäftsguthaben, Geldforderungen und anderen Forderungen (Finanzmittel), soweit er 15 Prozent des anzusetzenden Werts des Betriebsvermögens des Betriebs oder der Gesellschaft übersteigt. [2]Der gemeine Wert der Finanzmittel ist um den positiven Saldo der eingelegten und der entnommenen Finanzmittel zu verringern, welche dem Betrieb im Zeitpunkt der Entstehung der Steuer (§ 9) weniger als zwei Jahre zuzurechnen waren (junge Finanzmittel); junge Finanzmittel sind Verwaltungsvermögen. [3]Satz 1 gilt nicht, wenn die genannten Wirtschaftsgüter dem Hauptzweck des Gewerbebetriebs eines Kreditinstitutes oder eines Finanzdienstleistungsinstitutes im Sinne des § 1 Absatz 1 und 1a des Kreditwesengesetzes in der Fassung der Bekanntmachung vom 9. September 1998 (BGBl. I S. 2776), das zuletzt durch Artikel 14 des Gesetzes vom

---

1) § 13b Abs. 4 Nr. 4 geänd. mWv 26.6.2021 durch G v. 12.5.2021 (BGBl. I S. 990).

2) *§ 13b Abs. 4 Nr. 5* Satz 3 geänd. mWv 26.6.2021 durch G v. 12.5.2021 (BGBl. I S. 990); Satz 5 geänd. mWv 1.7.2021 durch G v. 25.6.2021 (BGBl. I S. 2050); Satz 5 geänd. mWv 1.7.2021 durch G v. 25.6.2021 (BGBl. I S. 2056).

10. Mai 2016 (BGBl. I S. 1142) geändert worden ist, [*ab 26.6.2021:* eines Wertpapierinstituts im Sinne des § 2 Absatz 1 des Wertpapierinstitutsgesetzes] oder eines Versicherungsunternehmens, das der Aufsicht nach § 1 Absatz 1 Nummer 1 des Versicherungsaufsichtsgesetzes in der Fassung der Bekanntmachung vom 1. April 2015 (BGBl. I S. 434), das zuletzt durch Artikel 13 des Gesetzes vom 10. Mai 2016 (BGBl. I S. 1142) geändert worden ist, unterliegt, zuzurechnen sind. [4]Voraussetzung für die Anwendung des Prozentsatzes von 15 Prozent des Satzes 1 ist, dass das nach Absatz 1 begünstigungsfähige Vermögen des Betriebs oder der nachgeordneten Gesellschaften nach seinem Hauptzweck einer Tätigkeit im Sinne des § 13 Absatz 1, des § 15 Absatz 1 Satz 1 Nummer 1, des § 18 Absatz 1 Nummer 1 und 2 des Einkommensteuergesetzes dient. [5]Die Voraussetzungen des Satzes 4 sind auch erfüllt, wenn die Tätigkeit durch Gesellschaften im Sinne des § 13 Absatz 7, des § 15 Absatz 1 Satz 1 Nummer 2 oder des § 18 Absatz 4 Satz 2 des Einkommensteuergesetzes ausgeübt wird [*ab 1.7.2021:* ; dies gilt auch, wenn sie ihrer Tätigkeit nach einer Gesellschaft im Sinne des § 15 Absatz 1 Satz 1 Nummer 2 oder des § 18 Absatz 4 Satz 2 des Einkommensteuergesetzes entsprechen, für Gesellschaften im Sinne des § 1a Absatz 1 des Körperschaftsteuergesetzes und für Gesellschaften im Sinne des § 1 Absatz 1 des Körperschaftsteuergesetzes mit Sitz im Ausland, deren Ort der Geschäftsleitung im Inland belegen ist, und die nach inländischem Gesellschaftsrecht als Personengesellschaft zu behandeln sind.]

(5) [1]Beim Erwerb von Todes wegen entfällt die Zurechnung von Vermögensgegenständen zum Verwaltungsvermögen im Sinne des Absatzes 4 Nummer 1 bis 5 rückwirkend zum Zeitpunkt der Entstehung der Steuer (§ 9), wenn der Erwerber innerhalb von zwei Jahren ab dem Zeitpunkt der Entstehung der Steuer (§ 9) diese Vermögensgegenstände in Vermögensgegenstände innerhalb des vom Erblasser erworbenen, begünstigungsfähigen Vermögens im Sinne des Absatzes 1 investiert hat, die unmittelbar einer Tätigkeit im Sinne von § 13 Absatz 1, § 15 Absatz 1 Satz 1 Nummer 1 oder § 18 Absatz 1 Nummer 1 und 2 des Einkommensteuergesetzes dienen und kein Verwaltungsvermögen sind. [2]Voraussetzung hierfür ist, dass die Investition auf Grund eines im Zeitpunkt der Entstehung der Steuer (§ 9) vorgefassten Plans des Erblassers erfolgt und keine anderweitige Ersatzbeschaffung von Verwaltungsvermögen vorgenommen wird oder wurde. [3]Beim Erwerb von Todes wegen entfällt die Zurechnung von Finanzmitteln zum Verwaltungsvermögen im Sinne des Absatzes 4 Nummer 5 Satz 1 rückwirkend zum Zeitpunkt der Entstehung der

(Fortsetzung nächstes Blatt)

445. Verordnung über die Aufstellung von Betriebskosten (Betriebskostenverordnung – BetrKV)

Vom 25. November 2003 (BGBl. I S. 2346)[1)]

BGBl. III/FNA 2330-32-2

Geändert durch Gesetz zur Änderung telekommunikationsrechtlicher Regelungen vom 3.5.2012 (BGBl. I S. 958) und Telekommunikationsmodernisierungsgesetz vom 23.6.2021 (BGBl. I S. 1858)

§ 1 Betriebskosten. (1) [1]Betriebskosten sind die Kosten, die dem Eigentümer oder Erbbauberechtigten durch das Eigentum oder Erbbaurecht am Grundstück oder durch den bestimmungsmäßigen Gebrauch des Gebäudes, der Nebengebäude, Anlagen, Einrichtungen und des Grundstücks laufend entstehen. [2]Sach- und Arbeitsleistungen des Eigentümers oder Erbbauberechtigten dürfen mit dem Betrag angesetzt werden, der für eine gleichwertige Leistung eines Dritten, insbesondere eines Unternehmers, angesetzt werden könnte; die Umsatzsteuer des Dritten darf nicht angesetzt werden.

(2) Zu den Betriebskosten gehören nicht:

1. die Kosten der zur Verwaltung des Gebäudes erforderlichen Arbeitskräfte und Einrichtungen, die Kosten der Aufsicht, der Wert der vom Vermieter persönlich geleisteten Verwaltungsarbeit, die Kosten für die gesetzlichen oder freiwilligen Prüfungen des Jahresabschlusses und die Kosten für die Geschäftsführung (Verwaltungskosten),
2. die Kosten, die während der Nutzungsdauer zur Erhaltung des bestimmungsmäßigen Gebrauchs aufgewendet werden müssen, um die durch Abnutzung, Alterung und Witterungseinwirkung entstehenden baulichen oder sonstigen Mängel ordnungsgemäß zu beseitigen (Instandhaltungs- und Instandsetzungskosten).

§ 2[2)] Aufstellung der Betriebskosten. [1]Betriebskosten im Sinne von § 1 sind:

1. die laufenden öffentlichen Lasten des Grundstücks,
   hierzu gehört namentlich die Grundsteuer;
2. die Kosten der Wasserversorgung,
   hierzu gehören die Kosten des Wasserverbrauchs, die Grundgebühren, die Kosten der Anmietung oder anderer Arten der Gebrauchsüberlassung von Wasserzählern sowie die Kosten ihrer Verwendung einschließlich der Kosten der Eichung sowie der Kosten der Berechnung und Aufteilung, die Kosten der Wartung von Wassermengenreglern, die Kosten des Betriebs einer hauseigenen Wasserversorgungsanlage und einer Wasseraufbereitungsanlage einschließlich der Aufbereitungsstoffe;

[1)] In Kraft ab 1.1.2004.

[2)] § 2 Satz 2 angef. mWv 1.12.2021 durch G v. 23.6.2021 (BGBl. I S. 1858).

3. die Kosten der Entwässerung,
hierzu gehören die Gebühren für die Haus- und Grundstücksentwässerung, die Kosten des Betriebs einer entsprechenden nicht öffentlichen Anlage und die Kosten des Betriebs einer Entwässerungspumpe;
4. die Kosten
   a) des Betriebs der zentralen Heizungsanlage einschließlich der Abgasanlage,
   hierzu gehören die Kosten der verbrauchten Brennstoffe und ihrer Lieferung, die Kosten des Betriebsstroms, die Kosten der Bedienung, Überwachung und Pflege der Anlage, der regelmäßigen Prüfung ihrer Betriebsbereitschaft und Betriebssicherheit einschließlich der Einstellung durch eine Fachkraft, der Reinigung der Anlage und des Betriebsraums, die Kosten der Messungen nach dem Bundes-Immissionsschutzgesetz, die Kosten der Anmietung oder anderer Arten der Gebrauchsüberlassung einer Ausstattung zur Verbrauchserfassung sowie die Kosten der Verwendung einer Ausstattung zur Verbrauchserfassung einschließlich der Kosten der Eichung sowie der Kosten der Berechnung und Aufteilung

   oder
   b) des Betriebs der zentralen Brennstoffversorgungsanlage,
   hierzu gehören die Kosten der verbrauchten Brennstoffe und ihrer Lieferung, die Kosten des Betriebsstroms und die Kosten der Überwachung sowie die Kosten der Reinigung der Anlage und des Betriebsraums

   oder
   c) der eigenständig gewerblichen Lieferung von Wärme, auch aus Anlagen im Sinne des Buchstabens a,
   hierzu gehören das Entgelt für die Wärmelieferung und die Kosten des Betriebs der zugehörigen Hausanlagen entsprechend Buchstabe a

   oder
   d) der Reinigung und Wartung von Etagenheizungen und Gaseinzelfeuerstätten,
   hierzu gehören die Kosten der Beseitigung von Wasserablagerungen und Verbrennungsrückständen in der Anlage, die Kosten der regelmäßigen Prüfung der Betriebsbereitschaft und Betriebssicherheit und der damit zusammenhängenden Einstellung durch eine Fachkraft sowie die Kosten der Messungen nach dem Bundes-Immissionsschutzgesetz;
5. die Kosten
   a) des Betriebs der zentralen Warmwasserversorgungsanlage,
   hierzu gehören die Kosten der Wasserversorgung entsprechend Nummer 2, soweit sie nicht dort bereits berücksichtigt sind, und die Kosten der Wassererwärmung entsprechend Nummer 4 Buchstabe a

   oder
   b) der eigenständig gewerblichen Lieferung von Warmwasser, auch aus Anlagen im Sinne des Buchstabens a,

hierzu gehören das Entgelt für die Lieferung des Warmwassers und die Kosten des Betriebs der zugehörigen Hausanlagen entsprechend Nummer 4 Buchstabe a

oder

c) der Reinigung und Wartung von Warmwassergeräten,
hierzu gehören die Kosten der Beseitigung von Wasserablagerungen und Verbrennungsrückständen im Innern der Geräte sowie die Kosten der regelmäßigen Prüfung der Betriebsbereitschaft und Betriebssicherheit und der damit zusammenhängenden Einstellung durch eine Fachkraft;

6. die Kosten verbundener Heizungs- und Warmwasserversorgungsanlagen
   a) bei zentralen Heizungsanlagen entsprechend Nummer 4 Buchstabe a und entsprechend Nummer 2, soweit sie nicht dort bereits berücksichtigt sind,

   oder

   b) bei der eigenständig gewerblichen Lieferung von Wärme entsprechend Nummer 4 Buchstabe c und entsprechend Nummer 2, soweit sie nicht dort bereits berücksichtigt sind,

   oder

   c) bei verbundenen Etagenheizungen und Warmwasserversorgungsanlagen entsprechend Nummer 4 Buchstabe d und entsprechend Nummer 2, soweit sie nicht dort bereits berücksichtigt sind;

7. die Kosten des Betriebs des Personen- oder Lastenaufzugs,
hierzu gehören die Kosten des Betriebsstroms, die Kosten der Beaufsichtigung, der Bedienung, Überwachung und Pflege der Anlage, der regelmäßigen Prüfung ihrer Betriebsbereitschaft und Betriebssicherheit einschließlich der Einstellung durch eine Fachkraft sowie die Kosten der Reinigung der Anlage;

8. die Kosten der Straßenreinigung und Müllbeseitigung,
zu den Kosten der Straßenreinigung gehören die für die öffentliche Straßenreinigung zu entrichtenden Gebühren und die Kosten entsprechender nicht öffentlicher Maßnahmen; zu den Kosten der Müllbeseitigung gehören namentlich die für die Müllabfuhr zu entrichtenden Gebühren, die Kosten entsprechender nicht öffentlicher Maßnahmen, die Kosten des Betriebs von Müllkompressoren, Müllschluckern, Müllabsauganlagen sowie des Betriebs von Müllmengenerfassungsanlagen einschließlich der Kosten der Berechnung und Aufteilung;

9. die Kosten der Gebäudereinigung und Ungezieferbekämpfung,
zu den Kosten der Gebäudereinigung gehören die Kosten für die Säuberung der von den Bewohnern gemeinsam genutzten Gebäudeteile, wie Zugänge, Flure, Treppen, Keller, Bodenräume, Waschküchen, Fahrkorb des Aufzugs;

10. die Kosten der Gartenpflege,
hierzu gehören die Kosten der Pflege gärtnerisch angelegter Flächen einschließlich der Erneuerung von Pflanzen und Gehölzen, der Pflege von

Spielplätzen einschließlich der Erneuerung von Sand und der Pflege von Plätzen, Zugängen und Zufahrten, die dem nicht öffentlichen Verkehr dienen;

11. die Kosten der Beleuchtung,
hierzu gehören die Kosten des Stroms für die Außenbeleuchtung und die Beleuchtung der von den Bewohnern gemeinsam genutzten Gebäudeteile, wie Zugänge, Flure, Treppen, Keller, Bodenräume, Waschküchen;

12. die Kosten der Schornsteinreinigung,
hierzu gehören die Kehrgebühren nach der maßgebenden Gebührenordnung, soweit sie nicht bereits als Kosten nach Nummer 4 Buchstabe a berücksichtigt sind;

13. die Kosten der Sach- und Haftpflichtversicherung,
hierzu gehören namentlich die Kosten der Versicherung des Gebäudes gegen Feuer-, Sturm-, Wasser- sowie sonstige Elementarschäden, der Glasversicherung, der Haftpflichtversicherung für das Gebäude, den Öltank und den Aufzug;

14. die Kosten für den Hauswart,
hierzu gehören die Vergütung, die Sozialbeiträge und alle geldwerten Leistungen, die der Eigentümer oder Erbbauberechtigte dem Hauswart für seine Arbeit gewährt, soweit diese nicht die Instandhaltung, Instandsetzung, Erneuerung, Schönheitsreparaturen oder die Hausverwaltung betrifft; soweit Arbeiten vom Hauswart ausgeführt werden, dürfen Kosten für Arbeitsleistungen nach den Nummern 2 bis 10 und 16 nicht angesetzt werden;

[Fassung bis 30.11.2021:]

15. die Kosten
   a) des Betriebs der Gemeinschafts-Antennenanlage,
   hierzu gehören die Kosten des Betriebsstroms und die Kosten der regelmäßigen Prüfung ihrer Betriebsbereitschaft einschließlich der Einstellung durch eine Fachkraft oder das Nutzungsentgelt für eine nicht zu dem Gebäude gehörende Antennenanlage sowie die Gebühren, die nach dem Urheberrechtsgesetz für die Kabelweitersendung entstehen,
   oder

[Fassung ab 1.12.2021:]

15.[1] die Kosten
   a) des Betriebs der Gemeinschafts-Antennenanlage,
   hierzu gehören die Kosten des Betriebsstroms und die Kosten der regelmäßigen Prüfung ihrer Betriebsbereitschaft einschließlich ihrer Einstellung durch eine Fachkraft,
   bis zum 30. Juni 2024 außerdem das Nutzungsentgelt für eine nicht zu dem Gebäude gehörende Antennenanlage sowie die Gebühren, die nach dem Urheberrechtsgesetz für die Kabelweitersendung entstehen,
   oder

[1] § 2 Satz 1 Nr. 15 neu gef. mWv 1.12.2021 durch G v. 23.6.2021 (BGBl. I S. 1858); zur Anwendung siehe § 2 Satz 2.

[Fassung bis 30.11.2021:]

b)[1] des Betriebs der mit einem Breitbandnetz verbundenen privaten Verteilanlage;
hierzu gehören die Kosten entsprechend Buchstabe a, ferner die laufenden monatlichen Grundgebühren für Breitbandanschlüsse;

[Fassung ab 1.12.2021:]

b) des Betriebs der mit einem Breitbandnetz verbundenen privaten Verteilanlage,
hierzu gehören die Kosten des Betriebsstroms,
bis zum 30. Juni 2024 außerdem die weiteren Kosten entsprechend Buchstabe a, sowie die laufenden monatlichen Grundgebühren für Breitbandanschlüsse,

oder

c) des Betriebs einer gebäudeinternen Verteilanlage, die vollständig mittels Glasfaser mit einem öffentlichen Netz mit sehr hoher Kapazität im Sinne des § 3 Nummer 33 des Telekommunikationsgesetzes verbunden ist, wenn der Mieter seinen Anbieter von öffentlich zugänglichen Telekommunikationsdiensten über seinen Anschluss frei wählen kann,
hierzu gehören die Kosten des Betriebsstroms sowie ein Bereitstellungsentgelt gemäß § 72 Absatz 1 des Telekommunikationsgesetzes;

16. die Kosten des Betriebs der Einrichtungen für die Wäschepflege,
hierzu gehören die Kosten des Betriebsstroms, die Kosten der Überwachung, Pflege und Reinigung der Einrichtungen, der regelmäßigen Prüfung ihrer Betriebsbereitschaft und Betriebssicherheit sowie die Kosten der Wasserversorgung entsprechend Nummer 2, soweit sie nicht dort bereits berücksichtigt sind;

17. sonstige Betriebskosten,
hierzu gehören Betriebskosten im Sinne des § 1, die von den Nummern 1 bis 16 nicht erfasst sind.

[2] Für Anlagen, die ab dem 1. Dezember 2021 errichtet worden sind, ist Satz 1 Nummer 15 Buchstabe a und b nicht anzuwenden.

---

[1] § 2 Nr. 15 Buchst. b geänd. durch G v. 3.5.2012 (BGBl. I S. 958).

450. Gewerbesteuergesetz (GewStG)

In der Fassung der Bekanntmachung vom 15. Oktober 2002 (BGBl. I S. 4167)[1)·2)]

Geändert durch Steuervergünstigungsabbaugesetz vom 16.5.2003 (BGBl. I S. 660), Kleinunternehmerförderungsgesetz vom 31.7.2003 (BGBl. I S. 1550), Förderbankenneustrukturierungsgesetz vom 15.8.2003 (BGBl. I S. 1657), Steueränderungsgesetz 2003 vom 15.12.2003 (BGBl. I S. 2645), Gesetz zur Umsetzung der Protokollerklärung der Bundesregierung zur Vermittlungsempfehlung zum Steuervergünstigungsabbaugesetz vom 22.12.2003 (BGBl. I S. 2840), Gesetz zur Änderung des Gewerbesteuergesetzes und anderer Gesetze vom 23.12. 2003 (BGBl. I S. 2922), Gesetz zur Einordnung des Sozialhilferechts in das Sozialgesetzbuch vom 27.12.2003 (BGBl. I S. 3022), Haushaltsbegleitgesetz 2004 vom 29.12.2003 (BGBl. I S. 3076), Gesetz zur Organisationsreform in der gesetzlichen Rentenversicherung vom 9.12. 2004 (BGBl. I S. 3242), EURichtlinien-Umsetzungsgesetz vom 9.12.2004 (BGBl. I S. 3310), Gesetz zum 3. Zusatzprotokoll vom 4.7.2004 zum Abkommen vom 16.6.1959 zwischen der Bundesrepublik Deutschland und dem Königreich der Niederlande vom 15.12.2004 (BGBl. II S. 1653), Gesetz über steuerliche Begleitmaßnahmen zur Einführung der Europäischen Gesellschaft und zur Änderung weiterer steuerrechtlicher Vorschriften (SEStEG) vom 7.12.2006 (BGBl. I S. 2782), Jahressteuergesetz 2007 vom 13.12.2006 (BGBl. I S. 2878), Unternehmensteuerreformgesetz 2008 vom 14.8.2007 (BGBl. I S. 1912), Gesetz zur weiteren Stärkung des bürgerschaftlichen Engagements vom 10.10.2007 (BGBl. I S. 2332), Jahressteuergesetz 2008 vom 20.12.2007 (BGBl. I S. 3150), Gesetz zur Modernisierung der Rahmenbedingungen für Kapitalbeteiligungen vom 12.8 2008 (BGBl. I S. 1672), Jahressteuergesetz 2009 vom 19.12. 2008 (BGBl. I S. 2794), Steuerbürokratieabbaugesetz vom 20.12.2008 (BGBl. I S. 2850), Drittes Mittelstandsentlastungsgesetz v. 17.3.2009 (BGBl. I S. 550), Wachstumsbeschleunigungsgesetz vom 22.12.2009 (BGBl. I S. 3950), Gesetz zur Umsetzung steuerlicher EU-Vorgaben sowie zur Änderung steuerlicher Vorschriften vom 8.4.2010 (BGBl. I S. 386), Jahressteuergesetz 2010 (JStG 2010) vom 8.12.2010 (BGBl. I S. 1768), Beitreibungsrichtlinie-Umsetzungsgesetz (BeitrRLUmsG) vom 7.12.2011 (BGBl. I S. 2592), Gesetz zur Änderung und Vereinfachung der Unternehmensbesteuerung und des steuerlichen Reisekostenrechts vom 20.2.2013 (BGBl. I S. 285), Ehrenamtstärkungsgesetz vom 21.3.2013 (BGBl. I S. 556), Amtshilferichtlinie-Umsetzungsgesetz (AmtshilfeRL-UmsG) vom 26.6.2013 (BGBl. I S. 1809), Gesetz zur Anpassung des nationalen Steuerrechts an den Beitritt Kroatiens zur EU und zur Änderung weiterer steuerlicher Vorschriften vom 25.7 2014 (BGBl. I S. 1266), Gesetz zur Anpassung der Abgabenordnung an den Zollkodex der Union und zur Änderung weiterer steuerlicher Vorschriften vom 22.12.2014 (BGBl. I S. 2417), Gesetz zur Modernisierung der Finanzaufsicht über Versicherungen vom 1.4.2015 (BGBl. I S. 434), Steueränderungsgesetz 2015 vom 2.11.2015 (BGBl. I S. 1834), Gesetz zur Weiterentwicklung der steuerlichen Verlustverrechnung bei Körperschaften vom 20.12.2016 (BGBl. I S. 2998), Gesetz zur Umsetzung der Änderungen der EU-Amtshilferichtlinie und von weiteren Maßnahmen gegen Gewinnkürzungen und -verlagerungen vom 20.12.2016 (BGBl. I S. 3000), Drittes Gesetz zur Stärkung der pflegerischen Versorgung und zur Änderung weiterer Vorschriften (Drittes Pflegestärkungsgesetz – PSG III) vom 23.12.2016 (BGBl. I S. 3192), Gesetz gegen schädliche Steuerpraktiken im Zusammenhang mit Rechteüberlassungen vom 27.6.2017 (BGBl. I S. 2074), Gesetz zur Vermeidung von Umsatzsteuerausfällen beim Handel mit Waren im Internet und zur Änderung weiterer steuerlicher Vorschriften vom 11.12.2018 (BGBl. I S. 2338), Gesetz zur Reform des

---

1) Neubekanntmachung des Gewerbesteuergesetzes idF der Bek. v. 19.5.1999 (BGBl. I S. 1990, 1491) auf Grund § 35c Abs. 2 GewStG eingef. durch G v. 22.12.1999 (BGBl. I S. 2601), in der ab 27.7.2002 geltenden Fassung.

2) Vgl. hierzu die GewStDV (Nr. **460**) und die Gewerbesteuer-Richtlinien **(Steuerrichtlinien Nr. 450)**.

Zum Erhebungszeitraum vgl. § 36.

Grundsteuer- und Bewertungsrechts (Grundsteuer-Reformgesetz – GrStRefG) vom 26.11. 2019 (BGBl. I S. 1794), Gesetz zur weiteren steuerlichen Förderung der Elektromobilität und zur Änderung weiterer steuerlicher Vorschriften vom 12.12.2019 (BGBl. I S. 2451), Zweites Gesetz zur Umsetzung steuerlicher Hilfsmaßnahmen zur Bewältigung der Corona-Krise (Zweites Corona-Steuerhilfegesetz) vom 29.6.2020 (BGBl. I S. 1512), Gesetz zur Förderung der Elektromobilität und zur Modernisierung des Wohnungseigentumsgesetzes und zur Änderung von kosten- und grundbuchrechtlichen Vorschriften (Wohnungseigentumsmodernisierungsgesetz – WEMoG) vom 16.10.2020 (BGBl. I S. 2187), Jahressteuergesetz 2020 (JStG 2020) vom 21.12.2020 (BGBl. I S. 3096), Gesetz zur Umsetzung der Richtlinie (EU) 2019/2034 über die Beaufsichtigung von Wertpapierinstituten vom 12.5.2021 (BGBl. I S. 990), Fondsstandortgesetz (FoStG) vom 3.6.2021 (BGBl. I S. 1498), Gesetz zur Umsetzung der Anti-Steuervermeidungsrichtlinie (ATAD-Umsetzungsgesetz – ATADUmsG) vom 25.6.2021 (BGBl. I S. 2035) und Gesetz zur Modernisierung des Körperschaftsteuerrechts vom 25.6.2021 (BGBl. I S. 2050)

BGBl. III/FNA 611-5

Inhaltsübersicht

Abschnitt I. Allgemeines

§ 1[1] **Steuerberechtigte.** Die Gemeinden erheben eine Gewerbesteuer als Gemeindesteuer.

§ 2 Steuergegenstand. (1) [1]Der Gewerbesteuer unterliegt jeder stehende Gewerbebetrieb, soweit er im Inland betrieben wird. [2]Unter Gewerbebetrieb ist ein gewerbliches Unternehmen im Sinne des Einkommensteuergesetzes zu verstehen. [3]Im Inland betrieben wird ein Gewerbebetrieb, soweit für ihn im Inland oder auf einem in einem inländischen Schiffsregister eingetragenen Kauffahrteischiff eine Betriebsstätte unterhalten wird.

(2)[2] [1]Als Gewerbebetrieb gilt stets und in vollem Umfang die Tätigkeit der Kapitalgesellschaften (insbesondere Europäische Gesellschaften, Aktiengesellschaften, Kommanditgesellschaften auf Aktien, Gesellschaften mit beschränkter Haftung), Genossenschaften einschließlich Europäischer Genossenschaften sowie der Versicherungs- und Pensionsfondsvereine auf Gegenseitigkeit. [2]Ist eine Kapitalgesellschaft Organgesellschaft im Sinne der § 14 oder § 17[3] des Körperschaftsteuergesetzes, so gilt sie als Betriebsstätte des Organträgers.

(3) Als Gewerbebetrieb gilt auch die Tätigkeit der sonstigen juristischen Personen des privaten Rechts und der nichtrechtsfähigen Vereine, soweit sie einen wirtschaftlichen Geschäftsbetrieb (ausgenommen Land- und Forstwirtschaft) unterhalten.

---

[1] § 1 neu gef. durch G v. 23.12.2003 (BGBl. I S. 2922).

[2] § 2 Abs. 2 Satz 1 neu gef. mWv EZ 2006 durch G v. 7.12.2006 (BGBl. I S. 2782) und geänd. mWv EZ 2006 durch G v. 13.12.2006 (BGBl. I S. 2878); Satz 3 aufgeh. mWv EZ 2003 durch G v. 16.5.2003 (BGBl. I S. 660).

[3] Zitat geänd. mWv EZ 2014 durch G v. 20.2.2013 (BGBl. I S. 285).

(4) Vorübergehende Unterbrechungen im Betrieb eines Gewerbes, die durch die Art des Betriebs veranlasst sind, heben die Steuerpflicht für die Zeit bis zur Wiederaufnahme des Betriebs nicht auf.

(5) [1] Geht ein Gewerbebetrieb im Ganzen auf einen anderen Unternehmer über, so gilt der Gewerbebetrieb als durch den bisherigen Unternehmer eingestellt. [2] Der Gewerbebetrieb gilt als durch den anderen Unternehmer neu gegründet, wenn er nicht mit einem bereits bestehenden Gewerbebetrieb vereinigt wird.

(6) Inländische Betriebsstätten von Unternehmen, deren Geschäftsleitung sich in einem ausländischen Staat befindet, mit dem kein Abkommen zur Vermeidung der Doppelbesteuerung besteht, unterliegen nicht der Gewerbesteuer, wenn und soweit

1. die Einkünfte aus diesen Betriebsstätten im Rahmen der beschränkten Einkommensteuerpflicht steuerfrei sind und
2. der ausländische Staat Unternehmen, deren Geschäftsleitung sich im Inland befindet, eine entsprechende Befreiung von den der Gewerbesteuer ähnlichen oder ihr entsprechenden Steuern gewährt, oder in dem ausländischen Staat keine der Gewerbesteuer ähnlichen oder ihr entsprechenden Steuern bestehen.

(7)[1)] Zum Inland im Sinne dieses Gesetzes gehört auch der der Bundesrepublik Deutschland zustehende Anteil

1. an der ausschließlichen Wirtschaftszone, soweit dort
   a) die lebenden und nicht lebenden natürlichen Ressourcen der Gewässer über dem Meeresboden, des Meeresbodens und seines Untergrunds erforscht, ausgebeutet, erhalten oder bewirtschaftet werden,
   b) andere Tätigkeiten zur wirtschaftlichen Erforschung oder Ausbeutung der ausschließlichen Wirtschaftszone ausgeübt werden, wie beispielsweise die Energieerzeugung aus Wasser, Strömung und Wind oder
   c) künstliche Inseln errichtet oder genutzt werden und Anlagen und Bauwerke für die in den Buchstaben a und b genannten Zwecke errichtet oder genutzt werden, und
2. am Festlandsockel, soweit dort
   a) dessen natürliche Ressourcen erforscht oder ausgebeutet werden; natürliche Ressourcen in diesem Sinne sind die mineralischen und sonstigen nicht lebenden Ressourcen des Meeresbodens und seines Untergrunds sowie die zu den sesshaften Arten gehörenden Lebewesen, die im nutzbaren Stadium entweder unbeweglich auf oder unter dem Meeresboden verbleiben oder sich nur in ständigem körperlichen Kontakt mit dem Meeresboden oder seinem Untergrund fortbewegen können; oder
   b) künstliche Inseln errichtet oder genutzt werden und Anlagen und Bauwerke für die in Buchstabe a genannten Zwecke errichtet oder genutzt werden, und

---

[1)] § 2 Abs. 7 neu gef. mWv EZ 2016 durch G v. 2.11.2015 (BGBl. I S. 1834).

3. der nicht zur Bundesrepublik Deutschland gehörende Teil eines grenzüberschreitenden Gewerbegebiets, das nach den Vorschriften eines Abkommens zur Vermeidung der Doppelbesteuerung als solches bestimmt ist.

[***ab 1.1.2022:***
(8)[1] Für die Anwendung dieses Gesetzes sind eine optierende Gesellschaft im Sinne des § 1a des Körperschaftsteuergesetzes als Kapitalgesellschaft und ihre Gesellschafter wie die nicht persönlich haftenden Gesellschafter einer Kapitalgesellschaft zu behandeln.]

§ 2a Arbeitsgemeinschaften. [1] Als Gewerbebetrieb gilt nicht die Tätigkeit der Arbeitsgemeinschaften, deren alleiniger Zweck in der Erfüllung eines einzigen Werkvertrags oder Werklieferungsvertrags besteht. [2] Die Betriebsstätten der Arbeitsgemeinschaften gelten insoweit anteilig als Betriebsstätten der Beteiligten.

(Fortsetzung nächstes Blatt)

---

[1] § 2 Abs. 8 angef. mWv 1.1.2022 durch G v. 25.6.2021 (BGBl. I S. 2050).

Tätigkeit einer Personengesellschaft Gewerbebetrieb, so ist Steuerschuldner die Gesellschaft. [4]Wird das Gewerbe in der Rechtsform einer Europäischen wirtschaftlichen Interessenvereinigung mit Sitz im Geltungsbereich der Verordnung (EWG) Nr. 2137/85 des Rates vom 25. Juli 1985 über die Schaffung einer Europäischen wirtschaftlichen Interessenvereinigung (EWIV) (ABl. L 199 vom 31.7.1985, S. 1) betrieben, sind abweichend von Satz 3 die Mitglieder Gesamtschuldner.

(2) [1]Geht ein Gewerbebetrieb im Ganzen auf einen anderen Unternehmer über (§ 2 Abs. 5), so ist der bisherige Unternehmer bis zum Zeitpunkt des Übergangs Steuerschuldner. [2]Der andere Unternehmer ist von diesem Zeitpunkt an Steuerschuldner.

§ 6 Besteuerungsgrundlage. Besteuerungsgrundlage für die Gewerbesteuer ist der Gewerbeertrag.

Abschnitt II. Bemessung der Gewerbesteuer

§ 7[1)] Gewerbeertrag. [1]Gewerbeertrag ist der nach den Vorschriften des Einkommensteuergesetzes oder des Körperschaftsteuergesetzes zu ermittelnde Gewinn aus dem Gewerbebetrieb, der bei der Ermittlung des Einkommens für den dem Erhebungszeitraum (§ 14) entsprechenden Veranlagungszeitraum zu berücksichtigen ist, vermehrt und vermindert um die in den §§ 8 und 9 bezeichneten Beträge. [2]Zum Gewerbeertrag gehört auch der Gewinn aus der Veräußerung oder Aufgabe

1. des Betriebs oder eines Teilbetriebs einer Mitunternehmerschaft,
2. des Anteils eines Gesellschafters, der als Unternehmer (Mitunternehmer) des Betriebs einer Mitunternehmerschaft anzusehen ist,
3. des Anteils eines persönlich haftenden Gesellschafters einer Kommanditgesellschaft auf Aktien,

soweit er nicht auf eine natürliche Person als unmittelbar beteiligter Mitunternehmer entfällt. [3]Der nach § 5a des Einkommensteuergesetzes ermittelte Gewinn einschließlich der Hinzurechnungen nach § 5a Absatz 4 und 4a des Einkommensteuergesetzes und das nach § 8 Absatz 1 Satz *3* [***für EZ 2008:*** 2][2)] des Körperschaftsteuergesetzes ermittelte Einkommen gelten als Gewerbeertrag nach Satz 1. [4]§ 3 Nr. 40 und § 3c Abs. 2 des Einkommensteuergesetzes sind bei der Ermittlung des Gewerbeertrags einer Mitunternehmerschaft anzuwenden, soweit an der Mitunternehmerschaft natürliche Personen unmittelbar oder mittelbar über eine oder mehrere Personengesellschaften beteiligt sind; im Übrigen ist § 8b des Körperschaftsteuergesetzes anzuwenden. [5]Bei der Ermittlung des Gewerbeertrags einer Kapitalgesellschaft, auf die § 8 Abs. 7

[1)] § 7 Satz 4 angef. mWv EZ 2004 durch G v. 9.12.2004 (BGBl. I S. 3310); Satz 5 angef. mWv EZ 2009 durch G v. 19.12.2008 (BGBl. I S. 2794); Satz 6 angef. mWv EZ 2009 durch G v. 19.12.2008 (BGBl. I S. 2794); Sätze 7 bis 9 angef. (vgl. hierzu BFH v. 11.3.2015, BStBl. II S. 1049) durch G v. 20.12.2016 (BGBl. I S. 3000).

[2)] § 7 Satz 3 geänd. durch G v. 12.12.2019 (BGBl. I S. 2451); zur Anwendung siehe § 36 Abs. 3 Satz 1 (bzw. zur Fassung für EZ 2008: Satz 2).

Satz 1 Nr. 2 des Körperschaftsteuergesetzes anzuwenden ist, ist § 8 Abs. 9 Satz 1 bis 3 des Körperschaftssteuergesetzes entsprechend anzuwenden; ein sich danach bei der jeweiligen Sparte im Sinne des § 8 Abs. 9 Satz 1 des Körperschaftsteuergesetzes ergebender negativer Gewerbeertrag darf nicht mit einem positiven Gewerbeertrag aus einer anderen Sparte im Sinne des § 8 Abs. 9 Satz 1 des Körperschaftsteuergesetzes ausgeglichen werden. [6] § 50d Abs. 10 des Einkommensteuergesetzes ist bei der Ermittlung des Gewerbeertrags entsprechend anzuwenden. [7] Hinzurechnungsbeträge im Sinne des § 10 Absatz 1 des Außensteuergesetzes sind Einkünfte, die in einer inländischen Betriebsstätte anfallen.[1)] [8] Einkünfte im Sinne des § 20 Absatz 2 Satz 1 des Außensteuergesetzes gelten als in einer inländischen Betriebsstätte erzielt; das gilt auch, wenn sie nicht von einem Abkommen zur Vermeidung der Doppelbesteuerung erfasst werden oder das Abkommen zur Vermeidung der Doppelbesteuerung selbst die Steueranrechnung anordnet. [9] Satz 8 ist nicht anzuwenden, soweit auf die Einkünfte, würden sie in einer Zwischengesellschaft im Sinne des § 8 des Außensteuergesetzes erzielt, § 8 Absatz 2 [***ab EZ 2022:*** bis 4][2)] des Außensteuergesetzes zur Anwendung käme.

§ 7a[3)] Sonderregelung bei der Ermittlung des Gewerbeertrags einer Organgesellschaft. (1) [1] Bei der Ermittlung des Gewerbeertrags einer Organgesellschaft ist § 9 Nummer 2a, 7 und 8 nicht anzuwenden. [2] In den Fällen des Satzes 1 ist § 8 Nummer 1 bei Aufwendungen, die im unmittelbaren Zusammenhang mit Gewinnen aus Anteilen im Sinne des § 9 Nummer 2a, 7 oder 8 stehen, nicht anzuwenden.

(2) [1] Sind im Gewinn einer Organgesellschaft

1. Gewinne aus Anteilen im Sinne des § 9 Nummer 2a, 7 oder 8 oder
2. in den Fällen der Nummer 1 auch Aufwendungen, die im unmittelbaren Zusammenhang mit diesen Gewinnen aus Anteilen stehen,

enthalten, sind § 15 Satz 1 Nummer 2 Satz 2 bis 4 des Körperschaftsteuergesetzes und § 8 Nummer 1 und 5 sowie § 9 Nummer 2a, 7 und 8 bei der Ermittlung des Gewerbeertrags der Organgesellschaft entsprechend anzuwenden. [2] Der bei der Ermittlung des Gewerbeertrags der Organgesellschaft berücksichtigte Betrag der Hinzurechnungen nach § 8 Nummer 1 ist dabei unter Berücksichtigung der Korrekturbeträge nach Absatz 1 und 2 Satz 1 zu berechnen.

(3) Die Absätze 1 und 2 gelten in den Fällen des § 15 Satz 2 des Körperschaftsteuergesetzes entsprechend.

§ 7b[4)] Sonderregelung bei der Ermittlung des Gewerbeertrags bei unternehmensbezogener Sanierung. (1) Die §§ 3a und 3c Absatz 4 des

---

[1)] Zur Anwendung von § 7 Satz 7 siehe § 36 Abs. 3 Satz 3.

[2)] § 7 Satz 9 Verweis geänd. durch G v. 25.6.2021 (BGBl. I S. 2035); zur Anwendung siehe § 36 Abs. 3 Satz 4.

[3)] § 7a eingef. mWv 1.1.2017 (§ 36 Abs. 2b) durch G v. 20.12.2016 (BGBl. I S. 3000).

[4)] § 7b eingef. durch G v. 27.6.2017 (BGBl. I S. 2074); zur Anwendung siehe § 36 Abs. 2c (insbes. Satz 3).

Einkommensteuergesetzes sind vorbehaltlich der nachfolgenden Absätze bei der Ermittlung des Gewerbeertrags entsprechend anzuwenden.

(2) [1]Der nach Anwendung des § 3a Absatz 3 Satz 2 Nummer 1 des Einkommensteuergesetzes verbleibende geminderte Sanierungsertrag im Sinne des § 3a Absatz 3 Satz 1 des Einkommensteuergesetzes mindert nacheinander

1. den negativen Gewerbeertrag des Sanierungsjahrs des zu sanierenden Unternehmens,
2. Fehlbeträge im Sinne des § 10a Satz 3 und
3. im Sanierungsjahr ungeachtet des § 10a Satz 2 die nach § 10a Satz 6 zum Ende des vorangegangenen Erhebungszeitraums gesondert festgestellten Fehlbeträge; die in § 10a Satz 1 und 2 genannten Beträge werden der Minderung entsprechend aufgebraucht.

[2]Ein nach Satz 1 verbleibender Sanierungsertrag mindert die Beträge nach Satz 1 Nummer 1 bis 3 eines anderen Unternehmens, wenn dieses die erlassenen Schulden innerhalb eines Zeitraums von fünf Jahren vor dem Schuldenerlass auf das zu sanierende Unternehmen übertragen hat und soweit die entsprechenden Beträge zum Ablauf des Wirtschaftsjahrs der Übertragung bereits entstanden waren. [3]Der verbleibende Sanierungsertrag nach Satz 2 ist zunächst um den Minderungsbetrag nach § 3a Absatz 3 Satz 2 Nummer 13 des Einkommensteuergesetzes zu kürzen. [4]Bei der Minderung nach Satz 1 ist § 10a Satz 4 und 5 entsprechend anzuwenden. [5]In Fällen des § 10a Satz 9 ist § 8 Absatz 9 Satz 9 des Körperschaftsteuergesetzes entsprechend anzuwenden. [6]An den Feststellungen der vortragsfähigen Fehlbeträge nehmen nur die nach Anwendung der Sätze 1 und 2 verbleibenden Beträge teil.

(3) [1]In den Fällen des § 2 Absatz 2 Satz 2 ist § 15 Satz 1 Nummer 1a des Körperschaftsteuergesetzes entsprechend anzuwenden. [2]Absatz 2 Satz 3 gilt entsprechend.

§ 8 Hinzurechnungen. Dem Gewinn aus Gewerbebetrieb (§ 7) werden folgende Beträge wieder hinzugerechnet, soweit sie bei der Ermittlung des Gewinns abgesetzt worden sind:

1.[1)] Ein Viertel der Summe aus

a) Entgelten für Schulden. [2]Als Entgelt gelten auch der Aufwand aus nicht dem gewöhnlichen Geschäftsverkehr entsprechenden gewährten Skonti oder wirtschaftlich vergleichbaren Vorteilen im Zusammenhang mit der Erfüllung von Forderungen aus Lieferungen und Leistungen vor Fälligkeit sowie die Diskontbeträge bei der Veräußerung von Wechsel- und anderen Geldforderungen. [3]Soweit Gegenstand der Veräußerung eine Forderung aus einem schwebenden Vertragsverhältnis ist, gilt die Differenz zwischen dem Wert der Forderung aus dem schwebenden Vertragsverhältnis, wie ihn die Vertragsparteien im Zeitpunkt des Vertragsschlusses der Veräußerung zugrunde gelegt haben, und dem vereinbarten Veräußerungserlös als bei der Ermittlung des Gewinns abgesetzt,

---

[1)] § 8 Nr. 1 neu gef. mWv EZ 2008 durch G v. 14.8.2007 (BGBl. I S. 1912).

b) Renten und dauernden Lasten. [2]Pensionszahlungen auf Grund einer unmittelbar vom Arbeitgeber erteilten Versorgungszusage gelten nicht als dauernde Last im Sinne des Satzes 1,

c) Gewinnanteilen des stillen Gesellschafters,

d)[1)] einem Fünftel der Miet- und Pachtzinsen (einschließlich Leasingraten) für die Benutzung von beweglichen Wirtschaftsgütern des Anlagevermögens, die im Eigentum eines anderen stehen. [***EZ 2020–EZ 2030:*** [2]Eine Hinzurechnung nach Satz 1 ist nur zur Hälfte vorzunehmen bei

aa) Fahrzeugen mit Antrieb ausschließlich durch Elektromotoren, die ganz oder überwiegend aus mechanischen oder elektrochemischen Energiespeichern oder aus emissionsfrei betriebenen Energiewandlern gespeist werden (Elektrofahrzeuge),

bb) extern aufladbaren Hybridelektrofahrzeugen, für die sich aus der Übereinstimmungsbescheinigung nach Anhang IX der Richtlinie 2007/46/EG oder aus der Übereinstimmungsbescheinigung nach Artikel 38 der Verordnung (EU) Nr. 168/2013 ergibt, dass das Fahrzeug eine Kohlendioxidemission von höchstens 50 Gramm je gefahrenen Kilometer hat oder die Reichweite des Fahrzeugs unter ausschließlicher Nutzung der elektrischen Antriebsmaschine mindestens 80 Kilometer[2)] beträgt, und

cc) Fahrrädern, die keine Kraftfahrzeuge sind,]

e) der Hälfte[3)] der Miet- und Pachtzinsen (einschließlich Leasingraten) für die Benutzung der unbeweglichen Wirtschaftsgüter des Anlagevermögens, die im Eigentum eines anderen stehen, und

f) einem Viertel der Aufwendungen für die zeitlich befristete Überlassung von Rechten (insbesondere Konzessionen und Lizenzen, mit Ausnahme von Lizenzen, die ausschließlich dazu berechtigen, daraus abgeleitete Rechte Dritten zu überlassen). [2]Eine Hinzurechnung nach Satz 1 ist nicht vorzunehmen auf Aufwendungen, die nach § 25 des Künstlersozialversicherungsgesetzes Bemessungsgrundlage für die Künstlersozialabgabe sind,

soweit die Summe den Betrag von *100 000 Euro* [***ab 1.7.2020:*** 200 000 Euro][4)] übersteigt;

2., 3.[5)] *(aufgehoben)*

4. die Gewinnanteile, die an persönlich haftende Gesellschafter einer Kommanditgesellschaft auf Aktien auf ihre nicht auf das Grundkapital gemachten Einlagen oder als Vergütung (Tantieme) für die Geschäftsführung verteilt worden sind;

5. die nach § 3 Nr. 40 des Einkommensteuergesetzes oder § 8b Abs. 1 des Körperschaftsteuergesetzes[6)] außer Ansatz bleibenden Gewinnanteile (Di-

---

[1)] § 8 Nr. 1 Buchst. d Satz 2 angef. durch G v. 12.12.2019 (BGBl. I S. 2451); zur Anwendung siehe § 36 Abs. 4.

[2)] Siehe hierzu § 36 Abs. 4 Satz 2.

[3)] § 8 Nr. 1 Buchst. e geänd. mWv EZ 2010 durch G v. 22.12.2009 (BGBl. I S. 3950).

[4)] Betrag geänd. mWv 1.7.2020 durch G v. 29.6.2020 (BGBl. I S. 1512).

[5)] § 8 Nrn. 2, 3 aufgeh. mWv EZ 2008 durch G v. 14.8.2007 (BGBl. I S. 1912).

[6)] Nr. **100**.

videnden) und die diesen gleichgestellten Bezüge und erhaltenen Leistungen aus Anteilen an einer Körperschaft, Personenvereinigung oder Vermögensmasse im Sinne des Körperschaftsteuergesetzes, soweit sie nicht die Voraussetzungen des § 9 Nr. 2a oder 7 erfüllen, nach Abzug der mit diesen Einnahmen, Bezügen und erhaltenen Leistungen in wirtschaftlichem Zusammenhang stehenden Betriebsausgaben, soweit sie nach § 3c Abs. 2[1] des Einkommensteuergesetzes und § 8b Abs. 5 und 10[2] des Körperschaftsteuergesetzes unberücksichtigt bleiben. [2] *Dies gilt nicht für Gewinnausschüttungen, die unter § 3 Nr. 41 Buchstabe a des Einkommensteuergesetzes fallen;*[3]

6. (weggefallen)
7.[4] *(aufgehoben)*
8.[5] die Anteile am Verlust einer in- oder ausländischen offenen Handelsgesellschaft, einer Kommanditgesellschaft oder einer anderen Gesellschaft, bei der die Gesellschafter als Unternehmer (Mitunternehmer) des Gewerbebetriebs anzusehen sind. [***ab EZ 2020:*** [2] Satz 1 ist bei Lebens- und Krankenversicherungsunternehmen nicht anzuwenden; für Pensionsfonds gilt Entsprechendes];
9. die Ausgaben im Sinne des § 9 Abs. 1 Nr. 2 des Körperschaftsteuergesetzes[6];
10. Gewinnminderungen, die
    a) durch Ansatz des niedrigeren Teilwerts des Anteils an einer Körperschaft oder
    b) durch Veräußerung oder Entnahme des Anteils an einer Körperschaft oder bei Auflösung oder Herabsetzung des Kapitals der Körperschaft

    entstanden sind, soweit der Ansatz des niedrigeren Teilwerts oder die sonstige Gewinnminderung auf Gewinnausschüttungen der Körperschaft, um die der Gewerbeertrag nach § 9 Nr. 2a, 7 oder 8 zu kürzen ist, oder organschaftliche Gewinnabführungen der Körperschaft zurückzuführen ist;
11. (weggefallen)
12. ausländische Steuern, die nach § 34c des Einkommensteuergesetzes[4] oder nach einer Bestimmung, die § 34c des Einkommensteuergesetzes für entsprechend anwendbar erklärt, bei der Ermittlung der Einkünfte abgezogen werden, soweit sie auf Gewinne oder Gewinnanteile entfallen, die bei der Ermittlung des Gewerbeertrags außer Ansatz gelassen oder nach § 9 gekürzt werden.

§ 8a.[7] *(aufgehoben)*

---

[1] Verweis geänd. mWv EZ 2004 durch G v. 22.12.2003 (BGBl. I S. 2840).

[2] Verweis ergänzt durch G v. 14.8.2007 (BGBl. I S. 1912).

[3] § 8 Nr. 5 Satz 2 aufgeh. mWv EZ 2022 (§ 36 Abs. 4a) durch G v. 25.6.2022 (BGBl. I S. 2035).

[4] § 8 Nr. 7 aufgeh. mWv EZ 2008 durch G v. 14.8.2007 (BGBl. I S. 1912).

[5] § 8 Nr. 8 Satz 2 angef. mWv EZ 2020 durch G v. 21.12.2020 (BGBl. I S. 3096).

[6] Nr. **100**.

[7] § 8a eingef. mWv EZ 2003 durch G v. 16.5.2003 (BGBl. I S. 660) und aufgeh. mWv EZ 2004 durch G v. 23.12.2003 (BGBl. I S. 2922).

§ 9[1] **Kürzungen.** Die Summe des Gewinns und der Hinzurechnungen wird gekürzt um

1.[2] *1,2 Prozent des Einheitswerts* [***ab 1.1.2025:*** 0,11 Prozent des Grundsteuerwerts] des zum Betriebsvermögen des Unternehmers gehörenden und nicht von der Grundsteuer befreiten Grundbesitzes; maßgebend ist der Einheitswert, der auf den letzten Feststellungszeitpunkt (Hauptfeststellungs-, Fortschreibungs- oder Nachfeststellungszeitpunkt) vor dem Ende des Erhebungszeitraums (§ 14) lautet. ²An Stelle der Kürzung nach Satz 1 tritt auf Antrag bei Unternehmen, die ausschließlich eigenen Grundbesitz oder neben eigenem Grundbesitz eigenes Kapitalvermögen verwalten und nutzen oder daneben Wohnungsbauten betreuen oder Einfamilienhäuser, Zweifamilienhäuser oder Eigentumswohnungen im Sinne des Wohnungseigentumsgesetzes in der jeweils geltenden Fassung, errichten und veräußern, die Kürzung um den Teil des Gewerbeertrags, der auf die Verwaltung und Nutzung des eigenen Grundbesitzes entfällt.

[Fassung bis EZ 2020:]

³Satz 2 gilt entsprechend, wenn in Verbindung mit der Errichtung und Veräußerung von Eigentumswohnungen Teileigentum im Sinne des Wohnungseigentumsgesetzes errichtet und veräußert wird und das Gebäude zu mehr als 66 2/3 Prozent Wohnzwecken dient.

[Fassung ab EZ 2021:]

³Satz 2 gilt entsprechend, wenn

a) in Verbindung mit der Errichtung und Veräußerung von Eigentumswohnungen Teileigentum im Sinne des Wohnungseigentumsgesetzes errichtet und veräußert wird und das Gebäude zu mehr als 66 2/3 Prozent Wohnzwecken dient,

b) in Verbindung mit der Verwaltung und Nutzung des eigenen Grundbesitzes Einnahmen aus der Lieferung von Strom
   aa) im Zusammenhang mit dem Betrieb von Anlagen zur Stromerzeugung aus erneuerbaren Energien im Sinne des § 3 Nummer 21 des Erneuerbare-Energien-Gesetzes oder
   bb) aus dem Betrieb von Ladestationen für Elektrofahrzeuge oder Elektrofahrräder,

---

[1] § 9 Nr. 1 bish. Satz 5 ersetzt durch Sätze 5 und 6 mWv EZ 2004 durch G v. 9.12.2004 (BGBl. I S. 3310).

[2] § 9 Nr. 1 Satz 1 geänd. mWv EZ 2008 durch G v. 14.8.2007 (BGBl. I S. 1912); geänd. *mWv 1.1.2025* durch G v. 26.11.2019 (BGBl. I S. 1794); Satz 2 geänd. mWv 1.12.2020 durch G v. 16.10.2020 (BGBl. I S. 2187); Satz 3 neu gef., Satz 4 geänd. mWv EZ 2021 durch G v. 3.6.2021 (BGBl. I S. 1498).

[Fassung ab EZ 2021:]

erzielt werden und diese Einnahmen im Wirtschaftsjahr nicht höher als 10 Prozent der Einnahmen aus der Gebrauchsüberlassung des Grundbesitzes sind; die Einnahmen im Sinne von Doppelbuchstabe aa dürfen nicht aus der Lieferung an Letztverbraucher stammen, es sei denn, diese sind Mieter des Anlagenbetreibers, oder

c) Einnahmen aus unmittelbaren Vertragsbeziehungen mit den Mietern des Grundbesitzes aus anderen als den in den Buchstaben a und b bezeichneten Tätigkeiten erzielt werden und diese Einnahmen im Wirtschaftsjahr nicht höher als 5 Prozent der Einnahmen aus der Gebrauchsüberlassung des Grundbesitzes sind.

4 Betreut ein Unternehmen auch Wohnungsbauten oder veräußert es auch Einfamilienhäuser, Zweifamilienhäuser oder Eigentumswohnungen [***ab EZ 2021:*** oder übt es auch Tätigkeiten im Sinne von Satz 3 Buchstabe b und c aus], so ist Voraussetzung für die Anwendung des Satzes 2, dass der Gewinn aus der Verwaltung und Nutzung des eigenen Grundbesitzes gesondert ermittelt wird. 5 Die Sätze 2 und 3 gelten nicht,

1. wenn der Grundbesitz ganz oder zum Teil dem Gewerbebetrieb eines Gesellschafters oder Genossen dient,

1a.[1] soweit der Gewerbeertrag Vergütungen im Sinne des § 15 Absatz 1 Satz 1 Nummer 2 Satz 1 des Einkommensteuergesetzes enthält, die der Gesellschafter von der Gesellschaft für seine Tätigkeit im Dienst der Gesellschaft oder für die Hingabe von Darlehen oder für die Überlassung von Wirtschaftsgütern, mit Ausnahme der Überlassung von Grundbesitz, bezogen hat. 2 Satz 1 ist auch auf Vergütungen anzuwenden, die vor dem 19. Juni 2008 erstmals vereinbart worden sind, wenn die Vereinbarung nach diesem Zeitpunkt wesentlich geändert wird, oder

2. soweit der Gewerbeertrag Gewinne aus der Aufdeckung stiller Reserven aus dem Grundbesitz enthält, der innerhalb von drei Jahren vor der Aufdeckung der stillen Reserven zu einem unter dem Teilwert liegenden Wert in das Betriebsvermögen des aufdeckenden Gewerbebetriebs überführt oder übertragen worden ist, und soweit diese Gewinne auf bis zur Überführung oder Übertragung entstandenen stillen Reserven entfallen.

---

[1] § 9 Nr. 1 Satz 5 Nr. 1a eingef. durch G v. 19.12.2008 (BGBl. I S. 2794); Satz 2 angef. mWv EZ 2015 durch G v. 25.7.2014 (BGBl. I S. 1266).

[6] Eine Kürzung nach den Sätzen 2 und 3 ist ausgeschlossen für den Teil des Gewerbeertrags, der auf Veräußerungs- oder Aufgabegewinne im Sinne des § 7 Satz 2 Nr. 2 und 3 entfällt;

2.[1)] die Anteile am Gewinn einer in- oder ausländischen offenen Handelsgesellschaft, einer Kommanditgesellschaft oder einer anderen Gesellschaft, bei der die Gesellschafter als Unternehmer (Mitunternehmer) des Gewerbebetriebs anzusehen sind, wenn die Gewinnanteile bei der Ermittlung des Gewinns angesetzt worden sind.

[Fassung bis EZ 2020:]

[2] Satz 1 ist bei Lebens- und Krankenversicherungsunternehmen nicht anzuwenden; für Pensionsfonds und für Einkünfte im Sinne des § 7 Satz 8 gilt Entsprechendes;

[Fassung ab EZ 2021:]

[2] Satz 1 ist nicht anzuwenden, soweit im Gewinnanteil Einkünfte im Sinne des § 7 Satz 7 und 8 enthalten sind. [3] Bei Lebens- und Krankenversicherungsunternehmen und Pensionsfonds ist Satz 1 auch auf den übrigen Gewinnanteil nicht anzuwenden. [4] Satz 2 ist nicht anzuwenden, soweit diese Einkünfte bereits bei einer den Anteil am Gewinn vermittelnden inländischen offenen Handelsgesellschaft, Kommanditgesellschaft oder anderen Gesellschaft, bei der die Gesellschafter als Unternehmer (Mitunternehmer) des Gewerbebetriebs anzusehen sind, Bestandteil des Gewerbeertrags waren. [5] Bei Lebens- und Krankenversicherungsunternehmen und Pensionsfonds ist Satz 4 auf Einkünfte im Sinne des § 7 Satz 8 nicht anzuwenden;

2a.[2)] die Gewinne aus Anteilen an einer nicht steuerbefreiten inländischen Kapitalgesellschaft im Sinne des § 2 Abs. 2, einer Kredit- oder Versicherungsanstalt des öffentlichen Rechts, einer *Genossenschaften*[3)] oder einer Unternehmensbeteiligungsgesellschaft im Sinne des § 3 Nr. 23, wenn die Beteiligung zu Beginn des Erhebungszeitraums mindestens 15 Prozent des

---

[1)] § 9 Nr. 2 Satz 1 geänd. mWv EZ 2003 durch G v. 16.5.2003 (BGBl. I S. 660), Satz 1 HS 2 aufgeh. mWv EZ 2004 durch G v. 23.12.2003 (BGBl. I S. 2922), Satz 2 angef. mWv EZ 2004 durch G v. 22.12.2003 (BGBl. I S. 2840); Satz 2 geänd. durch G v. 20.12.2016 (BGBl. I S. 3000), zur Anwendung von § 7 Satz 8 siehe § 36 Abs. 2a; Satz 2 ersetzt durch Sätze 2 bis 5 mWv EZ 2021 durch G v. 25.6.2021 (BGBl. I S. 2035).

[2)] § 9 Nr. 2a Satz 3 (jetziger Satz 5) angef. mWv EZ 2004 durch G v. 22.12.2003 (BGBl. I S. 2840); Sätze 3 und 4 eingef. mWv EZ 2006 durch G v. 13.12.2006 (BGBl. I S. 2878); Satz 1 geänd. mWv EZ 2008 durch G v. 19.12.2008 (BGBl. I S. 2794); Satz 1 geänd. mWv *EZ 2008 durch G v. 14.8.2007* (BGBl. I S. 1912); Satz 1 und 2 geänd. mWv EZ 2020 durch G v. 12.12.2019 (BGBl. I S. 2451).

[3)] Wohl: Genossenschaft.

Grund- oder Stammkapitals beträgt und die Gewinnanteile bei Ermittlung des Gewinns (§ 7) angesetzt worden sind. [2]Ist ein Grund- oder Stammkapital nicht vorhanden, so ist die Beteiligung an dem Vermögen, bei Genossenschaften die Beteiligung an der Summe der Geschäftsguthaben, maßgebend. [3]Im unmittelbaren Zusammenhang mit Gewinnanteilen stehende Aufwendungen mindern den Kürzungsbetrag, soweit entsprechende Beteiligungserträge zu berücksichtigen sind; insoweit findet § 8 Nr. 1 keine Anwendung. [4]Nach § 8b Abs. 5 des Körperschaftsteuergesetzes nicht abziehbare Betriebsausgaben sind keine Gewinne aus Anteilen im Sinne des Satzes 1. [5]Satz 1 ist bei Lebens- und Krankenversicherungsunternehmen auf Gewinne aus Anteilen, die den Kapitalanlagen zuzurechnen sind, nicht anzuwenden; für Pensionsfonds gilt Entsprechendes;

2b. die nach § 8 Nr. 4 dem Gewerbeertrag einer Kommanditgesellschaft auf Aktien hinzugerechneten Gewinnanteile, wenn sie bei der Ermittlung des Gewinns (§ 7) angesetzt worden sind;

3.[1] den Teil des Gewerbeertrags eines inländischen Unternehmens, der auf eine nicht im Inland belegene Betriebsstätte dieses Unternehmens entfällt; dies gilt nicht für Einkünfte im Sinne des § 7 Satz [***ab EZ 2021:*** 7 und] 8. [2]Bei Unternehmen, die ausschließlich den Betrieb von eigenen oder gecharterten Handelsschiffen im internationalen Verkehr zum Gegenstand haben, gelten 80 Prozent des Gewerbeertrags als auf eine nicht im Inland belegene Betriebsstätte entfallend. [3]Ist Gegenstand eines Betriebs nicht ausschließlich der Betrieb von Handelsschiffen im internationalen Verkehr, so gelten 80 Prozent des Teils des Gewerbeertrags, der auf den Betrieb von Handelsschiffen im internationalen Verkehr entfällt, als auf eine nicht im Inland belegene Betriebsstätte entfallend; in diesem Fall ist Voraussetzung, dass dieser Teil gesondert ermittelt wird. [4]Handelsschiffe werden im internationalen Verkehr betrieben, wenn eigene oder gecharterte Handelsschiffe im Wirtschaftsjahr überwiegend zur Beförderung von Personen und Gütern im Verkehr mit oder zwischen ausländischen Häfen, innerhalb eines ausländischen Hafens oder zwischen einem ausländischen Hafen und der freien See eingesetzt werden. [5]Für die Anwendung der Sätze 2 bis 4 gilt § 5a Abs. 2 Satz 2 des Einkommensteuergesetzes entsprechend;

4.[2] *(aufgehoben)*

5.[3] die aus den Mitteln des Gewerbebetriebs geleisteten Zuwendungen (Spenden und Mitgliedsbeiträge) zur Förderung steuerbegünstigter Zwecke im Sinne der §§ 52 bis 54 der Abgabenordnung[4] bis zur Höhe von insgesamt 20 Prozent des um die Hinzurechnungen nach § 8 Nummer 9 erhöhten Gewinns aus Gewerbebetrieb (§ 7) oder 4 Promille der Summe

---

[1] § 9 Nr. 3 Satz 1 geänd., 2. HS angef. durch G v. 20.12.2016 (BGBl. I S. 3000); zur Anwendung siehe § 36 Abs. 5 Satz 1; Satz 1 geänd. mWv EZ 2021 durch G v. 25.6.2021 (BGBl. I S. 2035).

[2] § 9 Nr. 4 aufgeh. durch G v. 14.8.2007 (BGBl. I S. 1912); Nr. 4 ist letztmals für EZ 2007 anzuwenden.

[3] § 9 Nr. 5 neu gef. durch G v. 8.4.2010 (BGBl. I S. 386).

[4] Nr. **800**.

der gesamten Umsätze und der im Wirtschaftsjahr aufgewendeten Löhne und Gehälter. [2]Voraussetzung für die Kürzung ist, dass diese Zuwendungen

a) an eine juristische Person des öffentlichen Rechts oder an eine öffentliche Dienststelle, die in einem Mitgliedstaat der Europäischen Union oder in einem Staat belegen ist, auf den das Abkommen über den Europäischen Wirtschaftsraum (EWR-Abkommen) Anwendung findet, oder

b) an eine nach § 5 Absatz 1 Nummer 9 des Körperschaftsteuergesetzes[1)] steuerbefreite Körperschaft, Personenvereinigung oder Vermögensmasse oder

c) an eine Körperschaft, Personenvereinigung oder Vermögensmasse, die in einem Mitgliedstaat der Europäischen Union oder in einem Staat belegen ist, auf den das Abkommen über den Europäischen Wirtschaftsraum (EWR-Abkommen) Anwendung findet, und die nach § 5 Absatz 1 Nummer 9 des Körperschaftsteuergesetzes[1)] in Verbindung mit § 5 Absatz 2 Nummer 2 zweiter Halbsatz des Körperschaftsteuergesetzes[1)] steuerbefreit wäre, wenn sie inländische Einkünfte erzielen würde,

geleistet werden (Zuwendungsempfänger). [3]Für nicht im Inland ansässige Zuwendungsempfänger nach Satz 2 ist weitere Voraussetzung, dass durch diese Staaten Amtshilfe und Unterstützung bei der Beitreibung geleistet werden. [4]Amtshilfe ist der Auskunftsaustausch im Sinne oder entsprechend der Amtshilferichtlinie gemäß § 2 Absatz 2 des EU-Amtshilfegesetzes.[2)] [5]Beitreibung ist die gegenseitige Unterstützung bei der Beitreibung von

(Fortsetzung nächste Seite)

[1)] Nr. **100**.

[2)] § 9 Nr. 5 Satz 13 geänd. mWv EZ 2013 durch G v. 21.3.2013 (BGBl. I S. 556); Satz 4 geänd. mWv EZ 2013 durch G v. 26.6.2013 (BGBl. I S. 1809).

mit der Maßgabe anzuwenden, dass an die Stelle mehrerer Gemeinden die Gebietsteile der Gemeinde mit verschiedenen Hebesätzen treten.

(5) In welchem Verhältnis die Hebesätze für die Grundsteuer der Betriebe der Land- und Forstwirtschaft, für die Grundsteuer der Grundstücke und für die Gewerbesteuer zueinander stehen müssen, welche Höchstsätze nicht überschritten werden dürfen und inwieweit mit Genehmigung der Gemeindeaufsichtsbehörde Ausnahmen zugelassen werden können, bleibt einer landesrechtlichen Regelung vorbehalten.

§ 17. (weggefallen)

§ 18 Entstehung der Steuer. Die Gewerbesteuer entsteht, soweit es sich nicht um Vorauszahlungen (§ 21) handelt, mit Ablauf des Erhebungszeitraums, für den die Festsetzung vorgenommen wird.

§ 19 Vorauszahlungen. (1) [1]Der Steuerschuldner hat am 15. Februar, 15. Mai, 15. August und 15. November Vorauszahlungen zu entrichten. [2]Gewerbetreibende, deren Wirtschaftsjahr vom Kalenderjahr abweicht, haben die Vorauszahlungen während des Wirtschaftsjahrs zu entrichten, das im Erhebungszeitraum endet. [3]Satz 2 gilt nur, wenn der Gewerbebetrieb nach dem 31. Dezember 1985 gegründet worden oder infolge Wegfalls eines Befreiungsgrundes in die Steuerpflicht eingetreten ist oder das Wirtschaftsjahr nach diesem Zeitpunkt auf einen vom Kalenderjahr abweichenden Zeitraum umgestellt worden ist.

(2) Jede Vorauszahlung beträgt grundsätzlich ein Viertel der Steuer, die sich bei der letzten Veranlagung ergeben hat.

(3)[1), 2)] [1]Die Gemeinde kann die Vorauszahlungen der Steuer anpassen, die sich für den Erhebungszeitraum (§ 14) voraussichtlich ergeben wird. [2]Die Anpassung kann bis zum Ende des 15. auf den Erhebungszeitraum folgenden Kalendermonats vorgenommen werden; bei einer nachträglichen Erhöhung der Vorauszahlungen ist der Erhöhungsbetrag innerhalb eines Monats nach Bekanntgabe des Vorauszahlungsbescheids zu entrichten. [3]Das Finanzamt kann bis zum Ende des 15. auf den Erhebungszeitraum folgenden Kalendermonats für Zwecke der Gewerbesteuer-Vorauszahlungen den Steuermessbetrag festsetzen, der sich voraussichtlich ergeben wird. [4]An diese Festsetzung ist die Gemeinde bei der Anpassung der Vorauszahlungen nach den Sätzen 1 und 2 gebunden.

(4) Wird im Laufe des Erhebungszeitraums ein Gewerbebetrieb neu gegründet oder tritt ein bereits bestehender Gewerbebetrieb infolge Wegfalls des Befreiungsgrundes in die Steuerpflicht ein, so gilt für die erstmalige Festsetzung der Vorauszahlungen Absatz 3 entsprechend.

(5) [1]Die einzelne Vorauszahlung ist auf den nächsten vollen Betrag in Euro nach unten abzurunden. [2]Sie wird nur festgesetzt, wenn sie mindestens 50 Euro beträgt.

[1)] § 19 Abs. 3 Satz 5 angef. mWv EZ 2008 durch G v. 14.8.2007 (BGBl. I S. 1912) und aufgeh. mWv EZ 2015 durch G v. 25.7.2014 (BGBl. I S. 1266).

[2)] Zur Anwendung von § 19 Abs. 3 Sätze 2 und 3 siehe § 36 Abs. 5b.

§ 20 Abrechnung über die Vorauszahlungen. (1) Die für einen Erhebungszeitraum (§ 14) entrichteten Vorauszahlungen werden auf die Steuerschuld für diesen Erhebungszeitraum angerechnet.

(2) Ist die Steuerschuld größer als die Summe der anzurechnenden Vorauszahlungen, so ist der Unterschiedsbetrag, soweit er den im Erhebungszeitraum und nach § 19 Abs. 3 Satz 2 nach Ablauf des Erhebungszeitraums fällig gewordenen, aber nicht entrichteten Vorauszahlungen entspricht, sofort, im Übrigen innerhalb eines Monats nach Bekanntgabe des Steuerbescheids zu entrichten (Abschlusszahlung).

(3) Ist die Steuerschuld kleiner als die Summe der anzurechnenden Vorauszahlungen, so wird der Unterschiedsbetrag nach Bekanntgabe des Steuerbescheids durch Aufrechnung oder Zurückzahlung ausgeglichen.

§ 21 Entstehung der Vorauszahlungen. Die Vorauszahlungen auf die Gewerbesteuer entstehen mit Beginn des Kalendervierteljahrs, in dem die Vorauszahlungen zu entrichten sind, oder, wenn die Steuerpflicht erst im Laufe des Kalendervierteljahrs begründet wird, mit Begründung der Steuerpflicht.

§§ 22 bis **27.** (weggefallen)

Abschnitt VI. Zerlegung

§ 28 Allgemeines. (1) [1]Sind im Erhebungszeitraum Betriebsstätten zur Ausübung des Gewerbes in mehreren Gemeinden unterhalten worden, so ist der Steuermessbetrag in die auf die einzelnen Gemeinden entfallenden Anteile (Zerlegungsanteile) zu zerlegen. [2]Das gilt auch in den Fällen, in denen eine Betriebsstätte sich über mehrere Gemeinden erstreckt hat oder eine Betriebsstätte innerhalb eines Erhebungszeitraums von einer Gemeinde in eine andere Gemeinde verlegt worden ist.

(2) [1]Bei der Zerlegung sind die Gemeinden nicht zu berücksichtigen, in denen

1. Verkehrsunternehmen lediglich Gleisanlagen unterhalten,
2. sich nur Anlagen befinden, die der Weiterleitung fester, flüssiger oder gasförmiger Stoffe sowie elektrischer Energie dienen, ohne dass diese dort abgegeben werden,
3. Bergbauunternehmen keine oberirdischen Anlagen haben, in welchen eine gewerbliche Tätigkeit entfaltet wird.
4.[1)] *(aufgehoben)*

[2]Dies gilt nicht, wenn dadurch auf keine Gemeinde ein Zerlegungsanteil oder der Steuermessbetrag entfallen würde.

[1)] § 28 Abs. 2 Nr. 4 angef. mWv EZ 2003 durch G v. 16.5.2003 (BGBl. I S. 660) und aufgeh. mWv EZ 2004 durch G v. 23.12.2003 (BGBl. I S. 2922).

§ 29 Zerlegungsmaßstab

(1)[1] Zerlegungsmaßstab ist

1. vorbehaltlich der Nummer 2 das Verhältnis, in dem die Summe der Arbeitslöhne, die an die bei allen Betriebsstätten (§ 28) beschäftigten Arbeitnehmer gezahlt worden sind, zu den Arbeitslöhnen steht, die an die bei den Betriebsstätten der einzelnen Gemeinden beschäftigten Arbeitnehmer gezahlt worden sind;

2.[2] bei Betrieben, die ausschließlich Anlagen zur Erzeugung von Strom und anderen Energieträgern sowie Wärme aus Windenergie und solarer Strahlungsenergie betreiben,

a) vorbehaltlich des Buchstabens b zu *drei Zehnteln* [***ab EZ 2021:*** einem Zehntel] das in Nummer 1 bezeichnete Verhältnis und zu *sieben* [***ab EZ 2021:*** neun] Zehnteln das Verhältnis, in dem die Summe der *steuerlich maßgebenden Ansätze des Sachanlagevermögens mit Ausnahme der Betriebs- und Geschäftsausstattung, der geleisteten Anzahlungen und der Anlagen im Bau in allen Betriebsstätten (§ 28) zu dem Ansatz* [***ab EZ 2021:*** installierten Leistung im Sinne von § 3 Nummer 31 des Erneuerbare-Energien-Gesetzes in allen Betriebsstätten (§ 28) zur installierten Leistung] in den einzelnen Betriebsstätten steht,

b) für die Erhebungszeiträume 2014 [***n.F.:*** 2021] bis 2023 bei Betrieben, die ausschließlich Anlagen zur Erzeugung von Strom und anderen Energieträgern sowie Wärme aus solarer Strahlungsenergie betreiben,

aa) für den auf Neuanlagen im Sinne von Satz 3 entfallenden Anteil am Steuermessbetrag zu *drei Zehnteln* [***ab EZ 2021:*** einem Zehntel] das in Nummer 1 bezeichnete Verhältnis und zu *sieben* [***ab EZ 2021:*** neun] Zehnteln das Verhältnis, in dem die Summe der *steuerlich maßgebenden Ansätze des Sachanlagevermögens mit Ausnahme der Betriebs- und Geschäftsausstattung, der geleisteten Anzahlungen und der Anlagen im Bau (maßgebendes Sachanlagevermögen) in allen Betriebsstätten (§ 28) zu dem Ansatz* [***ab EZ 2021:*** installierten Leistung im Sinne von § 3 Nummer 31 des Erneuerbare-Energien-Gesetzes in allen Betriebsstätten (§ 28) zur installierten Leistung] in den einzelnen Betriebsstätten steht, und

bb) für den auf die übrigen Anlagen im Sinne von Satz 4 entfallenden Anteil am Steuermessbetrag das in Nummer 1 bezeichnete Verhältnis.

2Der auf Neuanlagen und auf übrige Anlagen jeweils entfallende Anteil am Steuermessbetrag wird ermittelt aus dem Verhältnis, in dem

aa) die Summe *des maßgebenden Sachanlagevermögens* [***ab EZ 2021:*** der installierten Leistung im Sinne von § 3 Nummer 31 des Erneuerbare-Energien-Gesetzes] für Neuanlagen und

bb) die Summe *des übrigen maßgebenden Sachanlagevermögens* [***ab EZ 2021:*** der installierten Leistung im Sinne von § 3 Nummer 31 des Erneuerbare-Energien-Gesetzes] für die übrigen Anlagen

---

[1] § 29 Abs. 1 neu gef. mWv EZ 2009 durch G v. 19.12.2008 (BGBl. I S. 2794).
[2] § 29 Abs. 1 Nr. 2 neu gef. mWv EZ 2021 durch G v. 3.6.2021 (BGBl. I S. 1498).

zum gesamten maßgebenden Sachanlagevermögen [***ab EZ 2021:*** zur gesamten installierten Leistung im Sinne von § 3 Nummer 31 des Erneuerbare-Energien-Gesetzes] des Betriebs steht. [3]Neuanlagen sind Anlagen, die nach dem 30. Juni 2013 zur Erzeugung von Strom und anderen Energieträgern sowie Wärme aus solarer Strahlungsenergie genehmigt wurden. [4]Die übrigen Anlagen *umfassen das übrige maßgebende Sachanlagevermögen des Betriebs.* [***ab EZ 2021:*** sind Anlagen, die nicht unter Satz 3 fallen.]

(2) Bei der Zerlegung nach Absatz 1 sind die Arbeitslöhne anzusetzen, die in den Betriebsstätten der beteiligten Gemeinden (§ 28) während des Erhebungszeitraums (§ 14) erzielt oder gezahlt worden sind.

(3) Bei Ermittlung der Verhältniszahlen sind die Arbeitslöhne auf volle 1000 Euro abzurunden.

§ 30 Zerlegung bei mehrgemeindlichen Betriebsstätten. Erstreckt sich die Betriebsstätte auf mehrere Gemeinden, so ist der Steuermessbetrag oder Zerlegungsanteil auf die Gemeinden zu zerlegen, auf die sich die Betriebsstätte erstreckt, und zwar nach der Lage der örtlichen Verhältnisse unter Berücksichtigung der durch das Vorhandensein der Betriebsstätte erwachsenden Gemeindelasten.

§ 31 Begriff der Arbeitslöhne für die Zerlegung. (1) [1]Arbeitslöhne sind vorbehaltlich der Absätze 2 bis 5 die Vergütungen im Sinne des § 19 Abs. 1 Nr. 1 des Einkommensteuergesetzes[1)], soweit sie nicht durch andere Rechtsvorschriften von der Einkommensteuer befreit sind. [2]Zuschläge für Mehrarbeit und für Sonntags-, Feiertags- und Nachtarbeit gehören unbeschadet der einkommensteuerlichen Behandlung zu den Arbeitslöhnen.

(2) Zu den Arbeitslöhnen gehören nicht Vergütungen, die an Personen gezahlt worden sind, die zu ihrer Berufsausbildung beschäftigt werden.

(3) In den Fällen des § 3 Nr. 5, 6, 8, 9, 12, 13, 15, 17, 21, 26, 27, 28 und 29 bleiben die Vergütungen an solche Arbeitnehmer außer Ansatz, die nicht ausschließlich oder überwiegend in dem steuerpflichtigen Betrieb oder Teil des Betriebs tätig sind.

(4) [1]Nach dem Gewinn berechnete einmalige Vergütungen (z. B. Tantiemen, Gratifikationen) sind nicht anzusetzen. [2]Das Gleiche gilt für sonstige Vergütungen, soweit sie bei dem einzelnen Arbeitnehmer 50 000 Euro übersteigen.

(5) Bei Unternehmen, die nicht von einer juristischen Person betrieben werden, sind für die im Betrieb tätigen Unternehmer (Mitunternehmer) insgesamt 25 000 Euro jährlich anzusetzen.

§ 32. (weggefallen)

§ 33 Zerlegung in besonderen Fällen. (1) [1]Führt die Zerlegung nach den §§ 28 bis 31 zu einem offenbar unbilligen Ergebnis, so ist nach einem

---

[1)] Nr. **1**.

Maßstab zu zerlegen, der die tatsächlichen Verhältnisse besser berücksichtigt. [2]In dem Zerlegungsbescheid hat das Finanzamt darauf hinzuweisen, dass bei der Zerlegung Satz 1 angewendet worden ist.

(2) Einigen sich die Gemeinden mit dem Steuerschuldner über die Zerlegung, so ist der Steuermessbetrag nach Maßgabe der Einigung zu zerlegen.

§ 34 Kleinbeträge. (1) [1]Übersteigt der Steuermessbetrag nicht den Betrag von 10 Euro, so ist er in voller Höhe der Gemeinde zuzuweisen, in der sich die Geschäftsleitung befindet. [2]Befindet sich die Geschäftsleitung im Ausland, so ist der Steuermessbetrag der Gemeinde zuzuweisen, in der sich die wirtschaftlich bedeutendste der zu berücksichtigenden Betriebsstätten befindet

(2) [1]Übersteigt der Steuermessbetrag zwar den Betrag von 10 Euro, würde aber nach den Zerlegungsvorschriften einer Gemeinde ein Zerlegungsanteil von nicht mehr als 10 Euro zuzuweisen sein, so ist dieser Anteil der Gemeinde zuzuweisen, in der sich die Geschäftsleitung befindet. [2]Absatz 1 Satz 2 ist entsprechend anzuwenden.

(3) [1]Wird der Zerlegungsbescheid geändert oder berichtigt, würde sich dabei aber der Zerlegungsanteil einer Gemeinde um nicht mehr als 10 Euro erhöhen oder ermäßigen, so ist der Betrag der Erhöhung oder Ermäßigung bei dem Zerlegungsanteil der Gemeinde zu berücksichtigen, in der sich die Geschäftsleitung befindet. [2]Absatz 1 Satz 2 ist entsprechend anzuwenden.

§ 35. (weggefallen)

Abschnitt VII. Gewerbesteuer der Reisegewerbebetriebe

§ 35a Gewerbesteuer der Reisegewerbebetriebe. (1) Der Gewerbesteuer unterliegen auch die Reisegewerbebetriebe, soweit sie im Inland betrieben werden.

(2)[1)] [1]Reisegewerbebetrieb im Sinne dieses Gesetzes ist ein Gewerbebetrieb, dessen Inhaber nach den Vorschriften der Gewerbeordnung und den dazugehörigen Ausführungsbestimmungen einer Reisegewerbekarte bedarf. [2]Wird im Rahmen eines einheitlichen Gewerbebetriebs sowohl ein stehendes Gewerbe als auch ein Reisegewerbe betrieben, so ist der Betrieb in vollem Umfang als stehendes Gewerbe zu behandeln.

(3) Hebeberechtigt ist die Gemeinde, in der sich der Mittelpunkt der gewerblichen Tätigkeit befindet.

(4) Ist im Laufe des Erhebungszeitraums der Mittelpunkt der gewerblichen Tätigkeit von einer Gemeinde in eine andere Gemeinde verlegt worden, so hat das Finanzamt den Steuermessbetrag nach den zeitlichen Anteilen (Kalendermonaten) auf die beteiligten Gemeinden zu zerlegen.

---

1) § 35a Abs. 2 Satz 1 geänd. mWv EZ 2010 durch G v. 8.12.2010 (BGBl. I S. 1768).

Abschnitt VIII. Änderung des Gewerbesteuermessbescheids von Amts wegen

§ 35b Änderung des Gewerbesteuermessbescheids von Amts wegen. (1) [1]Der Gewerbesteuermessbescheid oder Verlustfeststellungsbescheid ist von Amts wegen aufzuheben oder zu ändern, wenn der Einkommensteuerbescheid, der Körperschaftsteuerbescheid oder ein Feststellungsbescheid aufgehoben oder geändert wird und die Aufhebung oder Änderung den Gewinn aus Gewerbebetrieb berührt. [2]Die Änderung des Gewinns aus Gewerbebetrieb ist insoweit zu berücksichtigen, als sie die Höhe des Gewerbeertrags oder des vortragsfähigen Gewerbeverlustes beeinflusst. [3]§ 171 Abs. 10 der Abgabenordnung[1)] gilt sinngemäß.

(2)[2)] [1]Zuständig für die Feststellung des vortragsfähigen Gewerbeverlustes ist das für den Erlass des Gewerbesteuermessbescheids zuständige Finanzamt. [2]Bei der Feststellung des vortragsfähigen Gewerbeverlustes sind die Besteuerungsgrundlagen so zu berücksichtigen, wie sie der Festsetzung des Steuermessbetrags für den Erhebungszeitraum, auf dessen Schluss der vortragsfähige Gewerbeverlust festgestellt wird, zu Grunde gelegt worden sind; § 171 Absatz 10, § 175 Absatz 1 Satz 1 Nummer 1 und § 351 Absatz 2 der Abgabenordnung sowie § 42 der Finanzgerichtsordnung gelten entsprechend. [3]Die Besteuerungsgrundlagen dürfen bei der Feststellung nur insoweit abweichend von Satz 2 berücksichtigt werden, wie die Aufhebung, Änderung oder Berichtigung des Gewerbesteuermessbescheids ausschließlich mangels Auswirkung auf die Höhe des festzusetzenden Steuermessbetrags unterbleibt.[3)] [4]Die Feststellungsfrist endet nicht, bevor die Festsetzungsfrist für den Erhebungszeitraum abgelaufen ist, auf dessen Schluss der vortragsfähige Gewerbeverlust gesondert festzustellen ist; § 181 Abs. 5 der Abgabenordnung ist nur anzuwenden, wenn die zuständige Finanzbehörde die Feststellung des vortragsfähigen Gewerbeverlustes pflichtwidrig unterlassen hat.[4)]

Abschnitt IX. Durchführung

§ 35c Ermächtigung. (1) Die Bundesregierung wird ermächtigt, mit Zustimmung des Bundesrates

1. zur Durchführung des Gewerbesteuergesetzes Rechtsverordnungen zu erlassen

   a) über die Abgrenzung der Steuerpflicht,

[1)] Nr. **800**.

[2)] § 35b Abs. 2 Satz 1 geänd. mWv EZ 2004 durch G v. 23.12.2003 (BGBl. I S. 2922); geänd. G v. 20.12.2007 (BGBl. I S. 3150).

[3)] § 35b Abs. 2 Sätze 2 und 3 neu gef. durch G v. 8.12.2010 (BGBl. I S. 1768).

[4)] § 35b Abs. 2 Satz 4 angef. durch G v. 13.12.2006 (BGBl. I S. 2878).

b) über die Ermittlung des Gewerbeertrags,

c) über die Festsetzung der Steuermessbeträge, soweit dies zur Wahrung der Gleichmäßigkeit der Besteuerung und zur Vermeidung von Unbilligkeiten in Härtefällen erforderlich ist,

d) über die Zerlegung des Steuermessbetrags,

e) über die Abgabe von Steuererklärungen unter Berücksichtigung von Freibeträgen und Freigrenzen;

2. Vorschriften durch Rechtsverordnung zu erlassen

a) über die sich aus der Aufhebung oder Änderung von Vorschriften dieses Gesetzes ergebenden Rechtsfolgen, soweit dies zur Wahrung der Gleichmäßigkeit bei der Besteuerung oder zur Beseitigung von Unbilligkeiten in Härtefällen erforderlich ist,

b) (weggefallen)

c) über die Steuerbefreiung der Einnehmer einer staatlichen Lotterie,

d)[1] über die Steuerbefreiung bei bestimmten kleineren Versicherungsvereinen auf Gegenseitigkeit im Sinne des § 210 des Versicherungsaufsichtsgesetzes, wenn sie von der Körperschaftsteuer befreit sind,

e)[2] über die Beschränkung der Hinzurechnung von Entgelten für Schulden und ihnen gleichgestellte Beträge (§ 8 Nr. 1 Buchstabe a) bei Kreditinstituten nach dem Verhältnis des Eigenkapitals zu Teilen der Aktivposten und bei Gewerbebetrieben, die nachweislich ausschließlich unmittelbar oder mittelbar Kredite oder Kreditrisiken, die einem Kreditinstitut oder einem in § 3 Nr. 2 genannten Gewerbebetrieb aus Bankgeschäften entstanden sind, erwerben und Schuldtitel zur Refinanzierung des Kaufpreises für den Erwerb solcher Kredite oder zur Refinanzierung von für die Risikoübernahmen zu stellenden Sicherheiten ausgeben,

f)[3] über die Beschränkung der Hinzurechnung von Entgelten für Schulden und ihnen gleichgestellte Beträge (§ 8 Nummer 1 Buchstabe a) bei

aa) Finanzdienstleistungsinstituten, soweit sie Finanzdienstleistungen im Sinne des § 1 Absatz 1a Satz 2 des Kreditwesengesetzes tätigen,

bb) Zahlungsinstituten, soweit sie Zahlungsdienste im Sinne des § 1 Absatz 1 Satz 2 Nummer 3 Buchstabe b und Nummer 6 des Zahlungsdiensteaufsichtsgesetzes erbringen,

[***ab 26.6.2021:***

cc) Wertpapierinstituten, soweit sie Wertpapierdienstleistungen, Wertpapiernebendienstleistungen und Nebengeschäfte im Sinne des § 2 Absatz 2 bis 4 des Wertpapierinstitutsgesetzes erbringen.]

---

[1] § 35c Abs. 1 Nr. 2 Buchst. d geänd. durch G v. 1.4.2015 (BGBl. I S. 434); zur Anwendung siehe § 36 Abs. 3.

[2] § 35c Abs. 1 Nr. 2 Buchst. e ergänzt durch G v. 31.7.2003 (BGBl. I S. 1550); geänd. mWv EZ 2008 durch G v. 14.8.2007 (BGBl. I S. 1912).

[3] § 35c Abs. 1 Nr. 2 Buchst. f Satz 1 neu gef. mWv VZ 2009 durch G v. 26.6.2013 (BGBl. I S. 1809), Satz 2 angef. mWv EZ 2011 durch G v. 8.4.2010 (BGBl. I S. 386) und geänd. mWv EZ 2011 durch G v. 26.6.2013 (BGBl. I S. 1809); Satz 1 Doppelbuchst. bb geänd. mWv EZ 2018 (§ 36 Abs. 6) durch G v. 12.12.2019 (BGBl. I S. 2451); Satz 1 Doppelbuchst. cc angef., Satz 2 geänd. mWv 26.6.2021 durch G v. 12.5.2021 (BGBl. I S. 990).

[2]Voraussetzung für die Umsetzung von Satz 1 ist, dass die Umsätze des Finanzdienstleistungsinstituts zu mindestens 50 Prozent auf Finanzdienstleistungen [***ab 26.6.2021:*** , die Umsätze der Wertpapierinstitute zu mindestens 50 Prozent auf Wertpapierdienstleistungen, Wertpapiernebendienstleistungen und Nebengeschäfte] und die Umsätze des Zahlungsinstituts zu mindestens 50 Prozent auf Zahlungsdienste entfallen,

g) über die Festsetzung abweichender Vorauszahlungstermine.

(2) Das Bundesministerium der Finanzen wird ermächtigt, den Wortlaut dieses Gesetzes und der zu diesem Gesetz erlassenen Rechtsverordnungen in der jeweils geltenden Fassung satzweise nummeriert mit neuem Datum und in neuer Paragrafenfolge bekannt zu machen und dabei Unstimmigkeiten im Wortlaut zu beseitigen.

Abschnitt X. Schlussvorschriften

§ 36[1] **Zeitlicher Anwendungsbereich.** (1) Die vorstehende Fassung dieses Gesetzes ist, soweit in den folgenden Absätzen nichts anderes bestimmt ist, erstmals für den Erhebungszeitraum 2021 anzuwenden.

[Fassung bis 31.12.2024:]

(2) [1]§ 3 Nummer 1 in der Fassung des Artikels 8 des Gesetzes vom vom 12. Dezember 2019 (BGBl. I S. 2451) ist erstmals für den Erhebungszeitraum 2019 anzuwenden. [2]§ 3 Nummer 13 in der Fassung des Artikels 8 des Gesetzes vom 12. Dezember 2019 (BGBl. I S. 2451) ist erstmals für den Erhebungszeitraum 2015 anzuwenden. [3]§ 3 Nummer 24 in der Fassung des Artikels 8 des Gesetzes vom 12. Dezember 2019 (BGBl. I S. 2451) ist erstmals für den Erhebungszeitraum 2019 anzuwenden. [4]§ 3 Nummer 32 in der Fassung des Artikels 8 des Gesetzes vom 12. Dezember 2019 (BGBl. I S. 2451) ist erstmals für den Erhebungszeitraum 2019 anzuwenden.

[Fassung ab 1.1.2025:]

(2)[2] [1]§ 3 Nummer 1 in der Fassung des Artikels 8 des Gesetzes vom 12. Dezember 2019 (BGBl. I S. 2451) ist erstmals für den Erhebungszeitraum 2019 anzuwenden. [2]§ 3 Nummer 12 in der Fassung des Artikels 9 des Gesetzes vom 12. Dezember 2019 (BGBl. I S. 2451) ist erstmals für den Erhebungszeitraum 2025 anzuwenden. [3]§ 3 Nummer 13 in der Fassung des Artikels 8 des Gesetzes vom 12. Dezember 2019 (BGBl. I S. 2451) ist erstmals für den Erhebungszeitraum 2015 anzuwenden. [4]§ 3 Nummer 24 in der Fassung des Artikels 8 des Gesetzes vom 12. Dezember 2019 (BGBl. I S. 2451) ist erstmals für den Erhebungszeitraum 2019 anzuwenden. [5]§ 3 Nummer 32 in der Fassung des Artikels 8 des Gesetzes vom 12. Dezember 2019 (BGBl. I S. 2451) ist erstmals für den Erhebungszeitraum 2019 anzuwenden.

---

[1] *§ 36 neu gef. durch G v.* 12.12.2019 (BGBl. I S. 2451); Abs. 1 geänd. durch G v. 3.6.2021 (BGBl. I S. 1498).

[2] § 36 Abs. 2 Satz 2 eingef. mWv 1.1.2025 durch G v. 12.12.2019 (BGBl. I S. 2451).

(3)[1] [1]§ 7 Satz 3 in der durch Artikel 8 des Gesetzes vom 12. Dezember 2019 (BGBl. I S. 2451) geänderten Fassung ist erstmals für den Erhebungszeitraum 2009 anzuwenden. [2]Für den Erhebungszeitraum 2008 ist § 7 Satz 3 in folgender Fassung anzuwenden:

„[3]Der nach § 5a des Einkommensteuergesetzes ermittelte Gewinn einschließlich der Hinzurechnungen nach § 5a Absatz 4 und 4a des Einkommensteuergesetzes und das nach § 8 Absatz 1 Satz 2 des Körperschaftsteuergesetzes ermittelte Einkommen gelten als Gewerbeertrag nach Satz 1."

[3]§ 7 Satz 7 in der Fassung des Artikels 16 des Gesetzes vom 20. Dezember 2016 (BGBl. I S. 3000) ist erstmals für den Erhebungszeitraum 2017 anzuwenden. [4]§ 7 Satz 9 in der Fassung des Artikels 3 des Gesetzes vom 25. Juni 2021 (BGBl. I S. 2035) ist erstmals für den Erhebungszeitraum 2022 anzuwenden.

(4) [1]§ 8 Nummer 1 Buchstabe d Satz 2 ist nur auf Entgelte anzuwenden, die auf Verträgen beruhen, die nach dem 31. Dezember 2019 abgeschlossen worden sind. [2]Dabei ist bei Verträgen, die vor dem 1. Januar 2025 abgeschlossen werden, statt einer Reichweite von 80 Kilometern eine Reichweite von 60 Kilometern ausreichend. [3]§ 8 Nummer 1 Buchstabe d Satz 2 ist letztmals für den Erhebungszeitraum 2030 anzuwenden.

(4a)[2] § 8 Nummer 5 in der Fassung des Artikels 3 des Gesetzes vom 25. Juni 2021 (BGBl. I S. 2035) ist erstmals für den Erhebungszeitraum 2022 anzuwenden.

(5)[3] [1]§ 9 Nummer 3 Satz 1 erster Halbsatz in der Fassung des Artikels 16 des Gesetzes vom 20. Dezember 2016 (BGBl. I S. 3000) ist erstmals für den Erhebungszeitraum 2017 anzuwenden. [2]§ 9 Nummer 5 Satz 12 in der Fassung des Artikels 8 des Gesetzes vom 12. Dezember 2019 (BGBl. I S. 2451) ist erstmals für Zuwendungen anzuwenden, die nach dem 31. Dezember 2019 geleistet werden.

(5a)[4] § 10a in der Fassung des Artikels 9 des Gesetzes vom 21. Dezember 2020 (BGBl. I S. 3096) ist auch für Erhebungszeiträume vor 2020 anzuwenden.

(5b)[5] § 19 Absatz 3 Satz 2 und 3 ist auf Antrag des Steuerpflichtigen mit der Maßgabe anzuwenden, dass für den Erhebungszeitraum 2019 an die Stelle des 15. Kalendermonats der 21. Kalendermonat tritt sowie dass für den Erhebungszeitraum 2020 an die Stelle des 15. Kalendermonats der 18. Kalendermonat tritt.

(6) § 35c Absatz 1 Nummer 2 Buchstabe f Satz 1 Doppelbuchstabe bb in der Fassung des Artikels 8 des Gesetzes vom 12. Dezember 2019 (BGBl. I S. 2451) ist erstmals für den Erhebungszeitraum 2018 anzuwenden.

---

[1] § 36 Abs. 3 Satz 3 angef. durch G v. 21.12.2020 (BGBl. I S. 3096); Satz 4 angef. durch G v. 25.6.2021 (BGBl. I S. 2035).

[2] § 36 Abs. 4a eingef. durch G v. 25.6.2021 (BGBl. I S. 2035).

[3] § 36 Abs. 5 Satz 1 eingef., bish. Wortlaut wird Satz 2 durch G v. 21.12.2020 (BGBl. I S. 3096).

[4] § 36 Abs. 5a eingef. durch G v. 21.12.2020 (BGBl. I S. 3096).

[5] § 36 Abs. 5b eingef. durch G v. 25.6.2021 (BGBl. I S. 2035).

§ 37. (weggefallen)

(Fortsetzung nächste Seite)

460. Gewerbesteuer-Durchführungsverordnung (GewStDV)[1)]

In der Fassung der Bekanntmachung vom 15. Oktober 2002 (BGBl. I S. 4180)[2)·3)]

Geändert durch Steuervergünstigungsabbaugesetz vom 16.5.2003 (BGBl. I S. 660), Kleinunternehmerförderungsgesetz vom 31.7.2003 (BGBl. I S. 1550), Gesetz über steuerliche Begleitmaßnahmen zur Einführung der Europäischen Gesellschaft und zur Änderung weiterer steuerrechtlicher Vorschriften (SEStEG) vom 7.12.2006 (BGBl. I S. 2782), Jahressteuergesetz 2007 vom 13.12.2006 (BGBl. I S. 2878), Unternehmensteuerreformgesetz 2008 vom 14.8.2007 (BGBl. I S. 1912), Jahressteuergesetz 2008 vom 20.12.2007 (BGBl. I S. 3150), Jahressteuergesetz 2009 vom 19.12.2008 (BGBl. I S. 2794), Drittes Mittelstandsentlastungsgesetz vom 17.3.2009 (BGBl. I S. 550), Bürgerentlastungsgesetz Krankenversicherung vom 16.7.2009 (BGBl. I S. 1959), Gesetz zur Umsetzung steuerlicher EU-Vorgaben sowie zur Änderung steuerlicher Vorschriften vom 8.4.2010 (BGBl. I S. 386), Verordnung zur Änderung steuerlicher Verordnungen vom 17.11.2010 (BGBl. I S. 1544), Amtshilferichtlinie-Umsetzungsgesetz (AmtshilfeRLUmsG) vom 26.6.2013 (BGBl. I S. 1809), Gesetz zur Modernisierung der Finanzaufsicht über Versicherungen vom 1.4.2015 (BGBl. I S. 434), Gesetz zur Reform des Grundsteuer- und Bewertungsrechts (Grundsteuer-Reformgesetz – GrStRefG) vom 26.11.2019 (BGBl. I S. 1794), Gesetz zur weiteren steuerlichen Förderung der Elektromobilität und zur Änderung weiterer steuerlicher Vorschriften vom 12.12.2019 (BGBl. I S. 2451), Fünfte Verordnung zur Änderung seuerlicher Verordnungen vom 25.6.2020 (BGBl. I S. 1495) und Gesetz zur Umsetzung der Richtlinie (EU) 2019/2034 über die Beaufsichtigung von Wertpapierinstituten vom 12.5.2021 (BGBl. I S. 990)

BGBl. III/FNA 611-5-1

Zu § 2 des Gesetzes

§ 1 Stehender Gewerbebetrieb. Stehender Gewerbebetrieb ist jeder Gewerbebetrieb, der kein Reisegewerbebetrieb im Sinne des § 35a Abs. 2 des Gesetzes ist.

§ 2 Betriebe der öffentlichen Hand. (1)[4)] [1]Unternehmen von juristischen Personen des öffentlichen Rechts sind gewerbesteuerpflichtig, wenn sie als stehende Gewerbebetriebe anzusehen sind; für den Umfang des Unternehmens ist § 4 Abs. 6 Satz 1 des Körperschaftsteuergesetzes entsprechend anzuwenden. [2]Das gilt auch für Unternehmen, die der Versorgung der Bevölkerung mit Wasser, Gas, Elektrizität oder Wärme, dem öffentlichen Verkehr oder dem Hafenbetrieb dienen.

(2) [1]Unternehmen von juristischen Personen des öffentlichen Rechts, die überwiegend der Ausübung der öffentlichen Gewalt dienen (Hoheitsbetriebe), gehören unbeschadet der Vorschrift des Absatzes 1 Satz 2 nicht zu den Gewerbebetrieben. [2]Für die Annahme eines Hoheitsbetriebs reichen Zwangs- oder Monopolrechte nicht aus.

---

1) Neubekanntmachung der Gewerbesteuer-Durchführungsverordnung idF der Bek. v. 21.3.1991 (BGBl. I S. 831) auf Grund des § 35c GewStG idF der Bek. v. 15.10.2002 (BGBl. I S. 4167) in der ab 27.7.2002 geltenden Fassung.

2) Vgl. auch die Gewerbesteuer-Richtlinien **(Steuerrichtlinien Nr. 450).**

3) **Zum Erhebungszeitraum vgl. § 36.**

4) § 2 Abs. 1 Satz 1 HS 2 angef. durch G v. 19.12.2008 (BGBl. I S. 2794).

§ 3. (weggefallen)

§ 4 Aufgabe, Auflösung und Insolvenz. (1) Ein Gewerbebetrieb, der aufgegeben oder aufgelöst wird, bleibt Steuergegenstand bis zur Beendigung der Aufgabe oder Abwicklung.

(2) Die Gewerbesteuerpflicht wird durch die Eröffnung des Insolvenzverfahrens über das Vermögen des Unternehmers nicht berührt.

§ 5 Betriebsstätten auf Schiffen. Ein Gewerbebetrieb wird gewerbesteuerlich insoweit nicht im Inland betrieben, als für ihn eine Betriebsstätte auf einem Kauffahrteischiff unterhalten wird, das im sogenannten regelmäßigen Liniendienst ausschließlich zwischen ausländischen Häfen verkehrt, auch wenn es in einem inländischen Schiffsregister eingetragen ist.

§ 6 Binnen- und Küstenschifffahrtsbetriebe. Bei Binnen- und Küstenschifffahrtsbetrieben, die feste örtliche Anlagen oder Einrichtungen zur Ausübung des Gewerbes nicht unterhalten, gilt eine Betriebsstätte in dem Ort als vorhanden, der als Heimathafen (Heimatort) im Schiffsregister eingetragen ist.

§ 7. (weggefallen)

§ 8 Zusammenfassung mehrerer wirtschaftlicher Geschäftsbetriebe. Werden von einer sonstigen juristischen Person des privaten Rechts oder einem nichtrechtsfähigen Verein (§ 2 Abs. 3 des Gesetzes) mehrere wirtschaftliche Geschäftsbetriebe unterhalten, so gelten sie als ein einheitlicher Gewerbebetrieb.

§ 9. (weggefallen)

Zu § 3 des Gesetzes

§§ 10 bis **12.** (weggefallen)

§ 12a Kleinere Versicherungsvereine. Kleinere Versicherungsvereine auf Gegenseitigkeit im Sinne des § 210[1] des Versicherungsaufsichtsgesetzes sind von der Gewerbesteuer befreit, wenn sie nach § 5 Abs. 1 Nr. 4 des Körperschaftsteuergesetzes von der Körperschaftsteuer befreit sind.

§ 13 Einnehmer einer staatlichen Lotterie. Die Tätigkeit der Einnehmer einer staatlichen Lotterie unterliegt auch dann nicht der Gewerbesteuer, wenn sie im Rahmen eines Gewerbebetriebs ausgeübt wird.

Zu § 4 des Gesetzes

§ 14. (weggefallen)

---

[1] § 12a Verweis geänd. durch G v. 1.4.2015 (BGBl. I S. 434).

§ 15 Hebeberechtigte Gemeinde bei Gewerbebetrieben auf Schiffen und bei Binnen- und Küstenschifffahrtsbetrieben. Hebeberechtigte Gemeinde für die Betriebsstätten auf Kauffahrteischiffen, die in einem inländischen Schiffsregister eingetragen sind und nicht im sogenannten regelmäßigen Liniendienst ausschließlich zwischen ausländischen Häfen verkehren, und für die in § 6 bezeichneten Binnen- und Küstenschiffahrtsbetriebe ist die Gemeinde, in der der inländische Heimathafen (Heimatort) des Schiffes liegt.

Zu den §§ 7, 8 und 9 des Gesetzes

§ 16 Gewerbeertrag bei Abwicklung und Insolvenz. (1) Der Gewerbeertrag, der bei einem in der Abwicklung befindlichen Gewerbebetrieb im Sinne des § 2 Abs. 2 des Gesetzes im Zeitraum der Abwicklung entstanden ist, ist auf die Jahre des Abwicklungszeitraums zu verteilen.

(2) Das gilt entsprechend für Gewerbebetriebe, wenn über das Vermögen des Unternehmens ein Insolvenzverfahren eröffnet worden ist.

§§ 17 und **18.** (weggefallen)

Zu § 8 des Gesetzes

§ 19[1] Schulden bestimmter Unternehmen. (1) [1]Bei Kreditinstituten im Sinne des § 1 Absatz 1 in Verbindung mit § 2 Absatz 1 des Kreditwesengesetzes[2] sind nur Entgelte für Schulden und den Entgelten gleichgestellte Beträge anzusetzen, die dem Betrag der Schulden entsprechen, um den der Ansatz der zum Anlagevermögen gehörenden Grundstücke, Gebäude, Betriebs- und Geschäftsausstattung, Schiffe, Anteile an Kreditinstituten und sonstigen Unternehmen sowie der Forderungen aus Vermögenseinlagen als stiller Gesellschafter und aus Genussrechten das Eigenkapital überschreitet; hierunter fallen nicht Gegenstände, über die Leasingverträge abgeschlossen worden sind. [2]Dem Anlagevermögen nach Satz 1 sind Forderungen gegen ein Unternehmen hinzuzurechnen, mit dem eine organschaftliche Verbindung nach § 2 Abs. 2 Satz 2 des Gesetzes besteht und das nicht zu den Kreditinstituten oder Unternehmen gehört, auf die Satz 1 und die Absätze 2 bis 4[3] anzuwenden sind.

(2) [1]Voraussetzung für die Anwendung des Absatzes 1 ist, dass im Durchschnitt aller Monatsausweise des Wirtschaftsjahrs des Kreditinstituts nach § 25 des Kreditwesengesetzes[4] oder entsprechender Statistiken die Aktivposten aus Bankgeschäften und dem Erwerb von Geldforderungen die Aktivposten aus anderen Geschäften überwiegen. [2]In den Vergleich sind Aktivposten aus Anlagen nach Absatz 1 nicht einzubeziehen.

(3) Die vorstehenden Bestimmungen gelten entsprechend

1. für Pfandleiher im Sinne der Pfandleiherverordnung in der Fassung der Bekanntmachung vom 1. Juni 1976 (BGBl. I S. 1334) in der jeweils geltenden Fassung;

---

[1] § 19 neu gef. mWv EZ 2008 durch G v. 19.12.2008 (BGBl. I S. 2794).

[2] Verweis geänd. mWv EZ 2008 durch VO v. 17.11.2010 (BGBl. I S. 1544); geänd. mWv EZ 2021 durch VO vom 25.6.2020 (BGBl. I S. 1495); abgedruckt in **Wirtschaftsgesetze Nr. 145.**

[3] Verweis geänd. mWv EZ 2008 durch VO v. 17.11.2010 (BGBl. I S. 1544).

[4] Verweis geänd. durch VO v. 17.11.2010 (BGBl. I S. 1544).

2. für Gewerbebetriebe, die nachweislich ausschließlich unmittelbar oder mittelbar Kredite oder Kreditrisiken aus Bankgeschäften im Sinne des § 1 Abs. 1 Satz 2 Nr. 2, 3 und 8 des Kreditwesengesetzes in der Fassung des Artikels 27 des Gesetzes vom 19. Dezember 2008 (BGBl. I S. 2794) von Kreditinstituten im Sinne des § 1 des Kreditwesengesetzes oder von in § 3 Nr. 2 des Gesetzes genannten Gewerbebetrieben erwerben und Schuldtitel zur Refinanzierung des Kaufpreises für den Erwerb solcher Kredite oder zur Refinanzierung von für die Risikoübernahmen zu stellenden Sicherheiten ausgeben; die Refinanzierung durch Aufnahme von Darlehen von Gewerbebetrieben im Sinne der Nummer 3 an der Stelle der Ausgabe von Schuldtiteln ist unschädlich, und
3. für Gewerbebetriebe, die nachweislich ausschließlich Schuldtitel bezogen auf die in Nummer 2 bezeichneten Kredite oder Kreditrisiken ausgeben und an Gewerbebetriebe im Sinne der Nummer 2 Darlehen gewähren.
4.[1] *(aufgehoben)*

(4)[2] [1]Bei Finanzdienstleistungsinstituten im Sinne des § 1 Absatz 1a des Kreditwesengesetzes, die mit Ausnahme der Unternehmen im Sinne des § 2 Absatz 6 Nummer 17 des Kreditwesengesetzes nicht der Ausnahmeregelung des § 2 Absatz 6 des Kreditwesengesetzes unterliegen, bei Wertpapierinstituten im Sinne des § 2 Absatz 1 des Wertpapierinstitutsgesetzes sowie bei Zahlungsinstituten im Sinne des § 1 Absatz 1 Satz 1 Nummer 1 des Zahlungsdiensteaufsichtsgesetzes unterbleibt eine Hinzurechnung von Entgelten für Schulden und ihnen gleichgestellten Beträgen nach § 8 Nummer 1 Buchstabe a des Gesetzes, soweit die Entgelte und ihnen gleichgestellten Beträge unmittelbar auf Finanzdienstleistungen im Sinne des § 1 Absatz 1a Satz 2 des Kreditwesengesetzes, Wertpapierdienstleistungen im Sinne des § 2 Absatz 2 des Wertpapierinstitutsgesetzes oder Zahlungsdienste im Sinne des § 1 Absatz 1 Satz 2 Nummer 3 Buchstabe b und Nummer 6 des Zahlungsdiensteaufsichtsgesetzes entfallen. [2]Satz 1 ist nur anzuwenden, wenn die Umsätze des Finanzdienstleistungsinstituts zu mindestens 50 Prozent auf Finanzdienstleistungen, des Wertpapierinstituts zu mindestens 50 Prozent auf Wertpapierdienstleistungen, Wertpapiernebendienstleistungen und Nebengeschäfte im Sinne des § 2 Absatz 2 bis 4 des Wertpapierinstitutsgesetzes und die Umsätze des Zahlungsinstituts zu mindestens 50 Prozent auf Zahlungsdienste entfallen.

Zu § 9 des Gesetzes

§ 20 Grundbesitz. (1) [1]Die Frage, ob und inwieweit im Sinne des § 9 Nr. 1 des Gesetzes Grundbesitz zum Betriebsvermögen des Unternehmers gehört, ist nach den Vorschriften des Einkommensteuergesetzes oder des Körperschaftsteuergesetzes zu entscheiden. [2]Maßgebend ist dabei der Stand zu Beginn des Kalenderjahrs.

---

[1] § 19 Abs. 3 Nr. 4 aufgeh. mWv EZ 2008 durch G v. 8.4.2010 (BGBl. I S. 386).

[2] § 19 Abs. 4 angef. durch G v. 8.4.2010 (BGBl. I S. 386) und geänd. durch G v. 26.6.2013 (BGBl. I S. 1809); Abs. 4 Satz 1 neu gef. mWv EZ 2009 durch G v. 26.6.2013 (BGBl. I S. 1809); Satz 1 geänd. mWv EZ 2018 (§ 36 Abs. 3) durch G v. 12.12.2019 (BGBl. I S. 2451); Sätze 1 und 2 geänd. mWv 26.6.2021 durch G v. 12.5.2021 (BGBl. I S. 990).

nicht, wenn in der Gemeinde, aus der die Betriebsstätte verlegt wird, mindestens eine Betriebsstätte des Unternehmens bestehen bleibt.

§§ 31 bis **33**. (weggefallen)

Zu § 34 des Gesetzes

§ 34 Kleinbeträge bei Verlegung der Geschäftsleitung. Hat das Unternehmen die Geschäftsleitung im Laufe des Erhebungszeitraums in eine andere Gemeinde verlegt, so ist der Kleinbetrag der Gemeinde zuzuweisen, in der sich die Geschäftsleitung am Ende des Erhebungszeitraums befindet.

Zu § 35a des Gesetzes

§ 35 Reisegewerbebetriebe. (1) [1]Der Mittelpunkt der gewerblichen Tätigkeit befindet sich in der Gemeinde, von der aus die gewerbliche Tätigkeit vorwiegend ausgeübt wird. [2]Das ist in der Regel die Gemeinde, in der sich der Wohnsitz des Reisegewerbetreibenden befindet. [3]In Ausnahmefällen ist Mittelpunkt eine auswärtige Gemeinde, wenn die gewerbliche Tätigkeit von dieser Gemeinde (z. B. von einem Büro oder Warenlager) aus vorwiegend ausgeübt wird. [4]Ist der Mittelpunkt der gewerblichen Tätigkeit nicht feststellbar, so ist die Gemeinde hebeberechtigt, in der der Unternehmer polizeilich gemeldet oder meldepflichtig ist.

(2) Eine Zerlegung des Steuermessbetrags auf die Gemeinden, in denen das Gewerbe ausgeübt worden ist, unterbleibt.

(3) [1]Der Steuermessbetrag ist im Fall des § 35a Abs. 4 des Gesetzes nach dem Anteil der Kalendermonate auf die hebeberechtigten Gemeinden zu zerlegen. [2]Kalendermonate, in denen die Steuerpflicht nur während eines Teils bestanden hat, sind voll zu rechnen. [3]Der Anteil für den Kalendermonat, in dem der Mittelpunkt der gewerblichen Tätigkeit verlegt worden ist, ist der Gemeinde zuzuteilen, in der sich der Mittelpunkt in diesem Kalendermonat die längste Zeit befunden hat.

Schlussvorschriften

§ 36[1] **Zeitlicher Anwendungsbereich.** Die vorstehende Fassung dieser Verordnung ist erstmals für den Erhebungszeitraum 2021 anzuwenden.

---

[1] § 36 neu gef. durch VO v. 25.6.2020 (BGBl. I S. 1495).

[illegible]

§ 34 Kleinbeträge [illegible]

[illegible]

§ 35 [illegible]

[illegible]

§ 36 Zeitlicher Anwendungsbereich [illegible]

[illegible]

500. Umsatzsteuergesetz (UStG)

In der Fassung der Bekanntmachung vom 21. Februar 2005 (BGBl. I S. 386)[1)]

Geändert durch Gesetz zur Neuorganisation der Bundesfinanzverwaltung und zur Schaffung eines Refinanzierungsregisters vom 22.9.2005 (BGBl. I S. 2809), Gesetz zur steuerlichen Förderung von Wachstum und Beschäftigung vom 26.4.2006 (BGBl. I S. 1091), Gesetz zur Eindämmung missbräuchlicher Steuergestaltungen vom 28.4.2006 (BGBl. I S. 1095), Haushaltsbegleitgesetz 2006 vom 29.6.2006 (BGBl. I S. 1402), Erstes Gesetz zum Abbau bürokratischer Hemmnisse insbesondere in der mittelständischen Wirtschaft vom 22.8.2006 (BGBl. I S. 1970), Jahressteuergesetz 2007 vom 13.12.2006 (BGBl. I S. 2878), Zweites Gesetz zum Abbau bürokratischer Hemmnisse insbesondere in der mittelständischen Wirtschaft vom 7.9.2007 (BGBl. I S. 2246), Gesetz zur weiteren Stärkung des bürgerschaftlichen Engagements vom 10.10.2007 (BGBl. I S. 2332), Jahressteuergesetz 2008 vom 20.12.2007 (BGBl. I S. 3150), Jahressteuergesetz 2009 vom 19.12.2008 (BGBl. I S. 2794), Steuerbürokratieabbaugesetz vom 20.12.2008 (BGBl. I S. 2850), Bürgerentlastungsgesetz Krankenversicherung vom 16.7.2009 (BGBl. I S. 1959), Wachstumsbeschleunigungsgesetz vom 22.12.2009 (BGBl. I S. 3950), Gesetz zur Umsetzung steuerlicher EU-Vorgaben sowie zur Änderung steuerlicher Vorschriften vom 8.4.2010 (BGBl. I S. 386), Gesetz zur Weiterentwicklung der Organisation der Grundsicherung für Arbeitsuchende vom 3.8.2010 (BGBl. I S. 1112), Jahressteuergesetz 2010 (JStG 2010) vom 8.12.2010 (BGBl. I S. 1768), Gesetz zur Ermittlung von Regelbedarfen und zur Änderung des Zweiten und Zwölften Buches Sozialgesetzbuch vom 24.3.2011 (BGBl. I S. 453), Gesetz zur bestätigenden Regelung verschiedener steuerlicher und verkehrsrechtlicher Vorschriften des Haushaltsbegleitgesetzes 2004 vom 5.4.2011 (BGBl. I S. 554), Sechstes Gesetz zur Änderung von Verbrauchsteuergesetzen vom 16.6.2011 (BGBl. I S. 1090), Gesetz zur Anpassung der Rechtsgrundlagen für die Fortentwicklung des Emissionshandels vom 21.7. 2011 (BGBl. I S. 1475), Steuervereinfachungsgesetz 2011 vom 1.11.2011 (BGBl. I S. 2131), Drittes Gesetz zur Änderung des Umsatzsteuergesetzes vom 6.12.2011 (BGBl. I S. 2562), Beitreibungsrichtlinie-Umsetzungsgesetz (BeitrRLUmsG) vom 7.12.2011 (BGBl. I S. 2592), Gesetz zur Änderung des Gemeindefinanzreformgesetzes und von steuerlichen Vorschriften vom 8.5.2012 (BGBl. I S. 1030), Amtshilferichtlinie-Umsetzungsgesetz (AmtshilfeRLUmsG) vom 26.6.2013 (BGBl. I S. 1809), Gesetz zur Anpassung des Investmentsteuergesetzes und anderer Gesetze an das AIFM-Umsetzungsgesetz (AIFM-Steuer-Anpassungsgesetz – AIFM-StAnpG) vom 18.12.2013 (BGBl. I S. 4318), Gesetz zur Anpassung des nationalen Steuerrechts an den Beitritt Kroatiens zur EU und zur Änderung weiterer steuerlicher Vorschriften vom 25.7.2014 (BGBl. I S. 1266), Gesetz zur Anpassung der Abgabenordnung an den Zollkodex der Union und zur Änderung weiterer steuerlicher Vorschriften vom 22.12.2014 (BGBl. I S. 2417), Steueränderungsgesetz 2015 vom 2.11.2015 (BGBl. I S. 1834), Gesetz zur Modernisierung des Besteuerungsverfahrens vom 18.7.2016 (BGBl. I S. 1679), Gesetz zur Reform der Investmentbesteuerung (Investmentsteuerreformgesetz – InvStRefG) vom 19.7. 2016 (BGBl. I S. 1730), Drittes Gesetz zur Stärkung der pflegerischen Versorgung und zur Änderung weiterer Vorschriften (Drittes Pflegestärkungsgesetz – PSG III) vom 23.12.2016 (BGBl. I S. 3191), Gesetz zur Stärkung der Teilhabe und Selbstbestimmung von Menschen mit Behinderungen (Bundesteilhabegesetz – BTHG) vom 23.12.2016 (BGBl. I S 3234), Branntweinmonopolverwaltung-Auflösungsgesetz (BfBAG) vom 10.3.2017 (BGBl. I S. 420), Gesetz zur Umsetzung der Vierten EU-Geldwäscherichtlinie, zur Ausführung der EU-Geldtransferverordnung und zur Neuorganisation der Zentralstelle für Finanztransaktionsuntersuchungen vom 23.6.2017 (BGBl. I S. 1822), Zweites Gesetz zur Entlastung insbesondere der mittelständischen Wirtschaft von Bürokratie (Zweites Bürokratieentlastungsgesetz) vom 30.6.2017 (BGBl. I S. 2143), Gesetz zum Ausschluss verfassungsfeindlicher Parteien von der

[1)] Neubekanntmachung des UStG idF der Bek. v. 9.6.1999 (BGBl. I S. 1270) auf Grund des § 26 Abs. 6 UStG in der ab 1.1.2005 geltenden Fassung.

Parteienfinanzierung vom 18.7.2017 (BGBl. I S. 2730), Gesetz zur Durchführung der Verordnung (EU) Nr. 910/2014 des Europäischen Parlaments und des Rates vom 23. Juli 2014 über elektronische Identifizierung und Vertrauensdienste für elektronische Transaktionen im Binnenmarkt, zur Aufhebung der Richtlinie 1999/93/EG (eIDAS-Durchführungsgesetz) vom 18.7.2017 (BGBl. I S. 2745), Gesetz zur Vermeidung von Umsatzsteuerausfällen beim Handel mit Waren im Internet und zur Änderung weiterer steuerlicher Vorschriften vom 11.12.2018 (BGBl. I S. 2338), Zweites Gesetz zur Anpassung des Datenschutzrechts an die Verordnung (EU) 2016/679 und zur Umsetzung der Richtlinie (EU) 2016/680 (Zweites Datenschutz-Anpassungs- und Umsetzungsgesetz EU – 2. DSAnpUG-EU) vom 20.11.2019 (BGBl. I S. 1626), Drittes Gesetz zur Entlastung insbesondere der mittelständischen Wirtschaft von Bürokratie (Drittes Bürokratieentlastungsgesetz) vom 22.11.2019 (BGBl. I S. 1746), Gesetz zur Reform des Grundsteuer- und Bewertungsrechts (Grundsteuer-Reformgesetz – GrStRefG) vom 26.11.2019 (BGBl. I S. 1794), Gesetz zur weiteren steuerlichen Förderung der Elektromobilität und zur Änderung weiterer steuerlicher Vorschriften vom 12.12.2019 (BGBl. I S. 2451), Gesetz zur Regelung des Sozialen Entschädigungsrechts vom 12.12.2019 (BGBl. I S. 2652), Gesetz zur Einführung einer Pflicht zur Mitteilung grenzüberschreitender Steuergestaltungen vom 21.12.2019 (BGBl. I S. 2875), Gesetz zur Umsetzung des Klimaschutzprogramms 2030 im Steuerrecht vom 21.12.2019 (BGBl. I S. 2886), Gesetz zur Umsetzung steuerlicher Hilfsmaßnahmen zur Bewältigung der Corona-Krise (Corona-Steuerhilfegesetz) vom 19.6.2020 (BGBl. I S. 1385), Zweites Gesetz zur Umsetzung steuerlicher Hilfsmaßnahmen zur Bewältigung der Corona-Krise (Zweites Corona-Steuerhilfegesetz) vom 29.6.2020 (BGBl. I S. 1512), Jahressteuergesetz 2020 (JStG 2020) vom 21.12.2020 (BGBl. I S. 3096), Drittes Gesetz zur Umsetzung steuerlicher Hilfsmaßnahmen zur Bewältigung der Corona-Krise (Drittes Corona-Steuerhilfegesetz) vom 10.3.2021 (BGBl. I S. 330), Gesetz zur Reform des Vormundschafts- und Betreuungsrechts vom 4.5.2021 (BGBl. I S. 882), Gesetz zur Modernisierung der Entlastung von Abzugsteuern und der Bescheinigung der Kapitalertragsteuer (Abzugsteuerentlastungsmodernisierungsgesetz – AbzStEntModG) vom 2.6.2021 (BGBl. I S. 1259), Gesetz zur digitalen Modernisierung von Versorgung und Pflege (Digitale-Versorgung-und-Pflege-Modernisierungs-Gesetz – DVPMG) vom 3.6.2021 (BGBl. I S. 1309) und Fondsstandortgesetz (FoStoG) vom 3.6.2021 (BGBl. I S. 1498)

BGBl. III/FNA 611-10-14

Inhaltsübersicht

I. Steuergegenstand und Geltungsbereich

II. Steuerbefreiungen und Steuervergütungen §§

(Fortsetzung nächstes Blatt)

Gebrauch oder Verbrauch durch die Streitkräfte, ihres zivilen Begleitpersonals oder für die Versorgung ihrer Kasinos oder Kantinen bestimmt sind und die Streitkräfte an einer Verteidigungsanstrengung teilnehmen, die zur Durchführung einer Tätigkeit der Union im Rahmen der Gemeinsamen Sicherheits- und Verteidigungspolitik unternommen wird.]

2 Der Gegenstand der Lieferung muss in den Fällen des Satzes 1 Buchstabe b bis d [***ab 1.7.2022:*** und f][1] in das Gebiet des anderen Mitgliedstaates befördert oder versendet werden. 3 Für die Steuerbefreiungen nach Satz 1 Buchstabe b bis d [***ab 1.7.2022:*** und f][1] sind die in dem anderen Mitgliedstaat geltenden Voraussetzungen maßgebend. 4 Die Voraussetzungen der Steuerbefreiungen müssen vom Unternehmer nachgewiesen sein. 5 Bei den Steuerbefreiungen nach Satz 1 Buchstabe b bis d [***ab 1.7.2022:*** und f][1] hat der Unternehmer die in dem anderen Mitgliedstaat geltenden Voraussetzungen dadurch nachzuweisen, dass ihm der Abnehmer eine von der zuständigen Behörde des anderen Mitgliedstaates oder, wenn er hierzu ermächtigt ist, eine selbst ausgestellte Bescheinigung nach amtlich vorgeschriebenem Muster aushändigt. 6 Das Bundesministerium der Finanzen kann mit Zustimmung des Bundesrates durch Rechtsverordnung bestimmen, wie der Unternehmer die übrigen Voraussetzungen nachzuweisen hat;

8. a) die Gewährung und die Vermittlung von Krediten,

b) die Umsätze und die Vermittlung der Umsätze von gesetzlichen Zahlungsmitteln. 2 Das gilt nicht, wenn die Zahlungsmittel wegen ihres Metallgehalts oder ihres Sammlerwerts umgesetzt werden,

c) die Umsätze im Geschäft mit Forderungen, Schecks und anderen Handelspapieren sowie die Vermittlung dieser Umsätze, ausgenommen die Einziehung von Forderungen,

d) die Umsätze und die Vermittlung der Umsätze im Einlagengeschäft, im Kontokorrentverkehr, im Zahlungs- und Überweisungsverkehr und das Inkasso von Handelspapieren,

e) die Umsätze im Geschäft mit Wertpapieren und die Vermittlung dieser Umsätze, ausgenommen die Verwahrung und die Verwaltung von Wertpapieren,

f) die Umsätze und die Vermittlung der Umsätze von Anteilen an Gesellschaften und anderen Vereinigungen,

g) die Übernahme von Verbindlichkeiten, von Bürgschaften und anderen Sicherheiten sowie die Vermittlung dieser Umsätze,

h)[2] die Verwaltung von Organismen für gemeinsame Anlagen in Wertpapieren im Sinne des § 1 Absatz 2 des Kapitalanlagegesetzbuchs, die Verwaltung von mit diesen vergleichbaren alternativen Investmentfonds im Sinne des § 1 Absatz 3 des Kapitalanlagegesetzbuchs [***ab 1.7.2021:***

[1] Verweise geänd. durch G v. 19.12.2008 (BGBl. I S. 2794); geänd. mWv 1.7.2022 durch G v. 21.12.2020 (BGBl. I S. 3096).

[2] § 4 Nr. 8 Buchst. h neu gef. mWv 1.1.2018 durch G v. 18.7.2016 (BGBl. I S. 1730); geänd. mWv 1.7.2021 durch G v. 3.6.2021 (BGBl. I S. 1498).

, die Verwaltung von Wagniskapitalfonds] und die Verwaltung von Versorgungseinrichtungen im Sinne des Versicherungsaufsichtsgesetzes,

i) die Umsätze der im Inland gültigen amtlichen Wertzeichen zum aufgedruckten Wert;

j) (weggefallen)

k) (weggefallen)

9. a) die Umsätze, die unter das Grunderwerbsteuergesetz fallen,

b)[1] die Umsätze, die unter das Rennwett- und Lotteriegesetz fallen. [2]Nicht befreit sind die unter das Rennwett- und Lotteriegesetz fallenden Umsätze, die von der Rennwett- und Lotteriesteuer befreit sind oder von denen diese Steuer allgemein nicht erhoben wird;

10. a) die Leistungen auf Grund eines Versicherungsverhältnisses im Sinne des Versicherungsteuergesetzes. [2]Das gilt auch, wenn die Zahlung des Versicherungsentgelts nicht der Versicherungsteuer unterliegt,

b) die Leistungen, die darin bestehen, dass anderen Personen Versicherungsschutz verschafft wird;

11. die Umsätze aus der Tätigkeit als Bausparkassenvertreter, Versicherungsvertreter und Versicherungsmakler;

11a. die folgenden vom 1. Januar 1993 bis zum 31. Dezember 1995 ausgeführten Umsätze der Deutschen Bundespost TELEKOM und der Deutsche Telekom AG:

a) die Überlassung von Anschlüssen des Telefonnetzes und des diensteintegrierenden digitalen Fernmeldenetzes sowie die Bereitstellung der von diesen Anschlüssen ausgehenden Verbindungen innerhalb dieser Netze und zu Mobilfunkendeinrichtungen,

b) die Überlassung von Übertragungswegen im Netzmonopol des Bundes,

c) die Ausstrahlung und Übertragung von Rundfunksignalen einschließlich der Überlassung der dazu erforderlichen Sendeanlagen und sonstigen Einrichtungen sowie das Empfangen und Verteilen von Rundfunksignalen in Breitbandverteilnetzen einschließlich der Überlassung von Kabelanschlüssen;

11b.[2] Universaldienstleistungen nach Artikel 3 Absatz 4 der Richtlinie 97/67/EG des Europäischen Parlaments und des Rates vom 15. Dezember 1997 über gemeinsame Vorschriften für die Entwicklung des Binnenmarktes der Postdienste der Gemeinschaft und die Verbesserung der Dienstequalität (ABl. L 15 vom 21.1.1998, S. 14, L 23 vom 30.1.1998, S. 39), die zuletzt durch die Richtlinie 2008/6/EG (ABl. L 52 vom 27.2.2008, S. 3) geändert worden ist, in der jeweils geltenden Fassung. [2]Die Steuerbefreiung setzt voraus, dass der Unternehmer sich entsprechend einer Bescheinigung des Bundeszentralamtes für Steuern gegenüber dieser Behörde verpflichtet hat, flächendeckend im gesamten Gebiet der Bundesrepublik Deutschland die Gesamtheit der Universaldienstleistungen oder einen Teil-

---

[1] § 4 Nr. 9 Buchst. b Satz 1 geänd. mWv 6.5.2006 durch G v. 28.4.2006 (BGBl. I S. 1095).

[2] § 4 Nr. 11b neu gef. mWv 1.7.2010 durch G v. 8.4.2010 (BGBl. I S. 386).

habilitationsdienste und -einrichtungen nach den §§ 36 und 51 des Neunten Buches Sozialgesetzbuch, mit denen Verträge nach § 38 des Neunten Buches Sozialgesetzbuch abgeschlossen worden sind;

16.[1] die *mit dem Betrieb von Einrichtungen zur Betreuung oder Pflege körperlich, geistig oder seelisch hilfsbedürftiger Personen eng verbundenen Leistungen, die von* [***ab 1.1.2021:*** eng mit der Betreuung oder Pflege körperlich, kognitiv oder psychisch hilfsbedürftiger Personen verbundenen Leistungen, die erbracht werden von]

a) juristischen Personen des öffentlichen Rechts,

b) Einrichtungen, mit denen ein Vertrag nach § 132 des Fünften Buches Sozialgesetzbuch besteht,

c) Einrichtungen, mit denen ein Vertrag nach § 132a des Fünften Buches Sozialgesetzbuch, § 72 oder § 77 des Elften Buches Sozialgesetzbuch besteht oder die Leistungen zur häuslichen Pflege oder zur Heimpflege erbringen und die hierzu nach § 26 Abs. 5 in Verbindung mit § 44 des Siebten Buches Sozialgesetzbuch bestimmt sind,

d) Einrichtungen, die Leistungen der häuslichen Krankenpflege oder Haushaltshilfe erbringen und die hierzu nach § 26 Abs. 5 in Verbindung mit den §§ 32 und 42 des Siebten Buches Sozialgesetzbuch bestimmt sind,

e) Einrichtungen, mit denen eine Vereinbarung nach § 194[2] des Neunten Buches Sozialgesetzbuch besteht,

f) Einrichtungen, die nach § 225[2] des Neunten Buches Sozialgesetzbuch anerkannt sind,

g)[3] Einrichtungen, soweit sie Leistungen erbringen, die landesrechtlich als Angebote zur Unterstützung im Alltag nach § 45a des Elften Buches Sozialgesetzbuch anerkannt sind,

h)[4] Einrichtungen, mit denen eine Vereinbarung nach § 123 des Neunten Buches Sozialgesetzbuch oder nach § 76 des Zwölften Buches Sozialgesetzbuch besteht,

i)[5] Einrichtungen, mit denen ein Vertrag nach § 8 Absatz 3 des Gesetzes zur Errichtung der Sozialversicherung für Landwirtschaft, Forsten und Gartenbau über die Gewährung von häuslicher Krankenpflege oder Haushaltshilfe nach den §§ 10 und 11 des Zweiten Gesetzes über die Krankenversicherung der Landwirte, § 10 des Gesetzes über die Alterssicherung der Landwirte oder nach § 54 Absatz 2 des Siebten Buches Sozialgesetzbuch besteht,

---

[1] § 4 Nr. 16 neu gef. mWv 1.1.2009 durch G v. 19.12.2008 (BGBl. I S. 2794); Sätze 1 und 2 geänd. mWv 1.1.2021 durch G v. 21.12.2020 (BGBl. I S. 3096).

[2] Verweis geänd. mWv 1.1.2018 durch G v. 23.12.2016 (BGBl. I S. 3234).

[3] § 4 Nr. 16 Satz 1 Buchst. g geänd. mWv 1.1.2016 durch G v. 2.11.2015 (BGBl. I S. 1834); geänd mWv 1.1.2017 durch G v. 23.12.2016 (BGBl. I S. 3191).

[4] § 4 Nr. 16 Satz 1 Buchst. h geänd. mWv 1.1.2018 durch G v. 23.12.2016 (BGBl. I S. 3234).

[5] § 4 Nr. 16 Satz 1 Buchst. i neu gef. mWv 30.6.2013 durch G v. 26.6.2013 (BGBl. I S. 1809).

j) Einrichtungen, die aufgrund einer Landesrahmenempfehlung nach § 2 der Frühforderungsverordnung als fachlich geeignete interdisziplinäre Frühförderstellen anerkannt sind,

k)[1] Einrichtungen, die als Betreuer nach *§ 1896* [***ab 1.1.2023:*** § 1814] Absatz 1 des Bürgerlichen Gesetzbuchs bestellt worden sind, sofern es sich nicht um Leistungen handelt, die nach *§ 1908i Absatz 1 in Verbindung mit § 1835* [***ab 1.1.2023:*** § 1877] Absatz 3 des Bürgerlichen Gesetzbuchs vergütet werden,

[***ab 1.1.2021:***

l)[2] Einrichtungen, mit denen eine Vereinbarung zur Pflegeberatung nach § 7a des Elften Buches Sozialgesetzbuch besteht, oder]

[Fassung bis 31.12.2020:]

l)[3] Einrichtungen, bei denen im vorangegangenen Kalenderjahr die Betreuungs- oder Pflegekosten in mindestens 25 Prozent der Fälle von den gesetzlichen Trägern der Sozialversicherung *oder der Sozialhilfe* [***ab 1.1.2020:*** , den Trägern der Sozialhilfe, den Trägern der Eingliederungshilfe nach § 94 des Neunten Buches Sozialgesetzbuch] oder der für die Durchführung der Kriegsopferversorgung zuständigen Versorgungsverwaltung einschließlich der Träger der Kriegsopferfürsorge ganz oder zum überwiegenden Teil vergütet worden sind,

erbracht werden.

[Fassung ab 1.1.2021:]

m)[4] Einrichtungen, bei denen die Betreuungs- oder Pflegekosten oder die Kosten für eng mit der Betreuung oder Pflege verbundene Leistungen in mindestens 25 Prozent der Fälle von den gesetzlichen Trägern der Sozialversicherung, den Trägern der Sozialhilfe, den Trägern der Eingliederungshilfe nach § 94 des Neunten Buches Sozialgesetzbuch oder *der für die Durchführung der Kriegsopferversorgung zuständigen Versorgungsverwaltung einschließlich der Träger der Kriegsopferfürsorge* [***ab 1.1.2024:*** den nach Bundes- oder Landesrecht zur Durchführung des Vierzehnten Buches Sozialgesetzbuch zuständigen Stellen] ganz oder zum überwiegenden Teil vergütet werden.

[2] Leistungen im Sinne des Satzes 1, die von Einrichtungen nach den Buchstaben b bis *l* [***ab 1.1.2021:*** m] erbracht werden, sind befreit, soweit es sich ihrer Art nach um Leistungen handelt, auf die sich die Anerkennung, der Vertrag oder die Vereinbarung nach Sozialrecht oder die Vergütung jeweils bezieht;

---

[1] § 4 Nr. 16 Satz 1 Buchst. k eingef., bish. Buchst. k wird Buchst. l; geändert mWv 1.7.2013 durch G v. 26.6.2013 (BGBl. I S. 1809); geänd. mWv 1.1.2023 durch G v. 4.5.2021 (BGBl. I S. 882).

[2] § 4 Nr. 16 Satz 1 Buchst. l eingef. mWv 1.1.2021 durch G v. 21.12.2020 (BGBl. I S. 3096).

[3] § 4 Nr. 16 Satz 1 Buchst. k eingef., bish. Buchst. k wird Buchst. l mWv 1.7.2013 durch G v. 26.6.2013 (BGBl. I S. 1809); geänd. mWv 1.1.2020 durch G v. 23.12.2016 (BGBl. I S. 3234).

[4] § 4 Nr. 16 Satz 1 Buchst. l wird Buchst. m und neu gef. mWv 1.1.2021 durch G v. 21.12.2020 (BGBl. I S. 3096); geänd. mWv 1.1.2024 durch G v. 12.12.2019 (BGBl. I S. 2652); zur weiteren Anwendung der alten Fassung siehe § 27 Abs. 26.

cc)[1] Leistungen der Kindertagespflege erbringen, für die sie nach § 23 Absatz 3 des Achten Buches Sozialgesetzbuch geeignet sind, oder

[***ab 1.1.2020:***

dd) Leistungen der Adoptionsvermittlung erbringen, für die sie nach § 4 Absatz 1 des Adoptionsvermittlungsgesetzes anerkannt oder nach § 4 Absatz 2 des Adoptionsvermittlungsgesetzes zugelassen sind.]

3 Steuerfrei sind auch

a) die Durchführung von kulturellen und sportlichen Veranstaltungen, wenn die Darbietungen von den von der Jugendhilfe begünstigten Personen selbst erbracht oder die Einnahmen überwiegend zur Deckung der Kosten verwendet werden und diese Leistungen in engem Zusammenhang mit den in Satz 1 bezeichneten Leistungen stehen,

b) die Beherbergung, Beköstigung und die üblichen Naturalleistungen, die diese Einrichtungen den Empfängern der Jugendhilfeleistungen und Mitarbeitern in der Jugendhilfe sowie den bei den Leistungen nach Satz 1 tätigen Personen als Vergütung für die geleisteten Dienste gewähren,

c)[2] Leistungen, die von Einrichtungen erbracht werden, die als Vormünder nach § 1773 des Bürgerlichen Gesetzbuchs oder als Ergänzungspfleger nach *§ 1909* [***ab 1.1.2023:*** § 1809] des Bürgerlichen Gesetzbuchs bestellt worden sind, sofern es sich nicht um Leistungen handelt, die nach *§ 1835* [***ab 1.1.2023:*** § 1877] Absatz 3 des Bürgerlichen Gesetzbuchs vergütet werden,

[***ab 1.1.2021:***

d)[3] Einrichtungen, die als Verfahrensbeistand nach den §§ 158, 174 oder 191 des Gesetzes über das Verfahren in Familiensachen und in den Angelegenheiten der freiwilligen Gerichtsbarkeit bestellt worden sind, wenn die Preise, die diese Einrichtungen verlangen, von den zuständigen Behörden genehmigt sind oder die genehmigten Preise nicht übersteigen; bei Umsätzen, für die eine Preisgenehmigung nicht vorgesehen ist, müssen die verlangten Preise unter den Preisen liegen, die der Mehrwertsteuer unterliegende gewerbliche Unternehmen für entsprechende Umsätze fordern;]

26. die ehrenamtliche Tätigkeit,

a) wenn sie für juristische Personen des öffentlichen Rechts ausgeübt wird oder

b) wenn das Entgelt für diese Tätigkeit nur in Auslagenersatz und einer angemessenen Entschädigung für Zeitversäumnis besteht;

27. a)[4] die Gestellung von Personal durch religiöse und weltanschauliche Einrichtungen für die in Nummer 14 Buchstabe b, in den Nummern 16,

---

[1] § 4 Nr. 25 Satz 2 Buchst. b Doppelbuchst. cc geänd. mWv 31.7.2014 durch G v. 25.7.2014 (BGBl. I S. 1266).

[2] § 4 Nr. 25 Satz 3 Buchst. c angef. mWv 30.6.2013 durch G v. 26.6.2013 (BGBl. I S. 1809); geänd. mWv 1.1.2023 durch G v. 4.5.2021 (BGBl. I S. 882).

[3] § 4 Nr. 25 Satz 3 Buchst. d angef. mWv 1.1.2021 durch G v. 21.12.2020 (BGBl. I S. 3096).

[4] § 4 Nr. 27 Buchst. a neu gef. mWv 1.1.2015 durch G v. 25.7.2014 (BGBl. I S. 1266); geänd. mWv 18.12.2019 durch G v. 12.12.2019 (BGBl. I S. 2451).

18, 21, 22 Buchstabe a sowie in den Nummern 23 und 25 genannten Tätigkeiten und für Zwecke geistlichen Beistands,

b) die Gestellung von land- und forstwirtschaftlichen Arbeitskräften durch juristische Personen des privaten oder des öffentlichen Rechts für land- und forstwirtschaftliche Betriebe (§ 24 Abs. 2) mit höchstens drei Vollarbeitskräften zur Überbrückung des Ausfalls des Betriebsinhabers oder dessen voll mitarbeitenden Familienangehörigen wegen Krankheit, Unfalls, Schwangerschaft, eingeschränkter Erwerbsfähigkeit oder Todes sowie die Gestellung von Betriebshelfern an die gesetzlichen Träger der Sozialversicherung;

28.[1] die Lieferungen von Gegenständen, für die der Vorsteuerabzug nach § 15 Abs. 1a ausgeschlossen ist oder wenn der Unternehmer die gelieferten Gegenstände ausschließlich für eine nach den Nummern 8 bis 27 [***ab 1.1.2020:*** und 29] steuerfreie Tätigkeit verwendet hat;

[***ab 1.1.2020:***

29.[2] sonstige Leistungen von selbständigen, im Inland ansässigen Zusammenschlüssen von Personen, deren Mitglieder eine dem Gemeinwohl dienende nichtunternehmerische Tätigkeit oder eine dem Gemeinwohl dienende Tätigkeit ausüben, die nach den Nummern 11b, 14 bis 18, 20 bis 25 oder 27 von der Steuer befreit ist, gegenüber ihren im Inland ansässigen Mitgliedern, soweit diese Leistungen für unmittelbare Zwecke der Ausübung dieser Tätigkeiten verwendet werden und der Zusammenschluss von seinen Mitgliedern lediglich die genaue Erstattung des jeweiligen Anteils an den gemeinsamen Kosten fordert, vorausgesetzt, dass diese Befreiung nicht zu einer Wettbewerbsverzerrung führt.]

§ 4a Steuervergütung. (1) [1]Körperschaften, die ausschließlich und unmittelbar gemeinnützige, mildtätige oder kirchliche Zwecke verfolgen (§§ 51 bis 68 der Abgabenordnung)[3], und juristischen Personen des öffentlichen Rechts wird auf Antrag eine Steuervergütung zum Ausgleich der Steuer gewährt, die auf der an sie bewirkten Lieferung eines Gegenstands, seiner Einfuhr oder seinem innergemeinschaftlichen Erwerb lastet, wenn die folgenden Voraussetzungen erfüllt sind:

1. Die Lieferung, die Einfuhr oder der innergemeinschaftliche Erwerb des Gegenstands muss steuerpflichtig gewesen sein.
2. Die auf die Lieferung des Gegenstands entfallende Steuer muss in einer nach § 14 ausgestellten Rechnung gesondert ausgewiesen und mit dem Kaufpreis bezahlt worden sein.
3. Die für die Einfuhr oder den innergemeinschaftlichen Erwerb des Gegenstands geschuldete Steuer muss entrichtet worden sein.
4. Der Gegenstand muss in das Drittlandsgebiet gelangt sein.

---

[1] § 4 Nr. 28 Verweis geänd. durch G v. 20.12.2007 (BGBl. I S. 3150); Verweis ergänzt mWv *1.1.2020* durch G v. 12.12.2019 (BGBl. I S. 2451).

[2] § 4 Nr. 29 angef. mWv 1.1.2020 durch G v. 12.12.2019 (BGBl. I S. 2451).

[3] Nr. **800.**

(5) Für die Umrechnung von Werten in fremder Währung gelten die entsprechenden Vorschriften über den Zollwert der Waren, die in Rechtsakten des Rates der Europäischen Union oder der Europäischen Kommission[1] festgelegt sind.

Vierter Abschnitt. Steuer und Vorsteuer

§ 12 Steuersätze. (1)[2] Die Steuer beträgt für jeden steuerpflichtigen Umsatz 19 Prozent[3] der Bemessungsgrundlage (§§ 10, 11, 25 Abs. 3 und § 25a Abs. 3 und 4).

(2)[4] Die Steuer ermäßigt sich auf 7 Prozent für die folgenden Umsätze:

1.[5] die Lieferungen, die Einfuhr und der innergemeinschaftliche Erwerb der in Anlage 2 bezeichneten Gegenstände mit Ausnahme der in der Nummer 49 Buchstabe f, den Nummern 53 und 54 bezeichneten Gegenstände;

2.[5] die Vermietung der in Anlage 2 bezeichneten Gegenstände mit Ausnahme der in der Nummer 49 Buchstabe f, den Nummern 53 und 54 bezeichneten Gegenstände;

3. die Aufzucht und das Halten von Vieh, die Anzucht von Pflanzen und die Teilnahme an Leistungsprüfungen für Tiere;

4. die Leistungen, die unmittelbar der Vatertierhaltung, der Förderung der Tierzucht, der künstlichen Tierbesamung oder der Leistungs- und Qualitätsprüfung in der Tierzucht und in der Milchwirtschaft dienen;

5. (weggefallen)

6.[6] die Leistungen aus der Tätigkeit als Zahntechniker sowie die in § 4 Nr. 14 Buchstabe a Satz 2 bezeichneten Leistungen der Zahnärzte;

7. a) die Eintrittsberechtigung für Theater, Konzerte und Museen sowie die den Theatervorführungen und Konzerten vergleichbaren Darbietungen ausübender Künstler,

   b) die Überlassung von Filmen zur Auswertung und Vorführung sowie die Filmvorführungen, soweit die Filme nach § 6 Abs. 3 Nr. 1 bis 5 des Gesetzes zum Schutze der Jugend in der Öffentlichkeit oder nach § 14 Abs. 2 Nr. 1 bis 5 des Jugendschutzgesetzes vom 23. Juli 2002 (BGBl. I S. 2730, 2003 I S. 476) in der jeweils geltenden Fassung gekennzeichnet sind oder vor dem 1. Januar 1970 erstaufgeführt wurden,

   c) die Einräumung, Übertragung und Wahrnehmung von Rechten, die sich aus dem Urheberrechtsgesetz ergeben,

   d) die Zirkusvorführungen, die Leistungen aus der Tätigkeit als Schausteller sowie die unmittelbar mit dem Betrieb der zoologischen Gärten verbundenen Umsätze;

---

[1] Bezeichnungen geänd. durch G v. 26.6.2013 (BGBl. I S. 1809).
[2] Zur geänderten befristeten Anwendung siehe § 28 Abs. 1.
[3] Steuersatz geänd. mWv 1.1.2007 durch G v. 29.6.2006 (BGBl. I S. 1402).
[4] Zur geänderten befristeten Anwendung siehe § 28 Abs. 2.
[5] § 12 Abs. 2 Nrn. 1 und 2 geänd. mWv 1.1.2014 durch G v. 26.6.2013 (BGBl. I S. 1809).
[6] § 12 Abs. 2 Nr. 6 geänd. mWv 1.1.2009 durch G v. 19.12.2008 (BGBl. I S. 2794).

8. a)[1] die Leistungen der Körperschaften, die ausschließlich und unmittelbar gemeinnützige, mildtätige oder kirchliche Zwecke verfolgen (§§ 51 bis 68 der Abgabenordnung). [2]Das gilt nicht für Leistungen, die im Rahmen eines wirtschaftlichen Geschäftsbetriebs ausgeführt werden. [3]Für Leistungen, die im Rahmen eines Zweckbetriebs ausgeführt werden, gilt Satz 1 nur, wenn der Zweckbetrieb nicht in erster Linie der Erzielung zusätzlicher Einnahmen durch die Ausführung von Umsätzen dient, die in unmittelbarem Wettbewerb mit dem allgemeinen Steuersatz unterliegenden Leistungen anderer Unternehmer ausgeführt werden, oder wenn die Körperschaft mit diesen Leistungen ihrer in den §§ 66 bis 68 der Abgabenordnung bezeichneten Zweckbetriebe ihre steuerbegünstigten satzungsgemäßen Zwecke selbst verwirklicht,
   b) die Leistungen der nichtrechtsfähigen Personenvereinigungen und Gemeinschaften der in Buchstabe a Satz 1 bezeichneten Körperschaften, wenn diese Leistungen, falls die Körperschaften sie anteilig selbst ausführten, insgesamt nach Buchstabe a ermäßigt besteuert würden;
9. die unmittelbar mit dem Betrieb der Schwimmbäder verbundenen Umsätze sowie die Verabreichung von Heilbädern. [2]Das Gleiche gilt für die Bereitstellung von Kureinrichtungen, soweit als Entgelt eine Kurtaxe zu entrichten ist;
10.[2] die Beförderungen von Personen
   a) im Schienenbahnverkehr,
   b) im Verkehr mit Oberleitungsomnibussen, im genehmigten Linienverkehr mit Kraftfahrzeugen, im Verkehr mit Taxen, mit Drahtseilbahnen und sonstigen mechanischen Aufstiegshilfen aller Art und im genehmigten Linienverkehr mit Schiffen sowie die Beförderungen im Fährverkehr
      aa) innerhalb einer Gemeinde oder
      bb) wenn die Beförderungsstrecke nicht mehr als 50 Kilometer beträgt;
11.[3] die Vermietung von Wohn- und Schlafräumen, die ein Unternehmer zur kurzfristigen Beherbergung von Fremden bereithält, sowie die kurzfristige Vermietung von Campingflächen. [2]Satz 1 gilt nicht für Leistungen, die nicht unmittelbar der Vermietung dienen, auch wenn diese Leistungen mit dem Entgelt für die Vermietung abgegolten sind;
12.[4] die Einfuhr der in Nummer 49 Buchstabe f, den Nummern 53 und 54 der Anlage 2 bezeichneten Gegenstände;
13.[4] die Lieferungen und der innergemeinschaftliche Erwerb der in Nummer 53 der Anlage 2 bezeichneten Gegenstände, wenn die Lieferungen

---

[1] § 12 Abs. 2 Nr. 8 Buchst. a Satz 3 angef. mWv 19.12.2006 durch G v. 13.12.2006 (BGBl. I S. 2878).

[2] § 12 Abs. 2 Nr. 10 neu gef. mWv 1.1.2020 durch G v. 21.12.2019 (BGBl. I S. 2886).

[3] § 12 Abs. 2 Nr. 11 angef. mWv 1.1.2010 durch G v. 22.12 2009 (BGBl. I S. 3950).

[4] § 12 Abs. 2 Nrn. 12 und 13 angef. mWv 1.1.2014 durch G v. 26.6.2013 (BGBl. I S. 1809).

nicht verpflichtet sind, Bücher zu führen und auf Grund jährlicher Bestandsaufnahmen regelmäßig Abschlüsse zu machen, ein Durchschnittssatz von 7 Prozent des steuerpflichtigen Umsatzes, mit Ausnahme der Einfuhr und des innergemeinschaftlichen Erwerbs, festgesetzt. 2 Ein weiterer Vorsteuerabzug ist ausgeschlossen.

(2) Der Unternehmer, dessen steuerpflichtiger Umsatz, mit Ausnahme der Einfuhr und des innergemeinschaftlichen Erwerbs, im vorangegangenen Kalenderjahr 35 000 Euro[1] überstiegen hat, kann den Durchschnittssatz nicht in Anspruch nehmen.

(3) 1 Der Unternehmer, bei dem die Voraussetzungen für die Anwendung des Durchschnittssatzes gegeben sind, kann dem Finanzamt spätestens bis zum 10. Tag nach Ablauf des ersten Voranmeldungszeitraums eines Kalenderjahres erklären, dass er den Durchschnittssatz in Anspruch nehmen will. 2 Die Erklärung bindet den Unternehmer mindestens für fünf Kalenderjahre. 3 Sie kann nur mit Wirkung vom Beginn eines Kalenderjahres an widerrufen werden. 4 Der Widerruf ist spätestens bis zum 10. Tag nach Ablauf des ersten Voranmeldungszeitraums dieses Kalenderjahres zu erklären. 5 Eine erneute Anwendung des Durchschnittssatzes ist frühestens nach Ablauf von fünf Kalenderjahren zulässig.

§ 24 Durchschnittssätze für land- und forstwirtschaftliche Betriebe.

[Fassung bis 31.12.2021:]

(1) 1 Für die im Rahmen eines land- und forstwirtschaftlichen Betriebs ausgeführten Umsätze wird die Steuer vorbehaltlich der Sätze 2 bis 4 wie folgt festgesetzt:

1. für die Lieferungen von forstwirtschaftlichen Erzeugnissen, ausgenommen Sägewerkserzeugnisse, auf 5,5 Prozent[3],
2.[4] für die Lieferungen der in der Anlage 2 nicht aufgeführten Sägewerkserzeugnisse und Getränke sowie von alkoholischen Flüssigkeiten, ausgenommen die Lieferungen in das Ausland und die im Ausland bewirkten Umsätze, und für sonstige Leistungen, soweit in der Anlage 2 nicht aufgeführte Ge-

[Fassung ab 1.1.2022:]

(1)[2] 1 Hat der Gesamtumsatz des Unternehmers (§ 19 Absatz 3) im vorangegangenen Kalenderjahr nicht mehr als 600 000 Euro betragen, wird die Steuer für die im Rahmen eines land- und forstwirtschaftlichen Betriebs ausgeführten Umsätze vorbehaltlich der Sätze 2 bis 4 wie folgt festgesetzt:

1. für die Lieferungen von forstwirtschaftlichen Erzeugnissen, ausgenommen Sägewerkserzeugnisse, auf 5,5 Prozent,
2. für die Lieferungen der in der Anlage 2 nicht aufgeführten Sägewerkserzeugnisse und Getränke sowie von alkoholischen Flüssigkeiten, ausgenommen die Liefe-

---

[1] § 23a Abs. 2 Betrag geänd. mWv 1.1.2008 durch G v. 10.10.2007 (BGBl. I S. 2332).

[2] § 24 Abs. 1 Satz 1 neu gef. durch G v. 21.12.2020 (BGBl. I S. 3096); zur Anwendung siehe § 27 Abs. 32.

[3] Beträge geänd. mWv 1.1.2007 durch G v. 29.6.2006 (BGBl. I S. 1402).

[4] § 24 Abs. 1 Satz 1 Nr. 2 geänd. durch G v. 20.12.2007 (BGBl. I S. 3150). Zur geänderten befristeten Anwendung siehe § 28 Abs. 3.

[Fassung bis 31.12.2021:]

tränke abgegeben werden, auf 19 Prozent[1)],

3. für die übrigen Umsätze im Sinne des § 1 Abs. 1 Nr. 1 auf 10,7 Prozent[1)]

der Bemessungsgrundlage.

[Fassung ab 1.1.2022:]

rungen in das Ausland und die im Ausland bewirkten Umsätze, und für sonstige Leistungen, soweit in der Anlage 2 nicht aufgeführte Getränke abgegeben werden, auf 19 Prozent,

3. für die übrigen Umsätze im Sinne des § 1 Absatz 1 Nummer 1 auf 10,7 Prozent

der Bemessungsgrundlage.

[2]Die Befreiungen nach § 4 mit Ausnahme der Nummern 1 bis 7 bleiben unberührt; § 9 findet keine Anwendung. [3]Die Vorsteuerbeträge werden, soweit sie den in Satz 1 Nr. 1 bezeichneten Umsätzen zuzurechnen sind, auf 5,5 Prozent[1)], in den übrigen Fällen des Satzes 1 auf 10,7 Prozent[1)] der Bemessungsgrundlage für diese Umsätze festgesetzt. [4]Ein weiterer Vorsteuerabzug entfällt. [5]§ 14 ist mit der Maßgabe anzuwenden, dass der für den Umsatz maßgebliche Durchschnittssatz in der Rechnung zusätzlich anzugeben ist.

(2) [1]Als land- und forstwirtschaftlicher Betrieb gelten

1. die Landwirtschaft, die Forstwirtschaft, der Wein-, Garten-, Obst- und Gemüsebau, die Baumschulen, alle Betriebe, die Pflanzen und Pflanzenteile mit Hilfe der Naturkräfte gewinnen, die Binnenfischerei, die Teichwirtschaft, die Fischzucht für die Binnenfischerei und Teichwirtschaft, die Imkerei, die Wanderschäferei sowie die Saatzucht;
2. Tierzucht- und Tierhaltungsbetriebe, soweit ihre Tierbestände nach *den §§ 51 und 51a* [***ab 1.1.2025:*** § 241][2)] des Bewertungsgesetzes[3)] zur landwirtschaftlichen Nutzung gehören [***ab 1.1.2025:*** oder diese die Voraussetzungen des § 13 Absatz 1 Nummer 1 Satz 2 des Einkommensteuergesetzes in Verbindung mit § 13b des Einkommensteuergesetzes erfüllen.][4)]

[2]Zum land- und forstwirtschaftlichen Betrieb gehören auch die Nebenbetriebe, die dem land- und forstwirtschaftlichen Betrieb zu dienen bestimmt sind. *[3]Ein Gewerbebetrieb kraft Rechtsform gilt auch dann nicht als land- und forstwirtschaftlicher Betrieb, wenn im Übrigen die Merkmale eines land- und forstwirtschaftlichen Betriebs vorliegen.*[5)]

(3) Führt der Unternehmer neben den in Absatz 1 bezeichneten Umsätzen auch andere Umsätze aus, so ist der land- und forstwirtschaftliche Betrieb als ein in der Gliederung des Unternehmens gesondert geführter Betrieb zu behandeln.

(4) [1]Der Unternehmer kann spätestens bis zum 10. Tag eines Kalenderjahres gegenüber dem Finanzamt erklären, dass seine Umsätze vom Beginn des

---

1) Beträge geänd. mWv 1.1.2007 durch G v. 29.6.2006 (BGBl. I S. 1402).
2) Verweis geänd. mWv 1.1.2025 durch G v. 26.11.2019 (BGBl. I S. 1794).
3) Nr. **200**.
4) Klammerzusatz angef. mWv 1.1.2025 durch G v. 12.12.2019 (BGBl. I S. 2451).
5) § 24 Abs. 2 Satz 3 aufgeh. mWv 29.12.2020 durch G v. 21.12.2020 (BGBl. I S. 3096).

Nummer 15 Buchstabe b Satz 1 und Nummer 16 *Buchstabe l*[1] in der am 31. Dezember 2023 geltenden Fassung weiter.]

(26)[2] § 25 Absatz 3 in der Fassung des Artikels 11 des Gesetzes vom 12. Dezember 2019 (BGBl. I S. 2451) ist erstmals auf Umsätze anzuwenden, die nach dem 31. Dezember 2021 bewirkt werden.

(27)[2, 3] § 4 Nummer 15a in der bis zum 31. Dezember 2019 geltenden Fassung gilt bis zu den Zeitpunkten nach § 412 Absatz 1 Satz 4 des Fünften Buches Sozialgesetzbuch sowie § 412 Absatz 5 Satz 9 in Verbindung mit § 412 Absatz 1 Satz 4 des Fünften Buches Sozialgesetzbuch fort.

(28)[2] § 15 Absatz 4b, § 16 Absatz 2 Satz 1 und § 18 Absatz 9 in der Fassung des Artikels 12 des Gesetzes vom 12. Dezember 2019 (BGBl. I S. 2451) sind erstmals auf Voranmeldungs-, Besteuerungs- und Vergütungszeiträume anzuwenden, die nach dem 31. Dezember 2019 enden.

(29)[2] § 22b Absatz 2 und 2a in der Fassung des Artikels 12 des Gesetzes vom 12. Dezember 2019 (BGBl. I S. 2451) ist erstmals auf Voranmeldungs-, Besteuerungs- und Meldezeiträume anzuwenden, die nach dem 31. Dezember 2019 enden.

(30)[2] § 25f in der Fassung des Artikels 12 des Gesetzes vom 12. Dezember 2019 (BGBl. I S. 2451) ist erstmals auf Voranmeldungs- und Besteuerungszeiträume anzuwenden, die nach dem 31. Dezember 2019 enden.

(31)[4] Der Termin, ab dem § 21 Absatz 3a in der Fassung des Artikels 3 des Gesetzes vom 29. Juni 2020 (BGBl. I S. 1512) erstmals anzuwenden ist, wird mit einem Schreiben des Bundesministeriums der Finanzen bekanntgegeben.

(32)[5] § 24 Absatz 1 in der Fassung des Artikels 11 des Gesetzes vom 21. Dezember 2020 (BGBl. I S. 3096) ist erstmals auf Umsätze anzuwenden, die nach dem 31. Dezember 2021 bewirkt werden.

(33)[6] [1]§ 18i Absatz 3 und 6, § 18j Absatz 4 und 7, § 18k Absatz 4 und 7 in der Fassung des Artikels 13 des Gesetzes vom 21. Dezember 2020 (BGBl. I S. 3096) sind erstmals auf Umsätze anzuwenden, die nach dem 30 Juni 2021 ausgeführt werden. [2]Die in den §§ 18i, 18j und 18k enthaltenen Verweise auf die §§ 3, 3a, 3c, 16, 18i, 18j, 18k und 22 beziehen sich auf die jeweilige Fassung der Artikel 13 und 14 des vorgenannten Gesetzes.

(34)[7] [1]Die §§ 3 und 3a Absatz 5, die §§ 3c, 4, 5, 11, 13 Absatz 1 Nummer 1 Buchstabe f bis i, § 14a Absatz 2, § 16 Absatz 1c bis 1e, § 18 Absatz 1, 3 und 9, die §§ 21a, 22, 22f und 25e in der Fassung des Artikels 14 des Gesetzes vom 21. Dezember 2020 (BGBl. I S. 3096) sind erstmals auf Umsätze und Einfuhren anzuwenden, die nach dem 30. Juni 2021 ausgeführt werden. [2]§ 13

---

[1] Richtig wohl: „Buchstabe m".
[2] § 27 Abs. 26 bis 30 angef. durch G v. 12.12.2019 (BGBl. I S. 2451).
[3] § 27 Abs. 27 geänd. durch G v. 3.6.2021 (BGBl. I S. 1309).
[4] § 27 Abs. 31 angef. durch G v. 29.6.2020 (BGBl. I S. 1512); zum Aufschubzeitraum vgl. BMF v. 6.10.2020, BStBl. I S. 984.
[5] § 27 Abs. 32 angef. durch G v. 21.12.2020 (BGBl. I S. 3096); geänd. durch G v. 2.6.2021 (BGBl. I S. 1259).
[6] § 27 Abs. 33 angef. durch G v. 21.12.2020 (BGBl. I S. 3096).
[7] § 27 Abs. 34 eingef. durch G v. 21.12.2020 (BGBl. I S. 3096).

Absatz 1 Nummer 1 Buchstabe d und e, § 16 Absatz 1a und 1b, § 18 Absatz 4c bis 4e und § 18h sind letztmalig auf Umsätze anzuwenden, die vor dem 1. Juli 2021 ausgeführt werden.

§ 27a Umsatzsteuer-Identifikationsnummer. (1)[1] [1]Das Bundeszentralamt für Steuern[2] erteilt Unternehmern im Sinne des § 2 auf Antrag eine Umsatzsteuer-Identifikationsnummer. [2]Das Bundeszentralamt für Steuern[2] erteilt auch juristischen Personen, die nicht Unternehmer sind oder die Gegenstände nicht für ihr Unternehmen erwerben, eine Umsatzsteuer-Identifikationsnummer, wenn sie diese für innergemeinschaftliche Erwerbe benötigen. [3]Im Fall der Organschaft wird auf Antrag für jede juristische Person eine eigene Umsatzsteuer-Identifikationsnummer erteilt. [4]Der Antrag auf Erteilung einer Umsatzsteuer-Identifikationsnummer nach den Sätzen 1 bis 3 ist schriftlich zu stellen. [5]In dem Antrag sind Name, Anschrift und Steuernummer, unter der der Antragsteller umsatzsteuerlich geführt wird, anzugeben.

[*ab 1.1.2021:*

(1a)[3] [1]Das nach § 21 der Abgabenordnung für die Umsatzbesteuerung des Unternehmers zuständige Finanzamt kann die nach Absatz 1 Satz 1 bis 3 erteilte Umsatzsteuer-Identifikationsnummer begrenzen, wenn ernsthafte Anzeichen vorliegen oder nachgewiesen ist, dass die Umsatzsteuer-Identifikationsnummer zur Gefährdung des Umsatzsteueraufkommens verwendet wird. [2]Dies gilt auch, soweit das Umsatzsteueraufkommen anderer Mitgliedstaaten gefährdet wird.]

(2)[4] [1]Die Landesfinanzbehörden übermitteln dem Bundeszentralamt für Steuern[2] die für die Erteilung der Umsatzsteuer-Identifikationsnummer nach Absatz 1 erforderlichen Angaben über die bei ihnen umsatzsteuerlich geführten natürlichen und juristischen Personen und Personenvereinigungen. [2]Diese Angaben dürfen nur für die Erteilung einer Umsatzsteuer-Identifikationsnummer, für Zwecke der Verordnung (EU) Nr. 904/2010 des Rates vom 7. Oktober 2010 über die Zusammenarbeit der Verwaltungsbehörden und die Betrugsbekämpfung auf dem Gebiet der Mehrwertsteuer (ABl. L 268 vom 12.10.2010, S. 1), für die Umsatzsteuerkontrolle, für Zwecke der Amtshilfe zwischen den zuständigen Behörden anderer Staaten in Umsatzsteuersachen sowie für Übermittlungen an das Statistische Bundesamt nach § 2a des Statistikregistergesetzes und an das Bundeskartellamt zur Überprüfung und Vervollständigung der Daten nach § 3 Absatz 1 Nummer 4 des Wettbewerbsregistergesetzes verarbeitet werden. [*ab 1.1.2021:* [3]Außerdem übermitteln die Landesfinanzbehörden dem Bundeszentralamt für Steuern die nach Absatz 1a erforderlichen Daten.] [4]Bundeszentralamt für Steuern[2] übermittelt den Landesfinanzbehörden die erteilten Umsatzsteuer-Identifikationsnummern und die Daten, die sie für die Umsatzsteuerkontrolle benötigen.

---

[1] § 27a Abs. 1 Sätze 2 und 3 ersetzt durch Satz 2, bish. Sätze 4 bis 6 werden Sätze 3 bis 5, neuer Satz 4 Verweis geänd. mWv 1.1.2010 durch G v. 8.4.2010 (BGBl. I S. 386).

[2] Bezeichnung geänd. durch G v. 22.9.2005 (BGBl. I S. 2809).

[3] § 27a Abs. 1a eingef. mWv 1.1.2021 durch G v. 21.12.2020 (BGBl. I S. 3096).

[4] § 27a Abs. 2 Satz 2 geänd. mWv 26.11.2019 durch G v. 20.11.2019 (BGBl. I S. 1626); Satz 3 eingef., bish. Satz 3 wird Satz 4 mWv 1.1.2021 durch G v. 21.12.2020 (BGBl. I S. 3096); Satz 2 neu gef. mWv 9.6.2021 durch G v. 2.6.2021 (BGBl. I S. 1259).

§ 27b Umsatzsteuer-Nachschau. (1) 1 Zur Sicherstellung einer gleichmäßigen Festsetzung und Erhebung der Umsatzsteuer können die damit betrauten Amtsträger der Finanzbehörde ohne vorherige Ankündigung und außerhalb einer Außenprüfung Grundstücke und Räume von Personen, die eine gewerbliche oder berufliche Tätigkeit selbständig ausüben, während der Geschäfts- und Arbeitszeiten betreten, um Sachverhalte festzustellen, die für die Besteuerung erheblich sein können (Umsatzsteuer-Nachschau). 2 Wohnräume dürfen gegen den Willen des Inhabers nur zur Verhütung dringender Gefahren für die öffentliche Sicherheit und Ordnung betreten werden.

(2)[1] 1 Soweit dies zur Feststellung einer steuerlichen Erheblichkeit zweckdienlich ist, haben die von der Umsatzsteuer-Nachschau betroffenen Personen den damit betrauten Amtsträgern auf Verlangen Aufzeichnungen, Bücher, Geschäftspapiere und andere Urkunden über die der Umsatzsteuer-Nachschau unterliegenden Sachverhalte vorzulegen und Auskünfte zu erteilen. 2 Wurden die in Satz 1 genannten Unterlagen mit Hilfe eines Datenverarbeitungssystems erstellt, können die mit der Umsatzsteuer-Nachschau betrauten Amtsträger auf Verlangen die gespeicherten Daten über die der Umsatzsteuer-Nachschau unterliegenden Sachverhalte einsehen und soweit erforderlich hierfür das Datenverarbeitungssystem nutzen. 3 Dies gilt auch für elektronische Rechnungen nach § 14 Absatz 1 Satz 8.

(3) 1 Wenn die bei der Umsatzsteuer-Nachschau getroffenen Feststellungen hierzu Anlass geben, kann ohne vorherige Prüfungsanordnung (§ 196 der Abgabenordnung) zu einer Außenprüfung nach § 193 der Abgabenordnung übergegangen werden. 2 Auf den Übergang zur Außenprüfung wird schriftlich hingewiesen.

(4) Werden anlässlich der Umsatzsteuer-Nachschau Verhältnisse festgestellt, die für die Festsetzung und Erhebung anderer Steuern als der Umsatzsteuer erheblich sein können, so ist die Auswertung der Feststellungen insoweit zulässig, als ihre Kenntnis für die Besteuerung der in Absatz 1 genannten Personen oder anderer Personen von Bedeutung sein kann.

§ 28[2] Zeitlich begrenzte Fassungen einzelner Gesetzesvorschriften. (1) § 12 Absatz 1 ist vom 1. Juli 2020 bis 31. Dezember 2020 mit der Maßgabe anzuwenden, dass die Steuer für jeden steuerpflichtigen Umsatz 16 Prozent der Bemessungsgrundlage (§§ 10, 11, 25 Absatz 3 und § 25a Absatz 3 und 4) beträgt.

(2) § 12 Absatz 2 ist vom 1. Juli 2020 bis 31. Dezember 2020 mit der Maßgabe anzuwenden, dass sich die Steuer für die in den Nummern 1 bis 15 genannten Umsätze auf 5 Prozent ermäßigt.

(3) § 24 Absatz 1 Satz 1 Nummer 2 ist vom 1. Juli 2020 bis 31. Dezember 2020 mit der Maßgabe anzuwenden, dass die Steuer für die Lieferungen der in der Anlage 2 nicht aufgeführten Sägewerkserzeugnisse und Getränke sowie von alkoholischen Flüssigkeiten, ausgenommen die Lieferungen in das Ausland und

[1] § 27b Abs. 2 Sätze 2 und 3 angef. mWv 1.7.2011 durch G v. 1.11.2011 (BGBl. I S. 2131).
[2] § 28 Abs. 1 bis 3 eingef. durch G v. 29.6.2020 (BGBl. I S. 1512).

die im Ausland bewirkten Umsätze, und für sonstige Leistungen, soweit in der Anlage 2 nicht aufgeführte Getränke abgegeben werden, 16 Prozent beträgt.

(4) § 12 Abs. 2 Nr. 10 gilt bis zum 31. Dezember 2011[1] in folgender Fassung:

10. a) die Beförderungen von Personen mit Schiffen,
    b) die Beförderungen von Personen im Schienenbahnverkehr, im Verkehr mit Oberleitungsomnibussen, im genehmigten Linienverkehr mit Kraftfahrzeugen, im Verkehr mit Taxen, mit Drahtseilbahnen und sonstigen mechanischen Aufstiegshilfen aller Art und die Beförderungen im Fährverkehr
       aa) innerhalb einer Gemeinde oder
       bb) wenn die Beförderungsstrecke nicht mehr als 50 Kilometer beträgt.

§ 29 Umstellung langfristiger Verträge. (1) [1]Beruht die Leistung auf einem Vertrag, der nicht später als vier Kalendermonate vor dem Inkrafttreten dieses Gesetzes[2] abgeschlossen worden ist, so kann, falls nach diesem Gesetz ein anderer Steuersatz anzuwenden ist, der Umsatz steuerpflichtig, steuerfrei oder nicht steuerbar wird, der eine Vertragsteil von dem anderen einen angemessenen Ausgleich der umsatzsteuerlichen Mehr- oder Minderbelastung verlangen. [2]Satz 1 gilt nicht, soweit die Parteien etwas anderes vereinbart haben. [3]Ist die Höhe der Mehr- oder Minderbelastung streitig, so ist § 287 Abs. 1 der Zivilprozessordnung[3] entsprechend anzuwenden.

(2) Absatz 1 gilt sinngemäß bei einer Änderung dieses Gesetzes.

Anlage 1 (zu § 4 Nr. 4a)[4]

Liste der Gegenstände, die der Umsatzsteuerlagerregelung unterliegen können

Lfd. Nr.	Warenbezeichnung	Zolltarif (Kapitel, Position, Unterposition)
1	Kartoffeln, frisch oder gekühlt	Position 0701
2	Oliven, vorläufig haltbar gemacht (z. B. durch Schwefeldioxid oder in Wasser, dem Salz, Schwefeldioxid oder andere vorläufig konservierend wirkende Stoffe zugesetzt sind), zum unmittelbaren Genuss nicht geeignet	Unterposition 0711 20
3	Schalenfrüchte, frisch oder getrocknet, auch ohne Schalen oder enthäutet	Positionen 0801 und 0802
4	Kaffee, nicht geröstet, nicht entkoffeiniert, entkoffeiniert	Unterpositionen 0901 11 00 und 0901 12 00

[1] Frist verlängert durch G v. 20.12.2007 (BGBl. I S. 3150).
[2] *D. h. „4 Monate vor einer Gesetzesänderung".*
[3] **Schönfelder Nr. 100.**
[4] Anlage 1 neu gef. mWv 19.12.2006 durch G v. 13.12.2006 (BGBl. I S. 2878).

600. Grunderwerbsteuergesetz (GrEStG)[1)]

In der Fassung der Bekanntmachung vom 26. Februar 1997
(BGBl. I S. 418, ber. S. 1804)

Geändert durch Steuerentlastungsgesetz 1999/2000/2002 vom 24.3.1999 (BGBl. I S. 402), Steuer-Euroglättungsgesetz vom 19.12.2000 (BGBl. I S. 1790), Steueränderungsgesetz 2001 vom 20.12.2001 (BGBl. I S. 3794), Fünftes Gesetz zur Änderung des Steuerbeamten-Ausbildungsgesetzes und zur Änderung von Steuergesetzen vom 23.7.2002 (BGBl. I S. 2715), Drittes Gesetz zur Änderung verwaltungsverfahrensrechtlicher Vorschriften vom 21.8.2002 (BGBl. I S. 3322), EU-Richtlinien-Umsetzungsgesetz vom 9.12.2004 (BGBl. I S. 3310), Gesetz zur Beschleunigung der Umsetzung von Öffentlich Privaten Partnerschaften und zur Verbesserung gesetzlicher Rahmenbedingungen für Öffentlich Private Partnerschaften vom 1.9.2005 (BGBl. I S. 2676), Jahressteuergesetz 2008 vom 20.12.2007 (BGBl. I S. 3150), Jahressteuergesetz 2009 vom 19.12.2008 (BGBl. I S. 2794), Wachstumsbeschleunigungsgesetz vom 22.12.2009 (BGBl. I S. 3950), Jahressteuergesetz 2010 (JStG 2010) vom 8.12.2010 (BGBl. I S. 1768), OGAW-IV-Umsetzungsgesetz (OGAW-IV-UmsG) vom 22.6.2011 (BGBl. I S. 1126), Steuervereinfachungsgesetz 2011 vom 1.11.2011 (BGBl. I S. 2131), Amtshilferichtlinie-Umsetzungsgesetz (AmtshilfeRLUmsG) vom 26.6.2013 (BGBl. I S. 1809), Gesetz zur Anpassung des nationalen Steuerrechts an den Beitritt Kroatiens zur EU und zur Änderung weiterer steuerlicher Vorschriften vom 25.7.2014 (BGBl. I S. 1266), Steueränderungsgesetz 2015 vom 2.11.2015 (BGBl. I S. 1834), Gesetz zur Modernisierung des Besteuerungsverfahrens vom 18.7.2016 (BGBl. I S. 1679), Gesetz zur Vermeidung von Umsatzsteuerausfällen beim Handel mit Waren im Internet und zur Änderung weiterer steuerlicher Vorschriften vom 11.12.2018 (BGBl. I S. 2338), Gesetz über steuerliche und weitere Begleitregelungen zum Austritt des Vereinigten Königreichs Großbritannien und Nordirland aus der Europäischen Union (Brexit-Steuerbegleitgesetz – Brexit-StBG) vom 25.3.2019 (BGBl. I S. 357), Elfte Zuständigkeitsanpassungsverordnung vom 19.6.2020 (BGBl. I S. 1328), Gesetz zur Förderung der Elektromobilität und zur Modernisierung des Wohnungseigentumsgesetzes und zur Änderung von kosten- und grundbuchrechtlichen Vorschriften (Wohnungseigentumsmodernisierungsgesetz – WEMoG) vom 16.10.2020 (BGB. I S. 2187), Jahressteuergesetz 2020 (JStG 2020) vom 21.12.2020 (BGBl. I S. 3096), Gesetz zur Änderung des Grunderwerbsteuergesetzes vom 12.5.2021 (BGBl. I S. 986), Fondsstandortgesetz vom 3.6.2021 (BGBl. I S. 1498), Gesetz zur Modernisierung des Körperschaftsteuerrechts vom 25.6.2021 (BGBl. I S. 2050) und Gesetz zur Abwehr von Steuervermeidung und unfairem Steuerwettbewerb und zur Änderung weiterer Gesetze vom 25.6.2021 (BGBl. I S. 2056)

BGBl. III/FNA 610-6-10

Nichtamtliche Inhaltsübersicht

[1)] Neubekanntmachung des GrEStG v. 17.12.1982 (BGBl. I S. 1777) auf Grund des Art. 31 Abs. 1 des Jahressteuergesetzes 1997 v. 20.12.1996 (BGBl. I S. 2049) in der ab 1.1.1997 geltenden Fassung.

Dritter Abschnitt. Bemessungsgrundlage §§

Vierter Abschnitt. Steuerberechnung

Fünfter Abschnitt. Steuerschuld

Sechster Abschnitt. Nichtfestsetzung der Steuer, Aufhebung oder Änderung der Steuerfestsetzung

Siebenter Abschnitt. Örtliche Zuständigkeit, Feststellung von Besteuerungsgrundlagen, Anzeigepflichten und Erteilung der Unbedenklichkeitsbescheinigung

Achter Abschnitt. Durchführung

Neunter Abschnitt. Übergangs- und Schlußvorschriften

Erster Abschnitt. Gegenstand der Steuer

§ 1 Erwerbsvorgänge. (1) [1]Der Grunderwerbsteuer unterliegen die folgenden Rechtsvorgänge, soweit sie sich auf inländische Grundstücke beziehen:

1. ein Kaufvertrag oder ein anderes Rechtsgeschäft, das den Anspruch auf Übereignung begründet;
2. die Auflassung, wenn kein Rechtsgeschäft vorausgegangen ist, das den Anspruch auf Übereignung begründet;
3.[1)] der Übergang des Eigentums, wenn kein den Anspruch auf Übereignung begründendes Rechtsgeschäft vorausgegangen ist und es auch keiner Auflassung bedarf. [2]Ausgenommen sind
   a) der Übergang des Eigentums durch die Abfindung in Land und die unentgeltliche Zuteilung von Land für gemeinschaftliche Anlagen im

[1)] § 1 Abs. 1 Nr. 3 Satz 2 Buchst. a und b ergänzt durch G v. 21.12.2020 (BGBl. I S. 3096); zur Anwendung siehe § 23 Abs. 17; Nr. 3 Satz 2 Buchst. a und b geänd. mWv 2.8.2021 durch G v. 3.6.2021 (BGBl. I S. 1498).

Flurbereinigungsverfahren sowie durch die entsprechenden Rechtsvorgänge im beschleunigten Zusammenlegungsverfahren und im Landtauschverfahren nach dem Flurbereinigungsgesetz in seiner jeweils geltenden Fassung [***ab 2.8.2021:*** bis zur Höhe des Sollanspruchs], wenn der neue Eigentümer in diesem Verfahren als Eigentümer eines im Flurbereinigungsgebiet gelegenen Grundstücks Beteiligter ist *und soweit* [***ab 2.8.2021:*** ; in diesen Fällen ist auch der den Sollanspruch auf Zuteilung übersteigende Teil der Zuteilung (Mehrzuteilung) ausgenommen, wenn] der Wert des dem neuen Eigentümer zugeteilten Grundstücks seinen sich aus dem Wert des eingebrachten Grundstücks ergebenden Sollanspruch auf Zuteilung nicht um mehr als 20 vom Hundert übersteigt,

b) der Übergang des Eigentums im Umlegungsverfahren nach dem Baugesetzbuch in seiner jeweils geltenden Fassung [***ab 2.8.2021:*** bis zur Höhe des Sollanspruchs], wenn der neue Eigentümer in diesem Verfahren als Eigentümer eines im Umlegungsgebiet gelegenen Grundstücks Beteiligter ist *und soweit* [***ab 2.8.2021:*** ; in diesen Fällen ist auch der den Sollanspruch auf Zuteilung übersteigende Teil der Zuteilung (Mehrzuteilung) ausgenommen, wenn] der Wert des dem neuen Eigentümer zugeteilten Grundstücks seinen sich aus dem Wert des eingebrachten Grundstücks ergebenden Sollanspruch auf Zuteilung nicht um mehr als 20 vom Hundert übersteigt],

c) der Übergang des Eigentums im Zwangsversteigerungsverfahren;

4. das Meistgebot im Zwangsversteigerungsverfahren;
5. ein Rechtsgeschäft, das den Anspruch auf Abtretung eines Übereignungsanspruchs oder der Rechte aus einem Meistgebot begründet;
6. ein Rechtsgeschäft, das den Anspruch auf Abtretung der Rechte aus einem Kaufangebot begründet. [2]Dem Kaufangebot steht ein Angebot zum Abschluß eines anderen Vertrags gleich, kraft dessen die Übereignung verlangt werden kann;
7. die Abtretung eines der in den Nummern 5 und 6 bezeichneten Rechte, wenn kein Rechtsgeschäft vorausgegangen ist, das den Anspruch auf Abtretung der Rechte begründet.

(2) Der Grunderwerbsteuer unterliegen auch Rechtsvorgänge, die es ohne Begründung eines Anspruchs auf Übereignung einem anderen rechtlich oder wirtschaftlich ermöglichen, ein inländisches Grundstück auf eigene Rechnung zu verwerten.

(2a)[1)] [1]Gehört zum Vermögen einer Personengesellschaft ein inländisches Grundstück und ändert sich innerhalb von *fünf* [***ab 1.7.2021:*** zehn] Jahren der Gesellschafterbestand unmittelbar oder mittelbar dergestalt, daß mindestens *95*

[1)] § 1 Abs. 2a neu gef. durch G v. 24.3.1999 (BGBl. I S. 402), zur erstmaligen Anwendung siehe § 23 Abs. 6 Satz 2; Abs. 2a Satz 1 geänd. durch G v. 20.12.2001 (BGBl. I S. 3794); § 1 Abs. 2a Satz 3 geänd. durch G v. 20.12.2001 (BGBl. I S. 3794), zur erstmaligen Anwendung siehe § 23 Abs. 7 Satz 1; Sätze 2 bis 5 eingef., bish. Sätze 2 und 3 werden Sätze 6 und 7 durch G v. 2.11.2015 (BGBl. I S. 1834), zur Anwendung siehe § 23 Abs. 13; Abs. 2a Satz 1 und Satz 4 geänd. durch G v. 12.5.2021 (BGBl. I S. 986); zur Anwendung siehe § 23 Abs. 18, 19 und 20.

[***ab 1.7.2021:*** 90] vom Hundert der Anteile am Gesellschaftsvermögen auf neue Gesellschafter übergehen, gilt dies als ein auf die Übereignung eines Grundstücks auf eine neue Personengesellschaft gerichtetes Rechtsgeschäft. [2]Mittelbare Änderungen im Gesellschafterbestand von den an einer Personengesellschaft beteiligten Personengesellschaften werden durch Multiplikation der Vomhundertsätze der Anteile am Gesellschaftsvermögen anteilig berücksichtigt. [3]Ist eine Kapitalgesellschaft an einer Personengesellschaft unmittelbar oder mittelbar beteiligt, gelten die Sätze 4 und 5. [4]Eine unmittelbar beteiligte Kapitalgesellschaft gilt in vollem Umfang als neue Gesellschafterin, wenn an ihr mindestens *95* [***ab 1.7.2021:*** 90] vom Hundert der Anteile auf neue Gesellschafter übergehen. [5]Bei mehrstufigen Beteiligungen gilt Satz 4 auf der Ebene jeder mittelbar beteiligten Kapitalgesellschaft entsprechend. [6]Bei der Ermittlung des Vomhundertsatzes bleibt der Erwerb von Anteilen von Todes wegen außer Betracht. [7]Hat die Personengesellschaft vor dem Wechsel des Gesellschafterbestandes ein Grundstück von einem Gesellschafter oder einer anderen Gesamthand erworben, ist auf die nach § 8 Abs. 2 Satz 1 Nr. 3 ermittelte Bemessungsgrundlage die Bemessungsgrundlage für den Erwerbsvorgang, für den auf Grund des § 5 Abs. 3 oder des § 6 Abs. 3 Satz 2 die Steuervergünstigung zu versagen ist, mit dem entsprechenden Betrag anzurechnen.

[***ab 1.7.2021:***

(2b)[1)] [1]Gehört zum Vermögen einer Kapitalgesellschaft ein inländisches Grundstück und ändert sich innerhalb von zehn Jahren der Gesellschafterbestand unmittelbar oder mittelbar dergestalt, dass mindestens 90 vom Hundert der Anteile der Gesellschaft auf neue Gesellschafter übergehen, gilt dies als ein auf die Übereignung eines Grundstücks auf eine neue Kapitalgesellschaft gerichtetes Rechtsgeschäft. [2]Mittelbare Änderungen im Gesellschafterbestand von den an einer Kapitalgesellschaft beteiligten Personengesellschaften werden durch Multiplikation der Vomhundertsätze der Anteile der Gesellschaft anteilig berücksichtigt. [3]Ist eine Kapitalgesellschaft an einer Kapitalgesellschaft unmittelbar oder mittelbar beteiligt, gelten die Sätze 4 und 5. [4]Eine unmittelbar beteiligte Kapitalgesellschaft gilt in vollem Umfang als neue Gesellschafterin, wenn an ihr mindestens 90 vom Hundert der Anteile auf neue Gesellschafter übergehen. [5]Bei mehrstufigen Beteiligungen gilt Satz 4 auf der Ebene jeder mittelbar beteiligten Kapitalgesellschaft entsprechend. [6]Bei der Ermittlung des Vomhundertsatzes bleibt der Erwerb von Anteilen von Todes wegen außer Betracht.

(2c)[2)] Bei der Ermittlung des Vomhundertsatzes im Sinne von Absatz 2a Satz 1 und Absatz 2b Satz 1 bleiben Übergänge von Anteilen an Kapitalgesellschaften außer Betracht, die zum Handel an einem im Inland, in einem anderen Mitgliedstaat der Europäischen Union oder einem anderen Vertragsstaat des Abkommens über den Europäischen Wirtschaftsraum betriebenen organisierten Markt nach § 2 Absatz 11 des Wertpapierhandelsgesetzes oder einem

---

[1)] § *1* Abs. 2b eingef. durch G v. 12.5.2021 (BGBl. I S. 986); zur Anwendung siehe § 23 Abs. 18 und 23.

[2)] § 1 Abs. 2c eingef. mWv 1.7.2021 durch G v. 12.5.2021 (BGBl. I S. 986).

Drittlandhandelsplatz, der gemäß Artikel 25 Absatz 4 Buchstabe a der Richtlinie 2014/65/EU von der Europäischen Kommission als gleichwertig erklärt wurde, zugelassen sind, soweit der Anteilsübergang auf Grund eines Geschäfts an diesem Markt oder Drittlandhandelsplatz oder einem multilateralen Handelssystem im Sinne des Artikels 2 Absatz 1 Nummer 14 der Verordnung (EU) Nr. 600/2014 erfolgt.]

(3) Gehört zum Vermögen einer Gesellschaft ein inländisches Grundstück, so unterliegen der Steuer, soweit eine Besteuerung nach *Absatz 2a* [***ab 1.7.2021:*** den Absätzen 2a und 2b][1] nicht in Betracht kommt, außerdem:

1.[2] ein Rechtsgeschäft, das den Anspruch auf Übertragung eines oder mehrerer Anteile der Gesellschaft begründet, wenn durch die Übertragung unmittelbar oder mittelbar mindestens *95* [***ab 1.7.2021:*** 90][3] vom Hundert der Anteile der Gesellschaft in der Hand des Erwerbers oder in der Hand von herrschenden und abhängigen Unternehmen oder abhängigen Personen oder in der Hand von abhängigen Unternehmen oder abhängigen Personen allein vereinigt werden würden;

2.[2] die Vereinigung unmittelbar oder mittelbar von mindestens *95* [***ab 1.7.2021:*** 90][3] vom Hundert der Anteile der Gesellschaft, wenn kein schuldrechtliches Geschäft im Sinne der Nummer 1 vorausgegangen ist;

3.[2] ein Rechtsgeschäft, das den Anspruch auf Übertragung unmittelbar oder mittelbar von mindestens *95* [***ab 1.7.2021:*** 90][4] vom Hundert der Anteile der Gesellschaft begründet;

4.[2] der Übergang unmittelbar oder mittelbar von mindestens *95* [***ab 1.7.2021:*** 90][4] vom Hundert der Anteile der Gesellschaft auf einen anderen, wenn kein schuldrechtliches Geschäft im Sinne der Nummer 3 vorausgegangen ist.

(3a)[5] [1]Soweit eine Besteuerung nach *Absatz 2a und Absatz 3* [***ab 1.7.2021:*** den Absätzen 2a, 2b und 3] nicht in Betracht kommt, gilt als Rechtsvorgang im Sinne des Absatzes 3 auch ein solcher, aufgrund dessen ein Rechtsträger unmittelbar oder mittelbar oder teils unmittelbar, teils mittelbar eine wirtschaftliche Beteiligung in Höhe von mindestens *95* [***ab 1.7.2021:*** 90] vom Hundert an einer Gesellschaft, zu deren Vermögen ein inländisches Grundstück gehört, innehat. [2]Die wirtschaftliche Beteiligung ergibt sich aus der Summe der unmittelbaren und mittelbaren Beteiligungen am Kapital oder am Vermögen der Gesellschaft. [3]Für die Ermittlung der mittelbaren Beteiligungen sind die Vomhundertsätze am Kapital oder am Vermögen der Gesellschaften zu multiplizieren.

---

[1] Verweis geänd. durch G v. 12.5.2021 (BGBl. I S. 986); zur Anwendung siehe § 23 Abs. 18.

[2] § 1 Abs. 3 Nrn. 1–4 geänd. durch G v. 24.3.1999 (BGBl. I S. 402); zur erstmaligen Anwendung siehe § 23 Abs. 6.

[3] § 1 Abs. 3 Nrn. 1 und 2 geänd. durch G v. 12.5.2021 (BGBl. I S. 986); zur Anwendung siehe § 23 Abs. 18 und 21.

[4] § 1 Abs. 3 Nrn. 3 und 4 geänd. durch G v. 12.5.2021 (BGBl. I S. 986); zur Anwendung siehe § 23 Abs. 18.

[5] § 1 Abs. 3a eingef. durch G v. 26.6.2013 (BGBl. I S. 1809); zur Anwendung siehe § 23 Abs. 11; Satz 1 geänd. durch G v. 12.5.2021 (BGBl. I S. 986); zur Anwendung siehe § 23 Abs. 18 und 22.

(4)[1] Im Sinne des Absatzes 3 gelten als abhängig

1. natürliche Personen, soweit sie einzeln oder zusammengeschlossen einem Unternehmen so eingegliedert sind, dass sie den Weisungen des Unternehmers in Bezug auf die Anteile zu folgen verpflichtet sind;
2. juristische Personen, die nach dem Gesamtbild der tatsächlichen Verhältnisse finanziell, wirtschaftlich und organisatorisch in ein Unternehmen eingegliedert sind.

(5) Bei einem Tauschvertrag, der für beide Vertragsteile den Anspruch auf Übereignung eines Grundstücks begründet, unterliegt der Steuer sowohl die Vereinbarung über die Leistung des einen als auch die Vereinbarung über die Leistung des anderen Vertragsteils.

(6)[2] [1]Ein in Absatz 1, 2, 3 oder Absatz 3a bezeichneter Rechtsvorgang unterliegt der Steuer auch dann, wenn ihm ein in einem anderen dieser Absätze bezeichneter Rechtsvorgang vorausgegangen ist. [2]Die Steuer wird jedoch nur insoweit erhoben, als die Bemessungsgrundlage für den späteren Rechtsvorgang den Betrag übersteigt, von dem beim vorausgegangenen Rechtsvorgang die Steuer berechnet worden ist.

(7)[3] *(aufgehoben)*

§ 2 Grundstücke. (1) [1]Unter Grundstücken im Sinne dieses Gesetzes sind Grundstücke im Sinne des bürgerlichen Rechts zu verstehen. [2]Jedoch werden nicht zu den Grundstücken gerechnet:

1. Maschinen und sonstige Vorrichtungen aller Art, die zu einer Betriebsanlage gehören,
2. Mineralgewinnungsrechte und sonstige Gewerbeberechtigungen,
3.[4] das Recht des Grundstückseigentümers auf den Erbbauzins.

(2) Den Grundstücken stehen gleich

1. Erbbaurechte,
2. Gebäude auf fremdem Boden,
3.[5] dinglich gesicherte Sondernutzungsrechte nach den Vorschriften des Wohnungseigentumsgesetzes[6] und des § 1010 des Bürgerlichen Gesetzbuchs[7].

(3) [1]Bezieht sich ein Rechtsvorgang auf mehrere Grundstücke, die zu einer wirtschaftlichen Einheit gehören, so werden diese Grundstücke als ein Grund-

---

[1] § 1 Abs. 4 neu gef. durch G v. 11.12.2018 (BGBl. I S. 2338); zur Anwendung siehe § 23 Abs. 16 Satz 1.

[2] § 1 Abs. 6 Satz 1 geänd. durch G v. 24.3.1999 (BGBl. I S. 402); zur erstmaligen Anwendung siehe § 23 Abs. 6; Abs. 6 Satz 1 Verweis geänd. durch G v. 26.6.2013 (BGBl. I S. 1809); zur Anwendung siehe § 23 Abs. 11.

[3] § 1 Abs. 7 aufgeh. durch G v. 20.12.2001 (BGBl. I S. 3794); Abs. 7 ist letztmals für bis zum 31.12.2001 verwirklichte Erwerbsvorgänge anzuwenden (§ 23 Abs. 7 Satz 2).

[4] § 2 Abs. 1 Satz 2 Nr. 3 angef. mWv 1.1.2002 (§ 23 Abs. 7 Satz 1) durch G v. 20.12.2001 (BGBl. I S. 3794).

[5] *§ 2 Abs.* 2 Nr. 3 geänd. mWv 1.12.2020 durch G v. 16.10.2020 (BGBl. I S. 2187).

[6] **Schönfelder** Nr. **37**.

[7] **Schönfelder** Nr. **20**.

stück behandelt. 2Bezieht sich ein Rechtsvorgang auf einen oder mehrere Teile eines Grundstücks, so werden diese Teile als ein Grundstück behandelt.

Zweiter Abschnitt. Steuervergünstigungen

§ 3 Allgemeine Ausnahmen von der Besteuerung. Von der Besteuerung sind ausgenommen:

1. der Erwerb eines Grundstücks, wenn der für die Berechnung der Steuer maßgebende Wert (§ 8) 2500 Euro[1] nicht übersteigt;
2. der Grundstückserwerb von Todes wegen und Grundstücksschenkungen unter Lebenden im Sinne des Erbschaftsteuer- und Schenkungsteuergesetzes[2]. 2Schenkungen unter einer Auflage unterliegen der Besteuerung jedoch hinsichtlich des Werts solcher Auflagen, die bei der Schenkungsteuer abziehbar sind;
3.[3] der Erwerb eines zum Nachlaß gehörigen Grundstücks durch Miterben zur Teilung des Nachlasses. 2Den Miterben steht der überlebende Ehegatte oder Lebenspartner gleich, wenn er mit den Erben des verstorbenen Ehegatten oder Lebenspartners gütergemeinschaftliches Vermögen zu teilen hat oder wenn ihm in Anrechnung auf eine Ausgleichsforderung am Zugewinn des verstorbenen Ehegatten oder Lebenspartners ein zum Nachlass gehöriges Grundstück übertragen wird. 3Den Miterben stehen außerdem ihre Ehegatten oder ihre Lebenspartner gleich;
4.[3] der Grundstückserwerb durch den Ehegatten oder den Lebenspartner des Veräußerers;
5. der Grundstückserwerb durch den früheren Ehegatten des Veräußerers im Rahmen der Vermögensauseinandersetzung nach der Scheidung;

5a.[3] der Grundstückserwerb durch den früheren Lebenspartner des Veräußerers im Rahmen der Vermögensauseinandersetzung nach der Aufhebung der Lebenspartnerschaft;

6.[3] der Erwerb eines Grundstücks durch Personen, die mit dem Veräußerer in gerader Linie verwandt sind oder deren Verwandtschaft durch die Annahme als Kind bürgerlich-rechtlich erloschen ist. 2Den Abkömmlingen stehen die Stiefkinder gleich. 3Den in den Sätzen 1 und 2 genannten Personen stehen deren Ehegatten oder deren Lebenspartner gleich;

7.[4] der Erwerb eines zum Gesamtgut gehörigen Grundstücks durch Teilnehmer an einer fortgesetzten Gütergemeinschaft zur Teilung des Gesamtguts. 2Den Teilnehmern an der fortgesetzten Gütergemeinschaft stehen ihre Ehegatten oder ihre Lebenspartner gleich;

---

[1] Betrag geänd. durch G v. 19.12.2000 (BGBl. I S. 1790).

[2] Nr. **250**.

[3] § 3 Nr. 3, 4 und 6 geänd., Nr. 5a eingef. mWv 1.1.2011 durch G v. 8.12.2010 (BGBl. I S. 1768); zur Anwendung bzgl. nicht bestandskräftiger Steuerbescheide siehe § 23 Abs. 9.

[4] § 3 Nr. 7 mWv 1.1.2011 geänd. durch G v. 8.12.2010 (BGBl. I S. 1768); zur Anwendung bzgl. nicht bestandskräftiger Steuerbescheide siehe § 23 Abs. 9.

8. der Rückerwerb eines Grundstücks durch den Treugeber bei Auflösung des Treuhandverhältnisses. [2] Voraussetzung ist, daß für den Rechtsvorgang, durch den der Treuhänder den Anspruch auf Übereignung des Grundstücks oder das Eigentum an dem Grundstück erlangt hatte, die Steuer entrichtet worden ist. [3] Die Anwendung der Vorschrift des § 16 Abs. 2 bleibt unberührt.

§ 4 Besondere Ausnahmen von der Besteuerung. Von der Besteuerung sind ausgenommen:

1.[1)] der Erwerb eines Grundstücks durch eine juristische Person des öffentlichen Rechts, wenn das Grundstück aus Anlaß des Übergangs von öffentlich-rechtlichen Aufgaben oder aus Anlaß von Grenzänderungen von der einen auf die andere juristische Person übergeht und nicht überwiegend einem Betrieb gewerblicher Art dient;

2. der Erwerb eines Grundstücks durch einen ausländischen Staat, wenn das Grundstück für die Zwecke von Botschaften, Gesandtschaften oder Konsulaten dieses Staates bestimmt ist und Gegenseitigkeit gewährt wird;

3. der Erwerb eines Grundstücks durch einen ausländischen Staat oder eine ausländische kulturelle Einrichtung, wenn das Grundstück für kulturelle Zwecke bestimmt ist und Gegenseitigkeit gewährt wird;

4.[2)] der Übergang von Grundstücken gemäß § 1 Absatz 1 Nummer 3 und von Gesellschaftsanteilen gemäß § 1 Absatz 3 Nummer 2 und 4 als unmittelbare Rechtsfolge eines Zusammenschlusses kommunaler Gebietskörperschaften, der durch Vereinbarung der beteiligten Gebietskörperschaften mit Zustimmung der nach Landesrecht zuständigen Stelle oder durch Gesetz zustande kommt, sowie Rechtsgeschäfte über Grundstücke gemäß § 1 Absatz 1 Nummer 1 und über Gesellschaftsanteile gemäß § 1 Absatz 3 Nummer 1 und 3 aus Anlass der Aufhebung der Kreisfreiheit einer Gemeinde;

5.[3)] der Erwerb eines Grundstücks von einer juristischen Person des öffentlichen Rechts sowie der Rückerwerb des Grundstücks durch die juristische Person des öffentlichen Rechts, wenn das Grundstück im Rahmen einer Öffentlich Privaten Partnerschaft für einen öffentlichen Dienst oder Gebrauch im Sinne des § 3 Abs. 2 des Grundsteuergesetzes benutzt wird und zwischen dem Erwerber und der juristischen Person des öffentlichen Rechts die Rückübertragung des Grundstücks am Ende des Vertragszeitraums vereinbart worden ist. [2] Die Ausnahme von der Besteuerung entfällt mit Wirkung für die Vergangenheit, wenn die juristische Person des öffentlichen Rechts auf die Rückübertragung des Grundstücks verzichtet oder das Grundstück nicht mehr für einen öffentlichen Dienst oder Gebrauch genutzt wird;

6.[4)] Erwerbe, die allein auf dem Austritt des Vereinigten Königreichs Großbritannien und Nordirland aus der Europäischen Union beruhen.

[1)] § 4 Nr. 1 neu gef. mWv 1.1.1998 (§ 23 Abs. 5) durch G v. 24.3.1999 (BGBl. I S. 402).

[2)] § 4 Nr. 4 neu gef. durch G v. 26.6.2013 (BGBl. I S. 1809); zur Anwendung siehe § 23 Abs. 11.

[3)] *§ 4 Nr. 9* angef. mWv 8.9.2005 durch G v. 1.9.2005 (BGBl. I S. 2676); Nr. 9 wird Nr. 5 mWv 7.6.2013 (§ 23 Abs. 11) durch G v. 26.6.2013 (BGBl. I S. 1809).

[4)] § 4 Nr. 6 angef. mWv 29.3.2019 durch Brexit-StBG v. 25.3.2019 (BGBl. I S. 357).

§ 5[1)] Übergang auf eine Gesamthand. (1) [1] Geht ein Grundstück von mehreren Miteigentümern auf eine Gesamthand (Gemeinschaft zur gesamten Hand) über, so wird die Steuer nicht erhoben, soweit der Anteil des einzelnen am Vermögen der Gesamthand Beteiligten seinem Bruchteil am Grundstück entspricht. [*ab 1.7.2021:* [2] Satz 1 gilt nicht für eine Gesamthand, die nach § 1a des Körperschaftsteuergesetzes optiert hat, es sei denn, die Ausübung und Wirksamkeit der Option liegt länger als die in Absatz 3 Satz 1 genannte Frist zurück und die jeweilige Beteiligung am Vermögen der Gesamthand besteht länger als die in Absatz 3 Satz 1 genannte Frist. [3] Satz 1 gilt nicht für eine Gesellschaft im Sinne des § 1 Absatz 1 des Körperschaftsteuergesetzes mit Sitz im Ausland, deren Ort der Geschäftsleitung im Inland belegen ist, und die nach inländischem Gesellschaftsrecht als Personengesellschaft behandelt wird.]

(2) [1] Geht ein Grundstück von einem Alleineigentümer auf eine Gesamthand über, so wird die Steuer in Höhe des Anteils nicht erhoben, zu dem der Veräußerer am Vermögen der Gesamthand beteiligt ist. [*ab 1.7.2021:* [2] Absatz 1 Satz 2 gilt entsprechend. [3] Absatz 1 Satz 3 gilt entsprechend.]

(3) [1] Die Absätze 1 und 2 sind insoweit nicht anzuwenden, als sich der Anteil des Veräußerers am Vermögen der Gesamthand innerhalb von *fünf* [*ab 1.7.2021:* zehn] Jahren nach dem Übergang des Grundstücks auf die Gesamthand vermindert. [*ab 1.2.2020:* [2] Satz 1 gilt nicht, soweit allein durch den Austritt des Vereinigten Königreichs Großbritannien und Nordirland aus der Europäischen Union sich der Anteil des Veräußerers am Vermögen der Gesamthand innerhalb von *fünf* {*ab 1.7.2021:* zehn} Jahren nach dem Übergang des Grundstücks auf die Gesamthand vermindert.] [*ab 1.7.2021.* [3] Bei der Anwendung des Satzes 1 gilt die Ausübung der Option nach § 1a des Körperschaftsteuergesetzes als Verminderung des Anteils des Veräußerers am Vermögen der Gesamthand, wenn die Option innerhalb der jeweils für Satz 1 geltenden Frist ausgeübt und wirksam wird.]

§ 6 Übergang von einer Gesamthand. (1) [1] Geht ein Grundstück von einer Gesamthand in das Miteigentum mehrerer an der Gesamthand beteiligter Personen über, so wird die Steuer nicht erhoben, soweit der Bruchteil, den der einzelne Erwerber erhält, dem Anteil entspricht, zu dem er am Vermögen der Gesamthand beteiligt ist. [2] Wird ein Grundstück bei der Auflösung der Gesamthand übertragen, so ist die Auseinandersetzungsquote maßgebend, wenn die Beteiligten für den Fall der Auflösung der Gesamthand eine vom Beteiligungsverhältnis abweichende Auseinandersetzungsquote vereinbart haben.

(2) [1] Geht ein Grundstück von einer Gesamthand in das Alleineigentum einer an der Gesamthand beteiligten Person über, so wird die Steuer in Höhe des Anteils nicht erhoben, zu dem der Erwerber am Vermögen der Gesamthand betei-

---

[1)] § 5 Abs. 3 angef. durch G v. 24.3.1999 (BGBl. I S. 402); zur erstmaligen Anwendung siehe § 23 Abs. 6 Satz 2; Satz 2 angef. durch G v. 21.12.2020 (BGBl. I S. 3096); zur Anwendung siehe § 23 Abs. 7 Satz 3; Abs. 3 Sätze 1 und 2 geänd. durch G v. 12.5.2021 (BGBl. I S. 986); zur Anwendung siehe § 23 Abs. 18 und 24; Abs. 1 Satz 2, Abs. 2 Satz 2, Abs. 3 Satz 3 angef. mWv 1.7.2021 durch G v. 25.6.2021 (BGBl. I S. 2050); Abs. 1 Satz 3 und Abs. 2 Satz 3 angef. mWv 1.7.2021 durch G v. 25.6.201 (BGBl. I S. 2056).

ligt ist. [2]Geht ein Grundstück bei der Auflösung der Gesamthand in das Alleineigentum eines Gesamthänders über, so gilt Absatz 1 Satz 2 entsprechend.

(3)[1)] [1]Die Vorschriften des Absatzes 1 gelten entsprechend beim Übergang eines Grundstücks von einer Gesamthand auf eine andere Gesamthand. [2]Absatz 1 ist insoweit nicht entsprechend anzuwenden, als sich der Anteil des Gesamthänders am Vermögen der erwerbenden Gesamthand innerhalb von *fünf* [***ab 1.7.2021:*** zehn] Jahren nach dem Übergang des Grundstücks von der einen auf die andere Gesamthand vermindert. [***ab 1.2.2020:*** [3]Satz 2 gilt nicht, soweit allein durch den Austritt des Vereinigten Königreichs Großbritannien und Nordirland aus der Europäischen Union sich der Anteil des Gesamthänders am Vermögen der erwerbenden Gesamthand innerhalb von fünf Jahren nach dem Übergang des Grundstücks auf die Gesamthand vermindert.] [***ab 1.7.2021:*** [4]Absatz 1 ist nicht entsprechend, wenn die erwerbende Gesamthand nach § 1a des Körperschaftsteuergesetzes optiert hat und von einer Gesamthand übergeht, die nicht nach § 1a des Körperschaftsteuergesetzes optiert hat; es sei denn die Ausübung und Wirksamkeit der Option liegt länger als die in Satz 2 genannte Frist zurück und die jeweilige Beteiligung am Vermögen der Gesamthand besteht länger als die in Satz 2 genannte Frist. [5]Absatz 1 ist nicht entsprechend anzuwenden, wenn die erwerbende Gesamthand eine Gesellschaft im Sinne des § 1 Absatz 1 des Körperschaftsteuergesetzes mit Sitz im Ausland ist, deren Ort der Geschäftsleitung im Inland belegen ist, und die nach inländischem Gesellschaftsrecht als Personengesellschaft behandelt wird.]

[Fassung bis 30.6.2021:]

(4) [1]Die Vorschriften der Absätze 1 bis 3 gelten insoweit nicht, als ein Gesamthänder – im Fall der Erbfolge sein Rechtsvorgänger – innerhalb von fünf Jahren vor dem Erwerbsvorgang seinen Anteil an der Gesamthand durch Rechtsgeschäft unter Lebenden erworben hat. [2]Die Vorschriften der Absätze 1 bis 3 gelten außerdem insoweit nicht, als die vom Beteiligungsverhältnis abweichende Auseinandersetzungsquote innerhalb der letzten fünf Jahre vor der Auflösung der Gesamthand vereinbart worden ist.

[Fassung ab 1.7.2021:]

(4)[2)] Die Vorschriften der Absätze 1 bis 3 gelten insoweit nicht, als

1. ein Gesamthänder – im Fall der Erbfolge sein Rechtsvorgänger – innerhalb von zehn Jahren vor dem Erwerbsvorgang seinen Anteil an der Gesamthand durch Rechtsgeschäft unter Lebenden erworben hat oder
2. die vom Beteiligungsverhältnis abweichende Auseinandersetzungsquote innerhalb der letzten zehn Jahre vor der Auflösung der Gesamthand vereinbart worden ist oder

---

[1)] § 6 Abs. 3 Satz 2 angef. mWv 1.1.2002 (§ 27 Abs. 7 Satz 1) durch G v. 20.12.2001 (BGBl. I S. 3794); Satz 3 angef. durch G v. 21.12.2020 (BGBl. I S. 3096); zur Anwendung siehe § 23 Abs. 7 Satz 3; Abs. 3 Satz 2 geänd. durch G v. 12.5.2021 (BGBl. I S. 986); zur Anwendung siehe § 23 Abs. 18 und 24; Satz 4 angef. mWv 1.7.2021 durch G v. 25.6.2021 *(BGBl. I S. 2050)*; Satz 5 angef. mWv 1.7.2021 durch G v. 25.6.201 (BGBl. I S. 2056).

[2)] § 6 Abs. 4 neu gef. durch G v. 12.5.2021 (BGBl. I S. 986); zur Anwendung siehe § 23 Abs. 18 und 24.

[Fassung ab 1.7.2021:]

3. bei einem Erwerbsvorgang im Sinne des § 1 Absatz 3 Nummer 1 oder Nummer 2 oder Absatz 3a der Erwerber – im Fall der Erbfolge sein Rechtsvorgänger – innerhalb von 15 Jahren vor dem Erwerbsvorgang seinen Anteil am Vermögen der Personengesellschaft erstmals durch Rechtsgeschäft unter Lebenden erworben hat, es sei denn, einer der Erwerbe der Anteile am Gesellschaftsvermögen durch diesen Erwerber – im Fall der Erbfolge durch seinen Rechtsvorgänger – hat zu einem steuerpflichtigen Erwerbsvorgang im Sinne des § 1 Absatz 2a geführt.

§ 6a[1] Steuervergünstigung bei Umstrukturierungen im Konzern.

[1] Für einen nach § 1 Absatz 1 Nummer 3 Satz 1, Absatz *2, 2a, 3* [***ab 1.7.2021:*** 2 bis 3] oder Absatz 3a steuerbaren Rechtsvorgang auf Grund einer Umwandlung im Sinne des § 1 Absatz 1 Nummer 1 bis 3 des Umwandlungsgesetzes, einer Einbringung oder eines anderen Erwerbsvorgangs auf gesellschaftsvertraglicher Grundlage wird die Steuer nicht erhoben. [2] Satz 1 gilt auch für entsprechende Umwandlungen, Einbringungen sowie andere Erwerbsvorgänge auf gesellschaftsvertraglicher Grundlage auf Grund des Rechts eines Mitgliedstaates der Europäischen Union oder eines Staats, auf den das Abkommen über den Europäischen Wirtschaftsraum Anwendung findet. [3] Satz 1 gilt nur, wenn an dem dort genannten Rechtsvorgang ausschließlich ein herrschendes Unternehmen und ein oder mehrere von diesem herrschenden Unternehmen abhängige Gesellschaften oder mehrere von einem herrschenden Unternehmen abhängige Gesellschaften beteiligt sind. [4] Im Sinne von Satz 3 abhängig ist eine Gesellschaft, an deren Kapital oder Gesellschaftsvermögen das herrschende Unternehmen innerhalb von fünf Jahren vor dem Rechtsvorgang und fünf Jahren nach dem Rechtsvorgang unmittelbar oder mittelbar oder teils unmittelbar, teils mittelbar zu mindestens 95 vom Hundert ununterbrochen beteiligt ist. [***ab 29.3.2019:*** [5] Satz 3 gilt nicht, soweit allein

---

[1] § 6a eingef. durch G v. 22.12.2009 (BGBl. I S. 3950); zur Anwendung siehe § 23 Abs. 8; Satz 4 geänd. durch G v. 22.6.2011 (BGBl. I S. 1126); zur Anwendung siehe § 23 Abs. 10; Satz 1 erster HS geänd., zweiter HS aufgeh. durch G v. 26.6.2013 (BGBl. I S. 1809); zur Anwendung siehe § 23 Abs. 11; Sätze 1 bis 3 geänd. durch G v. 25.7.2014 (BGBl. I S. 1266); zur Anwendung siehe § 23 Abs. 12; Satz 5 angef. mWv 29.3.2019 durch Brexit-StBG v. 25.3.2019 (BGBl. I S. 357); Satz 1 geänd. durch G v. 12.5.2021 (BGBl. I S. 986); zur Anwendung siehe § 23 Abs. 18.

durch den Austritt des Vereinigten Königreichs Großbritannien und Nordirland aus der Europäischen Union das herrschende Unternehmen nicht im Sinne von Satz 4 innerhalb von fünf Jahren nach dem Rechtsvorgang unmittelbar oder mittelbar oder teils unmittelbar, teils mittelbar zu mindestens 95 vom Hundert ununterbrochen beteiligt ist.]

§ 7 Umwandlung von gemeinschaftlichem Eigentum in Flächeneigentum. (1) Wird ein Grundstück, das mehreren Miteigentümern gehört, von den Miteigentümern flächenweise geteilt, so wird die Steuer nicht erhoben, soweit der Wert des Teilgrundstücks, das der einzelne Erwerber erhält, dem Bruchteil entspricht, zu dem er am gesamten zu verteilenden Grundstück beteiligt ist.

(2) [1] Wird ein Grundstück, das einer Gesamthand gehört, von den an der Gesamthand beteiligten Personen flächenweise geteilt, so wird die Steuer nicht erhoben, soweit der Wert des Teilgrundstücks, das der einzelne Erwerber erhält, dem Anteil entspricht, zu dem er am Vermögen der Gesamthand beteiligt ist. [2] Wird ein Grundstück bei der Auflösung der Gesamthand flächenweise geteilt, so ist die Auseinandersetzungsquote maßgebend, wenn die Beteiligten für den Fall der Auflösung der Gesamthand eine vom Beteiligungsverhältnis abweichende Auseinandersetzungsquote vereinbart haben.

(3)[1)] [1] Die Vorschriften des Absatzes 2 gelten insoweit nicht, als ein Gesamthänder – im Fall der Erbfolge sein Rechtsvorgänger – seinen Anteil an der Gesamthand innerhalb von *fünf* [***ab 1.7.2021:*** zehn] Jahren vor der Umwandlung durch Rechtsgeschäft unter Lebenden erworben hat. [2] Die Vorschrift des Absatzes 2 Satz 2 gilt außerdem insoweit nicht, als die vom Beteiligungsverhältnis abweichende Auseinandersetzungsquote innerhalb der letzten *fünf* [***ab 1.7.2021:*** zehn] Jahre vor der Auflösung der Gesamthand vereinbart worden ist.

Dritter Abschnitt. Bemessungsgrundlage

§ 8 Grundsatz. (1) Die Steuer bemißt sich nach dem Wert der Gegenleistung.

(2)[2)] [1] Die Steuer wird nach den Grundbesitzwerten im Sinne des § 151 Absatz 1 Satz 1 Nummer 1 in Verbindung mit § 157 Absatz 1 bis 3[3)] des Bewertungsgesetzes bemessen:
1. wenn eine Gegenleistung nicht vorhanden oder nicht zu ermitteln ist;
2. bei Umwandlungen auf Grund eines Bundes- oder Landesgesetzes, bei Einbringungen sowie bei anderen Erwerbsvorgängen auf gesellschaftsvertraglicher Grundlage;

[1)] § 7 Abs. 3 Sätze 1 und 2 geänd. durch G v. 12.5.2021 (BGBl. I S. 986); zur Anwendung siehe § 23 Abs. 18 und 24.

[2)] § 8 Abs. 2 neu gef. durch G v. 24.3.1999 (BGBl. I S. 402); zur erstmaligen Anwendung siehe § 23 Abs. 6 Satz 1.

[3)] § 8 Abs. 2 Satz 1 und 2 Zitat geänd. durch G v. 2.11.2015 (BGBl. I S. 1834); zur Anwendung siehe § 23 Abs. 14.

[Fassung bis 30.6.2021:]

3.[2] in den Fällen des § 1 Absatz 2a, 3 und 3a.

[Fassung ab 1.7.2021:][1]

3. in den Fällen des § 1 Absatz 2a bis 3a;
4. wenn zwischen den an einer Umwandlung beteiligten Rechtsträgern innerhalb des Rückwirkungszeitraums im Sinne der §§ 2, 20 Absatz 6 oder § 24 Absatz 4 des Umwandlungssteuergesetzes ein Erwerbsvorgang nach § 1 Absatz 1 Nummer 1 verwirklicht wird, der Wert der Gegenleistung geringer ist als der Grundbesitzwert nach § 151 Absatz 1 Satz 1 Nummer 1 in Verbindung mit § 157 Absatz 1 bis 3 des Bewertungsgesetzes und die Umwandlung ohne diesen Erwerbsvorgang eine Besteuerung nach § 1 Absatz 1 Nummer 3, Absatz 3 oder Absatz 3a ausgelöst hätte.

[2]Erstreckt sich der Erwerbsvorgang auf ein noch zu errichtendes Gebäude oder beruht die Änderung des Gesellschafterbestandes im Sinne des § 1 Absatz 2a [*ab 1.7.2021:* oder 2b][3] auf einem vorgefaßten Plan zur Bebauung eines Grundstücks, ist der Wert des Grundstücks abweichend von § 157 Absatz 1 Satz 1[4] des Bewertungsgesetzes nach den tatsächlichen Verhältnissen im Zeitpunkt der Fertigstellung des Gebäudes maßgebend.

§ 9 Gegenleistung. (1) Als Gegenleistung gelten

1. bei einem Kauf:
   der Kaufpreis einschließlich der vom Käufer übernommenen sonstigen Leistungen und der dem Verkäufer vorbehaltenen Nutzungen;
2. bei einem Tausch:
   die Tauschleistung des anderen Vertragsteils einschließlich einer vereinbarten zusätzlichen Leistung;
3. bei einer Leistung an Erfüllungs Statt:
   der Wert, zu dem die Leistung an Erfüllungs Statt angenommen wird;

---

[1] § 8 Abs. 2 Satz 1 Nr. 3 geänd., Nr. 4 angef. durch G v. 12.5.2021 (BGBl. I S. 986); zur Anwendung siehe § 23 Abs. 18.

[2] § 8 Abs. 2 Satz 1 Nr. 3 Verweis geänd. durch G v. 26.6.2013 (BGBl. I S. 1809); zur Anwendung siehe § 23 Abs. 11.

[3] § 8 Abs. 2 Satz 2 geänd. durch G v. 12.5.2021 (BGBl. I S. 986); zur Anwendung siehe § 23 Abs. 18.

[4] § 8 Abs. 2 Satz 1 und 2 Zitat geänd. durch G v. 2.11.2015 (BGBl. I S. 1834); zur Anwendung siehe § 23 Abs. 14.

4. beim Meistgebot im Zwangsversteigerungsverfahren:
das Meistgebot einschließlich der Rechte, die nach den Versteigerungsbedingungen bestehen bleiben;

5. bei Abtretung der Rechte aus dem Meistgebot:
die Übernahme der Verpflichtung aus dem Meistgebot. [2]Zusätzliche Leistungen, zu denen sich der Erwerber gegenüber dem Meistbietenden verpflichtet, sind dem Meistgebot hinzuzurechnen. [3]Leistungen, die der Meistbietende dem Erwerber gegenüber übernimmt, sind abzusetzen;

6. bei der Abtretung des Übereignungsanspruchs:
die Übernahme der Verpflichtung aus dem Rechtsgeschäft, das den Übereignungsanspruch begründet hat, einschließlich der besonderen Leistungen, zu denen sich der Übernehmer dem Abtretenden gegenüber verpflichtet. [2]Leistungen, die der Abtretende dem Übernehmer gegenüber übernimmt, sind abzusetzen;

7. bei der Enteignung:
die Entschädigung. [2]Wird ein Grundstück enteignet, das zusammen mit anderen Grundstücken eine wirtschaftliche Einheit bildet, so gehört die besondere Entschädigung für eine Wertminderung der nicht enteigneten Grundstücke nicht zur Gegenleistung; dies gilt auch dann, wenn ein Grundstück zur Vermeidung der Enteignung freiwillig veräußert wird;

8.[1)] *(aufgehoben)*

(2) Zur Gegenleistung gehören auch

1. Leistungen, die der Erwerber des Grundstücks dem Veräußerer neben der beim Erwerbsvorgang vereinbarten Gegenleistung zusätzlich gewährt;
2. die Belastungen, die auf dem Grundstück ruhen, soweit sie auf den Erwerber kraft Gesetzes übergehen. [2]Zur Gegenleistung gehören jedoch nicht die auf dem Grundstück ruhenden dauernden Lasten. [3]Der Erbbauzins gilt nicht als dauernde Last;
3. Leistungen, die der Erwerber des Grundstücks anderen Personen als dem Veräußerer als Gegenleistung dafür gewährt, daß sie auf den Erwerb des Grundstücks verzichten;
4. Leistungen, die ein anderer als der Erwerber des Grundstücks dem Veräußerer als Gegenleistung dafür gewährt, daß der Veräußerer dem Erwerber das Grundstück überläßt.

(3) Die Grunderwerbsteuer, die für den zu besteuernden Erwerbsvorgang zu entrichten ist, wird der Gegenleistung weder hinzugerechnet noch von ihr abgezogen.

§ 10.[2)] (weggefallen)

[1)] *Zur erstmaligen Anwendung* von § 9 Abs. 1 Nr. 8 siehe § 23 Abs. 3. § 9 Abs. 1 Nr. 8 aufgeh. mWv 1.4.1999 (§ 23 Abs. 6 Satz 1) durch G v. 24.3.1999 (BGBl. I S. 402).

[2)] Zur letztmaligen Anwendung siehe § 23 Abs. 4 Satz 2.

Vierter Abschnitt. Steuerberechnung

§ 11 Steuersatz, Abrundung. (1) Die Steuer beträgt 3,5 vom Hundert[1)·2)].

(2) Die Steuer ist auf volle Euro[3)] nach unten abzurunden.

§ 12 Pauschbesteuerung. Das Finanzamt kann im Einvernehmen mit dem Steuerpflichtigen von der genauen Ermittlung des Steuerbetrags absehen und die Steuer in einem Pauschbetrag festsetzen, wenn dadurch die Besteuerung vereinfacht und das steuerliche Ergebnis nicht wesentlich geändert wird.

Fünfter Abschnitt. Steuerschuld

§ 13 Steuerschuldner. Steuerschuldner sind

1. regelmäßig:
die an einem Erwerbsvorgang als Vertragsteile beteiligten Personen;
2. beim Erwerb kraft Gesetzes:
der bisherige Eigentümer und der Erwerber;
3. beim Erwerb im Enteignungsverfahren:
der Erwerber;
4. beim Meistgebot im Zwangsversteigerungsverfahren:
der Meistbietende;
5.[4)] bei der Vereinigung von mindestens *95* [***ab 1.7.2021:*** 90] vom Hundert der Anteile an einer Gesellschaft in der Hand
   a) des Erwerbers:
   der Erwerber;
   b) mehrerer Unternehmen oder Personen:
   diese Beteiligten;
6.[5)] bei Änderung des Gesellschafterbestandes einer Personengesellschaft:
die Personengesellschaft;

[***ab 1.7.2021:***

7.[6)] bei Änderung des Gesellschafterbestandes einer Kapitalgesellschaft:
die Kapitalgesellschaft;]

---

1) Zur erstmaligen Anwendung von § 11 Abs. 1 siehe § 23 Abs. 4 Satz 1.

2) Seit dem 1.9.2006 dürfen die Bundesländer den Steuersatz selbst festlegen, zu beachten sind daher deren **abweichende Steuersätze.**

3) Bezeichnung geänd. mWv 1.1.2002 durch G v. 19.12.2000 (BGBl. I S. 1790).

4) § 13 Nrn. 5 und 6 geänd. durch G v. 24.3.1999 (BGBl. I S. 402); zur erstmaligen Anwendung siehe § 23 Abs. 6 Satz 2; Nr. 5 geänd. durch G v. 12.5.2021 (BGBl. I S. 986); zur Anwendung siehe § 23 Abs. 18.

5) Zur erstmaligen Anwendung von Nr. 6 in der bish. Fassung siehe § 23 Abs. 3.

6) § 13 Nr. 7 eingef. durch G v. 12.5.2021 (BGBl. I S. 986); zur Anwendung siehe § 23 Abs. 18.

8.[1] bei der wirtschaftlichen Beteiligung von mindestens *95* [***ab 1.7.2021:*** 90] vom Hundert an einer Gesellschaft:
der Rechtsträger, der die wirtschaftliche Beteiligung innehat.

§ 14 Entstehung der Steuer in besonderen Fällen. Die Steuer entsteht,

1. wenn die Wirksamkeit eines Erwerbsvorgangs von dem Eintritt einer Bedingung abhängig ist, mit dem Eintritt der Bedingung;
2. wenn ein Erwerbsvorgang einer Genehmigung bedarf, mit der Genehmigung.

§ 15 Fälligkeit der Steuer. [1]Die Steuer wird einen Monat nach der Bekanntgabe des Steuerbescheids fällig. [2]Das Finanzamt darf eine längere Zahlungsfrist setzen.

Sechster Abschnitt. Nichtfestsetzung der Steuer, Aufhebung oder Änderung der Steuerfestsetzung

§ 16 Nichtfestsetzung der Steuer, Aufhebung oder Änderung der Steuerfestsetzung. (1) Wird ein Erwerbsvorgang rückgängig gemacht bevor das Eigentum am Grundstück auf den Erwerber übergegangen ist, so wird auf Antrag die Steuer nicht festgesetzt oder die Steuerfestsetzung aufgehoben,

1. wenn die Rückgängigmachung durch Vereinbarung, durch Ausübung eines vorbehaltenen Rücktrittsrechts oder eines Wiederkaufsrechts innerhalb von zwei Jahren seit der Entstehung der Steuer stattfindet;
2. wenn die Vertragsbedingungen nicht erfüllt werden und der Erwerbsvorgang deshalb auf Grund eines Rechtsanspruchs rückgängig gemacht wird.

(2) Erwirbt der Veräußerer das Eigentum an dem veräußerten Grundstück zurück, so wird auf Antrag sowohl für den Rückerwerb als auch für den vorausgegangenen Erwerbsvorgang die Steuer nicht festgesetzt oder die Steuerfestsetzung aufgehoben,

1. wenn der Rückerwerb innerhalb von zwei Jahren seit der Entstehung der Steuer für den vorausgegangenen Erwerbsvorgang stattfindet. [2]Ist für den Rückerwerb eine Eintragung in das Grundbuch erforderlich, so muß innerhalb der Frist die Auflassung erklärt und die Eintragung im Grundbuch beantragt werden;
2. wenn das dem Erwerbsvorgang zugrundeliegende Rechtsgeschäft nichtig oder infolge einer Anfechtung als von Anfang an nichtig anzusehen ist;
3. wenn die Vertragsbedingungen des Rechtsgeschäfts, das den Anspruch auf Übereignung begründet hat, nicht erfüllt werden und das Rechtsgeschäft deshalb auf Grund eines Rechtsanspruchs rückgängig gemacht wird.

---

[1] *§ 13* Nr. 7 angef. durch G v. 26.6.2013 (BGBl. I S. 1809); zur Anwendung siehe § 23 Abs. 11; Nr. 7 wird Nr. 8 und geänd. durch G v. 12.5.2021 (BGBl. I S. 986); zur Anwendung siehe § 23 Abs. 18.

(3) Wird die Gegenleistung für das Grundstück herabgesetzt, so wird auf Antrag die Steuer entsprechend niedriger festgesetzt oder die Steuerfestsetzung geändert,

1. wenn die Herabsetzung innerhalb von zwei Jahren seit der Entstehung der Steuer stattfindet;
2. wenn die Herabsetzung (Minderung) auf Grund des § 437 des Bürgerlichen Gesetzbuchs[1] vollzogen wird.

(4)[2] Tritt ein Ereignis ein, das nach den Absätzen 1 bis 3 die Aufhebung oder Änderung einer Steuerfestsetzung begründet, endet die Festsetzungsfrist (§§ 169 bis 171 der Abgabenordnung)[3] insoweit nicht vor Ablauf eines Jahres nach dem Eintritt des Ereignisses.

(5)[4] Die Vorschriften der Absätze 1 bis 4 gelten nicht, wenn einer der in § 1 Absatz 2 bis 3a bezeichneten Erwerbsvorgänge rückgängig gemacht wird, der nicht fristgerecht und in allen Teilen vollständig angezeigt (§§ 18 bis 20) war.

Siebenter Abschnitt. Örtliche Zuständigkeit, Feststellung von Besteuerungsgrundlagen, Anzeigepflichten und Erteilung der Unbedenklichkeitsbescheinigung

§ 17 Örtliche Zuständigkeit, Feststellung von Besteuerungsgrundlagen. (1) [1]Für die Besteuerung ist vorbehaltlich des Satzes 2 das Finanzamt örtlich zuständig, in dessen Bezirk das Grundstück oder der wertvollste Teil des Grundstücks liegt. [2]Liegt das Grundstück in den Bezirken von Finanzämtern verschiedener Länder, so ist jedes dieser Finanzämter für die Besteuerung des Erwerbs insoweit zuständig, als der Grundstücksteil in seinem Bezirk liegt.

(2) In den Fällen des Absatzes 1 Satz 2 sowie in Fällen, in denen sich ein Rechtsvorgang auf mehrere Grundstücke bezieht, die in den Bezirken verschiedener Finanzämter liegen, stellt das Finanzamt, in dessen Bezirk der wertvollste Grundstücksteil oder das wertvollste Grundstück oder der wertvollste Bestand an Grundstücksteilen oder Grundstücken liegt, die Besteuerungsgrundlagen gesondert fest.

(3) [1]Die Besteuerungsgrundlagen werden

1.[5] bei Grundstückserwerben durch Umwandlungen auf Grund eines Bundes- oder Landesgesetzes durch das Finanzamt, in dessen Bezirk sich die Geschäftsleitung des Erwerbers befindet, und

---

[1] **Schönfelder Nr. 20.** – Verweis geänd. mWv 27.7.2002 durch G v. 23.7.2002 (BGBl. I S. 2715).

[2] § 16 Abs. 4 ergänzt durch G v. 24.3.1999 (BGBl. I S. 402); geänd. durch G v. 20.12.2001 (BGBl. I S. 3794); zur erstmaligen Anwendung siehe § 23 Abs. 6 Satz 2.

[3] Nr. **800**.

[4] § 16 Abs. 5 geänd. durch G v. 25.7.2014 (BGBl. I S. 1266); zur Anwendung siehe § 23 Abs. 12 und 3.

[5] § 17 Abs. 3 Satz 1 Nr. 1 geänd. durch G v. 24.3.1999 (BGBl. I S. 402); zur erstmaligen Anwendung siehe § 23 Abs. 6 Satz 1.

2.[1] in den Fällen des § 1 Absatz *2a, 3 und* [***ab 1.7.2021:*** 2a bis] 3a durch das Finanzamt, in dessen Bezirk sich die Geschäftsleitung der Gesellschaft befindet,

gesondert festgestellt, wenn ein außerhalb des Bezirks dieser Finanzämter liegendes Grundstück oder ein auf das Gebiet eines anderen Landes sich erstreckender Teil eines im Bezirk dieser Finanzämter liegenden Grundstücks betroffen wird. [2]Befindet sich die Geschäftsleitung nicht im Geltungsbereich des Gesetzes und werden in verschiedenen Finanzamtsbezirken liegende Grundstücke oder in verschiedenen Ländern liegende Grundstücksteile betroffen, so stellt das nach Absatz 2 zuständige Finanzamt die Besteuerungsgrundlagen gesondert fest.

(3a)[2] In die gesonderte Feststellung nach Absatz 2 und 3 sind nicht die Grundbesitzwerte im Sinne des § 151 Absatz 1 Satz 1 Nummer 1 in Verbindung mit § 157 Absatz 1 bis 3[3] des Bewertungsgesetzes aufzunehmen, wenn die Steuer nach § 8 Absatz 2 zu bemessen ist.

(4) [1]Von der gesonderten Feststellung kann abgesehen werden, wenn

1. der Erwerb steuerfrei ist oder
2. die anteilige Besteuerungsgrundlage für den Erwerb des in einem anderen Land liegenden Grundstücksteils 2500 Euro[4] nicht übersteigt.

[2]Wird von der gesonderten Feststellung abgesehen, so ist in den Fällen der Nummer 2 die anteilige Besteuerungsgrundlage denen der anderen für die Besteuerung zuständigen Finanzämter nach dem Verhältnis ihrer Anteile hinzuzurechnen.

§ 18 Anzeigepflicht der Gerichte, Behörden und Notare. (1)[5] [1]Gerichte, Behörden und Notare haben dem zuständigen Finanzamt schriftlich Anzeige nach amtlich vorgeschriebenem Vordruck zu erstatten über

1. Rechtsvorgänge, die sie beurkundet oder über die sie eine Urkunde entworfen und darauf eine Unterschrift beglaubigt haben, wenn die Rechtsvorgänge ein Grundstück im Geltungsbereich dieses Gesetzes betreffen;
2. Anträge auf Berichtigung des Grundbuchs, die sie beurkundet oder über die sie eine Urkunde entworfen und darauf eine Unterschrift beglaubigt haben, wenn der Antrag darauf gestützt wird, daß der Grundstückseigentümer gewechselt hat;
3. Zuschlagsbeschlüsse im Zwangsversteigerungsverfahren, Enteignungsbeschlüsse und andere Entscheidungen, durch die ein Wechsel im Grund-

---

[1] Zur erstmaligen Anwendung von § 17 Abs. 3 Satz 1 Nr. 2 siehe § 23 Abs. 3; Verweis geänd. durch G v. 26.6.2013 (BGBl. I S. 1809); zur Anwendung siehe § 23 Abs. 11; Abs. 3 Satz 1 Nr. 2 geänd. durch G v. 12.5.2021 (BGBl. I S. 986); zur Anwendung siehe § 23 Abs. 18.

[2] § 17 Abs. 3a eingef. durch G v. 20.12.2001 (BGBl. I S. 3794).

[3] § 17 Abs. 3a Verweis geänd. durch G v. 2.11.2015 (BGBl. I S. 1834); zur Anwendung siehe § 23 Abs. 14.

[4] *Betrag geänd. durch G v. 19.12.2000* (BGBl. I S. 1790).

[5] § 18 Abs. 1 Satz 1 geänd., Satz 3 angef. mWv 28.8.2002 durch G v. 21.8.2002 BGBl. I S. 3322); Abs. 1 Satz 3 aufgeh. mWv 5.11.2011 durch G v 1.11.2011 (BGBl. I S. 2131).

stückseigentum bewirkt wird. 2Die Anzeigepflicht der Gerichte besteht auch beim Wechsel im Grundstückseigentum auf Grund einer Eintragung im Handels-, Genossenschafts- oder Vereinsregister;

4. nachträgliche Änderungen oder Berichtigungen eines der unter den Nummern 1 bis 3 aufgeführten Vorgänge.

2Der Anzeige ist eine Abschrift der Urkunde über den Rechtsvorgang, den Antrag, den Beschluß oder die Entscheidung beizufügen.

(2)[1] 1Die Anzeigepflicht bezieht sich auch auf Vorgänge, die ein Erbbaurecht oder ein Gebäude auf fremdem Boden betreffen. 2Sie gilt außerdem für Vorgänge, die die Übertragung von Anteilen an einer Kapitalgesellschaft, *[einer bergrechtlichen Gewerkschaft,]* einer Personenhandelsgesellschaft oder einer Gesellschaft des bürgerlichen Rechts betreffen, wenn zum Vermögen der Gesellschaft ein im Geltungsbereich dieses Gesetzes liegendes Grundstück gehört.

(3) 1Die Anzeigen sind innerhalb von zwei Wochen nach der Beurkundung oder der Unterschriftsbeglaubigung oder der Bekanntgabe der Entscheidung zu erstatten, und zwar auch dann, wenn die Wirksamkeit des Rechtsvorgangs vom Eintritt einer Bedingung, vom Ablauf einer Frist oder von einer Genehmigung abhängig ist. 2Sie sind auch dann zu erstatten, wenn der Rechtsvorgang von der Besteuerung ausgenommen ist.

(4) Die Absendung der Anzeige ist auf der Urschrift der Urkunde, in den Fällen, in denen eine Urkunde entworfen und darauf eine Unterschrift beglaubigt worden ist, auf der zurückbehaltenen beglaubigten Abschrift zu vermerken.

(5) Die Anzeigen sind an das für die Besteuerung, in den Fällen des § 17 Abs. 2 und 3 an das für die gesonderte Feststellung zuständige Finanzamt zu richten.

§ 19 Anzeigepflicht der Beteiligten. (1)[2] 1Steuerschuldner müssen Anzeige erstatten über

1. Rechtsvorgänge, die es ohne Begründung eines Anspruchs auf Übereignung einem anderen rechtlich oder wirtschaftlich ermöglichen, ein Grundstück auf eigene Rechnung zu verwerten;
2. formungültige Verträge über die Übereignung eines Grundstücks, die die Beteiligten unter sich gelten lassen und wirtschaftlich erfüllen;
3. den Erwerb von Gebäuden auf fremdem Boden;

3a.[3] unmittelbare und mittelbare Änderungen des Gesellschafterbestandes einer Personengesellschaft, die innerhalb von *fünf* [***ab 1.7.2021:*** zehn] Jahren

---

[1] § 18 Abs. 2 Satz 2 kursiver Satzteil aufgeh. mWv 15.12.2018 (§ 23 Abs. 16 Satz 1) durch G v. 11.12.2018 (BGBl. I S. 2338).

[2] § 19 Abs. 1 Satz 1 Nr. 3a neu gef., Nrn. 4 bis 7 geänd. mWv 1.1.2000 (§ 23 Abs. 6 Satz 2) durch G v. 24.3.1999 (BGBl. I S. 402); Abs. 1 Satz 1 Nr. 3a neu gef., Nr. 8 angef., Satz 2 geänd. mWv 1.1.2002 (§ 23 Abs. 7 Satz 1) durch G v. 20.12.2001 (BGBl. I S. 3794); Abs. 1 Nr. 7a eingef. mWv 7.6.2013 (§ 23 Abs. 11) durch G v. 26.6.2013 (BGBl. I S. 1809).

[3] § 19 Abs. 1 Satz 1 Nr. 3a geänd. durch G v. 12.5.2021 (BGBl. I S. 986); zur Anwendung siehe § 23 Abs. 18 und zur aF Abs. 20.

zum Übergang von *95* [***ab 1.7.2021:*** 90] vom Hundert der Anteile am Gesellschaftsvermögen auf neue Gesellschafter geführt haben, wenn zum Vermögen der Personengesellschaft ein inländisches Grundstück gehört (§ 1 Abs. 2a);

[***ab 1.7.2021:***

3b.[1] unmittelbare und mittelbare Änderungen des Gesellschafterbestandes einer Kapitalgesellschaft, die innerhalb von zehn Jahren zum Übergang von 90 vom Hundert der Anteile der Gesellschaft auf neue Gesellschafter geführt haben, wenn zum Vermögen der Kapitalgesellschaft ein inländisches Grundstück gehört (§ 1 Absatz 2b);]

4.[2] schuldrechtliche Geschäfte, die auf die Vereinigung von mindestens *95* [***ab 1.7.2021:*** 90] vom Hundert der Anteile einer Gesellschaft gerichtet sind, wenn zum Vermögen der Gesellschaft ein Grundstück gehört (§ 1 Abs. 3 Nr. 1);

5.[3] die Vereinigung von mindestens *95* [***ab 1.7.2021:*** 90] vom Hundert der Anteile einer Gesellschaft, zu deren Vermögen ein Grundstück gehört (§ 1 Abs. 3 Nr. 2);

6.[4] Rechtsgeschäfte, die den Anspruch auf Übertragung von mindestens *95* [***ab 1.7.2021:*** 90] vom Hundert der Anteile einer Gesellschaft begründen, wenn zum Vermögen der Gesellschaft ein Grundstück gehört (§ 1 Abs. 3 Nr. 3);

7.[5] die Übertragung von mindestens *95* [***ab 1.7.2021:*** 90] vom Hundert der Anteile einer Gesellschaft auf einen anderen, wenn zum Vermögen der Gesellschaft ein Grundstück gehört (§ 1 Abs. 3 Nr. 4);

7a.[6] Rechtsvorgänge, aufgrund derer ein Rechtsträger unmittelbar oder mittelbar oder teils unmittelbar, teils mittelbar eine wirtschaftliche Beteiligung in Höhe von mindestens *95* [***ab 1.7.2021:*** 90] vom Hundert an einer Gesellschaft, zu deren Vermögen ein inländisches Grundstück gehört, innehat (§ 1 Absatz 3a);

8.[7] Entscheidungen im Sinne von § 18 Abs. 1 Satz 1 Nr. 3. [2]Die Anzeigepflicht besteht auch beim Wechsel im Grundstückseigentum auf Grund einer Eintragung im Handels-, Genossenschafts- oder Vereinsregister;

---

[1] § 19 Abs. 1 Satz 1 Nr. 3b eingef. durch G v. 12.5.2021 (BGBl. I S. 986); zur Anwendung siehe § 23 Abs. 18.

[2] § 19 Abs. 1 Satz 1 Nr. 4 geänd. durch G v. 12.5.2021 (BGBl. I S. 986); zur Anwendung siehe § 23 Abs. 18 und 21.

[3] § 19 Abs. 1 Satz 1 Nr. 5 geänd. durch G v. 12.5.2021 (BGBl. I S. 986); zur Anwendung siehe § 23 Abs. 18 und 21.

[4] § 19 Abs. 1 Satz 1 Nr. 6 geänd. durch G v. 12.5.2021 (BGBl. I S. 986); zur Anwendung siehe § 23 Abs. 18.

[5] § 19 Abs. 1 Satz 1 Nr. 7 geänd. durch G v. 12.5.2021 (BGBl. I S. 986); zur Anwendung siehe § 23 Abs. 18.

[6] § 19 Abs. 1 Satz 1 Nr. 7a geänd. durch G v. 12.5.2021 (BGBl. I S. 986); zur Anwendung *siehe § 23 Abs. 18 und 22.*

[7] § 19 Abs. 1 Satz 1 Nr. 8 angef. mWv 1.1.2002 (§ 23 Abs. 7 Satz 1) durch G v. 20.12.2001 (BGBl. I S. 3794).

[*ab 1.7.2021:*

9.[1] Umwandlungen, wenn innerhalb des Rückwirkungszeitraums im Sinne der §§ 2, 20 Absatz 6 oder § 24 Absatz 4 des Umwandlungssteuergesetzes ein Erwerbsvorgang nach § 1 Absatz 1 Nummer 1 verwirklicht wird und die Umwandlung ohne diesen Erwerbsvorgang eine Besteuerung nach § 1 Absatz 1 Nummer 3, Absatz 3 oder 3a ausgelöst hätte.]

[2] Sie haben auch alle Erwerbsvorgänge anzuzeigen, über die ein Gericht, eine Behörde oder ein Notar eine Anzeige nach § 18 nicht zu erstatten hat.[2]

(2) Die in Absatz 1 bezeichneten Personen haben außerdem in allen Fällen Anzeige zu erstatten über

1. jede Erhöhung der Gegenleistung des Erwerbers durch Gewährung von zusätzlichen Leistungen neben der beim Erwerbsvorgang vereinbarten Gegenleistung;
2. Leistungen, die der Erwerber des Grundstücks anderen Personen als dem Veräußerer als Gegenleistung dafür gewährt, daß sie auf den Erwerb des Grundstücks verzichten
3. Leistungen, die ein anderer als der Erwerber des Grundstücks dem Veräußerer als Gegenleistung dafür gewährt, daß der Veräußerer dem Erwerber das Grundstück überläßt;
4.[3] Änderungen im Gesellschafterbestand einer Gesamthand bei Gewährung der Steuervergünstigung nach § 5 Abs. 1 und 2 oder § 6 Abs. 3 in Verbindung mit § 6 Abs. 1;

4a.[4] Änderungen von Beherrschungsverhältnissen im Sinne des § 6a Satz 4;

5.[5] Änderungen in der Nutzung oder den Verzicht auf Rückübertragung, wenn der Grundstückserwerb nach § 4 Nummer 5 von der Besteuerung ausgenommen war.

(3)[6] [1] Die Anzeigepflichtigen haben innerhalb von zwei Wochen, nachdem sie von dem anzeigepflichtigen Vorgang Kenntnis erhalten haben, den Vorgang anzuzeigen, und zwar auch dann, wenn der Vorgang von der Besteuerung ausgenommen ist. [2] Die Frist nach Satz 1 verlängert sich auf einen Monat für den Steuerschuldner, der eine natürliche Person ohne Wohnsitz oder gewöhnlichen Aufenthalt im Inland, eine Kapitalgesellschaft ohne Geschäftsleitung oder Sitz im Inland oder eine Personengesellschaft ohne Ort der Geschäftsführung im Inland ist.

---

[1] § 19 Abs. 1 Satz 1 Nr. 9 angef. durch G v. 12.5.2021 (BGBl. I S. 986); zur Anwendung siehe § 23 Abs. 18.

[2] § 19 Abs. 1 Satz 2 geänd. durch G v. 20.12.2001 (BGBl. I S. 3794).

[3] § 19 Abs. 2 Nr. 4 angef. durch G v. 24.3.1999 (BGBl. I S. 402); zur erstmaligen Anwendung siehe § 23 Abs. 6 Satz 2; geänd. mWv 1.1.2002 (§ 23 Abs. 7 Satz 1) durch G v. 20.12.2001 (BGBl. I S. 3794).

[4] § 19 Abs. 2 Nr. 4a eingef. durch G v. 22.12.2009 (BGBl. I S. 3950); zur Anwendung siehe § 23 Abs. 8 Satz 1.

[5] § 19 Abs. 2 Nr. 5 angef. mWv 8.9.2005 durch G v. 1.9.2005 (BGBl. I S. 2676); Verweis geänd. mWv 7.6.2013 (§ 23 Abs. 11) durch G v. 26.6.2013 (BGBl. I S. 1809).

[6] § 19 Abs. 3 Satz 2 angef., bish. Text wird Satz 1 durch G v. 18.7.2016 (BGBl. I S. 1679); zur Anwendung siehe § 23 Abs. 15.

(4) 1 Die Anzeigen sind an das für die Besteuerung, in den Fällen des § 17 Abs. 2 und 3 an das für die gesonderte Feststellung zuständige Finanzamt zu richten. 2 Ist über den anzeigepflichtigen Vorgang eine privatschriftliche Urkunde aufgenommen worden, so ist der Anzeige eine Abschrift der Urkunde beizufügen.

(5)[1] 1 Die Anzeigen sind Steuererklärungen im Sinne der Abgabenordnung. 2 Sie sind schriftlich abzugeben. 3 Sie können gemäß § 87a der Abgabenordnung in elektronischer Form übermittelt werden.

[*ab 29.12.2020:*

(6)[2] 1 Die Höhe des Verspätungszuschlags bestimmt sich nach § 152 Absatz 5 Satz 2 der Abgabenordnung; § 152 Absatz 6 der Abgabenordnung ist nicht anzuwenden. 2 Die Begrenzung der Höhe des Verspätungszuschlags nach § 152 Absatz 10 der Abgabenordnung findet keine Anwendung.]

§ 20 Inhalt der Anzeigen. (1) Die Anzeigen müssen enthalten:

[aktuelle Fassung:]

1.[4] Vorname, Zuname, Anschrift sowie die steuerliche Identifikationsnummer gemäß § 139b der Abgabenordnung oder die Wirtschafts-Identifikationsnummer gemäß § 139c der Abgabenordnung des Veräußerers und des Erwerbers, gegebenenfalls auch, ob und um welche begünstigte Person im Sinne des § 3 Nummer 3 bis 7 es sich bei dem Erwerber handelt;
2. die Bezeichnung des Grundstücks nach Grundbuch, Kataster, Straße und Hausnummer;
3. die Größe des Grundstücks und bei bebauten Grundstücken die Art der Bebauung;

[künftige Fassung:][3]

1. Name, Vorname, Anschrift, Geburtsdatum sowie die Identifikationsnummer gemäß § 139b der Abgabenordnung oder die Wirtschafts-Identifikationsnummer gemäß § 139c der Abgabenordnung des Veräußerers und des Erwerbers, den Namen desjenigen, der nach der vertraglichen Vereinbarung die Grunderwerbsteuer trägt, sowie Name und Anschrift dessen gesetzlichen Vertreters und gegebenenfalls die Angabe, ob und um welche begünstigte Person im Sinne des § 3 Nummer 3 bis 7 es sich bei dem Erwerber handelt; bei nicht natürlichen Personen sind bis zur Einführung der Wirtschafts-Identifikationsnummer gemäß § 139c der Abgabenordnung die Register- und die für die Besteuerung nach dem Einkommen vergebene Steuernummer des Veräußerers und des Erwerbers anzugeben;

---

[1] § 19 Abs. 5 neu gef. mWv 28.8.2002 durch G v. 21.8.2002 (BGBl. I S. 3322).

[2] § 19 Abs. 6 angef. durch G v. 21.12.2020 (BGBl. I S. 3096); zur Anwendung siehe § 23 Abs. 17.

[3] § 20 neu gef. durch G v. 11.12.2018 (BGBl. I S. 2338); zur Anwendung siehe § 23 *Abs. 16 Satz 2 iVm § 22a Satz 1.*

[4] § 20 Abs. 1 Nr. 1, Abs. 2 Nr. 1 geänd. mWv 14.12.2010 durch G v. 8.12.2010 (BGBl. I S. 1768).

[aktuelle Fassung:]

4. die Bezeichnung des anzeigepflichtigen Vorgangs und den Tag der Beurkundung, bei einem Vorgang, der einer Genehmigung bedarf, auch die Bezeichnung desjenigen, dessen Genehmigung erforderlich ist;
5. den Kaufpreis oder die sonstige Gegenleistung (§ 9);
6. den Namen der Urkundsperson.

(2) Die Anzeigen, die sich auf Anteile an einer Gesellschaft beziehen, müssen außerdem enthalten:

1.[1] die Firma, den Ort der Geschäftsführung sowie die Wirtschafts-Identifikationsnummer der Gesellschaft gemäß § 139c der Abgabenordnung,

2. die Bezeichnung des oder der Gesellschaftsanteile;

3.[2] bei mehreren beteiligten Rechtsträgern eine Beteiligungsübersicht.

[künftige Fassung:]

2. die Bezeichnung des Grundstücks nach Grundbuch, Kataster, Straße und Hausnummer, den Anteil des Veräußerers und des Erwerbers am Grundstück und bei Wohnungs- und Teileigentum die genaue Bezeichnung des Wohnungs- und Teileigentums sowie den Miteigentumsanteil;
3. die Größe des Grundstücks und bei bebauten Grundstücken die Art der Bebauung;
4. die Bezeichnung des anzeigepflichtigen Vorgangs, den Tag der Beurkundung und die Urkundennummer, bei einem Vorgang, der einer Genehmigung bedarf, auch die Bezeichnung desjenigen, dessen Genehmigung erforderlich ist, bei einem Vorgang unter einer Bedingung auch die Bezeichnung der Bedingung;
5. den Kaufpreis oder die sonstige Gegenleistung (§ 9);
6. den Namen und die Anschrift der Urkundsperson.

(2) Die Anzeigen, die sich auf Anteile an einer Gesellschaft beziehen, müssen außerdem enthalten:

1. die Firma, den Ort der Geschäftsführung sowie die Wirtschafts-Identifikationsnummer der Gesellschaft gemäß § 139c der Abgabenordnung; bis zur Einführung der Wirtschafts-Identifikationsnummer gemäß § 139c der Abgabenordnung ist die Register- und die für die Besteuerung nach dem Einkommen vergebene Steuernummer der Gesellschaft anzugeben;

---

[1] § 20 Abs. 1 Nr. 1, Abs. 2 Nr. 1 geänd. mWv 14.12.2010 durch G v. 8.12.2010 (BGBl. I S. 1768).

[2] § 20 Abs. 2 Nr. 3 angef. durch G v. 26.6.2013 (BGBl. I S. 1809); zur Anwendung siehe § 23 Abs. 11.

[künftige Fassung:]

2. die Bezeichnung des oder der Gesellschaftsanteile;
3. bei mehreren beteiligten Rechtsträgern eine Beteiligungsübersicht.

§ 21[1] **Urkundenaushändigung.** Die Gerichte, Behörden und Notare dürfen Urkunden, die einen anzeigepflichtigen Vorgang betreffen, den Beteiligten erst aushändigen und Ausfertigungen oder beglaubigte Abschriften den Beteiligten erst erteilen, wenn sie die Anzeigen in allen Teilen vollständig (§§ 18 und 20) an das Finanzamt abgesandt haben.

§ 22 Unbedenklichkeitsbescheinigung. (1)[2] [1]Der Erwerber eines Grundstücks darf in das Grundbuch erst dann eingetragen werden, wenn eine Bescheinigung des für die Besteuerung zuständigen Finanzamts vorgelegt wird (§ 17 Abs. 1 Satz 1) oder Bescheinigungen der für die Besteuerung zuständigen Finanzämter (§ 17 Abs. 1 Satz 2) vorgelegt werden, daß der Eintragung steuerliche Bedenken nicht entgegenstehen. [2]Die obersten Finanzbehörden der Länder können im Einvernehmen mit den Landesjustizverwaltungen Ausnahmen hiervon vorsehen.

(2)[3] [1]Das Finanzamt hat die Bescheinigung zu erteilen, wenn die Grunderwerbsteuer entrichtet, sichergestellt oder gestundet worden ist oder wenn Steuerfreiheit gegeben ist. [2]Es darf die Bescheinigung auch in anderen Fällen erteilen, wenn nach seinem Ermessen die Steuerforderung nicht gefährdet ist. [3]Das Finanzamt hat die Bescheinigung schriftlich zu erteilen. [4]Eine elektronische Übermittlung der Bescheinigung ist ausgeschlossen.

Achter Abschnitt. Durchführung[4]

§ 22a Ermächtigung.[4] [1]Zur Vereinfachung des Besteuerungsverfahrens wird das Bundesministerium der Finanzen ermächtigt, im Benehmen mit dem Bundesministerium des Innern, für Bau und Heimat[5] und mit Zustimmung des Bundesrates durch Rechtsverordnung ein Verfahren zur elektronischen Übermittlung der Anzeige und der Abschrift der Urkunde im Sinne des § 18 näher zu bestimmen. [2]Die Authentifizierung des Datenübermittlers sowie die Vertraulichkeit und Integrität des übermittelten elektronischen Dokuments sind sicherzustellen. [3]Soweit von dieser Ermächtigung nicht Gebrauch gemacht wurde, ist die elektronische Übermittlung der Anzeige und der Abschrift der Urkunde im Sinne des § 18 ausgeschlossen.

---

[1] § 21 geänd. durch G v. 2.11.2015 (BGBl. I S. 1834); zur Anwendung siehe § 23 Abs. 13.
[2] § 22 Abs. 1 Satz 2 angef. durch G v. 24.3.1999 (BGBl. I S. 402).
[3] § 22 Abs. 2 Sätze 3 und 4 angef. mWv 28.8.2002 durch G v. 21.8.2002 (BGBl. I S. 3322).
[4] Achter Abschnitt, § 22a eingef., bish. Achter Abschnitt wird Neunter Abschnitt mWv 5.11.2011 durch G v. 1.11.2011 (BGBl. I S. 2131).
[5] Bezeichnung geänd. durch VO v. 19.6.2020 (BGBl. I S. 1328).

Neunter Abschnitt. Übergangs- und Schlußvorschriften

§ 23 Anwendungsbereich. (1) [1]Dieses Gesetz ist auf Erwerbsvorgänge anzuwenden, die nach dem 31. Dezember 1982 verwirklicht werden. [2]Es ist auf Antrag auch auf Erwerbsvorgänge anzuwenden, die vor dem 1. Januar 1983, jedoch nach dem Tag der Verkündung des Gesetzes, 22. Dezember 1982, verwirklicht werden.

(2) [1]Auf vor dem 1. Januar 1983 verwirklichte Erwerbsvorgänge sind vorbehaltlich des Absatzes 1 Satz 2 die bis zum Inkrafttreten dieses Gesetzes geltenden Vorschriften anzuwenden. [2]Dies gilt insbesondere, wenn für einen vor dem 1. Januar 1983 verwirklichten Erwerbsvorgang Steuerbefreiung in Anspruch genommen und nach dem 31. Dezember 1982 ein Nacherhebungstatbestand verwirklicht wurde.

(3)[1)] § 1 Abs. 2a, § 9 Abs. 1 Nr. 8, § 13 Nr. 6, § 16 Abs. 5, § 17 Abs. 3 Nr. 2 und § 19 Abs. 1 Nr. 3a in der Fassung des Gesetzes vom 20. Dezember 1996 (BGBl. I S. 2049) sind erstmals auf Rechtsgeschäfte anzuwenden, die die Voraussetzungen des § 1 Abs. 2a in der Fassung des Gesetzes vom 20. Dezember 1996 (BGBl. I S. 2049) nach dem 31. Dezember 1996 erfüllen.

(4)[1)] [1]§ 8 Abs. 2 und § 11 Abs. 1 in der Fassung des Gesetzes vom 20. Dezember 1996 (BGBl. I S. 2049) sind erstmals auf Erwerbsvorgänge anzuwenden, die nach dem 31. Dezember 1996 verwirklicht werden. [2]§ 10 ist letztmals auf Erwerbsvorgänge anzuwenden, die vor dem 1. Januar 1997 verwirklicht werden.

(5)[1)] § 4 Nr. 1 in der Fassung des Gesetzes vom 24. März 1999 (BGBl. I S. 402) ist erstmals auf Erwerbsvorgänge anzuwenden, die nach dem 31. Dezember 1997 verwirklicht werden.

(6)[2)] [1]§ 1 Abs. 6, § 8 Abs. 2, § 9 Abs. 1 und § 17 Abs. 3 Satz 1 Nr. 1 in der Fassung des Gesetzes vom 24. März 1999 (BGBl. I S. 402) sind erstmals auf Erwerbsvorgänge anzuwenden, die nach dem Tage der Verkündung[3)] des Gesetzes verwirklicht werden. [2]§ 1 Abs. 2a und 3, § 5 Abs. 3, § 13 Nr. 5 und 6, § 16 Abs. 4 und § 19 Abs. 1 Satz 1 Nr. 3a bis 7 und Abs. 2 Nr. 4 in der Fassung des Gesetzes vom 24. März 1999 (BGBl. I S. 402) sind erstmals auf Erwerbsvorgänge anzuwenden, die nach dem 31. Dezember 1999 verwirklicht werden.

(7)[4)] [1]§ 1 Abs. 2a Satz 3, § 2 Abs. 1 Satz 2 Nr. 3, § 6 Abs. 3 Satz 2, § 16 Abs. 4, § 19 Abs. 1 Satz 1 Nr. 8 und § 19 Abs. 2 Nr. 4 in der Fassung des Gesetzes vom 20. Dezember 2001 (BGBl. I S. 3794) sind erstmals auf Erwerbsvorgänge anzuwenden, die nach dem 31. Dezember 2001 verwirklicht werden. [2]§ 1 Abs. 7 ist letztmals auf Erwerbsvorgänge anzuwenden, die bis zum 31. Dezember 2001 verwirklicht werden. [3]§ 5 Absatz 3 Satz 2 und § 6 Absatz 3 Satz 3 in der Fassung des Artikels 33 des Gesetzes vom 21. Dezember

---

[1)] § 23 Abs. 3 und 4 neu gef., Abs. 5 angef. durch G v. 24.3.1999 (BGBl. I S. 402).

[2)] § 23 Abs. 6 angef. durch G v. 24.3.1999 (BGBl. I S. 402).

[3)] Verkündet am 31.3.1999.

[4)] § 23 Abs. 7 angef. durch G v. 20.12.2001 (BGBl. I S. 3794); Satz 3 angef. durch G v. 21.12.2020 (BGBl. I S. 3096).

2020 (BGBl. I S. 3096) sind erstmals auf Erwerbsvorgänge anzuwenden, die nach dem 31. Januar 2020 verwirklicht werden.

(8)[1] [1]Die §§ 6a und 19 Absatz 2 Nummer 4a in der Fassung des Artikels 7 des Gesetzes vom 22. Dezember 2009 (BGBl. I S. 3950) sind erstmals auf Erwerbsvorgänge anzuwenden, die nach dem 31. Dezember 2009 verwirklicht werden. [2]§ 6a ist nicht anzuwenden, wenn ein im Zeitraum vom 1. Januar 2008 bis 31. Dezember 2009 verwirklichter Erwerbsvorgang rückgängig gemacht wird und deshalb nach § 16 Absatz 1 oder 2 die Steuer nicht zu erheben oder eine Steuerfestsetzung aufzuheben oder zu ändern ist.

(9)[2] Soweit Steuerbescheide für Erwerbsvorgänge von Lebenspartnern noch nicht bestandskräftig sind, ist § 3 Nummer 3 bis 7 in der Fassung des Artikels 29 des Gesetzes vom 8. Dezember 2010 (BGBl. I S. 1768) erstmals auf Erwerbsvorgänge anzuwenden, die nach dem 31. Juli 2001 verwirklicht werden.

(10)[3] § 6a Satz 4 in der Fassung des Artikels 12 des Gesetzes vom 22. Juni 2011 (BGBl. I S. 1126) ist erstmals auf Erwerbsvorgänge anzuwenden, die nach dem 31. Dezember 2009 verwirklicht werden.

(11)[4] § 1 Absatz 3a und 6 Satz 1, § 4 Nummer 4 und 5, § 6a Satz 1, § 8 Absatz 2 Satz 1 Nummer 3, § 13 Nummer 7, § 16 Absatz 5, § 17 Absatz 3 Satz 1 Nummer 2, § 19 Absatz 1 Satz 1 Nummer 7a und Absatz 2 Nummer 5, § 20 Absatz 2 Nummer 3 in der Fassung des Artikels 26 des Gesetzes vom 26. Juni 2013 (BGBl. I S. 1809) sind erstmals auf Erwerbsvorgänge anzuwenden, die nach dem 6. Juni 2013[5] verwirklicht werden.

(12)[6] § 6a Satz 1 bis 3 sowie § 16 Absatz 5 in der am 31. Juli 2014[7] geltenden Fassung sind auf Erwerbsvorgänge anzuwenden, die nach dem 6. Juni 2013 verwirklicht werden.

(13)[8] § 1 Absatz 2a und § 21 in der am 6. November 2015[9] geltenden Fassung sind auf Erwerbsvorgänge anzuwenden, die nach dem 5. November 2015[10] verwirklicht werden.

(14)[11] [1]§ 8 Absatz 2 und § 17 Absatz 3a in der am 6. November 2015[9] geltenden Fassung sind auf Erwerbsvorgänge anzuwenden, die nach dem 31. Dezember 2008 verwirklicht werden. [2]Soweit Steuer- und Feststellungsbescheide, die vor dem 6. November 2015[10] für Erwerbsvorgänge nach dem 31. Dezember 2008 ergangen sind, wegen § 176 Absatz 1 Satz 1 Nummer 1 der Abgabenordnung nicht geändert werden können, ist die festgesetzte Steuer vollstreckbar.[12]

---

[1] § 23 Abs. 8 angef. durch G v. 22.12.2009 (BGBl. I S. 3950).
[2] § 23 Abs. 9 neu gef. durch G v. 26.6.2013 (BGBl. I S. 1809).
[3] § 23 Abs. 10 angef. durch G v. 22.6.2011 (BGBl. I S. 1126).
[4] § 23 Abs. 11 angef. durch G v. 26.6.2013 (BGBl. I S. 1809).
[5] Datum des Beschlusses des Dt. Bundestages über die Empfehlung des Vermittlungsausschusses zum G v. 26.6.2013.
[6] § 23 Abs. 12 angef. durch G v. 25.7.2014 (BGBl. I S. 1266).
[7] Datum des Tags nach der Verkündung des G v. 25.7.2014 (BGBl. I S. 1266).
[8] § 23 Abs. 13 angef. durch G v. 2.11.2015 (BGBl. I S. 1834).
[9] Tag *nach* der Verkündung des StÄndG 2015 v. 2.11.2015 (BGBl. I S. 1834).
[10] *Tag der* Verkündung des StÄndG 2015 v. 2.11.2015 (BGBl. I S. 1834).
[11] § 23 Abs. 14 angef. durch G v. 2.11.2015 (BGBl. I S. 1834).
[12] Siehe hierzu BVerfG v. 23.6.2015 1 BvL 13/11 und 1 BvL 14/11.

(15)[1] § 19 Absatz 3 Satz 2 in der am 23. Juli 2016[2] geltenden Fassung ist auf Erwerbsvorgänge anzuwenden, die nach dem 22. Juli 2016[3] verwirklicht werden.

(16)[4] [1] § 1 Abs. 4 und § 18 Absatz 2 Satz 2 in der am 15. Dezember 2018[5] geltenden Fassung sind auf Erwerbsvorgänge anzuwenden, die nach dem 14. Dezember 2018[6] verwirklicht werden. [2] Der Zeitpunkt der erstmaligen Anwendung des § 20 in der am 15. Dezember 2018[5] geltenden Fassung wird durch die Rechtsverordnung im Sinne des § 22a Satz 1 bestimmt.

(17)[7] § 1 Absatz 1 Nummer 3 Satz 2 Buchstabe a und b und § 19 Absatz 6 in der Fassung des Artikels 32 des Gesetzes vom 21. Dezember 2020 (BGBl. I S. 3096) sind erstmals auf Erwerbsvorgänge anzuwenden, die nach dem 28. Dezember 2020[8] verwirklicht werden.

(18)[9] § 1 Absatz 2a Satz 1 und 4, Absatz 2b, 3 und 3a Satz 1, § 5 Absatz 3, § 6 Absatz 3 Satz 2 und Absatz 4, § 6a Satz 1, § 7 Absatz 3, § 8 Absatz 2 Satz 1 Nummer 3 und 4 und Satz 2, § 13 Nummer 5 bis 8, § 17 Absatz 3 Satz 1 Nummer 2 und § 19 Absatz 1 Satz 1 Nummer 3a bis 9 und Absatz 6 in der am 1. Juli 2021 geltenden Fassung sind erstmals auf Erwerbsvorgänge anzuwenden, die nach dem 30. Juni 2021 verwirklicht werden.

(19)[10] [1] Bei Anwendung des § 1 Absatz 2a in der am 1. Juli 2021 geltenden Fassung bleiben Übergänge von Anteilen am Gesellschaftsvermögen auf Gesellschafter unberücksichtigt, die mit Ablauf des 30. Juni 2021 keine neuen Gesellschafter im Sinne des § 1 Absatz 2a in der am 30. Juni 2021 geltenden Fassung mehr sind. [2] Bei der Anwendung des § 1 Absatz 2a in der am 1. Juli 2021 geltenden Fassung ist für die Ermittlung, inwieweit sich der Gesellschafterbestand geändert hat, § 1 Absatz 2a Satz 3 bis 5 in der am 1. Juli 2021 geltenden Fassung auch auf vor dem 1. Juli 2021 erfolgte Anteilsübergänge anzuwenden.

(20)[11] [1] § 1 Absatz 2a und § 19 Absatz 1 Satz 1 Nummer 3a in der am 30. Juni 2021 geltenden Fassung sind auf Änderungen des Gesellschafterbestandes bis zum 30. Juni 2026 weiter anzuwenden. [2] Dies gilt nicht, wenn der Rechtsvorgang nach § 1 Absatz 1, 2, 2a, 3 oder Absatz 3a in der am 1. Juli 2021 geltenden Fassung steuerbar ist oder ein vorausgegangener Rechtsvorgang nach § 1 Absatz 2a in der am 1. Juli 2021geltenden Fassung steuerbar war.

(21)[12] [1] § 1 Absatz 3 Nummer 1 und 2 und § 19 Absatz 1 Satz 1 Nummer 4 und 5 in der am 30. Juni 2021 geltenden Fassung sind auf Erwerbsvor-

---

[1] § 23 Abs. 15 angef. durch G v. 18.7.2016 (BGBl. I S. 1679).
[2] Datum des Tages *nach* der Verkündung des G v. 18.7.2016 (BGBl. I S. 1679).
[3] Datum des Tages *der* Verkündung des G v. 18.7.2016 (BGBl. I S. 1679).
[4] § 23 Abs. 16 angef. durch G v. 11.12.2018 (BGBl. I S. 2338).
[5] Datum des Tages *nach* der Verkündung des G v. 11.12.2018.
[6] Datum des Tages *der* Verkündung des G v. 11.12.2018.
[7] § 23 Abs. 17 eingef. durch G v. 21.12.2020 (BGBl. I S. 3096).
[8] Datum des Tages der Verkündung des G v. 21.12.2020.
[9] § 23 Abs. 18 eingef. durch G v. 12.5.2021 (BGBl. I S. 986).
[10] § 23 Abs. 19 eingef. durch G v. 12.5.2021 (BGBl. I S. 986).
[11] § 23 Abs. 20 eingef. durch G v. 12.5.2021 (BGBl. I S. 986).
[12] § 23 Abs. 21 eingef. durch G v. 12.5.2021 (BGBl. I S. 986).

gänge, die nach dem 30. Juni 2021 verwirklicht werden, weiter anzuwenden, wenn am 30. Juni 2021 unmittelbar oder mittelbar weniger als 95 vom Hundert und mindestens 90 vom Hundert der Anteile der Gesellschaft in der Hand des Erwerbers oder in der Hand von herrschenden und abhängigen Unternehmen oder abhängigen Personen oder in der Hand von abhängigen Unternehmen oder abhängigen Personen allein vereinigt waren. [2]Bei der Ermittlung der allein in einer Hand vereinigten Anteile der Gesellschaft im Sinne des Satzes 1 sind auch solche Anteile zu berücksichtigen, über die der Erwerber oder die herrschenden und abhängigen Unternehmen oder abhängigen Personen oder die abhängigen Unternehmen oder abhängigen Personen vor dem 1. Juli 2021 ein Rechtsgeschäft abgeschlossen haben, das den Anspruch auf Übertragung eines oder mehrerer dieser Anteile begründet. [3]Die Sätze 1 und 2 gelten nicht, wenn der Rechtsvorgang nach § 1 Absatz 1, 2, 2a, 2b, 3 oder Absatz 3a in der am 1. Juli 2021 geltenden Fassung steuerbar ist. [4]Sinken die Anteile nach dem 30. Juni 2021 unter 90 vom Hundert, finden die Sätze 1 und 2 auf spätere Erwerbsvorgänge keine Anwendung.

(22)[1)] [1]§ 1 Absatz 3a und § 19 Absatz 1 Satz 1 Nummer 7a in der am 30. Juni 2021 geltenden Fassung sind auf Erwerbsvorgänge nach dem 30. Juni 2021 weiter anzuwenden, wenn der Rechtsträger am 30. Juni 2021 unmittelbar oder mittelbar oder teils unmittelbar, teils mittelbar eine wirtschaftliche Beteiligung von weniger als 95 vom Hundert und mindestens 90 vom Hundert an einer Gesellschaft, zu deren Vermögen ein inländisches Grundstück gehört, innehatte. [2]Dies gilt nicht, wenn der Rechtsvorgang nach § 1 Absatz 1, 2, 2a, 2b, 3 oder Absatz 3a in der am 1. Juli 2021 geltenden Fassung steuerbar ist. [3]Sinkt nach dem 30. Juni 2021 die wirtschaftliche Beteiligung im Sinne des § 1 Absatz 3a unter 90 vom Hundert, findet Satz 1 auf spätere Erwerbsvorgänge keine Anwendung.

(23)[2)] Bei der Anwendung des § 1 Absatz 2b bleiben Übergänge von Anteilen der Gesellschaft, die vor dem 1. Juli 2021 erfolgen, unberücksichtigt.

(24)[3)] § 5 Absatz 3, § 6 Absatz 3 Satz 2 und Absatz 4 und § 7 Absatz 3 in der am 1. Juli 2021 geltenden Fassung sind nicht anzuwenden, wenn die in § 5 Absatz 3, § 6 Absatz 3 Satz 2 oder Absatz 4 oder § 7 Absatz 3 in der am 30. Juni 2021 geltenden Fassung geregelte Frist vor dem 1. Juli 2021 abgelaufen war.

§§ 24 bis **27.** (weggefallen)

§ 28. (Inkrafttreten)[4)]

[1)] § 23 Abs. 22 eingef. durch G v. 12.5.2021 (BGBl. I S. 986).
[2)] § 23 Abs. 23 eingef. durch G v. 12.5.2021 (BGBl. I S. 986).
[3)] § 23 Abs. 24 eingef. durch G v. 12.5.2021 (BGBl. I S. 986).
[4)] Das Gesetz in seiner ursprünglichen Fassung ist am 1.1.1983 in Kraft getreten.

620. Versicherungsteuergesetz (VersStG 2021)

In der Fassung der Neubekanntmachung vom 27. April 2021 (BGBl. I S. 874)[1)·2)]

BGBl. III/FNA 611-15

Inhaltsübersicht

§ 1 Gegenstand der Steuer. (1) Der Steuer unterliegt die Zahlung des Versicherungsentgelts auf Grund eines durch Vertrag oder auf sonstige Weise entstandenen Versicherungsverhältnisses.

(2) [1]Besteht das Versicherungsverhältnis mit einem Versicherer, der im Gebiet der Mitgliedstaaten der Europäischen Union oder anderer Vertragsstaaten des Abkommens über den Europäischen Wirtschaftsraum (EWR-Staat) niedergelassen ist, so ist die Steuerpflicht unabhängig vom Sitz, Wohnsitz oder gewöhnlichem Aufenthalt des Versicherungsnehmers bei der Versicherung folgender Risiken gegeben:

1. Risiken mit Bezug auf unbewegliche Sachen, insbesondere Bauwerke und Anlagen, und auf darin befindliche Sachen mit Ausnahme von gewerblichem Durchfuhrgut, wenn sich die Gegenstände im Geltungsbereich dieses Gesetzes befinden;
2. Risiken mit Bezug auf im Geltungsbereich dieses Gesetzes in ein amtliches oder amtlich anerkanntes Register einzutragende oder eingetragene und mit einem Unterscheidungskennzeichen versehene Fahrzeuge aller Art;

[1)] Neubekanntmachung des VersStG idF der Bek. v. 10.1.1996 (BGBl. I S. 22) auf Grund des § 11 Abs. 2 VerStG in der ab 7.4.2021 geltenden Fassung.

[2)] **Das VersStG tritt im Beitrittsgebiet am 1.1.1991 in Kraft** (vgl. Anlage I Kap. IV Sachgebiet B Abschn. II Nr. 14 des Einigungsvertrags).

3. Reise- oder Ferienrisiken auf Grund eines Versicherungsverhältnisses mit einer Laufzeit von nicht mehr als vier Monaten, wenn der Versicherungsnehmer die zur Entstehung des Versicherungsverhältnisses erforderlichen Rechtshandlungen im Geltungsbereich dieses Gesetzes vornimmt.

[2]Besteht das Versicherungsverhältnis mit einem in einem EWR-Staat niedergelassenen Versicherer und ergibt sich die Steuerpflicht nicht aus Satz 1, so besteht die Steuerpflicht bei der Versicherung

1. von Risiken mit Bezug auf Gegenstände im Sinne des Satzes 1 Nummer 1, die sich außerhalb des Geltungsbereichs dieses Gesetzes befinden,
2. von Risiken mit Bezug auf Fahrzeuge im Sinne des Satzes 1 Nummer 2, die in ein amtliches Register eines Staates außerhalb des Geltungsbereichs dieses Gesetzes einzutragen oder eingetragen sind,
3. von Reise- oder Ferienrisiken im Sinne des Satzes 1 Nummer 3, bei der der Versicherungsnehmer die zur Entstehung des Versicherungsverhältnisses erforderlichen Rechtshandlungen in einem Staat außerhalb des Geltungsbereichs dieses Gesetzes vorgenommen hat, oder
4. einer außerhalb des Geltungsbereichs dieses Gesetzes belegenen Betriebsstätte oder sonstigen Einrichtung einer nicht natürlichen Person,

wenn der Versicherungsnehmer seinen Sitz, Wohnsitz oder gewöhnlichen Aufenthalt im Geltungsbereich dieses Gesetzes hat, es sei denn, die Gegenstände im Sinne der Nummer 1 oder die Betriebsstätte oder sonstige Einrichtung der nicht natürlichen Person im Sinne der Nummer 4 sind in einem EWR-Staat belegen, das Fahrzeug im Sinne der Nummer 2 ist in einem amtlichen Register eines EWR-Staates eingetragen oder die zur Entstehung des Versicherungsverhältnisses im Sinne der Nummer 3 erforderlichen Rechtshandlungen werden in einem EWR-Staat vorgenommen. [3]Sind durch die Versicherung andere als die in Satz 1 genannten Risiken oder Gegenstände, insbesondere nicht registrierungspflichtige oder nicht registrierte Fahrzeuge, abgesichert, besteht die Steuerpflicht, wenn der Versicherungsnehmer

1. eine natürliche Person ist und er bei Zahlung des Versicherungsentgelts seinen Wohnsitz oder gewöhnlichen Aufenthalt im Geltungsbereich dieses Gesetzes hat oder
2. keine natürliche Person ist und sich bei Zahlung des Versicherungsentgelts der Sitz des Unternehmens, die Betriebsstätte oder die entsprechende Einrichtung, auf die sich das Versicherungsverhältnis bezieht, im Geltungsbereich dieses Gesetzes befindet.

(3) Besteht das Versicherungsverhältnis mit einem Versicherer, der außerhalb des Gebietes der Mitgliedstaaten der Europäischen Union und des Europäischen Wirtschaftsraums niedergelassen ist, so entsteht die Steuerpflicht, wenn

1. der Versicherungsnehmer bei der Zahlung des Versicherungsentgelts seinen Wohnsitz oder gewöhnlichen Aufenthalt oder seinen Sitz im Geltungsbereich dieses Gesetzes hat oder
2. ein Gegenstand versichert ist, der sich zur Zeit der Begründung des Versicherungsverhältnisses im Geltungsbereich dieses Gesetzes befand, oder

3. sich dieses Versicherungsverhältnis auf ein Unternehmen, eine Betriebsstätte oder eine sonstige Einrichtung im Geltungsbereich dieses Gesetzes unmittelbar oder mittelbar bezieht; dies ist insbesondere der Fall bei der Betriebsstättenhaftpflichtversicherung oder der Berufshaftspflichtversicherung für Angehörige des Unternehmens, der Betriebsstätte oder der sonstigen Einrichtung.

(4) Zum Geltungsbereich dieses Gesetzes gehört auch die deutsche ausschließliche Wirtschaftszone.

§ 2 Versicherungsverträge. (1) Als Versicherungsvertrag im Sinne dieses Gesetzes gilt auch eine Vereinbarung zwischen mehreren Personen oder Personenvereinigungen, solche Verluste oder Schäden gemeinsam zu tragen, die den Gegenstand einer Versicherung bilden können.

(2) Als Versicherungsvertrag gilt nicht ein Vertrag, durch den der Versicherer sich verpflichtet, für den Versicherungsnehmer Bürgschaft oder sonstige Sicherheit zu leisten.

§ 3 Versicherungsentgelt. (1) [1] Versicherungsentgelt im Sinne dieses Gesetzes ist jede Leistung, die für die Begründung und zur Durchführung des Versicherungsverhältnisses an den Versicherer zu bewirken ist. [2] Hierunter fallen insbesondere

1. Prämien,
2. Beiträge,
3. Vorbeiträge,
4. Vorschüsse,
5. Nachschüsse,
6. Umlagen und
7. Gebühren für die Ausfertigung des Versicherungsscheins und sonstige Nebenkosten.

[3] Zum Versicherungsentgelt gehört nicht, was zur Abgeltung einer Sonderleistung des Versicherers oder aus einem sonstigen in der Person des einzelnen Versicherungsnehmers liegenden Grund gezahlt wird. [4] Hierzu zählen insbesondere Kosten für die Ausstellung einer Ersatzurkunde und die Mahnkosten.

(2) [1] Wird auf die Prämie ein Gewinnanteil verrechnet und nur der Unterschied zwischen Prämie und Gewinnanteil an den Versicherer gezahlt, so ist dieser Unterschiedsbetrag Versicherungsentgelt. [2] Das gleiche gilt, wenn eine Verrechnung zwischen Prämie und Gewinnanteil nicht möglich ist und die Gutschriftanzeige über den Gewinnanteil dem Versicherungsnehmer mit der Prämienrechnung vorgelegt wird.

§ 4 Ausnahmen von der Besteuerung. (1) Von der Besteuerung ausgenommen ist die Zahlung des Versicherungsentgelts

1. für eine Rückversicherung;
2. für eine Versicherung, die bei Vereinigungen öffentlich-rechtlicher Körperschaften genommen wird, um Aufwendungen der öffentlich-rechtlichen

Körperschaften für Ruhegehalt und Hinterbliebenenversorgung ihrer Mitglieder auszugleichen;

3. für eine Unfallversicherung nach dem Siebten Buch Sozialgesetzbuch, soweit sie nicht auf § 140 beruht;
4. für die Arbeitslosenversicherung nach dem Dritten Buch Sozialgesetzbuch[1] sowie für eine Versicherung, die auf dem Aufwendungsausgleichsgesetz beruht; dies gilt auch für eine Versicherung, die bei einer Einrichtung im Sinne des § 12 Abs. 1 des Aufwendungsausgleichsgesetzes[2] genommen wird;

[Fassung bis 31.12.2021:]

5.[4] für eine Versicherung, durch die Ansprüche auf Kapital-, Renten- oder sonstige Leistungen im Fall des Erlebens, der Krankheit, der Pflegebedürftigkeit, der Berufs- oder Erwerbsunfähigkeit oder der verminderten Erwerbsfähigkeit, des Alters oder des Todes begründet werden. [2]Dies gilt nicht für die Unfallversicherung, die Haftpflichtversicherung und sonstige Sachversicherungen. [3]Nummer 3 bleibt unberührt;

[Fassung ab 1.1.2022:][3]

5. für eine Versicherung, durch die Ansprüche auf Kapital-, Renten- oder sonstige Leistungen begründet werden
   a) im Fall des Todes, des Erlebens oder des Alters oder
   b) im Fall der Krankheit, der Pflegebedürftigkeit, der Berufs- oder der Erwerbsunfähigkeit oder der verminderten Erwerbsfähigkeit, sofern diese Ansprüche der Versorgung der natürlichen Person, bei der sich das versicherte Risiko realisiert (Risikoperson), oder der Versorgung von deren nahen Angehörigen im Sinne des § 7 des Pflegezeitgesetzes oder von deren Angehörigen im Sinne des § 15 der Abgabenordnung dienen.

   [2]Die Ausnahme von der Besteuerung nach Satz 1 gilt nicht für die Unfallversicherung, die Haftpflichtversicherung und sonstige Sachversicherungen. [3]Nummer 3 bleibt unberührt;

---

[1] **Nipperdey I Nr. 693.**

[2] **Nipperdey I Nr. 220.**

[3] § 4 [Abs. 1] Nr. 5 neu gef. durch G v. 3.12.2020 (BGBl. I S. 2659); zur Anwendung siehe § 12 Abs. 3 Satz 1 und 3.

[4] § 4 Nr. 5 neu gef. mWv 1.1.2013 durch G v. 5.12.2012 (BGBl. I S. 2431); zur Anwendung siehe § 12 Abs. 3 Satz 2.

5a. für eine Versicherung, die auf dem Vierten Abschnitt des Ersten Teils des Gesetzes zur Verbesserung der betrieblichen Altersversorgung vom 19. Dezember 1974 (BGBl. I S. 3610)[1] beruht;

6. für eine Versicherung bei einer Lohnausgleichskasse, die von Tarifvertragsparteien errichtet worden ist, um Arbeitnehmer bei Arbeitsausfällen zu unterstützen;

7. für eine Vereinbarung im Sinne des § 2 Absatz 1, soweit sie die Gewährung von Unterstützungen bei Arbeitskampfmaßnahmen oder Maßregelung zum Gegenstand hat oder soweit sie die Gewährung von Rechtsschutz durch Gewerkschaften und Vereinigungen von Arbeitgebern oder durch Zusammenschlüsse dieser Berufsverbände für ihre Mitglieder oder für andere Berufsverbände mit vergleichbarer Ausrichtung und deren Mitglieder zum Gegenstand hat. [2]Dies gilt auch, wenn die Gewährung von Rechtsschutz durch eine juristische Person erfolgt, deren Anteile sämtlich im wirtschaftlichen Eigentum einer der genannten Organisationen stehen und die ausschließlich Rechtsschutz für die Organisation und ihre Mitglieder entsprechend deren Satzung durchführt;

8. für eine Versicherung, die von einem der nachstehend bezeichneten Versicherungsnehmer genommen wird:
   a) bei der Bundesrepublik Deutschland beglaubigte diplomatische Vertretungen außerdeutscher Staaten,
   b) Mitglieder der unter Buchstabe a bezeichneten diplomatischen Vertretungen und Personen, die zum Geschäftspersonal dieser Vertretungen gehören und der inländischen Gerichtsbarkeit nicht unterliegen,
   c) in der Bundesrepublik Deutschland zugelassene konsularische Vertretungen außerdeutscher Staaten, wenn der Leiter der Vertretung Angehöriger des Entsendestaates ist und außerhalb seines Amtes in der Bundesrepublik Deutschland keine Erwerbstätigkeit ausübt,
   d) in der Bundesrepublik Deutschland zugelassene Konsularvertreter (Generalkonsuln, Konsuln, Vizekonsuln, Konsularagenten) und Personen, die zum Geschäftspersonal dieser Konsularvertreter gehören, wenn sie Angehörige des Entsendestaates sind und außerhalb ihres Amtes in der Bundesrepublik Deutschland keine Erwerbstätigkeit ausüben.

   [2]Die Steuerbefreiung tritt nur ein, wenn Gegenseitigkeit gewährt wird;

9. für eine Versicherung von Vieh, wenn die Versicherungssumme 4000 Euro nicht übersteigt. [2]Hat ein Versicherungsnehmer bei demselben Versicherer mehrere Viehversicherungen abgeschlossen, so gilt die Ausnahme von der Besteuerung nur, wenn die versicherten Beträge zusammen die Freigrenze nicht übersteigen;

10. für eine Versicherung beförderter Güter gegen Verlust oder Beschädigung als Transportgüterversicherung einschließlich Valorenversicherung und Kriegsrisikoversicherung, wenn sich die Versicherung auf Güter bezieht, die ausschließlich im Ausland oder im grenzüberschreitenden Verkehr ein-

---

[1] Nr. **70**.

schließlich der Durchfuhr befördert werden; dies gilt nicht bei der Beförderung von Gütern zwischen inländischen Orten, bei der die Güter nur zur Durchfuhr in das Ausland gelangen. [2]Die Besteuerung der Zahlung des Versicherungsentgelts für eine Haftpflichtversicherung bleibt unberührt;

11. in Form von Umlagen, die von Beteiligten eines Erlöspools zum Zweck der Verteilung der gesamten dem jeweiligen Verteilungssystem unterliegenden, von den Mitgliedern im eigenen Namen und auf eigene Rechnung erzielten Nettoeinnahmen der Beteiligten nach einem vorbestimmten Schlüssel erhoben werden;
12. an Brandunterstützungsvereine, soweit die anlässlich eines einzelnen Schadensfalls erhobene Umlage den Betrag von 5500 Euro nicht übersteigt.

[*ab 1.1.2022:*

(2)[1] [1]Treten nach Zahlung eines Versicherungsentgelts Umstände ein, die im Falle ihres Vorliegens bei Zahlung des Versicherungsentgelts zu einer Steuerbefreiung im Sinne des § 4 Absatz 1 Nummer 5 Buchstabe b oder zu einer Steuerpflicht geführt hätten, so beginnt oder erlischt die Steuerbefreiung im Zeitpunkt des Eintritts der Umstände. [2]Erlischt die Steuerbefreiung, beginnt die Festsetzungsfrist mit Ablauf des Kalenderjahres, in dem der Steuerentrichtungsschuldner oder die Finanzbehörde von dem Umstand Kenntnis erlangt, der zum Erlöschen der Steuerbefreiung führt.]

§ 5 Steuerberechnung, Steuerentstehung, Steuerausweis. (1) [1]Die Steuer wird für die einzelnen Versicherungen berechnet, und zwar

1. regelmäßig vom Versicherungsentgelt,
2. bei der Versicherung von Schäden, die an den versicherten Bodenerzeugnissen durch die Einwirkung von den wetterbedingten Elementargefahren Hagelschlag, Sturm, Starkfrost, Dürre, Starkregen oder Überschwemmungen entstehen, und bei der im Betrieb der Landwirtschaft oder Gärtnerei genommenen Versicherung von Glasdeckungen über Bodenerzeugnissen gegen Schäden auf Grund von Hagelschlag, Sturm, Starkregen oder Überschwemmungen von der Versicherungssumme und für jedes Versicherungsjahr,
3. nur bei
   a) der Feuerversicherung und der Feuer-Betriebsunterbrechungsversicherung (§ 3 Absatz 1 Nummer 1 des Feuerschutzsteuergesetzes) von einem Anteil von 60 Prozent des Versicherungsentgelts,
   b) der Wohngebäudeversicherung (§ 3 Absatz 1 Nummer 2 des Feuerschutzsteuergesetzes) von einem Anteil von 86 Prozent des Versicherungsentgelts,
   c) der Hausratversicherung (§ 3 Absatz 1 Nummer 3 des Feuerschutzsteuergesetzes) von einem Anteil von 85 Prozent des Versicherungsentgelts.

---

[1] § 4 Abs. 2 angef. durch G v. 3.12.2020 (BGBl. I S. 2659); zur Anwendung siehe § 12 Abs. 3.

2 Das Bundeszentralamt für Steuern kann auf Antrag gestatten, dass die Steuer nicht nach der Isteinnahme (Istversteuerung), sondern nach dem im Anmeldungszeitraum gemäß § 8 Absatz 2 und 3 angeforderten Versicherungsentgelt berechnet wird (Sollversteuerung).

(2) 1 Im Fall der Istversteuerung entsteht die Steuer mit der Zahlung des Versicherungsentgelts, wenn der Zahlende nach § 7 selbst entrichtungspflichtig ist, anderenfalls mit Entgegennahme des Versicherungsentgelts. 2 Im Fall der Sollversteuerung gilt die Steuer mit Fälligkeit des Versicherungsentgelts als entstanden. 3 Die Sätze 1 und 2 sind für anteilige Versicherungsentgelte entsprechend anzuwenden.

(3) 1 In der Rechnung über das Versicherungsentgelt ist der Steuerbetrag offen auszuweisen und der Steuersatz sowie die vom Bundeszentralamt für Steuern erteilte Versicherungsteuernummer, zu der die Steuer abgeführt wird, anzugeben. 2 Bei steuerfreien Versicherungsentgelten ist die zugrunde liegende Steuerbefreiungsvorschrift anzugeben. 3 Wird keine Rechnung über das Versicherungsentgelt ausgestellt, müssen sich die in den Sätzen 1 und 2 genannten Angaben aus anderen das Versicherungsverhältnis begründenden Unterlagen ergeben.

§ 6 Steuersatz. (1) Die Steuer beträgt vorbehaltlich des folgenden Absatzes 19 Prozent des Versicherungsentgelts ohne Versicherungsteuer.

(2) Die Steuer beträgt

1. bei der Feuerversicherung und bei der Feuer-Betriebsunterbrechungsversicherung 22 Prozent (§ 5 Absatz 1 Satz 1 Nummer 3 Buchstabe a);
2. bei der Wohngebäudeversicherung 19 Prozent (§ 5 Absatz 1 Satz 1 Nummer 3 Buchstabe b) und
3. bei der Hausratversicherung 19 Prozent (§ 5 Absatz 1 Satz 1 Nummer 3 Buchstabe c);
4. bei der Versicherung von Schäden, die an den versicherten Bodenerzeugnissen durch die Einwirkung von den wetterbedingten Elementargefahren Hagelschlag, Sturm, Starkfrost, Dürre, Starkregen oder Überschwemmungen entstehen, und bei der im Betrieb der Landwirtschaft oder der Gärtnerei genommenen Versicherung von Glasdeckungen über Bodenerzeugnissen gegen Hagelschlag, Sturm, Starkregen oder Überschwemmungen für jedes Versicherungsjahr 0,3 Promille der Versicherungssumme;
5. bei der Seeschiffskaskoversicherung 3 Prozent des Versicherungsentgelts unter der Voraussetzung, dass das Schiff ausschließlich gewerblichen Zwecken dient und gegen die Gefahren der See versichert ist;
6. bei der Unfallversicherung mit Prämienrückgewähr 3,8 Prozent des Versicherungsentgelts.

§ 7 Steuerschuldner, Steuerentrichtungsschuldner, Haftende.
(1) Steuerschuldner ist der Versicherungsnehmer.

(2) [1] Steuerentrichtungsschuldner ist der Versicherer, soweit in den Absätzen 3 bis 5 kein anderer zum Steuerentrichtungsschuldner bestimmt ist oder nach Absatz 6 der Versicherungsnehmer als Steuerschuldner die Steuer zu entrichten hat. [2] Der Steuerentrichtungsschuldner hat als eigenständige Schuld die Steuer für Rechnung des Versicherungsnehmers zu entrichten.

(3) Hat der Versicherer keinen Wohnsitz oder Sitz in der Europäischen Union oder im Europäischen Wirtschaftsraum, ist aber ein Bevollmächtigter mit Wohnsitz oder Sitz in den genannten Gebieten zur Entgegennahme des Versicherungsentgelts bestellt, so ist dieser Steuerentrichtungsschuldner.

(4) Haben mehrere Versicherer eine Versicherung für denselben Versicherungsnehmer in der Weise gemeinschaftlich übernommen, dass jeder von ihnen aus der Versicherung zu einem bestimmten Anteil berechtigt und verpflichtet ist, so darf einer der Versicherer mit Wohnsitz oder Sitz in der Europäischen Union oder im Europäischen Wirtschaftsraum von den anderen Mitversicherern schriftlich bestimmt werden, die Steuer auch für die anderen Versicherer zu entrichten.

(5) Ist die Steuerentrichtung einem zur Entgegennahme des Versicherungsentgelts Bevollmächtigten mit Wohnsitz oder Sitz in der Europäischen Union oder dem Europäischen Wirtschaftsraum schriftlich übertragen, so ist dieser Steuerentrichtungsschuldner.

(6) Hat weder der Versicherer noch ein zur Entgegennahme des Versicherungsentgelts Bevollmächtigter seinen Wohnsitz oder seinen Sitz in der Europäischen Union oder im Europäischen Wirtschaftsraum, so hat der Versicherungsnehmer die Steuer zu entrichten.

(7) Für die Steuerentrichtung haftet, sofern die in den Nummern 1 bis 3 genannten Personen nicht selbst Steuerentrichtungsschuldner sind,

1. der Versicherer,
2. jede andere Person, die das Versicherungsentgelt entgegennimmt,
3. eine versicherte Person, die gegen Entgelt aus einer Versicherung für fremde Rechnung Versicherungsschutz erlangt. [2] Die Haftung erstreckt sich auf die Steuer, die auf das Versicherungsentgelt entfällt, das zur Deckung des Risikos der versicherten Person an den Versicherer zu leisten ist; im Zweifel ist das von der versicherten Person gezahlte Entgelt zugrunde zu legen.

(8) [1] Der Steuerschuldner, der Steuerentrichtungsschuldner und jeder Haftende sind echte Gesamtschuldner. [2] Die Steuerentrichtungsschuld steht der Steuerschuld gleich; sie ist im Verhältnis zur Steuerschuld des Versicherungsnehmers nicht akzessorisch. [3] Die Inanspruchnahme eines Haftenden ist mittels Steuerbescheid oder mittels Haftungsbescheid zulässig. [4] Für die Bestimmung der Festsetzungsfrist nach den §§ 169 bis 171 der Abgabenordnung bei einem Steuerpflichtigen sind jeweils die Umstände maßgeblich, die in Bezug auf seine Person vorliegen; insbesondere ist für die Inanspruchnahme des Steuerentrichtungsschuldners der Ablauf der Festsetzungsfrist beim Versicherungsnehmer sowie für die Inanspruchnahme des Haftenden der Ablauf der Festsetzungsfrist beim Steuerentrichtungsschuldner unbeachtlich.

(9) Im Verhältnis zwischen dem Versicherer und dem Versicherungsnehmer gilt die Steuer als Teil des Versicherungsentgelts, soweit es sich um dessen Einziehung und Geltendmachung im Rechtsweg handelt.

§ 7a Zuständigkeit. Zuständig ist das Bundeszentralamt für Steuern.

§ 8 Anmeldung, Fälligkeit. (1) Der Steuerentrichtungsschuldner nach § 7 Absatz 2, 3, 4 oder Absatz 5 hat innerhalb von 15 Tagen nach Ablauf eines jeden Anmeldungszeitraums

[Fassung bis 31.12.2021:]

1.[2] eine eigenhändig unterschriebene oder im Wege eines Automationsverfahrens des Bundes übermittelte Steuererklärung abzugeben, in der er die im Anmeldungszeitraum entstandene Steuer selbst zu berechnen hat (Steueranmeldung), und

[Fassung ab 1.1.2022:][1]

1. eine Steuererklärung nach amtlich vorgeschriebenem Datensatz durch Datenfernübertragung zu übermitteln, in der er die im Anmeldungszeitraum entstandene Steuer selbst zu berechnen hat (Steueranmeldung), und

2. die im Anmeldungszeitraum entstandene Steuer zu entrichten.

[***ab 1.1.2022:*** [2]Auf Antrag kann das Bundeszentralamt für Steuern zur Vermeidung unbilliger Härten auf eine elektronische Übermittlung verzichten; in diesem Fall hat der Steuerentrichtungsschuldner die Steueranmeldung nach amtlich vorgeschriebenem Vordruck abzugeben.][1]

(2) [1]Anmeldungszeitraum ist der Kalendermonat. [2]Hat die Steuer für das vorangegangene Kalenderjahr insgesamt nicht mehr als 6000 Euro betragen, so ist Anmeldungszeitraum das Kalendervierteljahr. [3]Hat die Steuer für das vorangegangene Kalenderjahr nicht mehr als 1000 Euro betragen, so ist Anmeldungszeitraum das Kalenderjahr.

[Fassung bis 31.12.2021:]

(3) Hat der Versicherungsnehmer nach § 7 Absatz 6 die Steuer zu entrichten, so ist innerhalb von 15 Tagen nach Ablauf des Monats, in dem das Versicherungsentgelt gezahlt worden ist, eine Absatz 1 entsprechende Steueranmeldung abzugeben und die selbst berechnete Steuer zu entrichten.

[Fassung ab 1.1.2022:]

(3)[3] [1]Hat der Versicherungsnehmer nach § 7 Absatz 6 die Steuer zu entrichten, so hat er innerhalb von 15 Tagen nach Ablauf des Monats, in dem das Versicherungsentgelt gezahlt worden ist, eine Steueranmeldung nach amtlich vorgeschriebenem Datensatz durch Datenfernübertragung zu übermitteln und die selbst berechnete Steuer zu entrichten. [2]Absatz 1 Satz 2 gilt entsprechend.

---

[1] § 8 Abs. 1 Nr. 1 neu gef., Abs. 1 Satz 2 angef. durch G v. 3.12.2020 (BGBl. I S. 2659), zur Anwendung siehe § 12 Abs. 4 Satz 1.

[2] Zur Anwendung siehe § 12 Abs. 4 Satz 2.

[3] § 8 Abs. 3 neu gef. durch G v. 3.12.2020 (BGBl. I S. 2659); zur Anwendung siehe § 12 Abs. 4 Satz 1.

(4)[1] Gibt der zur Steueranmeldung und Steuerentrichtung Verpflichtete bis zum Ablauf der Anmeldungsfrist die Steueranmeldung nicht ab, so setzt das Bundeszentralamt für Steuern die Steuer fest. [2] *Für Verspätungszuschläge gilt § 152 der Abgabenordnung mit der Maßgabe, dass unabhängig vom konkreten Anmeldungszeitraum bei der Bemessung des Verspätungszuschlags die Dauer und die Häufigkeit der Fristüberschreitung sowie die Höhe der Steuer zu berücksichtigen sind.*

§ 9 Erstattung, Nachentrichtung der Steuer. (1) [1] Ist das Versicherungsentgelt ganz oder zum Teil zurückgezahlt worden, weil die Versicherung vorzeitig endete oder weil das Versicherungsentgelt oder die Versicherungssumme herabgesetzt worden ist, so wird die Steuer auf Antrag insoweit erstattet, als sie bei Berücksichtigung dieser Umstände nicht zu erheben gewesen wäre. [2] Die Steuer wird dem Steuerentrichtungsschuldner (§ 7 Absatz 2 bis 5) oder dem Haftenden (§ 7 Absatz 7) für Rechnung des Steuerschuldners und im Fall des § 7 Absatz 6 dem Versicherungsnehmer erstattet. [3] Die Steuer wird nicht erstattet, wenn die Prämienrückgewähr ausdrücklich versichert war. [4] Ein Erstattungsanspruch ist nur gegeben, wenn die Steuer tatsächlich an das Bundeszentralamt für Steuern entrichtet wurde.

(2) [1] Treten nach Zahlung des Versicherungsentgelts Umstände ein, die eine Steuerbefreiung nach § 4 Absatz 1 Nummer 5 Buchstabe b begründen, so wird die Steuer auf Antrag erstattet, soweit Versicherungsentgelt für einen Zeitraum nach Eintritt dieser Umstände gezahlt worden ist. [2] Absatz 1 Satz 2 und 4 gilt entsprechend.

(3) [1] Entfallen bei der Versicherung von Schiffen nach Zahlung des Versicherungsentgelts die Voraussetzungen für die Steuerbarkeit und die Steuerpflicht, so wird die Steuer auf Antrag erstattet, soweit Versicherungsentgelt für einen Zeitraum nach Eintritt dieser Umstände gezahlt worden ist. [2] Absatz 1 Satz 2 und 4 gilt entsprechend.

(4) Im Fall der Sollversteuerung im Sinne des § 5 Absatz 1 Satz 2 ist die auf nicht vereinnahmte Versicherungsentgelte bereits entrichtete Steuer zu erstatten.

(5) Erlischt gemäß § 4 Absatz 2 die Steuerbefreiung, so ist die Steuer nachzuentrichten, soweit Versicherungsentgelt für einen Zeitraum nach Entfallen der Steuerbefreiung gezahlt worden ist.

(6) Treten bei der Versicherung von Schiffen nach Zahlung des Versicherungsentgelts die übrigen Voraussetzungen für die Steuerbarkeit und Steuerpflicht ein, so ist für das zeitanteilige Versicherungsentgelt die Steuer nachzuentrichten.

(7) Ist Steuer nach den Absätzen 5 und 6 nachzuentrichten, so ist der Versicherer zum Zweck der Steuerentrichtung berechtigt, die Steuer beim Versicherungsnehmer nachträglich einzufordern oder im Leistungsfall die Versicherungsleistung entsprechend zu kürzen.

---

[1] § 8 Abs. 4 Satz 2 neu gef. mWv 10.12.2020 durch G v. 3.12.2020 (BGBl. I S. 2659) und aufgeh. mWv 7.4.2021 durch G v. 30.3.2021 (BGBl. I S. 607).

§ 10 Aufzeichnungspflichten, Außenprüfung, Änderung nach Außenprüfung. (1) [1]Alle Gesamtschuldner im Sinne des § 7 Absatz 8 Satz 1, die nach der Abgabenordnung oder anderen Gesetzen aufzeichnungspflichtig sind, haben zur Feststellung der Steuer und der Grundlagen ihrer Berechnung Aufzeichnungen zu führen, die alle Angaben enthalten, die für die Besteuerung von Bedeutung sind. [2]Hierzu gehören insbesondere

1. der Name und die Anschrift des Versicherungsnehmers,
2. die Nummer des Versicherungsscheins; bei Bevollmächtigten diejenige des jeweiligen Versicherers,
3. die Versicherungssumme,
4. das Versicherungsentgelt, und zwar sowohl das steuerpflichtige als auch das steuerfreie, sowie das zurückgezahlte und nicht erhaltene Versicherungsentgelt,
5. der Steuerbetrag,
6. der Steuersatz,
7. die vom Lloyd's Register im Auftrag der Internationalen Seeschifffahrts-Organisation (International Maritime Organization) vergebene IMO-Schiffsidentifikationsnummer,
8. die schriftliche Bevollmächtigung im Sinne des § 7 Absatz 4 und 5,
9. bei der offenen Mitversicherung die vorliegenden Informationen über die übrigen Mitversicherer sowie deren jeweilige Anteile am Vertrag.

[3]Wer nach § 7 Absatz 4 steuerentrichtungspflichtig ist, hat den Gesamtbetrag des Versicherungsentgelts sowie die Nummern der Versicherungsscheine aller beteiligten Versicherer in seinen Geschäftsbüchern zu vermerken. [4]Die die Steuerentrichtungspflicht übertragenden Versicherer haben in ihren Geschäftsbüchern anzugeben, wer die Steuer für sie entrichtet hat. [5]Ist das im Geltungsbereich dieses Gesetzes belegene Risiko von einem nicht in dessen Geltungsbereich niedergelassenen Versicherer gedeckt, so hat dieser dem Bundeszentralamt für Steuern auf Anforderung ein vollständiges Verzeichnis der sich auf diese Risiken beziehenden Versicherungsverhältnisse mit den in Satz 2 genannten Angaben schriftlich zu übermitteln. [6]Diese Verpflichtung besteht auch dann, wenn der Versicherer die Voraussetzungen für die Steuerpflicht oder für die Steuerentrichtung nicht für gegeben hält.

(2) Bei Personen und Personenvereinigungen, die Versicherungen vermitteln oder ermächtigt sind, für einen Versicherer Zahlungen entgegenzunehmen, ist zur Ermittlung oder Aufklärung von Vorgängen, die nach diesem Gesetz der Steuer unterliegen, eine Außenprüfung (§§ 193 bis 203 der Abgabenordnung) auch insoweit zulässig, als sie der Feststellung der steuerlichen Verhältnisse anderer Personen dient, die gemäß § 7 Steuerschuldner oder Steuerentrichtungsschuldner sind oder für die Steuerentrichtung haften.

(3) Eine Außenprüfung ist auch bei Personen und Personenvereinigungen zulässig, die eine Versicherung im Sinne des § 2 vereinbart haben oder die gemäß § 7 Steuerschuldner oder Steuerentrichtungsschuldner sind oder für die Steuerentrichtung haften.

(4) [1]Steuerbeträge, die auf Grund einer Außenprüfung nachzuentrichten oder zu erstatten sind, sind zusammen mit der Steuer für den letzten Monat, das letzte Quartal oder das letzte Kalenderjahr des Prüfungszeitraums festzusetzen. [2]Nachzuentrichtende Steuerbeträge sind einen Monat nach Bekanntgabe der Festsetzung fällig.

§ 10a Mitteilungspflicht. (1) Die mit der Aufsicht über die Versicherungsunternehmen betrauten Behörden teilen dem Bundeszentralamt für Steuern die zu ihrer Kenntnis gelangenden Versicherer mit.

(2) Das Registergericht teilt Eintragungen von Vereinen oder Genossenschaften, die sich mit dem Abschluss von Versicherungen befassen, dem Bundeszentralamt für Steuern mit; das gilt auch dann, wenn die Vereine oder Genossenschaften ihre Leistungen als Unterstützungen ohne Rechtsanspruch bezeichnen.

§ 10b Anwendungsvorschriften. [1]Wird ein Steuersatz geändert oder die Zahlung des Versicherungsentgelts von der Steuer ausgenommen, ist der neue Steuersatz oder die neue Befreiungsvorschrift auf Versicherungsentgelte anzuwenden, die ab dem Inkrafttreten der Änderung des Steuersatzes oder der neuen Befreiungsvorschrift fällig werden. [2]Satz 1 gilt entsprechend für geänderte oder aufgehobene Befreiungsvorschriften. [3]Wird die Fälligkeit des Versicherungsentgelts geändert für Zeitpunkte, ab denen eine Rechtsänderung in Kraft tritt, so ist die Änderung dieser Fälligkeit im Hinblick auf die Steueranmeldung und Steuerentrichtung insoweit nicht zu berücksichtigen, als sie zu einer niedrigeren Steuer führen würde. [4]Dies gilt entsprechend, wenn ein Versicherungsvertrag zur Änderung der Fälligkeit des Versicherungsentgelts gekündigt und alsbald neu abgeschlossen oder wenn die Fälligkeit des Versicherungsentgelts für einen Zeitpunkt vor Abschluss des Versicherungsvertrags festgelegt wird.

§ 10c Geschäftstätigkeit von Lloyd's. (1) Der Hauptbevollmächtigte von Lloyd's hat für alle der bei Lloyd's vereinigten Einzelversicherer die nach diesem Gesetz entstandene Steuer als Steuerentrichtungsschuldner anzumelden und zu entrichten, soweit nicht ein anderer nachweislich die Steuer selbst angemeldet und entrichtet hat.

(2) Die §§ 8, 9 und 10 gelten entsprechend.

(3) [1]Steuerfestsetzungen im Sinne des § 168 der Abgabenordnung, behördliche Maßnahmen, insbesondere Verwaltungsakte, sowie gerichtliche Titel auf dem Gebiet des Versicherungsteuerrechts wirken für und gegen die an einem konkreten Versicherungsgeschäft beteiligten Einzelversicherer. [2]Vollstreckungsmaßnahmen in die inländischen Vermögenswerte aller bei Lloyd's vereinigten Einzelversicherer sind zulässig, soweit diese Vermögenswerte von dem Hauptbevollmächtigten verwaltet werden.

§ 11 Ermächtigungen. (1) Das Bundesministerium der Finanzen wird ermächtigt, Rechtsverordnungen, die nicht der Zustimmung des Bundesrates bedürfen, zu erlassen über:

1. die nähere Bestimmung der in diesem Gesetz verwendeten Begriffe,
2. die Abgrenzung der Steuerpflicht sowie den Umfang der Ausnahmen von der Besteuerung und der Steuerermäßigungen, soweit dies zur Wahrung der Gleichmäßigkeit der Besteuerung und zur Beseitigung von Unbilligkeiten in Härtefällen erforderlich ist,
3. den Umfang der Besteuerungsgrundlage,
4. das Besteuerungsverfahren, insbesondere die von den Steuerpflichtigen zu erfüllenden Pflichten und die Beistandspflicht Dritter,
5. Art und Zeitpunkt der Steuerentrichtung,
6. Mitteilungspflichten von Behörden und Gerichten,
7. die Steuerberechnung
   a) bei Einrechnung der Steuer in das Versicherungsentgelt,
   b) nach der Versicherungsleistung,
   c) bei Werten in fremder Währung,
8. die Festsetzung der Steuer in besonderen Fällen in Pauschbeträgen. [2]Dies gilt insbesondere dann, wenn die Feststellung der Steuerbeträge mit Schwierigkeiten und Kosten verbunden wäre, die zur Höhe der Steuer in keinem angemessenen Verhältnis stehen würden,
9. die Erstattung der Steuer.

(2) Das Bundesministerium der Finanzen kann dieses Gesetz und die auf Grund dieses Gesetzes erlassenen Rechtsverordnungen in der jeweils geltenden Fassung mit neuem Datum und unter neuer Überschrift im Bundesgesetzblatt bekanntmachen.

§ 12 Übergangsvorschrift. (1) § 1 Absatz 4 ist anzuwenden für Versicherungsentgelte, die sich auf Versicherungszeiträume ab dem 1. Januar 2014 beziehen.

(2) § 5 Absatz 3 ist erstmals anzuwenden für Versicherungsentgelte, die nach dem 31. Dezember 2013 fällig werden.

(3) [1]§ 4 Absatz 1 Nummer 5 und Absatz 2 in der Fassung des Artikels 1 Nummer 3 des Gesetzes vom 3. Dezember 2020 (BGBl. I S. 2659) ist erstmals anzuwenden auf Versicherungsverträge, die nach dem 31. Dezember 2021 geschlossen wurden. [2]Auf Versicherungsverträge, die vor dem 1. Januar 2022 geschlossen worden sind, ist § 4 Nummer 5 in der Fassung des Artikels 1 Nummer 4 des Gesetzes vom 5. Dezember 2012 (BGBl. I S. 2431) anzuwenden. [3]Als Vertragsschluss im Sinne des Satzes 1 gilt jede erstmalige Absicherung eines bestimmten Risikos der Risikoperson durch den Versicherer. [4]Bei Gruppenversicherungsverträgen gilt im Hinblick auf die Risikoperson als Datum des Vertragsschlusses der Tag, an dem die Risikoperson in den Gruppenversicherungsvertrag aufgenommen worden ist.

(4) [1]§ 8 Absatz 1 und 3 in der Fassung des Artikels 1 Nummer 7 des Gesetzes vom 3. Dezember 2020 (BGBl. I S. 2659) ist erstmals anzuwenden für

Steueranmeldungen, die ab dem 1. Januar 2022 abgegeben werden. [2] Auf Steueranmeldungen, die vor dem 1. Januar 2022 abgegeben werden, ist § 8 in der Fassung des Artikels 1 Nummer 9 des Gesetzes vom 5. Dezember 2012 (BGBl. I S. 2431) anzuwenden.

625. Versicherungsteuer-Durchführungsverordnung (VersStDV 2021)

In der Fassung der Bekanntmachung vom 27. April 2021
(BGBl. I S. 938)[1)]

BGBl. III/FNA 611-15-1

A. Allgemeine Bestimmungen

§ 1 Begriffsbestimmungen. (1) Versicherer im Sinne des § 1 Absatz 2 des Gesetzes, der im Gebiet eines Mitgliedstaats der Europäischen Union oder eines anderen Vertragsstaats des Abkommens über den Europäischen Wirtschaftsraum niedergelassen ist, ist ein Versicherer, der seinen Sitz oder Wohnsitz in dem genannten Gebiet hat (EWR-Versicherer).

(2) Versicherer im Sinne des § 1 Absatz 3 des Gesetzes, der außerhalb des Gebiets der Mitgliedstaaten der Europäischen Union oder anderer Vertragsstaaten des Abkommens über den Europäischen Wirtschaftsraum niedergelassen ist, ist ein Versicherer, der seinen Sitz oder Wohnsitz außerhalb des genannten Gebiets hat (Drittlandversicherer), auch wenn er über eine zur Aufnahme seiner Tätigkeit erforderliche Zulassung eines Mitgliedstaats verfügt.

(3) Amtliche Register im Sinne des § 1 Absatz 2 Satz 1 Nummer 2 des Gesetzes sind insbesondere

1. für Kraftfahrzeuge das zentrale Fahrzeugregister,
2. für Schiffe die bei den Amtsgerichten geführten Schiffsregister,
3. für Luftfahrzeuge die Luftfahrzeugrolle und
4. für Schienenfahrzeuge das Fahrzeugeinstellungsregister.

(4) Amtlich anerkannte Register im Sinne des § 1 Absatz 2 Satz 1 Nummer 2 des Gesetzes sind insbesondere die in § 5 der Binnenschifffahrt-Kennzeichnungsverordnung genannten Register des

1. Deutschen Motoryachtverbandes e. V.,
2. Deutschen Segler-Verbandes e. V. und
3. Allgemeinen Deutschen Automobilclubs e. V.

(5) Versicherungsnehmer im Sinne des § 1 Absatz 2 Satz 3 des Gesetzes ist bei der Versicherung für fremde Rechnung der materielle Versicherungsnehmer, also die Person, deren Risiken durch die Versicherung gedeckt werden.

(6) [1]Eine Versicherung im Sinne des § 4 Absatz 1 Nummer 5 Buchstabe b des Gesetzes dient der Versorgung der Risikoperson oder von deren nahen

---

[1)] Neubekanntmachung der VersStDV idF der Bek. v. 10.1.1996 (BGBl. I S. 28) in der ab 10.12.2020 geltenden Fassung.

Angehörigen im Sinne des § 7 des Pflegezeitgesetzes oder von deren Angehörigen im Sinne des § 15 der Abgabenordnung, wenn die Versicherungsleistung den genannten Personen zugutekommen soll. [2]Dies ist der Fall, wenn

1. der Risikoperson oder deren Angehörigen ein unbedingter Anspruch oder ein Bezugsrecht zusteht,
2. die Risikoperson ein Angehöriger im Sinne des Satzes 1 des Versicherungsnehmers ist und der Versicherungsnehmer die Versicherungsleistung für den Angehörigen beanspruchen kann,
3. der Versicherung eine entsprechende gesetzliche oder vertragliche Verpflichtung des Versicherungsnehmers gegenüber der Risikoperson, einschließlich der Zusage einer Invaliditätsversorgung im Sinne des Betriebsrentengesetzes, zugrunde liegt,
4. der Versicherungsnehmer die Versicherung zur Abdeckung der Risiken einer Personengruppe nimmt und er die Versicherungsleistung nur für die Gruppenmitglieder beanspruchen kann,
5. die Risikoperson eine vom Versicherer finanzierte Naturalleistung erhalten soll oder
6. die Versicherungsleistung in der Anleitung einer Person oder in der Finanzierung einer Anleitung einer Person zur Erbringung von Naturalleistungen gegenüber der Risikoperson besteht.

[3]Sicherungsabtretung und Verpfändung des Anspruchs aus einer Versicherung im Sinne des § 4 Absatz 1 Nummer 5 Buchstabe b des Gesetzes lassen einen bestehenden Versorgungszweck unberührt; das Gleiche gilt für eine Versicherung, mit der das Risiko der Krankheit, der Pflegebedürftigkeit, der Berufs- oder Erwerbsunfähigkeit oder der verminderten Erwerbsfähigkeit eines Kreditnehmers zugunsten des Kreditinstituts versichert wird.

(7) Als zur Entgegennahme des Versicherungsentgelts Bevollmächtigter im Sinne des § 7 Absatz 3 des Gesetzes gilt der nach den Vorschriften des Versicherungsaufsichtsgesetzes von Versicherungsunternehmen eines Drittstaats für die Aufnahme des Geschäftsbetriebs im Inland bestellte Hauptbevollmächtigte, es sei denn, der Versicherer bestimmt eine andere Person mit Wohnsitz oder Sitz im Gebiet der Mitgliedstaaten der Europäischen Union oder anderer Vertragsstaaten des Abkommens über den Europäischen Wirtschaftsraum.

§ 2 Anzeigepflichten für Versicherer. (1) [1]Ein EWR-Versicherer hat die Aufnahme des Versicherungsgeschäfts im Geltungsbereich des Gesetzes binnen zwei Wochen gegenüber dem Bundeszentralamt für Steuern anzuzeigen. [2]Das Gleiche gilt für eine Person oder eine Personenvereinigung, die an einem Versicherungsvertrag im Sinne des § 2 Absatz 1 des Gesetzes beteiligt ist.

(2) [1]Zugleich mit der Anzeige hat der Versicherer dem Bundeszentralamt für Steuern zu erklären, ob er die Erfüllung der Steuerpflicht selbst übernehmen oder den zur Entgegennahme von Prämienzahlungen ermächtigten Personen (Bevollmächtigten) übertragen will. [2]In der Anzeige hat der Versicherer alle Bevollmächtigten, denen er die Erfüllung der Steuerpflicht übertragen hat,

unter Angabe ihres Wohnsitzes (Sitzes, Geschäftsleitung) und des Umfangs der Übertragung aufzuführen.

(3) Veränderungen gegenüber den in der Anzeige nach den Absätzen 1 und 2 gemachten Angaben hat der Versicherer binnen zwei Wochen dem Bundeszentralamt für Steuern zu erklären.

(4) Die Absätze 1 bis 3 gelten entsprechend für eine inländische Zweigniederlassung eines Drittlandversicherers im Sinne des Versicherungsaufsichtsgesetzes, der die Leitung des Geschäfts im Geltungsbereich des Gesetzes übertragen ist.

§ 3 Anzeigepflicht für Versicherungsnehmer und Vermittler. [1] Nimmt ein Versicherungsnehmer eine Versicherung bei einem Drittlandversicherer, der keinen zur Entgegennahme des Versicherungsentgelts Bevollmächtigten mit Wohnsitz oder Sitz im Gebiet eines Mitgliedstaats der Europäischen Union oder eines anderen Vertragsstaats des Abkommens über den Europäischen Wirtschaftsraum bestellt hat, so muss der Versicherungsnehmer den Abschluss der Versicherung gegenüber dem Bundeszentralamt für Steuern unverzüglich anzeigen. [2] Das Gleiche gilt für einen Vermittler, der den Abschluss der Versicherung vermittelt hat.

§ 4 Informationsanspruch des Steuerentrichtungsschuldners. [1] Zur Gewährleistung eines ordnungsgemäßen Besteuerungsverfahrens ist der Steuerentrichtungsschuldner berechtigt, von allen an der Begründung oder Durchführung eines Versicherungsverhältnisses Beteiligten Informationen über die für die Besteuerung erheblichen Tatsachen zu verlangen. [2] Hierzu gehören insbesondere

1. der Eintritt von Umständen nach Begründung des Versicherungsverhältnisses, die zu einer Steuerpflicht der Zahlung von Versicherungsentgelt führen;
2. die Höhe eines der Versicherungsteuer unterliegenden Verkaufsaufschlags bei auf Vermarktung durch den Versicherungsnehmer angelegten Gruppenversicherungen, es sei denn, der Versicherungsnehmer nimmt die Anmeldung und die Entrichtung der Steuer für den gesamten Gruppenversicherungsvertrag selbst vor;
3. der Eintritt der für die Nachversteuerung im Sinne des § 9 Absatz 5 und 6 des Gesetzes maßgebenden Umstände;
4. die Versicherungsteuernummer eines beteiligten Mitversicherers, auch wenn er durch einen Makler vertreten wird.

§ 5 Ausnahme von der Besteuerung bei Viehversicherungen. Sind bei einer Viehversicherung statt einer Versicherungssumme feste Entschädigungsbeträge für jedes Stück Vieh vereinbart, so gilt die Ausnahmevorschrift des § 4 Nummer 9 des Gesetzes nur, wenn der Höchstbetrag der Ersatzpflicht des Versicherers gegenüber einem Versicherungsnehmer im Zeitpunkt der Zahlung des Versicherungsentgelts 4000 Euro nicht übersteigt.

B. Besteuerungsverfahren

I. Allgemeines

§ 6 Empfangsbevollmächtigter in den Fällen des § 2 Absatz 1 des Gesetzes. (1) Für Zusammenschlüsse von Personen und Personenvereinigungen, die eine Vereinbarung im Sinne des § 2 Absatz 1 des Gesetzes treffen, ist ein gemeinsamer Empfangsbevollmächtigter zu bestellen, der für alle Beteiligten die Verwaltungsakte und Mitteilungen in Empfang nimmt, die mit dem Besteuerungsverfahren und einem gegebenenfalls sich anschließendem[1)] Rechtsbehelfsverfahren zusammenhängen.

(2) Ist ein Empfangsbevollmächtigter nach Absatz 1 nicht vorhanden, so gilt als Empfangsbevollmächtigter, wer zur Vertretung des Zusammenschlusses, zur Verwaltung der Versicherung oder zur Organisation der tatsächlichen Durchführung der Vereinbarung berechtigt ist.

(3) [1] Ist weder ein Empfangsbevollmächtigter nach Absatz 1 noch ein Berechtigter nach Absatz 2 vorhanden, fordert das Bundeszentralamt für Steuern die Beteiligten auf, innerhalb einer bestimmten Frist einen Empfangsbevollmächtigten zu benennen. [2] Die Aufforderung ist mit einem Vorschlag und dem Hinweis zu versehen, dass der vorgeschlagenen Person die in Absatz 1 genannten Verwaltungsakte und Mitteilungen mit Wirkung für und gegen alle Beteiligten bekannt gegeben werden, sofern nicht ein anderer Empfangsbevollmächtigter benannt wird. [3] Die Bekanntgabe an Empfangsbevollmächtigte erfolgt mit Wirkung für und gegen alle Beteiligten.

§ 7 Steuerberechnung bei Werten in fremder Währung. [1] Werte in fremder Währung sind zur Berechnung der Steuer in Euro umzurechnen. [2] Hierfür ist der Umsatzsteuer-Umrechnungskurs anzuwenden, den das Bundesministerium der Finanzen als Durchschnittskurs für die jeweilige Währung für denjenigen Monat öffentlich bekannt gibt, in dem das Versicherungsentgelt gezahlt oder bei Sollversteuerung fällig wird. [3] Eine Umrechnung nach dem durch Bankmitteilung oder Kurszettel nachgewiesenen Tageskurs kann vom Bundeszentralamt für Steuern gestattet werden.

II. Erstattung der Steuer

§ 8 Steuererstattung bei Rückzahlung von unverdientem Versicherungsentgelt. (1) [1] In den Fällen des § 9 Absatz 1 des Gesetzes erfolgt die Steuererstattung im Rahmen der Steueranmeldung für den Anmeldungszeitraum, in dem der Rückzahlungserfolg eingetreten ist. [2] Die für das zurückgezahlte Versicherungsentgelt bereits entrichtete Steuer ist von der für den genannten Anmeldungszeitraum anzumeldenden Steuer abzuziehen. [3] Der erkennbar vorgenommene Steuerabzug gilt zugleich als Antrag auf Steuererstattung im Sinne des § 9 Absatz 1 Satz 1 des Gesetzes.

---

1) Sic.

630. Rennwett- und Lotteriegesetz (RennwLottG)

Vom 25. Juni 2021 (BGBl. I S. 2065)

FNA 611-20

Inhaltsübersicht

I. Allgemeine Vorschriften für Rennwetten

§ 1 Totalisatorbetreiber. (1) [1]Ein Verein, der einen Totalisator aus Anlass öffentlicher Pferderennen und anderer öffentlicher Leistungsprüfungen für Pferde im Inland betreiben will (Rennverein), bedarf der Erlaubnis der nach Landesrecht zuständigen Behörde. [2]Der Betrieb von Totalisatoren kann diesem Verein auch in Kooperation mit anderen Rennvereinen aus dem Inland und mit Totalisatorveranstaltern aus dem Ausland gestattet werden.

(2) [1]Die Erlaubnis kann mit einer Befristung oder einem Vorbehalt des Widerrufs erteilt oder mit einer Auflage oder einem Vorbehalt einer nachträglichen Aufnahme, Änderung oder Ergänzung einer Auflage verbunden werden. [2]Sie kann auf einzelne Veranstaltungen beschränkt werden.

(3) Die Erlaubnis darf nur solchen Vereinen erteilt werden, die die Sicherheit bieten, dass die Einnahmen ausschließlich zum Besten der Landespferdezucht verwendet werden.

(4) [1]Eine Erlaubnis für den Betrieb eines Totalisators aus Anlass öffentlicher Pferderennen im Ausland und anderer ausländischer Leistungsprüfungen für

Pferde darf Vereinen erteilt werden, die die Sicherheit bieten, dass die Einnahmen daraus ebenfalls ausschließlich zum Besten der Landespferdezucht verwendet werden. [2]Der Betrieb von Totalisatoren ist diesen Vereinen auch in Kooperation mit anderen Rennvereinen und mit Totalisatorveranstaltern grenzüberschreitend gestattet.

§ 2 Buchmacher. (1) Wer gewerbsmäßig Wetten bei öffentlichen Leistungsprüfungen für Pferde abschließen oder vermitteln will (Buchmacher), bedarf der Erlaubnis der nach Landesrecht zuständigen Behörde.

(2) [1]Der Buchmacher bedarf der Erlaubnis für die Örtlichkeit, wo die Wetten entgegengenommen oder vermittelt werden, und auch für die Personen, derer er sich zum Abschluss und zur Vermittlung von Wetten bedienen will. [2]Die nach Landesrecht zuständige Behörde darf die Erlaubnis nur für die Örtlichkeiten ihres Landesgebiets erteilen. [3]Die Erlaubnis kann mit einer Befristung oder einem Vorbehalt des Widerrufs erteilt oder mit einer Auflage oder einem Vorbehalt einer nachträglichen Aufnahme, Änderung oder Ergänzung einer Auflage verbunden werden.

§ 3 Wettschein. (1) Der Betreiber des Totalisators und der Buchmacher haben über die Wette eine Urkunde (Wettschein) auszustellen.

(2) [1]Ist der Wettschein ausgehändigt, so ist die Wette für den Betreiber des Totalisators und den Buchmacher verbindlich. [2]Als ausgehändigter Wettschein gilt auch eine elektronisch übermittelte Annahmeerklärung des Betreibers des Totalisators oder des Buchmachers. [3]Ein von dem Wettenden gezahlter Einsatz kann nicht unter Berufung auf § 762 des Bürgerlichen Gesetzbuchs zurückverlangt werden. [4]Soweit der Einsatz nicht gezahlt ist, kann er von dem Gewinn abgezogen werden. [5]Im Übrigen bleiben die Vorschriften des Bürgerlichen Gesetzbuchs unberührt.

(3) Auf einem Rennplatz ist den Buchmachern nur das Legen von Wetten zu festen Odds für die dort am Renntag stattfindenden Rennen gestattet.

(4) Auf den Rennplätzen dürfen von den Buchmachern nur Wetteinsätze im Betrag von mindestens 15 Euro angenommen werden.

§ 4 Strafrecht. (1) Wer ohne Erlaubnis einen Totalisator betreibt oder gewerbsmäßig Rennwetten abschließt oder vermittelt, wird mit Freiheitsstrafe bis zu zwei Jahren oder mit Geldstrafe bestraft.

(2) [1]Wer gewerbsmäßig zum Abschluss oder zur Vermittlung von Rennwetten auffordert oder sich erbietet oder Angebote zum Abschluss oder zur Vermittlung solcher Rennwetten entgegennimmt, wird mit Freiheitsstrafe bis zu sechs Monaten oder mit Geldstrafe bis zu 180 Tagessätzen bestraft. [2]Unter dieses Verbot fallen nicht Aufforderungen, Erbieten und Angebote der zugelassenen Wettunternehmer sowie der Personen, deren sich die Wettunternehmer mit Erlaubnis der nach Landesrecht zuständigen Behörde zum Abschluss und zur Vermittlung von Rennwetten bedienen, soweit diese Personen bei der Abwicklung von Wettgeschäften im Auftrag des Wettunternehmers handeln.

§ 5 Ordnungswidrigkeiten. (1) Ordnungswidrig handelt, wer als Buchmacher oder dessen Gehilfe Rennwetten außerhalb der Örtlichkeiten, für die die Erlaubnis erteilt ist (§ 2 Absatz 2), abschließt, vermittelt oder Angebote dazu entgegennimmt.

(2) Ordnungswidrig handelt ferner, wer

1. ohne zugelassener Betreiber eines Totalisators oder zugelassener Buchmacher zu sein, außerhalb der Örtlichkeiten des Totalisatorbetreibers oder der Örtlichkeiten, für die die Erlaubnis erteilt ist (§ 2 Absatz 2), öffentlich oder durch Verbreiten eines Inhalts (§ 11 Absatz 3 des Strafgesetzbuches) zum Abschluss von Wetten auffordert,
2. gegen Entgelt Voraussagen über den Ausgang von Rennen verbreitet,
3. in seinen Räumen, die für das Betreiben eines Totalisators oder eines Buchmachers nicht zugelassen sind, den Abschluss oder die Vermittlung von Rennwetten duldet,
4. entgegen § 7 Absatz 3 Satz 1 eine Aufzeichnung nicht, nicht richtig, nicht vollständig führt oder
5. entgegen § 7 Absatz 3 Satz 2 eine Mitteilung nicht, nicht richtig, nicht vollständig oder nicht rechtzeitig macht.

(3) Absatz 2 Nummer 2 gilt nicht für redaktionelle Veröffentlichungen in einer periodisch erscheinenden Druckschrift, soweit diese nicht ausschließlich oder überwiegend der Verbreitung von Voraussagen dient.

(4) Die Ordnungswidrigkeit kann mit einer Geldbuße bis zu 5000 Euro geahndet werden.

§ 6 Ermächtigungen. (1) Das Bundesministerium für Ernährung und Landwirtschaft wird ermächtigt, durch Rechtsverordnung mit Zustimmung des Bundesrates zum Zweck der Förderung der Tierzucht mit Pferden

1. die näheren Voraussetzungen für das Erteilen einer Erlaubnis nach § 1 Absatz 1 oder § 2 Absatz 1 in Verbindung mit § 2 Absatz 2 und die Bekanntmachung der Erlaubniserteilung,
2. die Tatbestände, auf die sich die Erlaubnis erstreckt,
3. das Verfahren für das Erteilen der Erlaubnis, einschließlich der Aufbewahrungspflichten und sonstiger Auflagen,
4. die Angaben im Wettschein, das Beurkunden und Aufzeichnen abgeschlossener Wetten durch den Erlaubnisinhaber, einschließlich der Aufbewahrung der Urkunden und Bescheinigungen,
5. die Einzelheiten des Zuweisungsverfahrens, die Begrenzung der Höhe der Zuweisungen auf die Nettokosten nach § 7 Absatz 1 sowie die Zerlegung des zuweisungsfähigen Aufkommens der Buchmachersteuer nach den §§ 7 und 8 Absatz 2 und der Sportwettensteuer nach den §§ 7 und 16 sowie die besonderen Mitteilungspflichten nach § 7 Absatz 3

zu regeln.

(2) [1]Die Landesregierungen werden ermächtigt, Rechtsverordnungen nach Absatz 1 zu erlassen, soweit das Bundesministerium für Ernährung und

Landwirtschaft von seiner Befugnis keinen Gebrauch macht. [2]Sie können diese Befugnis auf oberste Landesbehörden übertragen.

(3) [1]Die Länder können über Rechtsverordnungen nach den Absätzen 1 und 2 hinaus weitergehende Vorschriften über das Veranstalten und Vermitteln von Pferdewetten, das Vermitteln von Pferdewetten über das Internet und in das Ausland sowie Vorschriften über Regelungen zur Spielersperre, Spielwerbung und zum Schutz Minderjähriger erlassen. [2]Die landesrechtlichen Vorschriften können auch Regelungen zum Schutz der Allgemeinheit, insbesondere die Gefahrenaufklärung der Öffentlichkeit, umfassen.

§ 7 Zuweisungsverfahren. (1) [1]Die Rennvereine, die einen Totalisator betreiben, erhalten vorbehaltlich des Absatzes 2 eine Zuweisung in Höhe von bis zu 96 Prozent des Aufkommens der Totalisatorsteuer nach § 8 Absatz 1 Satz 2, der Buchmachersteuer nach § 8 Absatz 2 Satz 2 und der Sportwettensteuer nach § 16, die von Veranstaltern einer Sportwette mit Wohnsitz, gewöhnlichem Aufenthalt, Ort der Geschäftsleitung oder Sitz im Ausland für inländische Pferderennen abgeführt wird. [2]Sie haben die Beträge zu Zwecken der öffentlichen Leistungsprüfungen für Pferde zu verwenden. [3]Die nach Landesrecht zuständigen Behörden setzen die Anteile der Rennvereine fest und treffen die erforderlichen Bestimmungen. [4]Die Anteile können für die einzelnen Rennvereine unterschiedlich bemessen werden. [5]Sie dürfen nicht über das hinausgehen, was erforderlich ist, um die Nettokosten der Durchführung der öffentlichen Leistungsprüfungen für Pferde durch den jeweiligen Rennverein zu decken.

(2) Absatz 1 findet keine Anwendung auf das Aufkommen der Totalisatorsteuer nach § 8 Absatz 1 Satz 2, das mittels Erlaubnissen nach § 1 Absatz 4 erzielt wird und auf das Aufkommen der Buchmachersteuer nach § 8 Absatz 2 Satz 2 und der Sportwettensteuer nach § 16, das jeweils aus Anlass von Pferderennen im Ausland erzielt wird.

(3) [1]Für Zwecke des Zuweisungsverfahrens haben der im Inland ansässige Totalisatorbetreiber (§ 1 Absatz 1), der im Inland ansässige Buchmacher (§ 2 Absatz 1 und 2 Satz 1) und der im Ausland ansässige Veranstalter von Sportwetten auf inländische Pferderennen für das jeweils zuweisungsfähige Steueraufkommen nach Absatz 1 besondere Aufzeichnungen zu führen. [2]Der im Inland ansässige Buchmacher und der im Ausland ansässige Veranstalter von Sportwetten haben monatlich die Buchmachersteuerbeträge oder die Sportwettensteuerbeträge aufgeschlüsselt mitzuteilen, die für Wetten auf inländische Pferderennen angemeldet und abgeführt wurden. [3]Aus Vereinfachungsgründen ist es zulässig, diese Angaben von dem Mitteilungspflichtigen im Rahmen des Steueranmeldungsverfahrens anzufordern.

II. Steuern

1. Besteuerung von Rennwetten

§ 8 Steuergegenstand. (1) [1]Jede von einem im Inland ansässigen Betreiber eines Totalisators gehaltene Wette, die aus Anlass öffentlicher Pferderennen und anderer öffentlicher Leistungsprüfungen für Pferde abgeschlossen wird, unterliegt der Rennwettsteuer. [2]Sie wird als Totalisatorsteuer erhoben.

(2) [1]Jede von einer im Inland ansässigen Person, die nicht Totalisatorbetreiber ist, gehaltene Wette, die aus Anlass öffentlicher Pferderennen und anderer öffentlicher Leistungsprüfungen für Pferde abgeschlossen wird, unterliegt der Rennwettsteuer. [2]Sie wird als Buchmachersteuer erhoben.

§ 9 Bemessungsgrundlage. (1) [1]Die Rennwettsteuer bemisst sich nach dem geleisteten Wetteinsatz abzüglich der Rennwettsteuer. [2]Der geleistete Wetteinsatz umfasst sämtliche Aufwendungen des Wettenden zur Teilnahme an der Wette nach § 8.

(2) Ein Wetteinsatz, der zurückgezahlt oder verrechnet wird, weil

1. ein Rennen für ungültig erklärt wird,
2. ein Rennen, für das die Wette abgeschlossen ist, nicht zustande kommt oder
3. ein Pferd, auf das sich die Wette bezieht, an dem Rennen nicht teilnimmt,

mindert die Bemessungsgrundlage in dem Anmeldungszeitraum (§ 13), in dem die Rückzahlung oder Verrechnung vorgenommen wird.

§ 10 Steuersatz. Die Rennwettsteuer beträgt 5,3 Prozent der Bemessungsgrundlage nach § 9.

§ 11 Steuerschuldner. (1) Steuerschuldner der Totalisatorsteuer ist der im Inland ansässige Betreiber eines Totalisators.

(2) Steuerschuldner der Buchmachersteuer ist die in § 8 Absatz 2 Satz 1 genannte Person, die eine aus Anlass öffentlicher Pferderennen und anderer öffentlicher Leistungsprüfungen für Pferde abgeschlossene Wette hält.

§ 12 Steuerentstehung. Die Rennwettsteuer entsteht mit der Leistung des Wetteinsatzes.

§ 13 Steueranmeldung und -entrichtung. (1) Der Steuerschuldner der Totalisatorsteuer hat die Steuer für jeden Kalendermonat, in dem mindestens ein Rennen stattgefunden hat (Anmeldungszeitraum), anzumelden.

(2) Der Steuerschuldner der Buchmachersteuer hat die Steuer für jeden Kalendermonat (Anmeldungszeitraum) anzumelden.

(3) [1]Der Steuerschuldner hat für die Rennwettsteuer bis zum 15. Tag nach Ablauf des Anmeldungszeitraums beim zuständigen Finanzamt eine eigenhändig unterschriebene Steuererklärung nach amtlich vorgeschriebenem Vordruck abzugeben, die Steuer darin selbst zu berechnen (Steueranmeldung) und die im Anmeldungszeitraum entstandene Steuer zum Fälligkeitszeitpunkt zu entrichten. [2]Die Steueranmeldung kann auch nach amtlich vorgeschriebenem Datensatz durch Datenfernübertragung übermittelt werden, sofern der Zugang hierfür eröffnet ist. [3]Die Steuer nach den Absätzen 1 oder 2 ist am 15. Tag nach Ablauf des Anmeldungszeitraums fällig.

(4) [1] Der Steuerschuldner der Totalisatorsteuer hat als Anlage zur Steueranmeldung das Rennprogramm beizufügen. [2] Der Steuerschuldner der Buchmachersteuer hat als Anlage zur Steueranmeldung eine Aufstellung einzureichen, aus der für jede einzelne Wettannahmestelle deren gesamte Wetteinsätze (§ 9 Absatz 1) und Rückzahlungsbeträge (§ 9 Absatz 2) ersichtlich sind.

§ 14 Aufzeichnungspflichten. (1) Der Steuerschuldner (§ 11) ist verpflichtet, Aufzeichnungen zur Ermittlung der Steuer und zu den Grundlagen ihrer Berechnung zu führen.

(2) Aus den Aufzeichnungen müssen insbesondere zu ersehen sein:

1. Beschreibung der Rennwette, der Art der Rennwette und des Rennens, auf das sich die Rennwette bezieht, sowie das Rennprogramm,
2. geleisteter Wetteinsatz für die jeweilige Rennwette,
3. Name und Anschrift der beteiligten Dritten (§ 56) sowie die von diesen vermittelten Wetteinsätze (§ 9 Absatz 1),
4. Voraussetzungen für die Minderung der Bemessungsgrundlage (§ 9 Absatz 2),
5. Zeitpunkt der Leistung des Wetteinsatzes und
6. Höhe der Steuer.

§ 15 Zuständigkeit. Örtlich zuständig ist das Finanzamt, in dessen Bezirk der Steuerschuldner der Rennwettsteuer seinen Wohnsitz, gewöhnlichen Aufenthalt, Ort der Geschäftsleitung oder Sitz hat.

2. Besteuerung von Sportwetten

§ 16 Steuergegenstand. [1] Wetten aus Anlass von Sportereignissen, die nicht als Rennwetten nach den §§ 8 bis 15 besteuert werden (Sportwetten), unterliegen der Sportwettensteuer, wenn die Sportwette im Geltungsbereich dieses Gesetzes veranstaltet wird. [2] Dies ist der Fall, wenn

1. der Veranstalter der Sportwette bei Abschluss des Wettvertrages seinen Wohnsitz, gewöhnlichen Aufenthalt, Ort der Geschäftsleitung oder Sitz im Geltungsbereich dieses Gesetzes hat oder
2. der Wettende die zur Entstehung des Wettvertrages erforderlichen Handlungen im Geltungsbereich dieses Gesetzes vornimmt.

§ 17 Bemessungsgrundlage. (1) [1] Die Sportwettensteuer bemisst sich nach dem geleisteten Wetteinsatz abzüglich der Sportwettensteuer. [2] Der geleistete Wetteinsatz umfasst sämtliche Aufwendungen des Wettenden zur Teilnahme an der Wette nach § 16.

(2) Ein Wetteinsatz, der zurückgezahlt oder verrechnet wird, weil

1. das Ergebnis des Sportereignisses für ungültig erklärt wird,
2. das Sportereignis, für das die Sportwette abgeschlossen ist, nicht stattfindet oder

3. ein Teilnehmer, auf den sich die Sportwette bezieht, an dem Sportereignis nicht teilnimmt,

mindert die Bemessungsgrundlage in dem Anmeldungszeitraum (§ 21), in dem die Rückzahlung oder Verrechnung vorgenommen wird.

§ 18 Steuersatz. Die Sportwettensteuer beträgt 5,3 Prozent der Bemessungsgrundlage nach § 17.

§ 19 Steuerschuldner. [1] Steuerschuldner ist der Veranstalter der Sportwette. [2] Veranstalter ist, wer die planmäßige Ausführung des gesamten Unternehmens selbst oder durch andere ins Werk setzt und dabei das Wettgeschehen maßgeblich gestaltet.

§ 20 Steuerentstehung. Die Sportwettensteuer entsteht mit der Leistung des Wetteinsatzes.

§ 21 Steueranmeldung und -entrichtung. (1) Der Steuerschuldner hat die Sportwettensteuer für jeden Kalendermonat (Anmeldungszeitraum) anzumelden.

(2) [1] Der Steuerschuldner hat für die Sportwettensteuer bis zum 15. Tag nach Ablauf des Anmeldungszeitraums beim zuständigen Finanzamt eine eigenhändig unterschriebene Steuererklärung nach amtlich vorgeschriebenem Vordruck abzugeben, die Steuer darin selbst zu berechnen (Steueranmeldung) und die im Anmeldungszeitraum entstandene Steuer zum Fälligkeitszeitpunkt zu entrichten. [2] Die Steueranmeldung kann auch nach amtlich vorgeschriebenem Datensatz durch Datenfernübertragung übermittelt werden, sofern der Zugang hierfür eröffnet ist. [3] Die Sportwettensteuer ist am 15. Tag nach Ablauf des Anmeldungszeitraums fällig.

(3) Der Steuerschuldner der Sportwettensteuer hat als Anlage zur Steueranmeldung eine Aufstellung einzureichen, aus der für jede einzelne Wettannahmestelle deren gesamte Wetteinsätze (§ 17 Absatz 1) und Rückzahlungsbeträge (§ 17 Absatz 2) und für jeden Dritten (§ 56) dessen gesamte vermittelte Wetteinsätze (§ 17 Absatz 1) und Rückzahlungsbeträge (§ 17 Absatz 2) ersichtlich sind.

(4) Enthält die Steueranmeldung nach Absatz 2 Sportwettensteuer, die auf im Inland durchgeführte Pferderennen entfällt, hat der Steuerpflichtige oder sein steuerlicher Beauftragter als Anlage zur Steueranmeldung eine Aufstellung einzureichen, aus der die Steuerbeträge, aufgeschlüsselt nach dem jeweiligen Ort des Pferderennens, ersichtlich sind (§ 7 Absatz 3 Satz 3).

§ 22 Steuerlicher Beauftragter. (1) Hat der Veranstalter der Sportwetten seinen Wohnsitz, gewöhnlichen Aufenthalt, Ort der Geschäftsleitung oder Sitz nicht in einem Mitgliedstaat der Europäischen Union oder einem Vertragsstaat des Abkommens über den Europäischen Wirtschaftsraum, hat er der zuständigen Finanzbehörde einen steuerlichen Beauftragten im Inland zu benennen.

(2) Steuerlicher Beauftagter kann sein, wer seinen Wohnsitz, gewöhnlichen Aufenthalt, Ort der Geschäftsleitung oder Sitz im Inland hat, gegen dessen

steuerliche Zuverlässigkeit keine Bedenken bestehen und der – soweit er nach dem Handelsgesetzbuch oder der Abgabenordnung dazu verpflichtet ist – ordnungsmäßig kaufmännische Bücher führt und rechtzeitig Jahresabschlüsse aufstellt.

(3) Der steuerliche Beauftragte hat die in § 21 geregelten Pflichten als eigene zu erfüllen.

(4) Der steuerliche Beauftragte schuldet die Steuer nach § 16 neben dem Steuerschuldner (Gesamtschuldner).

(5) § 123 der Abgabenordnung bleibt unberührt.

§ 23 Aufzeichnungspflichten. (1) [1]Der Steuerschuldner (§ 19) ist neben der Verpflichtung aus § 7 Absatz 3 verpflichtet, für jede einzelne Wettannahmestelle getrennte Aufzeichnungen zur Ermittlung der Sportwettensteuer und zu den Grundlagen ihrer Berechnung zu führen. [2]Ist ein steuerlicher Beauftragter gemäß § 22 benannt, hat der Veranstalter diesem die Aufzeichnungen nach Satz 1 monatlich zu übermitteln.

(2) Aus den Aufzeichnungen müssen insbesondere zu ersehen sein:

1. Name und Anschrift des Wettenden,
2. Name und Anschrift der beteiligten Dritten (§ 56) sowie die von diesen vermittelten Wetteinsätze (§ 17 Absatz 1),
3. Beschreibung der Sportwette und der Art der Sportwette sowie des Sportereignisses, auf das sich die Sportwette bezieht,
4. geleisteter Wetteinsatz für die jeweilige Sportwette,
5. Voraussetzungen für die Minderung der Bemessungsgrundlage (§ 17 Absatz 2),
6. Zeitpunkt der Leistung des Wetteinsatzes und
7. Höhe der Steuer.

§ 24 Zerlegung. (1) Das Gesamtaufkommen der Steuer nach § 16 wird nach den Absätzen 2 und 3 zerlegt.

(2) Die Zerlegungsanteile der einzelnen Länder am Gesamtaufkommen der Steuer nach § 16 sind nach den folgenden Zerlegungsmaßstäben zu ermitteln:

1. zu 50 Prozent entsprechend den Anteilen am im Jahr 2010 erzielten Aufkommen der Steuern nach diesem Gesetz und,
2. zu 50 Prozent entsprechend dem Einwohneranteil der Länder; dabei sind jeweils die am 1. Mai beim Statistischen Bundesamt verfügbaren neuesten Daten des dem Zerlegungsjahr folgenden Jahres zugrunde zu legen.

(3) [1]Die Zerlegung wird von der in der Durchführungsverordnung zu diesem Gesetz bestimmten obersten Landesfinanzbehörde durchgeführt. [2]Dabei sind Abschlagszahlungen unter Berücksichtigung des jeweiligen Vorjahresergebnisses festzusetzen, die am 15. März, 15. Juni, 15. September und 15. Dezember des Jahres zu leisten sind. [3]Bis zur Festsetzung der Zerlegungsanteile für das Vorjahr sind die Abschlagszahlungen vorläufig in bisheriger Höhe zu entrichten.

§ 25 Zuständigkeit. [1]Örtlich zuständig ist das Finanzamt, in dessen Bezirk der Veranstalter der Sportwette seinen Wohnsitz, gewöhnlichen Aufenthalt, Ort der Geschäftsleitung oder Sitz hat. [2]Ist ein steuerlicher Beauftragter im Sinne des § 22 Absatz 1 benannt, ist das Finanzamt örtlich zuständig, in dessen Bezirk der steuerliche Beauftragte seinen Geschäftssitz hat. [3]Ergibt sich weder nach Satz 1 noch nach Satz 2 eine örtliche Zuständigkeit, ist das in der Durchführungsverordnung zum Rennwett- und Lotteriegesetz bestimmte Finanzamt örtlich zuständig.

3. Besteuerung von öffentlichen Lotterien und Ausspielungen

§ 26 Steuergegenstand. (1) [1]Lotterien und Ausspielungen unterliegen der Lotteriesteuer, wenn sie im Geltungsbereich dieses Gesetzes öffentlich veranstaltet werden. [2]Dies ist der Fall, wenn

1. der Veranstalter der Lotterie oder Ausspielung bei Abschluss des Spielvertrages seinen Wohnsitz, gewöhnlichen Aufenthalt, Ort der Geschäftsleitung oder Sitz im Geltungsbereich dieses Gesetzes hat oder
2. der Spieler die zur Entstehung des Spielvertrages mit einem im Ausland ansässigen Veranstalter erforderlichen Handlungen im Geltungsbereich dieses Gesetzes vornimmt.

(2) Als Lotterie oder Ausspielung im Sinne des Absatzes 1 gilt auch eine angehängte Lotterie (Zweitlotterie).

§ 27 Bemessungsgrundlage. (1) [1]Die Lotteriesteuer bemisst sich nach dem geleisteten Teilnahmeentgelt abzüglich der Lotteriesteuer. [2]Geleistetes Teilnahmeentgelt ist der vom Spieler zur Teilnahme an der öffentlichen Lotterie oder Ausspielung geleistete Lospreis zuzüglich möglicher vom Veranstalter festgelegter Gebühren. [3]Hält ein Vermittler von Losen einer Klassenlotterie ein nicht verkauftes oder zurückgegebenes Los mit eigener Gewinnberechtigung vor, gilt er für die Dauer der Vorhaltung als Spieler. [4]In den Fällen des Satzes 3 gilt der Verkaufspreis des Loses für die erste Klasse beziehungsweise für ein Erneuerungslos für die nachfolgende Klasse als geleistetes Teilnahmeentgelt.

(2) Wird die öffentliche Lotterie oder Ausspielung mit einer sonstigen Leistung kombiniert und leistet der Spieler hierfür ein ungeteiltes Gesamtentgelt, gilt mindestens der Wert der vorgehaltenen Gewinne als geleistetes Teilnahmeentgelt im Sinne des Absatz 1 Satz 1.

(3) Ein Teilnahmeentgelt, das zurückgezahlt oder verrechnet wird, weil die Lotterie oder Ausspielung für ungültig erklärt wird oder nicht stattfindet, mindert die Bemessungsgrundlage in dem Anmeldungszeitraum (§ 32), in dem die Rückzahlung oder Verrechnung vorgenommen wird.

(4) [1]Werden vom Spieler Gebühren oder Entgelte für sonstige Leistungen von Lotterieeinnehmern, Spielvermittlern oder sonstigen Dritten erhoben, die nicht vom Veranstalter festgelegt wurden, aber im Zusammenhang mit der Teilnahme stehen, sind diese dem geleisteten Teilnahmeentgelt hinzuzurechnen, wenn sie von der inländischen Behörde nicht genehmigt wurden oder

soweit sie die genehmigte Höhe übersteigen. [2]Das gilt nicht in den Fällen, in denen diese Gebühren oder Entgelte aufgrund eines anderen Gesetzes allgemein und der Höhe nach erlaubt sind.

§ 28 Lotteriesteuerbefreiung. Von der Lotteriesteuer befreit sind von den zuständigen inländischen Behörden erlaubte öffentliche Lotterien und Ausspielungen,

1. bei denen der Gesamtbetrag der geleisteten Teilnahmeentgelte den Wert von 1000 Euro nicht übersteigt oder
2. bei denen der Gesamtbetrag der geleisteten Teilnahmeentgelte einer öffentlichen Lotterie oder Ausspielung zu ausschließlich gemeinnützigen, mildtätigen oder kirchlichen Zwecken den Wert von 40 000 Euro nicht übersteigt und der Reinertrag für die genannten Zwecke verwandt wird.

§ 29 Steuersatz. Die Lotteriesteuer beträgt 20 Prozent der Bemessungsgrundlage nach § 27.

§ 30 Steuerschuldner. (1) [1]Steuerschuldner ist der Veranstalter der öffentlichen Lotterie oder Ausspielung. [2]Veranstalter ist, wer die planmäßige Ausführung des gesamten Unternehmens selbst oder durch andere ins Werk setzt und dabei das Spielgeschehen maßgeblich gestaltet.

(2) Im Fall einer öffentlichen Lotterie oder Ausspielung ohne inländische ordnungsrechtliche Erlaubnis schuldet neben dem Veranstalter der öffentlichen Lotterie oder Ausspielung derjenige die Steuer gesamtschuldnerisch, der die Teilnahme an dieser öffentlichen Lotterie oder Ausspielung ermöglicht (Dritter), insbesondere durch Verkauf oder Vermittlung von Losen oder vergleichbaren Teilnahmeberechtigungen.

(3) [1]Abweichend von den Absätzen 1 und 2 schuldet der Dritte die Steuer allein, wenn der Veranstalter im Fall des Absatzes 2 von der Ermöglichung der Teilnahme durch Dritte nicht gewusst hat. [2]Dies gilt auch, wenn dem Veranstalter die Ermöglichung der Teilnahme durch Dritte bekannt war oder er diese für möglich gehalten und im Rahmen seiner Möglichkeiten versucht hat, die Teilnahme zu unterbinden.

(4) [1]Abweichend von Absatz 1 schuldet neben dem Veranstalter der öffentlichen Lotterie oder Ausspielung der Lotterieeinnehmer, Lotterievermittler oder sonstige Dritte den Teil der Steuer, der sich daraus ergibt, dass nach § 27 Absatz 4 Gebühren oder Entgelte für sonstige Leistungen nicht genehmigt wurden oder sie die genehmigte Höhe übersteigen und sie dem geleisteten Teilnahmeentgelt hinzugerechnet werden. [2]Der Lotterieeinnehmer, Spielvermittler oder sonstige Dritte schuldet den hierauf entfallenden Teil der Steuer allein, wenn zwischen ihm und dem Lotterieveranstalter kein Auftrags- oder ähnliches Vertragsverhältnis besteht.

§ 31 Steuerentstehung. [1]Die Lotteriesteuer entsteht mit der Leistung des Teilnahmeentgelts. [2]Bei Klassenlotterien entsteht die Steuer mit Beginn der jeweiligen Klasse, wenn das Teilnahmeentgelt vor diesem Zeitpunkt geleistet wurde.

§ 32 Steueranmeldung und -entrichtung. (1) Der Steuerschuldner hat die Lotteriesteuer für jeden Kalendermonat, in dem die Steuer entsteht (Anmeldungszeitraum), anzumelden.

(2) [1]Der Steuerschuldner hat für die Lotteriesteuer bis zum 15. Tag nach Ablauf des Anmeldungszeitraums beim zuständigen Finanzamt eine eigenhändig unterschriebene Steuererklärung nach amtlich vorgeschriebenem Vordruck abzugeben, die Steuer darin selbst zu berechnen (Steueranmeldung) und die im Anmeldungszeitraum entstandene Steuer zum Fälligkeitszeitpunkt zu entrichten. [2]Die Steueranmeldung kann auch nach amtlich vorgeschriebenem Datensatz durch Datenfernübertragung übermittelt werden, sofern der Zugang hierfür eröffnet ist. [3]Die Lotteriesteuer ist am 15. Tag nach Ablauf des Anmeldungszeitraums fällig.

(3) [1]In den Fällen einer nach § 28 steuerbefreiten öffentlichen Lotterie oder Ausspielung kann der Veranstalter abweichend von Absatz 1 lediglich für den Kalendermonat, in dem die letzte Ziehung der öffentlichen Lotterie oder Ausspielung stattgefunden hat (Anmeldungszeitraum), bis zum 15. Tag nach Ablauf des Anmeldungszeitraums beim zuständigen Finanzamt eine eigenhändig unterschriebene Steuererklärung nach amtlich vorgeschriebenem Vordruck abgeben und die Steuer darin selbst berechnen (Steueranmeldung). [2]Die Steueranmeldung kann auch nach amtlich vorgeschriebenem Datensatz durch Datenfernübertragung übermittelt werden, sofern der Zugang hierfür eröffnet ist. [3]Der Anmeldungszeitraum nach Satz 1 kann auch gewählt werden, wenn die Nichterfüllung der Steuerbefreiungsvoraussetzungen feststeht, bevor die letzte Ziehung der öffentlichen Lotterie oder Ausspielung stattgefunden hat.

(4) [1]Der Steueranmeldung sind in den Fällen des § 27 Absatz 2 Unterlagen über die Ermittlung des Werts der vorgehaltenen Gewinne beizufügen. [2]Soweit eine Steuerbefreiung nach § 28 geltend gemacht wird, hat der Veranstalter die nach Landesrecht einzuholende behördliche Erlaubnis oder abzugebende Anzeige als Anlage hinzuzufügen. [3]In den Fällen des § 28 Nummer 2 ist eine zeitnahe Verwendung des Reinertrags für die dort genannten Zwecke nachzuweisen.

§ 33 Aufzeichnungspflichten. (1) Der Steuerschuldner (§ 30) ist verpflichtet, Aufzeichnungen zur Ermittlung der Steuer und zu den Grundlagen ihrer Berechnung sowie zum Nachweis der Steuerbefreiung (§ 28) zu führen.

(2) Aus den Aufzeichnungen müssen insbesondere zu ersehen sein:

1. Beschreibung der öffentlichen Lotterie oder Ausspielung,
2. geleistetes Teilnahmeentgelt für die jeweilige öffentliche Lotterie oder Ausspielung,
3. in den Fällen des § 26 Absatz 1 Satz 2 Nummer 2 Name und Anschrift des Spielers,
4. Voraussetzungen für die Minderung der Bemessungsgrundlage (§ 27 Absatz 3),
5. Zeitpunkt der Steuerentstehung,
6. Höhe der Steuer und
7. in den Fällen des § 28 Nummer 2 die Verwendung des Reinertrags.

§ 34 Zerlegung. (1) [1]Das Aufkommen der Steuer nach § 26 Absatz 1 Satz 2 Nummer 2 wird zerlegt. [2]Die Zerlegungsanteile der einzelnen Länder sind nach den folgenden Zerlegungsmaßstäben zu ermitteln:

1. zu 50 Prozent entsprechend den Anteilen am im Jahr 2010 erzielten Aufkommen der Steuern nach diesem Gesetz,
2. zu 50 Prozent entsprechend dem Einwohneranteil der Länder; dabei sind jeweils die am 1. Mai beim Statistischen Bundesamt verfügbaren neuesten Daten des dem Zerlegungsjahr folgenden Jahres zugrunde zu legen.

(2) [1]Die Zerlegung wird von der in der Durchführungsverordnung zu diesem Gesetz bestimmten obersten Landesfinanzbehörde durchgeführt. [2]Dabei sind Abschlagszahlungen unter Berücksichtigung des jeweiligen Vorjahresergebnisses festzusetzen, die am 15. März, 15. Juni, 15. September und 15. Dezember des Jahres zu leisten sind. [3]Bis zur Festsetzung der Zerlegungsanteile für das Vorjahr sind die Abschlagszahlungen vorläufig in bisheriger Höhe zu entrichten.

§ 35 Zuständigkeit. [1]Örtlich zuständig ist das Finanzamt, in dessen Bezirk der Veranstalter der Lotterie oder Ausspielung seinen Wohnsitz, gewöhnlichen Aufenthalt, Ort der Geschäftsleitung oder Sitz hat. [2]Ergibt sich nach Satz 1 keine örtliche Zuständigkeit, ist das in der Durchführungsverordnung zum Rennwett- und Lotteriegesetz bestimmte Finanzamt örtlich zuständig.

4. Besteuerung von virtuellem Automatenspiel

§ 36 Steuergegenstand. [1]Im Internet angebotene Nachbildungen terrestrischer Automatenspiele (virtuelle Automatenspiele) unterliegen der Virtuellen Automatensteuer, wenn sie im Geltungsbereich dieses Gesetzes veranstaltet werden. [2]Dies ist der Fall, wenn

1. der Veranstalter des virtuellen Automatenspiels bei Abschluss des Spielvertrages seinen Wohnsitz, gewöhnlichen Aufenthalt, Ort der Geschäftsleitung oder Sitz im Geltungsbereich dieses Gesetzes hat oder
2. der Spieler die zur Entstehung des Spielvertrages erforderlichen Handlungen im Geltungsbereich dieses Gesetzes vornimmt.

[3]Der Virtuellen Automatensteuer unterliegen nicht das terrestrische Automatenspiel sowie im Internet angebotene Nachbildungen des terrestrischen Automatenspiels, die nur an bestimmten, ortsgebundenen Eingabegeräten gespielt werden können.

§ 37 Bemessungsgrundlage. [1]Die Virtuelle Automatensteuer bemisst sich nach dem geleisteten Spieleinsatz abzüglich der Virtuellen Automatensteuer. [2]Der geleistete Spieleinsatz umfasst sämtliche Aufwendungen des Spielers zur Teilnahme am virtuellen Automatenspiel nach § 36.

§ 38 Steuersatz. Die Virtuelle Automatensteuer beträgt 5,3 Prozent der Bemessungsgrundlage nach § 37.

§ 39 Steuerschuldner. [1] Steuerschuldner ist der Veranstalter des virtuellen Automatenspiels. [2] Veranstalter ist, wer die planmäßige Ausführung des gesamten Unternehmens selbst oder durch andere ins Werk setzt und dabei das Spielgeschehen maßgeblich gestaltet.

§ 40 Steuerentstehung. Die Virtuelle Automatensteuer entsteht mit der Leistung des Spieleinsatzes.

§ 41 Steueranmeldung und -entrichtung. (1) Der Steuerschuldner hat die Virtuelle Automatensteuer für jeden Kalendermonat (Anmeldungszeitraum) anzumelden.

(2) [1] Der Steuerschuldner hat für die Virtuelle Automatensteuer bis zum 15. Tag nach Ablauf des Anmeldungszeitraums beim zuständigen Finanzamt eine eigenhändig unterschriebene Steuererklärung nach amtlich vorgeschriebenem Vordruck abzugeben, die Steuer darin selbst zu berechnen (Steueranmeldung) und die im Anmeldungszeitraum entstandene Steuer zum Fälligkeitszeitpunkt zu entrichten. [2] Die Steueranmeldung kann auch nach amtlich vorgeschriebenem Datensatz durch Datenfernübertragung übermittelt werden, sofern der Zugang hierfür eröffnet ist. [3] Die Virtuelle Automatensteuer ist am 15. Tag nach Ablauf des Anmeldungszeitraums fällig.

§ 42 Steuerlicher Beauftragter. (1) Hat der Veranstalter des virtuellen Automatenspiels seinen Wohnsitz, gewöhnlichen Aufenthalt, Ort der Geschäftsleitung oder Sitz nicht in einem Mitgliedstaat der Europäischen Union oder einem Vertragsstaat des Abkommens über den Europäischen Wirtschaftsraum, hat er der zuständigen Finanzbehörde einen steuerlichen Beauftragten im Inland zu benennen.

(2) Steuerlicher Beauftragter kann sein, wer seinen Wohnsitz, gewöhnlichen Aufenthalt, Ort der Geschäftsleitung oder Sitz im Inland hat, gegen dessen steuerliche Zuverlässigkeit keine Bedenken bestehen und der – soweit er nach dem Handelsgesetzbuch oder der Abgabenordnung[1)] dazu verpflichtet ist – ordnungsmäßig kaufmännische Bücher führt und rechtzeitig Jahresabschlüsse aufstellt.

(3) Der steuerliche Beauftragte hat die in § 41 geregelten Pflichten als eigene zu erfüllen.

(4) Der steuerliche Beauftragte schuldet die Steuer nach § 36 neben dem Steuerschuldner (Gesamtschuldner).

(5) § 123 der Abgabenordnung[1)] bleibt unberührt.

§ 43 Aufzeichnungspflichten. (1) [1] Der Steuerschuldner (§ 39) ist verpflichtet, für jedes virtuelle Automatenspiel Aufzeichnungen zur Ermittlung der Virtuellen Automatensteuer und zu den Grundlagen ihrer Berechnung zu führen. [2] Ist ein steuerlicher Beauftragter gemäß § 42 benannt, hat der Veranstalter diesem die Aufzeichnungen nach Satz 1 monatlich zu übermitteln.

[1)] **Nr. 800.**

(2) Aus den Aufzeichnungen müssen insbesondere zu ersehen sein:

1. Name und Anschrift des Spielers,
2. geleistete Spieleinsatz,
3. Zeitpunkt der Leistung des Spieleinsatzes,
4. Höhe der Steuer und
5. Zugangsmöglichkeiten für eine Teilnahme am virtuellen Automatenspiel.

(3) Die Aufzeichnungen zu den Zugangsmöglichkeiten im Sinne des Absatzes 2 Nummer 5 umfassen insbesondere die Internetadresse des Angebots sowie die Namen der verfügbaren Applikationen, die zusätzlich oder gänzlich selbständig über Endgeräte genutzt werden können.

§ 44 Zerlegung. (1) Das Gesamtaufkommen der Steuer nach § 36 wird nach den Absätzen 2 und 3 zerlegt.

(2) Die Zerlegungsanteile der einzelnen Länder am Gesamtaufkommen der Steuer nach § 36 sind nach den folgenden Zerlegungsmaßstäben zu ermitteln:

1. zu 50 Prozent entsprechend den Anteilen am im Jahr 2010 erzielten Aufkommen der Steuern nach diesem Gesetz,
2. zu 50 Prozent entsprechend dem Einwohneranteil der Länder; dabei sind jeweils die am 1. Mai beim Statistischen Bundesamt verfügbaren neuesten Daten des dem Zerlegungsjahr folgenden Jahres zugrunde zu legen.

(3) [1] Die Zerlegung wird von der in der Durchführungsverordnung zu diesem Gesetz bestimmten obersten Landesfinanzbehörde durchgeführt. [2] Dabei sind Abschlagszahlungen unter Berücksichtigung des jeweiligen Vorjahresergebnisses festzusetzen, die am 15. März, 15. Juni, 15. September und 15. Dezember des Jahres zu leisten sind. [3] Bis zur Festsetzung der Zerlegungsanteile für das Vorjahr sind die Abschlagszahlungen vorläufig in bisheriger Höhe zu entrichten.

§ 45 Zuständigkeit. [1] Örtlich zuständig ist das Finanzamt, in dessen Bezirk der Veranstalter des virtuellen Automatenspiels seinen Wohnsitz, gewöhnlichen Aufenthalt, Ort der Geschäftsleitung oder Sitz hat. [2] Wurde ein steuerlicher Beauftragter im Sinne des § 42 benannt, ist das Finanzamt örtlich zuständig, in dessen Bezirk der steuerliche Beauftragte seinen Geschäftssitz hat. [3] Ergibt sich weder nach Satz 1 noch nach Satz 2 eine örtliche Zuständigkeit, ist das in der Durchführungsverordnung zum Rennwett- und Lotteriegesetz bestimmte Finanzamt örtlich zuständig.

5. Besteuerung von Online-Poker

§ 46 Steuergegenstand. [1] Varianten des Pokerspiels ohne Bankhalter, bei denen an einem virtuellen Tisch gespielt wird (Online-Poker), unterliegen der Online-Pokersteuer, wenn sie im Geltungsbereich dieses Gesetzes veranstaltet werden. [2] Dies ist der Fall, wenn

1. der Veranstalter des Online-Pokers bei Abschluss des Spielvertrages seinen Wohnsitz, gewöhnlichen Aufenthalt, Ort der Geschäftsleitung oder Sitz im Geltungsbereich dieses Gesetzes hat oder

2. der Spieler die zur Entstehung des Spielvertrages erforderlichen Handlungen im Geltungsbereich dieses Gesetzes vornimmt.

[3] Alle Formen des terrestrischen Pokerspiels sowie Pokerspiele mit Bankhalter an einem virtuellen Tisch unterliegen nicht der Online-Pokersteuer.

§ 47 Bemessungsgrundlage. (1) [1] Die Online-Pokersteuer bemisst sich nach dem Spieleinsatz abzüglich der Online-Pokersteuer. [2] Der Spieleinsatz umfasst sämtliche Aufwendungen des Spielers zur Teilnahme am Online-Poker nach § 46. [3] Hierzu gehören insbesondere der Betrag, den der Spieler bei Beginn des Spiels zum Setzen zur Verfügung hat sowie alle sonstigen vom Spieler an den Veranstalter oder dessen Beauftragten zur Teilnahme bewirkten Leistungen. [4] Werden während des Spiels weitere Beträge zur Verlängerung des Spiels eingesetzt, gelten diese zu dem Betrag zugehörig, den der Spieler bei Beginn des Spiels zum Setzen zur Verfügung hat.

(2) Ein Spiel beginnt am jeweiligen Tisch, wenn der Spieler seine erste Karte am Tisch erhält. [2] Das Spiel endet mit dem Verlassen des Tisches.

(3) Wird Online-Poker als Turnier veranstaltet, umfasst ein Spiel abweichend von Absatz 2 die gesamte Turnierteilnahme vom Beginn des Spielens am ersten Tisch bis zum Ausscheiden oder Gewinn des Turniers.

§ 48 Steuersatz. Die Online-Pokersteuer beträgt 5,3 Prozent der Bemessungsgrundlage nach § 47.

§ 49 Steuerschuldner. [1] Steuerschuldner ist der Veranstalter des Online-Pokers. [2] Veranstalter ist, wer die planmäßige Ausführung des gesamten Unternehmens selbst oder durch andere ins Werk setzt und dabei das Spielgeschehen maßgeblich gestaltet.

§ 50 Steuerentstehung. Die Online-Pokersteuer entsteht mit der Leistung des Spieleinsatzes.

§ 51 Steueranmeldung und -entrichtung. (1) Der Steuerschuldner hat die Online-Pokersteuer für jeden Kalendermonat (Anmeldungszeitraum) anzumelden.

(2) [1] Der Steuerschuldner hat für die Online-Pokersteuer bis zum 15. Tag nach Ablauf des Anmeldungszeitraums beim zuständigen Finanzamt eine eigenhändig unterschriebene Steuererklärung nach amtlich vorgeschriebenem Vordruck abzugeben, die Steuer darin selbst zu berechnen (Steueranmeldung) und die im Anmeldungszeitraum entstandene Steuer zum Fälligkeitszeitpunkt zu entrichten. [2] Die Steueranmeldung kann auch nach amtlich vorgeschriebenem Datensatz durch Datenfernübertragung übermittelt werden, sofern der Zugang hierfür eröffnet ist. [3] Die Online-Pokersteuer ist am 15. Tag nach Ablauf des Anmeldungszeitraums fällig.

§ 52 Steuerlicher Beauftragter. (1) Hat der Veranstalter des Online-Pokers seinen Wohnsitz, gewöhnlichen Aufenthalt, Ort der Geschäftsleitung oder Sitz nicht in einem Mitgliedstaat der Europäischen Union oder einem Vertragsstaat des Abkommens über den Europäischen Wirtschaftsraum, hat er der zuständigen Finanzbehörde einen steuerlichen Beauftragten im Inland zu benennen.

(2) Steuerlicher Beauftragter kann sein, wer seinen Wohnsitz, gewöhnlichen Aufenthalt, Ort der Geschäftsleitung oder Sitz im Inland hat, gegen dessen steuerliche Zuverlässigkeit keine Bedenken bestehen und der – soweit er nach dem Handelsgesetzbuch oder der Abgabenordnung[1] dazu verpflichtet ist – ordnungsmäßig kaufmännische Bücher führt und rechtzeitig Jahresabschlüsse aufstellt.

(3) Der steuerliche Beauftragte hat die in § 51 geregelten Pflichten als eigene zu erfüllen.

(4) Der steuerliche Beauftragte schuldet die Steuer nach § 46 neben dem Steuerschuldner (Gesamtschuldner).

(5) § 123 der Abgabenordnung[1] bleibt unberührt.

§ 53 Aufzeichnungspflichten. (1) [1]Der Steuerschuldner (§ 49) ist verpflichtet, für jedes Online-Poker Aufzeichnungen zur Ermittlung der Online-Pokersteuer und zu den Grundlagen ihrer Berechnung zu führen. [2]Ist ein steuerlicher Beauftragter gemäß § 52 benannt, hat der Veranstalter diesem die Aufzeichnungen nach Satz 1 monatlich zu übermitteln.

(2) Aus den Aufzeichnungen müssen insbesondere zu ersehen sein:

1. Name und Anschrift des Spielers,
2. geleisteter Spieleinsatz,
3. Zeitpunkt der Leistung des Spieleinsatzes,
4. Höhe der Steuer und
5. Zugangsmöglichkeiten für eine Teilnahme am Online-Poker.

(3) Die Aufzeichnungen zu den Zugangsmöglichkeiten im Sinne des Absatzes 2 Nummer 5 umfassen insbesondere die Internetadresse des Angebots sowie die Namen der verfügbaren Applikationen, die zusätzlich oder gänzlich selbständig über Endgeräte genutzt werden können.

§ 54 Zerlegung. (1) Das Gesamtaufkommen der Steuer nach § 46 wird nach den Absätzen 2 und 3 zerlegt.

(2) Die Zerlegungsanteile der einzelnen Länder am Gesamtaufkommen der Steuer nach § 46 sind nach den folgenden Zerlegungsmaßstäben zu ermitteln:

1. zu 50 Prozent entsprechend den Anteilen am im Jahr 2010 erzielten Aufkommen der Steuern nach diesem Gesetz,
2. zu 50 Prozent entsprechend dem Einwohneranteil der Länder; dabei sind jeweils die am 1. Mai beim Statistischen Bundesamt verfügbaren neuesten Daten des dem Zerlegungsjahr folgenden Jahres zugrunde zu legen.

(3) [1]Die Zerlegung wird von der in der Durchführungsverordnung zu diesem Gesetz bestimmten obersten Landesfinanzbehörde durchgeführt. [2]Dabei sind

[1] **Nr. 800.**

Abschlagszahlungen unter Berücksichtigung des jeweiligen Vorjahresergebnisses festzusetzen, die am 15. März, 15. Juni, 15. September und 15. Dezember des Jahres zu leisten sind. [3]Bis zur Festsetzung der Zerlegungsanteile für das Vorjahr sind die Abschlagszahlungen vorläufig in bisheriger Höhe zu entrichten.

§ 55 Zuständigkeit. [1]Örtlich zuständig ist das Finanzamt, in dessen Bezirk der Veranstalter des Online-Pokers seinen Wohnsitz, gewöhnlichen Aufenthalt, Ort der Geschäftsleitung oder Sitz hat. [2]Wurde ein steuerlicher Beauftragter im Sinne des § 52 benannt, ist das Finanzamt örtlich zuständig, in dessen Bezirk der steuerliche Beauftragte seinen Geschäftssitz hat. [3]Ergibt sich weder nach Satz 1 noch nach Satz 2 eine örtliche Zuständigkeit, ist das in der Durchführungsverordnung zum Rennwett- und Lotteriegesetz bestimmte Finanzamt örtlich zuständig.

6. Sonstige Vorschriften

§ 56 Informationspflichten Dritter. Zur Gewährleistung eines ordnungsgemäßen Besteuerungsverfahrens sind alle an der Begründung oder Durchführung der Vereinbarung zwischen Veranstalter und Wettenden oder Spieler beteiligten Dritten verpflichtet, den jeweiligen Steuerschuldner über die für die Besteuerung erheblichen Tatsachen, insbesondere über den geleisteten Wetteinsatz oder das geleistete Teilnahmeentgelt, unverzüglich zu informieren.

§ 57 Umrechnung fremder Währung. Werte in fremder Währung sind zur Berechnung der Steuer nach den für die Umsatzsteuer geltenden Vorschriften umzurechnen.

§ 58 Nachschau. (1) Zur Sicherstellung einer gleichmäßigen und vollständigen Festsetzung und Erhebung der Steuern nach diesem Gesetz sind die von der zuständigen Finanzbehörde mit der Verwaltung dieser Steuer betrauten Amtsträger befugt, ohne vorherige Ankündigung und außerhalb einer Außenprüfung nach § 193 der Abgabenordnung[1)] Grundstücke und Geschäftsräume von Personen, die die Teilnahme an Rennwetten, Sportwetten, Lotterien oder Ausspielungen, virtuellem Automatenspiel oder Online-Poker ermöglichen, während der Geschäfts- und Arbeitszeiten kostenfrei zu betreten, um Sachverhalte festzustellen, die für die Besteuerung erheblich sein können.

(2) [1]Soweit dies zur Feststellung einer steuerlichen Erheblichkeit zweckdienlich ist, haben die von der Nachschau betroffenen Personen und deren Angestellte oder Beauftragte sowie Personen, die darüber hinaus über eine entsprechende Berechtigung verfügen, auf Ersuchen des Amtsträgers Aufzeichnungen, Bücher, Geschäftspapiere und andere Unterlagen vorzulegen und Auskünfte zu erteilen. [2]§ 147 Absatz 6 der Abgabenordnung[1)] gilt entsprechend.

(3) [1]Wenn die bei der Nachschau getroffenen Feststellungen hierzu Anlass geben, kann ohne vorherige Prüfungsanordnung (§ 196 der Abgabenordnung[1)]) zu einer Außenprüfung nach § 193 der Abgabenordnung[1)] übergegangen werden. [2]Auf den Übergang zur Außenprüfung ist schriftlich hinzuweisen.

[1)] **Nr. 800.**

(4) Werden anlässlich der Nachschau Verhältnisse festgestellt, die für die Festsetzung und Erhebung anderer Steuern als der Steuern nach diesem Gesetz erheblich sein können, ist die Auswertung der Feststellungen insoweit zulässig, als ihre Kenntnis für die Besteuerung der in Absatz 1 genannten Personen oder anderer Personen von Bedeutung sein kann.

§ 59 Änderung nach Außenprüfung. [1] Steuerbeträge, die auf Grund einer Außenprüfung nachzuentrichten oder zu erstatten sind, sind zusammen mit der Steuer für den letzten Kalendermonat des Prüfungszeitraums festzusetzen. [2] Sie sind einen Monat nach Bekanntgabe der Festsetzung fällig.

§ 60 Ermächtigung. Das Bundesministerium der Finanzen wird ermächtigt, durch Rechtsverordnung mit Zustimmung des Bundesrates Regelungen zu erlassen über:

1. die nähere Bestimmung der in Abschnitt II. verwendeten Begriffe,
2. Anzeigepflichten gegenüber der zuständigen Finanzbehörde,
3. die für die Besteuerung zuständigen Finanzbehörden,
4. die Bestimmung der für die Steuerzerlegung zuständigen Finanzbehörden,
5. die Berechnung der Steuer,
6. die näheren Voraussetzungen für eine Steuerbefreiung und
7. die Einzelheiten der Besteuerungsverfahren einschließlich der erforderlichen Angaben und vorzulegenden Unterlagen.

III. Gemeinsame Vorschriften

§ 61 Offenbarungs- und Verwertungsbefugnis für nichtsteuerliche Zwecke. Die Finanzbehörde kann die nach § 30 der Abgabenordnung[1)] geschützten personenbezogenen Daten gegenüber der Glücksspielaufsichtsbehörde und gegenüber der für das Zuweisungsverfahren nach § 7 zuständigen Behörde offenbaren, soweit es dem Verfahren der Glücksspielaufsicht und dem Zuweisungsverfahren dient.

§ 62 Mitteilungspflicht. Die für die Glücksspielaufsicht und für die Erteilung der Erlaubnis zuständigen Behörden sind verpflichtet, erlangte Kenntnisse gegenüber der Finanzbehörde mitzuteilen, soweit die Kenntnisse der Durchführung eines Verfahrens in Steuersachen dienen.

§ 63 Bekanntmachungsermächtigungen. (1) Das Bundesministerium der Finanzen kann dieses Gesetz, die Durchführungsverordnung zu diesem Gesetz sowie die von ihm auf Grund dieses Gesetzes erlassenen Rechtsverordnungen in der jeweils geltenden Fassung mit neuem Datum und unter neuer Überschrift im Bundesgesetzblatt bekanntmachen.

[1)] **Nr. 800.**

(2) Das Bundesministerium für Ernährung und Landwirtschaft kann die von ihm auf Grund dieses Gesetzes erlassenen Rechtsverordnungen in der jeweils geltenden Fassung mit neuem Datum und unter neuer Überschrift im Bundesgesetzblatt bekanntmachen.

635. Verordnung zur Durchführung des Rennwett- und Lotteriegesetzes (Rennwett- und Lotteriegesetz-Durchführungs-verordnung – RennwLottDV)[1)]

Vom 16. Juni 1922 (RZentrBl. S. 351)

Geändert durch Verordnungen vom 21.1.1924 (RGBl. I S. 34), vom 9.2.1924 (RGBl. I S. 55) und vom 12.2.1924 (RGBl. I S. 107), Gesetz vom 10.8.1967 (BGBl. I S. 877), Verordnung vom 21.5.1976 (BGBl. I S. 1249), Gesetze vom 14.12.1984 (BGBl. I S. 1493), vom 16.12.1986 (BGBl. I S. 2441), vom 17.5.2000 (BGBl. I S. 715), vom 25.6.2001 (BGBl. I S. 1215), vom 20.12.2001 (BGBl. I S. 3794), vom 21.8.2002 (BGBl. I S. 3322), Gesetz vom 29.6.2012 (BGBl. I S. 1424), Gesetz zur weiteren steuerlichen Förderung der Elektromobilität und zur Änderung weiterer steuerlicher Vorschriften vom 12.12.2019 (BGBl. I S. 2451) und Gesetz zur Änderung des Rennwett- und Lotteriegesetzes und der Ausführungsbestimmungen zum Rennwett- und Lotteriegesetz vom 25.6.2021 (BGBl. I S. 2065)

BGBl. III/FNA 611-14-1

Auf Grund der §§ 3, 4 Abs. 1 Satz 3, § 13 Abs. 2, §§ 15, 20, 22, 25 des Rennwett- und Lotteriegesetzes vom 8. April 1922 (Reichsgesetzbl. S. 393) wird, soweit erforderlich, mit Zustimmung des *Reichsrats* folgendes bestimmt:

A. Ordnungsrechtlicher Teil[2)]

I. Erteilung der Erlaubnis für Rennwetten[2)]

§ 1[3)] Erlaubnisempfänger. Die Erlaubnis zum Abschluss und zur Vermittlung von Rennwetten darf nur Betreibern von Totalisatoren und Buchmachern erteilt werden.

§ 2[4)] Voraussetzungen für die Erteilung der Erlaubnis zum Betrieb eines Totalisators. (1) Zum Betrieb eines Totalisators darf nur ein Renn- oder Pferdezuchtverein (Verein) zugelassen werden.

(2) [1]Die Erlaubnis ist für jeden Verein besonders zu erteilen und darf sich nur auf bestimmte Rennbahnen erstrecken. [2]Sie setzt einen Antrag voraus. [3]Dem Antrag sind beizufügen:

a) die Vereinssatzung,

b) der jährliche Voranschlag,

[1)] Überschrift neu gef. mWv 1.7.2021 durch G v. 25.6.2021 (BGBl. I S. 2065).

[2)] Zwischenüberschriften neu gef. mWv 1.7.2021 durch G v. 25.6.2021 (BGBl. I S. 2065).

[3)] § 1 neu gef. mWv 1.7.2021 durch G v. 25.6.2021 (BGBl. I S. 2065).

[4)] § 2 Abs. 2 Buchst. d, Abs. 4 Satz 1 und Abs. 6 Sätze 1 und 2 geänd. durch G v. 16.12. 1986 (BGBl. I S. 2441); Überschrift angef. und Abs. 6 Satz 1 geänd. mWv 1.7.2021 durch G v. 25.6.2021 (BGBl. I S. 2065).

c) der letzte Geschäftsbericht, der eine genaue Übersicht über die Einnahmen und Ausgaben im einzelnen, namentlich auch über die Verwendung der Einnahmen für die Rennpreise und für sonstige der Landespferdezucht unmittelbar dienende Zwecke enthalten und aus dem sich ergeben muß, daß die Einnahmen ausschließlich zum Besten der Landespferdezucht tatsächlich verwendet worden sind,

d) die Voraussetzungen, unter denen der Totalisator Wetten entgegennehmen soll.

(3) [1]Aus der Vereinssatzung muß sich ergeben, daß der ausschließliche Zweck des Vereins die Förderung der Landespferdezucht unter anderem durch Veranstaltung von Leistungsprüfungen für Pferde ist. [2]Die Vorstandsmitglieder und sonstigen leitenden Persönlichkeiten des Vereins müssen die Sicherheit bieten, daß der Zweck des Vereins verwirklicht wird.

(4) [1]Die nach Landesrecht zuständige Behörde ist befugt, die Angaben in den Geschäftsberichten (Absatz 2 zu c) auf ihre Richtigkeit, namentlich hinsichtlich der tatsächlichen Verwendung der Einnahmen ausschließlich zum Besten der Landespferdezucht zu prüfen. [2]Sie kann zu diesem Zwecke die Vorlegung weiterer Nachweise fordern.

(5) Die Art und der Umfang der vom Vereine beabsichtigten Rennen müssen die Erreichung des im Absatz 3 genannten Zieles gewährleisten.

(6) [1]Dem Vereine darf die Genehmigung zum Betriebe eines Totalisators nur erteilt werden, wenn er sich verpflichtet, den Buchmachern, denen die Erlaubnis für den Abschluß oder die Vermittlung von Wetten auf der Rennbahn des Vereins erteilt ist, die Ausübung ihres Gewerbes an den Renntagen auf der Rennbahn gegen Entrichtung eines Standgeldes zu gestatten. [2]Die Höhe des Standgeldes wird zwischen dem Verein und den Buchmachern vereinbart; im Streitfall entscheidet die nach Landesrecht zuständige Behörde oder die von ihr bestimmte Stelle. [3]Den Buchmachern ist auf der Rennbahn ein bestimmter Platz anzuweisen.

§ 3[1)] Voraussetzungen für die Erteilung der Erlaubnis an Buchmacher. (1) Als Buchmacher darf nur zugelassen werden, wer den Nachweis erbringt, daß er seiner Person nach die Gewähr für eine einwandfreie Geschäftsführung bietet und die zur Ausübung des Buchmachergewerbes erforderliche kaufmännische Befähigung besitzt.

(2) Der Buchmacher hat für seine Person eine Sicherheit und für jede Person, die ihn bei Abschluß oder Vermittlung von Wetten vertreten kann (Buchmachergehilfe), eine weitere Sicherheit zu leisten.

(3) Die Sicherheit haftet zunächst wegen der Steueransprüche nebst Zinsen, sodann wegen der Geldstrafen und Geldbußen und der Kosten des Strafverfahrens und Bußgeldverfahrens und schließlich den Wettnehmern wegen ihrer Forderungen aus dem Wettgeschäft.

[1)] *§ 3 Abs. 1* geänd. durch VO v. 21.5.1976 (BGBl. I S. 1249), Abs. 1 und Abs. 4 geänd., Abs. 2 und 3 neugef. sowie Abs. 5 bish. Satz 1 aufgeh. durch G v. 16.12.1986 (BGBl. I S. 2441); Überschrift angef. und Abs. 5 geänd. mWv 1.7.2021 durch G v. 25.6.2021 (BGBl. I S. 2065).

(4) [1] Art und Höhe der Sicherheit bestimmt die nach Landesrecht zuständige Behörde. [2] Sie ist bei der Erteilung der Erlaubnis nach dem mutmaßlichen Umfang des Gewerbes des Buchmachers und der Höhe der zu erwartenden Verbindlichkeiten, für die die Sicherheit haftet (Abs. 3), zu bemessen und kann von der Behörde jederzeit erhöht oder ermäßigt werden. [3] Auf Antrag des Finanzamts ist die Sicherheit bis zu dem beantragten Betrage zu erhöhen. [4] Leistet der Buchmacher innerhalb angemessener Frist die anderweit festgesetzte Sicherheit nicht, so ist die Erlaubnis zu widerrufen.

(5) Die Sicherheit darf nur im Einverständnis mit dem Finanzamt, das für die Steuern des Buchmachers nach dem Rennwett- und Lotteriegesetz zuständig ist, freigegeben werden.

§ 4[1)] Besondere Bestimmungen für Totalisatorbetreiber. [1] Dem Verein ist vorzuschreiben, auf welchen Plätzen der Rennbahn der Totalisator aufgestellt werden darf und welches der Mindestbetrag der Wetteinsätze sein soll. [2] Es kann ihm gestattet werden, auch außerhalb der Rennbahn Wettannahmestellen für sein eigenes und für andere *deutsche*[1)] Totalisatorunternehmungen zu unterhalten. [3] Die näheren Bestimmungen für den Betrieb der Wettannahmestellen trifft die nach Landesrecht zuständige Behörde.

§ 5[2)] Besondere Bestimmungen für Buchmacher. (1) [1] Den Buchmachern ist vorzuschreiben, welchen Beschränkungen sie und ihre Gehilfen (§ 3 Abs. 2) sich bei Ausübung ihres Gewerbes auf dem Rennplatz wie außerhalb des Rennplatzes hinsichtlich des Ortes und der Bezeichnung ihrer Geschäftsräume zu unterwerfen haben. [2] Es kann ihnen auch der Abschluß bestimmter Arten von Wetten untersagt werden. [3] Die nach Landesrecht zuständige Behörde kann Bestimmungen darüber erlassen, welche Beschränkungen dieser Art allen Buchmachern gemeinsam aufzuerlegen sind.

(2) [1] Innerhalb der Örtlichkeit, in der dem Buchmacher der Abschluß oder die Vermittlung von Wetten gestattet ist, darf er Wetten für alle Rennen abschließen oder vermitteln, sofern nicht nach Absatz 1 für alle Buchmacher gemeinsam geltende Beschränkungen bestimmt sind. [2] Auf besonderen Antrag können die nach Landesrecht zuständigen Behörden Buchmachern für einzelne Rennveranstaltungen des eigenen Landes die Erlaubnis zum Abschluß oder zur Vermittlung von Wetten auf einer Rennbahn erteilen, zu der diese Buchmacher sonst nicht zugelassen sind.

(3) *(aufgehoben)*

§ 6[3)] Bekanntmachungen. [1] Die Erteilung der Erlaubnis an Vereine zum Betrieb eines Totalisators und an Buchmacher zum Betrieb eines Wettunternehmens, die Beschränkung dieser Erlaubnis und ihr Widerruf sind im Bun-

---

[1)] § 4 aufgeh. und § 5 Satz 3 neu gef. durch G v. 16.12.1986 (BGBl. I S. 2441); § 5 Satz 2 kursiver Satzteil aufgeh. mWv 1.7.2012 durch G v. 29.6.2012 (BGBl. I S. 1424); bish. § 5 wird § 4, Überschrift eingef. mWv 1.7.2021 durch G v. 25.6.2021 (BGBl. I S. 2065).

[2)] § 6 Abs. 1 und 2 geänd., Abs. 3 aufgeh. durch G v. 16.12.1986 (BGBl. I S. 2441); bish. § 6 wird § 5, Überschrift eingef. mWv 1.7.2021 durch G v. 25.6.2021 (BGBl. I S. 2065).

[3)] Bish. § 8 wird § 6 und neu gef. mWv 1.7.2021 durch G v. 25.6.2021 (BGBl. I S. 2065).

desanzeiger öffentlich bekanntzumachen. [2]Die jeweils für Rennwett-, Lotterie- und Sportwettensteuer zuständige Finanzbehörde ist über die Erteilung der Erlaubnis zu unterrichten.

II. Abschluss der Rennwette[1)]

§ 7[2)] Abschluss der Wette beim Totalisator. Die von dem Veranstalter und den Annahmestellen eines Totalisators dem Wettnehmer auszuhändigenden Urkunden (Totalisatorausweise, Tickets) müssen enthalten:

a) die Nummer, den Ort und den Tag des Rennens (Tagesstempel oder Tageszeichen des Rennvereins),

b) den Namen oder die Programmnummer des gewetteten Pferdes oder der Pferde und die Wettart,

c) den Betrag des Wetteinsatzes,

d) den Namen des Unternehmers.

§ 8[3)] Abschluss der Wetten beim Buchmacher. (1) [1]Der Buchmacher und die Buchmachergehilfen haben über jede angenommene Wette einen dem Wettenden auszuhändigenden Wettschein auszustellen. [2]Ein Duplikat verbleibt im Besitz des Buchmachers und soll elektronisch gespeichert werden. [3]Mehrere Wetten desselben Wettenden, die sich auf dasselbe Rennen oder auf mehrere am selben Tag und auf derselben Rennbahn stattfindende Rennen beziehen, können auf einem Wettschein zusammengefasst werden. [4]Die Rückseite des Wettscheins darf für Eintragungen über abgeschlossene Wetten nicht benutzt werden. [5]Die Wettscheine müssen enthalten:

a) den Tag der Ausstellung,

b) den Namen, Ort und Tag des Rennens,

c) den Namen oder die Programmnummer des gewetteten Pferdes oder der Pferde,

d) die Art und den Inhalt der Wette,

e) Veranstaltung oder Vermittlung der Wette,

f) die Angabe, ob das Rennen im Ausland stattfand,

g) den Betrag des Wetteinsatzes,

h) den Namen des Buchmachers und der Person, die in seinem Auftrag und für seine Rechnung die Wette abgeschlossen oder vermittelt hat. [2]Der Wettschein ist vom Buchmacher oder dem Gehilfen zu unterschreiben.

(2) Der Wettschein muss mindestens einen Betrag von 50 Cent ausweisen.

(3) Wettscheine dürfen allgemein übliche und verständliche Abkürzungen enthalten.

[1)] Überschrift neu gef. durch G v. 25.6.2021 (BGBl. I S. 2065).

[2)] Bish. § 9 wird § 7, Überschrift eingef., Buchst. b geänd. mWv 1.7.2021 durch G v. 25.6.2021 (BGBl. I S. 2065).

[3)] Bish. § 10 wird § 8, Überschrift, Abs. 1 Sätze 1–3 neu gef., Satz 5 geänd., Abs. 2 und 3 neu gef. mWv 1.7.2021 durch G v. 25.6.2021 (BGBl. I S. 2065).

§ 9[1] **Aufbewahrungsfrist.** Die im Besitz des Buchmachers verbleibenden Duplikate der Wettscheine oder demselben Zweck dienende vergleichbare schriftliche oder elektronische Unterlagen sowie die sonstigen Unterlagen für den Abschluss der Wetten sind zeitlich geordnet zehn Jahre lang aufzubewahren.

§ 10[2] **Buchführung des Buchmachers.** [1]Jeder Buchmacher hat über seine Einnahmen und Ausgaben aus dem Wettgeschäft Buch zu führen. [2]Aus der Buchführung müssen

1. als Einnahmen die täglichen Eingänge an Wetteinsätzen, die Forderungen des Buchmachers aus abgeschlossenen Wettverträgen und die sonstigen Einnahmen aus dem Wettbetrieb,
2. als Ausgaben die ausgezahlten Gewinne, etwa zurückgezahlte Einsätze, die Rennwettsteuer unter Hinweis auf den betreffenden Wettschein, ferner Gebühren und sonstige Unkosten und die Zahlungen an diejenigen namentlich zu bezeichnenden Buchmacher, an welche eine bestimmte, genau zu bezeichnende Wette weitergegeben ist,

zu ersehen sein. [3]§ 9 gilt entsprechend.

B. Steuerrechtlicher Teil[3]

I. Rennwettsteuer

§ 11 Definition der Rennwetten. Rennwetten im Sinne der §§ 8 bis 15 des Rennwett- und Lotteriegesetzes sind Wetten, die aus Anlass öffentlicher Pferderennen und anderer öffentlicher Leistungsprüfungen für Pferde von einem im Inland ansässigen Betreiber eines Totalisators oder von einer im Inland ansässigen Person, die nicht Totalisatorbetreiber ist, mit einem Wettenden abgeschlossen werden.

§ 12 Bemessungsgrundlage. Der geleistete Wetteinsatz nach § 9 Rennwett- und Lotteriegesetz umfasst nicht Wettboni, die dem Wettenden zur Verfügung gestellt werden, aber nicht ausbezahlt, sondern nur verspielt werden können.

§ 13 Zuständigkeit. (1) [1]Ist der Veranstalter der Rennwette eine natürliche Person, ist das Finanzamt örtlich zuständig, in dessen Bezirk dieser seinen Wohnsitz hat oder in Ermangelung eines Wohnsitzes seinen gewöhnlichen

---

[1] Bish. § 11 wird § 9 und neu gef. mWv 1.7.2021 durch G v. 25.6.2021 (BGBl. I S. 2065).

[2] Bish. § 13 wird § 10, Überschrift eingef., Satz 3 geänd. mWv 1.7.2021 durch G v. 25.6.2021 (BGBl. I S. 2065).

[3] Teil A Abschnitt III Steuervorschriften sowie Teil C Steueraufsicht, Teil D Strafverfahren, Teil E Steuererhebung, Teil F Schlussvorschriften aufgehoben sowie Teil B neu gef. mWv 1.7.2021 durch G v. 25.6.2021 (BGBl. I S. 2065).

Aufenthalt hat. [2] § 19 Absatz 1 Satz 2 der Abgabenordnung gilt entsprechend.

(2) [1] Ist der Veranstalter der Rennwette eine juristische Person oder Personenvereinigung, ist das Finanzamt örtlich zuständig, in dessen Bezirk sich die Geschäftsleitung befindet. [2] Befindet sich der Ort der Geschäftsleitung nicht im Geltungsbereich des Rennwett- und Lotteriegesetzes oder lässt sich der Ort der Geschäftsleitung nicht feststellen, ist das Finanzamt örtlich zuständig, in dessen Bezirk der Veranstalter der Rennwette seinen Sitz hat.

§ 14 Besteuerungsverfahren. (1) Das Besteuerungsverfahren richtet sich nach den §§ 8 bis 15 des Rennwett- und Lotteriegesetzes.

(2) Bei der Zahlung der Rennwettsteuer sind die Steuernummer, die Steuerart und der Zeitraum, für den die Steuer entrichtet wird, anzugeben.

(3) Wird die Rennwettsteuer abweichend festgesetzt, geändert oder berichtigt, ist die Kleinbetragsverordnung[1)] zu beachten.

II. Sportwettensteuer

§ 15 Sportwetten. (1) Wetten aus Anlass von Sportereignissen, die nicht als Rennwetten im Sinne des § 11 besteuert werden, unterliegen unabhängig vom Ort des Sportereignisses der Sportwettensteuer.

(2) [1] Sport im Sinne des Rennwett- und Lotteriegesetzes ist die körperliche Betätigung eines Menschen oder eines Menschen zusammen mit einem trainierten oder abgerichteten Tier, die über das ansonsten übliche Maß hinausgeht und durch äußerlich zu beobachtende Anstrengungen oder durch die einem persönlichen Können zurechenbare Bewegung gekennzeichnet ist. [2] Zu dieser Betätigung gehören auch sportliche Wettkämpfe zwischen Menschen mit Hilfe von technischen Geräten, wie beispielsweise Drohnen-Flugwettbewerbe und Motorsport.

(3) Schach und Wettkämpfe zwischen Menschen mit Hilfe von Computerspielen, wie beispielsweise der sogenannte E-Sport, gelten als Sport im Sinne des Absatzes 2.

(4) Kein Sport im Sinne des Absatzes 2 sind Bridge und artverwandte Spiele, reine Denksportarten, ein durch ein Computerprogramm animiertes Ereignis, dessen Ausgang von einem Programm ermittelt wird, sowie reine Tierwettkämpfe, wie beispielsweise Hunderennen und Hahnenkämpfe.

(5) Die „TOTO 13er Ergebniswette" und die „TOTO 6aus45 Auswahlwette" sind Sportwetten im Sinne des Rennwett- und Lotteriegesetzes.

§ 16 Bemessungsgrundlage. Der geleistete Wetteinsatz nach § 17 des Rennwett- und Lotteriegesetzes umfasst nicht Wettboni, die dem Wettenden zur Verfügung gestellt werden, aber nicht ausbezahlt, sondern nur verspielt werden können.

[1)] Nr. **800c**.

§ 17 Veranstalter. [1] Veranstalter einer Sportwette ist diejenige Person, die das Wettgeschehen in tatsächlicher oder rechtlicher Hinsicht maßgeblich gestaltet. [2] Sie ordnet insbesondere die regelungsbedürftigen Fragen im Verhältnis zu den Wettenden, z. B. durch vorformulierte Vertragsbedingungen, und setzt diese selbst oder durch andere entsprechend um. [3] Voraussetzung für die Veranstaltereigenschaft ist nicht, dass die Quoten eigenständig ermittelt werden. [4] Vielmehr können diese auch zugekauft werden oder auf andere Art zu Stande kommen.

§ 18 Veranstaltungsort. (1) In den Fällen des § 16 Satz 2 Nummer 1 des Rennwett- und Lotteriegesetzes ist der Veranstaltungsort dort, wo der Veranstalter der Sportwette seinen Wohnsitz, gewöhnlichen Aufenthalt, Ort der Geschäftsleitung oder Sitz hat, unabhängig davon, wo der Wettende die zur Entstehung des Wettvertrages erforderlichen Handlungen vornimmt.

(2) [1] In den Fällen des § 16 Satz 2 Nummer 2 des Rennwett- und Lotteriegesetzes ist der Veranstaltungsort im Geltungsbereich des Rennwett- und Lotteriegesetzes belegen, wenn der Wettende die zur Entstehung des Wettvertrages erforderlichen Handlungen im Geltungsbereich des Rennwett- und Lotteriegesetzes vornimmt. [2] Maßgeblich für die Ortsbestimmung ist grundsätzlich der Ort der physischen Anwesenheit des Wettenden. [3] Sofern der Veranstalter den Ort der physischen Anwesenheit des Wettenden nicht feststellen kann, gilt der Wohnsitz des Wettenden als Veranstaltungsort. [4] Dies gilt unabhängig davon, wo der Veranstalter der Sportwette seinen Wohnsitz, gewöhnlichen Aufenthalt, Ort der Geschäftsleitung oder Sitz hat oder sonstige technische Vorrichtungen (z. B. Server) vorhält.

(3) Erforderliche Handlungen zur Entstehung des Wettvertrages sind die Handlungen, die zur Abgabe der Willenserklärung zum Abschluss des Wettvertrages in jedweder Form vorgenommen werden, z. B. in schriftlicher, mündlicher oder elektronischer Form.

§ 19 Zuständigkeit. (1) [1] Ist der Veranstalter der Sportwette eine natürliche Person, ist das Finanzamt örtlich zuständig, in dessen Bezirk dieser seinen Wohnsitz oder in Ermangelung eines Wohnsitzes seinen gewöhnlichen Aufenthalt hat. [2] § 19 Absatz 1 Satz 2 der Abgabenordnung gilt entsprechend.

(2) [1] Ist der Veranstalter der Sportwette eine juristische Person oder Personenvereinigung, ist das Finanzamt örtlich zuständig, in dessen Bezirk sich die Geschäftsleitung befindet. [2] Befindet sich der Ort der Geschäftsleitung nicht im Geltungsbereich des Rennwett- und Lotteriegesetzes oder lässt sich der Ort der Geschäftsleitung nicht feststellen, ist das Finanzamt örtlich zuständig, in dessen Bezirk der Veranstalter der Sportwette seinen Sitz hat.

(3) Ergibt sich nach § 25 Satz 1 und 2 des Rennwett- und Lotteriegesetzes keine örtliche Zuständigkeit für die Besteuerung, ist das Finanzamt Frankfurt am Main III örtlich zuständig.

(4) Für die Zerlegung des Gesamtaufkommens der Sportwettensteuer ist die Landesfinanzbehörde der Freien und Hansestadt Hamburg zuständig.

§ 20 Anzeigepflichten. (1) Wer Sportwetten im Sinne des § 16 des Rennwett- und Lotteriegesetzes veranstalten will, hat dem zuständigen Finanzamt unverzüglich schriftlich anzuzeigen:

1. Name,
2. Gewerbe,
3. Wohnsitz, gewöhnlichen Aufenthalt, Ort der Geschäftsleitung oder Sitz und
4. Zeitpunkt der Aufnahme des Wettbetriebs.

(2) Ist ein steuerlicher Beauftragter gemäß § 22 Absatz 1 des Rennwett- und Lotteriegesetzes bestellt worden, ist auch dieser dem zuständigen Finanzamt unverzüglich schriftlich zu benennen.

§ 21 Besteuerungsverfahren. (1) Das Besteuerungsverfahren richtet sich nach den §§ 16 bis 25 des Rennwett- und Lotteriegesetzes.

(2) Bei der Zahlung der Sportwettensteuer sind die Steuernummer, die Steuerart und der Zeitraum, für den die Steuer entrichtet wird, anzugeben.

(3) Wird die Sportwettensteuer abweichend festgesetzt, geändert oder berichtigt, ist die Kleinbetragsverordnung[1)] zu beachten.

III. Lotteriesteuer

§ 22 Definition der Lotterie und Ausspielung. (1) Ein öffentliches Glücksspiel, bei dem einer Mehrzahl von Personen die Möglichkeit eröffnet wird, nach einem bestimmten Plan gegen ein bestimmtes Entgelt die Chance

1. auf einen Geldgewinn zu erlangen, ist eine Lotterie und
2. auf einen Sachgewinn oder geldwerten Vorteil oder einer Kombination aus beidem zu erlangen, ist eine Ausspielung.

(2) [1] Ein bestimmter Plan im Sinne des Absatzes 1 liegt vor, wenn Regelungen für den Gewinnfall und die Gewinnhöhe bestehen, die für die Gesamtheit der teilnehmenden Spieler gelten. [2] Dabei ist es unerheblich, ob die mögliche Gewinnhöhe im Zeitpunkt der Teilnahme bereits bekannt ist.

(3) Unter Zweitlotterie im Sinne des § 26 Absatz 2 des Rennwett- und Lotteriegesetzes sind Veranstaltungen zu verstehen, bei denen der Veranstalter keine eigene Verlosung von Gewinnen vornimmt, sondern der Eintritt eines Gewinns oder Verlusts des Teilnehmers vom Ausgang einer anderen Lotterie (Erstlotterie) abhängt.

(4) Eine Klassenlotterie ist eine Lotterie oder Ausspielung im Sinne des Absatzes 1, bei der der Spielzeitraum mit einer oder mehreren Gewinnmöglichkeiten in jeweilige Klassen unterteilt ist.

§ 23 Öffentliche Veranstaltung. [1] Eine Lotterie oder Ausspielung im Sinne des § 26 des Rennwett- und Lotteriegesetzes ist öffentlich, wenn für einen größeren, nicht geschlossenen Personenkreis eine Teilnahmemöglichkeit besteht oder diese gewohnheitsmäßig in Vereinen oder sonstigen geschlossenen

---

1) Nr. **800c**.

Gesellschaften veranstaltet wird. [2]Eine Lotterie oder Ausspielung gilt als öffentlich, wenn die für die Erlaubnis zuständige Behörde sie als erlaubnispflichtig ansieht. [3]Die Entscheidung der Erlaubnisbehörde, dass eine Veranstaltung nicht öffentlich ist, ist für Zwecke der Lotteriesteuer nicht bindend.

§ 24 Veranstalter. (1) [1]Veranstalter einer öffentlichen Lotterie oder Ausspielung ist diejenige Person, die das Spielgeschehen in tatsächlicher oder rechtlicher Hinsicht maßgeblich gestaltet. [2]Sie ordnet insbesondere die regelungsbedürftigen Fragen im Verhältnis zu den teilnehmenden Spielern, z. B. durch vorformulierte Vertragsbedingungen.

(2) Veranstalter einer Zweitlotterie ist derjenige, der dem Teilnehmer gegen Entgelt Gewinnchancen nach einem bestimmten Plan eröffnet und den Gewinn schuldet, wobei der Eintritt eines Gewinns vom Ausgang einer anderen Lotterie abhängt.

§ 25 Veranstaltungsort. (1) In den Fällen des § 26 Absatz 1 Satz 2 Nummer 1 des Rennwett- und Lotteriegesetzes ist der Veranstaltungsort dort, wo der Veranstalter der Lotterie oder Ausspielung seinen Wohnsitz, gewöhnlichen Aufenthalt, Ort der Geschäftsleitung oder Sitz hat, unabhängig davon, wo der Spieler die zur Entstehung des Spielvertrages erforderlichen Handlungen vornimmt.

(2) [1]In den Fällen des § 26 Absatz 1 Satz 2 Nummer 2 des Rennwett- und Lotteriegesetzes ist der Veranstaltungsort im Geltungsbereich des Rennwett- und Lotteriegesetzes belegen, wenn der Spieler die zur Entstehung des Spielvertrages erforderlichen Handlungen im Geltungsbereich des Rennwett- und Lotteriegesetzes vornimmt. [2]Maßgeblich für die Ortsbestimmung ist grundsätzlich der Ort der physischen Anwesenheit des Spielers. [3]Sofern der Veranstalter den Ort der physischen Anwesenheit des Spielers nicht feststellen kann, gilt der Wohnsitz des Spielers als Veranstaltungsort. [4]Dies gilt unabhängig davon, wo der Veranstalter der Lotterie oder Ausspielung seinen Wohnsitz, gewöhnlichen Aufenthalt, Ort der Geschäftsleitung oder Sitz außerhalb des Geltungsbereichs des Rennwett- und Lotteriegesetzes hat oder sonstige technische Vorrichtungen (z. B. Server) vorhält.

(3) Erforderliche Handlungen zur Entstehung des Spielvertrages sind die Handlungen, die zur Abgabe der Willenserklärung zum Abschluss des Spielvertrages in jedweder Form vorgenommen werden, z. B. in schriftlicher, mündlicher oder elektronischer Form.

§ 26 Bemessungsgrundlage. (1) [1]Das geleistete Teilnahmeentgelt im Sinne des § 27 des Rennwett- und Lotteriegesetzes umfasst nicht Spielboni, die dem Spielenden zur Verfügung gestellt werden, aber nicht ausbezahlt, sondern nur verspielt werden können. [2]Vom Veranstalter festgelegte Gebühren sind solche, die der Veranstalter als Gläubiger beansprucht und die betragsmäßig konkret bestimmt sind.

(2) Ein Erneuerungslos im Sinne des § 27 Absatz 1 Satz 4 des Rennwett- und Lotteriegesetzes ist das Los einer Klassenlotterie mit Teilnahmeberechtigung für die folgende Klasse, das dieselbe Nummer und gegebenenfalls den-

selben Buchstaben des Loses trägt, mit dem der Spieler an der Vorklasse teilgenommen hat.

(3) [1] Der Wert der vorgehaltenen Gewinne im Sinne des § 27 Absatz 2 des Rennwett- und Lotteriegesetzes ist regelmäßig die Summe der Anschaffungskosten der einzelnen Preise. [2] Werden Preise unentgeltlich zur Verfügung gestellt, ist deren Wert in diesem Zeitpunkt zu schätzen. [3] Dabei können grundsätzlich die Anschaffungskosten vergleichbarer Wirtschaftsgüter zugrunde gelegt werden.

(4) [1] Von der inländischen Behörde genehmigte Gebühren im Sinne des § 27 Absatz 4 des Rennwett- und Lotteriegesetzes sind auch solche, die von Dritten erhoben werden und für die der Veranstalter lediglich einen Gebührenrahmen vorgibt. [2] Soweit die inländischen Behörden diese Gebühren von Lotterieeinnehmern, Lotterievermittlern oder sonstigen Dritten allgemein und ohne Einschränkung genehmigen, erfolgt keine Hinzurechnung zur Bemessungsgrundlage, da keine genehmigte Höhe überschritten wurde. [3] Das gilt entsprechend für Gebühren oder Entgelte, die aufgrund eines Gesetzes allgemein oder der Höhe nach erlaubt sind.

§ 27 Steuerbefreiung. (1) Die in § 28 des Rennwett- und Lotteriegesetzes bestimmten Freigrenzen bemessen sich nach dem Gesamtbetrag der geleisteten Teilnahmeentgelte.

(2) [1] § 28 des Rennwett- und Lotteriegesetzes gilt nur für öffentliche Lotterien und Ausspielungen, die von den jeweils zuständigen Behörden genehmigt oder allgemein erlaubt worden sind. [2] Die Voraussetzungen für die Erlaubnis der öffentlichen Lotterie oder Ausspielung ergeben sich aus den landesgesetzlichen Regelungen. [3] Die Entscheidung der Erlaubnisbehörde ist für Zwecke der Lotteriesteuer bindend. [4] Dies gilt auch für nachträglich erteilte Erlaubnisse.

(3) [1] Ist eine notwendige Erlaubnis nicht eingeholt oder eine erforderliche Anzeige nicht erfolgt und liegt damit keine Entscheidung der Erlaubnisbehörde vor, ist § 28 des Rennwett- und Lotteriegesetzes nicht anwendbar. [2] Gleiches gilt, wenn eine erteilte Erlaubnis widerrufen wird.

(4) Voraussetzung für die Steuerbefreiung nach § 28 Nummer 2 des Rennwett- und Lotteriegesetzes ist zudem, dass die öffentliche Lotterie oder Ausspielung ausschließlich gemeinnützigen, mildtätigen oder kirchlichen Zwecken im Sinne der §§ 52 bis 54 der Abgabenordnung dient.

(5) [1] Der tatsächlich erzielte Reinertrag ist in den Fällen des § 28 Nummer 2 des Rennwett- und Lotteriegesetzes in voller Höhe unmittelbar und zeitnah den in Absatz 4 genannten begünstigten Zwecken zuzuführen. [2] Der tatsächlich erzielte Reinertrag ist der Betrag, der sich aus der Summe der tatsächlichen Kaufpreise sämtlicher Lose nach Abzug der mit der öffentlichen Lotterie oder Ausspielung zusammenhängenden tatsächlichen Kosten, Gewinnsummen und Steuern ergibt.

§ 28 Zuständigkeit. (1) [1] Ist der Veranstalter der Lotterie oder Ausspielung eine natürliche Person, ist das Finanzamt örtlich zuständig, in dessen Bezirk dieser seinen Wohnsitz oder in Ermangelung eines Wohnsitzes seinen gewöhnlichen Aufenthalt hat. [2] § 19 Absatz 1 Satz 2 der Abgabenordnung gilt entsprechend.

(2) [1] Ist der Veranstalter der Lotterie oder Ausspielung eine juristische Person oder Personenvereinigung, ist das Finanzamt örtlich zuständig, in dessen Bezirk sich die Geschäftsleitung befindet. [2] Befindet sich der Ort der Geschäftsleitung nicht im Geltungsbereich des Rennwett- und Lotteriegesetzes oder lässt sich der Ort der Geschäftsleitung nicht feststellen, ist das Finanzamt örtlich zuständig, in dessen Bezirk der Veranstalter der Lotterie oder Ausspielung seinen Sitz hat.

(3) Ergibt sich nach § 35 Satz 1 des Rennwett- und Lotteriegesetzes keine örtliche Zuständigkeit für die Besteuerung, ist das Finanzamt Frankfurt am Main III örtlich zuständig.

(4) Für die nach § 34 des Rennwett- und Lotteriegesetzes durchzuführende Zerlegung des Gesamtaufkommens der Lotteriesteuer ist die Landesfinanzbehörde der Freien und Hansestadt Hamburg zuständig.

§ 29 Anzeigepflicht. (1) Wer öffentliche Lotterien oder Ausspielungen im Geltungsbereich des Rennwett- und Lotteriegesetzes veranstalten oder über einen Dritten anbieten will, hat dem zuständigen Finanzamt spätestens 14 Tage vor Beginn des Losverkaufs Folgendes schriftlich anzuzeigen:

1. Name und Anschrift des Veranstalters,
2. geplante Anzahl und Preis der Lose,
3. Zeitpunkt und Ort des Losverkaufes und der Ziehung,
4. Spielplan und
5. geplante Höhe und Verwendung des Reinertrags, soweit eine Steuerbefreiung nach § 28 Rennwett- und Lotteriegesetz geltend gemacht werden soll.

(2) [1] Ausgenommen von der Anzeigepflicht nach Absatz 1 sind von den zuständigen inländischen Behörden erlaubte öffentliche Lotterien und Ausspielungen im Sinne des § 28 Nummer 1 des Rennwett- und Lotteriegesetzes, bei denen der geplante Gesamtpreis der Lose den Wert von 1000 Euro nicht übersteigt. [2] Öffentliche Lotterien und Ausspielungen im Sinne des § 28 Nummer 2 des Rennwett- und Lotteriegesetzes unterliegen nicht der Anzeigepflicht nach Absatz 1, wenn der geplante Gesamtpreis der Lose einer öffentlichen Lotterie oder Ausspielung 5000 Euro nicht übersteigt.

(3) Für die GKL Gemeinsame Klassenlotterie der Länder sowie für die staatlichen oder mit der Durchführung staatlich beauftragten Lottogesellschaften der Länder besteht keine Anzeigepflicht.

§ 30 Besteuerungsverfahren. (1) Das Besteuerungsverfahren richtet sich nach den §§ 26 bis 35 des Rennwett- und Lotteriegesetzes.

(2) Bei der Zahlung der Lotteriesteuer sind die Steuernummer, die Steuerart und der Zeitraum, für den die Steuer entrichtet wird, anzugeben.

(3) Wird die Lotteriesteuer abweichend festgesetzt, geändert oder berichtigt, ist die Kleinbetragsverordnung[1] zu beachten.

---

[1] Nr. **800c**.

IV. Virtuelle Automatensteuer

§ 31 Bemessungsgrundlage. Der geleistete Spieleinsatz nach § 37 des Rennwett- und Lotteriegesetzes umfasst nicht Spielboni, die dem Spieler zur Verfügung gestellt werden, aber nicht ausbezahlt, sondern nur verspielt werden können.

§ 32 Veranstalter. [1] Veranstalter des virtuellen Automatenspiels ist diejenige Person, die das Spielgeschehen in tatsächlicher oder rechtlicher Hinsicht maßgeblich gestaltet. [2] Sie entscheidet insbesondere über die angebotenen Spiele und ordnet die regelungsbedürftigen Fragen im Verhältnis zu den Spielern, z. B. durch vorformulierte Vertragsbedingungen, und setzt diese selbst oder durch andere entsprechend um.

§ 33 Veranstaltungsort. (1) In den Fällen des § 36 Satz 2 Nummer 1 des Rennwett- und Lotteriegesetzes ist der Veranstaltungsort dort, wo der Veranstalter des virtuellen Automatenspiels seinen Wohnsitz, gewöhnlichen Aufenthalt, Ort der Geschäftsleitung oder Sitz hat, unabhängig davon, wo der Spieler die zur Entstehung des Spielvertrages erforderlichen Handlungen vornimmt.

(2) [1] In den Fällen des § 36 Satz 2 Nummer 2 des Rennwett- und Lotteriegesetzes ist der Veranstaltungsort im Geltungsbereich des Rennwett- und Lotteriegesetzes belegen, wenn der Spieler die zur Entstehung des Spielvertrages erforderlichen Handlungen im Geltungsbereich des Rennwett- und Lotteriegesetzes vornimmt. [2] Maßgeblich für die Ortsbestimmung ist grundsätzlich der Ort der physischen Anwesenheit des Spielers. [3] Sofern der Veranstalter den Ort der physischen Anwesenheit des Spielers nicht feststellen kann, gilt der Wohnsitz des Spielers als Veranstaltungsort. [4] Dies gilt unabhängig davon, wo der Veranstalter des virtuellen Automatenspiels seinen Wohnsitz, gewöhnlichen Aufenthalt, Ort der Geschäftsleitung oder Sitz hat oder sonstige technische Vorrichtungen (z. B. Server) vorhält.

(3) Erforderliche Handlungen zur Entstehung des Spielvertrages sind die Handlungen, die zur Abgabe der Willenserklärung zum Abschluss des Spielvertrages in jedweder Form vorgenommen werden, z. B. in schriftlicher, mündlicher oder elektronischer Form.

§ 34 Zuständigkeit. (1) [1] Ist der Veranstalter des virtuellen Automatenspiels eine natürliche Person, ist das Finanzamt örtlich zuständig, in dessen Bezirk dieser seinen Wohnsitz oder in Ermangelung eines Wohnsitzes seinen gewöhnlichen Aufenthalt hat. [2] § 19 Absatz 1 Satz 2 der Abgabenordnung gilt entsprechend.

(2) [1] Ist der Veranstalter des virtuellen Automatenspiels eine juristische Person oder Personenvereinigung, ist das Finanzamt örtlich zuständig, in dessen Bezirk sich die Geschäftsleitung befindet. [2] Befindet sich der Ort der Geschäftsleitung nicht im Geltungsbereich des Rennwett- und Lotteriegesetzes oder lässt sich der Ort der Geschäftsleitung nicht feststellen, so ist das Finanzamt örtlich zuständig, in dessen Bezirk der Veranstalter des virtuellen Automatenspiels seinen Sitz hat.

(3) Ergibt sich aus § 45 Satz 1 und 2 des Rennwett- und Lotteriegesetzes keine örtliche Zuständigkeit für die Besteuerung, ist das Finanzamt Frankfurt am Main III örtlich zuständig.

(4) Für die Zerlegung des Gesamtaufkommens der Virtuellen Automatensteuer ist die Landesfinanzbehörde der Freien und Hansestadt Hamburg zuständig.

§ 35 Anzeigepflichten. (1) Wer virtuelles Automatenspiel im Sinne des § 36 des Rennwett- und Lotteriegesetzes veranstalten will, hat dem zuständigen Finanzamt unverzüglich schriftlich anzuzeigen:

1. Name,
2. Gewerbe,
3. Wohnsitz, gewöhnlichen Aufenthalt, Ort der Geschäftsleitung oder Sitz,
4. Zeitpunkt der Aufnahme des Spielbetriebs und
5. Zugangsmöglichkeiten für eine Teilnahme am virtuellen Automatenspiel.

(2) Ist ein steuerlicher Beauftragter gemäß § 42 Absatz 1 des Rennwett- und Lotteriegesetzes bestellt worden, ist auch dieser dem zuständigen Finanzamt unverzüglich schriftlich zu benennen.

§ 36 Besteuerungsverfahren. (1) Das Besteuerungsverfahren richtet sich nach den §§ 36 bis 45 des Rennwett- und Lotteriegesetzes.

(2) Bei der Zahlung der Virtuellen Automatensteuer sind die Steuernummer, die Steuerart und der Zeitraum, für den die Steuer entrichtet wird, anzugeben.

(3) Wird die Virtuelle Automatensteuer abweichend festgesetzt, geändert oder berichtigt, ist die Kleinbetragsverordnung[1)] zu beachten.

V. Online-Pokersteuer

§ 37 Bemessungsgrundlage. (1) [1]Der Spieleinsatz nach § 47 des Rennwett- und Lotteriegesetzes umfasst nicht Spielboni, die dem Spieler zur Verfügung gestellt werden, aber nicht ausbezahlt, sondern nur verspielt werden können. [2]Das gleiche gilt für erlassene Teilnahmeentgelte.

(2) Werden vom Spieler geleistete Geldbeträge, mit denen der Spieler am Spiel teilnimmt, in besonderes Spielgeld umgewandelt, bestimmt sich der Betrag, den der Spieler bei Teilnahme am Spiel zur Verfügung hat, nicht nach der Höhe dieses besonderen Spielgeldes, sondern nach der Höhe des entsprechenden, zugrundeliegenden geleisteten Geldbetrages.

§ 38 Veranstalter. [1]Veranstalter des Online-Pokers ist diejenige Person, die das Spielgeschehen in tatsächlicher oder rechtlicher Hinsicht maßgeblich gestaltet. [2]Sie entscheidet insbesondere über die angebotenen Spielvarianten und ordnet die regelungsbedürftigen Fragen im Verhältnis zu den Spielern und zwischen den Spielern, z. B. durch vorformulierte Vertragsbedingungen, und setzt diese selbst oder durch andere entsprechend um.

---

1) Nr. **800c**.

§ 39 Veranstaltungsort. (1) In den Fällen des § 46 Satz 2 Nummer 1 des Rennwett- und Lotteriegesetzes ist der Veranstaltungsort dort, wo der Veranstalter des Online-Pokers seinen Wohnsitz, gewöhnlichen Aufenthalt, Ort der Geschäftsleitung oder Sitz hat, unabhängig davon, wo der Spieler die zur Entstehung des Spielvertrages erforderlichen Handlungen vornimmt.

(2) [1] In den Fällen des § 46 Satz 2 Nummer 2 des Rennwett- und Lotteriegesetzes ist der Veranstaltungsort im Geltungsbereich des Rennwett- und Lotteriegesetzes belegen, wenn der Spieler die zur Entstehung des Spielvertrages erforderlichen Handlungen im Geltungsbereich des Rennwett- und Lotteriegesetzes vornimmt. [2] Maßgeblich für die Ortsbestimmung ist grundsätzlich der Ort der physischen Anwesenheit des Spielers. [3] Sofern der Veranstalter den Ort der physischen Anwesenheit des Spielers nicht feststellen kann, gilt der Wohnsitz des Spielers als Veranstaltungsort. [4] Dies gilt unabhängig davon, wo der Veranstalter des Online-Pokers seinen Wohnsitz, gewöhnlichen Aufenthalt, Ort der Geschäftsleitung oder Sitz hat oder sonstige technische Vorrichtungen (z. B. Server) vorhält.

(3) Erforderliche Handlungen zur Entstehung des Spielvertrages sind die Handlungen, die zur Abgabe der Willenserklärung zum Abschluss des Spielvertrages in jedweder Form vorgenommen werden, z. B. in schriftlicher, mündlicher oder elektronischer Form.

§ 40 Zuständigkeit. (1) [1] Ist der Veranstalter des Online-Pokers eine natürliche Person, ist das Finanzamt örtlich zuständig, in dessen Bezirk dieser seinen Wohnsitz oder in Ermangelung eines Wohnsitzes seinen gewöhnlichen Aufenthalt hat. [2] § 19 Absatz 1 Satz 2 der Abgabenordnung gilt entsprechend.

(2) [1] Ist der Veranstalter des Online-Pokers eine juristische Person oder Personenvereinigung, ist das Finanzamt örtlich zuständig, in dessen Bezirk sich die Geschäftsleitung befindet. [2] Befindet sich der Ort der Geschäftsleitung nicht im Geltungsbereich des Rennwett- und Lotteriegesetzes oder lässt sich der Ort der Geschäftsleitung nicht feststellen, ist das Finanzamt örtlich zuständig, in dessen Bezirk der Veranstalter des Online-Pokers seinen Sitz hat.

(3) Ergibt sich nach § 55 Satz 1 und 2 des Rennwett- und Lotteriegesetzes keine örtliche Zuständigkeit für die Besteuerung, ist das Finanzamt Frankfurt am Main III örtlich zuständig.

(4) Für die Zerlegung des Gesamtaufkommens der Online-Pokersteuer ist die Landesfinanzbehörde der Freien und Hansestadt Hamburg zuständig.

§ 41 Anzeigepflichten. (1) Wer Online-Poker im Sinne des § 46 des Rennwett- und Lotteriegesetzes veranstalten will, hat dem zuständigen Finanzamt unverzüglich schriftlich anzuzeigen:

1. Name,
2. Gewerbe,
3. Wohnsitz, gewöhnlichen Aufenthalt, Ort der Geschäftsleitung oder Sitz,
4. Zeitpunkt der Aufnahme des Spielbetriebs und
5. Zugangsmöglichkeiten für eine Teilnahme am Online-Poker.

(2) Ist ein steuerlicher Beauftragter gemäß § 52 Absatz 1 des Rennwett- und Lotteriegesetzes bestellt worden, ist auch dieser dem zuständigen Finanzamt unverzüglich schriftlich zu benennen.

§ 42 Besteuerungsverfahren. (1) Das Besteuerungsverfahren richtet sich nach den §§ 46 bis 55 des Rennwett- und Lotteriegesetzes.

(2) Bei der Zahlung der Online-Pokersteuer sind die Steuernummer, die Steuerart und der Zeitraum, für den die Steuer entrichtet wird, anzugeben.

(3) Wird die Online-Pokersteuer abweichend festgesetzt, geändert oder berichtigt, ist die Kleinbetragsverordnung[1] zu beachten.

VI. Steuerberechnung

§ 43 Steuerberechnungsformel. (1) [1] In den §§ 9, 17, 27, 37 und 47 des Rennwett- und Lotteriegesetzes wird die Steuerbemessungsgrundlage als geleisteter Wetteinsatz, als geleistetes Teilnahmeentgelt oder als Spieleinsatz jeweils abzüglich der Steuer definiert. [2] Bei dem geleisteten Wetteinsatz, dem geleisteten Teilnahmeentgelt oder dem Spieleinsatz handelt es sich um einen Bruttowert, aus dem die nach dem Rennwett- und Lotteriegesetz geschuldete Steuer herauszurechnen ist.

(2) Die jeweilige Steuer ist nach folgender Formel zu berechnen:

$$\text{Steuerbetrag} = \frac{\text{Bruttowert} \times \text{Steuersatz}}{100 + \text{Steuersatz}}$$

---

[1] Nr. **800a**.

650. Feuerschutzsteuergesetz (FeuerschStG)

In der Fassung der Bekanntmachung vom 10. Januar 1996 (BGBl. I S. 18)[1]

Geändert durch 2. Zwangsvollstreckungsnovelle vom 17.12.1997 (BGBl. I S. 3039), Steuer-Euroglättungsgesetz vom 19.12.2000 (BGBl. I S. 1790), Steueränderungsgesetz 2001 vom 20.12.2001 (BGBl. I S. 3794), Drittes Gesetz zur Änderung verwaltungsverfahrensrechtlicher Vorschriften vom 21.8.2002 (BGBl. I S. 3322), Steueränderungsgesetz 2003 vom 15.12.2003 (BGBl. I S. 2645), EURichtlinien-Umsetzungsgesetz vom 9.12.2004 (BGBl. I S. 3310), Gesetz zur Neuorganisation der Bundesfinanzverwaltung und zur Schaffung eines Refinanzierungsregisters vom 22.9.2005 (BGBl. I S. 2809), Begleitgesetz zur zweiten Föderalismusreform vom 10.8.2009 (BGBl. I S. 2702), Jahressteuergesetz 2010 (JStG 2010) vom 8.12.2010 (BGBl. I S. 1768), Amtshilferichtlinie-Umsetzungsgesetz (AmtshilfeRLUmsG) vom 26.6.2013 (BGBl. I S. 1809), Gesetz zur Anpassung des Investmentsteuergesetzes und anderer Gesetze an das AIFM-Umsetzungsgesetz (AIFM-Steuer-Anpassungsgesetz – AIFM-StAnpG) vom 18.12.2013 (BGBl. I S. 4318), Gesetz zur Anpassung der Abgabenordnung an den Zollkodex der Union und zur Änderung weiterer steuerlicher Vorschriften vom 22.12.2014 (BGBl. I S. 2417), Steueränderungsgesetz 2015 vom 2.11.2015 (BGBl. I S. 1834) und Gesetz zur Abwehr von Steuervermeidung und unfairem Steuerwettbewerb und zur Änderung weiterer Gesetze vom 25.6.2021 (BGBl. I S. 2056)

BGBl. III/FNA 611-18

§ 1 Gegenstand der Steuer. (1)[2] [1]Der Feuerschutzsteuer unterliegt die Entgegennahme des Versicherungsentgelts nur aus den folgenden Versicherungen, wenn die versicherten Gegenstände sich bei der Entgegennahme des Versicherungsentgelts im Geltungsbereich dieses Gesetzes befinden:

1. Feuerversicherungen einschließlich Feuer-Betriebsunterbrechungsversicherungen,
2. Wohngebäudeversicherungen, bei denen die Versicherung teilweise auf Gefahren entfällt, die Gegenstand einer Feuerversicherung sein können,
3. Hausratversicherungen, bei denen die Versicherung teilweise auf Gefahren entfällt, die Gegenstand einer Feuerversicherung sein können.

[2]Das Versicherungsentgelt aus Versicherungen, die nicht in Satz 1 Nummer 1 bis 3 genannt werden, die jedoch teilweise auf Gefahren entfallen, die Gegenstand einer Feuerversicherung sein können, unterliegt nicht der Feuerschutzsteuer.

(2) Eine Versicherung im Sinne des Absatzes 1 wird auch begründet, wenn zwischen mehreren Personen oder Personenvereinigungen vereinbart wird, solche Schäden gemeinsam zu tragen, die den Gegenstand einer Versicherung im Sinne des Absatzes 1 bilden können.

(3) Für die Steuerpflicht gelten die Vorschriften des § 1 Abs. 2 und 3 des Versicherungsteuergesetzes entsprechend.

---

[1] Neubekanntmachung des FeuerschStG v. 21.12.1979 (BGBl. I S. 2353) auf Grund des Art. 33 Abs. 1 Satz 3 des G v. 21.12.1993 (BGBl. I S. 2310) in der ab 1.1.1995 geltenden Fassung.

[2] § 1 Abs. 1 neu gef. mWv 1.7.2010 durch G v. 10.8.2009 (BGBl. I S. 2702).

§ 2 Versicherungsentgelt. (1) [1]Versicherungsentgelt im Sinne dieses Gesetzes ist jede Leistung, die für die Begründung und zur Durchführung des Versicherungsverhältnisses an den Versicherer zu bewirken ist. [2]Darunter fallen insbesondere Prämien, Beiträge, Vorbeiträge, Vorschüsse, Nachschüsse, Umlagen, außerdem Eintrittsgelder, Gebühren für die Ausfertigung des Versicherungsscheins und sonstige Nebenkosten. [3]Zum Versicherungsentgelt gehört nicht, was zur Abgeltung einer Sonderleistung des Versicherers oder aus einem sonstigen in der Person des einzelnen Versicherungsnehmers liegenden Grund gezahlt wird, wie Kosten für die Ausstellung einer Ersatzurkunde oder Mahnkosten.

(2) [1]Wird auf die Prämie ein Gewinnanteil verrechnet und nur der Unterschied zwischen Prämie und Gewinnanteil an den Versicherer gezahlt, so ist dieser Unterschiedsbetrag Versicherungsentgelt. [2]Das gleiche gilt, wenn eine Verrechnung zwischen Prämie und Gewinnanteil nicht möglich ist und die Gutschriftanzeige über den Gewinnanteil dem Versicherungsnehmer mit der Prämienrechnung vorgelegt wird.

§ 3[1)] Bemessungsgrundlage. (1) Bemessungsgrundlage ist

1. bei Feuerversicherungen (§ 1 Absatz 1 Satz 1 Nummer 1) ein Anteil von 40 Prozent des Versicherungsentgelts,
2. bei Wohngebäudeversicherungen (§ 1 Absatz 1 Satz 1 Nummer 2) ein Anteil von 14 Prozent des Gesamtbetrages des Versicherungsentgelts und
3. bei Hausratversicherungen (§ 1 Absatz 1 Satz 1 Nummer 3) ein Anteil von 15 Prozent des Gesamtbetrages des Versicherungsentgelts.

(2) [1]Die Steuer ist von den Anteilen (Absatz 1 Nummer 1, 2 und 3) zu berechnen, die im Anmeldungszeitraum (§ 8 Absatz 2) vereinnahmt worden sind (Isteinnahmen). [2]Wird das Versicherungsentgelt ganz oder zum Teil zurückgezahlt, weil das Versicherungsverhältnis vorzeitig beendet oder das Versicherungsentgelt herabgesetzt worden ist, so mindert sich die Bemessungsgrundlage um die auf die Anteile zurückgezahlten Versicherungsentgelte.

(3) [1]Das Bundeszentralamt für Steuern kann auf Antrag gestatten, dass die Steuer nicht nach den Isteinnahmen, sondern nach den im Anmeldungszeitraum angeforderten Anteilen (Absatz 1 Nummer 1, 2 und 3) (Solleinnahmen) berechnet wird. [2]Im Falle der Berechnung nach Solleinnahmen ist die auf nicht eingegangene Anteile bereits entrichtete Steuer bei der Anmeldung in dem Anmeldungszeitraum (§ 8 Absatz 2) abzusetzen, in dem der Versicherer die Versicherung ganz oder teilweise in Abgang gestellt hat.

(4)[2)] Das der Steuerberechnung zu Grunde zu legende Entgelt darf nicht um die für die Rückversicherungen gezahlten Versicherungsentgelte gekürzt werden.

(5)[2)] In anderer Währung ausgedrückte Beträge sind nach den für die Umsatzsteuer geltenden Vorschriften umzurechnen.

[1)] § 3 neu gef. mWv 1.7.2010 durch G v. 10.8.2009 (BGBl. I S. 2702).
[2)] § 3 Abs. 4 und 5 angef. mWv 1.7.2010 durch G v. 8.12.2010 (BGBl. I S. 1768).

§ 3a[1] **Ausnahme von der Besteuerung.** Von der Besteuerung ausgenommen ist die Zahlung des Versicherungsentgelts an Brandunterstützungsvereine, soweit die anlässlich eines einzelnen Schadensfalls erhobene Umlage den Betrag von 5500 Euro nicht übersteigt.

§ 4[2] **Steuersatz.** (1) Der Steuersatz beträgt – vorbehaltlich des folgenden Absatzes – 19 Prozent.

(2) Die Steuer beträgt bei Feuerversicherungen (§ 1 Absatz 1 Satz 1 Nummer 1) 22 Prozent.

(3) Die Versicherungsteuer gehört nicht zum Versicherungsentgelt.

§ 5 Steuerschuldner. (1) Steuerschuldner ist der Versicherer.

(2)[3] Hat der Versicherer in keinem Mitgliedstaat der Europäischen Union und in keinem anderen Vertragsstaat des Abkommens über den Europäischen Wirtschaftsraum seine Geschäftsleitung, seinen Sitz, seinen Wohnsitz oder eine Betriebsstätte, ist aber im Geltungsbereich dieses Gesetzes ein Bevollmächtigter zur Entgegennahme des Versicherungsentgelts bestellt, so ist dieser Steuerschuldner; ist kein Bevollmächtigter bestellt, so ist der Versicherungsnehmer Steuerschuldner.

§ 6 Rückversicherung. [1]Nimmt der Versicherer Rückversicherung, so ist er berechtigt, das Versicherungsentgelt, das er an den Rückversicherer zu entrichten hat, um den der Steuer entsprechenden Hundertsatz zu kürzen. [2]Dies gilt auch für den Rückversicherer, der seinerseits Rückversicherung nimmt.

§ 7 Entstehung der Steuer. Die Steuer entsteht mit Ablauf des Monats, in dem das Versicherungsentgelt entgegengenommen (§ 3 Abs. 2), angefordert (§ 3 Abs. 3) oder gezahlt (§ 5 Abs. 2 in Verbindung mit § 8 Abs. 4 Satz 3) worden ist.

§ 8[4] **Anmeldung, Fälligkeit.** (1) Der Versicherer (§ 5 Abs. 1) oder der Bevollmächtigte (§ 5 Abs. 2) hat spätestens am fünfzehnten Tag nach Ablauf eines jeden Anmeldungszeitraums (Absatz 2)

1. eine nach amtlich vorgeschriebenem Vordruck oder im Wege eines Automationsverfahrens des Bundes übermittelte Steuererklärung abzugeben, in der er die im Anmeldungszeitraum entstandene Steuer selbst zu berechnen hat (Steueranmeldung) und
2. die im Anmeldungszeitraum entstandene Steuer zu entrichten.

(2) [1]Anmeldungszeitraum ist grundsätzlich der Kalendermonat. [2]Hat die Steuer für das vorangegangene Kalenderjahr insgesamt nicht mehr als 2400 Euro betragen, so ist Anmeldungszeitraum das Kalendervierteljahr. [3]Hat

---

[1] § 3a eingef. mWv 1.7.2010 durch G v. 18.12.2013 (BGBl. I S. 4318).
[2] § 4 neu gef. mWv 1.7.2010 durch G v. 10.8.2009 (BGBl. I S. 2702).
[3] § 5 Abs. 2 geänd. durch G v. 26.6.2013 (BGBl. I S. 1809).
[4] § 8 Abs. 1 Nr. 1 geänd. mWv 30.6.2013, Abs. 2 Satz 2 Betrag geänd., Satz 3 angef. mWv 1.1.2014 durch G v. 26.6.2013 (BGBl. I S. 1809).

die Steuer für das vorangegangene Kalenderjahr insgesamt nicht mehr als 400 Euro betragen, so ist Anmeldungszeitraum das Kalenderjahr.

(3) [1] Gibt der Versicherer oder der Bevollmächtigte bis zum Ablauf der Anmeldungsfrist die Steueranmeldung nicht ab, setzt das Bundeszentralamt für Steuern[1)] die Steuer fest. [2] Als Zeitpunkt ihrer Fälligkeit gilt der fünfzehnte Tag nach Ablauf des Anmeldungszeitraums.

(4)[2)] [1] Ist der Versicherungsnehmer Steuerschuldner (§ 5 Abs. 2), so hat er den Abschluß der Versicherung dem Bundeszentralamt für Steuern[3)] unverzüglich anzuzeigen. [2] Die gleiche Pflicht hat auch der Vermittler, der den Abschluß einer solchen Versicherung vermittelt hat, wenn er seine Geschäftsleitung, seinen Sitz oder seinen Wohnsitz im Geltungsbereich dieses Gesetzes hat. [3] Der Versicherungsnehmer hat spätestens am 15. Tag nach Ablauf des Monats, in dem das Versicherungsentgelt gezahlt worden ist, eine Steueranmeldung nach amtlich vorgeschriebenem Vordruck abzugeben und die selbst berechnete Steuer zu entrichten.

§ 9[4)] Aufzeichnungspflichten und Außenprüfung. (1) [1] Der Versicherer (§ 5 Abs. 1) oder der Bevollmächtigte (§ 5 Abs. 2) ist verpflichtet, zur Feststellung der Steuer und der Grundlagen ihrer Berechnung Aufzeichnungen zu führen. [2] Diese müssen alle Angaben enthalten, die für die Besteuerung von Bedeutung sind, insbesondere

1. den Namen und die Anschrift des Versicherungsnehmers,
2. die Nummer des Versicherungsscheins,
3. die Versicherungssumme,
4. das Versicherungsentgelt,
5. den Steuerbetrag.

[3] Ist das im Geltungsbereich dieses Gesetzes belegene Risiko von einem nicht in dessen Geltungsbereich niedergelassenen Versicherer gedeckt, so hat dieser dem Bundeszentralamt für Steuern[5)] auf Anforderung ein vollständiges Verzeichnis der sich auf diese Risiken beziehenden Versicherungsverhältnisse mit den in Satz 2 genannten Angaben schriftlich zu übermitteln. [4] Diese Verpflichtung besteht auch dann, wenn der Versicherer die Voraussetzungen für die Steuerpflicht oder für die Steuerentrichtung nicht für gegeben hält.

(2) Bei Personen und Personenvereinigungen, die Versicherungen vermitteln oder ermächtigt sind, für einen Versicherer Zahlungen entgegenzunehmen, ist zur Ermittlung oder Aufklärung von Vorgängen, die nach diesem Gesetz der Steuer unterliegen, eine Außenprüfung (§§ 193 bis 203 der Abgabenordnung) auch insoweit zulässig, als sie der Feststellung der steuerlichen

---

[1)] § 8 Abs. 3 und 4 geänd. mWv 1.7.2010 durch G v. 10.8.2009 (BGBl. I S. 2702).
[2)] § 8 Abs. 4 Satz 3 neu gef. durch G v. 21.8.2002 (BGBl. I S. 3322).
[3)] § 8 Abs. 3 und 4 geänd. mWv 1.7.2010 durch G v. 10.8.2009 (BGBl. I S. 2702).
[4)] § 9 Abs. 1 Satz 3 geänd. durch G v. 21.8.2002 (BGBl. I S. 3322).
[5)] Bezeichnung geänd. durch G v. 22.9.2005 (BGBl. I S. 2809).

Verhältnisse anderer Personen dient, die als Versicherungsnehmer nach § 5 Abs. 2 zur Entrichtung der Steuer verpflichtet sind.

(3) Eine Außenprüfung ist auch bei Personen und Personenvereinigungen zulässig, die eine Versicherung im Sinne des § 1 Abs. 2 vereinbart haben.

(4)[1] [1]Steuerbeträge, die auf Grund einer Außenprüfung nachzuentrichten oder zu erstatten sind, sind zusammen mit der Steuer für den letzten Monat, das letzte Quartal oder das letzte Kalenderjahr des Prüfungszeitraums festzusetzen. [2]Nachzuentrichtende Steuerbeträge sind einen Monat nach Bekanntgabe der Festsetzung fällig.

§ 10[2] **Zuständigkeit.** Zuständig ist das Bundeszentralamt für Steuern.

§ 11 Zerlegung. (1) Das Gesamtaufkommen der entrichteten Feuerschutzsteuer wird nach den Absätzen 2 und 3[3] zerlegt.

(2)[4] [1]Die Zerlegungsanteile der einzelnen Länder am Gesamtaufkommen der Feuerschutzsteuer sind nach den folgenden Zerlegungsmaßstäben zu ermitteln:

1. zu 30 vom Hundert entsprechend den Anteilen an der Bruttowertschöpfung aller Wirtschaftsbereiche abzüglich der Wertschöpfung der Wirtschaftsbereiche Land- und Forstwirtschaft, Fischerei, öffentliche und sonstige Dienstleister, Erziehung und Gesundheit sowie private Haushalte;
2. zu 5 vom Hundert entsprechend den Anteilen an der Bruttowertschöpfung des Wirtschaftsbereiches Land- und Forstwirtschaft, Fischerei;
3. zu 45 vom Hundert entsprechend den Anteilen an der Wohnbevölkerung zu 40 vom Hundert und den Anteilen am Bestand an Wohngebäuden zu 60 vom Hundert;
4. zu 20 vom Hundert entsprechend den Anteilen an den Privathaushalten.

[2]Dabei sind jeweils die am 1. Mai des dem Zerlegungsjahr folgenden Jahres beim Statistischen Bundesamt verfügbaren neuesten Daten zugrunde zu legen.

(3)[5] [1]Die Zerlegung wird von der Finanzbehörde der Freien und Hansestadt Hamburg durchgeführt. [2]Dabei sind unter Berücksichtigung des jeweiligen Vorjahresergebnisses Zerlegungsanteile festzulegen. [3]Nach diesen Zerlegungsanteilen wird die durch das Bundeszentralamt für Steuern verwaltete Feuerschutzsteuer auf die Länder verteilt und entsprechend dem monatlichen Aufkommen in Teilbeträgen bis zum 15. des folgenden Monats an die Länder überwiesen. [4]Bis zur Ermittlung der endgültigen Zerlegungsanteile für das Vorjahr sind die bisherigen Zerlegungsanteile vorläufig zu Grunde zu legen.

(4)[6] *(aufgehoben)*

---

[1] § 9 Abs. 4 neu gef. mWv 31.12.2014 durch G v. 22.12.2014 (BGBl. I S. 2417).

[2] § 10 neu gef. mWv 1.7.2010 durch G v. 10.8.2009 (BGBl. I S. 2702).

[3] § 11 Abs. 1 geänd. mWv 1.1.2016 durch G v. 2.11.2015 (BGBl. I S. 1834)

[4] § 11 Abs. 2 Satz 1 neu gef. mWv 1.1.2016 durch G v. 2.11.2015 (BGBl. I S. 1834); Abs. 2 Satz 1 Nr. 1 geänd., Nr. 3 neu gef. mWv 1.7.2021 durch G v. 25.6.2021 (BGBl. I S. 2056).

[5] § 11 Abs. 3 neu gef. mWv 1.1.2011 durch G v. 8.12.2010 (BGBl. I S. 1768).

[6] § 11 Abs. 4 aufgeh. mWv 1.1.2016 durch G v. 2.11.2015 (BGBl. I S. 1834).

§ 12 Mitteilungspflicht. (1) Die mit der Aufsicht über die Versicherungsunternehmen betrauten Behörden teilen dem Bundeszentralamt für Steuern die zu ihrer Kenntnis gelangenden Versicherer mit.

(2) Das Registergericht teilt Eintragungen von Vereinen oder Genossenschaften, die sich mit dem Abschluß von Versicherungen befassen, dem Bundeszentralamt für Steuern mit; das gilt auch dann, wenn die Vereine oder Genossenschaften ihre Leistungen als Unterstützungen ohne Rechtsanspruch bezeichnen.

§ 13 Anwendungsvorschrift. [1]Wird ein Steuersatz geändert, ist der neue Steuersatz auf Versicherungsentgelte anzuwenden, die ab dem Inkrafttreten der Änderung des Steuersatzes fällig werden. [2]Wird die Fälligkeit des Versicherungsentgelts auf einen Zeitpunkt vor oder nach Inkrafttreten eines geänderten Steuersatzes geändert und würde die Änderung zur Anwendung eines niedrigeren Steuersatzes führen, ist die Änderung insoweit nicht zu berücksichtigen. [3]Dies gilt entsprechend, wenn ein Versicherungsvertrag zur Änderung der Fälligkeit des Versicherungsentgelts gekündigt und alsbald neu abgeschlossen oder wenn die Fälligkeit des Versicherungsentgelts für einen Zeitpunkt vor Abschluß des Versicherungsvertrags festgelegt wird. [4]Die Sätze 2 und 3 gelten für ab dem 1. August 1993 vorgenommene Änderungen oder Festlegungen der Fälligkeit des Versicherungsentgelts.

§ 14[1)] Evaluation. [1]Die Bemessungsgrundlagen (§ 3 Absatz 1) werden jährlich, beginnend mit dem 1. Januar 2012, durch Rechtsverordnung der Bundesregierung, die der Zustimmung des Bundesrates bedarf, derart angepasst, dass das Aufkommen der Feuerschutzsteuer nicht unter den Durchschnitt der Jahre 2009 bis 2011 (Sockelbetrag) sinkt. [2]Die Bemessungsgrundlagen nach § 5 Absatz 1 Nummer 3 des Versicherungsteuergesetzes sind entsprechend anzupassen.

§ 15[2)] Ermächtigungen. (1) [1]Die Bundesregierung wird ermächtigt, mit Zustimmung des Bundesrates Rechtsverordnungen über den Anteil an der Bemessungsgrundlage (§ 3 Absatz 1) zu erlassen.

(2) Der Bundesminister der Finanzen kann dieses Gesetz und die auf Grund dieses Gesetzes erlassenen Rechtsverordnungen in der jeweils geltenden Fassung mit neuem Datum und unter neuer Überschrift im Bundesgesetzblatt bekannt machen.

---

1) § 14 angef. mWv 1.7.2010 durch G v. 10.8.2009 (BGBl. I S. 2702).
2) § 15 angef. mWv 1.7.2010 durch G v. 10.8.2009 (BGBl. I S. 2702).

725. Gesetz über die Besteuerung bei Auslandsbeziehungen (Außensteuergesetz)[1)]

Vom 8. September 1972 (BGBl. I S. 1713)

Geändert durch Gesetz zur Reform des Erbschaftsteuer- und Schenkungsteuerrechts vom 17.4.1974 (BGBl. I S. 933), Einführungsgesetz zum Einkommensteuerreformgesetz vom 21.12.1974 (BGBl. I S. 3656), Einführungsgesetz zum Körperschaftsteuerreformgesetz vom 6.9.1976 (BGBl. I S. 2641), Einführungsgesetz zur Abgabenordnung vom 14.9.1976 (BGBl. I S. 3341), Gesetz zur Änderung des EStG, des KStG und anderer Gesetze vom 20.8.1980 (BGBl. I S. 1545), Gesetz zur Stärkung der Wettbewerbsfähigkeit der Wirtschaft und zur Einschränkung von steuerlichen Vorteilen (Steuerentlastungsgesetz 1984) vom 22.12.1983 (BGBl. I S. 1583), Steuerbereinigungsgesetz 1985 vom 14.12.1984 (BGBl. I S. 1493), Beschluß des Bundesverfassungsgerichts vom 14.5.1986 (BGBl. I S. 1030), Einigungsvertrag vom 31.8.1990 (BGBl. II S. 889, 978), Steueränderungsgesetz 1992 vom 25.2.1992 (BGBl. I S. 297), Standortsicherungsgesetz vom 13.9.1993 (BGBl. I S. 1569), Mißbrauchsbekämpfungs- und Steuerbereinigungsgesetz vom 21.12.1993 (BGBl. I S. 2310), Gesetz zur Änderung des Umwandlungssteuerrechts vom 28.10.1994 (BGBl. I S. 3267), Jahressteuergesetz 1997 vom 20.12.1996 (BGBl. I S. 2049), Steuersenkungsgesetz vom 23.10.2000 (BGBl. I S. 1433), Steuer-Euroglättungsgesetz vom 19.12.2000 (BGBl. I S. 1790), Unternehmenssteuerfortentwicklungsgesetz vom 20.12.2001 (BGBl. I S. 3858), Steuervergünstigungsabbaugesetz vom 16.5.2003 (BGBl. I S. 660), Investmentmodernisierungsgesetz vom 15.12.2003 (BGBl. I S. 2676), Gesetz zur Umsetzung der Protokollerklärung der Bundesregierung zur Vermittlungsempfehlung zum Steuervergünstigungsabbaugesetz vom 22.12.2003 (BGBl. I S. 2840), EURichtlinien-Umsetzungsgesetz vom 9.12.2004 (BGBl. I S. 3310), Gesetz über steuerliche Begleitmaßnahmen zur Einführung der Europäischen Gesellschaft und zur Änderung weiterer steuerrechtlicher Vorschriften (SEStEG) vom 7.12.2006 (BGBl. I S. 2782), Gesetz zur Schaffung deutscher Immobilien-Aktiengesellschaften mit börsennotierten Anteilen vom 28.5.2007 (BGBl. I S. 914), Unternehmensteuerreformgesetz 2008 vom 14.8.2007 (BGBl. I S. 1912), Jahressteuergesetz 2008 vom 20.12.2007 (BGBl. I S. 3150), Jahressteuergesetz 2009 vom 19.12.2008 (BGBl. I S. 2794), Gesetz zur Umsetzung steuerlicher EU-Vorgaben sowie zur Änderung steuerlicher Vorschriften vom 8.4.2010 (BGBl. I S. 386), Jahressteuergesetz 2010 (JStG 2010) vom 8.12.2010 (BGBl. I S. 1768), Amtshilferichtlinie-Umsetzungsgesetz (AmtshilfeRLUmsG) vom 26.6.2013 (BGBl. I S. 1809), Gesetz zur Anpassung der Abgabenordnung an den Zollkodex der Union und zur Änderung weiterer steuerlicher Vorschriften vom 22.12.2014 (BGBl. I S. 2417), Gesetz zur Reform der Investmentbesteuerung (Investmentsteuerreformgesetz – InvStRefG) vom 19.7.2016 (BGBl. I S. 1730), Gesetz gegen schädliche Steuerpraktiken im Zusammenhang mit Rechteüberlassungen vom 27.6.2017 (BGBl. I S. 2074), Gesetz über steuerliche und weitere Begleitregelungen zum Austritt des Vereinigten Königreichs Großbritannien und Nordirland aus der Europäischen Union (Brexit-Steuerbegleitgesetz – Brexit-StBG) vom 25.3.2019 (BGBl. I S. 357), Gesetz zur Modernisierung der Entlastung von Abzugsteuern und der Bescheinigung der Kapitalertragsteuer (Abzugsteuerentlastungsmodernisierungsgesetz – AbzStEntModG) vom 2.6.2021 (BGBl. I S. 1259), Gesetz zur Umsetzung der Anti-Steuervermeidungsrichtlinie (ATAD-Umsetzungsgesetz – ATAD-UmsG) vom 25.6.2021 (BGBl. I S. 2035) und Gesetz zur Modernisierung des Körperschaftsteuerrechts vom 25.6.2021 (BGBl. I S. 2050)

BGBl. III/FNA 610-6-8

[1)] Das Außensteuergesetz wurde verkündet als Art. 1 des G zur Wahrung der steuerlichen Gleichmäßigkeit bei Auslandsbeziehungen und zur Verbesserung der steuerlichen Wettbewerbslage bei Auslandsinvestitionen.

Zur Anwendung siehe § 21.

Inhaltsübersicht

Erster Teil. Internationale Verflechtungen

Der Bundestag hat mit Zustimmung des Bundesrates das folgende Gesetz beschlossen:

Erster Teil. Internationale Verflechtungen

§ 1 Berichtigung von Einkünften. (1)[1] [1]Werden Einkünfte eines Steuerpflichtigen aus einer Geschäftsbeziehung zum Ausland mit einer ihm nahe-

[1] § 1 Abs. 1 neu gef. mWv VZ 2008 (§ 21 Abs. 16) durch G v. 14.8.2007 (BGBl. I S. 1912); Satz 2 eingef., bish. Sätze 2 und 3 werden Sätze 3 und 4 durch G v. 26.6.2013 (BGBl. I S. 1809); Sätze 1 und 2 geänd. durch G v. 2.6.2021 (BGBl. I S. 1259).

stehenden Person dadurch gemindert, dass er seiner Einkünfteermittlung andere Bedingungen, insbesondere Preise (Verrechnungspreise), zugrunde legt, als sie voneinander unabhängige Dritte unter gleichen oder vergleichbaren Verhältnissen vereinbart hätten (Fremdvergleichsgrundsatz), sind seine Einkünfte unbeschadet anderer Vorschriften so anzusetzen, wie sie unter den zwischen voneinander unabhängigen Dritten vereinbarten Bedingungen angefallen wären. [2] Steuerpflichtiger im Sinne dieser Vorschrift sowie im Sinne des § 1a ist auch eine Personengesellschaft oder eine Mitunternehmerschaft; eine Personengesellschaft oder Mitunternehmerschaft ist selbst nahestehende Person, wenn sie die Voraussetzungen des Absatzes 2 erfüllt. [3] Für die Anwendung des Fremdvergleichsgrundsatzes ist davon auszugehen, dass die voneinander unabhängigen Dritten alle wesentlichen Umstände der Geschäftsbeziehung kennen und nach den Grundsätzen ordentlicher und gewissenhafter Geschäftsleiter handeln. [4] Führt die Anwendung des Fremdvergleichsgrundsatzes zu weitergehenden Berichtigungen als die anderen Vorschriften, sind die weitergehenden Berichtigungen neben den Rechtsfolgen der anderen Vorschriften durchzuführen.

(2) [1] Dem Steuerpflichtigen ist eine Person nahestehend, wenn

[alte Fassung:]

1. die Person an dem Steuerpflichtigen mindestens zu einem Viertel unmittelbar oder mittelbar beteiligt (wesentlich beteiligt) ist oder auf den Steuerpflichtigen unmittelbar oder mittelbar einen beherrschenden Einfluß ausüben kann oder umgekehrt der Steuerpflichtige an der Person wesentlich beteiligt ist oder auf diese Person unmittelbar oder mittelbar einen beherrschenden Einfluß ausüben kann oder
2. eine dritte Person sowohl an der Person als auch an dem Steuerpflichtigen wesentlich beteiligt ist oder auf beide unmittelbar oder mittelbar einen beherrschenden Einfluß ausüben kann oder
3. die Person oder der Steuerpflichtige imstande ist, bei der Vereinbarung der Bedingungen einer Geschäftsbeziehung auf den Steuerpflichtigen oder die Person einen

[neue Fassung:][1)]

1. die Person
   a) an dem Steuerpflichtigen oder der Steuerpflichtige an dieser Person mindestens zu einem Viertel unmittelbar oder mittelbar an dem gezeichneten Kapital, den Mitgliedschaftsrechten, den Beteiligungsrechten, den Stimmrechten oder dem Gesellschaftsvermögen beteiligt (wesentlich beteiligt) ist oder
   b) gegenüber dem Steuerpflichtigen oder der Steuerpflichtige gegenüber dieser Person Anspruch auf mindestens ein Viertel des Gewinns oder des Liquidationserlöses hat; oder
2. die Person auf den Steuerpflichtigen oder der Steuerpflichtige auf diese Person unmittelbar oder mittelbar beherrschenden Einfluss ausüben kann; oder

---

[1)] § 1 Abs. 2 neu gef. durch ATADUmsG v. 25.6.2021 (BGBl. I S. 2035); zur Anwendung siehe § 21 Abs. 1 und 2 iVm § 42 Abs. 6 EStG.

[alte Fassung:]

außerhalb dieser Geschäftsbeziehung begründeten Einfluß auszuüben oder wenn einer von ihnen ein eigenes Interesse an der Erzielung der Einkünfte des anderen hat.

[neue Fassung:]

3. eine dritte Person
   a) sowohl an der Person als auch an dem Steuerpflichtigen wesentlich beteiligt ist,
   b) sowohl gegenüber der Person als auch gegenüber dem Steuerpflichtigen Anspruch auf mindestens ein Viertel des Gewinns oder des Liquidationserlöses hat oder
   c) auf die Person als auch auf den Steuerpflichtigen unmittelbar oder mittelbar beherrschenden Einfluss ausüben kann; oder
4. die Person oder der Steuerpflichtige imstande ist, bei der Vereinbarung der Bedingungen einer Geschäftsbeziehung auf den Steuerpflichtigen oder die Person einen außerhalb dieser Geschäftsbeziehung begründeten Einfluss auszuüben oder wenn einer von ihnen ein eigenes Interesse an der Erzielung der Einkünfte des anderen hat.

[2] Satz 1 Nummer 3 Buchstabe a bis c gilt auch, soweit im Verhältnis der dritten Person zu der Person und dem Steuerpflichtigen jeweils eines der in Satz 1 Nummer 3 Buchstabe a bis c genannten Merkmale erfüllt ist.

[Fassung bis VZ 2021:][1)]

(3) [1] Für eine Geschäftsbeziehung im Sinne des Absatzes 1 Satz 1 ist der Verrechnungspreis vorrangig nach der Preisvergleichsmethode, der Wiederverkaufspreismethode oder der Kostenaufschlagsmethode zu bestimmen, wenn Fremdvergleichswerte ermittelt werden können, die nach Vornahme

[Fassung ab VZ 2022:]

(3)[2)] [1] Für die Bestimmung der dem Fremdvergleichsgrundsatz entsprechenden Verrechnungspreise (Fremdvergleichspreise) für eine Geschäftsbeziehung im Sinne des Absatzes 1 Satz 1 sind die tatsächlichen Verhältnisse maßgebend, die dem jeweiligen Geschäftsvorfall zugrunde

---

[1)] § 1 Abs. 3 eingef. mWv VZ 2008 durch G v. 14.8.2007 (BGBl. I S. 1912); Sätze 9 und 10 neu gef. durch G v. 8.4.2010 (BGBl. I S. 386); Satz 13 aufgeh. mWv VZ 2013 durch *G v. 26.6.2013 (BGBl. I S. 1809)*.

[2)] § 1 Abs. 3 neu gef. mWv VZ 2022 (§ 21 Abs. 25 idF des G v. 2.6.2021, BGBl. I S. 1259) durch G v. 2.6.2021 (BGBl. I S. 1259).

[Fassung bis VZ 2021:]

sachgerechter Anpassungen im Hinblick auf die ausgeübten Funktionen, die eingesetzten Wirtschaftsgüter und die übernommenen Chancen und Risiken (Funktionsanalyse) für diese Methoden uneingeschränkt vergleichbar sind; mehrere solche Werte bilden eine Bandbreite. [2]Sind solche Fremdvergleichswerte nicht zu ermitteln, sind eingeschränkt vergleichbare Werte nach Vornahme sachgerechter Anpassungen der Anwendung einer geeigneten Verrechnungspreismethode zugrunde zu legen. [3]Sind in den Fällen des Satzes 2 mehrere eingeschränkt vergleichbare Fremdvergleichswerte feststellbar, ist die sich ergebende Bandbreite einzuengen. [4]Liegt der vom Steuerpflichtigen für seine Einkünfteermittlung verwendete Wert in den Fällen des Satzes 1 außerhalb der Bandbreite oder in den Fällen des Satzes 2 außerhalb der eingeengten Bandbreite, ist der Median maßgeblich. [5]Können keine eingeschränkt vergleichbaren Fremdvergleichswerte festgestellt werden, hat der Steuerpflichtige für seine Einkünfteermittlung einen hypothetischen Fremdvergleich unter Beachtung des Absatzes 1 Satz 3 durchzuführen. [6]Dazu hat er auf Grund einer Funktionsanalyse und innerbetrieblicher Planrechnungen den Mindestpreis des Leistenden und den Höchstpreis des Leistungsempfängers unter Berücksichtigung funktions- und risikoadäquater Kapitalisierungszinssätze zu ermitteln (Einigungsbereich); der Einigungsbereich wird von den jeweiligen Gewinnerwartungen (Gewinnpotenzialen) bestimmt.[1)] [7]Es ist der Preis im Einigungsbereich der Einkünfte-

[Fassung ab VZ 2022:]

liegen. [2]Insbesondere ist zu berücksichtigen, von welcher an dem Geschäftsvorfall beteiligten Person welche Funktionen in Bezug auf den jeweiligen Geschäftsvorfall ausgeübt, welche Risiken diesbezüglich jeweils übernommen und welche Vermögenswerte hierfür eingesetzt werden (Funktions- und Risikoanalyse). [3]Die Verhältnisse im Sinne der Sätze 1 und 2 bilden den Maßstab für die Feststellung der Vergleichbarkeit des zu untersuchenden Geschäftsvorfalls mit Geschäftsvorfällen zwischen voneinander unabhängigen Dritten (Vergleichbarkeitsanalyse); die diesen Geschäftsvorfällen zugrunde liegenden Verhältnisse sind in entsprechender Anwendung der Sätze 1 und 2 maßgebend, soweit dies möglich ist. [4]Abzustellen ist auf die Verhältnisse zum Zeitpunkt der Vereinbarung des Geschäftsvorfalls. [5]Der Fremdvergleichspreis ist grundsätzlich nach der im Hinblick auf die Vergleichbarkeitsanalyse und die Verfügbarkeit von Werten zu vergleichbaren Geschäftsvorfällen voneinander unabhängiger Dritter am besten geeigneten Verrechnungspreismethode zu bestimmen. [6]Unterschiede zwischen den Verhältnissen der zum Vergleich herangezogenen Geschäftsvorfälle zwischen voneinander unabhängigen Dritten und den dem zu untersuchenden Geschäftsvorfall zugrunde liegenden Verhältnissen, die die Anwendung der Verrechnungspreismethode beeinflussen können, sind durch sachgerechte Anpassungen zu beseitigen, sofern dies möglich ist; dies gilt nur, wenn dadurch die Vergleichbarkeit erhöht wird. [7]Können keine

---

1) § 1 Abs. 3 Satz 6 geänd., Satz 9 entspr. geänd. durch G v. 26.6.2013 (BGBl. I S. 1809).

[Fassung bis VZ 2021:]

ermittlung zugrunde zu legen, der dem Fremdvergleichsgrundsatz mit der höchsten Wahrscheinlichkeit entspricht; wird kein anderer Wert glaubhaft gemacht, ist der Mittelwert des Einigungsbereichs zugrunde zu legen. [8] Ist der vom Steuerpflichtigen zugrunde gelegte Einigungsbereich unzutreffend und muss deshalb von einem anderen Einigungsbereich ausgegangen werden, kann auf eine Einkünfteberichtigung verzichtet werden, wenn der vom Steuerpflichtigen zugrunde gelegte Wert innerhalb des anderen Einigungsbereichs liegt. [9] Wird eine Funktion einschließlich der dazugehörigen Chancen und Risiken und der mit übertragenen oder überlassenen Wirtschaftsgüter und sonstigen Vorteile verlagert (Funktionsverlagerung) und ist auf die verlagerte Funktion Satz 5 anzuwenden, weil für das Transferpaket als Ganzes keine zumindest eingeschränkt vergleichbare Fremdvergleichswerte vorliegen, hat der Steuerpflichtige den Einigungsbereich auf der Grundlage des Transferpakets zu bestimmen.[1)] [10] In den Fällen des Satzes 9 ist die Bestimmung von Einzelverrechnungspreisen für alle betroffenen Wirtschaftsgüter und Dienstleistungen nach Vornahme sachgerechter Anpassungen anzuerkennen, wenn der Steuerpflichtige glaubhaft macht, dass keine wesentlichen immateriellen Wirtschaftsgüter und Vorteile Gegenstand der Funktionsverlagerung waren, oder dass die Summe der angesetzten Einzelverrechnungspreise, gemessen an der Bewertung des Transferpakets als Ganzes, dem Fremdvergleichsgrund-

[Fassung ab VZ 2022:]

Vergleichswerte festgestellt werden, ist für die Bestimmung des Fremdvergleichspreises ein hypothetischer Fremdvergleich unter Beachtung des Absatzes 1 Satz 3 aus Sicht des Leistenden und des jeweiligen Leistungsempfängers anhand ökonomisch anerkannter Bewertungsmethoden durchzuführen.

(3a)[2)] [1] Die Anwendung des Fremdvergleichsgrundsatzes führt regelmäßig zu einer Bandbreite von Werten. [2] Diese Bandbreite ist einzuengen, wenn nach Anwendung von Absatz 3 Satz 6 Unterschiede in der Vergleichbarkeit verbleiben. [3] Bieten diese Werte selbst keine Anhaltspunkte für eine bestimmte Einengung, so bleiben aus dieser Bandbreite das Viertel der kleinsten und das Viertel der größten Werte unberücksichtigt. [4] Liegt der vom Steuerpflichtigen für seine Einkünfteermittlung verwendete Wert außerhalb der Bandbreite gemäß Satz 1 oder der eingeengten Bandbreite, ist der Median maßgeblich, wenn der Steuerpflichtige nicht glaubhaft macht, dass ein anderer Wert innerhalb der Bandbreite dem Fremdvergleichsgrundsatz besser entspricht. [5] Bei der Anwendung des hypothetischen Fremdvergleichs nach Absatz 3 Satz 7 ergibt sich regelmäßig aus dem Mindestpreis des Leistenden und dem Höchstpreis des Leistungsempfängers ein Einigungsbereich. [6] In den Fällen des Satzes 5 ist der Mittelwert des Einigungsbereichs zugrunde zu legen, wenn der Steuerpflichtige nicht glaubhaft macht, dass ein anderer Wert innerhalb des Einigungsbereichs dem Fremdvergleichsgrundsatz entspricht.

---

1) § 1 Abs. 3 Satz 9 geänd. mWv VZ 2013 durch G v. 26.6.2013 (BGBl. I S. 1809).

2) § 1 Abs. 3a eingef. mWv VZ 2022 (§ 21 Abs. 25 idF des G v. 2.6.2021) durch G v. 2.6.2021 (BGBl. I S. 1259); Satz 4 geänd. durch ATADUmsG v. 25.6.2021 (BGBl. I S. 2035).

[Fassung bis VZ 2021:]

satz entspricht; macht der Steuerpflichtige glaubhaft, dass zumindest ein wesentliches immaterielles Wirtschaftsgut Gegenstand der Funktionsverlagerung ist, und bezeichnet er es genau, sind Einzelverrechnungspreise für die Bestandteile des Transferpakets anzuerkennen. [11] Sind in den Fällen der Sätze 5 und 9 wesentliche immaterielle Wirtschaftsgüter und Vorteile Gegenstand einer Geschäftsbeziehung und weicht die tatsächliche spätere Gewinnentwicklung erheblich von der Gewinnentwicklung ab, die der Verrechungspreisbestimmung zugrunde lag, ist widerlegbar zu vermuten, dass zum Zeitpunkt des Geschäftsabschlusses Unsicherheiten im Hinblick auf die Preisvereinbarung bestanden und unabhängige Dritte eine sachgerechte Anpassungsregelung vereinbart hätten. [12] Wurde eine solche Regelung nicht vereinbart und tritt innerhalb der ersten zehn Jahre nach Geschäftsabschluss eine erhebliche Abweichung im Sinne des Satzes 11 ein, ist für eine deshalb vorzunehmende Berichtigung nach Absatz 1 Satz 1 einmalig ein angemessener Anpassungsbetrag auf den ursprünglichen Verrechnungspreis der Besteuerung des Wirtschaftsjahres zugrunde zu legen, das dem Jahr folgt, in dem die Abweichung eingetreten ist.

[Fassung ab VZ 2022:]

(3b) [1] Wird eine Funktion einschließlich der dazugehörigen Chancen und Risiken sowie der mitübertragenen oder mitüberlassenen Wirtschaftsgüter oder sonstigen Vorteile verlagert und ist auf die verlagerte Funktion Absatz 3 Satz 7 anzuwenden, weil für die Verlagerung der Funktion als Ganzes (Transferpaket) keine Vergleichsdaten festgestellt werden können, ist der Einigungsbereich auf der Grundlage des Transferpakets zu bestimmen. [2] Hiervon kann abgesehen werden, wenn der Steuerpflichtige glaubhaft macht, dass weder wesentliche immaterielle Wirtschaftsgüter noch sonstige Vorteile Gegenstand der Funktionsverlagerung waren. [3] Dies gilt dann, wenn das übernehmende Unternehmen die übergehende Funktion ausschließlich gegenüber dem verlagernden Unternehmen ausübt und das Entgelt, das für die Ausübung der Funktion und die Erbringung der entsprechenden Leistungen anzusetzen ist, nach der Kostenaufschlagsmethode zu ermitteln ist.

(3c)[1)] [1] Die Übertragung oder Überlassung zur Nutzung eines immateriellen Werts ist zu vergüten, wenn diese auf der Grundlage einer Geschäftsbeziehung im Sinne des Absatzes 4 erfolgt und hiermit eine finanzielle Auswirkung für den Übernehmer, den Nutzenden, den Übertragenden oder den Überlassenden verbunden ist. [2] Immaterielle Werte sind Vermögenswerte,

1. die weder materielle Wirtschaftsgüter oder Beteiligungen noch Finanzanlagen sind,
2. die Gegenstand eines Geschäftsvorfalls sein können, ohne ein-

---

[1)] § 1 Abs. 3c eingef. mWv VZ 2022 (§ 21 Abs. 25 idF des G v. 2.6.2021) durch G v. 2.6.2021 (BGBl. I S. 1259); Satz 4 geänd. durch ATADUmsG v. 25.6.2021 (BGBl. I S. 2035).

[Fassung ab VZ 2022:]

zeln übertragbar sein zu müssen, und

3. die einer Person eine tatsächliche oder rechtliche Position über diesen Vermögenswert vermitteln können.

[3] Die Feststellung des Eigentums oder der Inhaberschaft an einem immateriellen Wert, einschließlich aus einem solchen abgeleiteter Rechte, ist Ausgangspunkt für die Bestimmung, welchem an dem Geschäftsvorfall beteiligten Unternehmen der Ertrag zusteht, der sich aus jedweder Art der Verwertung dieses immateriellen Werts ergibt. [4] Soweit eine dem Eigentümer oder dem Inhaber des immateriellen Werts nahestehende Person Funktionen im Zusammenhang mit der Entwicklung oder Erschaffung, der Verbesserung, dem Erhalt, dem Schutz oder jedweder Art der Verwertung des immateriellen Werts ausübt, hierzu Vermögenswerte einsetzt und Risiken übernimmt, sind diese Funktionen vom Eigentümer oder Inhaber der nahestehenden Person angemessen zu vergüten. [5] Die Finanzierung der Entwicklung oder Erschaffung, des Erhalts oder des Schutzes eines immateriellen Werts ist angemessen zu vergüten und berechtigt nicht zum Ertrag aus dem finanzierten immateriellen Wert.

(4)[1)] [1] Geschäftsbeziehungen im Sinne dieser Vorschrift sind

1. einzelne oder mehrere zusammenhängende wirtschaftliche Vorgänge (Geschäftsvorfälle) zwischen einem Steuerpflichtigen und einer ihm nahestehenden Person,
   a) die Teil einer Tätigkeit des Steuerpflichtigen oder der nahestehenden Person sind, auf die die §§ 13, 15, 18 oder 21 des Einkommensteuergesetzes anzuwenden sind oder anzuwenden wären, wenn sich der Geschäftsvorfall im Inland unter Beteiligung eines unbeschränkt Steuer-

---

[1)] § 1 Abs. 4 neu gef. durch G v. 22.12.2014 (BGBl. I S. 2417).

pflichtigen und einer inländischen nahestehenden Person ereignet hätte, und

b) denen keine gesellschaftsvertragliche Vereinbarung zugrunde liegt; eine gesellschaftsvertragliche Vereinbarung ist eine Vereinbarung, die unmittelbar zu einer rechtlichen Änderung der Gesellschafterstellung führt;

2. Geschäftsvorfälle zwischen einem Unternehmen eines Steuerpflichtigen und seiner in einem anderen Staat gelegenen Betriebsstätte (anzunehmende schuldrechtliche Beziehungen).

2 Liegt einem Geschäftsvorfall keine schuldrechtliche Vereinbarung zugrunde, ist davon auszugehen, dass voneinander unabhängige ordentliche und gewissenhafte Geschäftsleiter eine schuldrechtliche Vereinbarung getroffen hätten oder eine bestehende Rechtsposition geltend machen würden, die der Besteuerung zugrunde zu legen ist, es sei denn, der Steuerpflichtige macht im Einzelfall etwas anderes glaubhaft.

(5)[1] 1 Die Absätze 1, 3 *und* [***ab VZ 2022***: bis] 4 sind entsprechend anzuwenden, wenn für eine Geschäftsbeziehung im Sinne des Absatzes 4 Satz 1 Nummer 2 die Bedingungen, insbesondere die Verrechnungspreise, die der Aufteilung der Einkünfte zwischen einem inländischen Unternehmen und seiner ausländischen Betriebsstätte oder der Ermittlung der Einkünfte der inländischen Betriebsstätte eines ausländischen Unternehmens steuerlich zugrunde gelegt werden, nicht dem Fremdvergleichsgrundsatz entsprechen und dadurch die inländischen Einkünfte eines beschränkt Steuerpflichtigen gemindert oder die ausländischen Einkünfte eines unbeschränkt Steuerpflichtigen erhöht werden. 2 Zur Anwendung des Fremdvergleichsgrundsatzes ist eine Betriebsstätte wie ein eigenständiges und unabhängiges Unternehmen zu behandeln, es sei denn, die Zugehörigkeit der Betriebsstätte zum Unternehmen erfordert eine andere Behandlung. 3 Um die Betriebsstätte wie ein eigenständiges und unabhängiges Unternehmen zu behandeln, sind ihr in einem ersten Schritt zuzuordnen:

1. die Funktionen des Unternehmens, die durch ihr Personal ausgeübt werden (Personalfunktionen),
2. die Vermögenswerte des Unternehmens, die sie zur Ausübung der ihr zugeordneten Funktionen benötigt,
3. die Chancen und Risiken des Unternehmens, die sie auf Grund der ausgeübten Funktionen und zugeordneten Vermögenswerte übernimmt, sowie
4. ein angemessenes Eigenkapital (Dotationskapital).

4 Auf der Grundlage dieser Zuordnung sind in einem zweiten Schritt die Art der Geschäftsbeziehungen zwischen dem Unternehmen und seiner Betriebsstätte und die Verrechnungspreise für diese Geschäftsbeziehungen zu bestimmen. 5 Die Sätze 1 bis 4 sind entsprechend auf ständige Vertreter anzuwenden. 6 Die Möglichkeit, einen Ausgleichsposten nach § 4g des Einkommensteuergesetzes zu bilden, wird nicht eingeschränkt. 7 Auf Geschäftsbeziehungen zwischen einem Gesellschafter und seiner Personengesellschaft oder zwischen

[1] § 1 Abs. 5 angef. durch G v. 26.6.2013 (BGBl. I S. 1809); Satz 1 geänd. durch ATAD-UmsG v. 25.6.2021 (BGBl. I S. 2035); zur Anwendung ab VZ 2022 siehe § 21 Abs. 1. Vgl. auch Betriebsstättengewinnaufteilungsverordnung (BsGaV) Nr. **725b**.

einem Mitunternehmer und seiner Mitunternehmerschaft sind die Sätze 1 bis 4 nicht anzuwenden, unabhängig davon, ob die Beteiligung unmittelbar besteht oder ob sie nach § 15 Absatz 1 Satz 1 Nummer 2 Satz 2 des Einkommensteuergesetzes mittelbar besteht; für diese Geschäftsbeziehungen gilt Absatz 1. 8 Ist ein Abkommen zur Vermeidung der Doppelbesteuerung anzuwenden und macht der Steuerpflichtige geltend, dass dessen Regelungen den Sätzen 1 bis 7 widersprechen, so hat das Abkommen nur Vorrang, soweit der Steuerpflichtige nachweist, dass der andere Staat sein Besteuerungsrecht entsprechend diesem Abkommen ausübt und deshalb die Anwendung der Sätze 1 bis 7 zu einer Doppelbesteuerung führen würde.

(6)[1] Das Bundesministerium der Finanzen wird ermächtigt, mit Zustimmung des Bundesrates durch Rechtsverordnung Einzelheiten des Fremdvergleichsgrundsatzes im Sinne der Absätze 1, 3 [***ab VZ 2022:*** bis 3c] und 5 und Einzelheiten zu dessen einheitlicher Anwendung zu regeln sowie Grundsätze zur Bestimmung des Dotationskapitals im Sinne des Absatzes 5 Satz 3 Nummer 4 festzulegen.

[*ab VZ 2022*:

§ 1a[2] Preisanpassungsklausel. 1 Sind wesentliche immaterielle Werte oder Vorteile Gegenstand einer Geschäftsbeziehung und weicht die tatsächliche spätere Gewinnentwicklung erheblich von der Gewinnerwartung ab, die der Verrechnungspreisbestimmung zugrunde lag, ist widerlegbar zu vermuten, dass zum Zeitpunkt des Geschäftsabschlusses Unsicherheiten im Hinblick auf die Verrechnungspreisvereinbarung bestanden und unabhängige Dritte eine sachgerechte Anpassungsregelung vereinbart hätten. 2 Wurde eine solche Regelung nicht vereinbart und tritt bezogen auf die ersten sieben Jahre nach Geschäftsabschluss eine erhebliche Abweichung im Sinne des Satzes 1 ein, ist für eine deshalb vorzunehmende Berichtigung nach § 1 Absatz 1 Satz 1 ein angemessener Anpassungsbetrag auf den Verrechnungspreis im achten Jahr nach Geschäftsabschluss der Besteuerung zugrunde zu legen. 3 Eine erhebliche Abweichung im Sinne des Satzes 1 liegt vor, wenn der unter Zugrundelegung der tatsächlichen Gewinnentwicklung zutreffende Fremdvergleichspreis um mehr als 20 Prozent von diesem Verrechnungspreis abweicht. 4 Für die Bestimmung des unter Zugrundelegung der tatsächlichen Gewinnentwicklung zutreffenden Fremdvergleichspreises ist von denselben Grundsätzen auszugehen wie für die Bestimmung des Verrechnungspreises. 5 Eine Anpassung des Verrechnungspreises ist im Sinne des Satzes 2 angemessen, wenn sie dem Unterschiedsbetrag zwischen dem Verrechnungspreis und dem unter Zugrundelegung der tatsächlichen Gewinnentwicklung zutreffenden Fremdvergleichspreis entspricht. 6 Eine Anpassung erfolgt insbesondere dann nicht, wenn

1. der Steuerpflichtige glaubhaft macht, dass die tatsächliche Entwicklung auf Umständen basiert, die zum Zeitpunkt des Geschäftsvorfalls nicht vorhersehbar waren, oder

---

[1] § 1 Abs. 6 angef. durch G v. 26.6.2013 (BGBl. I S. 1809); geänd. mWv VZ 2022 (§ 21 *Abs. 25 a. F.) durch G v.* 2.6.2021 (BGBl. I S. 1259).

[2] § 1a eingef. mWv VZ 2022 (§ 21 Abs. 25 idF des G v. 2.6.2021) durch G v. 2.6.2021 (BGBl. I S. 1259).

2. der Steuerpflichtige nachweist, dass er bei der Bestimmung des Verrechnungspreises die aus der künftigen Entwicklung resultierenden Unsicherheiten angemessen berücksichtigt hat, oder
3. im Hinblick auf immaterielle Werte und Vorteile Lizenzvereinbarungen getroffen werden, die die zu zahlende Lizenz vom Umsatz oder Gewinn des Lizenznehmers abhängig machen oder für die Höhe der Lizenz Umsatz und Gewinn berücksichtigen.]

Zweiter Teil. Wohnsitzwechsel in niedrigbesteuernde Gebiete

§ 2[1] Einkommensteuer. (1) [1]Eine natürliche Person, die in den letzten zehn Jahren vor dem Ende ihrer unbeschränkten Steuerpflicht nach § 1 Abs. 1 Satz 1 des Einkommensteuergesetzes[2] als Deutscher insgesamt mindestens fünf Jahre unbeschränkt einkommensteuerpflichtig war und

1. in einem ausländischen Gebiet ansässig ist, in dem sie mit ihrem Einkommen nur einer niedrigen Besteuerung unterliegt, oder in keinem ausländischen Gebiet ansässig ist und
2. wesentliche wirtschaftliche Interessen im Geltungsbereich dieses Gesetzes hat,

ist bis zum Ablauf von zehn Jahren nach Ende des Jahres, in dem ihre unbeschränkte Steuerpflicht geendet hat, über die beschränkte Steuerpflicht im Sinne des Einkommensteuergesetzes hinaus beschränkt einkommensteuerpflichtig mit allen Einkünften im Sinne des § 2 Abs. 1 Satz 1 erster Halbsatz des Einkommensteuergesetzes, die bei unbeschränkter Einkommensteuerpflicht nicht ausländische Einkünfte im Sinne des § 34d[3] des Einkommensteuergesetzes sind. [2]Für Einkünfte der natürlichen Person, die weder durch deren ausländische Betriebsstätte noch durch deren in einem ausländischen Staat tätigen ständigen Vertreter erzielt werden, ist für die Anwendung dieser Vorschrift das Bestehen einer inländischen Geschäftsleitungsbetriebsstätte der natürlichen Person anzunehmen, der solche Einkünfte zuzuordnen sind.[3] [3]Satz 1 findet nur Anwendung für Veranlagungszeiträume, in denen die hiernach insgesamt beschränkt steuerpflichtigen Einkünfte mehr als 16 500 Euro[4] betragen.

(2) Eine niedrige Besteuerung im Sinne des Absatzes 1 Nr. 1 liegt vor, wenn

1. die Belastung durch die in dem ausländischen Gebiet erhobene Einkommensteuer – nach dem Tarif unter Einbeziehung von tariflichen Freibeträgen – bei einer in diesem Gebiet ansässigen unverheirateten natürlichen Person, die ein steuerpflichtiges Einkommen von 77 000 Euro[4] bezieht, um mehr als ein Drittel geringer ist als die Belastung einer im Geltungsbereich

---

[1] § 2 Abs. 4 geänd. durch G v. 17.4.1974 (BGBl. I S. 933), Abs. 1 Satz 1, Abs. 3 Nr. 1 und Abs. 5 geänd. durch G v. 21.12.1974 (BGBl. I S. 3656).

[2] Nr. **1**.

[3] § 2 Abs. 1 Satz 1 geänd., Satz 2 eingef. mWv VZ 2009 durch G v. 19.12.2008 (BGBl. I S. 2794).

[4] Beträge geänd. durch G v. 19.12.2000 (BGBl. I S. 1790).

dieses Gesetzes ansässigen natürlichen Person durch die deutsche Einkommensteuer unter sonst gleichen Bedingungen, es sei denn, die Person weist nach, daß die von ihrem Einkommen insgesamt zu entrichtenden Steuern mindestens zwei Drittel der Einkommensteuer betragen, die sie bei unbeschränkter Steuerpflicht nach § 1 Abs. 1 des Einkommensteuergesetzes zu entrichten hätte, oder

2. die Belastung der Person durch die in dem ausländischen Gebiet erhobene Einkommensteuer auf Grund einer gegenüber der allgemeinen Besteuerung eingeräumten Vorzugsbesteuerung erheblich gemindert sein kann, es sei denn, die Person weist nach, daß die von ihrem Einkommen insgesamt zu entrichtenden Steuern mindestens zwei Drittel der Einkommensteuer betragen, die sie bei unbeschränkter Steuerpflicht nach § 1 Abs. 1 des Einkommensteuergesetzes zu entrichten hätte.

(3) Eine Person hat im Sinne des Absatzes 1 Nr. 2 wesentliche wirtschaftliche Interessen im Geltungsbereich dieses Gesetzes, wenn

1.[1] sie zu Beginn des Veranlagungszeitraums Unternehmer oder Mitunternehmer eines im Geltungsbereich dieses Gesetzes belegenen Gewerbebetriebs ist oder, sofern sie Kommanditist ist, mehr als 25 Prozent der Einkünfte im Sinne des § 15 Abs. 1 Satz 1 Nr. 2[2] des Einkommensteuergesetzes aus der Gesellschaft auf sie entfallen oder ihr eine Beteiligung im Sinne des § 17 Abs. 1 des Einkommensteuergesetzes an einer inländischen Kapitalgesellschaft gehört oder

2. ihre Einkünfte, die bei unbeschränkter Einkommensteuerpflicht nicht ausländische Einkünfte im Sinne des § 34d[3] des Einkommensteuergesetzes sind, im Veranlagungszeitraum mehr als 30 Prozent ihrer sämtlichen Einkünfte betragen oder 62 000 Euro[4] übersteigen oder

3. zu Beginn des Veranlagungszeitraums ihr Vermögen, dessen Erträge bei unbeschränkter Einkommensteuerpflicht nicht ausländische Einkünfte im Sinne des § 34d[3] des Einkommensteuergesetzes wären, mehr als 30 Prozent ihres Gesamtvermögens beträgt oder 154 000 Euro[4] übersteigt.

(4) Bei der Anwendung der Absätze 1 und 3 sind bei einer Person Gewerbebetriebe, Beteiligungen, Einkünfte und Vermögen einer ausländischen Gesellschaft im Sinne des § 5, an der die Person unter den dort genannten Voraussetzungen beteiligt ist, entsprechend ihrer Beteiligung zu berücksichtigen.

(5)[5] [1] Ist Absatz 1 anzuwenden, kommt der Steuersatz zur Anwendung, der sich für sämtliche Einkünfte der Person ergibt; für die Ermittlung des Steuersatzes bleiben Einkünfte aus Kapitalvermögen außer Betracht, die dem gesonderten Steuersatz nach § 32d Absatz 1 des Einkommensteuergesetzes unterliegen. [2] Auf Einkünfte, die dem Steuerabzug auf Grund des § 50a des Einkom-

---

[1] § 2 Abs. 3 Nr. 1 geänd. durch G v. 23.10.2000 (BGBl. I S. 1433).
[2] Verweis geänd. durch G v. 20.12.2007 (BGBl. I S. 3150).
[3] Verweis geänd. durch G v. 22.12.2014 (BGBl. I S. 2417).
[4] Beträge geänd. durch G v. 19.12.2000 (BGBl. I S. 1790).
[5] § 2 Abs. 5 neu gef. durch G v. 26.6.2013 (BGBl. I S. 1809).

mensteuergesetzes unterliegen, ist § 50 Absatz 2 des Einkommensteuergesetzes nicht anzuwenden. [3] § 43 Absatz 5 des Einkommensteuergesetzes bleibt unberührt.

(6) Weist die Person nach, daß die auf Grund der Absätze 1 und 5 zusätzlich zu entrichtende Steuer insgesamt zu einer höheren inländischen Steuer führt, als sie sie bei unbeschränkter Steuerpflicht und Wohnsitz ausschließlich im Geltungsbereich dieses Gesetzes zu entrichten hätte, so wird der übersteigende Betrag insoweit nicht erhoben, als er die Steuer überschreitet, die sich ohne Anwendung der Absätze 1 und 5 ergäbe.

§ 3[1)] Vermögensteuer. *(aufgehoben)*

§ 4[2)] Erbschaftsteuer. (1) War bei einem Erblasser oder Schenker zur Zeit der Entstehung der Steuerschuld § 2 Abs. 1 Satz 1 anzuwenden, so tritt bei Erbschaftsteuerpflicht nach § 2 Abs. 1 Nr. 3 des Erbschaftsteuergesetzes[3)] die Steuerpflicht über den dort bezeichneten Umfang hinaus für alle Teile des Erwerbs ein, deren Erträge bei unbeschränkter Einkommensteuerpflicht nicht ausländische Einkünfte im Sinne des § 34d[4)] des Einkommensteuergesetzes wären.

(2) Absatz 1 findet keine Anwendung, wenn nachgewiesen wird, daß für die Teile des Erwerbs, die nach dieser Vorschrift über § 2 Abs. 1 Nr. 3 des Erbschaftsteuergesetzes hinaus steuerpflichtig wären, im Ausland eine der deutschen Erbschaftsteuer entsprechende Steuer zu entrichten ist, die mindestens 30 Prozent der deutschen Erbschaftsteuer beträgt, die bei Anwendung des Absatzes 1 auf diese Teile des Erwerbs entfallen würde.

§ 5[5)] Zwischengeschaltete Gesellschaften. (1) [1] Sind natürliche Personen, die in den letzten zehn Jahren vor dem Ende ihrer unbeschränkten Steuerpflicht nach § 1 Abs. 1 Satz 1 des Einkommensteuergesetzes als Deutscher insgesamt mindestens fünf Jahre unbeschränkt einkommensteuerpflichtig waren und die Voraussetzungen des § 2 Abs. 1 Satz 1 Nr. 1 erfüllen (Person im Sinne des § 2), allein oder zusammen mit unbeschränkt Steuerpflichtigen an einer ausländischen Gesellschaft *im Sinne des § 7*[6)] beteiligt, so sind Einkünfte, mit denen diese Personen bei unbeschränkter Steuerpflicht nach den *§§ 7, 8 und 14* [***ab 1.1.2022:*** §§ 7 bis 13][7)] steuerpflichtig wären und die nicht ausländische Einkünfte im Sinne des § 34d[4)] des Einkommensteuergesetzes sind, diesen Personen zuzurechnen. [2] Liegen die Voraussetzungen des Satzes 1 vor, so sind die Vermögenswerte der ausländischen Gesellschaft, deren Erträge bei

---

[1)] § 3 aufgeh. mWv 1.1.1997 durch G v. 20.12.1996 (BGBl. I S. 2049).

[2)] § 4 geänd. durch G v. 17.4.1974 (BGBl. I S. 933).

[3)] Nr. **250**.

[4)] Verweis geänd. durch G v. 22.12.2014 (BGBl. I S. 2417).

[5)] § 5 Abs. 1 neu gef. und Abs. 3 angef. durch G v. 17.4.1974 (BGBl. I S. 933), Abs. 1 Satz 2 geänd. mWv 1.1.1997 durch G v. 20.12.1996 (BGBl. I S. 2049).

[6)] § 5 Abs. 1 Satz 1 kursiver Satzteil aufgeh. mWv 1.1.2022 (§ 21 Abs. 4 zu § 7) durch ATADUmsG v. 25.6.2021 (BGBl. I S. 2035).

[7)] § 5 Abs. 1 Satz 1 Verweis geänd. mWv 1.1.2022 (§ 21 Abs. 4 zu §§ 7–13) durch ATADUmsG v. 25.6.2021 (BGBl. I S. 2035).

unbeschränkter Steuerpflicht nicht ausländische Einkünfte im Sinne des § 34d[1] des Einkommensteuergesetzes wären, im Fall des § 4 dem Erwerb entsprechend der Beteiligung zuzurechnen.

(2) Das Vermögen, das den nach Absatz 1 einer Person zuzurechnenden Einkünften zugrunde liegt, haftet für die von dieser Person für diese Einkünfte geschuldeten Steuern.

(3) § 18 findet entsprechende Anwendung.

Dritter Teil. Behandlung einer Beteiligung im Sinne des § 17 des Einkommensteuergesetzes bei Wohnsitzwechsel ins Ausland[2]

§ 6 Besteuerung des Vermögenszuwachses.

[alte Fassung:][3]

(1) [1]Bei einer natürlichen Person, die insgesamt mindestens zehn Jahre nach § 1 Abs. 1 des Einkommensteuergesetzes unbeschränkt steuerpflichtig war und deren unbeschränkte Steuerpflicht durch Aufgabe des Wohnsitzes oder gewöhnlichen Aufenthalts endet, ist auf Anteile im Sinne des § 17 Abs. 1 Satz 1 des Einkommensteuergesetzes im Zeitpunkt der Beendigung der unbeschränkten Steuerpflicht § 17 des Einkommensteuergesetzes auch ohne Veräußerung anzuwenden, wenn im Übrigen für die Anteile zu diesem Zeitpunkt die Voraussetzungen dieser Vorschrift erfüllt sind. [2]Der Beendigung der unbeschränkten Steuerpflicht im Sinne des Satzes 1 stehen gleich

1. die Übertragung der Anteile durch ganz oder teilweise unentgeltliches Rechtsgeschäft unter Lebenden oder durch Erwerb von Todes wegen auf nicht unbeschränkt steuerpflichtige Personen oder

[neue Fassung:][4]

(1) [1]Vorbehaltlich der Vorschriften des Einkommensteuergesetzes, Körperschaftsteuergesetzes und Umwandlungssteuergesetzes stehen bei unbeschränkt Steuerpflichtigen der Veräußerung von Anteilen im Sinne des § 17 Absatz 1 Satz 1 des Einkommensteuergesetzes zum gemeinen Wert gleich

1. die Beendigung der unbeschränkten Steuerpflicht infolge der Aufgabe des Wohnsitzes oder des gewöhnlichen Aufenthalts,
2. die unentgeltliche Übertragung auf eine nicht unbeschränkt steuerpflichtige Person sowie,
3. vorbehaltlich der Nummern 1 und 2, der Ausschluss oder die Beschränkung des Besteuerungsrechts der Bundesrepublik Deutschland hinsichtlich des Gewinns aus der Veräußerung der Anteile.

[2]Die Veräußerung im Sinne des Satzes 1 erfolgt im Fall des

---

[1] Verweis geänd. durch G v. 22.12.2014 (BGBl. I S. 2417).

[2] Überschrift neu gef. durch G v. 23.10.2000 (BGBl. I S. 1433).

[3] § 6 neu gef. durch G v. 7.12.2006 (BGBl. I S. 2782); zur weiteren Anwendung siehe § *21 Abs.* 3.

[4] § 6 neu gef. durch ATADUmsG v. 25.6.2021 (BGBl. I S. 2035); zum Übergang der aF auf die nF siehe § 21 Abs. 3.

[alte Fassung:]

2. die Begründung eines Wohnsitzes oder gewöhnlichen Aufenthalts oder die Erfüllung eines anderen ähnlichen Merkmals in einem ausländischen Staat, wenn der Steuerpflichtige auf Grund dessen nach einem Abkommen zur Vermeidung der Doppelbesteuerung als in diesem Staat ansässig anzusehen ist, oder
3. die Einlage der Anteile in einen Betrieb oder eine Betriebsstätte des Steuerpflichtigen in einem ausländischen Staat oder
4. der Ausschluss oder die Beschränkung des Besteuerungsrechts der Bundesrepublik Deutschland hinsichtlich des Gewinns aus der Veräußerung der Anteile auf Grund anderer als der in Satz 1 oder der in den Nummern 1 bis 3 genannten Ereignisse.

3 § 17 Abs. 5 des Einkommensteuergesetzes und die Vorschriften des Umwandlungssteuergesetzes bleiben unberührt. 4 An Stelle des Veräußerungspreises (§ 17 Abs. 2 des Einkommensteuergesetzes) tritt der gemeine Wert der Anteile in dem nach Satz 1 oder 2 maßgebenden Zeitpunkt. 5 Die §§ 17 und 49 Abs. 1 Nr. 2 Buchstabe e des Einkommensteuergesetzes bleiben mit der Maßgabe unberührt, dass der nach diesen Vorschriften anzusetzende Gewinn aus der Veräußerung dieser Anteile um den nach den vorstehenden Vorschriften besteuerten Vermögenszuwachs zu kürzen ist.

(2) 1 Hat der unbeschränkt Steuerpflichtige die Anteile durch ganz oder teilweise unentgeltliches Rechtsgeschäft erworben, so sind für die Errechnung der nach Absatz 1 maßgebenden Dauer der unbeschränkten

[neue Fassung:]

1. Satzes 1 Nummer 1 im Zeitpunkt der Beendigung der unbeschränkten Steuerpflicht,
2. Satzes 1 Nummer 2 im Zeitpunkt der Übertragung,
3. Satzes 1 Nummer 3 unmittelbar vor dem Zeitpunkt, zu dem der Ausschluss oder die Beschränkung des Besteuerungsrechts eintritt.

3 Im Fall des Satzes 1 gelten die Anteile vom Steuerpflichtigen oder, bei unentgeltlicher Übertragung, von dessen Rechtsnachfolger als zum gemeinen Wert erworben, soweit die auf den Veräußerungsgewinn entfallende Steuer entrichtet worden ist; andernfalls gelten diese weiterhin als zu den ursprünglichen Anschaffungskosten erworben.

(2) 1 Unbeschränkt Steuerpflichtige im Sinne des Absatzes 1 sind natürliche Personen, die innerhalb der letzten zwölf Jahre vor den in Absatz 1 Satz 1 Nummer 1 bis 3 genannten Tatbeständen insgesamt mindestens sieben Jahre unbeschränkt steuerpflichtig im Sinne des § 1 Absatz 1 des Einkommensteuergesetzes gewesen sind. 2 Bei unentgeltlichem Erwerb von Anteilen ist für die Berechnung der nach Satz 1 maßgebenden Dauer der Steuerpflicht auch die unbeschränkte Steuerpflicht des Rechtsvorgängers oder, sofern der betreffende Anteil nacheinander unentgeltlich übertragen wurde, auch die unbeschränkte Steuerpflicht des jeweiligen Rechtsvorgängers einzubeziehen. 3 Zeiträume, in denen die natürliche Person und der oder die Rechtsvorgänger gleichzeitig unbeschränkt steuerpflichtig waren, werden dabei nur einmal angesetzt. 4 Entfällt der Steueranspruch nach Absatz 3, gelten der Steuerpflichti-

[alte Fassung:]

Steuerpflicht auch Zeiträume einzubeziehen, in denen der Rechtsvorgänger bis zur Übertragung der Anteile unbeschränkt steuerpflichtig war. [2]Sind die Anteile mehrmals nacheinander in dieser Weise übertragen worden, so gilt Satz 1 für jeden der Rechtsvorgänger entsprechend. [3]Zeiträume, in denen der Steuerpflichtige oder ein oder mehrere Rechtsvorgänger gleichzeitig unbeschränkt steuerpflichtig waren, werden dabei nur einmal angesetzt.

(3) [1]Beruht die Beendigung der unbeschränkten Steuerpflicht auf vorübergehender Abwesenheit und wird der Steuerpflichtige innerhalb von fünf Jahren seit Beendigung der unbeschränkten Steuerpflicht wieder unbeschränkt steuerpflichtig, so entfällt der Steueranspruch nach Absatz 1, soweit die Anteile in der Zwischenzeit nicht veräußert und die Tatbestände des Absatzes 1 Satz 2 Nr. 1 oder 3 nicht erfüllt worden sind und der Steuerpflichtige im Zeitpunkt der Begründung der unbeschränkten Steuerpflicht nicht nach einem Abkommen zur Vermeidung der Doppelbesteuerung als in einem ausländischen Staat ansässig gilt. [2]Das Finanzamt, das in dem nach Absatz 1 Satz 1 oder 2 maßgebenden Zeitpunkt nach § 19 der Abgabenordnung zuständig ist, kann diese Frist um höchstens fünf Jahre verlängern, wenn der Steuerpflichtige glaubhaft macht, dass berufliche Gründe für seine Abwesenheit maßgebend sind und seine Absicht zur Rückkehr unverändert fortbesteht. [3]Wird im Fall des Erwerbs von Todes wegen nach Absatz 1 Satz 2 Nr. 1 der Rechtsnachfolger des Steuerpflichtigen innerhalb von fünf Jahren seit Entstehung des Steueranspruchs

[neue Fassung:]

ge sowie dessen unmittelbarer oder mittelbarer Rechtsnachfolger abweichend von den Sätzen 1 bis 3 als unbeschränkt Steuerpflichtige im Sinne des Absatzes 1.

(3) [1]Beruht die Beendigung der unbeschränkten Steuerpflicht im Sinne des Absatzes 1 Satz 1 Nummer 1 auf einer nur vorübergehenden Abwesenheit des Steuerpflichtigen und wird der Steuerpflichtige innerhalb von sieben Jahren seit Beendigung der unbeschränkten Steuerpflicht wieder unbeschränkt steuerpflichtig, entfällt der Steueranspruch nach Absatz 1, soweit

1. die Anteile in der Zwischenzeit weder veräußert, übertragen noch in ein Betriebsvermögen eingelegt wurden,
2. keine Gewinnausschüttungen oder keine Einlagenrückgewähr erfolgt sind, deren gemeiner Wert insgesamt mehr als ein Viertel des Werts im Sinne des Absatzes 1 beträgt, und
3. das Besteuerungsrecht der Bundesrepublik Deutschland hinsichtlich des Gewinns aus der Veräußerung der Anteile mindestens in dem Umfang wieder begründet wird, wie es im Zeitpunkt der Beendigung der Steuerpflicht bestand.

[2]Abweichend von Satz 1 Nummer 1 ist eine unentgeltliche Übertragung durch den Steuerpflichtigen auf eine natürliche Person von Todes wegen unbeachtlich, wenn die Voraussetzungen des Satzes 1 durch die betreffende Person oder, infolge aufeinanderfolgender unentgeltlicher Weiterübertragung zwischen natürlichen Personen von Todes wegen, durch deren unmittelbaren oder mittelbaren

[alte Fassung:]

nach Absatz 1 unbeschränkt steuerpflichtig, gilt Satz 1 entsprechend. 4Ist der Steueranspruch nach Absatz 5 gestundet, gilt Satz 1 ohne die darin genannte zeitliche Begrenzung entsprechend, wenn

1. der Steuerpflichtige oder im Fall des Absatzes 1 Satz 2 Nr. 1 sein Rechtsnachfolger unbeschränkt steuerpflichtig werden oder
2. das Besteuerungsrecht der Bundesrepublik Deutschland hinsichtlich des Gewinns aus der Veräußerung der Anteile auf Grund eines anderen Ereignisses wieder begründet wird oder nicht mehr beschränkt ist.

(4) 1Vorbehaltlich des Absatzes 5 ist die nach Absatz 1 geschuldete Einkommensteuer auf Antrag in regelmäßigen Teilbeträgen für einen Zeitraum von höchstens fünf Jahren seit Eintritt der ersten Fälligkeit gegen Sicherheitsleistung zu stunden, wenn ihre alsbaldige Einziehung mit erheblichen Härten für den Steuerpflichtigen verbunden wäre. 2Die Stundung ist zu widerrufen, soweit die Anteile während des Stundungszeitraums veräußert werden oder verdeckt in eine Gesellschaft im Sinne des § 17 Abs. 1 Satz 1 des Einkommensteuergesetzes eingelegt werden oder einer der Tatbestände des § 17 Abs. 4 des Einkommensteuergesetzes verwirklicht wird. 3In Fällen des Absatzes 3 Satz 1 und 2 richtet sich der Stundungszeitraum nach der auf Grund dieser Vorschrift eingeräumten Frist; die Erhebung von Teilbeträgen entfällt; von der Sicherheitsleistung kann nur abgesehen werden, wenn der Steueranspruch nicht gefährdet erscheint.

[neue Fassung:]

Rechtsnachfolger erfüllt werden. 3Das Finanzamt, das im Zeitpunkt der Beendigung der unbeschränkten Steuerpflicht nach § 19 der Abgabenordnung zuständig ist, kann die Frist auf Antrag des Steuerpflichtigen oder im Fall des Satzes 2 dessen Rechtsnachfolgers insgesamt um höchstens fünf Jahre verlängern, wenn die Absicht zur Rückkehr unverändert fortbesteht. 4Beruht ein Ausschluss des Besteuerungsrechts im Sinne des Absatzes 1 Satz 1 Nummer 3 auf einer nur vorübergehenden Abwesenheit des Steuerpflichtigen, gelten die Sätze 1 bis 3 entsprechend. 5Wird im Fall der unentgeltlichen Übertragung im Sinne des Absatzes 1 Satz 1 Nummer 2 auf eine natürliche Person die betreffende Person innerhalb von sieben Jahren seit der Übertragung unbeschränkt steuerpflichtig, gelten die Sätze 1 bis 3 entsprechend.

(4) 1Die festgesetzte Steuer, die auf die nach Absatz 1 realisierten Einkünfte entfällt, kann auf Antrag des Steuerpflichtigen in sieben gleichen Jahresraten entrichtet werden. 2Dem Antrag ist in der Regel nur gegen Sicherheitsleistung stattzugeben. 3Die erste Jahresrate ist innerhalb eines Monats nach Bekanntgabe des Steuerbescheids zu entrichten; die übrigen Jahresraten sind jeweils am 31. Juli der Folgejahre fällig. 4Die Jahresraten sind nicht zu verzinsen. 5Die noch nicht entrichtete Steuer ist innerhalb eines Monats nach Eintritt der nachfolgenden Ereignisse fällig,

1. wenn die Jahresrate nicht fristgemäß entrichtet wird,
2. wenn der Steuerpflichtige seine Mitwirkungspflichten nach Absatz 5 nicht erfüllt,

[alte Fassung:]

(5)[1] [1]Ist der Steuerpflichtige im Fall des Absatzes 1 Satz 1 Staatsangehöriger eines Mitgliedstaates der Europäischen Union oder eines anderen Staates, auf den das Abkommen über den Europäischen Wirtschaftsraum vom 3. Januar 1994 (ABl. EG Nr. L 1 S. 3), zuletzt geändert durch den Beschluss des Gemeinsamen EWR-Ausschusses Nr. 91/2007 vom 6. Juli 2007 (ABl. EU Nr. L 328 S. 40), in der jeweils geltenden Fassung anwendbar ist (Vertragsstaat des EWR-Abkommens), und unterliegt er nach der Beendigung der unbeschränkten Steuerpflicht in einem dieser Staaten (Zuzugsstaat) einer der deutschen unbeschränkten Einkommensteuerpflicht vergleichbaren Steuerpflicht, so ist die nach Absatz 1 geschuldete Steuer zinslos und ohne Sicherheitsleistung zu stunden. [2]Voraussetzung ist, dass die Amtshilfe und die gegenseitige Unterstützung bei der Beitreibung der geschuldeten Steuer zwischen der Bundesrepublik Deutschland und diesem Staat gewährleistet sind. [3]Die Sätze 1 und 2 gelten entsprechend, wenn

1. im Fall des Absatzes 1 Satz 2 Nr. 1 der Rechtsnachfolger des Steuerpflichtigen einer der deutschen unbeschränkten Einkommensteuerpflicht vergleichbaren Steuerpflicht in einem Mitgliedstaat der Europäischen Union oder einem Vertragsstaat des EWR-Abkommens unterliegt, oder
2. im Fall des Absatzes 1 Satz 2 Nr. 2 der Steuerpflichtige einer der deutschen unbeschränkten Einkommensteuerpflicht vergleichbaren Steuerpflicht in einem Mit-

[neue Fassung:]

3. wenn der Steuerpflichtige Insolvenz anmeldet,
4. soweit die Anteile veräußert oder übertragen werden oder
5. soweit Gewinnausschüttungen oder eine Einlagenrückgewähr erfolgen und soweit deren gemeiner Wert insgesamt mehr als ein Viertel des Werts im Sinne des Absatzes 1 beträgt.

[6]Abweichend von Satz 5 Nummer 4 ist eine unentgeltliche Übertragung durch den Steuerpflichtigen auf eine natürliche Person von Todes wegen unbeachtlich; insofern ist für Zwecke des Satzes 5 auf die betreffende Person oder, infolge aufeinanderfolgender unentgeltlicher Weiterübertragung zwischen natürlichen Personen von Todes wegen, auf deren unmittelbaren oder mittelbaren Rechtsnachfolger abzustellen. [7]In den Fällen des Absatzes 3 gelten die vorstehenden Sätze entsprechend; der Stundungszeitraum richtet sich nach der vom Finanzamt eingeräumten Frist; die Erhebung von Jahresraten entfällt auf Antrag des Steuerpflichtigen; über Satz 5 hinaus wird die noch nicht entrichtete Steuer auch innerhalb eines Monats nach Eintritt des Ereignisses fällig, wonach der Steueranspruch nicht mehr nach Absatz 3 entfallen kann oder der Wegfall der Rückkehrabsicht gegenüber dem Finanzamt mitgeteilt wird. [8]Soweit die Steuer nicht nach Absatz 3 entfällt und der Steuerpflichtige auf die Leistung von Jahresraten verzichtet hat, sind für die Dauer des gewährten Zahlungsaufschubs Zinsen in entsprechender Anwendung des § 234 der Abgabenordnung zu erheben.

[1] § 6 Abs. 5 Satz 1 neu gef. durch G v. 19.12.2008 (BGBl. I S. 2794); Abs. 5 Satz 4 Satzteil vor Nr. 1 ergänzt durch Brexit-StBG v. 25.3.2019 (BGBl. I S. 357).

[alte Fassung:]

gliedstaat der Europäischen Union oder einem Vertragsstaat des EWR-Abkommens unterliegt und Staatsangehöriger eines dieser Staaten ist oder

3. im Fall des Absatzes 1 Satz 2 Nr. 3 der Steuerpflichtige die Anteile in einen Betrieb oder eine Betriebsstätte in einem anderen Mitgliedstaat der Europäischen Union oder einem anderen Vertragsstaat des EWR-Abkommens einlegt oder
4.[1] im Fall des Absatzes 1 Satz 2 Nummer 4 der Steuerpflichtige Anteile an einer in einem Mitgliedstaat der Europäischen Union oder in einem Vertragsstaat des EWR-Abkommens ansässigen Gesellschaft hält.

[4]Die Stundung ist zu widerrufen, wenn die Voraussetzungen für die Stundung nach den Sätzen 1 bis 3 nicht mehr vorliegen oder

1. soweit der Steuerpflichtige oder sein Rechtsnachfolger im Sinne des Satzes 3 Nr. 1 Anteile veräußert oder verdeckt in eine Gesellschaft im Sinne des § 17 Abs. 1 Satz 1 des Einkommensteuergesetzes einlegt oder einer der Tatbestände des § 17 Abs. 4 des Einkommensteuergesetzes erfüllt wird;
2. soweit Anteile auf eine nicht unbeschränkt steuerpflichtige Person übergehen, die nicht in einem Mitgliedstaat der Europäischen Union oder einem Vertragsstaat des EWR-Abkommens einer der deutschen unbeschränkten Einkommensteuerpflicht vergleichbaren Steuerpflicht unterliegt;

[neue Fassung:]

(5) [1]Der Steuerpflichtige oder sein Gesamtrechtsnachfolger hat dem Finanzamt, das in den in Absatz 1 genannten Zeitpunkten nach § 19 der Abgabenordnung zuständig ist, nach amtlich vorgeschriebenem Vordruck die Verwirklichung eines der Tatbestände des Absatzes 4 Satz 5 oder 7 mitzuteilen. [2]Die Mitteilung ist innerhalb eines Monats nach dem meldepflichtigen Ereignis zu erstatten; sie ist vom Steuerpflichtigen eigenhändig zu unterschreiben. [3]Der Steuerpflichtige oder sein Gesamtrechtsnachfolger hat dem nach Satz 1 zuständigen Finanzamt jährlich bis zum 31. Juli schriftlich seine aktuelle Anschrift mitzuteilen und zu bestätigen, dass die Anteile ihm oder im Fall des Absatzes 1 Satz 1 Nummer 2 seinem Rechtsnachfolger weiterhin zuzurechnen sind.

[1] § 6 Abs. 5 Satz 3 Nr. 4 angef. durch G v. 22.12.2014 (BGBl. I S. 2417).

[alte Fassung:]

3. soweit in Bezug auf die Anteile eine Entnahme oder ein anderer Vorgang verwirklicht wird, der nach inländischem Recht zum Ansatz des Teilwerts oder des gemeinen Werts führt;
4. wenn für den Steuerpflichtigen oder seinen Rechtsnachfolger im Sinne des Satzes 3 Nr. 1 durch Aufgabe des Wohnsitzes oder gewöhnlichen Aufenthalts keine Steuerpflicht nach Satz 1 mehr besteht.

[5] Ein Umwandlungsvorgang, auf den die §§ 11, 15 oder 21 des Umwandlungssteuergesetzes vom 7. Dezember 2006 (BGBl. I S. 2782, 2791) in der jeweils geltenden Fassung anzuwenden sind, gilt auf Antrag nicht als Veräußerung im Sinne des Satzes 4 Nr. 1, wenn die erhaltenen Anteile bei einem unbeschränkt steuerpflichtigen Anteilseigner, der die Anteile nicht in einem Betriebsvermögen hält, nach § 13 Abs. 2, § 21 Abs. 2 des Umwandlungssteuergesetzes mit den Anschaffungskosten der bisherigen Anteile angesetzt werden könnten; für Zwecke der Anwendung des Satzes 4 und der Absätze 3, 6 und 7 treten insoweit die erhaltenen Anteile an die Stelle der Anteile im Sinne des Absatzes 1. [6] Ist im Fall des Satzes 1 oder Satzes 3 der Gesamtbetrag der Einkünfte ohne Einbeziehung des Vermögenszuwachses nach Absatz 1 negativ, ist dieser Vermögenszuwachs bei Anwendung des § 10d des Einkommensteuergesetzes nicht zu berücksichtigen. [7] Soweit ein Ereignis im Sinne des Satzes 4 eintritt, ist der Vermögenszuwachs rückwirkend bei der Anwendung des § 10d des Einkommensteuergesetzes zu berücksichtigen und in Anwendung des Satzes 6 ergangene oder

[alte Fassung:]

geänderte Feststellungsbescheide oder Steuerbescheide sind aufzuheben oder zu ändern; § 175 Abs. 1 Satz 2 der Abgabenordnung gilt entsprechend.

(6) [1] Ist im Fall des Absatzes 5 Satz 4 Nr. 1 der Veräußerungsgewinn im Sinne des § 17 Abs. 2 des Einkommensteuergesetzes im Zeitpunkt der Beendigung der Stundung niedriger als der Vermögenszuwachs nach Absatz 1 und wird die Wertminderung bei der Einkommensbesteuerung durch den Zuzugsstaat nicht berücksichtigt, so ist der Steuerbescheid insoweit aufzuheben oder zu ändern; § 175 Abs. 1 Satz 2 der Abgabenordnung gilt entsprechend. [2] Dies gilt nur, soweit der Steuerpflichtige nachweist, dass die Wertminderung betrieblich veranlasst ist und nicht auf eine gesellschaftsrechtliche Maßnahme, insbesondere eine Gewinnausschüttung, zurückzuführen ist. [3] Die Wertminderung ist höchstens im Umfang des Vermögenszuwachses nach Absatz 1 zu berücksichtigen. [4] Ist die Wertminderung auf eine Gewinnausschüttung zurückzuführen und wird sie bei der Einkommensbesteuerung nicht berücksichtigt, ist die auf diese Gewinnausschüttung erhobene und keinem Ermäßigungsanspruch mehr unterliegende inländische Kapitalertragsteuer auf die nach Absatz 1 geschuldete Steuer anzurechnen.

(7) [1] Der Steuerpflichtige oder sein Gesamtrechtsnachfolger hat dem Finanzamt, das in dem in Absatz 1 genannten Zeitpunkt nach § 19 der Abgabenordnung zuständig ist, nach amtlich vorgeschriebenem Vordruck die Verwirklichung eines der Tatbestände des Absatzes 5 Satz 4 mitzuteilen. [2] Die Mitteilung ist innerhalb

[alte Fassung:]

eines Monats nach dem meldepflichtigen Ereignis zu erstatten; sie ist vom Steuerpflichtigen eigenhändig zu unterschreiben. [3] In den Fällen des Absatzes 5 Satz 4 Nr. 1 und 2 ist der Mitteilung ein schriftlicher Nachweis über das Rechtsgeschäft beizufügen. [4] Der Steuerpflichtige hat dem nach Satz 1 zuständigen Finanzamt jährlich bis zum Ablauf des 31. Januar schriftlich seine am 31. Dezember des vorangegangenen Kalenderjahres geltende Anschrift mitzuteilen und zu bestätigen, dass die Anteile ihm oder im Fall der unentgeltlichen Rechtsnachfolge unter Lebenden seinem Rechtsnachfolger weiterhin zuzurechnen sind. [5] Die Stundung nach Absatz 5 Satz 1 kann widerrufen werden, wenn der Steuerpflichtige seine Mitwirkungspflicht nach Satz 4 nicht erfüllt.

(8)[1] [1] Abweichend von Absatz 5 Satz 4 führt der Austritt des Vereinigten Königreichs Großbritannien und Nordirland aus der Europäischen Union nicht zum Widerruf der Stundung, wenn allein auf Grund dessen für den Steuerpflichtigen oder seinen Rechtsnachfolger im Sinne des Absatzes 5 Satz 3 Nummer 1 die Voraussetzungen für die Stundung nach Absatz 5 Satz 1 und 3 nicht mehr vorliegen. [2] In den Fällen des Satzes 1 ist Absatz 5 Satz 4 auf die gestundeten Beträge weiterhin mit der Maßgabe anzuwenden, dass die Stundung über die in Absatz 5 Satz 4 geregelten Tatbestände hinaus auch zu widerrufen ist,

1. soweit die Anteile auf Grund einer Entnahme oder eines anderen Vorgangs, der nach inländischem Recht nicht zum Ansatz des Teil-

[1] § 6 Abs. 8 angef. mWv 29.3.2019 durch Brexit-StBG v. 25.3.2019 (BGBl. I S. 357).

[alte Fassung:]

werts oder des gemeinen Werts führt, weder einer Betriebsstätte des Steuerpflichtigen im Vereinigten Königreich Großbritannien und Nordirland noch einer Betriebsstätte des Steuerpflichtigen im Sinne des Absatzes 5 Satz 3 Nummer 3 zuzuordnen ist;

2. wenn für den Steuerpflichtigen oder für seinen Rechtsnachfolger im Sinne des Absatzes 5 Satz 3 Nummer 1 infolge der Aufgabe des Wohnsitzes oder gewöhnlichen Aufenthalts weder eine mit der deutschen unbeschränkten Einkommensteuerpflicht vergleichbare Steuerpflicht im Vereinigten Königreich Großbritannien und Nordirland noch eine Steuerpflicht nach Absatz 5 Satz 1 besteht.

3 In den Fällen des Satzes 2 gilt Absatz 7 entsprechend.

Vierter Teil. *Beteiligung an ausländischen Zwischengesellschaften* [*ab 1.1.2022*: Hinzurechnungsbesteuerung][1)]

[Fassung bis 31.12.2021:]

§ 7 Steuerpflicht inländischer Gesellschafter. (1) Sind unbeschränkt Steuerpflichtige an einer Körperschaft, Personenvereinigung oder Vermögensmasse im Sinne des Körperschaftsteuergesetzes, die weder Geschäftsleitung noch Sitz im Geltungsbereich dieses Gesetzes hat und die nicht gemäß § 3 Abs. 1 des Körperschaftsteuergesetzes von der Körperschaftsteuerpflicht ausgenommen ist (ausländische Gesell-

[Fassung ab 1.1.2022:]

§ 7[2)] Beteiligung an ausländischer Zwischengesellschaft.

(1) 1 Beherrscht ein unbeschränkt Steuerpflichtiger eine Körperschaft, Personenvereinigung oder Vermögensmasse im Sinne des Körperschaftsteuergesetzes, die weder Geschäftsleitung noch Sitz im Inland hat und die nicht gemäß § 3 Absatz 1 des Körperschaftsteuergesetzes von der Körperschaftsteuerpflicht ausgenommen ist (ausländische Gesell-

1) Überschrift neu gef. mWv 1.1.2022 (§ 21 Abs. 4) durch ATADUmsG v. 25.6.2021 (BGBl. I S. 2035).

2) § 7 neu gef. durch ATADUmsG v. 25.6.2021 (BGBl. I S. 2035); zur Anwendung siehe § 21 Abs. 4 Satz 1.

[Fassung bis 31.12.2021:]

schaft), zu mehr als der Hälfte beteiligt, so sind die Einkünfte, für die diese Gesellschaft Zwischengesellschaft ist, bei jedem von ihnen mit dem Teil steuerpflichtig, der auf die ihm zuzurechnende Beteiligung am Nennkapital der Gesellschaft entfällt.

(2) [1]Unbeschränkt Steuerpflichtige sind im Sinne des Absatzes 1 an einer ausländischen Gesellschaft zu mehr als der Hälfte beteiligt, wenn ihnen allein oder zusammen mit Personen im Sinne des § 2 am Ende des Wirtschaftsjahres der Gesellschaft, in dem sie die Einkünfte nach Absatz 1 bezogen hat (maßgebendes Wirtschaftsjahr), mehr als 50 Prozent der Anteile oder der Stimmrechte an der ausländischen Gesellschaft zuzurechnen sind. [2]Bei der Anwendung des vorstehenden Satzes sind auch Anteile oder Stimmrechte zu berücksichtigen, die durch eine andere Gesellschaft vermittelt werden, und zwar in dem Verhältnis, das den Anteilen oder Stimmrechten an der vermittelnden Gesellschaft zu den gesamten Anteilen oder Stimmrechten an dieser Gesellschaft entspricht; dies gilt entsprechend bei der Vermittlung von Anteilen oder Stimmrechten durch mehrere Gesellschaften. [3]Ist ein Gesellschaftskapital nicht vorhanden und bestehen auch keine Stimmrechte, so kommt es auf das Verhältnis der Beteiligungen am Vermögen der Gesellschaft an.

(3) Sind unbeschränkt Steuerpflichtige unmittelbar oder über Personengesellschaften an einer Personengesellschaft beteiligt, die ihrerseits an einer ausländischen Gesellschaft im Sinne des Absatzes 1 beteiligt ist, so gelten sie als an der ausländischen Gesellschaft beteiligt.

[Fassung ab 1.1.2022:]

schaft), sind die Einkünfte, für die diese Gesellschaft Zwischengesellschaft ist, bei dem unbeschränkt Steuerpflichtigen entsprechend seiner unmittelbaren und mittelbaren Beteiligung am Nennkapital steuerpflichtig. [2]Mittelbare Beteiligungen sind für die Steuerpflicht nach Satz 1 unbeachtlich, soweit bei einer die Beteiligung vermittelnden Person hinsichtlich der Beteiligung an dieser ausländischen Gesellschaft eine Hinzurechnungsbesteuerung nach diesem Gesetz oder einer vergleichbaren ausländischen Regelung erfolgt ist und die danach hinzugerechneten Einkünfte dadurch insgesamt keiner niedrigen Besteuerung im Sinne des § 8 Absatz 5 unterliegen. [3]Ist für die Gewinnverteilung der ausländischen Gesellschaft nicht die Beteiligung am Nennkapital maßgebend oder hat die Gesellschaft kein Nennkapital, so ist für die Steuerpflicht der Einkünfte nach Satz 1 der Maßstab für die Gewinnverteilung zugrunde zu legen. [4]Die Sätze 1 bis 3 sind auch auf einen beschränkt Steuerpflichtigen anzuwenden, soweit die Beteiligung an der ausländischen Gesellschaft unmittelbar oder mittelbar einer inländischen Betriebsstätte des Steuerpflichtigen zuzuordnen ist, durch die eine Tätigkeit im Sinne des § 15 Absatz 2 des Einkommensteuergesetzes ausgeübt wird.

(2) Eine Beherrschung im Sinne des Absatzes 1 liegt vor, wenn dem Steuerpflichtigen allein oder zusammen mit ihm nahestehenden Personen am Ende des Wirtschaftsjahres der ausländischen Gesellschaft, in dem diese die Einkünfte nach Absatz 1 erzielt hat (maßgebendes Wirtschaftsjahr), mehr als die Hälfte der Stimmrechte oder mehr als die

[Fassung bis 31.12.2021:]

(4) [1]Einem unbeschränkt Steuerpflichtigen sind für die Anwendung der §§ 7 bis 14 auch Anteile oder Stimmrechte zuzurechnen, die eine Person hält, die seinen Weisungen so zu folgen hat oder so folgt, daß ihr kein eigener wesentlicher Entscheidungsspielraum bleibt. [2]Diese Voraussetzung ist nicht schon allein dadurch erfüllt, daß der unbeschränkt Steuerpflichtige an der Person beteiligt ist.

(5) Ist für die Gewinnverteilung der ausländischen Gesellschaft nicht die Beteiligung am Nennkapital maßgebend oder hat die Gesellschaft kein Nennkapital, so ist der Aufteilung der Einkünfte nach Absatz 1 der Maßstab für die Gewinnverteilung zugrunde zu legen.

(6)[1)] [1]Ist eine ausländische Gesellschaft Zwischengesellschaft für Zwischeneinkünfte mit Kapitalanlagecharakter im Sinne des Absatz 6a[2)] und ist ein unbeschränkt Steuerpflichtiger an der Gesellschaft zu mindestens 1 Prozent beteiligt, sind diese Zwischeneinkünfte bei diesem Steuerpflichtigen in dem in Absatz 1 bestimmten Umfang steuerpflichtig, auch wenn die Voraussetzungen des Absatzes 1 im Übrigen nicht erfüllt sind. [2]Satz 1 ist nicht anzuwenden, wenn die den Zwischeneinkünften mit Kapitalanlagecharakter zugrunde liegenden Bruttoerträge nicht mehr als 10 Prozent der den gesamten Zwischeneinkünften zugrunde liegenden Bruttoerträge der ausländischen Zwischengesellschaft betragen und die bei einer Zwischengesellschaft oder bei einem Steuerpflichtigen hiernach außer Ansatz zu lassen-

[Fassung ab 1.1.2021:]

Hälfte der Anteile am Nennkapital unmittelbar oder mittelbar zuzurechnen sind oder unmittelbar oder mittelbar ein Anspruch auf mehr als die Hälfte des Gewinns oder des Liquidationserlöses dieser Gesellschaft zusteht.

(3) [1]Für Zwecke der §§ 7 bis 12 ist eine Person dem Steuerpflichtigen unter den Voraussetzungen des § 1 Absatz 2 nahestehend. [2]Eine Personengesellschaft oder Mitunternehmerschaft ist selbst nahestehende Person, wenn sie die Voraussetzungen des § 1 Absatz 2 erfüllt.

(4) [1]Unbeschadet des Absatzes 3 gelten Personen als dem Steuerpflichtigen nahestehend, wenn sie mit ihm in Bezug auf die Zwischengesellschaft durch abgestimmtes Verhalten zusammenwirken. [2]Bei den unmittelbaren oder mittelbaren Gesellschaftern einer Personengesellschaft oder Mitunternehmerschaft, die an einer Zwischengesellschaft unmittelbar oder mittelbar beteiligt ist, wird ein Zusammenwirken durch abgestimmtes Verhalten widerlegbar unterstellt.

(5) [1]Die Absätze 1 bis 4 sind nicht anzuwenden, wenn auf die Einkünfte, für die die ausländische Gesellschaft Zwischengesellschaft ist, die Vorschriften des Investmentsteuergesetzes in der jeweils geltenden Fassung anzuwenden sind. [2]Satz 1 gilt nicht, wenn die den Einkünften zugrunde liegenden Geschäfte zu mehr als einem Drittel mit dem Steuerpflichtigen oder ihm nahestehenden Personen betrieben werden.

[1)] § 7 Abs. 6 neu gef. durch G v. 20.12.2001 (BGBl. I S. 3858).
[2)] Geänd. durch G v. 16.5.2003 (BGBl. I S. 660).

[Fassung bis 31.12.2021:]

den Beträge insgesamt 80 000 Euro[1] nicht übersteigen. [3]Satz 1 ist auch anzuwenden bei einer Beteiligung von weniger als 1 Prozent, wenn die ausländische Gesellschaft ausschließlich oder fast ausschließlich Bruttoerträge erzielt, die Zwischeneinkünften mit Kapitalanlagecharakter zugrunde liegen, es sei denn, dass mit der Hauptgattung der Aktien der ausländischen Gesellschaft ein wesentlicher und regelmäßiger Handel an einer anerkannten Börse stattfindet.

(6a)[2] Zwischeneinkünfte mit Kapitalanlagecharakter sind Einkünfte der ausländischen Zwischengesellschaft (§ 8), die aus dem Halten, der Verwaltung, Werterhaltung oder Werterhöhung von Zahlungsmitteln, Forderungen, Wertpapieren, Beteiligungen (mit Ausnahme der in § 8 Abs. 1 Nr. 8 und 9 genannten Einkünfte) oder ähnlichen Vermögenswerten stammen, es sei denn, der Steuerpflichtige weist nach, dass sie aus einer Tätigkeit stammen, die einer unter § 8 Abs. 1 Nr. 1 bis 6 fallenden eigenen Tätigkeit der ausländischen Gesellschaft dient, ausgenommen Tätigkeiten im Sinne des § 1 Abs. 1 Nr. 6 des Kreditwesengesetzes in der Fassung der Bekanntmachung vom 9. September 1998 (BGBl. I S. 2776), das zuletzt durch Artikel 3 Abs. 3 des Gesetzes vom 22. August 2002 (BGBl. I S. 3387) geändert worden ist, in der jeweils geltenden Fassung.

(7)[3] Die Absätze 1 bis 6a sind nicht anzuwenden, wenn auf die Einkünfte, für die die ausländische

---

[1] Betrag geänd. durch G v. 20.12.2007 (BGBl. I S. 3150).

[2] *§ 7 Abs. 6a eingef.* durch G v. 16.5.2003 (BGBl. I S. 660).

[3] § 7 Abs. 7 neu gef. durch G v. 9.12.2004 (BGBl. I S. 3310); HS 2 aufgeh. mWv 1.1.2018 durch G v. 19.7.2016 (BGBl. I S. 1730).

[Fassung bis 31.12.2021:]

Gesellschaft Zwischengesellschaft ist, die Vorschriften des Investmentsteuergesetzes in der jeweils geltenden Fassung anzuwenden sind.

(8)[1] Sind unbeschränkt Steuerpflichtige an einer ausländischen Gesellschaft beteiligt und ist diese an einer Gesellschaft im Sinne des § 16 des REIT-Gesetzes vom 28. Mai 2007 (BGBl. I S. 914) in der jeweils geltenden Fassung beteiligt, gilt Absatz 1 unbeschadet des Umfangs der jeweiligen Beteiligung an der ausländischen Gesellschaft, es sei denn, dass mit der Hauptgattung der Aktien der ausländischen Gesellschaft ein wesentlicher und regelmäßiger Handel an einer anerkannten Börse stattfindet.

§ 8 Einkünfte von Zwischengesellschaften.

[Fassung bis 31.12.2021:]

(1) Eine ausländische Gesellschaft ist Zwischengesellschaft für Einkünfte, die einer niedrigen Besteuerung unterliegen und nicht stammen aus:

1. der Land- und Forstwirtschaft,
2. der Herstellung, Bearbeitung, Verarbeitung oder Montage von Sachen, der Erzeugung von Energie sowie dem Aufsuchen und der Gewinnung von Bodenschätzen,
3.[3] dem Betrieb von Kreditinstituten oder Versicherungsunternehmen, die für ihre Geschäfte einen in kaufmännischer Weise eingerichteten Betrieb unterhalten, es sei denn, die Geschäfte werden überwiegend mit unbeschränkt Steu-

[Fassung ab 1.1.2022:][2]

(1) Eine ausländische Gesellschaft ist Zwischengesellschaft für Einkünfte, einschließlich Veräußerungsgewinnen, die einer niedrigen Besteuerung im Sinne des Absatzes 5 unterliegen und nicht stammen aus:

1. der Land- und Forstwirtschaft,
2. der Herstellung, Bearbeitung, Verarbeitung oder Montage von Sachen, der Erzeugung von Energie sowie dem Aufsuchen und der Gewinnung von Bodenschätzen,
3. dem Betrieb von Versicherungsunternehmen, Kreditinstituten und Finanzdienstleistungsinstituten, die einer wesentlichen wirtschaftlichen Tätigkeit im Sinne des Absatzes 2 nachgehen; es sei denn, die diesen Einkünften zugrunde

---

[1] § 7 Abs. 8 angef. durch G v. 28.5.2007 (BGBl. I S. 914).

[2] § 8 neu gef. durch ATADUmsG v. 25.6.2021 (BGBl. I S. 2035); zur Anwendung siehe § 21 Abs. 4 Satz 1.

[3] § 8 Abs. 1 Nr. 3 HS 2 angef. durch G v. 20.8.1980 (BGBl. I S. 1545).

[Fassung bis 31.12.2021:]

erpflichtigen, die nach § 7 an der ausländischen Gesellschaft beteiligt sind, oder solchen Steuerpflichtigen im Sinne des § 1 Abs. 2 nahestehenden Personen betrieben,

4.[1] dem Handel, soweit nicht

a) ein unbeschränkt Steuerpflichtiger, der gemäß § 7 an der ausländischen Gesellschaft beteiligt ist, oder eine einem solchen Steuerpflichtigen im Sinne des § 1 Abs. 2 nahe stehende Person, die mit ihren Einkünften hieraus im Geltungsbereich dieses Gesetzes steuerpflichtig ist, der ausländischen Gesellschaft die Verfügungsmacht an den gehandelten Gütern oder Waren verschafft, oder

b) die ausländische Gesellschaft einem solchen Steuerpflichtigen oder einer solchen nahe stehenden Person die Verfügungsmacht an den Gütern oder Waren verschafft,

es sei denn, der Steuerpflichtige weist nach, dass die ausländische Gesellschaft einen für derartige Handelsgeschäfte in kaufmännischer Weise eingerichteten Geschäftsbetrieb unter Teilnahme am allgemeinen wirtschaftlichen Verkehr unterhält und die zur Vorbereitung, dem Abschluss und der Ausführung der Geschäfte gehörenden Tätigkeiten ohne

[Fassung ab 1.1.2022:]

liegenden Geschäfte werden zu mehr als einem Drittel mit dem Steuerpflichtigen oder ihm nahestehenden Personen betrieben. [2]Gleiches gilt für Finanzunternehmen im Sinne des Kreditwesengesetzes, an denen Kreditinstitute oder Finanzdienstleistungsinstitute unmittelbar oder mittelbar zu mehr als 50 Prozent beteiligt sind,

4. dem Handel, soweit nicht

a) ein Steuerpflichtiger, der gemäß § 7 an der ausländischen Gesellschaft beteiligt ist, oder eine einem solchen Steuerpflichtigen im Sinne des § 1 Absatz 2 nahestehende Person, die mit ihren Einkünften hieraus im Geltungsbereich dieses Gesetzes steuerpflichtig ist, der ausländischen Gesellschaft die Verfügungsmacht an den gehandelten Gütern oder Waren verschafft, oder

b) die ausländische Gesellschaft einem solchen Steuerpflichtigen oder einer solchen nahestehenden Person die Verfügungsmacht an den Gütern oder Waren verschafft,

es sei denn, der Steuerpflichtige weist nach, dass die ausländische Gesellschaft einen für derartige Handelsgeschäfte in kaufmännischer Weise eingerichteten Geschäftsbetrieb unter Teilnahme am allgemeinen wirtschaftlichen Verkehr unterhält und die zur Vorbereitung, dem Abschluss und der Ausführung der Geschäfte gehörenden Tätigkeiten ohne Mitwirkung eines solchen Steuerpflichti-

---

[1] § 8 Abs. 1 Nr. 4 Buchst. a und b neu gef. durch G v. 16.5.2003 (BGBl. I S. 660); Nr. 4 Buchst. a neu gef. durch G v. 22.12.2003 (BGBl. I S. 2840).

[Fassung bis 31.12.2021:]

Mitwirkung eines solchen Steuerpflichtigen oder einer solchen nahe stehenden Person ausübt,

5. Dienstleistungen, soweit nicht
   a) die ausländische Gesellschaft für die Dienstleistung sich eines unbeschränkt Steuerpflichtigen, der gemäß § 7 an ihr beteiligt ist, oder einer einem solchen Steuerpflichtigen im Sinne des § 1 Abs. 2 nahestehenden Person bedient, die mit ihren Einkünften aus der von ihr beigetragenen Leistung im Geltungsbereich dieses Gesetzes steuerpflichtig ist,

      oder
   b) die ausländische Gesellschaft die Dienstleistung einem solchen Steuerpflichtigen oder einer solchen nahestehenden Person erbringt, es sei denn, der Steuerpflichtige weist nach, daß die ausländische Gesellschaft einen für das Bewirken derartiger Dienstleistungen eingerichteten Geschäftsbetrieb unter Teilnahme am allgemeinen wirtschaftlichen Verkehr unterhält und die zu der Dienstleistung gehörenden Tätigkeiten ohne Mitwirkung eines solchen Steuerpflichtigen oder einer solchen nahestehenden Person ausübt,
6. der Vermietung und Verpachtung, ausgenommen
   a) die Überlassung der Nutzung von Rechten, Plänen, Mustern, Verfahren, Erfahrungen und Kenntnissen, es sei denn, der Steuerpflichtige weist nach, daß die ausländische Gesellschaft die Ergebnisse eigener Forschungs- oder Entwicklungsarbeit aus-

[Fassung ab 1.1.2022:]

gen oder einer solchen nahestehenden Person ausübt,

5. Dienstleistungen, soweit nicht
   a) die ausländische Gesellschaft für die Dienstleistung sich eines Steuerpflichtigen, der gemäß § 7 an ihr beteiligt ist, oder einer einem solchen Steuerpflichtigen im Sinne des § 1 Absatz 2 nahestehenden Person bedient, die mit ihren Einkünften aus der von ihr beigetragenen Leistung im Geltungsbereich dieses Gesetzes steuerpflichtig ist, oder
   b) die ausländische Gesellschaft die Dienstleistung einem solchen Steuerpflichtigen oder einer solchen nahestehenden Person erbringt, es sei denn, der Steuerpflichtige weist nach, dass die ausländische Gesellschaft einen für das Bewirken derartiger Dienstleistungen eingerichteten Geschäftsbetrieb unter Teilnahme am allgemeinen wirtschaftlichen Verkehr unterhält und die zu der Dienstleistung gehörenden Tätigkeiten ohne Mitwirkung eines solchen Steuerpflichtigen oder einer solchen nahestehenden Person ausübt,
6. der Vermietung und Verpachtung, ausgenommen
   a) die Überlassung der Nutzung von Rechten, Plänen, Mustern, Verfahren, Erfahrungen und Kenntnissen, es sei denn, der Steuerpflichtige weist nach, dass die ausländische Gesellschaft die Ergebnisse eigener Forschungs- oder Entwick-

[Fassung bis 31.12.2021:]

wertet, die ohne Mitwirkung eines Steuerpflichtigen, der gemäß § 7 an der Gesellschaft beteiligt ist, oder einer einem solchen Steuerpflichtigen im Sinne des § 1 Abs. 2 nahestehenden Person unternommen worden ist,

b) die Vermietung oder Verpachtung von Grundstücken, es sei denn, der Steuerpflichtige weist nach, daß die Einkünfte daraus nach einem Abkommen zur Vermeidung der Doppelbesteuerung steuerbefreit wären, wenn sie von den unbeschränkt Steuerpflichtigen, die gemäß § 7 an der ausländischen Gesellschaft beteiligt sind, unmittelbar bezogen worden wären, und

c) die Vermietung oder Verpachtung von beweglichen Sachen, es sei denn, der Steuerpflichtige weist nach, daß die ausländische Gesellschaft einen Geschäftsbetrieb gewerbsmäßiger Vermietung oder Verpachtung unter Teilnahme am allgemeinen wirtschaftlichen Verkehr unterhält und alle zu einer solchen gewerbsmäßigen Vermietung oder Verpachtung gehörenden Tätigkeiten ohne Mitwirkung eines unbeschränkt Steuerpflichtigen, der gemäß § 7 an ihr beteiligt ist, oder einer einem solchen Steuerpflichtigen im Sinne des § 1 Abs. 2 nahestehenden Person ausübt,

7.[1] der Aufnahme und darlehensweisen Vergabe von Kapital, für das der Steuerpflichtige nachweist,

[Fassung ab 1.1.2022:]

lungsarbeit auswertet, die ohne Mitwirkung eines Steuerpflichtigen, der gemäß § 7 an der Gesellschaft beteiligt ist, oder einer einem solchen Steuerpflichtigen im Sinne des § 1 Absatz 2 nahestehenden Person unternommen worden ist,

b) die Vermietung oder Verpachtung von Grundstücken, es sei denn, der Steuerpflichtige weist nach, dass die Einkünfte daraus nach einem Abkommen zur Vermeidung der Doppelbesteuerung steuerbefreit wären, wenn sie von den unbeschränkt Steuerpflichtigen, die gemäß § 7 an der ausländischen Gesellschaft beteiligt sind, unmittelbar bezogen worden wären, und

c) die Vermietung oder Verpachtung von beweglichen Sachen, es sei denn, der Steuerpflichtige weist nach, dass die ausländische Gesellschaft einen Geschäftsbetrieb gewerbsmäßiger Vermietung oder Verpachtung unter Teilnahme am allgemeinen wirtschaftlichen Verkehr unterhält und alle zu einer solchen gewerbsmäßigen Vermietung oder Verpachtung gehörenden Tätigkeiten ohne Mitwirkung eines unbeschränkt Steuerpflichtigen, der gemäß § 7 an ihr beteiligt ist, oder einer einem solchen Steuerpflichtigen im Sinne des § 1 Absatz 2 nahestehenden Person ausübt,

7. Bezügen im Sinne des § 8b Absatz 1 des Körperschaftsteuergesetzes, ausgenommen

---

[1] § 8 Abs. 1 Nr. 7 neu gef. durch G v. 13.9.1993 (BGBl. I S. 1569); geänd. durch G v. 21.12.1993 (BGBl. I S. 2310).

[Fassung bis 31.12.2021:]

daß es ausschließlich auf ausländischen Kapitalmärkten und nicht bei einer ihm oder der ausländischen Gesellschaft nahestehenden Person im Sinne des § 1 Abs. 2 aufgenommen und außerhalb des Geltungsbereichs dieses Gesetzes gelegenen Betrieben oder Betriebsstätten, die ihre Bruttoerträge ausschließlich oder fast ausschließlich aus unter die Nummern 1 bis 6 fallenden Tätigkeiten beziehen, oder innerhalb des Geltungsbereichs dieses Gesetzes gelegenen Betrieben oder Betriebsstätten zugeführt wird,

8.[1] Gewinnausschüttungen von Kapitalgesellschaften,

9.[2] der Veräußerung eines Anteils an einer anderen Gesellschaft sowie aus deren Auflösung oder der Herabsetzung ihres Kapitals, soweit der Steuerpflichtige nachweist, dass der Veräußerungsgewinn auf Wirtschaftsgüter der anderen Gesellschaft entfällt, die anderen als den in § 7 Nummer 6 Buchstabe b, soweit es sich um Einkünfte einer Gesellschaft im Sinne des § 16 des REIT-Gesetzes handelt, oder § 7 Abs. 6a[3] bezeichneten Tätigkeiten dienen; dies gilt entsprechend, soweit der Gewinn auf solche Wirtschaftsgüter einer Gesellschaft entfällt, an der die andere Gesellschaft beteiligt ist; Verluste aus der Veräußerung von Anteilen an der anderen Gesellschaft sowie aus deren Auflösung oder der Herabsetzung ihres Kapitals sind nur insoweit zu berücksichtigen, als der Steuer-

[Fassung ab 1.1.2022:]

a) Bezüge, soweit diese das Einkommen der leistenden Körperschaft gemindert haben; dies gilt auch dann, wenn die ausländische Gesellschaft hinsichtlich dieser Bezüge gemäß den Nummern 1 bis 6 nicht Zwischengesellschaft ist. [2]Dies gilt nicht, soweit

aa) die leistende Körperschaft mit den diesen Bezügen zugrunde liegenden Einkünften Zwischengesellschaft ist oder

bb) eine verdeckte Gewinnausschüttung das Einkommen der ausländischen Gesellschaft oder einer ihr nahestehenden Person erhöht hat und dieses Einkommen keiner niedrigen Besteuerung im Sinne des Absatzes 5 unterliegt,

b) Bezüge, die bei der ausländischen Gesellschaft nach § 8b Absatz 4 des Körperschaftsteuergesetzes zu berücksichtigen wären, wenn diese unbeschränkt körperschaftsteuerpflichtig wäre; dies gilt auch dann, wenn die ausländische Gesellschaft hinsichtlich dieser Bezüge gemäß den Nummern 1 bis 6 oder 7 Buchstabe a Doppelbuchstabe aa und bb nicht Zwischengesellschaft ist, und

c) Bezüge, die bei der ausländischen Gesellschaft nach § 8b Absatz 7 des Körperschaftsteuergesetzes nicht steuerbefreit wären, wenn diese unbe-

---

[1] § 8 Abs. 1 Nr. 8 angef. durch G v. 20.12.2001 (BGBl. I S. 3858).
[2] § 8 Abs. 1 Nr. 9 angef. durch G v. 20.12.2001 (BGBl. I S. 3858).
[3] § 8 Abs. 1 Nr. 9 geänd. durch G v. 28.5.2007 (BGBl. I S. 914).

[Fassung bis 31.12.2021:]

pflichtige nachweist, dass sie auf Wirtschaftsgüter zurückzuführen sind, die Tätigkeiten im Sinne der Nummer 6 Buchstabe b, soweit es sich um Einkünfte einer Gesellschaft im Sinne des § 16 des REIT-Gesetzes handelt,[1)] oder im Sinne des § 7 Abs. 6a[2)] dienen,[3)]

10.[5)] Umwandlungen, die ungeachtet des § 1 Abs. 2 und 4 des Um-

[Fassung ab 1.1.2022:]

schränkt körperschaftsteuerpflichtig wäre; dies gilt auch dann, wenn die ausländische Gesellschaft hinsichtlich dieser Bezüge gemäß den Nummern 1 bis 6 oder 7 Buchstabe a Doppelbuchstabe aa und bb nicht Zwischengesellschaft ist,

8. der Veräußerung eines Anteils an einer anderen Gesellschaft sowie aus deren Auflösung oder der Herabsetzung ihres Kapitals, ausgenommen Veräußerungsgewinne, die bei der ausländischen Gesellschaft nach § 8b Absatz 7 des Körperschaftsteuergesetzes nicht steuerbefreit wären, wenn diese unbeschränkt körperschaftsteuerpflichtig wäre; dies gilt auch dann, wenn die ausländische Gesellschaft hinsichtlich dieser Veräußerungsgewinne gemäß Nummer 3 nicht Zwischengesellschaft ist,

9.[4)] Umwandlungen; dies gilt nicht, soweit die Einkünfte auf der Übertragung von Wirtschaftsgütern beruhen, die nicht der Erzielung von Einkünften im Sinne der Nummern 1 bis 8 dienen, es sei denn, der Steuerpflichtige weist nach, dass die Umwandlung im Inland ungeachtet des § 1 Absatz 4 des Umwandlungssteuergesetzes zu Buchwerten hätte erfolgen können und im Ausland tatsächlich zu Buchwerten erfolgt ist.

[idF des § 21 Abs. 5:

10.[6)] Umwandlungen, die ungeachtet des § 1 Absatz 4 des Umwand-

---

[1)] § 8 Abs. 1 Nr. 9 geänd. durch G v. 28.5.2007 (BGBl. I S. 914).

[2)] Zitat geänd. durch G v. 16.5.2003 (BGBl. I S. 660).

[3)] § 8 Abs. 1 Nr. 9 redaktionell geänd. durch G v. 20.12.2007 (BGBl. I S. 3150).

[4)] § 8 Abs. 1 Nr. 9 geänd. durch G v. 25.6.2021 (BGBl. I S. 2050).

[5)] § 8 Abs. 1 Nr. 10 angef. durch G v. 7.12.2006 (BGBl. I S. 2782).

[6)] § 8 Abs. 1 Nr. 10 idF des § 21 Abs. 5 durch G v. 25.6.2021 (BGBl. I S. 2050).

[Fassung bis 31.12.2021:]

wandlungssteuergesetzes zu Buchwerten erfolgen könnten; das gilt nicht, soweit eine Umwandlung den Anteil an einer Kapitalgesellschaft erfasst, dessen Veräußerung nicht die Voraussetzungen der Nummer 9 erfüllen würde.

(2)[1)] [1]Ungeachtet des Absatzes 1 ist eine Gesellschaft, die ihren Sitz oder ihre Geschäftsleitung in einem Mitgliedstaat der Europäischen Union oder einem Vertragsstaat des EWR-Abkommens hat, nicht Zwischengesellschaft für Einkünfte, für die unbeschränkt Steuerpflichtige, die im Sinne des § 7 Absatz 2 oder Absatz 6 an der Gesellschaft beteiligt sind, nachweisen, dass die Gesellschaft insoweit einer tatsächlichen wirtschaftlichen Tätigkeit in diesem Staat nachgeht. [2]Weitere Voraussetzung ist, dass zwischen der Bundesrepublik Deutschland und diesem Staat auf Grund der Amtshilferichtlinie gemäß § 2 Absatz 2 des EU-Amtshilfegesetzes, oder einer vergleichbaren zwei- oder mehrseitigen Vereinbarung, Auskünfte erteilt werden, die erforderlich sind, um die Besteuerung durchzuführen. [3]Satz 1 gilt nicht für die der Gesellschaft nach § 14 zuzurechnenden Einkünfte einer Untergesellschaft, die weder Sitz noch Geschäftsleitung in einem Mitgliedstaat der Europäischen Union oder einem Vertragsstaat des EWR-Abkommens hat. [4]Das gilt auch für Zwischeneinkünfte, die einer Betriebsstätte der Gesellschaft außerhalb der Europäischen Union oder der Vertragsstaaten des EWR-Abkommens zuzurechnen sind. [5]Der tatsächlichen wirtschaftli-

[Fassung ab 1.1.2022:]

lungsgesetzes zu Buchwerten erfolgen könnten; dies gilt nicht, soweit eine Umwandlung den Anteil an einer Kapitalgesellschaft erfasst, dessen Veräußerung nicht die Voraussetzungen der Nummer 9 erfüllen würde.]

(2) [1]Ungeachtet des Absatzes 1 ist eine ausländische Gesellschaft nicht Zwischengesellschaft für Einkünfte, für die nachgewiesen wird, dass die Gesellschaft in dem Staat, in dem sie ihren Sitz oder ihre Geschäftsleitung hat, insoweit einer wesentlichen wirtschaftlichen Tätigkeit nachgeht. [2]Dies setzt insbesondere den Einsatz der für die Ausübung der Tätigkeit erforderlichen sachlichen und personellen Ausstattung in diesem Staat voraus. [3]Die Tätigkeit muss durch hinreichend qualifiziertes Personal selbständig und eigenverantwortlich ausgeübt werden. [4]Der wesentlichen wirtschaftlichen Tätigkeit der Gesellschaft sind nur Einkünfte der Gesellschaft zuzuordnen, die durch diese Tätigkeit erzielt werden und dies nur insoweit, als der Fremdvergleichsgrundsatz (§ 1) beachtet worden ist. [5]Die Sätze 1 bis 3 gelten nicht, wenn die Gesellschaft ihre wesentliche wirtschaftliche Tätigkeit überwiegend durch Dritte besorgen lässt.

(3) Absatz 2 gilt nur, wenn die ausländische Gesellschaft ihren Sitz oder ihre Geschäftsleitung in einem Mitgliedstaat der Europäischen Union oder einem Vertragsstaat des EWR-Abkommens hat.

(4) Die Absätze 2 und 3 gelten nicht, wenn der Staat, in dem die Gesellschaft ihren Sitz oder ihre

[1)] § 8 Abs. 2 neu gef. durch G v. 20.12.2007 (BGBl. I S. 3150); Sätze 1 und 2 geänd. durch G v. 26.6.2013 (BGBl. I S. 1809).

[Fassung bis 31.12.2021:]

chen Tätigkeit der Gesellschaft sind nur Einkünfte der Gesellschaft zuzuordnen, die durch diese Tätigkeit erzielt werden und dies nur insoweit, als der Fremdvergleichsgrundsatz (§ 1) beachtet worden ist.

(3)[1] [1] Eine niedrige Besteuerung im Sinne des Absatzes 1 liegt vor, wenn die Einkünfte der ausländischen Gesellschaft einer Belastung durch Ertragsteuern von weniger als 25 Prozent unterliegen, ohne dass dies auf einem Ausgleich mit Einkünften aus anderen Quellen beruht. [2] In die Belastungsberechnung sind Ansprüche einzubeziehen, die der Staat oder das Gebiet der ausländischen Gesellschaft im Fall einer Gewinnausschüttung der ausländischen Gesellschaft dem unbeschränkt Steuerpflichtigen oder einer anderen Gesellschaft, an der der Steuerpflichtige direkt oder indirekt beteiligt ist, gewährt. [3] Eine niedrige Besteuerung im Sinne des Absatzes 1 liegt auch dann vor, wenn Ertragsteuern von mindestens 25 Prozent zwar rechtlich geschuldet, jedoch nicht tatsächlich erhoben werden.

[Fassung ab 1.1.2022:]

Geschäftsleitung hat, im Wege des zwischenstaatlichen Informationsaustausches keine Auskünfte erteilt, die zur Durchführung der Besteuerung erforderlich sind.

(5) [1] Eine niedrige Besteuerung liegt vor, wenn die nach Maßgabe des § 10 Absatz 3 ermittelten Einkünfte, für die die ausländische Gesellschaft Zwischengesellschaft ist, einer Belastung durch Ertragsteuern von weniger als 25 Prozent unterliegen, ohne dass dies auf einem Ausgleich mit Einkünften aus anderen Quellen beruht. [2] In die Belastungsberechnung sind Ansprüche einzubeziehen, die der Staat oder das Gebiet der ausländischen Gesellschaft im Fall einer Gewinnausschüttung der ausländischen Gesellschaft dem Steuerpflichtigen oder einer anderen Gesellschaft, an der der Steuerpflichtige unmittelbar oder mittelbar beteiligt ist, gewährt. [3] Einkünfte unterliegen im Sinne des Satzes 1 auch dann einer Belastung durch Ertragsteuern von weniger als 25 Prozent, wenn Ertragsteuern von mindestens 25 Prozent zwar rechtlich geschuldet, jedoch nicht tatsächlich erhoben werden.

§ 9[2] **Freigrenze bei gemischten Einkünften.** Für die Anwendung des § 7 Absatz 1 sind Einkünfte [***ab 1.1.2022:*** eines maßgebenden Wirtschaftsjahres im Sinne des § 7 Absatz 2], für die eine ausländische Gesellschaft Zwischengesellschaft ist, außer Ansatz zu lassen, wenn die *ihnen zugrunde liegenden Bruttoerträge* [***ab 1.1.2022:*** Einkünfte] nicht mehr als 10 Prozent der gesamten *Bruttoerträge der Gesellschaft* [***ab 1.1.2022:*** Einkünfte der ausländischen Gesellschaft] betragen, vorausgesetzt, dass die *bei einer Gesellschaft oder* bei einem

---

[1] § 8 Abs. 3 neu gef. durch G v. 20.12.2001 (BGBl. I S. 3858); Satz 1 geänd., Satz 2 angef. durch G v. 20.12.2007 (BGBl. I S. 3150); Satz 2 eingef. durch G v. 8.12.2010 (BGBl. I *S. 1768*).

[2] § 9 neu gef. durch ATADUmsG v. 25.6.2021 (BGBl. I S. 2035); zur Anwendung siehe § 21 Abs. 4 Satz 1.

Steuerpflichtigen hiernach außer Ansatz zu lassenden Beträge insgesamt 80 000 Euro[1] nicht übersteigen.

§ 10 Hinzurechnungsbetrag.

[Fassung bis 31.12.2021:]

(1)[3] 1 Die nach § 7 Abs. 1 steuerpflichtigen Einkünfte sind bei dem unbeschränkt Steuerpflichtigen mit dem Betrag, der sich nach Abzug der Steuern ergibt, die zu Lasten der ausländischen Gesellschaft von diesen Einkünften sowie von dem diesen Einkünften zugrunde liegenden Vermögen erhoben worden sind, anzusetzen (Hinzurechnungsbetrag). 2 Soweit die abzuziehenden Steuern zu dem Zeitpunkt, zu dem die Einkünfte nach Absatz 2 als zugeflossen gelten, noch nicht entrichtet sind, sind sie nur in den Jahren, in denen sie entrichtet werden, von den nach § 7 Abs. 1 steuerpflichtigen Einkünften abzusetzen. 3 In den Fällen des § 8 Absatz 3 Satz 2 sind die Steuern um die dort bezeichneten Ansprüche des unbeschränkt Steuerpflichtigen oder einer anderen Gesellschaft, an der der Steuerpflichtige direkt oder indirekt beteiligt ist, zu kürzen. 4 Ergibt sich ein negativer Betrag, so entfällt die Hinzurechnung.

(2)[4] 1 Der Hinzurechnungsbetrag gehört zu den Einkünften im Sinne des § 20 Abs. 1 Nr. 1 des Einkommensteuergesetzes und gilt unmittelbar nach Ablauf des maßgebenden Wirtschaftsjahrs der ausländischen Gesellschaft als zugeflossen. 2 Gehören Anteile an der ausländischen Gesell-

[Fassung ab 1.1.2022:][2]

(1) 1 Die nach § 7 Absatz 1 steuerpflichtigen Einkünfte sind bei dem Steuerpflichtigen als Hinzurechnungsbetrag anzusetzen. 2 Ergibt sich ein negativer Betrag, so entfällt die Hinzurechnung.

(2) 1 Der Hinzurechnungsbetrag gehört zu den Einkünften im Sinne des § 20 Absatz 1 Nummer 1 des Einkommensteuergesetzes und gilt in dem Veranlagungszeitraum als zugeflossen, in dem das maßgebende Wirtschaftsjahr der ausländischen Gesellschaft endet. 2 Gehören Anteile

---

[1] Betrag geänd. durch G v. 19.12.2000 (BGBl. I S. 1790); geänd. durch G v. 20.12.2007 (BGBl. I S. 3150).

[2] § 10 neu gef. durch ATADUmsG v. 25.6.2021 (BGBl. I S. 2035); zur Anwendung siehe § 21 Abs. 4 Satz 1, 3 und 4.

[3] § 10 Abs. 1 Satz 3 eingef., bish. Satz 3 wird Satz 4 durch G v. 8.12.2010 (BGBl. I S. 1768). Siehe auch § 21 Abs. 4 Satz 3.

[4] § 10 Abs. 2 neu gef. durch G v. 20.12.2001 (BGBl. I S. 3858). Siehe auch § 21 Abs. 4 Satz 4.

[Fassung bis 31.12.2021:]

schaft zu einem Betriebsvermögen, so gehört der Hinzurechnungsbetrag zu den Einkünften aus Gewerbebetrieb, aus Land- und Forstwirtschaft oder aus selbständiger Arbeit und erhöht den nach dem Einkommen- oder Körperschaftsteuergesetz ermittelten Gewinn des Betriebs für das Wirtschaftsjahr, das nach dem Ab lauf des maßgebenden Wirtschaftsjahrs der ausländischen Gesellschaft endet. [3]Auf den Hinzurechnungsbetrag sind § 3 Nr. 40 Satz 1 Buchstabe d, § 32d des Einkommensteuergesetzes und § 8b Abs. 1 des Körperschaftsteuergesetzes nicht anzuwenden. [4]§ 3c Abs. 2 des Einkommensteuergesetzes gilt entsprechend.[1)]

(3)[2)] [1]Die dem Hinzurechnungsbetrag zugrunde liegenden Einkünfte sind in entsprechender Anwendung der Vorschriften des deutschen Steuerrechts zu ermitteln. [2]Eine Gewinnermittlung entsprechend den Grundsätzen des § 4 Abs. 3 des Einkommensteuergesetzes steht einer Gewinnermittlung nach § 4 Abs. 1 oder § 5 des Einkommensteuergesetzes gleich. [3]Bei mehreren Beteiligten kann das Wahlrecht für die Gesellschaft nur einheitlich ausgeübt werden. [4]Steuerliche Vergünstigungen, die an die unbeschränkte Steuerpflicht oder an das Bestehen eines

[Fassung ab 1.1.2022:]

an der ausländischen Gesellschaft zu einem Betriebsvermögen, so gehört der Hinzurechnungsbetrag zu den Einkünften aus Gewerbebetrieb, aus Land- und Forstwirtschaft oder aus selbständiger Arbeit und erhöht den nach dem Einkommen- oder Körperschaftsteuergesetz ermittelten Gewinn des Betriebs für das Wirtschaftsjahr, in dem das Wirtschaftsjahr der ausländischen Gesellschaft endet. [3]Sind dem Steuerpflichtigen die Anteile an der ausländischen Gesellschaft mittelbar zuzurechnen, gilt Satz 2 nur, soweit die Anteile an der unmittelbar gehaltenen vermittelnden Beteiligung zu einem Betriebsvermögen gehören. [4]Auf den Hinzurechnungsbetrag sind § 3 Nummer 40 Satz 1 Buchstabe d, § 32d des Einkommensteuergesetzes, § 8b Absatz 1 des Körperschaftsteuergesetzes und § 9 Nummer 7 des Gewerbesteuergesetzes nicht anzuwenden.

(3) [1]Die dem Hinzurechnungsbetrag zugrunde liegenden Einkünfte sind in entsprechender Anwendung der Vorschriften des deutschen Steuerrechts zu ermitteln. [2]Alle Einkünfte, für die die ausländische Gesellschaft Zwischengesellschaft ist, sind als Einkünfte aus Gewerbebetrieb zu behandeln; ihre Ermittlung hat gemäß § 4 Absatz 1 des Einkommensteuergesetzes zu erfolgen. [3]§ 10 Nummer 2 des Körperschaftsteuergesetzes ist auf eine von der ausländischen Gesellschaft zu entrichtende Vermögensteuer nicht anzuwenden. [4]Steuerliche Vergünstigungen, die an

---

[1)] § 10 Abs. 2 Satz 3 ergänzt, Satz 4 angef. durch G v. 20.12.2007 (BGBl. I S. 3150).

[2)] § 10 Abs. 3 Satz 1 neu gef. durch G v. 15.12.2003 (BGBl. I S. 2676); Satz 4 neu gef. durch G v. 7.12.2006 (BGBl. I S. 2782); Satz 1 2. HS aufgeh. mWv 1.1.2018 durch G v. 19.7.2016 (BGBl. I S. 1730); Satz 4 geänd. mWv 5.7.2017 durch G v. 27.6.2017 (BGBl. I S. 2074). Siehe auch § 21 Abs. 4 Satz 3.

[Fassung bis 31.12.2021:]

inländischen Betriebs oder einer inländischen Betriebsstätte anknüpfen, und die §§ 4h, 4j des Einkommensteuergesetzes sowie die §§ 8a, 8b Absatz 1 und 2 des Körperschaftsteuergesetzes bleiben unberücksichtigt; dies gilt auch für die Vorschriften des Umwandlungssteuergesetzes, soweit Einkünfte aus einer Umwandlung nach § 8 Absatz 1 Nummer 10 hinzuzurechnen sind.[1] [5] Verluste, die bei Einkünften entstanden sind, für die die ausländische Gesellschaft Zwischengesellschaft ist, können in entsprechender Anwendung des § 10d des Einkommensteuergesetzes, soweit sie die nach § 9 außer Ansatz zu lassenden Einkünfte übersteigen, abgezogen werden. [6] Soweit sich durch den Abzug der Steuern nach Absatz 1 ein negativer Betrag ergibt, erhöht sich der Verlust im Sinne des Satzes 5.

(4) Bei der Ermittlung der Einkünfte, für die die ausländische Gesellschaft Zwischengesellschaft ist, dürfen nur solche Betriebsausgaben abgezogen werden, die mit diesen Einkünften in wirtschaftlichem Zusammenhang stehen.

(5) bis (7)[2] *(aufgehoben)*

[Fassung ab 1.1.2022:]

die unbeschränkte Steuerpflicht oder an das Bestehen eines inländischen Betriebs oder einer inländischen Betriebsstätte anknüpfen, und die Vorschriften des Umwandlungssteuergesetzes bleiben unberücksichtigt. [5] Verluste, die bei Einkünften entstanden sind, für die die ausländische Gesellschaft Zwischengesellschaft ist, können in entsprechender Anwendung des § 10d des Einkommensteuergesetzes, soweit sie die nach § 9 außer Ansatz zu lassenden Einkünfte übersteigen, abgezogen werden. [6] Ein Verlustrücktrag ist nicht zulässig.

(4) Bei der Ermittlung der Einkünfte, für die die ausländische Gesellschaft Zwischengesellschaft ist, dürfen nur solche Betriebsausgaben abgezogen werden, die mit diesen Einkünften in wirtschaftlichem Zusammenhang stehen.

(5) [1] Soweit in Anwendung des Absatzes 3 Wirtschaftsgüter erstmals zu bewerten sind, sind sie mit den Werten anzusetzen, die sich ergeben würden, wenn seit Übernahme der Wirtschaftsgüter durch die ausländische Gesellschaft die Vorschriften des deutschen Steuerrechts angewendet worden wären. [2] In den Fällen des § 8 Absatz 1 Nummer 9 sind bei der übernehmenden Gesellschaft die auf sie übergegangenen Wirtschaftsgüter

---

[1] § 10 Abs. 3 Satz 4 geänd. durch G v. 20.12.2007 (BGBl. I S. 3150); zur Anwendung siehe Anwendungsschreiben zum AStG v. 14.5.2004 (BStBl. I SonderNr. 1).

[2] § 10 Abs. 5 bis 7 aufgeh. durch G v. 16.5.2003 (BGBl. I S. 660).

[Fassung ab 1.1.2022:]

mit dem von der übertragenden Gesellschaft angesetzten Wert zu übernehmen.

(6) Soweit die dem Hinzurechnungsbetrag zugrunde liegenden Einkünfte oder Einkunftsquellen zu Erträgen des Steuerpflichtigen im Sinne des § 20 Absatz 1 Nummer 3 des Einkommensteuergesetzes in Verbindung mit § 16 Absatz 1 Nummer 2 des Investmentsteuergesetzes oder im Sinne des § 20 Absatz 1 Nummer 3a des Einkommensteuergesetzes in Verbindung mit § 34 Absatz 1 Nummer 2 des Investmentsteuergesetzes führen, ist der Hinzurechnungsbetrag in Höhe dieser Erträge zu mindern.

[Fassung bis 31.12.2021:]

§ 11[1)] Veräußerungsgewinne.

(1) Gewinne, die die ausländische Gesellschaft aus der Veräußerung der Anteile an einer anderen ausländischen Gesellschaft oder einer Gesellschaft im Sinne des § 16 des REIT-Gesetzes sowie aus deren Auflösung oder der Herabsetzung ihres Kapitals erzielt und für die die ausländische Gesellschaft Zwischengesellschaft ist, sind vom Hinzurechnungsbetrag auszunehmen, soweit die Einkünfte der anderen Gesellschaft oder einer dieser Gesellschaft nachgeordneten Gesellschaft aus Tätigkeiten im Sinne des § 7 Abs. 6a für das gleiche Kalenderjahr oder Wirtschaftsjahr oder für die vorangegangenen sieben Kalenderjahre oder Wirtschaftsjahre als Hinzurechnungsbetrag (§ 10 Abs. 2) der Einkommensteuer oder Körperschaftsteuer unterlegen haben, keine

[Fassung ab 1.1.2022:]

§ 11[2)] Kürzungsbetrag bei Beteiligung an ausländischer Gesellschaft. (1) [1] Erhält der Steuerpflichtige aus der Beteiligung an einer ausländischen Gesellschaft, für die Hinzurechnungsbeträge nach § 10 Absatz 2 bei ihm der Einkommen- oder Körperschaftsteuer unterlegen haben, Bezüge im Sinne des

1. § 20 Absatz 1 Nummer 1 des Einkommensteuergesetzes,
2. § 20 Absatz 1 Nummer 3 des Einkommensteuergesetzes in Verbindung mit § 16 Absatz 1 Nummer 1 des Investmentsteuergesetzes oder
3. § 20 Absatz 1 Nummer 3a des Einkommensteuergesetzes in Verbindung mit § 34 Absatz 1 Nummer 1 des Investmentsteuergesetzes,

[1)] *§ 11 Abs. 1* neu gef. durch G v. 19.12.2008 (BGBl. I S. 2794).

[2)] § 11 neu gef. durch durch ATADUmsG v. 25.6.2021 (BGBl. I S. 2035); zur Anwendung siehe § 21 Abs. 4 Satz 1.

[Fassung bis 31.12.2021:]

Ausschüttung dieser Einkünfte erfolgte und der Steuerpflichtige dies nachweist.

(2), (3) *(aufgehoben)*

[Fassung ab 1.1.2022:]

ist bei der Ermittlung der Summe der Einkünfte ein Kürzungsbetrag nach Absatz 2 abzuziehen; im Rahmen des § 32d des Einkommensteuergesetzes ist dieser bei der Ermittlung der Summe der Kapitalerträge abzuziehen. [2] Entsprechendes gilt für Bezüge des Steuerpflichtigen im Sinne des Satzes 1 von Gesellschaften, die an der Zwischengesellschaft unmittelbar oder mittelbar beteiligt sind.

(2) [1] Der Kürzungsbetrag entspricht dem Betrag, der als Bezug im Sinne der unter Absatz 1 bezeichneten Vorschriften bei dem Steuerpflichtigen steuerpflichtig ist. [2] Er ist begrenzt auf den Betrag, der als Bezug im Sinne der unter Absatz 1 bezeichneten Vorschriften bei dem Steuerpflichtigen steuerpflichtig wäre, wenn das auf den Schluss des vorangegangenen Veranlagungszeitraums festgestellte Hinzurechnungskorrekturvolumen zuzüglich des im laufenden Veranlagungszeitraum zu besteuernden Hinzurechnungsbetrags in vollem Umfang ausgeschüttet würde.

(3) [1] Das am Schluss eines Veranlagungszeitraums verbleibende Hinzurechnungskorrekturvolumen ist gemäß § 18 für jeden Steuerpflichtigen gesondert festzustellen. [2] Hinzurechnungskorrekturvolumen ist der nach § 10 Absatz 2 der Einkommen- oder Körperschaftsteuer unterliegende Hinzurechnungsbetrag des laufenden Veranlagungszeitraums, vermindert um den Betrag der Bezüge im Sinne des Absatzes 1 Satz 1 und 2 des laufenden Veranlagungszeitraums sowie den Betrag der Gewinne im Sinne des Absatzes 4 und vermehrt um das auf den Schluss des vorangegangenen Veranlagungszeitraums

[Fassung ab 1.1.2022:]

festgestellte Hinzurechnungskorrekturvolumen. [3]Der Bestand des verbleibenden Hinzurechnungskorrekturvolumens kann nicht negativ werden.

(4) Die Absätze 1 bis 3 gelten auch für Gewinne des Steuerpflichtigen aus der Veräußerung von Anteilen an der ausländischen Gesellschaft oder an einer Gesellschaft, die an der ausländischen Gesellschaft unmittelbar oder mittelbar beteiligt ist, sowie aus deren Auflösung oder aus der Herabsetzung ihres Kapitals.

(5) [1]Wenn Hinzurechnungsbeträge nach § 10 Absatz 2 der Gewerbesteuer unterlegen haben, mindert der abzuziehende Kürzungsbetrag im Sinne des Absatzes 2 auch den Gewerbeertrag, soweit dieser durch die Bezüge im Sinne der unter Absatz 1 bezeichneten Vorschriften oder die in Absatz 4 bezeichneten Gewinne nach Anwendung von § 8 Nummer 5 und § 9 Nummer 7 oder 8 des Gewerbesteuergesetzes erhöht ist. [2]Dabei erhöht sich der Kürzungsbetrag nach Satz 1 um insoweit vorgenommene Hinzurechnungen nach § 8 Nummer 5 in Verbindung mit § 9 Nummer 7 oder 8 des Gewerbesteuergesetzes.

§ 12 Steueranrechnung.

[Fassung bis 31.12.2021:]

(1)[2] [1]Auf Antrag des Steuerpflichtigen werden auf seine Einkommen- oder Körperschaftsteuer, die auf den Hinzurechnungsbetrag entfällt, die Steuern angerechnet, die nach § 10

[Fassung ab 1.1.2022:][1]

(1) [1]Auf die Einkommen- oder Körperschaftsteuer des Steuerpflichtigen, die auf den Hinzurechnungsbetrag entfällt, werden die Steuern vom Einkommen angerechnet, die zu

---

[1] § 12 neu gef. durch ATADUmsG v. 25.6.2021 (BGBl. I S. 2035); zur Anwendung siehe § *21* Abs. *4* Satz *1*.

[2] § 12 Abs. 1 geänd. durch G v. 20.12.2001 (BGBl. I S. 3858). Zu Abs. 1 siehe auch § 21 Abs. 4 Satz 3.

[Fassung bis 31.12.2021:]

Abs. 1 abziehbar sind. [2]In diesem Fall ist der Hinzurechnungsbetrag um diese Steuern zu erhöhen.

(2) Bei der Anrechnung sind die Vorschriften des § 34c Abs. 1 des Einkommensteuergesetzes[1)] und des § 26 Abs. 1 und 6 des Körperschaftsteuergesetzes[2)] entsprechend anzuwenden.

(3)[3)] [1]Steuern von den nach § 3 Nr. 41 des Einkommensteuergesetzes befreiten Gewinnausschüttungen werden auf Antrag im Veranlagungszeitraum des Anfalls der zugrunde liegenden Zwischeneinkünfte als Hinzurechnungsbetrag in entsprechender Anwendung des § 34c Abs. 1 und 2 des Einkommensteuergesetzes und des § 26 Abs. 1 und 6 des Körperschaftsteuergesetzes[4)] angerechnet oder abgezogen. [2]Dies gilt auch dann, wenn der Steuerbescheid für diesen Veranlagungszeitraum bereits bestandskräftig ist.

[Fassung ab 1.1.2022:]

Lasten der ausländischen Gesellschaft auf die dem Hinzurechnungsbetrag unterliegenden Einkünfte tatsächlich erhoben worden sind. [2]In den Fällen des § 8 Absatz 5 Satz 2 sind die Steuern um die dort bezeichneten Ansprüche des Steuerpflichtigen oder einer anderen Gesellschaft, an der der Steuerpflichtige unmittelbar oder mittelbar beteiligt ist, zu kürzen.

(2) Auf Antrag des Steuerpflichtigen wird auf seine Einkommen- oder Körperschaftsteuer, die auf den Hinzurechnungsbetrag entfällt, auch die anteilige Steuer angerechnet, die im Staat einer die Beteiligung an der Zwischengesellschaft vermittelnden Gesellschaft oder Betriebsstätte im Wege einer der Hinzurechnungsbesteuerung vergleichbaren Besteuerung tatsächlich erhoben worden ist.

(3) Bei der Anrechnung sind die Vorschriften des § 34c Absatz 1 des Einkommensteuergesetzes und des § 26 Absatz 1 und 2 Satz 1 des Körperschaftsteuergesetzes auf den Gesamtbetrag der Anrechnungsbeträge nach den Absätzen 1 und 2 entsprechend anzuwenden.

[ab 1.1.2022:

§ 13[5)] Beteiligung an Kapitalanlagegesellschaften. (1) [1]Ist ein unbeschränkt Steuerpflichtiger unmittelbar oder mittelbar an einer ausländischen Gesellschaft beteiligt und bestehen die Einkünfte der Gesellschaft aus Einkünften mit Kapitalanlagecharakter, die einer niedrigen Besteuerung unterliegen (§ 8 Absatz 5), sind diese Einkünfte bei dem unbeschränkt Steuerpflichtigen entsprechend seiner unmittelbaren und mittelbaren Beteiligung am Nennkapital dieser Gesellschaft steuerpflichtig, auch wenn die Voraussetzungen des § 7 Absatz 1 Satz 1 im Übrigen nicht erfüllt sind. [2]§ 7 Absatz 1 Satz 2 und 3 gilt

---

1) Nr. **1**.
2) Nr. **100**.
3) § 12 Abs. 3 angef. durch G v. 20.12.2001 (BGBl. I S. 3858).
4) § 12 Abs. 3 Satz 1 Verweis ergänzt durch G v. 20.12.2007 (BGBl. I S. 3150).
5) § 13 eingef. durch ATADUmsG v. 25.6.2021 (BGBl. I S. 2035); zur Anwendung siehe § 21 Abs. 4 Satz 1.

entsprechend. [3]Satz 1 ist nicht anzuwenden, wenn die Einkünfte mit Kapitalanlagecharakter nicht mehr als 10 Prozent der gesamten Einkünfte, für die die ausländische Gesellschaft Zwischengesellschaft ist, betragen und die bei einer Zwischengesellschaft oder bei einem Steuerpflichtigen hiernach außer Ansatz zu lassenden Beträge insgesamt 80 000 Euro nicht übersteigen. [4]Satz 1 gilt bei einer Beteiligung von weniger als 1 Prozent nur, wenn die Einkünfte der ausländischen Gesellschaft ausschließlich oder nahezu ausschließlich aus Einkünften mit Kapitalanlagecharakter bestehen und mit der Hauptgattung der Aktien der ausländischen Gesellschaft kein wesentlicher und regelmäßiger Handel an einer Börse in einem Mitgliedstaat der Europäischen Union oder in einem Vertragsstaat des EWR-Abkommens oder an einer in einem anderen Staat nach § 193 Absatz 1 Satz 1 Nummer 2 und 4 des Kapitalanlagegesetzbuchs von der Bundesanstalt für Finanzdienstleistungsaufsicht zugelassenen Börse stattfindet.

(2) Einkünfte mit Kapitalanlagecharakter sind Einkünfte, einschließlich Veräußerungsgewinne, die aus dem Halten, der Verwaltung, der Werterhaltung oder der Werterhöhung von Zahlungsmitteln, Forderungen, Wertpapieren, Beteiligungen (ausgenommen Einkünfte im Sinne des § 8 Absatz 1 Nummer 7 und 8) oder ähnlichen Vermögenswerten stammen, es sei denn, der Steuerpflichtige weist nach, dass sie aus einer Tätigkeit stammen, die einer unter § 8 Absatz 1 Nummer 1 bis 6 fallenden eigenen Tätigkeit der ausländischen Gesellschaft dient.

(3) Zu den Einkünften mit Kapitalanlagecharakter gehören auch die Einkünfte aus einer Gesellschaft im Sinne des § 16 des REIT-Gesetzes vom 28. Mai 2007 (BGBl. I S. 914) in der jeweils geltenden Fassung, es sei denn, dass mit der Hauptgattung der Aktien der ausländischen Gesellschaft ein wesentlicher und regelmäßiger Handel an einer Börse der in Absatz 1 Satz 4 genannten Art stattfindet.

(4) [1]§ 8 Absatz 2 und 5 sowie die §§ 10 bis 12 gelten entsprechend. [2]§ 8 Absatz 2 gilt nicht, wenn der Staat, in dem die Gesellschaft ihren Sitz oder ihre Geschäftsleitung hat, im Wege des zwischenstaatlichen Informationsaustausches keine Auskünfte erteilt, die zur Durchführung der Besteuerung erforderlich sind.

(5) [1]Die Absätze 1 bis 4 sind nicht anzuwenden, wenn auf die Einkünfte mit Kapitalanlagecharakter, für die die ausländische Gesellschaft Zwischengesellschaft ist, die Vorschriften des Investmentsteuergesetzes in der jeweils geltenden Fassung anzuwenden sind. [2]Mittelbare Beteiligungen sind für den unbeschränkt Steuerpflichtigen nach Absatz 1 Satz 1 unbeachtlich, wenn er diese über einen Investmentfonds oder einen Spezial-Investmentfonds im Sinne des Investmentsteuergesetzes hält.]

§ 14[1)] ***Nachgeschaltete Zwischengesellschaften.*** *(1) [1]Ist eine ausländische Gesellschaft allein oder zusammen mit unbeschränkt Steuerpflichtigen gemäß § 7 an einer*

[1)] § 14 aufgeh. durch ATADUmsG v. 25.6.2021 (BGBl. I S. 2035); zur Anwendung siehe § 21 Abs. 1 und Abs. 4 Satz 5.

anderen ausländischen Gesellschaft (Untergesellschaft) beteiligt, so sind für die Anwendung der §§ 7 bis 12 die Einkünfte der Untergesellschaft, die einer niedrigen Besteuerung unterlegen haben, der ausländischen Gesellschaft zu dem Teil, der auf ihre Beteiligung am Nennkapital der Untergesellschaft entfällt, zuzurechnen, soweit nicht nachgewiesen wird, dass die Untergesellschaft diese Einkünfte aus unter § 8 Abs. 1 Nr. 1 bis 7 fallenden Tätigkeiten oder Gegenständen erzielt hat oder es sich um Einkünfte im Sinne des § 8 Abs. 1 Nr. 8 bis 10 handelt oder dass diese Einkünfte aus Tätigkeiten stammen, die einer unter § 8 Abs. 1 Nr. 1 bis 6 fallenden eigenen Tätigkeit der ausländischen Gesellschaft dienen. 2 Tätigkeiten der Untergesellschaft dienen nur dann einer unter § 8 Abs. 1 Nr. 1 bis 6 fallenden eigenen Tätigkeit der ausländischen Gesellschaft, wenn sie in unmittelbarem Zusammenhang mit dieser Tätigkeit stehen und es sich bei den Einkünften nicht um solche im Sinne des § 7 Abs. 6a handelt.

(2) Ist eine ausländische Gesellschaft gemäß § 7 an einer Gesellschaft im Sinne des § 16 des REIT-Gesetzes (Untergesellschaft) beteiligt, gilt Absatz 1, auch bezogen auf § 8 Abs. 3, sinngemäß.

(3) Absatz 1 ist entsprechend anzuwenden, wenn der Untergesellschaft weitere ausländische Gesellschaften nachgeschaltet sind.

(4) (aufgehoben)

Fünfter Teil. Familienstiftungen

§ 15 Steuerpflicht von Stiftern, Bezugsberechtigten und Anfallsberechtigten. (1)[1] 1 Vermögen und Einkünfte einer Familienstiftung, die Geschäftsleitung und Sitz außerhalb des Geltungsbereichs dieses Gesetzes hat (ausländische Familienstiftung), werden dem Stifter, wenn er unbeschränkt steuerpflichtig ist, sonst den unbeschränkt steuerpflichtigen Personen, die bezugsberechtigt oder anfallsberechtigt sind, entsprechend ihrem Anteil zugerechnet. 2 Dies gilt nicht für die Erbschaftsteuer.

(2) Familienstiftungen sind Stiftungen, bei denen der Stifter, seine Angehörigen und deren Abkömmlinge zu mehr als der Hälfte bezugsberechtigt oder anfallsberechtigt sind.

(3) Hat ein Unternehmer im Rahmen seines Unternehmens oder als Mitunternehmer oder eine Körperschaft, eine Personenvereinigung oder eine Vermögensmasse eine Stiftung errichtet, die Geschäftsleitung und Sitz außerhalb des Geltungsbereichs dieses Gesetzes hat, so wird die Stiftung wie eine Familienstiftung behandelt, wenn der Stifter, seine Gesellschafter, von ihm abhängige Gesellschaften, Mitglieder, Vorstandsmitglieder, leitende Angestellte und Angehörige dieser Personen zu mehr als der Hälfte bezugsberechtigt oder anfallsberechtigt sind.

(4) Den Stiftungen stehen sonstige Zweckvermögen, Vermögensmassen und rechtsfähige oder nichtrechtsfähige Personenvereinigungen gleich.

---

[1] § 15 Abs. 1 Satz 1 geänd. durch G v. 26. 6. 2013 (BGBl. I S. 1809).

[Fassung bis 31.12.2021:]

(5)[1] [1] § 12 Absatz 1 und 2 ist entsprechend anzuwenden. [2] Für Steuern auf die nach Absatz 11 befreiten Zuwendungen gilt § 12 Absatz 3 entsprechend.

[Fassung ab 1.1.2022:]

(5)[2] [1] Auf die Einkommen- oder Körperschaftsteuer des Stifters oder der bezugs- oder anfallsberechtigten Person werden die Steuern vom Einkommen angerechnet, die zu Lasten der ausländischen Stiftung auf die zuzurechnenden Einkünfte erhoben worden sind. [2] Bei der Anrechnung sind die Vorschriften des § 34c Absatz 1 des Einkommensteuergesetzes und des § 26 Absatz 1 und 2 Satz 1 des Körperschaftsteuergesetzes entsprechend anzuwenden.

(6)[3] Hat eine Familienstiftung Geschäftsleitung oder Sitz in einem Mitgliedstaat der Europäischen Union oder einem Vertragsstaat des EWR-Abkommens, ist Absatz 1 nicht anzuwenden, wenn

1. nachgewiesen wird, dass das Stiftungsvermögen der Verfügungsmacht der in den Absätzen 2 und 3 genannten Personen rechtlich und tatsächlich entzogen ist und
2. zwischen der Bundesrepublik Deutschland und dem Staat, in dem die Familienstiftung Geschäftsleitung oder Sitz hat, auf Grund der Amtshilferichtlinie gemäß § 2 Absatz 11 des EU-Amtshilfegesetzes[4] oder einer vergleichbaren zwei- oder mehrseitigen Vereinbarung, Auskünfte erteilt werden, die erforderlich sind, um die Besteuerung durchzuführen.

(7)[5] [1] Die Einkünfte der Stiftung nach Absatz 1 werden in entsprechender Anwendung der Vorschriften des Körperschaftsteuergesetzes und des Einkommensteuergesetzes ermittelt. [2] Bei der Ermittlung der Einkünfte gilt § 10 Absatz 3 entsprechend ***[ab 1.1.2022:*** ; § 8b des Körperschaftsteuergesetzes bleibt unberücksichtigt.][6] [3] Ergibt sich ein negativer Betrag, entfällt die Zurechnung.

(8)[5] [1] Die nach Absatz 1 dem Stifter oder der bezugs- oder anfallsberechtigten Person zuzurechnenden Einkünfte gehören bei Personen, die ihre Einkünfte nicht nach dem Körperschaftsteuergesetz ermitteln, zu den Einkünften im Sinne des § 20 Absatz 1 Nummer 9 des Einkommensteuergesetzes. [2] § 20 Absatz 8 des Einkommensteuergesetzes bleibt unberührt; § 3 Nummer 40

---

[1] § 15 Abs. 5 neu gef. durch G v. 26.6.2013 (BGBl. I S. 1809).

[2] § 15 Abs. 5 neu gef. durch ATADUmsG v. 25.6.2021 (BGBl. I S. 2035); zur Anwendung siehe § 21 Abs. 4 Satz 1.

[3] § 15 Abs. 6 angef. durch G v. 19.12.2008 (BGBl. I S. 2794).

[4] Verweis geänd. mWv VZ 2013 durch G v. 26. 6. 2013 (BGBl. I S. 1809); geänd. durch ATADUmsG v. 25.6.2021 (BGBl. I S. 2035).

[5] § 15 Abs. 7 ersetzt durch Abs. 7 bis 11 durch G v. 26.6.2013 (BGBl. I S. 1809).

[6] § 15 Abs. 7 Satz 2 HS 2 angef. durch ATADUmsG v. 25.6.2021 (BGBl. I S. 2035); zur Anwendung siehe § 21 Abs. 4 Satz 1.

Satz 1 Buchstabe d und § 32d des Einkommensteuergesetzes sind nur insoweit anzuwenden, als diese Vorschriften bei unmittelbarem Bezug der zuzurechnenden Einkünfte durch die Personen im Sinne des Absatzes 1 anzuwenden wären. [3]Soweit es sich beim Stifter oder der bezugs- oder anfallsberechtigten Person um Personen handelt, die ihre Einkünfte nach dem Körperschaftsteuergesetz ermitteln, bleibt § 8 Absatz 2 des Körperschaftsteuergesetzes unberührt; § 8b Absatz 1 und 2 des Körperschaftsteuergesetzes ist nur insoweit anzuwenden, als diese Vorschrift bei unmittelbarem Bezug der zuzurechnenden Einkünfte durch die Personen im Sinne des Absatzes 1 anzuwenden wäre.

(9)[1)] [1]Ist eine ausländische Familienstiftung oder eine andere ausländische Stiftung im Sinne des Absatzes 10 an einer Körperschaft, Personenvereinigung oder Vermögensmasse im Sinne des Körperschaftsteuergesetzes, die weder Geschäftsleitung noch Sitz im Geltungsbereich dieses Gesetzes hat und die nicht gemäß § 3 Absatz 1 des Körperschaftsteuergesetzes von der Körperschaftsteuerpflicht ausgenommen ist (ausländische Gesellschaft), beteiligt, so gehören die Einkünfte dieser Gesellschaft in entsprechender Anwendung der §§ 7 bis *14* [***ab 1.1.2022:*** 13] mit dem Teil zu den Einkünften der Familienstiftung, der auf die Beteiligung der Stiftung am Nennkapital der Gesellschaft entfällt. [***ab 1.1.2022:*** [2]§ 7 Absatz 1 Satz 3 gilt entsprechend.] [2[3]]Auf Gewinnausschüttungen der ausländischen Gesellschaft, denen nachweislich bereits nach Satz 1 zugerechnete Beträge zugrunde liegen, ist Absatz 1 nicht anzuwenden.

(10)[2)] [1]Einer ausländischen Familienstiftung werden Vermögen und Einkünfte einer anderen ausländischen Stiftung, die nicht die Voraussetzungen des Absatzes 6 Satz 1 erfüllt, entsprechend ihrem Anteil zugerechnet, wenn sie allein oder zusammen mit den in den Absätzen 2 und 3 genannten Personen zu mehr als der Hälfte unmittelbar oder mittelbar bezugsberechtigt oder anfallsberechtigt ist. [2]Auf Zuwendungen der ausländischen Stiftung, denen nachweislich bereits nach Satz 1 zugerechnete Beträge zugrunde liegen, ist Absatz 1 nicht anzuwenden.

(11)[3)] [1]Zuwendungen der ausländischen Familienstiftung unterliegen bei Personen im Sinne des Absatzes 1 nicht der Besteuerung, soweit die den Zuwendungen zugrunde liegenden Einkünfte nachweislich bereits nach Absatz 1 zugerechnet worden sind. [***ab 1.1.2022:*** [2]Steuern von den nach Satz 1 befreiten Zuwendungen werden auf Antrag im Veranlagungszeitraum der Zurechnung der zugrunde liegenden Einkünfte in entsprechender Anwendung des § 34c Absatz 1 und 2 des Einkommensteuergesetzes und des § 26 Absatz 1 und 2 Satz 1 des Körperschaftsteuergesetzes angerechnet oder abgezogen.]

[1)] § 15 Abs. 9 Satz 1 geänd., Satz 2 eingef., bish. Satz 2 wird Satz 3 durch ATADUmsG v. 25.6.2021 (BGBl. I S. 2035); zur Anwendung siehe § 21 Abs. 4 Satz 1.

[2)] § 15 Abs. 10 angef. durch G v. 26.6.2013 (BGBl. I S. 1809).

[3)] § 15 Abs. 11 angef. durch G v. 26.6.2013 (BGBl. I S. 1809); Satz 2 angef. durch ATAD-UmsG v. 25.6.2021 (BGBl. I S. 2035); zur Anwendung siehe § 21 Abs. 4 Satz 1.

Sechster Teil. Ermittlung und Verfahren

§ 16[1]) Mitwirkungspflicht des Steuerpflichtigen. (1) Beantragt ein Steuerpflichtiger unter Berufung auf Geschäftsbeziehungen mit einer ausländischen Gesellschaft oder einer im Ausland ansässigen Person oder Personengesellschaft, die mit ihren Einkünften, die in Zusammenhang mit den Geschäftsbeziehungen zu dem Steuerpflichtigen stehen, nicht oder nur unwesentlich besteuert wird, die Absetzung von Schulden oder anderen Lasten oder von Betriebsausgaben oder Werbungskosten, so ist im Sinne des § 160 der Abgabenordnung der Gläubiger oder Empfänger erst dann genau bezeichnet, wenn der Steuerpflichtige alle Beziehungen offenlegt, die unmittelbar oder mittelbar zwischen ihm und der Gesellschaft, Person oder Personengesellschaft bestehen und bestanden haben.

(2) Der Steuerpflichtige hat über die Richtigkeit und Vollständigkeit seiner Angaben und über die Behauptung, daß ihm Tatsachen nicht bekannt sind, auf Verlangen des Finanzamts gemäß § 95 der Abgabenordnung eine Versicherung an Eides Statt abzugeben.

§ 17[2]) Sachverhaltsaufklärung. (1) [1] Zur Anwendung der Vorschriften der §§ 5 und 7 bis 15 haben Steuerpflichtige für sich selbst und im Zusammenwirken mit anderen die dafür notwendigen Auskünfte zu erteilen. [2] Auf Verlangen sind insbesondere

1.[3]) die Geschäftsbeziehungen zu offenbaren, die zwischen der Gesellschaft und einem so beteiligten unbeschränkt Steuerpflichtigen oder einer einem solchen im Sinne des *§ 1 Abs. 2* [***ab 1.1.2022***: § 7 Absatz 3 oder 4] nahestehenden Person bestehen,

2.[4]) die für die Anwendung der §§ 7 bis *14* [***ab 1.1.2022:*** 15] sachdienlichen Unterlagen einschließlich der Bilanzen und der Erfolgsrechnungen [***ab 1.1.2022:*** , einer Darstellung der Beteiligungsverhältnisse sowie der Steuererklärungen und Steuerbescheide] vorzulegen. [2] Auf Verlangen sind diese Unterlagen mit dem im Staat der Geschäftsleitung oder des Sitzes vorgeschriebenen oder üblichen Prüfungsvermerk einer behördlich anerkannten Wirtschaftsprüfungsstelle oder vergleichbaren Stelle vorzulegen.

(2) Ist für die Ermittlung der Einkünfte, für die eine ausländische Gesellschaft Zwischengesellschaft ist, eine Schätzung nach § 162 der Abgabenordnung[5]) vorzunehmen, so ist mangels anderer geeigneter Anhaltspunkte bei der Schätzung als Anhaltspunkt von mindestens 20 Prozent des gemeinen Werts der von den unbeschränkt Steuerpflichtigen gehaltenen Anteile auszugehen; Zinsen und Nutzungsentgelte, die die Gesellschaft für überlassene Wirtschaftsgüter an die unbeschränkt Steuerpflichtigen zahlt, sind abzuziehen.

---

[1]) § 16 geänd. durch G v. 14.12.1976 (BGBl. I S. 3341).

[2]) § 17 Abs. 2 geänd. durch G v. 14.12.1976 (BGBl. I S. 3341).

[3]) § 17 Abs. 1 Satz 2 Nr. 1 geänd. durch ATADUmsG v. 25.6.2021 (BGBl. I S. 2035); zur Anwendung siehe § 21 Abs. 4 Satz 1.

[4]) *§ 17* Abs. 1 Satz 2 Nr. 2 geänd. durch ATADUmsG v. 25.6.2021 (BGBl. I S. 2035); zur Anwendung siehe § 21 Abs. 4 Satz 1.

[5]) Nr. **800**.

§ 18[1] Gesonderte Feststellung von Besteuerungsgrundlagen.

[Fassung bis 31.12.2021:]

(1) [1]Die Besteuerungsgrundlagen für die Anwendung der §§ 7 bis 14 und § 3 Nr. 41 des Einkommensteuergesetzes[3] werden gesondert festgestellt. [2]Sind an der ausländischen Gesellschaft mehrere unbeschränkt Steuerpflichtige beteiligt, so wird die gesonderte Feststellung ihnen gegenüber einheitlich vorgenommen; dabei ist auch festzustellen, wie sich die Besteuerungsgrundlagen auf die einzelnen Beteiligten verteilen. [3]Die Vorschriften der Abgabenordnung[4], mit Ausnahme des § 180 Abs. 3, und der Finanzgerichtsordnung[4] über die gesonderte Feststellung von Besteuerungsgrundlagen sind entsprechend anzuwenden.

[Fassung ab 1.1.2022:]

(1)[2] [1]Die Besteuerungsgrundlagen für die Anwendung der §§ 7 bis 13, insbesondere der Hinzurechnungsbetrag (§ 10), die anrechenbaren Steuern (§ 12), das Hinzurechnungskorrekturvolumen (§ 11) und der Verlustvortrag werden gesondert festgestellt. [2]Ist ein Steuerpflichtiger an der ausländischen Gesellschaft über andere vermittelnde Gesellschaften beteiligt, so ist auch festzustellen, wie sich das Hinzurechnungskorrekturvolumen für Zwecke des § 11 Absatz 1 Satz 2 auf die vermittelnden Gesellschaften aufteilt. [3]Sind an der ausländischen Gesellschaft mehrere Steuerpflichtige unmittelbar oder mittelbar beteiligt, so wird die gesonderte Feststellung ihnen gegenüber einheitlich vorgenommen; dabei ist auch festzustellen, wie sich die Besteuerungsgrundlagen auf die einzelnen Beteiligten verteilen. [4]Die Vorschriften der Abgabenordnung[4], mit Ausnahme des § 180 Abs. 3, und der Finanzgerichtsordnung[4] über die gesonderte Feststellung von Besteuerungsgrundlagen sind entsprechend anzuwenden.

(2)[5] [1]Für die gesonderte Feststellung ist das Finanzamt zuständig, das bei dem *unbeschränkt* Steuerpflichtigen für die Ermittlung der aus der [***ab 1.1.2022:*** unmittelbaren und mittelbaren] Beteiligung bezogenen Einkünfte örtlich zuständig ist. [2]Ist die gesonderte Feststellung gegenüber mehreren Personen einheitlich vorzunehmen, so ist das Finanzamt zuständig, das nach Satz 1 für den Beteiligten zuständig ist, dem die höchste Beteiligung an der

---

[1] § 18 Abs. 1 Satz 3 geänd. durch G v. 14.12.1976 (BGBl. I S. 3341); Abs. 3 angef. durch G v. 14.12.1984 (BGBl. I S. 1493).

[2] § 18 Abs. 1 Sätze 1 und 2 ersetzt durch Sätze 1 bis 3, bish. Satz 3 wird Satz 4 durch ATADUmsG v. 25.6.2021 (BGBl. I S. 2035); zur Anwendung siehe § 21 Abs. 4 Satz 1.

[3] Zitat ergänzt durch G v. 20.12.2001 (BGBl. I S. 3858).

[4] Nr. **800** und **802**.

[5] § 18 Abs. 2 Satz 1 kursiver Satzteil aufgeh., Klammerzusatz ergänzt mWv 1.1.2022 (§ 21 Abs. 4 Satz 1) durch ATADUmsG v. 25.6.2021 (BGBl. I S. 2035).

ausländischen Gesellschaft zuzurechnen ist. [3]Läßt sich das zuständige Finanzamt nach den Sätzen 1 und 2 nicht feststellen, so ist das Finanzamt zuständig, das zuerst mit der Sache befaßt wird.

[Fassung bis 31.12.2021:]

(3) [1]Jeder der an der ausländischen Gesellschaft beteiligten unbeschränkt Steuerpflichtigen und erweitert beschränkt Steuerpflichtigen hat eine Erklärung zur gesonderten Feststellung abzugeben; dies gilt auch, wenn nach § 8 Abs. 2 geltend gemacht wird, dass eine Hinzurechnung unterbleibt.[2)] [2]Diese Verpflichtung kann durch die Abgabe einer gemeinsamen Erklärung erfüllt werden. [3]Die Erklärung ist von dem Steuerpflichtigen oder von den in § 34 der Abgabenordnung[3)] bezeichneten Personen eigenhändig zu unterschreiben.

[Fassung ab 1.1.2022:]

(3)[1)] [1]Jeder der an der ausländischen Gesellschaft unmittelbar oder mittelbar beteiligten Steuerpflichtigen hat eine Erklärung zur gesonderten Feststellung nach amtlich vorgeschriebenem Vordruck abzugeben. [2]In den Fällen, in denen nach § 8 Absatz 2 geltend gemacht wird, dass eine Hinzurechnung unterbleibt, ist dies abweichend von Satz 1 nach amtlich vorgeschriebenem Vordruck nur anzuzeigen; für diese Anzeige gelten die für die Erklärung zur gesonderten Feststellung nach Satz 1 maßgeblichen Fristen entsprechend. [3]Die Anzeige hat die Angaben zu enthalten, die für die Prüfung der Voraussetzungen nach § 8 Absatz 2 von Bedeutung sind; insbesondere Name, Anschrift, wirtschaftliche Tätigkeit der ausländischen Gesellschaft, Beteiligungsverhältnisse und Identifikationsmerkmale der an der ausländischen Gesellschaft Beteiligten. [4]Das zuständige Finanzamt kann in den Fällen des Satzes 2 die Abgabe einer Erklärung nach Satz 1 verlangen. [5]Die Verpflichtungen nach diesem Absatz können durch die Abgabe einer gemeinsamen Erklärung oder Anzeige erfüllt werden. [6]Die Erklärung sowie die Anzeige sind von dem Steuerpflichtigen oder von den in § 34 der Abgabenordnung bezeichneten Personen eigenhändig zu unterschreiben.

[1)] Abs. 3 neu gef. durch ATADUmsG v. 25.6.2021 (BGBl. I S. 2035); zur Anwendung siehe *§ 21 Abs. 4 Satz 1.*

[2)] § 18 Abs. 3 Satz 1 HS 2 angef. durch G v. 20.12.2007 (BGBl. I S. 3150).

[3)] Nr. **800**.

(4)[1] Die Absätze 1 bis 3 gelten für Einkünfte und Vermögen im Sinne des § 15 entsprechend.

[*ab 1.1.2022:*

(5)[2] Eine Außenprüfung zur Ermittlung der Besteuerungsgrundlagen ist bei jedem Steuerpflichtigen zulässig.]

Siebenter Teil. Schlußvorschriften

§ 19[3] *(aufgehoben)*

§ 20[4] **Bestimmungen über die Anwendung von Abkommen zur Vermeidung der Doppelbesteuerung.** (1) Die Vorschriften der §§ 7 bis 18 und *der Absätze 2 und 3* [*ab 1.1.2022:* des Absatzes 2] werden durch die Abkommen zur Vermeidung der Doppelbesteuerung nicht berührt.

[Fassung bis 31.12.2021:]

(2) [1] Fallen Einkünfte in der ausländischen Betriebsstätte eines unbeschränkt Steuerpflichtigen an und wären sie ungeachtet des § 8 Abs. 2[5] als Zwischeneinkünfte steuerpflichtig, falls diese Betriebsstätte eine ausländische Gesellschaft wäre, ist insoweit die Doppelbesteuerung nicht durch Freistellung, sondern durch Anrechnung der auf diese Einkünfte erhobenen ausländischen Steuern zu vermeiden. [2] Das gilt nicht, soweit in der ausländischen Betriebsstätte Einkünfte anfallen, die nach § 8 Absatz 1 Nummer 5 Buchstabe a als Zwischeneinkünfte steuerpflichtig wären.[6]

[Fassung ab 1.1.2022:]

(2) [1] Fallen Einkünfte in der ausländischen Betriebsstätte eines unbeschränkt Steuerpflichtigen an und sind sie auf Grund eines Abkommens zur Vermeidung der Doppelbesteuerung von der Besteuerung auszunehmen und wären die Einkünfte ungeachtet des § 8 Absatz 2 als Zwischeneinkünfte steuerpflichtig, falls diese Betriebsstätte eine ausländische Gesellschaft wäre, ist insoweit die Doppelbesteuerung nicht durch Freistellung, sondern durch Anrechnung der auf diese Einkünfte erhobenen ausländischen Steuern zu vermeiden; ein negativer Betrag ist nicht zu berücksichtigen, § 10 Absatz 3 Satz 5 und 6 gilt entsprechend. [2] Satz 1 gilt nicht, soweit in der ausländischen

---

[1] § 18 Abs. 4 neu gef. durch G v. 26.6 2013 (BGBl. I S. 1809).

[2] § 18 Abs. 5 angef. duch ATADUmsG v. 25.6.2021 (BGBl. I S. 2035); zur Anwendung siehe § 21 Abs. 4 Satz 1.

[3] § 19 aufgeh. durch G v. 20.12.2007 (BGBl. I S. 3150).

[4] § 20 eingef. durch G v. 25.2.1992 (BGBl. I S. 297); Abs. 3 aufgeh. mWv 1.1.1997 durch G v. 20.12.1996 (BGBl. I S. 2049); Abs. 2 bish. Satz 2 angef. durch G v. 20.12.2001 (BGBl. I S. 3858); Abs. 2 Satz 1 geänd., bish. Satz 2 aufgeh. durch G v. 16.5.2003 (BGBl. I S. 660); Abs. 1 geänd., Abs. 2 neu gef. durch ATADUmsG v. 25.6.2021 (BGBl. I S. 2035); zur Anwendung siehe § 21 Abs. 4 Satz 1.

[5] § 20 Abs. 2 ergänzt durch G v. 20.12.2007 (BGBl. I S. 3150).

[6] § 20 Abs. 2 Satz 2 angef. durch G v. 8.12.2010 (BGBl. I S. 1768).

[Fassung ab 1.1.2022:]

Betriebsstätte Einkünfte anfallen, die nach § 8 Absatz 1 Nummer 5 Buchstabe a als Zwischeneinkünfte steuerpflichtig wären.

(3) *(aufgehoben)*

§ 21[1] **Anwendungsvorschriften.** (1) Diese Fassung des Gesetzes gilt, sofern in den folgenden Absätzen nichts anderes bestimmt ist,

1. für die Einkommen- und Körperschaftsteuer erstmals für den Veranlagungszeitraum 2022,
2. für die Gewerbesteuer erstmals für den Erhebungszeitraum 2022,
3. für die Erbschaftsteuer auf Erwerbe, bei denen die Steuerschuld nach dem Inkrafttreten dieses Gesetzes entstanden ist.

(2) § 1 Absatz 2 in der Fassung des Artikels 5 des Gesetzes vom 25. Juni 2021 (BGBl. I S. 2035) ist für Zwecke der Anwendung des § 4k Absatz 6 des Einkommensteuergesetzes in der Fassung des Artikels 1 des Gesetzes vom 25. Juni 2021 (BGBl. I S. 2035) bereits für den Veranlagungs- und Erhebungszeitraum 2020 anzuwenden.

(3) [1] § 6 in der am 30. Juni 2021 geltenden Fassung ist auf noch am 31. Dezember 2021 laufende Stundungen im Sinne des § 6 Absatz 4 und 5 in der am 30. Juni 2021 geltenden Fassung sowie auf noch laufende Fristen im Sinne des § 6 Absatz 3 in der am 30. Juni 2021 geltenden Fassung weiterhin anzuwenden. [2] Abweichend von Satz 2 sind Minderungen des Vermögenszuwachses im Sinne des § 6 Absatz 6 in der am 30. Juni 2021 geltenden Fassung auf Veräußerungen nach dem 24. März 2021 nicht mehr zu berücksichtigen.

(4) [1] Die §§ 7 bis 13, 15 bis 18 und 20 in der am 1. Juli 2021 geltenden Fassung sind erstmals anzuwenden

1. für die Einkommen- und Körperschaftsteuer für den Veranlagungszeitraum,
2. für die Gewerbesteuer für den Erhebungszeitraum,

für den Zwischeneinkünfte hinzuzurechnen sind, die in einem Wirtschaftsjahr der Zwischengesellschaft oder der Betriebsstätte entstanden sind, das nach dem 31. Dezember 2021 beginnt. [2] Verluste, die für Veranlagungszeiträume oder Erhebungszeiträume vor dem 1. Januar 2022 bei Einkünften entstanden sind, für die die ausländische Gesellschaft Zwischengesellschaft ist, können in entsprechender Anwendung des § 10d des Einkommensteuergesetzes, soweit sie die nach § 9 außer Ansatz zu lassenden Einkünfte übersteigen, abgezogen werden. [3] Für Steuern der ausländischen Gesellschaft für Wirtschaftsjahre, die vor dem 1. Januar 2022 enden, gelten § 10 Absatz 1 Satz 2, § 10 Absatz 3 Satz 6 und § 12 Absatz 1 in der am 30. Juni 2021 geltenden Fassung fort. [4] Als Anfangsbestand des Hinzurechnungskorrekturvolumens zum 31. Dezember 2021 wird die Summe der Hinzurechnungsbeträge erfasst, die beim Steuer-

[1] § 21 neu gef. durch ATADUmsG v. 25.6.2021 (BGBl. I S. 2035).

pflichtigen gemäß § 10 Absatz 2 in der am 30. Juni 2021 geltenden Fassung für die Veranlagungszeiträume 2015 bis 2022 der Besteuerung unterliegen, soweit sie nicht für eine Steuerbefreiung nach § 3 Nummer 41 des Einkommensteuergesetzes in der am 30. Juni 2021 geltenden Fassung zu berücksichtigen sind. [5]Soweit Verluste im Sinne des Satzes 2 durch Anwendung des § 14 in der am 30. Juni 2021 geltenden Fassung einer anderen Gesellschaft zugerechnet worden und noch nicht verrechnet worden sind, können sie auf bis zum 31. Juli 2023 zu stellenden Antrag denjenigen nachgeordneten Zwischengesellschaften im Sinne des § 14 in der am 30. Juni 2021 geltenden Fassung zugeordnet werden, durch deren Tätigkeit sie wirtschaftlich verursacht sind; bei mehreren Steuerpflichtigen ist der Antrag einheitlich zu stellen.

(5)[1)] Für Zwischeneinkünfte, die in einem Wirtschaftsjahr der Zwischengesellschaft oder der Betriebsstätte entstanden sind, das vor dem 1. Januar 2022 beginnt, ist § 8 Absatz 1 Nummer 10 in der am 30. Juni 2021 geltenden Fassung auf Umwandlungen und Einbringungen, deren steuerlicher Übertragungsstichtag nach dem 31. Dezember 2021 liegt, in der folgenden Fassung anzuwenden: *[dort abgedruckt]*.

§ 22[2)] Neufassung des Gesetzes. Das Bundesministerium der Finanzen kann den Wortlaut dieses Gesetzes in der jeweils geltenden Fassung im Bundesgesetzblatt bekannt machen.

---

1) § 21 Abs. 5 angef. durch G v. 25.6.2021 (BGBl. I S. 2050).
2) § 22 neu gef. durch G v. 20.12.2007 (BGBl. I S. 3150).

725b. Verordnung zur Anwendung des Fremdvergleichsgrundsatzes auf Betriebsstätten nach § 1 Absatz 5 des Außensteuergesetzes (Betriebsstättengewinnaufteilungsverordnung – BsGaV)

Vom 13. Oktober 2014 (BGBl. I S. 1603)

Geändert durch Zweites Finanzmarktnovellierungsgesetz vom 23.6.2017 (BGBl. I S. 1693), Vierte Verordnung zur Änderung Steuerlicher Verordnungen vom 12.7.2017 (BGBl. I S. 2360) und Gesetz zur Umsetzung der Richtlinie (EU) 2019/2034 über die Beaufsichtigung von Wertpapierinstituten vom 12.5.2021 (BGBl. I S. 990)

FNA 610-6-8-2

Auf Grund des § 1 Absatz 6 des Außensteuergesetzes, der durch Artikel 6 Nummer 1 Buchstabe e des Gesetzes vom 26. Juni 2013 (BGBl. I S. 1809) angefügt worden ist, verordnet das Bundesministerium der Finanzen:

Inhaltsübersicht

Abschnitt 1. Allgemeiner Teil

Unterabschnitt 1. Allgemeine Vorschriften

§ 1 Zurechnung von Einkünften zu einer Betriebsstätte. (1) [1] Für die steuerliche Zurechnung von Einkünften zu einer Betriebsstätte eines Unternehmens nach § 1 Absatz 5 des Außensteuergesetzes ist eine Funktions- und Risikoanalyse der Geschäftstätigkeit der Betriebsstätte (§ 12 der Abgabenordnung) als Teil der Geschäftstätigkeit des Unternehmens durchzuführen. [2] Aufbauend auf der Funktions- und Risikoanalyse nach Satz 1 ist eine Vergleichbarkeitsanalyse der Geschäftstätigkeit der Betriebsstätte durchzuführen, um für die Geschäftsbeziehungen der Betriebsstätte im Sinne des § 1 Absatz 4 des Außensteuergesetzes Verrechnungspreise zu bestimmen, die dem Fremdvergleichsgrundsatz (§ 1 Absatz 1 Satz 1 des Außensteuergesetzes) entsprechen.

(2) Auf Grundlage der Funktions- und Risikoanalyse der Geschäftstätigkeit der Betriebsstätte

1. sind die Personalfunktionen (§ 1 Absatz 5 Satz 3 Nummer 1 des Außensteuergesetzes), die der Betriebsstätte oder dem übrigen Unternehmen zu-

keine Bücher führt, ist ein Finanzierungsaufwand des inländischen Unternehmens zuzuordnen, wenn dieser im unmittelbaren Zusammenhang mit der Geschäftstätigkeit der Betriebsstätte steht. [2]Der ausländischen Betriebsstätte ist mindestens der Anteil des Finanzierungsaufwands zuzuordnen, der ihrem Anteil an den Außenumsätzen des inländischen Unternehmens entspricht. [3]Absatz 3 Satz 3 gilt sinngemäß.

Unterabschnitt 4. Anzunehmende schuldrechtliche Beziehungen

§ 16 Grundsatz. (1) Zwischen einer Betriebsstätte und dem übrigen Unternehmen liegt eine anzunehmende schuldrechtliche Beziehung im Sinne des § 1 Absatz 4 Satz 1 Nummer 2 des Außensteuergesetzes vor, wenn wirtschaftliche Vorgänge festgestellt werden,

1. die im Verhältnis zwischen der Betriebsstätte und dem übrigen Unternehmen eine Änderung der Zuordnung nach den §§ 5 bis 11 erforderlich machen oder
2. die, wären die Betriebsstätte und das übrige Unternehmen voneinander unabhängige Unternehmen,
   a) durch schuldrechtliche Vereinbarungen geregelt würden oder
   b) zur Geltendmachung von Rechtspositionen führen würden.

(2) [1]Für anzunehmende schuldrechtliche Beziehungen sind Verrechnungspreise anzusetzen, die dem Fremdvergleichsgrundsatz entsprechen. [2]Diese Verrechnungspreise führen zu fiktiven Betriebseinnahmen und fiktiven Betriebsausgaben.

(3) [1]Nutzt eine Betriebsstätte finanzielle Mittel des übrigen Unternehmens, so liegt keine anzunehmende schuldrechtliche Beziehung vor. [2]Dies gilt nicht, wenn

1. § 17 anzuwenden ist oder
2. auf Grund der Geschäftstätigkeit einer Betriebsstätte im laufenden Wirtschaftsjahr finanzielle Mittel der Betriebsstätte entstehen, die nachweislich für bestimmte Zwecke im übrigen Unternehmen genutzt werden.

[3]Eine anzunehmende schuldrechtliche Beziehung nach Satz 2 Nummer 2 gilt als Zurverfügungstellung finanzieller Mittel zwischen der Betriebsstätte und dem übrigen Unternehmen und endet spätestens

1. mit dem Ende des laufenden Wirtschaftsjahres oder
2. mit einer Anpassung des Dotationskapitals nach § 12 Absatz 6 oder § 13 Absatz 5.

§ 17 Finanzierungsfunktion innerhalb eines Unternehmens. (1) [1]Eine Finanzierungsfunktion innerhalb eines Unternehmens umfasst die Liquiditätssteuerung durch eine Betriebsstätte (Finanzierungsbetriebsstätte) für eine oder mehrere andere Betriebsstätten desselben Unternehmens. [2]Zur Liquiditätssteuerung gehören insbesondere die Mittelbeschaffung, die Mittelzuweisung und die externe Anlage von Liquiditätsüberhängen.

(2) [1] Die Ausübung einer Finanzierungsfunktion innerhalb eines Unternehmens ist eine anzunehmende schuldrechtliche Beziehung, die im Regelfall als Dienstleistung anzusehen ist und nicht als Zurverfügungstellung eigener finanzieller Mittel der Finanzierungsbetriebsstätte. [2] Für eine solche Dienstleistung ist der nach § 16 Absatz 2 Satz 1 anzusetzende Verrechnungspreis nach einer kostenorientierten Verrechnungspreismethode zu bestimmen. [3] Finanzierungsaufwendungen und Finanzierungserträge des Unternehmens, die durch die Tätigkeiten der Finanzierungsbetriebsstätte verursacht werden, beeinflussen die Kostenbasis der Finanzierungsbetriebsstätte nicht.

(3) Kann nicht festgestellt werden, dass der Finanzierungsbetriebsstätte Kosten entstehen, die unmittelbar von einer bestimmten anderen Betriebsstätte verursacht werden, oder würde eine solche Feststellung einen unverhältnismäßigen Aufwand verursachen, so sind die Kosten der Finanzierungsbetriebsstätte zuzüglich eines angemessenen Aufschlags verursachungsgerecht auf die anderen Betriebsstätten, die die Finanzierungsfunktion nutzen, aufzuteilen.

(4) [1] Vermögenswerte, die Grundlage für eine externe Anlage von Liquiditätsüberhängen sind oder die auf Grund der externen Anlage von Liquiditätsüberhängen entstehen, und Erträge aus diesen Vermögenswerten sind nicht der Finanzierungsbetriebsstätte, sondern jeweils den anderen Betriebsstätten zuzuordnen. [2] Ist eine direkte Zuordnung der Vermögenswerte und Erträge, die auf Grund der Finanzierungsfunktion entstehen, zu den anderen Betriebsstätten nicht möglich oder wäre sie unverhältnismäßig aufwendig, so sind diese Vermögenswerte und deren Erträge den anderen Betriebsstätten anteilig zuzuordnen. [3] Für die Aufteilung ist die Herkunft der Liquiditätsüberhänge entscheidend.

(5) [1] Passivposten, die auf Grund der Finanzierungsfunktion für das Unternehmen entstehen, sind nicht der Finanzierungsbetriebsstätte, sondern gemäß § 15 Absatz 1 den anderen Betriebsstätten zuzuordnen. [2] Für die Zuordnung der entsprechenden Finanzierungsaufwendungen gilt § 15 Absatz 3.

(6) [1] Positive Salden auf Verrechnungskonten, die auf Grund der Finanzierungsfunktion im Verhältnis der Finanzierungsbetriebsstätte zu den anderen Betriebsstätten entstehen, gelten nicht als Vermögenswerte im Sinne des § 7 oder § 8. [2] Sie sind nicht zu verzinsen.

(7) Die Absätze 1 bis 6 sind nicht anzuwenden, wenn im Einzelfall

1. in der Finanzierungsbetriebsstätte im Hinblick auf entstehende Vermögenswerte und Passivposten sowie auf die damit zusammenhängenden Chancen und Risiken Personalfunktionen ausgeübt werden, die eine Zuordnung der Vermögenswerte und der Passivposten zur Finanzierungsbetriebsstätte erfordern, und
2. eine nicht in Absatz 2 genannte Verrechnungspreismethode zu einem Ergebnis für die Finanzierungsfunktion führt, das dem Fremdvergleichsgrundsatz besser entspricht.

Abschnitt 2. Besonderheiten für Bankbetriebsstätten

§ 18[1] **Allgemeines.** Eine Betriebsstätte,

1. die Teil ist
   a) eines Kreditinstituts im Sinne des § 1 Absatz 1 des Kreditwesengesetzes,
   b) eines Finanzdienstleistungsinstituts im Sinne des § 1 Absatz 1a des Kreditwesengesetzes,
   c) eines Wertpapierinstituts im Sinne des § 1 Absatz 2 des Wertpapierinstitutsgesetzes oder
   d) eines vergleichbaren Unternehmens im Sinne des ausländischen Bankenaufsichtsrechts und
2. die Bankgeschäfte betreibt,

ist eine Bankbetriebsstätte, für die die §§ 1 bis 17 gelten, soweit in diesem Abschnitt keine abweichende Regelung getroffen wird.

§ 19 Besondere Zuordnungsregelungen. (1) [1]Ein Vermögenswert, der Gegenstand von Bankgeschäften im Sinne des § 1 Absatz 1 des Kreditwesengesetzes oder von Finanzdienstleistungen im Sinne des § 1 Absatz 1 a des Kreditwesengesetzes ist, ist einer Bankbetriebsstätte zuzuordnen, wenn die unternehmerische Risikoübernahmefunktion in dieser Bankbetriebsstätte ausgeübt wird. [2]Unternehmerische Risikoübernahmefunktion bei Kreditinstituten ist die Personalfunktion, deren Ausübung dazu führt, dass die mit dem Vermögenswert verbundenen Chancen und Risiken des Unternehmens entstehen.

(2) [1]Üben verschiedene Bankbetriebsstätten im Hinblick auf einen Vermögenswert gleichzeitig jeweils eine Personalfunktion aus, die die Voraussetzungen des Absatzes 1 erfüllt, so ist der Vermögenswert der Bankbetriebsstätte zuzuordnen, deren Personalfunktion die größte Bedeutung zukommt. [2]Diese Personalfunktion gilt als unternehmerische Risikoübernahmefunktion. [3]Die Zuordnung bestimmt sich nach den Personalfunktionen, die bis zum Zeitpunkt der Entstehung des jeweiligen Vermögenswerts ausgeübt werden. [4]Der Bankbetriebsstätte, die die unternehmerische Risikoübernahmefunktion im Hinblick auf einen Vermögenswert ausübt, werden der Vermögenswert sowie die mit dem Vermögenswert zusammenhängenden Chancen und Risiken zugeordnet.

(3) [1]Kann ein Vermögenswert nach Absatz 2 nicht eindeutig zugeordnet werden, so ist er der Bankbetriebsstätte zuzuordnen, der die Kundenbeziehung, zu der der Vermögenswert gehört, zuzuordnen ist. [2]Eine davon abweichende Zuordnung ist nur vorzunehmen, wenn dies im Einzelfall zu einem Ergebnis der Bankbetriebsstätte führt, das dem Fremdvergleichsgrundsatz besser entspricht.

(4) Die sachgerechte Zuordnung eines Vermögenswerts darf nur geändert werden, wenn

---

[1] § 18 Nr. 1 neu gef. mWv 26.6.2021 durch G v. 12.5.2021 (BGBl. I S. 990).

1. die Änderung dazu führt, dass der Vermögenswert der Bankbetriebsstätte zugeordnet wird, zu der die betreffende Kundenbeziehung besteht, und in der Bankbetriebsstätte, der der Vermögenswert zugeordnet war, keine Personalfunktionen im Hinblick auf den Vermögenswert mehr ausgeübt werden oder
2. die Zuordnung im Einzelfall zu einem Ergebnis der Bankbetriebsstätte führt, das dem Fremdvergleichsgrundsatz besser entspricht.

(5) [1] Ist ein Vermögenswert im Sinne des Absatzes 1 einer Bankbetriebsstätte zuzuordnen und übt eine andere Betriebsstätte im Hinblick auf diesen Vermögenswert eine unterstützende Personalfunktion aus, so ist nach § 16 Absatz 2 Satz 1 für die Erbringung dieser Personalfunktion ein Verrechnungspreis anzusetzen, der dem Fremdvergleichsgrundsatz entspricht. [2] Solche unterstützenden Personalfunktionen können

1. dazu dienen, die eigentliche unternehmerische Risikoübernahmefunktion auszuüben,
2. die nachfolgende Verwaltung des Vermögenswerts umfassen oder
3. andere Hilfsfunktionen sein.

(6) § 16 Absatz 3 gilt für Bankbetriebsstätten mit der Maßgabe, dass eine anzunehmende schuldrechtliche Beziehung, die als Zurverfügungstellung finanzieller Mittel gilt, über § 16 Absatz 3 Satz 2 hinaus zugrunde zu legen ist, wenn

1. das Kreditinstitut nachweist, dass die über § 16 Absatz 3 hinausgehende Dauer im Zusammenhang mit der Geschäftspolitik des Kreditinstituts und auf Grund der Personalfunktionen, die im Zusammenhang mit der Zurverfügungstellung und der Entgegennahme von finanziellen Mitteln ausgeübt werden, sachgerecht ist und
2. die über § 16 Absatz 3 hinausgehende Dauer im Einzelfall zu einem Ergebnis der Bankbetriebsstätte führt, das dem Fremdvergleichsgrundsatz besser entspricht.

§ 20 Dotationskapital inländischer Bankbetriebsstätten ausländischer Kreditinstitute, Bankenaufsichtsrecht. (1) [1] Einer inländischen Bankbetriebsstätte eines ausländischen Kreditinstituts ist der Anteil am Eigenkapital des ausländischen Kreditinstituts zuzuordnen, der ihrem Anteil an der Summe der risikogewichteten Positionsbeträge des ausländischen Kreditinstituts im Sinne des ausländischen Bankenaufsichtsrechts entspricht (Kapitalaufteilungsmethode für Bankbetriebsstätten). [2] Für die Ermittlung des jeweiligen Anteils sind die kreditinstitutsinternen risikogewichteten Positionsbeträge unberücksichtigt zu lassen.

(2) [1] Ein geringeres Dotationskapital als nach Absatz 1 darf das ausländische Kreditinstitut der inländischen Bankbetriebsstätte nur zuordnen, soweit dies zu einem Ergebnis der inländischen Bankbetriebsstätte führt, das im Verhältnis zum übrigen Unternehmen dem Fremdvergleichsgrundsatz auf Grund der ihr zugeordneten Vermögenswerte sowie der ihr zugeordneten Chancen und Risiken besser entspricht. [2] Die inländische Bankbetriebsstätte muss jedoch min-

destens ein Dotationskapital ausweisen, das sie nach bankenaufsichtsrechtlichen Grundsätzen als Kernkapital ausweisen müsste, wenn sie ein rechtlich selbständiges, inländisches Kreditinstitut wäre (Mindestkapitalausstattungsmethode für Bankbetriebsstätten). [3] Wird die Mindestkapitalausstattungsmethode angewandt, so ist das Dotationskapital um 0,5 Prozentpunkte der Summe der risikogewichteten Positionsbeträge der inländischen Bankbetriebsstätte zu erhöhen, es sei denn, ein geringerer Zuschlag führt zu einem Ergebnis der Bankbetriebsstätte, das dem Fremdvergleichsgrundsatz besser entspricht.

(3) Ein ausländisches Kreditinstitut kann davon absehen, Absatz 1 und 2 für seine inländische Bankbetriebsstätte anzuwenden, wenn

1. die Summe der Aktivposten der Hilfs- und Nebenrechnung der inländischen Bankbetriebsstätte weniger als 1 Milliarde Euro beträgt und
2. für die inländische Bankbetriebsstätte ein Dotationskapital in Höhe von mindestens 3 Prozent der Summe der Aktivposten der Hilfs- und Nebenrechnung ausgewiesen wird, mindestens aber 5 Millionen Euro.

(4) [1] Für eine inländische Bankbetriebsstätte eines ausländischen Kreditinstituts mit Sitz in einem Staat der Europäischen Union oder des Europäischen Wirtschaftsraumes, in dem ein Kreditinstitut eine Regelung anwenden kann, die dem § 2a des Kreditwesengesetzes entspricht, gilt Absatz 1 nur, wenn das ausländische Kreditinstitut

1. die Regelung nicht anwendet oder
2. nachweist, dass seine Eigenkapitalausstattung nach dem anzuwendenden Bankenaufsichtsrecht auch dann ausreichen würde, wenn es die Regelung nicht anwenden würde.

[2] Wendet das ausländische Kreditinstitut die ausländische Regelung an und wird der Nachweis nach Satz 1 Nummer 2 nicht geführt, so ist für die Ermittlung des Dotationskapitals, das der inländischen Bankbetriebsstätte zuzuordnen ist, Absatz 1 sinngemäß anzuwenden mit der Maßgabe, dass

1. für die Ermittlung des Eigenkapitals, das der Berechnung zugrunde zu legen ist, das bankenaufsichtsrechtliche Kernkapital derjenigen ausländischen Kreditinstitutsgruppe maßgebend ist, die, wenn sie eine inländische Institutsgruppe wäre, die Voraussetzungen von § 10a Absatz 1 des Kreditwesengesetzes in Verbindung mit den Artikeln 92 ff. der Verordnung (EU) Nr. 575/2013 des Europäischen Parlaments und des Rates vom 26. Juni 2013 über Aufsichtsanforderungen an Kreditinstitute und Wertpapierfirmen und zur Änderung der Verordnung (EU) Nr. 646/2012 (ABl. L 176 vom 27. 6. 2013, S. 1, L 208 vom 2. 8. 2013, S. 68, L 321 vom 30. 11. 2013, S. 6) in der jeweils geltenden Fassung erfüllen würde, und
2. für die Ermittlung des Anteils der inländischen Bankbetriebsstätte am Kernkapital der ausländischen Kreditinstitutsgruppe die Summe der risikogewichteten Positionsbeträge der Bankbetriebsstätte zur Summe der risikogewichteten Positionsbeträge der Kreditinstitutsgruppe, ohne Berücksichtigung der gruppeninternen risikogewichteten Positionsbeträge, ins Verhältnis zu setzen ist.

(5) [1] § 12 Absatz 6 ist mit der Maßgabe anzuwenden, dass die Höhe des der inländischen Bankbetriebsstätte zuzuordnenden Dotationskapitals auch anzupassen ist, soweit dies das inländische Bankenaufsichtsrecht erfordert. [2] Im Übrigen gilt § 12 sinngemäß.

(6)[1)] Die Absätze 1 bis 5 gelten nicht für inländische Betriebsstätten ausländischer Finanzdienstleistungsinstitute oder Wertpapierinstitute, die keinen bankenaufsichtsrechtlichen Eigenkapitalanforderungen unterliegen.

§ 21 Dotationskapital ausländischer Bankbetriebsstätten inländischer Kreditinstitute, Bankenaufsichtsrecht. (1) [1] Der ausländischen Bankbetriebsstätte eines inländischen Kreditinstituts ist ein Dotationskapital entsprechend § 13 Absatz 1 zuzuordnen, es sei denn, das anzuwendende ausländische Bankenaufsichtsrecht enthält zwingende Regelungen zur Mindestkapitalausstattung, die die ausländische Bankbetriebsstätte einhalten müsste, wenn sie ein selbständiges ausländisches Kreditinstitut wäre (Mindestkapitalausstattungsmethode für Bankbetriebsstätten). [2] Das inländische Kreditinstitut hat die Gründe für den Ansatz eines höheren Dotationskapitals als nach § 13 Absatz 1 nachzuweisen.

(2) [1] Ein höheres Dotationskapital als nach Absatz 1 darf das inländische Kreditinstitut der ausländischen Bankbetriebsstätte nur zuordnen, soweit die höhere Dotation zu einem Ergebnis der ausländischen Bankbetriebsstätte führt, das dem Fremdvergleichsgrundsatz auf Grund der ihr zugeordneten Vermögenswerte sowie der ihr zugeordneten Chancen und Risiken besser entspricht. [2] Liegen die Voraussetzungen des Satzes 1 vor, so ist die Obergrenze der Dotation der Betrag, der sich bei Anwendung der Kapitalaufteilungsmethode für Bankbetriebsstätten entsprechend § 20 Absatz 1 ergibt.

(3) [1] Ein höheres Dotationskapital als nach Absatz 2 darf der ausländischen Bankbetriebsstätte nur zugeordnet werden, soweit dies das ausländische Bankenaufsichtsrecht für ausländische selbständige Kreditinstitute erfordert und das inländische Kreditinstitut den entsprechenden Regelungen für seine ausländische Bankbetriebsstätte folgt. [2] Satz 1 ist nur anzuwenden, soweit dem übrigen Unternehmen rechnerisch mindestens so viel Kapital verbleibt, wie es nach inländischem Bankenaufsichtsrecht erforderlich wäre.

(4) Ist ein inländisches Kreditinstitut

1. Teil einer inländischen Institutsgruppe, auf die § 2a des Kreditwesengesetzes anzuwenden ist, oder
2. Teil einer ausländischen Institutsgruppe, auf die eine Regelung eines anderen Staates der Europäischen Union oder des Europäischen Wirtschaftsraums, die Artikel 7 der Verordnung (EU) Nr. 575/2013 des Europäischen Parlaments und des Rates vom 26. Juni 2013 über Aufsichtsanforderungen an Kreditinstitute und Wertpapierfirmen und zur Änderung der Verordnung (EU) Nr. 646/2012 (ABl. L 176 vom 27. 6. 2013, S. 1) vergleichbar ist, anzuwenden ist,

und verfügt dieses inländische Kreditinstitut über ein geringeres Kernkapital, als es nach bankenaufsichtsrechtlichen Grundsätzen für die Summe der risiko-

[1)] § 20 Abs. 6 geänd. mWv 26.6.2021 durch G v. 12.5.2021 (BGBl. I S. 990).

gewichteten Positionsbeträge ohne Anwendung des § 2a des Kreditwesengesetzes oder der Regelung eines anderen Staates des Europäischen Wirtschaftsraums, die Artikel 7 der Verordnung (EU) Nr. 575/2013 vergleichbar ist, erforderlich ist, so kann einer ausländischen Bankbetriebsstätte dieses Kreditinstituts ein Mindestdotationskapital nach Absatz 1 nur zugeordnet werden, soweit dem übrigen Unternehmen ein Kernkapital verbleibt, das nach bankenaufsichtsrechtlichen Grundsätzen für die Summe der risikogewichteten Positionsbeträge des übrigen Unternehmens erforderlich wäre.

(5) [1] § 13 Absatz 5 ist anzuwenden mit der Maßgabe, dass die Höhe des der ausländischen Bankbetriebsstätte zuzuordnenden Dotationskapitals auch anzupassen ist, soweit dies das ausländische Bankenaufsichtsrecht erfordert. [2] Im Übrigen gilt § 13 sinngemäß.

(6) Die Absätze 1 bis 5 gelten nicht für eine ausländische Bankbetriebsstätte eines inländischen Finanzdienstleistungsinstituts, das keinen bankenaufsichtsrechtlichen Eigenkapitalanforderungen unterliegt.

§ 22 Globaler Handel mit Finanzinstrumenten. (1) [1] Finanzinstrumente im Sinne des § 1 Absatz 11 Satz 1 des Kreditwesengesetzes, mit denen durch Finanzinstitute auf Märkten der ganzen Welt rund um die Uhr gehandelt wird

(Fortsetzung nächstes Blatt)

750. Gesetz zur steuerlichen Förderung von Forschung und Entwicklung (Forschungszulagengesetz – FZulG)[1]

Vom 14. Dezember 2019 (BGBl. I S. 2763)

Geändert durch Zweites Gesetz zur Umsetzung steuerlicher Hilfsmaßnahmen zur Bewältigung der Corona-Krise (Zweites Corona-Steuerhilfegesetz) vom 29. Juni 2020 (BGBl. I S. 1512) und Jahressteuergesetz 2020 (JStG 2020) vom 21.12.2020 (BGBl. I S. 3096) und Gesetz zur Modernisierung des Körperschaftsteuerrechts vom 25.6.2021 (BGBl. I S. 2050)

FNA 610-6-19

Inhaltsübersicht

§ 1[2] **Anspruchsberechtigung.** (1) Anspruchsberechtigt sind Steuerpflichtige im Sinne des Einkommensteuer- und des Körperschaftsteuergesetzes, soweit sie Einkünfte nach § 2 Absatz 1 Satz 1 Nummer 1 bis 3 des Einkommensteuergesetzes erzielen, nicht von der Besteuerung befreit sind und die in diesem Gesetz aufgeführten Voraussetzungen erfüllen.

(2) [1] Bei Mitunternehmerschaften nach § 15 Absatz 1 Satz 1 Nummer 2 des Einkommensteuergesetzes tritt an die Stelle des Steuerpflichtigen die Mitunternehmerschaft als Anspruchsberechtigter. [*ab 1.1.2022:* [2] Nach § 1a des Körperschaftsteuergesetzes optierende Gesellschaften sind als Steuerpflichtige im Sinne des Körperschaftsteuergesetzes anspruchsberechtigt.]

§ 2 Begünstigte Forschungs- und Entwicklungsvorhaben. (1) Forschungs- und Entwicklungsvorhaben sind begünstigt, soweit sie einer oder

---

[1] **BMF v. 1.7.2020:** Mit Beschluss vom 26. Juni 2020 hat die Europäische Kommission mitgeteilt, dass die Freistellung des Forschungszulagengesetzes (FZulG) nach der Allgemeinen Gruppenfreistellungsverordnung (AGVO) über den anfänglichen sechsmonatigen Zeitraum hinaus fortbesteht. Der Beschluss zur weiteren Anwendbarkeit des FZulG wurde, in BGBl. I 2020, S. 1596 bekannt gemacht (vgl. auch § 16).

[2] § 1 Abs. 2 Satz 2 angef., bish. Wortlaut wird Satz 1 mWv 1.1.2022 duch G v. 25.6.2021 (BGBl. I S. 2055).

mehreren der Kategorien Grundlagenforschung, industrielle Forschung oder experimentelle Entwicklung zuzuordnen sind.

(2) Ist ein Produkt oder ein Verfahren im Wesentlichen festgelegt und ist das primäre Ziel der weiteren Tätigkeit die Marktentwicklung oder soll durch diese Tätigkeit das Produktionssystem zum reibungslosen Funktionieren gebracht werden, kann diese Tätigkeit nicht mehr den in Absatz 1 genannten Kategorien zugerechnet werden.

(3) [1]Begünstigte Forschungs- und Entwicklungsvorhaben nach Absatz 1 zielen darauf ab, eine genau definierte unteilbare Aufgabe ökonomischer, wissenschaftlicher oder technischer Art mit klar fest gelegten Zielen durchzuführen. [2]Ein Forschungs- und Entwicklungsvorhaben kann aus mehreren Arbeitspaketen, Tätigkeiten oder Dienstleistungen bestehen. [3]Es umfasst klare Ziele und die Tätigkeiten, die zur Erreichung dieser Ziele durchzuführen sind, sowie konkrete Vorgaben, anhand derer die Ergebnisse dieser Tätigkeiten festgestellt und mit den einschlägigen Zielen verglichen werden können. [4]Wenn zwei oder mehrere Forschungs- und Entwicklungsvorhaben nicht eindeutig voneinander getrennt werden können und einzeln betrachtet keine Aussicht auf technologischen Erfolg haben, werden sie als ein einziges Vorhaben betrachtet.

(4) Begünstigte Forschungs- und Entwicklungsvorhaben können durchgeführt werden

1. als eigenbetriebliche Forschung und/oder als Auftragsforschung,
2. als Kooperation von einem Anspruchsberechtigten mit mindestens einem anderen Unternehmen,
3. als Kooperation von einem Anspruchsberechtigten in Zusammenarbeit mit einer oder mehreren Einrichtungen für Forschung und Wissensverbreitung.

(5) Werden Forschungs- und Entwicklungsvorhaben im Sinne des Absatzes 1 in Auftrag gegeben, sind diese nur dann begünstigt, wenn der Auftragnehmer seinen Sitz in einem Mitgliedstaat der Europäischen Union hat oder in einem anderen Staat, auf den das Abkommen über den Europäischen Wirtschaftsraum (EWR-Abkommen) Anwendung findet und der aufgrund vertraglicher Verpflichtung Amtshilfe entsprechend dem EU-Amtshilfegesetz in einem Umfang leistet, der für die Überprüfung der Anspruchsvoraussetzungen erforderlich ist.

§ 3 Förderfähige Aufwendungen und Bemessungsgrundlage. (1) [1]Förderfähige Aufwendungen sind die beim Anspruchsberechtigten dem Lohnsteuerabzug gemäß § 38 Absatz 1 des Einkommensteuergesetzes unterliegenden Arbeitslöhne für Arbeitnehmer, die der Arbeitnehmer unmittelbar vom Arbeitgeber erhält, sowie die Ausgaben des Arbeitgebers für die Zukunftssicherung des Arbeitnehmers nach § 3 Nummer 62 des Einkommensteuergesetzes. [2]Die in Satz 1 bezeichneten Aufwendungen sind nur förderfähig, soweit die Arbeitnehmer mit Forschungs- und Entwicklungstätigkeiten in begünstigten Forschungs- und Entwicklungsvorhaben im Sinne des § 2 Absatz 1 des Anspruchsberechtigten betraut sind. [3]Zu den in den Sätzen 1 und 2 bezeichneten Aufwendungen gehören auch solche aufgrund eines zwischen einer Kapitalgesellschaft und einem Gesellschafter oder Anteilseigner abgeschlossenen Anstellungsvertrages, der die Voraussetzungen für den Lohnsteuerabzug des Arbeitslohns erfüllt.

mit Waren im Internet und zur Änderung weiterer steuerlicher Vorschriften vom 11.12.2018 (BGBl. I S. 2338), Gesetz zur Umsetzung des Gesetzes zur Einführung des Rechts auf Eheschließung für Personen gleichen Geschlechts vom 18.12.2018 (BGBl. I S. 2639), Gesetz gegen illegale Beschäftigung und Sozialleistungsmissbrauch vom 11.7.2019 (BGBl. I S. 1066), Gesetz zur Reform der Psychotherapeutenausbildung vom 15.11.2019 (BGBl. I S. 1604), Zweites Gesetz zur Anpassung des Datenschutzrechts an die Verordnung (EU) 2016/679 und zur Umsetzung der Richtlinie (EU) 2016/680 (Zweites Datenschutz-Anpassungs- und Umsetzungsgesetz EU – 2. DSAnpUG-EU) vom 20.11.2019 (BGBl. I S. 1626), Gesetz zur Umsetzung der Richtlinie (EU) 2016/680 im Strafverfahren sowie zur Anpassung datenschutzrechtlicher Bestimmungen an die Verordnung (EU) 2016/679 vom 20.11.2019 (BGBl. I S. 1724), Drittes Gesetz zur Entlastung insbesondere der mittelständischen Wirtschaft von Bürokratie (Drittes Bürokratieentlastungsgesetz) vom 22.11.2019 (BGBl. I S. 1746), Gesetz zur Reform des Grundsteuer- und Bewertungsrechts (Grundsteuer-Reformgesetz – GrSt RefG) vom 26.11.2019 (BGBl. I S. 1794), Gesetz zur weiteren steuerlichen Förderung der Elektromobilität und zur Änderung weiterer steuerlicher Vorschriften vom 12.12.2019 (BGBl. I S. 2451), Gesetz zur Umsetzung der Änderungsrichtlinie zur Vierten EU-Geldwäscherichtlinie vom 12.12.2019 (BGBl. I S. 2602), Gesetz zur Einführung einer Pflicht zur Mitteilung grenzüberschreitender Steuergestaltungen vom 21.12.2019 (BGBl. I S. 2875), Elfte Zuständigkeitsanpassungsverordnung vom 19.6.2020 (BGBl. I S. 1328), Zweites Gesetz zur Umsetzung steuerlicher Hilfsmaßnahmen zur Bewältigung der Corona-Krise (Zweites Corona-Steuerhilfegesetz) vom 29.6.2020 (BGBl. I S. 1512), Gesetz zur Einführung der Grundrente für langjährige Versicherung in der gesetzlichen Rentenversicherung mit unterdurchschnittlichem Einkommen und für weitere Maßnahmen zur Erhöhung der Alterseinkommen (Grundrentengesetz) vom 12.8.2020 (BGBl. I S. 1879), Gesetz zur Fortentwicklung des Rechts des Pfändungsschutzkontos und zur Änderung von Vorschriften des Pfändungsschutzes (Pfändungsschutzkonto-Fortentwicklungsgesetz – PKoFoG) vom 22.11.2020 (BGBl. I S. 2466), Gesetz zur Digitalisierung von Verwaltungsverfahren bei der Gewährung von Familienleistungen vom 3.12.2020 (BGBl. I S. 2668), Gesetz zur Stärkung der Sicherheit im Pass-, Ausweis- und ausländerrechtlichen Dokumentenwesen vom 3.12.2020 (BGBl. I S. 2744), Gesetz über die Umwandlung des Informationstechnikzentrums Bund in eine nichtrechtsfähige Anstalt des öffentlichen Rechts und zur Änderung weiterer Vorschriften vom 7.12.2020 (BGBl. I S. 2756), Jahressteuergesetz 2020 (JStG 2020) vom 21.12.2020 (BGBl. I S. 3096), Gesetz zur Verbesserung der Transparenz in der Alterssicherung und der Rehabilitation sowie zur Modernisierung der Sozialversicherungswahlen und zur Änderung anderer Gesetze (Gesetz Digitale Rentenübersicht) vom 11 2.2021 (BGBl. I S. 154), Gesetz zur Einführung und Verwendung einer Identifikationsnummer in der öffentlichen Verwaltung und zur Änderung weiterer Gesetze (Registermodernisierungsgesetz – RegMoG) vom 28.3.2021 (BGBl. I S. 591), Gesetz zur Verbesserung des Schutzes von Gerichtsvollziehern vor Gewalt sowie zur Änderung weiterer zwangsvollstreckungsrechtlicher Vorschriften und zur Änderung des Infektionsschutzgesetzes vom 7.5.2021 (BGBl. I S. 850), Gesetz zur Reform des Vormundschafts- und Betreuungsrechts vom 4.5.2021 (BGBl. I S. 882), Gesetz zur Modernisierung der Entlastung von Abzugsteuern und der Bescheinigung der Kapitalertragsteuer (Abzugsteuerentlastungsmodernisierungsgesetz – AbzStEntModG) vom 2 6.2021 (BGBl. I S. 1259), Gesetz zur Stärkung der Finanzmarktintegrität (Finanzmarktintegritätsstärkungsgesetz – FISG) vom 3.6.2021 (BGBl. I S. 1534), Gesetz zur Abwehr von Steuervermeidung und unfairem Steuerwettbewerb und zur Änderung weiterer Gesetze vom 25.6.2021 (BGBl. I S. 2056), Gesetz zur europäischen Vernetzung der Transparenzregister und zur Umsetzung der Richtlinie (EU) 2019/1153 des Europäischen Parlaments und des Rates vom 20. Juni 2019 zur Nutzung von Finanzinformationen für die Bekämpfung von Geldwäsche, Terrorismusfinanzierung und sonstigen schweren Straftaten (Transparenzregister- und Finanzinformationsgesetz) vom 25.6.2021 (BGBl. I S. 2083) und Gesetz zur Modernisierung des notariellen Berufsrechts und zur Änderung weiterer Vorschriften vom 25.6.2021 (BGBl. I S. 2154)

BGBl. III/FNA 610-1-3

Inhaltsübersicht

Erster Teil. Einleitende Vorschriften

Sechster Abschnitt: Rechte der betroffenen Person §§

Siebter Abschnitt: Datenschutzaufsicht, Gerichtlicher Rechtsschutz in datenschutzrechtlichen Angelegenheiten

Zweiter Teil. Steuerschuldrecht

Erster Abschnitt: Steuerpflichtige

Zweiter Abschnitt: Steuerschuldverhältnis

Dritter Abschnitt: Steuerbegünstigte Zwecke

Zweiter Abschnitt: Verwaltungsakte §§

Vierter Teil. Durchführung der Besteuerung

Erster Abschnitt: Erfassung der Steuerpflichtigen

1. Unterabschnitt: Personenstands- und Betriebsaufnahme §§

2. Unterabschnitt: Anzeigepflichten

3. Unterabschnitt: Identifikationsmerkmal

Zweiter Abschnitt: Mitwirkungspflichten

1. Unterabschnitt: Führung von Büchern und Aufzeichnungen

IV. Kosten §§

2. Unterabschnitt: Gesonderte Feststellung von Besteuerungsgrundlagen, Festsetzung von Steuermessbeträgen

I. Gesonderte Feststellungen

II. Festsetzung von Steuermessbeträgen

3. Unterabschnitt: Zerlegung und Zuteilung

4. Unterabschnitt: Haftung

Vierter Abschnitt: Außenprüfung

1. Unterabschnitt: Allgemeine Vorschriften

2. Unterabschnitt: Verbindliche Zusagen auf Grund einer Außenprüfung

Fünfter Abschnitt: Steuerfahndung (Zollfahndung)

Sechster Abschnitt: Steueraufsicht in besonderen Fällen

(Fortsetzung nächstes Blatt)

Rechtsverordnungen zur Umsetzung von Konsultationsvereinbarungen zu erlassen. [2]Konsultationsvereinbarungen nach Satz 1 sind einvernehmliche Vereinbarungen der zuständigen Behörden der Vertragsstaaten eines Doppelbesteuerungsabkommens mit dem Ziel, Einzelheiten der Durchführung eines solchen Abkommens zu regeln, insbesondere Schwierigkeiten oder Zweifel, die bei der Auslegung oder Anwendung des jeweiligen Abkommens bestehen, zu beseitigen.

(3) Das Bundesministerium der Finanzen wird ermächtigt, durch Rechtsverordnung mit Zustimmung des Bundesrates Vorschriften zu erlassen, die

1. Einkünfte oder Vermögen oder Teile davon bestimmen, für die die Bundesrepublik Deutschland in Anwendung der Bestimmung eines Abkommens zur Vermeidung der Doppelbesteuerung auf Grund einer auf diplomatischem Weg erfolgten Notifizierung eine Steueranrechnung vornimmt, und
2. in den Anwendungsbereich der Bestimmungen über den öffentlichen Dienst eines Abkommens zur Vermeidung der Doppelbesteuerung diejenigen Körperschaften und Einrichtungen einbeziehen, die auf Grund einer in diesem Abkommen vorgesehenen Vereinbarung zwischen den zuständigen Behörden bestimmt worden sind.

§ 2a[1)] Anwendungsbereich der Vorschriften über die Verarbeitung personenbezogener Daten. (1) [1]Die Vorschriften dieses Gesetzes und der Steuergesetze über die Verarbeitung personenbezogener Daten im Anwendungsbereich dieses Gesetzes gelten bei der Verarbeitung personenbezogener Daten durch Finanzbehörden (§ 6 Absatz 2), andere öffentliche Stellen (§ 6 Absatz 1a bis 1c) und nicht-öffentliche Stellen (§ 6 Absatz 1d und 1e). [2]Das Bundesdatenschutzgesetz oder andere Datenschutzvorschriften des Bundes sowie entsprechende Landesgesetze gelten für Finanzbehörden nur, soweit dies in diesem Gesetz oder den Steuergesetzen bestimmt ist.

(2) [1]Die datenschutzrechtlichen Regelungen dieses Gesetzes gelten auch für Daten, die die Finanzbehörden im Rahmen ihrer Aufgaben bei der Überwachung des grenzüberschreitenden Warenverkehrs verarbeiten. [2]Die Daten gelten als im Rahmen eines Verfahrens in Steuersachen verarbeitet.

(3)[2)] Die Vorschriften dieses Gesetzes und der Steuergesetze über die Verarbeitung personenbezogener Daten finden keine Anwendung, soweit das Recht der Europäischen Union, im Besonderen die Verordnung (EU) 2016/679 des Europäischen Parlaments und des Rates vom 27. April 2016 zum Schutz natürlicher Personen bei der Verarbeitung personenbezogener Daten, zum freien Datenverkehr und zur Aufhebung der Richtlinie 95/46/EG (Datenschutz-Grundverordnung) (ABl. L 119 vom 4.5.2016, S. 1; L 314 vom 22.11.2016, S. 72; L 127 vom 23.5.2018, S. 2) in der jeweils geltenden Fassung unmittelbar oder nach Absatz 5 entsprechend gilt.

(4) Für die Verarbeitung personenbezogener Daten zum Zweck der Verhütung, Ermittlung, Aufdeckung, Verfolgung oder Ahndung von Steuerstraftaten oder Steuerordnungswidrigkeiten gelten die Vorschriften des Ersten und des

---

1) § 2a eingef. mWv 25.5.2018 durch G v. 17.7.2017 (BGBl. I S. 2541).
2) § 2a Abs. 3 geänd. mWv 26.11.2019 durch G v. 20.11.2019 (BGBl. I S. 1626).

Dritten Teils des Bundesdatenschutzgesetzes, soweit gesetzlich nichts anderes bestimmt ist.

(5) Soweit nichts anderes bestimmt ist, gelten die Vorschriften der Verordnung (EU) 2016/679, dieses Gesetzes und der Steuergesetze über die Verarbeitung personenbezogener Daten natürlicher Personen entsprechend für Informationen, die sich beziehen auf identifizierte oder identifizierbare

1. verstorbene natürliche Personen oder
2. Körperschaften, rechtsfähige oder nicht rechtsfähige Personenvereinigungen oder Vermögensmassen.

Zweiter Abschnitt: Steuerliche Begriffsbestimmungen

§ 3 Steuern, steuerliche Nebenleistungen. (1) Steuern sind Geldleistungen, die nicht eine Gegenleistung für eine besondere Leistung darstellen und von einem öffentlich-rechtlichen Gemeinwesen zur Erzielung von Einnahmen allen auferlegt werden, bei denen der Tatbestand zutrifft, an den das Gesetz die Leistungspflicht knüpft; die Erzielung von Einnahmen kann Nebenzweck sein.

(2) Realsteuern sind die Grundsteuer und die Gewerbesteuer.

(3)[1] [1]Einfuhr- und Ausfuhrabgaben nach Artikel 5 Nummer 20 und 21 des Zollkodex der Union sind Steuern im Sinne dieses Gesetzes. [2]Zollkodex der Union bezeichnet die Verordnung (EU) Nr. 952/2013 des Europäischen Parlaments und des Rates vom 9. Oktober 2013 zur Festlegung des Zollkodex der Union (ABl. L 269 vom 10.10.2013, S. 1, L 287, S. 90) in der jeweils geltenden Fassung.

(4)[2] Steuerliche Nebenleistungen sind

1. Verzögerungsgelder nach § 146 Absatz 2c,
2. Verspätungszuschläge nach § 152,
3. Zuschläge nach § 162 Absatz 4 [***ab 1.1.2022:*** und 4a],
4. Zinsen nach den §§ 233 bis 237 sowie Zinsen nach den Steuergesetzen, auf die die §§ 238 und 239 anzuwenden sind, sowie Zinsen, die über die §§ 233 bis 237 und die Steuergesetze hinaus nach dem Recht der Europäischen Union auf zu erstattende Steuern zu leisten sind,
5. Säumniszuschläge nach § 240,
6. Zwangsgelder nach § 329,
7. Kosten nach den §§ 89, 89a Absatz 7[3] sowie den §§ 178 und 337 bis 345,
8. Zinsen auf Einfuhr- und Ausfuhrabgaben nach Artikel 5 Nummer 20 und 21 des Zollkodex der Union und
9. Verspätungsgelder nach § 22a Absatz 5 des Einkommensteuergesetzes.

---

[1] § 3 Abs. 3 neu gef. mWv 1.5.2016 durch G v. 22.12.2014 (BGBl. I S. 2417).

[2] § 3 Abs. 4 neu gef. mWv 1.1.2017 durch G v. 18.7.2016 (BGBl. I S. 1679); zur Anwendung s. auch Art. 97 § 1 Abs. 11 EGAO (Nr. **800a**); Nr. 1 geänd. mWv 29.12.2020 durch G v. 21.12.2020 (BGBl. I S. 3096); Nr. 4 geänd., Nr. 7 neu gef. mWv 9.6.2021 durch G v. *2.6.2021 (BGBl. I S. 1259)*; Nr. 3 geänd. durch G v. 25.6.2021 (BGBl. I S. 2056); zur Anwendung siehe Art. 97 § 22 Abs. 4 EGAO (Nr. **800a**).

[3] S. Art. 97 § 34 Satz 1 EGAO (Nr. **800a**).

(5)[1] [1]Das Aufkommen der Zinsen auf Einfuhr- und Ausfuhrabgaben nach Artikel 5 Nummer 20 und 21 des Zollkodex der Union steht dem Bund zu. [2]Das Aufkommen der übrigen Zinsen steht den jeweils steuerberechtigten Körperschaften zu. [3]Das Aufkommen der Kosten im Sinne des § 89 steht jeweils der Körperschaft zu, deren Behörde für die Erteilung der verbindlichen Auskunft zuständig ist. [4]Das Aufkommen der Kosten im Sinne des § 89a Absatz 7 steht dem Bund und dem jeweils betroffenen Land je zur Hälfte zu. [5]Die übrigen steuerlichen Nebenleistungen fließen den verwaltenden Körperschaften zu.

§ 4 Gesetz. Gesetz ist jede Rechtsnorm.

§ 5 Ermessen. Ist die Finanzbehörde ermächtigt, nach ihrem Ermessen zu handeln, hat sie ihr Ermessen entsprechend dem Zweck der Ermächtigung auszuüben und die gesetzlichen Grenzen des Ermessens einzuhalten.

§ 6[2] Behörden, öffentliche und nicht-öffentliche Stellen, Finanzbehörden. (1) Behörde ist jede öffentliche Stelle, die Aufgaben der öffentlichen Verwaltung wahrnimmt.

(1a) Öffentliche Stellen des Bundes sind die Behörden, die Organe der Rechtspflege und andere öffentlich-rechtlich organisierte Einrichtungen des Bundes, der bundesunmittelbaren Körperschaften, der Anstalten und Stiftungen des öffentlichen Rechts sowie deren Vereinigungen ungeachtet ihrer Rechtsform.

(1b) Öffentliche Stellen der Länder sind die Behörden, die Organe der Rechtspflege und andere öffentlich-rechtlich organisierte Einrichtungen eines Landes, einer Gemeinde, eines Gemeindeverbandes oder sonstiger der Aufsicht des Landes unterstehender juristischer Personen des öffentlichen Rechts sowie deren Vereinigungen ungeachtet ihrer Rechtsform.

(1c) [1]Vereinigungen des privaten Rechts von öffentlichen Stellen des Bundes und der Länder, die Aufgaben der öffentlichen Verwaltung wahrnehmen, gelten ungeachtet der Beteiligung nicht-öffentlicher Stellen als öffentliche Stellen des Bundes, wenn

1. sie über den Bereich eines Landes hinaus tätig werden oder
2. dem Bund die absolute Mehrheit der Anteile gehört oder die absolute Mehrheit der Stimmen zusteht.

[2]Anderenfalls gelten sie als öffentliche Stellen der Länder.

(1d) [1]Nicht-öffentliche Stellen sind natürliche und juristische Personen, Gesellschaften und andere Personenvereinigungen des privaten Rechts, soweit sie nicht unter die Absätze 1a bis 1c fallen. [2]Nimmt eine nicht-öffentliche Stelle hoheitliche Aufgaben der öffentlichen Verwaltung wahr, ist sie insoweit öffentliche Stelle im Sinne dieses Gesetzes.

---

[1] § 3 Abs. 5 neu gef. mWv 19.12.2006 durch G v. 13.12.2006 (BGBl. I S. 2878); Satz 1 geänd. mWv 1.5.2016 durch G v. 22.12.2014 (BGBl. I S. 2417); Satz 4 neu gef. mWv 9.6.2021 durch G v. 2.6.2021 (BGBl. I S. 1259); zur Anwendung von § 89a siehe Art. 97 § 34 Satz 1 EGAO (Nr. **800a**).

[2] § 6 Abs. 1 ersetzt durch Abs. 1 bis Abs. 1e mWv 25.5.2018 durch G v. 17.7.2017 (BGBl. I S. 2541).

(1e) Öffentliche Stellen des Bundes oder der Länder gelten als nichtöffentliche Stellen im Sinne dieses Gesetzes, soweit sie als öffentlich-rechtliche Unternehmen am Wettbewerb teilnehmen.

(2) Finanzbehörden im Sinne dieses Gesetzes sind die folgenden im Gesetz über die Finanzverwaltung genannten Bundes- und Landesfinanzbehörden:

1. das Bundesministerium der Finanzen und die für die Finanzverwaltung zuständigen obersten Landesbehörden als oberste Behörden,
2.[1] das Bundeszentralamt für Steuern, das Informationstechnikzentrum Bund und die Generalzolldirektion als Bundesoberbehörden,
3.[2] Rechenzentren sowie Landesfinanzbehörden, denen durch eine Rechtsverordnung nach § 17 Absatz 2 Satz 3 Nummer 3 des Finanzverwaltungsgesetzes die landesweite Zuständigkeit für Kassengeschäfte und das Erhebungsverfahren einschließlich der Vollstreckung übertragen worden ist, als Landesoberbehörden,
4.[3] die Oberfinanzdirektionen als Mittelbehörden,
4a.[4] die nach dem Finanzverwaltungsgesetz oder nach Landesrecht an Stelle einer Oberfinanzdirektion eingerichteten Landesfinanzbehörden,
5. die Hauptzollämter einschließlich ihrer Dienststellen, die Zollfahndungsämter, die Finanzämter und die besonderen Landesfinanzbehörden als örtliche Behörden,
6. Familienkassen,
7. die zentrale Stelle im Sinne des § 81 des Einkommensteuergesetzes und
8.[5] die Deutsche Rentenversicherung Knappschaft-Bahn-See[6] (§ 40a Abs. 6 des Einkommensteuergesetzes).

§ 7 Amtsträger. Amtsträger ist, wer nach deutschem Recht

1. Beamter oder Richter (§ 11 Abs. 1 Nr. 3 des Strafgesetzbuchs) ist,
2. in einem sonstigen öffentlich-rechtlichen Amtsverhältnis steht oder
3.[7] sonst dazu bestellt ist, bei einer Behörde oder bei einer sonstigen öffentlichen Stelle oder in deren Auftrag Aufgaben der öffentlichen Verwaltung wahrzunehmen.

§ 8 Wohnsitz. Einen Wohnsitz hat jemand dort, wo er eine Wohnung unter Umständen innehat, die darauf schließen lassen, dass er die Wohnung beibehalten und benutzen wird.

---

[1] § 6 Abs. 2 Nr. 2 geänd. durch G v. 22.9.2005 (BGBl. I S. 2809); geänd. mWv 1.1.2016 durch G v. 3.12.2015 (BGBl. I S. 2178); geänd. mWv 1.1.2019 durch G v. 10.3.2017 (BGBl. I S. 420); geänd. mWv 1.1.2021 durch G v. 7.12.2020 (BGBl. I S. 2756).

[2] § 6 Abs. 2 Nr. 3 neu gef. mWv 6.11.2015 durch G v. 2.11.2015 (BGBl. I S. 1834).

[3] § 6 Abs. 2 Nr. 4 geänd. mWv 1.1.2016 durch G v. 3.12.2015 (BGBl. I S. 2178).

[4] § 6 Abs. 2 Nr. 4a eingef. mWv 19.12.2006 durch G v. 13.12.2006 (BGBl. I S. 2878).

[5] § 6 Nr. 8 angef. mWv 1.1.2003 durch G v. 23.12.2002 (BGBl. I S. 4621).

[6] *§ 6 Nr. 8 geänd. durch* G v. 9.12.2004 (BGBl. I S. 3242); geänd. durch G v. 26.6.2013 (BGBl. I S. 1809).

[7] § 7 Nr. 3 geänd. mWv 25.5.2018 durch G v. 17.7.2017 (BGBl. I S. 2541).

2 besteht nicht, soweit deren Erfüllung mit einem unverhältnismäßigen Aufwand verbunden wäre.

§ 31b[1)] Mitteilungen zur Bekämpfung der Geldwäsche und der Terrorismusfinanzierung. (1) Die Offenbarung der nach § 30 geschützten Daten der betroffenen Person an die jeweils zuständige Stelle ist auch ohne Ersuchen zulässig, soweit sie einem der folgenden Zwecke dient:

1. der Durchführung eines Strafverfahrens wegen Geldwäsche oder Terrorismusfinanzierung nach § 1 Absatz 1 und 2 des Geldwäschegesetzes,
2. der Verhinderung, Aufdeckung und Bekämpfung von Geldwäsche oder Terrorismusfinanzierung nach § 1 Absatz 1 und 2 des Geldwäschegesetzes,
3. der Durchführung eines Bußgeldverfahrens nach § 56 des Geldwäschegesetzes gegen Verpflichtete nach § 2 Absatz 1 Nummer 13 bis 16 des Geldwäschegesetzes,
4. dem Treffen von Maßnahmen und Anordnungen nach § 51 Absatz 2 des Geldwäschegesetzes gegenüber Verpflichteten nach § 2 Absatz 1 Nummer 13 bis 16 des Geldwäschegesetzes oder
5. der Wahrnehmung von Aufgaben nach § 28 Absatz 1 des Geldwäschegesetzes durch die Zentralstelle für Finanztransaktionsuntersuchungen.

(2) [1]Die Finanzbehörden haben der Zentralstelle für Finanztransaktionsuntersuchungen unverzüglich Sachverhalte unabhängig von deren Höhe mitzuteilen, wenn Tatsachen vorliegen, die darauf hindeuten, dass

1. es sich bei Vermögensgegenständen, die mit dem mitzuteilenden Sachverhalt im Zusammenhang stehen, um den Gegenstand einer Straftat nach § 261 des Strafgesetzbuchs handelt oder
2. die Vermögensgegenstände im Zusammenhang mit Terrorismusfinanzierung stehen.

[2]Mitteilungen an die Zentralstelle für Finanztransaktionsuntersuchungen sind durch elektronische Datenübermittlung zu erstatten; hierbei ist ein sicheres Verfahren zu verwenden, das die Vertraulichkeit und Integrität des Datensatzes gewährleistet. [3]Im Fall einer Störung der Datenübertragung ist ausnahmsweise eine Mitteilung auf dem Postweg möglich. [4]§ 45 Absatz 3 und 4 des Geldwäschegesetzes gilt entsprechend.

(2a)[2)] Die Finanzbehörden übermitteln der Zentralstelle für Finanztransaktionsuntersuchungen folgende Daten nach Maßgabe des § 31 Absatz 5 des Geldwäschegesetzes im automatisierten Verfahren, soweit dies zur Wahrnehmung der Aufgaben der Zentralstelle für Finanztransaktionsuntersuchungen nach § 28 Absatz 1 Satz 2 Nummer 2 des Geldwäschegesetzes erforderlich ist:

1. beim Bundeszentralamt für Steuern die nach § 5 Absatz 1 Nummer 13 des Finanzverwaltungsgesetzes vorgehaltenen Daten,

---

[1)] § 31b neu gef. mWv 26.6.2017 durch G v. 23.6.2017 (BGBl. I S. 1822); Abs. 1 einl. Satzteil geänd. mWv 25.5.2018 durch G v. 17.7.2017 (BGBl. I S. 2541); geänd. mWv 26.11.2019 durch G v. 20.11.2019 (BGBl. I S. 1626).

[2)] § 31b Abs. 2a eingef. mWv 1.7.2021 durch G v. 3.6.2021 (BGBl. I S. 1534).

2. bei den Landesfinanzbehörden die zu einem Steuerpflichtigen gespeicherten Grundinformationen, die die Steuernummer, die Gewerbekennzahl, die Grund- und Zusatzkennbuchstaben, die Bankverbindung, die vergebene Umsatzsteuer-Identifikationsnummer sowie das zuständige Finanzamt umfassen.

(2b)[1] [1] Wird von der Verordnungsermächtigung des § 22a des Grunderwerbsteuergesetzes zur elektronischen Übermittlung der Anzeige im Sinne des § 18 des Grunderwerbsteuergesetzes Gebrauch gemacht, übermitteln die Landesfinanzbehörden die dort eingegangenen Datensätze nach Maßgabe des § 31 Absatz 5a des Geldwäschegesetzes der Zentralstelle für Finanztransaktionsuntersuchungen zur Wahrnehmung ihrer Aufgaben nach § 28 Absatz 1 Satz 2 Nummer 2 des Geldwäschegesetzes im automatisierten Verfahren. [2] Absatz 2 Satz 2 gilt entsprechend.

(3) Die Finanzbehörden haben der zuständigen Verwaltungsbehörde unverzüglich solche Tatsachen mitzuteilen, die darauf schließen lassen, dass

1. ein Verpflichteter nach § 2 Absatz 1 Nummer 13 bis 16 des Geldwäschegesetzes eine Ordnungswidrigkeit nach § 56 des Geldwäschegesetzes begangen hat oder begeht oder
2. die Voraussetzungen für das Treffen von Maßnahmen und Anordnungen nach § 51 Absatz 2 des Geldwäschegesetzes gegenüber Verpflichteten nach § 2 Absatz 1 Nummer 13 bis 16 des Geldwäschegesetzes gegeben sind.

(4) § 47 Absatz 3 des Geldwäschegesetzes gilt entsprechend.

§ 31c[2] Verarbeitung besonderer Kategorien personenbezogener Daten durch Finanzbehörden zu statistischen Zwecken. (1) [1] Abweichend von Artikel 9 Absatz 1 der Verordnung (EU) 2016/679 ist die Verarbeitung besonderer Kategorien personenbezogener Daten im Sinne des Artikels 9 Absatz 1 der Verordnung (EU) 2016/679 durch Finanzbehörden auch ohne Einwilligung der betroffenen Person für statistische Zwecke zulässig, wenn die Verarbeitung zu diesen Zwecken erforderlich ist und die Interessen des Verantwortlichen an der Verarbeitung die Interessen der betroffenen Person an einem Ausschluss der Verarbeitung erheblich überwiegen. [2] Der Verantwortliche sieht angemessene und spezifische Maßnahmen zur Wahrung der Interessen der betroffenen Person vor; § 22 Absatz 2 Satz 2 des Bundesdatenschutzgesetzes gilt entsprechend.

(2) Die in den Artikeln 15, 16, 18 und 21 der Verordnung (EU) 2016/679 vorgesehenen Rechte der betroffenen Person sind insoweit beschränkt, als diese Rechte voraussichtlich die Verwirklichung der Statistikzwecke unmöglich machen oder ernsthaft beeinträchtigen und die Beschränkung für die Erfüllung der Statistikzwecke notwendig ist.

(3) [1] Ergänzend zu den in § 22 Absatz 2 Satz 2 des Bundesdatenschutzgesetzes genannten Maßnahmen sind zu statistischen Zwecken verarbeitete besondere Kategorien personenbezogener Daten im Sinne des Artikels 9 Absatz 1

---

[1] § 31b Abs. 2b eingef. mWv 1.7.2021 durch G v. 3.6.2021 (BGBl. I S. 1534).
[2] § 31c eingef. mWv 25.5.2018 durch G v. 17.7.2017 (BGBl. I S. 2541).

der Verordnung (EU) 2016/679 zu pseudonymisieren oder anonymisieren, sobald dies nach dem Statistikzweck möglich ist, es sei denn, berechtigte Interessen der betroffenen Person stehen dem entgegen. [2]Bis dahin sind die Merkmale gesondert zu speichern, mit denen Einzelangaben über persönliche oder sachliche Verhältnisse einer bestimmten oder bestimmbaren Person zugeordnet werden können. [3]Sie dürfen mit den Einzelangaben nur zusammengeführt werden, soweit der Statistikzweck dies erfordert.

Fünfter Abschnitt: Haftungsbeschränkung für Amtsträger

§ 32 Haftungsbeschränkung für Amtsträger. Wird infolge der Amts- oder Dienstpflichtverletzung eines Amtsträgers

1. eine Steuer oder eine steuerliche Nebenleistung nicht, zu niedrig oder zu spät festgesetzt, erhoben oder beigetrieben oder
2. eine Steuererstattung oder Steuervergütung zu Unrecht gewährt oder
3. eine Besteuerungsgrundlage oder eine Steuerbeteiligung nicht, zu niedrig oder zu spät festgesetzt,

(Fortsetzung nächstes Blatt)

2. die zuwendende Körperschaft eine Verwendung für nicht steuerbegünstigte Zwecke durch die empfangende Körperschaft veranlasst hat.

§ 59 Voraussetzung der Steuervergünstigung. Die Steuervergünstigung wird gewährt, wenn sich aus der Satzung, dem Stiftungsgeschäft oder der sonstigen Verfassung (Satzung im Sinne dieser Vorschriften) ergibt, welchen Zweck die Körperschaft verfolgt, dass dieser Zweck den Anforderungen der §§ 52 bis 55 entspricht und dass er ausschließlich und unmittelbar verfolgt wird; die tatsächliche Geschäftsführung muss diesen Satzungsbestimmungen entsprechen.

§ 60[1] **Anforderungen an die Satzung.** (1) [1]Die Satzungszwecke und die Art ihrer Verwirklichung müssen so genau bestimmt sein, dass auf Grund der Satzung geprüft werden kann, ob die satzungsmäßigen Voraussetzungen für Steuervergünstigungen gegeben sind. [2]Die Satzung muss die in der Anlage 1[2] bezeichneten Festlegungen enthalten.

(2) Die Satzung muss den vorgeschriebenen Erfordernissen bei der Körperschaftsteuer und bei der Gewerbesteuer während des ganzen Veranlagungs- oder Bemessungszeitraums, bei den anderen Steuern im Zeitpunkt der Entstehung der Steuer entsprechen.

§ 60a[3] **Feststellung der satzungsmäßigen Voraussetzungen.** (1) [1]Die Einhaltung der satzungsmäßigen Voraussetzungen nach den §§ 51, 59, 60 und 61 wird gesondert festgestellt. [2]Die Feststellung der Satzungsmäßigkeit ist für die Besteuerung der Körperschaft und der Steuerpflichtigen, die Zuwendungen in Form von Spenden und Mitgliedsbeiträgen an die Körperschaft erbringen, bindend.

(2) Die Feststellung der Satzungsmäßigkeit erfolgt

1. auf Antrag der Körperschaft oder
2. von Amts wegen bei der Veranlagung zur Körperschaftsteuer, wenn bisher noch keine Feststellung erfolgt ist.

(3) Die Bindungswirkung der Feststellung entfällt ab dem Zeitpunkt, in dem die Rechtsvorschriften, auf denen die Feststellung beruht, aufgehoben oder geändert werden.

(4) Tritt bei den für die Feststellung erheblichen Verhältnissen eine Änderung ein, ist die Feststellung mit Wirkung vom Zeitpunkt der Änderung der Verhältnisse aufzuheben.

(5) [1]Materielle Fehler im Feststellungsbescheid über die Satzungsmäßigkeit können mit Wirkung ab dem Kalenderjahr beseitigt werden, das auf die Bekanntgabe der Aufhebung der Feststellung folgt. [2]§ 176 gilt entsprechend, außer es sind Kalenderjahre zu ändern, die nach der Verkündung der maßgeblichen Entscheidung eines obersten Gerichtshofes des Bundes beginnen.

---

[1] § 60 Abs. 1 Satz 2 angef. durch G v. 19.12.2008 (BGBl. I S. 2794); zur erstmaligen Anwendung siehe Art. 97 § 1f Abs. 2 EGAO (Nr. **800a**).

[2] Nachfolgend abgedruckt.

[3] § 60a eingef. mWv 29.3.2013 durch G v. 21.3.2013 (BGBl. I S. 556).

(6)[1] [1]Liegen bis zum Zeitpunkt des Erlasses des erstmaligen Körperschaftsteuerbescheids oder Freistellungsbescheids bereits Erkenntnisse vor, dass die tatsächliche Geschäftsführung gegen die satzungsmäßigen Voraussetzungen verstößt, ist die Feststellung der Einhaltung der satzungsmäßigen Voraussetzungen nach Absatz 1 Satz 1 abzulehnen. [2]Satz 1 gilt entsprechend für die Aufhebung bestehender Feststellungen nach § 60a.

[*ab 1.8.2021:*

(7)[2] [1]Auf Anfrage der registerführenden Stelle nach § 18 Absatz 2 des Geldwäschegesetzes kann das für die Feststellung nach Absatz 1 zuständige Finanzamt der registerführenden Stelle bestätigen, dass eine Vereinigung, die einen Antrag nach § 24 Absatz 1 Satz 2 des Geldwäschegesetzes gestellt hat, die nach den §§ 52 bis 54 der Abgabenordnung steuerbegünstigten Zwecke verfolgt. [2]Hierzu hat die registerführende Stelle dem zuständigen Finanzamt zu bestätigen, dass das Einverständnis der Vereinigung auf Auskunftserteilung nach § 24 Absatz 1 Satz 3 des Geldwäschegesetzes vorliegt.]

[*ab 1.1.2024:*

§ 60b[3] Zuwendungsempfängerregister. (1) Das Bundeszentralamt für Steuern führt ein Register, in dem Körperschaften geführt werden, die die Voraussetzungen der §§ 51 bis 68 oder des § 34g des Einkommensteuergesetzes erfüllen (Zuwendungsempfängerregister).

(2) Im Zuwendungsempfängerregister speichert das Bundeszentralamt für Steuern zu Zwecken des Sonderausgabenabzugs nach § 10b des Einkommensteuergesetzes zu Körperschaften, die die Voraussetzungen der §§ 51 bis 68 erfüllen, folgende Daten:

1. Wirtschafts-Identifikationsnummer der Körperschaft,
2. Name der Körperschaft,
3. Anschrift der Körperschaft,
4. steuerbegünstigte Zwecke der Körperschaft,
5. das für die Festsetzung der Körperschaftsteuer der Körperschaft zuständige Finanzamt,
6. Datum der Erteilung des letzten Freistellungsbescheides oder Feststellungsbescheides nach § 60a,
7. Bankverbindung der Körperschaft.

(3) Das für die Festsetzung der Körperschaftsteuer der Körperschaft zuständige Finanzamt übermittelt dem Bundeszentralamt für Steuern die Daten nach Absatz 2 sowie unverzüglich jede Änderung dieser Daten.

(4) [1]Das Bundeszentralamt für Steuern ist befugt, die Daten nach Absatz 2 Dritten zu offenbaren. [2]§ 30 steht dem nicht entgegen.]

---

[1] § 60a Abs. 6 angef. mWv 29.12.2020 durch G v. 21.12.2020 (BGBl. I S. 3096).
[2] § 60a Abs. 7 eingef. mWv 1.8.2021 durch G v. 25.6.2021 (BGBl. I S. 2083).
[3] § 60b eingef. mWv 1.1.2024 durch G v. 21.12.2020 (BGBl. I S. 3096).

§ 61 Satzungsmäßige Vermögensbindung. (1) Eine steuerlich ausreichende Vermögensbindung (§ 55 Abs. 1 Nr. 4) liegt vor, wenn der Zweck, für den das Vermögen bei Auflösung oder Aufhebung der Körperschaft oder bei Wegfall ihres bisherigen Zwecks verwendet werden soll, in der Satzung so genau bestimmt ist, dass auf Grund der Satzung geprüft werden kann, ob der Verwendungszweck steuerbegünstigt ist.

(2)[1] *(aufgehoben)*

(3) [1] Wird die Bestimmung über die Vermögensbindung nachträglich so geändert, dass sie den Anforderungen des § 55 Abs. 1 Nr. 4 nicht mehr ent-

(Fortsetzung nächstes Blatt)

---

[1] § 61 Abs. 2 aufgeh. durch G v. 10.10.2007 (BGBl. I S. 2332); anzuwenden ab 1.1.2007 (Art. 97 § 1d EGAO – Nr. **800a**).

(3) [1]Solange die Steuer nicht entrichtet ist, kann die Finanzbehörde die Waren mit Beschlag belegen. [2]Als Beschlagnahme genügt das Verbot an den, der die Waren im Gewahrsam hat, über sie zu verfügen.

(4) [1]Die Sachhaftung erlischt mit der Steuerschuld. [2]Sie erlischt ferner mit der Aufhebung der Beschlagnahme oder dadurch, dass die Waren mit Zustimmung der Finanzbehörde in einen steuerlich nicht beschränkten Verkehr übergehen.

(5) Von der Geltendmachung der Sachhaftung wird abgesehen, wenn die Waren dem Verfügungsberechtigten abhanden gekommen sind und die verbrauchsteuerpflichtigen Waren in einen Herstellungsbetrieb aufgenommen oder die einfuhr- und ausfuhrabgabenpflichtigen Waren eine zollrechtliche Bestimmung erhalten.

§ 77 Duldungspflicht. (1) Wer kraft Gesetzes verpflichtet ist, eine Steuer aus Mitteln, die seiner Verwaltung unterliegen, zu entrichten, ist insoweit verpflichtet, die Vollstreckung in dieses Vermögen zu dulden.

(2) [1]Wegen einer Steuer, die als öffentliche Last auf Grundbesitz ruht, hat der Eigentümer die Zwangsvollstreckung in den Grundbesitz zu dulden. [2]Zugunsten der Finanzbehörde gilt als Eigentümer, wer als solcher im Grundbuch eingetragen ist. [3]Das Recht des nicht eingetragenen Eigentümers, die ihm gegen die öffentliche Last zustehenden Einwendungen geltend zu machen, bleibt unberührt.

Dritter Teil. Allgemeine Verfahrensvorschriften

Erster Abschnitt: Verfahrensgrundsätze

1. Unterabschnitt: Beteiligung am Verfahren

§ 78 Beteiligte. Beteiligte sind

1. Antragsteller und Antragsgegner,
2. diejenigen, an die die Finanzbehörde den Verwaltungsakt richten will oder gerichtet hat,
3. diejenigen, mit denen die Finanzbehörde einen öffentlich-rechtlichen Vertrag schließen will oder geschlossen hat.

§ 79[1)] Handlungsfähigkeit. (1) Fähig zur Vornahme von Verfahrenshandlungen sind:

1. natürliche Personen, die nach bürgerlichem Recht geschäftsfähig sind,
2. natürliche Personen, die nach bürgerlichem Recht in der Geschäftsfähigkeit beschränkt sind, soweit sie für den Gegenstand des Verfahrens durch Vorschriften des bürgerlichen Rechts als geschäftsfähig oder durch Vorschriften des öffentlichen Rechts als handlungsfähig anerkannt sind,

---

[1)] § 79 Abs. 2 geänd. mWv 1.1.2023 durch G v. 4.5.2021 (BGBl. I S. 882).

3. juristische Personen, Vereinigungen oder Vermögensmassen durch ihre gesetzlichen Vertreter oder durch besonders Beauftragte,
4. Behörden durch ihre Leiter, deren Vertreter oder Beauftragte.

(2) Betrifft ein Einwilligungsvorbehalt nach § *1903* [***ab 1.1.2023:*** 1825] des Bürgerlichen Gesetzbuchs den Gegenstand des Verfahrens, so ist ein geschäftsfähiger Betreuter nur insoweit zur Vornahme von Verfahrenshandlungen fähig, als er nach den Vorschriften des bürgerlichen Rechts ohne Einwilligung des Betreuers handeln kann oder durch Vorschriften des öffentlichen Rechts als handlungsfähig anerkannt ist.

(3) Die §§ 53 und 55 der Zivilprozessordnung gelten entsprechend.

§ 80[1)] **Bevollmächtigte und Beistände.** (1) [1]Ein Beteiligter kann sich durch einen Bevollmächtigten vertreten lassen. [2]Die Vollmacht ermächtigt zu allen das Verwaltungsverfahren betreffenden Verfahrenshandlungen, sofern sich aus ihrem Inhalt nicht etwas anderes ergibt; sie ermächtigt nicht zum Empfang von Steuererstattungen und Steuervergütungen. [3]Ein Widerruf der Vollmacht wird der Finanzbehörde gegenüber erst wirksam, wenn er ihr zugeht; [4]Gleiches gilt für eine Veränderung der Vollmacht.

(2) [1]Bei Personen und Vereinigungen im Sinne der §§ 3 und 4 Nummer 11 des Steuerberatungsgesetzes, die für den Steuerpflichtigen handeln, wird eine ordnungsgemäße Bevollmächtigung vermutet. [2]Für den Abruf von bei den Landesfinanzbehörden zum Vollmachtgeber gespeicherten Daten wird eine ordnungsgemäße Bevollmächtigung nur nach Maßgabe des § 80a Absatz 2 und 3 vermutet.

(3) Die Finanzbehörde kann auch ohne Anlass den Nachweis der Vollmacht verlangen.

(4) [1]Die Vollmacht wird weder durch den Tod des Vollmachtgebers noch durch eine Veränderung in seiner Handlungsfähigkeit oder durch eine Veränderung seiner gesetzlichen Vertretung aufgehoben. [2]Der Bevollmächtigte hat jedoch, wenn er für den Rechtsnachfolger im Verwaltungsverfahren auftritt, dessen Vollmacht auf Verlangen nachzuweisen.

(5) [1]Ist für das Verfahren ein Bevollmächtigter bestellt, so soll sich die Finanzbehörde an ihn wenden. [2]Sie kann sich an den Beteiligten selbst wenden, soweit er zur Mitwirkung verpflichtet ist. [3]Wendet sich die Finanzbehörde an den Beteiligten, so soll der Bevollmächtigte verständigt werden. [4]Für die Bekanntgabe von Verwaltungsakten an einen Bevollmächtigten gilt § 122 Absatz 1 Satz 3 und 4.

(6) [1]Ein Beteiligter kann zu Verhandlungen und Besprechungen mit einem Beistand erscheinen. [2]Das von dem Beistand Vorgetragene gilt als von dem Beteiligten vorgebracht, soweit dieser nicht unverzüglich widerspricht.

(7) [1]Soweit ein Bevollmächtigter geschäftsmäßig Hilfe in Steuersachen leistet, ohne dazu befugt zu sein, ist er mit Wirkung für alle anhängigen und künftigen Verwaltungsverfahren des Vollmachtgebers im Zuständigkeitsbereich der Fi-

---

[1)] § 80 neu gef. mWv 1.1.2017 durch G v. 18.7.2016 (BGBl. I S. 1679); zur Anwendung s. auch Art. 97 § 1 Abs. 11 EGAO (Nr. **800a**).

§ 88a[1)] Sammlung von geschützten Daten. [1]Soweit es zur Sicherstellung einer gleichmäßigen Festsetzung und Erhebung der Steuern erforderlich ist, dürfen die Finanzbehörden nach § 30 geschützte Daten auch für Zwecke künftiger Verfahren im Sinne des § 30 Abs. 2 Nr. 1 Buchstabe a und b, insbesondere zur Gewinnung von Vergleichswerten, in Dateisystemen verarbeiten. [2]Eine Verarbeitung ist nur für Verfahren im Sinne des § 30 Abs. 2 Nr. 1 Buchstabe a und b zulässig.

§ 88b[2)] Länderübergreifender Abruf und Verwendung von Daten zur Verhütung, Ermittlung und Verfolgung von Steuerverkürzungen.

(1) Für Zwecke eines Verwaltungsverfahrens in Steuersachen, eines Strafverfahrens wegen einer Steuerstraftat oder eines Bußgeldverfahrens wegen einer Steuerordnungswidrigkeit von Finanzbehörden gespeicherte Daten dürfen zum gegenseitigen Datenabruf bereitgestellt und dann von den zuständigen Finanzbehörden zur Verhütung, Ermittlung oder Verfolgung von

1. länderübergreifenden Steuerverkürzungen,
2. Steuerverkürzungen von internationaler Bedeutung oder
3. Steuerverkürzungen von erheblicher Bedeutung

untereinander abgerufen, im Wege des automatisierten Datenabgleichs überprüft, verwendet und gespeichert werden, auch soweit sie durch § 30 geschützt sind.

(2) Auswertungsergebnisse nach Absatz 1 sind den jeweils betroffenen zuständigen Finanzbehörden elektronisch zur Verfügung zu stellen.

(3) [1]Durch Rechtsverordnung der jeweils zuständigen Landesregierung wird bestimmt, welche Finanzbehörden auf Landesebene für die in den Absätzen 1 und 2 genannten Tätigkeiten zuständig sind. [2]Die Landesregierung kann diese Verpflichtung durch Rechtsverordnung auf die für die Finanzverwaltung zuständige oberste Landesbehörde übertragen.

§ 88c[3)] Informationsaustausch über kapitalmarktbezogene Gestaltungen. (1) [1]Finanzbehörden haben Tatsachen, die sie dienstlich erfahren haben und aus denen sich nach Würdigung der Gesamtumstände Anhaltspunkte für Steuergestaltungen ergeben, die die Erlangung eines Steuervorteils aus der Erhebung oder Entlastung von Kapitalertragsteuer mit erheblicher Bedeutung zum Gegenstand haben, im Einvernehmen mit der zuständigen obersten Finanzbehörde oder der von ihr bestimmten Finanzbehörde dem Bundeszentralamt für Steuern zu übermitteln. [2]Für die Beurteilung der erheblichen Bedeutung ist insbesondere die Höhe des erlangten Steuervorteils und die Möglichkeit der Nutzung der Gestaltung durch andere Schuldner der Kapitalertragsteuer zu berücksichtigen.

(2) [1]Das Bundeszentralamt für Steuern speichert die ihm von den Finanzbehörden nach Absatz 1 übermittelten Informationen und analysiert diese im

---

[1)] § 88a Satz 1 und 2 geänd. mWv 25.5.2018 durch G v. 17.7.2017 (BGBl. I S. 2541).

[2)] § 88b eingef. mWv 23.7.2016 durch G v. 18.7.2016 (BGBl. I S. 1679); zur Anwendung s. auch Art. 97 § 1 Abs. 11 EGAO (Nr. **800a**).

[3)] § 88c eingef. mWv 9.6.2021 durch G v. 2.6.2021 (BGBl. I S. 1259).

Hinblick auf missbräuchliche Steuergestaltungsmodelle. [2]Benötigt das Bundeszentralamt für Steuern zur weiteren Aufklärung eines Sachverhaltes ergänzende Informationen von der nach Absatz 1 übermittelnden Finanzbehörde, hat diese dem Bundeszentralamt für Steuern die hierzu erforderlichen Informationen auf Ersuchen zu übermitteln. [3]Das Bundeszentralamt für Steuern darf die ihm nach Maßgabe dieser Vorschrift übermittelten personenbezogenen Daten speichern und verwenden, soweit dies zur Erfüllung seiner Aufgaben nach Satz 1 erforderlich ist.

(3) [1]Das Bundeszentralamt für Steuern ist berechtigt, den für die Verwaltung der Kapitalertragsteuer zuständigen Finanzbehörden seine erlangten Sachverhaltserkenntnisse zu übermitteln und im dazu erforderlichen Umfang auch personenbezogene Daten offenzulegen. [2]Die empfangende Behörde oder Stelle darf ihr nach Satz 1 übermittelte personenbezogene Daten speichern und verwenden, soweit dies zur Erfüllung ihrer Aufgaben nach diesem Gesetz erforderlich ist.

(4) Die Verarbeitung personenbezogener Daten durch Finanzbehörden nach Maßgabe der Absätze 1 bis 3 ist ein Verwaltungsverfahren in Steuersachen im Sinne dieses Gesetzes.

§ 89 Beratung, Auskunft. (1) [1]Die Finanzbehörde soll die Abgabe von Erklärungen, die Stellung von Anträgen oder die Berichtigung von Erklärungen oder Anträgen anregen, wenn diese offensichtlich nur versehentlich oder aus Unkenntnis unterblieben oder unrichtig abgegeben oder gestellt worden sind. [2]Sie erteilt, soweit erforderlich, Auskunft über die den Beteiligten im Verwaltungsverfahren zustehenden Rechte und die ihnen obliegenden Pflichten.

(2)[1)] [1]Die Finanzämter und das Bundeszentralamt für Steuern können auf Antrag verbindliche Auskünfte über die steuerliche Beurteilung von genau bestimmten, noch nicht verwirklichten Sachverhalten erteilen, wenn daran im Hinblick auf die erheblichen steuerlichen Auswirkungen ein besonderes Interesse besteht. [2]Zuständig für die Erteilung einer verbindlichen Auskunft ist die Finanzbehörde, die bei Verwirklichung des dem Antrag zugrunde liegenden Sachverhalts örtlich zuständig sein würde. [3]Bei Antragstellern, für die im Zeitpunkt der Antragstellung nach den §§ 18 bis 21 keine Finanzbehörde zuständig ist, ist auf dem Gebiet der Steuern, die von den Landesfinanzbehörden im Auftrag des Bundes verwaltet werden, abweichend von Satz 2 das Bundeszentralamt für Steuern zuständig; in diesem Fall bindet die verbindliche Auskunft auch die Finanzbehörde, die bei der Verwirklichung des der Auskunft zugrunde liegenden Sachverhalts zuständig ist. [4]Über den Antrag auf Erteilung einer verbindlichen Auskunft soll innerhalb von sechs Monaten ab Eingang des Antrags bei der zuständigen Finanzbehörde entschieden werden; kann die Finanzbehörde nicht innerhalb dieser Frist über den Antrag entscheiden, ist dies dem Antragsteller unter Angabe der Gründe mitzuteilen. [5]Das

---

[1)] § 89 Abs. 2 angef. mWv 12.9.2006 durch G v. 5.9.2006 (BGBl. I S. 2098), Abs. 2 Satz 1 geänd., Abs. 3 bis 5 angef. mWv 19.12.2006 durch G v. 13.12.2006 (BGBl. I S. 2878); Abs. 2 Satz 5 angef. mWv 30.6.2013 durch G v. 26.6.2013 (BGBl. I S. 1809); Abs. 2 Satz 4 eingef. mWv 1.1.2017 (Art. 97 § 25 Abs. 2 Satz 1 EGAO – Nr. **800a**); Abs. 2 Satz 6 eingef. mWv 23.7.2016 durch G v. 18.7.2016 (BGBl. I S. 1679).

Bundesministerium der Finanzen wird ermächtigt, mit Zustimmung des Bundesrates durch Rechtsverordnung nähere Bestimmungen zu Form, Inhalt und Voraussetzungen des Antrages auf Erteilung einer verbindlichen Auskunft und zur Reichweite der Bindungswirkung zu treffen. 6 In der Rechtsverordnung kann auch bestimmt werden, unter welchen Voraussetzungen eine verbindliche Auskunft gegenüber mehreren Beteiligten einheitlich zu erteilen ist und welche Finanzbehörde in diesem Fall für die Erteilung der verbindlichen Auskunft zuständig ist. 7 Die Rechtsverordnung bedarf nicht der Zustimmung des Bundesrates, soweit sie die Versicherungsteuer betrifft.

(3)[1] 1 Für die Bearbeitung eines Antrags auf Erteilung einer verbindlichen Auskunft nach Absatz 2 wird eine Gebühr erhoben. 2 Wird eine verbindliche Auskunft gegenüber mehreren Antragstellern einheitlich erteilt, ist nur eine Gebühr zu erheben; in diesem Fall sind alle Antragsteller Gesamtschuldner der Gebühr.[2] 3 Die Gebühr ist vom Antragsteller innerhalb eines Monats nach Bekanntgabe ihrer Festsetzung zu entrichten. 4 Die Finanzbehörde kann die Entscheidung über den Antrag bis zur Entrichtung der Gebühr zurückstellen.

(4)[1] 1 Die Gebühr wird nach dem Wert berechnet, den die verbindliche Auskunft für den Antragsteller hat (Gegenstandswert). 2 Der Antragsteller soll den Gegenstandswert und die für seine Bestimmung erheblichen Umstände in seinem Antrag auf Erteilung einer verbindlichen Auskunft darlegen. 3 Die Finanzbehörde soll der Gebührenfestsetzung den vom Antragsteller erklärten Gegenstandswert zugrunde legen, soweit dies nicht zu einem offensichtlich unzutreffenden Ergebnis führt.

(5)[1] 1 Die Gebühr wird in entsprechender Anwendung des § 34 des Gerichtskostengesetzes mit einem Gebührensatz von 1,0 erhoben. 2 § 39 Absatz 2 des Gerichtskostengesetzes ist entsprechend anzuwenden. 3 Beträgt der Gegenstandswert weniger als 10 000 Euro, wird keine Gebühr erhoben.

(6)[1] 1 Ist ein Gegenstandswert nicht bestimmbar und kann er auch nicht durch Schätzung bestimmt werden, ist eine Zeitgebühr zu berechnen; sie beträgt 50 Euro je angefangene halbe Stunde Bearbeitungszeit. 2 Beträgt die Bearbeitungszeit weniger als zwei Stunden, wird keine Gebühr erhoben.

(7)[3] 1 Auf die Gebühr kann ganz oder teilweise verzichtet werden, wenn ihre Erhebung nach Lage des einzelnen Falls unbillig wäre. 2 Die Gebühr kann insbesondere ermäßigt werden, wenn ein Antrag auf Erteilung einer verbindlichen Auskunft vor Bekanntgabe der Entscheidung der Finanzbehörde zurückgenommen wird.

§ 89a[4] **Vorabverständigungsverfahren.** (1) 1 Bei Anwendbarkeit eines Abkommens zur Vermeidung der Doppelbesteuerung, welches ein Verständi-

---

[1] § 89 Abs. 3 bis 5 ersetzt durch Abs. 3 bis 7 durch G v. 1.11.2011 (BGBl. I S. 2131); zur Anwendung siehe Art. 97 § 25 EGAO (Nr. **800a**).

[2] § 89 Abs. 3 Satz 2 eingef., bish. Sätze 2 und 3 werden Sätze 3 und 4 durch G v. 18.7.2016 (BGBl. I S. 1679); zur Anwendung siehe Art. 97 § 25 Satz 2 EGAO.

[3] § 89 Abs. 3 bis 5 ersetzt durch Abs. 3 bis 7 durch G v. 1.11.2011 (BGBl. I S. 2131); zur Anwendung siehe Art. 97 § 25 EGAO (Nr. **800a**).

[4] § 89a eingef. durch G v. 2.6.2021 (BGBl. I S. 1259); zur Anwendung siehe Art. 97 § 34 Satz 1 EGAO (Nr. **800a**).

gungsverfahren zur Vermeidung der Doppelbesteuerung zwischen der Bundesrepublik Deutschland und einem anderen Staat oder Hoheitsgebiet (Vertragsstaat) vorsieht, kann die zuständige Behörde nach § 5 Absatz 1 Satz 1 Nummer 5 des Finanzverwaltungsgesetzes im Einvernehmen mit der zuständigen obersten Landesfinanzbehörde oder der von dieser beauftragten Behörde nach den Bestimmungen dieser Vorschrift auf Antrag eines Abkommensberechtigten (Antragsteller) ein zwischenstaatliches Verfahren über die steuerliche Beurteilung von genau bestimmten, im Zeitpunkt der Antragstellung noch nicht verwirklichten Sachverhalten für einen bestimmten Geltungszeitraum, der in der Regel fünf Jahre nicht überschreiten soll, mit der zuständigen Behörde des anderen Vertragsstaates einleiten (Vorabverständigungsverfahren). [2] Satz 1 gilt nur, wenn

1. die Gefahr einer Doppelbesteuerung bezüglich des bestimmten Sachverhalts besteht und
2. es wahrscheinlich ist,
   a) die Doppelbesteuerung durch das Vorabverständigungsverfahren zu vermeiden und
   b) eine übereinstimmende Abkommensauslegung mit der zuständigen Behörde des anderen Vertragsstaates zu erreichen.

[3] Die Einleitung setzt eine nach Absatz 7 unanfechtbar gewordene Gebührenfestsetzung und die Entrichtung der Gebühr voraus. [4] Betrifft ein Sachverhalt mehrere Abkommensberechtigte und kann der Sachverhalt nur einheitlich steuerlich beurteilt werden, kann das Vorabverständigungsverfahren nur von allen betroffenen Abkommensberechtigten gemeinsam beantragt werden; Verfahrenshandlungen können in diesen Fällen nur gemeinsam vorgenommen werden. [5] Hierfür benennen die Antragsteller einen Vertreter. [6] Die Antragsteller bestellen in den Fällen des Satzes 4 einen gemeinsamen Empfangsbevollmächtigten, der ermächtigt ist, für sie alle Verwaltungsakte und Mitteilungen in Empfang zu nehmen. [7] Ist ein Steuerabzugsverfahren Gegenstand der steuerlichen Beurteilung, kann auch der Abzugsverpflichtete den Antrag auf Einleitung eines Vorabverständigungsverfahrens stellen. [8] Betrifft ein Sachverhalt die steuerliche Beurteilung im Verhältnis zu mehreren Vertragsstaaten, kann der Antragsteller einen zusammengefassten Antrag auf Einleitung mehrerer Vorabverständigungsverfahren stellen.

(2) [1] Der Antrag nach Absatz 1 hat zu enthalten:

1. die genaue Bezeichnung des Antragstellers und aller anderen Beteiligten,
2. die Bezeichnung der örtlich zuständigen Finanzbehörde sowie die maßgebliche Steuernummer,
3. die Identifikationsnummer nach § 139b oder die Wirtschafts-Identifikationsnummer nach § 139c; wenn die Wirtschafts-Identifikationsnummer noch nicht vergeben wurde, die Steuernummer,
4. die betroffenen Vertragsstaaten,
5. eine umfassende und in sich abgeschlossene Darstellung des Sachverhalts einschließlich des erwünschten Geltungszeitraums der Vorabverständigungsvereinbarung,
6. die Darlegung, weshalb eine Gefahr der Doppelbesteuerung besteht, sowie

7. die Erklärung, ob über den zur Beurteilung gestellten Sachverhalt eine verbindliche Auskunft nach § 89, eine verbindliche Zusage nach § 204, eine Anrufungsauskunft nach § 42e des Einkommensteuergesetzes oder in dem anderen betroffenen Vertragsstaat eine vergleichbare Auskunft oder Zusage beantragt oder erteilt wurde.

[2] Dem Antrag sind die erforderlichen Unterlagen beizufügen, insbesondere solche, die zur Würdigung des Sachverhalts erforderlich sind. [3] Der Antrag ist bei der nach Absatz 1 Satz 1 zuständigen Behörde schriftlich oder elektronisch zu stellen.

(3) [1] Im Einvernehmen mit der zuständigen obersten Landesfinanzbehörde unterzeichnet die nach Absatz 1 Satz 1 zuständige Behörde die Vorabverständigungsvereinbarung mit dem anderen Vertragsstaat nur, wenn die Vereinbarung mindestens unter der Bedingung steht, dass der Antragsteller

1. dem Inhalt der Vorabverständigungsvereinbarung zustimmt und
2. im Geltungsbereich dieses Gesetzes auf die Einlegung von Rechtsbehelfen gegen Steuerbescheide verzichtet, soweit diese die Ergebnisse der Vorabverständigungsvereinbarung für den bestimmten Geltungszeitraum zutreffend umsetzen (Rechtsbehelfsverzicht).

[2] Nach der Unterzeichnung teilt die nach Absatz 1 Satz 1 zuständige Behörde dem Antragsteller den Inhalt der Einigung mit und setzt ihm eine Frist zur Erfüllung der Bedingungen nach Satz 1. [3] Der Rechtsbehelfsverzicht des Antragstellers hat mit gesondertem Schreiben schriftlich oder zur Niederschrift gegenüber der nach Absatz 1 Satz 1 zuständigen Behörde zu erfolgen. [4] Wird keine Vorabverständigungsvereinbarung unterzeichnet, scheitert das Vorabverständigungsverfahren. [5] Dies ist insbesondere der Fall, wenn die zuständige Behörde des anderen Vertragsstaates ein Verfahren nicht einleitet oder die zuständigen Behörden zu keiner übereinstimmenden Abkommensauslegung gelangen. [6] Das Verfahren scheitert auch, wenn der Antragsteller die Bedingungen nach Satz 1 nicht fristgemäß erfüllt. [7] Ein Vorabverständigungsverfahren wird im Einvernehmen mit der zuständigen obersten Landesfinanzbehörde oder der von dieser beauftragten Behörde geführt.

(4) [1] Die örtlich zuständige Finanzbehörde ist an die unterzeichnete Vorabverständigungsvereinbarung nicht gebunden, wenn

1. die in der Vorabverständigungsvereinbarung enthaltenen Bedingungen nicht oder nicht mehr erfüllt werden,
2. der andere beteiligte Vertragsstaat die Vorabverständigungsvereinbarung nicht einhält oder
3. die Rechtsvorschriften, auf denen die Vorabverständigungsvereinbarung beruht, aufgehoben oder geändert werden.

[2] Die Prüfung der Voraussetzungen nach Satz 1 obliegt der nach Absatz 1 Satz 1 zuständigen Behörde im Einvernehmen mit der zuständigen obersten Landesfinanzbehörde oder der von dieser beauftragten Behörde. [3] Die Bindungswirkung der Vorabverständigungsvereinbarung entfällt in dem Zeitpunkt, in dem eine der Voraussetzungen nach Satz 1 vorliegt.

(5) [1]Steht der Vorabverständigungsvereinbarung eine bereits erteilte verbindliche Auskunft nach § 89, eine bereits erteilte verbindliche Zusage nach § 204 oder eine Anrufungsauskunft nach § 42e des Einkommensteuergesetzes entgegen, kann die nach § 131 Absatz 4 zuständige Finanzbehörde im Einvernehmen mit der nach Absatz 1 Satz 1 zuständigen Behörde die verbindliche Auskunft, die verbindliche Zusage oder die Anrufungsauskunft widerrufen. [2]Erfolgt kein Widerruf nach Satz 1 und wurde bereits eine Vorabverständigungsvereinbarung unterzeichnet, kann die örtlich zuständige Finanzbehörde im Einvernehmen mit der nach Absatz 1 Satz 1 zuständigen Behörde gegenüber dem Antragsteller erklären, dass sie an die unterzeichnete Vorabverständigungsvereinbarung nicht gebunden ist.

(6) [1]Eine unterzeichnete Vorabverständigungsvereinbarung kann von der nach Absatz 1 Satz 1 zuständigen Behörde über den bestimmten Geltungszeitraum hinaus auf Antrag verlängert werden. [2]Die Vorabverständigungsvereinbarung kann auf Antrag auf Veranlagungszeiträume, die dem Geltungszeitraum der Vereinbarung vorangehen, angewendet werden; die Fristen für Verständigungsverfahren des jeweils maßgebenden Abkommens zur Vermeidung der Doppelbesteuerung sind zu beachten. [3]Die Sätze 1 und 2 setzen das Einvernehmen mit der zuständigen obersten Landesfinanzbehörde oder mit der von dieser beauftragten Behörde und der zuständigen Behörde des anderen Vertragsstaates voraus.

(7) [1]Die nach Absatz 1 Satz 1 zuständige Behörde erhebt für die Bearbeitung eines Antrags nach Absatz 1 oder Absatz 6 Satz 1 Gebühren, die vor Einleitung des Vorabverständigungsverfahrens oder der Bearbeitung eines Verlängerungsantrags festzusetzen sind. [2]Die Einleitung des Vorabverständigungsverfahrens oder die Bearbeitung eines Verlängerungsantrags erfolgt durch die Versendung des ersten Schriftsatzes an den anderen Vertragsstaat. [3]Die Gebühr ist vom Antragsteller innerhalb eines Monats nach Bekanntgabe ihrer Festsetzung zu entrichten. [4]Das Vorabverständigungsverfahren oder die Bearbeitung eines Verlängerungsantrags wird erst eingeleitet, wenn die Gebührenfestsetzung unanfechtbar geworden und die Gebühr entrichtet ist. [5]Die Gebühr beträgt 30 000 Euro für jeden Antrag im Sinne des Absatzes 1 sowie 15 000 Euro für jeden Verlängerungsantrag nach Absatz 6 Satz 1. [6]Sofern es sich bei dem Antrag nicht um einen Verrechnungspreisfall handelt, beträgt die Gebühr für jeden Antrag ein Viertel der Gebühren nach Satz 5; Verrechnungspreisfälle sind Fälle, die die grenzüberschreitende Gewinnabgrenzung zwischen nahestehenden Personen und die Gewinnzuordnung zu Betriebsstätten betreffen. [7]Bezieht sich der Antrag auf einen Sachverhalt, für dessen steuerliche Beurteilung im Zeitpunkt der Antragstellung bereits eine koordinierte bilaterale oder multilaterale steuerliche Außenprüfung durchgeführt wurde, die zu einem übereinstimmend festgestellten Sachverhalt und zu einer übereinstimmenden steuerlichen Würdigung geführt hat, wird die Gebühr um 75 Prozent reduziert. [8]Sofern die Summe der von dem Vorabverständigungsverfahren erfassten Geschäftsvorfälle eines Verrechnungspreisfalls die Beträge des § 6 Absatz 2 Satz 1 der Gewinnabgrenzungsaufzeichnungs-Verordnung vom 12. Juli 2017 (BGBl. I S. 2367) voraussichtlich nicht überschreitet, beträgt die Gebühr 10 000 Euro für jeden Antrag im Sinne des Absatzes 1 und 7500 Euro

für jeden Antrag nach Absatz 6 Satz 1. [9]In den Fällen des Absatzes 1 Satz 4 und 6 liegt ein Antrag vor, für den nur eine Gebühr festzusetzen und zu entrichten ist. [10]In den Fällen des Absatzes 1 Satz 8 ist für jedes Vorabverständigungsverfahren eine gesonderte Gebühr festzusetzen und zu entrichten.

(8) [1]Nimmt der Antragsteller seinen Antrag nach Absatz 1 Satz 1 vor Bekanntgabe der Gebührenfestsetzung zurück, kann von einer Gebührenfestsetzung abgesehen werden. [2]Wird der Antrag zurückgenommen oder abgelehnt, wird eine zu diesem Zeitpunkt unanfechtbar festgesetzte Gebühr nicht erstattet; dies gilt auch im Fall des Scheiterns des Vorabverständigungsverfahrens.

§ 90 Mitwirkungspflichten der Beteiligten. (1) [1]Die Beteiligten sind zur Mitwirkung bei der Ermittlung des Sachverhalts verpflichtet. [2]Sie kommen der Mitwirkungspflicht insbesondere dadurch nach, dass sie die für die Besteuerung erheblichen Tatsachen vollständig und wahrheitsgemäß offen legen und die ihnen bekannten Beweismittel angeben. [3]Der Umfang dieser Pflichten richtet sich nach den Umständen des Einzelfalls.

(2)[1)] [1]Ist ein Sachverhalt zu ermitteln und steuerrechtlich zu beurteilen, der sich auf Vorgänge außerhalb des Geltungsbereichs dieses Gesetzes bezieht, so haben die Beteiligten diesen Sachverhalt aufzuklären und die erforderlichen Beweismittel zu beschaffen. [2]Sie haben dabei alle für sie bestehenden rechtlichen und tatsächlichen Möglichkeiten auszuschöpfen. [[3] *Bestehen objektiv erkennbare Anhaltspunkte für die Annahme, dass der Steuerpflichtige über Geschäftsbeziehungen zu Finanzinstituten in einem Staat oder Gebiet verfügt, mit dem kein Abkommen besteht, das die Erteilung von Auskünften entsprechend Artikel 26 des Musterabkommens der OECD zur Vermeidung der Doppelbesteuerung auf dem Gebiet der Steuern vom Einkommen und vom Vermögen in der Fassung von 2005 vorsieht, oder der Staat oder das Gebiet keine Auskünfte in einem vergleichbaren Umfang erteilt oder keine Bereitschaft zu einer entsprechenden Auskunftserteilung besteht, hat der Steuerpflichtige nach Aufforderung der Finanzbehörde die Richtigkeit und Vollständigkeit seiner Angaben an Eides statt zu versichern und die Finanzbehörde zu bevollmächtigen, in seinem Namen mögliche Auskunftsansprüche gegenüber den von der Finanzbehörde benannten Kreditinstituten außergerichtlich und gerichtlich geltend zu machen; die Versicherung an Eides statt kann nicht nach § 328 erzwungen werden.*] [3]Ein Beteiligter kann sich nicht darauf berufen, dass er Sachverhalte nicht aufklären oder Beweismittel nicht beschaffen kann, wenn er sich nach Lage des Falls bei der Gestaltung seiner Verhältnisse die Möglichkeit dazu hätte beschaffen oder einräumen lassen können.

(3)[2)] [1]Ein Steuerpflichtiger hat über die Art und den Inhalt seiner Geschäftsbeziehungen im Sinne des § 1 Absatz 4 des Außensteuergesetzes Aufzeichnungen zu erstellen. [2]Die Aufzeichnungspflicht umfasst neben der Darstellung der Geschäftsvorfälle (Sachverhaltsdokumentation) auch die wirtschaftlichen

---

[1)] § 90 Abs. 2 Satz 3 eingef., bish. Satz 3 wird Satz 4 durch G v. 29.7.2009 (BGBl. I S. 2302); zur erstmaligen Anwendung ab 1.1.2010 siehe Art. 97 § 22 Abs. 2 EGAO (Nr. **800a**); Satz 3 aufgeh., bish. Satz 4 wird Satz 3 mWv 1.1.2022 (Art. 97 § 22 Abs. 4 EGAO; Nr. **800a**) durch G v. 25.6.2021 (BGBl. I S. 2056).

[2)] § 90 Abs. 3 neu gef. durch G v. 20.12.2016 (BGBl. I S. 3000); zur Anwendung ab 1.1.2017 siehe Art. 97 § 22 Abs. 1 Satz 4 EGAO (Nr. **800a**).

und rechtlichen Grundlagen für eine den Fremdvergleichsgrundsatz beachtende Vereinbarung von Bedingungen, insbesondere Preisen (Verrechnungspreisen), sowie insbesondere Informationen zum Zeitpunkt der Verrechnungspreisbestimmung, zur verwendeten Verrechnungspreismethode und zu den verwendeten Fremdvergleichsdaten (Angemessenheitsdokumentation). [3] Hat ein Steuerpflichtiger Aufzeichnungen im Sinne des Satzes 1 für ein Unternehmen zu erstellen, das Teil einer multinationalen Unternehmensgruppe ist, so gehört zu den Aufzeichnungen auch ein Überblick über die Art der weltweiten Geschäftstätigkeit der Unternehmensgruppe und über die von ihr angewandte Systematik der Verrechnungspreisbestimmung, es sei denn, der Umsatz des Unternehmens hat im vorangegangenen Wirtschaftsjahr weniger als 100 Millionen Euro betragen. [4] Eine multinationale Unternehmensgruppe besteht aus mindestens zwei in verschiedenen Staaten ansässigen, im Sinne des § 1 Absatz 2 des Außensteuergesetzes einander nahestehenden Unternehmen oder aus mindestens einem Unternehmen mit mindestens einer Betriebsstätte in einem anderen Staat. [5] Die Finanzbehörde soll die Vorlage von Aufzeichnungen im Regelfall nur für die Durchführung einer Außenprüfung verlangen. [6] Die Vorlage richtet sich nach § 97. [7] Sie hat jeweils auf Anforderung innerhalb einer Frist von 60 Tagen zu erfolgen. [8] Aufzeichnungen über außergewöhnliche Geschäftsvorfälle sind zeitnah zu erstellen und innerhalb einer Frist von 30 Tagen nach Anforderung durch die Finanzbehörde vorzulegen. [9] In begründeten Einzelfällen kann die Vorlagefrist nach den Sätzen 7 und 8 verlängert werden. [10] Die Aufzeichnungen sind auf Anforderung der Finanzbehörde zu ergänzen. [11] Um eine einheitliche Rechtsanwendung sicherzustellen, wird das Bundesministerium der Finanzen ermächtigt, mit Zustimmung des Bundesrates durch Rechtsverordnung Art, Inhalt und Umfang der zu erstellenden Aufzeichnungen zu bestimmen.

§ 91 Anhörung Beteiligter. (1) [1] Bevor ein Verwaltungsakt erlassen wird, der in Rechte eines Beteiligten eingreift, soll diesem Gelegenheit gegeben werden, sich zu den für die Entscheidung erheblichen Tatsachen zu äußern. [2] Dies gilt insbesondere, wenn von dem in der Steuererklärung erklärten Sachverhalt zuungunsten des Steuerpflichtigen wesentlich abgewichen werden soll.

(2) Von der Anhörung kann abgesehen werden, wenn sie nach den Umständen des Einzelfalls nicht geboten ist, insbesondere wenn

1. eine sofortige Entscheidung wegen Gefahr im Verzug oder im öffentlichen Interesse notwendig erscheint,
2. durch die Anhörung die Einhaltung einer für die Entscheidung maßgeblichen Frist in Frage gestellt würde,
3. von den tatsächlichen Angaben eines Beteiligten, die dieser in einem Antrag oder einer Erklärung gemacht hat, nicht zu seinen Ungunsten abgewichen werden soll,
4. die Finanzbehörde eine Allgemeinverfügung oder gleichartige Verwaltungsakte in größerer Zahl oder Verwaltungsakte mit Hilfe automatischer Einrichtungen erlassen will,
5. Maßnahmen in der Vollstreckung getroffen werden sollen.

(3) Eine Anhörung unterbleibt, wenn ihr ein zwingendes öffentliches Interesse entgegensteht.

§ 92 Beweismittel. [1]Die Finanzbehörde bedient sich der Beweismittel, die sie nach pflichtgemäßem Ermessen zur Ermittlung des Sachverhalts für erforderlich hält. [2]Sie kann insbesondere

1. Auskünfte jeder Art von den Beteiligten und anderen Personen einholen,
2. Sachverständige zuziehen,
3. Urkunden und Akten beiziehen,
4. den Augenschein einnehmen.

II. Beweis durch Auskünfte und Sachverständigengutachten

§ 93 Auskunftspflicht der Beteiligten und anderer Personen.

(1) [1]Die Beteiligten und andere Personen haben der Finanzbehörde die zur Feststellung eines für die Besteuerung erheblichen Sachverhalts erforderlichen Auskünfte zu erteilen. [2]Dies gilt auch für nicht rechtsfähige Vereinigungen, Vermögensmassen, Behörden und Betriebe gewerblicher Art der Körperschaften des öffentlichen Rechts. [3]Andere Personen als die Beteiligten sollen erst dann zur Auskunft angehalten werden, wenn die Sachverhaltsaufklärung durch die Beteiligten nicht zum Ziel führt oder keinen Erfolg verspricht.

(1a)[1)] [1]Die Finanzbehörde darf an andere Personen als die Beteiligten Auskunftsersuchen über eine ihr noch unbekannte Anzahl von Sachverhalten mit dem Grunde nach bestimmbaren, ihr noch nicht bekannten Personen stellen (Sammelauskunftsersuchen). [2]Voraussetzung für ein Sammelauskunftsersuchen ist, dass ein hinreichender Anlass für die Ermittlungen besteht und andere zumutbare Maßnahmen zur Sachverhaltsaufklärung keinen Erfolg versprechen. [3]Absatz 1 Satz 3 ist nicht anzuwenden.

(2) [1]In dem Auskunftsersuchen ist anzugeben, worüber Auskünfte erteilt werden sollen und ob die Auskunft für die Besteuerung des Auskunftspflichtigen oder für die Besteuerung anderer Personen angefordert wird. [2]Auskunftsersuchen haben auf Verlangen des Auskunftspflichtigen schriftlich zu ergehen.

(3) [1]Die Auskünfte sind wahrheitsgemäß nach bestem Wissen und Gewissen zu erteilen. [2]Auskunftspflichtige, die nicht aus dem Gedächtnis Auskunft geben können, haben Bücher, Aufzeichnungen, Geschäftspapiere und andere Urkunden, die ihnen zur Verfügung stehen, einzusehen und, soweit nötig, Aufzeichnungen daraus zu entnehmen.

(4) [1]Der Auskunftspflichtige kann die Auskunft schriftlich, elektronisch, mündlich oder fernmündlich erteilen. [2]Die Finanzbehörde kann verlangen, dass der Auskunftspflichtige schriftlich Auskunft erteilt, wenn dies sachdienlich ist.

(5) [1]Die Finanzbehörde kann anordnen, dass der Auskunftspflichtige eine mündliche Auskunft an Amtsstelle erteilt. [2]Hierzu ist sie insbesondere dann

---

1) § 93 Abs. 1a eingef. mWv 25.6.2017 durch G v. 23.6.2017 (BGBl. I S. 1682); zur Anwendung s. auch Art. 97 § 1 Abs. 12 Satz 1 EGAO.

befugt, wenn trotz Aufforderung eine schriftliche Auskunft nicht erteilt worden ist oder eine schriftliche Auskunft nicht zu einer Klärung des Sachverhalts geführt hat. 3 Absatz 2 Satz 1 gilt entsprechend.

(6) 1 Auf Antrag des Auskunftspflichtigen ist über die mündliche Auskunft an Amtsstelle eine Niederschrift aufzunehmen. 2 Die Niederschrift soll den Namen der anwesenden Personen, den Ort, den Tag und den wesentlichen Inhalt der Auskunft enthalten. 3 Sie soll von dem Amtsträger, dem die mündliche Auskunft erteilt wird, und dem Auskunftspflichtigen unterschrieben werden. 4 Den Beteiligten ist eine Abschrift der Niederschrift zu überlassen.

(7)[1] 1 Ein automatisierter Abruf von Kontoinformationen nach § 93b ist nur zulässig, soweit

1. der Steuerpflichtige eine Steuerfestsetzung nach § 32d Abs. 6 des Einkommensteuergesetzes beantragt oder

2.[2] *(aufgehoben)*

und der Abruf in diesen Fällen zur Festsetzung der Einkommensteuer erforderlich ist oder er erforderlich ist

3. zur Feststellung von Einkünften nach den §§ 20 und 23 Abs. 1 des Einkommensteuergesetzes in Veranlagungszeiträumen bis einschließlich des Jahres 2008 oder

4.[3] zur Erhebung von bundesgesetzlich geregelten Steuern oder Rückforderungsansprüchen bundesgesetzlich geregelter Steuererstattungen und Steuervergütungen oder

4a. zur Ermittlung, in welchen Fällen ein inländischer Steuerpflichtiger im Sinne des § 138 Absatz 2 Satz 1 Verfügungsberechtigter oder wirtschaftlich Berechtigter im Sinne des Geldwäschegesetzes eines Kontos oder Depots einer natürlichen Person, Personengesellschaft, Körperschaft, Personenvereinigung oder Vermögensmasse mit Wohnsitz, gewöhnlichem Aufenthalt, Sitz, Hauptniederlassung oder Geschäftsleitung außerhalb des Geltungsbereichs dieses Gesetzes ist, oder

4b. zur Ermittlung der Besteuerungsgrundlagen in den Fällen des § 208 Absatz 1 Satz 1 Nummer 3

oder

5. der Steuerpflichtige zustimmt.

2 In diesen Fällen darf die Finanzbehörde oder in den Fällen des § 1 Abs. 2 die Gemeinde das Bundeszentralamt für Steuern ersuchen, bei den Kreditinstituten einzelne Daten aus den nach § 93b Absatz 1 und 1a[4] zu führenden Datei-

---

[1] § 93 Abs. 7 neu gef. mWv 1.1.2009 durch G v. 14.8.2007 (BGBl. I S. 1912); Satz 2 geänd. mWv 25.5.2018 durch G v. 17.7.2017 (BGBl. I S. 2541).

[2] § 93 Abs. 7 Satz 1 Nr. 2 aufgeh. durch G v. 1.11.2011 (BGBl. I S. 2131); zur Anwendung siehe Art. 97 § 26 EGAO (Nr. **800a**).

[3] § 93 Abs. 7 Satz 1 Nr. 4 neu gef.; Nrn. 4a, 4b eingef. durch G v. 23.6.2017 (BGBl. I S. 1682); zur Anwendung siehe Art. 97 § 26 Abs. 2 Satz 1 EGAO (Nr. **800a**); Nr. 4a geänd. durch G v. 23.6.2017 (BGBl. I S. 1822).

[4] *§ 93 Abs.* 7 Satz 2 Verweise geänd. durch G v. 23.6.2017 (BGBl. I S. 1682); zur Anwendung des 2. Hs vgl. Art. 97 § 26 Abs. 2 Satz 1 EGAO (Nr. **800a**); zur Anwendung von § 93b Abs. 1 und 1a siehe Fn. dort.

systemen abzurufen; in den Fällen des Satzes 1 Nummer 1 bis 4b[1] darf ein Abrufersuchen nur dann erfolgen, wenn ein Auskunftsersuchen an den Steuerpflichtigen nicht zum Ziel geführt hat oder keinen Erfolg verspricht.

(8)[2] [1] Das Bundeszentralamt für Steuern erteilt auf Ersuchen Auskunft über die in § 93b Absatz 1 und 1a bezeichneten Daten, ausgenommen die Identifikationsnummer nach § 139b,

1. den für die Verwaltung
   a) der Grundsicherung für Arbeitsuchende nach dem Zweiten Buch Sozialgesetzbuch,
   b) der Sozialhilfe nach dem Zwölften Buch Sozialgesetzbuch,
   c) der Ausbildungsförderung nach dem Bundesausbildungsförderungsgesetz,
   d) der Aufstiegsfortbildungsförderung nach dem Aufstiegsfortbildungsförderungsgesetz,
   e) des Wohngeldes nach dem Wohngeldgesetz,
   f)[3] der Leistungen nach dem Asylbewerberleistungsgesetz und

   [*ab 1.1.2021:*

   g)[4] des Zuschlags an Entgeltpunkten für langjährige Versicherung nach dem Sechsten Buch Sozialgesetzbuch]

   zuständigen Behörden, soweit dies zur Überprüfung des Vorliegens der Anspruchsvoraussetzungen erforderlich ist und ein vorheriges Auskunftsersuchen an die betroffene Person nicht zum Ziel geführt hat oder keinen Erfolg verspricht;
2. den Polizeivollzugsbehörden des Bundes und der Länder, soweit dies zur Abwehr einer erheblichen Gefahr für die öffentliche Sicherheit erforderlich ist, und
3. den Verfassungsschutzbehörden der Länder, soweit dies für ihre Aufgabenerfüllung erforderlich ist und durch Landesgesetz ausdrücklich zugelassen ist.

[Fassung bis 31.12.2021:]

[2] Die für die Vollstreckung nach dem Verwaltungs-Vollstreckungsgesetz und nach den Verwaltungsvollstreckungsgesetzen der Länder zuständigen Behörden dürfen zur

[Fassung ab 1.1.2022:]

[2] Die für die Vollstreckung nach dem Verwaltungs-Vollstreckungsgesetz und nach den Verwaltungsvollstreckungsgesetzen der Länder zuständigen Behörden dürfen zur

---

[1] § 93 Abs. 7 Satz 2 Verweise geänd. durch G v. 23.6.2017 (BGBl. I S. 1682); zur Anwendung des 2. Hs vgl. Art. 97 § 26 Abs. 2 Satz 1 EGAO (Nr. **800a**); zur Anwendung von § 93b Abs. 1 und 1a siehe Fn. dort.

[2] § 93 Abs. 8 ersetzt durch Abs. 8 bis 10 mWv 18.8.2007 durch G v. 14.8.2007 (BGBl. I S. 1912); Satz 1 abschl. Satzteil und Satz 2 geänd. durch G v. 23.6.2017 (BGBl. I S. 1682); Satz 1 neu gef. mWv 26.6.2017 durch G v. 23.6.2017 (BGBl. I S. 1822); Satz 2 eingef., bish. Satz 2 wird Satz 3 mWv 6.7.2017 durch G v. 30.6.2017 (BGBl. I S. 2094); Satz 1 Nr. 1 geänd. mWv 26.11.2019, Sätze 1–3 geänd. mWv 1.1.2020 durch G v. 20.11.2019 (BGBl. I S. 1626); Satz 2 neu gef. mWv 1.1.2022 durch G v. 7.5.2021 (BGBl. I S. 850).

[3] § 93 Abs. 8 Satz 1 Nr. 1 Buchst. f angef. mWv 18.7.2019 durch G v. 11.7.2019 (BGBl. I S. 1066).

[4] § 93 Abs. 8 Satz 1 Nr. 1 Buchst. g angef. mWv 1.1.2021 durch G v. 12.8.2020 (BGBl. I S. 1879).

[Fassung bis 31.12.2021:]

Durchführung der Vollstreckung das Bundeszentralamt für Steuern ersuchen, bei den Kreditinstituten die in § 93b Absatz 1 und 1a bezeichneten Daten, ausgenommen die Identifikationsnummer nach § 139b, abzurufen, wenn

1. der Vollstreckungsschuldner seiner Pflicht, eine Vermögensauskunft zu erteilen, nicht nachkommt oder
2. bei einer Vollstreckung in die Vermögensgegenstände, die in der Vermögensauskunft angegeben sind, eine vollständige Befriedigung der Forderung, wegen der die Vermögensauskunft verlangt wird, voraussichtlich nicht zu erwarten ist.

[Fassung ab 1.1.2022:]

Durchführung der Vollstreckung das Bundeszentralamt für Steuern ersuchen, bei den Kreditinstituten die in § 93b Absatz 1 und 1a bezeichneten Daten, ausgenommen die Identifikationsnummer nach § 139b, abzurufen, wenn

1. die Ladung zu dem Termin zur Abgabe der Vermögensauskunft an den Vollstreckungsschuldner nicht zustellbar ist und
   a) die Anschrift, unter der die Zustellung ausgeführt werden sollte, mit der Anschrift übereinstimmt, die von einer der in § 755 Absatz 1 und 2 der Zivilprozessordnung genannten Stellen innerhalb von drei Monaten vor oder nach dem Zustellungsversuch mitgeteilt wurde, oder
   b) die Meldebehörde nach dem Zustellungsversuch die Auskunft erteilt, dass ihr keine derzeitige Anschrift des Vollstreckungsschuldners bekannt ist, oder
   c) die Meldebehörde innerhalb von drei Monaten vor Erlass der Vollstreckungsanordnung die Auskunft erteilt hat, dass ihr keine derzeitige Anschrift des Vollstreckungsschuldners bekannt ist;
2. der Vollstreckungsschuldner seiner Pflicht zur Abgabe der Vermögensauskunft in dem dem Ersuchen zugrundeliegenden Vollstreckungsverfahren nicht nachkommt oder
3. bei einer Vollstreckung in die in der Vermögensauskunft aufgeführten Vermögensgegenstände eine vollständige Befriedigung der Forderung nicht zu erwarten ist.

[3]Für andere Zwecke ist ein Abrufersuchen an das Bundeszentralamt für Steuern hinsichtlich der in § 93b Absatz 1 und 1a bezeichneten Daten, ausgenommen die Identifikationsnummer nach § 139b, nur zulässig, soweit dies durch ein Bundesgesetz ausdrücklich zugelassen ist.

(8a)[1] [1]Kontenabrufersuchen an das Bundeszentralamt für Steuern sind nach amtlich vorgeschriebenem Datensatz über die amtlich bestimmten Schnittstellen zu übermitteln; § 87a Absatz 6 und § 87b Absatz 1 und 2 gelten entsprechend. [2]Das Bundeszentralamt für Steuern kann Ausnahmen von der elektronischen Übermittlung zulassen. [3]Das Bundeszentralamt für Steuern soll der ersuchenden Stelle die Ergebnisse des Kontenabrufs elektronisch übermitteln; § 87a Absatz 7 und 8 gilt entsprechend.

(9)[2] [1]Vor einem Abrufersuchen nach Absatz 7 oder Absatz 8 ist die betroffene Person auf die Möglichkeit eines Kontenabrufs hinzuweisen; dies kann auch durch ausdrücklichen Hinweis in amtlichen Vordrucken und Merkblättern geschehen. [2]Nach Durchführung eines Kontenabrufs ist die betroffene Person vom Ersuchenden über die Durchführung zu benachrichtigen. [3]Ein Hinweis nach Satz 1 erster Halbsatz und eine Benachrichtigung nach Satz 2 unterbleiben, soweit die Voraussetzungen des § 32b Absatz 1 vorliegen oder die Information der betroffenen Person gesetzlich ausgeschlossen ist. [4]§ 32c Absatz 5 ist entsprechend anzuwenden. [5]In den Fällen des Absatzes 8 gilt Satz 4 entsprechend, soweit gesetzlich nichts anderes bestimmt ist. [6]Die Sätze 1 und 2 sind nicht anzuwenden in den Fällen des Absatzes 8 Satz 1 Nummer 2 oder 3 oder soweit dies bundesgesetzlich ausdrücklich bestimmt ist.

(10)[3] Ein Abrufersuchen nach Absatz 7 oder Absatz 8 und dessen Ergebnis sind vom Ersuchenden zu dokumentieren.

§ 93a[4] Allgemeine Mitteilungspflichten. (1)[5] [1]Zur Sicherung der Besteuerung nach § 85 kann die Bundesregierung durch Rechtsverordnung mit

(Fortsetzung nächstes Blatt)

---

[1]) § 93 Abs. 8a eingef. mWv 18.7.2019 durch G v. 11.7.2019 (BGBl. I S. 1066).

[2]) § 93 Abs. 9 angef. mWv 18.8.2007 durch G v. 14.8.2007 (BGBl. I S. 1912); Satz 4 angef. mWv 26.6.2017 durch G v. 23.6.2017 (BGBl. I S. 1822); Satz 3 wird ersetzt durch Sätze 3 bis 5, Satz 4 wird Satz 6 mWv 25.5.2018 durch G v. 17.7.2017 (BGBl. I S. 2541); Satz 1 geänd. mWv 26.11.2019 durch G v. 20.11.2019 (BGBl. I S. 1626); Satz 2 bericht. durch G v. 21.12.2020 (BGBl. I S. 3096).

[3]) § 93 Abs. 10 angef. mWv 18.8.2007 durch G v. 14.8.2007 (BGBl. I S. 1912).

[4]) § 93a Abs. 1 neu gef. mWv 1.1.2017 durch G v. 18.7.2016 (BGBl. I S. 1679): zur Anwendung s. auch Art. 97 § 1 Abs. 11 EGAO (Nr. **800a**); Abs. 1 Satz 1 Nr. 1 Buchst. b und Abs. 3 Satz 1 geänd. mWv 26.11.2019 durch G v. 20.11.2019 (BGBl. I S. 1626).

[5]) § 93a Abs. 1 einl. Satzteil geänd. mWv 29.12.2020 durch G v. 21.12.2020 (BGBl. I S. 3096).

(7) Soweit gesetzlich nichts anderes bestimmt ist, darf die mitteilungspflichtige Stelle die ausschließlich zum Zweck der Übermittlung erhobenen und gespeicherten Daten des Steuerpflichtigen nur für diesen Zweck verwenden.

(8) Die Absätze 1 bis 7 sind nicht anzuwenden auf

1. Datenübermittlungspflichten nach § 51a Absatz 2c oder Abschnitt XI des Einkommensteuergesetzes,
2. Datenübermittlungspflichten gegenüber den Zollbehörden,
3. Datenübermittlungen zwischen Finanzbehörden und
4. Datenübermittlungspflichten ausländischer öffentlicher Stellen.

§ 93d[1] **Verordnungsermächtigung.** [1]Das Bundesministerium der Finanzen kann durch Rechtsverordnung mit Zustimmung des Bundesrates bestimmen, dass Daten im Sinne des § 93c vor der erstmaligen Übermittlung für Zwecke der Erprobung erhoben werden, soweit dies zur Entwicklung, Überprüfung oder Änderung von automatisierten Verfahren erforderlich ist. [2]Die Daten dürfen in diesem Fall ausschließlich für Zwecke der Erprobung verarbeitet und müssen innerhalb eines Jahres nach Beendigung der Erprobung gelöscht werden.

§ 94 Eidliche Vernehmung. (1) [1]Hält die Finanzbehörde mit Rücksicht auf die Bedeutung der Auskunft oder zur Herbeiführung einer wahrheitsgemäßen Auskunft die Beeidigung einer anderen Person als eines Beteiligten für geboten, so kann sie das für den Wohnsitz oder den Aufenthaltsort der zu beeidigenden Person zuständige Finanzgericht um die eidliche Vernehmung ersuchen. [2]Befindet sich der Wohnsitz oder der Aufenthaltsort der zu beeidigenden Person nicht am Sitz eines Finanzgerichts oder eines besonders errichteten Senats, so kann auch das zuständige Amtsgericht um die eidliche Vernehmung ersucht werden.

(2) [1]In dem Ersuchen hat die Finanzbehörde den Gegenstand der Vernehmung sowie die Namen und Anschriften der Beteiligten anzugeben. [2]Das Gericht hat die Beteiligten und die ersuchende Finanzbehörde von den Terminen zu benachrichtigen. [3]Die Beteiligten und die ersuchende Finanzbehörde sind berechtigt, während der Vernehmung Fragen zu stellen.

(3) Das Gericht entscheidet über die Rechtmäßigkeit der Verweigerung des Zeugnisses oder der Eidesleistung.

§ 95 Versicherung an Eides statt. (1) [1]Die Finanzbehörde kann den Beteiligten auffordern, dass er die Richtigkeit von Tatsachen, die er behauptet, an Eides statt versichert. [2]Eine Versicherung an Eides statt soll nur gefordert werden, wenn andere Mittel zur Erforschung der Wahrheit nicht vorhanden sind, zu keinem Ergebnis geführt haben oder einen unverhältnismäßigen Aufwand erfordern. [3]Von eidesunfähigen Personen im Sinne des § 393 der Zivilprozessordnung darf eine eidesstattliche Versicherung nicht verlangt werden.

---

[1] § 93d eingef. durch G v. 18.7.2016 (BGBl. I S. 1679); zur Anwendung s. Art. 97 § 27 Abs. 2 EGAO (Nr. **800a**).

(2)[1] [1]Die Versicherung an Eides statt wird von der Finanzbehörde zur Niederschrift aufgenommen. [2]Zur Aufnahme sind der Behördenleiter, sein ständiger Vertreter sowie Angehörige des öffentlichen Dienstes befugt, welche die Befähigung zum Richteramt haben *oder die Voraussetzungen des § 110 Satz 1 des Deutschen Richtergesetzes erfüllen.* [3]Andere Angehörige des öffentlichen Dienstes kann der Behördenleiter oder sein ständiger Vertreter hierzu allgemein oder im Einzelfall schriftlich ermächtigen.

(3) [1]Die Angaben, deren Richtigkeit versichert werden soll, sind schriftlich festzustellen und dem Beteiligten mindestens eine Woche vor Aufnahme der Versicherung mitzuteilen. [2]Die Versicherung besteht darin, dass der Beteiligte unter Wiederholung der behaupteten Tatsachen erklärt: „Ich versichere an Eides statt, dass ich nach bestem Wissen die reine Wahrheit gesagt und nichts verschwiegen habe". [3]Bevollmächtigte und Beistände des Beteiligten sind berechtigt, an der Aufnahme der Versicherung an Eides statt teilzunehmen.

(4) [1]Vor der Aufnahme der Versicherung an Eides statt ist der Beteiligte über die Bedeutung der eidesstattlichen Versicherung und die strafrechtlichen Folgen einer unrichtigen oder unvollständigen eidesstattlichen Versicherung zu belehren. [2]Die Belehrung ist in der Niederschrift zu vermerken.

(5) [1]Die Niederschrift hat ferner die Namen der anwesenden Personen sowie den Ort und den Tag der Niederschrift zu enthalten. [2]Die Niederschrift ist dem Beteiligten, der die eidesstattliche Versicherung abgibt, zur Genehmigung vorzulesen oder auf Verlangen zur Durchsicht vorzulegen. [3]Die erteilte Genehmigung ist zu vermerken und von dem Beteiligten zu unterschreiben. [4]Die Niederschrift ist sodann von dem Amtsträger, der die Versicherung an Eides statt aufgenommen hat, sowie von dem Schriftführer zu unterschreiben.

(6) Die Versicherung an Eides statt kann nicht nach § 328 erzwungen werden.

§ 96 Hinzuziehung von Sachverständigen. (1) [1]Die Finanzbehörde bestimmt, ob ein Sachverständiger zuzuziehen ist. [2]Soweit nicht Gefahr im Verzug vorliegt, hat sie die Person, die sie zum Sachverständigen ernennen will, den Beteiligten vorher bekannt zu geben.

(2) [1]Die Beteiligten können einen Sachverständigen wegen Besorgnis der Befangenheit ablehnen, wenn ein Grund vorliegt, der geeignet ist, Zweifel an seiner Unparteilichkeit zu rechtfertigen oder wenn von seiner Tätigkeit die Verletzung eines Geschäfts- oder Betriebsgeheimnisses oder Schaden für die geschäftliche Tätigkeit eines Beteiligten zu befürchten ist. [2]Die Ablehnung ist der Finanzbehörde gegenüber unverzüglich nach Bekanntgabe der Person des Sachverständigen, jedoch spätestens innerhalb von zwei Wochen unter Glaubhaftmachung der Ablehnungsgründe geltend zu machen. [3]Nach diesem Zeitpunkt ist die Ablehnung nur zulässig, wenn glaubhaft gemacht wird, dass der Ablehnungsgrund vorher nicht geltend gemacht werden konnte. [4]Über die Ablehnung entscheidet die Finanzbehörde, die den Sachverständigen ernannt hat oder ernennen will. [5]Das Ablehnungsgesuch hat keine aufschiebende Wirkung.

---

[1] § 95 Abs. 2 Satz 2 kursiver Satzteil gestrichen mWv 1.8.2021 durch G v. 25.6.2021 (BGBl. I S. 2154).

(3) Fällt das Ende einer Frist auf einen Sonntag, einen gesetzlichen Feiertag oder einen Sonnabend, so endet die Frist mit dem Ablauf des nächstfolgenden Werktags.

(4) Hat eine Behörde Leistungen nur für einen bestimmten Zeitraum zu erbringen, so endet dieser Zeitraum auch dann mit dem Ablauf seines letzten Tages, wenn dieser auf einen Sonntag, einen gesetzlichen Feiertag oder einen Sonnabend fällt.

(5) Der von einer Behörde gesetzte Termin ist auch dann einzuhalten, wenn er auf einen Sonntag, gesetzlichen Feiertag oder Sonnabend fällt.

(6) Ist eine Frist nach Stunden bestimmt, so werden Sonntage, gesetzliche Feiertage oder Sonnabende mitgerechnet.

§ 109[1] Verlängerung von Fristen. (1) [1] Fristen zur Einreichung von Steuererklärungen und Fristen, die von einer Finanzbehörde gesetzt sind, können vorbehaltlich des Absatzes 2 verlängert werden. [2] Sind solche Fristen bereits abgelaufen, können sie vorbehaltlich des Absatzes 2 rückwirkend verlängert werden, insbesondere wenn es unbillig wäre, die durch den Fristablauf eingetretenen Rechtsfolgen bestehen zu lassen.

(2) [1] Absatz 1 ist

1. in den Fällen des § 149 Absatz 3 auf Zeiträume nach dem letzten Tag des Monats Februar[2] des zweiten auf den Besteuerungszeitraum folgenden Kalenderjahres und
2. in den Fällen des § 149 Absatz 4 auf Zeiträume nach dem in der Anordnung bestimmten Zeitpunkt

nur anzuwenden, falls der Steuerpflichtige ohne Verschulden verhindert ist oder war, die Steuererklärungsfrist einzuhalten. [2] Bei Steuerpflichtigen, die ihren Gewinn aus Land- und Forstwirtschaft nach einem vom Kalenderjahr abweichenden Wirtschaftsjahr ermitteln, tritt an die Stelle des letzten Tages des Monats Februar der 31. Juli[3] des zweiten auf den Besteuerungszeitraum folgenden Kalenderjahres. [3] Das Verschulden eines Vertreters oder eines Erfüllungsgehilfen ist dem Steuerpflichtigen zuzurechnen.

(3) Die Finanzbehörde kann die Verlängerung der Frist mit einer Nebenbestimmung versehen, insbesondere von einer Sicherheitsleistung abhängig machen.

(4)[4] Fristen zur Einreichung von Steuererklärungen und Fristen, die von einer Finanzbehörde gesetzt sind, können ausschließlich automationsgestützt verlängert werden, sofern zur Prüfung der Fristverlängerung ein automationsgestütztes Risikomanagementsystem nach § 88 Absatz 5 eingesetzt wird und kein Anlass dazu besteht, den Einzelfall durch Amtsträger zu bearbeiten.

---

[1] § 109 neu gef. durch G v. 18.7.2016 (BGBl. I S. 1679); zur Anwendung s. Art. 97 § 10a Abs. 4 Satz 1 EGAO (Nr. **800a**).

[2] Siehe hierzu Art. 97 § 36 Abs. 3 Nr. 1 EGAO (Nr. **800a**).

[3] Siehe hierzu Art. 97 § 36 Abs. 3 Nr. 2 EGAO (Nr. **800a**).

[4] § 109 Abs. 4 angef. durch G v. 12.12 2019 (BGBl. I S. 2451); zur Anwendung siehe Art. 97 § 1 Abs. 13 EGAO (Nr. **800a**).

§ 110 Wiedereinsetzung in den vorigen Stand. (1) [1]War jemand ohne Verschulden verhindert, eine gesetzliche Frist einzuhalten, so ist ihm auf Antrag Wiedereinsetzung in den vorigen Stand zu gewähren. [2]Das Verschulden eines Vertreters ist dem Vertretenen zuzurechnen.

(2) [1]Der Antrag ist innerhalb eines Monats nach Wegfall des Hindernisses zu stellen. [2]Die Tatsachen zur Begründung des Antrags sind bei der Antragstellung oder im Verfahren über den Antrag glaubhaft zu machen. [3]Innerhalb der Antragsfrist ist die versäumte Handlung nachzuholen. [4]Ist dies geschehen, so kann Wiedereinsetzung auch ohne Antrag gewährt werden.

(3) Nach einem Jahr seit dem Ende der versäumten Frist kann die Wiedereinsetzung nicht mehr beantragt oder die versäumte Handlung nicht mehr nachgeholt werden, außer wenn dies vor Ablauf der Jahresfrist infolge höherer Gewalt unmöglich war.

(4) Über den Antrag auf Wiedereinsetzung entscheidet die Finanzbehörde, die über die versäumte Handlung zu befinden hat.

5. Unterabschnitt: Rechts- und Amtshilfe

§ 111 Amtshilfepflicht. (1) [1]Alle Gerichte und Behörden haben die zur Durchführung der Besteuerung erforderliche Amtshilfe zu leisten. [2]§ 102 bleibt unberührt.

(2) Amtshilfe liegt nicht vor, wenn

1. Behörden einander innerhalb eines bestehenden Weisungsverhältnisses Hilfe leisten,
2. die Hilfeleistung in Handlungen besteht, die der ersuchten Behörde als eigene Aufgabe obliegen.

(3) Schuldenverwaltungen, Kreditinstitute sowie Betriebe gewerblicher Art der Körperschaften des öffentlichen Rechts fallen nicht unter diese Vorschrift.

(4) Auf dem Gebiet der Zollverwaltung erstreckt sich die Amtshilfepflicht auch auf diejenigen dem öffentlichen Verkehr oder dem öffentlichen Warenumschlag dienenden Unternehmen, die das Bundesministerium der Finanzen als Zollhilfsorgane besonders bestellt hat, und auf die Bediensteten dieser Unternehmen.

(5) Die §§ 105 und 106 sind entsprechend anzuwenden.

§ 112 Voraussetzungen und Grenzen der Amtshilfe. (1) Eine Finanzbehörde kann um Amtshilfe insbesondere dann ersuchen, wenn sie

1. aus rechtlichen Gründen die Amtshandlung nicht selbst vornehmen kann,
2. aus tatsächlichen Gründen, besonders weil die zur Vornahme der Amtshandlung erforderlichen Dienstkräfte oder Einrichtungen fehlen, die Amtshandlung nicht selbst vornehmen kann,
3. zur Durchführung ihrer Aufgaben auf die Kenntnis von Tatsachen angewiesen ist, die ihr unbekannt sind und die sie selbst nicht ermitteln kann,
4. zur Durchführung ihrer Aufgaben Urkunden oder sonstige Beweismittel benötigt, die sich im Besitz der ersuchten Behörde befinden,

5. die Amtshandlung nur mit wesentlich größerem Aufwand vornehmen könnte als die ersuchte Behörde.

(2) Die ersuchte Behörde darf Hilfe nicht leisten, wenn sie hierzu aus rechtlichen Gründen nicht in der Lage ist.

(3) Die ersuchte Behörde braucht Hilfe nicht zu leisten, wenn

1. eine andere Behörde die Hilfe wesentlich einfacher oder mit wesentlich geringerem Aufwand leisten kann,
2. sie die Hilfe nur mit unverhältnismäßig großem Aufwand leisten könnte,
3. sie unter Berücksichtigung der Aufgaben der ersuchenden Finanzbehörde durch den Umfang der Hilfeleistung die Erfüllung ihrer eigenen Aufgaben ernstlich gefährden würde.

(4) Die ersuchte Behörde darf die Hilfe nicht deshalb verweigern, weil sie das Ersuchen aus anderen als den in Absatz 3 genannten Gründen oder weil sie die mit der Amtshilfe zu verwirklichende Maßnahme für unzweckmäßig hält.

(5) [1] Hält die ersuchte Behörde sich zur Hilfe nicht für verpflichtet, so teilt sie der ersuchenden Finanzbehörde ihre Auffassung mit. [2] Besteht diese auf der Amtshilfe, so entscheidet über die Verpflichtung zur Amtshilfe die gemeinsame fachlich zuständige Aufsichtsbehörde oder, sofern eine solche nicht besteht, die für die ersuchte Behörde fachlich zuständige Aufsichtsbehörde.

§ 113 Auswahl der Behörde. Kommen für die Amtshilfe mehrere Behörden in Betracht, so soll nach Möglichkeit eine Behörde der untersten Verwaltungsstufe des Verwaltungszweigs ersucht werden, dem die ersuchende Finanzbehörde angehört.

§ 114 Durchführung der Amtshilfe. (1) Die Zulässigkeit der Maßnahme, die durch die Amtshilfe verwirklicht werden soll, richtet sich nach dem für die ersuchende Finanzbehörde, die Durchführung der Amtshilfe nach dem für die ersuchte Behörde geltenden Recht.

(2) [1] Die ersuchende Finanzbehörde trägt gegenüber der ersuchten Behörde die Verantwortung für die Rechtmäßigkeit der zu treffenden Maßnahme. [2] Die ersuchte Behörde ist für die Durchführung der Amtshilfe verantwortlich.

§ 115 Kosten der Amtshilfe. (1) [1] Die ersuchende Finanzbehörde hat der ersuchten Behörde für die Amtshilfe keine Verwaltungsgebühr zu entrichten. [2] Auslagen hat sie der ersuchten Behörde auf Anforderung zu erstatten, wenn

(Fortsetzung nächstes Blatt)

(2)[1] [1]Durch Rechtsverordnung können Bestimmungen über den Zeitpunkt, die Form und den Inhalt der Anmeldung getroffen werden. [2]Die Rechtsverordnung erlässt die Bundesregierung, soweit es sich um Verkehrsteuern mit Ausnahme der Luftverkehrsteuer handelt, im Übrigen das Bundesministerium der Finanzen. [3]Die Rechtsverordnung des Bundesministeriums der Finanzen bedarf der Zustimmung des Bundesrates nur, soweit sie die Biersteuer betrifft.

3. Unterabschnitt:[2] Identifikationsmerkmal

§ 139a[2] Identifikationsmerkmal. (1) [1]Das Bundeszentralamt für Steuern[3] teilt jedem Steuerpflichtigen [***ab unbestimmt:*** und jeder sonstigen natürlichen Person, die bei einer öffentlichen Stelle ein Verwaltungsverfahren führt,][4] zum Zwecke der eindeutigen Identifizierung in *Besteuerungsverfahren* [***ab unbestimmt:*** Besteuerungs- und Verwaltungsverfahren][4] ein einheitliches und dauerhaftes Merkmal (Identifikationsmerkmal) zu; das Identifikationsmerkmal ist vom Steuerpflichtigen oder von einem Dritten, der Daten dieses Steuerpflichtigen an die Finanzbehörden zu übermitteln hat, bei Anträgen, Erklärungen oder Mitteilungen gegenüber Finanzbehörden anzugeben.[5] [2]Es besteht aus einer Ziffernfolge, die nicht aus anderen Daten über *den Steuerpflichtigen* [***ab unbestimmt:*** die betroffene Person][4] gebildet oder abgeleitet werden darf; die letzte Stelle ist eine Prüfziffer. [3]Natürliche Personen erhalten eine Identifikationsnummer, wirtschaftlich Tätige eine Wirtschafts-Identifikationsnummer. [4]*Der Steuerpflichtige* [***ab unbestimmt:*** Die betroffene Person][4] ist über die Zuteilung eines Identifikationsmerkmals unverzüglich zu unterrichten.

(2) Steuerpflichtiger im Sinne dieses Unterabschnitts ist jeder, der nach einem Steuergesetz steuerpflichtig ist.

(3) Wirtschaftlich Tätige im Sinne dieses Unterabschnitts sind:
1. natürliche Personen, die wirtschaftlich tätig sind,
2. juristische Personen,
3. Personenvereinigungen.

§ 139b[6]·[7] Identifikationsnummer. (1) [1]Eine natürliche Person darf nicht mehr als eine Identifikationsnummer erhalten. [2]Jede Identifikationsnummer darf nur einmal vergeben werden.

---

[1] § 139 Abs. 2 Satz 2 geänd. mWv 30.6.2013 durch G v. 26.6.2013 (BGBl. I S. 1809).

[2] 3. Unterabschnitt (§§ 139a bis 139c) eingef. durch G v. 15.12.2003 (BGBl. I S. 2645); zu § 139a siehe Art. 97 § 5 EGAO (Nr. **800a**).

[3] Bezeichnung geänd. durch G v. 22.9.2005 (BGBl. I S. 2809).

[4] § 139a Abs. 1 Sätze 1, 2 und 4 geänd. durch G v. 28.3.2021 (BGBl. I S. 591). Zum Inkrafttreten vgl. Art. 22 Satz 3 des G v. 28.3.2021 (BGBl. I S. 591): „Die Artikel 3 [...] treten jeweils an dem Tag in Kraft, an dem das Bundesministerium des Innern, für Bau und Heimat im Bundesgesetzblatt jeweils bekannt gibt, dass die technischen Voraussetzungen für die Verarbeitung der Identifikationsnummer nach § 139b der Abgabenordnung nach den jeweils geänderten Gesetzen vorliegen."

[5] § 139a Abs. 1 Satz 1 2. HS neu gef. mWv 31.12.2014 durch G v. 22.12.2014 (BGBl. I S. 2417).

[6] 3. Unterabschnitt (§§ 139a bis 139d) eingef. durch G v. 15.12.2003 (BGBl. I S. 2645); zu § 139a siehe Art. 97 § 5 EGAO (Nr. **800a**).

[7] Zu § 139b siehe SteueridentifikationsnummerVO v. 28.11.2006, BGBl. I S. 2726 (Nr. **800h**) sowie § 52 Abs. 30b EStG (Nr. **1**). Zum Datenschutzcockpit siehe Art. 21 des G v. 28.3.2021 (BGBl. I S. 591 [606]); näheres unter Registermodernisierung@bva.bund.de.

(2)[1] [1]Die Finanzbehörden dürfen die Identifikationsnummer verarbeiten, wenn die Verarbeitung zur Erfüllung der ihnen obliegenden Aufgaben erforderlich ist oder eine Rechtsvorschrift die Verarbeitung der Identifikationsnummer ausdrücklich erlaubt oder anordnet. [2]Andere öffentliche oder nichtöffentliche Stellen dürfen ohne Einwilligung der betroffenen Person

1. die Identifikationsnummer nur verarbeiten, soweit dies für Datenübermittlungen zwischen ihnen und den Finanzbehörden erforderlich ist oder eine Rechtsvorschrift die Verarbeitung der Identifikationsnummer ausdrücklich erlaubt oder anordnet,
2. ihre Dateisysteme nur insoweit nach der Identifikationsnummer ordnen oder für den Zugriff erschließen, als dies für regelmäßige Datenübermittlungen zwischen ihnen und den Finanzbehörden erforderlich ist,
3. eine rechtmäßig erhobene Identifikationsnummer eines Steuerpflichtigen zur Erfüllung aller Mitteilungspflichten gegenüber Finanzbehörden verwenden, soweit die Mitteilungspflicht denselben Steuerpflichtigen betrifft und die Verarbeitung nach Nummer 1 zulässig wäre,
4. eine durch ein verbundenes Unternehmen im Sinne des § 15 des Aktiengesetzes oder ein Unternehmen einer kreditwirtschaftlichen Verbundgruppe rechtmäßig erhobene Identifikationsnummer eines Steuerpflichtigen zur Erfüllung aller steuerlichen Mitwirkungspflichten verwenden, soweit die Mitwirkungspflicht denselben Steuerpflichtigen betrifft und die verwendende Stelle zum selben Unternehmensverbund wie die Stelle gehört, die die Identifikationsnummer erhoben hat und die Verarbeitung nach Nummer 1 zulässig wäre.

(3) Das Bundeszentralamt für Steuern[2] speichert zu natürlichen Personen folgende Daten:

1. Identifikationsnummer,
2. Wirtschafts-Identifikationsnummern,
3. Familienname,
4. frühere Namen,
5. Vornamen,
6. Doktorgrad,
7.[3] *(aufgehoben)*
8. Tag und Ort der Geburt,
9. Geschlecht,
10. gegenwärtige oder letzte bekannte Anschrift,
11.[4] zuständige Finanzbehörden,
12.[5] Auskunftssperren nach dem Bundesmeldegesetz,

---

[1] § 139b Abs. 2 neu gef. mWv 25.5.2018 durch G v. 17.7.2017 (BGBl. I S. 2541).
[2] Bezeichnung geänd. durch G v. 22.9.2005 (BGBl. I S. 2809).
[3] § 139b Abs. 3 Nr. 7 aufgeh. mWv 1.11.2007 durch G v. 20.7.2007 (BGBl. I S. 1566).
[4] § 139b Abs. 3 Nr. 11 geänd. durch G v. 9.12.2004 (BGBl. I S. 3310).
[5] § 139b Abs. 3 Nr. 12 eingef., bish. Nr. 12 wird Nr. 13 mWv 29.12.2007 durch G v. 20.12.2007 (BGBl. I S. 3150); Nr. 12 neu gef. mWv 1.11.2015 durch G v. 3.5.2013 (BGBl. I S. 1084; geänd. BGBl. I 2014 S. 1738).

Aufzeichnungen zu führen hat, die für die Besteuerung von Bedeutung sind, hat die Verpflichtungen, die ihm nach den anderen Gesetzen obliegen, auch für die Besteuerung zu erfüllen.

§ 141 Buchführungspflicht bestimmter Steuerpflichtiger. (1) [1]Gewerbliche Unternehmer sowie Land- und Forstwirte, die nach den Feststellungen der Finanzbehörde für den einzelnen Betrieb

[alte Fassung:]	***[neue Fassung:]***
1. Umsätze einschließlich der steuerfreien Umsätze, ausgenommen die Umsätze nach § 4 Nr. 8 bis 10 des Umsatzsteuergesetzes, von mehr als 600 000 Euro im Kalenderjahr oder	1.[1)] einen Gesamtumsatz im Sinne des § 19 Absatz 3 Satz 1 des Umsatzsteuergesetzes von mehr als 600 000 Euro im Kalenderjahr oder

2. (weggefallen)
3.[2)] *selbstbewirtschaftete land- und forstwirtschaftliche Flächen mit einem Wirtschaftswert[3)] (§ 46 des Bewertungsgesetzes) von mehr als 25 000 Euro[4)] oder*
4. einen Gewinn aus Gewerbebetrieb von mehr als 60 000 Euro[5)] im Wirtschaftsjahr oder
5. einen Gewinn aus Land- und Forstwirtschaft von mehr als 60 000 Euro[6)] im Kalenderjahr

gehabt haben, sind auch dann verpflichtet, für diesen Betrieb Bücher zu führen und auf Grund jährlicher Bestandsaufnahmen Abschlüsse zu machen, wenn sich eine Buchführungspflicht nicht aus § 140 ergibt. [2]Die §§ 238, 240, 241, 242 Abs. 1 und die §§ 243 bis 256 des Handelsgesetzbuchs gelten sinngemäß, sofern sich nicht aus den Steuergesetzen etwas anderes ergibt. [3]*Bei der Anwendung der Nummer 3 ist der Wirtschaftswert aller vom Land- und Forstwirt selbstbewirtschafteten Flächen maßgebend, unabhängig davon, ob sie in seinem Eigentum stehen oder nicht.*[7)]

(2) [1]Die Verpflichtung nach Absatz 1 ist vom Beginn des Wirtschaftsjahrs an zu erfüllen, das auf die Bekanntgabe der Mitteilung folgt, durch die die Finanzbehörde auf den Beginn dieser Verpflichtung hingewiesen hat. [2]Die Verpflichtung endet mit dem Ablauf des Wirtschaftsjahrs, das auf das Wirtschaftsjahr folgt, in dem die Finanzbehörde feststellt, dass die Voraussetzungen nach Absatz 1 nicht mehr vorliegen.

(3) [1]Die Buchführungspflicht geht auf denjenigen über, der den Betrieb im Ganzen zur Bewirtschaftung als Eigentümer oder Nutzungsberechtigter über-

---

[1)] § 141 Abs. 1 Satz 1 Nr. 1 neu gef. durch G v. 2.6.2021 (BGBl. I S. 1259); zur Anwendung siehe **BMF** v. 5.7.2021 – IV A4-S0310/19/10001:004 (Umsätze der Kj., die nach dem 31.12.2020 beginnen).

[2)] § 141 Abs. 1 Satz 1 Nr. 3 aufgeh. **mWv 1.1.2025** durch G v. 26.11.2019 (BGBl. I S. 1794).

[3)] Zur Anwendung siehe Art. 97a § 2 Nr. 7 EGAO (Nr. **800a**).

[4)] § 141 Abs. 1 Satz 1 Nr. 4 geänd. durch G v. 31.7.2003 (BGBl. I S. 1550); zur erstmaligen Anwendung siehe Art. 97 § 19 EGAO (Nr. **800a**).

[5)] § 141 Abs. 1 Satz 1 Nr. 4 geänd. durch G v. 28.7.2015 (BGBl. I S. 1400); zur erstmaligen Anwendung siehe Art. 97 § 19 Abs. 3 Satz 3 und Abs. 9 EGAO (Nr. **800a**).

[6)] § 141 Abs. 1 Satz 1 Nr. 5 geänd. durch G v. 28.7.2015 (BGBl. I S. 1400); zur erstmaligen Anwendung siehe Art. 97 § 19 Abs. 4 Satz 3 und Abs. 9 EGAO (Nr. **800a**).

[7)] § 141 Abs. 1 Satz 4 aufgeh. mWv 30.6.2013 durch G v. 26.6.2013 (BGBl. I S. 1809) Satz 3 aufgeh. **mWv 1.1.2025** durch G v. 26.11.2019 (BGBl. I S. 1794).

nimmt. [2]Ein Hinweis nach Absatz 2 auf den Beginn der Buchführungspflicht ist nicht erforderlich.

(4)[1)] *(aufgehoben)*

§ 142 Ergänzende Vorschriften für Land- und Forstwirte. [1]Land- und Forstwirte, die nach § 141 Abs. 1 Nr. 1, 3 oder 5 zur Buchführung verpflichtet sind, haben neben den jährlichen Bestandsaufnahmen und den jährlichen Abschlüssen ein Anbauverzeichnis zu führen. [2]In dem Anbauverzeichnis ist nachzuweisen, mit welchen Fruchtarten die selbstbewirtschafteten Flächen im abgelaufenen Wirtschaftsjahr bestellt waren.

§ 143 Aufzeichnung des Wareneingangs. (1) Gewerbliche Unternehmer müssen den Wareneingang gesondert aufzeichnen.

(2) [1]Aufzuzeichnen sind alle Waren einschließlich der Rohstoffe, unfertigen Erzeugnisse, Hilfsstoffe und Zutaten, die der Unternehmer im Rahmen seines Gewerbebetriebs zur Weiterveräußerung oder zum Verbrauch entgeltlich oder unentgeltlich, für eigene oder für fremde Rechnung, erwirbt; dies gilt auch dann, wenn die Waren vor der Weiterveräußerung oder dem Verbrauch be- oder verarbeitet werden sollen. [2]Waren, die nach Art des Betriebs üblicherweise für den Betrieb zur Weiterveräußerung oder zum Verbrauch erworben werden, sind auch dann aufzuzeichnen, wenn sie für betriebsfremde Zwecke verwendet werden.

(3) Die Aufzeichnungen müssen die folgenden Angaben enthalten:

1. den Tag des Wareneingangs oder das Datum der Rechnung,
2. den Namen oder die Firma und die Anschrift des Lieferers,
3. die handelsübliche Bezeichnung der Ware,
4. den Preis der Ware,
5. einen Hinweis auf den Beleg.

§ 144 Aufzeichnung des Warenausgangs. (1) Gewerbliche Unternehmer, die nach der Art ihres Geschäftsbetriebs Waren regelmäßig an andere gewerbliche Unternehmer zur Weiterveräußerung oder zum Verbrauch als Hilfsstoffe liefern, müssen den erkennbar für diese Zwecke bestimmten Warenausgang gesondert aufzeichnen.

(2) [1]Aufzuzeichnen sind auch alle Waren, die der Unternehmer

1. auf Rechnung (auf Ziel, Kredit, Abrechnung oder Gegenrechnung), durch Tausch oder unentgeltlich liefert, oder
2. gegen Barzahlung liefert, wenn die Ware wegen der abgenommenen Menge zu einem Preis veräußert wird, der niedriger ist als der übliche Preis für Verbraucher.

[2]Dies gilt nicht, wenn die Ware erkennbar nicht zur gewerblichen Weiterverwendung bestimmt ist.

(3) Die Aufzeichnungen müssen die folgenden Angaben enthalten:

[1)] § 141 Abs. 4 aufgeh. durch G v. 12.12.2019 (BGBl. I S. 2451); zur Anwendung s. Art. 97 § 1 Abs. 13 EGAO (Nr. **800a**).

wahren, sofern nicht in anderen Steuergesetzen kürzere Aufbewahrungsfristen zugelassen sind. [2]Kürzere Aufbewahrungsfristen nach außersteuerlichen Gesetzen lassen die in Satz 1 bestimmte Frist unberührt. [3]Bei empfangenen Lieferscheinen, die keine Buchungsbelege nach Absatz 1 Nummer 4 sind, endet die Aufbewahrungsfrist mit dem Erhalt der Rechnung. [4]Für abgesandte Lieferscheine, die keine Buchungsbelege nach Absatz 1 Nummer 4 sind, endet die Aufbewahrungsfrist mit dem Versand der Rechnung. [5]Die Aufbewahrungsfrist läuft jedoch nicht ab, soweit und solange die Unterlagen für Steuern von Bedeutung sind, für welche die Festsetzungsfrist noch nicht abgelaufen ist; § 169 Abs. 2 Satz 2 gilt nicht.

(4) Die Aufbewahrungsfrist beginnt mit dem Schluss des Kalenderjahrs, in dem die letzte Eintragung in das Buch gemacht, das Inventar, die Eröffnungsbilanz, der Jahresabschluss oder der Lagebericht aufgestellt, der Handels- oder Geschäftsbrief empfangen oder abgesandt worden oder der Buchungsbeleg entstanden ist, ferner die Aufzeichnung vorgenommen worden ist oder die sonstigen Unterlagen entstanden sind.

(5) Wer aufzubewahrende Unterlagen in der Form einer Wiedergabe auf einem Bildträger oder auf anderen Datenträgern vorlegt, ist verpflichtet, auf seine Kosten diejenigen Hilfsmittel zur Verfügung zu stellen, die erforderlich sind, um die Unterlagen lesbar zu machen; auf Verlangen der Finanzbehörde hat er auf seine Kosten die Unterlagen unverzüglich ganz oder teilweise auszudrucken oder ohne Hilfsmittel lesbare Reproduktionen beizubringen.

(6)[1)] [1]Sind die Unterlagen nach Absatz 1 mit Hilfe eines Datenverarbeitungssystems erstellt worden, hat die Finanzbehörde im Rahmen einer Außenprüfung das Recht, Einsicht in die gespeicherten Daten zu nehmen und das Datenverarbeitungssystem zur Prüfung dieser Unterlagen zu nutzen. [2]Sie kann im Rahmen einer Außenprüfung auch verlangen, dass die Daten nach ihren Vorgaben maschinell ausgewertet oder ihr die gespeicherten Unterlagen und Aufzeichnungen auf einem maschinell verwertbaren Datenträger zur Verfügung gestellt werden. [3]Teilt der Steuerpflichtige der Finanzbehörde mit, dass sich seine Daten nach Absatz 1 bei einem Dritten befinden, so hat der Dritte

1. der Finanzbehörde Einsicht in die für den Steuerpflichtigen gespeicherten Daten zu gewähren oder
2. diese Daten nach den Vorgaben der Finanzbehörde maschinell auszuwerten oder
3. ihr die für den Steuerpflichtigen gespeicherten Unterlagen und Aufzeichnungen auf einem maschinell verwertbaren Datenträger zur Verfügung zu stellen.

[4]Die Kosten trägt der Steuerpflichtige. [5]In Fällen des Satzes 3 hat der mit der Außenprüfung betraute Amtsträger den in § 3 und § 4 Nummer 1 und 2 des Steuerberatungsgesetzes bezeichneten Personen sein Erscheinen in angemessener Frist anzukündigen. [6]Sofern noch nicht mit einer Außenprüfung begonnen wurde, ist

---

1) § 147 Abs. 6 Satz 3 eingef., bish. Satz 3 wird Satz 4, Satz 5 angef. mWv 29.12.2016 durch G v. 22.12.2016 (BGBl. I S. 3152); Satz 6 angef. mWv 1.1.2020 (Art. 97 § 19b Abs. 2 EGAO – Nr. **800a**) durch G v. 22.11.2019 (BGBl. I S. 1746).

es im Fall eines Wechsels des Datenverarbeitungssystems oder im Fall der Auslagerung von aufzeichnungs- und aufbewahrungspflichtigen Daten aus dem Produktivsystem in ein anderes Datenverarbeitungssystem ausreichend, wenn der Steuerpflichtige nach Ablauf des fünften Kalenderjahres, das auf die Umstellung oder Auslagerung folgt, diese Daten ausschließlich auf einem maschinell lesbaren und maschinell auswertbaren Datenträger vorhält.

§ 147a[1)] Vorschriften für die Aufbewahrung von Aufzeichnungen und Unterlagen bestimmter Steuerpflichtiger. (1)[2)] [1] Steuerpflichtige, bei denen die Summe der positiven Einkünfte nach § 2 Absatz 1 Nummer 4 bis 7 des Einkommensteuergesetzes (Überschusseinkünfte) mehr als 500 000 Euro im Kalenderjahr beträgt, haben die Aufzeichnungen und Unterlagen über die den Überschusseinkünften zu Grunde liegenden Einnahmen und Werbungskosten sechs Jahre aufzubewahren. [2] Im Falle der Zusammenveranlagung sind für die Feststellung des Überschreitens des Betrags von 500 000 Euro die Summe der positiven Einkünfte nach Satz 1 eines jeden Ehegatten oder Lebenspartners maßgebend. [3] Die Verpflichtung nach Satz 1 ist vom Beginn des Kalenderjahrs an zu erfüllen, das auf das Kalenderjahr folgt, in dem die Summe der positiven Einkünfte im Sinne des Satzes 1 mehr als 500 000 Euro beträgt. [4] Die Verpflichtung nach Satz 1 endet mit Ablauf des fünften aufeinanderfolgenden Kalenderjahrs, in dem die Voraussetzungen des Satzes 1 nicht erfüllt sind. [5] § 147 Absatz 2, Absatz 3 Satz 3 und die Absätze 4 bis 6 gelten entsprechend. [6] Die Sätze 1 bis 3 und 5 gelten entsprechend in den Fällen, in denen die zuständige Finanzbehörde den Steuerpflichtigen für die Zukunft zur Aufbewahrung der in Satz 1 genannten Aufzeichnungen und Unterlagen verpflichtet, weil er seinen Mitwirkungspflichten nach *§ 90 Absatz 2 Satz 3* [***ab 1.1.2022:*** § 12 Absatz 3 des Gesetzes zur Abwehr von Steuervermeidung und unfairem Steuerwettbewerb[3)]] nicht nachgekommen ist.

(2)[4)] [1] Steuerpflichtige, die allein oder zusammen mit nahestehenden Personen im Sinne des § 1 Absatz 2 des Außensteuergesetzes unmittelbar oder mittelbar einen beherrschenden oder bestimmenden Einfluss auf die gesellschaftsrechtlichen, finanziellen oder geschäftlichen Angelegenheiten einer Drittstaat-Gesellschaft im Sinne des § 138 Absatz 3 ausüben können, haben die Aufzeichnungen und Unterlagen über diese Beziehung und alle damit verbundenen Einnahmen und Ausgaben sechs Jahre aufzubewahren. [2] Diese Aufbewahrungspflicht ist von dem Zeitpunkt an zu erfüllen, in dem der Sachverhalt erstmals verwirklicht worden ist, der den Tatbestand des Satzes 1 erfüllt. [3] Absatz 1 Satz 4 sowie § 147 Absatz 2, 3 Satz 3 und Absatz 5 und 6 gelten entsprechend.

[1)] § 147a eingef. durch G v. 29.7.2009 (BGBl. I S. 2302); zur erstmaligen Anwendung ab 1.1.2010 siehe Art. 97 § 22 Abs. 2 EGAO (Nr. **800a**) iVm § 5 Steuerhinterziehungsbekämpfungsverordnung (Nr. **12**).

[2)] § 147a Abs. 1 Satz 2 geänd. durch G v. 18.7.2014 (BGBl. I S. 1042); zur Anwendung siehe Art. 97 § 1 Abs. 10 Satz 1 EGAO (Nr. **800a**); Satz 6 geänd. mWv 1.1.2022 (Art. 97 § 22 Abs. 4 EGAO = Nr. **800a**) durch G v. 25.6.2021 (BGBl. I S. 2056).

[3)] *Siehe Nr.* **12**.

[4)] § 147a Abs. 2 angef. durch G v. 23.6.2017 (BGBl. I S. 1682); zur Anwendung siehe Art. 97 § 22 Abs. 3 EGAO (Nr. **800a**).

§ 148 Bewilligung von Erleichterungen. [1]Die Finanzbehörden können für einzelne Fälle oder für bestimmte Gruppen von Fällen Erleichterungen bewilligen, wenn die Einhaltung der durch die Steuergesetze begründeten Buchführungs-, Aufzeichnungs- und Aufbewahrungspflichten Härten mit sich bringt und die Besteuerung durch die Erleichterung nicht beeinträchtigt wird. [2]Erleichterungen nach Satz 1 können rückwirkend bewilligt werden. [3]Die Bewilligung kann widerrufen werden.

2. Unterabschnitt: Steuererklärungen

§ 149[1)] Abgabe der Steuererklärungen. (1) [1]Die Steuergesetze bestimmen, wer zur Abgabe einer Steuererklärung verpflichtet ist. [2]Zur Abgabe einer Steuererklärung ist auch verpflichtet, wer hierzu von der Finanzbehörde aufgefordert wird. [3]Die Aufforderung kann durch öffentliche Bekanntmachung erfolgen. [4]Die Verpflichtung zur Abgabe einer Steuererklärung bleibt auch dann bestehen, wenn die Finanzbehörde die Besteuerungsgrundlagen nach § 162 geschätzt hat.

(2) [1]Soweit die Steuergesetze nichts anderes bestimmen, sind Steuererklärungen, die sich auf ein Kalenderjahr oder auf einen gesetzlich bestimmten Zeitpunkt beziehen, spätestens sieben Monate[2)] nach Ablauf des Kalenderjahres oder sieben Monate nach dem gesetzlich bestimmten Zeitpunkt abzugeben. [2]Bei Steuerpflichtigen, die den Gewinn aus Land- und Forstwirtschaft nach einem vom Kalenderjahr abweichenden Wirtschaftsjahr ermitteln, endet die Frist nicht vor Ablauf des siebten Monats[2)], der auf den Schluss des in dem Kalenderjahr begonnenen Wirtschaftsjahres folgt.

(3) Sofern Personen, Gesellschaften, Verbände, Vereinigungen, Behörden oder Körperschaften im Sinne der §§ 3 und 4 des Steuerberatungsgesetzes beauftragt sind mit der Erstellung von

1. Einkommensteuererklärungen nach § 25 Absatz 3 des Einkommensteuergesetzes mit Ausnahme der Einkommensteuererklärungen im Sinne des § 46 Absatz 2 Nummer 8 des Einkommensteuergesetzes,
2. Körperschaftsteuererklärungen nach § 31 Absatz 1 und 1a des Körperschaftsteuergesetzes, Feststellungserklärungen im Sinne des § 14 Absatz 5, § 27 Absatz 2 Satz 4, § 28 Absatz 1 Satz 4 oder § 38 Absatz 1 Satz 2 des Körperschaftsteuergesetzes oder Erklärungen zur Zerlegung der Körperschaftsteuer nach § 6 Absatz 7 des Zerlegungsgesetzes,
3. Erklärungen zur Festsetzung des Gewerbesteuermessbetrags oder Zerlegungserklärungen nach § 14a des Gewerbesteuergesetzes,
4. Umsatzsteuererklärungen für das Kalenderjahr nach § 18 Absatz 3 des Umsatzsteuergesetzes,
5. Erklärungen zur gesonderten sowie zur gesonderten und einheitlichen Feststellung einkommensteuerpflichtiger oder körperschaftsteuerpflichtiger Einkünfte nach § 180 Absatz 1 Satz 1 Nummer 2 in Verbindung mit § 181 Absatz 1 und 2,

---

1) § 149 neu gef. durch G v. 18.7.2016 (BGBl. I S. 1679); zur Anwendung siehe Art. 97 § 10a Abs. 4 Satz 1 EGAO (Nr. **800a**).

2) Siehe hierzu Art. 97 § 36 Abs. 3 Nr. 3 und 4 EGAO (Nr. **800a**).

6. Erklärungen zur gesonderten Feststellung von Besteuerungsgrundlagen nach der Verordnung über die gesonderte Feststellung von Besteuerungsgrundlagen nach § 180 Abs. 2 der Abgabenordnung oder
7. Erklärungen zur gesonderten Feststellung von Besteuerungsgrundlagen nach § 18 des Außensteuergesetzes,

so sind diese Erklärungen vorbehaltlich des Absatzes 4 spätestens bis zum letzten Tag des Monats Februar[1)] und in den Fällen des Absatzes 2 Satz 2 bis zum 31. Juli[1)] des zweiten auf den Besteuerungszeitraum folgenden Kalenderjahres abzugeben.

(4) [1] Das Finanzamt kann anordnen, dass Erklärungen im Sinne des Absatzes 3 vor dem letzten Tag des Monats Februar[1)] des zweiten auf den Besteuerungszeitraum folgenden Kalenderjahres abzugeben sind, wenn

1. für den betroffenen Steuerpflichtigen
   a) für den vorangegangenen Besteuerungszeitraum Erklärungen nicht oder verspätet abgegeben wurden,
   b)[2)] für den vorangegangenen Besteuerungszeitraum innerhalb von drei Monaten vor Abgabe der Steuererklärung oder innerhalb von drei Monaten vor dem Beginn des Zinslaufs im Sinne des § 233a Absatz 2 Satz 1 und 2 nachträgliche Vorauszahlungen festgesetzt wurden,
   c) Vorauszahlungen für den Besteuerungszeitraum außerhalb einer Veranlagung herabgesetzt wurden,
   d) die Veranlagung für den vorangegangenen Veranlagungszeitraum zu einer Abschlusszahlung von mindestens 25 Prozent der festgesetzten Steuer oder mehr als 10 000 Euro geführt hat,
   e) die Steuerfestsetzung auf Grund einer Steuererklärung im Sinne des Absatzes 3 Nummer 1, 2 oder 4 voraussichtlich zu einer Abschlusszahlung von mehr als 10 000 Euro führen wird oder
   f) eine Außenprüfung vorgesehen ist,
2. der betroffene Steuerpflichtige im Besteuerungszeitraum einen Betrieb eröffnet oder eingestellt hat oder
3. für Beteiligte an Gesellschaften oder Gemeinschaften Verluste festzustellen sind.

[2] Für das Befolgen der Anordnung ist eine Frist von vier Monaten nach Bekanntgabe der Anordnung zu setzen. [3] Ferner dürfen die Finanzämter nach dem Ergebnis einer automationsgestützten Zufallsauswahl anordnen, dass Erklärungen im Sinne des Absatzes 3 vor dem letzten Tag des Monats Februar[1)] des zweiten auf den Besteuerungszeitraum folgenden Kalenderjahres mit einer Frist von vier Monaten nach Bekanntgabe der Anordnung abzugeben sind. [4] In der Aufforderung nach Satz 3 ist darauf hinzuweisen, dass sie auf einer automationsgestützten Zufallsauswahl beruht; eine weitere Begründung ist nicht erforderlich. [5] In den Fällen des Absatzes 2 Satz 2 tritt an die Stelle des letzten Tages des Monats Februar der 31. Juli[1)] des zweiten auf den Besteue-

---

[1)] Siehe hierzu Art. 97 § 36 Abs. 3 Nr. 5, 6 und 7.

[2)] § 149 Abs. 4 Satz 1 Nr. 1 Buchst. b geänd. durch G v. 12.12.2019 (BGBl. I S. 2451); zur Anwendung siehe Art. 97 § 1 Abs. 13 EGAO (Nr. **800a**).

rungszeitraum folgenden Kalenderjahres. [6]Eine Anordnung nach Satz 1 oder Satz 3 darf für die Abgabe der Erklärung keine kürzere als die in Absatz 2 bestimmte Frist setzen. [7]In den Fällen der Sätze 1 und 3 erstreckt sich eine Anordnung auf alle Erklärungen im Sinne des Absatzes 3, die vom betroffenen Steuerpflichtigen für den gleichen Besteuerungszeitraum oder Besteuerungszeitpunkt abzugeben sind.

(5) Absatz 3 gilt nicht für Umsatzsteuererklärungen für das Kalenderjahr, wenn die gewerbliche oder berufliche Tätigkeit vor oder mit dem Ablauf des Besteuerungszeitraums endete.

(6) [1]Die oberste Landesfinanzbehörde oder eine von ihr bestimmte Landesfinanzbehörde kann zulassen, dass Personen, Gesellschaften, Verbände, Vereinigungen, Behörden und Körperschaften im Sinne der §§ 3 und 4 des Steuerberatungsgesetzes bis zu bestimmten Stichtagen einen bestimmten prozentualen Anteil der Erklärungen im Sinne des Absatzes 3 einreichen. [2]Soweit Erklärungen im Sinne des Absatzes 3 in ein Verfahren nach Satz 1 einbezogen werden, ist Absatz 4 Satz 3 nicht anzuwenden. [3]Die Einrichtung eines Verfahrens nach Satz 1 steht im Ermessen der obersten Landesfinanzbehörden und ist nicht einklagbar.

§ 150[1)] Form und Inhalt der Steuererklärungen. (1) [1]Eine Steuererklärung ist nach amtlich vorgeschriebenem Vordruck abzugeben, wenn

1. keine elektronische Steuererklärung vorgeschrieben ist,
2. nicht freiwillig eine gesetzlich oder amtlich zugelassene elektronische Steuererklärung abgegeben wird,
3. keine mündliche oder konkludente Steuererklärung zugelassen ist und
4. eine Aufnahme der Steuererklärung an Amtsstelle nach § 151 nicht in Betracht kommt.

[2]§ 87a Absatz 1 Satz 1 ist nur anzuwenden, soweit eine elektronische Steuererklärung vorgeschrieben oder zugelassen ist. [3]Der Steuerpflichtige hat in der Steuererklärung die Steuer selbst zu berechnen, soweit dies gesetzlich vorgeschrieben ist (Steueranmeldung).

(2) Die Angaben in den Steuererklärungen sind wahrheitsgemäß nach bestem Wissen und Gewissen zu machen.

(3) [1]Ordnen die Steuergesetze an, dass der Steuerpflichtige die Steuererklärung eigenhändig zu unterschreiben hat, so ist die Unterzeichnung durch einen Bevollmächtigten nur dann zulässig, wenn der Steuerpflichtige infolge seines körperlichen oder geistigen Zustands oder durch längere Abwesenheit an der Unterschrift gehindert ist. [2]Die eigenhändige Unterschrift kann nachträglich verlangt werden, wenn der Hinderungsgrund weggefallen ist.

(4) [1]Den Steuererklärungen müssen die Unterlagen beigefügt werden, die nach den Steuergesetzen vorzulegen sind. [2]Dritte Personen sind verpflichtet, hierfür erforderliche Bescheinigungen auszustellen.

[1)] § 150 Abs. 1 neu gef., Abs. 2 Satz 2 aufgeh., Abs. 5 Satz 1 neu gef. mWv 1.1.2017 durch G v. 18.7.2016 (BGBl. I S. 1679); zur Anwendung siehe auch Art. 97 § 1 Abs. 11 EGAO (Nr. **800a**).

(5) [1]In die Steuererklärungsformulare können auch Fragen aufgenommen werden, die zur Ergänzung der Besteuerungsunterlagen für Zwecke einer Statistik nach dem Gesetz über Steuerstatistiken erforderlich sind. [2]Die Finanzbehörden können ferner von Steuerpflichtigen Auskünfte verlangen, die für die Durchführung des Bundesausbildungsförderungsgesetzes erforderlich sind. [3]Die Finanzbehörden haben bei der Überprüfung der Angaben dieselben Befugnisse wie bei der Aufklärung der für die Besteuerung erheblichen Verhältnisse.

(6)[1)] [1]Zur Erleichterung und Vereinfachung des automatisierten Besteuerungsverfahrens kann das Bundesministerium der Finanzen durch Rechtsverordnung mit Zustimmung des Bundesrates bestimmen, dass und unter welchen Voraussetzungen Steuererklärungen oder sonstige für das Besteuerungsverfahren erforderliche Daten ganz oder teilweise durch Datenfernübertragung oder auf maschinell verwertbaren Datenträgern übermittelt werden können. [2]In der Rechtsverordnung können von den §§ 72a und 87b bis 87d abweichende Regelungen getroffen werden. [3]Die Rechtsverordnung bedarf nicht der Zustimmung des Bundesrates, soweit die Kraftfahrzeugsteuer, die Luftverkehrsteuer, die Versicherungsteuer und Verbrauchsteuern, mit Ausnahme der Biersteuer, betroffen sind.

(7)[2)] [1]Können Steuererklärungen, die nach amtlich vorgeschriebenem Vordruck abgegeben oder nach amtlich vorgeschriebenem Datensatz durch Datenfernübertragung übermittelt werden, nach § 155 Absatz 4 Satz 1 zu einer ausschließlich automationsgestützten Steuerfestsetzung führen, ist es dem Steuerpflichtigen zu ermöglichen, Angaben, die nach seiner Auffassung Anlass für eine Bearbeitung durch Amtsträger sind, in einem dafür vorgesehenen Abschnitt oder Datenfeld der Steuererklärung zu machen. [2]Daten, die von mitteilungspflichtigen Stellen nach Maßgabe des § 93c an die Finanzverwaltung übermittelt wurden, gelten als Angaben des Steuerpflichtigen, soweit er nicht in einem dafür vorzusehenden Abschnitt oder Datenfeld der Steuererklärung abweichende Angaben macht.

(8) [1]Ordnen die Steuergesetze an, dass die Finanzbehörde auf Antrag zur Vermeidung unbilliger Härten auf eine Übermittlung der Steuererklärung nach amtlich vorgeschriebenem Datensatz durch Datenfernübertragung verzichten kann, ist einem solchen Antrag zu entsprechen, wenn eine Erklärungsabgabe nach amtlich vorgeschriebenem Datensatz durch Datenfernübertragung für den Steuerpflichtigen wirtschaftlich oder persönlich unzumutbar ist. [2]Dies ist insbesondere der Fall, wenn die Schaffung der technischen Möglichkeiten für eine Datenfernübertragung des amtlich vorgeschriebenen Datensatzes nur mit einem nicht unerheblichen finanziellen Aufwand möglich wäre oder wenn der Steuerpflichtige nach seinen individuellen Kenntnissen und Fähigkeiten nicht oder nur eingeschränkt in der Lage ist, die Möglichkeiten der Datenfernübertragung zu nutzen.

[1)] § 150 Abs. 6 neu gef. durch G v. 18.7.2016 (BGBl. I S. 1679); zur Anwendung siehe Art. 97 § 27 Abs. 1 sowie § 10a Abs. 4 Satz 2 EGAO (Nr. **800a**).

[2)] § 150 Abs. 7 neu gef. durch G v. 18.7.2016 (BGBl. I S. 1679); zur Anwendung siehe Art. 97 § 27 Abs. 1 sowie § 10a Abs. 4 Satz 2 EGAO (Nr. **800a**).

§ 151[1] **Aufnahme der Steuererklärung an Amtsstelle.** Eine Steuererklärung, die schriftlich oder elektronisch abzugeben ist, kann bei der zuständigen Finanzbehörde zur Niederschrift erklärt werden, wenn dem Steuerpflichtigen nach seinen persönlichen Verhältnissen weder die elektronische Übermittlung noch die Schriftform zuzumuten ist, insbesondere, wenn er nicht in der Lage ist, eine gesetzlich vorgeschriebene Selbstberechnung der Steuer vorzunehmen oder durch einen Dritten vornehmen zu lassen.

§ 152[2], [3] **Verspätungszuschlag.** (1) [1] Gegen denjenigen, der seiner Verpflichtung zur Abgabe einer Steuererklärung nicht oder nicht fristgemäß nachkommt, kann ein Verspätungszuschlag festgesetzt werden. [2] Von der Festsetzung eines Verspätungszuschlags ist abzusehen, wenn der Erklärungspflichtige glaubhaft macht, dass die Verspätung entschuldbar ist; das Verschulden eines Vertreters oder eines Erfüllungsgehilfen ist dem Erklärungspflichtigen zuzurechnen.

(2)[4] Abweichend von Absatz 1 ist ein Verspätungszuschlag festzusetzen, wenn eine Steuererklärung, die sich auf ein Kalenderjahr oder auf einen gesetzlich bestimmten Zeitpunkt bezieht,
1. nicht binnen 14 Monaten nach Ablauf des Kalenderjahrs oder nicht binnen 14 Monaten nach dem Besteuerungszeitpunkt,
2. in den Fällen des § 149 Absatz 2 Satz 2 nicht binnen 19 Monaten nach Ablauf des Kalenderjahrs oder nicht binnen 19 Monaten nach dem Besteuerungszeitpunkt oder
3. in den Fällen des § 149 Absatz 4 nicht bis zu dem in der Anordnung bestimmten Zeitpunkt

abgegeben wurde.

(3) Absatz 2 gilt nicht,
1. wenn die Finanzbehörde die Frist für die Abgabe der Steuererklärung nach § 109 verlängert hat oder diese Frist rückwirkend verlängert,
2. wenn die Steuer auf null Euro oder auf einen negativen Betrag festgesetzt wird,
3. wenn die festgesetzte Steuer die Summe der festgesetzten Vorauszahlungen und der anzurechnenden Steuerabzugsbeträge nicht übersteigt oder
4.[5] bei jährlich abzugebenden Lohnsteueranmeldungen, bei Anmeldungen von Umsatzsteuer-Sondervorauszahlungen nach § 48 Absatz 2 der Umsatzsteuer-Durchführungsverordnung sowie bei jährlich abzugebenden Versicherungsteuer- und Feuerschutzsteueranmeldungen.

---

[1] *§ 151* neu gef. mWv 1.1.2017 durch G v. 18.7.2016 (BGBl. I S. 1679); zur Anwendung s. auch Art. 97 § 1 Abs. 11 EGAO (Nr. **800a**).

[2] Zur Anwendung in den neuen Bundesländern siehe Art. 97a § 2 Nr. 3 EGAO (Nr. **800a**).

[3] § 152 neu gef. durch G v. 18.7.2016 (BGBl. I S. 1679); zur Anwendung siehe Art. 97 § 8 Abs. 3 und 4 EGAO (Nr. **800a**).

[4] Zur Anwendung auf den Grundsteuerwert vgl. Art. 97 Abs. 5 EGAO (Nr. **800a**); zu Nr. 1 und 2 siehe Art. 97 § 36 Abs. 3 Nrn. 8 und 9.

[5] § 152 Abs. 3 Nr. 4 neu gef. mWv 9.6.2021 durch G v. 2.6.2021 (BGBl. I S. 1259).

(4) [1] Sind mehrere Personen zur Abgabe einer Steuererklärung verpflichtet, kann die Finanzbehörde nach ihrem Ermessen entscheiden, ob sie den Verspätungszuschlag gegen eine der erklärungspflichtigen Personen, gegen mehrere der erklärungspflichtigen Personen oder gegen alle erklärungspflichtigen Personen festsetzt. [2] Wird der Verspätungszuschlag gegen mehrere oder gegen alle erklärungspflichtigen Personen festgesetzt, sind diese Personen Gesamtschuldner des Verspätungszuschlags. [3] In Fällen des § 180 Absatz 1 Satz 1 Nummer 2 Buchstabe a ist der Verspätungszuschlag vorrangig gegen die nach § 181 Absatz 2 Satz 2 Nummer 4 erklärungspflichtigen Personen festzusetzen.

(5) [1] Der Verspätungszuschlag beträgt vorbehaltlich des Satzes 2, der Absätze 8 und 13 Satz 2 für jeden angefangenen Monat der eingetretenen Verspätung 0,25 Prozent der festgesetzten Steuer, mindestens jedoch 10 Euro für jeden angefangenen Monat der eingetretenen Verspätung. [2] Für Steuererklärungen, die sich auf ein Kalenderjahr oder auf einen gesetzlich bestimmten Zeitpunkt beziehen, beträgt der Verspätungszuschlag für jeden angefangenen Monat der eingetretenen Verspätung 0,25 Prozent der um die festgesetzten Vorauszahlungen und die anzurechnenden Steuerabzugsbeträge verminderten festgesetzten Steuer, mindestens jedoch 25 Euro für jeden angefangenen Monat der eingetretenen Verspätung. [3] Wurde ein Erklärungspflichtiger von der Finanzbehörde erstmals nach Ablauf der gesetzlichen Erklärungsfrist zur Abgabe einer Steuererklärung innerhalb einer dort bezeichneten Frist aufgefordert und konnte er bis zum Zugang dieser Aufforderung davon ausgehen, keine Steuererklärung abgeben zu müssen, so ist der Verspätungszuschlag nur für die Monate zu berechnen, die nach dem Ablauf der in der Aufforderung bezeichneten Erklärungsfrist begonnen haben.

(6) [1] Für Erklärungen zur gesonderten Feststellung von Besteuerungsgrundlagen, für Erklärungen zur Festsetzung des Gewerbesteuermessbetrags und für Zerlegungserklärungen gelten vorbehaltlich des Absatzes 7 die Absätze 1 bis 3 und Absatz 4 Satz 1 und 2 entsprechend. [2] Der Verspätungszuschlag beträgt für jeden angefangenen Monat der eingetretenen Verspätung 25 Euro.

(7) Für Erklärungen zu gesondert festzustellenden einkommensteuerpflichtigen oder körperschaftsteuerpflichtigen Einkünften beträgt der Verspätungszuschlag für jeden angefangenen Monat der eingetretenen Verspätung 0,0625 Prozent der positiven Summe der festgestellten Einkünfte, mindestens jedoch 25 Euro für jeden angefangenen Monat der eingetretenen Verspätung.

(8)[1)] Absatz 5 gilt nicht für

1. vierteljährlich oder monatlich abzugebende Steueranmeldungen,
2. nach § 41a Absatz 2 Satz 2 zweiter Halbsatz des Einkommensteuergesetzes jährlich abzugebende Lohnsteueranmeldungen,
3. nach § 8 Absatz 2 Satz 3 des Versicherungsteuergesetzes jährlich abzugebende Versicherungsteueranmeldungen,
4. nach § 8 Absatz 2 Satz 3 des Feuerschutzsteuergesetzes jährlich abzugebende Feuerschutzsteueranmeldungen und

[1)] § 152 Abs. 8 neu gef. mWv 29.12.2020 durch G v. 21.12.2020 (BGBl. I S. 3096).

5.[1] Anmeldungen der Umsatzsteuer-Sondervorauszahlung nach § 48 Absatz 2 der Umsatzsteuer-Durchführungsverordnung.

(9) [1]Bei Nichtabgabe der Steuererklärung ist der Verspätungszuschlag für einen Zeitraum bis zum Ablauf desjenigen Tages zu berechnen, an dem die erstmalige Festsetzung der Steuer wirksam wird. [2]Gleiches gilt für die Nicht-

(Fortsetzung nächstes Blatt)

---

[1] § 152 Abs. 3 Nr. 5 angef. mWv 9.6.2021 durch G v. 2.6.2021 (BGBl. I S. 1259).

§ 156[1] **Absehen von der Steuerfestsetzung.** (1) [1]Das Bundesministerium der Finanzen kann zur Vereinfachung der Verwaltung durch Rechtsverordnung bestimmen, dass eine Steuer nicht festgesetzt wird, wenn der eigentlich festzusetzende Betrag den durch diese Rechtsverordnung zu bestimmenden Betrag voraussichtlich nicht übersteigt. [2]Der nach Satz 1 zu bestimmende Betrag darf 25 Euro nicht übersteigen. [3]Das Gleiche gilt für die Änderung einer Steuerfestsetzung, wenn der Betrag, der sich als Differenz zwischen der geänderten und der bisherigen Steuerfestsetzung ergeben würde, den in der Rechtsverordnung genannten Betrag nicht übersteigt. [4]Die Rechtsverordnung bedarf nicht der Zustimmung des Bundesrates, soweit sie die Kraftfahrzeugsteuer, die Luftverkehrsteuer, die Versicherungsteuer, Einfuhr- und Ausfuhrabgaben oder Verbrauchsteuern, mit Ausnahme der Biersteuer, betrifft.

(2) [1]Die Festsetzung einer Steuer und einer steuerlichen Nebenleistung sowie deren Änderung kann, auch über einen Betrag von 25 Euro hinausgehend, unterbleiben, wenn zu erwarten ist, dass

1. die Erhebung keinen Erfolg haben wird oder
2. die Kosten der Festsetzung und die Kosten der Erhebung außer Verhältnis zu dem Betrag stehen werden.

[2]Für bestimmte oder bestimmbare Fallgruppen können die obersten Finanzbehörden bundeseinheitliche Weisungen zur Anwendung von Satz 1 Nummer 2 erteilen. [3]Diese Weisungen dürfen nicht veröffentlicht werden, soweit dies die Gleichmäßigkeit und Gesetzmäßigkeit der Besteuerung gefährden könnte. [4]Auf dem Gebiet der von den Landesfinanzbehörden im Auftrag des Bundes verwalteten Steuern legen die obersten Finanzbehörden der Länder diese Weisungen zur Gewährleistung eines bundeseinheitlichen Vollzugs der Steuergesetze im Einvernehmen mit dem Bundesministerium der Finanzen fest.

§ 157[2] **Form und Inhalt der Steuerbescheide.** (1) [1]Steuerbescheide sind schriftlich oder elektronisch zu erteilen, soweit nichts anderes bestimmt ist. [2]Sie müssen die festgesetzte Steuer nach Art und Betrag bezeichnen und angeben, wer die Steuer schuldet. [3]Ihnen ist außerdem eine Belehrung darüber beizufügen, welcher Rechtsbehelf zulässig ist und binnen welcher Frist und bei welcher Behörde er einzulegen ist.

(2) Die Feststellung der Besteuerungsgrundlagen bildet einen mit Rechtsbehelfen nicht selbständig anfechtbaren Teil des Steuerbescheids, soweit die Besteuerungsgrundlagen nicht gesondert festgestellt werden.

§ 158 Beweiskraft der Buchführung. Die Buchführung und die Aufzeichnungen des Steuerpflichtigen, die den Vorschriften der §§ 140 bis 148 entsprechen, sind der Besteuerung zugrunde zu legen, soweit nach den Umständen des Einzelfalls kein Anlass ist, ihre sachliche Richtigkeit zu beanstanden.

---

[1] § 156 neu gef. mWv 1.1.2017 durch G v. 18.7.2016 (BGBl. I S. 1679); zur Anwendung s. auch Art. 97 § 1 Abs. 11 EGAO (Nr. **800a**).

[2] § 157 Abs. 1 neu gef. mWv 1.1.2017 durch G v. 18.7.2016 (BGBl. I S. 1679); zur Anwendung s. auch Art. 97 § 1 Abs. 11 EGAO (Nr. **800a**).

§ 159 Nachweis der Treuhänderschaft. (1) [1]Wer behauptet, dass er Rechte, die auf seinen Namen lauten, oder Sachen, die er besitzt, nur als Treuhänder, Vertreter eines anderen oder Pfandgläubiger innehabe oder besitze, hat auf Verlangen nachzuweisen, wem die Rechte oder Sachen gehören; anderenfalls sind sie ihm regelmäßig zuzurechnen. [2]Das Recht der Finanzbehörde, den Sachverhalt zu ermitteln, wird dadurch nicht eingeschränkt.

(2) § 102 bleibt unberührt.

§ 160 Benennung von Gläubigern und Zahlungsempfängern.

(1) [1]Schulden und andere Lasten, Betriebsausgaben, Werbungskosten und andere Ausgaben sind steuerlich regelmäßig nicht zu berücksichtigen, wenn der Steuerpflichtige dem Verlangen der Finanzbehörde nicht nachkommt, die Gläubiger oder die Empfänger genau zu benennen. [2]Das Recht der Finanzbehörde, den Sachverhalt zu ermitteln, bleibt unberührt.

(2) § 102 bleibt unberührt.

§ 161 Fehlmengen bei Bestandsaufnahmen. [1]Ergeben sich bei einer vorgeschriebenen oder amtlich durchgeführten Bestandsaufnahme Fehlmengen an verbrauchsteuerpflichtigen Waren, so wird vermutet, dass hinsichtlich der Fehlmengen eine Verbrauchsteuer entstanden oder eine bedingt entstandene Verbrauchsteuer unbedingt geworden ist, soweit nicht glaubhaft gemacht wird, dass die Fehlmengen auf Umstände zurückzuführen sind, die eine Steuer nicht begründen oder eine bedingte Steuer nicht unbedingt werden lassen. [2]Die Steuer gilt im Zweifel im Zeitpunkt der Bestandsaufnahme als entstanden oder unbedingt geworden.

§ 162 Schätzung von Besteuerungsgrundlagen. (1) [1]Soweit die Finanzbehörde die Besteuerungsgrundlagen nicht ermitteln oder berechnen kann, hat sie sie zu schätzen. [2]Dabei sind alle Umstände zu berücksichtigen, die für die Schätzung von Bedeutung sind.

(2)[1)] [1]Zu schätzen ist insbesondere dann, wenn der Steuerpflichtige über seine Angaben keine ausreichenden Aufklärungen zu geben vermag oder weitere Auskunft oder eine Versicherung an Eides statt verweigert oder seine Mitwirkungspflicht nach § 90 Abs. 2 verletzt. [2]Das Gleiche gilt, wenn der Steuerpflichtige Bücher oder Aufzeichnungen, die er nach den Steuergesetzen zu führen hat, nicht vorlegen kann, wenn die Buchführung oder die Aufzeichnungen der Besteuerung nicht nach § 158 zugrunde gelegt werden oder wenn tatsächliche Anhaltspunkte für die Unrichtigkeit oder Unvollständigkeit der vom Steuerpflichtigen gemachten Angaben zu steuerpflichtigen Einnahmen oder Betriebsvermögensmehrungen bestehen und der Steuerpflichtige die Zustimmung nach § 93 Abs. 7 Satz 1 Nr. 5 nicht erteilt.

[1)] § 162 Abs. 2 Satz 2 ergänzt mWv 1.1.2009 durch G v. 14.8.2007 (BGBl. I S. 1912); Satz 3 angef. durch G v. 29.7.2009 (BGBl. I S. 2302); zur erstmaligen Anwendung ab *1.1.2010 siehe Art. 97 § 22 Abs. 2 EGAO* (Nr. **800a**); Satz 3 neu gef. durch G v. 25.6.2021 (BGBl. I S. 2056); zur Anwendung siehe Art. 97 § 22 Abs. 4 EGAO (Nr. **800a**) iVm StAbwG (Nr. **12**).

[Fassung bis 31.12.2021:]

[3] Hat der Steuerpflichtige seine Mitwirkungspflichten nach § 90 Absatz 2 Satz 3 verletzt, so wird widerlegbar vermutet, dass steuerpflichtige Einkünfte in Staaten oder Gebieten im Sinne des § 90 Absatz 2 Satz 3 vorhanden oder höher als die erklärten Einkünfte sind.

[Fassung ab 1.1.2022:]

[3] Hat der Steuerpflichtige seine Mitwirkungspflichten nach § 12 des Gesetzes zur Abwehr von Steuervermeidung und unfairem Steuerwettbewerb verletzt, so wird widerlegbar vermutet, dass in Deutschland steuerpflichtige Einkünfte in Bezug zu Staaten oder Gebieten im Sinne des § 3 Absatz 1 des Gesetzes zur Abwehr von Steuervermeidung und unfairem Steuerwettbewerb

1. bisher nicht erklärt wurden, tatsächlich aber vorhanden sind, oder
2. bisher zwar erklärt wurden, tatsächlich aber höher sind als erklärt.

(3)[1)] [1] Verletzt ein Steuerpflichtiger seine Mitwirkungspflichten nach § 90 Absatz 3 dadurch, dass er keine Aufzeichnungen über einen Geschäftsvorfall vorlegt, oder sind die über einen Geschäftsvorfall vorgelegten Aufzeichnungen im Wesentlichen unverwertbar oder wird festgestellt, dass der Steuerpflichtige Aufzeichnungen im Sinne des § 90 Absatz 3 Satz 8 nicht zeitnah erstellt hat, so wird widerlegbar vermutet, dass seine im Inland steuerpflichtigen Einkünfte, zu deren Ermittlung die Aufzeichnungen im Sinne des § 90 Absatz 3 dienen, höher als die von ihm erklärten Einkünfte sind. [2] Hat in solchen Fällen die Finanzbehörde eine Schätzung vorzunehmen und können diese Einkünfte nur innerhalb eines bestimmten Rahmens, insbesondere nur auf Grund von Preisspannen bestimmt werden, kann dieser Rahmen zu Lasten des Steuerpflichtigen ausgeschöpft werden. [3] Bestehen trotz Vorlage verwertbarer Aufzeichnungen durch den Steuerpflichtigen Anhaltspunkte dafür, dass seine Einkünfte bei Beachtung des Fremdvergleichsgrundsatzes höher wären als die auf Grund der Aufzeichnungen erklärten Einkünfte, und können entsprechende Zweifel deswegen nicht aufgeklärt werden, weil eine ausländische, nahe stehende Person ihre Mitwirkungspflichten nach § 90 Abs. 2 oder ihre Auskunftspflichten nach § 93 Abs. 1 nicht erfüllt, ist Satz 2 entsprechend anzuwenden.[2)]

(4)[3)] [1] Legt ein Steuerpflichtiger über einen Geschäftsvorfall keine Aufzeichnungen im Sinne des § 90 Absatz 3 vor oder sind die über einen Geschäftsvorfall vorgelegten Aufzeichnungen im Wesentlichen unverwertbar, ist

---

[1)] § 162 Abs. 3 eingef. durch G v. 16.5.2003 (BGBl. I S. 660); zur erstmaligen Anwendung siehe Art. 97 § 22 Abs. 1 Satz 2 EGAO (Nr. **800a**); Satz 1 geänd. durch G v. 20.12.2016 (BGBl. I S. 3000); zur Anwendung von § 90 Abs. 3 siehe Art. 97 § 22 Satz 4 EGAO (Nr. **800a**).

[2)] § 162 Abs. 3 Satz 3 angef. mWv 18.8.2007 durch G v. 14.8.2007 (BGBl. I S. 1912).

[3)] § 162 Abs. 4 eingef. durch G v. 16.5.2003 (BGBl. I S. 660); zur erstmaligen Anwendung siehe Art. 97 § 22 Abs. 1 Satz 2 EGAO (Nr. **800a**); Satz 1 neu gef. durch G v. 20.12.2016 (BGBl. I S. 3000); zur Anwendung von § 90 Abs. 3 siehe Art. 97 § 22 Satz 4 EGAO (Nr. **800a**).

ein Zuschlag von 5000 Euro festzusetzen. [2]Der Zuschlag beträgt mindestens 5 Prozent und höchstens 10 Prozent des Mehrbetrags der Einkünfte, der sich nach einer Berichtigung auf Grund der Anwendung des Absatzes 3 ergibt, wenn sich danach ein Zuschlag von mehr als 5000 Euro ergibt. [3]Bei verspäteter Vorlage von verwertbaren Aufzeichnungen beträgt der Zuschlag bis zu 1 000 000 Euro, mindestens jedoch 100 Euro für jeden vollen Tag der Fristüberschreitung. [4]Soweit den Finanzbehörden Ermessen hinsichtlich der Höhe des Zuschlags eingeräumt ist, sind neben dessen Zweck, den Steuerpflichtigen zur Erstellung und fristgerechten Vorlage der Aufzeichnungen im Sinne des § 90 Abs. 3 anzuhalten, insbesondere die von ihm gezogenen Vorteile und bei verspäteter Vorlage auch die Dauer der Fristüberschreitung zu berücksichtigen. [5]Von der Festsetzung eines Zuschlags ist abzusehen, wenn die Nichterfüllung der Pflichten nach § 90 Abs. 3 entschuldbar erscheint oder ein Verschulden nur geringfügig ist. [6]Das Verschulden eines gesetzlichen Vertreters oder eines Erfüllungsgehilfen steht dem eigenen Verschulden gleich. [7]Der Zuschlag ist regelmäßig nach Abschluss der Außenprüfung festzusetzen.

[*ab 1.1.2022:*

(4a)[1)] [1]Verletzt der Steuerpflichtige seine Mitwirkungspflichten nach § 12 des Gesetzes zur Umsetzung steuerlicher Abwehrmaßnahmen gegen Steuervermeidung und unfairen Steuerwettbewerb, ist Absatz 4 entsprechend anzuwenden. [2]Von der Festsetzung eines Zuschlags ist abzusehen, wenn die Nichterfüllung der Mitwirkungspflichten entschuldbar erscheint oder das Verschulden nur geringfügig ist. [3]Das Verschulden eines gesetzlichen Vertreters oder eines Erfüllungsgehilfen ist dem Steuerpflichtigen zuzurechnen.]

(5)[2)] In den Fällen des § 155 Abs. 2 können die in einem Grundlagenbescheid festzustellenden Besteuerungsgrundlagen geschätzt werden.

§ 163[3)] Abweichende Festsetzung von Steuern aus Billigkeitsgründen. (1) [1]Steuern können niedriger festgesetzt werden und einzelne Besteuerungsgrundlagen, die die Steuern erhöhen, können bei der Festsetzung der Steuer unberücksichtigt bleiben, wenn die Erhebung der Steuer nach Lage des einzelnen Falls unbillig wäre. [2]Mit Zustimmung des Steuerpflichtigen kann bei Steuern vom Einkommen zugelassen werden, dass einzelne Besteuerungsgrundlagen, soweit sie die Steuer erhöhen, bei der Steuerfestsetzung erst zu einer späteren Zeit und, soweit sie die Steuer mindern, schon zu einer früheren Zeit berücksichtigt werden.

(2) Eine Billigkeitsmaßnahme nach Absatz 1 kann mit der Steuerfestsetzung verbunden werden, für die sie von Bedeutung ist.

(3) [1]Eine Billigkeitsmaßnahme nach Absatz 1 steht in den Fällen des Absatzes 2 stets unter Vorbehalt des Widerrufs, wenn sie

---

[1)] § 162 Abs. 4a eingef. durch G v. 25.6.2021 (BGBl. I S. 2056); zur Anwendung siehe Art. 97 § 22 Abs. 4 EGAO (Nr. **800a**) iVm StAbwG (Nr. **12**).

[2)] *§ 162 bish. Abs. 3 wird Abs. 5 durch G v. 16.5.2003 (BGBl. I S. 660).*

[3)] § 163 neu gef. durch G v. 18.7.2016 (BGBl. I S. 1679); zur Anwendung siehe Art. 97 § 29 EGAO (Nr. **800a**).

1. von der Finanzbehörde nicht ausdrücklich als eigenständige Billigkeitsentscheidung ausgesprochen worden ist,
2. mit einer Steuerfestsetzung unter Vorbehalt der Nachprüfung nach § 164 verbunden ist oder
3. mit einer vorläufigen Steuerfestsetzung nach § 165 verbunden ist und der Grund der Vorläufigkeit auch für die Entscheidung nach Absatz 1 von Bedeutung ist.

[2]In den Fällen von Satz 1 Nummer 1 entfällt der Vorbehalt des Widerrufs, wenn die Festsetzungsfrist für die Steuerfestsetzung abläuft, für die die Billigkeitsmaßnahme Grundlagenbescheid ist. [3]In den Fällen von Satz 1 Nummer 2 entfällt der Vorbehalt des Widerrufs mit Aufhebung oder Entfallen des Vorbehalts der Nachprüfung der Steuerfestsetzung, für die die Billigkeitsmaßnahme Grundlagenbescheid ist. [4]In den Fällen von Satz 1 Nummer 3 entfällt der Vorbehalt des Widerrufs mit Eintritt der Endgültigkeit der Steuerfestsetzung, für die die Billigkeitsmaßnahme Grundlagenbescheid ist.

(4) [1]Ist eine Billigkeitsmaßnahme nach Absatz 1, die nach Absatz 3 unter Vorbehalt des Widerrufs steht, rechtswidrig, ist sie mit Wirkung für die Vergangenheit zurückzunehmen. [2]§ 130 Absatz 3 Satz 1 gilt in diesem Fall nicht.

§ 164 Steuerfestsetzung unter Vorbehalt der Nachprüfung. (1) [1]Die Steuern können, solange der Steuerfall nicht abschließend geprüft ist, allgemein oder im Einzelfall unter dem Vorbehalt der Nachprüfung festgesetzt werden, ohne dass dies einer Begründung bedarf. [2]Die Festsetzung einer Vorauszahlung ist stets eine Steuerfestsetzung unter Vorbehalt der Nachprüfung.

(2)[1)] [1]Solange der Vorbehalt wirksam ist, kann die Steuerfestsetzung aufgehoben oder geändert werden. [2]Der Steuerpflichtige kann die Aufhebung oder Änderung der Steuerfestsetzung jederzeit beantragen. [3]Die Entscheidung hierüber kann jedoch bis zur abschließenden Prüfung des Steuerfalls, die innerhalb angemessener Frist vorzunehmen ist, hinausgeschoben werden.

(3)[1)] [1]Der Vorbehalt der Nachprüfung kann jederzeit aufgehoben werden. [2]Die Aufhebung steht einer Steuerfestsetzung ohne Vorbehalt der Nachprüfung gleich; § 157 Abs. 1 Satz 1 und 3 gilt sinngemäß. [3]Nach einer Außenprüfung ist der Vorbehalt aufzuheben, wenn sich Änderungen gegenüber der Steuerfestsetzung unter Vorbehalt der Nachprüfung nicht ergeben.

(4)[2)] [1]Der Vorbehalt der Nachprüfung entfällt, wenn die Festsetzungsfrist abläuft. [2]§ 169 Absatz 2 Satz 2, § 170 Absatz 6 und § 171 Absatz 7, 8 und 10 sind nicht anzuwenden.

§ 165 Vorläufige Steuerfestsetzung, Aussetzung der Steuerfestsetzung. (1) [1]Soweit ungewiss ist, ob die Voraussetzungen für die Entstehung einer Steuer eingetreten sind, kann sie vorläufig festgesetzt werden. [2]Diese Regelung ist auch anzuwenden, wenn

---

1) Zur Anwendung in den neuen Bundesländern siehe Art. 97a § 2 Nr. 4 EGAO (Nr. **800a**).

2) § 164 Abs. 4 Satz 2 geänd. mWv 1.1.2015 durch G v. 22.12.2014 (BGBl. I S. 2415).

1. ungewiss ist, ob und wann Verträge mit anderen Staaten über die Besteuerung (§ 2), die sich zugunsten des Steuerpflichtigen auswirken, für die Steuerfestsetzung wirksam werden,
2. das Bundesverfassungsgericht die Unvereinbarkeit eines Steuergesetzes mit dem Grundgesetz festgestellt hat und der Gesetzgeber zu einer Neuregelung verpflichtet ist,

2a.[1] sich auf Grund einer Entscheidung des Gerichtshofes der Europäischen Union ein Bedarf für eine gesetzliche Neuregelung ergeben kann,

3.[2] die Vereinbarkeit eines Steuergesetzes mit höherrangigem Recht Gegenstand eines Verfahrens bei dem Gerichtshof der Europäischen Union, dem Bundesverfassungsgericht oder einem obersten Bundesgericht ist, oder

4.[3] die Auslegung eines Steuergesetzes Gegenstand eines Verfahrens bei dem Bundesfinanzhof ist.

[3] Umfang und Grund der Vorläufigkeit sind anzugeben. [4] Unter den Voraussetzungen der Sätze 1 oder 2 kann die Steuerfestsetzung auch gegen oder ohne Sicherheitsleistung ausgesetzt werden.

(2)[4)·5)] [1] Soweit die Finanzbehörde eine Steuer vorläufig festgesetzt hat, kann sie die Festsetzung aufheben oder ändern. [2] Wenn die Ungewissheit beseitigt ist, ist eine vorläufige Steuerfestsetzung aufzuheben, zu ändern oder für endgültig zu erklären; eine ausgesetzte Steuerfestsetzung ist nachzuholen. [3] In den Fällen des Absatzes 1 Satz 2 Nr. 4 endet die Ungewissheit, sobald feststeht, dass die Grundsätze der Entscheidung des Bundesfinanzhofs über den entschiedenen Einzelfall hinaus allgemein anzuwenden sind. [4] In den Fällen des Absatzes 1 Satz 2 muss eine vorläufige Steuerfestsetzung nach Satz 2 nur auf Antrag des Steuerpflichtigen für endgültig erklärt werden, wenn sie nicht aufzuheben oder zu ändern ist.

(3) Die vorläufige Steuerfestsetzung kann mit einer Steuerfestsetzung unter Vorbehalt der Nachprüfung verbunden werden.

§ 166 Drittwirkung der Steuerfestsetzung. Ist die Steuer dem Steuerpflichtigen gegenüber unanfechtbar festgesetzt, so hat dies neben einem Gesamtrechtsnachfolger auch gegen sich gelten zu lassen, wer in der Lage gewesen wäre, den gegen den Steuerpflichtigen erlassenen Bescheid als dessen Vertreter, Bevollmächtigter oder kraft eigenen Rechts anzufechten.

§ 167 Steueranmeldung, Verwendung von Steuerzeichen oder Steuerstemplern. (1) [1] Ist eine Steuer auf Grund gesetzlicher Verpflichtung an-

---

[1] § 165 Abs. 1 Satz 2 Nr. 2a eingef. mWv 1.1.2017 durch G v. 18.7.2016 (BGBl. I S. 1679); zur Anwendung s. auch Art. 97 § 1 Abs. 11 EGAO (Nr. **800a**).

[2] § 165 Abs. 1 Satz 2 Nr. 3 geänd. durch G v. 26.6.2013 (BGBl. I S. 1809).

[3] § 165 Abs. 1 Satz 2 Nr. 4 angef. mWv 1.1.2009 durch G v. 20.12.2008 (BGBl. I S. 2850).

[4] *§ 165 Abs. 2 Satz 3* eingef. mWv 1.1.2009 durch G v. 20.12.2008 (BGBl. I S. 2850).

[5] Zur Anwendung in den neuen Bundesländern siehe Art. 97a § 2 Nr. 4 EGAO (Nr. **800a**).

zumelden (§ 150 Abs. 1 Satz 3)[1], so ist eine Festsetzung der Steuer nach § 155 nur erforderlich, wenn die Festsetzung zu einer abweichenden Steuer führt oder der Steuer- oder Haftungsschuldner die Steueranmeldung nicht abgibt. 2 Satz 1 gilt sinngemäß, wenn die Steuer auf Grund gesetzlicher Verpflichtung durch Verwendung von Steuerzeichen oder Steuerstemplern zu entrichten ist. 3 Erkennt der Steuer- oder Haftungsschuldner nach Abschluss einer Außenprüfung im Sinne des § 193 Abs. 2 Nr. 1 seine Zahlungsverpflichtung schriftlich an, steht das Anerkenntnis einer Steueranmeldung gleich.

(2) 1 Steueranmeldungen gelten auch dann als rechtzeitig abgegeben, wenn sie fristgerecht bei der zuständigen Kasse eingehen. 2 Dies gilt nicht für Einfuhr- und Ausfuhrabgaben und Verbrauchsteuern.

§ 168[2] Wirkung einer Steueranmeldung. 1 Eine Steueranmeldung steht einer Steuerfestsetzung unter Vorbehalt der Nachprüfung gleich. 2 Führt die Steueranmeldung zu einer Herabsetzung der bisher zu entrichtenden Steuer oder zu einer Steuervergütung, so gilt Satz 1 erst, wenn die Finanzbehörde zustimmt. 3 Die Zustimmung bedarf keiner Form.

II. Festsetzungsverjährung[3]

§ 169 Festsetzungsfrist. (1) 1 Eine Steuerfestsetzung sowie ihre Aufhebung oder Änderung sind nicht mehr zulässig, wenn die Festsetzungsfrist abgelaufen ist. 2 Dies gilt auch für die Berichtigung wegen offenbarer Unrichtigkeit nach § 129. 3 Die Frist ist gewahrt, wenn vor Ablauf der Festsetzungsfrist

1.[4] der Steuerbescheid oder im Fall des § 122a die elektronische Benachrichtigung den Bereich der für die Steuerfestsetzung zuständigen Finanzbehörde verlassen hat oder

2.[4] bei öffentlicher Zustellung nach § 10 des Verwaltungszustellungsgesetzes[5] die Benachrichtigung bekannt gemacht oder veröffentlicht wird.

(2) 1 Die Festsetzungsfrist beträgt:

1. ein Jahr
   für Verbrauchsteuern und Verbrauchsteuervergütungen,
2. vier Jahre[6]
   für Steuern und Steuervergütungen, die keine Steuern oder Steuervergütungen im Sinne der Nummer 1 oder Einfuhr- und Ausfuhrabgaben nach Artikel 5 Nummer 20 und 21 des Zollkodex der Union[7] sind.

2 Die Festsetzungsfrist beträgt zehn Jahre, soweit eine Steuer hinterzogen, und fünf Jahre[6], soweit sie leichtfertig verkürzt worden ist. 3 Dies gilt auch dann,

---

[1] § 167 Abs. 1 Satz 1 Zitat geänd. durch G v. 15.12.2003 (BGBl. I S. 2645).
[2] Zu § 168 siehe Art. 97 § 21 EGAO (Nr. **800a**).
[3] Zur Anwendung in den neuen Bundesländern siehe Art. 97a § 2 Nr. 5 EGAO (Nr. **800a**).
[4] § 169 Abs. 1 Satz 3 neu gef. durch G v. 18.7.2016 (BGBl. I S. 1679); zur Anwendung siehe Art. 97 § 28 EGAO (Nr. **800a**).
[5] Nr. **805**.
[6] Abweichend hiervon siehe Art. 97a § 3 Abs. 1 EGAO (Nr. **800a**).
[7] Verweis geänd. mWv 1.5.2016 durch G v. 22.12.2014 (BGBl. I S. 2417).

wenn die Steuerhinterziehung oder leichtfertige Steuerverkürzung nicht durch den Steuerschuldner oder eine Person begangen worden ist, deren er sich zur Erfüllung seiner steuerlichen Pflichten bedient, es sei denn, der Steuerschuldner weist nach, dass er durch die Tat keinen Vermögensvorteil erlangt hat und dass sie auch nicht darauf beruht, dass er die im Verkehr erforderlichen Vorkehrungen zur Verhinderung von Steuerverkürzungen unterlassen hat.

§ 170 Beginn der Festsetzungsfrist. (1) Die Festsetzungsfrist beginnt mit Ablauf des Kalenderjahrs, in dem die Steuer entstanden ist oder eine bedingt entstandene Steuer unbedingt geworden ist.

(2) [1] Abweichend von Absatz 1 beginnt die Festsetzungsfrist, wenn

1. eine Steuererklärung oder eine Steueranmeldung einzureichen oder eine Anzeige zu erstatten ist, mit Ablauf des Kalenderjahrs, in dem die Steuererklärung, die Steueranmeldung oder die Anzeige eingereicht wird, spätestens jedoch mit Ablauf des dritten Kalenderjahrs, das auf das Kalenderjahr folgt, in dem die Steuer entstanden ist, es sei denn, dass die Festsetzungsfrist nach Absatz 1 später beginnt,
2. eine Steuer durch Verwendung von Steuerzeichen oder Steuerstemplern zu zahlen ist, mit Ablauf des Kalenderjahrs, in dem für den Steuerfall Steuerzeichen oder Steuerstempler verwendet worden sind, spätestens jedoch mit Ablauf des dritten Kalenderjahrs, das auf das Kalenderjahr folgt, in dem die Steuerzeichen oder Steuerstempler hätten verwendet werden müssen.

[2] Dies gilt nicht für Verbrauchsteuern, ausgenommen die Energiesteuer auf Erdgas und die Stromsteuer.[1)]

(3) Wird eine Steuer oder eine Steuervergütung nur auf Antrag festgesetzt, so beginnt die Frist für die Aufhebung oder Änderung dieser Festsetzung oder ihrer Berichtigung nach § 129 nicht vor Ablauf des Kalenderjahrs, in dem der Antrag gestellt wird.

(4) Wird durch Anwendung des Absatzes 2 Nr. 1 auf die Vermögensteuer oder die Grundsteuer der Beginn der Festsetzungsfrist hinausgeschoben, so wird der Beginn der Festsetzungsfrist für die folgenden Kalenderjahre des Hauptveranlagungszeitraums jeweils um die gleiche Zeit hinausgeschoben.

(5) Für die Erbschaftsteuer (Schenkungsteuer) beginnt die Festsetzungsfrist nach den Absätzen 1 oder 2

1. bei einem Erwerb von Todes wegen nicht vor Ablauf des Kalenderjahrs, in dem der Erwerber Kenntnis von dem Erwerb erlangt hat,
2. bei einer Schenkung nicht vor Ablauf des Kalenderjahrs, in dem der Schenker gestorben ist oder die Finanzbehörde von der vollzogenen Schenkung Kenntnis erlangt hat,
3. bei einer Zweckzuwendung unter Lebenden nicht vor Ablauf des Kalenderjahrs, in dem die Verpflichtung erfüllt worden ist.

[1)] § 170 Abs. 2 Satz 2 ergänzt durch G v. 8.12.2010 (BGBl. I S. 1768); zur Anwendung siehe Art. 97 § 10 Abs. 10 EGAO (Nr. **800a**).

(6)[1] Für die Steuer, die auf Kapitalerträge entfällt, die

1. aus Staaten oder Territorien stammen, die nicht Mitglieder der Europäischen Union oder der Europäischen Freihandelsassoziation sind, und
2. nicht nach Verträgen im Sinne des § 2 Absatz 1 oder hierauf beruhenden Vereinbarungen automatisch mitgeteilt werden,

beginnt die Festsetzungsfrist frühestens mit Ablauf des Kalenderjahres, in dem diese Kapitalerträge der Finanzbehörde durch Erklärung des Steuerpflichtigen oder in sonstiger Weise bekannt geworden sind, spätestens jedoch zehn Jahre nach Ablauf des Kalenderjahres, in dem die Steuer entstanden ist.

(7)[2] Für Steuern auf Einkünfte oder Erträge, die in Zusammenhang stehen mit Beziehungen zu einer Drittstaat-Gesellschaft im Sinne des § 138 Absatz 3, auf die der Steuerpflichtige allein oder zusammen mit nahestehenden Personen im Sinne des § 1 Absatz 2 des Außensteuergesetzes unmittelbar oder mittelbar einen beherrschenden oder bestimmenden Einfluss ausüben kann, beginnt die Festsetzungsfrist frühestens mit Ablauf des Kalenderjahres, in dem diese Beziehungen durch Mitteilung des Steuerpflichtigen oder auf andere Weise bekannt geworden sind, spätestens jedoch zehn Jahre nach Ablauf des Kalenderjahres, in dem die Steuer entstanden ist.

§ 171 Ablaufhemmung. (1) Die Festsetzungsfrist läuft nicht ab, solange die Steuerfestsetzung wegen höherer Gewalt innerhalb der letzten sechs Monate des Fristlaufs nicht erfolgen kann.

(2)[3] [1] Ist beim Erlass eines Steuerbescheids eine offenbare Unrichtigkeit unterlaufen, so endet die Festsetzungsfrist insoweit nicht vor Ablauf eines Jahres nach Bekanntgabe dieses Steuerbescheids. [2] Das Gleiche gilt in den Fällen des § 173a.

(3) Wird vor Ablauf der Festsetzungsfrist außerhalb eines Einspruchs- oder Klageverfahrens ein Antrag auf Steuerfestsetzung oder auf Aufhebung oder Änderung einer Steuerfestsetzung oder ihrer Berichtigung nach § 129 gestellt, so läuft die Festsetzungsfrist insoweit nicht ab, bevor über den Antrag unanfechtbar entschieden worden ist.

(3a) [1] Wird ein Steuerbescheid mit einem Einspruch oder einer Klage angefochten, so läuft die Festsetzungsfrist nicht ab, bevor über den Rechtsbehelf unanfechtbar entschieden ist; dies gilt auch, wenn der Rechtsbehelf erst nach Ablauf der Festsetzungsfrist eingelegt wird. [2] Der Ablauf der Festsetzungsfrist ist hinsichtlich des gesamten Steueranspruchs gehemmt; dies gilt nicht, soweit der Rechtsbehelf unzulässig ist. [3] In den Fällen des § 100 Abs. 1 Satz 1, Abs. 2 Satz 2, Abs. 3 Satz 1, § 101 der Finanzgerichtsordnung[4] ist über den Rechtsbehelf erst dann unanfechtbar entschieden, wenn ein auf Grund der genannten Vorschriften erlassener Steuerbescheid unanfechtbar geworden ist.

---

[1] § 170 Abs. 6 neu gef. durch G v. 22.12.2014 (BGBl. I S. 2415); zur Anwendung siehe Art. 97 § 10 Abs. 13 EGAO (Nr. **800a**).

[2] § 170 Abs. 7 angef. durch G v. 23.6.2017 (BGBl. I S. 1682); zur Anwendung siehe Art. 97 § 10 Abs. 15 EGAO (Nr. **800a**).

[3] § 171 Abs. 2 Satz 2 angef. durch G v. 18.7.2016 (BGBl. I S. 1679); zur Anwendung siehe Art. 97 § 10 Abs. 14 EGAO (Nr. **800a**).

[4] Nr. **802**.

(4) [1] Wird vor Ablauf der Festsetzungsfrist mit einer Außenprüfung begonnen oder wird deren Beginn auf Antrag des Steuerpflichtigen hinausgeschoben, so läuft die Festsetzungsfrist für die Steuern, auf die sich die Außenprüfung erstreckt oder im Fall der Hinausschiebung der Außenprüfung erstrecken sollte, nicht ab, bevor die auf Grund der Außenprüfung zu erlassenden Steuerbescheide unanfechtbar geworden sind oder nach Bekanntgabe der Mitteilung nach § 202 Abs. 1 Satz 3 drei Monate verstrichen sind. [2] Dies gilt nicht, wenn eine Außenprüfung unmittelbar nach ihrem Beginn für die Dauer von mehr als sechs Monaten aus Gründen unterbrochen wird, die die Finanzbehörde zu vertreten hat. [3] Die Festsetzungsfrist endet spätestens, wenn seit Ablauf des Kalenderjahrs, in dem die Schlussbesprechung stattgefunden hat, oder, wenn sie unterblieben ist, seit Ablauf des Kalenderjahrs, in dem die letzten Ermittlungen im Rahmen der Außenprüfung stattgefunden haben, die in § 169 Abs. 2 genannten Fristen verstrichen sind; eine Ablaufhemmung nach anderen Vorschriften bleibt unberührt.

(5)[1)] [1] Beginnen die Behörden des Zollfahndungsdienstes oder die mit der Steuerfahndung betrauten Dienststellen der Landesfinanzbehörden vor Ablauf der Festsetzungsfrist beim Steuerpflichtigen mit Ermittlungen der Besteuerungsgrundlagen, so läuft die Festsetzungsfrist insoweit nicht ab, bevor die auf Grund der Ermittlungen zu erlassenden Steuerbescheide unanfechtbar geworden sind; Absatz 4 Satz 2 gilt sinngemäß. [2] Das Gleiche gilt, wenn dem Steuerpflichtigen vor Ablauf der Festsetzungsfrist die Einleitung des Steuerstrafverfahrens oder des Bußgeldverfahrens wegen einer Steuerordnungswidrigkeit bekannt gegeben worden ist; § 169 Abs. 1 Satz 3 gilt sinngemäß.

(6) [1] Ist bei Steuerpflichtigen eine Außenprüfung im Geltungsbereich dieses Gesetzes nicht durchführbar, wird der Ablauf der Festsetzungsfrist auch durch sonstige Ermittlungshandlungen im Sinne des § 92 gehemmt, bis die auf Grund dieser Ermittlungen erlassenen Steuerbescheide unanfechtbar geworden sind. [2] Die Ablaufhemmung tritt jedoch nur dann ein, wenn der Steuerpflichtige vor Ablauf der Festsetzungsfrist auf den Beginn der Ermittlungen nach Satz 1 hingewiesen worden ist; § 169 Abs. 1 Satz 3 gilt sinngemäß.

(7) In den Fällen des § 169 Abs. 2 Satz 2 endet die Festsetzungsfrist nicht, bevor die Verfolgung der Steuerstraftat oder der Steuerordnungswidrigkeit verjährt ist.

(8) [1] Ist die Festsetzung einer Steuer nach § 165 ausgesetzt oder die Steuer vorläufig festgesetzt worden, so endet die Festsetzungsfrist nicht vor dem Ablauf eines Jahres, nachdem die Ungewissheit beseitigt ist und die Finanzbehörde hiervon Kenntnis erhalten hat. [2] In den Fällen des § 165 Abs. 1 Satz 2 endet die Festsetzungsfrist nicht vor Ablauf von zwei Jahren, nachdem die Ungewissheit beseitigt ist und die Finanzbehörde hiervon Kenntnis erlangt hat.

[1)] *§ 171 Abs. 5 Satz 1* neu gef. durch G v. 12.12.2019 (BGBl. I S. 2451); zur Anwendung siehe Art. 97 § 1 Abs. 13 EGAO (Nr. **800a**); geänd. mWv 29.12.2020 durch G v. 21.12.2020 (BGBl. I S. 3096).

(9) Erstattet der Steuerpflichtige vor Ablauf der Festsetzungsfrist eine Anzeige nach den §§ 153, 371 und 378 Abs. 3, so endet die Festsetzungsfrist nicht vor Ablauf eines Jahres nach Eingang der Anzeige.

(10)[1] [1]Soweit für die Festsetzung einer Steuer ein Feststellungsbescheid, ein Steuermessbescheid oder ein anderer Verwaltungsakt bindend ist (Grundlagenbescheid), endet die Festsetzungsfrist nicht vor Ablauf von zwei Jahren nach Bekanntgabe des Grundlagenbescheids. [2]Ist für den Erlass des Grundlagenbescheids eine Stelle zuständig, die keine Finanzbehörde im Sinne des § 6 Absatz 2 ist, endet die Festsetzungsfrist nicht vor Ablauf von zwei Jahren nach dem Zeitpunkt, in dem die für den Folgebescheid zuständige Finanzbehörde Kenntnis von der Entscheidung über den Erlass des Grundlagenbescheids erlangt hat. [3]Die Sätze 1 und 2 gelten für einen Grundlagenbescheid, auf den § 181 nicht anzuwenden ist, nur, sofern dieser Grundlagenbescheid vor Ablauf der für den Folgebescheid geltenden Festsetzungsfrist bei der zuständigen Behörde beantragt worden ist. [4]Ist der Ablauf der Festsetzungsfrist hinsichtlich des Teils der Steuer, für den der Grundlagenbescheid nicht bindend ist, nach Absatz 4 gehemmt, endet die Festsetzungsfrist für den Teil der Steuer, für den der Grundlagenbescheid bindend ist, nicht vor Ablauf der nach Absatz 4 gehemmten Frist.

(10a)[2] Soweit Daten eines Steuerpflichtigen im Sinne des § 93c innerhalb von sieben Kalenderjahren nach dem Besteuerungszeitraum oder dem Besteuerungszeitpunkt den Finanzbehörden zugegangen sind, endet die Festsetzungsfrist nicht vor Ablauf von zwei Jahren nach Zugang dieser Daten.

(11)[3] [1]Ist eine geschäftsunfähige oder in der Geschäftsfähigkeit beschränkte Person ohne gesetzlichen Vertreter, so endet die Festsetzungsfrist nicht vor Ablauf von sechs Monaten nach dem Zeitpunkt, in dem die Person unbeschränkt geschäftsfähig wird oder der Mangel der Vertretung aufhört. [2]Dies gilt auch, soweit für eine Person ein Betreuer bestellt und ein Einwilligungsvorbehalt nach § *1903* [***ab 1.1.2023:*** 1825] des Bürgerlichen Gesetzbuchs angeordnet ist, der Betreuer jedoch verstorben oder auf andere Weise weggefallen oder aus rechtlichen Gründen an der Vertretung des Betreuten verhindert ist.

(12) Richtet sich die Steuer gegen einen Nachlass, so endet die Festsetzungsfrist nicht vor dem Ablauf von sechs Monaten nach dem Zeitpunkt, in dem die Erbschaft von dem Erben angenommen oder das Insolvenzverfahren über den Nachlass eröffnet wird oder von dem an die Steuer gegen einen Vertreter festgesetzt werden kann.

(13) Wird vor Ablauf der Festsetzungsfrist eine noch nicht festgesetzte Steuer im Insolvenzverfahren angemeldet, so läuft die Festsetzungsfrist insoweit nicht vor Ablauf von drei Monaten nach Beendigung des Insolvenzverfahrens ab.

---

[1] § 171 Abs. 10 neu gef. durch G v. 18.7.2016 (BGBl. I S. 1679); zur Anwendung siehe Art. 97 § 10 Abs. 14 EGAO (Nr. **800a**).

[2] § 171 Abs. 10a eingef. mWv 1.1.2017 durch G v. 18.7.2016 (BGBl. I S. 1679); zur Anwendung siehe Art. 97 § 27 Abs. 2 EGAO (Nr. **800a**).

[3] § 171 Abs. 11 Satz 2 geänd. mWv 1.1.2023 durch G v. 4.5.2021 (BGBl. I S. 882).

(14) Die Festsetzungsfrist für einen Steueranspruch endet nicht, soweit ein damit zusammenhängender Erstattungsanspruch nach § 37 Abs. 2 noch nicht verjährt ist (§ 228).

(15)[1] Soweit ein Dritter Steuern für Rechnung des Steuerschuldners einzubehalten und abzuführen oder für Rechnung des Steuerschuldners zu entrichten hat, endet die Festsetzungsfrist gegenüber dem Steuerschuldner nicht vor Ablauf der gegenüber dem Steuerentrichtungspflichtigen geltenden Festsetzungsfrist.

III. Bestandskraft

§ 172 Aufhebung und Änderung von Steuerbescheiden. (1) [1]Ein Steuerbescheid darf, soweit er nicht vorläufig oder unter dem Vorbehalt der Nachprüfung ergangen ist, nur aufgehoben oder geändert werden,

1. wenn er Verbrauchsteuern betrifft,
2. wenn er andere Steuern als Einfuhr- oder Ausfuhrabgaben nach Artikel 5 Nummer 20 und 21 des Zollkodex der Union[2] oder Verbrauchsteuern betrifft,
   a) soweit der Steuerpflichtige zustimmt oder seinem Antrag der Sache nach entsprochen wird; dies gilt jedoch zugunsten des Steuerpflichtigen nur, soweit er vor Ablauf der Einspruchsfrist zugestimmt oder den Antrag gestellt hat oder soweit die Finanzbehörde einem Einspruch oder einer Klage abhilft,
   b) soweit er von einer sachlich unzuständigen Behörde erlassen worden ist,
   c) soweit er durch unlautere Mittel wie arglistige Täuschung, Drohung oder Bestechung erwirkt worden ist,
   d) soweit dies sonst gesetzlich zugelassen ist; die §§ 130 und 131 gelten nicht.

[2]Dies gilt auch dann, wenn der Steuerbescheid durch Einspruchsentscheidung bestätigt oder geändert worden ist. [3]In den Fällen des Satzes 2 ist Satz 1 Nr. 2 Buchstabe a ebenfalls anzuwenden, wenn der Steuerpflichtige vor Ablauf der Klagefrist zugestimmt oder den Antrag gestellt hat; Erklärungen und Beweismittel, die nach § 364b Abs. 2 in der Einspruchsentscheidung nicht berücksichtigt wurden, dürfen hierbei nicht berücksichtigt werden.

(2) Absatz 1 gilt auch für einen Verwaltungsakt, durch den ein Antrag auf Erlass, Aufhebung oder Änderung eines Steuerbescheids ganz oder teilweise abgelehnt wird.

(3)[3] [1]Anhängige, außerhalb eines Einspruchs- oder Klageverfahrens gestellte Anträge auf Aufhebung oder Änderung einer Steuerfestsetzung, die eine

---

[1] § 171 Abs. 15 angef. durch G v. 26.6.2013 (BGBl. I S. 1809); zur Anwendung siehe Art. 97 § 10 Abs. 11 EGAO (Nr. **800a**).

[2] Verweis geänd. mWv 1.5.2016 durch G v. 22.12.2014 (BGBl. I S. 2417).

[3] § 172 Abs. 3 angef. durch G v. 13.12.2006 (BGBl. I S. 2878); zur Anwendung siehe Art. 97 § 18a Abs. 12 EGAO (Nr. **800a**); Satz 1 geänd. durch G v. 26.6.2013 (BGBl. I S. 1809).

vom Gerichtshof der Europäischen Union, vom Bundesverfassungsgericht oder vom Bundesfinanzhof entschiedene Rechtsfrage betreffen und denen nach dem Ausgang des Verfahrens vor diesen Gerichten nicht entsprochen werden kann, können durch Allgemeinverfügung insoweit zurückgewiesen werden. [2] § 367 Abs. 2b Satz 2 bis 6 gilt entsprechend.

§ 173 Aufhebung oder Änderung von Steuerbescheiden wegen neuer Tatsachen oder Beweismittel. (1) Steuerbescheide sind aufzuheben oder zu ändern,

1. soweit Tatsachen oder Beweismittel nachträglich bekannt werden, die zu einer höheren Steuer führen,
2. soweit Tatsachen oder Beweismittel nachträglich bekannt werden, die zu einer niedrigeren Steuer führen und den Steuerpflichtigen kein grobes Verschulden daran trifft, dass die Tatsachen oder Beweismittel erst nachträglich bekannt werden. [2] Das Verschulden ist unbeachtlich, wenn die Tatsachen oder Beweismittel in einem unmittelbaren oder mittelbaren Zusammenhang mit Tatsachen oder Beweismitteln im Sinne der Nummer 1 stehen.

(2) [1] Abweichend von Absatz 1 können Steuerbescheide, soweit sie auf Grund einer Außenprüfung ergangen sind, nur aufgehoben oder geändert werden, wenn eine Steuerhinterziehung oder eine leichtfertige Steuerverkürzung vorliegt. [2] Dies gilt auch in den Fällen, in denen eine Mitteilung nach § 202 Abs. 1 Satz 3 ergangen ist.

§ 173a[1)] Schreib- oder Rechenfehler bei Erstellung einer Steuererklärung. Steuerbescheide sind aufzuheben oder zu ändern, soweit dem Steuerpflichtigen bei Erstellung seiner Steuererklärung Schreib- oder Rechenfehler unterlaufen sind und er deshalb der Finanzbehörde bestimmte, nach den Verhältnissen zum Zeitpunkt des Erlasses des Steuerbescheids rechtserhebliche Tatsachen unzutreffend mitgeteilt hat.

§ 174 Widerstreitende Steuerfestsetzungen. (1) [1] Ist ein bestimmter Sachverhalt in mehreren Steuerbescheiden zuungunsten eines oder mehrerer Steuerpflichtiger berücksichtigt worden, obwohl er nur einmal hätte berücksichtigt werden dürfen, so ist der fehlerhafte Steuerbescheid auf Antrag aufzuheben oder zu ändern. [2] Ist die Festsetzungsfrist für diese Steuerfestsetzung bereits abgelaufen, so kann der Antrag noch bis zum Ablauf eines Jahres gestellt werden, nachdem der letzte der betroffenen Steuerbescheide unanfechtbar geworden ist. [3] Wird der Antrag rechtzeitig gestellt, steht der Aufhebung oder Änderung des Steuerbescheids insoweit keine Frist entgegen.

(2) [1] Absatz 1 gilt sinngemäß, wenn ein bestimmter Sachverhalt in unvereinbarer Weise mehrfach zugunsten eines oder mehrerer Steuerpflichtiger berücksichtigt worden ist; ein Antrag ist nicht erforderlich. [2] Der fehlerhafte Steuerbescheid darf jedoch nur dann geändert werden, wenn die Berücksich-

---

[1)] § 173a eingef. durch G v. 18.7.2016 (BGBl. I S. 1679); zur Anwendung ab 1.1.2017 siehe Art. 97 § 9 Abs. 4 EGAO (Nr. **800a**).

tigung des Sachverhalts auf einen Antrag oder eine Erklärung des Steuerpflichtigen zurückzuführen ist.

(3) [1]Ist ein bestimmter Sachverhalt in einem Steuerbescheid erkennbar in der Annahme nicht berücksichtigt worden, dass er in einem anderen Steuerbescheid zu berücksichtigen sei, und stellt sich diese Annahme als unrichtig heraus, so kann die Steuerfestsetzung, bei der die Berücksichtigung des Sachverhalts unterblieben ist, insoweit nachgeholt, aufgehoben oder geändert werden. [2]Die Nachholung, Aufhebung oder Änderung ist nur zulässig bis zum Ablauf der für die andere Steuerfestsetzung geltenden Festsetzungsfrist.

(4) [1]Ist auf Grund irriger Beurteilung eines bestimmten Sachverhalts ein Steuerbescheid ergangen, der auf Grund eines Rechtsbehelfs oder sonst auf Antrag des Steuerpflichtigen durch die Finanzbehörde zu seinen Gunsten aufgehoben oder geändert wird, so können aus dem Sachverhalt nachträglich durch Erlass oder Änderung eines Steuerbescheids die richtigen steuerlichen Folgerungen gezogen werden. [2]Dies gilt auch dann, wenn der Steuerbescheid durch das Gericht aufgehoben oder geändert wird. [3]Der Ablauf der Festsetzungsfrist ist unbeachtlich, wenn die steuerlichen Folgerungen innerhalb eines Jahres nach Aufhebung oder Änderung des fehlerhaften Steuerbescheids gezogen werden. [4]War die Festsetzungsfrist bereits abgelaufen, als der später aufgehobene oder geänderte Steuerbescheid erlassen wurde, gilt dies nur unter den Voraussetzungen des Absatzes 3 Satz 1.

(5) [1]Gegenüber Dritten gilt Absatz 4, wenn sie an dem Verfahren, das zur Aufhebung oder Änderung des fehlerhaften Steuerbescheids geführt hat, beteiligt waren. [2]Ihre Hinzuziehung oder Beiladung zu diesem Verfahren ist zulässig.

§ 175[1)] Änderung von Steuerbescheiden auf Grund von Grundlagenbescheiden und bei rückwirkenden Ereignissen. (1)[2)] [1]Ein Steuerbescheid ist zu erlassen, aufzuheben oder zu ändern,

1. soweit ein Grundlagenbescheid (§ 171 Abs. 10), dem Bindungswirkung für diesen Steuerbescheid zukommt, erlassen, aufgehoben oder geändert wird,
2. soweit ein Ereignis eintritt, das steuerliche Wirkung für die Vergangenheit hat (rückwirkendes Ereignis).

[2]In den Fällen des Satzes 1 Nr. 2 beginnt die Festsetzungsfrist mit Ablauf des Kalenderjahrs, in dem das Ereignis eintritt.

(2) [1]Als rückwirkendes Ereignis gilt auch der Wegfall einer Voraussetzung für eine Steuervergünstigung, wenn gesetzlich bestimmt ist, dass diese Voraussetzung für eine bestimmte Zeit gegeben sein muss, oder wenn durch Verwaltungsakt festgestellt worden ist, dass sie die Grundlage für die Gewährung der Steuervergünstigung bildet. [2]Die nachträgliche Erteilung oder Vorlage einer Bescheinigung oder Bestätigung gilt nicht als rückwirkendes Ereignis.

[1)] § 175 Abs. 2 Satz 2 angef. durch G v. 9.12.2004 (BGBl. I S. 3310); zur erstmaligen Anwendung siehe Art. 97 § 9 Abs. 3 EGAO (Nr. **800a**); Überschr. neu gef. mWv 1.1.2017 *durch G v. 18.7.2016* (BGBl. I S. 1679); zur Anwendung s. auch Art. 97 § 1 Abs. 11 EGAO (Nr. **800a**).

[2)] Zu § 175 Abs. 1 Satz 1 Nr. 2 und Satz 2 s. auch Art. 97 § 9 Abs. 5 EGAO (Nr. **800a**).

§ 175a[1)] Umsetzung von Verständigungsvereinbarungen. [1]Ein Steuerbescheid ist zu erlassen, aufzuheben oder zu ändern, soweit dies zur Umsetzung einer Vorabverständigungsvereinbarung nach § 89a, einer Verständigungsvereinbarung oder eines Schiedsspruchs nach einem Vertrag im Sinne des § 2 geboten ist. [2]Die Festsetzungsfrist endet insoweit nicht vor Ablauf eines Jahres nach dem Wirksamwerden der Verständigungsvereinbarung oder des Schiedsspruchs oder der einvernehmlichen rückwirkenden Anwendung einer Vorabverständigungsvereinbarung.

§ 175b[2)] Änderung von Steuerbescheiden bei Datenübermittlung durch Dritte. (1) Ein Steuerbescheid ist aufzuheben oder zu ändern, soweit von der mitteilungspflichtigen Stelle an die Finanzbehörden übermittelte Daten im Sinne des § 93c bei der Steuerfestsetzung nicht oder nicht zutreffend berücksichtigt wurden.

(2) Gelten Daten, die von mitteilungspflichtigen Stellen nach Maßgabe des § 93c an die Finanzverwaltung übermittelt wurden, nach § 150 Absatz 7 Satz 2 als Angaben des Steuerpflichtigen, ist der Steuerbescheid aufzuheben oder zu ändern, soweit diese Daten zu Ungunsten des Steuerpflichtigen unrichtig sind.

(3) Ist eine Einwilligung des Steuerpflichtigen in die Übermittlung von Daten im Sinne des § 93c an die Finanzbehörden Voraussetzung für die steuerliche Berücksichtigung der Daten, so ist ein Steuerbescheid aufzuheben oder zu ändern, soweit die Einwilligung nicht vorliegt.

(4)[3)] Die Absätze 1 und 2 gelten nicht, wenn nachträglich übermittelte Daten im Sinne des § 93c Absatz 1 oder 3 nicht rechtserheblich sind.

§ 176 Vertrauensschutz bei der Aufhebung und Änderung von Steuerbescheiden. (1) [1]Bei der Aufhebung oder Änderung eines Steuerbescheids darf nicht zuungunsten des Steuerpflichtigen berücksichtigt werden, dass

1. das Bundesverfassungsgericht die Nichtigkeit eines Gesetzes feststellt, auf dem die bisherige Steuerfestsetzung beruht,
2. ein oberster Gerichtshof des Bundes eine Norm, auf der die bisherige Steuerfestsetzung beruht, nicht anwendet, weil er sie für verfassungswidrig hält,
3. sich die Rechtsprechung eines obersten Gerichtshofes des Bundes geändert hat, die bei der bisherigen Steuerfestsetzung von der Finanzbehörde angewandt worden ist.

[2]Ist die bisherige Rechtsprechung bereits in einer Steuererklärung oder einer Steueranmeldung berücksichtigt worden, ohne dass das für die Finanzbehörde

---

[1)] § 175a geänd. mWv 9.6.2021 durch G v. 2.6.2021 (BGBl. I S. 1259); zur Anwendung von § 89a siehe Art. 97 § 34 Satz 1 EGAO (Nr. **800a**).

[2)] § 175b eingef. durch G v. 18.7.2016 (BGBl. I S. 1679); zur Anwendung siehe Art. 97 § 27 Abs. 2 EGAO (Nr. **800a**).

[3)] § 175b Abs. 4 angef. durch G v. 23.6.2017 (BGBl. I S. 1682); zur Anwendung siehe Art. 97 § 27 Abs. 3 EGAO (Nr. **800a**).

erkennbar war, so gilt Nummer 3 nur, wenn anzunehmen ist, dass die Finanzbehörde bei Kenntnis der Umstände die bisherige Rechtsprechung angewandt hätte.

(2) Bei der Aufhebung oder Änderung eines Steuerbescheids darf nicht zuungunsten des Steuerpflichtigen berücksichtigt werden, dass eine allgemeine Verwaltungsvorschrift der Bundesregierung, einer obersten Bundes- oder Landesbehörde von einem obersten Gerichtshof des Bundes als nicht mit dem geltenden Recht in Einklang stehend bezeichnet worden ist.

§ 177 Berichtigung von materiellen Fehlern. (1) Liegen die Voraussetzungen für die Aufhebung oder Änderung eines Steuerbescheids zuungunsten des Steuerpflichtigen vor, so sind, soweit die Änderung reicht, zugunsten und zuungunsten des Steuerpflichtigen solche materiellen Fehler zu berichtigen, die nicht Anlass der Aufhebung oder Änderung sind.

(2) Liegen die Voraussetzungen für die Aufhebung oder Änderung eines Steuerbescheids zugunsten des Steuerpflichtigen vor, so sind, soweit die Änderung reicht, zuungunsten und zugunsten des Steuerpflichtigen solche materiellen Fehler zu berichtigen, die nicht Anlass der Aufhebung oder Änderung sind.

(3) Materielle Fehler im Sinne der Absätze 1 und 2 sind alle Fehler einschließlich offenbarer Unrichtigkeiten im Sinne des § 129, die zur Festsetzung einer Steuer führen, die von der kraft Gesetzes entstandenen Steuer abweicht.

(4) § 164 Abs. 2, § 165 Abs. 2 und § 176 bleiben unberührt.

IV. Kosten

§ 178 Kosten bei besonderer Inanspruchnahme der Zollbehörden. (1) Die Behörden der Bundeszollverwaltung sowie die Behörden, denen die Wahrnehmung von Aufgaben der Bundeszollverwaltung übertragen worden ist, können für eine besondere Inanspruchnahme oder Leistung (kostenpflichtige Amtshandlung) Gebühren erheben und die Erstattung von Auslagen verlangen.

(2) Eine besondere Inanspruchnahme oder Leistung im Sinne des Absatzes 1 liegt insbesondere vor bei

1. Amtshandlungen außerhalb des Amtsplatzes und außerhalb der Öffnungszeiten, soweit es sich nicht um Maßnahmen der Steueraufsicht handelt,
2. Amtshandlungen, die zu einer Diensterschwernis führen, weil sie antragsgemäß zu einer bestimmten Zeit vorgenommen werden sollen,
3. Untersuchungen von Waren, wenn
   a) sie durch einen Antrag auf Erteilung einer verbindlichen Zolltarifauskunft, Gewährung einer Steuervergütung oder sonstigen Vergünstigungen veranlasst sind oder
   b) bei Untersuchungen von Amts wegen Angaben oder Einwendungen des Verfügungsberechtigten sich als unrichtig oder unbegründet erweisen oder

c) die untersuchten Waren den an sie gestellten Anforderungen nicht entsprechen,

4. Überwachungsmaßnahmen in Betrieben und bei Betriebsvorgängen, wenn sie durch Zuwiderhandlungen gegen die zur Sicherung des Steueraufkommens erlassenen Rechtsvorschriften veranlasst sind,
5. amtlichen Bewachungen und Begleitungen von Beförderungsmitteln oder Waren,
6.[1] Verwahrung von Nichtgemeinschaftswaren,
7.[2] Fertigung von Schriftstücken, elektronischen Dokumenten, Abschriften und Ablichtungen sowie bei der elektronischen Übersendung oder dem Ausdruck von elektronischen Dokumenten und anderen Dateien, wenn diese Arbeiten auf Antrag erfolgen,
8.[1] Vernichtung oder Zerstörung von Waren, die von Amts wegen oder auf Antrag vorgenommen wird.

(3) Das Bundesministerium der Finanzen wird ermächtigt, durch Rechtsverordnung, die der Zustimmung des Bundesrates nicht bedarf, die kostenpflichtigen Amtshandlungen näher festzulegen, die für sie zu erhebenden Kosten nach dem auf sie entfallenden durchschnittlichen Verwaltungsaufwand zu bemessen und zu pauschalieren sowie die Voraussetzungen zu bestimmen, unter denen von ihrer Erhebung wegen Geringfügigkeit, zur Vermeidung von Härten oder aus ähnlichen Gründen ganz oder teilweise abgesehen werden kann.

(4)[3] [1] Auf die Festsetzung der Kosten sind die für Verbrauchssteuern geltenden Vorschriften entsprechend anzuwenden. [2] Im Übrigen gilt für diese Kosten das Verwaltungskostengesetz in der bis zum 14. August 2013 geltenden Fassung. [3] Die §§ 18 bis 22 des Verwaltungskostengesetzes in der bis zum 14. August 2013 geltenden Fassung finden keine Anwendung.

§ 178a[4] *Kosten bei besonderer Inanspruchnahme der Finanzbehörden.*

(1) [1] Das Bundeszentralamt für Steuern erhebt für die Bearbeitung eines Antrags auf Durchführung eines Verständigungsverfahrens nach einem Vertrag im Sinne des § 2 zur einvernehmlichen Besteuerung von noch nicht verwirklichten Geschäften eines Steuerpflichtigen mit nahe stehenden Personen im Sinne des § 1 des Außensteuergesetzes oder zur zukünftigen einvernehmlichen Gewinnaufteilung zwischen einem inländischen Unternehmen und seiner ausländischen Betriebsstätte oder zur zukünftigen einvernehmlichen Gewinnermittlung einer inländischen Betriebsstätte eines ausländischen Unternehmens (Vorabverständigungsverfahren) Gebühren, die vor Eröffnung des Vorabverständigungsverfahrens durch das Bundeszentralamt für Steuern festzusetzen sind. [2] Diese Eröffnung geschieht durch die Versendung des ersten Schriftsatzes an den ande-

---

[1] § 178 Abs. 2 Nr. 6 neu gef. und Nr. 8 angef. mWv 20.12.2003 durch G v. 15.12.2003 (BGBl. I S. 2645).

[2] § 178 Abs. 2 Nr. 7 neu gef. mWv 31.12.2014 durch G v. 22.12.2014 (BGBl. I S. 2417).

[3] § 178 Abs. 4 neu gef. mWv 15.8.2013 durch G v. 7.8.2013 (BGBl. I S. 3154).

[4] § 178a eingef. mWv 19.12.2006 durch G v. 13.12.2006 (BGBl. I S. 2878) und aufgeh. durch G v. 2.6.2021 (BGBl. I S. 1259); zur letztmaligen Anwendung siehe Art. 97 § 34 Satz 2 EGAO (Nr. **800a**).

ren Staat. [3] Hat ein Antrag Vorabverständigungsverfahren mit mehreren Staaten zum Ziel, ist für jedes Verfahren eine Gebühr festzusetzen und zu entrichten. [4] Das Vorabverständigungsverfahren wird erst eröffnet, wenn die Gebührenfestsetzung unanfechtbar geworden und die Gebühr entrichtet ist; wird ein Herabsetzungsantrag nach Absatz 4 gestellt, muss auch darüber unanfechtbar entschieden sein.

(2) [1] Die Gebühr beträgt 20 000 Euro (Grundgebühr) für jeden Antrag im Sinne des Absatzes 1; der Antrag eines Organträgers im Sinne des § 14 Abs. 1 des Körperschaftsteuergesetzes, der entsprechende Geschäfte seiner Organgesellschaften mit umfasst, gilt als ein Antrag. [2] Stellt der Antragsteller einer bereits abgeschlossenen Verständigungsvereinbarung einen Antrag auf Verlängerung der Geltungsdauer, beträgt die Gebühr 15 000 Euro (Verlängerungsgebühr). [3] Ändert der Antragsteller seinen Antrag vor der Entscheidung über den ursprünglichen Antrag oder stellt er während der Laufzeit der Verständigungsvereinbarung einen Antrag auf Änderung der Verständigungsvereinbarung, wird eine zusätzliche Gebühr von 10 000 Euro für jeden Änderungsantrag erhoben (Änderungsgebühr); dies gilt nicht, wenn die Änderung vom Bundeszentralamt für Steuern oder vom anderen Staat veranlasst worden ist.

(3) Sofern die Summe der von dem Vorabverständigungsverfahren erfassten Geschäftsvorfälle die Beträge des § 6 Abs. 2 Satz 1 der Gewinnabgrenzungsaufzeichnungsverordnung vom 13. November 2003 (BGBl. I S. 2296) voraussichtlich nicht überschreitet, beträgt die Grundgebühr 10 000 Euro, die Verlängerungsgebühr 7500 Euro und die Änderungsgebühr 5000 Euro.

(4) [1] Das Bundeszentralamt für Steuern kann die Gebühr nach Absatz 2 oder 3 auf Antrag herabsetzen, wenn deren Entrichtung für den Steuerpflichtigen eine unbillige Härte bedeutet und das Bundeszentralamt für Steuern ein besonderes Interesse der Finanzbehörden an der Durchführung des Vorabverständigungsverfahrens feststellt. [2] Der Antrag ist vor Eröffnung des Vorabverständigungsverfahrens zu stellen; ein später gestellter Antrag ist unzulässig.

(5) Im Fall der Rücknahme oder Ablehnung des Antrags, oder wenn das Vorabverständigungsverfahren scheitert, wird die unanfechtbar festgesetzte Gebühr nicht erstattet.

2. Unterabschnitt: Gesonderte Feststellung von Besteuerungsgrundlagen, Festsetzung von Steuermessbeträgen

I. Gesonderte Feststellungen

§ 179 Feststellung von Besteuerungsgrundlagen. (1) Abweichend von § 157 Abs. 2 werden die Besteuerungsgrundlagen durch Feststellungsbescheid gesondert festgestellt, soweit dies in diesem Gesetz oder sonst in den Steuergesetzen bestimmt ist.

(2) [1] Ein Feststellungsbescheid richtet sich gegen den Steuerpflichtigen, dem der Gegenstand der Feststellung bei der Besteuerung zuzurechnen ist. [2] Die gesonderte Feststellung wird gegenüber mehreren Beteiligten einheitlich vorgenommen, wenn dies gesetzlich bestimmt ist oder der Gegenstand der Feststellung mehreren Personen zuzurechnen ist. [3] Ist eine dieser Personen an dem Gegenstand der Feststellung nur über eine andere Person beteiligt, so kann insoweit eine besondere gesonderte Feststellung vorgenommen werden.

(3) Soweit in einem Feststellungsbescheid eine notwendige Feststellung unterblieben ist, ist sie in einem Ergänzungsbescheid nachzuholen.

§ 180 Gesonderte Feststellung von Besteuerungsgrundlagen.

(1)[1] [1] Gesondert festgestellt werden insbesondere:

[Fassung bis 31.12.2024:][2]

1. die Einheitswerte [***ab 1.1.2022:*** und die Grundsteuerwerte] nach Maßgabe des Bewertungsgesetzes.

[Fassung ab 1.1 2025:][3]

1. die Grundsteuerwerte nach Maßgabe des Bewertungsgesetzes,

2. a)[4] die einkommensteuerpflichtigen und körperschaftsteuerpflichtigen Einkünfte und mit ihnen im Zusammenhang stehende andere Besteuerungsgrundlagen, wenn an den Einkünften mehrere Personen beteiligt sind und die Einkünfte diesen Personen steuerlich zuzurechnen sind,

(Fortsetzung nächstes Blatt)

---

[1] § 180 Abs. 1 Satz 2 angef. durch G v. 22.12.2014 (BGBl. I S. 2417); zur Anwendung siehe Art. 97 § 10b Satz 2 EGAO (Nr. **800a**).

[2] § 180 Abs. 1 Satz 1 Nr. 1 geänd. mWv 1.1.2022 durch G v. 26.11.2019 (BGBl. I S. 1794).

[3] § 180 Abs. 1 Satz 1 Nr. 1 geänd. durch G v. 26.11.2019 (BGBl. I S. 1794); zur Anwendung siehe Art. 97 § 10b Satz 3 EGAO (Nr. **800a**).

[4] Siehe hierzu Art. 97a § 3 Abs. 2 EGAO (Nr. **800a**).

bescheids der gerichtlichen Geltendmachung der Anfechtung nach § 7 Abs. 1 des Anfechtungsgesetzes gleich. [3]Die Bescheide sind schriftlich zu erteilen.

(2) Bevor gegen einen Rechtsanwalt, Patentanwalt, Notar, Steuerberater, Steuerbevollmächtigten, Wirtschaftsprüfer oder vereidigten Buchprüfer wegen einer Handlung im Sinne des § 69, die er in Ausübung seines Berufs vorgenommen hat, ein Haftungsbescheid erlassen wird, gibt die Finanzbehörde der zuständigen Berufskammer Gelegenheit, die Gesichtspunkte vorzubringen, die von ihrem Standpunkt für die Entscheidung von Bedeutung sind.

(3)[1)·2)] [1]Die Vorschriften über die Festsetzungsfrist sind auf den Erlass von Haftungsbescheiden entsprechend anzuwenden. [2]Die Festsetzungsfrist beträgt vier Jahre, in den Fällen des § 70 bei Steuerhinterziehung zehn Jahre, bei leichtfertiger Steuerverkürzung fünf Jahre, in den Fällen des § 71 zehn Jahre. [3]Die Festsetzungsfrist beginnt mit Ablauf des Kalenderjahrs, in dem der Tatbestand verwirklicht worden ist, an den das Gesetz die Haftungsfolge knüpft. [4]Ist die Steuer, für die gehaftet wird, noch nicht festgesetzt worden, so endet die Festsetzungsfrist für den Haftungsbescheid nicht vor Ablauf der für die Steuerfestsetzung geltenden Festsetzungsfrist; andernfalls gilt § 171 Abs. 10 sinngemäß. [5]In den Fällen der §§ 73 und 74 endet die Festsetzungsfrist nicht, bevor die gegen den Steuerschuldner festgesetzte Steuer verjährt (§ 228) ist.

(4)[1)] Ergibt sich die Haftung nicht aus den Steuergesetzen, so kann ein Haftungsbescheid ergehen, solange die Haftungsansprüche nach dem für sie maßgebenden Recht noch nicht verjährt sind.

(5)[1)] [1]Ein Haftungsbescheid kann nicht mehr ergehen,

1. soweit die Steuer gegen den Steuerschuldner nicht festgesetzt worden ist und wegen Ablaufs der Festsetzungsfrist auch nicht mehr festgesetzt werden kann,
2. soweit die gegen den Steuerschuldner festgesetzte Steuer verjährt ist oder die Steuer erlassen worden ist.

[2]Dies gilt nicht, wenn die Haftung darauf beruht, dass der Haftungsschuldner Steuerhinterziehung oder Steuerhehlerei begangen hat.

§ 192 Vertragliche Haftung. Wer sich auf Grund eines Vertrags verpflichtet hat, für die Steuer eines anderen einzustehen, kann nur nach den Vorschriften des bürgerlichen Rechts in Anspruch genommen werden.

Vierter Abschnitt: Außenprüfung

1. Unterabschnitt: Allgemeine Vorschriften

§ 193[3)] Zulässigkeit einer Außenprüfung. (1) Eine Außenprüfung ist zulässig bei Steuerpflichtigen, die einen gewerblichen oder land- und forst-

---

1) Zur Anwendung in den neuen Bundesländern siehe Art. 97a § 2 Nr. 6 EGAO (Nr. **800a**).

2) Zu § 191 Abs. 3 Satz 2 siehe Art. 97a § 3 EGAO (Nr. **800a**).

3) § 193 Abs. 1 geänd., Abs. 2 Nr. 3 angef. durch G v. 29.7.2009 (BGBl. I S. 2302); zur erstmaligen Anwendung mWv 1.1.2010 siehe Art. 97 § 22 Abs. 2 EGAO (Nr. **800a**) iVm § 5 Satz 1 Steuerhinterziehungsbekämpfungsverordnung (Nr. **12**).

wirtschaftlichen Betrieb unterhalten, die freiberuflich tätig sind und bei Steuerpflichtigen im Sinne des § 147a.

(2)[1] Bei anderen als den in Absatz 1 bezeichneten Steuerpflichtigen ist eine Außenprüfung zulässig,

1. soweit sie die Verpflichtung dieser Steuerpflichtigen betrifft, für Rechnung eines anderen Steuern zu entrichten oder Steuern einzubehalten und abzuführen,
2. wenn die für die Besteuerung erheblichen Verhältnisse der Aufklärung bedürfen und eine Prüfung an Amtsstelle nach Art und Umfang des zu prüfenden Sachverhalts nicht zweckmäßig ist oder
3. wenn ein Steuerpflichtiger seinen Mitwirkungspflichten nach *§ 90 Absatz 2 Satz 3* [***ab 1.1.2022:*** § 12 des Gesetzes zur Abwehr von Steuervermeidung und unfairem Steuerwettbewerb[2])] nicht nachkommt.

§ 194 Sachlicher Umfang einer Außenprüfung. (1) [1] Die Außenprüfung dient der Ermittlung der steuerlichen Verhältnisse des Steuerpflichtigen. [2] Sie kann eine oder mehrere Steuerarten, einen oder mehrere Besteuerungszeiträume umfassen oder sich auf bestimmte Sachverhalte beschränken. [3] Die Außenprüfung bei einer Personengesellschaft umfasst die steuerlichen Verhältnisse der Gesellschafter insoweit, als diese Verhältnisse für die zu überprüfenden einheitlichen Feststellungen von Bedeutung sind. [4] Die steuerlichen Verhältnisse anderer Personen können insoweit geprüft werden, als der Steuerpflichtige verpflichtet war oder verpflichtet ist, für Rechnung dieser Personen Steuern zu entrichten oder Steuern einzubehalten und abzuführen; dies gilt auch dann, wenn etwaige Steuernachforderungen den anderen Personen gegenüber geltend zu machen sind.

(2) Die steuerlichen Verhältnisse von Gesellschaftern und Mitgliedern sowie von Mitgliedern der Überwachungsorgane können über die in Absatz 1 geregelten Fälle hinaus in die bei einer Gesellschaft durchzuführende Außenprüfung einbezogen werden, wenn dies im Einzelfall zweckmäßig ist.

(3) Werden anlässlich einer Außenprüfung Verhältnisse anderer als der in Absatz 1 genannten Personen festgestellt, so ist die Auswertung der Feststellungen insoweit zulässig, als ihre Kenntnis für die Besteuerung dieser anderen Personen von Bedeutung ist oder die Feststellungen eine unerlaubte Hilfeleistung in Steuersachen betreffen.

§ 195 Zuständigkeit. [1] Außenprüfungen werden von den für die Besteuerung zuständigen Finanzbehörden durchgeführt. [2] Sie können andere Finanzbehörden mit der Außenprüfung beauftragen. [3] Die beauftragte Finanzbehörde kann im Namen der zuständigen Finanzbehörde die Steuerfestsetzung vornehmen und verbindliche Zusagen (§§ 204 bis 207) erteilen.

---

[1]) *§ 193* Abs. 2 Nr. 3 geänd. durch G v. 25.6.2021 (BGBl. I S. 2056); zur Anwendung siehe Art. 97 § 22 Abs. 4 EGAO.

[2]) Nr. **12**.

§ 196[1] **Prüfungsanordnung.** Die Finanzbehörde bestimmt den Umfang der Außenprüfung in einer schriftlich oder elektronisch zu erteilenden Prüfungsanordnung mit Rechtsbehelfsbelehrung nach § 356.

(Fortsetzung nächstes Blatt)

---

[1] § 196 geänd. mWv 1.1.2017 durch G v. 18.7.2016 (BGBl. I S. 1679); zur Anwendung s. auch Art. 97 § 1 Abs. 11 EGAO (Nr. **800a**).

bescheid[1]. [2]Dies gilt auch, wenn die Streitigkeit einen Erstattungsanspruch (§ 37 Abs. 2) betrifft.

(3)[2] [1]Wird eine Anrechnungsverfügung oder ein Abrechnungsbescheid auf Grund eines Rechtsbehelfs oder auf Antrag des Steuerpflichtigen oder eines Dritten zurückgenommen und in dessen Folge ein für ihn günstigerer Verwaltungsakt erlassen, können nachträglich gegenüber dem Steuerpflichtigen oder einer anderen Person die entsprechenden steuerlichen Folgerungen gezogen werden. [2]§ 174 Absatz 4 und 5 gilt entsprechend.

§ 219 Zahlungsaufforderung bei Haftungsbescheiden. [1]Wenn nichts anderes bestimmt ist, darf ein Haftungsschuldner auf Zahlung nur in Anspruch genommen werden, soweit die Vollstreckung in das bewegliche Vermögen des Steuerschuldners ohne Erfolg geblieben oder anzunehmen ist, dass die Vollstreckung aussichtslos sein würde. [2]Diese Einschränkung gilt nicht, wenn die Haftung darauf beruht, dass der Haftungsschuldner Steuerhinterziehung oder Steuerhehlerei begangen hat oder gesetzlich verpflichtet war, Steuern einzubehalten und abzuführen oder zu Lasten eines anderen zu entrichten.

§ 220 Fälligkeit. (1) Die Fälligkeit von Ansprüchen aus dem Steuerschuldverhältnis richtet sich nach den Vorschriften der Steuergesetze.

(2) [1]Fehlt es an einer besonderen gesetzlichen Regelung über die Fälligkeit, so wird der Anspruch mit seiner Entstehung fällig, es sei denn, dass in einem nach § 254 erforderlichen Leistungsgebot eine Zahlungsfrist eingeräumt worden ist. [2]Ergibt sich der Anspruch in den Fällen des Satzes 1 aus der Festsetzung von Ansprüchen aus dem Steuerschuldverhältnis, so tritt die Fälligkeit nicht vor Bekanntgabe der Festsetzung ein.

§ 221 Abweichende Fälligkeitsbestimmung. [1]Hat ein Steuerpflichtiger eine Verbrauchsteuer oder die Umsatzsteuer mehrfach nicht rechtzeitig entrichtet, so kann die Finanzbehörde verlangen, dass die Steuer jeweils zu einem von der Finanzbehörde zu bestimmenden, vor der gesetzlichen Fälligkeit aber nach Entstehung der Steuer liegenden Zeitpunkt entrichtet wird. [2]Das Gleiche gilt, wenn die Annahme begründet ist, dass der Eingang einer Verbrauchsteuer oder der Umsatzsteuer gefährdet ist; an Stelle der Vorverlegung der Fälligkeit kann auch Sicherheitsleistung verlangt werden. [3]In den Fällen des Satzes 1 ist die Vorverlegung der Fälligkeit nur zulässig, wenn sie dem Steuerpflichtigen für den Fall erneuter nicht rechtzeitiger Entrichtung angekündigt worden ist.

§ 222 Stundung. [1]Die Finanzbehörden können Ansprüche aus dem Steuerschuldverhältnis ganz oder teilweise stunden, wenn die Einziehung bei Fälligkeit eine erhebliche Härte für den Schuldner bedeuten würde und der Anspruch durch die Stundung nicht gefährdet erscheint. [2]Die Stundung soll in der Regel nur auf Antrag und gegen Sicherheitsleistung gewährt werden. [3]Steueransprüche gegen den Steuerschuldner können nicht gestundet werden,

---

[1] Bezeichnung geänd. mWv 31.12.2014 durch G v. 22.12.2014 (BGBl. I S. 2417).

[2] § 218 Abs. 3 angef. durch G v. 22.12.2014 (BGBl. I S. 2417); zur Anwendung siehe Art. 97 § 13a EGAO (Nr. **800a**).

soweit ein Dritter (Entrichtungspflichtiger) die Steuer für Rechnung des Steuerschuldners zu entrichten, insbesondere einzubehalten und abzuführen hat. [4]Die Stundung des Haftungsanspruchs gegen den Entrichtungspflichtigen ist ausgeschlossen, soweit er Steuerabzugsbeträge einbehalten oder Beträge, die eine Steuer enthalten, eingenommen hat.

§ 223[1)] *(aufgehoben)*

2. Unterabschnitt: Zahlung, Aufrechnung, Erlass

§ 224 Leistungsort, Tag der Zahlung. (1) [1]Zahlungen an Finanzbehörden sind an die zuständige Kasse zu entrichten. [2]Außerhalb des Kassenraums können Zahlungsmittel nur einem Amtsträger übergeben werden, der zur Annahme von Zahlungsmitteln außerhalb des Kassenraums besonders ermächtigt worden ist und sich hierüber ausweisen kann.

(2) Eine wirksam geleistete Zahlung gilt als entrichtet:

1.[2)] bei Übergabe oder Übersendung von Zahlungsmitteln am Tag des Eingangs, bei Hingabe oder Übersendung von Schecks jedoch drei Tage nach dem Tag des Eingangs,
2.[3)] bei Überweisung oder Einzahlung auf ein Konto der Finanzbehörde und bei Einzahlung mit Zahlschein an dem Tag, an dem der Betrag der Finanzbehörde gutgeschrieben wird,
3. bei Vorliegen einer Einzugsermächtigung am Fälligkeitstag.

(3) [1]Zahlungen der Finanzbehörden sind unbar zu leisten. [2]Das Bundesministerium der Finanzen und die für die Finanzverwaltung zuständigen obersten Landesbehörden können für ihre Geschäftsbereiche Ausnahmen zulassen. [3]Als Tag der Zahlung gilt bei Überweisung oder Zahlungsanweisung der dritte Tag nach der Hingabe oder Absendung des Auftrags an das Kreditinstitut oder, wenn der Betrag nicht sofort abgebucht werden soll, der dritte Tag nach der Abbuchung.

(4) [1]Die zuständige Kasse kann für die Übergabe von Zahlungsmitteln gegen Quittung geschlossen werden. [2]Absatz 2 Nr. 1 gilt entsprechend, wenn bei der Schließung von Kassen nach Satz 1 am Ort der Kasse eine oder mehrere Zweiganstalten der Deutschen Bundesbank oder, falls solche am Ort der Kasse nicht bestehen, ein oder mehrere Kreditinstitute ermächtigt werden, für die Kasse Zahlungsmittel gegen Quittung anzunehmen.

§ 224a Hingabe von Kunstgegenständen an Zahlungs statt.

(1) [1]Schuldet ein Steuerpflichtiger Erbschaft- oder Vermögensteuer, kann durch öffentlich-rechtlichen Vertrag zugelassen werden, dass an Zahlungs statt das Eigentum an Kunstgegenständen, Kunstsammlungen, wissenschaftlichen Sammlungen, Bibliotheken, Handschriften und Archiven dem Land, dem das Steueraufkommen zusteht, übertragen wird, wenn an deren Erwerb wegen ihrer Bedeutung für Kunst, Geschichte oder Wissenschaft ein öffentliches

---

1) § 223 aufgeh. mWv 31.12.2014 durch G v. 22.12.2014 (BGBl. I S. 2417).

2) § 224 Abs. 2 Nr. 1 neu gef. durch G v. 13.12.2006 (BGBl. I S. 2878); zur erstmaligen Anwendung siehe Art. 97 § 6 EGAO (Nr. **800a**).

3) § 224 Abs. 2 Nr. 2 geänd. mWv 30.6.2013 durch G v. 26.6.2013 (BGBl. I S. 1809).

6. Aufnahme in einen Insolvenzplan oder einen gerichtlichen Schuldenbereinigungsplan,
7. Ermittlungen der Finanzbehörde nach dem Wohnsitz oder dem Aufenthaltsort des Zahlungspflichtigen und
8. schriftliche Geltendmachung des Anspruchs.

[2] § 169 Abs. 1 Satz 3 gilt sinngemäß.

(2)[1)] [1] Die Unterbrechung der Verjährung dauert fort

1. in den Fällen des Absatzes 1 Satz 1 Nummer 1 bis zum Ablauf der Maßnahme,
2. im Fall des Absatzes 1 Satz 1 Nummer 2 bis zum Erlöschen der Sicherheit,
3. im Fall des Absatzes 1 Satz 1 Nummer 3 bis zum Erlöschen des Pfändungspfandrechts, der Zwangshypothek oder des sonstigen Vorzugsrechts auf Befriedigung,
4. im Fall des Absatzes 1 Satz 1 Nummer 4 bis zur Beendigung des Insolvenzverfahrens,
5. im Fall des Absatzes 1 Satz 1 Nummer 5 bis zum Wegfall des Vollstreckungsverbots nach § 210 oder § 294 Absatz 1 der Insolvenzordnung,
6. in den Fällen des Absatzes 1 Satz 1 Nummer 6, bis der Insolvenzplan oder der gerichtliche Schuldenbereinigungsplan erfüllt oder hinfällig wird.

[2] Wird gegen die Finanzbehörde ein Anspruch geltend gemacht, so endet die hierdurch eingetretene Unterbrechung der Verjährung nicht, bevor über den Anspruch rechtskräftig entschieden worden ist.

(3) Mit Ablauf des Kalenderjahrs, in dem die Unterbrechung geendet hat, beginnt eine neue Verjährungsfrist.

(4) Die Verjährung wird nur in Höhe des Betrags unterbrochen, auf den sich die Unterbrechungshandlung bezieht.

§ 232 Wirkung der Verjährung. Durch die Verjährung erlöschen der Anspruch aus dem Steuerschuldverhältnis und die von ihm abhängenden Zinsen.

Zweiter Abschnitt: Verzinsung, Säumniszuschläge

1. Unterabschnitt: Verzinsung

§ 233 Grundsatz. [1] Ansprüche aus dem Steuerschuldverhältnis (§ 37) werden nur verzinst, soweit dies gesetzlich vorgeschrieben ist. [2] Ansprüche auf steuerliche Nebenleistungen (§ 3 Abs. 4) und die entsprechenden Erstattungsansprüche werden nicht verzinst.

§ 233a Verzinsung von Steuernachforderungen und Steuererstattungen. (1) [1] Führt die Festsetzung der Einkommen-, Körperschaft-, Vermö-

---

[1)] § 231 Abs. 2 Satz 1 neu gef. mWv 20.12.2003 durch G v. 15.12.2003 (BGBl. I S. 2645); Satz 1 neu gef. durch G v. 23.6.2017 (BGBl. I S. 1682); zur Anwendung siehe Art. 97 § 14 Abs. 5 EGAO (Nr. **800a**); Abs. 2 Satz 1 Nr. 5 geänd. mWv 29.12.2020 durch G v. 21.12.2020 (BGBl. I S. 3096).

gen-, Umsatz- oder Gewerbesteuer zu einem Unterschiedsbetrag im Sinne des Absatzes 3, ist dieser zu verzinsen. 2 Dies gilt nicht für die Festsetzung von Vorauszahlungen und Steuerabzugsbeträgen.

(2)[1)] 1 Der Zinslauf beginnt 15 Monate[2)] nach Ablauf des Kalenderjahrs, in dem die Steuer entstanden ist. 2 Er beginnt für die Einkommen- und Körperschaftsteuer 23 Monate[2)] nach diesem Zeitpunkt, wenn die Einkünfte aus Land- und Forstwirtschaft bei der erstmaligen Steuerfestsetzung die anderen Einkünfte überwiegen. 3 Er endet mit Ablauf des Tages, an dem die Steuerfestsetzung wirksam wird.

(2a)[3)] Soweit die Steuerfestsetzung auf der Berücksichtigung eines rückwirkenden Ereignisses (§ 175 Abs. 1 Satz 1 Nr. 2 und Abs. 2) oder auf einem Verlustabzug nach § 10d Abs. 1 des Einkommensteuergesetzes beruht, beginnt der Zinslauf abweichend von Absatz 2 Satz 1 und 2 15 Monate nach Ablauf des Kalenderjahres, in dem das rückwirkende Ereignis eingetreten oder der Verlust entstanden ist.

(3) 1 Maßgebend für die Zinsberechnung ist die festgesetzte Steuer, vermindert um die anzurechnenden Steuerabzugsbeträge, um die anzurechnende Körperschaftsteuer und um die bis zum Beginn des Zinslaufs festgesetzten Vorauszahlungen (Unterschiedsbetrag). 2 Bei der Vermögensteuer ist als Unterschiedsbetrag für die Zinsberechnung die festgesetzte Steuer, vermindert um die festgesetzten Vorauszahlungen oder die bisher festgesetzte Jahressteuer, maßgebend. 3 Ein Unterschiedsbetrag zugunsten des Steuerpflichtigen ist nur bis zur Höhe des zu erstattenden Betrags zu verzinsen; die Verzinsung beginnt frühestens mit dem Tag der Zahlung.

(4) Die Festsetzung der Zinsen soll mit der Steuerfestsetzung verbunden werden.

(5) 1 Wird die Steuerfestsetzung aufgehoben, geändert oder nach § 129 berichtigt, ist eine bisherige Zinsfestsetzung zu ändern; Gleiches gilt, wenn die Anrechnung von Steuerbeträgen zurückgenommen, widerrufen oder nach § 129 berichtigt wird. 2 Maßgebend für die Zinsberechnung ist der Unterschiedsbetrag zwischen der festgesetzten Steuer und der vorher festgesetzten Steuer, jeweils vermindert um die anzurechnenden Steuerabzugsbeträge und um die anzurechnende Körperschaftsteuer. 3 Dem sich hiernach ergebenden Zinsbetrag sind bisher festzusetzende Zinsen hinzuzurechnen; bei einem Unterschiedsbetrag zugunsten des Steuerpflichtigen entfallen darauf festgesetzte Zinsen. 4 Im Übrigen gilt Absatz 3 Satz 3 entsprechend.

(6) Die Absätze 1 bis 5 gelten bei der Durchführung des Lohnsteuer-Jahresausgleichs entsprechend.

(7) 1 Bei Anwendung des Absatzes 2a gelten die Absätze 3 und 5 mit der Maßgabe, dass der Unterschiedsbetrag in Teil-Unterschiedsbeträge mit jeweils

---

1) Zur **Anwendung aufgrund der Corona-Pandemie** siehe **Sonderregelung** in Art. 97 § 36 EGAO (Nr. **800a**). Zur Anwendung in den neuen Bundesländern siehe Art. 97a § 2 Nr. 10 EGAO (Nr. **800a**).

2) Zeitpunkt geänd. durch G v. 1.11.2011 (BGBl. I S. 2131); zur Anwendung siehe Art. 97 § 15 Abs. 11 und § 36 Abs. 3 Nrn. 10 und 11 EGAO (Nr. **800a**).

3) In § 233a Abs. 2a s. auch Art. 97 § 9 Abs. 5 EGAO (Nr. **800a**).

Union mit der Delegierten Verordnung (EU) 2015/2446 der Kommission vom 28. Juli 2015 zur Ergänzung der Verordnung (EU) Nr. 952/2013 des Europäischen Parlaments und des Rates mit Einzelheiten zur Präzisierung von Bestimmungen des Zollkodex der Union (ABl. L 343 vom 29.12.2015, S. 1)[1] sowie nach der Durchführungsverordnung (EU) 2015/2447 der Kommission vom 24. November 2015 mit Einzelheiten zur Umsetzung von Bestimmungen der Verordnung (EU) Nr. 952/2013 des Europäischen Parlaments und des Rates zur Festlegung des Zollkodex der Union (ABl. L 343 vom 29.12.2015, S. 558) und nach dem Übereinkommen vom 20. Mai 1987 über ein gemeinsames Versandverfahren (ABl. EG Nr. L 226 S. 2) in ihren jeweils gültigen Fassungen entscheidet die Generalzolldirektion.

(2)[2] [1]Die Generalzolldirektion[2] kann Kreditinstitute und geschäftsmäßig für andere Sicherheit leistende Versicherungsunternehmen allgemein als Steuerbürge zulassen, wenn sie im Geltungsbereich dieses Gesetzes zum Geschäftsbetrieb befugt sind. [2]Bei der Zulassung ist ein Höchstbetrag festzusetzen (Bürgschaftssumme). [3]Die gesamten Verbindlichkeiten aus Schuldversprechen, Bürgschaften und Wechselverpflichtungen, die der Steuerbürge gegenüber der Finanzverwaltung übernommen hat, dürfen nicht über die Bürgschaftssumme hinausgehen.

(3)[3] Das Bundesministerium der Finanzen wird ermächtigt, durch Rechtsverordnung mit Zustimmung des Bundesrates die Befugnisse nach Absatz 1 Satz 6 und Absatz 2 auf ein Hauptzollamt oder mehrere Hauptzollämter zu übertragen.

§ 245 Sicherheitsleistung durch andere Werte. [1]Andere als die in § 241 bezeichneten Sicherheiten kann die Finanzbehörde nach ihrem Ermessen annehmen. [2]Vorzuziehen sind Vermögensgegenstände, die größere Sicherheit bieten oder bei Eintritt auch außerordentlicher Verhältnisse ohne erhebliche Schwierigkeit und innerhalb angemessener Frist verwertet werden können.

§ 246 Annahmewerte. [1]Die Finanzbehörde bestimmt nach ihrem Ermessen, zu welchen Werten Gegenstände als Sicherheit anzunehmen sind. [2]Der Annahmewert darf jedoch den bei einer Verwertung zu erwartenden Erlös abzüglich der Kosten der Verwertung nicht übersteigen. [3]Er darf bei den in § 241 Abs. 1 Nr. 2 und 4 aufgeführten Gegenständen und bei beweglichen Sachen, die nach § 245 als Sicherheit angenommen werden, nicht unter den in § 234 Abs. 3, § 236 und § 237 Satz 1 des Bürgerlichen Gesetzbuchs genannten Werten liegen.

§ 247 Austausch von Sicherheiten. Wer nach den §§ 241 bis 245 Sicherheit geleistet hat, ist berechtigt, die Sicherheit oder einen Teil davon durch eine andere nach den §§ 241 bis 244 geeignete Sicherheit zu ersetzen.

---

[1] **Zölle und Verbrauchsteuern** Nr. 4.

[2] § 244 Abs. 2 Sätze 2 und 3 aufgeh., bish. Sätze 4 und 5 werden Sätze 2 und 3; Satz 1 geänd. mWv 1.1.2016 durch G v. 3.12.2015 (BGBl. I S. 2178).

[3] § 244 Abs. 3 angef. mWv 1.1.2016 durch G v. 3.12.2015 (BGBl. I S. 2178).

§ 248 Nachschusspflicht. Wird eine Sicherheit unzureichend, so ist sie zu ergänzen oder es ist anderweitige Sicherheit zu leisten.

Sechster Teil. Vollstreckung

Erster Abschnitt: Allgemeine Vorschriften

§ 249[1] **Vollstreckungsbehörden.** (1) [1]Die Finanzbehörden können Verwaltungsakte, mit denen eine Geldleistung, eine sonstige Handlung, eine Duldung oder Unterlassung gefordert wird, im Verwaltungsweg vollstrecken. [2]Dies gilt auch für Steueranmeldungen (§ 168). [3]Vollstreckungsbehörden sind die Finanzämter und die Hauptzollämter sowie die Landesfinanzbehörden, denen durch eine Rechtsverordnung nach § 17 Absatz 2 Satz 3 Nummer 3 des Finanzverwaltungsgesetzes die landesweite Zuständigkeit für Kassengeschäfte und das Erhebungsverfahren einschließlich der Vollstreckung übertragen worden ist; § 328 Absatz 1 Satz 3 bleibt unberührt.

(2) [1]Zur Vorbereitung der Vollstreckung können die Finanzbehörden die Vermögens- und Einkommensverhältnisse des Vollstreckungsschuldners ermitteln. [2]Die Finanzbehörde darf ihr bekannte, nach § 30 geschützte Daten, die sie bei der Vollstreckung wegen Steuern und steuerlicher Nebenleistungen verwenden darf, auch bei der Vollstreckung wegen anderer Geldleistungen als Steuern und steuerlicher Nebenleistungen verwenden.

[*ab 1.1.2022:*

(3) Zur Durchführung von Vollstreckungsmaßnahmen können die Vollstreckungsbehörden Auskunfts- und Unterstützungsersuchen nach § 757a der Zivilprozessordnung stellen.]

§ 250 Vollstreckungsersuchen. (1) [1]Soweit eine Vollstreckungsbehörde auf Ersuchen einer anderen Vollstreckungsbehörde Vollstreckungsmaßnahmen ausführt, tritt sie an die Stelle der anderen Vollstreckungsbehörde. [2]Für die Vollstreckbarkeit des Anspruchs bleibt die ersuchende Vollstreckungsbehörde verantwortlich.

(2) [1]Hält sich die ersuchte Vollstreckungsbehörde für unzuständig oder hält sie die Handlung, um die sie ersucht worden ist, für unzulässig, so teilt sie ihre Bedenken der ersuchenden Vollstreckungsbehörde mit. [2]Besteht diese auf der Ausführung des Ersuchens und lehnt die ersuchte Vollstreckungsbehörde die Ausführung ab, so entscheidet die Aufsichtsbehörde der ersuchten Vollstreckungsbehörde.

§ 251[2] **Vollstreckbare Verwaltungsakte.** (1) [1]Verwaltungsakte können vollstreckt werden, soweit nicht ihre Vollziehung ausgesetzt oder die Vollziehung durch Einlegung eines Rechtsbehelfs gehemmt ist (§ 361; § 69 der Finanzgerichtsordnung). [2]Einfuhr- und Ausfuhrabgabenbescheide können außerdem

---

[1] § 249 Abs. 1 Satz 3 neu gef. mWv 6.11.2015 durch G v. 2.11.2015 (BGBl. I S. 1834); Abs. 3 angef. mWv 1.1.2022 durch G v. 7.5.2021 (BGBl. I S. 850).

[2] § 251 Abs. 1 Satz 2 angef. mWv 20.12.2003 durch G v. 15.12.2003 (BGBl. I S. 2645).

nur vollstreckt werden, soweit die Verpflichtung des Zollschuldners zur Abgabenentrichtung nicht ausgesetzt ist (Artikel 108 Absatz 3 des Zollkodex der Union[1]).

(2)[2] [1]Unberührt bleiben die Vorschriften der Insolvenzordnung sowie § 79 Abs. 2 des Bundesverfassungsgerichtsgesetzes. [2]Die Finanzbehörde ist berechtigt, in den Fällen des § 201 Abs. 2, §§ 257 und 308 Abs. 1 der Insolvenzordnung sowie des § 71 des Unternehmensstabilisierungs- und -restrukturierungsgesetzes gegen den Schuldner im Verwaltungsweg zu vollstrecken.

(3) Macht die Finanzbehörde im Insolvenzverfahren einen Anspruch aus dem Steuerschuldverhältnis als Insolvenzforderung geltend, so stellt sie erforderlichenfalls die Insolvenzforderung durch schriftlichen Verwaltungsakt fest.

§ 252 Vollstreckungsgläubiger. Im Vollstreckungsverfahren gilt die Körperschaft als Gläubigerin der zu vollstreckenden Ansprüche, der die Vollstreckungsbehörde angehört.

§ 253 Vollstreckungsschuldner. Vollstreckungsschuldner ist derjenige, gegen den sich ein Vollstreckungsverfahren nach § 249 richtet.

§ 254 Voraussetzungen für den Beginn der Vollstreckung. (1) [1]Soweit nichts anderes bestimmt ist, darf die Vollstreckung erst beginnen, wenn die Leistung fällig ist und der Vollstreckungsschuldner zur Leistung oder Duldung oder Unterlassung aufgefordert worden ist (Leistungsgebot) und seit der Aufforderung mindestens eine Woche verstrichen ist. [2]Das Leistungsgebot kann mit dem zu vollstreckenden Verwaltungsakt verbunden werden. [3]Ein Leistungsgebot ist auch dann erforderlich, wenn der Verwaltungsakt gegen den Vollstreckungsschuldner wirkt, ohne ihm bekannt gegeben zu sein. [4]Soweit der Vollstreckungsschuldner eine von ihm auf Grund einer Steueranmeldung geschuldete Leistung nicht erbracht hat, bedarf es eines Leistungsgebots nicht.

(2)[3] [1]Eines Leistungsgebots wegen der Säumniszuschläge und Zinsen bedarf es nicht, wenn sie zusammen mit der Steuer beigetrieben werden. [2]Dies gilt sinngemäß für die Vollstreckungskosten, wenn sie zusammen mit dem Hauptanspruch beigetrieben werden. [3]Die gesonderte Anforderung von Säumniszuschlägen kann ausschließlich automationsgestützt erfolgen.

§ 255 Vollstreckung gegen juristische Personen des öffentlichen Rechts. (1) [1]Gegen den Bund oder ein Land ist die Vollstreckung nicht zulässig. [2]Im Übrigen ist die Vollstreckung gegen juristische Personen des öffentlichen Rechts, die der Staatsaufsicht unterliegen, nur mit Zustimmung der be-

---

[1] Verweis geänd. mWv 1.5.2016 durch G v. 22.12.2014 (BGBl. I S. 2417).

[2] § 251 Abs. 2 Satz 2 geänd. mWv 9.6.2021 durch G v. 2.6.2021 (BGBl. I S. 1259).

[3] § 254 Abs. 2 Satz 3 angef. durch G v. 12.12.2019 (BGBl. I S. 2451); zur Anwendung siehe Art. 97 § 1 Abs. 13 EGAO (Nr. **800a**).

treffenden Aufsichtsbehörde zulässig. [3]Die Aufsichtsbehörde bestimmt den Zeitpunkt der Vollstreckung und die Vermögensgegenstände, in die vollstreckt werden kann.

(2) Gegenüber öffentlich-rechtlichen Kreditinstituten gelten die Beschränkungen des Absatzes 1 nicht.

§ 256 Einwendungen gegen die Vollstreckung. Einwendungen gegen den zu vollstreckenden Verwaltungsakt sind außerhalb des Vollstreckungsverfahrens mit den hierfür zugelassenen Rechtsbehelfen zu verfolgen.

§ 257 Einstellung und Beschränkung der Vollstreckung. (1) Die Vollstreckung ist einzustellen oder zu beschränken, sobald

1. die Vollstreckbarkeitsvoraussetzungen des § 251 Abs. 1 weggefallen sind,
2. der Verwaltungsakt, aus dem vollstreckt wird, aufgehoben wird,
3. der Anspruch auf die Leistung erloschen ist,
4. die Leistung gestundet worden ist.

(2) [1]In den Fällen des Absatzes 1 Nr. 2 und 3 sind bereits getroffene Vollstreckungsmaßnahmen aufzuheben. [2]Ist der Verwaltungsakt durch eine gerichtliche Entscheidung aufgehoben worden, so gilt dies nur, soweit die Entscheidung unanfechtbar geworden ist und nicht auf Grund der Entscheidung ein neuer Verwaltungsakt zu erlassen ist. [3]Im Übrigen bleiben die Vollstreckungsmaßnahmen bestehen, soweit nicht ihre Aufhebung ausdrücklich angeordnet worden ist.

§ 258 Einstweilige Einstellung oder Beschränkung der Vollstreckung. Soweit im Einzelfall die Vollstreckung unbillig ist, kann die Vollstreckungsbehörde sie einstweilen einstellen oder beschränken oder eine Vollstreckungsmaßnahme aufheben.

Zweiter Abschnitt: Vollstreckung wegen Geldforderungen

1. Unterabschnitt: Allgemeine Vorschriften

§ 259[1)] Mahnung. [1]Der Vollstreckungsschuldner soll in der Regel vor Beginn der Vollstreckung mit einer Zahlungsfrist von einer Woche gemahnt werden. [2]Einer Mahnung bedarf es nicht, wenn der Vollstreckungsschuldner vor Eintritt der Fälligkeit an die Zahlung erinnert wird. [3]An die Zahlung kann auch durch öffentliche Bekanntmachung allgemein erinnert werden.

§ 260 Angabe des Schuldgrundes. Im Vollstreckungsauftrag oder in der Pfändungsverfügung ist für die beizutreibenden Geldbeträge der Schuldgrund anzugeben.

[1)] § 259 Satz 2 aufgeh., bish. Sätze 3 und 4 werden Sätze 2 und 3 mWv 30.6.2013 durch G v. 26.6.2013 (BGBl. I S. 1809).

§ 261[1] Niederschlagung. Ansprüche aus dem Steuerschuldverhältnis dürfen niedergeschlagen werden, wenn zu erwarten ist, dass

1. die Erhebung keinen Erfolg haben wird oder
2. die Kosten der Erhebung außer Verhältnis zu dem zu erhebenden Betrag stehen werden.

§ 262 Rechte Dritter. (1) [1]Behauptet ein Dritter, dass ihm am Gegenstand der Vollstreckung ein die Veräußerung hinderndes Recht zustehe, oder werden Einwendungen nach den §§ 772 bis 774 der Zivilprozessordnung erhoben, so ist der Widerspruch gegen die Vollstreckung erforderlichenfalls durch Klage vor den ordentlichen Gerichten geltend zu machen. [2]Als Dritter gilt auch, wer zur Duldung der Vollstreckung in ein Vermögen, das von ihm verwaltet wird, verpflichtet ist, wenn er geltend macht, dass ihm gehörende Gegenstände von der Vollstreckung betroffen seien. [3]Welche Rechte die Veräußerung hindern, bestimmt sich nach bürgerlichem Recht.

(Fortsetzung nächstes Blatt)

---

[1] § 261 neu gef. mWv 1.1.2017 durch G v. 18.7.2016 (BGBl. I S. 1679); zur Anwendung s. auch Art. 97 § 1 Abs. 11 EGAO (Nr. **800a**).

5. die Beträge, die auf die aufgeteilte Steuer des Gesamtschuldners anzurechnen sind.

§ 280 Änderung des Aufteilungsbescheids. (1) Der Aufteilungsbescheid kann außer in den Fällen des § 129 nur geändert werden, wenn
1. nachträglich bekannt wird, dass die Aufteilung auf unrichtigen Angaben beruht und die rückständige Steuer infolge falscher Aufteilung ganz oder teilweise nicht beigetrieben werden konnte,
2. sich die rückständige Steuer durch Aufhebung oder Änderung der Steuerfestsetzung oder ihre Berichtigung nach § 129 erhöht oder vermindert.

(2) Nach Beendigung der Vollstreckung ist eine Änderung des Aufteilungsbescheids oder seine Berichtigung nach § 129 nicht mehr zulässig.

3. Unterabschnitt: Vollstreckung in das bewegliche Vermögen

I. Allgemeines

§ 281 Pfändung. (1) Die Vollstreckung in das bewegliche Vermögen erfolgt durch Pfändung.

(2) Die Pfändung darf nicht weiter ausgedehnt werden, als es zur Deckung der beizutreibenden Geldbeträge und der Kosten der Vollstreckung erforderlich ist.

(3) Die Pfändung unterbleibt, wenn die Verwertung der pfändbaren Gegenstände einen Überschuss über die Kosten der Vollstreckung nicht erwarten lässt.

§ 282 Wirkung der Pfändung. (1) Durch die Pfändung erwirbt die Körperschaft, der die Vollstreckungsbehörde angehört, ein Pfandrecht an dem gepfändeten Gegenstand.

(2) Das Pfandrecht gewährt ihr im Verhältnis zu anderen Gläubigern dieselben Rechte wie ein Pfandrecht im Sinne des Bürgerlichen Gesetzbuchs; es geht Pfand- und Vorzugsrechten vor, die im Insolvenzverfahren diesem Pfandrecht nicht gleichgestellt sind.

(3) Das durch eine frühere Pfändung begründete Pfandrecht geht demjenigen vor, das durch eine spätere Pfändung begründet wird.

§ 283 Ausschluss von Gewährleistungsansprüchen. Wird ein Gegenstand auf Grund der Pfändung veräußert, so steht dem Erwerber wegen eines Mangels im Recht oder wegen eines Mangels der veräußerten Sache ein Anspruch auf Gewährleistung nicht zu.

§ 284[1] Vermögensauskunft des Vollstreckungsschuldners. (1) [1] Der Vollstreckungsschuldner muss der Vollstreckungsbehörde auf deren Verlangen für die Vollstreckung einer Forderung Auskunft über sein Vermögen nach Maß-

---

[1] § 284 neu gef. mWv 1.1.2013 durch G v. 29.7.2009 (BGBl. I S. 2258).

gabe der folgenden Vorschriften erteilen, wenn er die Forderung nicht binnen zwei Wochen begleicht, nachdem ihn die Vollstreckungsbehörde unter Hinweis auf die Verpflichtung zur Abgabe der Vermögensauskunft zur Zahlung aufgefordert hat. [2] Zusätzlich hat er seinen Geburtsnamen, sein Geburtsdatum und seinen Geburtsort anzugeben. [3] Handelt es sich bei dem Vollstreckungsschuldner um eine juristische Person oder um eine Personenvereinigung, so hat er seine Firma, die Nummer des Registerblatts im Handelsregister und seinen Sitz anzugeben.

(2)[1)] [1] Zur Auskunftserteilung hat der Vollstreckungsschuldner alle ihm gehörenden Vermögensgegenstände anzugeben. [2] Bei Forderungen sind Grund und Beweismittel zu bezeichnen. [3] Ferner sind anzugeben:

1. die entgeltlichen Veräußerungen des Vollstreckungsschuldners an eine nahestehende Person (§ 138 der Insolvenzordnung), die dieser in den letzten zwei Jahren vor dem Termin nach Absatz 7 und bis zur Abgabe der Vermögensauskunft vorgenommen hat;
2. die unentgeltlichen Leistungen des Vollstreckungsschuldners, die dieser in den letzten vier Jahren vor dem Termin nach Absatz 7 und bis zur Abgabe der Vermögensauskunft vorgenommen hat, sofern sie sich nicht auf gebräuchliche Gelegenheitsgeschenke geringen Werts richteten.

[4] Sachen, die nach § 811 Absatz 1 *Nr. 1 und 2* [***ab 1.1.2022:*** Nummer 1 Buchstabe a und Nummer 2] der Zivilprozessordnung der Pfändung offensichtlich nicht unterworfen sind, brauchen nicht angegeben zu werden, es sei denn, dass eine Austauschpfändung in Betracht kommt.

(3)[2)] [1] Der Vollstreckungsschuldner hat zu Protokoll an Eides statt zu versichern, dass er die Angaben nach den Absätzen 1 und 2 nach bestem Wissen und Gewissen richtig und vollständig gemacht habe. [2] Vor Abnahme der eidesstattlichen Versicherung ist der Vollstreckungsschuldner über die Bedeutung der eidesstattlichen Versicherung, insbesondere über die strafrechtlichen Folgen einer unrichtigen oder unvollständigen eidesstattlichen Versicherung, zu belehren.

(4)[3)] [1] *Ein Vollstreckungsschuldner, der die in dieser Vorschrift oder die in § 802c der Zivilprozessordnung bezeichnete Vermögensauskunft innerhalb der letzten zwei Jahre abgegeben hat, ist zur erneuten Abgabe nur verpflichtet, wenn anzunehmen ist, dass sich seine Vermögensverhältnisse* [***ab 1.1.2022:*** [1] Der Vollstreckungsschuldner ist innerhalb von zwei Jahren nach Abgabe der Vermögensauskunft nach dieser Vorschrift oder nach § 802c der Zivilprozessordnung nicht verpflichtet, eine weitere Vermögensauskunft abzugeben, es sei denn, es ist anzunehmen, dass sich die Vermögensverhältnisse des Vollstreckungsschuldners] wesentlich geändert haben. [2] Die Vollstreckungsbehörde hat von Amts wegen festzustellen, ob beim zentralen Vollstreckungsgericht nach § 802k Absatz 1 der Zivilprozessordnung in den letzten zwei Jahren ein auf Grund einer Vermögensauskunft des Schuldners erstelltes Vermögensverzeichnis hinterlegt wurde.

---

1) *§ 284 Abs. 2 Satz 4* geänd. mWv 1.1.2022 durch G v. 7.5.2021 (BGBl. I S. 850).
2) § 284 Abs. 3 Satz 1 geänd. mWv 1.1.2013 durch G v. 22.12.2011 (BGBl. I S. 3044).
3) § 284 Abs. 4 Satz 1 geänd. mWv 1.1.2022 durch G v. 7.5.2021 (BGBl. I S. 850).

(5) [1] Für die Abnahme der Vermögensauskunft ist die Vollstreckungsbehörde zuständig, in deren Bezirk sich der Wohnsitz oder der Aufenthaltsort des Vollstreckungsschuldners befindet. [2] Liegen diese Voraussetzungen bei der Vollstreckungsbehörde, die die Vollstreckung betreibt, nicht vor, so kann sie die Vermögensauskunft abnehmen, wenn der Vollstreckungsschuldner zu ihrer Abgabe bereit ist.

(Fortsetzung nächstes Blatt)

eines Pfand- oder Vorzugsrechts nicht widersprechen. [2]Er kann jedoch vorzugsweise Befriedigung aus dem Erlös verlangen ohne Rücksicht darauf, ob seine Forderung fällig ist oder nicht.

(2) [1]Für eine Klage auf vorzugsweise Befriedigung ist ausschließlich zuständig das ordentliche Gericht, in dessen Bezirk gepfändet worden ist. [2]Wird die Klage gegen die Körperschaft, der die Vollstreckungsbehörde angehört, und gegen den Vollstreckungsschuldner gerichtet, so sind sie Streitgenossen.

§ 294 Ungetrennte Früchte. (1) [1]Früchte, die vom Boden noch nicht getrennt sind, können gepfändet werden, solange sie nicht durch Vollstreckung in das unbewegliche Vermögen in Beschlag genommen worden sind. [2]Sie dürfen nicht früher als einen Monat vor der gewöhnlichen Zeit der Reife gepfändet werden.

(2) Ein Gläubiger, der ein Recht auf Befriedigung aus dem Grundstück hat, kann der Pfändung nach § 262 widersprechen, wenn nicht für einen Anspruch gepfändet ist, der bei der Vollstreckung in das Grundstück vorgeht.

§ 295[1)] Unpfändbarkeit von Sachen. [1]Die §§ 811 bis *812* [***ab 1.1.2022:*** 811c] *und 813 Abs. 1 bis 3* [***ab 1.12.2021:*** , 813 Absatz 1 bis 3 und § 882a Absatz 4] der Zivilprozessordnung sowie die Beschränkungen und Verbote, die nach anderen gesetzlichen Vorschriften für die Pfändung von Sachen bestehen, gelten entsprechend. [2]An die Stelle des Vollstreckungsgerichts tritt die Vollstreckungsbehörde.

§ 296 Verwertung. (1)[2)] [1]Die gepfändeten Sachen sind auf schriftliche Anordnung der Vollstreckungsbehörde öffentlich zu versteigern. [2]Eine öffentliche Versteigerung ist

1. die Versteigerung vor Ort oder
2. die allgemein zugängliche Versteigerung im Internet über die Plattform www.zoll-auktion.de.

[3]Die Versteigerung erfolgt in der Regel durch den Vollziehungsbeamten. [4]§ 292 gilt entsprechend.

(2) Bei Pfändung von Geld gilt die Wegnahme als Zahlung des Vollstreckungsschuldners.

§ 297 Aussetzung der Verwertung. Die Vollstreckungsbehörde kann die Verwertung gepfändeter Sachen unter Anordnung von Zahlungsfristen zeitweilig aussetzen, wenn die alsbaldige Verwertung unbillig wäre.

§ 298[3)] Versteigerung. (1) Die gepfändeten Sachen dürfen nicht vor Ablauf einer Woche seit dem Tag der Pfändung versteigert werden, sofern sich

---

[1)] § 295 Abs. 1 Satz 1 geänd. mWv 1.12.2021 durch G v. 22.11.2020 (BGBl. I S. 2466); geänd. mWv 1.1.2022 durch G v. 7.5.2021 (BGBl. I S. 850).

[2)] § 296 Abs. 1 neu gef. mWv 5.8.2009 durch G v. 30.7.2009 (BGBl. I S. 2474).

[3)] § 298 Abs. 2 Satz 3 angef., Abs. 3 neu gef. mWv 5.8.2009 durch G v. 30.7.2009 (BGBl. I S. 2474).

nicht der Vollstreckungsschuldner mit einer früheren Versteigerung einverstanden erklärt oder diese erforderlich ist, um die Gefahr einer beträchtlichen Wertverringerung abzuwenden oder unverhältnismäßige Kosten längerer Aufbewahrung zu vermeiden.

(2) [1] Zeit und Ort der Versteigerung sind öffentlich bekannt zu machen; dabei sind die Sachen, die versteigert werden sollen, im Allgemeinen zu bezeichnen. [2] Auf Ersuchen der Vollstreckungsbehörde hat ein Gemeindebediensteter oder ein Polizeibeamter der Versteigerung beizuwohnen. [3] Die Sätze 1 und 2 gelten nicht für eine Versteigerung nach § 296 Absatz 1 Satz 2 Nummer 2.

(3) § 1239 Absatz 1 Satz 1 des Bürgerlichen Gesetzbuchs gilt entsprechend; bei der Versteigerung vor Ort (§ 296 Absatz 1 Satz 2 Nummer 1) ist auch § 1239 Absatz 2 des Bürgerlichen Gesetzbuchs entsprechend anzuwenden.

§ 299[1)] **Zuschlag.** (1) [1] Bei der Versteigerung vor Ort (§ 296 Absatz 1 Satz 2 Nummer 1) soll dem Zuschlag an den Meistbietenden ein dreimaliger Aufruf vorausgehen. [2] Bei einer Versteigerung im Internet (§ 296 Absatz 1 Satz 2 Nummer 2) ist der Zuschlag der Person erteilt, die am Ende der Versteigerung das höchste Gebot abgegeben hat, es sei denn, die Versteigerung wird vorzeitig abgebrochen; sie ist von dem Zuschlag zu benachrichtigen. [3] § 156 des Bürgerlichen Gesetzbuchs gilt entsprechend.

(2) [1] Die Aushändigung einer zugeschlagenen Sache darf nur gegen bare Zahlung geschehen. [2] Bei einer Versteigerung im Internet darf die zugeschlagene Sache auch ausgehändigt werden, wenn die Zahlung auf dem Konto der Finanzbehörde gutgeschrieben ist. [3] Wird die zugeschlagene Sache übersandt, so gilt die Aushändigung mit der Übergabe an die zur Ausführung der Versendung bestimmte Person als bewirkt.

(3) [1] Hat der Meistbietende nicht zu der in den Versteigerungsbedingungen bestimmten Zeit oder in Ermangelung einer solchen Bestimmung nicht vor dem Schluss des Versteigerungstermins die Aushändigung gegen Zahlung des Kaufgeldes verlangt, so wird die Sache anderweitig versteigert. [2] Der Meistbietende wird zu einem weiteren Gebot nicht zugelassen; er haftet für den Ausfall, auf den Mehrerlös hat er keinen Anspruch.

(4) [1] Wird der Zuschlag dem Gläubiger erteilt, so ist dieser von der Verpflichtung zur baren Zahlung so weit befreit, als der Erlös nach Abzug der Kosten der Vollstreckung zu seiner Befriedigung zu verwenden ist. [2] Soweit der Gläubiger von der Verpflichtung zur baren Zahlung befreit ist, gilt der Betrag als von dem Schuldner an den Gläubiger gezahlt.

§ 300 Mindestgebot. (1) [1] Der Zuschlag darf nur auf ein Gebot erteilt werden, das mindestens die Hälfte des gewöhnlichen Verkaufswerts der Sache erreicht (Mindestgebot). [2] Der gewöhnliche Verkaufswert und das Mindestgebot sollen bei dem Ausbieten bekannt gegeben werden.

[1)] § 299 Abs. 1 neu gef., Abs. 2 Sätze 2 bis 4 angef. mWv 5.8.2009 durch G v. 30.7.2009 *(BGBl. I S. 2474)*; Abs. 2 Satz 1 (vom Gesetzgeber versehentlich doppelt eingefügt) aufgeh., bish. Sätze 2 bis 4 werden Sätze 1 bis 3 mWv 14.12.2010 durch G v. 8.12.2010 (BGBl. I S. 1768).

§ 331 Unmittelbarer Zwang. Führen das Zwangsgeld oder die Ersatzvornahme nicht zum Ziel oder sind sie untunlich, so kann die Finanzbehörde den Pflichtigen zur Handlung, Duldung oder Unterlassung zwingen oder die Handlung selbst vornehmen.

§ 332 Androhung der Zwangsmittel. (1) 1 Die Zwangsmittel müssen schriftlich angedroht werden. 2 Wenn zu besorgen ist, dass dadurch der Vollzug des durchzusetzenden Verwaltungsakts vereitelt wird, genügt es, die Zwangsmittel mündlich oder auf andere nach der Lage gebotene Weise anzudrohen. 3 Zur Erfüllung der Verpflichtung ist eine angemessene Frist zu bestimmen.

(2) 1 Die Androhung kann mit dem Verwaltungsakt verbunden werden, durch den die Handlung, Duldung oder Unterlassung aufgegeben wird. 2 Sie muss sich auf ein bestimmtes Zwangsmittel beziehen und für jede einzelne Verpflichtung getrennt ergehen. 3 Zwangsgeld ist in bestimmter Höhe anzudrohen.

(3) 1 Eine neue Androhung wegen derselben Verpflichtung ist erst dann zulässig, wenn das zunächst angedrohte Zwangsmittel erfolglos ist. 2 Wird vom Pflichtigen ein Dulden oder Unterlassen gefordert, so kann das Zwangsmittel für jeden Fall der Zuwiderhandlung angedroht werden.

(4) Soll die Handlung durch Ersatzvornahme ausgeführt werden, so ist in der Androhung der Kostenbetrag vorläufig zu veranschlagen.

§ 333 Festsetzung der Zwangsmittel. Wird die Verpflichtung innerhalb der Frist, die in der Androhung bestimmt ist, nicht erfüllt oder handelt der Pflichtige der Verpflichtung zuwider, so setzt die Finanzbehörde das Zwangsmittel fest.

§ 334 Ersatzzwangshaft. (1) 1 Ist ein gegen eine natürliche Person festgesetztes Zwangsgeld uneinbringlich, so kann das Amtsgericht auf Antrag der Finanzbehörde nach Anhörung des Pflichtigen Ersatzzwangshaft anordnen, wenn bei Androhung des Zwangsgelds hierauf hingewiesen worden ist. 2 Ordnet das Amtsgericht Ersatzzwangshaft an, so hat es einen Haftbefehl auszufertigen, in dem die antragstellende Behörde, der Pflichtige und der Grund der Verhaftung zu bezeichnen sind.

(2) 1 Das Amtsgericht entscheidet nach pflichtgemäßem Ermessen durch Beschluss. 2 Örtlich zuständig ist das Amtsgericht, in dessen Bezirk der Pflichtige seinen Wohnsitz oder in Ermangelung eines Wohnsitzes seinen gewöhnlichen Aufenthalt hat. 3 Der Beschluss des Amtsgerichts unterliegt der Beschwerde nach den §§ 567 bis 577 der Zivilprozessordnung.

(3)[1] 1 Die Ersatzzwangshaft beträgt mindestens einen Tag, höchstens zwei Wochen. 2 Die Vollziehung der Ersatzzwangshaft richtet sich nach den § 802g Abs. 2 und § 802h[2] der Zivilprozessordnung und den §§ 171 bis 175 und 179 bis 186 des Strafvollzugsgesetzes.

---

[1] § 334 Abs. 3 Satz 2 geänd. durch G v. 20.11.2019 (BGBl. I S. 1724).
[2] Verweise geänd. mWv 1.1.2013 durch G v. 29.7.2009 (BGBl. I S. 2258).

(4) Ist der Anspruch auf das Zwangsgeld verjährt, so darf die Haft nicht mehr vollstreckt werden.

§ 335 Beendigung des Zwangsverfahrens. Wird die Verpflichtung nach Festsetzung des Zwangsmittels erfüllt, so ist der Vollzug einzustellen.

2. Unterabschnitt: Erzwingung von Sicherheiten

§ 336 Erzwingung von Sicherheiten. (1) Wird die Verpflichtung zur Leistung von Sicherheiten nicht erfüllt, so kann die Finanzbehörde geeignete Sicherheiten pfänden.

(2) [1]Der Erzwingung der Sicherheit muss eine schriftliche Androhung vorausgehen. [2]Die §§ 262 bis 323 sind entsprechend anzuwenden.

Vierter Abschnitt: Kosten

§ 337[1)] Kosten der Vollstreckung. (1) [1]Im Vollstreckungsverfahren werden Kosten (Gebühren und Auslagen) erhoben. [2]Schuldner dieser Kosten ist der Vollstreckungsschuldner.

(2)[2)] Für das Mahnverfahren werden keine Kosten erhoben.

§ 338 Gebührenarten. Im Vollstreckungsverfahren werden Pfändungsgebühren (§ 339), Wegnahmegebühren (§ 340) und Verwertungsgebühren (§ 341) erhoben.

§ 339[3)] Pfändungsgebühr. (1) Die Pfändungsgebühr wird erhoben für die Pfändung von beweglichen Sachen, von Tieren, von Früchten, die vom Boden noch nicht getrennt sind, von Forderungen und von anderen Vermögensrechten.

(2) Die Gebühr entsteht:

1. sobald der Vollziehungsbeamte Schritte zur Ausführung des Vollstreckungsauftrags unternommen hat,
2. mit der Zustellung der Verfügung, durch die eine Forderung oder ein anderes Vermögensrecht gepfändet werden soll.

(3) Die Gebühr beträgt 26[4)] Euro.

(4) [1]Die Gebühr wird auch erhoben, wenn

1. die Pfändung durch Zahlung an den Vollziehungsbeamten abgewendet wird,
2. auf andere Weise Zahlung geleistet wird, nachdem sich der Vollziehungsbeamte an Ort und Stelle begeben hat,

---

[1)] § 337 Abs. 1 neu gef. mWv 1.1.2005 durch G v. 9.12.2004 (BGBl. I S. 3310).

[2)] § 337 Abs. 2 Satz 2 aufgeh. mWv 30.6.2013 durch G v. 26.6.2013 (BGBl. I S. 1809).

[3)] § 339 *neu* gef. mWv 1.1.2005 durch G v. 9.12.2004 (BGBl. I S. 3310); Abs. 4 Satz 1 Nr. 4 geänd. mWv 1.1.2022 durch G v. 7.5.2021 (BGBl. I S. 850).

[4)] Betrag geänd. mWv 31.12.2014 durch G v. 22.12.2014 (BGBl. I S. 2417).

3. ein Pfändungsversuch erfolglos geblieben ist, weil pfändbare Gegenstände nicht vorgefunden wurden, oder
4. die Pfändung in den Fällen des § 281 Abs. 3 dieses Gesetzes sowie der *§§ 812 und 851b Abs. 1* [***ab 1.1.2022:*** § 811 Absatz 4 und § 851b Absatz 1] der Zivilprozessordnung unterbleibt.

[2] Wird die Pfändung auf andere Weise abgewendet, wird keine Gebühr erhoben.

§ 340[1)] **Wegnahmegebühr.** (1) [1] Die Wegnahmegebühr wird für die Wegnahme beweglicher Sachen einschließlich Urkunden in den Fällen der §§ 310, 315 Abs. 2 Satz 5, §§ 318, 321, 331 und 336 erhoben. [2] Dies gilt auch dann, wenn der Vollstreckungsschuldner an den zur Vollstreckung erschienenen Vollziehungsbeamten freiwillig leistet.

(2) § 339 Abs. 2 Nr. 1 ist entsprechend anzuwenden.

(3) [1] Die Höhe der Wegnahmegebühr beträgt 26[2)] Euro. [2] Die Gebühr wird auch erhoben, wenn die in Absatz 1 bezeichneten Sachen nicht aufzufinden sind.

(4) (weggefallen)

§ 341[2)] **Verwertungsgebühr.** (1) Die Verwertungsgebühr wird für die Versteigerung und andere Verwertung von Gegenständen erhoben.

(2) Die Gebühr entsteht, sobald der Vollziehungsbeamte oder ein anderer Beauftragter Schritte zur Ausführung des Verwertungsauftrags unternommen hat.

(3) Die Gebühr beträgt 52[3)] Euro.

(4) Wird die Verwertung abgewendet (§ 296 Abs. 1 Satz 4), ist eine Gebühr von 26[3)] Euro zu erheben.

§ 342[4)] **Mehrheit von Schuldnern.** (1) Wird gegen mehrere Schuldner vollstreckt, so sind die Gebühren, auch wenn der Vollziehungsbeamte bei derselben Gelegenheit mehrere Vollstreckungshandlungen vornimmt, von jedem Vollstreckungsschuldner zu erheben.

(2) [1] Wird gegen Gesamtschuldner wegen der Gesamtschuld bei derselben Gelegenheit vollstreckt, so werden Pfändungs-, Wegnahme- und Verwertungsgebühren nur einmal erhoben. [2] Die in Satz 1 bezeichneten Personen schulden die Gebühren als Gesamtschuldner.

§ 343. (weggefallen)

[1)] § 340 Abs. 3 neu gef., Abs. 4 aufgeh. mWv 1.1.2005 durch G v. 9.12.2004 (BGBl. I S. 3310).

[2)] § 341 Abs. 3 und 4 neu gef. mWv 1.1.2005 durch G v. 9.12.2004 (BGBl. I S. 3310); Abs. 4 geänd. mWv 5.8.2009 durch G v. 30.7.2009 (BGBl. I S. 2474).

[3)] Betrag geänd. mWv 31.12.2014 durch G v. 22.12.2014 (BGBl. I S. 2417).

[4)] § 342 Abs. 2 bish. Satz 3 aufgeh. mWv 1.1.2005 durch G v. 9.12.2004 (BGBl. I S. 3310).

§ 344[1)] Auslagen. (1) Als Auslagen werden erhoben:

1.[2)] Schreibauslagen für nicht von Amts wegen zu erteilende oder per Telefax übermittelte Abschriften; die Schreibauslagen betragen unabhängig von der Art der Herstellung

   a) für die ersten 50 Seiten je Seite 0,50 Euro,

   b) für jede weitere Seite 0,15 Euro,

   c) für die ersten 50 Seiten in Farbe je Seite 1,00 Euro,

   d) für jede weitere Seite in Farbe 0,30 Euro.

   [2] Werden anstelle von Abschriften elektronisch gespeicherte Dateien überlassen, betragen die Auslagen 1,50 Euro je Datei. [3] Für die in einem Arbeitsgang überlassenen oder in einem Arbeitsgang auf einen Datenträger übertragenen Dokumente werden insgesamt höchstens 5 Euro erhoben. [4] Werden zum Zweck der Überlassung von elektronisch gespeicherten Dateien Dokumente zuvor auf Antrag von der Papierform in die elektronische Form übertragen, beträgt die Pauschale für Schreibauslagen nach Satz 2 nicht weniger, als die Pauschale im Fall von Satz 1 betragen würde,

2. Entgelte für Post- und Telekommunikationsdienstleistungen, ausgenommen die Entgelte für Telefondienstleistungen im Orts- und Nahbereich,

3. Entgelte für Zustellungen durch die Post mit Zustellungsurkunde; wird durch die Behörde zugestellt (§ 5 des Verwaltungszustellungsgesetzes), so werden 7,50 Euro erhoben,

4. Kosten, die durch öffentliche Bekanntmachung entstehen,

5. an die zum Öffnen von Türen und Behältnissen sowie an die zur Durchsuchung von Vollstreckungsschuldnern zugezogenen Personen zu zahlende Beträge,

6. Kosten für die Beförderung, Verwahrung und Beaufsichtigung gepfändeter Sachen, Kosten für die Aberntung gepfändeter Früchte und Kosten für die Verwahrung, Fütterung, Pflege und Beförderung gepfändeter Tiere,

7. Beträge, die in entsprechender Anwendung des Justizvergütungs- und -entschädigungsgesetzes an Auskunftspersonen und Sachverständige (§ 107) sowie Beträge, die an Treuhänder (§ 318 Abs. 5) zu zahlen sind,

7a. Kosten, die von einem Kreditinstitut erhoben werden, weil ein Scheck des Vollstreckungsschuldners nicht eingelöst wurde,

7b. Kosten für die Umschreibung eines auf einen Namen lautenden Wertpapiers oder für die Wiederinkurssetzung eines Inhaberpapiers,

8. andere Beträge, die auf Grund von Vollstreckungsmaßnahmen an Dritte zu zahlen sind, insbesondere Beträge, die bei der Ersatzvornahme oder beim unmittelbaren Zwang an Beauftragte und an Hilfspersonen gezahlt werden, und sonstige durch Ausführung des unmittelbaren Zwanges oder Anwendung der Ersatzzwanghaft entstandene Kosten.

---

1) § 344 neu gef. mWv 1.1.2005 durch G v. 9.12.2004 (BGBl. I S. 3310).

2) § 344 Abs. 1 Nr. 1 neu gef. mWv 31.12.2014 durch G v. 22.12.2014 (BGBl. I S. 2417).

(2) Steuern, die die Finanzbehörde auf Grund von Vollstreckungsmaßnahmen schuldet, sind als Auslagen zu erheben.

(3) [1]Werden Sachen oder Tiere, die bei mehreren Vollstreckungsschuldnern gepfändet worden sind, in einem einheitlichen Verfahren abgeholt und verwertet, so werden die Auslagen, die in diesem Verfahren entstehen, auf die beteiligten Vollstreckungsschuldner verteilt. [2]Dabei sind die besonderen Umstände des einzelnen Falls, vor allem Wert, Umfang und Gewicht der Gegenstände, zu berücksichtigen.

§ 345 Reisekosten und Aufwandsentschädigungen. Im Vollstreckungsverfahren sind die Reisekosten des Vollziehungsbeamten und Auslagen, die durch Aufwandsentschädigungen abgegolten werden, von dem Vollstreckungsschuldner nicht zu erstatten.

§ 346 Unrichtige Sachbehandlung, Festsetzungsfrist. (1) Kosten, die bei richtiger Behandlung der Sache nicht entstanden wären, sind nicht zu erheben.

(2) [1]Die Frist für den Ansatz der Kosten und für die Aufhebung und Änderung des Kostenansatzes beträgt ein Jahr. [2]Sie beginnt mit Ablauf des Kalenderjahrs, in dem die Kosten entstanden sind. [3]Einem vor Ablauf der Frist gestellten Antrag auf Aufhebung oder Änderung kann auch nach Ablauf der Frist entsprochen werden.

Siebenter Teil. Außergerichtliches Rechtsbehelfsverfahren[1)]

Erster Abschnitt: Zulässigkeit

§ 347 Statthaftigkeit des Einspruchs. (1) [1]Gegen Verwaltungsakte

1. in Abgabenangelegenheiten, auf die dieses Gesetz Anwendung findet,
2. in Verfahren zur Vollstreckung von Verwaltungsakten in anderen als den in Nummer 1 bezeichneten Angelegenheiten, soweit die Verwaltungsakte durch Bundesfinanzbehörden oder Landesfinanzbehörden nach den Vorschriften dieses Gesetzes zu vollstrecken sind,
3. in öffentlich-rechtlichen und berufsrechtlichen Angelegenheiten, auf die dieses Gesetz nach § 164a des Steuerberatungsgesetzes Anwendung findet,
4. in anderen durch die Finanzbehörden verwalteten Angelegenheiten, soweit die Vorschriften über die außergerichtlichen Rechtsbehelfe durch Gesetz für anwendbar erklärt worden sind oder erklärt werden,

ist als Rechtsbehelf der Einspruch statthaft. [2]Der Einspruch ist außerdem statthaft, wenn geltend gemacht wird, dass in den in Satz 1 bezeichneten Angelegenheiten über einen vom Einspruchsführer gestellten Antrag auf Erlass eines Verwaltungsakts ohne Mitteilung eines zureichenden Grundes binnen angemessener Frist sachlich nicht entschieden worden ist.

---

1) Zu §§ 347 ff. siehe Übergangsvorschriften in Art. 97 § 18 Abs. 3 EGAO (Nr. **800a**).

(2) Abgabenangelegenheiten sind alle mit der Verwaltung der Abgaben einschließlich der Abgabenvergütungen oder sonst mit der Anwendung der abgabenrechtlichen Vorschriften durch die Finanzbehörden zusammenhängenden Angelegenheiten einschließlich der Maßnahmen der Bundesfinanzbehörden zur Beachtung der Verbote und Beschränkungen für den Warenverkehr über die Grenze; den Abgabenangelegenheiten stehen die Angelegenheiten der Verwaltung der Finanzmonopole gleich.

(3) Die Vorschriften des Siebenten Teils finden auf das Straf- und Bußgeldverfahren keine Anwendung.

§ 348 Ausschluss des Einspruchs. Der Einspruch ist nicht statthaft
1. gegen Einspruchsentscheidungen (§ 367),
2. bei Nichtentscheidung über einen Einspruch,
3. gegen Verwaltungsakte der obersten Finanzbehörden des Bundes und der Länder, außer wenn ein Gesetz das Einspruchsverfahren vorschreibt,
4.[1] gegen Entscheidungen in Angelegenheiten des Zweiten und Sechsten Abschnitts des Zweiten Teils des Steuerberatungsgesetzes,
5.[1] *(aufgehoben)*
6.[2] in den Fällen des § 172 Abs. 3.

§ 349. (weggefallen)

§ 350 Beschwer. Befugt, Einspruch einzulegen, ist nur, wer geltend macht, durch einen Verwaltungsakt oder dessen Unterlassung beschwert zu sein.

§ 351 Bindungswirkung anderer Verwaltungsakte. (1) Verwaltungsakte, die unanfechtbare Verwaltungsakte ändern, können nur insoweit angegriffen werden, als die Änderung reicht, es sei denn, dass sich aus den Vorschriften über die Aufhebung und Änderung von Verwaltungsakten etwas anderes ergibt.

(2) Entscheidungen in einem Grundlagenbescheid (§ 171 Abs. 10) können nur durch Anfechtung dieses Bescheids, nicht auch durch Anfechtung des Folgebescheids, angegriffen werden.

§ 352 Einspruchsbefugnis bei der einheitlichen Feststellung. (1) Gegen Bescheide über die einheitliche und gesonderte Feststellung von Besteuerungsgrundlagen können Einspruch einlegen:
1. zur Vertretung berufene Geschäftsführer oder, wenn solche nicht vorhanden sind, der Einspruchsbevollmächtigte im Sinne des Absatzes 2;
2. wenn Personen nach Nummer 1 nicht vorhanden sind, jeder Gesellschafter, Gemeinschafter oder Mitberechtigte, gegen den der Feststellungsbescheid ergangen ist oder zu ergehen hätte;

---

[1] § 348 Nr. 4 geänd. und Nr. 5 aufgeh. mWv 12.4.2008 durch G v. 8.4.2008 (BGBl. I S. 666).

[2] § 348 Nr. 6 angef. mWv 19.12.2006 durch G v. 13.12.2006 (BGBl. I S. 2878).

3. auch wenn Personen nach Nummer 1 vorhanden sind, ausgeschiedene Gesellschafter, Gemeinschafter oder Mitberechtigte, gegen die der Feststellungsbescheid ergangen ist oder zu ergehen hätte;
4. soweit es sich darum handelt, wer an dem festgestellten Betrag beteiligt ist und wie dieser sich auf die einzelnen Beteiligten verteilt, jeder, der durch die Feststellungen hierzu berührt wird;
5. soweit es sich um eine Frage handelt, die einen Beteiligten persönlich angeht, jeder, der durch die Feststellungen über die Frage berührt wird.

(2) [1]Einspruchsbefugt im Sinne des Absatzes 1 Nr. 1 ist der gemeinsame Empfangsbevollmächtigte im Sinne des § 183 Abs. 1 Satz 1 oder des § 6 Abs. 1 Satz 1 der Verordnung über die gesonderte Feststellung von Besteuerungsgrundlagen nach § 180 Abs. 2 der Abgabenordnung vom 19. Dezember 1986 (BGBl. I S. 2663)[1]. [2]Haben die Feststellungsbeteiligten keinen gemeinsamen Empfangsbevollmächtigten bestellt, ist einspruchsbefugt im Sinne des Absatzes 1 Nr. 1 der nach § 183 Abs. 1 Satz 2 fingierte oder der nach § 183 Abs. 1 Satz 3 bis 5 oder nach § 6 Abs. 1 Satz 3 bis 5 der Verordnung über die gesonderte Feststellung von Besteuerungsgrundlagen nach § 180 Abs. 2 der Abgabenordnung von der Finanzbehörde bestimmte Empfangsbevollmächtigte; dies gilt nicht für Feststellungsbeteiligte, die gegenüber der Finanzbehörde der Einspruchsbefugnis des Empfangsbevollmächtigten widersprechen. [3]Die Sätze 1 und 2 sind nur anwendbar, wenn die Beteiligten in der Feststellungserklärung oder in der Aufforderung zur Benennung eines Empfangsbevollmächtigten über die Einspruchsbefugnis des Empfangsbevollmächtigten belehrt worden sind.

§ 353 Einspruchsbefugnis des Rechtsnachfolgers. Wirkt ein Feststellungsbescheid, ein Grundsteuermessbescheid oder ein Zerlegungs- oder Zuteilungsbescheid über einen Grundsteuermessbetrag gegenüber dem Rechtsnachfolger, ohne dass er diesem bekannt gegeben worden ist (§ 182 Abs. 2, § 184 Abs. 1 Satz 4, §§ 185 und 190), so kann der Rechtsnachfolger nur innerhalb der für den Rechtsvorgänger maßgebenden Einspruchsfrist Einspruch einlegen.

§ 354 Einspruchsverzicht. (1) [1]Auf Einlegung eines Einspruchs kann nach Erlass des Verwaltungsakts verzichtet werden. [2]Der Verzicht kann auch bei Abgabe einer Steueranmeldung für den Fall ausgesprochen werden, dass die Steuer nicht abweichend von der Steueranmeldung festgesetzt wird. [3]Durch den Verzicht wird der Einspruch unzulässig.

(1a) [1]Soweit Besteuerungsgrundlagen für ein Verständigungs- oder ein Schiedsverfahren nach einem Vertrag im Sinne des § 2 von Bedeutung sein können, kann auf die Einlegung eines Einspruchs insoweit verzichtet werden. [2]Die Besteuerungsgrundlage, auf die sich der Verzicht beziehen soll, ist genau zu bezeichnen.

---

[1] Nr. **800e**.

(1b)[1] [1]Auf die Einlegung eines Einspruchs kann bereits vor Erlass des Verwaltungsakts verzichtet werden, soweit durch den Verwaltungsakt eine Verständigungsvereinbarung oder ein Schiedsspruch nach einem Vertrag im Sinne des § 2 zutreffend umgesetzt wird. [2]§ 89a Absatz 3 Satz 1 Nummer 2 bleibt unberührt.

(2) [1]Der Verzicht ist gegenüber der zuständigen Finanzbehörde schriftlich oder zur Niederschrift zu erklären; er darf keine weiteren Erklärungen enthalten. [2]Wird nachträglich die Unwirksamkeit des Verzichts geltend gemacht, so gilt § 110 Abs. 3 sinngemäß.

Zweiter Abschnitt: Verfahrensvorschriften

§ 355 Einspruchsfrist. (1) [1]Der Einspruch nach § 347 Abs. 1 Satz 1 ist innerhalb eines Monats nach Bekanntgabe des Verwaltungsakts einzulegen. [2]Ein Einspruch gegen eine Steueranmeldung ist innerhalb eines Monats nach Eingang der Steueranmeldung bei der Finanzbehörde, in den Fällen des § 168 Satz 2 innerhalb eines Monats nach Bekanntwerden der Zustimmung, einzulegen.

(2) Der Einspruch nach § 347 Abs. 1 Satz 2 ist unbefristet.

§ 356 Rechtsbehelfsbelehrung. (1) Ergeht ein Verwaltungsakt schriftlich oder elektronisch, so beginnt die Frist für die Einlegung des Einspruchs nur, wenn der Beteiligte über den Einspruch und die Finanzbehörde, bei der er einzulegen ist, deren Sitz und die einzuhaltende Frist in der für den Verwaltungsakt verwendeten Form belehrt worden ist.

(2) [1]Ist die Belehrung unterblieben oder unrichtig erteilt, so ist die Einlegung des Einspruchs nur binnen eines Jahres seit Bekanntgabe des Verwaltungsakts zulässig, es sei denn, dass die Einlegung vor Ablauf der Jahresfrist infolge höherer Gewalt unmöglich war oder schriftlich oder elektronisch darüber belehrt wurde, dass ein Einspruch nicht gegeben sei. [2]§ 110 Abs. 2 gilt für den Fall höherer Gewalt sinngemäß.

§ 357[2] Einlegung des Einspruchs. (1) [1]Der Einspruch ist schriftlich oder elektronisch einzureichen oder zur Niederschrift zu erklären. [2]Es genügt, wenn aus dem Einspruch hervorgeht, wer ihn eingelegt hat. [3]Unrichtige Bezeichnung des Einspruchs schadet nicht.

(2) [1]Der Einspruch ist bei der Behörde anzubringen, deren Verwaltungsakt angefochten wird oder bei der ein Antrag auf Erlass eines Verwaltungsakts gestellt worden ist. [2]Ein Einspruch, der sich gegen die Feststellung von Besteuerungsgrundlagen oder gegen die Festsetzung eines Steuermessbetrags richtet, kann auch bei der zur Erteilung des Steuerbescheids zuständigen Behörde angebracht werden. [3]Ein Einspruch, der sich gegen einen Verwal-

---

[1] § 354 Abs. 1b eingef. mWv 9.6.2021 durch G v. 2.6.2021 (BGBl. I S. 1259).

[2] § 357 Abs. 1 Satz 1 geänd., Satz 2 neu gef., Abs. 2 Satz 4 geänd. mWv 1.8.2013 (BGBl. I S. 2749); Abs. 1 Satz 3 aufgeh., bish. Satz 4 wird Satz 3 mWv 1.1.2017 durch G v. 18.7.2016 (BGBl. I S. 1679).

tungsakt richtet, den eine Behörde auf Grund gesetzlicher Vorschrift für die zuständige Finanzbehörde erlassen hat, kann auch bei der zuständigen Finanzbehörde angebracht werden. [4]Die schriftliche oder elektronische Anbringung bei einer anderen Behörde ist unschädlich, wenn der Einspruch vor Ablauf der Einspruchsfrist einer der Behörden übermittelt wird, bei der er nach den Sätzen 1 bis 3 angebracht werden kann.

(Fortsetzung nächstes Blatt)

Weitere Hinweise

Bei Betrieben gewerblicher Art von juristischen Personen des öffentlichen Rechts, bei den von einer juristischen Person des öffentlichen Rechts verwalteten unselbständigen Stiftungen und bei geistlichen Genossenschaften (Orden, Kongregationen) ist folgende Bestimmung aufzunehmen:

§ 3 Abs. 2:
„Der – die – das … erhält bei Auflösung oder Aufhebung der Körperschaft oder bei Wegfall steuerbegünstigter Zwecke nicht mehr als – seine – ihre – eingezahlten Kapitalanteile und den gemeinen Wert seiner – ihrer – geleisteten Sacheinlagen zurück."
Bei **Stiftungen** ist diese Bestimmung nur erforderlich, wenn die Satzung dem Stifter einen Anspruch auf Rückgewähr von Vermögen einräumt. Fehlt die Regelung, wird das eingebrachte Vermögen wie das übrige Vermögen behandelt.

Bei **Kapitalgesellschaften** sind folgende ergänzende Bestimmungen in die Satzung aufzunehmen:

1. § 3 Abs. 1 Satz 2:
„Die Gesellschafter dürfen keine Gewinnanteile und auch keine sonstigen Zuwendungen aus Mitteln der Körperschaft erhalten."
2. § 3 Abs. 2:
„Sie erhalten bei ihrem Ausscheiden oder bei Auflösung der Körperschaft oder bei Wegfall steuerbegünstigter Zwecke nicht mehr als ihre eingezahlten Kapitalanteile und den gemeinen Wert ihrer geleisteten Sacheinlagen zurück."
3. § 5:
„Bei Auflösung der Körperschaft oder bei Wegfall steuerbegünstigter Zwecke fällt das Vermögen der Körperschaft, soweit es die eingezahlten Kapitalanteile der Gesellschafter und den gemeinen Wert der von den Gesellschaftern geleisteten Sacheinlagen übersteigt, …".

§ 3 Abs. 2 und der Satzteil „soweit es die eingezahlten Kapitalanteile der Gesellschafter und den gemeinen Wert der von den Gesellschaftern geleisteten Sacheinlagen übersteigt," in § 5 sind nur erforderlich, wenn die Satzung einen Anspruch auf Rückgewähr von Vermögen einräumt.

Anlage 2
(zu §§ 2a, 29b, c, 32aff. AO)

Verordnung (EU) 2016/679 des Europäischen Parlaments und des Rates vom 27. April 2016 (ABl. Nr. L 119 S. 1, ber. Nr. L 314 S. 72) zum Schutz natürlicher Personen bei der Verarbeitung personenbezogener Daten, zum freien Datenverkehr und zur Aufhebung der Richtlinie 95/46/EG (Datenschutz-Grundverordnung)

Vom 27. April 2016 (ABl. EU Nr. L 119 S. 1, ber. ABl. EU Nr. L 314 S. 72; ber. ABl. EU 2018 Nr. L 127 S. 2; ber. ABl. EU 2021 Nr. L 74 S. 35)

– Auszug –

Kapitel I. Allgemeine Bestimmungen

Art. 1–3 [...]

Art. 4 Begriffsbestimmungen. Im Sinne dieser Verordnung bezeichnet der Ausdruck:
1. „personenbezogene Daten" alle Informationen, die sich auf eine identifizierte oder identifizierbare natürliche Person (im Folgenden „betroffene Person") beziehen; als identifizierbar wird eine natürliche Person angesehen, die direkt oder indirekt, insbesondere mittels Zuordnung zu einer Kennung wie einem Namen, zu einer Kennnummer, zu Standortdaten, zu einer Online-Kennung oder zu einem oder mehreren besonderen Merkmalen, die Ausdruck der physischen, physiologischen, genetischen, psychischen, wirtschaftlichen, kulturellen oder sozialen Identität dieser natürlichen Person sind, identifiziert werden kann;
2. „Verarbeitung" jeden mit oder ohne Hilfe automatisierter Verfahren ausgeführten Vorgang oder jede solche Vorgangsreihe im Zusammenhang mit personenbezogenen Daten wie das Erheben, das Erfassen, die Organisation, das Ordnen, die Speicherung, die Anpassung oder Veränderung, das Auslesen, das Abfragen, die Verwendung, die Offenlegung durch Übermittlung, Verbreitung oder eine andere Form der Bereitstellung, den Abgleich oder die Verknüpfung, die Einschränkung, das Löschen oder die Vernichtung;
3. „Einschränkung der Verarbeitung" die Markierung gespeicherter personenbezogener Daten mit dem Ziel, ihre künftige Verarbeitung einzuschränken;
4. „Profiling" jede Art der automatisierten Verarbeitung personenbezogener Daten, die darin besteht, dass diese personenbezogenen Daten verwendet werden, um bestimmte persönliche Aspekte, die sich auf eine natürliche Person beziehen, zu bewerten, insbesondere um Aspekte bezüglich Arbeitsleistung, wirtschaftliche Lage, Gesundheit, persönliche Vorlieben, Interessen, Zuverlässigkeit, Verhalten, Aufenthaltsort oder Ortswechsel dieser natürlichen Person zu analysieren oder vorherzusagen;
5. „Pseudonymisierung" die Verarbeitung personenbezogener Daten in einer Weise, dass die personenbezogenen Daten ohne Hinzuziehung zusätzlicher Informationen nicht mehr einer spezifischen betroffenen Person zugeordnet werden können, sofern diese zusätzlichen Informationen gesondert aufbewahrt werden und technischen und organisatorischen Maßnahmen unterliegen, die gewährleisten, dass die personenbezogenen Daten nicht einer identifizierten oder identifizierbaren natürlichen Person zugewiesen werden;
6. „Dateisystem" jede strukturierte Sammlung personenbezogener Daten, die nach bestimmten Kriterien zugänglich sind, unabhängig davon, ob diese Sammlung zentral, dezentral oder nach funktionalen oder geografischen Gesichtspunkten geordnet geführt wird;
7. „Verantwortlicher" die natürliche oder juristische Person, Behörde, Einrichtung oder andere Stelle, die allein oder gemeinsam mit anderen über die Zwecke und Mittel der

800a. Einführungsgesetz zur Abgabenordnung (EGAO)

Vom 14. Dezember 1976
(BGBl. I S. 3341, ber. 1977 I S. 667)

Geändert durch Grunderwerbsteuergesetz 1983 vom 17.12.1982 (BGBl. I S. 1777), Steuerbereinigungsgesetz 1986 vom 19.12.1985 (BGBl. I S. 2436), Steuerreformgesetz 1990 vom 25.7.1988 (BGBl. I S. 1093), Haushaltsbegleitgesetz 1989 vom 20.12.1988 (BGBl. I S. 2262), Vereinsförderungsgesetz vom 18.12.1989 (BGBl. I S. 2212), Wohnungsbauförderungsgesetz vom 22.12.1989 (BGBl. I S. 2408), Einigungsvertrag vom 31.8.1990 (BGBl. II S. 889, 968), Steueränderungsgesetz 1991 vom 24.6.1991 (BGBl. I S. 1322), Steueränderungsgesetz 1992 vom 25.2.1992 (BGBl. I S. 297), Gesetz zur Umsetzung des Föderalen Konsolidierungsprogramms vom 23.6.1993 (BGBl. I S. 944), Standortsicherungsgesetz vom 13.9.1993 (BGBl. I S. 1569), Mißbrauchsbekämpfungs- und Steuerbereinigungsgesetz vom 21.12.1993 (BGBl. I S. 2310), Grenzpendlergesetz vom 24.6.1994 (BGBl. I S. 1395), Jahressteuergesetz 1996 vom 11.10.1995 (BGBl. I S. 1250), Jahressteuer-Ergänzungsgesetz 1996 vom 18.12.1995 (BGBl. I S. 1959), Jahressteuergesetz 1997 vom 20.12.1996 (BGBl. I S. 2049), 2. Zwangsvollstreckungsnovelle vom 17.12.1997 (BGBl. I S. 3039), Gesetz zur Datenermittlung für den Verteilungsschlüssel des Gemeindeanteils am Umsatzsteueraufkommen und zur Änderung steuerlicher Vorschriften vom 23.6.1998 (BGBl. I S. 1496), Steueränderungsgesetz 1998 vom 19.12.1998 (BGBl. I S. 3816), Gesetz zur Änderung des Einführungsgesetzes zur Insolvenzordnung vom 19.12.1998 (BGBl. I S. 3836), Zweites Euro-Einführungsgesetz vom 24.3.1999 (BGBl. I S. 385), Steuerbereinigungsgesetz 1999 vom 22.12.1999 (BGBl. I S. 2601), Gesetz zur weiteren steuerlichen Förderung von Stiftungen vom 14.7.2000 (BGBl. I S. 1034), Steuersenkungsgesetz vom 23.10.2000 (BGBl. I S. 1433), Steuer-Euroglättungsgesetz vom 19.12.2000 (BGBl. I S. 1790), Gesetz zur Änderung des Investitionszulagengesetzes 1999 vom 20.12.2000 (BGBl. I S. 1850), Steueränderungsgesetz 2001 vom 20.12.2001 (BGBl. I S. 3794), Steuervergünstigungsabbaugesetz vom 16.5.2003 (BGBl. I S. 660), Kleinunternehmerförderungsgesetz vom 31.7.2003 (BGBl. I S. 1550), Steueränderungsgesetz 2003 vom 15.12.2003 (BGBl. I S. 2645), Gesetz zur Förderung der Ausbildung und Beschäftigung schwerbehinderter Menschen vom 23.4.2004 (BGBl. I S. 606), Kostenrechtsmodernisierungsgesetz vom 5.5.2004 (BGBl. I S. 718), Gesetz zur Änderung der Abgabenordnung und weiterer Gesetze vom 21.7.2004 (BGBl. I S. 1753), EU-Richtlinien-Umsetzungsgesetz vom 9.12.2004 (BGBl. I S. 3310), Erstes Gesetz zum Abbau bürokratischer Hemmnisse insbesondere in der mittelständischen Wirtschaft vom 22.8.2006 (BGBl. I S. 1970), Jahressteuergesetz 2007 vom 13.12.2006 (BGBl. I S. 2878), Zweites Gesetz zum Abbau bürokratischer Hemmnisse insbesondere in der mittelständischen Wirtschaft vom 7.9.2007 (BGBl. I S. 2246), Gesetz zur weiteren Stärkung des bürgerschaftlichen Engagements vom 10.10.2007 (BGBl. I S. 2332), Jahressteuergesetz 2008 vom 20.12.2007 (BGBl. I S. 3150), Jahressteuergesetz 2009 vom 19.12.2008 (BGBl. I S. 2794), Steuerbürokratieabbaugesetz vom 20.12.2008 (BGBl I S. 2850), Steuerhinterziehungsbekämpfungsgesetz vom 29.7.2009 (BGBl. I S. 2302), Jahressteuergesetz 2010 (JStG 2010) vom 8.12.2010 (BGBl. I S. 1768), Schwarzgeldbekämpfungsgesetz vom 28.4.2011 (BGBl. I S. 676), Steuervereinfachungsgesetz 2011 vom 1.11.2011 (BGBl. I S. 2131), Amtshilferichtlinie-Umsetzungsgesetz (AmtshilfeRLUmsG) vom 26.6.2013 (BGBl. I S. 1809), Gesetz zur Anpassung steuerlicher Regelungen an die Rechtsprechung des Bundesverfassungsgerichts vom 18.7.2014 (BGBl. I S. 1042), Gesetz zur Änderung der Abgabenordnung und des Einführungsgesetzes zur Abgabenordnung vom 22.12.2014 (BGBl. I S. 2415), Gesetz zur Anpassung der Abgabenordnung an den Zollkodex der Union und zur Änderung weiterer steuerlicher Vorschriften vom 22.12.2014 (BGBl. I S. 2417), Gesetz zur Entlastung insbesondere der mittelständischen Wirtschaft von Bürokratie (Bürokratieentlastungsgesetz) vom 28.7.2015 (BGBl. I S. 1400), Gesetz zur Modernisierung des Besteuerungsverfahrens vom 18.7.2016 (BGBl. I S. 1679), Gesetz zur Umsetzung der Änderungen der EU-Amtshilferichtlinie und von weiteren Maßnahmen gegen

Gewinnkürzungen und -verlagerungen vom 20.12.2016 (BGBl. I S. 3000), Gesetz zum Schutz vor Manipulationen an digitalen Grundaufzeichnungen vom 22.12.2016 (BGBl. I S. 3152), Gesetz zur Bekämpfung der Steuerumgehung und zur Änderung weiterer steuerlicher Vorschriften (Steuerumgehungsbekämpfungsgesetz – StUmgBG) vom 23.6.2017 (BGBl. I S. 1682), Zweites Gesetz zur Entlastung insbesondere der mittelständischen Wirtschaft von Bürokratie (Zweites Bürokratieentlastungsgesetz) vom 30.6.2017 (BGBl. I S. 2143), Gesetz zur Vermeidung von Umsatzsteuerausfällen beim Handel mit Waren im Internet und zur Änderung weiterer steuerlicher Vorschriten vom 11.12.2018 (BGBl. I S. 2338), Zweites Gesetz zur Anpassung des Datenschutzrechts an die Verordnung (EU) 2016/679 und zur Umsetzung der Richtlinie (EU) 2016/680 (Zweites Datenschutz-Anpassungs- und Umsetzungsgesetz EU – 2. DSAnpUG-EU) vom 20.11.2019 (BGBl. I S. 1626), Drittes Gesetz zur Entlastung insbesondere der mittelständischen Wirtschaft von Bürokratie (Drittes Bürokratieentlastungsgesetz) vom 22.11.2019 (BGBl. I S. 1746), Gesetz zur Reform des Grundsteuer- und Bewertungsrechts (Grundsteuer-Reformgesetz – GrStRefG) vom 26.11.2019 (BGBl. I S. 1794), Gesetz zur weiteren steuerlichen Förderung der Elektromobilität und zur Änderung weiterer steuerlicher Vorschriften vom 12.12.2019 (BGBl. I S. 2451), Gesetz zur Einführung einer Pflicht zur Mitteilung grenzüberschreitender Steuergestaltungen vom 21.12.2019 (BGBl. I S. 2875), Gesetz zur Umsetzung steuerlicher Hilfsmaßnahmen zur Bewältigung der Corona-Krise (Corona-Steuerhilfegesetz) vom 19.6.2020 (BGBl. I S. 1385), Zweites Gesetz zur Umsetzung steuerlicher Hilfsmaßnahmen zur Bewältigung der Corona-Krise (Zweites Corona-Steuerhilfegesetz) vom 29.6.2020 (BGBl. I S. 1512), Jahressteuergesetz 2020 vom 21.12.2020 (BGBl. I S. 3096) , Gesetz zur Verlängerung der Aussetzung der Insolvenzantragspflicht und des Anfechtungsschutzes für pandemiebedingte Stundungen sowie zur Verlängerung der Steuererklärungsfrist in beratenen Fällen und der zinsfreien Karenzzeit für den Veranlagungszeitraum 2019 vom 15.2.2021 (BGBl. I S. 237), Gesetz zur Modernisierung der Entlastung von Abzugsteuern und der Bescheinigung der Kapitalertragsteuer (Abzugsteuerentlastungsmodernisierungsgesetz – AbzStEntModG) vom 2.6.2021 (BGBl. I S. 1259) und Gesetz zur Umsetzung der Anti-Steuervermeidungsrichtlinie (ATAD-Umsetzungsgesetz – ATADUmsG) vom 25.6.2021 (BGBl. I S. 2035) und Gesetz zur Abwehr von Steuervermeidung und unfairem Steuerwettbewerb und zur Änderung weiterer Gesetze vom 25.6.2021 (BGBl. I S. 2056)

BGBl. III/FNA 610-1-4

– Auszug –

Der Bundestag hat mit Zustimmung des Bundesrates das folgende Gesetz beschlossen:

Erster Abschnitt. Änderung von Gesetzen auf dem Gebiet des Finanzwesens

Art. 1 bis **Art. 6** ……

Art. 7 Hauptfeststellung der Einheitswerte der Mineralgewinnungsrechte. (1) Für Mineralgewinnungsrechte findet die nächste Hauptfeststellung der Einheitswerte auf den 1. Januar 1977 statt (Hauptfeststellung 1977).

(2) Die Einheitswerte für Mineralgewinnungsrechte, denen die Wertverhältnisse vom 1. Januar 1977 zugrunde liegen, sind erstmals anzuwenden bei der Feststellung von Einheitswerten der gewerblichen Betriebe auf den 1. Januar 1977 und bei der Festsetzung von Steuern, bei denen die Steuer nach dem 31. Dezember 1976 entsteht.

(3)[1] Die Absätze 1 und 2 sind letztmals anzuwenden für gesonderte Feststellungen auf den 1. Januar 2024.

Art. 8 bis **Art. 38** ……

Zweiter Abschnitt. Anpassung weiterer Bundesgesetze

Erster Titel. Änderung von Gesetzen auf dem Gebiet des Rechts der Verwaltung

Art. 39 bis **Art. 52** ……

Zweiter Titel. Änderung von Gesetzen auf dem Gebiet der Rechtspflege, des Zivilrechts und des Strafrechts

Art. 53 bis **Art. 57** ……

(Fortsetzung nächstes Blatt)

[1] Art. 7 Abs. 3 angef. durch G v. 26.11.2019 (BGBl. I S. 1794).

(8)[1] [1]§ 141 Absatz 1 Satz 1 Nummer 1 der Abgabenordnung in der am 1. Januar 2016 geltenden Fassung ist auf Umsätze der Kalenderjahre anzuwenden, die nach dem 31. Dezember 2015 beginnen. [2]Eine Mitteilung über den Beginn der Buchführungspflicht ergeht nicht, wenn die Voraussetzungen des § 141 Absatz 1 Satz 1 Nummer 1 der Abgabenordnung in der am 31. Dezember 2015 geltenden Fassung für Kalenderjahre, die vor dem 1. Januar 2016 liegen, erfüllt sind, jedoch im Kalenderjahr 2015 die Voraussetzungen des § 141 Absatz 1 Satz 1 Nummer 1 der Abgabenordnung in der am 1. Januar 2016 geltenden Fassung nicht erfüllt sind.

(9)[1] Eine Mitteilung über den Beginn der Buchführungspflicht ergeht nicht, wenn die Voraussetzungen des § 141 Absatz 1 Satz 1 Nummer 4 und 5 der Abgabenordnung in der am 31. Dezember 2015 geltenden Fassung für Kalenderjahre, die vor dem 1. Januar 2016 liegen, erfüllt sind, jedoch im Kalenderjahr 2015 die Voraussetzungen des § 141 Absatz 1 Satz 1 Nummer 4 und 5 der Abgabenordnung in der am 1. Januar 2016 geltenden Fassung nicht erfüllt sind.

§ 19a[2] Aufbewahrungsfristen. [1]§ 147 Abs. 3 der Abgabenordnung in der Fassung des Artikels 2 des Gesetzes vom 19. Dezember 1998 (BGBl. I S. 3816) gilt erstmals für Unterlagen, deren Aufbewahrungsfrist nach § 147 Abs. 3 der Abgabenordnung in der bis zum 23. Dezember 1998 geltenden Fassung noch nicht abgelaufen ist. [2]§ 147 Absatz 3 Satz 3 und 4 der Abgabenordnung in der am 1. Januar 2017 geltenden Fassung gilt für alle Lieferscheine, deren Aufbewahrungsfrist nach § 147 Absatz 3 der Abgabenordnung in der bis zum 31. Dezember 2016 geltenden Fassung noch nicht abgelaufen ist.

§ 19b[3] Zugriff auf datenverarbeitungsgestützte Buchführungssysteme.
(1) § 146 Abs. 5, § 147 Abs. 2, 5 und 6 sowie § 200 Abs. 1 der Abgabenordnung in der Fassung des Artikels 7 des Gesetzes vom 23. Oktober 2000 (BGBl. I S. 1433) sind ab dem 1. Januar 2002 anzuwenden.

(2) § 147 Absatz 6 Satz 6 der Abgabenordnung in der Fassung des Artikels 3 des Gesetzes vom 22. November 2019 (BGBl. I S. 1746) gilt für aufzeichnungs- und aufbewahrungspflichtige Daten, deren Aufbewahrungsfrist bis zum 1. Januar 2020 noch nicht abgelaufen ist.

§ 20 Verweisungserfordernis bei Blankettvorschriften. Die in § 381 Abs. 1, § 382 Abs. 1 der Abgabenordnung vorgeschriebene Verweisung ist nicht erforderlich, soweit die Vorschriften der dort genannten Gesetze und Rechtsverordnungen vor dem 1. Oktober 1968 erlassen sind.

---

[1] § 19 Abs. 8 und 9 angef. durch G v. 28.7.2015 (BGBl. I S. 1400).

[2] § 19a eingef. durch G v. 19.12.1998 (BGBl. I S. 3816); Satz 2 angef. durch G v. 30.6.2017 (BGBl. I S. 2143).

[3] § 19b eingef. durch G v. 23.10.2000 (BGBl. I S. 1433); bish. Wortlaut wird Abs. 1 und Abs. 2 angef. durch G v. 22.11.2019 (BGBl. I S. 1746).

§ 21[1)] Steueranmeldungen in Euro. Für Besteuerungszeiträume nach dem 31. Dezember 1998 und vor dem 1. Januar 2002 ist § 168 der Abgabenordnung mit folgender Maßgabe anzuwenden:

Wird eine Steueranmeldung nach dem vom Bundesministerium der Finanzen im Einvernehmen mit den obersten Finanzbehörden der Länder bestimmten Vordruck in Euro abgegeben, gilt die Steuer als zu dem vom Rat der Europäischen Union gemäß Artikel 109l Abs. 4 Satz 1 des EG-Vertrages unwiderruflich festgelegten Umrechnungskurs in Deutscher Mark berechnet. Betrifft die Anmeldung eine von Bundesfinanzbehörden verwaltete Steuer, ist bei der Bestimmung des Vordrucks das Einvernehmen mit den obersten Finanzbehörden der Länder nicht erforderlich.

§ 22[2)] Mitwirkungspflichten der Beteiligten; Schätzung von Besteuerungsgrundlagen. (1) [1]§ 90 Abs. 3 der Abgabenordnung in der Fassung des Artikels 9 des Gesetzes vom 16. Mai 2003 (BGBl. I S. 660) ist erstmals für Wirtschaftsjahre anzuwenden, die nach dem 31. Dezember 2002 beginnen. [2]§ 162 Abs. 3 und 4 der Abgabenordnung in der Fassung des Artikels 9 des Gesetzes vom 16. Mai 2003 (BGBl. I S. 660) ist erstmals für Wirtschaftsjahre anzuwenden, die nach dem 31. Dezember 2003 beginnen, frühestens sechs Monate nach Inkrafttreten der Rechtsverordnung im Sinne des § 90 Abs. 3 der Abgabenordnung in der Fassung des Artikels 9 des Gesetzes vom 16. Mai 2003 (BGBl. I S. 660). [3]Gehören zu den Geschäftsbeziehungen im Sinne des § 90 Abs. 3 der Abgabenordnung in der Fassung des Artikels 9 des Gesetzes vom 16. Mai 2003 (BGBl. I S. 660) Dauerschuldverhältnisse, die als außergewöhnliche Geschäftsvorfälle im Sinne des § 90 Abs. 3 Satz 3 der Abgabenordnung in der Fassung des Artikels 9 des Gesetzes vom 16. Mai 2003 (BGBl. I S. 660) anzusehen sind und die vor Beginn der in Satz 1 bezeichneten Wirtschaftsjahre begründet wurden und bei Beginn dieser Wirtschaftsjahre noch bestehen, sind die Aufzeichnungen der sie betreffenden wirtschaftlichen und rechtlichen Grundlagen spätestens sechs Monate nach Inkrafttreten der Rechtsverordnung im Sinne des § 90 Abs. 3 der Abgabenordnung in der Fassung des Artikels 9 des Gesetzes vom 16. Mai 2003 (BGBl. I S. 660) zu erstellen. [4]§ 90 Absatz 3 der Abgabenordnung in der am 24. Dezember 2016 geltenden Fassung ist erstmals für Wirtschaftsjahre anzuwenden, die nach dem 31. Dezember 2016 beginnen.

(2) Die Bundesregierung bestimmt durch Rechtsverordnung mit Zustimmung des Bundesrates den Zeitpunkt der erstmaligen Anwendung von § 90 Absatz 2 Satz 3, § 147a, § 162 Absatz 2 Satz 3 und § 193 Absatz 1 und Absatz 2 Nummer 3 in der Fassung des Artikels 3 des Gesetzes vom 29. Juli 2009 (BGBl. I S. 2302).

(3) § 147a Absatz 2 der Abgabenordnung in der am 25. Juni 2017 geltenden Fassung ist erstmals auf Besteuerungszeiträume anzuwenden, die nach dem 31. Dezember 2017 beginnen.

[1)] § 21 angef. durch G v. 24.3.1999 (BGBl. I S. 385).

[2)] § 22 angef. durch G v. 16.5.2003 (BGBl. I S. 660); Abs. 2 angef., bish. Wortlaut wird Abs. 1 durch G v. 29.7.2009 (BGBl. I S. 2302); Abs. 1 Satz 4 angef. durch G v. 20.12.2016 (BGBl. I S. 3000); Abs. 3 angef. durch G v. 23.6.2017 (BGBl. I S. 1682).

(4)[1] § 3 Absatz 4 Nummer 3, § 90 Absatz 2, § 147a Absatz 1 Satz 6, § 162 Absatz 2 Satz 3 und Absatz 4a sowie § 193 Absatz 2 Nummer 3 der Abgabenordnung in der ab 1. Juli 2021 geltenden Fassung sind erstmals auf Besteuerungszeiträume anzuwenden, die nach dem 31. Dezember 2021 beginnen.

(Fortsetzung nächstes Blatt)

[1] Art. 97 § 22 Abs. 4 angef. durch G v. 25.6.2021 (BGBl. I S. 2056).

schäftlichen Angelegenheiten einer Drittstaat-Gesellschaft im Sinne des § 138 Absatz 3 der Abgabenordnung in der am 25. Juni 2017 geltenden Fassung ausüben konnten, haben dies dem für sie nach den §§ 18 bis 20 der Abgabenordnung zuständigen Finanzamt mitzuteilen, wenn dieser Einfluss auch noch am 1. Januar 2018 fortbesteht. [2] § 138 Absatz 5 der Abgabenordnung in der am 25. Juni 2017 geltenden Fassung gilt in diesem Fall entsprechend.

(3) § 138 Absatz 2 und 5 der Abgabenordnung in der am 29. Dezember 2020 geltenden Fassung ist auf alle offenen Fälle anzuwenden.

§ 33[1)] Mitteilungspflicht bei Steuergestaltungen. (1) § 102 Absatz 4 Satz 3 und die §§ 138d bis 138k der Abgabenordnung in der am 1. Januar 2020 geltenden Fassung sind ab dem 1. Juli 2020 in allen Fällen anzuwenden, in denen das nach § 138f Absatz 2 der Abgabenordnung in der am 1. Januar 2020 sgeltenden Fassung maßgebliche Ereignis nach dem 30. Juni 2020 eingetreten ist.

(2) Wurde der erste Schritt einer mitteilungspflichtigen grenzüberschreitenden Steuergestaltung nach dem 24. Juni 2018 und vor dem 1. Juli 2020 umgesetzt, sind § 102 Absatz 4 Satz 3 und die §§ 138d bis 138k der Abgabenordnung in der am 1. Januar 2020 geltenden Fassung ab dem 1. Juli 2020 mit der Maßgabe anzuwenden, dass die Mitteilung abweichend von § 138f Absatz 2 der Abgabenordnung in der am 1. Januar 2020 geltenden Fassung innerhalb von zwei Monaten nach dem 30. Juni 2020 zu erstatten ist.

(3) § 379 Absatz 2 Nummer 1e bis 1g sowie Absatz 7 der Abgabenordnung in der am 1. Januar 2020 geltenden Fassung ist ab dem 1. Juli 2020 in allen Fällen anzuwenden, in denen das nach § 138f Absatz 2 der Abgabenordnung in der am 1. Januar 2020 geltenden Fassung maßgebliche Ereignis nach dem 30. Juni 2020 eingetreten ist.

(4) [1] Das Bundesministerium der Finanzen erstattet dem Finanzausschuss des Deutschen Bundestages jährlich zum 1. Juni, erstmals zum 1. Juni 2021, Bericht über

1. die Anzahl der im vorangegangen Kalenderjahr beim Bundeszentralamt für Steuern eingegangenen Mitteilungen über grenzüberschreitende Steuergestaltungen,
2. die Fallgestaltungen, deren Prüfung Anlass dafür war,
   a) dem Bundeskabinett im vorangegangenen Kalenderjahr eine Gesetzesinitiative vorzuschlagen,
   b) ein im Bundessteuerblatt zu veröffentlichendes Schreiben des Bundesministeriums der Finanzen oder einen im Bundessteuerblatt zu veröffentlichenden gleichlautenden Erlass der obersten Finanzbehörden der Länder im vorangegangenen Kalenderjahr zu erlassen oder zu ändern.

[2] In den Fällen von Satz 1 Nummer 2 ist die Fallgestaltung im Bericht abstrakt zu beschreiben.

---

1) Art. 97 § 33 angef. durch G v. 21.12.2019 (BGBl. I S. 2875).

(5)[1] Das Bundesministerium der Finanzen wird ermächtigt, zur zeitnahen Umsetzung unionsrechtlicher Bestimmungen hinsichtlich der Fristen zur Mitteilung grenzüberschreitender Steuergestaltungen durch ein im Bundessteuerblatt zu veröffentlichendes Schreiben von den Absätzen 1 und 2 abweichende Bestimmungen zu treffen.

§ 34[2] Vorabverständigungsverfahren. [1] § 89a der Abgabenordnung in der am 9. Juni 2021 geltenden Fassung ist erstmals auf Anträge anzuwenden, die nach dem 8. Juni 2021 bei der zuständigen Behörde eingegangen sind. [2] § 178a der Abgabenordnung in der Fassung des Gesetzes vom 13. Dezember 2006 (BGBl. I S. 2878) ist letztmals auf Anträge anzuwenden, die am 8. Juni 2021 bei der zuständigen Behörde eingegangen sind.

§ 35[3] Abrufverfahren von Steuermessbeträgen. § 184 Absatz 3 Satz 2 der Abgabenordnung findet erstmals für Steuermessbeträge Anwendung, die für Realsteuern des Jahres 2025 maßgeblich sind.

§ 36[4] Sonderregelung auf Grund der Corona-Pandemie. (1) § 149 Absatz 3 der Abgabenordnung in der am 19. Februar 2021 geltenden Fassung ist für den Besteuerungszeitraum 2019 mit der Maßgabe anzuwenden, dass an die Stelle des letzten Tages des Monats Februar 2021 der 31. August 2021 und an die Stelle des 31. Juli 2021 der 31. Dezember 2021 tritt; § 149 Absatz 4 der Abgabenordnung bleibt unberührt.

(2) [1] Abweichend von § 233a Absatz 2 Satz 1 der Abgabenordnung in der am 19. Februar 2021 geltenden Fassung beginnt der Zinslauf für den Besteuerungszeitrum 2019 am 1. Oktober 2021. [2] In den Fällen des § 233a Absatz 2 Satz 2 der Abgabenordnung in der am 19. Februar 2021 geltenden Fassung beginnt der Zinslauf für den Besteuerungszeitrum 2019 am 1. Mai 2022.

(3)[5] Für den Besteuerungszeitraum 2020 sind die §§ 109, 149, 152 und 233a der Abgabenordnung in der am 1. Juli 2021 geltenden Fassung mit folgenden Maßgaben anzuwenden:

1. In § 109 Absatz 2 Satz 1 Nummer 1 der Abgabenordnung tritt an die Stelle des letzten Tags des Monats Februar 2022 der 31. Mai 2022.
2. In § 109 Absatz 2 Satz 2 der Abgabenordnung tritt an die Stelle des 31. Juli 2022 der 31. Oktober 2022.
3. In § 149 Absatz 2 Satz 1 der Abgabenordnung tritt jeweils an die Stelle der Angabe „sieben Monate“ die Angabe „zehn Monate“.
4. In § 149 Absatz 2 Satz 2 der Abgabenordnung tritt an die Stelle der Angabe „des siebten Monats“ die Angabe „des zehnten Monats“.
5. In § 149 Absatz 3 der Abgabenordnung tritt an die Stelle des letzten Tags des Monats Februar 2022 der 31. Mai 2022 und an die Stelle des 31. Juli 2022 der 31. Oktober 2022.

---

[1] Art. 97 § 33 Abs. 5 angef. durch G v. 19.6.2020 (BGBl. I S. 1385).
[2] Art. 97 § 34 neu gef. durch G v. 2.6.2021 (BGBl. I S. 1259).
[3] Art. 97 § 35 angef. durch G v. 21.12.2020 (BGBl. I S. 3096).
[4] Art. 97 § 36 angef. durch G v. 15.2.2021 (BGBl. I S. 237).
[5] Art. 97 § 36 Abs. 3 angef. duch G v. 25.6.2021 (BGBl. I S. 2035).

6. In § 149 Absatz 4 Satz 1 und 3 der Abgabenordnung tritt jeweils an die Stelle des letzten Tags des Monats Februar 2022 der 31. Mai 2022.
7. In § 149 Absatz 4 Satz 5 der Abgabenordnung tritt an die Stelle des 31. Juli 2022 der 31. Oktober 2022.
8. In § 152 Absatz 2 Nummer 1 der Abgabenordnung tritt jeweils an die Stelle der Angabe „14 Monaten" die Angabe „17 Monaten".
9. In § 152 Absatz 2 Nummer 2 der Abgabenordnung tritt jeweils an die Stelle der Angabe „19 Monaten" die Angabe „22 Monaten".
10. In § 233a Absatz 2 Satz 1 der Abgabenordnung tritt an die Stelle der Angabe „15 Monate" die Angabe „18 Monate".
11. In § 233a Absatz 2 Satz 2 der Abgabenordnung tritt an die Stelle der Angabe „23 Monate" die Angabe „26 Monate".

Art. 97a[1)] Überleitungsregelungen aus Anlaß der Herstellung der Einheit Deutschlands

§ 1[2)] Zuständigkeit. (1) [1]Für vor dem 1. Januar 1991 nach dem Recht der Bundesrepublik Deutschland oder der Deutschen Demokratischen Republik entstandene Besitz- und Verkehrsteuern, Zulagen und Prämien, auf die Abgabenrecht Anwendung findet, und dazugehörige steuerliche Nebenleistungen, bleiben die nach den bisher geltenden Vorschriften einschließlich der Vorschriften der Einzelsteuergesetze örtlich zuständigen Finanzbehörden weiterhin zuständig. [2]Dies gilt auch für das Rechtsbehelfsverfahren.

(2) [1]Würde durch einen Wechsel der örtlichen Zuständigkeit eine Finanzbehörde in dem in Artikel 3 des Einigungsvertrages genannten Gebiet für die gesonderte Feststellung nach § 180 Abs. 1 Nr. 1 der Abgabenordnung, für die gesonderte und einheitliche Feststellung nach der Anteilsbewertungsverordnung vom 19. Januar 1977 (BGBl. I S. 171) oder für die Besteuerung nach dem Vermögen zuständig, bleibt abweichend von § 26 Satz 1 der Abgabenordnung letztmals für Feststellungen zum 1. Januar 1998[3)] oder für die Vermögensteuer des Kalenderjahrs 1998 die nach den bisherigen Verhältnissen zuständige Finanzbehörde insoweit zuständig. [2]Dies gilt auch für das Rechtsbehelfsverfahren.

§ 2 Überleitungsbestimmungen für die Anwendung der Abgabenordnung in dem in Artikel 3 des Einigungsvertrages genannten Gebiet. Für die Anwendung der Abgabenordnung in dem in Artikel 3 des Einigungsvertrages genannten Gebiet gilt folgendes:

1. Verfahren, die beim Wirksamwerden des Beitritts anhängig sind, werden nach den Vorschriften der Abgabenordnung zu Ende geführt, soweit in den nachfolgenden Vorschriften nichts anderes bestimmt ist.

[1)] Art. 97a eingef. durch Vertrag v. 31.8.1990 (BGBl. II S. 889, 968).

[2)] § 1 Abs. 2 angef. durch G v. 24.6.1991 (BGBl. I S. 1322) und geänd. durch G v. 21.12.1993 (BGBl. I S. 2310).

[3)] Geänd. durch G v. 11.10.1995 (BGBl. I S. 1250).

2. Fristen, deren Lauf vor dem Wirksamwerden des Beitritts begonnen hat, werden nach den Vorschriften der Abgabenordnung der Deutschen Demokratischen Republik (AO 1990) vom 22. Juni 1990 (Sonderdruck Nr. 1428 des Gesetzblattes)[1] sowie des Einführungsgesetzes zur Abgabenordnung der Deutschen Demokratischen Republik vom 22. Juni 1990 (Sonderdruck Nr. 1428 des Gesetzblattes)[1] berechnet, soweit in den nachfolgenden Vorschriften nichts anderes bestimmt ist.
3. § 152 ist erstmals auf Steuererklärungen anzuwenden, die nach dem Wirksamwerden des Beitritts einzureichen sind; eine Verlängerung der Steuererklärungsfrist ist hierbei nicht zu berücksichtigen.
4. [1]Die Vorschriften über die Aufhebung und Änderung von Verwaltungsakten sind erstmals anzuwenden, wenn nach dem Wirksamwerden des Beitritts ein Verwaltungsakt aufgehoben oder geändert wird. [2]Dies gilt auch dann, wenn der aufzuhebende oder zu ändernde Verwaltungsakt vor dem Wirksamwerden des Beitritts erlassen worden ist. [3]Auf vorläufige Steuerbescheide nach § 100 Abs. 1 der Abgabenordnung (AO) der

(Fortsetzung nächste Seite)

[1]) Gesetzblatt der DDR.

802. Finanzgerichtsordnung (FGO)[1)]

In der Fassung der Bekanntmachung vom 28. März 2001
(BGBl. I S. 442, ber. S. 2262, I 2002 S. 679)

Geändert durch Zustellungsreformgesetz vom 25.6.2001 (BGBl. I S. 1206), Gesetz zur Anpassung der Formvorschriften an den modernen Rechtsgeschäftsverkehr vom 13.7.2001 (BGBl. I S. 1542), Gesetz zur Änderung des Finanzverwaltungsgesetzes und anderer Gesetze vom 14.12.2001 (BGBl. I S. 3714), Steueränderungsgesetz 2001 vom 20.12.2001 (BGBl. I S. 3794), Steuerverkürzungsbekämpfungsgesetz vom 19.12.2001 (BGBl. I S. 3922), Kostenrechtsmodernisierungsgesetz vom 5.5.2004 (BGBl. I S. 718), 1. Justizmodernisierungsgesetz vom 24.8.2004 (BGBl. I S. 2198), Anhörungsrügengesetz vom 9.12.2004 (BGBl. I S. 3220), Gesetz zur Vereinfachung und Vereinheitlichung der Verfahrensvorschriften zur Wahl und Berufung ehrenamtlicher Richter vom 21.12.2004 (BGBl. I S. 3599), Justizkommunikationsgesetz vom 22.3.2005 (BGBl. I S. 837, ber. 2022), Föderalismusreform-Begleitgesetz vom 5.9.2006 (BGBl. I S. 2098), Gesetz zur Neuregelung des Rechtsberatungsrechts vom 12.12.2007 (BGBl. I S. 2840), Gesetz zur Modernisierung von Verfahren im anwaltlichen und notariellen Berufsrecht vom 30.7.2009 (BGBl. I S. 2449), Gesetz über den Rechtsschutz bei überlangen Gerichtsverfahren und strafrechtlichen Ermittlungsverfahren vom 24.11.2011 (BGBl. I S. 2302), Gesetz zur Änderung von Vorschriften über Verkündung und Bekanntmachungen sowie der Zivilprozessordnung, des Gesetzes betreffend die Einführung der Zivilprozessordnung und der Abgabenordnung vom 22.12.2011 (BGBl. I S. 3044), Gesetz zur Förderung der Mediation und anderer Verfahren der außergerichtlichen Konfliktbeilegung vom 21.7.2012 (BGBl. I S. 1577), Gesetz zur Einführung von Kostenhilfe für Drittbetroffene in Verfahren vor dem Europäischen Gerichtshof für Menschenrechte sowie zur Änderung der Finanzgerichtsordnung vom 20.4.2013 (BGBl. I S. 829), Gesetz zur Intensivierung des Einsatzes von Videokonferenztechnik in gerichtlichen und staatsanwaltschaftlichen Verfahren vom 25.4.2013 (BGBl. I S. 935), Amtshilferichtlinie-Umsetzungsgesetz (AmtshilfeRLUmsG) vom 26.6.2013 (BGBl. I S. 1809), Gesetz zur Änderung des Prozesskostenhilfe- und Beratungshilferechts vom 31.8.2013 (BGBl. I S. 3533; ber. BGBl. I 2016 S. 121), Gesetz zur Förderung des elektronischen Rechtsverkehrs mit den Gerichten vom 10.10.2013 (BGBl. I S. 3786), Gesetz zur Durchführung der Verordnung (EU) Nr. 1215/2012 sowie zur Änderung sonstiger Vorschriften vom 8.7.2014 (BGBl. I S. 890), Zehnte Zuständigkeitsanpassungsverordnung vom 31.8.2015 (BGBl. I S. 1474), Gesetz zur Neuordnung des Rechts der Syndikusanwälte und zur Änderung der Finanzgerichtsordnung vom 21.12.2015 (BGBl. I S. 2517), Gesetz zur Modernisierung des Besteuerungsverfahrens vom 18.7.2016 (BGBl. I S. 1679), Gesetz zur Änderung des Sachverständigenrechts und zur weiteren Änderung des Gesetzes über das Verfahren in Familiensachen und in den Angelegenheiten der freiwilligen Gerichtsbarkeit sowie zur Änderung des Sozialgerichtsgesetzes, der Verwaltungsgerichtsordnung, der Finanzgerichtsordnung und des Gerichtskostengesetzes vom 11.10.2016 (BGBl. I S. 2222), Gesetz zur Einführung der elektronischen Akte in der Justiz und zur weiteren Förderung des elektronischen Rechtsverkehrs vom 5.7.2017 (BGBl. I S. 2208), Gesetz zur Durchführung der Verordnung (EU) Nr. 910/2014 des Europäischen Parlaments und des Rates vom 23. Juli 2014 über elektronische Identifizierung und Vertrauensdienste für elektronische Transaktionen im Binnenmarkt und zur Aufhebung der Richtlinie 1999/93 EG (eIDAS-Durchführungsgesetz) vom 18.7.2017 (BGBl. I S. 2745), Gesetz zur Erweiterung der Medienöffentlichkeit in Gerichtsverfahren und zur Verbesserung der Kommunikationshilfen für Menschen mit Sprach- und Hörbehinderungen (Gesetz über die Erweiterung der Medienöffentlichkeit in Gerichtsverfahren – EMöGG) vom 8.10.2017 (BGBl. I S. 3546), Gesetz zur Einführung einer zivilprozessualen Musterfestsetzungsklage vom 12.7.2018 (BGBl. I S. 1151), Gesetz zur Einführung einer Karte für Unionsbürger und Angehörige des Europäischen Wirtschaftsraums vom 21.6.2019 (BGBl. I S. 846), *Zweites Gesetz zur Anpassung des Datenschutzrechts*

[1)] Die Neubekanntmachung der Finanzgerichtsordnung vom 6.10.1965 (BGBl. I S. 1477) auf Grund des Art. 5 des G v. 19.12.2000 (BGBl. I S. 1757) in der ab 1.1.2001 geltenden Fassung.

an die Verordnung (EU) 2016/679 und zur Umsetzung der Richtlinie (EU) 2016/680 (Zweites Datenschutz-Anpassungs- und Umsetzungsgesetz EU – 2. DSAnpUG-EU) vom 20.11.2019 (BGBl. I S. 1626)[1]), Gesetz zur Regelung der Wertgrenze für die Nichtzulassungsbeschwerde in Zivilsachen, zum Ausbau der Spezialisierung bei den Gerichten sowie zur Änderung weiterer prozessrechtlicher Vorschriften vom 12.12.2019 (BGBl. I S. 2633), Gesetz zur Reform des Vormundschafts- und Betreuungsrechts vom 4.5.2021 (BGBl. I S. 882) und Gesetz zur Fortentwicklung der Strafprozessordnung und zur Änderung weiterer Vorschriften vom 25.6.2021 (BGBl. I S. 2099)

BGBl. III/FNA 350-1

Nichtamtliche Inhaltsübersicht

Erster Teil. Gerichtsverfassung

Abschnitt I. Gerichte

§§

Abschnitt II. Richter

Abschnitt III. Ehrenamtliche Richter

Abschnitt IV. Gerichtsverwaltung

---

[1]) **[Amtl. und red. Anm.:]** Die mittelbare Änderung durch Art. 154a Nr. 3 Buchst. a G *v. 20.11.2019 I 1626 ist* nicht ausführbar, da das geänderte G v. 21.6.2019 I 846 zum Zeitpunkt des Inkrafttretens des mittelbaren Änderungsgesetzes bereits zum 1.11.2019 in Kraft getreten war. An einer Korrektur wird gearbeitet.

Abschnitt V. Finanzrechtsweg und Zuständigkeit

Unterabschnitt 1. Finanzrechtsweg

Unterabschnitt 2. Sachliche Zuständigkeit

Unterabschnitt 3. Örtliche Zuständigkeit

Zweiter Teil. Verfahren

Abschnitt I. Klagearten, Klagebefugnis, Klagevoraussetzungen, Klageverzicht

Abschnitt II. Allgemeine Verfahrensvorschriften

Abschnitt III. Verfahren im ersten Rechtszug

(Fortsetzung nächste Seite)

(2) Für die Fristen gelten die Vorschriften der §§ 222, 224 Abs. 2 und 3, §§ 225 und 226 der Zivilprozessordnung[1]).

§ 55[2)·3)] [Belehrung über Frist] (1) Die Frist für einen Rechtsbehelf beginnt nur zu laufen, wenn der Beteiligte über den Rechtsbehelf, die Behörde oder das Gericht, bei denen der Rechtsbehelf anzubringen ist, den Sitz und die einzuhaltende Frist schriftlich oder elektronisch belehrt worden ist.

(2) [1]Ist die Belehrung unterblieben oder unrichtig erteilt, so ist die Einlegung des Rechtsbehelfs nur innerhalb eines Jahres seit Bekanntgabe im Sinne des § 54 Abs. 1 zulässig, es sei denn, dass die Einlegung vor Ablauf der Jahresfrist infolge höherer Gewalt unmöglich war oder eine schriftliche oder elektronische Belehrung dahin erfolgt ist, dass ein Rechtsbehelf nicht gegeben sei. [2]§ 56 Abs. 2 gilt für den Fall höherer Gewalt sinngemäß.

§ 56[4)] [Wiedereinsetzung in den vorigen Stand] (1) Wenn jemand ohne Verschulden verhindert war, eine gesetzliche Frist einzuhalten, so ist ihm auf Antrag Wiedereinsetzung in den vorigen Stand zu gewähren.

(2) [1]Der Antrag ist binnen zwei Wochen nach Wegfall des Hindernisses zu stellen; bei Versäumung der Frist zur Begründung der Revision oder der Nichtzulassungsbeschwerde beträgt die Frist einen Monat. [2]Die Tatsachen zur Begründung des Antrags sind bei der Antragstellung oder im Verfahren über den Antrag glaubhaft zu machen. [3]Innerhalb der Antragsfrist ist die versäumte Rechtshandlung nachzuholen. [4]Ist dies geschehen, so kann Wiedereinsetzung auch ohne Antrag gewährt werden.

(3) Nach einem Jahr seit dem Ende der versäumten Frist kann Wiedereinsetzung nicht mehr beantragt oder ohne Antrag bewilligt werden, außer wenn der Antrag vor Ablauf der Jahresfrist infolge höherer Gewalt unmöglich war.

(4) Über den Antrag auf Wiedereinsetzung entscheidet das Gericht, das über die versäumte Rechtshandlung zu befinden hat.

(5) Die Wiedereinsetzung ist unanfechtbar.

§ 57 [Am Verfahren Beteiligte] Beteiligte am Verfahren sind

1. der Kläger,
2. der Beklagte,
3. der Beigeladene,
4. die Behörde, die dem Verfahren beigetreten ist (§ 122 Abs. 2).

§ 58 [Prozessfähigkeit] (1) Fähig zur Vornahme von Verfahrenshandlungen sind

---

[1]) **Schönfelder** Nr. **100**.

[2]) Abweichend hierzu siehe Art. 97 § 18 a EGAO (Nr. **800 a**).

[3]) § 55 Abs. 1 neu gef., Abs. 2 Satz 1 ergänzt mWv 1.4.2005 durch G v. 22.3.2005 (BGBl. I S. 837).

[4]) § 56 Abs. 2 Satz 1 HS 2 eingef. mWv 1.9.2004 durch G v. 24.8.2004 (BGBl. I S. 2198).

1. die nach dem bürgerlichen Recht Geschäftsfähigen,
2. die nach dem bürgerlichen Recht in der Geschäftsfähigkeit Beschränkten, soweit sie durch Vorschriften des bürgerlichen oder öffentlichen Rechts für den Gegenstand des Verfahrens als geschäftsfähig anerkannt sind.

(2) [1] Für rechtsfähige und nichtrechtsfähige Personenvereinigungen, für Personen, die geschäftsunfähig oder in der Geschäftsfähigkeit beschränkt sind, für alle Fälle der Vermögensverwaltung und für andere einer juristischen Person ähnliche Gebilde, die als solche der Besteuerung unterliegen, sowie bei Wegfall eines Steuerpflichtigen handeln die nach dem bürgerlichen Recht dazu befugten Personen. [2] Die §§ 53 bis 58 der Zivilprozessordnung[1)] gelten sinngemäß.

(3)[2)] Betrifft ein Einwilligungsvorbehalt nach *§ 1903* [***ab 1.1.2023:*** § 1825] des Bürgerlichen Gesetzbuchs[3)] den Gegenstand des Verfahrens, so ist ein geschäftsfähiger Betreuter nur insoweit zur Vornahme von Verfahrenshandlungen fähig, als er nach den Vorschriften des bürgerlichen Rechts ohne Einwilligung des Betreuers handeln kann oder durch Vorschriften des öffentlichen Rechts als handlungsfähig anerkannt ist.

§ 59 [Streitgenossenschaft] Die Vorschriften der §§ 59 bis 63 der Zivilprozessordnung[1)] über die Streitgenossenschaft sind sinngemäß anzuwenden.

§ 60 [Beiladungen] (1) [1] Das Finanzgericht kann von Amts wegen oder auf Antrag andere beiladen, deren rechtliche Interessen nach den Steuergesetzen durch die Entscheidung berührt werden, insbesondere solche, die nach den Steuergesetzen neben dem Steuerpflichtigen haften. [2] Vor der Beiladung ist der Steuerpflichtige zu hören, wenn er am Verfahren beteiligt ist.

(2) Wird eine Abgabe für einen anderen Abgabenberechtigten verwaltet, so kann dieser nicht deshalb beigeladen werden, weil seine Interessen als Abgabenberechtigter durch die Entscheidung berührt werden.

(3) [1] Sind an dem streitigen Rechtsverhältnis Dritte derart beteiligt, dass die Entscheidung auch ihnen gegenüber nur einheitlich ergehen kann, so sind sie beizuladen (notwendige Beiladung). [2] Dies gilt nicht für Mitberechtigte, die nach § 48 nicht klagebefugt sind.

(4) [1] Der Beiladungsbeschluss ist allen Beteiligten zuzustellen. [2] Dabei sollen der Stand der Sache und der Grund der Beiladung angegeben werden.

(5) Die als Mitberechtigte Beigeladenen können aufgefordert werden, einen gemeinsamen Zustellungsbevollmächtigten zu benennen.

(6) [1] Der Beigeladene kann innerhalb der Anträge eines als Kläger oder Beklagter Beteiligten selbständig Angriffs- und Verteidigungsmittel geltend machen und alle Verfahrenshandlungen wirksam vornehmen. [2] Abweichende Sachanträge kann er nur stellen, wenn eine notwendige Beiladung vorliegt.

---

1) **Schönfelder** Nr. **100**.
2) § 58 Abs. 3 geänd. mWv 1.1.2023 durch G v. 4.5.2021 (BGBl. I S. 882).
3) **Schönfelder** Nr. **20**.

1. ein Verwaltungsakt nach § 129 der Abgabenordnung berichtigt wird oder
2. ein Verwaltungsakt an die Stelle eines angefochtenen unwirksamen Verwaltungsakts tritt.

§ 69 [Aussetzung der Vollziehung] (1) 1 Durch Erhebung der Klage wird die Vollziehung des angefochtenen Verwaltungsakts vorbehaltlich des Absatzes 5 nicht gehemmt, insbesondere die Erhebung einer Abgabe nicht aufgehalten. 2 Entsprechendes gilt bei Anfechtung von Grundlagenbescheiden für die darauf beruhenden Folgebescheide.

(2) 1 Die zuständige Finanzbehörde kann die Vollziehung ganz oder teilweise aussetzen. 2 Auf Antrag soll die Aussetzung erfolgen, wenn ernstliche Zweifel an der Rechtmäßigkeit des angefochtenen Verwaltungsakts bestehen oder wenn die Vollziehung für den Betroffenen eine unbillige, nicht durch überwiegende öffentliche Interessen gebotene Härte zur Folge hätte. 3 Die Aussetzung kann von einer Sicherheitsleistung abhängig gemacht werden. 4 Soweit die Vollziehung eines Grundlagenbescheides ausgesetzt wird, ist auch die Vollziehung eines Folgebescheides auszusetzen. 5 Der Erlass eines Folgebescheides bleibt zulässig. 6 Über eine Sicherheitsleistung ist bei der Aussetzung eines Folgebescheides zu entscheiden, es sei denn, dass bei der Aussetzung der Vollziehung des Grundlagenbescheides die Sicherheitsleistung ausdrücklich ausgeschlossen worden ist. 7 Ist der Verwaltungsakt schon vollzogen, tritt an die Stelle der Aussetzung der Vollziehung die Aufhebung der Vollziehung. 8 Bei Steuerbescheiden sind die Aussetzung und die Aufhebung der Vollziehung auf die festgesetzte Steuer, vermindert um die anzurechnenden Steuerabzugsbeträge, um die anzurechnende Körperschaftsteuer und um die festgesetzten Vorauszahlungen, beschränkt; dies gilt nicht, wenn die Aussetzung oder Aufhebung der Vollziehung zur Abwendung wesentlicher Nachteile nötig erscheint.

(3) 1 Auf Antrag kann das Gericht der Hauptsache die Vollziehung ganz oder teilweise aussetzen; Absatz 2 Satz 2 bis 6 und § 100 Abs. 2 Satz 2 gelten sinngemäß. 2 Der Antrag kann schon vor Erhebung der Klage gestellt werden. 3 Ist der Verwaltungsakt im Zeitpunkt der Entscheidung schon vollzogen, kann das Gericht ganz oder teilweise die Aufhebung der Vollziehung, auch gegen Sicherheit, anordnen. 4 Absatz 2 Satz 8 gilt entsprechend. 5 In dringenden Fällen kann der Vorsitzende entscheiden.

(4) 1 Der Antrag nach Absatz 3 ist nur zulässig, wenn die Behörde einen Antrag auf Aussetzung der Vollziehung ganz oder zum Teil abgelehnt hat. 2 Das gilt nicht, wenn

1. die Finanzbehörde über den Antrag ohne Mitteilung eines zureichenden Grundes in angemessener Frist sachlich nicht entschieden hat oder
2. eine Vollstreckung droht.

(5) 1 Durch Erhebung der Klage gegen die Untersagung des Gewerbebetriebes oder der Berufsausübung wird die Vollziehung des angefochtenen Verwaltungsakts gehemmt. 2 Die Behörde, die den Verwaltungsakt erlassen hat, kann die hemmende Wirkung durch besondere Anordnung ganz oder zum Teil beseitigen, wenn sie es im öffentlichen Interesse für geboten hält; sie hat das öffentliche Interesse schriftlich zu begründen. 3 Auf Antrag kann das Gericht

der Hauptsache die hemmende Wirkung wiederherstellen, wenn ernstliche Zweifel an der Rechtmäßigkeit des Verwaltungsakts bestehen. [4]In dringenden Fällen kann der Vorsitzende entscheiden.

(6) [1]Das Gericht der Hauptsache kann Beschlüsse über Anträge nach den Absätzen 3 und 5 Satz 3 jederzeit ändern oder aufheben. [2]Jeder Beteiligte kann die Änderung oder Aufhebung wegen veränderter oder im ursprünglichen Verfahren ohne Verschulden nicht geltend gemachter Umstände beantragen.

(7) Lehnt die Behörde die Aussetzung der Vollziehung ab, kann das Gericht nur nach den Absätzen 3 und 5 Satz 3 angerufen werden.

§ 70 [Wirkungen der Rechtshängigkeit; Entscheidung über die Zulässigkeit des Rechtsweges] [1]Für die sachliche und örtliche Zuständigkeit gelten die §§ 17 bis 17b des Gerichtsverfassungsgesetzes[1)] entsprechend. [2]Beschlüsse entsprechend § 17a Abs. 2 und 3 des Gerichtsverfassungsgesetzes sind unanfechtbar.

§ 71[2)] [Zustellung der Klageschrift] (1) [1]Die Klageschrift ist dem Beklagten von Amts wegen zuzustellen. [2]Zugleich mit der Zustellung der Klage ist der Beklagte aufzufordern, sich schriftlich oder zu Protokoll des Urkundsbeamten der Geschäftsstelle zu äußern. [3]Hierfür kann eine Frist gesetzt werden.

(2) Die beteiligte Finanzbehörde hat die den Streitfall betreffenden Akten nach Empfang der Klageschrift an das Gericht zu übermitteln.

§ 72[3)] [Zurücknahme der Klage] (1) [1]Der Kläger kann seine Klage bis zur Rechtskraft des Urteils zurücknehmen. [2]Nach Schluss der mündlichen Verhandlung, bei Verzicht auf die mündliche Verhandlung und nach Ergehen eines Gerichtsbescheides ist die Rücknahme nur mit Einwilligung des Beklagten möglich. [3]Die Einwilligung gilt als erteilt, wenn der Klagerücknahme nicht innerhalb von zwei Wochen seit Zustellung des die Rücknahme enthaltenden Schriftsatzes widersprochen wird; das Gericht hat auf diese Folge hinzuweisen.

(1a) [1]Soweit Besteuerungsgrundlagen für ein Verständigungs- oder ein Schiedsverfahren nach einem Vertrag im Sinne des § 2 der Abgabenordnung von Bedeutung sein können, kann die Klage hierauf begrenzt zurückgenommen werden. [2]§ 50 Abs. 1a Satz 2 gilt entsprechend.

(2) [1]Die Rücknahme hat bei Klagen, deren Erhebung an eine Frist gebunden ist, den Verlust der Klage zur Folge. [2]Wird die Klage zurückgenommen, so stellt das Gericht das Verfahren durch Beschluss ein. [3]Wird nachträglich die Unwirksamkeit der Klagerücknahme geltend gemacht, so gilt § 56 Abs. 3 sinngemäß.

[1)] **Schönfelder** Nr. **95**.

[2)] § 71 *Abs. 2* geänd. mWv 1.4.2005 durch G v. 22.3.2005 (BGBl. I S. 837); Abs. 1 Satz 2 geänd. mWv 1.1.2018 durch G v. 5.7.2017 (BGBl. I S. 2208).

[3)] § 72 Abs. 1 Satz 3 angef. mWv 1.9.2004 durch G v. 24.8.2004 (BGBl. I S. 2198).

§ 73 [Verbindung/Trennung mehrerer Verfahren] (1) [1]Das Gericht kann durch Beschluss mehrere bei ihm anhängige Verfahren zu gemeinsamer Verhandlung und Entscheidung verbinden und wieder trennen. [2]Es kann anordnen, dass mehrere in einem Verfahren zusammengefasste Klagegegenstände in getrennten Verfahren verhandelt und entschieden werden.

(2) Ist die Klage von jemandem erhoben, der wegen dieses Klagegegenstandes nach § 60 Abs. 3 zu einem anderen Verfahren beizuladen wäre, so wird die notwendige Beiladung des Klägers dadurch ersetzt, dass die beiden Verfahren zu gemeinsamer Verhandlung und einheitlicher Entscheidung verbunden werden.

§ 74 [Aussetzung der Verhandlung] Das Gericht kann, wenn die Entscheidung des Rechtsstreits ganz oder zum Teil von dem Bestehen oder Nichtbestehen eines Rechtsverhältnisses abhängt, das den Gegenstand eines anderen anhängigen Rechtsstreits bildet oder von einer Verwaltungsbehörde festzustellen ist, anordnen, dass die Verhandlung bis zur Erledigung des anderen Rechtsstreits oder bis zur Entscheidung der Verwaltungsbehörde auszusetzen sei.

§ 75 [Mitteilung der Besteuerungsgrundlagen] Den Beteiligten sind, soweit es noch nicht geschehen ist, die Unterlagen der Besteuerung auf Antrag oder, wenn der Inhalt der Klageschrift dazu Anlass gibt, von Amts wegen mitzuteilen.

§ 76 [Erforschung des Sachverhalts durch das Gericht] (1)[1)] [1]Das Gericht erforscht den Sachverhalt von Amts wegen. [2]Die Beteiligten sind dabei heranzuziehen. [3]Sie haben ihre Erklärungen über tatsächliche Umstände vollständig und der Wahrheit gemäß abzugeben und sich auf Anforderung des Gerichts zu den von den anderen Beteiligten vorgebrachten Tatsachen zu erklären. [4]§ 90 Abs. 2, § 93 Abs. 3 Satz 2, § 97, §§ 99, 100 der Abgabenordnung[2)] gelten sinngemäß. [5]Das Gericht ist an das Vorbringen und an die Beweisanträge der Beteiligten nicht gebunden.

(2) Der Vorsitzende hat darauf hinzuwirken, dass Formfehler beseitigt, sachdienliche Anträge gestellt, unklare Anträge erläutert, ungenügende tatsächliche Angaben ergänzt, ferner alle für die Feststellung und Beurteilung des Sachverhalts wesentlichen Erklärungen abgegeben werden.

(3) [1]Erklärungen und Beweismittel, die erst nach Ablauf der von der Finanzbehörde nach § 364b Abs. 1 der Abgabenordnung[2)] gesetzten Frist im Einspruchsverfahren oder im finanzgerichtlichen Verfahren vorgebracht werden, kann das Gericht zurückweisen und ohne weitere Ermittlungen entscheiden. [2]§ 79b Abs. 3 gilt entsprechend.

(4) Die Verpflichtung der Finanzbehörde zur Ermittlung des Sachverhalts (§§ 88, 89 Abs. 1[3)] der Abgabenordnung[2)]) wird durch das finanzgerichtliche Verfahren nicht berührt.

---

1) § 76 Abs. 1 Satz 4 geänd. mWv 30.6.2013 durch G v. 26.6.2013 (BGBl. I S. 1809).
2) Nr. **800**.
3) Verweis geänd. durch G. v. 5.9.2006 (BGBl. I S. 2098).

§ 77[1)] **[Schriftsätze]** (1) [1]Die Beteiligten sollen zur Vorbereitung der mündlichen Verhandlung Schriftsätze einreichen. [2]Hierzu kann der Vorsitzende sie unter Fristsetzung auffordern. [3]Den Schriftsätzen sollen Abschriften für die übrigen Beteiligten beigefügt werden. [4]Die Schriftsätze sind den Beteiligten von Amts wegen zu übermitteln.

(2)[2)] [1]Den Schriftsätzen sind die Urkunden oder elektronischen Dokumente, auf die Bezug genommen wird, in Abschrift ganz oder im Auszug beizufügen. [2]Sind die Urkunden dem Gegner bereits bekannt oder sehr umfangreich, so genügt die genaue Bezeichnung mit dem Anerbieten, Einsicht bei Gericht zu gewähren.

§ 77a.[3)] *(aufgehoben)*

§ 78[4)] **[Akteneinsicht]** (1) [1]Die Beteiligten können die Gerichtsakte und die dem Gericht vorgelegten Akten einsehen. [2]Beteiligte können sich auf ihre Kosten durch die Geschäftsstelle Ausfertigungen, Auszüge, Ausdrucke und Abschriften erteilen lassen.

(2)[5)] [1]Werden die Prozessakten elektronisch geführt, wird Akteneinsicht durch Bereitstellung des Inhalts der Akten zum Abruf oder durch Übermittlung des Inhalts der Akten auf einem sicheren Übermittlungsweg gewährt. [2]Auf besonderen Antrag wird Akteneinsicht durch Einsichtnahme in die Akten in Diensträumen gewährt. [3]Ein Aktenausdruck oder ein Datenträger mit dem Inhalt der Akten wird auf besonders zu begründenden Antrag nur übermittelt, wenn der Antragsteller hieran ein berechtigtes Interesse darlegt. [4]Stehen der Akteneinsicht in der nach Satz 1 vorgesehenen Form wichtige Gründe entgegen, kann die Akteneinsicht in der nach den Sätzen 2 und 3 vorgesehenen Form auch ohne Antrag gewährt werden. [5]Über einen Antrag nach Satz 3 entscheidet der Vorsitzende; die Entscheidung ist unanfechtbar. [6]§ 79a Absatz 4 gilt entsprechend.

(3)[5)] [1]Werden die Prozessakten in Papierform geführt, wird Akteneinsicht durch Einsichtnahme in die Akten in Diensträumen gewährt. [2]Die Akteneinsicht kann, soweit nicht wichtige Gründe entgegenstehen, auch durch Bereitstellung des Inhalts der Akten zum Abruf oder durch Übermittlung des Inhalts der Akten auf einem sicheren Übermittlungsweg gewährt werden.

[1)] § 77 Abs. 1 Satz 4 geänd. mWv 1.4.2005 durch G v. 22.3.2005 (BGBl. I S. 837).

[2)] § 77 Abs. 2 Satz 1 geänd. mWv 1.7.2014 durch G v. 10.10.2013 (BGBl. I S. 3786); geänd. mWv 1.1.2018 durch G v. 5.7.2017 (BGBl. I S. 2208).

[3)] § 77a eingef. mWv 1.8.2001 durch G v. 13.7.2001 (BGBl. I S. 1542) und aufgeh. mWv 1.4.2005 durch G v. 22.3.2005 (BGBl. I S. 837).

[4)] § 78 Abs. 1 neu gef., Abs. 2 eingef., bish. Abs. 2 wird Abs. 3 und geänd. mWv 1.4.2005 durch G v. 22.3.2005 (BGBl. I S. 837); Abs. 1 Satz 2 angef. mWv 1.1.2018 durch G v. 5.7.2017 (BGBl. I S. 2208).

[5)] § 78 Abs. 2 ersetzt durch Abs. 2 und 3, bish. Abs. 3 wird Abs. 4 mWv 1.1.2018 durch G v. 5.7.2017 (BGBl. I S. 2208); Abs. 2 Satz 1 und Abs. 3 Satz 2 geänd. mWv 1.7.2021 durch G v. 25.6.2021 (BGBl. I S. 2099).

Anhang

(zu §§ 135 ff. FGO, Kosten)
§§ 1, 3, 34, 52 des Gerichtskostengesetzes

In der Fassung der Bekanntmachung vom 27. Februar 2014 (BGBl. I S. 154)
Zuletzt geändert durch Gesetz vom 25.6.2021 (BGBl. I S. 2099)

§ 1 Geltungsbereich. (1) [1] Für Verfahren vor den ordentlichen Gerichten

1.–22. ...

werden Kosten (Gebühren und Auslagen) nur nach diesem Gesetz erhoben.

(2) Dieses Gesetz ist ferner anzuwenden für Verfahren

1. ...
2. vor den Gerichten der Finanzgerichtsbarkeit nach der Finanzgerichtsordnung;

3.–5. ...

(3) ...

(4) Kosten nach diesem Gesetz werden auch erhoben für Verfahren über eine Beschwerde, die mit einem der in den Abätzen 1 bis 3 genannten Verfahren im Zusammenhang steht.

(5) Die Vorschriften dieses Gesetzes über die Erinnerung und die Beschwerde gehen den Regelungen der für das zugrunde liegende Verfahren geltenden Verfahrensvorschriften vor.

§ 3 Höhe der Kosten. (1) Die Gebühren richten sich nach dem Wert des Streitgegenstands (Streitwert), soweit nichts anderes bestimmt ist.

(2) Kosten werden nach dem Kostenverzeichnis der Anlage 1 zu diesem Gesetz erhoben.

§ 34 Wertgebühren. (1) Wenn sich die Gebühren nach dem Streitwert richten, beträgt die Gebühr bei einem Streitwert bis 500 Euro 35 Euro. Die Gebühr erhöht sich bei einem

Streitwert bis ... Euro	für jeden angefangenen Betrag von weiteren ... Euro	um ... Euro
2 000	500	18
10 000	1 000	19
25 000	3 000	26
50 000	5 000	35
200 000	15 000	120
500 000	30 000	179
über 500 000	50 000	180.

Eine Gebührentabelle für Streitwerte bis 500 000 Euro ist diesem Gesetz als Anlage 2[1]) beigefügt.

(2) Der Mindestbetrag einer Gebühr ist 15 Euro.

§ 52 Verfahren vor Gerichten der Verwaltungs-, Finanz- und Sozialgerichtsbarkeit. (1) In Verfahren vor den Gerichten der Verwaltungs-, Finanz- und Sozialgerichtsbarkeit ist, soweit nichts anderes bestimmt ist, der Streitwert nach der sich aus dem Antrag des Klägers für ihn ergebenden Bedeutung der Sache nach Ermessen zu bestimmen.

[1]) Im Anschluss abgedruckt.

(2) Bietet der Sach- und Streitstand für die Bestimmung des Streitwerts keine genügenden Anhaltspunkte, ist ein Streitwert von 5000 Euro anzunehmen.

(3)[1)] Betrifft der Antrag des Klägers eine bezifferte Geldleistung oder einen hierauf bezogenen Verwaltungsakt, ist deren Höhe maßgebend. Hat der Antrag des Klägers offensichtlich absehbare Auswirkungen auf künftige Geldleistungen oder auf noch zu erlassende, auf derartige Geldleistungen bezogene Verwaltungsakte, ist die Höhe des sich aus Satz 1 ergebenden Streitwerts um den Betrag der offensichtlich absehbaren zukünftigen Auswirkungen für den Kläger anzuheben, wobei die Summe das Dreifache des Werts nach Satz 1 nicht übersteigen darf. In Verfahren in Kindergeldangelegenheiten vor den Gerichten der Finanzgerichtsbarkeit ist § 42 Absatz 1 Satz 1 und Absatz 3 entsprechend anzuwenden; an die Stelle des dreifachen Jahresbetrags tritt der einfache Jahresbetrag.

(4)[2)] In Verfahren

1. vor den Gerichten der Finanzgerichtsbarkeit, mit Ausnahme der Verfahren nach § 155 Satz 2 der Finanzgerichtsordnung und der Verfahren in Kindergeldangelegenheiten, darf der Streitwert nicht unter 1500 Euro,
2. vor den Gerichten der Sozialgerichtsbarkeit und bei Rechtsstreitigkeiten nach dem Krankenhausfinanzierungsgesetz nicht über 2 500 000 Euro,
3. vor den Gerichten der Verwaltungsgerichtsbarkeit über Ansprüche nach dem Vermögensgesetz nicht über 500 000 Euro und
4. bei Rechtsstreitigkeiten nach § 36 Absatz 6 Satz 1 des Pflegeberufegesetzes nicht über 1 500 000 Euro

angenommen werden.

(5)[3)] Solange in Verfahren vor den Gerichten der Finanzgerichtsbarkeit der Wert nicht festgesetzt ist und sich der nach den Absätzen 3 und 4 Nummer 1 maßgebende Wert auch nicht unmittelbar aus den gerichtlichen Verfahrensakten ergibt, sind die Gebühren vorläufig nach dem in Absatz 4 Nummer 1 bestimmten Mindestwert zu bemessen.

(6)[3)] In Verfahren, die die Begründung, die Umwandlung, das Bestehen, das Nichtbestehen oder die Beendigung eines besoldeten öffentlich-rechtlichen Dienst- oder Amtsverhältnisses betreffen, ist Streitwert

1. die Summe der für ein Kalenderjahr zu zahlenden Bezüge mit Ausnahme nicht ruhegehaltsfähiger Zulagen, wenn Gegenstand des Verfahrens ein Dienst- oder Amtsverhältnis auf Lebenszeit ist,
2. im Übrigen die Hälfte der für ein Kalenderjahr zu zahlenden Bezüge mit Ausnahme nicht ruhegehaltsfähiger Zulagen.

Maßgebend für die Berechnung ist das laufende Kalenderjahr. Bezügebestandteile, die vom Familienstand oder von Unterhaltsverpflichtungen abhängig sind, bleiben außer Betracht. Betrifft das Verfahren die Verleihung eines anderen Amts oder den Zeitpunkt einer Versetzung in den Ruhestand, ist Streitwert die Hälfte des sich nach den Sätzen 1 bis 3 ergebenden Betrags.

(7)[3) · 4)] Ist mit einem in Verfahren nach Absatz 6 verfolgten Klagebegehren ein aus ihm hergeleiteter vermögensrechtlicher Anspruch verbunden, ist nur ein Klagebegehren, und zwar das wertmäßig höhere, maßgebend.

(8)[3)] Dem Kläger steht gleich, wer sonst das Verfahren des ersten Rechtszugs beantragt hat.

[1)] § 52 Abs. 3 Satz 3 angef. mWv 16.7.2014 durch G v. 8.7.2014 (BGBl. I S. 890).

[2)] § 52 Abs. 4 Nr. 2 und 3 geänd., Nr. 4 angef. mWv 1.1.2019 durch G v. 9.8.2019 (BGBl. I S. 1202).

[3)] § 52 Abs. 5 eingef., bish. Abs. 5 bis 7 werden Absätze 6 bis 8 mWv 16.7.2014 durch G v. 8.7.2014 (BGBl. I S. 890).

[4)] § 52 Abs. 7 geänd. mWv 4.7.2015 durch G v. 29.6.2015 (BGBl. I S. 1042).

802a. Verordnung über die elektronische Aktenführung bei den obersten Gerichten des Bundes in der Zivilgerichtsbarkeit und in den Fachgerichtsbarkeiten (Bundesgerichte-Aktenführungsverordnung – BGAktFV)

Vom 27. März 2020 (BGBl. I S. 745)

FNA 310-4-21

§ 1 Anwendungsbereich. Diese Verordnung gilt für die Führung von elektronischen Prozess- und Verfahrensakten bei den obersten Gerichten des Bundes nach § 298a der Zivilprozessordnung, § 14 des Gesetzes über das Verfahren in Familiensachen und in den Angelegenheiten der freiwilligen Gerichtsbarkeit, § 46e des Arbeitsgerichtsgesetzes, § 65b des Sozialgerichtsgesetzes, § 55b der Verwaltungsgerichtsordnung sowie § 52b der Finanzgerichtsordnung.

[bis 31.12.2025:]

§ 2 Einführung der elektronischen Akte. [1]Die Akten können ab dem 2. April 2020 elektronisch geführt werden. [2]Die Präsidentin oder der Präsident des jeweiligen Gerichts bestimmt durch Verwaltungsanordnung die Verfahren, in denen die Akten elektronisch geführt werden. [3]Die Verwaltungsanordnung ist im Bundesanzeiger bekannt zu machen sowie auf der Internetseite des jeweiligen Gerichts zu veröffentlichen.

[ab 1.1.2026:]

§ 2[1)] In Papierform angelegte Akten. Akten, die in Papierform angelegt wurden, können in Papierform weitergeführt werden.

§ 3 Struktur und Format der elektronischen Akten; Repräsentat.

(1) [1]In der elektronischen Akte werden zur Akte gebrachte elektronische Dokumente einschließlich zugehöriger Signaturdateien sowie sonstige zur Akte gebrachte Dateien und Informationen gespeichert. [2]Elektronische Empfangsbekenntnisse sowie elektronische Formulare, die als strukturierte maschinenlesbare Datensätze übermittelt worden sind (§ 130c der Zivilprozessordnung, § 14a des Gesetzes über das Verfahren in Familiensachen und in den Angelegenheiten der freiwilligen Gerichtsbarkeit, § 46f des Arbeitsgerichtsgesetzes, § 65c des Sozialgerichtsgesetzes, § 55c der Verwaltungsgerichtsordnung, § 52c der Finanzgerichtsordnung), werden als Datensätze in der elektronischen Akte gespeichert.

---

1) § 2 neu gef. mWv 1.1.2026 durch Art. 2 der VO vom 27.3.2020 (BGBl. I S. 745).

(2) [1]Die nach Absatz 1 in der elektronischen Akte gespeicherten Inhalte müssen jederzeit zusätzlich als elektronische Dokumente im Format PDF/A wiedergegeben werden können; diese Dokumente bilden das Repräsentat. [2]Das Repräsentat muss den gesamten zur Akte gebrachten Inhalt mit Ausnahme der nur für die Datenverarbeitung notwendigen Struktur-, Definitions- und Schemadateien wiedergeben. [3]Soweit die Wiedergabe eines Inhalts technisch nicht möglich ist, ist ein entsprechender Hinweis in das Repräsentat aufzunehmen. [4]An die Stelle von Signaturdateien treten im Repräsentat Vermerke über das Ergebnis der Signaturprüfung. [5]Das Repräsentat muss druckbar, kopierbar und, soweit technisch möglich, durchsuchbar sein. [6]Die Seiten des Repräsentats sind so zu nummerieren, dass sie eindeutig zitiert werden können.

(3) [1]Bei der elektronischen Aktenführung sind alle Daten vorzuhalten, die erforderlich sind, um bei der elektronischen Übermittlung von elektronischen Akten einen strukturierten maschinenlesbaren Datensatz im Dateiformat XML beizufügen, der den nach § 7 bekanntgemachten Definitions- oder Schemadateien entspricht. [2]Der Datensatz enthält mindestens Folgendes:

1. die Bezeichnung des Gerichts;
2. das Aktenzeichen des Verfahrens;
3. die Bezeichnung der Parteien oder Verfahrensbeteiligten;
4. die Angabe des Verfahrensgegenstandes;
5. sofern bekannt, das Aktenzeichen eines denselben Verfahrensgegenstand betreffenden Verfahrens und die Bezeichnung der die Akten führenden Stelle;
6. die Information darüber, ob und in welchem Umfang die Aktenführung oder die Bearbeitungsbefugnis an die empfangende Stelle abgegeben werden soll oder ob nur ein Repräsentat der elektronischen Akte übersandt wird.

§ 4 Bearbeitung der elektronischen Akte. (1) Elektronische Dokumente sowie sonstige Dateien und Informationen gelten als zur Akte genommen, wenn sie bewusst und dauerhaft in der elektronischen Akte gespeichert worden sind.

(2) [1]Es ist sicherzustellen, dass in der elektronischen Akte alle Bearbeitungsvorgänge nachvollzogen werden können. [2]Es ist insbesondere sicherzustellen, dass nachvollzogen werden kann, welche Stelle die Akte zu welchem Zeitpunkt bearbeitet hat.

(3) [1]Es ist sicherzustellen, dass die elektronische Akte nur von der jeweils lese- und schreibberechtigten Stelle eingesehen und bearbeitet werden kann. [2]Dies gilt auch, wenn die Lese- und Schreibrechte nur teilweise auf eine andere Stelle übergehen.

§ 5 Barrierefreiheit. [1]Elektronische Akten und Verfahren zur elektronischen Aktenführung und -bearbeitung sollen technisch so gestaltet werden, dass sie, soweit technisch möglich, barrierefrei zugänglich und nutzbar sind.

803. Gesetz über die Finanzverwaltung (Finanzverwaltungsgesetz – FVG)[1]

In der Fassung der Bekanntmachung vom 4. April 2006 (BGBl. I S. 846, ber. S. 1202)

Geändert durch Bundesschuldenwesenmodernisierungsgesetz vom 12.7.2006 (BGBl. I S. 1466), Föderalismusreform-Begleitgesetz vom 5.9.2006 (BGBl. I S. 2098), Gesetz über steuerliche Begleitmaßnahmen zur Einführung der Europäischen Gesellschaft und zur Änderung weiterer steuerrechtlicher Vorschriften (SEStEG) vom 7.12.2006 (BGBl. I S. 2782), Jahressteuergesetz 2007 vom 13.12.2006 (BGBl. I S. 2878), Gesetz zur Schaffung deutscher Immobilien-Aktiengesellschaften mit börsennotierten Anteilen vom 28.5.2007 (BGBl. I S. 914), Unternehmensteuerreformgesetz 2008 vom 14.8.2007 (BGBl. I S. 1912), Zweites Gesetz zur Änderung des Finanzverwaltungsgesetzes und anderer Gesetze vom 13.12.2007 (BGBl. I S. 2897), Jahressteuergesetz 2008 vom 20.12.2007 (BGBl. I S. 3150), Gesetz zur Änderung der Organisation des Bundesausgleichsamtes vom 5.3.2008 (BGBl. I S. 282), Jahressteuergesetz 2009 vom 19.12.2008 (BGBl. I S. 2794), Steuerbürokratieabbaugesetz vom 20.12.2008 (BGBl. I S. 2850), Gesetz zur Neuregelung der Kraftfahrzeugsteuer und Änderung anderer Gesetze vom 29.5.2009 (BGBl. I S. 1170), Bürgerentlastungsgesetz Krankenversicherung von 16.7.2009 (BGBl. I S. 1959), Begleitgesetz zur zweiten Föderalismusreform vom 10.8.2009 (BGBl. I S. 2702), Gesetz zur Umsetzung steuerlicher EU-Vorgaben sowie zur Änderung steuerlicher Vorschriften vom 8 4.2010 (BGBl. I S. 386), Gesetz zu dem Staatsvertrag vom 16.12.2009 und 26.1.2010 über die Verteilung von Versorgungslasten bei bund- und länderübergreifenden Dienstherrenwechseln vom 5.9.2010 (BGBl. I S. 1288),[2] Jahressteuergesetz 2010 (JStG 2010) vom 8.12.2010 (BGBl. I S. 1768), Gesetz zur Umsetzung des EuGH-Urteils vom 20. Oktober 2011 in der Rechtssache C-284/09 vom 21.3.2013 (BGBl. I S. 561), Amtshilferichtlinie-Umsetzungsgesetz (AmtshilfeRLUmsG) vom 26.6.2013 (BGBl. I S. 1809), Gesetz zur Anpassung des Investmentsteuergesetzes und anderer Gesetze an das AIFM-Umsetzungsgesetz (AIFM-Steuer-Anpassungsgesetz – AIFM-StAnpG) vom 18.12.2013 (BGBl. I S. 4318), Gesetz zur Anpassung des nationalen Steuerrechts an den Beitritt Kroatiens zur EU und zur Änderung weiterer steuerlicher Vorschriften vom 25.7.2014 (BGBl. I S. 1266), Gesetz zur Anpassung der Abgabenordnung an den Zollkodex der Union und zur Änderung weiterer steuerlicher Vorschriften vom 22.12.2014 (BGBl. I S. 2417), Steueränderungsgesetz 2015 vom 2.11.2015 (BGBl. I S. 1834), Gesetz zur Neuorganisation der Zollverwaltung vom 3.12.2015 (BGBl. I S. 2178), Gesetz zum automatischen Austausch von Informationen über Finanzkonten in Steuersachen und zur Änderung weiterer Gesetze vom 21.12.2015 (BGBl. I S. 2531), Gesetz zur Modernisierung des Besteuerungsverfahrens vom 18.7.2016 (BGBl. I S. 1679), Gesetz zur Reform der Investmentbesteuerung (Investmentsteuerreformgesetz – InvStRefG) vom 19.7.2016 (BGBl. I S. 1730), Gesetz zur Beendigung der Sonderzuständigkeit der Familienkassen des öffentlichen Dienstes im Bereich des Bundes vom 8.12.2016 (BGBl. I S. 2835), Gesetz zur Umsetzung der Änderungen der EU-Amtshilferichtlinie und von weiteren Maßnahmen gegen Gewinnkürzungen und -verlagerungen vom 20.12.2016 (BGBl. I S. 3000), Gesetz zur Auflösung der Bundesmonopolverwaltung für Branntwein und zur Änderung weiterer Gesetze (Branntweinmonopolverwaltung-Auflösungsgesetz – BfBAG) vom 10.3.2017 (BGBl. I S. 420), Gesetz zur Umsetzung der Vierten EU-Geldwäscherichtlinie, zur Ausführung der EU-Geldtransferverordnung und zur Neuorganisation der Zentralstelle für Finanztransaktionsuntersuchungen vom 23.6.2017 (BGBl. I S. 1822), Gesetz zur Änderung des Bundesversorgungsgesetzes und anderen Vorschriften vom 17.7.2017 (BGBl. I S. 2541), Gesetz zur

---

[1] Neubekanntmachung des FVG v. 30 8.1971 (BGBl. I S. 1426, 1427) auf Grund Art. 4 des Gesetzes zur Änderung des Gemeindefinanzreformgesetzes und anderer Gesetze v. 6.9.2005 (BGBl. I S. 2725) in der ab 1.1.2006 geltenden Fassung.

[2] Gem. dessen Art. 6 Abs. 2 Satz 2 in Kraft getreten am 1.1.2011, lt. Bek. v. 8.10.2010 (BGBl. I S. 1404).

Neuregelung des bundesstaatlichen Finanzausgleichssystems ab dem Jahr 2020 und zur Änderung haushaltsrechtlicher Vorschriften vom 14.8.2017 (BGBl. I S. 3122), Gesetz zur Vermeidung von Umsatzsteuerausfällen beim Handel mit Waren im Internet und zur Änderung weiterer steuerlicher Vorschriften vom 11.12.2018 (BGBl. I S. 2338), Gesetz zur fortgesetzten Beteiligung des Bundes an den Integrationskosten der Länder und Kommunen und zur Regelung der Folgen der Abfinanzierung des Fonds „Deutsche Einheit" vom 17.12.2018 (BGBl. I S. 2522), Zweites Gesetz zur Anpassung des Datenschutzrechts an die Verordnung (EU) 2016/679 und zur Umsetzung der Richtlinie (EU) 2016/680 (Zweites Datenschutz-Anpassungs- und Umsetzungsgesetz EU – 2. DSAnpUG EU) vom 20.11.2019 (BGBl. I S. 1626), Gesetz zur Umsetzung der Richtlinie (EU) 2017/1852 des Rates vom 10. Oktober 2017 über Verfahren zur Beilegung von Besteuerungsstreitigkeiten in der Europäischen Union vom 10.12.2019 (BGBl. I S. 2103), Gesetz zur weiteren steuerlichen Förderung der Elektromobilität und zur Änderung weiterer steuerlicher Vorschriften vom 12.12.2019 (BGBl. I S. 2451), Gesetz zur Einführung einer Pflicht zur Mitteilung grenzüberschreitender Steuergestaltungen vom 21.12.2019 (BGBl. I S. 2875) und Gesetz zur Einführung der Grundrente für langjährige Versicherung der gesetzlichen Rentenversicherung mit unterdurchschnittlichem Einkommen; für weitere Maßnahmen zur Erhöhung der Alterseinkommen (Grundrentengesetz) vom 12.8.2020 (BGBl. I S. 1879), Gesetz über die Umwandlung des Informationstechnikzentrums Bund in eine nichtrechtsfähige Anstalt des öffentlichen Rechts und zur Änderung weiterer Vorschriften vom 7.12.2020 (BGBl. I S. 2756), Jahressteuergesetz 2020 (JStG 2020) vom 21.12.2020 (BGBl. I S. 3096), Gesetz zur Verbesserung der Transparenz in der Alterssicherung und der Rehabilitation sowie zur Modernisierung der Sozialversicherungswahlen und zur Änderung anderer Gesetze (Gesetz Digitale Rentenübersicht) vom 11.2.2021 (BGBl. I S. 154), Siebtes Gesetz zur Änderung von Verbrauchsteuergesetzen vom 30.3.2021 (BGBl. I S. 607), Gesetz zur Modernisierung der Entlastung von Abzugsteuern und der Bescheinigung der Kapitalertragsteuer (Abzugsteuerentlastungsmodernisierungsgesetz – AbzStEntModG) vom 2.6.2021 (BGBl. I S. 1259), Gesetz zur Modernisierung des Körperschaftsteuerrechts vom 25.6.2021 (BGBl. I S. 2050) und Gesetz zur Abwehr von Steuervermeidung und unfairem Steuerwettbewerb und zur Änderung weiterer Gesetze vom 25.6.2021 (BGBl. I S. 2056)

BGBl. III/FNA 600-1

Abschnitt I. Allgemeine Vorschriften

§ 1 Bundesfinanzbehörden. Bundesfinanzbehörden sind

1. als oberste Behörde:
   das Bundesministerium der Finanzen;
2.[1] als Oberbehörden:
   das Bundeszentralamt für Steuern [***ab 1.1.2021:*** , das Informationstechnikzentrum Bund] und die Generalzolldirektion;
3.[2] als örtliche Behörden:
   die Hauptzollämter einschließlich ihrer Dienststellen (Zollämter) und die Zollfahndungsämter.

---

[1] § 1 Nr. 2 geänd. mWv 1.8.2006 durch G v. 12.7.2006 (BGBl. I S. 1466); geänd. mWv 13.3.2008 durch G v. 5.3.2008 (BGBl. I S. 282); geänd. mWv 1.1.2016 durch G v. 3.12.2015 (BGBl. I S. 2178); geänd. mWv 1.1.2017 durch G v. 8.12.2016 (BGBl. I S. 2835); geänd. mWv 1.1.2019 durch G v. 10.3.2017 (BGBl. I S. 420); geänd. mWv 1.1.2021 durch G v. *7.12.2020 (BGBl. I S. 2756).*

[2] § 1 Nr. 3 aufgeh., bish. Nr. 4 wird Nr. 3 mWv 1.1.2016 durch G v. 3.12.2015 (BGBl. I S. 2178).

§ 2[1)] Landesfinanzbehörden. (1) Landesfinanzbehörden sind

1. als oberste Behörde:
   die für die Finanzverwaltung zuständige oberste Landesbehörde;
2. Oberbehörden, soweit nach diesem Gesetz oder nach Landesrecht als Landesfinanzbehörden eingerichtet;
3. als Mittelbehörden, soweit eingerichtet:
   die Oberfinanzdirektionen; anstelle der Oberfinanzdirektionen können Oberbehörden nach Nummer 2 oder andere nach Landesrecht eingerichtete Mittelbehörden treten;
4. als örtliche Behörden:
   die Finanzämter.

(2) [1]Durch Rechtsverordnung der zuständigen Landesregierung kann ein Rechenzentrum der Landesfinanzverwaltung als Teil der für die Finanzverwaltung zuständigen obersten Landesbehörde, als Oberbehörde oder als Teil einer Oberbehörde, die nach Landesrecht als Landesfinanzbehörde nach Absatz 1 Nr. 2 oder 3 eingerichtet ist, als Teil einer Mittelbehörde, als Finanzamt oder als Teil eines Finanzamtes eingerichtet werden. [2]Die Landesregierung kann die Ermächtigung durch Rechtsverordnung auf die für die Finanzverwaltung zuständige oberste Landesbehörde übertragen. [3]Soweit ein Rechenzentrum der Finanzverwaltung eingerichtet ist, können ihm weitere Aufgaben, auch aus dem Geschäftsbereich einer anderen obersten Landesbehörde, übertragen werden.

(3) [1]Durch Rechtsverordnung der zuständigen Landesregierung können für Kassengeschäfte andere örtliche Landesbehörden zu Landesfinanzbehörden bestimmt werden (besondere Landesfinanzbehörden). [2]Absatz 2 Satz 2 ist anzuwenden.

§ 2a[2)] Verzicht auf Mittelbehörden, Aufgabenwahrnehmung durch andere Finanzbehörden. (1) [1]Durch Rechtsverordnung kann auf Mittelbehörden verzichtet werden. [2]Die Rechtsverordnung erlässt für den Bereich von Aufgaben des Landes die zuständige Landesregierung. [3]Die Landesregierung kann die Ermächtigung durch Rechtsverordnung auf die für die Finanzverwaltung zuständige oberste Landesbehörde übertragen.

(2) [1]Wird auf Mittelbehörden verzichtet, gehen diesen zugewiesenen Aufgaben der Landesfinanzverwaltung auf die oberste Behörde nach § 2 Abs. 1 Nr. 1 über. [2]Durch Rechtsverordnung der zuständigen Landesregierung können Landesaufgaben nach Satz 1 einer anderen Landesfinanzbehörde übertragen werden. [3]Die Landesregierung kann die Ermächtigung durch Rechtsverordnung auf die für die Finanzverwaltung zuständige oberste Landesbehörde übertragen.

[1)] § 2 Abs. 1 Nr. 3, Abs. 2 Satz 1 geänd. mWv 29.12.2020 durch G v. 21.12.2020 (BGBl. I S. 3096).

[2)] § 2a Abs. 2 Satz 1 neu gef. mWv 1.1.2008 durch G v. 13.12.2007 (BGBl. I S. 2897); Abs. 2 Satz 1 geänd., Satz 2 aufgeh. mWv 1.1.2016 durch G v. 3.12.2015 (BGBl. I S. 2178); Abs. 2 Satz 1 geänd. mWv 29.12.2020 durch G v. 21.12.2020 (BGBl. I S. 3096).

§ 2b. (weggefallen)

§ 3 Leitung der Finanzverwaltung. (1)[1] [1]Das Bundesministerium der Finanzen leitet die Bundesfinanzverwaltung. [2]Soweit die Bundesfinanzbehörden Aufgaben aus dem Geschäftsbereich eines anderen Bundesministeriums zu erledigen haben, erteilt dieses die fachlichen Weisungen. [3]Fachliche Weisungen, die wesentliche organisatorische Auswirkungen haben, ergehen im Benehmen mit dem Bundesministerium der Finanzen.

(2) [1]Die für die Finanzverwaltung zuständige oberste Landesbehörde leitet die Landesfinanzverwaltung. [2]Soweit Landesfinanzbehörden Aufgaben aus dem Geschäftsbereich einer anderen obersten Landesbehörde zu erledi-gen haben, erteilt diese die fachlichen Weisungen. [3]Fachliche Weisungen, die wesentliche organisatorische Auswirkungen haben, ergehen im Benehmen mit der für die Finanzverwaltung zuständigen obersten Landesbehörde.

Abschnitt II. Oberbehörden

§ 4 Sitz und Aufgaben der Bundesoberbehörden. (1) Das Bundesministerium der Finanzen bestimmt den Sitz der Bundesoberbehörden, soweit durch Gesetz nichts anderes bestimmt ist.

(2)[2] Die Bundesoberbehörden erledigen in eigener Zuständigkeit Aufgaben, die ihnen durch dieses Gesetz, durch andere oder aufgrund anderer Bundesgesetze zugewiesen werden.

(3) Die Bundesoberbehörden erledigen als beauftragte Behörden Aufgaben des Bundes, mit deren Durchführung sie vom Bundesministerium der Finanzen oder mit dessen Zustimmung von dem fachlich zuständigen Bundesministerium beauftragt werden.

§ 5 Aufgaben des Bundeszentralamtes für Steuern. (1)[3] [1]Das Bundeszentralamt für Steuern hat unbeschadet des § 4 Abs. 2 und 3 folgende Aufgaben:

1. die Mitwirkung an Außenprüfungen (§ 19);
2.[4] die Erstattung von Kapitalertragsteuer und von im Wege des Steuerabzugs nach § 50a des Einkommensteuergesetzes erhobener Steuer an beschränkt Steuerpflichtige, soweit die Einkommensteuer oder die Körperschaftsteuer mit dem Steuerabzug abgegolten ist und die beschränkte Steuerpflicht nicht auf § 2 Nummer 2 des Körperschaftsteuergesetzes beruht;

---

[1] § 3 Abs. 1 Satz 2 eingef. mWv 13.3.2008 durch G v. 5.3.2008 (BGBl. I S. 282) und aufgeh. mWv 1.1.2017 durch G v. 8.12.2016 (BGBl. I S. 2835).

[2] § 4 Abs. 2 geänd. mWv 1.1.2016 durch G v. 3.12.2015 (BGBl. I S. 2178).

[3] § 5 Abs. 1 bish. Text wird Satz 1, neuer Satz 2 angef. mWv 1.1.2017 durch G v. 18.7.2016 (BGBl. I S. 1679).

[4] § 5 Abs. 1 Satz 1 Nr. 2 neu gef. mWv 9.6.2021 durch G v. 2.6.2021 (BGBl. I S. 1259).

2a.[1] die Entgegennahme der Anträge nach § 1a Absatz 1 Satz 4 des Körperschaftsteuergesetzes und Berücksichtigung des Status der optierenden Gesellschaft in den Verfahren zur Entlastung von deutschen Abzugsteuern (Erstattungen und Freistellungen) auf Grund von Abkommen zur Vermeidung der Doppelbesteuerung;

[Fassung bis 31.12.2021:]

3. die Entlastung bei deutschen Besitz- oder Verkehrsteuern gegenüber internationalen Organisationen, amtlichen zwischenstaatlichen Einrichtungen, ausländischen Missionen, berufskonsularischen Vertretungen und deren Mitgliedern auf Grund völkerrechtlicher Vereinbarung oder besonderer gesetzlicher Regelung nach näherer Weisung des Bundesministeriums der Finanzen;

[Fassung ab 1.1.2022:][2]

3. die Entlastung bei deutschen Besitz- oder Verkehrsteuern gegenüber internationalen Organisationen, amtlichen zwischenstaatlichen Einrichtungen, ausländischen Missionen, berufskonsularischen Vertretungen und deren Mitgliedern auf Grund völkerrechtlicher Vereinbarung oder besonderer gesetzlicher Regelung nach näherer Weisung des Bundesministeriums der Finanzen sowie die Durchführung des Besteuerungsverfahrens nach § 18 Absatz 5a des Umsatzsteuergesetzes einschließlich der damit im Zusammenhang stehenden Tätigkeiten für ausländische Missionen, berufskonsularische Vertretungen und deren Mitglieder;

4.[3] die Besteuerung von Investmentfonds und Spezial-Investmentfonds sowie die Feststellung der Besteuerungsgrundlagen von Spezial-Investmentfonds, soweit es nach § 4 Absatz 2 Nummer 2 des Investmentsteuergesetzes[4] zuständig ist. [2]Daneben stellt das Bundeszentralamt für Steuern auf Anforderung den für die Besteuerung von Investmentfonds, Spezial-Investmentfonds oder deren Anlegern zuständigen Landesfinanzbehörden seine Erkenntnisse über ausländische Rechtsformen und ausländisches Recht zur Verfügung;

5.[5] die Ausübung der Funktion der zuständigen Behörde auf dem Gebiet der steuerlichen Rechts- und Amtshilfe und bei der Durchführung von Verständigungs- und Schiedsverfahren im Einvernehmen mit der zuständigen obersten Landesfinanzbehörde oder mit der von dieser beauftragten Behörde nach den Doppelbesteuerungsabkommen, dem Übereinkommen Nr. 90/436/EWG über die Beseitigung der Doppelbesteuerung im Falle von Gewinnberichtigungen zwischen verbundenen Unternehmen (ABl. L 225 vom 20.8.1990, S. 10) in der jeweils geltenden Fassung und dem EU-

---

[1] § 5 Abs. 1 Satz 1 Nr. 2a eingef. mWv 1.7.2021 durch G v. 25.6.2021 (BGBl. I S. 2050).

[2] § 5 Abs. 1 Satz 1 Nr. 3 neu gef mWv 1.1.2022 durch G v. 2.6.2021 (BGBl. I S. 1259).

[3] § 5 Abs. 1 Satz 1 Nr. 4 neu gef. mWv 1.1.2018 durch G v. 19.7.2016 (BGBl. I S. 1730).

[4] Nr. **120a.**

[5] § 5 Abs. 1 Satz 1 Nr. 5 neu gef. mWv 13.12.2019 durch G v. 10.12.2019 (BGBl. I S. 2103); geänd mWv 9.6.2021 durch G v. 2.6.2021 (BGBl. I S. 1259).

Doppelbesteuerungsabkommen-Streitbeilegungsgesetz vom 10. Dezember 2019 (BGBl. I S. 2103) in der jeweils geltenden Fassung und bei der Durchführung von Vorabverständigungsverfahren nach § 89a der Abgabenordnung[1]), soweit das zuständige Bundesministerium seine Befugnisse in diesem Bereich delegiert;

(Fortsetzung nächste Seite)

---

[1]) Nr. **800**.

wenn sich mehrere Finanzämter für örtlich zuständig oder für örtlich unzuständig halten oder wenn sonst Zweifel über die örtliche Zuständigkeit bestehen;

8.[1] die Vergütung der Vorsteuerbeträge in dem besonderen Verfahren nach § 18 Abs. 9 des Umsatzsteuergesetzes;

9.[2] auf Grund der Verordnung (EU) Nr. 904/2010 des Rates vom 7. Oktober 2010 über die Zusammenarbeit der Verwaltungsbehörden und die Betrugsbekämpfung auf dem Gebiet der Mehrwertsteuer (ABl. L 268 vom 12.10.2010, S. 1)

a) die Vergabe der Umsatzsteuer-Identifikationsnummer (§ 27a des Umsatzsteuergesetzes)[3],

b) die Entgegennahme der Zusammenfassenden Meldungen (§ 18a des Umsatzsteuergesetzes) und Speicherung der Daten,

c) den Austausch von gespeicherten Informationen mit anderen Mitgliedstaaten;

10.[4] die Erteilung von Bescheinigungen in Anwendung des Artikels 151 der Richtlinie 2006/112/EG des Rates vom 28. November 2006 über das gemeinsame Mehrwertsteuersystem (ABl. L 347 vom 11.12.2006, S. 1, L 335 vom 20.12.2007, S. 60), die zuletzt durch die Richtlinie 2013/61/EU (ABl. L 353 vom 28.12.2013, S. 5) geändert worden ist, in der jeweils geltenden Fassung zum Nachweis der Umsatzsteuerbefreiung der Umsätze, die in anderen Mitgliedstaaten der Europäischen Union an im Geltungsbereich dieses Gesetzes ansässige zwischenstaatliche Einrichtungen, ständige diplomatische Missionen und berufskonsularische Vertretungen sowie deren Mitglieder ausgeführt werden;

11.[5] die Durchführung des Familienleistungsausgleichs nach Maßgabe der §§ 31, 62 bis 78 des Einkommensteuergesetzes. [2]Die Bundesagentur für Arbeit stellt dem Bundeszentralamt für Steuern zur Durchführung dieser Aufgaben ihre Dienststellen als Familienkassen zur Verfügung. [3]Das Nähere, insbesondere die Höhe der Verwaltungskostenerstattung, wird durch Verwaltungsvereinbarung geregelt. [4]Der Vorstand der Bundesagentur für Arbeit kann innerhalb seines Zuständigkeitsbereichs abweichend von den Vorschriften der Abgabenordnung über die örtliche Zuständigkeit von Finanzbehörden die Entscheidung über den Anspruch auf Kindergeld für bestimmte Bezirke oder Gruppen von Berechtigten einer anderen Familienkasse übertragen. [5]Für die besonderen Belange der Personen, die in einem öffentlich-rechtlichen Dienst-, Amts- oder Ausbildungsverhältnis zum Bund stehen oder Versorgungsbezüge nach bundesbeamten- oder

---

[1] § 5 Abs. 1 Satz 1 Nr. 8 Satz 2 aufgeh. mWv 1.1.2010 durch G v. 19.12.2008 (BGBl. I S. 2794).

[2] § 5 Abs. 1 Satz 1 Nr. 9 geänd. mWv 30.6.2013 durch G v. 26.6.2013 (BGBl. I S. 1809).

[3] Nr. **500.**

[4] § 5 Abs. 1 Satz 1 Nr. 10 geänd. mWv 30.6.2013 durch G v. 26.6.2013 (BGBl. I S. 1809); geänd. durch G v. 25.7.2014 (BGBl. I S. 1266).

[5] § 5 Abs. 1 Satz 1 Nr. 11 Satz 5 eingef., bish. Sätze 5 bis 10 werden Sätze 6 bis 11, Satz 10 geänd. und Satz 12 angef. mWv 14.12.2016 durch G v. 8.12.2016 (BGBl. I S. 2835).

soldatenrechtlichen Vorschriften oder Grundsätzen erhalten oder Arbeitnehmer des Bundes oder einer sonstigen Körperschaft, einer Anstalt oder einer Stiftung des öffentlichen Rechts im Bereich des Bundes sind, benennt die Bundesagentur für Arbeit als Familienkasse zentrale Ansprechpartner. [6]Das Bundesministerium der Finanzen wird ermächtigt, *durch Rechtsverordnung, die nicht der Zustimmung des Bundesrates bedarf, Bundesfamilienkassen zur Wahrnehmung der Aufgaben der Familienkassen nach § 72 Abs. 1 des Einkommensteuergesetzes* [***ab 1.1.2022:*** durch Rechtsverordnung ohne Zustimmung des Bundesrates Bundesfamilienkassen zur Wahrnehmung der Aufgaben der Familienkassen nach § 72 Absatz 1 des Einkommensteuergesetzes für die in § 72 Absatz 3 Nummer 3 des Einkommensteuergesetzes ausgenommenen Behörden, Körperschaften, Anstalten oder Stiftungen des öffentlichen Rechts im Bereich des Bundes][1] einzurichten. [7]Diese können auch Aufgaben im Auftrag der mittelbaren Verwaltung wahrnehmen. [8]Die Landesregierungen werden ermächtigt, durch Rechtsverordnung Landesfamilienkassen zur Wahrnehmung der Aufgaben nach § 72 Abs. 1 des Einkommensteuergesetzes einzurichten. [9]Diese können auch Aufgaben der mittelbaren Verwaltung wahrnehmen. [10]Die Ermächtigung kann durch Rechtsverordnung auf die zuständigen obersten Landesbehörden übertragen werden. [11]Die Familienkassen gelten als Bundesfinanzbehörden, soweit sie den Familienleistungsausgleich durchführen, und unterliegen insoweit der Fachaufsicht des Bundeszentralamtes für Steuern. [12]Das Bundeszentralamt für Steuern erteilt diesen Familienkassen ein Merkmal zur Identifizierung (Familienkassenschlüssel) und veröffentlicht die Namen und die Anschriften dieser Familienkassen jeweils zu Beginn eines Kalenderjahres im Bundessteuerblatt;

12.[2] die Durchführung der Veranlagung nach § 50 Absatz 2 Satz 2 Nummer 5 des Einkommensteuergesetzes und § 32 Absatz 2 Nummer 2 des Körperschaftsteuergesetzes sowie die Durchführung des Steuerabzugsverfahrens nach § 50a Absatz 1 des Einkommensteuergesetzes und nach § 10 des Steueroasen-Abwehrgesetzes; einschließlich des Erlasses von Haftungs- und Nachforderungsbescheiden und deren Vollstreckung;

13. die zentrale Sammlung und Auswertung der von den Finanzbehörden der Länder übermittelten Informationen über Betrugsfälle im Bereich der Umsatzsteuer;

14.[3] die Sammlung, Auswertung und Weitergabe der Daten, die nach § 45d des Einkommensteuergesetzes in den dort genannten Fällen zu übermitteln sind sowie die Übermittlung der Identifikationsnummer (§ 139b der Abgabenordnung) in dem Anfrageverfahren nach § 44a Absatz 2a Satz 3 bis 7 des Einkommensteuergesetzes;

---

[1] § 5 Abs. 1 Satz 1 Nr. 11 Satz 6 neu gef. **mWv 1.1.2022** durch G v. 8.12.2016 (BGBl. I S. 2835).

[2] § 5 Abs. 1 Satz 1 Nr. 12 neu gef. mWv 18.8.2009 durch G v. 10.8.2009 (BGBl. I *S. 2702);* neu gef. mWv 1.7.2021 durch G v. 25.6.2021 (BGBl. I S. 2056).

[3] § 5 Abs. 1 Satz 1 Nr. 14 neu gef. mWv 14.12.2010 durch G v. 8.12.2010 (BGBl. I S. 1768).

14a.[1] Die Sammlung, Auswertung und Bereitstellung der Daten, die nach den §§ 45b und 45c des Einkommensteuergesetzes in den dort genannten Fällen zu übermitteln sind; das Bundeszentralamt für Steuern unterrichtet die Finanzbehörden der Länder über die Ergebnisse der Datenauswertung und stellt den Finanzbehörden der Länder Daten für die Verwendung in Besteuerungsverfahren zur Verfügung;

15. die Koordinierung von Umsatzsteuerprüfungen der Landesfinanzbehörden in grenz- und länderübergreifenden Fällen;

16. das Zusammenführen und Auswerten von umsatzsteuerlich erheblichen Informationen zur Identifizierung prüfungswürdiger Sachverhalte;

17. die Beobachtung von elektronisch angebotenen Dienstleistungen zur Unterstützung der Landesfinanzverwaltungen bei der Umsatzbesteuerung des elektronischen Handels;

18.[2] a) die Weiterleitung der Daten, die nach § 10 Absatz 2a, 2b und 4b des Einkommensteuergesetzes in den dort genannten Fällen zu übermitteln sind,

b) die Sammlung, Auswertung und Weitergabe der Daten, die nach § 10a Absatz 5 Satz 4 des Einkommensteuergesetzes in den dort genannten Fällen zu übermitteln sind,

c) die Sammlung, Auswertung und Weitergabe der Daten, die nach § 22a des Einkommensteuergesetzes in den dort genannten Fällen zu übermitteln sind,

d) bei einer Datenübermittlung nach § 22a Absatz 1 des Einkommensteuergesetzes die Prüfung nach § 93c Absatz 4 Satz 1 der Abgabenordnung und die Erhebung des Verspätungsgeldes nach § 22a Absatz 5 des Einkommensteuergesetzes,

e) die Übermittlung der Identifikationsnummer (§ 139b der Abgabenordnung) im Anfrageverfahren nach § 22a Absatz 2 in Verbindung mit § 10 Absatz 2a, 2b und 4b, § 10a Absatz 5 und § 32b Absatz 3 Satz 1 des Einkommensteuergesetzes,

f) die Gewährung der Altersvorsorgezulage nach Abschnitt XI des Einkommensteuergesetzes sowie

g) die Durchführung von Bußgeldverfahren nach § 50f des Einkommensteuergesetzes.

[2]Das Bundeszentralamt für Steuern bedient sich zur Durchführung dieser Aufgaben der Deutschen Rentenversicherung Bund, soweit diese zentrale Stelle im Sinne des § 81 des Einkommensteuergesetzes ist, im Wege der Organleihe. [3]Die Deutsche Rentenversicherung Bund unterliegt insoweit

---

[1] § 5 Abs. 1 Satz 1 Nr. 14a eingef. mWv 9.6.2021 durch G v. 2.6.2021 (BGBl. I S. 1259).

[2] § 5 Abs. 1 Satz 1 Nr. 18 neu gef. mWv 1.1.2009 durch G v. 20.12.2008 (BGBl. I S. 2850); Buchst. b Verweis geänd., Buchst. a Verweis geänd., Buchst. e neu gef. mWv 23.7.2009 durch G v. 16.7.2009 (BGBl. I S. 1959); Buchst. d neu gef. und Buchst. g angef. mWv 14.12.2010 durch G v. 8.12.2010 (BGBl. I S. 1768); Buchst. a Verweis geänd. durch G v. 26.6.2013 (BGBl. I S. 1809); Buchst. e geänd. durch G v. 25.7.2014 (BGBl. I S. 1266); Buchst. d neu gef. mWv 1.1.2017 durch G v. 18.7.2016 (BGBl. I S. 1679); Buchst. a und e Verweis geänd. mWv 1.1.2019 durch G v. 20.11.2019 (BGBl. I S. 1626).

der Fachaufsicht des Bundeszentralamtes für Steuern. [4]Das Nähere, insbesondere die Höhe der Verwaltungskostenerstattung, wird durch Verwaltungsvereinbarung geregelt;

19. die zentrale Sammlung der von den Finanzbehörden übermittelten Angaben über erteilte Freistellungsbescheinigungen nach § 48b des Einkommensteuergesetzes und die Erteilung von Auskünften im Wege einer elektronischen Abfrage an den Leistungsempfänger im Sinne des § 48 Abs. 1 Satz 1 des Einkommensteuergesetzes über die übermittelten Freistellungsbescheinigungen;

20.[1)] den Einzug der einheitlichen Pauschsteuer nach § 40a Abs. 2 des Einkommensteuergesetzes. [2]Das Bundeszentralamt für Steuern bedient sich zur Durchführung dieser Aufgabe der Deutschen Rentenversicherung Knappschaft-Bahn-See als Träger der knappschaftlichen Rentenversicherung im Wege der Organleihe. [3]Das Nähere, insbesondere die Höhe der Verwaltungskostenerstattung, wird durch Verwaltungsvereinbarung geregelt. [4]Die Deutsche Rentenversicherung Knappschaft-Bahn-See als Träger der knappschaftlichen Rentenversicherung gilt für die Durchführung dieser Aufgabe als Bundesfinanzbehörde und unterliegt insoweit der Fachaufsicht des Bundeszentralamtes für Steuern;

[Fassung bis 31.3.2021:]

21.[2)] die Durchführung des Besteuerungsverfahrens nach § 18 Absatz 4c des Umsatzsteuergesetzes einschließlich der damit im Zusammenhang stehenden Tätigkeiten auf Grund von Artikel 17 Absatz 1 Buchstabe d und Artikel 21 Absatz 1 sowie Kapitel XI der Verordnung (EU) Nr. 904/2010 des Rates vom 7. Oktober 2010 über die Zusammenarbeit der Verwaltungsbehörden und die Betrugsbekämpfung auf dem Gebiet der Mehrwertsteuer (ABl. L 268 vom 12.10.2010, S. 1);

[Fassung ab 1.4.2021:]

21.[3)] für vor dem 1. Juli 2021 ausgeführte Umsätze die Durchführung des Besteuerungsverfahrens nach § 18 Absatz 4c des Umsatzsteuergesetzes in der bis zum 30. Juni 2021 geltenden Fassung einschließlich der damit im Zusammenhang stehenden Tätigkeiten auf Grund von Kapitel XI Abschnitt 1 und 2 der Verordnung (EU) Nr. 904/2010 des Rates vom 7. Oktober 2010 über die Zusammenarbeit der Verwaltungsbehörden und die Betrugsbekämpfung auf dem Gebiet der Mehrwertsteuer (ABl. L 268 vom 12.10.2010, S. 1) sowie für nach dem 30. Juni 2021 ausgeführte Umsätze die Entgegennahme und Weiterleitung

---

[1)] § 5 Abs. 1 Satz 1 Nr. 20 Sätze 2 und 4 geänd. mWv 30.6.2013 durch G v. 26.6.2013 (BGBl. I S. 1809).

[2)] § 5 Abs. 1 Satz 1 Nr. 21 neu gef. mWv 18.12.2019 durch G v. 12.12.2019 (BGBl. I S. 2451).

[3)] § 5 Abs. 1 Satz 1 Nr. 21 neu gef. mWv 1.4.2021 durch G v. 21.12.2020 (BGBl. I S. 3096).

[Fassung ab 1.4.2021:]

von Anzeigen, Umsatzsteuererklärungen und Zahlungen von nicht im Gemeinschaftsgebiet ansässigen Unternehmern in Anwendung der Artikel 360 bis 367 und 369 der Richtlinie 2006/112/EG des Rates in der Fassung von Artikel 2 Nummer 17 bis 19 der Richtlinie (EU) 2017/2455 des Rates vom 5. Dezember 2017 zur Änderung der Richtlinie 2006/112/EG und der Richtlinie 2009/132/EG in Bezug auf bestimmte mehrwertsteuerliche Pflichten für die Erbringung von Dienstleistungen und für Fernverkäufe von Gegenständen (ABl. L 348 vom 29.12.2017, S. 7) einschließlich der mit der Durchführung des Besteuerungsverfahrens nach § 18i des Umsatzsteuergesetzes zusammenhängenden Tätigkeiten auf Grund der Kapitel V und XI der Verordnung (EU) Nr. 904/2010 des Rates in der Fassung von Artikel 1 der Verordnung (EU) 2017/2454 des Rates vom 5. Dezember 2017 zur Änderung der Verordnung (EU) Nr. 904/2010 des Rates über die Zusammenarbeit der Verwaltungsbehörden und die Betrugsbekämpfung auf dem Gebiet der Mehrwertsteuer (ABl. L 348 vom 29.12.2017, S. 1);

22. die Vergabe und die Verwaltung des Identifikationsmerkmals nach den §§ 139a bis 139d der Abgabenordnung;

23. die Bestätigungen nach § 18e des Umsatzsteuergesetzes 1999;

24. den Abruf von Daten aus den nach § 93b der Abgabenordnung in Verbindung mit § 24c Abs. 1 Satz 1 des Kreditwesengesetzes von den Kreditinstituten geführten Dateien und die Weiterleitung der abgerufenen Daten an die zuständigen Finanzbehörden;

25.[1] die Verwaltung der Versicherung- und Feuerschutzsteuer und die zentrale Sammlung und Auswertung der Informationen für die Verwaltung der Versicherung- und Feuerschutzsteuer;

26. Entgegennahme von Meldungen und Zahlungen von Zinsabschlag nach der Zinsinformationsverordnung und deren Weiterleitung;

27.[2] die Erteilung von verbindlichen Auskünften nach § 89 Abs. 2 Satz 3 der Abgabenordnung;

28.[2] die Unterstützung der Finanzbehörden der Länder bei der Verhütung und Verfolgung von Steuerstraftaten mit länderübergreifender, internationaler oder erheblicher Bedeutung sowie bei Anzeigen nach § 116 Abs. 1 der Abgabenordnung. [2]Das Bundeszentralamt für Steuern hat zur Wahrnehmung dieser Aufgabe alle hierfür erforderlichen Informationen zu sammeln und auszuwerten und die Behörden der Länder über die sie betreffenden Informationen und die in Erfahrung gebrachten Zusammenhänge von Straftaten zu unterrichten;

28a.[3] die Weiterleitung von Mitteilungen nach § 116 Abs. 1 der Abgabenordnung an die zuständigen Finanzbehörden der Zollverwaltung;

28b.[4] die Unterstützung der Finanzbehörden der Länder bei der Ermittlung von Steuergestaltungen, die die Erlangung eines Steuervorteils aus der Erhebung oder Entlastung von Kapitalertragsteuer mit länderübergreifender, internationaler oder erheblicher Bedeutung zum Gegenstand haben; das Bundeszentralamt für Steuern hat zur Wahrnehmung dieser Aufgabe alle hierfür erforderlichen Informationen zu sammeln und auszuwerten und die Behörden der Länder über die sie betreffenden Informationen zu unterrichten;

29.[5] die Durchführung der gesonderten Feststellung und Erteilung der Bescheinigung nach § 27 Abs. 8 des Körperschaftsteuergesetzes;

[***ab 1.1.2023:***

29a.[6] Entgegennahme, Verarbeitung und Weiterleitung der Versicherungsdaten bei privaten Krankenversicherungen und privaten Pflege-Pflichtversicherungen nach § 39 Absatz 4a des Einkommensteuergesetzes;]

30.[7] die Bildung, Speicherung und Bereitstellung elektronischer Lohnsteuerabzugsmerkmale;

---

[1] § 5 Abs. 1 Satz 1 Nr. 25 neu gef. mWv 1.7.2010 durch G v. 10.8.2009 (BGBl. I S. 2702).

[2] § 5 Abs. 1 Satz 1 Nrn. 27 und 28 angef. mWv 12.9.2006 durch G v. 5.9.2006 (BGBl. I S. 2098).

[3] § 5 Abs. 1 Satz 1 Nr. 28a eingef. mWv 29.12.2007 durch G v. 20.12.2007 (BGBl. I S. 3150).

[4] § 5 Abs. 1 Satz 1 Nr. 28b eingef. mWv 9.6.2021 durch G v. 2.6.2021 (BGBl. I S. 1259).

[5] § 5 Abs. 1 Satz 1 Nr. 29 angef. mWv 13.12.2006 durch G v. 7.12.2006 (BGBl. I S. 2782).

[6] § 5 Abs. 1 Satz 1 Nr. 29a eingef. mWv 1.1.2023 durch G v. 21.12.2020 (BGBl. I S. 3096).

[7] § 5 Abs. 1 Satz 1 Nr. 30 eingef. mWv 29.12.2007 durch G v. 20.12.2007 (BGBl. I S. 3150).

31.[1] die zentrale Sammlung der von den Finanzbehörden der Länder übermittelten Daten zu Konzernübersichten (Konzernverzeichnis) sowie die Erteilung von Auskünften daraus im Wege einer elektronischen Abfrage durch die Finanzbehörden der Länder;

32.[1] die zentrale Sammlung der von den Finanzbehörden der Länder übermittelten branchenbezogenen Kennzahlen sowie die Erteilung von Auskünften daraus im Wege einer elektronischen Abfrage durch die Finanzbehörden der Länder;

33.[2] die Registrierung eines Vor-REIT nach § 2 des REIT-Gesetzes;

34.[3] die Zertifizierung von Altersvorsorge- und Basisrentenverträgen nach dem Altersvorsorgeverträge-Zertifizierungsgesetz und die Durchführung von Bußgeldverfahren nach § 13 des Altersvorsorgeverträge-Zertifizierungsgesetzes;

35.[4] die Prüfung der Vollständigkeit und Zulässigkeit von Anträgen auf Vorsteuer-Vergütung für im Inland ansässige Unternehmer in Anwendung von Artikel 18 der Richtlinie 2008/9/EG[5] des Rates vom 12. Februar 2008 zur Regelung der Erstattung der Mehrwertsteuer gemäß der Richtlinie 2006/112/EG an nicht im Mitgliedstaat der Erstattung, sondern in einem anderen Mitgliedstaat ansässige Steuerpflichtige (ABl. EU Nr. L 44 S. 23);

36.[6] die Prüfung nach § 93c Absatz 4 Satz 1 der Abgabenordnung der nach § 10 Absatz 2b des Einkommensteuergesetzes zu übermittelnden Daten sowie bei dieser Datenübermittlung die Festsetzung und Erhebung des Haftungsbetrages nach § 72a Absatz 4 der Abgabenordnung;

37.[7] Ausstellung der Bescheinigung an Unternehmer über die Erfüllung der Voraussetzungen des § 4 Nummer 11b des Umsatzsteuergesetzes;

38.[8] ab 14. Dezember 2010 die Weiterleitung von Anzeigen nach § 9 der Erbschaftsteuer-Durchführungsverordnung an die zuständigen Finanzbehörden der Länder;

39.[9] *(aufgehoben)*

---

[1] § 5 Abs. 1 Satz 1 Nrn. 31 und 32 angef. mWv 19.12.2006 durch G v. 13.12.2006 (BGBl. I S. 2878).

[2] § 5 Abs. 1 Satz 1 Nr. 33 angef. mWv 1.1.2007 durch G v. 28.5.2007 (BGBl. I S. 914).

[3] § 5 Abs. 1 Satz 1 Nr. 34 neu gef. mWv 15.12.2018 durch G v. 11.12.2018 (BGBl. I S. 2338).

[4] § 5 Abs. 1 Satz 1 Nr. 35 angef. mWv 1.1.2010 durch G v. 19.12.2008 (BGBl. I S. 2794).

[5] Nr. **550b.**

[6] § 5 Abs. 1 Satz 1 Nr. 36 neu gef. mWv 1.1.2017 durch G v. 18.7.2016 (BGBl. I S. 1679); geänd. mWv 1.1.2019 durch G v. 20.11.2019 (BGBl. S. 1626).

[7] § 5 Abs. 1 Satz 1 Nr. 37 angef. mWv 15.4.2010 durch G v. 8.4.2010 (BGBl. I S. 386).

[8] § 5 Abs. 1 Satz 1 Nr. 38 angef. mWv 14.12.2010 durch G v. 8.12.2010 (BGBl. I S. 1768).

[9] § 5 Abs. 1 Satz 1 Nr. 39 angef. mWv 29.3.2013 durch G v. 21.3.2013 (BGBl. I S. 561); aufgeh. mWv. 9.6.2021 durch G v. 2.6.2021 (BGBl. I S. 1259).

[Fassung bis 31.3.2021:]

40.[2] die mit der Durchführung des Besteuerungsverfahrens nach § 18 Absatz 4e des Umsatzsteuergesetzes in Zusammenhang stehenden Tätigkeiten auf Grund von Kapitel V und XI Abschnitt 2 der Verordnung (EU) Nr. 904/2010 des Rates vom 7. Oktober 2010 über die Zusammenarbeit der Verwaltungsbehörden und die Betrugsbekämpfung auf dem Gebiet der Mehrwertsteuer (ABl. L 268 vom 12.10.2010, S. 1);

41.[3] die Entgegennahme und Weiterleitung von Anzeigen und Umsatzsteuererklärungen für im Inland ansässige Unternehmer in Anwendung der Artikel 369c bis 369i der Richtlinie 2006/112/EG des Rates in der Fassung von Artikel 5 Nummer 15 der Richtlinie 2008/8/EG des Rates vom 12. Februar 2008 zur Änderung der Richtlinie 2006/112/EG bezüglich des Ortes der Dienstleistung (ABl. L 44 vom 20.2.2008, S. 11) einschließlich der damit zusammenhängenden Tätigkeiten auf Grund von Artikel 17 Absatz 1 Buchstabe d und Artikel 21 Absatz 1 sowie Kapitel XI Abschnitt 2 der Verordnung (EU) Nr. 904/2010 des Rates vom 7. Okober 2010 über die Zusammenarbeit der Verwaltungsbehörden und die Betrugsbekämpfung auf dem Gebiet der Mehrwertsteuer (ABl. L 268 vom 12.10.2010, S. 1);

[Fassung ab 1.4.2021:][1]

40. für vor dem 1. Juli 2021 ausgeführte Umsätze die mit der Durchführung des Besteuerungsverfahrens nach § 18 Absatz 4e des Umsatzsteuergesetzes in Zusammenhang stehenden Tätigkeiten auf Grund der Kapitel V und XI Abschnitt 2 der Verordnung (EU) Nr. 904/2010 des Rates vom 7. Oktober 2010 über die Zusammenarbeit der Verwaltungsbehörden und die Betrugsbekämpfung auf dem Gebiet der Mehrwertsteuer (ABl. L 268 vom 12.10.2010, S. 1) und die Entgegennahme und Weiterleitung von Anzeigen und Umsatzsteuererklärungen für im Inland ansässige Unternehmer in Anwendung der Artikel 369c bis 369i der Richtlinie 2006/112/EG des Rates in der Fassung des Artikels 5 Nummer 15 der Richtlinie 2008/8/EG des Rates vom 12. Februar 2008 zur Änderung der Richtlinie 2006/112/EG bezüglich des Ortes der Dienstleistung (ABl. L 44 vom 20.2.2008, S. 11) einschließlich der damit zusammenhängenden Tätigkeiten auf Grund von Artikel 17 Absatz 1 Buchstabe d und Artikel 21 Absatz 1 sowie Kapitel XI Abschnitt 2 der Verordnung (EU) Nr. 904/2010 des Rates vom 7. Oktober 2010 über die Zusammenarbeit der Verwaltungsbehörden und die Betrugsbekämpfung auf dem Gebiet der Mehrwertsteuer (ABl.

---

[1] § 5 Abs. 1 Satz 1 Nrn. 40 und 41 neu gef. mWv 1.4.2021 durch G v. 21.12.2020 (BGBl. I S. 3096).

[2] § 5 Abs. 1 Satz 1 Nr. 40 angef. mWv 1.10.2014 durch G v. 25.7.2014 (BGBl. I S. 1266).

[3] § 5 Abs. 1 Satz 1 Nr. 41 angef. mWv 1.10.2014 durch G v. 25.7.2014 (BGBl. I S. 1266).

[Fassung ab 1.4.2021:]

L 268 vom 12.10.2010, S. 1) sowie für nach dem 30. Juni 2021 ausgeführte Umsätze die Entgegennahme und Weiterleitung von Anzeigen, Umsatzsteuererklärungen und Zahlungen von im Inland oder nicht im Gemeinschaftsgebiet ansässigen Unternehmern in Anwendung der Artikel 369c bis 369i und 369k der Richtlinie 2006/112/EG des Rates in der Fassung von Artikel 1 Nummer 11 bis 13 der Richtlinie (EU) 2019/1995 des Rates vom 21. November 2019

(Fortsetzung nächstes Blatt)

46.[1] Mitwirkung bei der Festlegung der Einzelheiten der Risikomanagementsysteme zur Gewährleistung eines bundeseinheitlichen Vollzugs auf dem Gebiet der Steuern, die von den Landesfinanzbehörden im Auftrag des Bundes verwaltet werden;]

[*ab 1.1.2024:*

47.[2] a) die zentrale Sammlung der von den Finanzbehörden der Länder nach § 60b der Abgabenordnung übermittelten Daten zu nach § 5 Absatz 1 Nummer 9 des Körperschaftsteuergesetzes steuerbefreiten Körperschaften, Personenvereinigungen oder Vermögensmassen (Zuwendungsempfängerregister) sowie die Erteilung von Auskünften daraus im Wege einer elektronischen Abfrage durch die Finanzbehörden der Länder und durch Dritte,

b) die Feststellung, ob Körperschaften ohne Sitz im Geltungsbereich des Grundgesetzes, die nachweislich Zuwendungen von Spendern mit Wohnsitz, Aufenthalt oder Sitz im Geltungsbereich dieses Gesetzes erhalten haben, für Zwecke des § 50 Absatz 1 der Einkommensteuer-Durchführungsverordnung, die Voraussetzungen der §§ 51 bis 68 der Abgabenordnung erfüllen,

c) die über Buchstabe a hinausgehende Aufnahme eines Zuwendungsempfängers im Sinne des § 10b Absatz 1 Satz 2 Nummer 1 und 3 des Einkommensteuergesetzes auf Antrag des Zuwendungsempfängers in das Zuwendungsempfängerregister, wenn der Zuwendungsempfänger unmittelbar steuerbegünstigte Zwecke im Sinne der §§ 52 bis 54 der Abgabenordnung verwirklicht und die Voraussetzungen des § 51 der Abgabenordnung und des § 10b Absatz 1 Satz 3 bis 6 des Einkommensteuergesetzes erfüllt sowie die Aufnahme eines Zuwendungsempfängers im Sinne des § 34g des Einkommensteuergesetzes, wenn der Zuwendungsempfänger die Voraussetzungen des § 34g des Einkommensteuergesetzes erfüllt,

d) der Abgleich der in den Verfassungsschutzberichten des Bundes und der Länder als „extremistisch" eingestuften Organisationen mit den im Zuwendungsempfängerregister aufgeführten Körperschaften auf die Voraussetzungen des § 51 Absatz 3 der Abgabenordnung und die Mitteilung des Ergebnisses der Prüfung an die zuständige Landesfinanzbehörde,

e) die Bereitstellung für Zwecke des Sonderausgabenabzugs nach § 10b des Einkommensteuergesetzes von Name, Anschrift, Wirtschaftsidentifikationsnummer, satzungsgemäßen Zwecken nach § 52 Absatz 2 der Abgabenordnung, zuständigem Finanzamt, Datum des Freistellungsbescheides, Bankverbindung sowie Datum der gesonderten Feststellung der satzungsmäßigen Gemeinnützigkeit nach § 60a der Abgabenordnung als automatisiert abrufbare Merkmale der im Zuwendungsempfängerregister geführten Körperschaften, Personenvereinigungen, Vermögensmassen, juristische Personen des öffentlichen Rechts oder

[1] § 5 Abs. 1 Satz 1 Nr. 46 angef. mWv 1.1.2021 durch G v. 21.12.2020 (BGBl. I S. 3096).
[2] § 5 Abs. 1 Satz 1 Nr. 47 angef. mWv 1.1.2024 durch G v. 21.12.2020 (BGBl. I S. 3096).

öffentlichen Dienststellen für die Finanzbehörden der Länder und für Dritte,

f) die Entgegennahme und Weiterleitung von Änderungsanträgen zum Registerinhalt einer im Zuwendungsempfängerregister geführten Körperschaft, Personenvereinigung, Vermögensmasse, juristischen Person des öffentlichen Rechts oder öffentlichen Dienststelle an die zuständige Finanzbehörde.]

2 Das Bundeszentralamt für Steuern hat Daten, die von ihm oder der zentralen Stelle im Sinne des § 81 des Einkommensteuergesetzes nach § 88 Absatz 4 der Abgabenordnung nicht an die Landesfinanzbehörden weitergeleitet wurden, bis zum Ablauf des 15. Jahres nach dem Jahr des Zugangs der Daten zur Durchführung von Verfahren im Sinne des § 30 Absatz 2 Nummer 1 Buchstabe a und b der Abgabenordnung sowie zur Datenschutzkontrolle zu speichern.

(1a)[1] 1 Soweit durch Absatz 1 Aufgaben der Steuerverwaltung übertragen wurden, ist hiervon auch die Durchführung von Vorfeldermittlungen nach § 208 Absatz 1 Satz 1 Nummer 3 der Abgabenordnung umfasst. 2 Dies gilt nicht für Fälle des Absatzes 1 Satz 1 Nummer 1, 5 bis 7, 9, 10, 13 bis 17, 19, 22 bis 24, 26, 28, 28a, 28b, *30* [***ab 1.1.2023:*** 29a] bis 34, 36, 38 und 42 bis 46.

(2)[2] 1 Die vom Bundeszentralamt für Steuern auf Grund gesetzlicher Vorschriften gewährten Steuererstattungen und Steuervergütungen sowie die nach § 44b Absatz 6 Satz 1 bis 3 des Einkommensteuergesetzes erstattete Kapitalertragsteuer werden von den Ländern in dem Verhältnis getragen, in dem sie an dem Aufkommen der betreffenden Steuern beteiligt sind. 2 Kapitalertragsteuer, die das Bundeszentralamt für Steuern anlässlich der Vergütung von Körperschafsteuer vereinnahmt hat, steht den Ländern in demselben Verhältnis zu. 3 Für die Aufteilung ist das Aufkommen an den betreffenden Steuern in den einzelnen Ländern maßgebend, das sich ohne Berücksichtigung der in den Sätzen 1 und 2 bezeichneten Steuerbeträge für das Vorjahr ergibt. 4 Das Nähere bestimmt das Bundesministerium der Finanzen durch Rechtsverordnung, die der Zustimmung des Bundesrates bedarf.

(3) 1 Die von den Familienkassen bei der Durchführung des Familienleistungsausgleichs nach Absatz 1 Nr. 11 ausgezahlten Steuervergütungen im Sinne des § 31 des Einkommensteuergesetzes werden jeweils von den Ländern und Gemeinden, in denen der Gläubiger der Steuervergütung seinen Wohnsitz hat, nach den für die Verteilung des Aufkommens der Einkommensteuer maßgebenden Vorschriften mitgetragen. 2 Das Bundeszentralamt für Steuern stellt nach Ablauf eines jeden Monats die Anteile der einzelnen Länder einschließlich ihrer Gemeinden an den gewährten Leistungen fest. 3 Die nach Satz 2 festgestellten Anteile sind dem Bund von den Ländern bis zum 15. des dem Zahlungsmonat folgenden Monats zu erstatten. 4 Für den Monat Dezember ist dem Bund von den Ländern ein Abschlag auf der Basis der Abrechnung des Vormonats zu leisten. 5 Die Abrechnung für den Monat Dezember hat bis zum 15. Januar des Folgejahres zu erfolgen. 6 Das Bundesministerium der

---

[1] § 5 Abs. 1a eingef. mWv 29.12.2020, Satz 2 geänd. mWv 1.1.2023 durch G v. 21.12. 2020 (BGBl. I S. 3096); Satz 2 geänd. mWv 9.6.2021 durch G v. 2.6.2021 (BGBl. I S. 1259).

[2] § 5 Abs. 2 Satz 1 geänd. mWv 23.7.2009 durch G v. 16.7.2009 (BGBl. I S. 1959).

805. Verwaltungszustellungsgesetz (VwZG)

Vom 12. August 2005 (BGBl. I S. 2354)[1) · 2)]

Geändert durch Gesetz zur Modernisierung des GmbH-Rechts und zur Bekämpfung von Missbräuchen vom 23.10.2008 (BGBl. I S. 2026), Viertes Gesetz zur Änderung verwaltungsverfahrensrechtlicher Vorschriften vom 11.12.2008 (BGBl. I S. 2418), Gesetz zur Regelung von De-Mail-Diensten und zur Änderung weiterer Vorschriften vom 28.4.2011 (BGBl. I S. 666), Gesetz zur Änderung von Vorschriften über Verkündung und Bekanntmachungen sowie der Zivilprozessordnung, des Gesetzes betreffend die Einführung der Zivilprozessordnung und der Abgabenordnung vom 22.12.2011 (BGBl. I S. 3044), Gesetz zur Förderung des elektronischen Rechtsverkehrs mit den Gerichten vom 10.10.2013 (BGBl. I S. 3786), Gesetz zur Durchführung der Verordnung (EU) Nr. 910/2014 des Europäischen Parlaments und des Rates vom 23. Juli 2014 über elektronische Identifizierung und Vertrauensdienste für elektronische Transaktionen im Binnenmarkt und zur Aufhebung der Richtlinie 1999/93/EG (eIDAS-Durchführungsgesetz) vom 18.7.2017 (BGBl. I S. 2745) und Gesetz zur Reform des Vormundschafts- und Betreuungsrechts vom 4.5.2021 (BGBl. I S. 882)

BGBl. III/FNA 201-9

§ 1 Anwendungsbereich. (1) Die Vorschriften dieses Gesetzes gelten für das Zustellungsverfahren der Bundesbehörden, der bundesunmittelbaren Körperschaften, Anstalten und Stiftungen des öffentlichen Rechts und der Landesfinanzbehörden.

(2) Zugestellt wird, soweit dies durch Rechtsvorschrift oder behördliche Anordnung bestimmt ist.

§ 2[3)] Allgemeines. (1) Zustellung ist die Bekanntgabe eines schriftlichen oder elektronischen Dokuments in der in diesem Gesetz bestimmten Form.

(2) [1]Die Zustellung wird durch einen Erbringer von Postdienstleistungen (Post), einem nach § 17 des De-Mail-Gesetzes akkreditierten Diensteanbieter oder durch die Behörde ausgeführt. [2]Daneben gelten die in den §§ 9 und 10 geregelten Sonderarten der Zustellung.

(3) [1]Die Behörde hat die Wahl zwischen den einzelnen Zustellungsarten. [2]§ 5 Absatz 5 Satz 2 bleibt unberührt.

§ 3 Zustellung durch die Post mit Zustellungsurkunde. (1) Soll durch die Post mit Zustellungsurkunde zugestellt werden, übergibt die Behörde der Post den Zustellungsauftrag, das zuzustellende Dokument in einem verschlossenen Umschlag und einen vorbereiteten Vordruck einer Zustellungsurkunde.

(2) [1]Für die Ausführung der Zustellung gelten die §§ 177 bis 182 der Zivilprozessordnung entsprechend. [2]Im Fall des § 181 Abs. 1 der Zivilprozessordnung kann das zuzustellende Dokument bei einer von der Post dafür bestimmten Stelle am Ort der Zustellung oder am Ort des Amtsgerichts, in dessen Bezirk der Ort der Zustellung liegt, niedergelegt werden oder bei der Behör-

---

[1)] Das Verwaltungszustellungsgesetz ist als Art. 1 des Gesetzes zur Novellierung des Verwaltungszustellungsrechts v. 12.8.2005 (BGBl. I S. 2354) verkündet worden.

[2)] **In Kraft ab 1.2.2006.**

[3)] § 2 Abs. 3 Satz 2 angef. mWv 18.12.2008 durch G v. 11.12.2008 (BGBl. I S. 2418); Abs. 2 Satz 1 geänd., Abs. 3 Satz 2 neu gef. mWv 3.5.2011 durch G v. 28.4.2011 (BGBl. I S. 666).

de, die den Zustellungsauftrag erteilt hat, wenn sie ihren Sitz an einem der vorbezeichneten Orte hat. 3 Für die Zustellungsurkunde, den Zustellungsauftrag, den verschlossenen Umschlag nach Absatz 1 und die schriftliche Mitteilung nach § 181 Abs. 1 Satz 3 der Zivilprozessordnung sind die Vordrucke nach der Zustellungsvordruckverordnung zu verwenden.

§ 4 Zustellung durch die Post mittels Einschreiben. (1) Ein Dokument kann durch die Post mittels Einschreiben durch Übergabe oder mittels Einschreiben mit Rückschein zugestellt werden.

(2) 1 Zum Nachweis der Zustellung genügt der Rückschein. 2 Im Übrigen gilt das Dokument am dritten Tag nach der Aufgabe zur Post als zugestellt, es sei denn, dass es nicht oder zu einem späteren Zeitpunkt zugegangen ist. 3 Im Zweifel hat die Behörde den Zugang und dessen Zeitpunkt nachzuweisen. 4 Der Tag der Aufgabe zur Post ist in den Akten zu vermerken.

§ 5[1] Zustellung durch die Behörde gegen Empfangsbekenntnis; elektronische Zustellung. (1) 1 Bei der Zustellung durch die Behörde händigt der zustellende Bedienstete das Dokument dem Empfänger in einem verschlossenen Umschlag aus. 2 Das Dokument kann auch offen ausgehändigt werden, wenn keine schutzwürdigen Interessen des Empfängers entgegenstehen. 3 Der Empfänger hat ein mit dem Datum der Aushändigung versehenes Empfangsbekenntnis zu unterschreiben. 4 Der Bedienstete vermerkt das Datum der Zustellung auf dem Umschlag des auszuhändigenden Dokuments oder bei offener Aushändigung auf dem Dokument selbst.

(2) 1 Die §§ 177 bis 181 der Zivilprozessordnung sind anzuwenden. 2 Zum Nachweis der Zustellung ist in den Akten zu vermerken:

1. im Fall der Ersatzzustellung in der Wohnung, in Geschäftsräumen und Einrichtungen nach § 178 der Zivilprozessordnung der Grund, der diese Art der Zustellung rechtfertigt,
2. im Fall der Zustellung bei verweigerter Annahme nach § 179 der Zivilprozessordnung, wer die Annahme verweigert hat und dass das Dokument am Ort der Zustellung zurückgelassen oder an den Absender zurückgesandt wurde sowie der Zeitpunkt und der Ort der verweigerten Annahme,
3. in den Fällen der Ersatzzustellung nach den §§ 180 und 181 der Zivilprozessordnung der Grund der Ersatzzustellung sowie wann und wo das Dokument in einen Briefkasten eingelegt oder sonst niedergelegt und in welcher Weise die Niederlegung schriftlich mitgeteilt wurde.

3 Im Fall des § 181 Abs. 1 der Zivilprozessordnung kann das zuzustellende Dokument bei der Behörde, die den Zustellungsauftrag erteilt hat, niedergelegt werden, wenn diese Behörde ihren Sitz am Ort der Zustellung oder am Ort des Amtsgerichts hat, in dessen Bezirk der Ort der Zustellung liegt.

(3) 1 Zur Nachtzeit, an Sonntagen und allgemeinen Feiertagen darf nach den Absätzen 1 und 2 im Inland nur mit schriftlicher oder elektronischer Erlaubnis des Behördenleiters zugestellt werden. 2 Die Nachtzeit umfasst die

---

[1] § 5 Überschr. geänd. mWv 3.5.2011 durch G v. 28.4.2011 (BGBl. I S. 666).

Stunden von 21 bis 6 Uhr. [3]Die Erlaubnis ist bei der Zustellung abschriftlich mitzuteilen. [4]Eine Zustellung, bei der diese Vorschriften nicht beachtet sind, ist wirksam, wenn die Annahme nicht verweigert wird.

(4)[1)] Das Dokument kann an Behörden, Körperschaften, Anstalten und Stiftungen des öffentlichen Rechts, an Rechtsanwälte, Patentanwälte, Notare, Steuerberater, Steuerbevollmächtigte, Wirtschaftsprüfer, vereidigte Buchprüfer, Steuerberatungsgesellschaften, Wirtschaftsprüfungsgesellschaften und Buchprüfungsgesellschaften auch auf andere Weise, auch elektronisch, gegen Empfangsbekenntnis zugestellt werden.

(5)[2)] [1]Ein elektronisches Dokument kann im Übrigen unbeschadet des Absatzes 4 elektronisch zugestellt werden, soweit der Empfänger hierfür einen Zugang eröffnet. [2]Es ist elektronisch zuzustellen, wenn auf Grund einer Rechtsvorschrift ein Verfahren auf Verlangen des Empfängers in elektronischer Form abgewickelt wird. [3]Für die Übermittlung ist das Dokument mit einer qualifizierten elektronischen Signatur zu versehen und gegen unbefugte Kenntnisnahme Dritter zu schützen.

(6)[2)] [1]Bei der elektronischen Zustellung ist die Übermittlung mit dem Hinweis „Zustellung gegen Empfangsbekenntnis" einzuleiten. [2]Die Übermittlung muss die absendende Behörde, den Namen und die Anschrift des Zustellungsadressaten sowie den Namen des Bediensteten erkennen lassen, der das Dokument zur Übermittlung aufgegeben hat.

(7)[2)] [1]Zum Nachweis der Zustellung nach den Absätzen 4 und 5 genügt das mit Datum und Unterschrift versehene Empfangsbekenntnis, das an die Behörde durch die Post oder elektronisch zurückzusenden ist. [2]Ein elektronisches Dokument gilt in den Fällen des Absatzes 5 Satz 2 am dritten Tag nach der Absendung an den vom Empfänger hierfür eröffneten Zugang als zugestellt, wenn der Behörde nicht spätestens an diesem Tag ein Empfangsbekenntnis nach Satz 1 zugeht. [3]Satz 2 gilt nicht, wenn der Empfänger nachweist, dass das Dokument nicht oder zu einem späteren Zeitpunkt zugegangen ist. [4]Der Empfänger ist in den Fällen des Absatzes 5 Satz 2 vor der Übermittlung über die Rechtsfolgen nach den Sätzen 2 und 3 zu belehren. [5]Zum Nachweis der Zustellung ist von der absendenden Behörde in den Akten zu vermerken, zu welchem Zeitpunkt und an welchen Zugang das Dokument gesendet wurde. [6]Der Empfänger ist über den Eintritt der Zustellungsfiktion nach Satz 2 zu benachrichtigen.

§ 5a[3)] Elektronische Zustellung gegen Abholbestätigung über De-Mail-Dienste. (1) [1]Die elektronische Zustellung kann unbeschadet des § 5 Absatz 4 und 5 Satz 1 und 2 durch Übermittlung der nach § 17 des De-Mail-Gesetzes akkreditierten Diensteanbieter gegen Abholbestätigung nach § 5 Absatz 9 des De-Mail-Gesetzes an das De-Mail-Postfach des Empfängers erfolgen. [2]Für die Zustellung nach Satz 1 ist § 5 Absatz 4 und 6 mit der Maßga-

---

[1)] § 5 Abs. 4 bish. Satz 2 aufgeh. mWv 18.12.2008 durch G v. 11.12.2008 (BGBl. I S. 2418).

[2)] § 5 Abs. 5 neu gef., Abs. 6 und 7 angef. mWv 18.12.2008 durch G v. 11.12.2008 (BGBl. I S. 2418); Abs. 5 neu gef., Abs. 7 Sätze 2, 3 und 4 geänd. mWv 3.5.2011 durch G v. 28.4.2011 (BGBl. I S. 666); Abs. 5 Satz 3 geänd. mWv 29.7.2017 durch G v. 18.7.2017 (BGBl. I S. 2745).

[3)] § 5a eingef. mWv 3.5.2011 durch G v. 28.4.2011 (BGBl. I S. 666).

be anzuwenden, dass an die Stelle des Empfangsbekenntnisses die Abholbestätigung tritt.

(2) [1]Der nach § 17 des De-Mail-Gesetzes akkreditierte Diensteanbieter hat eine Versandbestätigung nach § 5 Absatz 7 des De-Mail-Gesetzes und eine Abholbestätigung nach § 5 Absatz 9 des De-Mail-Gesetzes zu erzeugen. [2]Er hat diese Bestätigungen unverzüglich der absendenden Behörde zu übermitteln.

(3) [1]Zum Nachweis der elektronischen Zustellung genügt die Abholbestätigung nach § 5 Absatz 9 des De-Mail-Gesetzes. [2]Für diese gelten § 371 Absatz 1 Satz 2 und § 371a Absatz 3[1)] der Zivilprozessordnung.

(4) [1]Ein elektronisches Dokument gilt in den Fällen des § 5 Absatz 5 Satz 2 am dritten Tag nach der Absendung an das De-Mail-Postfach des Empfängers als zugestellt, wenn er dieses Postfach als Zugang eröffnet hat und der Behörde nicht spätestens an diesem Tag eine elektronische Abholbestätigung nach § 5 Absatz 9 des De-Mail-Gesetzes zugeht. [2]Satz 1 gilt nicht, wenn der Empfänger nachweist, dass das Dokument nicht oder zu einem späteren Zeitpunkt zugegangen ist. [3]Der Empfänger ist in den Fällen des § 5 Absatz 5 Satz 2 vor der Übermittlung über die Rechtsfolgen nach den Sätzen 1 und 2 zu belehren. [4]Als Nachweis der Zustellung nach Satz 1 dient die Versandbestätigung nach § 5 Absatz 7 des De-Mail-Gesetzes oder ein Vermerk der absendenden Behörde in den Akten, zu welchem Zeitpunkt und an welches De-Mail-Postfach das Dokument gesendet wurde. [5]Der Empfänger ist über den Eintritt der Zustellungsfiktion nach Satz 1 elektronisch zu benachrichtigen.

§ 6 Zustellung an gesetzliche Vertreter. (1)[2)] [1]Bei Geschäftsunfähigen oder beschränkt Geschäftsfähigen ist an ihre gesetzlichen Vertreter zuzustellen. [2]Gleiches gilt bei Personen, für die ein Betreuer bestellt ist, soweit der Aufgabenkreis des Betreuers reicht. [***ab 1.1.2023:*** [3]Das zugestellte Dokument ist der betreuten Personen nach Wahl der Behörde abschriftlich mitzuteilen oder elektronisch zu übermitteln.]

(2) [1]Bei Behörden wird an den Behördenleiter, bei juristischen Personen, nicht rechtsfähigen Personenvereinigungen und Zweckvermögen an ihre gesetzlichen Vertreter zugestellt. [2]§ 34 Abs. 2 der Abgabenordnung bleibt unberührt.

(3) Bei mehreren gesetzlichen Vertretern oder Behördenleitern genügt die Zustellung an einen von ihnen.

(4) Der zustellende Bedienstete braucht nicht zu prüfen, ob die Anschrift den Vorschriften der Absätze 1 bis 3 entspricht.

§ 7 Zustellung an Bevollmächtigte. (1) [1]Zustellungen können an den allgemeinen oder für bestimmte Angelegenheiten bestellten Bevollmächtigten gerichtet werden. [2]Sie sind an ihn zu richten, wenn er schriftliche Vollmacht vorgelegt hat. [3]Ist ein Bevollmächtigter für mehrere Beteiligte bestellt, so genügt die Zustellung eines Dokuments an ihn für alle Beteiligten.

(2) Einem Zustellungsbevollmächtigten mehrerer Beteiligter sind so viele Ausfertigungen oder Abschriften zuzustellen, als Beteiligte vorhanden sind.

[1)] Verweis geänd. mWv 1.7.2014 durch G v. 10.10.2013 (BGBl. I S. 3786).

[2)] § 6 Abs. 1 Satz 3 angef. mWv 1.1.2023 durch G v. 4.5.2021 (BGBl. I S. 882).

806. Gesetz zum automatischen Austausch von Informationen über Finanzkonten in Steuersachen (Finanzkonten-Informationsaustauschgesetz – FKAustG)[1)]

Vom 21. Dezember 2015 (BGBl. I S. 2531)

Geändert durch Gesetz zur Umsetzung der Änderungen der EU-Amtshilferichtlinie und von weiteren Maßnahmen gegen Gewinnkürzungen und -verlagerungen vom 20.12.2016 (BGBl. I S. 3000), Gesetz zur weiteren steuerlichen Förderung der Elektromobilität und zur Änderung weiterer steuerlicher Vorschriften vom 12.12.2019 (BGBl. I S. 2451) und Gesetz zur Abwehr von Steuervermeidung und unfairem Steuerwettbewerb und zur Änderung weiterer Gesetze vom 25.6.2021 (BGBl. I S. 2056)

BGBl. III/FNA 611-9-34

Inhaltsübersicht

[1)] Verkündet als Art. 1 Gesetz zum automatischen Austausch von Informationen über Finanzkonten in Steuersachen und zur Änderung weiterer Gesetze v. 21.12.2015 (BGBl. I S. 2531); Inkrafttreten gem. Art 8 dieses Gesetzes am 31.12.2015.

Art. 1 dieseses Gesetz dient der Umsetzung der Richtlinie 2011/16/EU des Rates vom 15. Februar 2011 über die Zusammenarbeit der Verwaltungsbehörden im Bereich der Besteuerung und zur Aufhebung der Richtlinie 77/799/EWG (ABl. L 64 vom 11.3.2011, S. 1; Amtshilferichtlinie) in der Fassung der Richtlinie 2014/107/EU (ABl. L 359 vom 16.12.2014, S. 1) sowie der Umsetzung des Gesetzes zu der Mehrseitigen Vereinbarung vom 29. Oktober 2014 zwischen den zuständigen Behörden über den automatischen Austausch von Informationen über Finanzkonten (CRS-MCAA) vom 21. Dezember 2015 (BGBl. 2015 II S. 1630).

Abschnitt 1. Allgemeine Bestimmungen

§ 1 Anwendungsbereich. (1)[1] Dieses Gesetz gilt für den automatischen Austausch von Informationen über Finanzkonten in Steuersachen mit

1. Mitgliedstaaten der Europäischen Union aufgrund der Richtlinie 2011/16/EU des Rates vom 15. Februar 2011 über die Zusammenarbeit der Verwaltungsbehörden im Bereich der Besteuerung und zur Aufhebung der Richtlinie 77/799/EWG (ABl. L 64 vom 11.3.2011, S. 1; Amtshilferichtlinie) in der Fassung der Richtlinie 2014/107/EU (ABl. L 359 vom 16.12.2014, S. 1),
2. Drittstaaten, die Vertragsparteien der von der Bundesrepublik Deutschland in Berlin unterzeichneten Mehrseitigen Vereinbarung vom 29. Oktober 2014 zwischen den zuständigen Behörden über den automatischen Austausch von Informationen über Finanzkonten (BGBl. 2015 II S. 1630, 1632) sind und diese in ihr nationales Recht verpflichtend aufgenommen haben sowie Vertragsparteien des Übereinkommens über die gegenseitige Amtshilfe in Steuersachen (BGBl. 2015 II S. 966, 967) sind und die gewährleisten, dass sie die Voraussetzungen des § 7 Absatz 1, insbesondere Buchstabe e der Mehrseitigen Vereinbarung vom 29. Oktober 2014 zwischen den zuständigen Behörden über den automatischen Austausch von Informationen über Finanzkonten erfüllen sowie
3.[2] Drittstaaten, die Verträge mit der Europäischen Union zur Vereinbarung des automatischen Austauschs von Informationen über Finanzkonten im Sinne der unter Nummer 1 angeführten Richtlinie 2014/107/EU (ABl. L 359 vom 16.12.2014, S. 1) geschlossen haben, sowie
4.[2] Drittstaaten, mit denen die Bundesrepublik Deutschland ein Abkommen über den steuerlichen Informationsaustausch geschlossen hat, nach dem ein automatischer Austausch von Informationen vereinbart werden kann.

(2) Für die Durchführung der Melde- und Sorgfaltspflichten gelten die in § 19 angeführten Begriffsbestimmungen und die sonstigen Begriffsbestimmungen nach § 20.

§ 2 Gemeinsamer Meldestandard. Gemäß den geltenden Melde- und Sorgfaltspflichten und ergänzenden Melde- und Sorgfaltsvorschriften tauscht

[1] *Finale Staatenaustauschliste bis 31.12.2020 abgedruckt in Anlage zu § 1 am Ende des Gesetzes.*

[2] § 1 Abs. 1 Nrn. 3 und 4 angef. durch G v. 20.12.2016 (BGBl. I S. 3000).

das Bundeszentralamt für Steuern innerhalb der festgelegten Frist nach § 5 Absatz 2 in Verbindung mit § 27 mit der zuständigen Behörde jedes anderen meldepflichtigen Staates die ihm hierzu von den Finanzinstituten nach diesem Gesetz übermittelten Daten aus; diese sind:

1. der Name, die Anschrift, die Steueridentifikationsnummer oder -nummern sowie bei natürlichen Personen das Geburtsdatum und der Geburtsort jeder meldepflichtigen Person, die Inhaber eines meldepflichtigen Kontos ist, sowie bei einem Rechtsträger, der Kontoinhaber ist und für den nach Anwendung von Verfahren zur Erfüllung der Sorgfaltspflichten gemäß dem Gemeinsamen Meldestandard eine oder mehrere beherrschende Personen ermittelt wurden, die meldepflichtige Personen sind, der Name, die Anschrift und die Steueridentifikationsnummer oder -nummern des Rechtsträgers sowie der Name, die Anschrift, die Steueridentifikationsnummer oder -nummern, das Geburtsdatum und der Geburtsort jeder meldepflichtigen Person;
2. die Kontonummer oder funktionale Entsprechung, wenn keine Kontonummer vorhanden ist;
3. der Name und gegebenenfalls die Identifikationsnummer des meldenden Finanzinstituts;
4. der Kontosaldo oder Kontowert einschließlich des Barwerts oder Rückkaufwerts bei rückkaufsfähigen Versicherungs- oder Rentenversicherungsverträgen zum Ende des betreffenden Kalenderjahrs oder eines anderen geeigneten Meldezeitraums oder, wenn das Konto im Laufe des Jahres beziehungsweise Zeitraums aufgelöst wurde, die Auflösung des Kontos;
5. bei Verwahrkonten
   a) der Gesamtbruttobetrag der Zinsen, der Gesamtbruttobetrag der Dividenden und der Gesamtbruttobetrag anderer Einkünfte, die mittels der auf dem Konto vorhandenen Vermögenswerte erzielt und jeweils auf das Konto oder in Bezug auf das Konto im Laufe des Kalenderjahrs oder eines anderen geeigneten Meldezeitraums eingezahlt oder dem Konto gutgeschrieben wurden, sowie
   b) die Gesamtbruttoerlöse aus der Veräußerung oder dem Rückkauf von Finanzvermögen, die während des Kalenderjahrs oder eines anderen geeigneten Meldezeitraums auf das Konto eingezahlt oder dem Konto gutgeschrieben wurden und für die das meldende Finanzinstitut als Verwahrstelle, Makler, Bevollmächtigter oder anderweitig als Vertreter für den Kontoinhaber tätig war;
6. bei Einlagenkonten der Gesamtbruttobetrag der Zinsen, die während des Kalenderjahrs oder eines anderen geeigneten Meldezeitraums auf das Konto eingezahlt oder dem Konto gutgeschrieben wurden, und
7. bei allen anderen Konten, die nicht Verwahrkonten oder Einlagekonten sind, der Gesamtbruttobetrag, der in Bezug auf das Konto während des Kalenderjahrs oder eines anderen geeigneten Meldezeitraums an den Kontoinhaber gezahlt oder ihm gutgeschrieben wurde und für den das meldende Finanzinstitut Schuldner ist, einschließlich der Gesamthöhe aller Einlö-

sungsbeträge, die während des Kalenderjahrs oder eines anderen geeigneten Meldezeitraums an den Kontoinhaber geleistet wurden.

§ 3 Pflichten der Finanzinstitute. (1) Die durch dieses Gesetz verpflichteten Finanzinstitute haben bei der Beschaffung und der Weiterleitung der Informationen im Sinne von § 8 die in diesem Gesetz bestimmten Melde- und Sorgfaltspflichten und ergänzenden Melde- und Sorgfaltsvorschriften einzuhalten.

(2) Die durch dieses Gesetz verpflichteten Finanzinstitute haben die Daten und Informationen zu erheben, zu speichern und zu verarbeiten soweit dies zur Erfüllung ihrer Pflichten nach Absatz 1 erforderlich ist.

(3) [1]Die Finanzinstitute nach Absatz 1 haben die bei der Erfüllung der Pflichten nach Absatz 1 erstellten Unterlagen zehn Jahre aufzubewahren. [2]Die Frist zur Aufbewahrung beginnt mit Ablauf des Jahres,

1. in dem die Finanzinstitute oder Dienstleister im Sinne des § 9 Absatz 4 die Informationen nach Absatz 2 erhoben haben, oder
2. in dem das Konto aufgelöst wird, soweit die Unterlagen nach Satz 1 für die weitere Erfüllung der Pflichten nach Absatz 1 benötigt werden.

§ 3a[1)] Pflichten der Kontoinhaber und der Antragsteller. (1) Natürliche Personen und Rechtsträger, die bei einem meldenden Finanzinstitut entweder für sich selbst oder zugunsten oder für Rechnung einer anderen Person die Eröffnung eines Finanzkontos beantragen, sowie Kontoinhaber haben die nachfolgenden Pflichten zu beachten.

(2) Hat nach diesem Gesetz ein meldendes Finanzinstitut Selbstauskünfte oder Belege einzuholen, so sind diese Informationen oder Unterlagen vollständig und richtig zu erteilen oder herauszugeben.

(3) Wer einem meldenden Finanzinstitut eine Selbstauskunft erteilt hat, muss dem Finanzinstitut bei einer Änderung der Gegebenheiten die neu zutreffenden Angaben bis zum letzten Tag des maßgeblichen Kalenderjahres oder eines anderen geeigneten Meldezeitraums oder 90 Kalendertage nach dem Eintritt der Änderung der Gegebenheiten, je nachdem, welches Datum später ist, mit einer Selbstauskunft richtig und vollständig mitteilen.

§ 4 Zuständige Behörde. Zuständige Behörde im Sinne dieses Gesetzes ist das Bundesministerium der Finanzen, soweit nicht die Zuständigkeit des Bundeszentralamts für Steuern nach § 5 Absatz 1 Nummer 5b des Finanzverwaltungsgesetzes gegeben ist.

§ 5[2)] Aufgaben des Bundeszentralamts für Steuern. (1) [1]Dem Bundeszentralamt für Steuern sind als zuständiger Behörde im Sinne des § 4 von den meldenden Finanzinstituten die Daten nach § 8 nach amtlich vorgeschriebenem Datensatz elektronisch im Wege der Datenfernübertragung erstmals zum

---

[1)] § 3a eingef. mWv 1.7.2021 durch G v. 25.6.2021 (BGBl. I S. 2056).
[2)] § 5 Abs. 3 geänd., Abs. 8 angef. durch G v. 20.12.2016 (BGBl. I S. 3000).

31. Juli 2017 zu übermitteln. 2 Das Bundesministerium der Finanzen gibt den amtlich vorgeschriebenen Datensatz im Bundessteuerblatt bekannt.

(2) 1 Das Bundeszentralamt für Steuern übermittelt die ihm von den Finanzinstituten nach Absatz 1 übermittelten Daten an die zuständige Behörde des jeweils anderen Staates im Sinne des § 1 Absatz 1. 2 Das Bundeszentralamt für Steuern speichert zudem die übermittelten Daten.

(3) Das Bundeszentralamt für Steuern nimmt die von einer anderen zuständigen Behörde eines Staates im Sinne des § 1 Absatz 1 übermittelten Daten entgegen, speichert sie und leitet sie zur Durchführung des Besteuerungsverfahrens nach Maßgabe des § 88 Absatz 3 und 4 der Abgabenordnung an die zuständige Landesfinanzbehörde weiter.

(4) 1 Das Bundeszentralamt für Steuern ist berechtigt, eine Auswertung der ihm nach den Absätzen 1 und 3 übermittelten Daten zur Erfüllung der dem Bundeszentralamt für Steuern gesetzlich übertragenen Aufgaben vorzunehmen. 2 Eine Auswertung der Daten durch die jeweils zuständige Landesfinanzbehörde bleibt hiervon unberührt.

(5) 1 Die nach den Absätzen 2 und 3 beim Bundeszentralamt für Steuern gespeicherten Daten werden ab dem Zeitpunkt der Übermittlung nach Absatz 2 Satz 1 15 Jahre lang aufbewahrt. 2 Mit Ablauf eines Jahres der Aufbewahrung nach Satz 1 werden die Daten gelöscht. 3 Geht vor dem in Satz 2 genannten Zeitpunkt eine Änderungsmeldung ein, so beginnt die Frist nach Satz 1 mit dem Zeitpunkt, zu dem die Änderungsmeldung eingegangen ist.

(6) 1 Das Bundeszentralamt für Steuern ist für die Prüfung der Einhaltung der den Finanzinstituten nach diesem Gesetz auferlegten Melde- und Sorgfaltspflichten, besonderen Sorgfaltspflichten sowie ergänzenden Melde- und Sorgfaltsvorschriften für Informationen über Finanzkonten zuständig. 2 Die §§ 193 bis 203 der Abgabenordnung gelten entsprechend.

(7) Die aufgrund dieses Gesetzes vom Bundeszentralamt für Steuern als zuständige Behörde erhobenen und gespeicherten Daten dürfen nur für die in den zugrunde liegenden Regelungen gemäß § 1 Absatz 1 festgelegten Zwecke verwendet werden.

(8) Bei der Übermittlung von Informationen durch das Bundeszentralamt für Steuern an die zuständigen Behörden der Vertragsstaaten der in § 1 Absatz 1 Nummer 2 genannten Vereinbarung vom 29. Oktober 2014 findet keine Anhörung der Beteiligten nach § 117 Absatz 4 Satz 3 der Abgabenordnung statt.

(Fortsetzung nächstes Blatt)

(2) Werden bei der in Absatz 1 beschriebenen erweiterten Überprüfung von Konten von hohem Wert keine der in § 11 Absatz 1 Satz 1 Nummer 2 aufgeführten Indizien festgestellt und wird das Konto nicht nach Absatz 1 Satz 2 als Konto einer meldepflichtigen Person identifiziert, sind keine weiteren Maßnahmen erforderlich, bis eine Änderung der Gegebenheiten eintritt, die dazu führt, dass dem Konto ein oder mehrere Indizien zugeordnet werden.

(3) Werden bei der in Absatz 1 beschriebenen erweiterten Überprüfung von Konten von hohem Wert Indizien nach § 11 Absatz 1 Satz 1 Nummer 2 Buchstabe a bis e festgestellt oder tritt anschließend eine Änderung der Gegebenheiten ein, die dazu führt, dass dem Konto ein oder mehrere Indizien zugeordnet werden, so muss das meldende Finanzinstitut das Konto für jeden Staat, für den ein Indiz festgestellt wird, als meldepflichtiges Konto betrachten, es sei denn, es entscheidet sich für die Anwendung von § 11 Absatz 3 und eine der dort genannten Ausnahmen trifft auf dieses Konto zu.

(4) [1] Werden bei der in Absatz 1 beschriebenen erweiterten Überprüfung von Konten von hohem Wert ein Postlagerungsauftrag oder eine c/o-Anschrift festgestellt und keine andere Anschrift und keine der in § 11 Absatz 1 Satz 1 Nummer 2 Buchstabe a bis e aufgeführten Indizien für den Kontoinhaber festgestellt, muss das meldende Finanzinstitut vom Kontoinhaber eine Selbstauskunft oder Belege beschaffen, um die steuerliche Ansässigkeit oder steuerlichen Ansässigkeiten des Kontoinhabers festzustellen. [2] Kann das meldende Finanzinstitut keine Selbstauskunft oder Belege beschaffen, muss es das Konto dem Bundeszentralamt für Steuern als nicht dokumentiertes Konto melden.

(5) [1] Bei einem bestehenden Konto natürlicher Personen, das zum 31. Dezember 2015 kein Konto von hohem Wert ist, zum letzten Tag eines darauffolgenden Kalenderjahrs jedoch ein Konto von hohem Wert ist, muss das meldende Finanzinstitut die in Absatz 1 beschriebenen erweiterten Überprüfungsverfahren für dieses Konto innerhalb des auf das Kalenderjahr, in dem das Konto ein Konto von hohem Wert wird, folgenden Kalenderjahrs abschließen. [2] Wird das Konto aufgrund dieser Überprüfung als meldepflichtiges Konto identifiziert, so muss das meldende Finanzinstitut die erforderlichen kontobezogenen Informationen für das Jahr, in dem das Konto als meldepflichtiges Konto identifiziert wird, und für die Folgejahre jährlich melden, es sei denn, der Kontoinhaber ist keine meldepflichtige Person mehr.

(6) Führt ein meldendes Finanzinstitut die in Absatz 1 angeführten erweiterten Überprüfungsverfahren für ein Konto von hohem Wert durch, so ist es in den Folgejahren nicht verpflichtet, für dasselbe Konto von hohem Wert diese Verfahren erneut durchzuführen, abgesehen von der Nachfrage beim Kundenbetreuer nach Absatz 1 Satz 2, es sei denn, es handelt sich um ein nicht dokumentiertes Konto, bei dem das meldende Finanzinstitut diese Verfahren jährlich erneut durchführen muss, bis das Konto nicht mehr undokumentiert ist.

(7) Tritt bei einem Konto von hohem Wert eine Änderung der Gegebenheiten ein, die dazu führt, dass dem Konto ein oder mehrere der in § 11 Absatz 1 Satz 1 Nummer 2 beschriebenen Indizien zugeordnet werden, so muss

das meldende Finanzinstitut das Konto für jeden meldepflichtigen Staat, für den ein Indiz festgestellt wird, als meldepflichtiges Konto betrachten, es sei denn, es entscheidet sich für die Anwendung von § 11 Absatz 3 und eine der in jenem Absatz genannten Ausnahmen trifft auf dieses Konto zu.

(8) [1] Ein meldendes Finanzinstitut muss Verfahren einrichten, mit denen sichergestellt wird, dass die Kundenbetreuer Änderungen der Gegebenheiten bei einem Konto erkennen. [2] Wird ein Kundenbetreuer beispielsweise benachrichtigt, dass der Kontoinhaber eine neue Postanschrift in einem meldepflichtigen Staat im Sinne des § 1 Absatz 1 hat, so muss das meldende Finanzinstitut die neue Anschrift als eine Änderung der Gegebenheiten betrachten und ist, sofern es sich für die Anwendung von § 11 Absatz 3 entscheidet, dazu verpflichtet, die entsprechenden Unterlagen vom Kontoinhaber zu beschaffen.

(9) Die Überprüfung bestehender Konten von hohem Wert natürlicher Personen muss bis zum 31. Dezember 2016 abgeschlossen sein.

§ 13 Sorgfaltspflichten bei Neukonten natürlicher Personen. (1) Die Identifizierung meldepflichtiger Konten unter den Neukonten natürlicher Personen richtet sich nach den folgenden Absätzen.

(2) Bei Neukonten natürlicher Personen muss das meldende Finanzinstitut bei Kontoeröffnung eine Selbstauskunft beschaffen, die Bestandteil der Kontoeröffnungsunterlagen sein kann und anhand derer das meldende Finanzinstitut die steuerliche Ansässigkeit oder steuerlichen Ansässigkeiten des Kontoinhabers feststellen kann, sowie die Plausibilität dieser Selbstauskunft anhand der vom meldenden Finanzinstitut bei Kontoeröffnung beschafften Informationen, einschließlich der aufgrund von Verfahren zur Bekämpfung der Geldwäsche und Kundensorgfaltspflichten (AML/KYC – Anti-Money Laundering/Know-your-Customer) erfassten Unterlagen, bestätigen.

(2a)[1)] [1] Abweichend von Absatz 2 kann die Beschaffung der Selbstauskunft oder die Bestätigung ihrer Plausibilität auch unverzüglich nach der Kontoeröffnung erfolgen, wenn das meldende Finanzinstitut nachweisen kann, dass

1. die Beschaffung der Selbstauskunft bei Kontoeröffnung aus rechtlichen oder tatsächlichen Gründen unmöglich ist; oder
2. die Bestätigung der Plausibilität bei Kontoeröffnung in begründeten Ausnahmefällen unzumutbar ist.

[2] Im Fall des Satzes 1 muss sichergestellt sein, dass vor der Beschaffung der Selbstauskunft oder der Bestätigung ihrer Plausibilität keine Gelder von dem Konto abverfügt werden können. [3] Für den Fall einer Rückzahlung eingegangener Gelder dürfen diese nur an den Einzahler ausgezahlt werden. [4] Kann die Selbstauskunft innerhalb von 90 Kalendertagen seit der Kontoeröffnung nicht beschafft oder ihre Plausibilität nicht bestätigt werden, muss das meldende Finanzinstitut dies dem Bundeszentralamt für Steuern unverzüglich unter Angabe aller zur Identifizierung des Kontoinhabers zur Verfügung stehenden Angaben mitteilen.

---

1) § 13 Abs. 2a eingef. mWv 1.7.2021 durch G v. 25.6.2021 (BGBl. I S. 2056).

(3) Geht aus der Selbstauskunft nach Absatz 2 hervor, dass der Kontoinhaber in einem meldepflichtigen Staat steuerlich ansässig ist, so muss das meldende Finanzinstitut das Konto als meldepflichtiges Konto betrachten und die Selbstauskunft auch die Steueridentifikationsnummer des Kontoinhabers in dem meldepflichtigen Staat vorbehaltlich des § 8 Absatz 3 sowie das Geburtsdatum enthalten.

(4) Tritt bei einem Neukonto natürlicher Personen eine Änderung der Gegebenheiten ein, aufgrund derer dem meldenden Finanzinstitut bekannt ist oder bekannt sein müsste, dass die ursprüngliche Selbstauskunft nicht zutreffend oder unglaubwürdig ist, so darf es sich nicht auf die ursprüngliche Selbstauskunft verlassen und muss eine gültige Selbstauskunft beschaffen, aus der die steuerliche Ansässigkeit oder steuerlichen Ansässigkeiten des Kontoinhabers hervorgeht oder hervorgehen.

§ 14 Sorgfaltspflichten bei bestehenden Konten von Rechtsträgern.
(1) Die Identifizierung meldepflichtiger Konten unter den bestehenden Konten von Rechtsträgern richtet sich nach den folgenden Absätzen.

(2) Für nicht überprüfungs-, identifizierungs- oder meldepflichtige Konten von Rechtsträgern gilt: Sofern sich das meldende Finanzinstitut nicht entweder für alle bestehenden Konten von Rechtsträgern oder jeweils für eine eindeutig identifizierte Gruppe dieser Konten anderweitig entscheidet, muss ein bestehendes Konto von Rechtsträgern, das zum 31. Dezember 2015 einen Gesamtkontosaldo oder Gesamtkontowert von höchstens 250 000 US-Dollar aufweist, nicht als meldepflichtiges Konto überprüft, identifiziert oder gemeldet werden, bis der Gesamtkontosaldo oder der Gesamtkontowert zum letzten Tag eines darauffolgenden Kalenderjahrs diesen Betrag übersteigt.

(3) Für überprüfungspflichtige Konten von Rechtsträgern gilt: Ein bestehendes Konto von Rechtsträgern mit einem Gesamtkontosaldo oder Gesamtkontowert von mehr als 250 000 US-Dollar zum 31. Dezember 2015 und ein bestehendes Konto von Rechtsträgern, dessen Gesamtkontosaldo oder Gesamtkontowert am 31. Dezember 2015 diesen Betrag nicht übersteigt, zum letzten Tag eines darauffolgenden Kalenderjahrs jedoch diesen Betrag übersteigt, muss nach dem in Absatz 5 festgelegten Verfahren überprüft werden.

(4) Für meldepflichtige Konten von Rechtsträgern gilt: Von den in Absatz 3 beschriebenen bestehenden Konten von Rechtsträgern gelten nur diejenigen Konten als meldepflichtige Konten, die von einem oder von mehreren Rechtsträgern gehalten werden, die meldepflichtige Personen sind, oder von passiven NFEs mit einer oder mehreren beherrschenden Personen, die meldepflichtige Personen sind.

(5) Bei den in Absatz 3 beschriebenen bestehenden Konten von Rechtsträgern muss ein meldendes Finanzinstitut die folgenden Überprüfungsverfahren durchführen, um festzustellen, ob eine meldepflichtige Person oder mehrere meldepflichtige Personen oder passive NFEs mit einer oder mehreren beherrschenden Personen, die meldepflichtige Personen sind, Inhaber des Kontos ist oder sind:

1. Zur Feststellung, ob der Rechtsträger eine meldepflichtige Person ist, ist zu beachten:

a) die Überprüfung der zu aufsichtsrechtlichen Zwecken oder für die Kundenbetreuung verwahrten Informationen einschließlich der aufgrund von Verfahren zur Bekämpfung der Geldwäsche und Kundensorgfaltspflichten (AML/KYC – Anti-Money Laundering/Know-your-Customer) erhobenen Informationen auf Hinweise, dass der Kontoinhaber in einem meldepflichtigen Staat ansässig ist. [2] Für diesen Zweck gilt ein Gründungsort, ein Sitz oder eine Anschrift in einem meldepflichtigen Staat als Hinweis, dass der Kontoinhaber in einem meldepflichtigen Staat ansässig ist;

b) weisen die Informationen darauf hin, dass der Kontoinhaber in einem meldepflichtigen Staat ansässig ist, so muss das meldende Finanzinstitut das Konto als meldepflichtiges Konto betrachten, es sei denn, das meldende Finanzinstitut beschafft vom Kontoinhaber eine Selbstauskunft oder stellt anhand von in seinem Besitz befindlichen oder öffentlich verfügbaren Informationen in vertretbarer Weise fest, dass es sich bei dem Kontoinhaber nicht um eine meldepflichtige Person handelt.

2. [1] Zur Feststellung, ob der Rechtsträger ein passiver NFE mit einer oder mehreren beherrschenden Personen ist, bei denen es sich um meldepflichtige Personen handelt, gilt: Bei einem Kontoinhaber eines bestehenden Kontos von Rechtsträgern, einschließlich eines Rechtsträgers, der eine meldepflichtige Person ist, muss das meldende Finanzinstitut feststellen, ob der Kontoinhaber ein passiver NFE mit einer oder mehreren beherrschenden Personen ist, bei denen es sich um meldepflichtige Personen handelt. [2] Handelt es sich bei einer beherrschenden Person eines passiven NFE um eine meldepflichtige Person, so ist das Konto als meldepflichtiges Konto zu betrachten. [3] Bei diesen Feststellungen soll das meldende Finanzinstitut die unter den nachfolgenden Buchstaben a bis c aufgeführten Leitlinien in der jeweils geeignetsten Reihenfolge befolgen:

a) zur Feststellung, ob der Kontoinhaber ein passiver NFE ist, muss das meldende Finanzinstitut eine Selbstauskunft des Kontoinhabers zum Nachweis seines Status beschaffen, es sei denn, das meldende Finanzinstitut kann anhand von in seinem Besitz befindlichen oder öffentlich verfügbaren Informationen in vertretbarer Weise feststellen, dass der Kontoinhaber ein aktiver NFE ist oder ein anderes Finanzinstitut als ein unter § 19 Nummer 6 Buchstabe b beschriebenes Investmentunternehmen, bei dem es sich nicht um ein Finanzinstitut eines teilnehmenden Staates handelt;

b) zur Feststellung der beherrschenden Person eines Kontoinhabers kann sich ein meldendes Finanzinstitut auf die aufgrund von Verfahren zur Bekämpfung der Geldwäsche und Kundensorgfaltspflichten (AML/KYC – Anti-Money Laundering/Know-your-Customer) erhobenen und verwahrten Informationen verlassen;

c) zur Feststellung, ob eine beherrschende Person eines passiven NFE eine meldepflichtige Person ist, kann sich ein meldendes Finanzinstitut auf Folgendes verlassen:

aa) bei einem bestehenden Konto von Rechtsträgern, dessen Inhaber ein NFE oder mehrere NFEs ist oder sind und dessen Gesamtkontosaldo oder Gesamtkontowert 1 000 000 US-Dollar nicht übersteigt, auf die aufgrund von Verfahren zur Bekämpfung der Geldwäsche und Kundensorgfaltspflichten (AML/KYC – Anti-Money Laundering/Know-your-Customer) erfassten und verwahrten Informationen oder

bb) auf eine Selbstauskunft des Kontoinhabers oder dieser beherrschenden Person aus dem meldepflichtigen Staat oder den meldepflichtigen Staaten im Sinne des § 1 Absatz 1 oder anderen Staat oder Staaten, in dem oder in denen die beherrschende Person steuerlich ansässig ist.

§ 15 Überprüfungszeitraum und zusätzliche Verfahren für bestehende Konten von Rechtsträgern. (1) Die Überprüfung bestehender Konten von Rechtsträgern mit einem Gesamtkontosaldo oder Gesamtkontowert von mehr als 250 000 US-Dollar zum 31. Dezember 2015 muss bis zum 31. Dezember 2017 abgeschlossen sein.

(2) Die Überprüfung bestehender Konten von Rechtsträgern, deren Gesamtkontosaldo oder Gesamtkontowert zum 31. Dezember 2015 250 000 US-Dollar nicht übersteigt, zum 31. Dezember eines Folgejahres jedoch diesen Betrag übersteigt, muss innerhalb des Kalenderjahrs nach dem Jahr, in dem der Gesamtkontosaldo oder Gesamtkontowert diesen Betrag übersteigt, abgeschlossen sein.

(3) Tritt bei einem bestehenden Konto von Rechtsträgern eine Änderung der Gegebenheiten ein, aufgrund derer dem meldenden Finanzinstitut bekannt ist oder bekannt sein müsste, dass die Selbstauskunft oder andere kontobezogene Unterlagen nicht zutreffend oder unglaubwürdig sind, so muss es den Status des Kontos nach dem in § 14 Absatz 5 festgelegten Verfahren neu bestimmen.

§ 16 Sorgfaltspflichten bei Neukonten von Rechtsträgern. (1) Die Identifizierung meldepflichtiger Konten unter den Neukonten von Rechtsträgern richtet sich nach den folgenden Absätzen.

(2) Bei Neukonten von Rechtsträgern muss ein meldendes Finanzinstitut die folgenden Überprüfungsverfahren durchführen, um festzustellen, ob das Konto von einer meldepflichtigen Person oder mehreren meldepflichtigen Personen oder von passiven NFEs mit einer oder mehreren beherrschenden Personen, die meldepflichtige Personen sind, gehalten wird:

1.[1] [1] Feststellung, ob der Rechtsträger eine meldepflichtige Person ist:

a) Beschaffung einer Selbstauskunft, die Bestandteil der Kontoeröffnungsunterlagen sein kann und anhand derer das meldende Finanzinstitut die steuerliche Ansässigkeit oder steuerlichen Ansässigkeiten des Kontoinhabers ermitteln kann, sowie Bestätigung der Plausibilität dieser Selbstauskunft anhand der vom meldenden Finanzinstitut bei Kontoeröffnung beschafften Informationen, einschließlich aufgrund von Verfahren zur Bekämpfung der Geldwäsche und Kundensorgfaltspflichten (AML/KYC – Anti-Money Laundering/Know-your-Customer) erfassten Unterlagen; erklärt der

[1] § 16 Abs. 2 Nr. 1 Satz 4 geänd. mWv 18.12.2019 durch G v. 12.12.2019 (BGBl. I S. 2451).

Rechtsträger, es liege keine steuerliche Ansässigkeit vor, so kann sich das meldende Finanzinstitut zur Bestimmung der Ansässigkeit des Kontoinhabers auf die Anschrift des Hauptsitzes des Rechtsträgers verlassen;

b) enthält die Selbstauskunft Hinweise darauf, dass der Kontoinhaber in einem meldepflichtigen Staat ansässig ist, so muss das meldende Finanzinstitut das Konto als meldepflichtiges Konto betrachten, es sei denn, das meldende Finanzinstitut stellt anhand der in seinem Besitz befindlichen oder öffentlich verfügbaren Informationen in vertretbarer Weise fest, dass es sich bei dem Kontoinhaber nicht um eine meldepflichtige Person in Bezug auf diesen meldepflichtigen Staat handelt.

[2] Zur Feststellung, ob der Rechtsträger ein passiver NFE mit einer oder mehreren beherrschenden Personen ist, bei denen es sich um meldepflichtige Personen handelt, ist Folgendes zu beachten: Bei einem Kontoinhaber eines Neukontos von Rechtsträgern einschließlich eines Rechtsträgers, der eine meldepflichtige Person ist, muss das meldende Finanzinstitut feststellen, ob der Kontoinhaber ein passiver NFE mit einer oder mehreren beherrschenden Personen ist, bei denen es sich um meldepflichtige Personen handelt. [3] Handelt es sich bei einer beherrschenden Person eines passiven NFE um eine meldepflichtige Person, so ist das Konto als meldepflichtiges Konto zu betrachten. [4] Bei diesen Feststellungen soll das meldende Finanzinstitut die in Nummer 2, in Absatz 3 und in Absatz 4 aufgeführten Leitlinien in der jeweils geeignetsten Reihenfolge befolgen.

2. Zur Feststellung, ob der Kontoinhaber ein passiver NFE ist, muss sich das meldende Finanzinstitut auf eine Selbstauskunft des Kontoinhabers zum Nachweis seines Status verlassen, es sei denn, das meldende Finanzinstitut kann anhand von in seinem Besitz befindlichen oder öffentlich verfügbaren Informationen in vertretbarer Weise feststellen, dass der Kontoinhaber ein aktiver NFE ist oder ein anderes Finanzinstitut als ein unter § 19 Nummer 6 Buchstabe b beschriebenes Investmentunternehmen, bei dem es sich nicht um ein Finanzinstitut eines teilnehmenden Staates handelt.

(2a)[1] [1] Abweichend von Absatz 2 Nummer 1 Buchstabe a kann die Beschaffung der Selbstauskunft oder die Bestätigung ihrer Plausibilität auch unverzüglich nach der Kontoeröffnung erfolgen, wenn das meldende Finanzinstitut nachweisen kann, dass

1. die Beschaffung der Selbstauskunft bei Kontoeröffnung aus rechtlichen oder tatsächlichen Gründen unmöglich ist; oder
2. die Bestätigung der Plausibilität bei Kontoeröffnung in begründeten Ausnahmefällen unzumutbar ist.

[2] Im Fall des Satzes 1 muss sichergestellt sein, dass vor der Beschaffung der Selbstauskunft oder der Bestätigung ihrer Plausibilität keine Gelder von dem Konto abverfügt werden können. [3] Für den Fall einer Rückzahlung eingegangener Gelder dürfen diese nur an den Einzahler ausgezahlt werden. [4] Kann die Selbstauskunft innerhalb von 90 Kalendertagen seit der Kontoeröffnung nicht beschafft oder ihre Plausibilität nicht bestätigt werden, muss das meldende

---

[1] § 16 Abs. 2a eingef. mWv 1.7.2021 durch G v. 25.6.2021 (BGBl. I S. 2056).

Finanzinstitut dies dem Bundeszentralamt für Steuern unverzüglich unter Angabe aller zur Identifizierung des Kontoinhaber zur Verfügung stehenden Angaben mitteilen.

(3) Zur Feststellung der beherrschenden Personen eines Kontoinhabers kann sich ein meldendes Finanzinstitut auf die aufgrund von Verfahren zur Bekämpfung der Geldwäsche und Kundensorgfaltspflichten (AML/KYC – Anti-Money Laundering/Know-your-Customer) erhobenen und verwahrten Informationen verlassen.

(4) Zur Feststellung, ob eine beherrschende Person eines passiven NFE eine meldepflichtige Person ist, kann sich ein meldendes Finanzinstitut auf eine Selbstauskunft des Kontoinhabers oder dieser beherrschenden Person verlassen.

§ 17 Besondere Sorgfaltsvorschriften. (1) Ein meldendes Finanzinstitut darf sich nicht auf eine Selbstauskunft oder auf Belege verlassen, wenn ihm bekannt ist oder bekannt sein müsste, dass die Selbstauskunft oder die Belege nicht zutreffend oder unglaubwürdig sind.

(2) Für Finanzkonten begünstigter natürlicher Personen eines rückkaufsfähigen Versicherungsvertrags oder Rentenversicherungsvertrags und für rückkaufsfähige Gruppenversicherungsverträge oder Gruppenrentenversicherungsverträge gilt:

1. ein meldendes Finanzinstitut kann davon ausgehen, dass eine begünstigte natürliche Person, mit Ausnahme des Eigentümers, eines rückkaufsfähigen Versicherungsvertrags oder eines Rentenversicherungsvertrags, die eine Todesfallleistung erhält, keine meldepflichtige Person ist und dieses Finanzkonto als ein nicht meldepflichtiges Konto betrachten, es sei denn, dem meldenden Finanzinstitut ist bekannt oder müsste bekannt sein, dass der Begünstigte eine meldepflichtige Person ist. [2] Einem meldenden Finanzinstitut müsste bekannt sein, dass ein Begünstigter eines rückkaufsfähigen Versicherungsvertrags oder eines Rentenversicherungsvertrags eine meldepflichtige Person ist, wenn die vom meldenden Finanzinstitut erhobenen und dem Begünstigten zugeordneten Informationen Indizien im Sinne des § 11 enthalten. [3] Ist einem meldenden Finanzinstitut tatsächlich bekannt oder müsste ihm bekannt sein, dass der Begünstigte eine meldepflichtige Person ist, so muss das meldende Finanzinstitut die Verfahren nach § 11 einhalten;
2. ein meldendes Finanzinstitut kann ein Finanzkonto, das den Anteil eines Mitglieds an einem rückkaufsfähigen Gruppenversicherungsvertrag oder

(Fortsetzung nächstes Blatt)

vorliegt, gilt als in dem Staat ansässig, in dem sich der Ort seiner tatsächlichen Geschäftsleitung befindet. [2] Zu diesem Zweck gelten juristische Personen oder Rechtsgebilde als einer Personengesellschaft und einer Limited Liability Partnership ähnlich, wenn sie in einem meldepflichtigen Staat nach dessen Steuerrecht nicht als steuerpflichtige Rechtsträger behandelt werden.

(2) Um jedoch aufgrund des breiten Geltungsbereichs des Begriffs beherrschende Personen bei Trusts Doppelmeldungen zu vermeiden, kann ein Trust, der ein passiver NFE ist, nicht als ähnliches Rechtsgebilde gelten.

§ 26 Anschrift des Hauptsitzes eines Rechtsträgers. [1] Gemäß § 20 Nummer 6 Buchstabe c müssen amtliche Dokumente in Bezug auf einen Rechtsträger entweder die Anschrift des Hauptsitzes des Rechtsträgers in dem Staat umfassen, in dem er ansässig zu sein behauptet, oder den Staat, in dem der Rechtsträger eingetragen oder gegründet wurde. [2] Die Anschrift des Hauptsitzes des Rechtsträgers ist im Allgemeinen der Ort, an dem sich seine tatsächliche Geschäftsleitung befindet. [3] Die Anschrift des Finanzinstituts, bei dem der Rechtsträger ein Konto führt, ein Postfach oder eine reine Postanschrift, ist nicht die Anschrift des Hauptsitzes des Rechtsträgers, es sei denn, diese Anschrift ist die einzige, die von dem Rechtsträger verwendet wird, und erscheint als eingetragene Anschrift des Rechtsträgers in dessen Geschäftsdokumenten. [4] Ferner ist eine Anschrift, die mit der Anweisung angegeben wird, den gesamten Schriftverkehr postlagernd an diese Anschrift zu richten, nicht die Anschrift des Hauptsitzes des Rechtsträgers.

§ 27 Anwendungsbestimmung. (1) Das Bundeszentralamt für Steuern führt als zuständige Behörde die automatische Übermittlung von Informationen nach § 1 in Verbindung mit den §§ 2 und 4 jeweils zum 30. September eines Jahres für das vorhergehende Kalenderjahr durch; beginnend zum 30. September 2017 für 2016.

(2) Die Finanzinstitute haben dem Bundeszentralamt für Steuern die Daten nach § 8 nach amtlich vorgeschriebenem Datensatz elektronisch im Wege der Datenfernübertragung jeweils zum 31. Juli eines Jahres für das vorhergehende Kalenderjahr zu übermitteln; beginnend zum 31. Juli 2017 für 2016.

§ 28 Bußgeldvorschriften. (1)[1)] Ordnungswidrig handelt, wer vorsätzlich oder leichtfertig

1. entgegen § 3a Absatz 2 eine Selbstauskunft oder einen Beleg nicht richtig oder nicht vollständig erteilt;
2. entgegen § 3a Absatz 3 eine Mitteilung nicht, nicht richtig, nicht vollständig oder nicht rechtzeitig macht; oder
3. entgegen § 8 Absatz 1 Satz 1 eine Meldung nicht, nicht richtig, nicht vollständig oder nicht rechtzeitig macht.

(1a)[1)] Die Ordnungswidrigkeit kann in den Fällen des Absatzes 1 Nummer 3 mit einer Geldbuße bis zu fünfzigtausend Euro, in den übrigen Fällen mit einer Geldbuße bis zu zehntausend Euro geahndet werden.

---

1) § 28 Abs. 1 neu gef., Abs. 1a eingef. mWv 1.7.2021 durch G v. 25.6.2021 (BGBl. I S. 2056).

(2) Verwaltungsbehörde im Sinne des § 36 Absatz 1 Nummer 1 des Gesetzes über Ordnungswidrigkeiten ist das Bundeszentralamt für Steuern.

(Fortsetzung nächstes Blatt)

Automatischer Austausch von Informationen über Finanzkonten in Steuersachen nach dem Finanzkonten-Informationsaustauschgesetz – FKAustG; Bekanntmachung einer finalen Staatenaustauschliste im Sinne des § 1 Absatz 1 FKAustG für den automatischen Austausch von Informationen über Finanzkonten in Steuersachen zum 30. September 2021

BMF v. 16.6.2021, IV B6-S1315/19/10030 :035

Nach den Vorgaben des Gesetzes zum automatischen Austausch von Informationen über Finanzkonten in Steuersachen (Finanzkonten-Informationsaustauschgesetz – FKAustG) werden Informationen über Finanzkonten in Steuersachen zwischen dem Bundeszentralamt für Steuern (BZSt) und der zuständigen Behörde des jeweils anderen Staates im Sinne des § 1 Absatz 1 FKAustG automatisch ausgetauscht (§ 27 Absatz 1 FKAustG).

Dem BZSt sind hierfür von den meldenden Finanzinstituten die Finanzkontendaten zu den meldepflichtigen Konten nach amtlich vorgeschriebenem Datensatz elektronisch im Wege der Datenfernübertragung zum 31. Juli 2021 zu übermitteln (§ 27 Absatz 2 FKAustG).

Zu den Staaten im Sinne des § 1 Absatz 1 FKAustG, mit denen der automatische Austausch von Informationen über Finanzkonten in Steuersachen erfolgt, zählen

1. Mitgliedstaaten der Europäischen Union aufgrund der Richtlinie 2011/16/EU des Rates vom 15. Februar 2011 über die Zusammenarbeit der Verwaltungsbehörden im Bereich der Besteuerung und zur Aufhebung der Richtlinie 77/799/EWG (ABl. L 64 vom 11. März 2011, Seite 1; Amtshilferichtlinie) in der Fassung der Richtlinie 2014/107/EU (ABl. L 359 vom 16. Dezember 2014, Seite 1),
2. Drittstaaten, die Vertragsparteien der von der Bundesrepublik Deutschland in Berlin unterzeichneten Mehrseitigen Vereinbarung vom 29. Oktober 2014 zwischen den zuständigen Behörden über den automatischen Austausch von Informationen über Finanzkonten (BGBl. 2015 II Seiten 1630, 1632) sind und diese in ihr nationales Recht verpflichtend aufgenommen haben sowie Vertragsparteien des Übereinkommens über die gegenseitige Amtshilfe in Steuersachen (BGBl. 2015 II Seiten 966, 967) sind und die gewährleisten, dass sie die Voraussetzungen des § 7 Absatz 1, insbesondere Buchstabe e der Mehrseitigen Vereinbarung vom 29. Oktober 2014 zwischen den zuständigen Behörden über den automatischen Austausch von Informationen über Finanzkonten erfüllen,
3. Drittstaaten, die Verträge mit der Europäischen Union zur Vereinbarung des automatischen Austauschs von Informationen über Finanzkonten im Sinne der unter Nummer 1 angeführten Richtlinie 2014/107/EU (ABl. L 359 vom 16. Dezember 2014, Seite 1) geschlossen haben, sowie
4. Drittstaaten, mit denen die Bundesrepublik Deutschland ein Abkommen über den steuerlichen Informationsaustausch geschlossen hat, nach dem ein automatischer Austausch von Informationen vereinbart werden kann.

Hiermit werden die Staaten im Sinne des § 1 Absatz 1 FKAustG bekannt gegeben, bei denen die Voraussetzungen für den automatischen Austausch von Informationen über Finanzkonten mit Stand vom 11. Mai 2021 vorliegen, mit denen der automatische Datenaustausch zum 30. September 2021 erfolgt und für welche die meldenden Finanzinstitute Finanzkontendaten zum 31. Juli 2021 dem BZSt zu übermitteln haben (finale FKAustG-Staatenaustauschliste 2020).

Für den Datenaustausch zum 30. September 2022 wird eine neue FKAustG-Staatenaustauschliste 2022 im Rahmen eines weiteren BMF-Schreibens bekannt gegeben.

Die finale FKAustG-Staatenaustauschliste 2021 wird nachfolgend dargestellt und steht auf der Internetseite des BZSt unter www.bzst.bund.de zur Ansicht und zum Abruf bereit.

Finale FKAustG-Staatenaustauschliste 2021

Nr.	Staaten nach § 1 Absatz 1 FKAustG mit automatischem Informationsaustausch zum 30. September 2021	Rechtsgrundlage nach § 1 Abs. 1 FKAustG
1.	**Albanien**[1)]	§ 1 Absatz 1 Nummer 2 FKAustG
2.	Andorra	§ 1 Absatz 1 Nummer 3 FKAustG
3.	Anguilla[1)]	§ 1 Absatz 1 Nummer 2 FKAustG
4.	Antigua und Barbuda	§ 1 Absatz 1 Nummer 2 FKAustG
5.	Argentinien	§ 1 Absatz 1 Nummer 2 FKAustG
6.	Aruba[1)]	§ 1 Absatz 1 Nummer 2 FKAustG
7.	Aserbaidschan	§ 1 Absatz 1 Nummer 2 FKAustG
8.	Australien	§ 1 Absatz 1 Nummer 2 FKAustG
9.	Bahamas[1)]	§ 1 Absatz 1 Nummer 2 FKAustG
10.	Bahrain[1)]	§ 1 Absatz 1 Nummer 2 FKAustG
11.	Barbados	§ 1 Absatz 1 Nummer 2 FKAustG
12.	Belgien	§ 1 Absatz 1 Nummer 1 FKAustG
13.	Belize[1)]	§ 1 Absatz 1 Nummer 2 FKAustG
14.	Bermuda[1)]	§ 1 Absatz 1 Nummer 2 FKAustG
15.	Brasilien	§ 1 Absatz 1 Nummer 2 FKAustG
16.	Britische Jungferninseln[1)]	§ 1 Absatz 1 Nummer 2 FKAustG
17.	Brunei Darussalam[1)]	§ 1 Absatz 1 Nummer 2 FKAustG
18.	Bulgarien	§ 1 Absatz 1 Nummer 1 FKAustG
19.	Chile	§ 1 Absatz 1 Nummer 2 FKAustG
20.	China	§ 1 Absatz 1 Nummer 2 FKAustG
21.	Cookinseln	§ 1 Absatz 1 Nummer 2 FKAustG
22.	Costa Rica	§ 1 Absatz 1 Nummer 2 FKAustG
23.	Curaçao	§ 1 Absatz 1 Nummer 2 FKAustG
24.	Dänemark	§ 1 Absatz 1 Nummer 1 FKAustG
25.	Dominica[1)]	§ 1 Absatz 1 Nummer 2 FKAustG
26.	Estland	§ 1 Absatz 1 Nummer 1 FKAustG
27.	Färöer	§ 1 Absatz 1 Nummer 2 FKAustG
28.	Finnland	§ 1 Absatz 1 Nummer 1 FKAustG
29.	Frankreich[2)]	§ 1 Absatz 1 Nummer 1 FKAustG
30.	Ghana[1)]	§ 1 Absatz 1 Nummer 2 FKAustG
31.	Gibraltar	§ 1 Absatz 1 Nummer 2 FKAustG
32.	Grenada	§ 1 Absatz 1 Nummer 2 FKAustG
33.	Griechenland	§ 1 Absatz 1 Nummer 1 FKAustG
34.	Grönland	§ 1 Absatz 1 Nummer 2 FKAustG
35.	Guernsey	§ 1 Absatz 1 Nummer 2 FKAustG
36.	Hongkong	§ 1 Absatz 1 Nummer 2 FKAustG
37.	Indien	§ 1 Absatz 1 Nummer 2 FKAustG
38.	Indonesien	§ 1 Absatz 1 Nummer 2 FKAustG
39.	Irland	§ 1 Absatz 1 Nummer 1 FKAustG
40.	Island	§ 1 Absatz 1 Nummer 2 FKAustG
41.	Isle of Man	§ 1 Absatz 1 Nummer 2 FKAustG
42.	Israel	§ 1 Absatz 1 Nummer 2 FKAustG
43.	Italien	§ 1 Absatz 1 Nummer 1 FKAustG

Nr.	Staaten nach § 1 Absatz 1 FKAustG mit automatischem Informationsaustausch am 30. September 2021	Rechtsgrundlage nach § 1 Abs. 1 FKAustG
44.	Japan	§ 1 Absatz 1 Nummer 2 FKAustG
45.	Jersey	§ 1 Absatz 1 Nummer 2 FKAustG
46.	Kaimaninseln[1)]	§ 1 Absatz 1 Nummer 2 FKAustG
47.	Kanada	§ 1 Absatz 1 Nummer 2 FKAustG
48.	Katar[1)]	§ 1 Absatz 1 Nummer 2 FKAustG
49.	Kolumbien	§ 1 Absatz 1 Nummer 2 FKAustG
50.	Korea, Republik	§ 1 Absatz 1 Nummer 2 FKAustG
51.	Kroatien	§ 1 Absatz 1 Nummer 1 FKAustG
52.	Kuwait[1)]	§ 1 Absatz 1 Nummer 2 FKAustG
53.	Lettland	§ 1 Absatz 1 Nummer 1 FKAustG
54.	Libanon[1)]	§ 1 Absatz 1 Nummer 2 FKAustG
55.	Liechtenstein	§ 1 Absatz 1 Nummer 3 FKAustG
56.	Litauen	§ 1 Absatz 1 Nummer 1 FKAustG
57.	Luxemburg	§ 1 Absatz 1 Nummer 1 FKAustG
58.	Macau[1)]	§ 1 Absatz 1 Nummer 2 FKAustG
59.	Malaysia	§ 1 Absatz 1 Nummer 2 FKAustG
60.	Malta	§ 1 Absatz 1 Nummer 1 FKAustG
61.	Marshallinseln[1)]	§ 1 Absatz 1 Nummer 2 FKAustG
62.	Mauritius	§ 1 Absatz 1 Nummer 2 FKAustG
63.	Mexiko	§ 1 Absatz 1 Nummer 2 FKAustG
64.	Monaco	§ 1 Absatz 1 Nummer 3 FKAustG
65.	Montserrat[1)]	§ 1 Absatz 1 Nummer 2 FKAustG
66.	Nauru[1)]	§ 1 Absatz 1 Nummer 2 FKAustG
67.	**Neukaledonien**[1)]	§ 1 Absatz 1 Nummer 2 FKAustG
68.	Neuseeland	§ 1 Absatz 1 Nummer 2 FKAustG
69.	Niederlande[3)]	§ 1 Absatz 1 Nummer 1 FKAustG
70.	Nigeria[1)]	§ 1 Absatz 1 Nummer 2 FKAustG
71.	Niue[1)]	§ 1 Absatz 1 Nummer 2 FKAustG
72.	Norwegen	§ 1 Absatz 1 Nummer 2 FKAustG
73.	Österreich	§ 1 Absatz 1 Nummer 1 FKAustG
74.	**Oman**[1)]	§ 1 Absatz 1 Nummer 2 FKAustG
75.	Pakistan	§ 1 Absatz 1 Nummer 2 FKAustG
76.	Panama	§ 1 Absatz 1 Nummer 2 FKAustG
77.	**Peru**	§ 1 Absatz 1 Nummer 2 FKAustG
78.	Polen	§ 1 Absatz 1 Nummer 1 FKAustG
79.	Portugal	§ 1 Absatz 1 Nummer 1 FKAustG
80.	Rumänien	§ 1 Absatz 1 Nummer 1 FKAustG
81.	Russische Föderation	§ 1 Absatz 1 Nummer 2 FKAustG
82.	Samoa[1)]	§ 1 Absatz 1 Nummer 2 FKAustG
83.	San Marino	§ 1 Absatz 1 Nummer 3 FKAustG
84.	Saudi-Arabien	§ 1 Absatz 1 Nummer 2 FKAustG
85.	Schweden	§ 1 Absatz 1 Nummer 1 FKAustG
86.	Schweiz	§ 1 Absatz 1 Nummer 3 FKAustG
87.	Seychellen	§ 1 Absatz 1 Nummer 2 FKAustG
88.	Singapur	§ 1 Absatz 1 Nummer 2 FKAustG

Nr.	Staaten nach § 1 Absatz 1 FKAustG mit automatischem Informationsaustausch am 30. September 2021	Rechtsgrundlage nach § 1 Abs. 1 FKAustG
89.	Slowakei	§ 1 Absatz 1 Nummer 1 FKAustG
90.	Slowenien	§ 1 Absatz 1 Nummer 1 FKAustG
91.	Spanien	§ 1 Absatz 1 Nummer 1 FKAustG
92.	St. Kitts und Nevis[1)]	§ 1 Absatz 1 Nummer 2 FKAustG
93.	St. Lucia	§ 1 Absatz 1 Nummer 2 FKAustG
94.	St. Vincent und die Grenadinen[1)]	§ 1 Absatz 1 Nummer 2 FKAustG
95.	Südafrika	§ 1 Absatz 1 Nummer 2 FKAustG
96.	Tschechien	§ 1 Absatz 1 Nummer 1 FKAustG
97.	Türkei	§ 1 Absatz 1 Nummer 2 FKAustG
98.	Turks- und Caicosinseln[1)]	§ 1 Absatz 1 Nummer 2 FKAustG
99.	Ungarn	§ 1 Absatz 1 Nummer 1 FKAustG
100.	Uruguay	§ 1 Absatz 1 Nummer 2 FKAustG
101.	Vanuatu[1)]	§ 1 Absatz 1 Nummer 2 FKAustG
102.	Vereinigte Arabische Emirate[1)]	§ 1 Absatz 1 Nummer 2 FKAustG
103.	Vereinigtes Königreich	§ 1 Absatz 1 Nummer 2 FKAustG
104.	Zypern	§ 1 Absatz 1 Nummer 1 FKAustG

[1)] **[Amtl. Anm.:]** Aufgrund einer Notifikation dieses Staates gemäß § 7 Absatz 1 Buchstabe b der Mehrseitigen Vereinbarung vom 29. Oktober 2014 zwischen den zuständigen Behörden über den automatischen Austausch von Informationen über Finanzkonten übermittelt die Bundesrepublik Deutschland nach § 2 Absatz 1.2 dieser Mehrseitigen Vereinbarung keine Finanzkonteninformationen an diesen Staat, erhält jedoch Finanzkonteninformationen von diesem. Deshalb sind auch in diesem Fall bis auf weiteres keine Finanzkontendaten durch meldende Finanzinstitute dem BZSt gemäß § 5 Absatz 1 FKAustG zu übermitteln.

[2)] **[Amtl. Anm.:]** Hierzu zählen auch Französisch-Guayana, Guadeloupe, Martinique, Mayotte, Réunion und Saint-Barthélemy.

[3)] **[Amtl. Anm.:]** Hierzu zählen auch Bonaire, Sint Eustatius und Saba.

835. Zivilprozessordnung

In der Fassung der Bekanntmachung vom 5. Dezember 2005 (BGBl. I S. 3202)[1)]

Zuletzt geändert durch Gesetz vom 25.6.2021 (BGBl. I S. 2154)

BGBl. III/FNA 310-4

– Auszug –

– Pfändungsschutzbestimmungen (§§ 850 bis 852) –

§ 850 Pfändungsschutz für Arbeitseinkommen. (1) Arbeitseinkommen, das in Geld zahlbar ist, kann nur nach Maßgabe der §§ 850a bis 850i gepfändet werden.

(2) Arbeitseinkommen im Sinne dieser Vorschrift sind die Dienst- und Versorgungsbezüge der Beamten, Arbeits- und Dienstlöhne, Ruhegelder und ähnliche nach dem einstweiligen oder dauernden Ausscheiden aus dem Dienst- oder Arbeitsverhältnis gewährte fortlaufende Einkünfte, ferner Hinterbliebenenbezüge sowie sonstige Vergütungen für Dienstleistungen aller Art, die die Erwerbstätigkeit des Schuldners vollständig oder zu einem wesentlichen Teil in Anspruch nehmen.

(3) Arbeitseinkommen sind auch die folgenden Bezüge, soweit sie in Geld zahlbar sind:

a) Bezüge, die ein Arbeitnehmer zum Ausgleich für Wettbewerbsbeschränkungen für die Zeit nach Beendigung seines Dienstverhältnisses beanspruchen kann;

b) Renten, die auf Grund von Versicherungsverträgen gewährt werden, wenn diese Verträge zur Versorgung des Versicherungsnehmers oder seiner unterhaltsberechtigten Angehörigen eingegangen sind.

(4) Die Pfändung des in Geld zahlbaren Arbeitseinkommens erfasst alle Vergütungen, die dem Schuldner aus der Arbeits- oder Dienstleistung zustehen, ohne Rücksicht auf ihre Benennung oder Berechnungsart.

§ 850a Unpfändbare Bezüge. Unpfändbar sind

1. zur Hälfte die für die Leistung von Mehrarbeitsstunden gezahlten Teile des Arbeitseinkommens;
2. die für die Dauer eines Urlaubs über das Arbeitseinkommen hinaus gewährten Bezüge, Zuwendungen aus Anlass eines besonderen Betriebsereignisses und Treugelder, soweit sie den Rahmen des Üblichen nicht übersteigen;

[1)] Neubekanntmachung der Zivilprozessordnung in der im Bundesgesetzblatt Teil III, Gliederungsnummer 310-4, veröffentlichten bereinigten Fassung auf Grund des Art. 2a des EG-Vollstreckungs-Durchführungsgesetzes v. 18.8.2005 (BGBl. I S. 2477) in der ab 21.10.2005 geltenden Fassung.

3. Aufwandsentschädigungen, Auslösungsgelder und sonstige soziale Zulagen für auswärtige Beschäftigungen, das Entgelt für selbstgestelltes Arbeitsmaterial, Gefahrenzulagen sowie Schmutz- und Erschwerniszulagen, soweit diese Bezüge den Rahmen des Üblichen nicht übersteigen;
4.[1] Weihnachtsvergütungen bis *zum Betrag der Hälfte des monatlichen Arbeitseinkommens, höchstens aber bis zum Betrag von 500 Euro* [***ab 1.1.2022:*** zu der Hälfte des Betrags, dessen Höhe sich nach Aufrundung des monatlichen Freibetrages nach § 850c Absatz 1 in Verbindung mit Absatz 4 auf den nächsten vollen 10-Euro-Betrag ergibt];
5.[2] Geburtsbeihilfen sowie Beihilfen aus Anlass der Eingehung einer Ehe oder Begründung einer Lebenspartnerschaft, sofern die Vollstreckung wegen anderer als der aus Anlass der Geburt, der Eingehung einer Ehe oder der Begründung einer Lebenspartnerschaft entstandenen Ansprüche betrieben wird;
6. Erziehungsgelder, Studienbeihilfen und ähnliche Bezüge;
7. Sterbe- und Gnadenbezüge aus Arbeits- oder Dienstverhältnissen;
8. Blindenzulagen.

§ 850b Bedingt pfändbare Bezüge. (1) Unpfändbar sind ferner

1. Renten, die wegen einer Verletzung des Körpers oder der Gesundheit zu entrichten sind;
2. Unterhaltsrenten, die auf gesetzlicher Vorschrift beruhen, sowie die wegen Entziehung einer solchen Forderung zu entrichtenden Renten;
3. fortlaufende Einkünfte, die ein Schuldner aus Stiftungen oder sonst auf Grund der Fürsorge und Freigebigkeit eines Dritten oder auf Grund eines Altenteils oder Auszugsvertrags bezieht;
4.[3] Bezüge aus Witwen-, Waisen-, Hilfs- und Krankenkassen, die ausschließlich oder zu einem wesentlichen Teil zu Unterstützungszwecken gewährt werden, ferner Ansprüche aus Lebensversicherungen, die nur auf den Todesfall des Versicherungsnehmers abgeschlossen sind, wenn die Versicherungssumme *3579* [***ab 1.1.2022:*** 5400] Euro nicht übersteigt.

(2) Diese Bezüge können nach den für Arbeitseinkommen geltenden Vorschriften gepfändet werden, wenn die Vollstreckung in das sonstige bewegliche Vermögen des Schuldners zu einer vollständigen Befriedigung des Gläubigers nicht geführt hat oder voraussichtlich nicht führen wird und wenn nach den Umständen des Falles, insbesondere nach der Art des beizutreibenden Anspruchs und der Höhe der Bezüge, die Pfändung der Billigkeit entspricht.

(3) Das Vollstreckungsgericht soll vor seiner Entscheidung die Beteiligten hören.

---

[1] § 850a Nr. 4 neu gef. mWv 1.1.2022 durch G v. 7.5.2021 (BGBl. I S. 850).
[2] § 850a Nr. 5 geänd. durch G v. 20.11.2015 (BGBl. I S. 2010).
[3] § 850b Abs. 1 Nr. 1 Betrag geänd. mWv 1.1.2022 durch G v. 7.5.2021 (BGBl. I S. 850).

§ 850c Pfändungsgrenzen für Arbeitseinkommen.

[Fassung bis 7.5.2021:]

(1)[2] [1]Arbeitseinkommen ist unpfändbar, wenn es, je nach dem Zeitraum, für den es gezahlt wird, nicht mehr als

930 [1178,59] Euro monatlich,
217,50 [271,24] Euro wöchentlich oder
43,50 [54,25] Euro täglich

beträgt. [2]Gewährt der Schuldner auf Grund einer gesetzlichen Verpflichtung seinem Ehegatten, einem früheren Ehegatten, seinem Lebenspartner, einem früheren Lebenspartner oder einem Verwandten oder nach §§ 1615l, 1615n des Bürgerlichen Gesetzbuchs einem Elternteil Unterhalt, so erhöht sich der Betrag, bis zu dessen Höhe Arbeitseinkommen unpfändbar ist, auf bis zu

2060 [2610,63] Euro monatlich,
478,50 [600,80] Euro wöchentlich oder
96,50 [120,16] Euro täglich,

und zwar um

350 [443,57] Euro monatlich,
81 [102,08] Euro wöchentlich oder
17 [20,42] Euro täglich

für die erste Person, der Unterhalt gewährt wird, und um je

195 [247,12] Euro monatlich,
45 [56,87] Euro wöchentlich oder
9 [11,37] Euro täglich

für die zweite bis fünfte Person.

[Fassung ab 8.5.2021:][1)]*

(1) Arbeitseinkommen ist unpfändbar, wenn es, je nach dem Zeitraum, für den es gezahlt wird, nicht mehr als

1. *1178,59* [1252,64]* Euro monatlich,
2. *271,24* [288,28]* Euro wöchentlich oder
3. *54,25* [57,66]* Euro täglich

beträgt.

(2) [1]Gewährt der Schuldner auf Grund einer gesetzlichen Verpflichtung seinem Ehegatten, einem früheren Ehegatten, seinem Lebenspartner, einem früheren Lebenspartner, einem Verwandten oder nach den §§ 1615l und 1615n des Bürgerlichen Gesetzbuchs einem Elternteil Unterhalt, so erhöht sich der Betrag nach Absatz 1 für die erste Person, der Unterhalt gewährt wird, und zwar um

1. *443,57* [471,44]* Euro monatlich,
2. *102,08* [108,50]* Euro wöchentlich oder
3. *20,42* [21,70]* Euro täglich.

[2]Für die zweite bis fünfte Person, der Unterhalt gewährt wird, erhöht sich der Betrag nach Absatz 1 um je

1. *247,12* [262,65]* Euro monatlich,
2. *56,87* [60,45]* Euro wöchentlich oder
3. *11,37* [12,09]* Euro täglich.

[1)] § 850c neu gef. mWv 8.5.2021 durch G v. 22.11.2020 (BGBl. I S. 2466); geänd. BGBl. I S. 850).

* Die unpfändbaren Beträge nach Absatz 1 und Absatz 2 Satz 2 sind durch Bekanntmachung zu den §§ 850c und 850f der Zivilprozessordnung (Pfändungsfreigrenzenbekanntmachung 2021) vom 10.5.2021 (BGBl. I S. 1099) zum **1.7.2021** geändert worden.

[2)] Die Beträge in Klammern sind die durch VO von 4.4.2019 (BGBl. I S. 443) zum **1.7.2019** geänderten Werte.

[Fassung bis 7.5.2021:]

(2) [1] Übersteigt das Arbeitseinkommen den Betrag, bis zu dessen Höhe es je nach der Zahl der Personen, denen der Schuldner Unterhalt gewährt, nach Absatz 1 unpfändbar ist, so ist es hinsichtlich des überschießenden Betrages zu einem Teil unpfändbar, und zwar in Höhe von drei Zehnteln, wenn der Schuldner keiner der in Absatz 1 genannten Personen Unterhalt gewährt, zwei weiteren Zehnteln für die erste Person, der Unterhalt gewährt wird, und je einem weiteren Zehntel für die zweite bis fünfte Person. [2] Der Teil des Arbeitseinkommens, der *2851* [3613,08] Euro monatlich (*658* [831,50] Euro wöchentlich, *131,58* [166,30] Euro täglich) übersteigt, bleibt bei der Berechnung des unpfändbaren Betrages unberücksichtigt.

(2a) [1] Die unpfändbaren Beträge nach Absatz 1 und Absatz 2 Satz 2 ändern sich jeweils zum 1. Juli eines jeden zweiten Jahres, erstmalig zum 1. Juli 2003, entsprechend der im Vergleich zum jeweiligen Vorjahreszeitraum sich ergebenden prozentualen Entwicklung des Grundfreibetrages nach § 32a Abs. 1 Nr. 1 des Einkommensteuergesetzes; der Berechnung ist die am 1. Januar des jeweiligen Jahres geltende Fassung des § 32a Abs. 1 Nr. 1 des Einkommensteuergesetzes zugrunde zu legen. [2] Das Bundesministerium der Justiz und für Verbraucherschutz[1] gibt die maßgebenden Beträge rechtzeitig im Bundesgesetzblatt bekannt.

(3) [1] Bei der Berechnung des nach Absatz 2 pfändbaren Teils des Arbeitseinkommens ist das Arbeitsein-

[Fassung ab 8.5.2021:]

(3) [1] Übersteigt das Arbeitseinkommen den Betrag nach Absatz 1, so ist es hinsichtlich des überschießenden Teils in Höhe von drei Zehnteln unpfändbar. [2] Gewährt der Schuldner nach Absatz 2 Unterhalt, so sind für die erste Person weitere zwei Zehntel und für die zweite bis fünfte Person jeweils ein weiteres Zehntel unpfändbar. [3] Der Teil des Arbeitseinkommens, der

1. *3613,08* [3840,08]* Euro monatlich,
2. *831,50* [883,74]* Euro wöchentlich oder
3. *166,30* [176,75]* Euro täglich

übersteigt, bleibt bei der Berechnung des unpfändbaren Betrages unberücksichtigt.

(4) [1] Das Bundesministerium der Justiz und für Verbraucherschutz macht im Bundesgesetzblatt Folgendes bekannt (Pfändungsfreigrenzenbekanntmachung):

1. die Höhe des unpfändbaren Arbeitseinkommens nach Absatz 1,
2. die Höhe der Erhöhungsbeträge nach Absatz 2,
3. die Höhe der in Absatz 3 Satz 3 genannten Höchstbeträge.

[2] Die Beträge werden jeweils zum 1. Juli eines Jahres entsprechend der im Vergleich zum jeweiligen Vorjahreszeitraum sich ergebenden prozentualen Entwicklung des Grundfreibetrages nach § 32a Absatz 1 Satz 2 Nummer 1 des Einkommensteuergesetzes angepasst; der Berechnung ist die am 1. Januar des jeweiligen Jahres

---

[1] Bezeichnung geänd. durch VO v. 31.8.2015 (BGBl. I S. 1474).
[2] Nachstehend abgedruckt.
* Zuletzt Bek. v. 10.5.2021, BGBl. I S. 1099 (Pfändungsfreigrenzenbekanntmachung 2021).

[Fassung bis 7.5.2021:]

kommen, gegebenenfalls nach Abzug des nach Absatz 2 Satz 2 pfändbaren Betrages, wie aus der Tabelle ersichtlich, die diesem Gesetz als Anlage beigefügt ist, nach unten abzurunden, und zwar bei Auszahlung für Monate auf einen durch 10 Euro, bei Auszahlung für Wochen auf einen durch 2,50 Euro oder bei Auszahlung für Tage auf einen durch 50 Cent teilbaren Betrag. [2]Im Pfändungsbeschluss genügt die Bezugnahme auf die Tabelle.

(4) Hat eine Person, welcher der Schuldner auf Grund gesetzlicher Verpflichtung Unterhalt gewährt, eigene Einkünfte, so kann das Vollstreckungsgericht auf Antrag des Gläubigers nach billigem Ermessen bestimmen, dass diese Person bei der Berechnung des unpfändbaren Teils des Arbeitseinkommens ganz oder teilweise unberücksichtigt bleibt; soll die Person nur teilweise berücksichtigt werden, so ist Absatz 3 Satz 2 nicht anzuwenden.

[Fassung ab 8.5.2021:]

geltende Fassung des § 32a Absatz 1 Satz 2 Nummer 1 des Einkommensteuergesetzes zugrunde zu legen.

(5) [1]Um den nach Absatz 3 pfändbaren Teil des Arbeitseinkommens zu berechnen, ist das Arbeitseinkommen, gegebenenfalls nach Abzug des nach Absatz 3 Satz 3 pfändbaren Betrages, auf eine Zahl abzurunden, die bei einer Auszahlung für

1. Monate bei einer Teilung durch 10 eine natürliche Zahl ergibt,
2. Wochen bei einer Teilung durch 2,5 eine natürliche Zahl ergibt,
3. Tage bei einer Teilung durch 0,5 eine natürliche Zahl ergibt.

[2]Die sich aus der Berechnung nach Satz 1 ergebenden Beträge sind in der Pfändungsfreigrenzenbekanntmachung als Tabelle enthalten. [3]Im Pfändungsbeschluss genügt die Bezugnahme auf die Tabelle.

(6) Hat eine Person, welcher der Schuldner auf Grund gesetzlicher Verpflichtung Unterhalt gewährt, eigene Einkünfte, so kann das Vollstreckungsgericht auf Antrag des Gläubigers nach billigem Ermessen bestimmen, dass diese Person bei der Berechnung des unpfändbaren Teils des Arbeitseinkommens ganz oder teilweise unberücksichtigt bleibt; soll die Person nur teilweise berücksichtigt werden, so ist Absatz 5 Satz 3 nicht anzuwenden.

§ 850d Pfändbarkeit bei Unterhaltsansprüchen. (1) [1]Wegen der Unterhaltsansprüche, die kraft Gesetzes einem Verwandten, dem Ehegatten, einem früheren Ehegatten, dem Lebenspartner, einem früheren Lebenspartner oder nach §§ 1615l, 1615n des Bürgerlichen Gesetzbuchs[1)] einem Elternteil zustehen, sind das Arbeitseinkommen und die in § 850a Nr. 1, 2 und 4 genannten Bezüge ohne die in § 850c bezeichneten Beschränkungen pfändbar. [2]Dem Schuldner ist jedoch so viel zu belassen, als er für seinen notwendigen Unterhalt und zur Erfüllung seiner laufenden gesetzlichen Unterhaltspflichten gegenüber den dem Gläubiger vorgehenden Berechtigten oder zur gleichmä-

---

[1)] **Schönfelder Nr. 20.**

ßigen Befriedigung der dem Gläubiger gleichstehenden Berechtigten bedarf; von den in § 850a Nr. 1, 2 und 4 genannten Bezügen hat ihm mindestens die Hälfte des nach § 850a unpfändbaren Betrages zu verbleiben. [3]Der dem Schuldner hiernach verbleibende Teil seines Arbeitseinkommens darf den Betrag nicht übersteigen, der ihm nach den Vorschriften des § 850c gegenüber nicht bevorrechtigten Gläubigern zu verbleiben hätte. [4]Für die Pfändung wegen der Rückstände, die länger als ein Jahr vor dem Antrag auf Erlass des Pfändungsbeschlusses fällig geworden sind, gelten die Vorschriften dieses Absatzes insoweit nicht, als nach Lage der Verhältnisse nicht anzunehmen ist, dass der Schuldner sich seiner Zahlungspflicht absichtlich entzogen hat.

(2)[1)] Mehrere nach Absatz 1 Berechtigte sind mit ihren Ansprüchen in der Reihenfolge nach § 1609 des Bürgerlichen Gesetzbuchs und § 16 des Lebenspartnerschaftsgesetzes zu berücksichtigen, wobei mehrere gleich nahe Berechtigte untereinander den gleichen Rang haben.

(3) Bei der Vollstreckung wegen der in Absatz 1 bezeichneten Ansprüche sowie wegen der aus Anlass einer Verletzung des Körpers oder der Gesundheit zu zahlenden Renten kann zugleich mit der Pfändung wegen fälliger Ansprüche auch künftig fällig werdendes Arbeitseinkommen wegen der dann jeweils fällig werdenden Ansprüche gepfändet und überwiesen werden.

§ 850e Berechnung des pfändbaren Arbeitseinkommens. Für die Berechnung des pfändbaren Arbeitseinkommens gilt Folgendes:

1. [1]Nicht mitzurechnen sind die nach § 850a der Pfändung entzogenen Bezüge, ferner Beträge, die unmittelbar auf Grund steuerrechtlicher oder sozialrechtlicher Vorschriften zur Erfüllung gesetzlicher Verpflichtungen des Schuldners abzuführen sind. [2]Diesen Beträgen stehen gleich die auf den Auszahlungszeitraum entfallenden Beträge, die der Schuldner
   a) nach den Vorschriften der Sozialversicherungsgesetze zur Weiterversicherung entrichtet oder
   b) an eine Ersatzkasse oder an ein Unternehmen der privaten Krankenversicherung leistet, soweit sie den Rahmen des Üblichen nicht übersteigen.
2. [1]Mehrere Arbeitseinkommen sind auf Antrag vom Vollstreckungsgericht bei der Pfändung zusammenzurechnen. [2]Der unpfändbare Grundbetrag ist in erster Linie dem Arbeitseinkommen zu entnehmen, das die wesentliche Grundlage der Lebenshaltung des Schuldners bildet.

2a. [1]Mit Arbeitseinkommen sind auf Antrag auch Ansprüche auf laufende Geldleistungen nach dem Sozialgesetzbuch zusammenzurechnen, soweit diese der Pfändung unterworfen sind. [2]Der unpfändbare Grundbetrag ist, soweit die Pfändung nicht wegen gesetzlicher Unterhaltsansprüche erfolgt, in erster Linie den laufenden Geldleistungen nach dem Sozialgesetzbuch zu entnehmen. [3]Ansprüche auf Geldleistungen für Kinder dürfen mit Arbeitseinkommen nur zusammengerechnet werden, soweit sie nach § 76 des Einkommensteuergesetzes oder nach § 54 Abs. 5 des Ersten Buches Sozialgesetzbuch[2)] gepfändet werden können.

[1)] § 850d Abs. 2 neu gef. mWv 1.1.2008 durch G v. 21.12.2007 (BGBl. I S. 3189).
[2)] Loseblatt-Textsammlung **Aichberger SGB RVO Nr. 1**.

3. [1]Erhält der Schuldner neben seinem in Geld zahlbaren Einkommen auch Naturalleistungen, so sind Geld- und Naturalleistungen zusammenzurechnen. [2]In diesem Fall ist der in Geld zahlbare Betrag insoweit pfändbar, als der nach § 850c unpfändbare Teil des Gesamteinkommens durch den Wert der dem Schuldner verbleibenden Naturalleistungen gedeckt ist.
4. [1]Trifft eine Pfändung, eine Abtretung oder eine sonstige Verfügung wegen eines der in § 850d bezeichneten Ansprüche mit einer Pfändung wegen eines sonstigen Anspruchs zusammen, so sind auf die Unterhaltsansprüche zunächst die gemäß § 850d der Pfändung in erweitertem Umfang unterliegenden Teile des Arbeitseinkommens zu verrechnen. [2]Die Verrechnung nimmt auf Antrag eines Beteiligten das Vollstreckungsgericht vor. [3]Der Drittschuldner kann, solange ihm eine Entscheidung des Vollstreckungsgerichts nicht zugestellt ist, nach dem Inhalt der ihm bekannten Pfändungsbeschlüsse, Abtretungen und sonstigen Verfügungen mit befreiender Wirkung leisten.

§ 850f[1)] Änderung des unpfändbaren Betrages. (1) Das Vollstreckungsgericht kann dem Schuldner auf Antrag von dem nach den Bestimmungen der §§ 850c, 850d und 850i pfändbaren Teil seines Arbeitseinkommens einen Teil belassen, wenn

[Fassung bis 7.5.2021:]

a) der Schuldner nachweist, dass bei Anwendung der Pfändungsfreigrenzen entsprechend der Anlage zu diesem Gesetz (zu § 850c) der notwendige Lebensunterhalt im Sinne des Dritten, Vierten und Elften Kapitels des Zwölften Buches Sozialgesetzbuch oder nach Kapitel 3 Abschnitt 2 des Zweiten Buches Sozialgesetzbuch für sich und für die Personen, denen er Unterhalt zu gewähren hat, nicht gedeckt ist,

b) besondere Bedürfnisse des Schuldners aus persönlichen oder beruflichen Gründen oder

c) der besondere Umfang der gesetzlichen Unterhaltspflichten des Schuldners, insbesondere die Zahl der Unterhaltsberechtigten, dies erfordern

[Fassung ab 8.5.2021:]

1. der Schuldner nachweist, dass bei Anwendung der Pfändungsfreigrenzen entsprechend § 850c der notwendige Lebensunterhalt im Sinne des Dritten und Vierten Kapitels des Zwölften Buches Sozialgesetzbuch oder nach Kapitel 3 Abschnitt 2 des Zweiten Buches Sozialgesetzbuch für sich und für die Personen, denen er gesetzlich zum Unterhalt verpflichtet ist, nicht gedeckt ist,
2. besondere Bedürfnisse des Schuldners aus persönlichen oder beruflichen Gründen oder
3. der besondere Umfang der gesetzlichen Unterhaltspflichten des Schuldners, insbesondere die Zahl der Unterhaltsberechtigten, dies erfordern

und überwiegende Belange des Gläubigers nicht entgegenstehen.

---

1) § 850f Abs. 1 Buchst. a geänd. durch G v. 21.11.2016 (BGBl. I S. 2591); Abs. 1 Buchst. a bis c werden Nrn. 1 bis 3 und Nr. 1 neu gef., Abs. 3 aufgeh. mWv 8.5.2021 durch G v. 22.11.2020 (BGBl. I S. 2466; geänd. durch G v. 7.5.2021, BGBl. I S. 850).

(2) Wird die Zwangsvollstreckung wegen einer Forderung aus einer vorsätzlich begangenen unerlaubten Handlung betrieben, so kann das Vollstreckungsgericht auf Antrag des Gläubigers den pfändbaren Teil des Arbeitseinkommens ohne Rücksicht auf die in § 850c vorgesehenen Beschränkungen bestimmen; dem Schuldner ist jedoch so viel zu belassen, wie er für seinen notwendigen Unterhalt und zur Erfüllung seiner laufenden gesetzlichen Unterhaltspflichten bedarf.

§ 850g Änderung der Unpfändbarkeitsvoraussetzungen. [1]Ändern sich die Voraussetzungen für die Bemessung des unpfändbaren Teils des Arbeitseinkommens, so hat das Vollstreckungsgericht auf Antrag des Schuldners oder des Gläubigers den Pfändungsbeschluss entsprechend zu ändern. [2]Antragsberechtigt ist auch ein Dritter, dem der Schuldner kraft Gesetzes Unterhalt zu gewähren hat. [3]Der Drittschuldner kann nach dem Inhalt des früheren Pfändungsbeschlusses mit befreiender Wirkung leisten, bis ihm der Änderungsbeschluss zugestellt wird.

§ 850h Verschleiertes Arbeitseinkommen. (1) [1]Hat sich der Empfänger der vom Schuldner geleisteten Arbeiten oder Dienste verpflichtet, Leistungen an einen Dritten zu bewirken, die nach Lage der Verhältnisse ganz oder teilweise eine Vergütung für die Leistung des Schuldners darstellen, so kann der Anspruch des Drittberechtigten insoweit auf Grund des Schuldtitels gegen den Schuldner gepfändet werden, wie wenn der Anspruch dem Schuldner zustände. [2]Die Pfändung des Vergütungsanspruchs des Schuldners umfasst ohne weiteres den Anspruch des Drittberechtigten. [3]Der Pfändungsbeschluss ist dem Drittberechtigten ebenso wie dem Schuldner zuzustellen.

(2) [1]Leistet der Schuldner einem Dritten in einem ständigen Verhältnis Arbeiten oder Dienste, die nach Art und Umfang üblicherweise vergütet werden, unentgeltlich oder gegen eine unverhältnismäßig geringe Vergütung, so gilt im Verhältnis des Gläubigers zu dem Empfänger der Arbeits- und Dienstleistungen eine angemessene Vergütung als geschuldet. [2]Bei der Prüfung, ob diese Voraussetzungen vorliegen, sowie bei der Bemessung der Vergütung ist auf alle Umstände des Einzelfalles, insbesondere die Art der Arbeits- und Dienstleistung, die verwandtschaftlichen oder sonstigen Beziehungen zwischen dem Dienstberechtigten und dem Dienstverpflichteten und die wirtschaftliche Leistungsfähigkeit des Dienstberechtigten Rücksicht zu nehmen.

§ 850i[1)] Pfändungsschutz für sonstige Einkünfte. (1) [1]Werden nicht wiederkehrend zahlbare Vergütungen für persönlich geleistete Arbeiten oder Dienste oder sonstige Einkünfte, die kein Arbeitseinkommen sind, gepfändet, so hat das Gericht dem Schuldner auf Antrag während eines angemessenen Zeitraums so viel zu belassen, als ihm nach freier Schätzung des Gerichts verbleiben würde, wenn sein Einkommen aus laufendem Arbeits- oder Dienstlohn bestünde. [2]Bei der Entscheidung sind die wirtschaftlichen Verhältnisse

---

1) § 850i Überschrift geänd., Abs. 1 neu gef. mWv 1.7.2010 durch G v. 7.7.2009 (BGBl. I S. 1707).

des Schuldners, insbesondere seine sonstigen Verdienstmöglichkeiten, frei zu würdigen. [3]Der Antrag des Schuldners ist insoweit abzulehnen, als überwiegende Belange des Gläubigers entgegenstehen.

(2)[1)] Die Vorschriften des § 27 des Heimarbeitsgesetzes vom 14. März 1951 (BGBl. I S. 191)[2)] bleiben unberührt.

(3)[3)] Die Bestimmungen der Versicherungs-, Versorgungs- und sonstigen gesetzlichen Vorschriften über die Pfändung von Ansprüchen bestimmter Art bleiben unberührt.

[*Fassung bis 30.11.2021:*[4)]

§ 850k[5)] **Pfändungsschutzkonto.** (1) [1]Wird das Guthaben auf dem Pfändungsschutzkonto des Schuldners bei einem Kreditinstitut gepfändet, kann der Schuldner jeweils bis zum Ende des Kalendermonats über Guthaben in Höhe des monatlichen Freibetrages nach § 850c Abs. 1 Satz 1 in Verbindung mit § 850c Abs. 2a verfügen; insoweit wird es nicht von der Pfändung erfasst. [2]Zum Guthaben im Sinne des Satzes 1 gehört auch das Guthaben, das bis zum Ablauf der Frist des § 835 Absatz 4 nicht an den Gläubiger geleistet oder hinterlegt werden darf. [3]Soweit der Schuldner in dem jeweiligen Kalendermonat nicht über Guthaben in Höhe des nach Satz 1 pfändungsfreien Betrages verfügt hat, wird dieses Guthaben in dem folgenden Kalendermonat zusätzlich zu dem nach Satz 1 geschützten Guthaben nicht von der Pfändung erfasst. [4]Die Sätze 1 bis 3 gelten entsprechend, wenn das Guthaben auf einem Girokonto des Schuldners gepfändet ist, das vor Ablauf von vier Wochen seit der Zustellung des Überweisungsbeschlusses an den Drittschuldner in ein Pfändungsschutzkonto umgewandelt wird.

(2) [1]Die Pfändung des Guthabens gilt im Übrigen als mit der Maßgabe ausgesprochen, dass in Erhöhung des Freibetrages nach Absatz 1 folgende Beträge nicht von der Pfändung erfasst sind

1. die pfändungsfreien Beträge nach § 850c Abs. 1 Satz 2 in Verbindung mit § 850c Abs. 2a Satz 1, wenn
   a) der Schuldner einer oder mehreren Personen aufgrund gesetzlicher Verpflichtung Unterhalt gewährt oder

---

[1)] § 850i Abs. 2 aufgeh., bish. Abs. 3 und 4 werden Abs. 2 und 3 mWv 1.7.2010 durch G v. 7.7.2009 (BGBl. I S. 1707).

[2)] § 27 des Heimarbeitsgesetzes v. 14.3.1951 (BGBl. I S. 191) lautet:

„**§ 27 Pfändungsschutz.** Für das Entgelt, das den in Heimarbeit Beschäftigten oder den Gleichgestellten gewährt wird, gelten die Vorschriften über den Pfändungsschutz für Vergütungen, die auf Grund eines Arbeits- oder Dienstverhältnisses geschuldet werden, entsprechend."

[3)] § 850i Abs. 2 aufgeh., bish. Abs. 3 und 4 werden Abs. 2 und 3 mWv 1.7.2010 durch G v. 7.7.2009 (BGBl. I S. 1707).

[4)] Fassung **ab 1.12.2021** nachfolgend abgedruckt.

[5)] § 850k eingef. mWv 1.7.2010 durch G v. 7.7.2009 (BGBl. I S. 1707); Abs. 1 Satz 2 eingef., bish. Sätze 2 und 3 werden Sätze 3 und 4, neuer Satz 4 geänd., Abs. 2 Satz 2 geänd. mWv 16.4.2011 durch G v. 12.4.2011 (BGBl. I S. 615); Abs. 2 Satz 1 Nr. 1 Buchst. b geänd. durch G v. 21.11.2016 (BGBl. I S. 2591).

b) der Schuldner Geldleistungen nach dem Zweiten oder Zwölften Buch Sozialgesetzbuch für mit ihm in einer Gemeinschaft im Sinne des § 7 Abs. 3 des Zweiten Buches Sozialgesetzbuch oder der §§ 19, 20, 39 Satz 1 oder 43 des Zwölften Buches Sozialgesetzbuch lebende Personen, denen er nicht aufgrund gesetzlicher Vorschriften zum Unterhalt verpflichtet ist, entgegennimmt;

2. einmalige Geldleistungen im Sinne des § 54 Abs. 2 des Ersten Buches Sozialgesetzbuch und Geldleistungen zum Ausgleich des durch einen Körper- oder Gesundheitsschaden bedingten Mehraufwandes im Sinne des § 54 Abs. 3 Nr. 3 des Ersten Buches Sozialgesetzbuch;
3. das Kindergeld oder andere Geldleistungen für Kinder, es sei denn, dass wegen einer Unterhaltsforderung eines Kindes, für das die Leistungen gewährt oder bei dem es berücksichtigt wird, gepfändet wird.

[2] Für die Beträge nach Satz 1 gilt Absatz 1 Satz 3 entsprechend.

(3) An die Stelle der nach Absatz 1 und Absatz 2 Satz 1 Nr. 1 pfändungsfreien Beträge tritt der vom Vollstreckungsgericht im Pfändungsbeschluss belassene Betrag, wenn das Guthaben wegen der in § 850d bezeichneten Forderungen gepfändet wird.

(4) [1] Das Vollstreckungsgericht kann auf Antrag einen von den Absätzen 1, 2 Satz 1 Nr. 1 und Absatz 3 abweichenden pfändungsfreien Betrag festsetzen. [2] Die §§ 850a, 850b, 850c, 850d Abs. 1 und 2, die §§ 850e, 850f, 850g und 850i sowie die §§ 851c und 851d dieses Gesetzes sowie § 54 Abs. 2, Abs. 3 Nr. 1, 2 und 3, Abs. 4 und 5 des Ersten Buches Sozialgesetzbuch, § 17 Abs. 1 Satz 2 des Zwölften Buches Sozialgesetzbuch und § 76 des Einkommensteuergesetzes sind entsprechend anzuwenden. [3] Im Übrigen ist das Vollstreckungsgericht befugt, die in § 732 Abs. 2 bezeichneten Anordnungen zu erlassen.

(5) [1] Das Kreditinstitut ist dem Schuldner zur Leistung aus dem nach Absatz 1 und 3 nicht von der Pfändung erfassten Guthaben im Rahmen des vertraglich Vereinbarten verpflichtet. [2] Dies gilt für die nach Absatz 2 nicht von der Pfändung erfassten Beträge nur insoweit, als der Schuldner durch eine Bescheinigung des Arbeitgebers, der Familienkasse, des Sozialleistungsträgers oder einer geeigneten Person oder Stelle im Sinne von § 305 Abs. 1 Nr. 1 der Insolvenzordnung nachweist, dass das Guthaben nicht von der Pfändung erfasst ist. [3] Die Leistung des Kreditinstituts an den Schuldner hat befreiende Wirkung, wenn ihm die Unrichtigkeit einer Bescheinigung nach Satz 2 weder bekannt noch infolge grober Fahrlässigkeit unbekannt ist. [4] Kann der Schuldner den Nachweis nach Satz 2 nicht führen, so hat das Vollstreckungsgericht auf Antrag die Beträge nach Absatz 2 zu bestimmen. [5] Die Sätze 1 bis 4 gelten auch für eine Hinterlegung.

(6) [1] Wird einem Pfändungsschutzkonto eine Geldleistung nach dem Sozialgesetzbuch oder Kindergeld gutgeschrieben, darf das Kreditinstitut die Forderung, die durch die Gutschrift entsteht, für die Dauer von 14 Tagen seit der Gutschrift nur mit solchen Forderungen verrechnen und hiergegen nur mit solchen Forderungen aufrechnen, die ihm als Entgelt für die Kontoführung oder aufgrund von Kontoverfügungen des Berechtigten innerhalb dieses Zeitraums zustehen. 2Bis zur Höhe des danach verbleibenden Betrages der Gut-

schrift ist das Kreditinstitut innerhalb von 14 Tagen seit der Gutschrift nicht berechtigt, die Ausführung von Zahlungsvorgängen wegen fehlender Deckung abzulehnen, wenn der Berechtigte nachweist oder dem Kreditinstitut sonst bekannt ist, dass es sich um die Gutschrift einer Geldleistung nach dem Sozialgesetzbuch oder von Kindergeld handelt. [3]Das Entgelt des Kreditinstituts für die Kontoführung kann auch mit Beträgen nach den Absätzen 1 bis 4 verrechnet werden.

(7) [1]In einem der Führung eines Girokontos zugrunde liegenden Vertrag können der Kunde, der eine natürliche Person ist, oder dessen gesetzlicher Vertreter und das Kreditinstitut vereinbaren, dass das Girokonto als Pfändungsschutzkonto geführt wird. [2]Der Kunde kann jederzeit verlangen, dass das Kreditinstitut sein Girokonto als Pfändungsschutzkonto führt. [3]Ist das Guthaben des Girokontos bereits gepfändet worden, so kann der Schuldner die Führung als Pfändungsschutzkonto zum Beginn des vierten auf seine Erklärung folgenden Geschäftstages verlangen.

(8)[1)] [1]Jede Person darf nur ein Pfändungsschutzkonto unterhalten. [2]Bei der Abrede hat der Kunde gegenüber dem Kreditinstitut zu versichern, dass er kein weiteres Pfändungsschutzkonto unterhält. [3]Das Kreditinstitut darf Auskunfteien mitteilen, dass es für den Kunden ein Pfändungsschutzkonto führt. [4]Die Auskunfteien dürfen diese Angabe nur verwenden, um Kreditinstituten auf Anfrage zum Zwecke der Überprüfung der Richtigkeit der Versicherung nach Satz 2 Auskunft darüber zu erteilen, ob die betroffene Person ein Pfändungsschutzkonto unterhält. [5]Die Verarbeitung zu einem anderen als dem in Satz 4 genannten Zweck ist auch mit Einwilligung der betroffenen Person unzulässig.

(9)[2)] [1]Unterhält ein Schuldner entgegen Absatz 8 Satz 1 mehrere Girokonten als Pfändungsschutzkonten, ordnet das Vollstreckungsgericht auf Antrag eines Gläubigers an, dass nur das von dem Gläubiger in dem Antrag bezeichnete Girokonto dem Schuldner als Pfändungsschutzkonto verbleibt. [2]Der Gläubiger hat die Voraussetzungen nach Satz 1 durch Vorlage entsprechender Erklärungen der Drittschuldner glaubhaft zu machen. [3]Eine Anhörung des Schuldners unterbleibt. [4]Die Entscheidung ist allen Drittschuldnern zuzustellen. [5]Mit der Zustellung der Entscheidung an diejenigen Kreditinstitute, deren Girokonten nicht zum Pfändungsschutzkonto bestimmt sind, entfallen die Wirkungen nach den Absätzen 1 bis 6.]

[***Fassung ab 1.12.2021:***

§ 850k[3)] Einrichtung und Beendigung des Pfändungsschutz Kontos.

(1) [1]Eine natürliche Person kann jederzeit von dem Kreditinstitut verlangen, dass ein von ihr dort geführtes Zahlungskonto als Pfändungsschutzkonto geführt wird. [2]Satz 1 gilt auch, wenn das Zahlungskonto zum Zeitpunkt des Verlangens einen negativen Saldo aufweist. [3]Ein Pfändungsschutzkonto darf jedoch ausschließlich auf Guthabenbasis geführt werden.

[1)] § 850k Abs. 8 neu gef. mWv 28.12.2010 durch G v. 22.12.2010 (BGBl. I S. 2248); geänd. durch G v. 20.11.2019 (BGBl. I S. 1724).

[2)] § 850k Abs. 9 Satz 1 geänd. mWv 28.12.2010 durch G v. 22.12.2010 (BGBl. I S. 2248).

[3)] § 850k neu gef. mWv 1.12.2021 durch G v. 22.11.2020 (BGBl. I S. 2466).

(2) [1] Ist Guthaben auf dem Zahlungskonto bereits gepfändet worden, kann der Schuldner die Führung dieses Kontos als Pfändungsschutzkonto zum Beginn des vierten auf sein Verlangen folgenden Geschäftstages fordern. [2] Das Vertragsverhältnis zwischen dem Kontoinhaber und dem Kreditinstitut bleibt im Übrigen unberührt.

(3) [1] Jede Person darf nur ein Pfändungsschutzkonto unterhalten. [2] Bei dem Verlangen nach Absatz 1 hat der Kunde gegenüber dem Kreditinstitut zu versichern, dass er kein weiteres Pfändungsschutzkonto unterhält.

(4) [1] Unterhält ein Schuldner entgegen Absatz 3 Satz 1 mehrere Zahlungskonten als Pfändungsschutzkonten, ordnet das Vollstreckungsgericht auf Antrag des Gläubigers an, dass nur das von dem Gläubiger in seinem Antrag bezeichnete Zahlungskonto dem Schuldner als Pfändungsschutzkonto verbleibt. [2] Der Gläubiger hat den Umstand, dass ein Schuldner entgegen Satz 1 mehrere Zahlungskonten als Pfändungsschutzkonten unterhält, durch Vorlage entsprechender Erklärungen der Drittschuldner glaubhaft zu machen. [3] Eine Anhörung des Schuldners durch das Vollstreckungsgericht unterbleibt. [4] Die Anordnung nach Satz 1 ist allen Drittschuldnern zuzustellen. [5] Mit der Zustellung der Anordnung an diejenigen Kreditinstitute, deren Zahlungskonten nicht zum Pfändungsschutzkonto bestimmt sind, entfallen die Wirkungen dieser Pfändungsschutzkonten.

(5) [1] Der Kontoinhaber kann mit einer Frist von mindestens vier Geschäftstagen zum Monatsende von dem Kreditinstitut verlangen, dass das dort geführte Pfändungsschutzkonto als Zahlungskonto ohne Pfändungsschutz geführt wird. [2] Absatz 2 Satz 2 gilt entsprechend.]

[***Fassung bis 30.11.2021:***[1]

§ 850l[2] **Anordnung der Unpfändbarkeit von Kontoguthaben auf dem Pfändungsschutzkonto.** [1] Auf Antrag des Schuldners kann das Vollstreckungsgericht anordnen, dass das Guthaben auf dem Pfändungsschutzkonto für die Dauer von bis zu zwölf Monaten der Pfändung nicht unterworfen ist, wenn der Schuldner nachweist, dass dem Konto in den letzten sechs Monaten vor Antragstellung ganz überwiegend nur unpfändbare Beträge gutgeschrieben worden sind, und er glaubhaft macht, dass auch innerhalb der nächsten zwölf Monate nur ganz überwiegend nicht pfändbare Beträge zu erwarten sind. [2] Die Anordnung kann versagt werden, wenn überwiegende Belange des Gläubigers entgegenstehen. [3] Sie ist auf Antrag eines Gläubigers aufzuheben, wenn ihre Voraussetzungen nicht mehr vorliegen oder die Anordnung den überwiegenden Belangen dieses Gläubigers entgegensteht.]

[***Fassung ab 1.12.2021:***

§ 850l[3] **Pfändung des Gemeinschaftskontos.** (1) [1] Unterhält der Schuldner, der eine natürliche Person ist, mit einer anderen natürlichen oder mit einer juristischen Person oder mit einer Mehrheit von Personen ein Gemein-

---

[1] Fassung **ab 1.12.2021** nachfolgend abgedruckt.

[2] § 850l neu gef. mWv 1.1.2012 durch G v. 7.7.2009 (BGBl. I S. 1707).

[3] § 850l neu gef. mWv 1.12.2021 durch G v. 22.11.2020 (BGBl. I S. 2466).

schaftskonto und wird Guthaben auf diesem Konto gepfändet, so darf das Kreditinstitut erst nach Ablauf von einem Monat nach Zustellung des Überweisungsbeschlusses aus dem Guthaben an den Gläubiger leisten oder den Betrag hinterlegen. 2 Satz 1 gilt auch für künftiges Guthaben.

(2)[1] 1 Ist der Schuldner eine natürliche Person, kann er innerhalb des Zeitraums nach Absatz 1 Satz 1 von dem Kreditinstitut verlangen, bestehendes oder künftiges Guthaben von dem Gemeinschaftskonto auf ein bei dem Kreditinstitut allein auf seinen Namen lautendes Zahlungskonto zu übertragen. 2 Wird Guthaben nach Satz 1 übertragen und verlangt der Schuldner innerhalb des Zeitraums nach Absatz 1 Satz 1, dass das Zahlungskonto als Pfändungsschutzkonto geführt wird, so *ist auf das übertragene Guthaben § 899 Absatz 1 Satz 1 und 3 entsprechend anzuwenden* [***ab 1.1.2022:*** gelten für die Einrichtung des Pfängungschutzkontos § 850k und für das übertragene Guthaben die Regelungen des Buches 8 Abschnitt 4.] 3 Für die Übertragung nach Satz 1 ist eine Mitwirkung anderer Kontoinhaber oder des Gläubigers nicht erforderlich. 4 Der Übertragungsbetrag beläuft sich auf den Kopfteil des Schuldners an dem Guthaben. 5 Sämtliche Kontoinhaber und der Gläubiger können sich auf eine von Satz 4 abweichende Aufteilung des Übertragungsbetrages einigen; die Vereinbarung ist dem Kreditinstitut in Textform mitzuteilen.

(3) Absatz 2 Satz 1 und 3 bis 5 ist auf natürliche Personen, mit denen der Schuldner das Gemeinschaftskonto unterhält, entsprechend anzuwenden.

(4) Die Wirkungen von Pfändung und Überweisung von Guthaben auf dem Gemeinschaftskonto setzen sich an dem nach Absatz 2 Satz 1 auf ein Einzelkonto des Schuldners übertragenen Guthaben fort; sie setzen sich nicht an dem Guthaben fort, das nach Absatz 3 übertragen wird.]

§ 851 Nicht übertragbare Forderungen. (1) Eine Forderung ist in Ermangelung besonderer Vorschriften der Pfändung nur insoweit unterworfen, als sie übertragbar ist.

(2) Eine nach § 399 des Bürgerlichen Gesetzbuchs[2] nicht übertragbare Forderung kann insoweit gepfändet und zur Einziehung überwiesen werden, als der geschuldete Gegenstand der Pfändung unterworfen ist.

§ 851a Pfändungsschutz für Landwirte. (1) Die Pfändung von Forderungen, die einem die Landwirtschaft betreibenden Schuldner aus dem Verkauf von landwirtschaftlichen Erzeugnissen zustehen, ist auf seinen Antrag vom Vollstreckungsgericht insoweit aufzuheben, als die Einkünfte zum Unterhalt des Schuldners, seiner Familie und seiner Arbeitnehmer oder zur Aufrechterhaltung einer geordneten Wirtschaftsführung unentbehrlich sind.

---

[1] § 850l Abs. 2 Satz 2 geänd. mWv 1.1.2022 durch G v. 7.5.2021 (BGBl. I S. 850).
[2] **Schönfelder** Nr. **20.**

(2) Die Pfändung soll unterbleiben, wenn offenkundig ist, dass die Voraussetzungen für die Aufhebung der Zwangsvollstreckung nach Absatz 1 vorliegen.

§ 851b Pfändungsschutz bei Miet- und Pachtzinsen. (1) [1]Die Pfändung von Miete und Pacht ist auf Antrag des Schuldners vom Vollstreckungsgericht insoweit aufzuheben, als diese Einkünfte für den Schuldner zur laufenden Unterhaltung des Grundstücks, zur Vornahme notwendiger Instandsetzungsarbeiten und zur Befriedigung von Ansprüchen unentbehrlich sind, die bei einer Zwangsvollstreckung in das Grundstück dem Anspruch des Gläubigers nach § 10 des Gesetzes über die Zwangsversteigerung und die Zwangsverwaltung[1)] vorgehen würden. [2]Das Gleiche gilt von der Pfändung von Barmitteln und Guthaben, die aus Miet- oder Pachtzahlungen herrühren und zu den in Satz 1 bezeichneten Zwecken unentbehrlich sind.

(2)[2)] [1]Wird der Antrag nicht binnen einer Frist von zwei Wochen gestellt, so ist er ohne sachliche Prüfung zurückzuweisen, wenn das Vollstreckungsgericht der Überzeugung ist, dass der Schuldner den Antrag in der Absicht der Verschleppung oder aus grober Nachlässigkeit nicht früher gestellt hat. [2]Die Frist beginnt mit der Pfändung.

(3)[3)] Anordnungen nach Absatz 1 können mehrmals ergehen und, soweit es nach Lage der Verhältnisse geboten ist, auf Antrag aufgehoben oder abgeändert werden.

(4)[3)] [1]Vor den in den Absätzen 1 und 3 bezeichneten Entscheidungen ist, soweit dies ohne erhebliche Verzögerung möglich ist, der Gläubiger zu hören. [2]Die für die Entscheidung wesentlichen tatsächlichen Verhältnisse sind glaubhaft zu machen. [3]Die Pfändung soll unterbleiben, wenn offenkundig ist, dass die Voraussetzungen für die Aufhebung der Zwangsvollstreckung nach Absatz 1 vorliegen.

§ 851c[4)] Pfändungsschutz bei Altersrenten. (1) Ansprüche auf Leistungen, die auf Grund von Verträgen gewährt werden, dürfen nur wie Arbeitseinkommen gepfändet werden, wenn

1. die Leistung in regelmäßigen Zeitabständen lebenslang und nicht vor Vollendung des 60. Lebensjahres oder nur bei Eintritt der Berufsunfähigkeit gewährt wird,
2. über die Ansprüche aus dem Vertrag nicht verfügt werden darf,
3. die Bestimmung von Dritten mit Ausnahme von Hinterbliebenen als Berechtigte ausgeschlossen ist und
4. die Zahlung einer Kapitalleistung, ausgenommen eine Zahlung für den Todesfall, nicht vereinbart wurde.

---

1) **Schönfelder Nr. 108.**
2) § 851b Abs. 2 neu gef. mWv 1.1.2013 durch G v. 29.7.2009 (BGBl. I S. 2258).
3) § 851b Abs. 3 und 4 angef. mWv 1.1.2013 durch G v. 29.7.2009 (BGBl. I S. 2258).
4) § 851c eingef. mWv 31.3.2007 durch G v. 26.3.2007 (BGBl. I S. 368).

[Fassung bis 31.12.2021:]

(2) [1] Um dem Schuldner den Aufbau einer angemessenen Alterssicherung zu ermöglichen, kann er unter Berücksichtigung der Entwicklung auf dem Kapitalmarkt, des Sterblichkeitsrisikos und der Höhe der Pfändungsfreigrenze, nach seinem Lebensalter gestaffelt, jährlich einen bestimmten Betrag unpfändbar auf der Grundlage eines in Absatz 1 bezeichneten Vertrags bis zu einer Gesamtsumme von 256 000[2] Euro ansammeln. [2] Der Schuldner darf vom 18. bis zum vollendeten 29. Lebensjahr 2000 Euro, vom 30. bis zum vollendeten 39. Lebensjahr 4000 Euro, vom 40. bis zum vollendeten 47. Lebensjahr 4500 Euro, vom 48. bis zum vollendeten 53. Lebensjahr 6000 Euro, vom 54. bis zum vollendeten 59. Lebensjahr 8000 Euro und vom 60. bis zum vollendeten 67. Lebensjahr 9000 Euro jährlich ansammeln.

[Fassung bis 1.1.2022:][1]

(2)[1] Beträge, die der Schuldner anspart, um in Erfüllung eines Vertrages nach Absatz 1 eine angemessene Alterssicherung aufzubauen, unterliegen nicht der Pfändung, soweit sie

1. jährlich nicht mehr betragen als
   a) 6000 Euro bei einem Schuldner vom 18. bis zum vollendeten 27. Lebensjahr

   und

   b) 7000 Euro bei einem Schuldner vom 28. bis zum vollendeten 67. Lebensjahr

   und

2. einen Gesamtbetrag von 340 000 Euro nicht übersteigen.

[2] Die in Satz 1 genannten Beträge werden jeweils zum 1. Juli eines jeden fünften Jahres entsprechend der Entwicklung auf dem Kapitalmarkt, des Sterblichkeitsrisikos und der Höhe der Pfändungsfreigrenze angepasst und die angepassten Beträge vom Bundesministerium der Justiz und für Verbraucherschutz in der Pfändungsfreigrenzenbekanntmachung im Sinne des § 850c Absatz 4 Satz 1 bekannt gemacht.

[3] Übersteigt der Rückkaufwert der Alterssicherung den unpfändbaren Betrag, sind drei Zehntel des überschießenden Betrags unpfändbar. [4] Satz 3 gilt nicht für den Teil des Rückkaufwerts, der den dreifachen Wert des in Satz 1 [***ab 1.1.2022:*** Nummer 2] genannten Betrags übersteigt.

(3) § 850e Nr. 2 und 2a gilt entsprechend.

§ 851d[3] **Pfändungsschutz bei steuerlich gefördertem Altersvorsorgevermögen.** Monatliche Leistungen in Form einer lebenslangen Rente oder monatlicher Ratenzahlungen im Rahmen eines Auszahlungsplans nach § 1

---

[1] § 851c Abs. 2 Sätze 1 und 2 neu gef., Satz 4 geänd. mWv 1.1.2022 durch G v. 7.5.2021 (BGBl. I S. 850).

[2] Geänd. mWv 1.1.2013 durch G v. 5.12.2012 (BGBl. I S. 2418).

[3] § 851d eingef. mWv 31.3.2007 durch G v. 26.3.2007 (BGBl. I S. 368).

Abs. 1 Satz 1 Nr. 4 des Altersvorsorgeverträge-Zertifizierungsgesetzes aus steuerlich gefördertem Altersvorsorgevermögen sind wie Arbeitseinkommen pfändbar.

§ 852 Beschränkt pfändbare Forderungen. (1) Der Pflichtteilsanspruch ist der Pfändung nur unterworfen, wenn er durch Vertrag anerkannt oder rechtshängig geworden ist.

(2)[1] Das Gleiche gilt für den nach § 528 des Bürgerlichen Gesetzbuchs[2] dem Schenker zustehenden Anspruch auf Herausgabe des Geschenkes sowie für den Anspruch eines Ehegatten oder Lebenspartners auf den Ausgleich des Zugewinns.

(Fortsetzung nächste Seite)

---

[1] § 852 Abs. 2 geänd. durch G v. 20.11.2015 (BGBl. I S. 2010).
[2] **Schönfelder Nr. 20.**

Anlage[1)]
(zu § 850c)

Auszahlung für Monate

Nettolohn monatlich	Pfändbarer Betrag bei Unterhaltspflicht für … Personen					
	0	1	2	3	4	5 und mehr
	in Euro					
bis 1259,99	–	–	–	–	–	–
1260,00 bis 1269,99	5,15	–	–	–	–	–
1270,00 bis 1279,99	12,15	–	–	–	–	–
1280,00 bis 1289,99	19,15	–	–	–	–	–
1290,00 bis 1299,99	26,15	–	–	–	–	–
1300,00 bis 1309,99	33,15	–	–	–	–	–
1310,00 bis 1319,99	40,15	–	–	–	–	–
1320,00 bis 1329,99	47,15	–	–	–	–	–
1330,00 bis 1339,99	54,15	–	–	–	–	–
1340,00 bis 1349,99	61,15	–	–	–	–	–
1350,00 bis 1359,99	68,15	–	–	–	–	–
1360,00 bis 1369,99	75,15	–	–	–	–	–
1370,00 bis 1379,99	82,15	–	–	–	–	–
1380,00 bis 1389,99	89,15	–	–	–	–	–
1390,00 bis 1399,99	96,15	–	–	–	–	–
1400,00 bis 1409,99	103,15	–	–	–	–	–
1410,00 bis 1419,99	110,15	–	–	–	–	–
1420,00 bis 1429,99	117,15	–	–	–	–	–
1430,00 bis 1439,99	124,15	–	–	–	–	–
1440,00 bis 1449,99	131,15	–	–	–	–	–
1450,00 bis 1459,99	138,15	–	–	–	–	–
1460,00 bis 1469,99	145,15	–	–	–	–	–
1470,00 bis 1479,99	152,15	–	–	–	–	–
1480,00 bis 1489,99	159,15	–	–	–	–	–
1490,00 bis 1499,99	166,15	–	–	–	–	–
1500,00 bis 1509,99	173,15	–	–	–	–	–
1510,00 bis 1519,99	180,15	–	–	–	–	–
1520,00 bis 1529,99	187,15	–	–	–	–	–
1530,00 bis 1539,99	194,15	–	–	–	–	–
1540,00 bis 1549,99	201,15	–	–	–	–	–
1550,00 bis 1559,99	208,15	–	–	–	–	–
1560,00 bis 1569,99	215,15	–	–	–	–	–
1570,00 bis 1579,99	222,15	–	–	–	–	–
1580,00 bis 1589,99	229,15	–	–	–	–	–
1590,00 bis 1599,99	236,15	–	–	–	–	–
1600,00 bis 1609,99	243,15	–	–	–	–	–
1610,00 bis 1619,99	250,15	–	–	–	–	–
1620,00 bis 1629,99	257,15	–	–	–	–	–

[1)] Pfändungsfreibeträge in der **ab 1.7.2021** geltenden Fassung (Anhang der Pfändungsfreigrenzenbekanntmachung 2021 v. 10.5.2021, BGBl. I S. 1099).

Auszahlung für Monate

Nettolohn monatlich	Pfändbarer Betrag bei Unterhaltspflicht für ... Personen					
	0	1	2	3	4	5 und mehr
	in Euro					
1630,00 bis 1639,99	264,15	–	–	–	–	–
1640,00 bis 1649,99	271,15	–	–	–	–	–
1650,00 bis 1659,99	278,15	–	–	–	–	–
1660,00 bis 1669,99	285,15	–	–	–	–	–
1670,00 bis 1679,99	292,15	–	–	–	–	–
1680,00 bis 1689,99	299,15	–	–	–	–	–
1690,00 bis 1699,99	306,15	–	–	–	–	–
1700,00 bis 1709,99	313,15	–	–	–	–	–
1710,00 bis 1719,99	320,15	–	–	–	–	–
1720,00 bis 1729,99	327,15	–	–	–	–	–
1730,00 bis 1739,99	334,15	2,96	–	–	–	–
1740,00 bis 1749,99	341,15	7,96	–	–	–	–
1750,00 bis 1759,99	348,15	12,96	–	–	–	–
1760,00 bis 1769,99	355,15	17,96	–	–	–	–
1770,00 bis 1779,99	362,15	22,96	–	–	–	–
1780,00 bis 1789,99	369,15	27,96	–	–	–	–
1790,00 bis 1799,99	376,15	32,96	–	–	–	–
1800,00 bis 1809,99	383,15	37,96	–	–	–	–
1810,00 bis 1819,99	390,15	42,96	–	–	–	–
1820,00 bis 1829,99	397,15	47,96	–	–	–	–
1830,00 bis 1839,99	404,15	52,96	–	–	–	–
1840,00 bis 1849,99	411,15	57,96	–	–	–	–
1850,00 bis 1859,99	418,15	62,96	–	–	–	–
1860,00 bis 1869,99	425,15	67,96	–	–	–	–
1870,00 bis 1879,99	432,15	72,96	–	–	–	–
1880,00 bis 1889,99	439,15	77,96	–	–	–	–
1890,00 bis 1899,99	446,15	82,96	–	–	–	–
1900,00 bis 1909,99	453,15	87,96	–	–	–	–
1910,00 bis 1919,99	460,15	92,96	–	–	–	–
1920,00 bis 1929,99	467,15	97,96	–	–	–	–
1930,00 bis 1939,99	474,15	102,96	–	–	–	–
1940,00 bis 1949,99	481,15	107,96	–	–	–	–
1950,00 bis 1959,99	488,15	112,96	–	–	–	–
1960,00 bis 1969,99	495,15	117,96	–	–	–	–
1970,00 bis 1979,99	502,15	122,96	–	–	–	–
1980,00 bis 1989,99	509,15	127,96	–	–	–	–
1990,00 bis 1999,99	516,15	132,96	1,31	–	–	–
2000,00 bis 2009,99	523,15	137,96	5,31	–	–	–
2010,00 bis 2019,99	530,15	142,96	9,31	–	–	–
2020,00 bis 2029,99	537,15	147,96	13,31	–	–	–
2030,00 bis 2039,99	544,15	152,96	17,31	–	–	–
2040,00 bis 2049,99	551,15	157,96	21,31	–	–	–
2050,00 bis 2059,99	558,15	162,96	25,31	–	–	–
2060,00 bis 2069,99	565,15	167,96	29,31	–	–	–

Auszahlung für Monate

	Pfändbarer Betrag bei Unterhaltspflicht für … Personen					
Nettolohn monatlich	0	1	2	3	4	5 und mehr
in Euro						
2070,00 bis 2079,99	572,15	172,96	33,31	–	–	–
2080,00 bis 2089,99	579,15	177,96	37,31	–	–	–
2090,00 bis 2099,99	586,15	182,96	41,31	–	–	–
2100,00 bis 2109,99	593,15	187,96	45,31	–	–	–
2110,00 bis 2119,99	600,15	192,96	49,31	–	–	–
2120,00 bis 2129,99	607,15	197,96	53,31	–	–	–
2130,00 bis 2139,99	614,15	202,96	57,31	–	–	–
2140,00 bis 2149,99	621,15	207,96	61,31	–	–	–
2150,00 bis 2159,99	628,15	212,96	65,31	–	–	–
2160,00 bis 2169,99	635,15	217,96	69,31	–	–	–
2170,00 bis 2179,99	642,15	222,96	73,31	–	–	–
2180,00 bis 2189,99	649,15	227,96	77,31	–	–	–
2190,00 bis 2199,99	656,15	232,96	81,31	–	–	–
2200,00 bis 2209,99	663,15	237,96	85,31	–	–	–
2210,00 bis 2219,99	670,15	242,96	89,31	–	–	–
2220,00 bis 2229,99	677,15	247,96	93,31	–	–	–
2230,00 bis 2239,99	684,15	252,96	97,31	–	–	–
2240,00 bis 2249,99	691,15	257,96	101,31	–	–	–
2250,00 bis 2259,99	698,15	262,96	105,31	0,19	–	–
2260,00 bis 2269,99	705,15	267,96	109,31	3,19	–	–
2270,00 bis 2279,99	712,15	272,96	113,31	6,19	–	–
2280,00 bis 2289,99	719,15	277,96	117,31	9,19	–	–
2290,00 bis 2299,99	726,15	282,96	121,31	12,19	–	–
2300,00 bis 2309,99	733,15	287,96	125,31	15,19	–	–
2310,00 bis 2319,99	740,15	292,96	129,31	18,19	–	–
2320,00 bis 2329,99	747,15	297,96	133,31	21,19	–	–
2330,00 bis 2339,99	754,15	302,96	137,31	24,19	–	–
2340,00 bis 2349,99	761,15	307,96	141,31	27,19	–	–
2350,00 bis 2359,99	768,15	312,96	145,31	30,19	–	–
2360,00 bis 2369,99	775,15	317,96	149,31	33,19	–	–
2370,00 bis 2379,99	782,15	322,96	153,31	36,19	–	–
2380,00 bis 2389,99	789,15	327,96	157,31	39,19	–	–
2390,00 bis 2399,99	796,15	332,96	161,31	42,19	–	–
2400,00 bis 2409,99	803,15	337,96	165,31	45,19	–	–
2410,00 bis 2419,99	810,15	342,96	169,31	48,19	–	–
2420,00 bis 2429,99	817,15	347,96	173,31	51,19	–	–
2430,00 bis 2439,99	824,15	352,96	177,31	54,19	–	–
2440,00 bis 2449,99	831,15	357,96	181,31	57,19	–	–
2450,00 bis 2459,99	838,15	362,96	185,31	60,19	–	–
2460,00 bis 2469,99	845,15	367,96	189,31	63,19	–	–
2470,00 bis 2479,99	852,15	372,96	193,31	66,19	–	–
2480,00 bis 2489,99	859,15	377,96	197,31	69,19	–	–
2490,00 bis 2499,99	866,15	382,96	201,31	72,19	–	–

Auszahlung für Monate

Nettolohn monatlich	Pfändbarer Betrag bei Unterhaltspflicht für ... Personen					
	0	1	2	3	4	5 und mehr
in Euro						
2500,00 bis 2509,99	873,15	387,96	205,31	75,19	–	–
2510,00 bis 2519,99	880,15	392,96	209,31	78,19	–	–
2520,00 bis 2529,99	887,15	397,96	213,31	81,19	1,59	–
2530,00 bis 2539,99	894,15	402,96	217,31	84,19	3,59	–
2540,00 bis 2549,99	901,15	407,96	221,31	87,19	5,59	–
2550,00 bis 2559,99	908,15	412,96	225,31	90,19	7,59	–
2560,00 bis 2569,99	915,15	417,96	229,31	93,19	9,59	–
2570,00 bis 2579,99	922,15	422,96	233,31	96,19	11,59	–
2580,00 bis 2589,99	929,15	427,96	237,31	99,19	13,59	–
2590,00 bis 2599,99	936,15	432,96	241,31	102,19	15,59	–
2600,00 bis 2609,99	943,15	437,96	245,31	105,19	17,59	–
2610,00 bis 2619,99	950,15	442,96	249,31	108,19	19,59	–
2620,00 bis 2629,99	957,15	447,96	253,31	111,19	21,59	–
2630,00 bis 2639,99	964,15	452,96	257,31	114,19	23,59	–
2640,00 bis 2649,99	971,15	457,96	261,31	117,19	25,59	–
2650,00 bis 2659,99	978,15	462,96	265,31	120,19	27,59	–
2660,00 bis 2669,99	985,15	467,96	269,31	123,19	29,59	–
2670,00 bis 2679,99	992,15	472,96	273,31	126,19	31,59	–
2680,00 bis 2689,99	999,15	477,96	277,31	129,19	33,59	–
2690,00 bis 2699,99	1006,15	482,96	281,31	132,19	35,59	–
2700,00 bis 2709,99	1013,15	487,96	285,31	135,19	37,59	–
2710,00 bis 2719,99	1020,15	492,96	289,31	138,19	39,59	–
2720,00 bis 2729,99	1027,15	497,96	293,31	141,19	41,59	–
2730,00 bis 2739,99	1034,15	502,96	297,31	144,19	43,59	–
2740,00 bis 2749,99	1041,15	507,96	301,31	147,19	45,59	–
2750,00 bis 2759,99	1048,15	512,96	305,31	150,19	47,59	–
2760,00 bis 2769,99	1055,15	517,96	309,31	153,19	49,59	–
2770,00 bis 2779,99	1062,15	522,96	313,31	156,19	51,59	–
2780,00 bis 2789,99	1069,15	527,96	317,31	159,19	53,59	0,53
2790,00 bis 2799,99	1076,15	532,96	321,31	162,19	55,59	1,53
2800,00 bis 2809,99	1083,15	537,96	325,31	165,19	57,59	2,53
2810,00 bis 2819,99	1090,15	542,96	329,31	168,19	59,59	3,53
2820,00 bis 2829,99	1097,15	547,96	333,31	171,19	61,59	4,53
2830,00 bis 2839,99	1104,15	552,96	337,31	174,19	63,59	5,53
2840,00 bis 2849,99	1111,15	557,96	341,31	177,19	65,59	6,53
2850,00 bis 2859,99	1118,15	562,96	345,31	180,19	67,59	7,53
2860,00 bis 2869,99	1125,15	567,96	349,31	183,19	69,59	8,53
2870,00 bis 2879,99	1132,15	572,96	353,31	186,19	71,59	9,53
2880,00 bis 2889,99	1139,15	577,96	357,31	189,19	73,59	10,53
2890,00 bis 2899,99	1146,15	582,96	361,31	192,19	75,59	11,53
2900,00 bis 2909,99	1153,15	587,96	365,31	195,19	77,59	12,53
2910,00 bis 2919,99	1160,15	592,96	369,31	198,19	79,59	13,53
2920,00 bis 2929,99	1167,15	597,96	373,31	201,19	81,59	14,53
2930,00 bis 2939,99	1174,15	602,96	377,31	204,19	83,59	15,53

Auszahlung für Monate

	Pfändbarer Betrag bei Unterhaltspflicht für ... Personen					
Nettolohn monatlich	0	1	2	3	4	5 und mehr
in Euro						
2940,00 bis 2949,99	1181,15	607,96	381,31	207,19	85,59	16,53
2950,00 bis 2959,99	1188,15	612,96	385,31	210,19	87,59	17,53
2960,00 bis 2969,99	1195,15	617,96	389,31	213,19	89,59	18,53
2970,00 bis 2979,99	1202,15	622,96	393,31	216,19	91,59	19,53
2980,00 bis 2989,99	1209,15	627,96	397,31	219,19	93,59	20,53
2990,00 bis 2999,99	1216,15	632,96	401,31	222,19	95,59	21,53
3000,00 bis 3009,99	1223,15	637,96	405,31	225,19	97,59	22,53
3010,00 bis 3019,99	1230,15	642,96	409,31	228,19	99,59	23,53
3020,00 bis 3029,99	1237,15	647,96	413,31	231,19	101,59	24,53
3030,00 bis 3039,99	1244,15	652,96	417,31	234,19	103,59	25,53
3040,00 bis 3049,99	1251,15	657,96	421,31	237,19	105,59	26,53
3050,00 bis 3059,99	1258,15	662,96	425,31	240,19	107,59	27,53
3060,00 bis 3069,99	1265,15	667,96	429,31	243,19	109,59	28,53
3070,00 bis 3079,99	1272,15	672,96	433,31	246,19	111,59	29,53
3080,00 bis 3089,99	1279,15	677,96	437,31	249,19	113,59	30,53
3090,00 bis 3099,99	1286,15	682,96	441,31	252,19	115,59	31,53
3100,00 bis 3109,99	1293,15	687,96	445,31	255,19	117,59	32,53
3110,00 bis 3119,99	1300,15	692,96	449,31	258,19	119,59	33,53
3120,00 bis 3129,99	1307,15	697,96	453,31	261,19	121,59	34,53
3130,00 bis 3139,99	1314,15	702,96	457,31	264,19	123,59	35,53
3140,00 bis 3149,99	1321,15	707,96	461,31	267,19	125,59	36,53
3150,00 bis 3159,99	1328,15	712,96	465,31	270,19	127,59	37,53
3160,00 bis 3169,99	1335,15	717,96	469,31	273,19	129,59	38,53
3170,00 bis 3179,99	1342,15	722,96	473,31	276,19	131,59	39,53
3180,00 bis 3189,99	1349,15	727,96	477,31	279,19	133,59	40,53
3190,00 bis 3199,99	1356,15	732,96	481,31	282,19	135,59	41,53
3200,00 bis 3209,99	1363,15	737,96	485,31	285,19	137,59	42,53
3210,00 bis 3219,99	1370,15	742,96	489,31	288,19	139,59	43,53
3220,00 bis 3229,99	1377,15	747,96	493,31	291,19	141,59	44,53
3230,00 bis 3239,99	1384,15	752,96	497,31	294,19	143,59	45,53
3240,00 bis 3249,99	1391,15	757,96	501,31	297,19	145,59	46,53
3250,00 bis 3259,99	1398,15	762,96	505,31	300,19	147,59	47,53
3260,00 bis 3269,99	1405,15	767,96	509,31	303,19	149,59	48,53
3270,00 bis 3279,99	1412,15	772,96	513,31	306,19	151,59	49,53
3280,00 bis 3289,99	1419,15	777,96	517,31	309,19	153,59	50,53
3290,00 bis 3299,99	1426,15	782,96	521,31	312,19	155,59	51,53
3300,00 bis 3309,99	1433,15	787,96	525,31	315,19	157,59	52,53
3310,00 bis 3319,99	1440,15	792,96	529,31	318,19	159,59	53,53
3320,00 bis 3329,99	1447,15	797,96	533,31	321,19	161,59	54,53
3330,00 bis 3339,99	1454,15	802,96	537,31	324,19	163,59	55,53
3340,00 bis 3349,99	1461,15	807,96	541,31	327,19	165,59	56,53
3350,00 bis 3359,99	1468,15	812,96	545,31	330,19	167,59	57,53
3360,00 bis 3369,99	1475,15	817,96	549,31	333,19	169,59	58,53
3370,00 bis 3379,99	1482,15	822,96	553,31	336,19	171,59	59,53
3380,00 bis 3389,99	1489,15	827,96	557,31	339,19	173,59	60,53
3390,00 bis 3399,99	1496,15	832,96	561,31	342,19	175,59	61,53

Auszahlung für Monate

Nettolohn monatlich	Pfändbarer Betrag bei Unterhaltspflicht für … Personen					
	0	1	2	3	4	5 und mehr
	in Euro					
3400,00 bis 3409,99	1503,15	837,96	565,31	345,19	177,59	62,53
3410,00 bis 3419,99	1510,15	842,96	569,31	348,19	179,59	63,53
3420,00 bis 3429,99	1517,15	847,96	573,31	351,19	181,59	64,53
3430,00 bis 3439,99	1524,15	852,96	577,31	354,19	183,59	65,53
3440,00 bis 3449,99	1531,15	857,96	581,31	357,19	185,59	66,53
3450,00 bis 3459,99	1538,15	862,96	585,31	360,19	187,59	67,53
3460,00 bis 3469,99	1545,15	867,96	589,31	363,19	189,59	68,53
3470,00 bis 3479,99	1552,15	872,96	593,31	366,19	191,59	69,53
3480,00 bis 3489,99	1559,15	877,96	597,31	369,19	193,59	70,53
3490,00 bis 3499,99	1566,15	882,96	601,31	372,19	195,59	71,53
3500,00 bis 3509,99	1573,15	887,96	605,31	375,19	197,59	72,53
3510,00 bis 3519,99	1580,15	892,96	609,31	378,19	199,59	73,53
3520,00 bis 3529,99	1587,15	897,96	613,31	381,19	201,59	74,53
3530,00 bis 3539,99	1594,15	902,96	617,31	384,19	203,59	75,53
3540,00 bis 3549,99	1601,15	907,96	621,31	387,19	205,59	76,53
3550,00 bis 3559,99	1608,15	912,96	625,31	390,19	207,59	77,53
3560,00 bis 3569,99	1615,15	917,96	629,31	393,19	209,59	78,53
3570,00 bis 3579,99	1622,15	922,96	633,31	396,19	211,59	79,53
3580,00 bis 3589,99	1629,15	927,96	637,31	399,19	213,59	80,53
3590,00 bis 3599,99	1636,15	932,96	641,31	402,19	215,59	81,53
3600,00 bis 3609,99	1643,15	937,96	645,31	405,19	217,59	82,53
3610,00 bis 3619,99	1650,15	942,96	649,31	408,19	219,59	83,53
3620,00 bis 3629,99	1657,15	947,96	653,31	411,19	221,59	84,53
3630,00 bis 3639,99	1664,15	952,96	657,31	414,19	223,59	85,53
3640,00 bis 3649,99	1671,15	957,96	661,31	417,19	225,59	86,53
3650,00 bis 3659,99	1678,15	962,96	665,31	420,19	227,59	87,53
3660,00 bis 3669,99	1685,15	967,96	669,31	423,19	229,59	88,53
3670,00 bis 3679,99	1692,15	972,96	673,31	426,19	231,59	89,53
3680,00 bis 3689,99	1699,15	977,96	677,31	429,19	233,59	90,53
3690,00 bis 3699,99	1706,15	982,96	681,31	432,19	235,59	91,53
3700,00 bis 3709,99	1713,15	987,96	685,31	435,19	237,59	92,53
3710,00 bis 3719,99	1720,15	992,96	689,31	438,19	239,59	93,53
3720,00 bis 3729,99	1727,15	997,96	693,31	441,19	241,59	94,53
3730,00 bis 3739,99	1734,15	1002,96	697,31	444,19	243,59	95,53
3740,00 bis 3749,99	1741,15	1007,96	701,31	447,19	245,59	96,53
3750,00 bis 3759,99	1748,15	1012,96	705,31	450,19	247,59	97,53
3760,00 bis 3769,99	1755,15	1017,96	709,31	453,19	249,59	98,53
3770,00 bis 3779,99	1762,15	1022,96	713,31	456,19	251,59	99,53
3780,00 bis 3789,99	1769,15	1027,96	717,31	459,19	253,59	100,53
3790,00 bis 3799,99	1776,15	1032,96	721,31	462,19	255,59	101,53
3800,00 bis 3809,99	1783,15	1037,96	725,31	465,19	257,59	102,53
3810,00 bis 3819,99	1790,15	1042,96	729,31	468,19	259,59	103,53
3820,00 bis 3829,99	1797,15	1047,96	733,31	471,19	261,59	104,53
3830,00 bis 3839,99	1804,15	1052,96	737,31	474,19	263,59	105,53
3840,00 bis 3840,08	1811,15	1057,96	741,31	477,19	265,59	106,53
Der Mehrbetrag über 3840,08 Euro ist vollpfändbar.						

Auszahlung für Wochen

	Pfändbarer Betrag bei Unterhaltspflicht für ... Personen					
Nettolohn monatlich	0	1	2	3	4	5 und mehr
in Euro						
bis 289,99	–	–	–	–	–	–
290,00 bis 292,49	1,20	–	–	–	–	–
292,50 bis 294,99	2,95	–	–	–	–	–
295,00 bis 297,49	4,70	–	–	–	–	–
297,50 bis 299,99	6,45	–	–	–	–	–
300,00 bis 302,49	8,20	–	–	–	–	–
302,50 bis 304,99	9,95	–	–	–	–	–
305,00 bis 307,49	11,70	–	–	–	–	–
307,50 bis 309,99	13,45	–	–	–	–	–
310,00 bis 312,49	15,20	–	–	–	–	–
312,50 bis 314,99	16,95	–	–	–	–	–
315,00 bis 317,49	18,70	–	–	–	–	–
317,50 bis 319,99	20,45	–	–	–	–	–
320,00 bis 322,49	22,20	–	–	–	–	–
322,50 bis 324,99	23,95	–	–	–	–	–
325,00 bis 327,49	25,70	–	–	–	–	–
327,50 bis 329,99	27,45	–	–	–	–	–
330,00 bis 332,49	29,20	–	–	–	–	–
332,50 bis 334,99	30,95	–	–	–	–	–
335,00 bis 337,49	32,70	–	–	–	–	–
337,50 bis 339,99	34,45	–	–	–	–	–
340,00 bis 342,49	36,20	–	–	–	–	–
342,50 bis 344,99	37,95	–	–	–	–	–
345,00 bis 347,49	39,70	–	–	–	–	–
347,50 bis 349,99	41,45	–	–	–	–	–
350,00 bis 352,49	43,20	–	–	–	–	–
352,50 bis 354,99	44,95	–	–	–	–	–
355,00 bis 357,49	46,70	–	–	–	–	–
357,50 bis 359,99	48,45	–	–	–	–	–
360,00 bis 362,49	50,20	–	–	–	–	–
362,50 bis 364,99	51,95	–	–	–	–	–
365,00 bis 367,49	53,70	–	–	–	–	–
367,50 bis 369,99	55,45	–	–	–	–	–
370,00 bis 372,49	57,20	–	–	–	–	–
372,50 bis 374,99	58,95	–	–	–	–	–
375,00 bis 377,49	60,70	–	–	–	–	–
377,50 bis 379,99	62,45	–	–	–	–	–
380,00 bis 382,49	64,20	–	–	–	–	–
382,50 bis 384,99	65,95	–	–	–	–	–
385,00 bis 387,49	67,70	–	–	–	–	–
387,50 bis 389,99	69,45	–	–	–	–	–
390,00 bis 392,49	71,20	–	–	–	–	–
392,50 bis 394,99	72,95	–	–	–	–	–
395,00 bis 397,49	74,70	–	–	–	–	–

Auszahlung für Wochen

Nettolohn monatlich	Pfändbarer Betrag bei Unterhaltspflicht für … Personen					
	0	1	2	3	4	5 und mehr
	in Euro					
397,50 bis 399,99	76,45	0,36	–	–	–	–
400,00 bis 402,49	78,20	1,61	–	–	–	–
402,50 bis 404,99	79,95	2,86	–	–	–	–
405,00 bis 407,49	81,70	4,11	–	–	–	–
407,50 bis 409,99	83,45	5,36	–	–	–	–
410,00 bis 412,49	85,20	6,61	–	–	–	–
412,50 bis 414,99	86,95	7,86	–	–	–	–
415,00 bis 417,49	88,70	9,11	–	–	–	–
417,50 bis 419,99	90,45	10,36	–	–	–	–
420,00 bis 422,49	92,20	11,61	–	–	–	–
422,50 bis 424,99	93,95	12,86	–	–	–	–
425,00 bis 427,49	95,70	14,11	–	–	–	–
427,50 bis 429,99	97,45	15,36	–	–	–	–
430,00 bis 432,49	99,20	16,61	–	–	–	–
432,50 bis 434,99	100,95	17,86	–	–	–	–
435,00 bis 437,49	102,70	19,11	–	–	–	–
437,50 bis 439,99	104,45	20,36	–	–	–	–
440,00 bis 442,49	106,20	21,61	–	–	–	–
442,50 bis 444,99	107,95	22,86	–	–	–	–
445,00 bis 447,49	109,70	24,11	–	–	–	–
447,50 bis 449,99	111,45	25,36	–	–	–	–
450,00 bis 452,49	113,20	26,61	–	–	–	–
452,50 bis 454,99	114,95	27,86	–	–	–	–
455,00 bis 457,49	116,70	29,11	–	–	–	–
457,50 bis 459,99	118,45	30,36	0,11	–	–	–
460,00 bis 462,49	120,20	31,61	1,11	–	–	–
462,50 bis 464,99	121,95	32,86	2,11	–	–	–
465,00 bis 467,49	123,70	34,11	3,11	–	–	–
467,50 bis 469,99	125,45	35,36	4,11	–	–	–
470,00 bis 472,49	127,20	36,61	5,11	–	–	–
472,50 bis 474,99	128,95	37,86	6,11	–	–	–
475,00 bis 477,49	130,70	39,11	7,11	–	–	–
477,50 bis 479,99	132,45	40,36	8,11	–	–	–
480,00 bis 482,49	134,20	41,61	9,11	–	–	–
482,50 bis 484,99	135,95	42,86	10,11	–	–	–
485,00 bis 487,49	137,70	44,11	11,11	–	–	–
487,50 bis 489,99	139,45	45,36	12,11	–	–	–
490,00 bis 492,49	141,20	46,61	13,11	–	–	–
492,50 bis 494,99	142,95	47,86	14,11	–	–	–
495,00 bis 497,49	144,70	49,11	15,11	–	–	–
497,50 bis 499,99	146,45	50,36	16,11	–	–	–
500,00 bis 502,49	148,20	51,61	17,11	–	–	–
502,50 bis 504,99	149,95	52,86	18,11	–	–	–
505,00 bis 507,49	151,70	54,11	19,11	–	–	–

Auszahlung für Wochen

Nettolohn monatlich	Pfändbarer Betrag bei Unterhaltspflicht für … Personen					
	0	1	2	3	4	5 und mehr
in Euro						
507,50 bis 509,99	153,45	55,36	20,11	–	–	–
510,00 bis 512,49	155,20	56,61	21,11	–	–	–
512,50 bis 514,99	156,95	57,86	22,11	–	–	–
515,00 bis 517,49	158,70	59,11	23,11	–	–	–
517,50 bis 519,99	160,45	60,36	24,11	–	–	–
520,00 bis 522,49	162,20	61,61	25,11	0,70	–	–
522,50 bis 524,99	163,95	62,86	26,11	1,45	–	–
525,00 bis 527,49	165,70	64,11	27,11	2,20	–	–
527,50 bis 529,99	167,45	65,36	28,11	2,95	–	–
530,00 bis 532,49	169,20	66,61	29,11	3,70	–	–
532,50 bis 534,99	170,95	67,86	30,11	4,45	–	–
535,00 bis 537,49	172,70	69,11	31,11	5,20	–	–
537,50 bis 539,99	174,45	70,36	32,11	5,95	–	–
540,00 bis 542,49	176,20	71,61	33,11	6,70	–	–
542,50 bis 544,99	177,95	72,86	34,11	7,45	–	–
545,00 bis 547,49	179,70	74,11	35,11	8,20	–	–
547,50 bis 549,99	181,45	75,36	36,11	8,95	–	–
550,00 bis 552,49	183,20	76,61	37,11	9,70	–	–
552,50 bis 554,99	184,95	77,86	38,11	10,45	–	–
555,00 bis 557,49	186,70	79,11	39,11	11,20	–	–
557,50 bis 559,99	188,45	80,36	40,11	11,95	–	–
560,00 bis 562,49	190,20	81,61	41,11	12,70	–	–
562,50 bis 564,99	191,95	82,86	42,11	13,45	–	–
565,00 bis 567,49	193,70	84,11	43,11	14,20	–	–
567,50 bis 569,99	195,45	85,36	44,11	14,95	–	–
570,00 bis 572,49	197,20	86,61	45,11	15,70	–	–
572,50 bis 574,99	198,95	87,86	46,11	16,45	–	–
575,00 bis 577,49	200,70	89,11	47,11	17,20	–	–
577,50 bis 579,99	202,45	90,36	48,11	17,95	–	–
580,00 bis 582,49	204,20	91,61	49,11	18,70	0,37	–
582,50 bis 584,99	205,95	92,86	50,11	19,45	0,87	–
585,00 bis 587,49	207,70	94,11	51,11	20,20	1,37	–
587,50 bis 589,99	209,45	95,36	52,11	20,95	1,87	–
590,00 bis 592,49	211,20	96,61	53,11	21,70	2,37	–
592,50 bis 594,99	212,95	97,86	54,11	22,45	2,87	–
595,00 bis 597,49	214,70	99,11	55,11	23,20	3,37	–
597,50 bis 599,99	216,45	100,36	56,11	23,95	3,87	–
600,00 bis 602,49	218,20	101,61	57,11	24,70	4,37	–
602,50 bis 604,99	219,95	102,86	58,11	25,45	4,87	–
605,00 bis 607,49	221,70	104,11	59,11	26,20	5,37	–
607,50 bis 609,99	223,45	105,36	60,11	26,95	5,87	–
610,00 bis 612,49	225,20	106,61	61,11	27,70	6,37	–
612,50 bis 614,99	226,95	107,86	62,11	28,45	6,87	–
615,00 bis 617,49	228,70	109,11	63,11	29,20	7,37	–

Auszahlung für Wochen

Nettolohn monatlich	Pfändbarer Betrag bei Unterhaltspflicht für … Personen					
	0	1	2	3	4	5 und mehr
	in Euro					
617,50 bis 619,99	230,45	110,36	64,11	29,95	7,87	–
620,00 bis 622,49	232,20	111,61	65,11	30,70	8,37	–
622,50 bis 624,99	233,95	112,86	66,11	31,45	8,87	–
625,00 bis 627,49	235,70	114,11	67,11	32,20	9,37	–
627,50 bis 629,99	237,45	115,36	68,11	32,95	9,87	–
630,00 bis 632,49	239,20	116,61	69,11	33,70	10,37	–
632,50 bis 634,99	240,95	117,86	70,11	34,45	10,87	–
635,00 bis 637,49	242,70	119,11	71,11	35,20	11,37	–
637,50 bis 639,99	244,45	120,36	72,11	35,95	11,87	–
640,00 bis 642,49	246,20	121,61	73,11	36,70	12,37	0,14
642,50 bis 644,99	247,95	122,86	74,11	37,45	12,87	0,39
645,00 bis 647,49	249,70	124,11	75,11	38,20	13,37	0,64
647,50 bis 649,99	251,45	125,36	76,11	38,95	13,87	0,89
650,00 bis 652,49	253,20	126,61	77,11	39,70	14,37	1,14
652,50 bis 654,99	254,95	127,86	78,11	40,45	14,87	1,39
655,00 bis 657,49	256,70	129,11	79,11	41,20	15,37	1,64
657,50 bis 659,99	258,45	130,36	80,11	41,95	15,87	1,89
660,00 bis 662,49	260,20	131,61	81,11	42,70	16,37	2,14
662,50 bis 664,99	261,95	132,86	82,11	43,45	16,87	2,39
665,00 bis 667,49	263,70	134,11	83,11	44,20	17,37	2,64
667,50 bis 669,99	265,45	135,36	84,11	44,95	17,87	2,89
670,00 bis 672,49	267,20	136,61	85,11	45,70	18,37	3,14
672,50 bis 674,99	268,95	137,86	86,11	46,45	18,87	3,39
675,00 bis 677,49	270,70	139,11	87,11	47,20	19,37	3,64
677,50 bis 679,99	272,45	140,36	88,11	47,95	19,87	3,89
680,00 bis 682,49	274,20	141,61	89,11	48,70	20,37	4,14
682,50 bis 684,99	275,95	142,86	90,11	49,45	20,87	4,39
685,00 bis 687,49	277,70	144,11	91,11	50,20	21,37	4,64
687,50 bis 689,99	279,45	145,36	92,11	50,95	21,87	4,89
690,00 bis 692,49	281,20	146,61	93,11	51,70	22,37	5,14
692,50 bis 694,99	282,95	147,86	94,11	52,45	22,87	5,39
695,00 bis 697,49	284,70	149,11	95,11	53,20	23,37	5,64
697,50 bis 699,99	286,45	150,36	96,11	53,95	23,87	5,89
700,00 bis 702,49	288,20	151,61	97,11	54,70	24,37	6,14
702,50 bis 704,99	289,95	152,86	98,11	55,45	24,87	6,39
705,00 bis 707,49	291,70	154,11	99,11	56,20	25,37	6,64
707,50 bis 709,99	293,45	155,36	100,11	56,95	25,87	6,89
710,00 bis 712,49	295,20	156,61	101,11	57,70	26,37	7,14
712,50 bis 714,99	296,95	157,86	102,11	58,45	26,87	7,39
715,00 bis 717,49	298,70	159,11	103,11	59,20	27,37	7,64
717,50 bis 719,99	300,45	160,36	104,11	59,95	27,87	7,89
720,00 bis 722,49	302,20	161,61	105,11	60,70	28,37	8,14
722,50 bis 724,99	303,95	162,86	106,11	61,45	28,87	8,39
725,00 bis 727,49	305,70	164,11	107,11	62,20	29,37	8,64

Auszahlung für Wochen

Nettolohn monatlich	Pfändbarer Betrag bei Unterhaltspflicht für … Personen					
	0	1	2	3	4	5 und mehr
in Euro						
727,50 bis 729,99	307,45	165,36	108,11	62,95	29,87	8,89
730,00 bis 732,49	309,20	166,61	109,11	63,70	30,37	9,14
732,50 bis 734,99	310,95	167,86	110,11	64,45	30,87	9,39
735,00 bis 737,49	312,70	169,11	111,11	65,20	31,37	9,64
737,50 bis 739,99	314,45	170,36	112,11	65,95	31,87	9,89
740,00 bis 742,49	316,20	171,61	113,11	66,70	32,37	10,14
742,50 bis 744,99	317,95	172,86	114,11	67,45	32,87	10,39
745,00 bis 747,49	319,70	174,11	115,11	68,20	33,37	10,64
747,50 bis 749,99	321,45	175,36	116,11	68,95	33,87	10,89
750,00 bis 752,49	323,20	176,61	117,11	69,70	34,37	11,14
752,50 bis 754,99	324,95	177,86	118,11	70,45	34,87	11,39
755,00 bis 757,49	326,70	179,11	119,11	71,20	35,37	11,64
757,50 bis 759,99	328,45	180,36	120,11	71,95	35,87	11,89
760,00 bis 762,49	330,20	181,61	121,11	72,70	36,37	12,14
762,50 bis 764,99	331,95	182,86	122,11	73,45	36,87	12,39
765,00 bis 767,49	333,70	184,11	123,11	74,20	37,37	12,64
767,50 bis 769,99	335,45	185,36	124,11	74,95	37,87	12,89
770,00 bis 772,49	337,20	186,61	125,11	75,70	38,37	13,14
772,50 bis 774,99	338,95	187,86	126,11	76,45	38,87	13,39
775,00 bis 777,49	340,70	189,11	127,11	77,20	39,37	13,64
777,50 bis 779,99	342,45	190,36	128,11	77,95	39,87	13,89
780,00 bis 782,49	344,20	191,61	129,11	78,70	40,37	14,14
782,50 bis 784,99	345,95	192,86	130,11	79,45	40,87	14,39
785,00 bis 787,49	347,70	194,11	131,11	80,20	41,37	14,64
787,50 bis 789,99	349,45	195,36	132,11	80,95	41,87	14,89
790,00 bis 792,49	351,20	196,61	133,11	81,70	42,37	15,14
792,50 bis 794,99	352,95	197,86	134,11	82,45	42,87	15,39
795,00 bis 797,49	354,70	199,11	135,11	83,20	43,37	15,64
797,50 bis 799,99	356,45	200,36	136,11	83,95	43,87	15,89
800,00 bis 802,49	358,20	201,61	137,11	84,70	44,37	16,14
802,50 bis 804,99	359,95	202,86	138,11	85,45	44,87	16,39
805,00 bis 807,49	361,70	204,11	139,11	86,20	45,37	16,64
807,50 bis 809,99	363,45	205,36	140,11	86,95	45,87	16,89
810,00 bis 812,49	365,20	206,61	141,11	87,70	46,37	17,14
812,50 bis 814,99	366,95	207,86	142,11	88,45	46,87	17,39
815,00 bis 817,49	368,70	209,11	143,11	89,20	47,37	17,64
817,50 bis 819,99	370,45	210,36	144,11	89,95	47,87	17,89
820,00 bis 822,49	372,20	211,61	145,11	90,70	48,37	18,14
822,50 bis 824,99	373,95	212,86	146,11	91,45	48,87	18,39
825,00 bis 827,49	375,70	214,11	147,11	92,20	49,37	18,64
827,50 bis 829,99	377,45	215,36	148,11	92,95	49,87	18,89
830,00 bis 832,49	379,20	216,61	149,11	93,70	50,37	19,14
832,50 bis 834,99	380,95	217,86	150,11	94,45	50,87	19,39
835,00 bis 837,49	382,70	219,11	151,11	95,20	51,37	19,64

Auszahlung für Wochen

Nettolohn monatlich	Pfändbarer Betrag bei Unterhaltspflicht für ... Personen					
	0	1	2	3	4	5 und mehr
in Euro						
837,50 bis 839,99	384,45	220,36	152,11	95,95	51,87	19,89
840,00 bis 842,49	386,20	221,61	153,11	96,70	52,37	20,14
842,50 bis 844,99	387,95	222,86	154,11	97,45	52,87	20,39
845,00 bis 847,49	389,70	224,11	155,11	98,20	53,37	20,64
847,50 bis 849,99	391,45	225,36	156,11	98,95	53,87	20,89
850,00 bis 852,49	393,20	226,61	157,11	99,70	54,37	21,14
852,50 bis 854,99	394,95	227,86	158,11	100,45	54,87	21,39
855,00 bis 857,49	396,70	229,11	159,11	101,20	55,37	21,64
857,50 bis 859,99	398,45	230,36	160,11	101,95	55,87	21,89
860,00 bis 862,49	400,20	231,61	161,11	102,70	56,37	22,14
862,50 bis 864,99	401,95	232,86	162,11	103,45	56,87	22,39
865,00 bis 867,49	403,70	234,11	163,11	104,20	57,37	22,64
867,50 bis 869,99	405,45	235,36	164,11	104,95	57,87	22,89
870,00 bis 872,49	407,20	236,61	165,11	105,70	58,37	23,14
872,50 bis 874,99	408,95	237,86	166,11	106,45	58,87	23,39
875,00 bis 877,49	410,70	239,11	167,11	107,20	59,37	23,64
877,50 bis 879,99	412,45	240,36	168,11	107,95	59,87	23,89
880,00 bis 882,49	414,20	241,61	169,11	108,70	60,37	24,14
882,50 bis 883,74	415,95	242,86	170,11	109,45	60,87	24,39
Der Mehrbetrag über 883,74 Euro ist vollpfändbar.						

Auszahlung für Tage

Nettolohn monatlich	Pfändbarer Betrag bei Unterhaltspflicht für ... Personen					
	0	1	2	3	4	5 und mehr
in Euro						
bis 57,99	–	–	–	–	–	–
58,00 bis 58,49	0,24	–	–	–	–	–
58,50 bis 58,99	0,59	–	–	–	–	–
59,00 bis 59,49	0,94	–	–	–	–	–
59,50 bis 59,99	1,29	–	–	–	–	–
60,00 bis 60,49	1,64	–	–	–	–	–
60,50 bis 60,99	1,99	–	–	–	–	–
61,00 bis 61,49	2,34	–	–	–	–	–
61,50 bis 61,99	2,69	–	–	–	–	–
62,00 bis 62,49	3,04	–	–	–	–	–
62,50 bis 62,99	3,39	–	–	–	–	–
63,00 bis 63,49	3,74	–	–	–	–	–
63,50 bis 63,99	4,09	–	–	–	–	–
64,00 bis 64,49	4,44	–	–	–	–	–
64,50 bis 64,99	4,79	–	–	–	–	–
65,00 bis 65,49	5,14	–	–	–	–	–
65,50 bis 65,99	5,49	–	–	–	–	–
66,00 bis 66,49	5,84	–	–	–	–	–
66,50 bis 66,99	6,19	–	–	–	–	–
67,00 bis 67,49	6,54	–	–	–	–	–
67,50 bis 67,99	6,89	–	–	–	–	–
68,00 bis 68,49	7,24	–	–	–	–	–
68,50 bis 68,99	7,59	–	–	–	–	–
69,00 bis 69,49	7,94	–	–	–	–	–
69,50 bis 69,99	8,29	–	–	–	–	–
70,00 bis 70,49	8,64	–	–	–	–	–
70,50 bis 70,99	8,99	–	–	–	–	–
71,00 bis 71,49	9,34	–	–	–	–	–
71,50 bis 71,99	9,69	–	–	–	–	–
72,00 bis 72,49	10,04	–	–	–	–	–
72,50 bis 72,99	10,39	–	–	–	–	–
73,00 bis 73,49	10,74	–	–	–	–	–
73,50 bis 73,99	11,09	–	–	–	–	–
74,00 bis 74,49	11,44	–	–	–	–	–
74,50 bis 74,99	11,79	–	–	–	–	–
75,00 bis 75,49	12,14	–	–	–	–	–
75,50 bis 75,99	12,49	–	–	–	–	–
76,00 bis 76,49	12,84	–	–	–	–	–
76,50 bis 76,99	13,19	–	–	–	–	–
77,00 bis 77,49	13,54	–	–	–	–	–
77,50 bis 77,99	13,89	–	–	–	–	–
78,00 bis 78,49	14,24	–	–	–	–	–
78,50 bis 78,99	14,59	–	–	–	–	–
79,00 bis 79,49	14,94	–	–	–	–	–

Auszahlung für Tage

	Pfändbarer Betrag bei Unterhaltspflicht für ... Personen					
Nettolohn monatlich	0	1	2	3	4	5 und mehr
in Euro						
79,50 bis 79,99	15,29	0,07	–	–	–	–
80,00 bis 80,49	15,64	0,32	–	–	–	–
80,50 bis 80,99	15,99	0,57	–	–	–	–
81,00 bis 81,49	16,34	0,82	–	–	–	–
81,50 bis 81,99	16,69	1,07	–	–	–	–
82,00 bis 82,49	17,04	1,32	–	–	–	–
82,50 bis 82,99	17,39	1,57	–	–	–	–
83,00 bis 83,49	17,74	1,82	–	–	–	–
83,50 bis 83,99	18,09	2,07	–	–	–	–
84,00 bis 84,49	18,44	2,32	–	–	–	–
84,50 bis 84,99	18,79	2,57	–	–	–	–
85,00 bis 85,49	19,14	2,82	–	–	–	–
85,50 bis 85,99	19,49	3,07	–	–	–	–
86,00 bis 86,49	19,84	3,32	–	–	–	–
86,50 bis 86,99	20,19	3,57	–	–	–	–
87,00 bis 87,49	20,54	3,82	–	–	–	–
87,50 bis 87,99	20,89	4,07	–	–	–	–
88,00 bis 88,49	21,24	4,32	–	–	–	–
88,50 bis 88,99	21,59	4,57	–	–	–	–
89,00 bis 89,49	21,94	4,82	–	–	–	–
89,50 bis 89,99	22,29	5,07	–	–	–	–
90,00 bis 90,49	22,64	5,32	–	–	–	–
90,50 bis 90,99	22,99	5,57	–	–	–	–
91,00 bis 91,49	23,34	5,82	–	–	–	–
91,50 bis 91,99	23,69	6,07	0,02	–	–	–
92,00 bis 92,49	24,04	6,32	0,22	–	–	–
92,50 bis 92,99	24,39	6,57	0,42	–	–	–
93,00 bis 93,49	24,74	6,82	0,62	–	–	–
93,50 bis 93,99	25,09	7,07	0,82	–	–	–
94,00 bis 94,49	25,44	7,32	1,02	–	–	–
94,50 bis 94,99	25,79	7,57	1,22	–	–	–
95,00 bis 95,49	26,14	7,82	1,42	–	–	–
95,50 bis 95,99	26,49	8,07	1,62	–	–	–
96,00 bis 96,49	26,84	8,32	1,82	–	–	–
96,50 bis 96,99	27,19	8,57	2,02	–	–	–
97,00 bis 97,49	27,54	8,82	2,22	–	–	–
97,50 bis 97,99	27,89	9,07	2,42	–	–	–
98,00 bis 98,49	28,24	9,32	2,62	–	–	–
98,50 bis 98,99	28,59	9,57	2,82	–	–	–
99,00 bis 99,49	28,94	9,82	3,02	–	–	–
99,50 bis 99,99	29,29	10,07	3,22	–	–	–
100,00 bis 100,49	29,64	10,32	3,42	–	–	–
100,50 bis 100,99	29,99	10,57	3,62	–	–	–
101,00 bis 101,49	30,34	10,82	3,82	–	–	–

Auszahlung für Tage

	Pfändbarer Betrag bei Unterhaltspflicht für ... Personen					
Nettolohn monatlich	0	1	2	3	4	5 und mehr
in Euro						
101,50 bis 101,99	30,69	11,07	4,02	–	–	–
102,00 bis 102,49	31,04	11,32	4,22	–	–	–
102,50 bis 102,99	31,39	11,57	4,42	–	–	–
103,00 bis 103,49	31,74	11,82	4,62	–	–	–
103,50 bis 103,99	32,09	12,07	4,82	–	–	–
104,00 bis 104,49	32,44	12,32	5,02	0,14	–	–
104,50 bis 104,99	32,79	12,57	5,22	0,29	–	–
105,00 bis 105,49	33,14	12,82	5,42	0,44	–	–
105,50 bis 105,99	33,49	13,07	5,62	0,59	–	–
106,00 bis 106,49	33,84	13,32	5,82	0,74	–	–
106,50 bis 106,99	34,19	13,57	6,02	0,89	–	–
107,00 bis 107,49	34,54	13,82	6,22	1,04	–	–
107,50 bis 107,99	34,89	14,07	6,42	1,19	–	–
108,00 bis 108,49	35,24	14,32	6,62	1,34	–	–
108,50 bis 108,99	35,59	14,57	6,82	1,49	–	–
109,00 bis 109,49	35,94	14,82	7,02	1,64	–	–
109,50 bis 109,99	36,29	15,07	7,22	1,79	–	–
110,00 bis 110,49	36,64	15,32	7,42	1,94	–	–
110,50 bis 110,99	36,99	15,57	7,62	2,09	–	–
111,00 bis 111,49	37,34	15,82	7,82	2,24	–	–
111,50 bis 111,99	37,69	16,07	8,02	2,39	–	–
112,00 bis 112,49	38,04	16,32	8,22	2,54	–	–
112,50 bis 112,99	38,39	16,57	8,42	2,69	–	–
113,00 bis 113,49	38,74	16,82	8,62	2,84	–	–
113,50 bis 113,99	39,09	17,07	8,82	2,99	–	–
114,00 bis 114,49	39,44	17,32	9,02	3,14	–	–
114,50 bis 114,99	39,79	17,57	9,22	3,29	–	–
115,00 bis 115,49	40,14	17,82	9,42	3,44	–	–
115,50 bis 115,99	40,49	18,07	9,62	3,59	–	–
116,00 bis 116,49	40,84	18,32	9,82	3,74	0,07	–
116,50 bis 116,99	41,19	18,57	10,02	3,89	0,17	–
117,00 bis 117,49	41,54	18,82	10,22	4,04	0,27	–
117,50 bis 117,99	41,89	19,07	10,42	4,19	0,37	–
118,00 bis 118,49	42,24	19,32	10,62	4,34	0,47	–
118,50 bis 118,99	42,59	19,57	10,82	4,49	0,57	–
119,00 bis 119,49	42,94	19,82	11,02	4,64	0,67	–
119,50 bis 119,99	43,29	20,07	11,22	4,79	0,77	–
120,00 bis 120,49	43,64	20,32	11,42	4,94	0,87	–
120,50 bis 120,99	43,99	20,57	11,62	5,09	0,97	–
121,00 bis 121,49	44,34	20,82	11,82	5,24	1,07	–
121,50 bis 121,99	44,69	21,07	12,02	5,39	1,17	–
122,00 bis 122,49	45,04	21,32	12,22	5,54	1,27	–
122,50 bis 122,99	45,39	21,57	12,42	5,69	1,37	–
123,00 bis 123,49	45,74	21,82	12,62	5,84	1,47	–

Auszahlung für Tage

Nettolohn monatlich	Pfändbarer Betrag bei Unterhaltspflicht für ... Personen					
	0	1	2	3	4	5 und mehr
in Euro						
123,50 bis 123,99	46,09	22,07	12,82	5,99	1,57	–
124,00 bis 124,49	46,44	22,32	13,02	6,14	1,67	–
124,50 bis 124,99	46,79	22,57	13,22	6,29	1,77	–
125,00 bis 125,49	47,14	22,82	13,42	6,44	1,87	–
125,50 bis 125,99	47,49	23,07	13,62	6,59	1,97	–
126,00 bis 126,49	47,84	23,32	13,82	6,74	2,07	–
126,50 bis 126,99	48,19	23,57	14,02	6,89	2,17	–
127,00 bis 127,49	48,54	23,82	14,22	7,04	2,27	–
127,50 bis 127,99	48,89	24,07	14,42	7,19	2,37	–
128,00 bis 128,49	49,24	24,32	14,62	7,34	2,47	0,03
128,50 bis 128,99	49,59	24,57	14,82	7,49	2,57	0,08
129,00 bis 129,49	49,94	24,82	15,02	7,64	2,67	0,13
129,50 bis 129,99	50,29	25,07	15,22	7,79	2,77	0,18
130,00 bis 130,49	50,64	25,32	15,42	7,94	2,87	0,23
130,50 bis 130,99	50,99	25,57	15,62	8,09	2,97	0,28
131,00 bis 131,49	51,34	25,82	15,82	8,24	3,07	0,33
131,50 bis 131,99	51,69	26,07	16,02	8,39	3,17	0,38
132,00 bis 132,49	52,04	26,32	16,22	8,54	3,27	0,43
132,50 bis 132,99	52,39	26,57	16,42	8,69	3,37	0,48
133,00 bis 133,49	52,74	26,82	16,62	8,84	3,47	0,53
133,50 bis 133,99	53,09	27,07	16,82	8,99	3,57	0,58
134,00 bis 134,49	53,44	27,32	17,02	9,14	3,67	0,63
134,50 bis 134,99	53,79	27,57	17,22	9,29	3,77	0,68
135,00 bis 135,49	54,14	27,82	17,42	9,44	3,87	0,73
135,50 bis 135,99	54,49	28,07	17,62	9,59	3,97	0,78
136,00 bis 136,49	54,84	28,32	17,82	9,74	4,07	0,83
136,50 bis 136,99	55,19	28,57	18,02	9,89	4,17	0,88
137,00 bis 137,49	55,54	28,82	18,22	10,04	4,27	0,93
137,50 bis 137,99	55,89	29,07	18,42	10,19	4,37	0,98
138,00 bis 138,49	56,24	29,32	18,62	10,34	4,47	1,03
138,50 bis 138,99	56,59	29,57	18,82	10,49	4,57	1,08
139,00 bis 139,49	56,94	29,82	19,02	10,64	4,67	1,13
139,50 bis 139,99	57,29	30,07	19,22	10,79	4,77	1,18
140,00 bis 140,49	57,64	30,32	19,42	10,94	4,87	1,23
140,50 bis 140,99	57,99	30,57	19,62	11,09	4,97	1,28
141,00 bis 141,49	58,34	30,82	19,82	11,24	5,07	1,33
141,50 bis 141,99	58,69	31,07	20,02	11,39	5,17	1,38
142,00 bis 142,49	59,04	31,32	20,22	11,54	5,27	1,43
142,50 bis 142,99	59,39	31,57	20,42	11,69	5,37	1,48
143,00 bis 143,49	59,74	31,82	20,62	11,84	5,47	1,53
143,50 bis 143,99	60,09	32,07	20,82	11,99	5,57	1,58
144,00 bis 144,49	60,44	32,32	21,02	12,14	5,67	1,63
144,50 bis 144,99	60,79	32,57	21,22	12,29	5,77	1,68
145,00 bis 145,49	61,14	32,82	21,42	12,44	5,87	1,73

Auszahlung für Tage

	Pfändbarer Betrag bei Unterhaltspflicht für ... Personen					
Nettolohn monatlich	0	1	2	3	4	5 und mehr
in Euro						
145,50 bis 145,99	61,49	33,07	21,62	12,59	5,97	1,78
146,00 bis 146,49	61,84	33,32	21,82	12,74	6,07	1,83
146,50 bis 146,99	62,19	33,57	22,02	12,89	6,17	1,88
147,00 bis 147,49	62,54	33,82	22,22	13,04	6,27	1,93
147,50 bis 147,99	62,89	34,07	22,42	13,19	6,37	1,98
148,00 bis 148,49	63,24	34,32	22,62	13,34	6,47	2,03
148,50 bis 148,99	63,59	34,57	22,82	13,49	6,57	2,08
149,00 bis 149,49	63,94	34,82	23,02	13,64	6,67	2,13
149,50 bis 149,99	64,29	35,07	23,22	13,79	6,77	2,18
150,00 bis 150,49	64,64	35,32	23,42	13,94	6,87	2,23
150,50 bis 150,99	64,99	35,57	23,62	14,09	6,97	2,28
151,00 bis 151,49	65,34	35,82	23,82	14,24	7,07	2,33
151,50 bis 151,99	65,69	36,07	24,02	14,39	7,17	2,38
152,00 bis 152,49	66,04	36,32	24,22	14,54	7,27	2,43
152,50 bis 152,99	66,39	36,57	24,42	14,69	7,37	2,48
153,00 bis 153,49	66,74	36,82	24,62	14,84	7,47	2,53
153,50 bis 153,99	67,09	37,07	24,82	14,99	7,57	2,58
154,00 bis 154,49	67,44	37,32	25,02	15,14	7,67	2,63
154,50 bis 154,99	67,79	37,57	25,22	15,29	7,77	2,68
155,00 bis 155,49	68,14	37,82	25,42	15,44	7,87	2,73
155,50 bis 155,99	68,49	38,07	25,62	15,59	7,97	2,78
156,00 bis 156,49	68,84	38,32	25,82	15,74	8,07	2,83
156,50 bis 156,99	69,19	38,57	26,02	15,89	8,17	2,88
157,00 bis 157,49	69,54	38,82	26,22	16,04	8,27	2,93
157,50 bis 157,99	69,89	39,07	26,42	16,19	8,37	2,98
158,00 bis 158,49	70,24	39,32	26,62	16,34	8,47	3,03
158,50 bis 158,99	70,59	39,57	26,82	16,49	8,57	3,08
159,00 bis 159,49	70,94	39,82	27,02	16,64	8,67	3,13
159,50 bis 159,99	71,29	40,07	27,22	16,79	8,77	3,18
160,00 bis 160,49	71,64	40,32	27,42	16,94	8,87	3,23
160,50 bis 160,99	71,99	40,57	27,62	17,09	8,97	3,28
161,00 bis 161,49	72,34	40,82	27,82	17,24	9,07	3,33
161,50 bis 161,99	72,69	41,07	28,02	17,39	9,17	3,38
162,00 bis 162,49	73,04	41,32	28,22	17,54	9,27	3,43
162,50 bis 162,99	73,39	41,57	28,42	17,69	9,37	3,48
163,00 bis 163,49	73,74	41,82	28,62	17,84	9,47	3,53
163,50 bis 163,99	74,09	42,07	28,82	17,99	9,57	3,58
164,00 bis 164,49	74,44	42,32	29,02	18,14	9,67	3,63
164,50 bis 164,99	74,79	42,57	29,22	18,29	9,77	3,68
165,00 bis 165,49	75,14	42,82	29,42	18,44	9,87	3,73
165,50 bis 165,99	75,49	43,07	29,62	18,59	9,97	3,78
166,00 bis 166,49	75,84	43,32	29,82	18,74	10,07	3,83
166,50 bis 166,99	76,19	43,57	30,02	18,89	10,17	3,88
167,00 bis 167,49	76,54	43,82	30,22	19,04	10,27	3,93

Auszahlung für Tage

Nettolohn monatlich	Pfändbarer Betrag bei Unterhaltspflicht für … Personen					
	0	1	2	3	4	5 und mehr
in Euro						
167,50 bis 167,99	76,89	44,07	30,42	19,19	10,37	3,98
168,00 bis 168,49	77,24	44,32	30,62	19,34	10,47	4,03
168,50 bis 168,99	77,59	44,57	30,82	19,49	10,57	4,08
169,00 bis 169,49	77,94	44,82	31,02	19,64	10,67	4,13
169,50 bis 169,99	78,29	45,07	31,22	19,79	10,77	4,18
170,00 bis 170,49	78,64	45,32	31,42	19,94	10,87	4,23
170,50 bis 170,99	78,99	45,57	31,62	20,09	10,97	4,28
171,00 bis 171,49	79,34	45,82	31,82	20,24	11,07	4,33
171,50 bis 171,99	79,69	46,07	32,02	20,39	11,17	4,38
172,00 bis 172,49	80,04	46,32	32,22	20,54	11,27	4,43
172,50 bis 172,99	80,39	46,57	32,42	20,69	11,37	4,48
173,00 bis 173,49	80,74	46,82	32,62	20,84	11,47	4,53
173,50 bis 173,99	81,09	47,07	32,82	20,99	11,57	4,58
174,00 bis 174,49	81,44	47,32	33,02	21,14	11,67	4,63
174,50 bis 174,99	81,79	47,57	33,22	21,29	11,77	4,68
175,00 bis 175,49	82,14	47,82	33,42	21,44	11,87	4,73
175,50 bis 175,99	82,49	48,07	33,62	21,59	11,97	4,78
176,00 bis 176,49	82,84	48,32	33,82	21,74	12,07	4,83
176,50 bis 176,75	83,19	48,57	34,02	21,89	12,17	4,88
Der Mehrbetrag über 176,75 Euro ist vollpfändbar.						

840. Steuerberatungsgesetz (StBerG)[1)]

In der Fassung der Bekanntmachung vom 4. November 1975
(BGBl. I S. 2735)[2)]

Geändert durch Einführungsgesetz zur Abgabenordnung vom 14.12.1976 (BGBl. I S. 3341), Gesetz zur Änderung und Vereinfachung des EStG und anderer Gesetze vom 18.8.1980 (BGBl. I S. 1537), Viertes Gesetz zur Änderung des Steuerberatungsgesetzes vom 9.6.1989 (BGBl. I S. 1062), DDR-Vertragsgesetz vom 25.6.1990 (BGBl. II S. 518), Einigungsvertrag vom 31.8.1990 (BGBl. II S. 889, 970), Fünftes Gesetz zur Änderung des Steuerberatungsgesetzes vom 13.12.1990 (BGBl. I S. 2756), Steueränderungsgesetz 1992 vom 25.2.1992 (BGBl. I S. 297), FGO-Änderungsgesetz vom 21.12.1992 (BGBl. I S. 2109), Verbrauchsteuer-Binnenmarktgesetz vom 21.12.1992 (BGBl. I S. 2150), EWR-Ausführungsgesetz vom 27.4.1993 (BGBl. I S. 512, 2436, geänd. durch Gesetz vom 27.9.1993, BGBl. I S. 1666, 2436), Sechstes Gesetz zur Änderung des Steuerberatungsgesetzes vom 24.6.1994 (BGBl. I S. 1387), Gesetz zur Schaffung von Partnerschaftsgesellschaften und zur Änderung anderer Gesetze vom 25.7. 1994 (BGBl. I S. 1744), Einführungsgesetz zur Insolvenzordnung vom 5.10.1994 (BGBl. I S. 2911), Jahressteuergesetz 1996 vom 11.10.1995 (BGBl. I S. 1250), Jahressteuer-Ergänzungsgesetz 1996 vom 18.12.1995 (BGBl. I S 1959), Umsatzsteuer-Änderungsgesetz 1997 vom 12.12.1996 (BGBl. I S. 1851), 2. Zwangsvollstreckungsnovelle vom 17.12.1997 (BGBl. I S. 3039), Gesetz zur Datenermittlung für den Verteilungsschlüssel des Gemeindeanteils am Umsatzsteueraufkommen und zur Änderung steuerlicher Vorschriften vom 23.6.1998 (BGBl. I S. 1496), Gesetz zur Änderung der Bundesrechtsanwaltsordnung, der Patentanwaltsordnung und anderer Gesetze vom 31.8.1998 (BGBl. I S. 2600), Gesetz zur Änderung des Einführungsgesetzes zur Insolvenzordnung und anderer Gesetze vom 19.12.1998 (BGBl. I S. 3836), Gesetz zur Änderung von Vorschriften über die Tätigkeit der Steuerberater vom 24.6.2000 (BGBl. I S. 874), Altersvermögensgesetz vom 26.6.2001 (BGBl. I S. 1310), Steueränderungsgesetz 2001 vom 20.12.2001 (BGBl. I S. 3794), Gesetz zur Gleichstellung behinderter Menschen und zur Änderung anderer Gesetze vom 27.4.2002 (BGBl. I S. 1467), Gesetz zur Änderung des Gesetzes über die Tätigkeit europäischer Rechtsanwälte in Deutschland und weiterer berufsrechtlicher Vorschriften für Rechts- und Patentanwälte, Steuerberater und Wirtschaftsprüfer vom 26.10.2003 (BGBl. I S. 2074), Steueränderungsgesetz 2003 vom 15.12.2003 (BGBl. I S. 2645), Kostenrechtsmodernisierungsgesetz vom 5.5.2004 (BGBl. I S. 718), Alterseinkünftegesetz vom 5.7.2004 (BGBl. I S. 1427), Gesetz zur Anpassung von Verjährungsvorschriften an das Gesetz zur Modernisierung des Schuldrechts vom 9.12.2004 (BGBl. I S. 3214), Richtlinien-Umsetzungsgesetz (EURLUmsG) vom 9.12.2004 (BGBl. I S. 3310), Gesetz zur Vereinfachung und Vereinheitlichung der Verfahrensvorschriften zur Wahl und Berufung ehrenamtlicher Richter vom 21.12.2004 (BGBl. I S. 3599), 2. Justizmodernisierungsgesetz vom 22.12.2006 (BGBl. I S. 3416), Gesetz zur Reform des Versicherungsvertragsrechts vom 23.11.2007 (BGBl. I S. 2631), Achtes Gesetz zur Änderung des Steuerberatungsgesetzes vom 8.4.2008 (BGBl. I S. 666), Gesetz zur Neuregelung des Verbots der Vereinbarung von Erfolgshonoraren vom 12.6.2008 (BGBl. I S. 1000), 4. Gesetz zur Änderung verwaltungsverfahrensrechtlicher Vorschriften vom 11.12.2008 (BGBl. I S. 2418), Jahressteuergesetz 2009 vom 19.12.2008 (BGBl. I S. 2794), Familienleistungsgesetz vom 22.12.2008 (BGBl. I S. 2955), Bürgerentlastungsgesetz Krankenversicherung vom 16.7.2009 (BGBl. I S. 1959), Gesetz zur Reform der Sachaufklärung in der Zwangsvollstreckung vom 29.7.2009 (BGBl. I S. 2258), Gesetz zur Änderung des Untersuchungshaftrechts vom 29.7.2009 (BGBl. I S. 2274), Gesetz zur Modernisierung von Verfahren im anwaltlichen und notariellen Berufsrecht vom 30.7.2009 (BGBl. I S. 2449), Jahressteuergesetz 2010 (JStG 2010) vom 8.12.2010

[1)] Für Wirtschaftsprüfer erging die Wirtschaftsprüferordnung (Nr. **850**).

[2)] Neubekanntmachung des SteuerberatungsG v. 16.8.1961 auf Grund des § 165 SteuerberatungsG v. 16.8.1961 (BGBl. I S. 1301), zuletzt geänd. durch G v. 24.6.1975 (BGBl. I S. 1509).

(BGBl. I S. 1768), Gesetz zur Umsetzung der Dienstleistungsrichtlinie in der Justiz und zur Änderung weiterer Vorschriften vom 22.12.2010 (BGBl. I S. 2248), Gesetz zur Verbesserung der Feststellung und Anerkennung im Ausland erworbener Berufsqualifikationen vom 6.12.2011 (BGBl. I S. 2515), Gesetz zur Stärkung der Rechte von Opfern sexuellen Missbrauchs (StORMG) vom 26.6.2013 (BGBl. I S. 1805), Amtshilferichtlinie-Umsetzungsgesetz (AmtshilfeRLUmsG) vom 26.6.2013 (BGBl. I S. 1809), Gesetz zur Einführung einer Partnergesellschaft mit beschränkter Berufshaftung und zur Änderung des Berufsrechts der Rechtsanwälte, Patentanwälte, Steuerberater und Wirtschaftsprüfer vom 15.7.2013 (BGBl. I S. 2386), Gesetz zur Strukturreform des Gebührenrechts des Bundes vom 7.8.2013 (BGBl. I S. 3154), Gesetz zur Änderung des Prozesskostenhilfe- und Beratungshilferechts vom 31.8.2013 (BGBl. I S. 3533), Gesetz zur Anpassung des nationalen Steuerrechts an den Beitritt Kroatiens zur EU und zur Änderung weiterer steuerlicher Vorschriften vom 25.7.2014 (BGBl. I S. 1266), Gesetz zur Stärkung des Rechts des Angeklagten auf Vertretung in der Berufungsverhandlung und über die Anerkennung von Abwesenheitsentscheidungen in der Rechtshilfe vom 17.7.2015 (BGBl. I S. 1332), Zehnte Zuständigkeitsanpassungsverordnung vom 31.8.2015 (BGBl. I S. 1474), Steueränderungsgesetz 2015 vom 2.11.2015 (BGBl. I S. 1834), Abschlussprüferaufsichtsreformgesetz (APAReG) vom 31.3.2016 (BGBl. I S. 518), Gesetz zur Umsetzung der Richtlinie 2013/55/EU des Europäischen Parlaments und des Rates vom 20. November 2013 zur Änderung der Richtlinie 2005/36/EG über die Anerkennung von Berufsqualifikationen und der Verordnung (EU) Nr. 1024/2012 über die Verwaltungszusammenarbeit mit Hilfe des Binnenmarkt-Informationssystems („IMI-Verordnung") für bundesrechtlich geregelte Heilberufe und andere Berufe vom 18.4.2016 (BGBl. I S. 886), Gesetz zur Modernisierung des Besteuerungsverfahrens vom 18.7.2016 (BGBl. I S. 1679), Gesetz zur Bekämpfung der Steuerumgehung und zur Änderung weiterer steuerlicher Vorschriften (Steuerumgehungsbekämpfungsgesetz – StUmgBG) vom 23.6.2017 (BGBl. I S. 1682), Gesetz zur Neuregelung des Schutzes von Geheimnissen bei der Mitwirkung Dritter an der Berufsauübung schweigepflichtiger Personen vom 30.10.2017 (BGBl. I S. 3618), Zweites Gesetz zur Anpassung des Datenschutzrechts an die Verordnung (EU) 2016/679 und zur Umsetzung der Richtlinie (EU) 2016/680 (Zweites Datenschutz-Anpassungs- und Umsetzungsgesetz EU – 2. DSAnpUG-EU) vom 20.11.2019 (BGBl. I S. 1626), Drittes Gesetz zur Entlastung insbesondere der mittelständischen Wirtschaft von Bürokratie (Drittes Bürokratieentlastungsgesetz) vom 22.11.2019 (BGBl. I S. 1746), Gesetz zur weiteren steuerlichen Förderung der Elektromobilität und zur Änderung weiterer steuerlicher Vorschriften vom 12.12.2019 (BGBl. I S. 2451), Gesetz zur Umsetzung der Änderungsrichtlinie zur Vierten EU-Geldwäscherichtlinie vom 12.12.2019 (BGBl. I S. 2602), Gesetz zur Einführung einer Pflicht zur Mitteilung grenzüberschreitender Steuergestaltungen vom 21.12.2019 (BGBl. I S. 2875), Gesetz zur Umsetzung der Verhältnismäßigkeitsrichtlinie (Richtlinie (EU) 2018/958) im Bereich öffentlich-rechtlicher Körperschaften vom 19.6.2020 (BGBl. I S. 1403), Jahressteuergesetz 2020 (JStG 2020) vom 21.12.2020 (BGBl. I S. 3096) und Gesetz zur Modernisierung des notariellen Berufsrechts und zur Änderung weiterer Vorschriften vom 25.6.2021 (BGBl. I S. 2154)

BGBl. III/FNA 610-10

Inhaltsübersicht

Erster Teil. Vorschriften über die Hilfeleistung in Steuersachen

Erster Abschnitt. Ausübung der Hilfe in Steuersachen

Erster Unterabschnitt. Anwendungsbereich

Zweiter Unterabschnitt. Befugnis

§§

Dritter Unterabschnitt. Verbot und Untersagung

Vierter Unterabschnitt. Sonstige Vorschriften

Zweiter Abschnitt. Lohnsteuerhilfevereine

Erster Unterabschnitt. Aufgaben

Zweiter Unterabschnitt. Anerkennung

Dritter Unterabschnitt. Pflichten

Vierter Unterabschnitt. Aufsicht

Fünfter Unterabschnitt. Verordnungsermächtigung

Zweiter Teil. Steuerberaterordnung

Erster Abschnitt. Allgemeine Vorschriften

Zweiter Abschnitt
Voraussetzungen für die Berufsausübung

Erster Unterabschnitt. Persönliche Voraussetzungen

Zweiter Unterabschnitt. Bestellung

Dritter Unterabschnitt. Steuerberatungsgesellschaft

Dritter Abschnitt. Rechte und Pflichten

Vierter Abschnitt. Organisation des Berufs

Fünfter Abschnitt. Berufsgerichtsbarkeit

Erster Unterabschnitt. Die berufsgerichtliche Ahndung von Pflichtverletzungen

Zweiter Unterabschnitt. Die Gerichte

(Fortsetzung nächstes Blatt)

§ 3a[1)] Befugnis zu vorübergehender und gelegentlicher Hilfeleistung in Steuersachen. (1)[2)] [1]Personen, die in einem anderen Mitgliedstaat der Europäischen Union oder in einem anderen Vertragsstaat des Abkommens über den Europäischen Wirtschaftsraum oder in der Schweiz beruflich niedergelassen sind und dort befugt geschäftsmäßig Hilfe in Steuersachen nach dem Recht des Niederlassungsstaates leisten, sind zur vorübergehenden und gelegentlichen geschäftsmäßigen Hilfeleistung in Steuersachen im Anwendungsbereich dieses Gesetzes befugt. [2]Die vorübergehende und gelegentliche geschäftsmäßige Hilfeleistung in Steuersachen kann vom Staat der Niederlassung aus erfolgen. [3]Der Umfang der Befugnis zur Hilfeleistung in Steuersachen im Inland richtet sich nach dem Umfang dieser Befugnis im Niederlassungsstaat. [4]Bei ihrer Tätigkeit im Inland unterliegen sie denselben Berufsregeln wie die in § 3 genannten Personen. [5]Wenn weder der Beruf noch die Ausbildung zu diesem Beruf im Staat der Niederlassung reglementiert ist, gilt die Befugnis zur geschäftsmäßigen Hilfeleistung in Steuersachen im Inland nur, wenn die Person den Beruf in einem oder in mehreren Mitgliedstaaten oder Vertragsstaaten oder der Schweiz während der vorhergehenden zehn Jahre mindestens ein Jahr lang ausgeübt hat. [6]Ob die geschäftsmäßige Hilfeleistung in Steuersachen vorübergehend und gelegentlich erfolgt, ist insbesondere anhand ihrer Dauer, Häufigkeit, regelmäßiger Wiederkehr und Kontinuität zu beurteilen.

(2)[3)] [1]Die geschäftsmäßige Hilfeleistung in Steuersachen nach Absatz 1 ist nur zulässig, wenn die Person vor der ersten Erbringung im Inland der zuständigen Stelle schriftlich oder elektronisch Meldung erstattet. [2]Zuständige Stelle ist für Personen aus:

1. Finnland die Steuerberaterkammer Berlin,
2. Polen die Steuerberaterkammer Brandenburg,
3. Zypern die Steuerberaterkammer Bremen,
4. den Niederlanden und Bulgarien die Steuerberaterkammer Düsseldorf,
5. Schweden und Island die Steuerberaterkammer Hamburg,
6. Portugal und Spanien die Steuerberaterkammer Hessen,
7. Belgien die Steuerberaterkammer Köln,
8. Estland, Lettland, Litauen die Steuerberaterkammer Mecklenburg-Vorpommern,
9. Italien, Kroatien und Österreich die Steuerberaterkammer München,

10. dem Vereinigten Königreich die Steuerberaterkammer Niedersachsen,

10. Rumänien und Liechtenstein die Steuerberaterkammer Nordbaden,

---

[1)] § 3a eingef. mWv 12.4.2008 durch G v. 8.4.2008 (BGBl. I S. 666); Abs. 1 Satz 4 neu gef., Abs. 2 Satz 1 geänd., Satz 2 Nr. 9 geänd., Satz 3 Nr. 7 neu gef., Satz 6 angef., Abs. 7 Satz 2 ersetzt durch Sätze 2 und 3 mWv 23.4.2016 durch G v. 18.4.2016 (BGBl. I S. 886).

[2)] § 3a Abs. 1 Satz 1 geänd., Satz 2 eingef., bish. Sätze 2 bis 5 werden Sätze 3 bis 6 mWv 25.6.2017 durch G v. 23.6.2017 (BGBl. I S. 1682).

[3)] § 3a Abs. 2 Satz 2 Nr. 10 aufgeh., Nrn. 11–21 werden Nrn. 10–20 mWv 1.1.2021 durch G v. 21.12.2020 (BGBl. I S. 3096); Abs. 2 Satz 7 angef. mWv 1.8.2021 durch G v. 25.6.2021 (BGBl. I S. 2154).

11. Tschechien die Steuerberaterkammer Nürnberg,
12. Frankreich die Steuerberaterkammer Rheinland-Pfalz,
13. Luxemburg die Steuerberaterkammer Saarland,
14. Ungarn die Steuerberaterkammer des Freistaates Sachsen,
15. der Slowakei die Steuerberaterkammer Sachsen-Anhalt,
16. Dänemark und Norwegen die Steuerberaterkammer Schleswig-Holstein,
17. Griechenland die Steuerberaterkammer Stuttgart,
18. der Schweiz die Steuerberaterkammer Südbaden,
19. Malta und Slowenien die Steuerberaterkammer Thüringen,
20. Irland die Steuerberaterkammer Westfalen-Lippe.

3 Die Meldung der Person muss enthalten:

1. den Familiennamen und die Vornamen, den Namen oder die Firma einschließlich der gesetzlichen Vertreter,
2. das Geburts- oder Gründungsjahr,
3. die Geschäftsanschrift einschließlich der Anschriften aller Zweigstellen,
4. die Berufsbezeichnung, unter der die Tätigkeit im Inland zu erbringen ist,
5. eine Bescheinigung darüber, dass die Person in einem Mitgliedstaat der Europäischen Union, in einem anderen Vertragsstaat des Abkommens über den Europäischen Wirtschaftsraum oder in der Schweiz rechtmäßig zur geschäftsmäßigen Hilfeleistung in Steuersachen niedergelassen ist und dass ihr die Ausübung dieser Tätigkeit zum Zeitpunkt der Vorlage der Bescheinigung nicht, auch nicht vorübergehend, untersagt ist,
6. einen Nachweis über die Berufsqualifikation,
7. einen Nachweis darüber, dass die Person den Beruf in einem oder in mehreren Mitgliedstaaten oder Vertragsstaaten oder der Schweiz während der vorhergehenden zehn Jahre mindestens ein Jahr lang ausgeübt hat, wenn weder der Beruf noch die Ausbildung zu diesem Beruf im Staat der Niederlassung reglementiert ist,
8. eine Information über Einzelheiten zur Berufshaftpflichtversicherung oder eines anderen individuellen oder kollektiven Schutzes in Bezug auf die Berufshaftpflicht.

4 Die Meldung ist jährlich zu wiederholen, wenn die Person nach Ablauf eines Kalenderjahres erneut nach Absatz 1 geschäftsmäßig Hilfeleistung in Steuersachen im Inland erbringen will. 5 In diesem Fall sind die Bescheinigung nach Satz 3 Nr. 5 und die Information nach Satz 3 Nr. 8 erneut vorzulegen. 6 Die Meldung berechtigt die Person zur geschäftsmäßigen Hilfeleistung in Steuersachen nach Absatz 1 im gesamten Hoheitsgebiet der Bundesrepublik Deutschland. 7 § 74a gilt entsprechend.

(3) 1 Sobald die Meldung nach Absatz 2 vollständig vorliegt, veranlasst die zuständige Stelle eine vorübergehende Eintragung der Angaben nach Absatz 2 Satz 3 Nr. 1 bis 4 im Berufsregister oder ihre Verlängerung um ein Jahr. 2 Die jeweilige Eintragung erfolgt unter Angabe der zuständigen Stelle und des Datums der Eintragung. 3 Das Verfahren ist kostenfrei.

(4) Registrierte Personen nach Absatz 3 oder ihre Rechtsnachfolger müssen der zuständigen Stelle alle Änderungen der Angaben nach Absatz 2 Satz 3 Nr. 1 bis 4 unverzüglich schriftlich mitteilen.

(5) 1 Personen, die nach Absatz 1 geschäftsmäßig Hilfeleistung in Steuersachen im Inland erbringen, dürfen dabei nur unter der Berufsbezeichnung in den Amtssprachen des Niederlassungsstaates tätig werden, unter der sie ihre Dienste im Niederlassungsstaat anbieten. 2 Wer danach berechtigt ist, die Berufsbezeichnung „Steuerberater"/„Steuerberaterin", „Steuerbevollmächtigter"/„Steuerbevollmächtigte" oder „Steuerberatungsgesellschaft" zu führen, hat zusätzlich die Berufsorganisation, der er im Niederlassungsstaat angehört, sowie den Niederlassungsstaat anzugeben. 3 Eine Verwechslung mit den genannten Berufsbezeichnungen muss ausgeschlossen sein.

(6)[1] 1 Die zuständige Stelle kann einer nach Absatz 1 geschäftsmäßig Hilfe in Steuersachen leistenden Person die weitere Erbringung ihrer Dienste im Inland untersagen, wenn

1. die Person im Staat der Niederlassung nicht mehr rechtmäßig niedergelassen ist oder ihr die Ausübung der Tätigkeit dort untersagt wird,
2. sie nicht über die für die Ausübung der Berufstätigkeit im Inland erforderlichen deutschen Sprachkenntnisse verfügt,
3. sie wiederholt eine unrichtige Berufsbezeichnung führt oder
4. sie die Befugnis zu vorübergehender und gelegentlicher geschäftsmäßigen Hilfeleistung in Steuersachen überschreitet.

2 Die vorübergehende Eintragung im Berufsregister gemäß Absatz 3 Satz 1 wird gelöscht, wenn die Untersagungsverfügung nach Satz 1 unanfechtbar geworden ist. 3 Über die Löschung aus dem Berufsregister wegen Überschreitens der Befugnis zu vorübergehender und gelegentlicher geschäftsmäßigen Hilfeleistung in Steuersachen sind diejenigen Finanzbehörden zu unterrichten, die eine Mitteilung nach § 5 Absatz 4 erstattet haben.

(7)[2] 1 Die zuständigen Stellen arbeiten mit den zuständigen Stellen in den anderen Mitgliedstaaten der Europäischen Union, in den anderen Vertragsstaaten des Abkommens über den Europäischen Wirtschaftsraum und in der Schweiz zusammen und übermitteln auf Anfrage:

1. Informationen über die Rechtmäßigkeit der Niederlassung und die gute Führung des Dienstleisters;
2. Informationen darüber, dass keine berufsbezogenen disziplinarischen oder strafrechtlichen Sanktionen vorliegen;
3. Informationen, die im Falle von Beschwerden eines Dienstleistungsempfängers gegen einen Dienstleister für ein ordnungsgemäßes Beschwerdeverfahren erforderlich sind.

2 Die zuständigen Stellen können bei berechtigten Zweifeln an der Rechtmäßigkeit der Niederlassung des Dienstleisters in einem anderen Staat, an seiner

[1] § 3a Abs. 6 Satz 2 angef., bish. Text wird Satz 1 mWv 1.1.2017 durch G v. 18.7.2016 (BGBl. I S. 1679); Satz 1 neu gef., Satz 3 angef. mWv 29.12.2020 durch G v. 21.12.2020 (BGBl. I S. 3096).

[2] § 3a Abs. 7 Satz 3 geänd. mWv 1.8.2021 durch G v. 25.6.2021 (BGBl. I S. 2154).

guten Führung oder daran, dass keine berufsbezogenen disziplinarischen oder strafrechtlichen Sanktionen vorliegen, alle aus ihrer Sicht zur Beurteilung des Sachverhalts erforderlichen Informationen bei den zuständigen Stellen des anderen Staates anfordern. [3] § 30 der Abgabenordnung steht den Sätzen 1 und 2 nicht entgegen.

§ 3b[1)] Verzeichnis der nach § 3a zur vorübergehenden und gelegentlichen Hilfeleistung in Steuersachen befugten Personen. (1) [1] Die Bundessteuerberaterkammer führt ein elektronisches Verzeichnis aller Personen, die gemäß § 3a Absatz 3 Satz 1 als zur vorübergehenden und gelegentlichen Hilfeleistung in Steuersachen befugt vorübergehend im Berufsregister der zuständigen Steuerberaterkammer eingetragen sind. [2] Das Verzeichnis dient der Information der Behörden und Gerichte, der Rechtsuchenden sowie anderer am Rechtsverkehr Beteiligter. [3] Die Steuerberaterkammern geben die im Berufsregister gemäß § 3a Absatz 3 Satz 1 vorübergehend gespeicherten Daten im automatisierten Verfahren in das von der Bundessteuerberaterkammer geführte Verzeichnis ein. [4] Die zuständige Steuerberaterkammer trägt die datenschutzrechtliche Verantwortung für die von ihr in das Verzeichnis eingegebenen Daten, insbesondere für die Rechtmäßigkeit der Erhebung, die Vollständigkeit und die Richtigkeit der Daten. [5] Der Abruf einzelner Daten aus dem Gesamtverzeichnis steht jedem unentgeltlich zu.

(2) In das Verzeichnis sind einzutragen:

1. bei natürlichen Personen der Familienname und die Vornamen, das Geburtsjahr, die Geschäftsanschrift einschließlich der Anschriften aller Zweigstellen, die Berufsbezeichnung, unter der die Tätigkeit nach § 3a Absatz 5 im Inland zu erbringen ist, sowie der Name und die Anschrift der nach § 3a Absatz 2 Satz 2 zuständigen Steuerberaterkammer;
2. bei juristischen Personen und Personengesellschaften der Name oder die Firma, das Gründungsjahr, die Geschäftsanschrift einschließlich der Anschriften aller Zweigstellen, der Familienname und die Vornamen der gesetzlichen Vertreter, die Berufsbezeichnung, unter der die Tätigkeit nach § 3a Absatz 5 im Inland zu erbringen ist, der Name und die Anschrift der nach § 3a Absatz 2 Satz 2 zuständigen Steuerberaterkammer.

§ 3c[2)] Befugnis juristischer Personen und Vereinigungen zu vorübergehender und gelegentlicher Hilfeleistung in Steuersachen. Die §§ 3a und 3b gelten entsprechend für juristische Personen und Vereinigungen.

§ 4[3)] Befugnis zu beschränkter Hilfeleistung in Steuersachen. Zur geschäftsmäßigen Hilfeleistung in Steuersachen sind ferner befugt:

1. Notare im Rahmen ihrer Befugnisse nach der Bundesnotarordnung,

---

[1)] § 3b eingef. mWv 1.1.2017 durch G v. 18.7.2016 (BGBl. I S. 1679).

[2)] § 3c eingef. mWv 25.6.2017 durch G v. 23.6.2017 (BGBl. I S. 1682).

[3)] § 4 Nrn. 8, 11 neu gef., Nrn. 12, 13 angef. durch G v. 9.6.1989 (BGBl. I S. 1062), Nr. 9 Buchst. a geänd. durch G v. 21.12.1992 (BGBl. I S. 2150), Nr. 11 Buchst. c neu gef. mWv 1.7.1994 durch G v. 24.6.1994 (BGBl. I S. 1387), Nr. 2 geänd. mWv 1.3.1999 durch G v. 31.8.1998 (BGBl. I S. 2600).

biger von Kapitalerträgen Sammelanträge auf Erstattung von Kapitalertragsteuer nach § 45b des Einkommensteuergesetzes stellen,

12a.[1] ausländische Kreditinstitute, soweit sie in Vertretung der Gläubiger von Kapitalerträgen Anträge auf Erstattung von Kapitalertragsteuer nach § 50d des Einkommensteuergesetzes stellen,

13. öffentlich bestellte versicherungsmathematische Sachverständige, soweit sie in unmittelbarem Zusammenhang mit der Berechnung von Pensionsrückstellungen, versicherungstechnischen Rückstellungen und Zuführungen zu Pensions- und Unterstützungskassen ihren Auftraggebern Hilfe in Steuersachen leisten,

14.[2] diejenigen, die Verträge im Sinne des § 2 Abs. 1 Wohnungsbau-Prämiengesetz schließen oder vermitteln, soweit sie bei der Ausfüllung von Anträgen auf Wohnungsbauprämie Hilfe leisten,

15.[3] Stellen, die durch Landesrecht als geeignet im Sinne des § 305 Abs. 1 Nr. 1 der Insolvenzordnung anerkannt sind, im Rahmen ihres Aufgabenbereichs,

16.[4] a) diejenigen, die Verträge im Sinne des § 1 Abs. 1 und 1a des Altersvorsorgeverträge-Zertifizierungsgesetzes schließen oder vermitteln,

b) die in § 82 Abs. 2 Satz 1 Buchstabe a des Einkommensteuergesetzes genannten Versorgungseinrichtungen,

soweit sie im Rahmen des Vertragsabschlusses, der Durchführung des Vertrages oder der Antragstellung nach § 89 des Einkommensteuergesetzes Hilfe leisten.

Dritter Unterabschnitt. Verbot und Untersagung

§ 5 Verbot der unbefugten Hilfeleistung in Steuersachen, Missbrauch von Berufsbezeichnungen. (1)[5] [1]Andere als die in den §§ 3, 3a und 4 bezeichneten Personen und Vereinigungen dürfen nicht geschäftsmäßig Hilfe in Steuersachen leisten, insbesondere nicht geschäftsmäßig Rat in Steuersachen erteilen. [2]Die in den §§ 3a und 4 bezeichneten Personen und Vereinigungen dürfen nur im Rahmen ihrer Befugnis geschäftsmäßig Hilfe in Steuersachen leisten.

(2)[6] [1]Werden den Finanzbehörden oder den Steuerberaterkammern Tatsachen bekannt, die den Verdacht begründen, dass eine Person oder Vereinigung entgegen Absatz 1 geschäftsmäßig Hilfe in Steuersachen leistet, so haben sie diese Tatsachen der für das Bußgeldverfahren zuständigen Stelle mitzuteilen.

---

[1] § 4 Nr. 12a eingef. mWv 12.4.2008 durch G v. 8.4.2008 (BGBl. I S. 666).

[2] § 4 Nr. 14 angef. mWv 21.10.1995 durch G v. 11.10.1995 (BGBl. I S. 1250).

[3] § 4 Nr. 15 angef. mWv 1.1.1999 durch G v. 19.12.1998 (BGBl. I S. 3836).

[4] § 4 Nr. 16 angef. mWv 30.6.2001 durch G v. 26.6.2001 (BGBl. I S. 1310) und neu gef. mWv 1.1.2004 durch G v. 5.7.2004 (BGBl. I S. 1427), Buchst. a geänd. mWv 1.11.2008 durch G v. 19.12.2008 (BGBl. I S. 2794).

[5] § 5 Abs. 1 Satz 1 geänd. durch G v. 8.4.2008 (BGBl. I S. 666); Abs. 1 Satz 2 geänd. mWv 29.12.2020 durch G v. 21.12.2020 (BGBl. I S. 3096).

[6] § 5 Abs. 2 angef. durch G v. 9.6.1989 (BGBl. I S. 1062) und neu gef. mWv 1.7.2000 durch G v. 24.6.2000 (BGBl. I S. 874); Abs. 2 Satz 2 angef. mWv 29.12.2020 durch G v. 21.12.2020 (BGBl. I S. 3096)

2 Werden den Finanzbehörden Tatsachen bekannt, die darauf hinweisen, dass eine Person oder Vereinigung entgegen Absatz 1 geschäftsmäßig Hilfe in Steuersachen leistet, so können sie diese Tatsachen der zuständigen Steuerberaterkammer zum Zwecke der Prüfung der Geltendmachung von Ansprüchen nach den Vorschriften des Gesetzes gegen den unlauteren Wettbewerb (§ 76 Absatz 11) mitteilen.

(3)[1] Die Finanzbehörden oder die Steuerberaterkammern haben der für das Strafverfahren, das Bußgeldverfahren oder ein berufsaufsichtliches Verfahren zuständigen Stelle ihnen bekannte Tatsachen mitzuteilen, die den Verdacht begründen, dass

1. Personen, die geschäftsmäßig Hilfe in Steuersachen leisten, entgegen § 132a Absatz 1 Nummer 2 des Strafgesetzbuches die Berufsbezeichnungen „Steuerberater", „Steuerbevollmächtigter", „Rechtsanwalt", „Wirtschaftsprüfer" oder „vereidigter Buchprüfer" führen,
2. Vereinigungen, die geschäftsmäßig Hilfe in Steuersachen leisten, entgegen § 161 dieses Gesetzes unbefugt die Bezeichnungen „Steuerberatungsgesellschaft", „Lohnsteuerhilfeverein", „Landwirtschaftliche Buchstelle" oder unbefugt den Zusatz „und Partner", „Partnerschaft" (§ 2 Absatz 1 Satz 1 des Partnerschaftsgesellschaftsgesetzes), „mit beschränkter Berufshaftung" oder jeweilige Abkürzungen (§ 8 Absatz 4 des Partnerschaftsgesellschaftsgesetzes) oder entgegen § 133 der Wirtschaftsprüferordnung die Bezeichnungen „Wirtschaftsprüfungsgesellschaft" oder „Buchprüfungsgesellschaft" führen.

(4)[2] Werden den Finanzbehörden Tatsachen bekannt, die darauf hinweisen, dass Personen oder Vereinigungen die ihnen nach § 3a zustehende Befugnis zu vorübergehender und gelegentlicher geschäftsmäßiger Hilfeleistung in Steuersachen überschreiten, so haben die Finanzbehörden diese Tatsachen der zuständigen Steuerberaterkammer mitzuteilen.

(5)[2] § 30 der Abgabenordnung steht den Mitteilungen nach den Absätzen 2, 3 und 4 nicht entgegen.

§ 6[3] Ausnahmen vom Verbot der unbefugten Hilfeleistung in Steuersachen. Das Verbot des § 5 gilt nicht für

1. die Erstattung wissenschaftlich begründeter Gutachten,
2. die unentgeltliche Hilfeleistung in Steuersachen für Angehörige im Sinne des § 15 der Abgabenordnung,
3. die Durchführung mechanischer Arbeitsgänge bei der Führung von Büchern und Aufzeichnungen, die für die Besteuerung von Bedeutung sind; hierzu gehören nicht das Kontieren von Belegen und das Erteilen von Buchungsanweisungen,

---

[1] § 5 Abs. 3 neu gef. mWv 19.7.2013 durch G v. 15.7.2013 (BGBl. I S. 2386); Abs. 3 Satz 2 aufgeh. mWv 29.12.2020 durch G v. 21.12.2020 (BGBl. I S. 3096).

[2] § 5 Abs. 4 und 5 angef. mWv 29.12.2020 durch G v. 21.12.2020 (BGBl. I S. 3096); *Abs. 5* geänd. mWv 1.8.2021 durch G v. 25.6.2021 (BGBl. I S. 2154).

[3] § 6 Nr. 2 geänd. durch G v. 14.12.1976 (BGBl. I S. 3341), Nr. 4 angef. durch G v. 9.6.1989 (BGBl. I S.1062) und geänd. mWv 1.7.2000 durch G v. 24.6.2000 (BGBl. I S. 874).

ein Hinweis aufzunehmen, dass die Vereinbarung keinen Einfluss auf die gegebenenfalls vom Auftraggeber zu zahlenden Gerichtskosten, Verwaltungskosten und die von ihm zu erstattenden Kosten anderer Beteiligter hat.

(5) [1]Aus einer Vergütungsvereinbarung, die nicht den Anforderungen der Absätze 2 und 3 entspricht, kann der Steuerberater oder Steuerbevollmächtigte keine höhere als die gesetzliche Vergütung fordern. [2]Die Vorschriften des bürgerlichen Rechts über die ungerechtfertigte Bereicherung bleiben unberührt.

§ 10 Mitteilungen über Pflichtverletzungen und andere Informationen. (1)[1)] Werden den Finanzbehörden oder den Steuerberaterkammern Tatsachen bekannt, die den Verdacht begründen, dass eine der in den §§ 3, 3a oder § 4 Nr. 1 und 2 genannten Personen eine Berufspflicht verletzt hat, so teilen sie diese Tatsachen, soweit ihre Kenntnis aus der Sicht der übermittelnden Stelle für die Verwirklichung der Rechtsfolgen erforderlich ist, der zuständigen Stelle mit; § 30 der Abgabenordnung[2)] steht dem nicht entgegen.

(2)[3)] [1]Gerichte und Behörden übermitteln Informationen über natürliche und juristische Personen, die aus der Sicht der übermittelnden Stelle

1. für die Zulassung zur Prüfung, für die Befreiung von der Prüfung, für die Bestellung und Wiederbestellung, für die Rücknahme oder für den Widerruf der Bestellung als Steuerberater oder Steuerbevollmächtigter,
2. für die Anerkennung, für die Rücknahme oder für den Widerruf der Anerkennung als Steuerberatungsgesellschaft oder als Lohnsteuerhilfeverein,
3. für die Einleitung eines Rügeverfahrens oder eines berufsgerichtlichen Verfahrens zur Ahndung von Pflichtverletzungen oder
4. für die Überprüfung der Pflichten eines Beratungsstellenleiters im Sinne des § 23 Abs. 3

erforderlich sind, der für die Entscheidung zuständigen Stelle, soweit hierdurch schutzwürdige Interessen des Betroffenen nicht beeinträchtigt werden oder das öffentliche Interesse das Geheimhaltungsinteresse der Beteiligten überwiegt. [2]Die Übermittlung unterbleibt, wenn besondere gesetzliche Verwendungsregelungen entgegenstehen; § 83 dieses Gesetzes und § 30 der Abgabenordnung[2)] stehen dem nicht entgegen.

(3) Soweit natürliche oder juristische Personen über weitere Qualifikationen im Sinne von § 3 verfügen, dürfen Finanzbehörden und Steuerberaterkammern Informationen im Sinne des Absatzes 2 und nach Maßgabe dieser Vorschrift auch an andere zuständige Stellen übermitteln, soweit ihre Kenntnis aus der Sicht der übermittelnden Stelle für die Verwirklichung der Rechtsfolgen erforderlich ist.

[1)] § 10 Abs. 1 geänd. mWv 14.12.2010 durch G v. 8.12.2010 (BGBl. I S. 1768); geänd. mWv 1.8.2021 durch G v. 25.6.2021 (BGBl. I S. 2154).

[2)] Nr. **800**.

[3)] § 10 Abs. 2 Nr. 4 angef. mWv 20.12.2003 durch G v. 15.12.2003 (BGBl. I S. 2645), Abs. 2 Satz 1 geänd. durch G v. 8.4.2008 (BGBl. I S. 666).

§ 10a[1] Mitteilung über den Ausgang eines Bußgeldverfahrens wegen unbefugter Hilfeleistung in Steuersachen. (1) [1]Liegen tatsächliche Anhaltspunkte dafür vor, dass die unbefugte Hilfeleistung in Steuersachen fortgesetzt wird, sind die Finanzbehörden verpflichtet, die Steuerberaterkammer, in deren Bezirk die Person Hilfe in Steuersachen geleistet hat, über den Ausgang eines nach § 160 eingeleiteten Bußgeldverfahrens zu unterrichten und ihr die Tatsachen mitzuteilen, die für die Geltendmachung von Ansprüchen nach den Vorschriften des Gesetzes gegen den unlauteren Wettbewerb erforderlich sind. [2]§ 30 der Abgabenordnung steht dem nicht entgegen.

(2) [1]Wird die Hilfe in Steuersachen in verschiedenen Kammerbezirken geleistet, ist die Mitteilung an die Steuerberaterkammer zu richten, in deren Bezirk die Person ihre Geschäftsleitung unterhält, hilfsweise in deren Bezirk die Tätigkeit vorwiegend ausgeübt wird. [2]Ergibt sich die örtliche Zuständigkeit einer Steuerberaterkammer nicht aus Absatz 1 Satz 1 oder Absatz 2 Satz 1, ist die Steuerberaterkammer zuständig, in deren Kammerbezirk die Finanzbehörde, die das Bußgeldverfahren nach § 160 eingeleitet hat, ihren Sitz hat.

§ 10b[2] Vorwarnmechanismus. (1) [1]Wird bei einer Person, die die Anerkennung einer Berufsqualifikation nach der Richtlinie 2005/36/EG des Europäischen Parlaments und des Rates vom 7. September 2005 über die Anerkennung von Berufsqualifikationen (ABl. L 255 vom 30.9.2005, S. 22) in der jeweils geltenden Fassung beantragt hat, gerichtlich festgestellt, dass sie dabei gefälschte Berufsqualifikationsnachweise verwendet hat, unterrichtet die zuständige Steuerberaterkammer, soweit die Unterrichtung nicht bereits durch das zuständige Gericht erfolgt ist, die zuständigen Behörden der anderen Mitgliedstaaten der Europäischen Union, der anderen Vertragsstaaten des Abkommens über den Europäischen Wirtschaftsraum oder der Schweiz über die Identität dieser Person, insbesondere über Name, Vorname, Geburtsdatum und Geburtsort, und den Umstand, dass diese Person gefälschte Berufsqualifikationsnachweise verwendet hat (Warnmitteilung). [2]Die Warnmitteilung erfolgt unverzüglich, spätestens jedoch drei Tage nach Unanfechtbarkeit der Feststellung. [3]Sie ist über das durch die Verordnung (EU) Nr. 1024/2012 des Europäischen Parlaments und des Rates vom 25. Oktober 2012 über die Verwaltungszusammenarbeit mit Hilfe des Binnenmarkt-Informationssystems und zur Aufhebung der Entscheidung 2008/49/EG der Kommission (ABl. L 316 vom 14.11.2012, S. 1) eingerichtete Binnenmarkt-Informationssystem zu übermitteln.

(2) [1]Zeitgleich mit der Warnmitteilung nach Absatz 1 Satz 1 unterrichtet die zuständige Stelle, die die Warnmitteilung getätigt hat, die betroffene Person über die Warnmitteilung und ihren Inhalt schriftlich unter Beifügung einer Rechtsbehelfsbelehrung. [2]Wird ein Rechtsbehelf gegen die Warnmitteilung eingelegt, ergänzt die Stelle, die die Warnmitteilung getätigt hat, die Warnmitteilung um einen entsprechenden Hinweis.

---

[1] § 10a eingef. mWv 31.7.2014 durch G v. 25.7.2014 (BGBl. I S. 1266).
[2] § 10b eingef. mWv 23.4.2016 durch G v. 18.4.2016 (BGBl. I S. 886).

§ 11[1] **Verarbeitung personenbezogener Daten.** (1) [1]Soweit es zur Erfüllung der Aufgaben nach diesem Gesetz erforderlich ist, dürfen personenbezogene Daten verarbeitet werden. [2]Personenbezogene Daten dürfen auch für Zwecke künftiger Verfahren nach diesem Gesetz verarbeitet werden. [3]Besondere Kategorien personenbezogener Daten gemäß Artikel 9 Absatz 1 der Verordnung (EU) 2016/679 des Europäischen Parlaments und des Rates vom 27. April 2016 zum Schutz natürlicher Personen bei der Verarbeitung personenbezogener Daten, zum freien Datenverkehr und zur Aufhebung der Richtlinie 95/46/EG (Datenschutz-Grundverordnung) (ABl. L 119 vom 4.5. 2016, S. 1; L 314 vom 22.11.2016, S. 72) dürfen gemäß Artikel 9 Absatz 2 Buchstabe g der Datenschutz-Grundverordnung (EU) 2016/679 in diesem Rahmen verarbeitet werden.

(2) [1]Die Verarbeitung personenbezogener Daten durch Personen und Gesellschaften nach § 3 erfolgt unter Beachtung der für sie geltenden Berufspflichten weisungsfrei. [2]Die Personen und Gesellschaften nach § 3 sind bei Verarbeitung sämtlicher personenbezogener Daten ihrer Mandanten Verantwortliche gemäß Artikel 4 Nummer 7 der Datenschutz-Grundverordnung (EU) 2016/679. [3]Besondere Kategorien personenbezogener Daten gemäß Artikel 9 Absatz 1 der Verordnung (EU) 2016/679 dürfen gemäß Artikel 9 Absatz 2 Buchstabe g der Datenschutz-Grundverordnung (EU) 2016/679 in diesem Rahmen verarbeitet werden.

(3) § 30 der Abgabenordnung steht dem nicht entgegen.

§ 12[2] **Hilfeleistung im Abgabenrecht fremder Staaten.** [1]Personen und Vereinigungen im Sinne des § 3 Nr. 1 bis 3 sind in Angelegenheiten, die das Abgabenrecht fremder Staaten betreffen, zur geschäftsmäßigen Hilfe in Steuersachen befugt. [2]Die entsprechenden Befugnisse Dritter auf Grund anderer Rechtsvorschriften bleiben unberührt.

Zweiter Abschnitt. Lohnsteuerhilfevereine

Erster Unterabschnitt. Aufgaben

§ 13[3] **Zweck und Tätigkeitsbereich.** (1) Lohnsteuerhilfevereine sind Selbsthilfeeinrichtungen von Arbeitnehmern zur Hilfeleistung in Steuersachen im Rahmen der Befugnis nach § 4 Nr. 11 für ihre Mitglieder.

(2) Lohnsteuerhilfevereine bedürfen für ihre Tätigkeit der Anerkennung.

---

[1] § 11 neu gef. mWv 18.12.2019 durch G v. 12.12.2019 (BGBl. I S. 2451); Abs. 3 geänd. mWv 1.8.2021 durch G v. 25.6.2021 (BGBl. I S. 2154).

[2] Bish. § 12 aufgeh., bish. § 12a wird § 12 und neu gef. mWv 1.7.2000 durch G v. 24.6.2000 (BGBl. I S. 874).

[3] § 13 Abs. 1 geänd., bish. Abs. 2 aufgeh., bish. Abs. 3 wird Abs. 2 mWv 1.7.2000 durch G v. 24.6.2000 (BGBl. I S. 874).

Zweiter Unterabschnitt. Anerkennung

§ 14[1)] Voraussetzungen für die Anerkennung, Aufnahme der Tätigkeit. (1) [1]Ein rechtsfähiger Verein kann als Lohnsteuerhilfeverein anerkannt werden, wenn nach der Satzung

1. seine Aufgabe ausschließlich die Hilfeleistung in Steuersachen im Rahmen der Befugnis nach § 4 Nr. 11 für seine Mitglieder ist;
2. der Sitz und die Geschäftsleitung des Vereins sich in demselben Bezirk der Aufsichtsbehörde befinden;
3. der Name des Vereins keinen Bestandteil mit besonderem Werbecharakter enthält;
4. eine sachgemäße Ausübung der Hilfeleistung in Steuersachen im Rahmen der Befugnis nach § 4 Nr. 11 sichergestellt ist;
5. für die Hilfeleistung in Steuersachen im Rahmen der Befugnis nach § 4 Nr. 11 neben dem Mitgliedsbeitrag kein besonderes Entgelt erhoben wird;
6.[2)] die Anwendung der Vorschriften des § 27 Absatz 1 und 3 Satz 1 sowie der §§ 32 und 33 des Bürgerlichen Gesetzbuches[3)] nicht ausgeschlossen ist;
7. Verträge des Vereins mit Mitgliedern des Vorstands oder deren Angehörigen der Zustimmung oder Genehmigung der Mitgliederversammlung bedürfen;
8. innerhalb von drei Monaten nach Bekanntgabe des wesentlichen Inhalts der Prüfungsfeststellungen an die Mitglieder (§ 22 Abs. 7 Nr. 2) eine Mitgliederversammlung stattfinden muß, in der insbesondere eine Aussprache über das Ergebnis der Geschäftsprüfung durchzuführen und über die Entlastung des Vorstands wegen seiner Geschäftsführung während des geprüften Geschäftsjahres zu befinden ist.

[2]An die Stelle der Mitgliederversammlung kann eine Vertreterversammlung treten, sofern durch sie eine ausreichende Wahrnehmung der Interessen der Mitglieder gewährleistet ist. [3]Die Vorschriften über Mitgliederversammlungen gelten für Vertreterversammlungen sinngemäß.

(2) Die Anerkennung darf nur ausgesprochen werden, wenn das Bestehen einer Versicherung gegen die sich aus der Hilfeleistung in Steuersachen im Rahmen der Befugnis nach § 4 Nr. 11 ergebenden Haftpflichtgefahren (§ 25 Abs. 2) nachgewiesen wird.

(3) Die Hilfeleistung in Steuersachen im Rahmen der Befugnis nach § 4 Nr. 11 darf erst nach der Anerkennung als Lohnsteuerhilfeverein aufgenommen werden.

[1)] § 14 Abs. 1 Nrn. 2 und 7 eingef. durch G v. 9.6.1989 (BGBl. I S. 1062), Satz 3 angef. durch G v. 13.12.1990 (BGBl. I S. 2756), Abs. 1 Nrn. 1, 4, 5 und 7 sowie Abs. 2 und 3 geänd. mWv 1.7.2000 durch G v. 24.6.2000 (BGBl. I S. 874), Nr. 2 geänd. mWv 12.4.2008 durch G v. 8.4.2008 (BGBl. I S. 666).

[2)] § 14 Abs. 1 Nr. 6 geänd. mWv 1.1.2015 durch G v. 2.11.2015 (BGBl. I S. 1834).

[3)] **Schönfelder Nr. 20.**

§ 15[1] **Anerkennungsbehörde, Satzung.** (1) Für die Entscheidung über den Antrag auf Anerkennung als Lohnsteuerhilfeverein ist die Aufsichtsbehörde zuständig, in deren Bezirk der Verein seinen Sitz hat.

(2) Dem Antrag auf Anerkennung als Lohnsteuerhilfeverein ist eine öffentlich beglaubigte Abschrift der Satzung beizufügen.

(3) [1]Der Lohnsteuerhilfeverein hat jede Satzungsänderung der für den Sitz des Vereins zuständigen Aufsichtsbehörde innerhalb eines Monats nach der Beschlußfassung anzuzeigen. [2]Der Änderungsanzeige ist eine öffentlich beglaubigte Abschrift der jeweiligen Urkunde beizufügen.

§ 16[2] **Gebühren für die Anerkennung.** Für die Bearbeitung des Antrags auf Anerkennung als Lohnsteuerhilfeverein hat der Verein eine Gebühr von dreihundert Euro[3] an die Aufsichtsbehörde zu zahlen.

§ 17[4] **Urkunde.** Über die Anerkennung als Lohnsteuerhilfeverein stellt die Aufsichtsbehörde eine Urkunde aus.

§ 18 Bezeichnung „Lohnsteuerhilfeverein". Der Verein ist verpflichtet, die Bezeichnung „Lohnsteuerhilfeverein" in den Namen des Vereins aufzunehmen.

§ 19[5] **Erlöschen der Anerkennung.** (1) Die Anerkennung erlischt durch

1. Auflösung des Vereins;
2. Verzicht auf die Anerkennung;
3. Verlust der Rechtsfähigkeit.

(2) Der Verzicht ist schriftlich gegenüber der Aufsichtsbehörde zu erklären.

§ 20[6] **Rücknahme und Widerruf der Anerkennung.** (1) Die Aufsichtsbehörde hat die Anerkennung zurückzunehmen, wenn sich nach der Anerkennung ergibt, daß sie hätte versagt werden müssen.

(2) Die Aufsichtsbehörde hat die Anerkennung zu widerrufen,

1. wenn die Voraussetzungen für die Anerkennung als Lohnsteuerhilfeverein nachträglich fortfallen, es sei denn, daß der Verein innerhalb einer angemessenen, von der Aufsichtsbehörde zu bestimmenden Frist den dem Gesetz entsprechenden Zustand herbeiführt;

---

[1] § 15 Abs. 3 Satz 2 angef. mWv 1.7.2000 durch G v. 24.6.2000 (BGBl. I S. 874), Abs. 1 und Abs. 3 Satz 1 geänd. mWv 12.4.2008 durch G v. 4.8.2008 (BGBl. I S. 666).

[2] § 16 Satz 1 geänd., bish. Satz 2 aufgeh. mWv 1.7.1994 durch G v. 24.6.1994 (BGBl. I S. 1387), Satz 1 geänd. mWv 12.4.2008 durch G v. 8.4.2008 (BGBl. I S. 666).

[3] Betrag geänd. mWv 1.1.2002 durch G v. 24.6.2000 (BGBl. I S. 874).

[4] § 17 geänd. mWv 12.4.2008 durch G v. 8.4.2008 (BGBl. I S. 666).

[5] § 19 Abs. 2 geänd. mWv 12.4.2008 durch G v. 8.4.2008 (BGBl. I S. 666).

[6] § 20 Abs. 2 Nr. 3 geänd. mWv 1.7.2000 durch G v. 24.6.2000 (BGBl. I S. 874), Abs. 1 und Abs. 2 HS 1 sowie Nr. 1 geänd., Nr. 3 HS 2 angef. mWv 12.4.2008 durch G v. 8.4.2008 (BGBl. I S. 666).

2. wenn die tatsächliche Geschäftsführung des Lohnsteuerhilfevereins nicht mit den in § 14 bezeichneten Anforderungen an die Satzung übereinstimmt;
3. wenn eine sachgemäße Ausübung der Hilfeleistung in Steuersachen im Rahmen der Befugnis nach § 4 Nr. 11 oder eine ordnungsgemäße Geschäftsführung nicht gewährleistet ist; eine ordnungsgemäße Geschäftsführung liegt insbesondere nicht vor, wenn
   a) gegen Pflichten nach diesem Gesetz in nachhaltiger Weise verstoßen wurde oder
   b)[1] der Lohnsteuerhilfeverein in Vermögensverfall geraten ist; ein Vermögensverfall wird vermutet, wenn ein Insolvenzverfahren über das Vermögen des Lohnsteuerhilfevereins eröffnet oder der Lohnsteuerhilfeverein in das Schuldnerverzeichnis (§ 882b der Zivilprozessordnung) eingetragen ist.

(3) Vor der Rücknahme oder dem Widerruf ist der Lohnsteuerhilfeverein zu hören.

Dritter Unterabschnitt. Pflichten

§ 21 Aufzeichnungspflicht. (1) [1]Der Lohnsteuerhilfeverein hat sämtliche Einnahmen und Ausgaben fortlaufend und vollständig aufzuzeichnen. [2]Die Aufzeichnungen sind unverzüglich und in deutscher Sprache vorzunehmen.

(2) Für einzelne Mitglieder des Lohnsteuerhilfevereins empfangene Beträge sind vom Vereinsvermögen getrennt zu erfassen und gesondert zu verwalten.

(3) Der Lohnsteuerhilfeverein hat bei Beginn seiner Tätigkeit und am Ende eines jeden Geschäftsjahres auf Grund einer für diesen Zeitpunkt vorgenommenen Bestandsaufnahme seine Vermögenswerte und Schulden aufzuzeichnen und in einer Vermögensübersicht zusammenzustellen.

(4) [1]Die Belege und sonstigen Unterlagen sind geordnet zu sammeln und sechs Jahre aufzubewahren. [2]Die Aufzeichnungen der Einnahmen und Ausgaben und die Vermögensübersichten sind zehn Jahre aufzube-

(Fortsetzung nächste Seite)

---

[1] § 20 Abs. 2 Nr. 3 Buchst. b geänd. mWv 1.1.2013 durch G v. 29.7.2009 (BGBl. I S. 2258); geänd. mWv 1.8.2021 durch G v. 25.6.2021 (BGBl. I S. 2154).

(2)[1] 1 Die Prüfung gliedert sich in einen schriftlichen Teil aus drei Aufsichtsarbeiten und eine mündliche Prüfung. 2 Die schriftliche Prüfung kann auch elektronisch durchgeführt werden. 3 Der Zeitpunkt der Durchführung des schriftlichen Teils der Prüfung, die Prüfungsaufgaben der Aufsichtsarbeiten, die Bearbeitungszeit und die zum schriftlichen Teil der Prüfung zugelassenen Hilfsmittel sollen von den für die Finanzverwaltung zuständigen obersten Finanzbehörden der Länder bundeseinheitlich bestimmt werden.

(3) 1 Prüfungsgebiete der Steuerberaterprüfung sind

1. Steuerliches Verfahrensrecht sowie Steuerstraf- und Steuerordnungswidrigkeitenrecht,
2. Steuern vom Einkommen und Ertrag,
3. Bewertungsrecht, Erbschaftsteuer und Grundsteuer,
4. Verbrauch- und Verkehrsteuern, Grundzüge des Zollrechts,
5.[2] Handelsrecht sowie Grundzüge des Bürgerlichen Rechts, des Gesellschaftsrechts, des Insolvenzrechts und des Rechts der Europäischen Union,
6. Betriebswirtschaft und Rechnungswesen,
7. Volkswirtschaft,
8. Berufsrecht.

2 Nicht erforderlich ist, dass sämtliche Gebiete Gegenstand der Prüfung sind.

§ 37a[3] Prüfung in Sonderfällen. (1) 1 Wirtschaftsprüfer und vereidigte Buchprüfer sowie Bewerber, die die Prüfung als Wirtschaftsprüfer oder vereidigter Buchprüfer bestanden haben, können auf Antrag die Steuerberaterprüfung in verkürzter Form ablegen. 2 Dabei entfallen die in § 37 Absatz 3 Satz 1 Nummer 5 bis 7 genannten Prüfungsgebiete. 3 Die Prüfung gliedert sich in einen schriftlichen Teil aus zwei Aufsichtsarbeiten und eine mündliche Prüfung.

(2)[4] 1 Bewerber mit einem Befähigungs- oder Ausbildungsnachweis, der in einem anderen Mitgliedstaat der Europäischen Union oder Vertragsstaat des Abkommens über den Europäischen Wirtschaftsraum oder in der Schweiz zur selbständigen Hilfe in Steuersachen berechtigt, können auf Antrag eine Eignungsprüfung im Sinne des Artikels 14 Absatz 1 in Verbindung mit Absatz 3 der Richtlinie 2005/36/EG ablegen. 2 Mit der erfolgreich abgelegten Eignungsprüfung werden dieselben Rechte erworben wie durch die erfolgreich abgelegte Steuerberaterprüfung.

---

[1] § 37 Abs. 2 Satz 2 eingef., bish. Satz 2 wird Satz 3 mWv 1.8.2021 durch G v. 25.6.2021 (BGBl. I S. 2154).

[2] § 37 Abs. 3 Satz 1 Nr. 5 geänd. durch G v. 26.6.2013 (BGBl. I S. 1809).

[3] § 37a neu gef. mWv 1.7.2000 durch G v. 24.6.2000 (BGBl. I S. 874); Abs. 2 Satz 1 sowie Abs. 3 Satz 1 und 2 geänd., Satz 3 angef., Abs. 4 Satz 4 neu gef., Sätze 5 bis 7 angef. mWv 1.11.2003 durch G v. 26.10.2003 (BGBl. I S. 2074); Abs. 2 und 3 neu gef., Abs. 3a und 4a eingef. mWv 12.4.2008 durch G v. 8.4.2008 (BGBl. I S. 666); Abs. 1 Satz 2 Verweis korr., Abs. 4a Satz 2 geänd. mWv 1.8.2021 durch G v. 25.6.2021 (BGBl. I S. 2154).

[4] § 37a Abs. 2 Satz 1 neu gef., Abs. 3 Satz 5 und 7 neu gef. mWv 1.4.2012 durch G v. 6.12.2011 (BGBl. I S. 2515); Abs. 2 Satz 1 geänd., Abs. 3 Satz 1 geänd., Sätze 2 bis 4 neu gef., Satz 5 geänd., Satz 7 neu gef., Abs. 3a neu gef., Abs. 4 Satz 4 neu gef., Sätze 8 und 9 angef. mWv 23.4.2016 durch G v. 18.4.2016 (BGBl. I S. 886).

(3) [1]Die Befähigungs- und Ausbildungsnachweise im Sinne von Absatz 2 müssen in einem Mitgliedstaat oder Vertragsstaat oder der Schweiz von einer nach den dortigen Rechts- und Verwaltungsvorschriften zuständigen Behörde ausgestellt worden sein. [2]Sie müssen bescheinigen, dass der Inhaber in dem Staat, in dem er die Berufsqualifikation erworben hat, zur Hilfe in Steuersachen berechtigt ist. [3]Nachweisen nach Satz 2 gleichgestellt sind Ausbildungsnachweise, die

1. den erfolgreichen Abschluss einer in einem anderen Mitgliedstaat oder Vertragsstaat oder der Schweiz auf Voll- oder Teilzeitbasis im Rahmen formaler oder nicht formaler Ausbildungsprogramme absolvierten Ausbildung bescheinigen,
2. von dem sie ausstellenden anderen Mitgliedstaat oder Vertragsstaat oder der Schweiz als den Nachweisen nach Satz 2 gleichwertig anerkannt wurden und
3. in Bezug auf die Aufnahme oder Ausübung des Berufs des Steuerberaters dieselben Rechte verleihen oder auf die Ausübung des Berufs des Steuerberaters vorbereiten.

[4]Nachweisen nach Satz 2 gleichgestellt sind ferner solche, die Berufsqualifikationen bescheinigen, die zwar nicht den Erfordernissen der Rechts- und Verwaltungsvorschriften des Herkunftsmitgliedstaates für die Aufnahme und Ausübung des Berufs des Steuerberaters entsprechen, ihrem Inhaber jedoch nach dem Recht des Herkunftsmitgliedstaates erworbene Rechte nach den dort maßgeblichen Vorschriften verleihen. [5]Bewerber aus Staaten, in denen der Beruf des Steuerberaters nicht reglementiert ist, müssen diesen Beruf zusätzlich in den vorhergehenden zehn Jahren mindestens ein Jahr in einem Umfang von mindestens 16 Wochenstunden in einem Mitgliedstaat oder Vertragsstaat oder der Schweiz ausgeübt haben. [6]Die zuständige Behörde nach Satz 1 muss bescheinigen, dass der Inhaber auf die Ausübung des Berufs vorbereitet wurde. [7]Die Pflicht zum Nachweis der einjährigen Berufserfahrung entfällt, wenn durch den Ausbildungsnachweis ein reglementierter Ausbildungsgang bestätigt wird.

(3a) [1]Die zuständige Behörde hat dem Bewerber den Empfang der Unterlagen innerhalb eines Monats zu bestätigen und gegebenenfalls mitzuteilen, welche Unterlagen fehlen. [2]Die Eignungsprüfung ist spätestens sechs Monate nach der Entscheidung über die Zulassung zur Eignungsprüfung anzusetzen.

(4) [1]Bewerber mit den in Absatz 2 genannten Voraussetzungen sollen mit der Eignungsprüfung ihre Befähigung nachweisen, den Beruf eines Steuerberaters auch im Inland ordnungsgemäß ausüben zu können. [2]Die Eignungsprüfung umfasst die zur Berufsausübung notwendigen Kenntnisse aus den in § 37 Abs. 3 genannten Gebieten. [3]Die Eignungsprüfung gliedert sich in einen schriftlichen Teil aus höchstens zwei Aufsichtsarbeiten aus unterschiedlichen Prüfungsgebieten und eine mündliche Prüfung. [4]Die Prüfung entfällt insgesamt oder in einem der in § 37 Absatz 3 genannten Prüfungsgebiete, soweit der Bewerber nachweist, dass er im Rahmen seiner bisherigen Ausbildung, durch Fortbildung oder im Rahmen seiner bisherigen Berufstätigkeit einen wesentlichen Teil der Kenntnisse, Fähigkeiten und Kompetenzen erlangt hat, die in der Prüfung insgesamt oder in einem der in § 37 Absatz 3 genannten

Prüfungsgebiete gefordert werden und die von einer zuständigen Stelle formell anerkannt wurden. [5]Der Nachweis der im Rahmen der bisherigen Ausbildung erworbenen Kenntnisse ist durch Diplome oder gleichwertige Prüfungszeugnisse einer staatlichen oder staatlich anerkannten Universität oder einer Hochschule oder einer anderen Ausbildungseinrichtung zu führen. [6]Zum Nachweis der im Rahmen der bisherigen beruflichen Tätigkeit erworbenen Kenntnisse sind Falllisten vorzulegen, die regelmäßig folgende Angaben enthalten müssen: Akten- oder Geschäftszeichen, Gegenstand, Zeitraum, Art und Umfang der Tätigkeit, Sachstand. [7]Ferner sind auf Verlangen der für die Prüfung zuständigen Stelle anonymisierte Arbeitsproben vorzulegen. [8]Soweit die zuständige Behörde das Entfallen der Prüfung insgesamt oder das Entfallen bestimmter Prüfungsgebiete nach Satz 1 ablehnt, hat sie die Entscheidung zu begründen. [9]Hinsichtlich der nicht entfallenen Prüfung oder der nicht entfallenden Prüfungsgebiete sind die wesentlichen Unterschiede zwischen der bisherigen Ausbildung des Bewerbers und der im Inland geforderten Ausbildung sowie die Gründe, aus denen diese Unterschiede nicht durch bereits beim Bewerber erworbene Kenntnisse, Fähigkeiten und Kompetenzen ausgeglichen werden können, mitzuteilen.

(4a) [1]Die zuständigen Behörden im Sinne von Absatz 3 arbeiten mit den zuständigen Behörden in anderen Mitgliedstaaten der Europäischen Union, in den Vertragsstaaten des Abkommens über den Europäischen Wirtschaftsraum und der Schweiz zusammen und tauschen Informationen über das Vorliegen von disziplinar- oder strafrechtlichen oder sonstigen schwerwiegenden Sachverhalten aus, wenn sie Auswirkungen auf die Berufsausübung der Betroffenen haben. [2]§ 30 der Abgabenordnung steht dem nicht entgegen.

(5) Für die Prüfung in verkürzter Form und für die Eignungsprüfung gelten im Übrigen die Vorschriften für die Steuerberaterprüfung.

§ 37b[1)] Zuständigkeit für die Zulassung zur Prüfung, für die Befreiung von der Prüfung, für die organisatorische Durchführung der Prüfung, für die Abnahme der Prüfung und für die Berufung und Abberufung des Prüfungsausschusses. (1) [1]Für die Zulassung zur Prüfung, für die Befreiung von der Prüfung und für die organisatorische Durchführung der Prüfung ist die Steuerberaterkammer zuständig, in deren Bezirk der Bewerber im Zeitpunkt der Antragstellung vorwiegend beruflich tätig ist oder, sofern der Bewerber keine Tätigkeit ausübt, er seinen Wohnsitz hat. [2]Bei mehreren Wohnsitzen ist der Wohnsitz maßgebend, an dem sich der Bewerber vorwiegend aufhält.

(2) [1]Befindet sich der nach Absatz 1 maßgebliche Ort im Ausland, so ist die Steuerberaterkammer zuständig, in deren Bezirk sich der Ort der beabsichtigten beruflichen Niederlassung im Inland befindet. [2]Befindet sich der Ort der beabsichtigten beruflichen Niederlassung im Ausland, so ist die Steuerberaterkammer zuständig, bei der die Zulassung zur Prüfung beantragt wurde.

(3) [1]Zur Erfüllung der Aufgaben nach Absatz 1 kann eine Steuerberaterkammer durch Vereinbarung, die der Genehmigung der für die Finanzverwal-

---

[1)] § 37b neu gef. mWv 12.4.2008 durch G v. 8.4.2008 (BGBl. I S. 666).

tung zuständigen obersten Landesbehörde bedarf, mit einer anderen Steuerberaterkammer eine gemeinsame Stelle bilden. [2]Dies gilt auch über Landesgrenzen hinweg, wenn die jeweils für die Finanzverwaltung zuständigen obersten Landesbehörden dies genehmigen. [3]Die gemeinsame Stelle handelt für diejenige Steuerberaterkammer, die für den Bewerber örtlich zuständig ist. [4]Gibt es in einem Land mehrere Steuerberaterkammern, bestimmt die für die Finanzverwaltung zuständige oberste Landesbehörde nach Anhörung der Steuerberaterkammern, ob eine, mehrere gemeinsam oder jede Steuerberaterkammer für sich die Aufgaben wahrnimmt.

(4) [1]Für die Abnahme der Prüfung ist der Prüfungsausschuss bei der für die Finanzverwaltung zuständigen obersten Landesbehörde zuständig, in deren Bereich der Bewerber zur Prüfung zugelassen wurde. [2]Die Zuständigkeit kann auf einen Prüfungsausschuss bei einer anderen für die Finanzverwaltung zuständigen obersten Landesbehörde einvernehmlich übertragen werden.

(5) [1]Die Berufung und Abberufung des Vorsitzenden, der übrigen Mitglieder des Prüfungsausschusses und ihrer Stellvertreter erfolgt durch die für die Finanzverwaltung zuständige oberste Landesbehörde. [2]Es können mehrere Prüfungsausschüsse gebildet werden.

§§ 37c, 37d[1]. *(aufgehoben)*

§ 38[2] Voraussetzungen für die Befreiung von der Prüfung.

(1) Von der Steuerberaterprüfung sind zu befreien

1. Professoren, die an einer deutschen Hochschule mindestens zehn Jahre auf dem Gebiet der von den Bundes- oder Landesfinanzbehörden verwalteten Steuern als Professor gelehrt haben;
2. ehemalige Finanzrichter, die mindestens zehn Jahre auf dem Gebiet der von den Bundes- oder Landesfinanzbehörden verwalteten Steuern tätig gewesen sind;
3. ehemalige Beamte des höheren Dienstes und vergleichbare Angestellte
   a) der Finanzverwaltung, die im höheren Dienst oder als Angestellter in vergleichbaren Vergütungsgruppen mindestens zehn Jahre auf dem Gebiet der von den Bundes- oder Landesfinanzbehörden verwalteten Steuern als Sachgebietsleiter oder mindestens in gleichwertiger Stellung tätig gewesen sind,
   b) der gesetzgebenden Körperschaften, der Gerichte der Finanzgerichtsbarkeit sowie der obersten Behörden und der Rechnungsprüfungsbehörden des Bundes und der Länder, die im höheren Dienst oder

---

[1] §§ 37c und 37d aufgeh. mWv 1.7.2000 durch G v. 24.6.2000 (BGBl. I S. 874).

[2] § 38 Abs. 1 Nr. 1 und Abs. 2 Satz 2 neu gef. durch G v. 9.6.1989 (BGBl. I S. 1062), Abs. 1 und Abs. 2 Satz 1 geänd. durch G v. 13.12.1990 (BGBl. I S. 2756), Abs. 2 Satz 1 geänd. mWv 1.7.1994 durch G v. 24.6.1994 (BGBl. I S. 1387), Abs. 1 Nrn. 1, 3 und 4 geänd., Abs. 2 neu gef. mWv 1.7.2000 durch G v. 24.6.2000 (BGBl. I S. 874), Abs. 1 Nr. 3 Buchst. a und b sowie Nr. 4 Buchst. a und b geänd. mWv 12.4.2008 durch G v. 8.4.2008 (BGBl. I S. 666).

als Angestellter in vergleichbaren Vergütungsgruppen mindestens zehn Jahre überwiegend auf dem Gebiet der von den Bundes- oder Landesfinanzbehörden verwalteten Steuern als Sachgebietsleiter oder mindestens in gleichwertiger Stellung tätig gewesen sind; die Angestellten der Fraktionen des Deutschen Bundestages gelten als Bedienstete der gesetzgebenden Körperschaften im Sinne dieser Vorschrift;

4. ehemalige Beamte des gehobenen Dienstes und vergleichbare Angestellte
   a) der Finanzverwaltung, die im gehobenen oder höheren Dienst oder als Angestellter in vergleichbaren Vergütungsgruppen mindestens fünfzehn Jahre auf dem Gebiet der von den Bundes- oder Landesfinanzbehörden verwalteten Steuern als Sachbearbeiter oder mindestens in gleichwertiger Stellung tätig gewesen sind,
   b) der gesetzgebenden Körperschaften, der Gerichte der Finanzgerichtsbarkeit sowie der obersten Behörden und der Rechnungsprüfungsbehörden des Bundes und der Länder, die im gehobenen oder höheren Dienst oder als Angestellter in vergleichbaren Vergütungsgruppen mindestens fünfzehn Jahre überwiegend auf dem Gebiet der von den Bundes- oder Landesfinanzbehörden verwalteten Steuern als Sachbearbeiter oder mindestens in gleichwertiger Stellung tätig gewesen sind; die Angestellten der Fraktionen des Deutschen Bundestages gelten als Bedienstete der gesetzgebenden Körperschaften im Sinne dieser Vorschrift.

(2) [1] § 36 Abs. 3 und 4 gilt auch für die Befreiung von der Prüfung. [2] Personen, die unter Absatz 1 Nr. 2 bis 4 fallen, sowie Professoren an staatlichen verwaltungsinternen Fachhochschulen mit Ausbildungsgängen für den öffentlichen Dienst können erst nach dem Ausscheiden aus dem öffentlichen Dienst oder dem Dienstverhältnis als Angestellter einer Fraktion des Deutschen Bundestages von der Prüfung befreit werden.

§ 38a[1)] Verbindliche Auskunft. (1) Auf Antrag erteilt die zuständige Steuerberaterkammer eine verbindliche Auskunft über die Erfüllung einzelner Voraussetzungen für die Zulassung zur Prüfung oder für die Befreiung von der Prüfung.

(2) Für die örtliche Zuständigkeit gilt § 37b Abs. 1 bis 3 entsprechend.

§ 39[2)] Gebühren für Zulassung, Prüfung, Befreiung und verbindliche Auskunft, Kostenerstattung. (1) Für die Bearbeitung des Antrags auf Zulassung zur Prüfung, auf Befreiung von der Prüfung oder auf Erteilung einer verbindlichen Auskunft über die Erfüllung einzelner Voraussetzungen für die Zulassung zur Prüfung oder über die Befreiung von der Prüfung hat der Bewerber eine Gebühr von zweihundert Euro an die zuständige Steuerberaterkammer zu zahlen.

(2) [1] Für die Prüfung hat der Bewerber bis zu einem von der zuständigen Steuerberaterkammer zu bestimmenden Zeitpunkt eine Gebühr von eintau-

---

1) § 38a eingef. mWv 1.7.2000 durch G v. 24.6.2000 (BGBl. I S. 874), Abs. 1 und 2 geänd. mWv 12.4.2008 durch G v. 8.4.2008 (BGBl. I S. 666).

2) § 39 neugef. mWv 12.4.2008 durch G v. 8.4.2008 (BGBl. I S. 666).

send Euro an die zuständige Steuerberaterkammer zu zahlen. [2]Zahlt der Bewerber die Gebühr nicht rechtzeitig, so gilt dies als Verzicht auf die Zulassung zur Prüfung. [3]Tritt der Bewerber bis zu dem von der zuständigen Steuerberaterkammer zu bestimmenden Zeitpunkt von der Prüfung zurück, so wird die Gebühr nicht erhoben. [4]Tritt der Bewerber bis zum Ende der Bearbeitungszeit für die letzte Aufsichtsarbeit zurück, so ist die Gebühr zur Hälfte zu erstatten.

(3) In einer Gebührenordnung nach § 79 Abs. 2 können der Höhe nach andere als die in den Absätzen 1 und 2 genannten Gebühren bestimmt werden.

(4) [1]Die zuständige Steuerberaterkammer hat die für die Erstellung der Prüfungsaufgaben der Aufsichtsarbeiten entstandenen Kosten der für die Finanzverwaltung zuständigen obersten Landesbehörde zu erstatten. [2]Die Vergütungen und sonstigen Aufwendungen für die Mitglieder des Prüfungsausschusses werden von der zuständigen Steuerberaterkammer unmittelbar an die Mitglieder des Prüfungsausschusses gezahlt. [3]Die für die Finanzverwaltung zuständige oberste Landesbehörde wird insoweit von ihrer Zahlungsverpflichtung gegenüber den Mitgliedern des Prüfungsausschusses befreit. [4]Für die Zahlungen nach den Sätzen 1 und 2 kann die zuständige Steuerberaterkammer keinen Ersatz von der für die Finanzverwaltung zuständigen obersten Landesbehörde verlangen.

§ 39a[1)] Rücknahme von Entscheidungen. (1) [1]Die Zulassung zur Prüfung oder die Befreiung von der Prüfung ist von der zuständigen Steuerberaterkammer, die Prüfungsentscheidung ist von der für die Finanzverwaltung zuständigen obersten Landesbehörde, vertreten durch die zuständige Steuerberaterkammer, zurückzunehmen, wenn

1. sie durch unlautere Mittel wie arglistige Täuschung, Drohung oder Bestechung erwirkt worden ist,
2. sie der Begünstigte durch Angaben erwirkt hat, die in wesentlicher Beziehung unrichtig oder unvollständig waren,
3. ihre Rechtswidrigkeit dem Begünstigten bekannt oder infolge grober Fahrlässigkeit nicht bekannt war.

[2]Erstrecken sich die Rücknahmegründe nach Satz 1 nur auf die Zulassung zur Prüfung, ist auch die Prüfungsentscheidung zurückzunehmen. [3]Nach einer Rücknahme gemäß Satz 1 oder Satz 2 gilt die Steuerberaterprüfung als nicht bestanden.

(2) [1]Die für die Finanzverwaltung zuständigen obersten Landesbehörden und die Steuerberaterkammern haben Tatsachen im Sinne des Absatzes 1 Satz 1 Nr. 1 bis 3 der zuständigen Steuerberaterkammer unverzüglich mitzuteilen. [2]§ 30 der Abgabenordnung steht diesen Mitteilungen nicht entgegen. [3]Werden Tatsachen nach Absatz 1 Satz 1 Nr. 1 bis 3 während des Bestellungs-

---

1) § 39a eingef. mWv 1.7.2000 durch G v. 24.6.2000 (BGBl. I S. 874) und neu gef. mWv 12.4.2008 durch G v. 8.4.2008 (BGBl. I S. 666); Abs. 2 Satz 2 geänd. mWv 1.8.2021 durch G v. 25.6.2021 (BGBl. I S. 2154).

verfahrens der zuständigen Steuerberaterkammer bekannt, so ruht dieses bis zum Ausgang des Verfahrens.

(3) Vor der Rücknahme ist der Betroffene zu hören.

Zweiter Unterabschnitt. Bestellung

§ 40[1)] Bestellende Steuerberaterkammer, Bestellungsverfahren.

(1) [1]Nach bestandener Prüfung oder nach der Befreiung von der Prüfung ist der Bewerber auf Antrag durch die zuständige Steuerberaterkammer als Steuerberater zu bestellen. [2]Die örtliche Zuständigkeit der bestellenden Steuerberaterkammer richtet sich nach der beabsichtigten beruflichen Niederlassung des Bewerbers. [3]Bei beabsichtigter beruflicher Niederlassung im Ausland ist für die Bestellung die Steuerberaterkammer zuständig, die den Bewerber von der Prüfung befreit hat oder die Steuerberaterkammer, in deren Kammerbezirk der Bewerber geprüft worden ist.

(2) [1]Vor der Bestellung hat die Steuerberaterkammer zu prüfen, ob der Bewerber persönlich geeignet ist. [2]Die Bestellung ist zu versagen, wenn der Bewerber

1. nicht in geordneten wirtschaftlichen Verhältnissen lebt;
2. infolge strafgerichtlicher Verurteilung die Fähigkeit zur Bekleidung öffentlicher Ämter nicht besitzt;
3. aus gesundheitlichen Gründen nicht nur vorübergehend unfähig ist, den Beruf des Steuerberaters ordnungsgemäß auszuüben;
4. sich so verhalten hat, dass die Besorgnis begründet ist, er werde den Berufspflichten als Steuerberater nicht genügen.

(3) Die Bestellung ist auch zu versagen,

1. wenn eine Entscheidung nach § 39a Abs. 1 ergangen ist;
2. solange der Bewerber eine Tätigkeit ausübt, die mit dem Beruf unvereinbar ist (§ 57 Abs. 4);
3. solange nicht die vorläufige Deckungszusage auf den Antrag zum Abschluss einer Berufshaftpflichtversicherung oder der Nachweis der Mitversicherung bei einem Arbeitgeber vorliegt.

(4) [1]Wenn es zur Entscheidung über den Versagungsgrund des Absatzes 2 Satz 2 Nummer 3 erforderlich ist, gibt die zuständige Steuerberaterkammer dem Bewerber schriftlich auf, innerhalb einer von ihr zu bestimmenden angemessenen Frist das Gutachten eines von ihr bestimmten Arztes über seinen Gesundheitszustand vorzulegen. [2]Das Gutachten muss auf einer Untersuchung des Bewerbers und, wenn dies ein Arzt für notwendig hält, auch auf einer klinischen Beobachtung des Bewerbers beruhen. [3]Die Kosten des Gutachtens hat der Bewerber zu tragen. [4]Kommt der Bewerber ohne zureichenden

---

[1)] § 40 neu gef. durch G v. 9.6.1989 (BGBl. I S. 1062), Abs. 1 Satz 3 geänd. mWv 1.1.1994 (BGBl. 1993 I S. 2436) durch G v. 27.4.1993 (BGBl. I S. 512), Abs. 1 geänd., Abs. 2 bis 4 und 6 neu gef. mWv 1.7.2000 durch G v. 24.6.2000 (BGBl. I S. 874), Abs. 2 Nr. 3 neu gef. mWv 1.5.2002 durch G v. 27.4.2002 (BGBl. I S. 1467), Abs. 1 Satz 3 neu gef., Abs. 3 Nr. 1 und Abs. 4 Satz 2 geänd. mWv 12.4.2008 durch G v. 8.4.2008 (BGBl. I S. 666); Abs. 4 Satz 1 Verweis korr. durch G v. 25.6.2021 (BGBl. I S. 2154).

Grund der Anordnung der Steuerberaterkammer innerhalb der gesetzten Frist nicht nach, gilt der Antrag auf Bestellung als zurückgenommen.

(5) 1 Vor der Versagung der Bestellung ist der Bewerber zu hören. 2 Wird die Bestellung versagt, so ist ein schriftlicher Bescheid zu erteilen.

(6) Für die Bearbeitung des Antrags auf Bestellung hat der Bewerber eine Gebühr von fünfzig Euro[1] an die zuständige Steuerberaterkammer zu zahlen, soweit nicht durch eine Gebührenordnung nach § 79 Abs. 2 etwas anderes bestimmt ist.

§ 40a.[2] **Aussetzung des Bestellungsverfahrens.** Die Entscheidung über den Antrag auf Bestellung zum Steuerberater kann ausgesetzt werden, wenn gegen die antragstellende Person ein Verfahren wegen des Verdachts einer Straftat anhängig ist, in dem der Tatvorwurf eine Verurteilung erwarten lässt, die eine Versagung der Bestellung zur Folge haben würde.

§ 41[3] **Bestellung.** (1) Die Bestellung zum Steuerberater wird mit der Aushändigung einer von der Steuerberaterkammer ausgestellten Urkunde wirksam.

(2) Die Urkunde darf erst ausgehändigt werden, wenn der Bewerber gegenüber der Steuerberaterkammer die Versicherung abgegeben hat, dass er die insbesondere aus § 57 Absatz 1 bis 2a folgenden Pflichten eines Steuerberaters erfüllen wird.

(3) Mit der Bestellung wird der Steuerberater Mitglied der bestellenden Steuerberaterkammer.

§ 42[4] **Steuerbevollmächtigter.** 1 Steuerbevollmächtigter ist, wer nach den Vorschriften dieses Gesetzes als solcher bestellt ist. 2 Die Vorschriften für die Bestellung als Steuerberater sind bei der Bestellung als Steuerbevollmächtigter sinngemäß anzuwenden.

§ 43[5] **Berufsbezeichnung.** (1) 1 Die Berufsbezeichnung lautet „Steuerberater" oder „Steuerbevollmächtigter". 2 Frauen können die Berufsbezeichnung „Steuerberaterin" oder „Steuerbevollmächtigte" wählen. 3 Die Berufsangehörigen haben im beruflichen Verkehr die Berufsbezeichnung zu führen.

(2) Die Führung weiterer Berufsbezeichnungen ist nur gestattet, wenn sie amtlich verliehen worden sind. 2 Andere Zusätze und der Hinweis auf eine ehemalige Beamteneigenschaft sind im beruflichen Verkehr unzulässig.

(3) Zusätze, die auf einen akademischen Grad oder eine staatlich verliehene Graduierung hinweisen, sind erlaubt.

---

[1] Betrag geänd. mWv 1.1.2002 durch G v. 24.6.2000 (BGBl. I S. 874).

[2] § 40a eingef. mWv 1.8.2021 durch G v. 25.6.2021 (BGBl. I S. 2154).

[3] § 41 neu gef. mWv 1.8.2021 durch G v. 25.6.2021 (BGBl. I S. 2154).

[4] § 42 Satz 2 angef. mWv 1.7.2000 durch G v. 24.6.2000 (BGBl. I S. 874).

[5] § 43 Abs. 1 Satz 2 eingef. durch G v. 9.6.1989 (BGBl. I S. 1062), Abs. 4 Satz 3 geänd. mWv 1.3.1999 durch G v. 31.8.1998 (BGBl. I S. 2600) und mWv 1.7.2000 durch G v. 24.6.2000 (BGBl. I S. 874).

(4) [1]Die Bezeichnung „Steuerberater“, „Steuerbevollmächtigter“ oder „Steuerberatungsgesellschaft“ darf nur führen, wer nach diesem Gesetz dazu berechtigt ist. [2]Es ist unzulässig, zum Hinweis auf eine steuerberatende Tätigkeit andere Bezeichnungen zu verwenden. [3]Satz 2 findet auf Rechts-

(Fortsetzung nächstes Blatt)

(2) Die Bestellung ist zu widerrufen, wenn der Steuerberater oder Steuerbevollmächtigte

1.[1] eine gewerbliche Tätigkeit oder eine Tätigkeit als Arbeitnehmer ausübt, die mit seinem Beruf nicht vereinbar ist (§ 57 Abs. 4);

2. infolge strafgerichtlicher Verurteilung die Fähigkeit zur Bekleidung öffentlicher Ämter verloren hat;

3. nicht die vorgeschriebene Haftpflichtversicherung gegen die Haftpflichtgefahren aus seiner Berufstätigkeit unterhält;

4.[2] in Vermögensverfall geraten ist, es sei denn, daß dadurch die Interessen der Auftraggeber nicht gefährdet sind; ein Vermögensverfall wird vermutet, wenn ein Insolvenzverfahren über das Vermögen des Steuerberaters oder Steuerbevollmächtigten eröffnet oder der Steuerberater oder Steuerbevollmächtigte in das Schuldnerverzeichnis (§ 882b der Zivilprozessordnung[3]) eingetragen ist;

5.[2] seine berufliche Niederlassung in das Ausland verlegt, ohne daß ein Zustellungsbevollmächtigter mit Wohnsitz im Inland benannt worden ist. [2] Name und Anschrift sowie jede Änderung der Person oder der Anschrift des Zustellungsbevollmächtigten sind der zuständigen Steuerberaterkammer unverzüglich mitzuteilen. [3] Der Steuerberater oder Steuerbevollmächtigte bleibt Mitglied der Steuerberaterkammer, der er bisher angehört hat;

6.[2] eine berufliche Niederlassung nicht unterhält oder

7.[2] aus gesundheitlichen Gründen nicht nur vorübergehend unfähig ist, seinen Beruf ordnungsgemäß auszuüben.

(3)[2] [1] In Verfahren wegen des Widerrufs der Bestellung nach Absatz 2 Nr. 7 ist § 40 Abs. 4 entsprechend anzuwenden. [2] Wird das Gutachten ohne zureichenden Grund nicht innerhalb der von der zuständigen Steuerberaterkammer gesetzten Frist vorgelegt, so wird vermutet, dass der Steuerberater oder Steuerbevollmächtigte aus einem Grund des Absatzes 2 Nr. 7, der durch das Gutachten geklärt werden soll, nicht nur vorübergehend unfähig ist, seinen Beruf ordnungsgemäß auszuüben.

(4)[4] [1] Die Bestellung als Steuerberater und als Steuerbevollmächtigter wird durch die Steuerberaterkammer zurückgenommen oder widerrufen. [2] Die örtliche Zuständigkeit richtet sich nach der beruflichen Niederlassung, in den Fällen des Absatzes 2 Nr. 6 nach der beabsichtigten beruflichen Niederlassung gemäß § 40 Abs. 1 Satz 2. [3] § 40 Abs. 1 Satz 3 gilt ent-

---

[1] § 46 Abs. 2 Nr. 1 neu gef. mWv 1.7.2000 durch G v. 24.6.2000 (BGBl. I S. 874).

[2] § 46 Abs. 2 bish. Nr. 4 aufgeh., Nr. 5 neu gef. mWv 1.1.1999 durch G v. 5.10.1994 (BGBl. I S. 2911), bish. Nrn. 5 und 6 werden Nrn. 4 und 5 durch G v. 19.12.1998 (BGBl. I S. 3836), Abs. 2 Nr. 5 geänd., Nrn. 6 und 7 angef., Abs. 3 neu gef. mWv 1.7.2000 durch G v. 24.6.2000 (BGBl. I S. 874), Abs. 2 Nr. 7 neu gef. mWv 1.5.2002 durch G v. 27.4.2002 (BGBl. I S. 1467); Abs. 2 Nr. 4 HS 2 geänd. mWv 1.1.2013 durch G v. 29.7.2009 (BGBl. I S. 2258); Abs. 2 Nr. 4 geänd. mWv 1.8.2021 durch G v. 25.6.2021 (BGBl. I S. 2154).

[3] **Schönfelder Nr. 100.**

[4] § 46 Abs. 4 neu gef. mWv 1.7.2000 durch G v. 24.6.2000 (BGBl. I S. 874).

sprechend. [4]Bei beruflicher Niederlassung im Ausland richtet sich die örtliche Zuständigkeit nach der letzten beruflichen Niederlassung im Geltungsbereich dieses Gesetzes; ist eine solche nicht vorhanden, so ist die Steuerberaterkammer zuständig, in deren Bezirk der Steuerberater oder Steuerbevollmächtigte bestellt wurde. [5]Vor der Rücknahme oder dem Widerruf ist der Betroffene zu hören.

(5) *(aufgehoben)*

§ 47[1)] Erlöschen der Befugnis zur Führung der Berufsbezeichnung.
(1) [1]Mit dem Erlöschen, der Rücknahme oder dem Widerruf der Bestellung erlischt die Befugnis, die Berufsbezeichnung „Steuerberater" oder „Steuerbevollmächtigter" zu führen. [2]Die Bezeichnung darf auch nicht mit einem Zusatz, der auf die frühere Berechtigung hinweist, geführt werden.

(2) Die zuständige Steuerberaterkammer kann einem Steuerberater oder Steuerbevollmächtigten, der wegen hohen Alters oder aus gesundheitlichen Gründen auf die Rechte aus der Bestellung verzichtet, auf Antrag die Erlaubnis erteilen, seine Berufsbezeichnung mit dem Zusatz „im Ruhestand" weiterzuführen, der auch „i. R." abgekürzt werden kann.

(3) Die Steuerberaterkammer kann eine nach Absatz 2 erteilte Erlaubnis

1. zurücknehmen, wenn nachträglich Umstände bekanntwerden, die zur Versagung der Erlaubnis geführt hätten, oder
2. widerrufen, wenn nachträglich Umstände eintreten, die bei einem Steuerberater oder Steuerbevollmächtigten das Erlöschen oder nach § 46 Absatz 2 Nummer 2 den Widerruf der Bestellung nach sich ziehen würden.

§ 48[2)] Wiederbestellung. (1) Ehemalige Steuerberater und Steuerbevollmächtigte können wiederbestellt werden,

1. wenn die Bestellung nach § 45 Absatz 1 Satz 1 Nummer 2 erloschen ist; wurde auf die Bestellung nach Einleitung eines berufsgerichtlichen Verfahrens (§ 114) verzichtet, kann die Wiederbestellung nicht vor Ablauf von acht Jahren erfolgen, es sei denn, dass eine Ausschließung aus dem Beruf nicht zu erwarten war;
2. wenn im Falle des Erlöschens der Bestellung nach § 45 Absatz 1 Satz 1 Nummer 3 die rechtskräftige Ausschließung aus dem Beruf im Gnadenwege auf-

---

[1)] § 47 Abs. 2 und Abs. 3 neu gef. durch G v. 9.6.1989 (BGBl. I S. 1062), Abs. 2 Satz 2 geänd., Satz 3 aufgeh., Abs. 3 Satz 1 Halbsatz 2 angef. mWv 1.7.1994 durch G v. 24.6.1994 (BGBl. I S. 1387), Abs. 2 und Abs. 3 Satz 2 neu gef., Abs. 3 Satz 1 geänd. mWv 1.7.2000 durch G v. 24.6.2000 (BGBl. I S. 874); Abs. 2 geänd., Abs. 3 neu gef. mWv 1.8.2021 durch G v. 25.6.2021 (BGBl. I S. 2154).

[2)] § 48 Abs. 1 Nr. 2 und Abs. 2 neu gef., Abs. 3 angef. durch G v. 9.6.1989 (BGBl. I S. 1062), Abs. 1 Satz 2 angef. durch G v. 25.2.1992 (BGBl. I S. 297), Abs. 1 Satz 1 Nr. 1 Halbsatz 2 angef. sowie Abs. 3 neu gef. mWv 1.7.1994 durch G v. 24.6.1994 (BGBl. I S. 1387), Abs. 1 Nr. 1 und Abs. 3 neu gef., Abs. 1 Satz 1 Nr. 3 geänd., Abs. 1 bish. Satz 2 aufgeh. mWv 1.7.2000 durch G v. 24.6.2000 (BGBl. I S. 874); Abs. 1 Nrn. 1 und 2 Veweise korr. durch G v. 25.6.2021 (BGBl. I S. 2154).

1. die Gesellschaft nicht die nach diesem Gesetz vorgeschriebene Haftpflichtversicherung unterhält oder
2. andere Voraussetzungen für die Anerkennung der Gesellschaft nachträglich fortfallen,

es sei denn, dass die Gesellschaft innerhalb einer angemessenen, von der zuständigen Steuerberaterkammer zu bestimmenden Frist den dem Gesetz entsprechenden Zustand herbeiführt. 2 Die Frist beträgt bei Fortfall der in § 50a genannten Voraussetzungen wegen eines Erbfalls mindestens fünf Jahre.

(2a)[1] Die Anerkennung ist ferner zu widerrufen, wenn die Gesellschaft in Vermögensverfall geraten ist, es sei denn, dass dadurch die Interessen der Auftraggeber nicht gefährdet sind; der Vermögensverfall wird vermutet, wenn die Gesellschaft in das Schuldnerverzeichnis (§ 882b der Zivilprozessordnung[2]) eingetragen ist.

(3) Vor der Rücknahme oder dem Widerruf ist die Steuerberatungsgesellschaft zu hören.

(4) Erfolgt die Rücknahme oder der Widerruf, weil die Gesellschaft keinen Vorstand, keinen Geschäftsführer oder keinen persönlich haftenden Gesellschafter hat, kann die Entscheidung jedem Gesellschafter bekanntgegeben werden.

(5) § 54 Abs. 3 und § 70 Abs. 1 bis 4 gelten entsprechend.

Dritter Abschnitt. Rechte und Pflichten

§ 56[3] Weitere berufliche Zusammenschlüsse. (1) 1 Steuerberater und Steuerbevollmächtigte dürfen sich mit anderen Steuerberatern und Steuerbevollmächtigten, Wirtschaftsprüfern, vereidigten Buchprüfern, Mitgliedern einer Rechtsanwaltskammer und der Patentanwaltskammer zur gemeinschaftlichen Berufsausübung im Rahmen der eigenen beruflichen Befugnisse verbinden. 2 Mit Rechtsanwälten, die zugleich Notare sind, darf diese Verbindung nur bezogen auf die anwaltliche Berufsausübung eingegangen werden. 3 Im Übrigen richtet sich die Verbindung mit Rechtsanwälten, die zugleich Notare sind, nach den Bestimmungen und Anforderungen des notariellen Berufsrechts.

(2) 1 Steuerberater und Steuerbevollmächtigte dürfen mit anderen Steuerberatern und Steuerbevollmächtigten, Wirtschaftsprüfern, vereidigten Buchprüfern, Mitgliedern einer Rechtsanwaltskammer und der Patentanwaltskammer, den in § 3 Nr. 2 und 3 genannten Vereinigungen, Lohnsteuerhilfevereinen, Vereinen im Sinne des § 4 Nr. 8 und Gesellschaften und Personenvereinigungen im Sinne des § 155 Abs. 1 eine Bürogemeinschaft bilden. 2 Absatz 1 Satz 2 und 3 ist sinngemäß anzuwenden.

---

[1] § 55 Abs. 2a geänd. mWv 1.1.2013 durch G v. 29.7.2009 (BGBl. I S. 2258); geänd. mWv 1.8.2021 durch G v. 25.6.2021 (BGBl. I S. 2154).

[2] **Schönfelder Nr. 100.**

[3] § 56 eingef. mWv 1.7.2000 durch G v. 24.6.2000 (BGBl. I S. 874) und neu gef. mWv 12.4.2008 durch G v. 8.4.2008 (BGBl. I S. 666).

(3) Ein Zusammenschluss im Sinne der Absätze 1 und 2 mit ausländischen Berufsangehörigen, die ihre berufliche Niederlassung im Ausland haben, ist zulässig, wenn diese im Ausland einen den in § 3 Nr. 1 genannten Berufen in der Ausbildung und den Befugnissen vergleichbaren Beruf ausüben und die Voraussetzungen für die Berufsausübung den Anforderungen dieses Gesetzes im Wesentlichen entsprechen.

(4) [1] Die Gründung von Gesellschaften nach den Absätzen 1 und 3 und Veränderungen in den Gesellschaftsverhältnissen sind nach Maßgabe der Berufsordnung der zuständigen Steuerberaterkammer anzuzeigen. [2] Auf Verlangen der Steuerberaterkammer sind erforderliche Auskünfte zu erteilen und die Verträge über die gemeinsame Berufsausübung sowie deren Änderungen vorzulegen.

(5) [1] Steuerberater und Steuerbevollmächtigte dürfen eine auf einen Einzelfall oder auf Dauer angelegte berufliche Zusammenarbeit, der nicht die Annahme gemeinschaftlicher Aufträge zugrunde liegt, mit Angehörigen freier Berufe im Sinne des § 1 Abs. 2 des Partnerschaftsgesellschaftsgesetzes sowie von diesen gebildeten Berufsausübungsgemeinschaften eingehen (Kooperation). [2] Sie sind verpflichtet sicherzustellen, dass bei der Kooperation ihre Berufspflichten eingehalten werden. [3] Ist dies nicht gewährleistet, muss die Kooperation unverzüglich beendet werden.

§ 57[1)] Allgemeine Berufspflichten. (1) Steuerberater und Steuerbevollmächtigte haben ihren Beruf unabhängig, eigenverantwortlich, gewissenhaft, verschwiegen und unter Verzicht auf berufswidrige Werbung auszuüben.

(2) [1] Steuerberater und Steuerbevollmächtigte haben sich jeder Tätigkeit zu enthalten, die mit ihrem Beruf oder mit dem Ansehen des Berufs nicht vereinbar ist. [2] Sie haben sich auch außerhalb der Berufstätigkeit des Vertrauens und der Achtung würdig zu erweisen, die ihr Beruf erfordert.

(2a) Steuerberater und Steuerbevollmächtigte sind verpflichtet, sich fortzubilden.

(3) Mit dem Beruf eines Steuerberaters oder eines Steuerbevollmächtigten sind insbesondere vereinbar

1. die Tätigkeit als Wirtschaftsprüfer, Rechtsanwalt, niedergelassener europäischer Rechtsanwalt oder vereidigter Buchprüfer;
2. eine freiberufliche Tätigkeit, die die Wahrnehmung fremder Interessen einschließlich der Beratung zum Gegenstand hat;
3. eine wirtschaftsberatende, gutachtliche oder treuhänderische Tätigkeit sowie die Erteilung von Bescheinigungen über die Beachtung steuerrechtlicher Vorschriften in Vermögensübersichten und Erfolgsrechnungen;
4. die Tätigkeit eines Lehrers oder eines wissenschaftlichen Mitarbeiters an Hochschulen und wissenschaftlichen Instituten, sofern der wissenschaftliche

---

[1)] § 57 Abs. 3 Nr. 4 angef. durch G v. 9.6.1989 (BGBl. I S. 1062), Abs. 4 Nr. 2 geänd. durch G v. 18.8.1980 (BGBl. I S. 1537), Abs. 3 Nrn. 1 und 4 geänd., Nr. 6 angef. mWv 1.7.2000 durch G v. 24.6.2000 (BGBl. I S. 874), Abs. 2a eingef., Abs. 4 Nr. 1 neu gef., Nr. 2 Satz 2 angef. mWv 12.4.2008 durch G v. 8.4.2008 (BGBl. I S. 666); Abs. 3 Nr. 4 neu gef. mWv 18.12.2019 durch G v. 12.12.2019 (BGBl. I S. 2451).

3. Angestellte, die nach § 58 mit dem Recht der Zeichnung Hilfe in Steuersachen leisten.

(2) Eine eigenverantwortliche Tätigkeit in den Fällen des Absatzes 1 Nr. 2 und 3 übt nicht aus, wer sich als zeichnungsberechtigter Vertreter oder als Angestellter an Weisungen zu halten hat, durch die ihm die Freiheit zu pflichtmäßigem Handeln (§ 57) genommen wird.

§ 61 Ehemalige Angehörige der Finanzverwaltung. Ehemalige Beamte und Angestellte der Finanzverwaltung dürfen während eines Zeitraumes von drei Jahren nach dem Ausscheiden aus dem öffentlichen Dienst nicht für Auftraggeber tätig werden, mit deren Steuerangelegenheiten sie innerhalb der letzten drei Jahre vor dem Ausscheiden materiell befaßt waren.

§ 62[1] Verschwiegenheitspflicht beschäftigter Personen. [1] Steuerberater und Steuerbevollmächtigte haben die von ihnen beschäftigten Personen in Textform zur Verschwiegenheit zu verpflichten und sie dabei über die strafrechtlichen Folgen einer Pflichtverletzung zu belehren. [2] Zudem haben sie bei ihnen in geeigneter Weise auf die Einhaltung der Verschwiegenheitspflicht hinzuwirken. [3] Den von dem Steuerberater oder Steuerbevollmächtigten beschäftigten Personen stehen die Personen gleich, die im Rahmen einer berufsvorbereitenden Tätigkeit oder einer sonstigen Hilfstätigkeit an seiner beruflichen Tätigkeit mitwirken. [4] Satz 1 gilt nicht für angestellte Personen, die im Hinblick auf die Verschwiegenheitspflicht den gleichen Anforderungen wie der Steuerberater oder Steuerbevollmächtigte unterliegen. [5] Hat sich ein Steuerberater oder Steuerbevollmächtigter mit anderen Personen, die im Hinblick auf die Verschwiegenheitspflicht den gleichen Anforderungen unterliegen wie er, zur gemeinschaftlichen Berufsausübung zusammengeschlossen und besteht zu den beschäftigten Personen ein einheitliches Beschäftigungsverhältnis, so genügt auch der Nachweis, dass eine andere dieser Personen die Verpflichtung nach Satz 1 vorgenommen hat.

§ 62a[2] Inanspruchnahme von Dienstleistungen. (1) [1] Steuerberater und Steuerbevollmächtigte dürfen Dienstleistern den Zugang zu Tatsachen eröffnen, auf die sich die Verpflichtung zur Verschwiegenheit gemäß § 57 Absatz 1 bezieht, soweit dies für die Inanspruchnahme der Dienstleistung erforderlich ist. [2] Dienstleister ist eine andere Person oder Stelle, die vom Steuerberater oder vom Steuerbevollmächtigten im Rahmen seiner Berufsausübung mit Dienstleistungen beauftragt wird.

(2) [1] Steuerberater und Steuerbevollmächtigte sind verpflichtet, den Dienstleister sorgfältig auszuwählen. [2] Die Zusammenarbeit muss unverzüglich beendet werden, wenn die Einhaltung der dem Dienstleister gemäß Absatz 3 zu machenden Vorgaben nicht gewährleistet ist.

---

[1] § 62 neu gef. mWv 9.11.2017 durch G v. 30.10.2017 (BGBl. I S. 3618); Satz 1 geänd. mWv 1.8.2021 durch G v. 25.6.2021 (BGBl. I S. 2154).

[2] § 62a eingef. mWv 9.11.2017 durch G v. 30.10.2017 (BGBl. I S. 3618).

(3) [1] Der Vertrag mit dem Dienstleister bedarf der Textform. [2] In ihm ist

1. der Dienstleister unter Belehrung über die strafrechtlichen Folgen einer Pflichtverletzung zur Verschwiegenheit zu verpflichten,
2. der Dienstleister zu verpflichten, sich nur insoweit Kenntnis von fremden Geheimnissen zu verschaffen, als dies zur Vertragserfüllung erforderlich ist, und
3. festzulegen, ob der Dienstleister befugt ist, weitere Personen zur Erfüllung des Vertrags heranzuziehen; für diesen Fall ist dem Dienstleister aufzuerlegen, diese Personen in Textform zur Verschwiegenheit zu verpflichten.

(4) Bei der Inanspruchnahme von Dienstleistungen, die im Ausland erbracht werden, darf der Steuerberater und der Steuerbevollmächtigte dem Dienstleister den Zugang zu fremden Geheimnissen unbeschadet der übrigen Voraussetzungen dieser Vorschrift nur dann eröffnen, wenn der dort bestehende Schutz der Geheimnisse dem Schutz im Inland vergleichbar ist, es sei denn, dass der Schutz der Geheimnisse dies nicht gebietet.

(5) Bei der Inanspruchnahme von Dienstleistungen, die unmittelbar einem einzelnen Mandat dienen, darf der Steuerberater und der Steuerbevollmächtigte dem Dienstleister den Zugang zu fremden Geheimnissen nur dann eröffnen, wenn der Mandant darin eingewilligt hat.

(6) Die Absätze 2 und 3 gelten auch im Fall der Inanspruchnahme von Dienstleistungen, in die der Mandant eingewilligt hat, sofern der Mandant nicht ausdrücklich auf die Einhaltung der in den Absätzen 2 und 3 genannten Anforderungen verzichtet hat.

(7) [1] Die Absätze 1 bis 6 gelten nicht, soweit Dienstleistungen auf Grund besonderer gesetzlicher Vorschriften in Anspruch genommen werden. [2] Absatz 3 Satz 2 gilt nicht, soweit der Dienstleister hinsichtlich der zu erbringenden Dienstleistung gesetzlich zur Verschwiegenheit verpflichtet ist.

(8) Die Vorschriften zum Schutz personenbezogener Daten bleiben unberührt.

§ 63 Mitteilung der Ablehnung eines Auftrags. [1] Steuerberater und Steuerbevollmächtigte, die in ihrem Beruf in Anspruch genommen werden und den Auftrag nicht annehmen wollen, haben die Ablehnung unverzüglich zu erklären. [2] Sie haben den Schaden zu ersetzen, der aus einer schuldhaften Verzögerung dieser Erklärung entsteht.

§ 64[1)] Gebührenordnung. (1) [1] Steuerberater und Steuerbevollmächtigte sind an eine Gebührenordnung gebunden, die das Bundesministerium der Finanzen durch Rechtsverordnung[2)] mit Zustimmung des Bundesrates erläßt. [2] Das Bundesministerium der Finanzen hat vorher die Bundessteuerberaterkammer zu hören. [3] Die Höhe der Gebühren darf den Rahmen des Angemessenen nicht übersteigen und hat sich nach

---

[1)] § 64 Abs. 2 angef. mWv 1.7.1994 durch G v. 24.6.1994 (BGBl. I S. 1387) und neugef. mWv 12.4.2008 durch G v. 8.4.2008 (BGBl. I S. 666).

[2)] GebührenVO für Steuerberater, Steuerbevollmächtigte und Steuerberatungsgesellschaften v. 17.12.1981 (Nr. **840a**).

(2) Mitglieder der Steuerberaterkammer sind außerdem, soweit sie nicht Steuerberater oder Steuerbevollmächtigte sind, die Mitglieder des Vorstandes, Geschäftsführer oder persönlich haftende Gesellschafter einer Steuerberatungsgesellschaft, die ihren Sitz im Kammerbezirk hat.

§ 74a[1] Mitgliederakten. (1) [1]Die Steuerberaterkammern führen zur Erfüllung ihrer Aufgaben Akten über ihre Mitglieder (§ 74). [2]Mitgliederakten können teilweise oder vollständig elektronisch geführt werden. [3]Zu den Mitgliederakten sind insbesondere die Dokumente zu nehmen, die im Zusammenhang mit der Bestellung oder Anerkennung, der Mitgliedschaft oder der Qualifikation des Mitglieds stehen oder die in Bezug auf das Mitglied geführte berufsaufsichtliche Verfahren betreffen.

(2) [1]Die Mitglieder der Steuerberaterkammern haben das Recht, die über sie geführten Akten einzusehen. [2]Bei einer Einsichtnahme dürfen Aufzeichnungen über den Inhalt der Akten oder Kopien der Dokumente gefertigt werden. [3]Bei einer elektronischen Aktenführung hat die Steuerberaterkammer den Inhalt elektronisch oder durch Ausdrucke zugänglich zu machen. [4]Die Akteneinsicht kann verweigert werden, solange die in § 29 Absatz 1 Satz 2 und Absatz 2 des Verwaltungsverfahrensgesetzes und § 147 Absatz 2 Satz 1 der Strafprozessordnung genannten Gründe vorliegen.

(3) [1]Wird die Mitgliedschaft in einer anderen Steuerberaterkammer begründet, übersendet die abgebende Kammer der anderen Kammer die Mitgliederakte. [2]Hat die andere Kammer die Daten des Mitglieds erfasst, löscht die abgebende Kammer alle personenbezogenen Daten des Mitglieds mit Ausnahme des Hinweises auf den Wechsel und eventueller weiterer zu ihrer Aufgabenerfüllung noch erforderlicher Daten.

(4) [1]Mitgliederakten sind dreißig Jahre nach dem Ende des Jahres, in dem die Mitgliedschaft in der Steuerberaterkammer erloschen war, zu vernichten. [2]Davon abweichende Pflichten, Aktenbestandteile früher zu vernichten, bleiben unberührt. [3]Satz 1 gilt nicht, wenn das Mitglied in eine längere Aufbewahrung eingewilligt hat oder die Akte einem öffentlichen Archiv angeboten wird. [4]Wurde die Bestellung des Mitglieds wegen Unzuverlässigkeit, Ungeeignetheit oder Unwürdigkeit zurückgenommen oder widerrufen oder wurde das Mitglied aus dem Beruf ausgeschlossen, darf die Akte nicht vernichtet werden, bevor die entsprechende Eintragung im Bundeszentralregister entfernt wurde. [5]Satz 4 gilt auch, wenn das Mitglied während eines Rücknahme- oder Widerrufsverfahrens wegen Unzuverlässigkeit, Ungeeignetheit oder Unwürdigkeit auf die Bestellung verzichtet hat. [6]Bei einer elektronischen Aktenführung tritt an die Stelle der Vernichtung der Akten die Löschung der Daten.

(5) Nach dem Tod eines Mitglieds kann die Steuerberaterkammer zu Zwecken wissenschaftlicher Forschung Einsicht in die Mitgliederakte gewähren, soweit das wissenschaftliche Interesse die Persönlichkeitsrechte und Interessen der von einer Einsicht betroffenen Personen überwiegt und der Zweck der Forschung auf andere Weise nicht oder nur mit unverhältnismäßigem Aufwand erreicht werden kann.

---

[1] § 74a eingef. mWv 1.8.2021 durch G v. 25.6.2021 (BGBl. I S. 2154).

(6) [1] Auf Personen, die einen Antrag auf Bestellung zum Steuerberater oder Steuerbevollmächtigten oder auf Anerkennung als Steuerberatungsgesellschaft gestellt haben, sind die Absätze 1, 2, 4 und 5 entsprechend anzuwenden. [2] Absatz 2 gilt auch für frühere Mitglieder.

§ 75[1)] Gemeinsame Steuerberaterkammer. (1) [1] Die Steuerberaterkammern können sich durch einen übereinstimmenden Beschluß der beteiligten Kammern für den Bereich eines oder mehrerer Kammerbezirke oder mehrerer Länder zu einer gemeinsamen Steuerberaterkammer zusammenschließen. [2] Die einzelnen für den Kammerbezirk gebildeten Steuerberaterkammern werden damit aufgelöst.

(2) Ein Zusammenschluß für mehrere Länder ist zulässig, wenn eine Vereinbarung der beteiligten Länder vorliegt.

§ 76[2)] Aufgaben der Steuerberaterkammer. (1) Die Steuerberaterkammer hat die Aufgabe, die beruflichen Belange der Gesamtheit der Mitglieder zu wahren und die Erfüllung der beruflichen Pflichten zu überwachen.

(2) Der Steuerberaterkammer obliegt insbesondere,

1. die Mitglieder der Kammer in Fragen der Berufspflichten (§ 57) zu beraten und zu belehren;
2. auf Antrag bei Streitigkeiten unter den Mitgliedern der Kammer zu vermitteln;
3. auf Antrag bei Streitigkeiten zwischen Mitgliedern der Kammer und ihren Auftraggebern zu vermitteln;
4. die Erfüllung der den Mitgliedern obliegenden Pflichten (§ 57) zu überwachen und das Recht der Rüge (§ 81) zu handhaben;
5. die Vorschlagslisten der ehrenamtlichen Beisitzer bei den Berufsgerichten den Landesjustizverwaltungen einzureichen (§ 99 Abs. 3);
6. Fürsorgeeinrichtungen für Steuerberater und Steuerbevollmächtigte sowie deren Hinterbliebene zu schaffen;
7. Gutachten zu erstatten, die ein Gericht, eine Landesfinanzbehörde oder eine andere Verwaltungsbehörde des Landes anfordert;
8. die durch Gesetz zugewiesenen Aufgaben im Bereich der Berufsbildung wahrzunehmen;
9. die berufsständischen Mitglieder der Prüfungsausschüsse für die steuerberatenden Berufe vorzuschlagen;

---

1) § 75 Abs. 1 Satz 1 geänd. mWv 27.6.1998 durch G v. 23.6.1998 (BGBl. I S. 1496), Abs. 1 Sätze 1 und 2 geänd. durch G v. 24.6.2000 (BGBl. I S. 874), Abs. 1 Sätze 1 und 2 geänd. mWv 12.4.2008 durch G v. 8.4.2008 (BGBl. I S. 666).

2) § 76 Abs. 5 angef. durch G v. 9.6.1989 (BGBl. I S. 1062), Abs. 3 neu gef. mWv 1.7.1994 durch G v. 24.6.1994 (BGBl. I S. 1387), Abs. 1, 2, 3, 5 und 6 geänd., Abs. 2 Nr. 10 angef. und Abs. 4 eingef., bish. Abs. 4 und 5 werden Abs. 5 und 6 mWv 1.7.2000 durch G v. 24.6.2000 (BGBl. I S. 874).

10. die Wahrnehmung der den Steuerberaterkammern zugewiesenen Aufgaben des Zweiten und Sechsten Abschnitts des Zweiten Teils dieses Gesetzes;

11.[1] die Erfüllung der den Steuerberaterkammern nach § 80a Absatz 2 der Abgabenordnung zugewiesenen Pflichten.

(3) [1]Die Steuerberaterkammer kann die in Absatz 2 Nr. 1 bis 3 bezeichneten Aufgaben einzelnen Mitgliedern des Vorstandes übertragen; weitere Aufgaben können Abteilungen im Sinne des § 77a übertragen werden. [2]Im Fall des Absatzes 2 Nr. 4 zweite Alternative kann der Betroffene eine Entscheidung des Vorstandes verlangen.

(4) [1]Im Einvernehmen mit der Steuerberaterkammer, die nach den Vorschriften dieses Gesetzes für die Wahrnehmung der ihr nach Absatz 2 Nr. 10 obliegenden Aufgaben örtlich zuständig ist, kann eine andere Steuerberaterkammer diese Aufgaben übernehmen. [2]Diese Vereinbarung ist in die Satzungen der beteiligten Steuerberaterkammern aufzunehmen.

(5) Die Steuerberaterkammer hat ferner die Aufgabe, das Berufsregister zu führen.

(6) Die Steuerberaterkammer ist berechtigt, die Ausbildung des Berufsnachwuchses zu fördern.

(7)[2] [1]Die Länder können durch Gesetz den Steuerberaterkammern allein oder gemeinsam mit anderen Stellen die Aufgaben einer einheitlichen Stelle im Sinne des Verwaltungsverfahrensgesetzes übertragen. [2]Das Gesetz regelt die Aufsicht und kann vorsehen, dass die Steuerberaterkammern auch für Antragsteller tätig werden, die nicht als Steuerberater tätig werden wollen.

(8)[2] Die Steuerberaterkammer ist im Sinne des § 36 Absatz 1 Nummer 1 des Gesetzes über Ordnungswidrigkeiten Verwaltungsbehörde für Ordnungswidrigkeiten nach § 6 der Dienstleistungs-Informationspflichten-Verordnung und nach § 56 des Geldwäschegesetzes, die durch ihre Mitglieder begangen werden.

(9)[2] Die Geldbußen aus der Ahndung von Ordnungswidrigkeiten nach Absatz 8 fließen in die Kasse der Verwaltungsbehörde, die den Bußgeldbescheid erlassen hat.

(10)[2] [1]Die nach Absatz 9 zuständige Kasse trägt abweichend von § 105 Absatz 2 des Gesetzes über Ordnungswidrigkeiten die notwendigen Auslagen. [2]Sie ist auch ersatzpflichtig im Sinne des § 110 Absatz 4 des Gesetzes über Ordnungswidrigkeiten.

(11)[3] Die Steuerberaterkammer hat die Aufgabe, in den Fällen des § 160 Absatz 1 Ansprüche nach den Vorschriften des Gesetzes gegen den unlauteren

---

[1] § 76 Abs. 2 Nr. 11 eingef. mWv 1.1.2017 durch G v. 18.7.2016 (BGBl. I S. 1679).

[2] § 76 Abs. 7 angef. durch G v. 11.12.2008 (BGBl. I S. 2418); Abs. 8 bis 10 angef. mWv 28.12.2010 durch G v. 22.12.2010 (BGBl. I S. 2248); Abs. 8 geänd. mWv 1.1.2020 durch G v. 12.12.2019 (BGBl. I S. 2602).

[3] § 76 Abs. 11 angef. mWv 31.7.2014 durch G v. 25.7.2014 (BGBl. I S. 1266).

Wettbewerb geltend zu machen, wenn Anhaltspunkte dafür vorliegen, dass die unbefugte Hilfeleistung in Steuersachen fortgesetzt wird.

(Fortsetzung nächste Seite)

§ 83[1] **Verschwiegenheitspflicht; Inanspruchnahme von Dienstleistungen.** (1) [1]Die Mitglieder des Vorstands haben über die Angelegenheiten, die ihnen bei ihrer Tätigkeit im Vorstand über Steuerberater, Steuerbevollmächtigte und andere Personen bekannt werden, Verschwiegenheit zu bewahren. [2]Dies gilt auch nach ihrem Ausscheiden aus dem Vorstand. [3]Die Verschwiegenheitspflicht gilt nicht für Tatsachen,

1. deren Weitergabe zur Erfüllung ihrer Aufgaben erforderlich ist,
2. in deren Weitergabe die Betroffenen eingewilligt haben,
3. die offenkundig sind oder
4. die ihrer Bedeutung nach keiner Geheimhaltung bedürfen.

[4]Die Sätze 1 bis 3 gelten auch für Angestellte der Steuerberaterkammern und für Personen, die von den Steuerberaterkammern oder den Mitgliedern ihres Vorstands zur Mitarbeit herangezogen werden. [5]Die in Satz 4 genannten Personen sind in Textform über ihre Verschwiegenheitspflicht zu belehren.

(2) [1]In Verfahren vor Gerichten und Behörden dürfen die in Absatz 1 genannten Personen über Angelegenheiten, die ihrer Verschwiegenheitspflicht unterliegen, ohne Genehmigung nicht aussagen. [2]Die Genehmigung zur Aussage erteilt der Vorstand der Steuerberaterkammer nach pflichtgemäßem Ermessen. [3]Die Genehmigung soll nur versagt werden, wenn dies mit Rücksicht auf die Stellung oder die Aufgaben der Steuerberaterkammer oder berechtigte Belange der Personen, über welche die Tatsachen bekannt geworden sind, unabweisbar erforderlich ist. [4]§ 28 Absatz 2 des Bundesverfassungsgerichtsgesetzes[2] bleibt unberührt.

(3) Für die Inanspruchnahme von Dienstleistungen durch Steuerberaterkammern gilt in Bezug auf Angelegenheiten, die der Verschwiegenheitspflicht des Steuerberaters oder Steuerbevollmächtigten nach § 57 Absatz 1 unterliegen, § 62a Absatz 1 bis 4, 7 und 8 sinngemäß.

§ 84[3] **Arbeitsgemeinschaft.** (1) [1]Mehrere Steuerberaterkammern können sich zu einer nicht rechtsfähigen Arbeitsgemeinschaft zusammenschließen, wenn die Satzungen der Kammern dies vorsehen. [2]Der Arbeitsgemeinschaft können jedoch nicht Aufsichtsbefugnisse oder andere Aufgaben übertragen werden, für die gesetzlich die Zuständigkeit der einzelnen Steuerberaterkammern begründet ist.

(2) § 83 Absatz 1 und 2 gilt sinngemäß für die Personen, die für die Arbeitsgemeinschaft tätig werden.

§ 85[4] **Bundessteuerberaterkammer.** (1) [1]Die Steuerberaterkammern bilden eine Bundeskammer. [2]Diese führt die Bezeichnung „Bundessteuerberaterkammer".

---

[1] § 83 neu gef. mWv 1.8.2021 durch G v. 25.6.2021 (BGBl. I S. 2154).

[2] **Sartorius I Nr. 40.**

[3] § 84 geänd. durch G v. 24.6.2000 (BGBl. I S. 874); Abs. 2 Satz 1 aufgeh., verbleib. Text geänd. mWv 1.8.2021 durch G v. 25.6.2021 (BGBl. I S. 2154).

[4] § 85 Abs. 1 und Abs. 3 Satz 1 geänd. durch G v. 24.6.2000 (BGBl. I S. 874); Abs. 5 angef. mWv 25.6.2017 durch G v. 23.6.2017 (BGBl. I S. 1682) und neu gef. mWv 29.12.2020 durch G v. 21.12.2020 (BGBl. I S. 3096); Abs. 4 neu gef., Abs. 6 angef. mWv 1.8.2021 durch G v. 25.6.2021 (BGBl. I S. 2154).

(2) [1]Die Bundessteuerberaterkammer ist eine Körperschaft des öffentlichen Rechts. [2]Ihr Sitz bestimmt sich nach ihrer Satzung.

(3) [1]Der Vorstand der Bundessteuerberaterkammer wird von den Steuerberaterkammern gewählt. [2]Im übrigen gibt sich die Bundessteuerberaterkammer ihre Satzung selbst. [3]Die Satzung bedarf der Genehmigung der Aufsichtsbehörde.

(4) Für die Verschwiegenheitspflicht der Mitglieder des Präsidiums und der Angestellten der Bundessteuerberaterkammer sowie der Personen, die von der Bundessteuerberaterkammer oder den Mitgliedern ihres Präsidiums zur Mitarbeit herangezogen werden, gilt § 83 Absatz 1 und 2 entsprechend.

(5) [1]Die Mitglieder eines Organs oder eines Ausschusses der Bundessteuerberaterkammer üben ihre Tätigkeit ehrenamtlich aus. [2]Sie können jedoch eine angemessene auch pauschalisierte Entschädigung für den mit diesen Tätigkeiten verbundenen Aufwand, auch für Zeitaufwand und Verdienstausfall, sowie eine Reisekostenvergütung erhalten.

(6) Für die Inanspruchnahme von Dienstleistungen durch die Bundessteuerberaterkammer gilt in Bezug auf Angelegenheiten, die der Verschwiegenheitspflicht des Steuerberaters oder Steuerbevollmächtigten nach § 57 Absatz 1 unterliegen, § 62a Absatz 1 bis 4, 7 und 8 sinngemäß.

§ 86[1)] Aufgaben der Bundessteuerberaterkammer. (1) Die Bundessteuerberaterkammer hat die ihr durch Gesetz zugewiesenen Aufgaben zu erfüllen.

(2)[2)] Der Bundessteuerberaterkammer obliegt insbesondere,

1. in Fragen, welche die Gesamtheit der Steuerberaterkammern angehen, die Auffassung der einzelnen Kammern zu ermitteln und im Wege gemeinschaftlicher Aussprache die Auffassung der Mehrheit festzustellen;
2. die Berufsordnung als Satzung zu erlassen und zu ändern;
3. Richtlinien für die Fürsorgeeinrichtungen der Steuerberaterkammern (§ 76 Abs. 2 Nr. 6) aufzustellen;
4. in allen die Gesamtheit der Steuerberaterkammern berührenden Angelegenheiten die Auffassung der Bundessteuerberaterkammer den zuständigen Gerichten und Behörden gegenüber zur Geltung zu bringen;
5. die Gesamtheit der Steuerberaterkammern gegenüber Behörden und Organisationen zu vertreten;
6. Gutachten zu erstatten, die eine an der Gesetzgebung beteiligte Behörde oder Körperschaft des Bundes oder ein Bundesgericht anfordert;
7. die berufliche Fortbildung in den steuerberatenden Berufen zu fördern; sie kann den Berufsangehörigen unverbindliche Fortbildungsempfehlungen erteilen;

[1)] § 86 Abs. 2 Nr. 2 neu gef. sowie Abs. 3 und 4 angef. mWv 1.7.1994 durch G v. 24.6.1994 (BGBl. I S. 1387), Abs. 2 Nrn. 1, 3, 4 und 5 geänd., Abs. 3 Satz 2 ersetzt durch Sätze 2 bis 5 mWv 1.7.2000 durch G v. 24.6.2000 (BGBl. I S. 874), Abs. 2 Nr. 7 HS 2 angef. mWv 12.4.2008 durch G v. 8.4.2008 (BGBl. I S. 666).

[2)] § 86 Abs. 2 Nrn. 8 und 9 angef. mWv 1.1.2017 durch G v. 18.7.2016 (BGBl. I S. 1679); Nr. 10 angef. mWv 18.12.2019 durch G v. 12.12.2019 (BGBl. I S. 2451).

8. das Verzeichnis nach § 3b zu führen;
9. das Verzeichnis nach § 86b zu führen;
10. die Einrichtung und der Betrieb einer Datenbank zur Verwaltung von Vollmachtsdaten im Sinne des § 80a der Abgabenordnung und deren Übermittlung an die Landesfinanzbehörden.

(3)[1] [1]Die Satzung im Sinne des Absatzes 2 Nummer 2 und deren Änderungen werden durch die Satzungsversammlung als Organ der Bundessteuerberaterkammer beschlossen. [2]Die Vorschriften der Satzung müssen im Einklang mit den Vorgaben des auf sie anzuwendenden europäischen Rechts stehen. [3]Insbesondere sind bei neuen oder zu ändernden Vorschriften, die dem Anwendungsbereich der Richtlinie 2005/36/EG in der jeweils geltenden Fassung unterfallen, die Vorgaben der Richtlinie (EU) 2018/958 des Europäischen Parlaments und des Rates vom 28. Juni 2018 über eine Verhältnismäßigkeitsprüfung vor Erlass neuer Berufsreglementierungen (ABl. L 173 vom 9.7.2018, S. 25) in der jeweils geltenden Fassung einzuhalten.

(3a)[2] [1]Eine Vorschrift im Sinne des Absatzes 3 Satz 3 ist anhand der in den Artikeln 5 bis 7 der Richtlinie (EU) 2018/958 festgelegten Kriterien auf ihre Verhältnismäßigkeit zu prüfen. [2]Der Umfang der Prüfung muss im Verhältnis zu der Art, dem Inhalt und den Auswirkungen der Vorschrift stehen. [3]Die Vorschrift ist so ausführlich zu erläutern, dass ihre Übereinstimmung mit dem Verhältnismäßigkeitsgrundsatz bewertet werden kann. [4]Die Gründe, aus denen sich ergibt, dass sie gerechtfertigt und verhältnismäßig ist, sind durch qualitative und, soweit möglich und relevant, quantitative Elemente zu substantiieren. [5]Mindestens zwei Wochen vor der Beschlussfassung der Satzungsversammlung über die Vorschrift ist auf der Internetseite der Bundessteuerberaterkammer ein Entwurf mit der Gelegenheit zur Stellungnahme zu veröffentlichen. [6]Nach dem Erlass der Vorschrift ist ihre Übereinstimmung mit dem Verhältnismäßigkeitsgrundsatz zu überwachen und bei einer Änderung der Umstände zu prüfen, ob die Vorschrift anzupassen ist.

(4) Die Satzung kann zur Ausführung der gesetzlichen Vorschriften nähere Regelungen enthalten, insbesondere hinsichtlich
1. der unabhängigen, eigenverantwortlichen und gewissenhaften Berufsausübung;
2. der Verschwiegenheitspflicht;
3. der zulässigen und der berufswidrigen Werbung;
4. des Verbotes der Mitwirkung bei unbefugter Hilfeleistung in Steuersachen;
5. des berufsmäßigen Verhaltens gegenüber Mandanten, Kollegen, Gerichten, Behörden und Steuerberaterkammern sowie gegenüber Personen, Gesellschaften und Einrichtungen im Sinne der §§ 4 und 6;
6. der vereinbaren und nichtvereinbaren Tätigkeiten;
7. der Berufshaftpflichtversicherung sowie der Haftungsausschlüsse und Haftungsbeschränkungen;

---

[1] § 86 Abs. 3 neu gef. mWv 30.7.2020 durch G v. 19.6.2020 (BGBl. I S. 1403).
[2] § 86 Abs. 3a eingef. mWv 30.7.2020 durch G v. 19.6.2020 (BGBl. I S. 1403).

8. der besonderen Pflichten gegenüber Auftraggebern, insbesondere in Zusammenhang mit dem Umgang mit fremden Vermögenswerten;
9. der Vereinbarung, Berechnung, Sicherung und Beitreibung von Gebühren und Auslagen;
10.[1] der Pflichten in Prozesskostenhilfe- und Beratungshilfesachen;
11. der Voraussetzung des Führens von Bezeichnungen, die auf besondere Kenntnis bestimmter Steuerrechtsgebiete hinweisen;
12. der Gründung von beruflichen Niederlassungen und weiteren Beratungsstellen;
13. dem Verhalten bei grenzüberschreitender Tätigkeit;
14. der besonderen Pflichten bei der gemeinsamen Ausübung der Berufstätigkeit nach § 56;
15. der besonderen Pflichten bei der Errichtung, Ausgestaltung und Tätigkeit von Steuerberatungsgesellschaften;
16. der Abwicklung und der Übertragung der Praxis;
17. der Ausbildung von Steuerfachgehilfen.

(5)[2] [1]Die Satzung im Sinne des Absatzes 2 Nummer 2 und deren Änderungen sind dem Bundesministerium der Finanzen zuzuleiten. [2]Das Bundesministerium der Finanzen hat im Rahmen der Aufsicht zu prüfen, ob die Vorgaben der Richtlinie (EU) 2018/958 in der jeweils geltenden Fassung eingehalten wurden. [3]Zu diesem Zweck hat ihm die Bundessteuerberaterkammer die Unterlagen zuzuleiten, aus denen sich die Einhaltung der Vorgaben ergibt. [4]Insbesondere sind die Gründe zu übermitteln, auf Grund derer die Satzungsversammlung die Satzung im Sinne des Absatzes 2 Nummer 2 oder deren Änderungen als gerechtfertigt, notwendig und verhältnismäßig beurteilt hat. [5]Soweit nicht das Bundesministerium der Finanzen die Satzung im Sinne des Absatzes 2 Nummer 2 oder deren Änderungen im Ganzen oder in Teilen binnen drei Monaten nach Übermittlung aufhebt, ist sie unter Angabe des Datums ihres Inkrafttretens dauerhaft auf der Internetseite der Bundessteuerberaterkammer zu veröffentlichen.

(6)[2] [1]Die Satzung im Sinne des Absatzes 2 Nummer 2 und deren Änderungen treten am ersten Tag des Monats in Kraft, der auf die Veröffentlichung im Sinne des Absatzes 5 Satz 5 folgt. [2]Stellt sich nach Inkrafttreten der Satzung heraus, dass sie ganz oder in Teilen höherrangigem Recht widerspricht, kann das Bundesministerium der Finanzen die Satzung insoweit aufheben. [3]Beabsichtigt es eine Aufhebung, soll es der Bundessteuerberaterkammer zuvor Gelegenheit zur Stellungnahme geben. [4]Aufhebungen sind unter Angabe des Datums ihres Inkrafttretens dauerhaft auf der Internetseite der Bundessteuerberaterkammer zu veröffentlichen.

---

[1] *§ 86 Abs. 4 Nr. 10 geänd. mWv 1.1.2014 durch G v. 31.8.2013 (BGBl. I S. 3533).*

[2] § 86 Abs. 5 und 6 angef. mWv 30.7.2020 durch G v. 19.6.2020 (BGBl. I S. 1403); Abs. 5 Satz 5, Abs. 6 Satz 4 geänd. mWv 1.8.2021 durch G v. 25.6.2021 (BGBl. I S. 2154).

§ 86a[1)] Zusammensetzung und Arbeitsweise der Satzungsversammlung. (1) [1]Der Satzungsversammlung gehören als Mitglieder an: der Präsident der Bundessteuerberaterkammer, die Präsidenten der Steuerberaterkammern sowie weitere Mitglieder (Delegierte). [2]Die Bundessteuerberaterkammer führt die Geschäfte der Satzungsversammlung.

(2) [1]Die Delegierten werden von den Mitgliedern der einzelnen Steuerberaterkammern in Kammerversammlungen unmittelbar gewählt. [2]Wählbar ist nur, wer persönliches Mitglied der Steuerberaterkammer ist. [3]Die Zahl der Delegierten bemißt sich nach der Zahl der Kammermitglieder. [4]Je angefangene eintausendfünfhundert Mitglieder der Steuerberaterkammer sind ein Delegierter und ein Stellvertreter, für die einzelne Steuerberaterkammer jedoch

(Fortsetzung nächstes Blatt)

[1)] § 86a eingef. mWv 1.7.1994 durch G v. 24.6.1994 (BGBl. I S. 1387), Abs. 1, 2 und 4 geänd., bish. Abs. 8 aufgeh., bish. Abs. 9 wird Abs. 8 mWv 1.7.2000 durch G v. 24.6.2000 (BGBl. I S. 874).

§ 97[1] Senat für Steuerberater- und Steuerbevollmächtigtensachen beim Bundesgerichtshof. (1) In dem berufsgerichtlichen Verfahren entscheidet im dritten Rechtszug ein Senat des Bundesgerichtshofs (Senat für Steuerberater- und Steuerbevollmächtigtensachen beim Bundesgerichtshof).

(2) Der Senat für Steuerberater- und Steuerbevollmächtigtensachen besteht aus einem Vorsitzenden sowie zwei Mitgliedern des Bundesgerichtshofs und zwei Steuerberatern oder Steuerbevollmächtigten als Beisitzern.

§ 98.[2] *(aufgehoben)*

§ 99[3] Steuerberater oder Steuerbevollmächtigte als Beisitzer. (1) Die Beisitzer aus den Reihen der Steuerberater oder Steuerbevollmächtigten sind ehrenamtliche Richter.

(2) [1]Die ehrenamtlichen Richter werden für die Gerichte des ersten und zweiten Rechtszugs von der Landesjustizverwaltung auf die Dauer von fünf Jahren berufen. [2]Sie können nach Ablauf ihrer Amtszeit wiederberufen werden.

(3) [1]Die ehrenamtlichen Richter werden den Vorschlagslisten entnommen, die die Vorstände der Steuerberaterkammern der Landesjustizverwaltung einreichen. [2]Die Landesjustizverwaltung bestimmt, welche Zahl von ehrenamtlichen Richtern für jedes Gericht erforderlich ist; sie hat vorher die Vorstände der Steuerberaterkammern zu hören. [3]Jede Vorschlagsliste soll mindestens die doppelte Zahl der zu berufenden Steuerberater oder Steuerbevollmächtigten enthalten.

(4) Scheidet ein ehrenamtlicher Richter vorzeitig aus, so wird für den Rest seiner Amtszeit ein Nachfolger berufen.

(5)[4] Die Absätze 1 bis 4 finden auf die ehrenamtlichen Richter des Senats für Steuerberater- und Steuerbevollmächtigtensachen beim Bundesgerichtshof mit der Maßgabe Anwendung, daß an Stelle der Steuerberaterkammern die Bundessteuerberaterkammer und an Stelle der Landesjustizverwaltung das Bundesministerium der Justiz und für Verbraucherschutz[5] treten.

(6)[6] [1]Die Landesregierungen werden ermächtigt, die Aufgaben und Befugnisse, die den Landesjustizverwaltungen nach den Absätzen 2 und 3 zustehen, durch Rechtsverordnung auf diesen nachgeordnete Behörden zu übertragen. [2]Die Landesregierungen können diese Ermächtigung durch Rechtsverordnung auf die Landesjustizverwaltungen übertragen.

---

[1] § 97 Abs. 2 neu gef. mWv 1.7.1994 durch G v. 24.6.1994 (BGBl. I S. 1387).

[2] § 98 aufgeh. durch G v. 9.6.1989 (BGBl. I S. 1062).

[3] § 99 Abs. 3 und 5 geänd., Abs. 6 angef. mWv 1.7.2000 durch G v. 24.6.2000 (BGBl. I S. 874), Abs. 2 Satz 1 geänd., Abs. 5 eingef., bish. Abs. 5 und 6 werden Abs. 6 und 7, Abs. 6 geänd. mWv 1.1.2005 durch G v. 21.12.2004 (BGBl. I S. 3599).

[4] § 99 Abs. 5 aufgeh., bish. Abs. 6 und 7 werden Abs. 5 und 6, neuer Abs. 5 geänd. mWv 1.8.2021 durch G v. 25.6.2021 (BGBl. I S. 2154).

[5] Bezeichnung geänd. durch VO v. 31.8.2015 (BGBl. I S. 1474).

[6] § 99 Abs. 7 neu gef. mWv 6.11.2015 durch G v. 2.11.2015 (BGBl. I S. 1834).

§ 100[1)] Voraussetzungen für die Berufung zum Beisitzer und Recht zur Ablehnung. (1) [1]Zum ehrenamtlichen Richter kann nur ein Steuerberater oder Steuerbevollmächtigter berufen werden, der in den Vorstand der Steuerberaterkammer gewählt werden kann (§ 77). [2]Er darf als Beisitzer nur für die Kammer für Steuerberater- und Steuerbevollmächtigtensachen beim Landgericht oder den Senat für Steuerberater- und Steuerbevollmächtigtensachen beim Oberlandesgericht oder den Senat für Steuerberater- und Steuerbevollmächtigtensachen beim Bundesgerichtshof berufen werden.

(2) Die ehrenamtlichen Richter dürfen nicht gleichzeitig dem Vorstand der Steuerberaterkammer angehören oder bei ihr im Haupt- oder Nebenberuf tätig sein.

(3) Die Übernahme des Beisitzeramtes kann ablehnen,
1. wer das 65. Lebensjahr vollendet hat;
2. wer in den letzten vier Jahren Mitglied des Vorstandes gewesen ist;
3. wer in gesundheitlicher Hinsicht beeinträchtigt ist.

§ 101[2)] Enthebung vom Amt des Beisitzers. (1) Ein Steuerberater oder Steuerbevollmächtigter ist in den Fällen der §§ 95 und 96 auf Antrag der für die Ernennung zuständigen Behörde, im Falle des § 97 auf Antrag des Bundesministeriums der Justiz und für Verbraucherschutz[3)] seines Amtes als Beisitzer zu entheben,
1. wenn nachträglich bekannt wird, daß er nicht hätte zum Beisitzer berufen werden dürfen;
2. wenn nachträglich ein Umstand eintritt, welcher der Berufung zum Beisitzer entgegensteht;
3. wenn der Steuerberater oder Steuerbevollmächtigte seine Amtspflicht als Beisitzer grob verletzt.

(2) [1]Über den Antrag entscheidet in den Fällen der §§ 95 und 96 ein Zivilsenat des Oberlandesgerichts, im Falle des § 97 ein Zivilsenat des Bundesgerichtshofs. [2]Bei der Entscheidung dürfen die Mitglieder der Senate für Steuerberater- und Steuerbevollmächtigtensachen nicht mitwirken.

(3) Vor der Entscheidung ist der Steuerberater oder Steuerbevollmächtigte zu hören.

§ 102 Stellung der ehrenamtlichen Richter und Pflicht zur Verschwiegenheit. (1) Die Steuerberater oder Steuerbevollmächtigten haben in der Sitzung, zu der sie als ehrenamtliche Richter herangezogen werden, die Stellung eines Berufsrichters.

(2)[4)] [1]Die Steuerberater und Steuerbevollmächtigten haben über Angelegenheiten, die ihnen bei ihrer Tätigkeit als ehrenamtliche Richter bekanntwerden, Verschwiegenheit zu bewahren. [2]§ 83 Absatz 1 und 2 ist ent-

---

1) § 100 Abs. 1 und 2 geänd. durch G v. 24.6.2000 (BGBl. I S. 874), Abs. 3 Nr. 3 neu gef. mWv 1.5.2002 durch G v. 27.4.2002 (BGBl. I S. 1467).

2) § 101 Abs. 1 geänd. durch G v. 24.6.2000 (BGBl. I S. 874).

3) *Bezeichnung* geänd. durch VO v. 31.8.2015 (BGBl. I S. 1474).

4) § 102 Abs. 2 Satz 1 und 2 geänd. mWv 1.8.2021 durch G v. 25.6.2021 (BGBl. I S. 2154).

Fünfter Unterabschnitt.[1] Für die Berufsgerichtsbarkeit anzuwendende Vorschriften

§ 153[2] Für die Berufsgerichtsbarkeit anzuwendende Vorschriften. Für die Berufsgerichtsbarkeit sind ergänzend das Gerichtsverfassungsgesetz und die Strafprozeßordnung sinngemäß anzuwenden.

Sechster Abschnitt.[3] Übergangsvorschriften

§ 154[4] Bestehende Gesellschaften. (1) [1]Steuerberatungsgesellschaften, die am 16. Juni 1989 anerkannt sind, bleiben anerkannt. [2]Dies gilt auch, wenn die Gesellschaft zur Übernahme der Mandanten einer Einrichtung gemäß § 4 Nr. 3, 7 und 8 gegründet wurde oder später die Mandanten einer solchen Einrichtung übernommen hat. [3]Verändert sich nach dem 31. Dezember 1990 der Bestand der Gesellschafter oder das Verhältnis ihrer Beteiligungen oder Stimmrechte durch Rechtsgeschäft oder Erbfall und geht der Anteil oder das Stimmrecht nicht auf einen Gesellschafter über, der die Voraussetzungen des § 50a Abs. 1 Nr. 1 oder Abs. 2 Satz 2 erfüllt, so hat die zuständige Steuerberaterkammer nach § 55 Abs. 2 und 3 zu verfahren. [4]Sie kann vom Widerruf der Anerkennung absehen, wenn Anteile von einer Körperschaft des öffentlichen Rechts im Zusammenhang mit der Übertragung von Aufgaben auf eine andere Körperschaft des öffentlichen Rechts übergehen.

(2) [1]Absatz 1 Satz 3 und 4 gilt auch für unmittelbar oder mittelbar an Steuerberatungsgesellschaften beteiligte Gesellschaften, wenn sie nicht die Kapitalbindungsvorschriften des § 50a Abs. 1 Nr. 1 oder Abs. 2 Satz 2 dieses Gesetzes oder des § 28 Abs. 4 der Wirtschaftsprüferordnung erfüllen. [2]Auf Antrag kann auf Grund einer von der zuständigen Steuerberater-kammer erteilten Ausnahmegenehmigung von der Anwendung des Satzes 1 abgesehen werden, wenn

1. sich der Bestand der Gesellschafter einer beteiligten Gesellschaft und das Verhältnis ihrer Beteiligungen oder Stimmrechte dadurch ändert, dass ein Gesellschafter aus der beteiligten Gesellschaft ausscheidet und infolgedessen sein Anteil oder Stimmrecht auf einen Gesellschafter übergeht, der vor dem 19. Mai 1994 Gesellschafter der beteiligten Gesellschaft war, und die beteiligte Gesellschaft, bei der die Änderung eintritt, vor der Änderung von Berufsvertretungen desselben Berufs gebildet wurde, oder
2.[5] sich der Bestand der Gesellschafter einer beteiligten Gesellschaft und das Verhältnis ihrer Beteiligungen oder Stimmrechte in den vorangegangenen Jahren jeweils nur geringfügig geändert hat, oder

---

[1] Überschrift neu gef. durch Vertrag v. 31.8.1990 (BGBl. II S. 889, 970) und geänd. durch G v. 24.6.2000 (BGBl. I S. 874).

[2] § 153 geänd. durch G v. 22.12.2006 (BGBl. I S. 3416).

[3] Überschrift geänd. durch G v. 24.6.2000 (BGBl. I S. 874).

[4] § 154 neu gef. durch G v. 24.6.2000 (BGBl. I S. 874).

[5] § 154 Abs. 2 Nr. 2 eingef., bish. Nr. 2 wird Nr. 3 durch G v. 16.7.2009 (BGBl. I S. 1959); zur erstmaligen Anwendung siehe § 157b.

3. sich der Bestand der Gesellschafter einer beteiligten Gesellschaft und das Verhältnis ihrer Beteiligungen oder Stimmrechte ändert und dies auf einen Strukturwandel im landwirtschaftlichen Bereich zurückzuführen ist.

§ 155[1)] Übergangsvorschriften aus Anlass des Vierten Gesetzes zur Änderung des Steuerberatungsgesetzes. (1) [1]Gesellschaften und Personenvereinigungen, die nach § 4 Nr. 8 in der am 15. Juni 1989 geltenden Fassung zur geschäftsmäßigen Hilfeleistung in Steuersachen befugt waren, behalten diese Befugnis, soweit diese Hilfe durch gesetzliche Vertreter oder leitende Angestellte geleistet wird, die unter § 3 fallen, und die Hilfe nicht die Ermittlung der Einkünfte aus selbständiger Arbeit oder aus Gewerbebetrieb betrifft, es sei denn, dass es sich hierbei um Nebeneinkünfte handelt, die üblicherweise bei Landwirten vorkommen. [2]Die Befugnis zur geschäftsmäßigen Hilfeleistung in Steuersachen erlischt, wenn sie nicht nach dem 16. Juni 1999 durch Personen geleistet wird, die berechtigt sind, die Bezeichnung „Landwirtschaftliche Buchstelle" zu führen. [3]Die für die Finanzverwaltung zuständige oberste Landesbehörde kann die Frist um bis zu zwei Jahre verlängern, wenn dies nach Lage des einzelnen Falles angemessen ist.

(2) Vereinigungen im Sinne des Absatzes 1, die am 16. Juni 1989 befugt waren, die Bezeichnung „Landwirtschaftliche Buchstelle" zu führen, dürfen diese Bezeichnung als Zusatz zum Namen der Vereinigung weiter führen, wenn mindestens ein leitender Angestellter berechtigt ist, diese Bezeichnung als Zusatz zur Berufsbezeichnung zu führen.

(3) Die in § 36 Absatz 1 Satz 1 Nummer 2 und Absatz 2 Nummer 1 bestimmte Reihenfolge der Vorbildungsvoraussetzungen gilt nicht für Tätigkeiten, die vor dem 16. Juni 1989 ausgeübt worden sind.

§ 156[2)] Übergangsvorschriften aus Anlass des Sechsten Gesetzes zur Änderung des Steuerberatungsgesetzes. § 36 Absatz 1 Satz 1 Nummer 2 und Absatz 3 gilt für Bewerber, die in dem in Artikel 3 des Einigungsvertrages genannten Gebiet einen Fachschulabschluss erworben und mit der Fachschulausbildung vor dem 1. Januar 1991 begonnen haben, mit der Maßgabe, dass sie nach dem Fachschulabschluss vier Jahre praktisch tätig gewesen sind.

§ 157[3)] Übergangsvorschriften aus Anlass des Gesetzes zur Änderung von Vorschriften über die Tätigkeit der Steuerberater. (1) Prozessagenten im Sinne des § 11 in der bis zum 30. Juni 2000 geltenden Fassung sind weiterhin zur geschäftsmäßigen Hilfeleistung in Steuersachen befugt.

(2) Stundenbuchhalter im Sinne von § 12 Abs. 2 in der bis zum 30. Juni 2000 geltenden Fassung sind weiterhin zur beschränkten geschäftsmäßigen Hilfe in Steuersachen befugt.

[1)] § 155 neu gef. mWv 1.7.2000 durch G v. 24.6.2000 (BGBl. I S. 874); Abs. 3 Verweis korr. durch G v. 25.6.2021 (BGBl. I S. 2154).

[2)] § 156 neu gef. durch G v. 24.6.2000 (BGBl. I S. 874); Verweis korr. durch G v. 25.6.2021 (BGBl. I S. 2154).

[3)] § 157 neu gef. durch G v. 24.6.2000 (BGBl. I S. 874), Abs. 7 aufgeh. durch G v. 8.4.2008 (BGBl. I S. 666).

5. über Einrichtung und Führung des Berufsregisters sowie über Meldepflichten;
6. über den Abschluss und die Aufrechterhaltung der Haftpflichtversicherung, den Inhalt, den Umfang und die Ausschlüsse des Versicherungsvertrages sowie über die Mindesthöhe der Deckungssummen.

Dritter Teil. Zwangsmittel, Ordnungswidrigkeiten

Erster Abschnitt. Vollstreckung wegen Handlungen und Unterlassungen

§ 159[1] Zwangsmittel. Die Anwendung von Zwangsmitteln richtet sich nach der Abgabenordnung.

Zweiter Abschnitt. Ordnungswidrigkeiten

§ 160[2] Unbefugte Hilfeleistung in Steuersachen. (1) Ordnungswidrig handelt, wer entgegen § 5 Abs. 1 oder entgegen einer vollziehbaren Untersagung nach § 7 geschäftsmäßig Hilfe in Steuersachen leistet.

(2) Die Ordnungswidrigkeit kann mit einer Geldbuße bis zu fünftausend Euro[3] geahndet werden.

§ 161 Schutz der Bezeichnungen „Steuerberatungsgesellschaft", „Lohnsteuerhilfeverein" und „Landwirtschaftliche Buchstelle".

(1) Ordnungswidrig handelt, wer unbefugt die Bezeichnung „Steuerberatungsgesellschaft", „Lohnsteuerhilfeverein", „Landwirtschaftliche Buchstelle" oder eine einer solchen zum Verwechseln ähnliche Bezeichnung benutzt.

(2) Die Ordnungswidrigkeit kann mit einer Geldbuße bis zu fünftausend Euro[3] geahndet werden.

§ 162[4] Verletzung der den Lohnsteuerhilfevereinen obliegenden Pflichten. (1) Ordnungswidrig handelt, wer

1. entgegen § 14 Absatz 1 Satz 1 Nummer 8 eine Mitgliederversammlung oder eine Vertreterversammlung nicht durchführt,

---

[1] § 159 neugef. durch G v. 9.6.1989 (BGBl. I S. 1062).

[2] § 160 Abs. 1 neugef. mWv 1.7.2000 durch G v. 24.6.2000 (BGBl. I S. 874).

[3] Betrag geänd. mWv 1.1.2002 durch G v. 24.6.2000 (BGBl. I S. 874).

[4] § 162 geänd. durch G v. 9.6.1989 (BGBl. I S. 1062) und v. 13.12.1990 (BGBl. I S. 2756), Abs. 1 Nr. 7 eingef., bish. Nr. 7 wird Nr. 8 sowie Abs. 2 geänd. mWv 1.7.1994 durch G v. 24.6.1994 (BGBl. I S. 1387), Abs. 1 Nr. 1 eingef., bish. Nrn. 1 bis 8 werden Nrn. 2 bis 9, Abs. 1 Nr. 7 und Abs. 2 geänd. mWv 1.7.2000 durch G v. 24.6.2000 (BGBl. I S. 874), Abs. 1 Nrn. 2, 4 und 7 geänd. mWv 12.4.2008 durch G v. 8.4.2008 (BGBl. I S. 666); Abs. 1 Nr. 7 geänd. mWv 1.1.2020 durch G v. 22.11.2019 (BGBl. I S. 1746); Abs. 1 Nr. 1 Verweis korr. durch G v. 25.6.2021 (BGBl. I S. 2154).

2. entgegen § 15 Abs. 3 eine Satzungsänderung der zuständigen Aufsichtsbehörde nicht oder nicht rechtzeitig anzeigt,
3. entgegen § 22 Abs. 1 die jährliche Geschäftsprüfung nicht oder nicht rechtzeitig durchführen läßt,
4. entgegen § 22 Abs. 7 Nr. 1 die Abschrift des Berichts über die Geschäftsprüfung der zuständigen Aufsichtsbehörde nicht oder nicht rechtzeitig zuleitet,
5. entgegen § 22 Abs. 7 Nr. 2 den Mitgliedern des Lohnsteuerhilfevereins den wesentlichen Inhalt der Prüfungsfeststellungen nicht oder nicht rechtzeitig bekanntgibt,
6. entgegen § 23 Abs. 3 Satz 1 zur Leitung einer Beratungsstelle eine Person bestellt, die nicht die dort bezeichneten Voraussetzungen erfüllt,
7. entgegen § 23 Abs. 4 der zuständigen Aufsichtsbehörde die Eröffnung, die Schließung oder die Änderung der Anschrift einer Beratungsstelle, die Bestellung oder Abberufung des Leiters einer Beratungsstelle oder die Personen, deren sich der Verein bei der Hilfeleistung in Steuersachen im Rahmen der Befugnis nach § 4 Nr. 11 bedient, nicht mitteilt oder
8. entgegen § 25 Abs. 2 Satz 1 nicht angemessen versichert ist oder
9. entgegen § 29 Abs. 1 die Aufsichtsbehörde nicht oder nicht rechtzeitig von Mitgliederversammlungen oder Vertreterversammlungen unterrichtet.

(2) Die Ordnungswidrigkeit nach Absatz 1 Nr. 1, 3 bis 6 und 8 kann mit einer Geldbuße bis zu fünftausend Euro[1], die Ordnungswidrigkeit nach Absatz 1 Nr. 2, 7 und 9 mit einer Geldbuße bis zu eintausend Euro[1] geahndet werden.

§ 163[2] **Pflichtverletzung von Personen, deren sich der Verein bei der Hilfeleistung in Steuersachen im Rahmen der Befugnis nach § 4 Nummer 11 bedient.** (1) Ordnungswidrig handelt, wer entgegen § 26 Abs. 2 in Verbindung mit der Hilfeleistung in Steuersachen im Rahmen der Befugnis nach § 4 Nr. 11 eine andere wirtschaftliche Tätigkeit ausübt.

(2) Die Ordnungswidrigkeit kann mit einer Geldbuße bis zu fünfundzwanzigtausend Euro[1] geahndet werden.

§ 164[3] **Verfahren.** [1] Verwaltungsbehörde im Sinne des § 36 Abs. 1 Nr. 1 des Gesetzes über Ordnungswidrigkeiten ist das Finanzamt, § 387 Abs. 2 der Abgabenordnung[4] ist entsprechend anzuwenden. [2] Im übrigen gelten für das Bußgeldverfahren § 410 Abs. 1 Nr. 1, 2, 6 bis 11 und Abs. 2 sowie § 412 der Abgabenordnung[4] entsprechend.

---

[1] Betrag geänd. mWv 1.1.2002 durch G v. 24.6.2000 (BGBl. I S. 874).

[2] § 163 Abs. 2 geänd. durch G v. 9.6.1989 (BGBl. I S. 1062), Abs. 1 geänd. durch G v. 24.6.2000 (BGBl. I S. 874).

[3] *§ 164 neugef.* durch G v. 14.12.1976 (BGBl. I S. 3341), Satz 1 zweiter Halbsatz angef. durch G v. 18.8.1980 (BGBl. I S. 1537).

[4] Nr. **800**.

Anlage[1] (zu § 146 Satz 1)

Gebührenverzeichnis

Nr.	Gebührentatbestand	Gebührenbetrag oder Satz der jeweiligen Gebühr 110 bis 112

Vorbemerkung:

(1) Im berufsgerichtlichen Verfahren bemessen sich die Gerichtsgebühren vorbehaltlich des Absatzes 2 für alle Rechtszüge nach der rechtskräftig verhängten Maßnahme.

(2) Wird ein Rechtsmittel oder ein Antrag auf berufsgerichtliche Entscheidung nur teilweise verworfen oder zurückgewiesen, so hat das Gericht die Gebühr zu ermäßigen, soweit es unbillig wäre, den Steuerberater oder Steuerbevollmächtigten damit zu belasten.

(3) Im Verfahren nach Wiederaufnahme werden die gleichen Gebühren wie für das wiederaufgenommene Verfahren erhoben. Wird jedoch nach Anordnung der Wiederaufnahme des Verfahrens das frühere Urteil aufgehoben, gilt für die Gebührenerhebung jeder Rechtszug des neuen Verfahrens mit dem jeweiligen Rechtszug des früheren Verfahrens zusammen als ein Rechtszug. Gebühren werden auch für Rechtszüge erhoben, die nur im früheren Verfahren stattgefunden haben.

Abschnitt 1. Verfahren vor dem Landgericht

Unterabschnitt 1. Berufsgerichtliches Verfahren erster Instanz[2]

110	Verfahren mit Urteil bei Verhängung einer oder mehrerer der folgenden Maßnahmen: 1. einer Warnung, 2. eines Verweises, 3. einer Geldbuße, 4. eines befristeten Berufsverbots	240,00 EUR
112	Verfahren mit Urteil bei Ausschließung aus dem Beruf	480,00 EUR

Unterabschnitt 2. Antrag auf gerichtliche Entscheidung über die Rüge

120	Verfahren über den Antrag auf gerichtliche Entscheidung über die Rüge nach § 82 Abs. 1 StBerG: Der Antrag wird verworfen oder zurückgewiesen	160,00 EUR

Abschnitt 2. Verfahren vor dem Oberlandesgericht

Unterabschnitt 1. Berufung

210	Berufungsverfahren mit Urteil	1,5
211	Erledigung des Berufungsverfahrens ohne Urteil .... Die Gebühr entfällt bei Zurücknahme der Berufung vor Ablauf der Begründungsfrist.	0,5

Unterabschnitt 2. Beschwerde

220	Verfahren über Beschwerden im berufsgerichtlichen Verfahren, die nicht nach anderen Vorschriften gebührenfrei sind: Die Beschwerde wird verworfen oder zurückgewiesen	50,00 EUR

[1] Anlage angef. mWv 31.12.2006 durch G v. 22.12.2006 (BGBl. I S. 3416).
[2] Unterabschn. geänd. mWv 31.7.2014 durch G v. 25.7.2014 (BGBl. I S. 1266).

Nr.	Gebührentatbestand	Gebührenbetrag oder Satz der jeweiligen Gebühr 110 bis 112
	Von dem Steuerberater oder Steuerbevollmächtigten wird eine Gebühr nur erhoben, wenn gegen ihn rechtskräftig eine berufsgerichtliche Maßnahme verhängt worden ist.	

Abschnitt 3. Verfahren vor dem Bundesgerichtshof

Unterabschnitt 1. Revision

310	Revisionsverfahren mit Urteil oder mit Beschluss nach § 130 Abs. 3 Satz 1 StBerG i. V. m. § 349 Abs. 2 oder Abs. 4 StPO	2,0
311	Erledigung des Revisionsverfahrens ohne Urteil und ohne Beschluss nach § 130 Abs. 3 Satz 1 StBerG i. V. m. § 349 Abs. 2 oder Abs. 4 StPO	1,0
	Die Gebühr entfällt bei Zurücknahme der Revision vor Ablauf der Begründungsfrist.	

Unterabschnitt 2. Beschwerde

320	Verfahren über die Beschwerde gegen die Nichtzulassung der Revision: Die Beschwerde wird verworfen oder zurückgewiesen	1,0
321	Verfahren über sonstige Beschwerden im berufsgerichtlichen Verfahren, die nicht nach anderen Vorschriften gebührenfrei sind: Die Beschwerde wird verworfen oder zurückgewiesen	50,00 EUR
	Von dem Steuerberater oder Steuerbevollmächtigten wird eine Gebühr nur erhoben, wenn gegen ihn rechtskräftig eine berufsgerichtliche Maßnahme verhängt worden ist.	

Abschnitt 4. Rüge wegen Verletzung des Anspruchs auf rechtliches Gehör

400	Verfahren über die Rüge wegen Verletzung des Anspruchs auf rechtliches Gehör: Die Rüge wird in vollem Umfang verworfen oder zurückgewiesen	50,00 EUR

850. Gesetz über eine Berufsordnung der Wirtschaftsprüfer (Wirtschaftsprüferordnung – WPO)[1)]

In der Fassung der Bekanntmachung vom 5. November 1975 (BGBl. I S. 2803)

Geändert durch Gesetz zur Bereinigung wirtschaftsrechtlicher Vorschriften vom 27.2.1985 (BGBl. I S. 457), Bilanzrichtlinien-Gesetz vom 19.12.1985 (BGBl. I S. 2355), Erstes Gesetz zur Bereinigung des Verwaltungsverfahrensrechts vom 18.2.1986 (BGBl. I S. 265), Erstes Rechtsbereinigungsgesetz vom 24.4.1986 (BGBl. I S. 560), Zweites Gesetz zur Änderung der Wirtschaftsprüferordnung vom 20.7.1990 (BGBl. I S. 1462), Einigungsvertrag vom 31.8.1990 (BGBl. II S. 889, 998), Rechtspflege-Vereinfachungsgesetz vom 17.12.1990 (BGBl. I S. 2847), EWR-Ausführungsgesetz vom 27.4.1993 (BGBl. I S. 512, 2436), Drittes Gesetz zur Änderung der Wirtschaftsprüferordnung vom 15.7.1994 (BGBl. I S. 1569), Gesetz zur Schaffung von Partnerschaftsgesellschaften und zur Änderung anderer Gesetze vom 25.7.1994 (BGBl. I S. 1744), Gesetz zu dem Übereinkommen vom 15. April 1994 zur Errichtung der Welthandelsorganisation vom 30.8.1994 (BGBl. II S. 1438), Einführungsgesetz zur Insolvenzordnung vom 5.10.1994 (BGBl. I S. 2911, geänd. durch Gesetz zur Änderung des Einführungsgesetzes zur Insolvenzordnung und anderer Gesetze vom 19.12.1998, BGBl. I S. 3836), Gesetz zur Kontrolle und Transparenz im Unternehmensbereich vom 27.4 1998 (BGBl. I S. 786), Drittes Gesetz zur Änderung der Bundesnotarordnung und anderer Gesetze vom 31.8.1998 (BGBl. I S. 2585), Gesetz zur Änderung der Bundesrechtsanwaltsordnung, der Patentanwaltsordnung und anderer Gesetze vom 31.8.1998 (BGBl. I S. 2600), Kapitalgesellschaften- und Co-Richtlinie-Gesetz vom 24.2.2000 (BGBl. I S. 154), Wirtschaftsprüferordnungs-Änderungsgesetz vom 19.12.2000 (BGBl. I S. 1769), Gesetz zur Beendigung der Diskriminierung gleichgeschlechtlicher Gemeinschaften vom 16.2.2001 (BGBl. I S. 266), Euro-Bilanzgesetz vom 10.12.2001 (BGBl. I S. 3414), Gesetz zur Änderung der Strafprozessordnung vom 15.2.2002 (BGBl. I S. 682), Gesetz zur Gleichstellung behinderter Menschen und zur Änderung anderer Gesetze vom 27.4.2002 (BGBl. I S. 1467), Drittes Gesetz zur Änderung verwaltungsverfahrensrechtlicher Vorschriften vom 21.8.2002 (BGBl. I S. 3322), Gesetz zur Änderung des Gesetzes über die Tätigkeit europäischer Rechtsanwälte in Deutschland und weiterer berufsrechtlicher Vorschriften für Rechts- und Patentanwälte, Steuerberater und Wirtschaftsprüfer vom 26.10.2003 (BGBl. I S. 2074), Achte Zuständigkeitsanpassungsverordnung vom 25.11.2003 (BGBl. I S. 2304), Wirtschaftsprüfungsexamens-Reformgesetz vom 1.12.2003 (BGBl. I S. 2446)[2)], Kostenrechtsmodernisierungsgesetz vom 5.5.2004 (BGBl. I S. 718), Kommunales Optionsgesetz vom 30.7.2004 (BGBl. I S. 2014), Bilanzkontrollgesetz vom 15.12.2004 (BGBl. I S. 3408), Gesetz zur Vereinfachung und Vereinheitlichung der Verfahrensvorschriften zur Wahl und Berufung ehrenamtlicher Richter vom 21.12.2004 (BGBl. I S. 3599), Abschlussprüferaufsichtsgesetz vom 27.12.2004 (BGBl. I S. 3846), Neunte Zuständigkeitsanpassungsverordnung vom 31.10.2006 (BGBl. I S. 2407), 2. Justizmodernisierungsgesetz vom 22.12.2006 (BGBl. I S. 3416), Berufsaufsichtsreformgesetz vom 3.9.2007 (BGBl. I S. 2178), Gesetz zur Reform des Versicherungsvertragsrechts vom 23.11.2007 (BGBl. I S. 2631), Gesetz zur Neuregelung des Verbots der Vereinbarung von Erfolgshonoraren vom 12.6.2008 (BGBl. I S. 1000), FGG-Reformgesetz vom 17.12.2008 (BGBl. I S. 2586), Bilanzrechtsmodernisierungsgesetz vom 25.5.2009 (BGBl. I S. 1102), Gesetz zur Umsetzung der Dienstleistungsrichtlinie im Gewerberecht und in weiteren Rechtsvorschriften vom 17.7.2009 (BGBl. I S. 2091), Gesetz zur Reform der Sachaufklärung in der Zwangsvollstreckung vom 29.7.2009 (BGBl. I S. 2258), Gesetz zur Änderung des Untersuchungshaftrechts vom 29.7.2009 (BGBl. I S 2274), Viertes Gesetz zur Änderung der Wirtschaftsprüferordnung vom 2.12.2010 (BGBl. I S. 1746), Gesetz zur Umsetzung der Dienstleistungsrichtlinie in der Justiz und zur Änderung weiterer Vorschriften vom 22.12.2010 (BGBl. I

---

1) Neubekanntmachung der Wirtschaftsprüferordnung v. 24.7.1961 auf Grund des Artikels 6 des G zur Änderung der Wirtschaftsprüferordnung und anderer G v. 20.8.1975 (BGBl. I S. 2258) unter Berücksichtigung des G v. 24.7.1961 (BGBl. I S. 1049).

2) In Kraft ab 1.1.2004. Siehe Übergangsregelungen in §§ 134 ff.

S. 2248), Gesetz zur Verbesserung der Feststellung und Anerkennung im Ausland erworbener Berufsqualifikationen vom 6.12.2011 (BGBl. I S. 2515), Gesetz zur Stärkung der Rechte von Opfern sexuellen Missbrauchs (StORMG) vom 26.6.2013 (BGBl. I S. 1805), Gesetz zur Einführung einer Partnerschaftsgesellschaft mit beschränkter Berufshaftung und zur Änderung des Berufsrechts der Rechtsanwälte, Patentanwälte, Steuerberater und Wirtschaftsprüfer vom 15.7.2013 (BGBl. I S. 2386), Gesetz zur Strukturreform des Gebührenrechts des Bundes vom 7.8.2013 (BGBl. I S. 3154), Gesetz zur Änderung des Prozesskostenhilfe- und Beratungshilferechts vom 31.8.2013 (BGBl. I S. 3533), Zehnte Zuständigkeitsanpassungsverordnung vom 31.8.2015 (BGBl. I S. 1474), Abschlussprüferaufsichtsreformgesetz (APAReG) vom 31.3.2016 (BGBl. I S. 518)[1], Abschlussprüfungsreformgesetz (AReG) vom 10.5.2016 (BGBl. I S. 1142), Zweites Gesetz zur Novellierung von Finanzmarktvorschriften auf Grund europäischer Rechtsakte (Zweites Finanzmarktnovellierungsgesetz – 2. FiMaNoG) vom 23.6.2017 (BGBl. I S. 1693), Gesetz zur Umsetzung der Vierten EU-Geldwäscherichtlinie, zur Ausführung der EU-Geldtransferverordnung und zur Neuorganisation der Zentralstelle für Finanztransaktionsuntersuchungen vom 23.6.2017 (BGBl. I S. 1822), Gesetz zur Umsetzung der Zweiten Zahlungsdiensterichtlinie vom 17.7.2017 (BGBl. I S. 2446), Gesetz zur Neuregelung des Schutzes von Geheimnissen bei der Mitwirkung Dritter an der Berufsausübung schweigepflichtiger Personen vom 30.10.2017 (BGBl. I S. 3618), Zweites Gesetz zur Anpassung des Datenschutzrechts an die Verordnung (EU) 2016/679 und zur Umsetzung der Richtlinie (EU) 2016/680 (Zweites Datenschutz-Anpassungs- und Umsetzungsgesetz EU – 2. DSAnp-UG-EU) vom 20.11.2019 (BGBl. I S. 1626), Gesetz zur Umsetzung der Verhältnismäßigkeitsrichtlinie (Richtlinie (EU) 2018/958) im Bereich öffentlich-rechtlicher Körperschaften vom 19.6.2020 (BGBl. I S. 1403), Gesetz zur Reform des Vormundschafts- und Betreuungsrechts vom 4.5.2021 (BGBl. I S. 882) und Finanzmarktintegritätsstärkungsgesetz (FISG) vom 3.6.2021 (BGBl. I S. 1534) und Gesetz zur Modernisierung des notariellen Berufsrechts und zur Änderung weiterer Vorschriften vom 25.6.2021 (BGBl. I S. 2154)[2]

BGBl. III/FNA 702-1

Inhaltsübersicht

[1] **[Amtl. Anm.:]** Dieses Gesetz dient der Umsetzung der Richtlinie 2014/56/EU des Europäischen Parlaments und des Rates vom 16. April 2014 zur Änderung der Richtlinie 2006/43/EG über Abschlussprüfungen von Jahresabschlüssen und konsolidierten Abschlüssen (ABl. L 158 vom 27.5.2014, S. 196) sowie der Ausführung der Verordnung (EU) Nr. 537/2014 des Europäischen Parlaments und des Rates vom 16. April 2014 über spezifische Anforderungen an die Abschlussprüfung bei Unternehmen von öffentlichem Interesse und zur Aufhebung des Beschlusses 2005/909/EG der Kommission (ABl. L 158 vom 27.5.2014, S. 77).

[2] Durch das G v. 25.6.2021 wird die gesamte **Inhaltsübersicht** neu gef.; sofern Änderungen *in Gliederungs*- und Paragrafenüberschriften auftreten, die Seiten betreffen, die nicht mit der Ergänzung Nr. 206 ausgetauscht werden, erfolgen diese mit der nachfolgenden Ergänzung Nr. 207. Es handelt sich um rein formelle Änderungen ohne inhaltliche Auswirkungen.

§§

Dritter Teil. Rechte und Pflichten der Wirtschaftsprüfer

Vierter Teil. Organisation des Berufs

Fünfter Teil. Berufsaufsicht

Erster Teil. Allgemeine Vorschriften

§ 1[1)] Wirtschaftsprüfer und Wirtschaftsprüfungsgesellschaften.

(1) [1]Wirtschaftsprüfer oder Wirtschaftsprüferinnen (Berufsangehörige) sind Personen, die als solche öffentlich bestellt sind. [2]Die Bestellung setzt den Nachweis der persönlichen und fachlichen Eignung im Zulassungs- und staatlichen Prüfungsverfahren voraus.

(2) [1]Der Wirtschaftsprüfer übt einen freien Beruf aus. [2]Seine Tätigkeit ist kein Gewerbe.

(3) [1]Wirtschaftsprüfungsgesellschaften bedürfen der Anerkennung. [2]Die Anerkennung setzt den Nachweis voraus, daß die Gesellschaft von Wirtschaftsprüfern verantwortlich geführt wird.

[1)] § 1 Abs. 1 Satz 3 aufgeh. mWv 1.1.2001 durch G v. 19.12.2000 (BGBl. I S. 1769); Abs. 1 neu gef. mWv 1.1.2004 durch G v. 1.12.2003 (BGBl. I S. 2446).

§ 2[1)] **Inhalt der Tätigkeit.** (1) Wirtschaftsprüfer haben die berufliche Aufgabe, betriebswirtschaftliche Prüfungen, insbesondere solche von Jahresabschlüssen wirtschaftlicher Unternehmen, durchzuführen und Bestätigungsvermerke über die Vornahme und das Ergebnis solcher Prüfungen zu erteilen.

(2) Wirtschaftsprüfer sind befugt, ihre Auftraggeber in steuerlichen Angelegenheiten nach Maßgabe der bestehenden Vorschriften zu beraten und zu vertreten.

(3) Wirtschaftsprüfer sind weiter nach Maßgabe der bestehenden Vorschriften befugt

1. unter Berufung auf ihren Berufseid auf den Gebieten der wirtschaftlichen Betriebsführung als Sachverständige aufzutreten;
2. in wirtschaftlichen Angelegenheiten zu beraten und fremde Interessen zu wahren;
3. zur treuhänderischen Verwaltung.

§ 3[2)] **Berufliche Niederlassung.** (1) [1]Berufsangehörige müssen unmittelbar nach der Bestellung eine berufliche Niederlassung begründen und eine solche unterhalten; wird die Niederlassung in einem Staat begründet, der nicht Mitgliedstaat der Europäischen Union oder Vertragsstaat des Abkommens über den europäischen Wirtschaftsraum (Drittstaat) oder die Schweiz ist, muss eine zustellungsfähige Anschrift im Inland unterhalten werden. [2]Berufliche Niederlassung eines Berufsangehörigen ist die Praxis, von der aus er seinen Beruf überwiegend ausübt.

(2) Bei Wirtschaftsprüfungsgesellschaften ist Sitz der Hauptniederlassung der Verwaltungssitz der Gesellschaft.

(3) Berufsangehörige und Wirtschaftsprüfungsgesellschaften dürfen Zweigniederlassungen nach den Vorschriften dieses Gesetzes begründen.

§ 4[3)] **Wirtschaftsprüferkammer.** (1) [1]Zur Erfüllung der beruflichen Selbstverwaltungsaufgaben wird eine Kammer der Wirtschaftsprüfer gebildet; diese wird bei der Prüfung und der Eignungsprüfung, der Bestellung, der Anerkennung, dem Widerruf und der Registrierung, der Beaufsichtigung der kontinuierlichen Fortbildung, der Berufsaufsicht und der Qualitätskontrolle sowie bei dem Erlass von Berufsausübungsregelungen (§ 57 Abs. 3, § 57c) in mittelbarer Staatsverwaltung tätig; die Zuständigkeit der Abschlussprüferaufsichtsstelle beim Bundesamt für Wirtschaft und Ausfuhrkontrolle (Abschlussprüferauf-

---

[1)] § 2 Abs. 3 neu gef. mWv 1.1.1995 durch G v. 15.7.1994 (BGBl. I S. 1569); Abs. 3 geänd. mWv 17.6.2016 durch G v. 31.3.2016 (BGBl. I S. 518).

[2)] § 3 neu gef. mWv 1.1.1995 durch G v. 15.7.1994 (BGBl. I S. 1569), Abs. 1 Satz 3 geänd. mWv 1.1.2001 durch G v. 19.12.2000 (BGBl. I S. 1769); Abs. 1 Satz 1 neu gef. mWv 1.1.2004 durch G v. 1.12.2003 (BGBl. I S. 2446); Abs. 1 Satz 1 neu gef. mWv 6.9.2007 durch G v. 3.9.2007 (BGBl. I S. 2178); Abs. 1 Satz 1 Halbs. 2 neu gef. mWv 29.5.2009 durch G v. 25.5.2009 (BGBl. I S. 1102); Abs. 1 Satz 2 geänd., Satz 3 aufgeh., Abs. 2 und 4 geänd. mWv 17.6.2016 durch G v. 31.3.2016 (BGBl. I S. 518).

[3)] § 4 Abs. 1 Satz 1 neu gef. mWv 1.1.2005 durch G v. 27.12.2004 (BGBl. I S. 3846); Abs. 1 Satz 1 HS 2 geänd. mWv 6.9.2007 durch G v. 3.9.2007 (BGBl. I S. 2178); Abs. 1 Satz 1 geänd. mWv 17.6.2016 durch G v. 31.3.2016 (BGBl. I S. 518).

(3) [1]Das Bundesministerium für Wirtschaft und Energie bestimmt durch Rechtsverordnung mit Zustimmung des Bundesrates die für die Anerkennung zuständige Stelle. [2]In der Rechtsverordnung kann es ferner

1. die Voraussetzungen der Anerkennung näher bestimmen, insbesondere das Verfahren zur Feststellung, ob Wissensgebiete des Hochschulausbildungsgangs denen nach § 4 der Wirtschaftsprüferprüfungsverordnung entsprechen,
2. Einzelheiten des Anerkennungsverfahrens, insbesondere die dem Antrag beizufügenden Unterlagen, und die Bekanntmachung der Anerkennung regeln sowie
3. die Voraussetzungen der frühzeitigen Zulassung zur Prüfung nach § 9 Abs. 6, insbesondere die dem Antrag beizufügenden Unterlagen, bestimmen.

§ 9[1)] Voraussetzungen für die Zulassung (Prüfungstätigkeit). (1) [1]Die Zulassung setzt eine für die Ausübung des Berufes genügende praktische Ausbildung (Tätigkeit) voraus. [2]Bewerbende mit abgeschlossener Hochschulausbildung haben eine wenigstens dreijährige Tätigkeit bei einer in § 8 Abs. 2 Nr. 1 genannten Stelle nachzuweisen. [3]Beträgt die Regelstudienzeit der Hochschulausbildung weniger als acht Semester, verlängert sich die Tätigkeit auf vier Jahre; eine darüber hinausgehende Tätigkeit wird nicht gefordert. [4]Die Tätigkeit muss nach Erwerb des ersten berufsqualifizierenden Hochschulabschlusses erbracht werden; Absatz 6 bleibt unberührt.

(2) [1]Von ihrer gesamten Tätigkeit müssen die Bewerbenden wenigstens während der Dauer zweier Jahre überwiegend an Abschlussprüfungen teilgenommen und bei der Abfassung der Prüfungsberichte mitgewirkt haben (Prüfungstätigkeit). [2]Sie sollen während dieser Zeit insbesondere an gesetzlich vorgeschriebenen Abschlussprüfungen teilgenommen und an der Abfassung der Prüfungsberichte hierüber mitgewirkt haben. [3]Die Prüfungstätigkeit muss

1. im Falle des § 8 Abs. 2 Nr. 1 nach dem fünften Jahr der Mitarbeit abgeleistet werden;
2. im Falle des § 8 Abs. 2 Nr. 2 während oder nach der beruflichen Tätigkeit als vereidigter Buchprüfer oder vereidigte Buchprüferin oder als Steuerberater oder Steuerberaterin abgeleistet werden.

[4]Das Erfordernis der Prüfungstätigkeit ist erfüllt, wenn die Bewerbenden nachweislich in fremden Unternehmen materielle Buch- und Bilanzprüfungen nach betriebswirtschaftlichen Grundsätzen durchgeführt haben. [5]Als fremd gilt ein Unternehmen, mit dem die Bewerbenden weder in einem Leitungs- noch in einem Anstellungsverhältnis stehen oder gestanden haben.

(3) Die Prüfungstätigkeit muss ausgeübt worden sein in Mitarbeit bei

1. Berufsangehörigen,
2. Wirtschaftsprüfungsgesellschaften,
3. vereidigten Buchprüfern oder vereidigten Buchprüferinnen,

[1)] § 9 neu gef. mWv 1.1.2004 durch G v. 1.12.2003 (BGBl. I S. 2446); Abs. 1 Satz 4 HS 1 geänd. mWv 6.9.2007 durch G v. 3.9.2007 (BGBl. I S. 2178); Abs. 1 Satz 4, Abs. 5 Satz 1 geänd., Abs. 3 und 6 neu gef. mWv 17.6.2016 durch G v. 31.3.2016 (BGBl. I S. 518).

4. Buchprüfungsgesellschaften,
5. genossenschaftlichen Prüfungsverbänden, in denen ein Berufsangehöriger tätig ist,
6. Prüfungsstellen von Sparkassen- und Giroverbänden, in denen ein Berufsangehöriger tätig ist,
7. überörtlichen Prüfungseinrichtungen für Körperschaften und Anstalten des öffentlichen Rechts, in denen ein Berufsangehöriger tätig ist, oder
8. in einem anderen Mitgliedstaat der Europäischen Union oder in einem anderen Vertragsstaat des Abkommens über den Europäischen Wirtschaftsraum zugelassenen Abschlussprüfern oder Abschlussprüferinnen (EU- oder EWR-Abschlussprüfern) oder dort zugelassenen Prüfungsgesellschaften (EU- oder EWR-Abschlussprüfungsgesellschaften).

(4) Der Nachweis der Tätigkeit wie auch der Prüfungstätigkeit entfällt für Bewerbende, die seit mindestens 15 Jahren den Beruf als Steuerberater oder Steuerberaterin oder als vereidigter Buchprüfer oder vereidigte Buchprüferin ausgeübt haben; dabei sind bis zu zehn Jahre Berufstätigkeit als Steuerbevollmächtigter oder Steuerbevollmächtigte anzurechnen.

(5) [1] Eine Revisorentätigkeit in größeren Unternehmen oder eine Tätigkeit als Steuerberater oder Steuerberaterin oder in einem Prüfungsverband nach § 26 Abs. 2 des Kreditwesengesetzes oder eine mit der Prüfungstätigkeit in Zusammenhang stehende Tätigkeit bei der Wirtschaftprüferkammer, bei der Abschlussprüferaufsichtsstelle oder bei einer Personenvereinigung nach § 43a Absatz 1 Nummer 9 kann bis zur Höchstdauer von einem Jahr auf die Tätigkeit nach Absatz 1 angerechnet werden. [2] Dasselbe gilt für prüfende Personen im öffentlichen Dienst, sofern sie nachweislich selbstständig Prüfungen von größeren Betrieben durchgeführt haben. [3] Eine Tätigkeit im Ausland ist auf die Tätigkeit nach Absatz 1 anzurechnen, wenn sie bei einer Person, die in dem ausländischen Staat als sachverständiger Prüfer ermächtigt oder bestellt ist, abgeleistet wurde und wenn die Voraussetzungen für die Ermächtigung oder Bestellung den Vorschriften dieses Gesetzes im Wesentlichen entsprechen.

(6)[1)] Bewerbende, die einen nach § 8a anerkannten Hochschulausbildungsgang abgeschlossen haben, können ohne Nachweis der Tätigkeit nach Absatz 1 und der Prüfungstätigkeit nach Absatz 2 bereits zu einem früheren Zeitpunkt zur Prüfung zugelassen werden.

(7)[1)] [1] Bewerbende können zur Ablegung einzelner Teile der Prüfung zugelassen werden, wenn sie eine Tätigkeit nach Absatz 1 von wenigstens sechs Monaten nachweisen. [2] Das Bundesministerium für Wirtschaft und Energie wird ermächtigt, durch Rechtsverordnung, die nicht der Zustimmung des Bundesrats bedarf, einzelne Prüfungsgebiete von der Regelung des Satzes 1 auszunehmen.

§§ 10 und 11.[2)] (weggefallen)

[1)] § 9 Abs. 6 geänd., Abs. 7 angef. mWv 1.8.2021 durch G v. 25.6.2021 (BGBl. I S. 2154).
[2)] §§ 10 und 11 aufgeh. mWv 6.9.2007 durch G v. 3.9.2007 (BGBl. I S. 2178).

gestellten Urkunde als Wirtschaftsprüfer bestellt. [2]Zuständig ist die Wirtschaftsprüferkammer. [3]Wird der Antrag auf Bestellung als Wirtschaftsprüfer nicht innerhalb von fünf Jahren nach bestandener Prüfung gestellt, so finden auf die Bestellung die Vorschriften des § 23 Abs. 2 und 3 entsprechende Anwendung. [4]Wer gemäß § 9 Abs. 6 zugelassen wurde, hat vor der Bestellung den Nachweis der insgesamt dreijährigen Tätigkeit nach § 9 Abs. 1, einschließlich der Prüfungstätigkeit nach § 9 Abs. 2, vorzulegen.

§ 16[1)] **Versagung der Bestellung.** (1) Die Bestellung ist zu versagen,

1. wenn nach der Entscheidung des Bundesverfassungsgerichts ein Grundrecht verwirkt wurde;
2. wenn infolge strafgerichtlicher Verurteilung die Fähigkeit zur Bekleidung öffentlicher Ämter nicht gegeben ist;
3. solange kein Nachweis über den Abschluss einer nach § 54 Absatz 1 notwendigen Versicherung vorliegt;
4. wenn sich der Bewerber oder die Bewerberin eines Verhaltens schuldig gemacht hat, das die Ausschließung aus dem Beruf rechtfertigen würde;
5. wenn der Bewerber oder die Bewerberin aus gesundheitlichen oder anderen Gründen nicht nur vorübergehend nicht in der Lage ist, den Beruf ordnungsgemäß auszuüben;
6. solange eine Tätigkeit ausgeübt wird, die mit dem Beruf nach § 43 Absatz 2 Satz 1, § 43a Absatz 3 Satz 1 oder § 44a Satz 1 unvereinbar und nicht nach § 43a Absatz 3 Satz 2 oder 3 oder § 44a Satz 2 genehmigungsfähig ist;
7. wenn sich der Bewerber oder die Bewerberin in nicht geordneten wirtschaftlichen Verhältnissen, insbesondere in Vermögensverfall befindet; ein Vermögensverfall wird vermutet, wenn ein Insolvenzverfahren über das Vermögen eröffnet oder eine Eintragung in das vom Vollstreckungsgericht zu führende Verzeichnis (§ 26 Abs. 2 der Insolvenzordnung, § 882b der Zivilprozessordnung) vorliegt.

(2) Die Bestellung kann versagt werden, wenn der Bewerber sich so verhalten hat, dass die Besorgnis begründet ist, er werde den Berufspflichten als Wirtschaftsprüfer nicht genügen.

(3) Über die Versagung der Bestellung entscheidet die Wirtschaftsprüferkammer.

[1)] § 16 Abs. 1 Nr. 3 geänd., Abs. 2 neu gef., Abs. 4 Satz 4 angef. mWv 1.1.1995 durch G v. 15.7.1994 (BGBl. I S. 1569); Abs. 1 Nr. 1 sowie Abs. 2 neu gef., Abs. 4 Satz 3 aufgeh. mWv 1.1.2001 durch G v. 19.12.2000 (BGBl. I S. 1769); Abs. 3, Abs 4 Satz 2 aufgeh., bish. Abs. 4 wird Abs. 3 sowie neuer Abs. 3 Satz 1 geänd. mWv 1.1.2002 durch G v. 19.12.2000 (BGBl. I S. 1769); Abs. 1 Nr. 2 neu gef., Nr. 3 geänd., Nr. 4 angef. mWv 1.1.2004 durch G v. 1.12.2003 (BGBl. I S. 2446); Abs. 1 neu gef. mWv 6.9.2007 durch G v. 3.9.2007 (BGBl. I S. 2178); Abs. 1 Nr. 7 geänd. mWv 1.1.2013 durch G v. 29.7.2009 (BGBl. I S. 2258); Abs. 1 Nr. 3 neu gef., Nr. 6 geänd. mWv 17.6.2016 durch G v. 31.3.2016 (BGBl. I S. 518).

§ 16a[1] Ärztliches Gutachten im Bestellungsverfahren. (1) [1]Wenn es zur Entscheidung über den Versagungsgrund des § 16 Abs. 1 Nr. 5 erforderlich ist, gibt die Wirtschaftsprüferkammer dem Bewerber oder der Bewerberin auf, innerhalb einer bestimmten angemessenen Frist ein Gutachten eines bestimmten Arztes oder einer bestimmten Ärztin über den Gesundheitszustand des Bewerbers oder der Bewerberin vorzulegen. [2]Das Gutachten muss auf einer Untersuchung und, wenn dies ein Amtsarzt oder eine Amtsärztin für notwendig hält, auch auf einer klinischen Beobachtung des Bewerbers oder der Bewerberin beruhen. [3]Die Kosten des Gutachtens hat der Bewerber oder die Bewerberin zu tragen.

(2) [1]Anordnungen nach Absatz 1 sind mit Gründen zu versehen und dem Bewerber oder der Bewerberin zuzustellen. [2]Gegen die Anordnungen kann innerhalb eines Monats nach der Zustellung ein Antrag auf gerichtliche Entscheidung gestellt werden.

(3) Kommt der Bewerber oder die Bewerberin ohne ausreichenden Grund der Anordnung der Wirtschaftsprüferkammer nicht nach, gilt der Antrag auf Bestellung als zurückgenommen.

§ 16b[2] Aussetzung des Bestellungsverfahrens. Die Entscheidung über den Antrag auf Bestellung kann ausgesetzt werden, wenn gegen die antragstellende Person ein Verfahren wegen des Verdachts einer Straftat anhängig ist, in dem der Tatvorwurf eine Verurteilung erwarten lässt, die eine Versagung der Bestellung zur Folge haben würde.

§ 17[3] Berufsurkunde und Berufseid. (1) [1]Bewerber haben vor Aushändigung der Urkunde den Berufseid vor der Wirtschaftsprüferkammer oder einer von ihr im Einzelfall beauftragten Stelle zu leisten. [2]Die Eidesformel lautet:

„Ich schwöre, daß ich die Pflichten eines Wirtschaftsprüfers verantwortungsbewußt und sorgfältig erfüllen, insbesondere Verschwiegenheit bewahren und Prüfungsberichte und Gutachten gewissenhaft und unparteiisch erstatten werde, so wahr mir Gott helfe."

(2) Der Eid kann auch ohne religiöse Beteuerung geleistet werden.

(3) Gestattet ein Gesetz den Mitgliedern einer Religionsgesellschaft an Stelle des Eides andere Beteuerungsformeln zu gebrauchen, so kann der Bewerber, der Mitglied einer solchen Religionsgesellschaft ist, diese Beteuerungsformel sprechen.

(4) [1]Über die Bestellung ist ein Protokoll aufzunehmen. [2]Das Protokoll ist von dem Wirtschaftsprüfer und der den Eid abnehmenden Person zu unterschreiben. [3]Es ist zu der Mitgliederakte des Wirtschaftsprüfers zu nehmen.

---

[1] § 16a eingef. mWv 6.9.2007 durch G v. 3.9.2007 (BGBl. I S. 2178); Abs. 1 Satz 1 geänd. mWv 17.6.2016 durch G v. 31.3.2016 (BGBl. I S. 518).

[2] § 16b eingef. mWv 1.8.2021 durch G v. 25.6.2021 (BGBl. I S. 2154).

[3] § 17 Abs. 1 Satz 1 geänd. mWv 1.1.2002 durch G v. 19.12.2000 (BGBl. I S. 1769); Abs. 1 Satz 2 geänd. mWv 6.9.2007 durch G v. 3.9.2007 (BGBl. I S. 2178); Abs. 4 angef. mWv 1.8.2021 durch G v. 25.6.2021 (BGBl. I S. 2154).

§ 18[1)] Berufsbezeichnung. (1) [1]Wirtschaftsprüfer haben im beruflichen Verkehr die Berufsbezeichnung „Wirtschaftsprüfer" zu führen. [2]Frauen können die Berufsbezeichnung „Wirtschaftsprüferin" führen. [3]Werden Erklärungen im Rahmen von Tätigkeiten nach § 2 Abs. 1, die Berufsangehörigen gesetzlich vorbehalten sind, abgegeben, so dürfen diese Erklärungen unter Verwendung nur der Berufsbezeichnung und zusätzlich mit einem amtlich verliehenen ausländischen Prüfertitel unterzeichnet werden.

(2) [1]Akademische Grade und Titel und Zusätze, die auf eine staatlich verliehene Graduierung hinweisen, können neben der Berufsbezeichnung geführt werden. [2] Amts- und Berufsbezeichnungen sind zusätzlich gestattet, wenn sie amtlich verliehen worden sind und es sich um Bezeichnungen für eine Tätigkeit handelt, die neben der Tätigkeit des Wirtschaftsprüfers ausgeübt werden darf (§ 43a); zulässig sind auch Fachanwaltsbezeichnungen. [3]Zusätzlich gestattet sind auch in anderen Staaten zu Recht geführte Berufsbezeichnungen für die Tätigkeit als gesetzlicher Abschlußprüfer oder für eine Tätigkeit, die neben der Tätigkeit als Wirtschaftsprüfer ausgeübt werden darf.

(3) [1]Mit dem Erlöschen, der Rücknahme oder dem Widerruf der Bestellung oder während einer Beurlaubung erlischt die Befugnis, die Berufsbezeichnung zu führen. [2]Die Berufsbezeichnung darf auch nicht mit einem Zusatz, der auf die frühere Berechtigung hinweist, geführt werden.

(4) [1]Die Wirtschaftsprüferkammer kann Berufsangehörigen, die wegen hohen Alters oder aus gesundheitlichen Gründen auf die Rechte aus der Bestellung verzichten und keine berufliche Tätigkeit mehr ausüben, auf Antrag die Erlaubnis erteilen, weiterhin die Berufsbezeichnung zu führen. [2]Die Wirtschaftsprüferkammer kann diese Erlaubnis zurücknehmen oder widerrufen, wenn nachträglich Umstände bekannt werden oder eintreten, die das Erlöschen, die Rücknahme oder den Widerruf der Bestellung nach sich ziehen würden oder zur Ablehnung der Erlaubnis hätten führen können. [3]Vor der Rücknahme oder dem Widerruf der Erlaubnis ist der oder die Betroffene zu hören.

§ 19[2)] Erlöschen der Bestellung. (1) Die Bestellung erlischt durch

1. Tod,
2. Verzicht,
3. unanfechtbare Ausschließung aus dem Beruf.

(2) [1]Der Verzicht ist schriftlich gegenüber der Wirtschaftsprüferkammer zu erklären.

[1)] § 18 Abs. 1 Satz 2 angef. sowie Abs. 2 Satz 2 geänd. mWv 1.1.1995 durch G v. 15.7. 1994 (BGBl. I S. 1569); Abs. 1 Satz 3, Abs. 3 und 4 angef. mWv 6.9.2007 durch G v. 3.9.2007 (BGBl. I S. 2178); Abs. 3 Satz 1 geänd. mWv 17.6.2016 durch G v. 31.3.2016 (BGBl. I S. 518); Abs. 4 Satz 1 geänd. mWv 1.8.2021 durch G v. 25.6.2021 (BGBl. I S. 2154).

[2)] § 19 Abs. 2 Satz 1 geänd. und Satz 2 aufgeh. mWv 1.1.2002 durch G v. 19.12.2000 (BGBl. I S. 1769); Abs. 1 Nr. 3 geänd. mWv 17.6.2016 durch G v. 31.3.2016 (BGBl. I S. 518).

§ 20[1)] Rücknahme und Widerruf der Bestellung. (1) Die Bestellung ist mit Wirkung für die Zukunft zurückzunehmen, wenn nachträglich Tatsachen bekanntwerden, bei deren Kenntnis die Bestellung hätte versagt werden müssen.

(2) Die Bestellung ist zu widerrufen, wenn Berufsangehörige

1. nicht eigenverantwortlich tätig sind oder eine Tätigkeit ausüben, die mit dem Beruf nach § 43 Absatz 2 Satz 1, § 43a Absatz 3 Satz 1 oder § 44a Satz 1 unvereinbar ist und nicht nach § 43a Absatz 3 Satz 2 oder 3 oder § 44a Satz 2 genehmigt ist;
2. infolge strafgerichtlicher Verurteilung die Fähigkeit zur Bekleidung öffentlicher Ämter verloren haben;
3. aus gesundheitlichen oder anderen Gründen nicht nur vorübergehend nicht in der Lage sind, den Beruf ordnungsgemäß auszuüben;
4. nicht den nach § 54 Absatz 1 notwendigen Versicherungsschutz unterhalten oder diesen innerhalb der letzten fünf Jahre wiederholt mit nennenswerter Dauer nicht aufrechterhalten haben und diese Unterlassung auch zukünftig zu befürchten ist;
5. sich in nicht geordneten wirtschaftlichen Verhältnissen, insbesondere in Vermögensverfall (§ 16 Abs. 1 Nr. 7) befinden;
6. keine berufliche Niederlassung nach § 3 Absatz 1 Satz 1 unterhalten;
7. nach der Entscheidung des Bundesverfassungsgerichts ein Grundrecht verwirkt haben.

(3) [1]Berufsangehörige, die eine unvereinbare Tätigkeit nach § 43a Absatz 3 Satz 1 oder § 44a Satz 1 ausüben, haben dies der Wirtschaftsprüferkammer unverzüglich anzuzeigen. [2]Der Wirtschaftsprüferkammer sind auf Verlangen die Unterlagen über ein Anstellungsverhältnis vorzulegen.

(4) [1]In den Fällen des Absatzes 2 Nummer 1 und 4 ist von einem Widerruf abzusehen, wenn anzunehmen ist, dass die Berufsangehörigen künftig eigenverantwortlich tätig sein, die nach § 43 Absatz 2 Satz 1, § 43a Absatz 3 Satz 1 oder § 44a Satz 1 unvereinbare Tätigkeit dauernd aufgeben oder die vorgeschriebene Haftpflichtversicherung künftig laufend unterhalten werden. [2]Den Berufsangehörigen kann hierfür eine angemessene Frist gesetzt werden. [3]Kommen sie ihrer Verpflichtung innerhalb der gesetzten Frist nicht nach, so ist der Widerruf der Bestellung auszusprechen. [4]Von einem Widerruf in den Fällen des Absatzes 2 Nr. 5 kann abgesehen werden, wenn der Wirtschafts-

---

[1)] § 20 Abs. 1, Abs. 2 Nr. 3, Abs. 3 und Abs. 6 neu gef., Abs. 2 Nr. 1 und Abs. 4 Satz 1 geänd. sowie Abs. 2 Nr. 5, Abs. 7 und Abs. 8 angef. mWv 1.1.1995 durch G v. 15.7.1994 (BGBl. I S. 1569), Abs. 6 aufgeh., bish. Abs. 7 und 8 werden Abs. 6 und 7, neuer Abs. 6 Satz 1 geänd. mWv 1.1.2002 durch G v. 19.12.2000 (BGBl. I S. 1769), Abs. 2 Nr. 3 neu gef. mWv. 1.5.2002 durch G v. 27.4.2002 (BGBl. I S. 1467); Abs. 2 Nr. 4 neu gef., Nr. 5 geänd., Nr. 6 angef., Abs. 3 und 5 aufgeh., Abs. 7 neu gef. mWv 1.1.2004 durch G v. 1.12.2003 (BGBl. I S. 2446); Abs. 2 und 3 neu gef., Abs. 4 Satz 4 angef. mWv 6.9.2007 durch G v. 3.9.2007 (BGBl. I S. 2178); Abs. 6 Satz 1 geänd. mWv 1.9.2009 durch G v. 17.12.2008 (BGBl. I S. 2586); Abs. 2 einl. Satzteil, Nr. 2, 3, 5 und 7, Abs. 4 Sätze 2 und 3, Abs. 6 Sätze 1 und 2 geänd., Abs. 2 Nr. 1, 4 und 6, Abs. 3 Satz 1 und Abs. 4 Satz 1 neu gef. mWv 17.6.2016 durch G v. 31.3.2016 (BGBl. I S. 518).

prüferkammer nachgewiesen wird, dass durch die nicht geordneten wirtschaftlichen Verhältnisse die Interessen Dritter nicht gefährdet sind.

(5) *(aufgehoben)*

(6)[1] [1] Sind Berufsangehörige wegen einer psychischen Krankheit oder einer körperlichen, geistigen oder seelischen Behinderung zur Wahrnehmung ihrer Rechte in dem Verfahren nicht in der Lage, bestellt das Betreuungsgericht auf Antrag der Wirtschaftsprüferkammer einen Betreuer als gesetzlichen Vertreter in dem Verfahren; die Vorschriften des Gesetzes über das Verfahren in Familiensachen und in den Angelegenheiten der freiwilligen Gerichtsbarkeit bei der Anordnung einer Betreuung nach den *§§ 1896ff.* [***ab 1.1.2023:*** §§ 1814 bis 1881] des Bürgerlichen Gesetzbuches sind entsprechend anzuwenden. [2] Zum Betreuer soll ein Berufsangehöriger oder eine Berufsangehörige bestellt werden.

(Fortsetzung nächstes Blatt)

---

[1] § 20 Abs. 6 Satz 1 geänd. mWv 1.1.2023 durch G v. 4.5.2021 (BGBl. I S. 882).

Sechster Abschnitt. Allgemeine Vorschriften für das Verwaltungsverfahren[1)]

§ 36a[2)] Untersuchungsgrundsatz; Mitwirkungspflicht; Datenübermittlung. (1) Die Wirtschaftsprüferkammer ermittelt den Sachverhalt von Amts wegen.

(2) [1]Die am Verfahren beteiligten Bewerber, Wirtschaftsprüfer oder Gesellschaften sollen bei der Ermittlung des Sachverhalts mitwirken und, soweit es dessen bedarf, ihr Einverständnis mit der Verwendung von Beweismitteln erklären. [2]Ihr Antrag auf Gewährung von Rechtsvorteilen ist zurückzuweisen, wenn die für die Entscheidung zuständige Stelle infolge ihrer Verweigerung der Mitwirkung den Sachverhalt nicht hinreichend klären kann. [3]Der Bewerber, Wirtschaftsprüfer oder die Gesellschaft ist auf diese Rechtsfolge hinzuweisen.

(3) [1]Es übermitteln

1. die Wirtschaftsprüferkammer, Gerichte und Behörden Daten über natürliche und juristische Personen, die aus der Sicht der übermittelnden Stelle für die Zulassung zur oder die Durchführung der Prüfung und Eignungsprüfung, für die Erteilung einer Ausnahmegenehmigung nach § 28 Abs. 2 oder 3 oder für die Rücknahme oder den Widerruf dieser Entscheidung erforderlich sind, an die für die Entscheidung zuständige Stelle,
2. Gerichte und Behörden Daten über natürliche und juristische Personen, die aus Sicht der übermittelnden Stelle für die Bestellung oder Wiederbestellung, die Anerkennung oder die Rücknahme oder den Widerruf dieser Entscheidung erforderlich sind oder die den Verdacht einer Berufspflichtverletzung begründen können, an die Wirtschaftsprüferkammer,

soweit hierdurch schutzwürdige Interessen des oder der Betroffenen nicht beeinträchtigt werden oder das öffentliche Interesse das Geheimhaltungsinteresse der Beteiligten überwiegt. [2]Die Übermittlung unterbleibt, wenn besondere gesetzliche Verwendungsregelungen entgegenstehen; dies gilt nicht für das Steuergeheimnis nach § 30 der Abgabenordnung, die Verschwiegenheitspflicht nach § 59c, die Verschwiegenheitspflicht der Organmitglieder, Beauftragten und Angestellten der Berufskammer eines anderen freien Berufs im Geltungsbereich dieses Gesetzes und die Verschwiegenheitspflicht der in § 9 Abs. 1 des Kreditwesengesetzes und in § 21 des Wertpapierhandelsgesetzes *sowie der in § 342c des Handelsgesetzbuchs* benannten Personen und Stellen.

(4) Soweit natürliche oder juristische Personen Mitglieder einer Berufskammer eines anderen freien Berufs im Geltungsbereich dieses Gesetzes sind,

---

1) Sechster Abschnitt (§§ 36a, 36b) eingef. mWv 1.1.1995 durch G v. 15.7.1994 (BGBl. I S. 1569); Überschrift neu gef. mWv 1.1.2001 durch G v. 19.12.2000 (BGBl. I S. 1769).

2) § 36a neu gef. mWv 1.1.2001 durch G v. 19.12.2000 (BGBl. I S. 1769), Abs. 1 geänd. mWv 1.1.2002 durch G v. 19.12.2000 (BGBl. I S. 1769); Abs. 1 und 4 geänd., Abs. 3 neu gef. mWv 1.1.2004 durch G v. 1.12.2003 (BGBl. I S. 2446); Abs. 3 neu gef. mWv 6.9.2007 durch G v. 3.9.2007 (BGBl. I S. 2178); Abs. 3 Satz 2 geänd. mWv 3.1.2021 durch G v. 23.6.2017 (BGBl. I S. 1693); Überschr. neu gef. mWv 26.11.2019 durch G v. 20.11.2019 (BGBl. I S. 1626); Abs. 3 Satz 2 geänd. (kursiver Satzteil aufgeh.) mWv 1.1.2022 durch G v. 3.6.2021 (BGBl. I S. 1534); geänd. mWv 1.8.2021 durch G v. 25.6.2021 (BGBl. I S. 2154).

darf die Wirtschaftsprüferkammer Daten im Sinne des Absatzes 3 und nach Maßgabe dieser Vorschrift auch an andere zuständige Stellen übermitteln, soweit ihre Kenntnis aus der Sicht der übermittelnden Stelle für die Verwirklichung der Rechtsfolge erforderlich ist.

(5) Die Wirtschaftsprüferkammer darf personenbezogene Daten ihrer Mitglieder an die Versorgungswerke der Wirtschaftsprüfer und der vereidigten Buchprüfer übermitteln, soweit sie für die Feststellung der Mitgliedschaft sowie von Art und Umfang der Beitragspflicht oder der Versorgungsleistung erforderlich sind.

Siebenter Abschnitt. Berufsregister[1)]

§ 37[2)] Registerführende Stelle. (1) [1]Die Wirtschaftsprüferkammer führt ein Berufsregister für Wirtschaftsprüfer und Wirtschaftsprüfungsgesellschaften. [2]Alle einzutragenden Berufsangehörigen und Wirtschaftsprüfungsgesellschaften erhalten jeweils eine Registernummer. [3]Das Berufsregister wird in deutscher Sprache elektronisch geführt und ist der Öffentlichkeit mit den aktuellen Daten mit Ausnahme des Geburtstags und des Geburtsortes elektronisch zugänglich. [4]Liegt einer Eintragung eine Urkunde in einer anderen Sprache zugrunde, muss sich aus dem Berufsregister ergeben, ob es sich um eine beglaubigte Übersetzung handelt oder nicht.

(2) Die Wirtschaftsprüferkammer kann ein Mitgliederverzeichnis veröffentlichen, das weitere, über § 38 hinausgehende freiwillige Angaben der Berufsangehörigen und der Berufsgesellschaften enthalten kann.

(3) [1]Auf Verlangen des Mitgliedes muß die Eintragung in das Mitgliederverzeichnis unterbleiben. [2]Das Mitglied ist von der Wirtschaftsprüferkammer auf sein Widerspruchsrecht hinzuweisen.

§ 38[3)] Eintragung. In das Berufsregister sind einleitend die für alle Berufsangehörigen und Wirtschaftsprüfungsgesellschaften verantwortlichen Stellen

---

[1)] Überschrift neu gef. mWv 1.1.1995 durch G v. 15.7.1994 (BGBl. I S. 1569).

[2)] § 37 Abs. 3 Sätze 2 und 3 sowie Abs. 4 angef. mWv 1.1.1995 durch G v. 15.7.1994 (BGBl. I S. 1569); Abs. 2 aufgeh., bish. Abs. 3 und 4 werden Abs. 2 und 3 mWv 1.1.2002 durch G v. 19.12.2000 (BGBl. I S. 1769); Abs. 2 Satz 2 neu gef. mWv 1.1.2004 durch G v. 1.12.2003 (BGBl. I S. 2446); Abs. 1 Sätze 2 und 3 angef., bish. Wortlaut wird Satz 1, Abs. 2 neu gef. mWv 6.9.2007 durch G v. 3.9.2007 (BGBl. I S. 2178); Abs. 1 Satz 3 geänd. mWv 28.12.2010 durch G v. 22.12.2010 (BGBl. I S. 2248); Abs. 1 Satz 3 geänd., Satz 4 angef. mWv 17.6.2016 durch G v. 31.3.2016 (BGBl. I S. 518).

[3)] § 38 Abs. 1 Nr. 1 Buchst. d neu gef. sowie Buchst. e und f angef. mWv 1.1.1995 durch G v. 15.7.1994 (BGBl. I S. 1569), Abs. 1 Nr. 1 Buchst. d geänd. mWv 1.3.1999 durch G v. 31.8.1998 (BGBl. I S. 2600); Abs. 1 wird Wortlaut, Abs. 1 Nr. 1 Buchst. d und e, Nr. 2 Buchst. d und e geänd., Abs. 1 Nr. 1 Buchst. g bis i, Nr. 2 Buchst. f und g angef., Abs. 2 aufgeh. mWv 1.1.2001 durch G v. 19.12.2000 (BGBl. I S. 1769); Abs. 1 Nr. 1 Buchstabe b, Nr. 2 Buchst. b geänd. mWv 1.1.2002 durch G v. 19.12.2000 (BGBl. I S. 1769); Nr. 1 Buchst. c neu gef., Buchstaben d, e, g, h sowie Nrn. 2 und 3 geänd. mWv 1.1.2004

(Fortsetzung Fußnote nächste Seite)

4. Anschriften von weiteren Büros in Deutschland;
5. Namen und Geschäftsadressen aller Mitglieder des Vorstands des Prüfungsverbands oder des Leiters der Prüfungsstelle;
6. Namen und Registernummern der im Namen des Prüfungsverbands oder der Prüfungsstelle tätigen Wirtschaftsprüfer;
7. alle anderen Registrierungen bei zuständigen Stellen anderer Staaten unter Angabe des Namens der Registerstelle sowie der Registernummer;
8. Name und Anschrift der zuständigen Aufsichtsbehörde.

(3) 1 Die in Absatz 1 genannten Prüfungsverbände und Prüfungsstellen sind verpflichtet, der Wirtschaftsprüferkammer die in Absatz 2 genannten Tatsachen sowie jede Änderung dieser Tatsachen mitzuteilen. 2 Die Wirtschaftsprüferkammer hat die mitgeteilten Tatsachen sowie Änderungen einzutragen.

(4) 1 Die in Absatz 1 genannten genossenschaftlichen Prüfungsverbände sind verpflichtet, der Wirtschaftsprüferkammer Mitteilung zu machen, wenn sie keine gesetzlich vorgeschriebenen Abschlussprüfungen im Sinne des § 53 Absatz 2 des Genossenschaftsgesetzes, des § 340k Abs. 2 Satz 1 des Handelsgesetzbuchs oder des Artikels 25 Abs. 1 Satz 1 des Einführungsgesetzes zum Handelsgesetzbuch mehr durchführen oder wenn ihr Prüfungsrecht unanfechtbar entzogen worden ist. 2 Die in Absatz 1 genannten Prüfungsstellen der Sparkassen- und Giroverbände sind verpflichtet der Wirtschaftsprüferkammer mitzuteilen, wenn ihr Prüfungsrecht unanfechtbar entzogen worden ist. 3 In diesen Fällen hat die Wirtschaftsprüferkammer die Eintragung zu löschen.

(5) 1 Die Eintragung eines in Absatz 1 Satz 1 genannten genossenschaftlichen Prüfungsverbands wird gelöscht, wenn
1. die Qualitätskontrolle
   a) nicht innerhalb der nach § 63e Absatz 1 des Genossenschaftsgesetzes vorgegebenen Frist durchgeführt worden ist oder
   b) unter Verstoß gegen § 63f Absatz 1 des Genossenschaftsgesetzes in Verbindung mit § 57a Absatz 3 Satz 1 und 5 der Wirtschaftsprüferordnung, gegen § 63f Absatz 2 Satz 2 des Genossenschaftsgesetzes oder gegen § 63f Absatz 3 des Genossenschaftsgesetzes in Verbindung mit § 57a Absatz 4 der Wirtschaftsprüferordnung durchgeführt worden ist,
2. wesentliche Prüfungshemmnisse festgestellt worden sind oder
3. wesentliche Mängel im Qualitätssicherungssystem festgestellt worden sind, die das Qualitätssicherungssystem als unangemessen oder unwirksam erscheinen lassen.

2 Erkennt die Wirtschaftsprüferkammer, dass die Eintragung zu löschen ist, so ist der Vorgang vor der Entscheidung der nach § 63 des Genossenschaftsgesetzes zuständigen Aufsichtsbehörde vorzulegen.

(6) 1 Ein genossenschaftlicher Prüfungsverband, der erstmalig eine gesetzlich vorgeschriebene Abschlussprüfung durchführt, hat dies der Wirtschaftsprüferkammer spätestens zwei Wochen nach Beginn dieser Prüfung anzuzeigen. 2 Er ist mit dem Zusatz „(vorläufige Eintragung bis zur erstmaligen Durchführung

der Qualitätskontrolle)" einzutragen. [3]Der Zusatz ist nach Durchführung der Qualitätskontrolle zu löschen.

Achter Abschnitt. Verwaltungsgerichtliches Verfahren[1)]

§ 41[2)] Unmittelbare Klage gegen Bescheide der Wirtschaftsprüferkammer. Vor Erhebung einer Klage gegen Bescheide der Wirtschaftsprüferkammer, die aufgrund von Vorschriften des Dritten und Fünften Abschnitts des Zweiten Teils und § 134a Abs. 1 und 2 dieses Gesetzes erlassen worden sind, bedarf es keiner Nachprüfung in einem Vorverfahren.

§ 42. (weggefallen)

Dritter Teil. Rechte und Pflichten der Wirtschaftsprüfer

§ 43[3)] Allgemeine Berufspflichten. (1) [1]Berufsangehörige haben ihren Beruf unabhängig, gewissenhaft, verschwiegen und eigenverantwortlich auszuüben. [2]Sie haben sich insbesondere bei der Erstattung von Prüfungsberichten und Gutachten unparteiisch zu verhalten.

(2) [1]Berufsangehörige haben sich jeder Tätigkeit zu enthalten, die mit ihrem Beruf oder mit dem Ansehen des Berufs unvereinbar ist. [2]Sie haben sich der besonderen Berufspflichten bewusst zu sein, die ihnen aus der Befugnis erwachsen, gesetzlich vorgeschriebene Bestätigungsvermerke zu erteilen. [3]Sie haben sich auch außerhalb der Berufstätigkeit des Vertrauens und der Achtung würdig zu erweisen, die der Beruf erfordert. [4]Sie sind verpflichtet, sich fortzubilden.

(3)[4)] [1]Wer Abschlussprüfer eines Unternehmens von öffentlichem Interesse nach § 316a Satz 2 des Handelsgesetzbuchs war oder wer als verantwortlicher Prüfungspartner im Sinne der Sätze 3 oder 4 bei der Abschlussprüfung eines solchen Unternehmens tätig war, darf dort innerhalb von zwei Jahren nach der Beendigung der Prüfungstätigkeit keine wichtige Führungstätigkeit ausüben und nicht Mitglied des Aufsichtsrats, des Prüfungsausschusses des Aufsichtsrats oder des Verwaltungsrats sein. [2]Satz 1 gilt mit der Maßgabe, dass die Frist ein Jahr beträgt, entsprechend für

1. Personen, die als Abschlussprüfer oder verantwortliche Prüfungspartner gesetzliche Abschlussprüfungen eines sonstigen Unternehmens durchgeführt haben,
2. Partner und Mitarbeiter des Abschlussprüfers, die zwar nicht selbst als Abschlussprüfer oder verantwortlicher Prüfungspartner tätig, aber unmittelbar am Prüfungsauftrag beteiligt waren und die als Wirtschaftsprüfer, vereidigter Buchprüfer oder EU- oder EWR-Abschlussprüfer zugelassen sind, und

---

[1)] Abschnittsüberschrift eingef. mWv 1.1.2002 durch G v. 10.12.2001 (BGBl. I S. 3414).

[2)] § 41 neu gef. mWv 1.1.2002 durch G v. 10.12.2001 (BGBl. I S. 3414).

[3)] § 43 neu gef. mWv 17.6.2016 durch G v. 31.3.2016 (BGBl. I S. 518).

[4)] § 43 Abs. 3 Satz 1 geänd., Sätze 3 und 4 angef. mWv 1.7.2021 durch G v. 3.6.2021 (BGBl. I S. 1534).

3. alle anderen Berufsangehörigen, vereidigten Buchprüfer oder EU- oder EWR-Abschlussprüfer, deren Leistungen der Abschlussprüfer des Unternehmens in Anspruch nehmen oder kontrollieren kann und die unmittelbar am Prüfungsauftrag beteiligt waren.

[3] Verantwortlicher Prüfungspartner ist, wer den Bestätigungsvermerk nach § 322 des Handelsgesetzbuchs unterzeichnet oder als Wirtschaftsprüfer von einer Wirtschaftsprüfungsgesellschaft als für die Durchführung einer Abschlussprüfung vorrangig verantwortlich bestimmt worden ist. [4] Als verantwortlicher Prüfungspartner gilt auf Konzernebene auch, wer als Wirtschaftsprüfer auf der Ebene bedeutender Tochterunternehmen als für die Durchführung von deren Abschlussprüfung vorrangig verantwortlich bestimmt worden ist.

(4)[1)] [1] Berufsangehörige haben während der gesamten Prüfung eine kritische Grundhaltung zu wahren. [2] Dazu gehört es,

1. Angaben zu hinterfragen,
2. ungeachtet ihrer bisherigen Erfahrung mit der Aufrichtigkeit und Integrität des Führungspersonals des geprüften Unternehmens und der mit der Unternehmensüberwachung betrauten Personen die Möglichkeit in Betracht zu ziehen, dass es auf Grund von Sachverhalten oder Verhaltensweisen, die auf Unregelmäßigkeiten wie Betrug oder Unrichtigkeiten hindeuten, zu einer wesentlichen falschen Darstellung gekommen sein könnte,
3. auf Gegebenheiten zu achten, die auf eine falsche Darstellung hindeuten könnten, und
4. die Prüfungsnachweise kritisch zu beurteilen.

[3] Ihre kritische Grundhaltung haben Berufsangehörige insbesondere bei der Beurteilung der Schätzungen des Unternehmens in Bezug auf Zeitwertangaben, Wertminderungen von Vermögensgegenständen, Rückstellungen und künftige Cashflows, die für die Beurteilung der Fähigkeit des Unternehmens zur Fortführung der Unternehmenstätigkeit von Bedeutung sind, beizubehalten.

(5) Berufsangehörige haben bei der Durchführung von Abschlussprüfungen ausreichend Zeit für den Auftrag aufzuwenden und die zur angemessenen Wahrnehmung der Aufgaben erforderlichen Mittel, insbesondere – soweit erforderlich – Personal mit den notwendigen Kenntnissen und Fähigkeiten, einzusetzen.

(6)[2)] [1] Wirtschaftsprüfungsgesellschaften haben darüber hinaus bei Durchführung der Abschlussprüfung

1. den verantwortlichen Prüfungspartner insbesondere anhand der Kriterien der Prüfungsqualität, Unabhängigkeit und Kompetenz auszuwählen,
2. dem verantwortlichen Prüfungspartner die zur angemessenen Wahrnehmung der Aufgaben erforderlichen Mittel, insbesondere Personal mit den notwendigen Kenntnissen und Fähigkeiten, zur Verfügung zu stellen und

---

1) § 43 Abs. 4 Satz 2 neu gef., Satz 3 angef. mWv 1.7.2021 durch G v. 3.6.2021 (BGBl. I S. 1534).

2) § 43 Abs. 6 Satz 2 angef., bish. Text wird Satz 1 mWv 1.7.2021 durch G v. 3.6.2021 (BGBl. I S. 1534); **zur Anwendung siehe § 135 Satz 1.**

3. den verantwortlichen Prüfungspartner aktiv an der Durchführung der Abschlussprüfung zu beteiligen.

[2] [*für AP ab 1.1.2022:* Die für die Durchführung einer gesetzlichen Abschlussprüfung bei einem Unternehmen von öffentlichem Interesse nach § 316a Satz 2 des Handelsgesetzbuchs verantwortlichen Prüfungspartner beenden ihre Teilnahme an der Abschlussprüfung des geprüften Unternehmens abweichend von Artikel 17 Absatz 7 Unterabsatz 1 Satz 1 der Verordnung (EU) Nr. 537/2014 des Europäischen Parlaments und des Rates vom 16. April 2014 über spezifische Anforderungen an die Abschlussprüfung bei Unternehmen von öffentlichem Interesse und zur Aufhebung des Beschlusses 2005/909/EG der Kommission (ABl. L 158 vom 27.5.2014, S. 77; L 170 vom 11.6.2014, S. 66) spätestens fünf Jahre nach dem Datum ihrer Bestellung.]

§ 43a[1)] Regeln der Berufsausübung. (1) Berufsangehörige üben ihren Beruf aus

1. in eigener Praxis oder in gemeinsamer Berufsausübung gemäß § 44b,
2. als Vorstandsmitglieder, Geschäftsführer, persönlich haftende oder nach dem Partnerschaftsgesellschaftsgesetz verbundene Personen von Wirtschaftsprüfungsgesellschaften,
3. als zeichnungsberechtigte Vertreter oder zeichnungsberechtigte Angestellte bei Berufsangehörigen, Wirtschaftsprüfungsgesellschaften, Personengesellschaften nach § 44b Absatz 1, EU- oder EWR-Abschlussprüfern, EU- oder EWR-Abschlussprüfungsgesellschaften, genossenschaftlichen Prüfungsverbänden, Prüfungsstellen von Sparkassen- und Giroverbänden oder überörtlichen Prüfungseinrichtungen für Körperschaften und Anstalten des öffentlichen Rechts,
4. als Vorstandsmitglieder, Geschäftsführer, persönlich haftende oder nach dem Partnerschaftsgesellschaftsgesetz verbundene Personen einer Buchprüfungsgesellschaft, einer Rechtsanwaltsgesellschaft oder einer Steuerberatungsgesellschaft,
5. als zeichnungsberechtigte Vertreter oder zeichnungsberechtigte Angestellte bei einem Angehörigen eines ausländischen Prüferberufs oder einer ausländischen Prüfungsgesellschaft oder als gesetzliche Vertreter oder Mitglieder des zur gesetzlichen Vertretung berufenen Organs einer ausländischen Prüfungsgesellschaft, wenn die Voraussetzungen für deren Berufsausübung den Vorschriften dieses Gesetzes im Wesentlichen entsprechen,
6. als gesetzliche Vertreter oder Mitglieder des zur gesetzlichen Vertretung berufenen Organs einer ausländischen Rechtsberatungsgesellschaft oder Steuerberatungsgesellschaft, wenn die Voraussetzungen für deren Berufsausübung den Vorschriften der Bundesrechtsanwaltsordnung oder des Steuerberatungsgesetzes im Wesentlichen entsprechen,
7. als Angestellte der Wirtschaftsprüferkammer,
8. als Angestellte des Bundesamts für Wirtschaft und Ausfuhrkontrolle, soweit es sich um eine Tätigkeit bei der Abschlussprüferaufsichtsstelle handelt,

---

1) § 43a neu gef. mWv 17.6.2016 durch G v. 31.3.2016 (BGBl. I S. 518).

9.[1] als Angestellte einer

a) nach § 342 Absatz 1 des Handelsgesetzbuchs vom Bundesministerium der Justiz und für Verbraucherschutz durch Vertrag anerkannten Einrichtung oder

[Fassung bis 31.12.2021:]

b) nach § 342b Absatz 1 des Handelsgesetzbuchs vom Bundesministerium der Justiz und für Verbraucherschutz im Einvernehmen mit dem Bundesministerium der Finanzen durch Vertrag anerkannten Prüfstelle oder

c) nicht gewerblich tätigen Personenvereinigung,

aa) deren ordentliche Mitglieder Berufsangehörige, Wirtschaftsprüfungsgesellschaften, vereidigte Buchprüfer oder Buchprüfungsgesellschaften oder Personen oder Personengesellschaften sind, die die Voraussetzungen des § 44b Absatz 2 Satz 1 erfüllen,

bb) deren ausschließlicher Zweck die Vertretung der beruflichen Belange der Wirtschaftsprüfer oder vereidigten Buchprüfer ist und

cc) in der Berufsangehörige, Wirtschaftsprüfungsgesellschaften, vereidigte Buchprüfer oder Buchprüfungsgesellschaften die Mehrheit haben,

[Fassung ab 1.1.2022:]

b) nicht gewerblich tätigen Personenvereinigung,

aa) deren ordentliche Mitglieder Berufsangehörige, Wirtschaftsprüfungsgesellschaften, vereidigte Buchprüfer oder Buchprüfungsgesellschaften oder Personen oder Personengesellschaften sind, die die Voraussetzungen des § 44b Absatz 2 Satz 1 erfüllen,

bb) deren ausschließlicher Zweck die Vertretung der beruflichen Belange der Wirtschaftsprüfer oder vereidigten Buchprüfer ist und

cc) in der Berufsangehörige, Wirtschaftsprüfungsgesellschaften, vereidigte Buchprüfer oder Buchprüfungsgesellschaften die Mehrheit haben,

10. als Angestellte der Bundesanstalt für Finanzdienstleistungsaufsicht, wenn es sich um eine Tätigkeit

a) nach Abschnitt 16[2] des Wertpapierhandelsgesetzes oder

b) zur Vorbereitung, Durchführung und Analyse von Prüfungen bei einem von einer Aufsichtsbehörde beaufsichtigten Unternehmen

handelt, oder

---

[1] § 43a Abs. 1 Nr. 9 neu gef. mWv 1.1.2022 durch G v. 3.6.2021 (BGBl. I S. 1534).
[2] Verweis geänd. mWv 3.1.2018 durch G v. 23.6.2017 (BGBl. I S. 1693).

11. als Angestellte eines Prüfungsverbands nach § 26 Absatz 2 des Gesetzes über das Kreditwesen.

(2) Vereinbar mit dem Beruf des Wirtschaftsprüfers ist

1. die Ausübung eines freien Berufs auf dem Gebiet der Technik und des Rechtswesens sowie eines Berufs, mit dem die gemeinsame Berufsausübung im Sinne des § 44b zulässig ist,
2. die Tätigkeit als Lehrer oder wissenschaftlicher Mitarbeiter an wissenschaftlichen Instituten oder Hochschulen,

(Fortsetzung nächste Seite)

(3) [1]Die Wirtschaftsprüferkammer hat ein Einsichtsrecht in die Verträge über die gemeinsame Berufsausübung. [2]Erforderliche Auskünfte sind auf Verlangen zu erteilen.

(4) Berufsangehörige dürfen ihren Beruf in Personengesellschaften mit Personen im Sinne von Absatz 1 Satz 1, die selbst nicht als Berufsangehörige oder als vereidigte Buchprüfer oder vereidigte Buchprüferin bestellt oder als Wirtschaftsprüfungsgesellschaft oder Buchprüfungsgesellschaft anerkannt sind, nur dann gemeinsam ausüben, wenn sie der Wirtschaftsprüferkammer bei Aufnahme einer solchen Tätigkeit nachweisen, dass ihnen auch bei gesamtschuldnerischer Inanspruchnahme der nach § 54 vorgeschriebene Versicherungsschutz für jeden Versicherungsfall uneingeschränkt zur Verfügung steht.

(5) Wirtschaftsprüfer haben die gemeinsame Berufsausübung unverzüglich zu beenden, wenn sie auf Grund des Verhaltens eines Mitglieds der Personengesellschaft ihren beruflichen Pflichten nicht mehr uneingeschränkt nachkommen können.

(6) Wird eine gemeinsame Berufsausübung im Sinne des Absatzes 1 kundgemacht, sind die Vorschriften der Absätze 4 und 5 entsprechend anzuwenden.

§ 45[1)] Prokuristen. [1]Wirtschaftsprüfer sollen als Angestellte von Wirtschaftsprüfungsgesellschaften die Rechtsstellung von Prokuristen haben. [2]Angestellte Wirtschaftsprüfer gelten als leitende Angestellte im Sinne des § 5 Abs. 3 des Betriebsverfassungsgesetzes.

§ 46[2)] Beurlaubung. (1) Wirtschaftsprüfer, die vorübergehend eine mit dem Beruf unvereinbare Tätigkeit aufnehmen oder aufgrund besonderer Umstände, insbesondere um Kinder zu erziehen oder Angehörige zu pflegen, nicht den Beruf des Wirtschaftsprüfers ausüben wollen, können auf Antrag von der Wirtschaftsprüfertätigkeit beurlaubt werden.

(2) [1]Sie dürfen während der Zeit ihrer Beurlaubung die Tätigkeit als Wirtschaftsprüfer nicht ausüben. [2]Die Gesamtzeit der Beurlaubung soll fünf aufeinanderfolgende Jahre nicht überschreiten.

§ 47[3)] Zweigniederlassungen. [1]Zweigniederlassungen müssen jeweils von wenigstens einem Berufsangehörigen oder EU- oder EWR-Abschlussprüfer geleitet werden, der seine berufliche Niederlassung am Ort der Zweigniederlassung hat. [2]Für Zweigniederlassungen von in eigener Praxis tätigen Berufsangehörigen kann die Wirtschaftsprüferkammer Ausnahmen zulassen.

[1)] § 45 Satz 2 angef., bish. Wortlaut wird Satz 1 mWv 6.9.2007 durch G v. 3.9.2007 (BGBl. I S. 2178).

[2)] § 46 Abs. 2 Satz 2 aufgeh. und Satz 3 geänd. mWv 1.1.2002 durch G v. 19.12.2000 (BGBl. I S. 1769); Abs. 1, Abs. 2 Satz 1 geänd., Abs. 2 Satz 2 aufgeh., bish. Satz 3 wird Satz 2 und geänd. mWv 17.6.2016 durch G v. 31.3.2016 (BGBl. I S. 518).

[3)] § 47 neu gef. mWv 1.1.1995 durch G v. 15.7.1994 (BGBl. I S. 1569); Sätze 1 und 2 geänd. mWv 17.6.2016 durch G v. 31.3.2016 (BGBl. I S. 518).

§ 48[1] Siegel. (1) [1]Wirtschaftsprüfer und Wirtschaftsprüfungsgesellschaften sind verpflichtet, ein Siegel zu benutzen, wenn sie Erklärungen abgeben, die den Berufsangehörigen gesetzlich vorbehalten sind. [2]Sie können ein Siegel führen, wenn sie in ihrer Berufseigenschaft Erklärungen über Prüfungsergebnisse abgeben oder Gutachten erstatten.

(2) Die Wirtschaftsprüferkammer trifft im Rahmen der Berufssatzung die näheren Bestimmungen über die Gestaltung des Siegels und die Führung des Siegels.

§ 49 Versagung der Tätigkeit. Der Wirtschaftsprüfer hat seine Tätigkeit zu versagen, wenn sie für eine pflichtwidrige Handlung in Anspruch genommen werden soll oder die Besorgnis der Befangenheit bei der Durchführung eines Auftrages besteht.

§ 50[2] Verschwiegenheitspflicht beschäftigter Personen. [1]Der Wirtschaftsprüfer hat die von ihm beschäftigten Personen in Textform zur Verschwiegenheit zu verpflichten und sie dabei über die strafrechtlichen Folgen einer Pflichtverletzung zu belehren. [2]Zudem hat er bei ihnen in geeigneter Weise auf die Einhaltung der Verschwiegenheitspflicht hinzuwirken. [3]Den von dem Wirtschaftsprüfer beschäftigten Personen stehen die Personen gleich, die im Rahmen einer berufsvorbereitenden Tätigkeit oder einer sonstigen Hilfstätigkeit an seiner beruflichen Tätigkeit mitwirken. [4]Satz 1 gilt nicht für angestellte Personen, die im Hinblick auf die Verschwiegenheitspflicht den gleichen Anforderungen wie der Wirtschaftsprüfer unterliegen. [5]Hat sich ein Wirtschaftsprüfer mit anderen Personen, die im Hinblick auf die Verschwiegenheitspflicht den gleichen Anforderungen unterliegen wie er, zur gemeinschaftlichen Berufsausübung zusammengeschlossen und besteht zu den beschäftigten Personen ein einheitliches Beschäftigungsverhältnis, so genügt auch der Nachweis, dass eine andere dieser Personen die Verpflichtung nach Satz 1 vorgenommen hat.

§ 50a[3] Inanspruchnahme von Dienstleistungen. (1) [1]Der Wirtschaftsprüfer darf Dienstleistern den Zugang zu Tatsachen eröffnen, auf die sich die Verpflichtung zur Verschwiegenheit gemäß § 43 bezieht, soweit dies für die Inanspruchnahme der Dienstleistung erforderlich ist. [2]Dienstleister ist eine andere Person oder Stelle, die vom Wirtschaftsprüfer im Rahmen seiner Berufsausübung mit Dienstleistungen beauftragt wird.

(2) [1]Der Wirtschaftsprüfer ist verpflichtet, den Dienstleister sorgfältig auszuwählen. [2]Die Zusammenarbeit muss unverzüglich beendet werden, wenn die Einhaltung der dem Dienstleister gemäß Absatz 3 zu machenden Vorgaben nicht gewährleistet ist.

---

[1] § 48 Abs. 2 geänd. mWv 1.1.1995 durch G v. 15.7.1995 (BGBl. I S. 1569) und mWv 1.1.2001 durch G v. 19.12.2000 (BGBl. I S. 1769); Abs. 2 geänd. mWv 28.11.2003 durch VO v. 25.11.2003 (BGBl. I S. 2304); Abs. 2 neu gef. mWv 6.8.2004 durch G v. 30.7.2004 (BGBl. I S. 2014); Abs. 2 Satz 1 geänd. mWv 8.11.2006 durch VO v. 31.10.2006 (BGBl. I S. 2407); Abs. 1 Satz 1 geänd., Abs. 2 neu gef. mWv 6.9.2007 durch G v. 3.9.2007 (BGBl. I S. 2178).

[2] § 50 neu gef. mWv 9.11.2017 durch G v. 30.10.2017 (BGBl. I S. 3618); Satz 1 geänd. mWv 1.8.2021 durch G v. 25.6.2021 (BGBl. I S. 2154).

[3] § 50a eingef. mWv 9.11.2017 durch G v. 30.10.2017 (BGBl. I S. 3618).

(3) [1]Der Vertrag mit dem Dienstleister bedarf der Textform. [2]In ihm ist

1. der Dienstleister unter Belehrung über die strafrechtlichen Folgen einer Pflichtverletzung zur Verschwiegenheit zu verpflichten,
2. der Dienstleister zu verpflichten, sich nur insoweit Kenntnis von fremden Geheimnissen zu verschaffen, als dies zur Vertragserfüllung erforderlich ist, und
3. festzulegen, ob der Dienstleister befugt ist, weitere Personen zur Erfüllung des Vertrags heranzuziehen; für diesen Fall ist dem Dienstleister aufzuerlegen, diese Personen in Textform zur Verschwiegenheit zu verpflichten.

(4) Bei der Inanspruchnahme von Dienstleistungen, die im Ausland erbracht werden, darf der Wirtschaftsprüfer dem Dienstleister den Zugang zu fremden Geheimnissen unbeschadet der übrigen Voraussetzungen dieser Vorschrift nur dann eröffnen, wenn der dort bestehende Schutz der Geheimnisse dem Schutz im Inland vergleichbar ist, es sei denn, dass der Schutz der Geheimnisse dies nicht gebietet.

(5) Bei der Inanspruchnahme von Dienstleistungen, die unmittelbar einem einzelnen Mandat dienen, darf der Wirtschaftsprüfer dem Dienstleister den Zugang zu fremden Geheimnissen nur dann eröffnen, wenn der Mandant darin eingewilligt hat.

(6) Die Absätze 2 und 3 gelten auch im Fall der Inanspruchnahme von Dienstleistungen, in die der Mandant eingewilligt hat, sofern der Mandant nicht ausdrücklich auf die Einhaltung der in den Absätzen 2 und 3 genannten Anforderungen verzichtet hat.

(7) [1]Die Absätze 1 bis 6 gelten nicht, soweit Dienstleistungen aufgrund besonderer gesetzlicher Vorschriften in Anspruch genommen werden. [2]Absatz 3 Satz 2 gilt nicht, soweit der Dienstleister hinsichtlich der zu erbringenden Dienstleistung gesetzlich zur Verschwiegenheit verpflichtet ist.

(8) Die Vorschriften zum Schutz personenbezogener Daten bleiben unberührt.

§ 51 Mitteilung der Ablehnung eines Auftrages. [1]Der Wirtschaftsprüfer, der einen Auftrag nicht annehmen will, hat die Ablehnung unverzüglich zu erklären. [2]Er hat den Schaden zu ersetzen, der aus einer schuldhaften Verzögerung dieser Erklärung entsteht.

§ 51a[1)] Pflicht zur Übernahme der Beratungshilfe. [1]Wirtschaftsprüfer und vereidigte Buchprüfer sind verpflichtet, die in dem Beratungshilfegesetz vorgesehene Beratungshilfe zu übernehmen. [2]Sie können die Beratungshilfe im Einzelfall aus wichtigem Grund ablehnen.

§ 51b[2)] Handakten. (1) Berufsangehörige müssen durch Anlegung von Handakten ein zutreffendes Bild über die von ihnen entfaltete Tätigkeit geben können.

[1)] § 51a neu gef. mWv 1.1.2014 durch G v. 31.8.2013 (BGBl. I S. 3533).
[2)] § 51b neu gef. mWv 17.6.2016 durch G v. 31.3.2016 (BGBl. I S. 518).

(2) [1]Berufsangehörige haben ihre Handakten für die Dauer von zehn Jahren nach Beendigung des Auftrags aufzubewahren. [2]Diese Verpflichtung erlischt jedoch schon vor Beendigung dieses Zeitraums, wenn die Berufsangehörigen ihre Auftraggeber aufgefordert haben, die Handakten in Empfang zu nehmen, und die Auftraggeber dieser Aufforderung binnen sechs Monaten, nachdem sie sie erhalten haben, nicht nachgekommen sind.

(3) [1]Berufsangehörige können ihren Auftraggebern die Herausgabe der Handakten verweigern, bis sie wegen ihrer Vergütung und Auslagen befriedigt sind. [2]Dies gilt nicht, soweit die Vorenthaltung der Handakten oder einzelner Schriftstücke nach den Umständen unangemessen wäre.

(4) Handakten im Sinne der Absätze 2 und 3 sind nur solche Schriftstücke, die Berufsangehörige aus Anlass ihrer beruflichen Tätigkeit von ihren Auftraggebern oder für diese erhalten haben, nicht aber die Briefwechsel zwischen den Berufsangehörigen und ihren Auftraggebern, die Schriftstücke, die die Auftraggeber bereits in Urschrift oder Abschrift erhalten haben, sowie die zu internen Zwecken gefertigten Arbeitspapiere.

(5)[1)] [1]Bei gesetzlichen Abschlussprüfungen nach § 316 des Handelsgesetzbuchs ist für jede Abschlussprüfung eine Handakte nach Absatz 1 (Prüfungsakte) anzulegen, die spätestens 60 Tage nach Unterzeichnung des Bestätigungsvermerks im Sinne des § 322 des Handelsgesetzbuchs zu schließen ist. [2]Berufsangehörige haben in der Prüfungsakte auch zu dokumentieren,

1. ob sie die Anforderungen an ihre Unabhängigkeit im Sinne des § 319 Absatz 2 bis 5 des Handelsgesetzbuchs erfüllen, ob ihre Unabhängigkeit gefährdende Umstände vorliegen und welche Schutzmaßnahmen sie gegebenenfalls zur Verminderung dieser Gefahren ergriffen haben,
2. ob sie über die Zeit, das Personal und die sonstigen Mittel verfügen, die nach § 43 Absatz 5 zur angemessenen Durchführung der Abschlussprüfung erforderlich sind,
3. wenn sie den Rat externer Sachverständiger einholen, die entsprechenden Anfragen und die erhaltenen Antworten.

[3]Wirtschaftsprüfungsgesellschaften haben darüber hinaus den verantwortlichen Prüfungspartner zu benennen und zu dokumentieren, dass dieser nach dem Zweiten oder Neunten Teil zugelassen ist. [4]Die Berufsangehörigen haben alle Informationen und Unterlagen aufzubewahren, die zur Begründung des Bestätigungsvermerks im Sinne des § 322 des Handelsgesetzbuchs, des Prüfungsberichts im Sinne des § 321 des Handelsgesetzbuchs oder zur Kontrolle der Einhaltung von Berufspflichten von Bedeutung sind oder die schriftliche Beschwerden über die Durchführung der Abschlussprüfungen beinhalten. [5]Die Dokumentationspflichten nach den Artikeln 6 bis 8 der Verordnung (EU) Nr. 537/2014 in der jeweils geltenden Fassung und die Aufbewahrungspflicht nach Artikel 15 der Verordnung (EU) Nr. 537/2014 bleiben unberührt.

---

1) § 51b Abs. 5 Sätze 1, 2 Nr. 1, 4 und 5 geänd. mWv 1.7.2021 durch G v. 3.6.2021 (BGBl. I S. 1534).

(6) [1]Berufsangehörige, die eine Konzernabschlussprüfung durchführen, haben der Wirtschaftsprüferkammer auf deren schriftliche oder elektronische Aufforderung die Unterlagen über die Arbeit von Drittstaatsprüfern und Drittstaatsprüfungsgesellschaften, die in den Konzernabschluss einbezogene Tochterunternehmen prüfen, zu übergeben, soweit diese nicht gemäß § 134 Absatz 1 eingetragen sind und keine Vereinbarung zur Zusammenarbeit gemäß § 57 Absatz 9 Satz 5 Nummer 3 besteht. [2]Erhalten Berufsangehörige keinen Zugang zu den Unterlagen über die Arbeit von Drittstaatsprüfern und Drittstaatsprüfungsgesellschaften, so haben sie den Versuch ihrer Erlangung und die Hindernisse zu dokumentieren und der Wirtschaftsprüferkammer auf deren schriftliche oder elektronische Aufforderung die Gründe dafür mitzuteilen.

(7) [1]Die Absätze 1 bis 6 gelten entsprechend, soweit sich Berufsangehörige zum Führen von Handakten der elektronischen Datenverarbeitung bedienen. [2]In anderen Gesetzen getroffene Regelungen über die Pflichten zur Aufbewahrung von Geschäftsunterlagen bleiben unberührt.

§ 51c[1)] Auftragsdatei. Berufsangehörige müssen für gesetzlich vorgeschriebene Abschlussprüfungen nach § 316 des Handelsgesetzbuchs eine Auftragsdatei führen, die für jeden ihrer Auftraggeber folgende Angaben enthält:

1. Name, Anschrift und Ort,
2. bei Wirtschaftsprüfungsgesellschaften die Namen der jeweils verantwortlichen Prüfungspartner und
3. für jedes Geschäftsjahr die für die Abschlussprüfung und für andere Leistungen in Rechnung gestellten Honorare.

§ 52[2)] Werbung. Werbung ist zulässig, es sei denn, sie ist unlauter.

§ 53[3)] Wechsel des Auftraggebers. Berufsangehörige dürfen keine widerstreitenden Interessen vertreten; sie dürfen insbesondere in einer Sache, in der sie oder eine Person oder eine Personengesellschaft, mit der sie ihren Beruf gemeinsam ausüben, bereits tätig waren, für andere Auftraggebende nur tätig werden, wenn die bisherigen und die neuen Auftraggebenden einverstanden sind.

§ 54[4)] Berufshaftpflichtversicherung. (1) [1]Berufsangehörige, die ihren Beruf nach § 43a Absatz 1 Nummer 1 ausüben, und Wirtschaftsprüfungsgesellschaften sind verpflichtet, eine Berufshaftpflichtversicherung zur Deckung der sich aus ihrer Berufstätigkeit ergebenden Haftpflichtgefahren für Ver-

---

[1)] § 51c eingef. mWv 17.6.2016 durch G v. 31.3.2016 (BGBl. I S. 518).
[2)] § 52 neu gef. mWv 6.9.2007 durch G v. 3.9.2007 (BGBl. I S. 2178).
[3)] § 53 neu gef. mWv 6.9.2007 durch G v. 3.9.2007 (BGBl. I S. 2178).
[4)] § 54 neu gef. mWv 17.6.2016 durch G v. 31.3 2016 (BGBl. I S. 518).

mögensschäden zu unterhalten. [2]Die Berufshaftpflichtversicherung einer Partnerschaft mit beschränkter Berufshaftung nach § 8 Absatz 4 des Partnerschaftsgesellschaftsgesetzes, die nicht selbst als Wirtschaftsprüfungsgesellschaft zugelassen ist, muss die Haftpflichtgefahren für Vermögensschäden decken, die sich aus ihrer Berufstätigkeit im Sinne der §§ 2 oder 129 ergeben. [3]Die Versicherung muss sich auch auf solche Vermögensschäden erstrecken, für die ein Berufsangehöriger nach den §§ 278 oder 831 des Bürgerlichen Gesetzbuchs einzustehen hat.

(2) [1]Der Versicherungsvertrag muss vorsehen, dass Versicherungsschutz für jede einzelne während der Geltung des Versicherungsvertrages begangene Pflichtverletzung zu gewähren ist, die gesetzliche Haftpflichtansprüche privatrechtlichen Inhalts gegen den Versicherungsnehmer zur Folge haben könnte. [2]Der Versicherungsvertrag kann vorsehen, dass die Versicherungssumme den Höchstbetrag der dem Versicherer in jedem einzelnen Schadensfall obliegenden Leistung darstellt, und zwar mit der Maßgabe, dass nur eine einmalige Leistung der Versicherungssumme in Frage kommt

1. gegenüber mehreren entschädigungspflichtigen Personen, auf welche sich der Versicherungsschutz erstreckt,
2. bezüglich eines aus mehreren Pflichtverletzungen stammenden einheitlichen Schadens,
3. bezüglich sämtlicher Folgen einer Pflichtverletzung ohne Rücksicht darauf, ob Schäden in einem oder in mehreren aufeinanderfolgenden Jahren entstanden sind.

[3]Im Fall des Satzes 2 Nummer 3 gilt mehrfaches auf gleicher oder gleichartiger Fehlerquelle beruhendes Tun oder Unterlassen als einheitliche Pflichtverletzung, wenn die betreffenden Angelegenheiten miteinander in rechtlichem oder wirtschaftlichem Zusammenhang stehen. [4]In diesem Fall kann die Leistung des Versicherers auf das Fünffache der Mindestversicherungssumme nach Absatz 4 Satz 1 begrenzt werden, soweit es sich nicht um gesetzlich vorgeschriebene Pflichtprüfungen handelt.

(3) Von der Versicherung kann der Versicherungsschutz ausgeschlossen werden für

1. Ersatzansprüche wegen wissentlicher Pflichtverletzung,
2. Ersatzansprüche wegen Schäden, die durch Fehlbeträge bei der Kassenführung, durch Pflichtverletzungen beim Zahlungsakt oder durch Veruntreuung durch das Personal des Versicherungsnehmers entstehen,
3. Ersatzansprüche, die vor Gerichten in Drittstaaten geltend gemacht werden, und
4. Ersatzansprüche wegen Verletzung oder Nichtbeachtung des Rechts von Drittstaaten, soweit die Ansprüche nicht bei der das Abgabenrecht dieser Staaten betreffenden geschäftsmäßigen Hilfeleistung in Steuersachen entstehen und soweit das den Ersatzansprüchen zugrunde liegende Auftragsverhältnis zwischen Versicherungsnehmer und Auftraggeber nicht deutschem Recht unterliegt.

[alte Fassung:]

(4) [1]Die Mindestversicherungssumme für den einzelnen Versicherungsfall muss den in § 323 Absatz 2 Satz 1 des Handelsgesetzbuchs bezeichneten Umfang betragen. [2]Die Vereinbarung eines Selbstbehalts bis zur Höhe von 1 Prozent der Mindestversicherungssumme ist zulässig. [3]Zuständige Stelle im Sinne des § 117 Absatz 2 des Versicherungsvertragsgesetzes ist die Wirtschaftsprüferkammer.

[neue Fassung:]

(4)[1)] [1]Die Mindestversicherungssumme für den einzelnen Versicherungsfall beträgt 1 Million Euro. [2]Die Leistungen des Versicherers für alle innerhalb eines Versicherungsjahres verursachten Schäden können bei Berufsangehörigen auf den vierfachen Betrag der Mindestversicherungssumme begrenzt werden. [3]Bei Wirtschaftsprüfungsgesellschaften können die Leistungen des Versicherers für alle innerhalb eines Versicherungsjahres verursachten Schäden auf den Betrag der Mindestversicherungssumme, vervielfacht mit der Zahl der Gesellschafter, der Partner und der Geschäftsführer, die nicht Gesellschafter sind, begrenzt werden, wobei sich die Jahreshöchstleistung jedoch mindestens auf den vierfachen Betrag der Mindestversicherungssumme belaufen muss. [4]Die Vereinbarung eines Selbstbehalts bis zur Höhe von 1 Prozent der Mindestversicherungssumme ist zulässig. [5]Zuständige Stelle im Sinne des § 117 Absatz 2 des Versicherungsvertragsgesetzes ist die Wirtschaftsprüferkammer.

(5) Die Wirtschaftsprüferkammer erteilt Dritten zur Geltendmachung von Schadensersatzansprüchen auf Antrag Auskunft über den Namen, die Adresse und die Versicherungsnummer der Berufshaftpflichtversicherung der Berufsangehörigen, der Wirtschaftsprüfungsgesellschaften oder der Partnerschaften mit beschränkter Berufshaftung, soweit diese kein überwiegendes schutzwürdiges Interesse an der Nichterteilung der Auskunft haben.

(6) Die Wirtschaftsprüferkammer trifft im Rahmen der Berufssatzung die näheren Bestimmungen über den Versicherungsinhalt, den Versicherungsnachweis, das Anzeigeverfahren und die Überwachung der Versicherungspflicht.

---

1) § 54 Abs. 4 Satz 1 geänd., Sätze 2 und 3 eingef., bish. Sätze 2 und 3 werden Sätze 4 und 5 durch G v. 3.6.2021 (BGBl. I S. 1534); **zur Anwendung siehe § 135 Sätze 1 und 2**.

§ 54a[1]) Vertragliche Begrenzung von Ersatzansprüchen. (1) Der Anspruch der Auftraggeber aus den zwischen ihnen und den Berufsangehörigen bestehenden Vertragsverhältnissen auf Ersatz eines fahrlässig verursachten Schadens kann beschränkt werden

1. durch schriftliche Vereinbarung im Einzelfall bis zur Mindesthöhe der Deckungssumme nach § 54 Absatz 4 Satz 1 oder
2. durch vorformulierte Vertragsbedingungen auf den vierfachen Betrag der Mindesthöhe der Deckungssumme nach § 54 Absatz 4 Satz 1, wenn insoweit Versicherungsschutz besteht.

(2) Die persönliche Haftung von Mitgliedern einer Personengesellschaft (§ 44b) auf Schadensersatz kann auch durch vorformulierte Vertragsbedingungen auf einzelne namentlich bezeichnete Mitglieder der Personengesellschaft beschränkt werden, die die vertragliche Leistung erbringen sollen.

(3) Werden im Rahmen der gesetzlichen Abschlussprüfung Prüfungstätigkeiten durch Berufsangehörige auf Dritte übertragen, so bleibt die Pflichtenstellung der Berufsangehörigen gegenüber ihren Auftraggebern hiervon unberührt.

§ 55[2]) Vergütung. (1) [1]Unbeschadet des Artikels 4 der Verordnung (EU) Nr. 537/2014 dürfen Berufsangehörige für Tätigkeiten nach § 2 Abs. 1 und 3 Nr. 1 und 3 keine Vereinbarung schließen, durch welche die Höhe der Vergütung vom Ergebnis ihrer Tätigkeit als Wirtschaftsprüfer abhängig gemacht wird. [2]Für Tätigkeiten nach § 2 Abs. 2 gilt dies, soweit § 55a nichts anderes bestimmt. [3]Die Vergütung für gesetzlich vorgeschriebene Abschlussprüfungen darf über Satz 1 hinaus nicht an weitere Bedingungen geknüpft sein und sie darf auch nicht von der Erbringung zusätzlicher Leistungen für das geprüfte Unternehmen beeinflusst oder bestimmt sein. [4]Satz 3 gilt entsprechend für die Vergütung oder Leistungsbewertung von Personen, die an der Abschlussprüfung beteiligt sind oder auf andere Weise in der Lage sind, das Ergebnis der Abschlussprüfung zu beeinflussen. [5]Besteht zwischen der erbrachten Leistung und der vereinbarten Vergütung ein erhebliches Missverhältnis, muss der Wirtschaftsprüferkammer oder der Abschlussprüferaufsichtsstelle auf Verlangen nachgewiesen werden können, dass für die Prüfung eine angemessene Zeit aufgewandt und qualifiziertes Personal eingesetzt wurde.

(2) Die Abgabe und Entgegennahme eines Teils der Vergütung oder sonstiger Vorteile für die Vermittlung von Aufträgen, gleichviel ob im Verhältnis zu Berufsangehörigen oder Dritten, ist unzulässig.

---

1) § 54a eingef. mWv 1.1.1995 durch G v. 15.7.1994 (BGBl. I S. 1569); Abs. 1 Nrn. 1 und 2 mWv 1.5.1998 geänd. durch G v. 27.4.1998 (BGBl. I S. 786); Abs. 2 geänd. mWv 1.1.2001 durch G v. 19.12.2000 (BGBl. I S. 1769); Abs. 1 neu gef., Abs. 2 geänd., Abs. 3 angef. mWv 17.6.2016 durch G v. 31.3.2016 (BGBl. I S. 518).

2) § 55a eingef. mWv 1.1.1995 durch G v. 15.7.1994 (BGBl. I S. 1569); Abs. 1 Satz 1 geänd., Sätze 2 und 3 angef., Abs. 3 neu gef. mWv 6.9.2007 durch G v. 3.9.2007 (BGBl. I S. 2178); bish. § 55a wird § 55 und Abs. 1 Satz 1 geänd., Satz 2 eingef., bish. Sätze 2 und 3 werden Sätze 3 und 4 mWv 1.7.2008 durch G v. 12.6.2008 (BGBl. I S. 1000); Abs. 1 Satz 1 geänd., Satz 4 eingef., bish. Satz 4 wird Satz 5 und geänd., Abs. 2 geänd. mWv 17.6.2016 durch G v. 31.3.2016 (BGBl. I S. 518).

(3) [1] Die Abtretung von Vergütungsforderungen oder die Übertragung ihrer Einziehung an Berufsangehörige, an Berufsgesellschaften oder an Berufsausübungsgemeinschaften ist auch ohne Zustimmung der auftraggebenden Person zulässig; diese sind in gleicher Weise zur Verschwiegenheit verpflichtet wie die beauftragte Person. [2] Satz 1 gilt auch bei einer Abtretung oder Übertragung an Berufsangehörige anderer freier Berufe, die einer entsprechenden gesetzlichen Verschwiegenheitspflicht unterliegen. [3] Die Abtretung von Vergütungsforderungen oder die Übertragung ihrer Einziehung an andere Personen ist entweder bei rechtskräftiger Feststellung der Vergütungsforderung oder mit Zustimmung der auftraggebenden Person zulässig.

§ 55a[1)] Erfolgshonorar für Hilfeleistung in Steuersachen. (1) [1] Vereinbarungen, durch die eine Vergütung für eine Hilfeleistung in Steuersachen oder ihre Höhe vom Ausgang der Sache oder vom Erfolg der Tätigkeit des Wirtschaftsprüfers abhängig gemacht wird oder nach denen der Wirtschaftsprüfer einen Teil der zu erzielenden Steuerermäßigung, Steuerersparnis oder Steuervergütung als Honorar erhält (Erfolgshonorar), sind unzulässig, soweit nachfolgend nichts anderes bestimmt ist. [2] Vereinbarungen, durch die der Wirtschaftsprüfer sich verpflichtet, Gerichtskosten, Verwaltungskosten oder Kosten anderer Beteiligter zu tragen, sind unzulässig.

(2) Ein Erfolgshonorar darf nur für den Einzelfall und nur dann vereinbart werden, wenn der Auftraggeber aufgrund seiner wirtschaftlichen Verhältnisse bei verständiger Betrachtung ohne die Vereinbarung eines Erfolgshonorars von der Rechtsverfolgung abgehalten würde.

(3) [1] Die Vereinbarung bedarf der Textform. [2] Sie muss als Vergütungsvereinbarung oder in vergleichbarer Weise bezeichnet werden, von anderen Vereinbarungen mit Ausnahme der Auftragserteilung deutlich abgesetzt sein und darf nicht in der Vollmacht enthalten sein. [3] Die Vereinbarung muss enthalten:

1. die erfolgsunabhängige Vergütung, zu der der Wirtschaftsprüfer bereit wäre, den Auftrag zu übernehmen, sowie
2. die Angabe, welche Vergütung bei Eintritt welcher Bedingungen verdient sein soll.

(4) [1] In der Vereinbarung sind außerdem die wesentlichen Gründe anzugeben, die für die Bemessung des Erfolgshonorars bestimmend sind. [2] Ferner ist ein Hinweis aufzunehmen, dass die Vereinbarung keinen Einfluss auf die gegebenenfalls vom Auftraggeber zu zahlenden Gerichtskosten, Verwaltungskosten und die von ihm zu erstattenden Kosten anderer Beteiligter hat.

(5) [1] Aus einer Vergütungsvereinbarung, die nicht den Anforderungen der Absätze 2 und 3 entspricht, erhält der Wirtschaftsprüfer keine höhere als eine nach den Vorschriften des bürgerlichen Rechts bemessene Vergütung. [2] Die Vorschriften des bürgerlichen Rechts über die ungerechtfertigte Bereicherung bleiben unberührt.

[1)] § 55a eingef. mWv 1.7.2008 durch G v. 12.6.2008 (BGBl. I S. 1000).

§ 55b[1)] Internes Qualitätssicherungssystem. (1) [1]Berufsangehörige haben für ihre Praxis Regelungen zu schaffen, die die Einhaltung ihrer Berufspflichten gewährleisten, und deren Anwendung zu überwachen und durchzusetzen (internes Qualitätssicherungssystem). [2]Das interne Qualitätssicherungssystem soll in einem angemessenen Verhältnis zum Umfang und zur Komplexität der beruflichen Tätigkeit stehen. [3]Das interne Qualitätssicherungssystem ist zu dokumentieren und den Mitarbeitern der Berufsangehörigen zur Kenntnis zu geben.

(2) [1]Bei Berufsangehörigen, die Abschlussprüfungen nach § 316 des Handelsgesetzbuchs durchführen, haben die Regelungen nach Absatz 1 angemessene Grundsätze und Verfahren zur ordnungsgemäßen Durchführung und Sicherung der Qualität der Abschlussprüfung zu umfassen. [2]Dazu gehören zumindest

1. solide Verwaltungs- und Rechnungslegungsverfahren, interne Qualitätssicherungsmechanismen, wirksame Verfahren zur Risikobewertung sowie wirksame Kontroll- und Sicherheitsvorkehrungen für Datenverarbeitungssysteme,
2. Vorkehrungen zum Einsatz angemessener und wirksamer Systeme und Verfahren sowie der zur angemessenen Wahrnehmung der Aufgaben erforderlichen Mittel und des dafür erforderlichen Personals,
3. Grundsätze und Verfahren, die die Einhaltung der Anforderungen an die Eigenverantwortlichkeit des verantwortlichen Abschlussprüfers nach § 44 Absatz 1 Satz 3 dieses Gesetzes und an die Unabhängigkeit nach den §§ 319 und 319b des Handelsgesetzbuchs sowie nach den Artikeln 4 und 5 der Verordnung (EU) Nr. 537/2014 gewährleisten,
4. Grundsätze und Verfahren, die sicherstellen, dass Mitarbeiter sowie sonstige unmittelbar an den Prüfungstätigkeiten beteiligte Personen über angemessene Kenntnisse und Erfahrungen für die ihnen zugewiesenen Aufgaben verfügen sowie fortgebildet, angeleitet und kontrolliert werden,
5. die Führung von Prüfungsakten nach § 51b Absatz 5,
6. organisatorische und administrative Vorkehrungen für den Umgang mit Vorfällen, die die ordnungsmäßige Durchführung der Prüfungstätigkeiten beeinträchtigen können, und für die Dokumentation dieser Vorfälle,
7. Verfahren, die es den Mitarbeitern unter Wahrung der Vertraulichkeit ihrer Identität ermöglichen, potenzielle oder tatsächliche Verstöße gegen die Verordnung (EU) Nr. 537/2014 oder gegen Berufspflichten sowie etwaige strafbare Handlungen oder Ordnungswidrigkeiten innerhalb der Praxis an geeignete Stellen zu berichten,
8. Grundsätze der Vergütung und Gewinnbeteiligung nach § 55 und

---

[1)] § 55b neu gef. mWv 17.6.2016 durch G v. 31.3.2016 (BGBl. I S. 518); Abs. 2 Satz 2 Nr. 3 geänd. mWv 1.7.2021 durch G v. 3.6.2021 (BGBl. I S. 1534).

der Vorschrift ist ihre Übereinstimmung mit dem Verhältnismäßigkeitsgrundsatz zu überwachen und bei einer Änderung der Umstände zu prüfen, ob die Vorschrift anzupassen ist.

(3b)[1] [1]Die Satzung und deren Änderungen bedürfen zu ihrer Wirksamkeit der Genehmigung des Bundesministeriums für Wirtschaft und Energie. [2]Dieses hat bei der Genehmigung zu prüfen, ob die Vorgaben der Richtlinie (EU) 2018/958 in der jeweils geltenden Fassung eingehalten wurden. [3]Zu diesem Zweck hat ihm die Wirtschaftsprüferkammer die Unterlagen zuzuleiten, aus denen sich die Einhaltung der Vorgaben ergibt. [4]Insbesondere sind die Gründe zu übermitteln, auf Grund derer der Beirat der Wirtschaftsprüferkammer die Satzung oder deren Änderungen als gerechtfertigt, notwendig und verhältnismäßig beurteilt hat. [5]Nach der Genehmiguung sind die Satzung und deren Änderungen unter Angabe des Datums ihres Inkrafttretens dauerhaft auf der Internetseite der Wirtschaftsprüferkammer zu veröffentlichen.

(4) Die Berufssatzung kann im Rahmen der Vorschriften dieses Gesetzes näher regeln:

1. Allgemeine Berufspflichten
   a) Unabhängigkeit, Gewissenhaftigkeit, Verschwiegenheit, Eigenverantwortlichkeit;
   b) berufswürdiges Verhalten;
   c) Wechsel des Auftraggebers und Verbot der Vertretung widerstreitender Interessen;
   d) vereinbare und unvereinbare Tätigkeiten;
   e) Inhalt, Umfang und Nachweis der Berufshaftpflichtversicherung nach § 54 Absatz 6;
   f) Vereinbarung und Abrechnung der Vergütung der beruflichen Tätigkeit und deren Beitreibung;
   g) Umgang mit fremden Vermögenswerten;
   h) Ausbildung des Berufsnachwuchses sowie der Fachgehilfen in steuer- und wirtschaftsberatenden Berufen;
   i) Siegelgestaltung (Form, Größe, Art und Beschriftung) und Siegelführung nach § 48 Abs. 2;
   j) Verbot der Mitwirkung bei unbefugter Hilfeleistung in Steuersachen;
   k) Verbot der Verwertung von Berufsgeheimnissen;

(Fortsetzung nächstes Blatt)

---

[1] § 57 Abs. 3b eingef. mWv 30.7.2020 durch G v. 19.6.2020 (BGBl. I S. 1403); Satz 5 angef. mWv 1.8.2021 durch G v. 25.6.2021 (BGBl. I S. 2154).

[3]Zum Inhalt und zur Vereinheitlichung des Aufbaus des Qualitätskontrollberichts nach § 57c Absatz 2 Nummer 6 getroffene weitere Bestimmungen sind zu beachten. [4]Sind von den Prüfern für Qualitätskontrolle keine wesentlichen Mängel im Qualitätssicherungssystem festgestellt worden, haben sie zu erklären, dass ihnen keine Sachverhalte bekannt geworden sind, die gegen die Annahme sprechen, dass das Qualitätssicherungssystem der Praxis in Einklang mit den gesetzlichen oder satzungsmäßigen Anforderungen steht und mit hinreichender Sicherheit eine ordnungsgemäße Abwicklung von Abschlussprüfungen nach § 316 des Handelsgesetzbuchs und von betriebswirtschaftlichen Prüfungen, die von der Bundesanstalt für Finanzdienstleistungsaufsicht beauftragt werden, gewährleistet. [5]Sind Mängel im Qualitätssicherungssystem oder Prüfungshemmnisse festgestellt worden, so haben die Prüfer für Qualitätskontrolle diese zu benennen, Empfehlungen zur Beseitigung der Mängel zu geben und, sofern die festgestellten Mängel wesentlich sind, ihre Erklärung nach Satz 4 einzuschränken oder zu versagen. [6]Eine Einschränkung oder Versagung ist zu begründen.

(5a)[1)] [1]Bei Berufsangehörigen, die gesetzlich vorgeschriebene Abschlussprüfungen bei Unternehmen von öffentlichem Interesse nach § 316a Satz 2 des Handelsgesetzbuchs durchführen, sind im Rahmen der Qualitätskontrolle die Ergebnisse der Inspektion nach Artikel 26 der Verordnung (EU) Nr. 537/2014 zu berücksichtigen. [2]Die Qualitätskontrolle und der Qualitätskontrollbericht haben nicht die in Artikel 26 Absatz 6 der Verordnung (EU) Nr. 537/2014 genannten Bereiche zu betreffen. [3]Auf der Grundlage des aktuellen Inspektionsberichts beurteilen die Prüfer für Qualitätskontrolle ausschließlich die Wirksamkeit des Qualitätssicherungssystems bei gesetzlich vorgeschriebenen Abschlussprüfungen von Unternehmen, die nicht von öffentlichem Interesse im Sinne des § 316a Satz 2 des Handelsgesetzbuchs sind, und bei betriebswirtschaftlichen Prüfungen, die von der Bundesanstalt für Finanzdienstleistungsaufsicht beauftragt werden, und benennen gegebenenfalls festgestellte Mängel in Bezug auf diese Prüfungen. [4]Der Qualitätskontrollbericht ist der Kommission für Qualitätskontrolle, den Geprüften und der Abschlussprüferaufsichtsstelle zu übermitteln. [5]Im Übrigen gilt Absatz 5 entsprechend.

(5b) [1]Die Qualitätskontrolle muss im Hinblick auf den Umfang und die Komplexität der Tätigkeit der Geprüften geeignet und angemessen sein. [2]Dies ist insbesondere bei der gesetzlichen Abschlussprüfung von mittleren und kleinen Unternehmen nach § 267 Absatz 1 und 2 des Handelsgesetzbuchs zu berücksichtigen, wobei der Art, der Anzahl der Mandate und der Größe der Praxis des Geprüften besondere Bedeutung zukommt.

(6) [1]Die zu Prüfenden haben bei der Kommission für Qualitätskontrolle bis zu drei Vorschläge für mögliche Prüfer für Qualitätskontrolle einzureichen. [2]Die eingereichten Vorschläge müssen jeweils um eine Unabhängigkeitsbestätigung der Prüfer für Qualitätskontrolle nach Maßgabe der Satzung für Qualitätskontrolle ergänzt sein (§ 57c Absatz 2 Nummer 7). [3]Von den Vorschlägen kann die Kommission für Qualitätskontrolle unter Angabe der Gründe einzelne oder alle ablehnen; dies ist den zu Prüfenden innerhalb von vier Wochen

[1)] § 57a Abs. 5a Satz 1 und 3 geänd. mWv 1.7.2021 durch G v. 3.6.2021 (BGBl. I S. 1534).

seit Einreichung der Vorschläge mitzuteilen, ansonsten gelten die Vorschläge als anerkannt. [4]Bei Ablehnung aller Vorschläge können die zu Prüfenden bis zu drei neue Vorschläge einreichen; die Sätze 2 und 3 finden Anwendung. [5]Im Fall der erneuten Ablehnung aller Vorschläge hat die Kommission für Qualitätskontrolle einen zu beauftragenden Prüfer für Qualitätskontrolle zu benennen. [6]Die Prüfer für Qualitätskontrolle sind von den zu Prüfenden eigenverantwortlich zu beauftragen.

(6a) [1]Nach Abschluss der Prüfung leiten die Prüfer für Qualitätskontrolle eine Ausfertigung des Qualitätskontrollberichts unverzüglich und möglichst elektronisch der Wirtschaftsprüferkammer zu. [2]Die Kommission für Qualitätskontrolle entscheidet auf Löschung der Eintragung nach § 38 Nummer 1 Buchstabe h oder Nummer 2 Buchstabe f, wenn

1. die Qualitätskontrolle nicht innerhalb der von der Kommission für Qualitätskontrolle vorgegebenen Frist oder unter Verstoß gegen Absatz 3 Satz 1 und 5 oder Absatz 4 durchgeführt worden ist,
2. wesentliche Prüfungshemmnisse festgestellt worden sind oder
3. wesentliche Mängel im Qualitätssicherungssystem festgestellt worden sind, die das Qualitätssicherungssystem als unangemessen oder unwirksam erscheinen lassen.

(7) [1]Aufträge zur Durchführung der Qualitätskontrolle können nur aus wichtigem Grund gekündigt werden. [2]Meinungsverschiedenheiten über den Inhalt des Qualitätskontrollberichts gelten nicht als wichtiger Grund. [3]Prüfer für Qualitätskontrolle haben der Kommission für Qualitätskontrolle über das Ergebnis ihrer bisherigen Prüfung und den Kündigungsgrund zu berichten. [4]Der Bericht ist von den zu Prüfenden im Fall einer späteren Qualitätskontrolle den nächsten Prüfern für Qualitätskontrolle vorzulegen.

(8)[1)] [1]Die Wirtschaftsprüferkammer hat den Qualitätskontrollbericht und den damit in Zusammenhang stehenden Vorgang sieben Jahre nach Eingang des Berichts aufzubewahren und anschließend zu vernichten. [2]Im Fall eines anhängigen Rechtsstreits über Maßnahmen der Kommission für Qualitätskontrolle verlängert sich die Frist bis zur Rechtskraft des Urteils.

§ 57b[2)] Verschwiegenheitspflicht und Verantwortlichkeit. (1) Der Prüfer für Qualitätskontrolle und seine Gehilfen, die Mitglieder der Kommission für Qualitätskontrolle (§ 57e) und die Bediensteten der Wirtschaftsprüferkammer sind, auch nach Beendigung ihrer Tätigkeit, verpflichtet, über die ihnen im Rahmen der Qualitätskontrolle bekannt gewordenen Angelegenheiten Verschwiegenheit zu bewahren.

(2) [1]Für die Mitglieder der Kommission für Qualitätskontrolle und die Bediensteten der Wirtschaftsprüferkammer gilt § 59c Absatz 4 Satz 1 entsprechend. [2]Der Genehmigung bedarf auch die Vorlegung oder Auslieferung von Schriftstücken durch die Wirtschaftsprüferkammer an Gerichte oder Be-

---

1) § 57a Abs. 8 Satz 1 geänd. mWv 1.8.2021 durch G v. 25.6.2021 (BGBl. I S. 2154).

2) § 57b eingef. mWv 1.1.2001 durch G v. 19.12.2000 (BGBl. I S. 1769); Abs. 1 und Abs. 2 Satz 1 geänd. mWv 6.9.2007 durch G v. 3.9.2007 (BGBl. I S. 2178); Abs. 2 Satz 1 und Abs. 3 geänd. mWv 1.8.2021 durch G v. 25.6.2021 (BGBl. I S. 2154).

hörden. 3Die Genehmigung erteilt in den Fällen der Sätze 1 und 2 die Kommission für Qualitätskontrolle. 4Sie kann nur erteilt werden, wenn der Beschuldigte den geprüften Wirtschaftsprüfer, die geprüfte Wirtschaftsprüfungsgesellschaft oder den Prüfer für Qualitätskontrolle von der Pflicht zur Verschwiegenheit entbunden hat.

(3) Soweit dies zur Durchführung der Qualitätskontrolle erforderlich ist, ist die Pflicht zur Verschwiegenheit nach Absatz 1, § 43 Abs. 1 Satz 1, § 59c Absatz 1 und 2 Satz 1 Nummer 1 dieses Gesetzes und § 323 Abs. 1 Satz 1 des Handelsgesetzbuchs sowie die Pflicht zur Verschwiegenheit der Personen, die den Beruf gemeinsam mit dem Wirtschaftsprüfer in eigener Praxis ausüben, eingeschränkt.

(4) § 323 des Handelsgesetzbuchs gilt vorbehaltlich des Absatzes 3 entsprechend.

§ 57c[1] Satzung für Qualitätskontrolle. (1) 1Die Wirtschaftsprüferkammer erlässt eine Satzung für Qualitätskontrolle; die Satzung wird vom Beirat der Wirtschaftsprüferkammer beschlossen. 2Die Satzung und deren Änderungen müssen im Einklang mit den Vorgaben des auf sie anzuwendenden europäischen Rechts stehen. 3Insbesondere sind bei neuen oder zu ändernden Vorschriften, die dem Anwendungsbereich der Richtlinie 2005/36/EG in der jeweils geltenden Fassung unterfallen, die Vorgaben der Richtlinie (EU) 2018/958 in der jeweils geltenden Fassung einzuhalten. 4§ 57 Absatz 3a gilt entsprechend. 5Die Satzung und deren Änderungen bedürfen zu ihrer Wirksamkeit der Genehmigung des Bundesministeriums für Wirtschaft und Energie im Einvernehmen mit dem Bundesministerium der Justiz und für Verbraucherschutz. 6Das Bundesministerium für Wirtschaft und Energie hat bei der Genehmigung zu prüfen, ob die Vorgaben der Richtlinie (EU) 2018/958 in der jeweils geltenden Fassung eingehalten wurden. 7Zu diesem Zweck hat ihm die Wirtschaftsprüferkammer die Unterlagen zuzuleiten, aus denen sich die Einhaltung der Vorgaben ergibt. 8Insbesondere sind die Gründe zu übermitteln, auf Grund derer der Beirat der Wirtschaftsprüferkammer die Satzung oder deren Änderungen als gerechtfertigt, notwendig und verhältnismäßig beurteilt hat. 9Nach der Genehmigung sind die Satzung und deren Änderungen unter Angabe des Datums ihres Inkrafttretens dauerhaft auf der Internetseite der Wirtschaftsprüferkammer zu veröffentlichen.

(2) Die Satzung für Qualitätskontrolle hat im Rahmen der Vorschriften dieses Gesetzes näher zu regeln:

---

[1] § 57c eingef. mWv 1.1.2001 durch G v. 19.12.2000 (BGBl. I S. 1769); Abs. 2 Nr. 1 geänd. mWv 11.12.2001 durch G v. 10.12.1002 (BGBl. I S. 3414); Abs. 1 Satz 2 geänd. mWv 1.1.2004 durch G v. 1.12.2003 (BGBl. I S. 2446); Abs. 2 Nr. 5 geänd., Nr. 6 und 7 angef. mWv 1.1.2005 durch G v. 27.12.2004 (BGBl. I S. 3846); Abs. 1 Satz 2 geänd. mWv 8.11.2006 durch VO v. 31.10.2006 (BGBl. I S. 2407); Abs. 2 Nr. 4, Nr. 6 neu gef., Nr. 7 eingef., bish. Nr. 7 wird neue Nr. 8 mWv 6.9.2007 durch G v. 3.9.2007 (BGBl. I S. 2178); Abs. 1 Satz 2 geänd. mWv 8.9.2015 durch VO v. 31.8.2015 (BGBl. I S. 1474); Abs. 2 Nr. 1 geänd., Nr. 4, 6 und 8 neu gef. mWv 17.6.2016 durch G v. 31.3.2016 (BGBl. I S. 518); Abs. 1 neu gef. mWv 30.7.2020 durch G v. 19.6.2020 (BGBl. I S. 1403); Abs. 1 Satz 9 angef. mWv 1.8.2021 durch G v. 25.6.2021 (BGBl. I S. 2154).

1. die Voraussetzungen und das Verfahren der Registrierung der Prüfer für Qualitätskontrolle sowie des Widerrufs der Registrierung nach § 57a Absatz 3 und 3a sowie nach § 63f Abs. 2 des Gesetzes betreffend die Erwerbs- und Wirtschaftsgenossenschaften;
2. Ausschlussgründe des Prüfers für Qualitätskontrolle nach § 57a Abs. 4;
3. das Verfahren nach den §§ 57a ff. innerhalb der Wirtschaftsprüferkammer;
4. die Mitteilungspflichten nach § 57a Absatz 1 Satz 3 und 4, die Risikoanalyse nach § 57a Absatz 2 Satz 4 und die Anordnung der Qualitätskontrolle nach § 57a Absatz 2 Satz 6;
5. die Maßnahmen der Kommission für Qualitätskontrolle;
6. Umfang und Inhalt der Qualitätskontrolle nach § 57a Absatz 2 Satz 3 und des Qualitätskontrollberichts nach § 57a Absatz 5;
7. Bestimmungen zu Inhalt und Aufbau der Unabhängigkeitsbestätigung nach § 57a Abs. 6 Satz 2;
8. Umfang und Inhalt der speziellen Ausbildungsverpflichtung nach § 57a Absatz 3 Satz 2 Nummer 2, der in § 57a Absatz 3a genannten speziellen Fortbildung sowie den entsprechenden Aus- oder Fortbildungsnachweis.

§ 57d[1)] Mitwirkungspflichten. [1]Wirtschaftsprüfer in eigener Praxis, Wirtschaftsprüfungsgesellschaften sowie die Personen, die den Beruf gemeinsam mit diesen ausüben, sind verpflichtet, dem Prüfer Zutritt zu den Praxisräumen zu gewähren, Aufklärungen zu geben sowie die verlangten Nachweise vorzulegen, soweit dies für eine sorgfältige Prüfung erforderlich ist. [2]§ 62 Absatz 2 und 3 gilt entsprechend. [3]Die Mitwirkung kann nicht im Wege des Verwaltungszwangs nach § 57e Abs. 3 erzwungen werden.

§ 57e[2)] Kommission für Qualitätskontrolle. (1) [1]In der Wirtschaftsprüferkammer wird eine Kommission für Qualitätskontrolle eingerichtet. [2]Mitglieder der Kommission für Qualitätskontrolle sind Berufsangehörige und vereidigte Buchprüfer, die auf Vorschlag des Vorstands vom Beirat gewählt werden; mindestens ein Mitglied soll im genossenschaftlichen Prüfungswesen erfahren und tätig sein. [3]Sie sind unabhängig und nicht weisungsgebunden. [4]Die Kommission für Qualitätskontrolle ist innerhalb der Wirtschaftsprüferkammer zuständig für alle Angelegenheiten der Qualitätskontrolle im Sinne von § 57a, soweit nicht die Abschlussprüferaufsichtsstelle zuständig ist. [5]Ihr obliegt insbesondere:

[1)] § 57d eingef. mWv 1.1.2001 durch G v. 19.12.2000 (BGBl. I S. 1769); Satz 2 eingef., bish. Satz 2 wird Satz 3 mWv 17.6.2016 durch G v. 31.3.2016 (BGBl. I S. 518).

[2)] § 57e eingef. mWv 1.1.2001, Abs. 3 Satz 1 geänd. mWv 1.1.2002 durch G v. 19.12.2000 (BGBl. I S. 1769); Abs. 1 Satz 2 geänd. mWv 15.12.2001 durch G v. 10.12.2001 (BGBl. I S. 3414); Abs. 1 Satz 4, Abs. 3 Satz 1 und 2, Abs. 4 Satz 2 geänd., Abs. 2 neu gef. mWv 1.1.2005 durch G v. 27.12.2004 (BGBl. I S. 3846); Abs. 2 Satz 1, Abs. 3 Satz 2 neu gef., Abs. 6 angef. mWv 6.9.2007 durch G v. 3.9.2007 (BGBl. I S. 2178); Abs. 1 Sätze 2, 4 und 5 Nr. 3, Abs. 3 Satz 2, Abs. 4 Satz 1 und Abs. 6 geänd., Abs. 1 Satz 5 Nr. 1, 4 und 5, Abs. 2, Abs. 3 Satz 1 und Abs. 5 neu gef., Abs. 4 Satz 2 aufgeh., Abs. 1 Sätze 6 und Abs. 7 angef. mWv 17.6.2016 durch G v. 31.3.2016 (BGBl. I S. 518).

1. Anordnungen zur Durchführung einer Qualitätskontrolle nach § 57a Absatz 2 Satz 6 zu treffen;
2. Prüfer für Qualitätskontrolle nach § 57a Abs. 3 zu registrieren;
3. Qualitätskontrollberichte entgegenzunehmen und auszuwerten;
4. die Aufsicht über die Prüfer für Qualitätskontrolle nach Absatz 7 sowie Entscheidungen über die Rücknahme oder den Widerruf der Registrierung als Prüfer für Qualitätskontrolle zu treffen;
5. über Maßnahmen nach den Absätzen 2 und 3 und die Löschung der Eintragung nach § 57a Absatz 6a Satz 2 zu entscheiden;
6. Widersprüche gegen Entscheidungen im Zusammenhang mit der Qualitätskontrolle zu bescheiden.

6 Die Kommission für Qualitätskontrolle kann im Einvernehmen mit der Abschlussprüferaufsichtsstelle an Qualitätskontrollen teilnehmen und sich Arbeitsunterlagen des Prüfers für Qualitätskontrolle vorlegen lassen.

(2) 1 Liegen bei Berufsangehörigen in eigener Praxis oder bei Wirtschaftsprüfungsgesellschaften Mängel vor, wurden Verletzungen von Berufsrecht, die auf Mängeln des Qualitätssicherungssystems beruhen, festgestellt oder wurde die Qualitätskontrolle nicht nach Maßgabe der §§ 57a bis 57d und der Satzung für Qualitätskontrolle durchgeführt, kann die Kommission für Qualitätskontrolle Auflagen zur Beseitigung der Mängel erteilen oder eine Sonderprüfung anordnen. 2 Werden Auflagen erteilt, haben die Geprüften diese in einer von der Kommission für Qualitätskontrolle vorgegebenen Frist umzusetzen und hierüber unverzüglich einen Bericht vorzulegen. 3 Die Kommission für Qualitätskontrolle kann bestimmen, dass mit der Sonderprüfung ein anderer Prüfer für Qualitätskontrolle beauftragt wird. 4 Sind die Voraussetzungen des § 57a Absatz 6a Satz 2 gegeben, entscheidet die Kommission für Qualitätskontrolle über die Löschung der Eintragung. 5 Die Berufsangehörigen oder Wirtschaftsprüfungsgesellschaften sind vor dem Erlass der Maßnahmen nach den Sätzen 1 bis 4 anzuhören. 6 Beabsichtigt die Wirtschaftsprüferkammer, eine Eintragung nach § 57a Absatz 6a Satz 2 zu löschen, hat sie den Vorgang zuvor der Abschlussprüferaufsichtsstelle vorzulegen. 7 Für Maßnahmen nach den Sätzen 1 bis 4 gegenüber Berufsangehörigen, die gesetzlich vorgeschriebene Abschlussprüfungen bei Unternehmen von öffentlichem Interesse nach § 316a Satz 2[1)] des Handelsgesetzbuchs durchführen, bleibt die Zuständigkeit der Abschlussprüferaufsichtsstelle nach § 66a Absatz 6 unberührt.

(3) 1 Befolgen Berufsangehörige oder Wirtschaftsprüfungsgesellschaften Maßnahmen nach Absatz 2 nicht, kann die Kommission für Qualitätskontrolle ein Zwangsgeld bis zu 25 000 Euro verhängen. 2 Werden trotz wiederholter Festsetzung eines Zwangsgeldes Auflagen und sonstige Maßnahmen nach Absatz 2 nicht fristgerecht oder nicht vollständig umgesetzt, ist die Eintragung der Anzeige nach § 38 Nummer 1 Buchstabe h oder Nummer 2 Buchstabe f zu löschen.

---

1) Verweis geänd. mWv 1.7.2021 durch G v. 3.6.2021 (BGBl. I S. 1534).

(4) Die Kommission für Qualitätskontrolle hat den Vorstand der Wirtschaftsprüferkammer zu unterrichten, wenn ein Widerruf der Bestellung als Wirtschaftsprüfer oder der Anerkennung als Wirtschaftsprüfungsgesellschaft oder die Einleitung eines berufsaufsichtlichen Verfahrens in Betracht zu ziehen ist.

(5) [1]Die im Rahmen der Qualitätskontrolle nach § 57d oder bei Maßnahmen nach den Absätzen 2 und 3 erteilten Auskünfte und übermittelten Unterlagen und Daten dürfen auch für solche Aufsichtsverfahren verwendet werden, die sonst von der Wirtschaftsprüferkammer oder der Abschlussprüferaufsichtsstelle eingeleitet oder geführt werden. [2]Sobald die Unterlagen oder Daten nicht mehr erforderlich sind, sind sie unverzüglich zurückzugeben oder zu löschen.

(6) [1]Die Absätze 2 bis 4 gelten entsprechend, wenn sich außerhalb einer Qualitätskontrolle im Sinne des § 57a Anhaltspunkte für Mängel im Qualitätssicherungssystem von Berufsangehörigen oder Wirtschaftsprüfungsgesellschaften ergeben. [2]Die Kommission für Qualitätskontrolle ist dabei an die im Verfahren nach § 62b getroffenen Feststellungen gebunden.

(7) [1]Die Kommission für Qualitätskontrolle untersucht bei Prüfern für Qualitätskontrolle (§ 57a Absatz 3), ob diese bei den Qualitätskontrollen die gesetzlichen Anforderungen und die Berufsausübungsregelungen eingehalten haben. [2]Absatz 2 Satz 1 bis 4 und 7, Absatz 3 Satz 1 und die Absätze 4 und 5 gelten entsprechend.

§ 57f.[1)] (weggefallen)

§ 57g[2)] **Freiwillige Qualitätskontrolle.** § 57a Absatz 2 bis 6a und die §§ 57b bis 57e gelten entsprechend für die freiwillige Durchführung einer Qualitätskontrolle bei Wirtschaftsprüfern in eigener Praxis und Wirtschaftsprüfungsgesellschaften.

§ 57h[3)] **Qualitätskontrolle bei Prüfungsstellen der Sparkassen- und Giroverbände.** (1) [1]§ 57a Absatz 1 Satz 1, Absatz 3 bis 5 und 5b bis 8, die §§ 57b bis 57d und 66a Absatz 1 Satz 1, Absatz 3 Satz 1 bis 3, Absatz 5 Satz 1 und Absatz 8, § 66b und § 136 gelten entsprechend für die Qualitätskontrolle bei Prüfungsstellen der Sparkassen- und Giroverbände, soweit diese Mitglieder der Wirtschaftsprüferkammer sind und das Landesrecht hinsichtlich der Verpflichtung zur Durchführung der Qualitätskontrolle nichts anderes vorsieht.

---

1) § 57f aufgeh. mWv 6.9.2007 durch G v. 3.9.2007 (BGBl. I S. 2178).

2) § 57g eingef. mWv 1.1.2001 durch G v. 19.12.2000 (BGBl. I S. 1769); geänd. mWv 17.6.2016 durch G v. 31.3.2016 (BGBl. I S. 518).

3) § 57h eingef. mWv 1.1.2001 durch G v. 19.12.2000 (BGBl. I S. 1769); Abs. 1 Satz 1 geänd. mWv 15.12.2001 durch G v. 10.12.2001 (BGBl. I S. 3414); Abs. 2 Satz 3 angef. mWv 1.1.2004 durch G v. 1.12.2003 (BGBl. I S. 2446); Abs. 1 Satz 1 geänd. und Satz 4 angef. mWv 1.1.2005 durch G v. 27.12.2004 (BGBl. I S. 3846); Abs. 1 Satz 1 geänd. mWv 6.9.2007 durch G v. 3.9.2007 (BGBl. I S. 2178); Abs. 1 Satz 1 geänd. mWv 29.5.2009 durch G v. 25.5.2009 (BGBl. I S. 1102); Abs. 1 Sätze 1 und 2 geänd., Satz 4 neu gef., Abs. 3 angef. mWv 17.6.2016 durch G v. 31.3.2016 (BGBl. I S. 518); Abs. 3 Satz 2 geänd. mWv 1.7.2021 durch G v. 3.6.2021 (BGBl. I S. 1534).

[2]Maßstab, Reichweite und Zeitpunkt der Qualitätskontrolle werden in entsprechender Anwendung von § 57a Abs. 2 durch die nach Landesrecht zuständige Aufsichtsbehörde bestimmt. [3]§ 57e Abs. 2 findet mit der Maßgabe entsprechende Anwendung, dass die Kommission für Qualitätskontrolle nicht über belastende Maßnahmen gegenüber den Prüfungsstellen entscheidet, sondern der nach Landesrecht zuständigen Aufsichtsbehörde unverzüglich die Tatsachen und Schlussfolgerungen mitteilt, die Grundlage solcher Maßnahmen sein können. [4]Erkennt die Wirtschaftsprüferkammer, dass eine Eintragung nach § 57a Absatz 6a Satz 2 zu löschen ist, so ist § 57e Absatz 2 Satz 4 mit der Maßgabe anzuwenden, dass der Vorgang der nach Landesrecht zuständigen Aufsichtsbehörde zur Entscheidung vorzulegen ist.

(2) [1]Prüfer für Qualitätskontrolle können im Falle des Absatzes 1 auch Prüfungsstellen der Sparkassen- und Giroverbände sein. [2]Eine Prüfungsstelle ist auf Antrag nach § 57a Abs. 3 zu registrieren, wenn der Leiter der Prüfungsstelle nach § 57a Abs. 3 Satz 2 registriert ist und die Prüfungsstelle die Voraussetzung nach § 57a Abs. 3 Satz 3 erfüllt. [3]Wird einer Prüfungsstelle eines Sparkassen- und Giroverbandes der Auftrag zur Durchführung einer Qualitätskontrolle erteilt, so muss die für die Qualitätskontrolle nach § 57a Abs. 3 Satz 5 verantwortliche berufsangehörige Person der Leiter oder die Leiterin der Prüfungsstelle des Sparkassen- und Giroverbandes sein und nach § 57a Abs. 3 Satz 2 registriert sein.

(3) [1]Artikel 26 der Verordnung (EU) Nr. 537/2014 findet keine Anwendung auf die Prüfungsstellen der Sparkassen- und Giroverbände, soweit Landesrecht nichts anderes vorsieht. [2]Gehört die zu prüfende Sparkasse zu den in § 316a Satz 2 des Handelsgesetzbuchs genannten Unternehmen und hat sie eine Bilanzsumme von mehr als 3 Milliarden Euro, hat, soweit Landesrecht nichts anderes vorsieht, in entsprechender Anwendung des Artikels 8 der Verordnung (EU) Nr. 537/2014 eine prüfungsbegleitende Qualitätssicherung stattzufinden. [3]Die prüfungsbegleitende Qualitätssicherung darf nur von solchen fachlich und persönlich geeigneten Personen wahrgenommen werden, die an der Durchführung der Prüfung nicht beteiligt sind.

§ 58[1)] Mitgliedschaft. (1) [1]Mitglieder der Wirtschaftsprüferkammer sind die Wirtschaftsprüfer, die nach diesem Gesetz bestellt sind, und Mitglieder des Vorstandes, nach dem Partnerschaftsgesellschaftsgesetz verbundene Personen, Geschäftsführer oder persönlich haftende Gesellschafter von Wirtschaftsprüfungsgesellschaften, die nicht Wirtschaftsprüfer sind, sowie die anerkannten Wirtschaftsprüfungsgesellschaften. [2]Für beurlaubte Wirtschaftsprüfer ruht die Mitgliedschaft während der Dauer ihrer Beurlaubung. [3]Sie bleiben der Berufsgerichtsbarkeit unterworfen.

(2) [1]Die genossenschaftlichen Prüfungsverbände, die Sparkassen- und Giroverbände für ihre Prüfungsstellen sowie die überörtlichen Prüfungseinrichtun-

---

1) § 58 Abs. 1 Satz 1 geänd. mWv 1.1.1995 durch G v. 15.7.1994 (BGBl. I S. 1569); Abs. 1 Satz 1 geänd. mWv 1.1.2004 durch G v. 1.12.2003 (BGBl. I S. 2446); Abs. 2 Satz 2 neu gef. mWv 6.9.2007 durch G v. 3.9.2007 (BGBl. I S. 2178); Abs. 1 Satz 1 geänd. mWv 17.6.2016 durch G v. 31.3.2016 (BGBl. I S. 518).

gen für öffentliche Körperschaften können die Mitgliedschaft bei der Wirtschaftsprüferkammer erwerben. [2]Die Vorschriften des § 57 Abs. 1 bis 4 sind auf diese Mitglieder nicht anzuwenden.

§ 58a[1)] Mitgliederakten. (1) [1]Die Wirtschaftsprüferkammer führt zur Erfüllung ihrer Aufgaben Akten über ihre Mitglieder (§ 58). [2]Mitgliederakten können teilweise oder vollständig elektronisch geführt werden. [3]Zu den Mitgliederakten sind insbesondere die Dokumente zu nehmen, die im Zusammenhang mit der Bestellung oder Anerkennung, der Mitgliedschaft oder der Qualifikation des Mitglieds stehen oder die in Bezug auf das Mitglied geführte berufsaufsichtliche Verfahren betreffen.

(2) [1]Die Mitglieder der Wirtschaftsprüferkammer haben das Recht, die über sie geführten Akten einzusehen. [2]Bei einer Einsichtnahme dürfen Aufzeichnungen über den Inhalt der Akten oder Kopien der Dokumente gefertigt werden. [3]Bei einer elektronischen Aktenführung hat die Wirtschaftsprüferkammer den Inhalt elektronisch oder durch Ausdrucke zugänglich zu machen. [4]Die Akteneinsicht kann verweigert werden, solange die in § 29 Absatz 1 Satz 2 und Absatz 2 des Verwaltungsverfahrensgesetzes und § 147 Absatz 2 Satz 1 der Strafprozessordnung genannten Gründe vorliegen.

(3) [1]Mitgliederakten sind dreißig Jahre nach dem Ende des Jahres, in dem die Mitgliedschaft in der Wirtschaftsprüferkammer erloschen war, zu vernichten. [2]Davon abweichende Pflichten, Aktenbestandteile früher zu vernichten, bleiben unberührt. [3]Satz 1 gilt nicht, wenn das Mitglied in eine längere Aufbewahrung eingewilligt hat oder die Akte einem öffentlichen Archiv angeboten wird. [4]Wurde die Bestellung oder Anerkennung des Mitglieds wegen Unzuverlässigkeit, Ungeeignetheit oder Unwürdigkeit zurückgenommen oder widerrufen oder wurde das Mitglied aus dem Beruf ausgeschlossen, darf die Akte nicht vernichtet werden, bevor die entsprechende Eintragung im Bundeszentralregister entfernt wurde. [5]Satz 4 gilt auch, wenn das Mitglied während eines Rücknahme- oder Widerrufsverfahrens wegen Unzuverlässigkeit, Ungeeignetheit oder Unwürdigkeit auf die Bestellung verzichtet hat. [6]Bei einer elektronischen Aktenführung tritt an die Stelle der Vernichtung der Akten die Löschung der Daten.

(4) Nach dem Tod eines Mitglieds kann die Wirtschaftsprüferkammer zu Zwecken wissenschaftlicher Forschung Einsicht in die Mitgliederakte gewähren, soweit das wissenschaftliche Interesse die Persönlichkeitsrechte und Interessen der von einer Einsicht betroffenen Personen überwiegt und der Zweck der Forschung auf andere Weise nicht oder nur mit unverhältnismäßigem Aufwand erreicht werden kann.

(5) [1]Auf Personen, die einen Antrag auf Bestellung oder Anerkennung durch die Wirtschaftsprüferkammer gestellt haben, sind die Absätze 1 bis 4 entsprechend anzuwenden. [2]Absatz 2 gilt auch für frühere Mitglieder.

[1)] § 58a eingef. mWv 1.8.2021 durch G v. 25.6.2021 (BGBl. I S. 2154).

§ 59[1] Organe; Kammerversammlungen. (1) Organe der Wirtschaftsprüferkammer sind

1. der Beirat,
2. der Vorstand,
3. der Präsident,
4. die Kommission für Qualitätskontrolle.

(2) [1] Die Beiratsmitglieder werden von den Mitgliedern der Wirtschaftsprüferkammer in unmittelbarer, freier und geheimer Briefwahl gewählt. [2] Der Vorstand wird vom Beirat gewählt. [3] Werden die Vorstandsmitglieder aus der Mitte des Beirats gewählt so scheiden sie aus dem Beirat aus; wird der Beirat durch personalisierte Verhältniswahl gewählt, rücken Mitglieder der jeweiligen Listen als Beiratsmitglieder nach. [4] Zum Mitglied des Beirates und des Vorstandes kann nur gewählt werden, wer persönlich Mitglied der Wirtschaftsprüferkammer ist.

(3) [1] Die Wahl der Beiratsmitglieder erfolgt getrennt nach Gruppen. [2] Die Gruppe der Wirtschaftsprüfer und Wirtschaftsprüfungsgesellschaften wählt entsprechend der Zahl der Mitglieder der Wirtschaftsprüferkammer, die dieser Gruppe nach dem öffentlichen Berufsregister am 1. Dezember des dem Wahltag vorangehenden Kalenderjahres angehören, eine in der Satzung bestimmte Anzahl von Beiratsmitgliedern. [3] Die Gruppe der anderen stimmberechtigten Mitglieder wählt eine Anzahl von Beiratsmitgliedern, die sich nach der Zahl der stimmberechtigten Mitglieder der Wirtschaftsprüferkammer, die dieser Gruppe an dem in Satz 2 bezeichneten Tag angehören, bemißt. [4] Mindestens eine Zahl von einem Beiratsmitglied mehr als die Hälfte der Zahl aller Beiratsmitglieder muß jedoch von der Gruppe der Wirtschaftsprüfer und Wirtschaftsprüfungsgesellschaften gewählt werden. [5] Satz 1 bis 4 finden auf die Wahl der Vorstandsmitglieder entsprechende Anwendung; die Wahl des Präsidenten der Wirtschaftsprüferkammer erfolgt durch den gesamten Beirat.

(4) [1] Beirat und Vorstand erstatten den Mitgliedern jährlich Bericht. [2] Dazu kann die Wirtschaftsprüferkammer regionale Kammerversammlungen ausrichten. [3] Auf Verlangen des Beirats oder wenn mindestens ein Zwanzigstel der Mitglieder dies schriftlich unter Angabe des zu behandelnden Gegenstandes beantragt, richtet die Wirtschaftsprüferkammer eine Kammerversammlung aus, zu der alle Mitglieder eingeladen werden.

(5) Das Nähere regelt die Wirtschaftsprüferkammer in der Satzung und in der Wahlordnung gemäß § 60 Absatz 1.

---

[1] § 59 Abs. 1 Nr. 4 angef., Abs. 2 Satz 3 aufgeh., Abs. 3 Satz 2 geänd. mWv 1.1.2001 durch G v. 19.12.2000 (BGBl. I S. 1769); Abs. 4 angef. mWv 1.1.2004 durch G v. 1.12.2003 (BGBl. I S. 2446); Abs. 4 aufgeh. mWv 1.1.2005 durch G v. 27.12.2004 (BGBl. I S. 3846); Überschrift geänd., Abs. 1 Nr. 1 aufgeh., bish. Nr. 2–4 werden Nr. 1–3, Abs. 2 Satz 1 neu gef., Satz 2 eingef., bish. Satz 2 wird Satz 3, Abs. 3 Satz 2 geänd., Abs. 4 neu gef., Abs. 5 angef. mWv 9.12.2010 durch G v. 2.12.2010 (BGBl. I S. 1746); Abs. 1 Nr. 3 eingef., bish. Nr. 3 wird Nr. 4, Abs. 2 Satz 3 eingef., bish. Satz 3 wird Satz 4 mWv 17.6.2016 durch G v. 31.3.2016 (BGBl. I S. 518).

§ 59a[1)] Abteilungen des Vorstandes und der Kommission für Qualitätskontrolle. (1) [1]Der Vorstand kann mehrere Abteilungen bilden, wenn die Satzung der Wirtschaftsprüferkammer es zuläßt. [2]Er überträgt den Abteilungen die Geschäfte, die sie selbständig führen.

(2) [1]Jede Abteilung muss aus mindestens drei Mitgliedern des Vorstandes bestehen. [2]Die Mitglieder der Abteilung wählen aus ihren Reihen einen Abteilungsvorsitzenden und einen Stellvertreter.

(3) [1]Der Vorstand setzt die Zahl der Abteilungen und ihrer Mitglieder fest, überträgt den Abteilungen die Geschäfte und bestimmt die Mitglieder der einzelnen Abteilungen. [2]Jedes Mitglied des Vorstandes kann mehreren Abteilungen angehören. [3]Die Anordnungen können im Laufe der Amtsperiode nur getroffen oder geändert werden, wenn dies wegen Überlastung des Vorstandes, der Abteilung oder infolge Wechsels oder dauernder Verhinderung einzelner Mitglieder der Abteilung erforderlich wird.

(4) Die Abteilungen besitzen innerhalb ihrer Zuständigkeit die Rechte und Pflichten des Vorstandes.

(5) Anstelle der Abteilung entscheidet der Vorstand, wenn er es für angemessen hält oder wenn die Abteilung oder ihr Vorsitzender es beantragt.

(6) [1]Die Kommission für Qualitätskontrolle kann Abteilungen bilden. [2]Die Zuständigkeiten der Abteilungen sind in der Geschäftsordnung der Kommission für Qualitätskontrolle zu regeln. [3]Absatz 1 Satz 2 und die Absätze 2 bis 5 gelten entsprechend. [4]Über Widersprüche (§ 57e Abs. 1 Satz 5 Nr. 6) gegen Beschlüsse von Abteilungen entscheidet die Kommission für Qualitätskontrolle.

§ 59b[2)] Ehrenamtliche Tätigkeit. [1]Die Mitglieder der Organe der Wirtschaftsprüferkammer (§ 59 Absatz 1) und der Aufgabenkommission, der Prüfungskommission und der Widerspruchskommission sowie die von der Wirtschaftsprüferkammer Beauftragten üben ihre Tätigkeit ehrenamtlich aus. [2]Die ehrenamtlich Tätigen können eine angemessene, auch pauschalisierte Entschädigung für den mit ihrer Tätigkeit verbundenen Aufwand, auch für Zeitaufwand und Verdienstausfall, sowie eine Erstattung von Reisekosten erhalten. [3]Die Richtlinien für die Aufwandsentschädigung und die Erstattung von Reisekosten werden vom Beirat der Wirtschaftsprüferkammer beschlossen. [4]Die Sätze 1 bis 3 gelten entsprechend für

1. Mitglieder von Gremien, die nach der Satzung oder Wahlordnung nach § 60 Absatz 1 gebildet wurden,
2. Leiter von Landesvertretungen der Wirtschaftsprüferkammer (Landespräsidenten) und
3. Mitglieder von Ausschüssen, die nach dem Berufsbildungsgesetz bei der Wirtschaftsprüferkammer eingerichtet wurden.

[1)] § 59a eingef. mWv 1.1.2002 durch G v. 10.12.2001 (BGBl. I S. 3414); Abs. 3 Sätze 1 und 3 geänd. mWv 1.1.2004 durch G v. 1.12.2003 (BGBl. I S. 2446); Überschrift und Abs. 3 neu gef., Abs. 6 angef. mWv 1.1.2005 durch G v. 27.12.2004 (BGBl. I S. 3846).

[2)] § 59b eingef. mWv 30.7.2020 durch G v. 19.6.2020 (BGBl. I S. 1403).

§ 59c[1)] Verschwiegenheitspflicht; Inanspruchnahme von Dienstleistungen. (1) [1]Die Mitglieder des Vorstands, des Beirats und der Ausschüsse haben über die Angelegenheiten, die ihnen bei ihrer jeweiligen Tätigkeit über Mitglieder der Wirtschaftsprüferkammer und andere Personen bekannt werden, Verschwiegenheit zu bewahren. [2]Dies gilt auch nach ihrem Ausscheiden aus dem Vorstand, dem Beirat oder dem Ausschuss. [3]Die Verschwiegenheitspflicht gilt nicht für Tatsachen,

1. deren Weitergabe zur Erfüllung ihrer Aufgaben erforderlich ist,
2. in deren Weitergabe die Betroffenen eingewilligt haben,
3. die offenkundig sind oder
4. die ihrer Bedeutung nach keiner Geheimhaltung bedürfen.

(2) [1]Absatz 1 gilt auch für

1. Angestellte der Wirtschaftsprüferkammer,
2. Mitglieder der Wirtschaftsprüferkammer, die von der Wirtschaftsprüferkammer zur Mitarbeit im Vorstand, im Beirat oder in den Ausschüssen herangezogen werden, und
3. Mitglieder der Wirtschaftsprüferkammer, die
   a) im Verfahren nach § 62 zur Anhörung geladen werden,
   b) im Rahmen einer Aufsichts- oder Beschwerdesache oder eines Widerrufsverfahrens um Auskunft gebeten werden oder
   c) an einer nichtöffentlichen Verhandlung nach § 99 teilgenommen haben.

[2]Die in Satz 1 Nummer 1 und 2 genannten Personen sind in Textform über ihre Verschwiegenheitspflicht zu belehren.

(3) [1]Wurde im Rahmen eines Vertretungsverhältnisses eine Berufspflichtverletzung begangen, dürfen die in den Absätzen 1 und 2 Satz 1 Nummer 1 und 2 bezeichneten Personen den Vertretenen über ein gegen ein Mitglied der Wirtschaftsprüferkammer geführtes berufsaufsichtliches Verfahren unterrichten. [2]Abweichend von Absatz 1 dürfen die in den Absätzen 1 und 2 Satz 1 Nummer 1 und 2 bezeichneten Personen in Fällen von öffentlichem Interesse, die mögliche Pflichtverletzungen im Zusammenhang mit gesetzlichen Abschlussprüfungen betreffen, auf Anfrage darüber Auskunft geben, ob berufsaufsichtliche Verfahren eingeleitet wurden und ob diese noch andauern oder bereits abgeschlossen wurden. [3]Die Auskunft darf keine personenbezogenen Daten enthalten. [4]§ 69 bleibt unberührt.

(4) [1]In Verfahren vor Gerichten und Behörden dürfen die in Absatz 1 und 2 Satz 1 Nummer 1 und 2 genannten Personen über Angelegenheiten, die ihrer Verschwiegenheitspflicht unterliegen, ohne Genehmigung nicht aussagen. [2]Die Genehmigung zur Aussage erteilt der Vorstand der Wirtschaftsprüferkammer nach pflichtgemäßem Ermessen. [3]Die Genehmigung soll nur versagt werden, wenn dies mit Rücksicht auf die Stellung oder die Aufgaben der Wirtschaftsprüferkammer oder berechtigte Belange der Personen, über welche die Tatsachen bekannt geworden sind, unabweisbar erforderlich ist. [4]§ 28 Absatz 2 des Bundesverfassungsgerichtsgesetzes bleibt unberührt.

---

1) § 59c eingef. mWv 1.8.2021 durch G v. 25.6.2021 (BGBl. I S. 2154).

(5) Für die Inanspruchnahme von Dienstleistungen durch die Wirtschaftsprüferkammer gilt in Bezug auf Angelegenheiten, die der Verschwiegenheitspflicht der Wirtschaftsprüfer nach § 43 Absatz 1 unterliegen, § 50a Absatz 1 bis 4, 7 und 8 sinngemäß.

§ 60[1] **Satzung; Wirtschaftsplan.** (1) [1] Die Organisation und Verwaltung der Wirtschaftsprüferkammer, insbesondere die Einrichtung von Landesgeschäftsstellen, werden in der Satzung der Wirtschaftsprüferkammer geregelt, die vom Beirat der Wirtschaftsprüferkammer beschlossen wird. [2] Die Satzung, die Wahlordnung und deren Änderungen bedürfen zu ihrer Wirksamkeit der Genehmigung des Bundesministeriums für Wirtschaft und Energie. [3] § 57 Absatz 3b Satz 5 gilt entsprechend.

(2) [1] Die Wirtschaftsprüferkammer legt jährlich ihren Wirtschaftsplan für das darauffolgende Kalenderjahr vor Feststellung dem Bundesministerium für Wirtschaft und Energie vor. [2] Die auf die Qualitätskontrolle und die Arbeit der Berufsaufsicht bezogenen Teile des Wirtschaftsplans bedürfen der Genehmigung des Bundesministeriums für Wirtschaft und Energie.

§ 61[2] **Beiträge und Gebühren.** (1) [1] Die Mitglieder sind verpflichtet, die Beiträge nach Maßgabe der Beitragsordnung zu leisten; die Beitragsordnung kann je nach Tätigkeitsfeld des Mitglieds verschiedene Beiträge vorsehen. [2] Der 2. Abschnitt des Verwaltungskostengesetzes in der bis zum 14. August 2013 geltenden Fassung ist entsprechend anzuwenden. [3] Die Beitragsordnung sowie deren Änderungen bedürfen zu ihrer Wirksamkeit der Genehmigung des Bundesministeriums für Wirtschaft und Energie. [4] Die Höhe der Beiträge bestimmt der Beirat der Wirtschaftsprüferkammer. [5] Der Anspruch der Wirtschaftsprüferkammer auf Zahlung von Beiträgen unterliegt der Verjährung. [6] § 20 des Verwaltungskostengesetzes in der bis zum 14. August 2013 geltenden Fassung ist sinngemäß anzuwenden.

---

[1] § 60 Satz 2 geänd. mWv 1.1.1995 durch G v. 15.7.1995 (BGBl. I S. 1569); Satz 1 und 2 geänd. mWv 1.1.2001 durch G v. 19.12.2000 (BGBl. I S. 1769); Sätze 1 und 2 geänd. mWv 1.1.2004 durch G v. 1.12.2003 (BGBl. I S. 2446); Überschrift neu gef., Abs. 2 angef., bish. Wortlaut wird Abs. 1 mWv 1.1.2005 durch G v. 27.12.2004 (BGBl. I S. 3846); Abs. 1 Satz 2, Abs. 2 Sätze 1 und 2 geänd. mWv 8.11.2006 durch VO v. 31.10.2006 (BGBl. I S. 2407); Abs. 1 Satz 1 geänd. mWv 6.9.2007 durch G v. 3.9.2007 (BGBl. I S. 2178); Abs. 1 Sätze 1 und 2 geänd. mWv 9.12.2010 durch G v. 2.12.2010 (BGBl. I S. 1746); Abs. 1 Satz 2 und Abs. 2 Sätze 1 und 2 geänd. mWv 8.9.2015 durch VO v. 31.8.2015 (BGBl. I S. 1474); Abs. 2 Satz 2 geänd. mWv 17.6.2016 durch G v. 31.3.2016 (BGBl. I S. 518); Abs. 1 Satz 3 angef. mWv 1.8.2021 durch G v. 25.6.2021 (BGBl. I S. 2154).

[2] § 61 Abs. 1 Satz 1, Abs. 2 Satz 2 zuletzt geänd. mWv 1.1.2001, Abs. 2 Satz 1 geänd. mWv 1.1.2002 durch G v. 19.12.2000 (BGBl. I S. 1769); Abs. 1, Abs. 2 Satz 2 neu gef., Satz 1 geänd., Abs. 3 Satz 3 angef. mWv 1.1.2004 durch G v. 1.12.2003 (BGBl. I S. 2446); Abs. 2 Satz 1 geänd. mWv 1.1.2005 durch G v. 27.12.2004 (BGBl. I S. 3846); Abs. 1 Satz 2 und Abs. 2 Satz 2 geänd. mWv 8.11.2006 durch VO v. 31.10.2006 (BGBl. I S. 2407); Abs. 1 Satz 1 neu gef. mWv 6.9.2007 durch G v. 3.9.2007 (BGBl. I S. 2178); Abs. 1 Satz 2 eingef., bish. Sätze 2 und 3 werden Sätze 3 und 4, Abs. 3 Satz 2 geänd. mWv 15.8.2013 durch G v. 7.8.2013 (BGBl. I S. 3154); Abs. 1 Satz 3 und Abs. 2 Satz 2 geänd. mWv 8.9.2015 durch VO v. 31.8.2015 (BGBl. I S. 1474); Abs. 1 Sätze 5 und 6, Abs. 2 Satz 3 angef., Abs. 3 Sätze 1 und 2 aufgeh. mWv 17.6.2016 durch G v. 31.3.2016 (BGBl. I S. 518).

(2) [1]Die Wirtschaftsprüferkammer kann für die Inanspruchnahme von besonderen Einrichtungen oder Tätigkeiten, insbesondere im Zulassungs-, Prüfungs- und Widerspruchsverfahren sowie im Qualitätskontroll- und Berufsaufsichtsverfahren, für die Bestellung und Wiederbestellung als Wirtschaftsprüfer, die Anerkennung als Wirtschaftsprüfungsgesellschaft und die Erteilung von Ausnahmegenehmigungen nach § 28 Abs. 2 und 3, Gebühren nach Maßgabe einer Gebührenordnung erheben. [2]Die Gebührenordnung und deren Änderungen bedürfen der Genehmigung des Bundesministeriums für Wirtschaft und Energie. [3]Die §§ 3 bis 7 und 9 bis 21 des Bundesgebührengesetzes sind entsprechend anzuwenden.

(3) Beiträge und Gebühren werden nach Maßgabe der Vorschriften des Verwaltungsvollstreckungsgesetzes beigetrieben.

Fünfter Teil. Berufsaufsicht[1)]

§ 61a[2)] Zuständigkeit. [1]Für die Berufsaufsicht ist unbeschadet des § 66a die Wirtschaftsprüferkammer zuständig. [2]Liegen konkrete Anhaltspunkte für einen Verstoß gegen Berufspflichten vor, ermittelt sie den Sachverhalt und entscheidet, ob berufsaufsichtliche Maßnahmen nach § 68 veranlasst sind. [3]Beabsichtigt die Wirtschaftsprüferkammer, ein nach Satz 2 eingeleitetes Verfahren einzustellen, weil eine Berufspflichtverletzung nicht feststellbar ist oder keiner Sanktion bedarf, hat sie den Vorgang zuvor der Abschlussprüferaufsichtsstelle vorzulegen. [4]Wenn Berufsangehörige, die bei der Abschlussprüferaufsichtsstelle angestellt sind, für diese tätig sind, gelten die Sätze 1 bis 3 nicht.

§ 62[3)] Pflicht zum Erscheinen vor der Wirtschaftsprüferkammer; Auskunfts- und Vorlagepflichten; Betretens- und Einsichtsrecht. (1) [1]Persönliche Mitglieder der Wirtschaftsprüferkammer haben in Aufsichts- und Beschwerdesachen vor der Wirtschaftsprüferkammer zu erscheinen, wenn sie zur Anhörung geladen werden. [2]Sie haben dem Vorstand, einer Abteilung im Sinne des § 59a, dem Beirat oder einem Beauftragten des Vorstandes, des Beirates oder eines Ausschusses auf Verlangen Auskunft zu geben und ihre Handakten oder sonstige Unterlagen, die für das Aufsichts- und Beschwerdeverfahren von Bedeutung sein können, vorzulegen. [3]Sind die Unterlagen nach Satz 2 mit Hilfe eines Datenverarbeitungssystems elektronisch gespeichert worden, sind sie auf einem maschinell verwertbaren Datenträger zur Verfügung zu stellen. [4]Die Sätze 1 bis 3 gelten sinngemäß für sonstige Mitglieder der Wirtschaftsprüferkammer, soweit die Anhörung, das Auskunftsver-langen oder die Aufforderung zur Vorlage von Unterlagen die gesetzlich vorgeschriebene Abschlussprüfung betreffen.

---

1) 5. Teil (§§ 61a–66b) Überschrift vor § 61a eingef. mWv 1.1.2005 durch G v. 27.12.2004 (BGBl. I S. 3846); 5. Teil (§§ 61a–71) geänd. mWv 17.6.2016 durch G v. 31.3.2016 (BGBl. I S. 518).

2) § 61a neu gef. mWv 17.6.2016 durch G v. 31.3.2016 (BGBl. I S. 518).

3) § 62 neu gef. mWv 6.9.2007 durch G v. 3.9.2007 (BGBl. I S. 2178); Abs. 1 Sätze 3 und 4 angef., Abs. 3 Satz 1 geänd., Satz 2 eingef., bish. Satz 2 wird Satz 3, Abs. 4 und 5 neu gef. mWv 17.6.2016 durch G v. 31.3.2016 (BGBl. I S. 518).

(2) [1]Die Auskunft und die Vorlage von Unterlagen können verweigert werden, wenn und soweit dadurch die Pflicht zur Verschwiegenheit verletzt würde. [2]Die Auskunft kann verweigert werden, wenn und soweit sich dadurch die Gefahr ergäbe, wegen einer Straftat, einer Ordnungswidrigkeit oder einer Berufspflichtverletzung verfolgt zu werden, und sich das Mitglied hierauf beruft. [3]Auf ein Recht zur Auskunftsverweigerung ist hinzuweisen. [4]Wenn die Auskunft oder die Vorlage von Unterlagen nicht verweigert wurde, besteht die Verpflichtung, richtige und vollständige Auskünfte zu erteilen und richtige und vollständige Unterlagen vorzulegen.

(3) [1]Die richtige und vollständige Auskunft und Vorlage von Unterlagen können nicht von denjenigen Mitgliedern der Wirtschaftsprüferkammer verweigert werden, die zur Durchführung gesetzlich vorgeschriebener Abschlussprüfungen befugt sind oder solche ohne diese Befugnis tatsächlich durchführen, wenn die Auskunft und die Vorlage von Unterlagen im Zusammenhang mit der Prüfung eines der gesetzlichen Pflicht zur Abschlussprüfung unterliegenden Unternehmens stehen. [2]Satz 1 gilt auch für Prüfer für Qualitätskontrolle für Auskünfte und die Vorlage von Unterlagen, die mit dieser Tätigkeit im Zusammenhang stehen. [3]Absatz 2 Satz 2 und 3 gilt entsprechend.

(4) [1]Die Angestellten der Wirtschaftsprüferkammer sowie die sonstigen Personen, derer sich die Wirtschaftsprüferkammer bei der Berufsaufsicht bedient, können die Grundstücke und Geschäftsräume von Berufsangehörigen und Wirtschaftsprüfungsgesellschaften sowie von Personen, die den Beruf gemeinsam mit diesen ausüben, innerhalb der üblichen Betriebs- und Geschäftszeiten betreten und besichtigen, Einsicht in Unterlagen nehmen und hieraus Abschriften und Ablichtungen anfertigen. [2]Sind die Unterlagen mit Hilfe eines Datenverarbeitungssystems elektronisch gespeichert, haben die in Satz 1 genannten Angestellten und Personen das Recht, Einsicht in die gespeicherten Daten zu nehmen, das Datenverarbeitungssystem zur Prüfung dieser Unterlagen zu nutzen und Kopien elektronischer Daten anzufertigen. [3]Die betroffenen Berufsangehörigen und Wirtschaftsprüfungsgesellschaften sowie die Personen, die den Beruf gemeinsam mit diesen ausüben, haben diese Maßnahmen zu dulden.

(5) [1]Die bei Maßnahmen nach den Absätzen 1 bis 4 gegebenen Auskünfte und übermittelten Unterlagen und Daten dürfen auch für solche Aufsichtsverfahren verwendet werden, die sonst von der Wirtschaftsprüferkammer oder der Abschlussprüferaufsichtsstelle eingeleitet oder geführt werden. [2]Sobald die Unterlagen oder Daten nicht mehr erforderlich sind, sind sie unverzüglich zurückzugeben oder zu löschen.

§ 62a[1)] Zwangsgeld bei Verletzung von Mitwirkungspflichten.

(1) [1]Um Mitglieder der Wirtschaftsprüferkammer zur Erfüllung ihrer Pflichten nach § 62 Abs. 1 bis 3 anzuhalten, kann die Wirtschaftsprüferkammer gegen sie, auch mehrfach, ein Zwangsgeld festsetzen. [2]Das einzelne Zwangsgeld darf 1000 Euro nicht übersteigen.

[1)] § 62a eingef. mWv 1.1.2004 durch G v. 1.12.2003 (BGBl. I S. 2446); Abs. 1 Satz 1 und Abs. 3 neu gef., Abs. 4 Satz 1 geänd. mWv 6.9.2007 durch G v. 3.9.2007 (BGBl. I S. 2178); Abs. 1 Satz 1 geänd. mWv 17.6.2016 durch G v. 31.3.2016 (BGBl. I S. 518).

(2) [1]Das Zwangsgeld muss vorher schriftlich angedroht werden. [2]Die Androhung und die Festsetzung des Zwangsgeldes sind den Betroffenen zuzustellen.

(3) [1]Gegen die Androhung und gegen die Festsetzung des Zwangsgeldes kann innerhalb eines Monats nach der Zustellung die Entscheidung des Gerichts (§ 72 Abs. 1) beantragt werden. [2]Der Antrag ist bei der Wirtschaftsprüferkammer schriftlich einzureichen. [3]Erachtet die Wirtschaftsprüferkammer den Antrag für begründet, so hat sie ihm abzuhelfen; anderenfalls hat die Wirtschaftsprüferkammer den Antrag unter Beachtung des § 66a Abs. 5 Satz 2 unverzüglich dem Gericht vorzulegen. [4]Die Vorschriften der Strafprozessordnung über die Beschwerde sind sinngemäß anzuwenden. [5]Die Gegenerklärung wird von der Wirtschaftsprüferkammer abgegeben. [6]Die Staatsanwaltschaft ist an dem Verfahren nicht beteiligt. [7]Der Beschluss des Gerichts kann nicht angefochten werden.

(4) [1]Das Zwangsgeld fließt dem Haushalt der Wirtschaftsprüferkammer zu. [2]Es wird auf Grund einer von ihr erteilten, mit der Bescheinigung der Vollstreckbarkeit versehenen beglaubigten Abschrift des Festsetzungsbescheids entsprechend § 61 Abs. 3 Satz 3 beigetrieben.

§ 62b[1)] Inspektionen. (1) [1]Berufsangehörige in eigener Praxis und Wirtschaftsprüfungsgesellschaften sind verpflichtet, sich einer Inspektion durch die Abschlussprüferaufsichtsstelle nach Artikel 26 der Verordnung (EU) Nr. 537/2014 zu unterziehen, wenn sie gesetzlich vorgeschriebene Abschlussprüfungen bei Unternehmen von öffentlichem Interesse nach § 316a Satz 2 des Handelsgesetzbuchs oder Abschlussprüfungen im Sinne von § 134 Absatz 1 dieses Gesetzes durchführen. [2]Im Fall von Beanstandungen können in die Inspektionen andere gesetzlich vorgeschriebene Abschlussprüfungen einbezogen werden. [3]Wird im Zusammenhang mit einer Anfrage zur internationalen Zusammenarbeit gemäß § 66c eine Inspektion durchgeführt, können andere Prüfungen bei den in § 57 Absatz 9 Satz 5 Nummer 1 genannten Unternehmen in die Inspektion nach Satz 1 einbezogen werden.

(2) Soweit Artikel 26 der Verordnung (EU) Nr. 537/2014 nichts anderes regelt, gelten § 62 Absatz 1 bis 5 und § 62a entsprechend.

(3) [1]Erkenntnisse aus den Inspektionen werden zur Entlastung der Qualitätskontrollen nach den von der Wirtschaftsprüferkammer im Einvernehmen mit der Abschlussprüferaufsichtsstelle festgelegten Grundsätzen berücksichtigt. [2]Die Abschlussprüferaufsichtsstelle übermittelt der geprüften Praxis den Inspektionsbericht. [3]Für den Inspektionsbericht gilt unbeschadet des Artikels 26 Absatz 8 und 9 der Verordnung (EU) Nr. 537/2014 § 57a Absatz 5 entsprechend.

§ 63.[2)] (weggefallen)

[1)] § 62b neu gef. mWv 17.6.2016 durch G v. 31.3.2016 (BGBl. I S. 518); Abs. 1 Satz 1 geänd. mWv 1.7.2021 durch G v. 3.6.2021 (BGBl. I S. 1534).

[2)] § 63 aufgeh. mWv 17.6.2016 durch G v. 31.3.2016 (BGBl. I S. 518).

[Fassung bis 31.7.2021:]

§ 64[1]) Pflicht der Mitglieder des Vorstandes, des Beirates und der Ausschüsse zur Verschwiegenheit.

(1) [1]Die Mitglieder des Vorstandes, des Beirates, der Abteilungen und der Ausschüsse haben – auch nach dem Ausscheiden aus dem Vorstand, dem Beirat, der Abteilung oder dem Ausschuß – über die Angelegenheiten, die ihnen bei ihrer Tätigkeit im Vorstand, im Beirat, in der Abteilung oder im Ausschuß über Mitglieder der Wirtschaftsprüferkammer, Bewerber oder andere Personen bekanntwerden, Verschwiegenheit gegen jedermann zu bewahren. [2]Das gleiche gilt für Mitglieder, die zur Mitarbeit im Vorstand, im Beirat, in den Abteilungen oder in den Ausschüssen herangezogen werden, für Mitglieder, die im Verfahren nach § 62 zur Anhörung geladen werden, im Rahmen einer Aufsichts- und Beschwerdesache sowie eines Widerrufsverfahrens um Auskunft gebeten werden oder an einer nichtöffentlichen Verhandlung nach § 99 teilgenommen haben, sowie für Angestellte und sonstige Beauftragte der Wirtschaftsprüferkammer.

(2) In gerichtlichen Verfahren und vor Behörden dürfen die in Absatz 1 bezeichneten Personen über solche Angelegenheiten, die ihnen bei ihrer Tätigkeit im Vorstand, im Beirat, in Abteilungen oder in Ausschüssen über Mitglieder der Wirtschaftsprüferkammer, Bewerber oder andere Personen bekannt geworden sind, ohne Genehmigung nicht aussagen oder Auskunft geben.

[Fassung ab 1.8.2021:]

§ 64[2]) Auskünfte von Nichtkammerangehörigen. [1]Zur Durchführung von Ermittlungen in Aufsichts- und Beschwerdesachen sowie in Widerrufsverfahren sind die in § 59c Absatz 1 Satz 1 und Absatz 2 Satz 1 Nummer 1 und 2 genannten Personen berechtigt, Nichtkammerangehörige um Auskunft zu bitten. [2]Nichtkammerangehörige sind nicht zur Auskunft verpflichtet, es sei denn, die Auskunft bezieht sich auf gesetzlich vorgeschriebene Abschlussprüfungen bei Unternehmen von öffentlichem Interesse nach § 316a Satz 2 des Handelsgesetzbuchs und die Nichtkammerangehörigen fallen unter Artikel 23 Absatz 3 Unterabsatz 2 Buchstabe b bis e der Verordnung (EU) Nr. 537/2014.

---

[1]) § 64 Abs. 1 Sätze 1 und 2 geänd., Abs. 4 angef. mWv 1.1.2004 durch G v. 1.12.2003 (BGBl. I S. 2446); Abs. 1 Sätze 1 und 2, Abs. 2 geänd. mWv 1.1.2005 durch G v. 27.12.2004 (BGBl. I S. 3846); Abs. 4 Satz 1 geänd., Satz 2 angef., Abs. 5 angef. mWv 17.6.2016 durch G v. 31.3.2016 (BGBl. I S. 518); Abs. 4 Satz 2 geänd., Abs. 6 angef. mWv 1.7.2021 durch G v. 3.6.2021 (BGBl. I S. 1534).

[2]) § 64 neu gef. mWv 1.8.2021 durch G v. 25.6.2021 (BGBl. I S. 2154).

[Fassung bis 31.7.2021:]

(3) [1]Die Genehmigung erteilt der Vorstand der Wirtschaftsprüferkammer nach pflichtmäßigem Ermessen. [2]Die Genehmigung soll nur versagt werden, wenn Rücksichten auf die Stellung oder die Aufgaben der Wirtschaftsprüferkammer oder berechtigte Belange der Personen, über welche die Tatsachen bekanntgeworden sind, es unabweisbar erfordern. [3]§ 28 Abs. 2 des Gesetzes über das Bundesverfassungsgericht bleibt unberührt.

(4) [1]Zur Durchführung von Ermittlungen in Aufsichts- und Beschwerdesachen sowie in Widerrufsverfahren sind die in Absatz 1 genannten ehren- und hauptamtlich für die Wirtschaftsprüferkammer tätigen Personen berechtigt, Nichtkammerangehörige um Auskunft zu bitten. [2]Nichtkammerangehörige sind nicht zur Auskunft verpflichtet, es sei denn, die Auskunft bezieht sich auf gesetzlich vorgeschriebene Abschlussprüfungen bei Unternehmen von öffentlichem Interesse nach § 316a Satz 2 des Handelsgesetzbuchs und die Nichtkammerangehörigen fallen unter Artikel 23 Absatz 3 Unterabsatz 2 Buchstabe b bis e der Verordnung (EU) Nr. 537/2014.

(5) Wurde im Rahmen eines Vertretungsverhältnisses eine Berufspflichtverletzung begangen, dürfen die in Absatz 1 bezeichneten Personen den Vertretenen über ein gegen ein Mitglied der Wirtschaftsprüferkammer geführtes berufsaufsichtliches Verfahren unterrichten.

(6) [1]Abweichend von Absatz 1 dürfen die in Absatz 1 bezeichneten Personen in Fällen von öffentlichem Interesse, die mögliche Pflichtverletzungen im Zusammenhang mit gesetzlichen Abschlussprüfungen betref-

[Fassung bis 31.7.2021:]

fen, auf Anfrage darüber Auskunft geben, ob berufsaufsichtliche Verfahren eingeleitet wurden und ob diese noch andauern oder bereits abgeschlossen wurden. 2Die Auskunft darf keine personenbezogenen Daten enthalten. 3Die Absätze 4 und 5 sowie § 69 bleiben unberührt.

§ 65[1] **Unterrichtung der Staatsanwaltschaft.** (1) 1Erhalten die Wirtschaftsprüferkammer oder die Abschlussprüferaufsichtsstelle Kenntnis von Tatsachen, die den Verdacht begründen, dass Berufsangehörige Straftaten im Zusammenhang mit der Berufsausübung begangen haben, teilen sie die Tatsachen der zuständigen Staatsanwaltschaft unverzüglich oder nach Ermittlung (§ 61a Satz 2) mit. 2Der Mitteilung kann eine fachliche Bewertung beigefügt werden.

(2) 1Erhält die Staatsanwaltschaft Kenntnis von Tatsachen, die den Verdacht einer schuldhaften, eine berufsaufsichtliche Maßnahme nach § 68 Absatz 1 rechtfertigenden Pflichtverletzung eines Mitglieds der Wirtschaftsprüferkammer begründen, teilt sie die Tatsachen der Abschlussprüferaufsichtsstelle mit. 2Soweit die Mitteilung den Zuständigkeitsbereich der Wirtschaftsprüferkammer betrifft, leitet die Abschlussprüferaufsichtsstelle die Mitteilung an die Wirtschaftsprüferkammer weiter.

§ 66[2] **Rechtsaufsicht.** (1) 1Das Bundesministerium für Wirtschaft und Energie führt die Rechtsaufsicht über die Wirtschaftsprüferkammer einschließlich der Prüfungsstelle, soweit diese nicht nach § 66a Absatz 1 Satz 1 von der Abschlussprüferaufsichtsstelle überwacht werden. 2Insoweit hat es darüber zu wachen, dass die Aufgaben im Rahmen der geltenden Gesetze und Satzungen erfüllt werden. 3Es kann unter anderem den Erlass der Satzungen nach § 57 Absatz 3 und § 57c Absatz 1 oder Änderungen dieser Satzungen anordnen und, wenn die Wirtschaftsprüferkammer dieser Anordnung nicht innerhalb einer angemessenen Frist nachkommt, im Wege der Ersatzvornahme die Satzungen oder Änderungen der Satzungen anstelle der Wirtschaftsprüferkammer erlassen.

(2) 1Das Bundesministerium für Wirtschaft und Energie führt darüber hinaus die Rechtsaufsicht über die Abschlussprüferaufsichtsstelle; Absatz 1 Satz 2 gilt entsprechend. 2Im Übrigen bleibt die Aufsicht des Bundesministeriums für Wirtschaft und Energie über das Bundesamt für Wirtschaft und Ausfuhrkontrolle unberührt.

---

[1] § 65 neu gef. mWv 17.6.2016 durch G v. 31.3.2016 (BGBl. I S. 518).
[2] § 66 neu gef. mWv 17.6.2016 durch G v. 31.3.2016 (BGBl. I S. 518).

§ 66a[1] Abschlussprüferaufsicht. (1) [1]Die Abschlussprüferaufsichtsstelle führt eine öffentliche fachbezogene Aufsicht über die Wirtschaftsprüferkammer, soweit diese Aufgaben nach § 4 Absatz 1 Satz 1 erfüllt, die gegenüber Berufsangehörigen und Gesellschaften wahrzunehmen sind, die zur Durchführung gesetzlich vorgeschriebener Abschlussprüfungen befugt sind oder solche ohne diese Befugnis tatsächlich durchführen; § 61a Satz 3 bleibt unberührt. [2]Die Wirtschaftsprüferkammer hat vor dem Erlass und vor Änderungen von Berufsausübungsregelungen (§ 57 Absatz 3 und § 57c) die Stellungnahme der Abschlussprüferaufsichtsstelle einzuholen und dem Bundesministerium für Wirtschaft und Energie vorzulegen.

(2) Die Abschlussprüferaufsichtsstelle ist zuständige Behörde im Sinne des Artikels 13 Absatz 1 Unterabsatz 3, der Artikel 14 und 17 Absatz 8 Unterabsatz 3 sowie des Artikels 20 Absatz 1 der Verordnung (EU) Nr. 537/2014.

(3) [1]Die Abschlussprüferaufsichtsstelle beaufsichtigt die Wirtschaftsprüferkammer, ob diese ihre in Absatz 1 Satz 1 genannten Aufgaben geeignet, angemessen und verhältnismäßig erfüllt. [2]Die Abschlussprüferaufsichtsstelle kann hierzu an Sitzungen der Wirtschaftsprüferkammer teilnehmen und hat ein Informations- und Einsichtsrecht. [3]Die Abschlussprüferaufsichtsstelle kann an Qualitätskontrollen teilnehmen. [4]Die Abschlussprüferaufsichtsstelle kann die Wirtschaftsprüferkammer beauftragen, bei Hinweisen auf Berufspflichtverletzungen und bei Anfragen im Rahmen der Zusammenarbeit nach § 66c berufsaufsichtliche Ermittlungen nach § 61a Satz 2 durchzuführen. [5]Die Abschlussprüferaufsichtsstelle kann an Ermittlungen der Wirtschaftsprüferkammer teilnehmen. [6]Zur Ausführung ihrer Aufgaben kann die Abschlussprüferaufsichtsstelle Vertreter oder Vertreterinnen der Wirtschaftsprüferkammer, Berufsangehörige und Dritte als Sachverständige fallweise zur Beratung heranziehen. [7]Soweit die Abschlussprüferaufsichtsstelle Aufträge von sachverständigen Dritten ausführen lässt, stellt sie sicher, dass bei diesen im Hinblick auf die zu Prüfenden keine Interessenkonflikte bestehen und dass die sachverständigen Dritten über eine angemessene Ausbildung sowie angemessene Kenntnisse und Erfahrungen verfügen.

(4) [1]Die Abschlussprüferaufsichtsstelle kann Entscheidungen der Wirtschaftsprüferkammer unter Angabe der Gründe zur nochmaligen Prüfung an diese zurückverweisen (Zweitprüfung). [2]Ändert die Wirtschaftsprüferkammer beanstandete Entscheidungen nicht ab, kann die Abschlussprüferaufsichtsstelle die Entscheidungen der Wirtschaftsprüferkammer aufheben und ihr Weisungen erteilen oder selbst im Wege der Ersatzvornahme Entscheidungen treffen und die erforderlichen Maßnahmen erlassen (Letztentscheidung). [3]Die Wirtschaftsprüferkammer ist verpflichtet, Vorgänge in Umsetzung der Weisungen abzuschließen. [4]Hält sie Weisungen oder Ersatzvornahmen der Abschlussprüferaufsichtsstelle für rechtswidrig, hat sie die Vorgänge dem Bundesministerium für Wirtschaft und Energie vorzulegen.

(5) [1]Die Wirtschaftsprüferkammer ist verpflichtet, auf Anforderung der Abschlussprüferaufsichtsstelle im Einzelfall oder von sich aus aufgrund genereller

---

[1] § 66a neu gef. mWv 17.6.2016 durch G v. 31.3.2016 (BGBl. I S. 518).

von der Abschlussprüferaufsichtsstelle festgelegter Kriterien über einzelne aufsichtsrelevante Vorgänge nach Sachverhaltsaufklärung zeitnah und in angemessener Form zu berichten. [2]Aufsichtsrelevant ist ein Vorgang insbesondere dann, wenn er von der Wirtschaftsprüferkammer abschließend bearbeitet wurde und eine Entscheidung mit unmittelbarer Rechtswirkung nach außen ergehen soll. [3]Ein unmittelbarer oder mittelbarer Bezug zur Durchführung einer gesetzlich vorgeschriebenen Abschlussprüfung ist nicht erforderlich.

(6)[1)] [1]Die Abschlussprüferaufsichtsstelle ermittelt bei Berufsangehörigen und Wirtschaftsprüfungsgesellschaften, die gesetzlich vorgeschriebene Abschlussprüfungen bei Unternehmen von öffentlichem Interesse nach § 316a Satz 2 des Handelsgesetzbuchs durchgeführt haben,

1. ohne besonderen Anlass gemäß Artikel 26 der Verordnung (EU) Nr. 537/2014,
2. soweit sich aus den unter Nummer 1 genannten Inspektionen oder sonstigen Umständen konkrete Anhaltspunkte für Verstöße gegen Berufspflichten bei der Durchführung von gesetzlich vorgeschriebenen Abschlussprüfungen bei Unternehmen von öffentlichem Interesse nach § 319a Absatz 1 Satz 1 des Handelsgesetzbuchs ergeben,
3. aufgrund von Mitteilungen *der Prüfstelle nach § 342b Absatz 8 Satz 2 des Handelsgesetzbuchs,* der Bundesanstalt für Finanzdienstleistungsaufsicht nach § 110 Absatz 2 Satz 1 des Wertpapierhandelsgesetzes oder einer anderen nationalen oder internationalen Stelle.

[2]Werden bei den Ermittlungen nach Satz 1 Verletzungen von Berufsrecht festgestellt, kann die Abschlussprüferaufsichtsstelle Auflagen zur Beseitigung der Mängel erteilen oder eine Sonderprüfung anordnen; § 57e Absatz 2, 3 und 5 gilt entsprechend. [3]Die Abschlussprüferaufsichtsstelle entscheidet auch über die Verhängung von berufsaufsichtlichen Maßnahmen, Untersagungsverfügungen sowie vorläufigen Untersagungsverfügungen; die §§ 67 bis 68a, 68b Satz 1, 3 und 4, die §§ 68c sowie 69a bis 71 gelten entsprechend, § 68 Absatz 7 mit der Maßgabe, dass die Geldbußen, die nicht berufsgerichtlich überprüft werden, dem Bundeshaushalt zufließen, § 68c Absatz 3 in Verbindung mit § 62a Absatz 4 Satz 1 mit der Maßgabe, dass die Ordnungsgelder dem Bundeshaushalt zufließen.

(7) [1]Soweit Artikel 23 Absatz 3 und Artikel 26 der Verordnung (EU) Nr. 537/2014 nichts anderes regeln, gelten die §§ 62 und 62a im Inspektions- und Berufsaufsichtsverfahren entsprechend, § 62a Absatz 4 mit der Maßgabe, dass die Zwangsgelder dem Bundeshaushalt zufließen. [2]Ermittlungsmaßnahmen in Bezug auf Abschlussprüfungen von Unternehmen von öffentlichem Interesse nach § 316a Satz 2[2)] des Handelsgesetzbuchs dürfen auch gegenüber den in Artikel 23 Absatz 3 Unterabsatz 2 Buchstabe b bis e der Verordnung

---

[1)] § 66a Abs. 6 Satz 1 Nr. 3 geänd. mWv 3.1.2018 durch G v. 23.6.2017 (BGBl. I S. 1693), Satzteil vor Nr. 1 geänd. mWv 1.7.2021, Nr. 3 kursiver Satzteil aufgeh. mWv 1.1.2022 durch G v. 3.6.2021 (BGBl. I S. 1534).

[2)] Verweis geänd. mWv 1.7.2021 durch G v 3.6.2021 (BGBl. I S. 1534).

(EU) Nr. 537/2014 Genannten ausgeübt werden. [3]Die Abschlussprüferaufsichtsstelle kann unbeschadet des Artikels 26 Absatz 5 Unterabsatz 2 der Verordnung (EU) Nr. 537/2014 bei Tätigkeiten nach diesem Gesetz Überprüfungen oder Untersuchungen durch solche Sachverständige vornehmen lassen, die in die Entscheidungsprozesse der Abschlussprüferaufsichtsstelle nicht eingebunden sind.

(8) Die Abschlussprüferaufsichtsstelle veröffentlicht jährlich ein Arbeitsprogramm und einen Tätigkeitsbericht.

§ 66b[1)] Verschwiegenheit; Schutz von Privatgeheimnissen. (1) [1]Beamte und Angestellte, die in der Abschlussprüferaufsichtsstelle tätig sind, Mitglieder des bei ihr eingerichteten Fachbeirats und sonstige von ihr Beauftragte sind zur Verschwiegenheit verpflichtet; die Artikel 31 bis 34 der Verordnung (EU) Nr. 537/2014 und § 66c Absatz 4 und 6 bleiben unberührt. [2]Die §§ 59c und 64 gelten sinngemäß; eine erforderliche Genehmigung nach § 59c Absatz 4 erteilt das Bundesministerium für Wirtschaft und Energie.

(2) Die in Absatz 1 Satz 1 genannten Personen dürfen, auch nach Beendigung ihrer Tätigkeit, ein fremdes Geheimnis, namentlich ein Geschäfts- oder Betriebsgeheimnis, das ihnen bei ihrer Tätigkeit bekannt geworden ist, nicht offenbaren und nicht verwerten.

§ 66c[2)] Zusammenarbeit mit anderen Stellen und internationale Zusammenarbeit. (1) [1]Die Abschlussprüferaufsichtsstelle *kann* [***ab 1.1.2022:*** übermittelt] den folgenden Stellen, soweit es zur Erfüllung der jeweiligen Aufgaben dieser Stellen erforderlich ist, vertrauliche Informationen übermitteln:

1. *der Prüfstelle nach § 342b Absatz 1 des Handelsgesetzbuchs* [***ab 1.1.2022:*** den Strafverfolgungsbehörden],
2. der Bundesanstalt für Finanzdienstleistungsaufsicht,

2a. dem Bundesamt für Justiz,

3. den Aufsichtsbehörden über die genossenschaftlichen Prüfungsverbände,
4. den Aufsichtsbehörden über die Prüfungsstellen der Sparkassen- und Giroverbände,
5. der Deutschen Bundesbank,
6. der Europäischen Zentralbank,
7. den Zentralbanken der Mitgliedstaaten der Europäischen Union sowie
8. dem Europäischen Ausschuss für Systemrisiken.

[2]*An die in Satz 1 Nummer 1 genannte Stelle übermittelt die Abschlussprüferaufsichtsstelle Informationen nur, soweit konkrete Anhaltspunkte für einen Verstoß gegen Rechnungslegungsvorschriften vorliegen.* [***ab 1.1.2022:*** [2]Für den Informationsaustausch

---

1) § 66b neu gef. mWv 17.6.2016 durch G v. 31.3.2016 (BGBl. I S. 518); Abs. 1 Satz 2 geänd. mWv 1.8.2021 durch G v. 25.6.2021 (BGBl. I S. 2154).

2) § 66c eingef. mWv 17.6.2016 durch G v. 31.3.2016 (BGBl. I S. 518); Abs. 1 Satz 1 Nr. 2a eingef. mWv 17.6.2016 durch G v. 10.5.2016 (BGBl. I S. 1142); Abs. 1 Satz 1 Text vor Nr. 1 geänd., kursiver Satzteil aufgeh., Nr. 1 neu gef., Satz 2 neu gef. mWv 1.1.2022 durch G v. 3.6.2021 (BGBl. I S. 1534).

zwischen der Abschlussprüferaufsichtsstelle und der Bundesanstalt für Finanzdienstleistungsaufsicht gilt § 109a des Wertpapierhandelsgesetzes.] 3 Die in Satz 1 Nummer 1 bis 5 genannten Stellen können der Abschlussprüferaufsichtsstelle Informationen übermitteln, soweit dies zur Erfüllung der Aufgaben der Abschlussprüferaufsichtsstelle erforderlich ist.

(2) 1 Unbeschadet der Artikel 31 bis 33 der Verordnung (EU) Nr. 537/2014 hat die Abschlussprüferaufsichtsstelle in Bezug auf die in § 66a genannten Aufgaben mit den entsprechend zuständigen Stellen der Mitgliedstaaten der Europäischen Union und der Vertragsstaaten des Europäischen Wirtschaftsraums sowie den europäischen Aufsichtsbehörden zusammenzuarbeiten, soweit dies für die Wahrnehmung der jeweiligen Aufgaben der zuständigen Stellen im Einzelfall erforderlich ist. 2 In diesem Rahmen leisten die Stellen sich insbesondere Amtshilfe, tauschen Informationen aus und arbeiten bei Untersuchungen zusammen. 3 § 57 Absatz 6 Satz 2 bis 4 gilt entsprechend.

(3) 1 Die Zusammenarbeit der zuständigen Stellen der Mitgliedstaaten findet insbesondere im Rahmen des Ausschusses der Aufsichtsstellen nach Artikel 30 der Verordnung (EU) Nr. 537/2014 statt. 2 Sie erstreckt sich auch auf die Bereiche der Angleichung

1. der theoretischen und praktischen Ausbildung von Wirtschaftsprüfern sowie der Prüfungsanforderungen nach dem Zweiten Teil und
2. der Anforderungen in Bezug auf die Eignungsprüfung nach dem Neunten Teil.

(4) 1 Hat die Abschlussprüferaufsichtsstelle konkrete Hinweise darauf, dass Berufsangehörige aus anderen Mitglied- oder Vertragsstaaten gegen das Recht der Europäischen Union über die Abschlussprüfungen von Jahresabschlüssen und Konzernabschlüssen verstoßen, hat sie diese der zuständigen Stelle des anderen Mitglied- oder Vertragsstaats mitzuteilen. 2 Erhält die Abschlussprüferaufsichtsstelle entsprechende Hinweise von der zuständigen Stelle eines anderen Mitglied- oder Vertragsstaats in Bezug auf deutsche Berufsangehörige, hat sie geeignete Maßnahmen zu treffen und kann der zuständigen Stelle des anderen Mitglied- oder Vertragsstaats das Ergebnis mitteilen. 3 Darüber hinaus kann die zuständige Stelle eines anderen Mitglied- oder Vertragsstaats über die Abschlussprüferaufsichtsstelle Ermittlungen verlangen, an denen Vertreter der zuständigen Stelle teilnehmen dürfen, wenn diese zur Verschwiegenheit verpflichtet sind. 4 Sind Berufsangehörige oder Wirtschaftsprüfungsgesellschaften auch in einem anderen Mitglied- oder Vertragsstaat registriert, informiert die Abschlussprüferaufsichtsstelle von Amts wegen die zuständigen Behörden des anderen Mitglied- oder Vertragsstaats über das Erlöschen, die unanfechtbare Rücknahme oder den unanfechtbaren Widerruf der Bestellung der Berufsangehörigen oder die Löschung der Wirtschaftsprüfungsgesellschaften einschließlich der Gründe hierfür. 5 § 57 Absatz 7 Satz 2 bis 4 gilt entsprechend.

(5) 1 Unbeschadet der Artikel 36 bis 38 der Verordnung (EU) Nr. 537/2014 hat die Abschlussprüferaufsichtsstelle in Bezug auf die in § 66a Absatz 1 Satz 1 genannten Aufgaben mit den entsprechend zuständigen Stellen anderer als in Absatz 2 Satz 1 genannter Staaten zusammenzuarbeiten, soweit dies für die Wahrnehmung der jeweiligen Aufgaben der zuständigen Stellen im Einzelfall

erforderlich ist oder wenn von diesen Stellen Sonderuntersuchungen oder Ermittlungen erbeten werden. 2 § 57 Absatz 6 Satz 2 bis 4 gilt entsprechend.

(6) 1 § 57 Absatz 9 gilt entsprechend. 2 Abweichend von § 57 Absatz 9 Satz 5 können Berufsangehörige und Prüfungsgesellschaften unter den Voraussetzungen des § 57 Absatz 9 Satz 1 bis 4 selbst Arbeitsunterlagen und andere Dokumente auf Anforderung der zuständigen Stellen an diese herausgeben, wenn sie zuvor die Abschlussprüferaufsichtsstelle über die Anfrage informiert haben und die in § 57 Absatz 9 Satz 5 genannten Bedingungen erfüllt sind.

§ 67[1] Ahndung einer Pflichtverletzung. (1) Gegen einen Wirtschaftsprüfer, der seine Pflichten schuldhaft verletzt, wird eine berufsaufsichtliche Maßnahme verhängt.

(2) Ein außerhalb des Berufs liegendes Verhalten eines Wirtschaftsprüfers ist eine berufsaufsichtlich zu ahndende Pflichtverletzung, wenn es nach den Umständen des Einzelfalls in besonderem Maße geeignet ist, Achtung und Vertrauen in einer für die Ausübung der Berufstätigkeit oder für das Ansehen des Berufs bedeutsamen Weise zu beeinträchtigen.

(3) Eine berufsaufsichtliche Maßnahme kann nicht verhängt werden, wenn der Wirtschaftsprüfer zur Zeit der Tat der Berufsaufsicht nicht unterstand.

§ 68[2] Berufsaufsichtliche Maßnahmen. (1) 1 Der Vorstand der Wirtschaftsprüferkammer kann gegen Berufsangehörige berufsaufsichtliche Maßnahmen verhängen, wenn diese mit ihrem Verhalten ihnen obliegende Pflichten verletzt haben. 2 Berufsaufsichtliche Maßnahmen sind:

1. Rüge,
2. Geldbuße bis zu 500 000 Euro, bei einer berufsaufsichtlichen Maßnahme gegen eine Wirtschaftsprüfungsgesellschaft bis zu einer Million Euro,
3. Verbot, auf bestimmten Tätigkeitsgebieten für die Dauer von einem Jahr bis zu fünf Jahren tätig zu werden,
4. Verbot, bei Unternehmen von öffentlichem Interesse nach § 316a Satz 2 des Handelsgesetzbuchs für die Dauer von einem Jahr bis zu drei Jahren tätig zu werden,
5. Berufsverbot von einem Jahr bis zu fünf Jahren,
6. Ausschließung aus dem Beruf und
7. Feststellung, dass der Bestätigungsvermerk nicht die Anforderungen des § 322 des Handelsgesetzbuchs und, soweit Unternehmen von öffentlichem Interesse nach § 319a Absatz 1 Satz 1 des Handelsgesetzbuchs betroffen sind, des Artikels 10 der Verordnung (EU) Nr. 537/2014 erfüllt.

(2) 1 Die berufsaufsichtlichen Maßnahmen nach Absatz 1 können nebeneinander verhängt werden. 2 Der Vorstand der Wirtschaftsprüferkammer soll in die Entscheidung über die Verhängung berufsaufsichtlicher Maßnahmen alle

[1] § 67 Abs. 1 bis 3 geänd. mWv 17.6.2016 durch G v. 31.3.2016 (BGBl. I S. 518).

[2] § 68 neu gef. mWv 17.6.2016 durch G v. 31.3.2016 (BGBl. I S. 518); Abs. 1 Satz 2 Nrn. 2 und 4 geänd. mWv 1.7.2021 durch G v. 3.6.2021 (BGBl. I S. 1534).

Pflichtverletzungen einbeziehen, die ihm im Zeitpunkt der Verhängung der Maßnahme bekannt sind.

(3) [1]Bei der Festlegung der Art und der Höhe der Maßnahme hat der Vorstand der Wirtschaftsprüferkammer alle relevanten Umstände zu berücksichtigen. [2]Dazu gehören insbesondere die Art, die Schwere und die Dauer der Pflichtverletzung, die Verantwortung der Berufsangehörigen für die Pflichtverletzung, die Höhe etwaiger durch die Pflichtverletzung erzielter Mehrerlöse oder verhinderter Verluste, das Vorliegen früherer Verstöße und die Finanzkraft der Berufsangehörigen. [3]Zugunsten der Berufsangehörigen ist zudem zu berücksichtigen, wenn sie an der Aufklärung der Pflichtverletzung mitgewirkt haben. [4]Eine Rüge für einen fahrlässig begangenen fachlichen Fehler kann in der Regel nur verhängt werden, wenn der Fehler von einigem Gewicht ist.

(4) [1]Bevor Maßnahmen verhängt werden, sind die Berufsangehörigen anzuhören. [2]Bescheide, durch die Maßnahmen verhängt werden, sind zu begründen. [3]Sie sind mit einer Rechtsbehelfsbelehrung zu versehen und den Berufsangehörigen zuzustellen.

(5) [1]Gegen einen Bescheid nach Absatz 4 können Berufsangehörige binnen eines Monats nach der Zustellung beim Vorstand der Wirtschaftsprüferkammer Einspruch erheben. [2]Über den Einspruch entscheidet der Vorstand; Absatz 4 Satz 2 und 3 ist entsprechend anzuwenden.

(6) [1]Soweit der Einspruch nach Absatz 5 gegen eine berufsaufsichtliche Maßnahme nach Absatz 1 Satz 2 Nummer 2 bis 7 erfolgreich ist, sind die Aufwendungen für einen Rechtsanwalt oder einen sonstigen Bevollmächtigten erstattungsfähig, wenn dessen Zuziehung notwendig war. [2]Die Aufwendungen sind von der Wirtschaftsprüferkammer zu tragen. [3]Die Wirtschaftsprüferkammer bestimmt auf Antrag der Berufsangehörigen, ob die Zuziehung eines Bevollmächtigten notwendig war, und setzt die Höhe der zu erstattenden Auslagen fest. [4]Gegen die Entscheidung nach Satz 3 kann innerhalb eines Monats nach der Zustellung die Entscheidung des Gerichts beantragt werden. [5]§ 62a Absatz 3 gilt entsprechend.

(7) [1]Geldbußen, die nicht berufsgerichtlich überprüft werden, fließen unbeschadet des § 66a Absatz 6 Satz 3 dem Haushalt der Wirtschaftsprüferkammer zu. [2]§ 61 Absatz 3 gilt entsprechend.

§ 68a[1)] Untersagungsverfügung. [1]Wird gegen Berufsangehörige eine berufsaufsichtliche Maßnahme wegen einer Pflichtverletzung, die im Zeitpunkt der Verhängung der Maßnahme noch nicht abgeschlossen ist, verhängt, so kann die Wirtschaftsprüferkammer neben der Verhängung der Maßnahme die Aufrechterhaltung des pflichtwidrigen Verhaltens untersagen. [2]Im Fall einer im Zeitpunkt der Verhängung der Maßnahme bereits abgeschlossenen Pflichtverletzung kann die Wirtschaftsprüferkammer die künftige Vornahme einer gleichgearteten Pflichtverletzung untersagen, wenn gegen die betreffenden Berufsangehörigen wegen einer solchen Pflichtverletzung bereits zuvor eine berufsaufsichtliche Maßnahme verhängt worden war oder sie von der

---

[1)] § 68a neu gef. mWv 17.6.2016 durch G v. 31.3.2016 (BGBl. I S. 518).

Wirtschaftsprüferkammer über die Pflichtwidrigkeit ihres Verhaltens belehrt worden waren.

§ 68b[1] Vorläufige Untersagungsverfügung. [1] Wird gegen Berufsangehörige eine Untersagungsverfügung nach § 68a erlassen, so kann die Wirtschaftsprüferkammer zusammen mit dem Erlass oder bis zur Einleitung des berufsgerichtlichen Verfahrens gegen die Untersagungsverfügung eine vorläufige Untersagungsverfügung verhängen. [2] Zur Verhängung der vorläufigen Untersagungsverfügung ist eine Mehrheit von zwei Dritteln der Stimmen des Vorstands der Wirtschaftsprüferkammer erforderlich. [3] Vorläufige Untersagungsverfügungen werden mit ihrer Zustellung wirksam. [4] § 62a Absatz 3, § 68 Absatz 4 sowie die §§ 119 und 120 Absatz 1 gelten entsprechend.

§ 68c[2] Ordnungsgeld. (1) [1] Handeln Berufsangehörige einem Tätigkeits- oder Berufsverbot (§ 68 Absatz 1 Satz 2 Nummer 3 bis 5), einer Untersagungsverfügung (§ 68a) oder einer vorläufigen Untersagungsverfügung (§ 68b) wissentlich zuwider, so kann gegen sie wegen einer jeden Zuwiderhandlung von der Wirtschaftsprüferkammer ein Ordnungsgeld verhängt werden. [2] Das einzelne Ordnungsgeld darf den Betrag von 100 000 Euro nicht übersteigen. [3] § 68 Absatz 4 gilt entsprechend.

(2) Im Fall der Verhängung eines Ordnungsgelds gilt § 62a Absatz 3 entsprechend.

(3) § 62a Absatz 4 gilt entsprechend.

§ 69[3] Bekanntmachung von Maßnahmen, Bußgeldentscheidungen und strafrechtlichen Verurteilungen. (1) [1] Die Wirtschaftsprüferkammer und die Abschlussprüferaufsichtsstelle machen jede ihrer unanfechtbaren berufsaufsichtlichen Maßnahmen unverzüglich auf ihren Internetseiten öffentlich bekannt und teilen dabei auch Informationen zu Art und Charakter des Verstoßes mit. [2] Bei berufsaufsichtlichen Maßnahmen nach § 68 Absatz 1 Satz 2 Nummer 2 bis 7 gegen Berufsangehörige ist in der Bekanntmachung der Name des Berufsangehörigen und die Wirtschaftsprüfungsgesellschaft zu nennen, für die der Berufsangehörige bei der Verwirklichung der Berufspflichtverletzung gehandelt hat. [3] Bei berufsaufsichtlichen Maßnahmen nach § 68 Absatz 1 Satz 2 Nummer 1 bis 7 gegen eine Wirtschaftsprüfungsgesellschaft ist die Wirtschaftsprüfungsgesellschaft in der Bekanntmachung zu nennen. [4] Wenn der Berufsangehörige oder die Wirtschaftsprüfungsgesellschaft eine Stellungnahme zu der unanfechtbaren berufsaufsichtlichen Maßnahme abgegeben hat, ist diese in der

---

[1] § 68b eingef. mWv 17.6.2016 durch G v. 31.3.2016 (BGBl. I S. 518).

[2] § 68c eingef. mWv 17.6.2016 durch G v. 31.3.2016 (BGBl. I S. 518).

[3] § 69 neu gef. mWv 17.6.2016 durch G v. 31.3.2016 (BGBl. I S. 518); Überschrift, Abs. 2 und 3 geänd., Abs. 1a eingef., Abs. 4 Satz 2 neu gef. mWv 17.6.2016 durch G v. 10.5.2016 (BGBl. I S. 1142); Abs. 1a Satz 1 Nr. 1 und Abs. 4 Satz 2 Nr. 2 Verweis geänd. mWv 22.7.2017 durch G v. 17.7.2017 (BGBl. I S. 2446); Abs. 1 Satz 1 geänd., Satz 2 ersetzt durch Sätze 2 bis 5, Abs. 1a Satz 1 Nrn. 1 und 2 sowie Satz 3 geänd., Abs. 2 Satz 2 angef., bish. Text wird Satz 1 und geänd., Abs. 3 neu gef., Abs. 4 Satz 2 Nrn. 2 und 3 geänd. mWv 1.7.2021 durch G v. 3.6.2021 (BGBl. I S. 1534).

Bekanntmachung mit zu veröffentlichen. 5 Darüber hinausgehende personenbezogene Daten darf die Bekanntmachung nicht enthalten.

(1a) 1 Die Abschlussprüferaufsichtsstelle soll neben der Bekanntmachung nach Absatz 1 unverzüglich auf ihrer Internetseite öffentlich bekannt machen:

1. jede rechtskräftige Bußgeldentscheidung nach § 334 Absatz 2 und 2a, § 340n Absatz 2 und 2a und § 341n Absatz 2 und 2a des Handelsgesetzbuchs, § 20 Absatz 2 bis 2c des Publizitätsgesetzes, § 405 Absatz 3b und 3c des Aktiengesetzes, § 87 Absatz 1 bis 3 des Gesetzes betreffend die Gesellschaften mit beschränkter Haftung, § 152 Absatz 1a des Genossenschaftsgesetzes und § 332 Absatz 4a und 4b des Versicherungsaufsichtsgesetzes sowie
2. jede rechtskräftige Verurteilung wegen einer Straftat nach den §§ 332, 333, jeweils auch in Verbindung mit § 340m Absatz 1 Satz 1 oder § 341m Absatz 1 Satz 1, nach den §§ 333a, 340m Absatz 2 und nach § 341m Absatz 2 des Handelsgesetzbuchs, nach den §§ 18 bis 19a des Publizitätsgesetzes, § 404a des Aktiengesetzes, § 86 des Gesetzes betreffend die Gesellschaften mit beschränkter Haftung, § 151a des Genossenschaftsgesetzes und § 331 Absatz 2a des Versicherungsaufsichtsgesetzes.

2 Bei der Bekanntmachung nach Satz 1 sollen auch Informationen zu Art und Charakter des Verstoßes mitgeteilt werden. 3 Absatz 1 Satz 2 bis 5 gilt entsprechend.

(2) 1 Maßnahmen, Bußgeldentscheidungen und strafrechtliche Verurteilungen werden anonymisiert bekannt gemacht, wenn im Fall einer Bekanntmachung nach Absatz 1 oder Absatz 1a die Stabilität der Finanzmärkte oder laufende strafrechtliche Ermittlungen erheblich gefährdet oder den Beteiligten ein unverhältnismäßig großer Schaden zugefügt würde. 2 Gegen Berufsangehörige verhängte Maßnahmen sowie Bußgeldentscheidungen und strafrechtliche Verurteilungen werden anonymisiert bekannt gemacht, wenn eine öffentliche Bekanntmachung der personenbezogenen Daten unverhältnismäßig wäre.

(3) Eine Bekanntmachung nach den Absätzen 1 und 1a ist fünf Jahre nach ihrer Veröffentlichung zu löschen.

(4) 1 Die Abschlussprüferaufsichtsstelle unterrichtet den Ausschuss der Aufsichtsstellen (Artikel 30 der Verordnung (EU) Nr. 537/2014) unverzüglich über alle berufsaufsichtlichen Maßnahmen nach § 68 Absatz 1 Satz 2 Nummer 3 bis 6. 2 Die Abschlussprüferaufsichtsstelle übermittelt dem Ausschuss der Aufsichtsstellen jährlich aggregierte Informationen über

1. alle berufsaufsichtlichen Maßnahmen,
2. alle Bußgeldentscheidungen nach § 334 Absatz 2 und 2a, § 340n Absatz 2 und 2a und § 341n Absatz 2 und 2a des Handelsgesetzbuchs, § 20 Absatz 2 bis 2c des Publizitätsgesetzes, § 405 Absatz 3b und 3c des Aktiengesetzes, § 87 Absatz 1 bis 3 des Gesetzes betreffend die Gesellschaften mit beschränkter Haftung, § 152 Absatz 1a des Genossenschaftsgesetzes und § 332 Absatz 4a und 4b des Versicherungsaufsichtsgesetzes sowie
3. alle Verurteilungen wegen einer Straftat nach den §§ 333a, 340m Absatz 2 und nach § 341m Absatz 2 des Handelsgesetzbuchs, § 19a des Publizitätsgesetzes, § 404a des Aktiengesetzes, § 86 des Gesetzes betreffend die Gesell-

schaften mit beschränkter Haftung, § 151a des Genossenschaftsgesetzes und § 331 Absatz 2a und 2b des Versicherungsaufsichtsgesetzes.

(5) [1]Wird in einem Beschwerdeverfahren eine Maßnahme nach § 68 Absatz 1 verhängt und nach Absatz 1 veröffentlicht, so ist dies dem Beschwerdeführer mitzuteilen. [2]Die Mitteilung ist nicht anfechtbar.

§ 69a[1)] Anderweitige Ahndung. (1) [1]Ist durch ein Gericht oder eine Behörde eine Strafe, eine Disziplinarmaßnahme, eine anderweitige berufsgerichtliche Maßnahme oder eine Ordnungsmaßnahme verhängt worden, so ist von einer berufsaufsichtlichen Ahndung wegen desselben Verhaltens abzusehen, wenn nicht eine berufsaufsichtliche Maßnahme zusätzlich erforderlich ist, um den Berufsangehörigen oder die Berufsangehörige zur Erfüllung seiner oder ihrer Pflichten anzuhalten und das Ansehen des Berufs zu wahren. [2]Einer Maßnahme nach § 68 Absatz 1 Satz 2 Nummer 3 bis 6 steht eine anderweitig verhängte Strafe oder Maßnahme nicht entgegen.

(2) § 83 gilt sinngemäß.

(3) [1]Über Pflichtverletzungen von Berufsangehörigen, die zugleich der Disziplinar- oder Berufsgerichtsbarkeit eines anderen Berufs unterstehen, wird im berufsaufsichtlichen Verfahren dann nicht entschieden, wenn die Pflichtverletzung überwiegend mit der Ausübung des anderen Berufs im Zusammenhang steht. [2]Dies gilt nicht, wenn wegen der Schwere der Pflichtverletzung die Verhängung einer Maßnahme nach § 68 Absatz 1 Satz 2 Nummer 3 bis 6 in Betracht kommt.

(4) [1]Die Wirtschaftsprüferkammer und die Abschlussprüferaufsichtsstelle sowie die für die Einleitung anderer disziplinar- oder berufsgerichtlicher Verfahren zuständigen Stellen unterrichten sich gegenseitig über die Einleitung von Verfahren gegen Berufsangehörige, die zugleich der Disziplinar- oder Berufsgerichtsbarkeit eines anderen Berufs unterstehen. [2]Hat sich das Gericht einer Disziplinar- oder Berufsgerichtsbarkeit zuvor rechtskräftig für zuständig oder unzuständig erklärt, über die Pflichtverletzung eines oder einer Berufsangehörigen, der oder die zugleich der Disziplinar- oder Berufsgerichtsbarkeit eines anderen Berufs untersteht, zu entscheiden, so sind die anderen Gerichte an diese Entscheidung gebunden.

(5) Die Absätze 3 bis 4 sind auf Berufsangehörige, die in einem öffentlich-rechtlichen Dienst- oder Amtsverhältnis stehen und ihren Beruf als Wirtschaftsprüfer nicht ausüben dürfen (§ 44a), nicht anzuwenden.

§ 70[2)] Verjährung der Verfolgung einer Pflichtverletzung. (1) [1]Die Verfolgung einer Pflichtverletzung, die nicht eine Maßnahme gemäß § 68

---

1) § 69a neu gef. mWv 17.6.2016 durch G v. 31.3.2016 (BGBl. I S. 518).

2) § 70 bish. Wortlaut wird Abs. 1, Abs. 2 angef. mWv 1.1.2001 durch G v. 19.12.2000 (BGBl. I S. 1769); Abs. 1 Satz 1 neu gef. mWv 1.1.2004 durch G v. 1.12.2003 (BGBl. I S. 2446); Abs. 1 Satz 1 geänd., Satz 2 HS 2 angef. mWv 6.9.2007 durch G v. 3.9.2007 (BGBl. I S. 2178); Abs. 1 Sätze 1 und 2 geänd. mWv 17.6.2016 durch G v. 31.3.2016 (BGBl. I S. 518).

Absatz 1 Satz 2 Nummer 3 bis 6 rechtfertigt, verjährt in fünf Jahren. [2]§ 78 Abs. 1, § 78a Satz 1 sowie die §§ 78b und 78c Abs. 1 bis 4 des Strafgesetzbuches gelten entsprechend; der Vernehmung nach § 78c Abs. 1 Satz 1 Nr. 1 des Strafgesetzbuchs steht die erste Anhörung durch die Wirtschaftsprüferkammer (§ 68 Absatz 4 Satz 1) oder die Abschlussprüferaufsichtsstelle gleich.

(2) Ist vor Ablauf der Verjährungsfrist nach Absatz 1 Satz 1 wegen desselben Sachverhalts ein Strafverfahren eingeleitet worden, ist der Ablauf der Verjährungsfrist für die Dauer des Strafverfahrens gehemmt.

§ 71[1)] Vorschriften für Mitglieder der Wirtschaftsprüferkammer, die nicht Wirtschaftsprüfer sind, und Wirtschaftsprüfungsgesellschaften.

(1) [1]Die Vorschriften des Fünften und Sechsten Teils gelten entsprechend für Vorstandsmitglieder, Geschäftsführer oder persönlich haftende Gesellschafter einer Wirtschaftsprüfungsgesellschaft, die nicht Wirtschaftsprüfer sind. [2]An die Stelle der Ausschließung aus dem Beruf tritt die Aberkennung der Eignung, eine Wirtschaftsprüfungsgesellschaft zu vertreten und ihre Geschäfte zu führen.

(2) [1]Die Vorschriften des Fünften und Sechsten Teils gelten entsprechend für Wirtschaftsprüfungsgesellschaften, wenn jemand

1. als vertretungsberechtigtes Organ der Wirtschaftsprüfungsgesellschaft oder als Mitglied eines solchen Organs,
2. als vertretungsberechtigter Gesellschafter der Wirtschaftsprüfungsgesellschaft,
3. als Generalbevollmächtigter oder in leitender Stellung als Prokurist oder Handlungsbevollmächtigter der Wirtschaftsprüfungsgesellschaft,
4. als verantwortlicher Prüfungspartner nach § 43 Absatz 3 Satz 3 und 4 oder
5. als sonstige Person, die für die Leitung der Wirtschaftsprüfungsgesellschaft verantwortlich handelt, wozu auch die Überwachung der Geschäftsführung oder die sonstige Ausübung von Kontrollbefugnissen in leitender Stellung gehört,

Berufspflichten der Wirtschaftsprüfungsgesellschaft betreffend die Durchführung von gesetzlichen Abschlussprüfungen verletzt hat. [2]Bei der Entscheidung, ob berufsaufsichtliche Maßnahmen gegen eine Wirtschaftsprüfungsgesellschaft verhängt werden und ob diese zusätzlich zu berufsaufsichtlichen Maßnahmen gegen die die Gesellschaft vertretenden Berufsangehörigen verhängt werden, hat der Vorstand der Wirtschaftsprüferkammer alle relevanten Umstände zu berücksichtigen. [3]§ 68 Absatz 1 Satz 2 Nummer 4 und 6 findet keine Anwendung.

---

1) § 71 Satz 1 geänd. mWv 1.1.2005 durch G v. 27.12.2004 (BGBl. I S. 3846) und geänd. mWv 6.9.2007 durch G v. 3.9.2007 (BGBl. I S. 2178); Überschrift geänd., Abs. 2 angef. mWv 17.6.2016 durch G v. 31.3.2016 (BGBl. I S. 518); Abs. 2 Satz 1 Nr. 4 geänd., Satz 3 aufgeh., bish. Satz 4 wird Satz 3 mWv 1.7.2021 durch G v. 3.6.2021 (BGBl. I S. 1534).

Sechster Teil.[1] Berufsgerichtsbarkeit

Erster Abschnitt.[1] Berufsgerichtliche Entscheidung

§ 71a[1] Antrag auf berufsgerichtliche Entscheidung. Wird der Einspruch gegen eine berufsaufsichtliche Maßnahme zurückgewiesen, so können Berufsangehörige innerhalb eines Monats nach der Zustellung schriftlich die berufsgerichtliche Entscheidung beantragen.

Zweiter Abschnitt. Gerichte

§ 72[2] Kammer für Wirtschaftsprüfersachen. (1) In dem berufsgerichtlichen Verfahren entscheidet im ersten Rechtszug eine Kammer des Landgerichts (Kammer für Wirtschaftsprüfersachen), in dessen Bezirk die Wirtschaftsprüferkammer ihren Sitz hat.

(2) [1] Die Kammer für Wirtschaftsprüfersachen entscheidet außerhalb der Hauptverhandlung in der Besetzung von drei Mitgliedern mit Einschluß des Vorsitzenden. [2] In der Hauptverhandlung ist sie mit dem Vorsitzenden und zwei Berufsangehörigen als Beisitzern besetzt.

§ 73[3] Senat für Wirtschaftsprüfersachen beim Oberlandesgericht. (1) In dem berufsgerichtlichen Verfahren entscheidet im zweiten Rechtszug ein Senat des Oberlandesgerichts (Senat für Wirtschaftsprüfersachen beim Oberlandesgericht).

(2) [1] Der Senat für Wirtschaftsprüfersachen beim Oberlandesgericht entscheidet außerhalb der Hauptverhandlung in der Besetzung von drei Mitgliedern mit Einschluß des Vorsitzenden. [2] In der Hauptverhandlung wirken außerdem als Beisitzer zwei Berufsangehörige mit.

§ 74[4] Senat für Wirtschaftsprüfersachen beim Bundesgerichtshof. (1) [1] In dem berufsgerichtlichen Verfahren entscheidet im dritten Rechtszug ein Senat des Bundesgerichtshofes (Senat für Wirtschaftsprüfersachen beim Bundesgerichtshof). [2] Er gilt als Strafsenat im Sinne des § 132 des Gerichtsverfassungsgesetzes.

(2) Der Senat für Wirtschaftsprüfersachen beim Bundesgerichtshof besteht aus einem Vorsitzenden sowie zwei Mitgliedern des Bundesgerichtshofs und zwei Berufsangehörigen als Beisitzern.

---

[1] Überschrift 6. Teil (§§ 71a–127) und 1. Abschnitt (§ 71a) neu gef. mWv 17.6.2016 durch G v. 31.3.2016 (BGBl. I S. 518).

[2] § 72 Abs. 2 Satz 2 geänd. mWv 17.6.2016 durch G v. 31.3.2016 (BGBl. I S. 518).

[3] § 73 Abs. 2 Satz 2 geänd. mWv 17.6.2016 durch G v. 31.3.2016 (BGBl. I S. 518).

[4] § 74 Abs. 2 neu gef. mWv 1.1.1995 durch G v. 15.7.1994 (BGBl. I S. 1569); Abs. 2 geänd. mWv 17.6.2016 durch G v. 31.3.2016 (BGBl. I S. 518).

§ 75[1)] Berufsangehörige als Beisitzer. (1) Die Beisitzer aus den Reihen der Berufsangehörigen sind ehrenamtliche Richter.

(2) [1]Die ehrenamtlichen Richter werden für die Gerichte des ersten und zweiten Rechtszuges von der Landesjustizverwaltung und für den Bundesgerichtshof von dem Bundesministerium der Justiz und für Verbraucherschutz auf die Dauer von fünf Jahren berufen. [2]Sie können nach Ablauf ihrer Amtszeit wieder berufen werden.

(3) [1]Die ehrenamtlichen Richter werden den Vorschlagslisten entnommen, die der Vorstand der Wirtschaftsprüferkammer im Einvernehmen mit der Abschlussprüferaufsichtsstelle der Landesjustizverwaltung für die Gerichte des ersten und zweiten Rechtszuges und dem Bundesministerium der Justiz und für Verbraucherschutz für den Bundesgerichtshof einreicht. [2]Die Landesjustizverwaltung und das Bundesministerium der Justiz und für Verbraucherschutz bestimmen, welche Zahl von Beisitzern für jedes Gericht erforderlich ist; sie haben vorher den Vorstand der Wirtschaftsprüferkammer zu hören. [3]Jede Vorschlagsliste soll mindestens die doppelte Zahl der zu berufenden Berufsangehörigen enthalten.

(4) Scheidet ein ehrenamtlicher Richter vorzeitig aus, so wird für den Rest seiner Amtszeit ein Nachfolger berufen.

(5) Die Landesjustizverwaltung und das Bundesministerium der Justiz und für Verbraucherschutz können einen von ihnen berufenen ehrenamtlichen Richter auf seinen Antrag aus dem Amt entlassen, wenn er aus gesundheitlichen Gründen auf nicht absehbare Zeit gehindert ist, sein Amt ordnungsgemäß auszuüben.

(6) Das Amt eines ehrenamtlichen Richters, der zum ehrenamtlichen Richter bei einem Gericht des höheren Rechtszuges berufen wird, endet mit seiner Ernennung.

§ 76[2)] Voraussetzungen für die Berufung zum Beisitzer und Recht zur Ablehnung. (1) [1]Zu ehrenamtlichen Richtern können nur Berufsangehörige berufen werden, die in den Vorstand der Wirtschaftsprüferkammer gewählt werden können. [2]Sie dürfen als Beisitzer nur für die Kammer für Wirtschaftsprüfersachen, den Senat für Wirtschaftsprüfersachen beim Oberlandesgericht oder den Senat für Wirtschaftsprüfersachen beim Bundesgerichtshof berufen werden.

(2) Die ehrenamtlichen Richter dürfen nicht gleichzeitig dem Vorstand oder dem Beirat der Wirtschaftsprüferkammer angehören oder bei der Wirtschaftsprüferkammer im Haupt- oder Nebenberuf tätig sein.

[1)] § 75 Abs. 2 Satz 1, Abs. 3 Satz 1 und 2 geänd., Abs. 5 und Abs. 6 angef. mWv 1.1.1995 durch G v. 15.7.1994 (BGBl. I S. 1569), Abs. 5 geänd. mWv. 1.5.2002 durch G v. 27.4.2002 (BGBl. I S. 1467); Abs. 2 Satz 1 geänd., Abs. 5 eingef., bish. Abs. 5 und 6 werden Abs. 6 und 7 mWv 1.1.2005 durch G v. 21.12.2004 (BGBl. I S. 3599); Abs. 2 Satz 1, Abs. 3 Sätze 1 und 2 und Abs. 6 geänd. mWv 8.9.2015 durch VO v. 31.8.2015 (BGBl. I S. 1474); Überschrift und Abs. 1, Abs. 3 Sätze1 und 3 geänd. mWv 17.6.2016 durch G v. 31.3.2016 (BGBl. I S. 518); Abs. 5 aufgeh., bish. Abs. 6 und 7 werden Abs. 5 und 6 mWv 1.8.2021 durch G v. 25.6.2021 (BGBl. I S. 2154).

[2)] § 76 Abs. 3 Nr. 3 neu gef. mWv 1.5.2002 durch G v. 27.4.2002 (BGBl. I S. 1467); Abs. 1 neu gef. mWv 17.6.2016 durch G v. 31.3.2016 (BGBl. I S. 518).

(3) Die Übernahme des Beisitzeramtes kann ablehnen,

1. wer das fünfundsechzigste Lebensjahr vollendet hat;
2. wer in den letzten vier Jahren Mitglied des Vorstandes der Wirtschaftsprüferkammer gewesen ist;
3. wer in gesundheitlicher Hinsicht beeinträchtigt ist.

§ 77[1)] Enthebung vom Amt des Beisitzers. (1) Ein ehrenamtlicher Richter ist auf Antrag der Justizverwaltung, die ihn berufen hat, seines Amtes zu entheben,

1. wenn nachträglich bekannt wird, daß er nicht hätte zum Beisitzer berufen werden dürfen;
2. wenn nachträglich ein Umstand eintritt, welcher der Berufung zum Beisitzer entgegensteht;
3. wenn der oder die Berufsangehörige seine oder ihre Amtspflicht als Beisitzer grob verletzt.

(2) [1]Über den Antrag der Landesjustizverwaltung entscheidet ein Zivilsenat des Oberlandesgerichts, über den Antrag des Bundesministeriums der Justiz und für Verbraucherschutz ein Zivilsenat des Bundesgerichtshofes. [2]Bei der Entscheidung dürfen die Mitglieder der Senate für Wirtschaftsprüfersachen nicht mitwirken.

(3) [1]Vor der Entscheidung ist der ehrenamtliche Richter zu hören. [2]Die Entscheidung ist endgültig.

§ 78[2)] Stellung der ehrenamtlichen Richter und Pflicht zur Verschwiegenheit. (1) Die ehrenamtlichen Richter haben in der Sitzung, zu der sie herangezogen werden, die Stellung eines Berufsrichters.

(2) [1]Die ehrenamtlichen Richter haben über Angelegenheiten, die ihnen bei ihrer Tätigkeit bekannt werden, Verschwiegenheit zu bewahren. [2]§ 59c Absatz 1 Satz 2 und 3 und Absatz 4 ist entsprechend anzuwenden. [3]Die Genehmigung zur Aussage erteilt der Präsident des Gerichts.

§ 79 Reihenfolge der Teilnahme an den Sitzungen. (1) Die ehrenamtlichen Richter sind zu den einzelnen Sitzungen in der Reihenfolge einer Liste heranzuziehen, die der Vorsitzende nach Anhörung der beiden ältesten der berufenen ehrenamtlichen Richter vor Beginn des Geschäftsjahres aufstellt.

(Fortsetzung nächstes Blatt)

[1)] § 77 Abs. 2 Satz 1 geänd. mWv 1.1.1995 durch G v. 15.7.1995 (BGBl. I S. 1569); Abs. 2 Satz 1 geänd. mWv 8.9.2015 durch VO v. 31.8.2015 (BGBl. I S. 1474); Abs. 1 Nr. 3 geänd. mWv 17.6.2016 durch G v. 31.3.2016 (BGBl. I S. 518).

[2)] § 78 Abs. 2 Satz 1 und 2 geänd. mWv 1.8.2021 durch G v. 25.6.2021 (BGBl. I S. 2154).

prüfungsgesellschaften sein; sie können Qualitätskontrollen nur bei vereidigten Buchprüfern und Buchprüfungsgesellschaften durchführen. [3] Für die Registrierung von vereidigten Buchprüfern oder Buchprüfungsgesellschaften gilt § 57a Abs. 3 entsprechend.

Achter Teil. EU- und EWR-Abschlussprüfungsgesellschaften[1)]

§ 131[1), 2)] Prüfungstätigkeit von EU- und EWR-Abschlussprüfungsgesellschaften. [1] Eine EU- oder EWR-Abschlussprüfungsgesellschaft darf unter der Berufsbezeichnung ihres Herkunftsstaats Abschlussprüfungen nach § 316 des Handelsgesetzbuchs durchführen, wenn der für die jeweilige Prüfung verantwortliche Prüfungspartner im Sinne des § 43 Absatz 3 Satz 3 und 4 gemäß den Vorgaben des Zweiten Abschnitts des Zweiten Teils oder dem Neunten Teil zugelassen ist. [2] Entsprechendes gilt für sonstige Tätigkeiten nach § 2 Absatz 1 und 3 und Aufgaben, die Wirtschaftsprüfern oder Buchprüfern vorbehalten sind. [3] Die EU- oder EWR-Abschlussprüfungsgesellschaft ist verpflichtet, sich nach § 131a registrieren zu lassen; soweit Abschlussprüfungen nach § 316 des Handelsgesetzbuchs durchgeführt werden, ist sie auch verpflichtet, ihre Tätigkeit nach § 57a Absatz 1 Satz 2 anzuzeigen.

§ 131a[1)] Registrierungsverfahren. [1] EU- und EWR-Abschlussprüfungsgesellschaften, die nach § 131 tätig werden wollen, haben der Wirtschaftsprüferkammer zum Zwecke ihrer Registrierung die in § 38 Nummer 4 in Verbindung mit den Nummern 2 und 3 genannten Angaben mitzuteilen sowie eine Bescheinigung der zuständigen Stelle des Herkunftsstaats über ihre dortige Zulassung und Registrierung vorzulegen. [2] Die Bescheinigung darf nicht älter als drei Monate sein. [3] Die Wirtschaftsprüferkammer erkundigt sich bei der zuständigen Stelle des Herkunftsstaats, ob die Abschlussprüfungsgesellschaft dort zugelassen und registriert ist. [4] Die Wirtschaftsprüferkammer informiert die zuständige Stelle des Herkunftsstaats über die Eintragung nach § 38 Nummer 4.

§ 131b[1)] Überwachung der EU- und EWR-Abschlussprüfungsgesellschaften. [1] Soweit nichts anderes geregelt ist, unterliegen EU- und EWR-Abschlussprüfungsgesellschaften im Hinblick auf ihre Tätigkeiten nach § 131 Satz 1 und 2 den Vorschriften dieses Gesetzes, insbesondere denjenigen der Berufsaufsicht (§§ 61a bis 71) und der Berufsgerichtsbarkeit (§§ 71a bis 127). [2] Hinsichtlich der Inspektionen und der sonstigen Qualitätssicherungsprüfungen im Sinne des Artikels 29 der Richtlinie 2006/43/EG unterliegen sie der Aufsicht des Herkunftsstaats. [3] Die Abschlussprüferaufsichtsstelle arbeitet nach § 66c mit den zuständigen Stellen der Herkunftsstaaten und gegebenenfalls anderer Aufnahmestaaten zusammen.

§ 131c (weggefallen)

---

1) Achter Teil (§§ 131 bis 131b neu gef. mWv 17.6.2016 durch G v. 31.3.2016 (BGBl. I S. 518).

2) § 131 Satz 1 geänd. mWv 1.7.2021 durch G v. 3.6.2021 (BGBl. I S. 1534).

Neunter Teil. Eignungsprüfung als Wirtschaftsprüfer[1)]

§ 131g[2)], [3)] Zulassung zur Eignungsprüfung als Wirtschaftsprüfer. (1) Eine Person, die in einem Mitgliedstaat oder in einem anderen Vertragsstaat des Abkommens über den Europäischen Wirtschaftsraum oder der Schweiz außerhalb des Geltungsbereichs dieses Gesetzes als Abschlussprüfer zugelassen ist, kann abweichend von den Vorschriften des Ersten und Zweiten Abschnitts des Zweiten Teils als Wirtschaftsprüfer bestellt werden, wenn sie eine Eignungsprüfung als Wirtschaftsprüfer abgelegt hat.

(2) [1]Über die Zulassung zur Eignungsprüfung entscheidet die Prüfungsstelle; der Antrag ist schriftlich oder elektronisch einzureichen. [2]Die §§ 13 bis 13b finden entsprechende Anwendung.

§ 131h[4)] Eignungsprüfung als Wirtschaftsprüfer. (1) Bewerber und Bewerberinnen, die zugelassen worden sind, legen die Eignungsprüfung vor der Prüfungskommission ab.

(2) [1]Bei der Eignungsprüfung wird überprüft, ob der Bewerber oder die Bewerberin über angemessene Kenntnisse der für die Abschlussprüfung relevanten Rechtsvorschriften der Bundesrepublik Deutschland verfügt. [2]Die Eignungsprüfung muss dem Umstand Rechnung tragen, dass der Bewerber oder

---

[1)] Überschrift geänd. mWv 1.1.2004 durch G v. 1.12.2003 (BGBl. I S. 2446); bish. 8. Teil wird 9. Teil mWv 1.1.2005 durch G v. 27.12.2004 (BGBl. I S. 3846).

[2)] § 131g Abs. 3 Satz 7 geänd. mWv 1.1.2002 durch G v. 19.12.2000 (BGBl. I S. 1769); Abs. 3 Satz 2 geänd. mWv 1.2.2003 durch G v. 21.8.2002 (BGBl. I S. 3322); Abs. 1 und Abs. 2 Satz 2 geänd. mWv 1.11.2003 durch G v. 26.10.2003 (BGBl. I S. 2074); Abs. 3 neu gef. mWv 1.1.2004 durch G v. 1.12.2003 (BGBl. I S. 2446); Abs. 1 und 2 Satz 2 geänd. mWv 6.9.2007 durch G v. 3.9.2007 (BGBl. I S. 2178); Abs. 1 Satz 1 und Abs. 2 Satz 2 geänd. mWv 29.5.2009 durch G v. 25.5.2009 (BGBl. I S. 1102); Abs. 1 geänd. mWv 1.4.2012 durch G v. 6.12.2011 (BGBl. I S. 2515); Abs. 1 geänd., Abs. 2 aufgeh., bish. Abs. 3 wird Abs. 2 und Satz 1 geänd. mWv 17.6.2016 durch G v. 31.3.2016 (BGBl. I S. 518).

[3)] Siehe dazu auch Art. 115 Nr. 7 des ÄndG v. 27.4.1993:

„7. Artikel 50 Nr. 3 Buchstabe a [= Änderungen des § 131g Abs. 1] ist auf in der Schweiz, Liechtenstein, Finnland, Island, Norwegen, Österreich oder Schweden ausgestellte Diplome im Sinne von § 131g Abs. 1 und 2 der Wirtschaftsprüferordnung mit Beginn des Tages anwendbar, an dem der jeweilige Vertragsstaat die Achte Richtlinie 84/253/EWG des Rates vom 10. April 1984 auf Grund von Artikel 54 Abs. 3 Buchstabe g des Vertrages über die Zulassung der mit der Pflichtprüfung der Rechnungslegungsunterlagen beauftragten Personen vollständig durchgeführt hat, im Fall der Schweiz und Liechtensteins spätestens am 1. Januar 1996, im Fall von Finnland, Island, Norwegen, Österreich und Schweden spätestens am 1. Januar 1995. Der Bundesminister für Wirtschaft gibt diesen Tag jeweils im Bundesgesetzblatt bekannt."

[4)] § 131h Abs. 4 angef. mWv 1.1.1995 durch G v. 15.7.1994 (BGBl I S. 1569); Abs. 2 Satz 2 geänd. mWv 1.11.2003 durch G v. 26.10.2003 (BGBl. I S. 2074); Abs. 1 neu gef., Abs. 4 aufgeh.. mWv 1.1.2004 durch G v. 1.12.2003 (BGBl. I S. 2446); Abs. 2 Satz 2 neu gef. mWv 6.9.2007 durch G v. 3.9.2007 (BGBl. I S. 2178); Abs. 1 geänd., Abs. 2 Satz 1 neu gef. mWv 17.6.2016 durch G v. 31.3.2016 (BGBl. I S. 518).

§ 135[1)] Übergangsvorschrift zum Finanzmarktintegritätsstärkungsgesetz. [1]§ 43 Absatz 6 Satz 2 und § 54 in der ab dem 1. Juli 2021 geltenden Fassung sind erstmals auf alle gesetzlich vorgeschriebenen Abschlussprüfungen für das nach dem 31. Dezember 2021 beginnende Geschäftsjahr anzuwenden. [2]§ 54 in der bis einschließlich 30. Juni 2021 geltenden Fassung ist letztmals anzuwenden auf alle gesetzlich vorgeschriebenen Abschlussprüfungen für das vor dem 1. Januar 2022 beginnende Geschäftsjahr.

§ 136 bis § 139a.[2)] (weggefallen)

§ 139b[3)] Übergangsregelung für den bis zum 31. Dezember 2003 geltenden § 51a. (1) Die regelmäßige Verjährungsfrist nach § 195 des Bürgerlichen Gesetzbuchs findet auf die am 1. Januar 2004 bestehenden und noch nicht verjährten Ansprüche des Auftraggebers auf Schadensersatz aus dem zwischen ihm und dem Wirtschaftsprüfer bestehenden Vertragsverhältnis Anwendung.

(2) [1]Die regelmäßige Verjährungsfrist nach § 195 des Bürgerlichen Gesetzbuchs wird vom 1. Januar 2004 an berechnet. [2]Läuft jedoch die bis zu diesem Tag geltende Verjährungsfrist des § 51a früher als die regelmäßige Verjährungsfrist nach § 195 des Bürgerlichen Gesetzbuchs ab, so ist die Verjährung mit dem Ablauf der bis zu diesem Tag geltenden Verjährungsfrist des § 51a vollendet.

§ 140.[4)] (weggefallen)

§ 141[5)] Inkrafttreten. (1) Dieses Gesetz tritt am ersten Kalendertage des vierten auf seine Verkündung[6)] folgenden Kalendermonats in Kraft.

(2) Die §§ 14, 48, 54, 131 Abs. 4 treten am Tage der Verkündung in Kraft.

[1)] § 135 eingef. durch G v. 3.6.2021 (BGBl. I S. 1534); Satz 1 geänd. durch G v. 25.6.2021 (BGBl. I S. 2154).

[2)] §§ 136 bis 139a aufgeh. mWv 1.8.2021 durch G v. 25.6.2021 (BGBl. I S. 2154).

[3)] § 139b neu gef. mWv 1.1.2004 durch G v. 1.12.2003 (BGBl. I S. 2446).

[4)] § 140 aufgeh. mWv 17.6.2016 durch G v. 31.3.2016 (BGBl. I S. 518).

[5)] § 141 betrifft das Inkrafttreten des G in der ursprünglichen Fassung. Das Inkrafttreten der späteren Änderungen ergibt sich aus den jeweiligen Änderungsgesetzen.

[6)] Verkündet am 29.7.1961.

Anlage[1)]
(zu § 122 Satz 1)

Gebührenverzeichnis

Nr.	Gebührentatbestand	Gebührenbetrag oder Satz der jeweiligen Gebühr 110 bis 114

Vorbemerkung:

(1) In Verfahren über Anträge auf berufsgerichtliche Entscheidung werden, soweit nichts anderes bestimmt ist, Gebühren nur erhoben, soweit auf Zurückweisung des Antrags auf berufsgerichtliche Entscheidung oder auf Verurteilung zu einer oder mehrerer der in § 68 Abs. 1 und § 68a WPO genannten Maßnahmen entschieden wird. Die Gebühren bemessen sich nach der rechtskräftig verhängten Maßnahme, die Gegenstand der Entscheidung im Sinne des Satzes 1 ist. Maßgeblich ist die Maßnahme, für die die höchste Gebühr bestimmt ist.

(2) Im Rechtsmittelverfahren ist Absatz 1 entsprechend anzuwenden.

(3) Wird ein Antrag auf berufsgerichtliche Entscheidung, ein Antrag auf Entscheidung des Gerichts oder ein Rechtsmittel nur teilweise verworfen oder zurückgewiesen, so hat das Gericht die Gebühr zu ermäßigen, soweit es unbillig wäre, den Berufsangehörigen damit zu belasten.

(4) Im Verfahren nach Wiederaufnahme werden die gleichen Gebühren wie für das wiederaufgenommene Verfahren erhoben. Wird jedoch nach Anordnung der Wiederaufnahme des Verfahrens das frühere Urteil aufgehoben, gilt für die Gebührenerhebung jeder Rechtszug des neuen Verfahrens mit dem jeweiligen Rechtszug des früheren Verfahrens zusammen als ein Rechtszug. Gebühren werden auch für Rechtszüge erhoben, die nur im früheren Verfahren stattgefunden haben.

Abschnitt 1. Verfahren vor dem Landgericht

Unterabschnitt 1. Verfahren über Anträge auf berufsgerichtliche Entscheidung

	Verfahren mit Urteil bei	
110	– Erteilung einer Rüge nach § 68 Abs. 1 Satz 2 Nr. 1 oder einer Feststellung nach § 68 Abs. 1 Satz 2 Nr. 7 WPO jeweils	160,00 EUR
111	– Verhängung einer Geldbuße nach § 68 Abs. 1 Satz 2 Nr. 2 WPO	240,00 EUR

1) Anl. neu gef. mWv 17.6.2016 durch G v. 31.3.2016 (BGBl. I S. 518) und geänd. mWv 1.8.2021 (BGBl. I S. 2154).

Nr.	Gebührentatbestand	Gebührenbetrag oder Satz der jeweiligen Gebühr 110 bis 114
112	– Verhängung eines Tätigkeitsverbots nach § 68 Abs. 1 Satz 2 Nr. 3 oder Nr. 4 oder eines Berufsverbots nach § 68 Abs. 1 Satz 2 Nr. 5 WPO jeweils	360,00 EUR
113	– Ausschließung aus dem Beruf nach § 68 Abs. 1 Satz 2 Nr. 6 WPO	480,00 EUR
114	– Erlass einer Untersagungsverfügung nach § 68a WPO	60,00 EUR
115	Zurückweisung des Antrags auf berufsgerichtliche Entscheidung durch Beschluss nach § 86 Abs. 1 WPO	0,5
116	Zurücknahme des Antrags auf berufsgerichtliche Entscheidung vor Beginn der Hauptverhandlung Die Gebühr bemisst sich nach der Maßnahme, die Gegenstand des Verfahrens war. Maßgeblich ist die Maßnahme, für die die höchste Gebühr bestimmt ist.	0,25
117	Zurücknahme des Antrags auf berufsgerichtliche Entscheidung nach Beginn der Hauptverhandlung Die Gebühr bemisst sich nach der Maßnahme, die Gegenstand des Verfahrens war. Maßgeblich ist die Maßnahme, für die die höchste Gebühr bestimmt ist.	0,5

Unterabschnitt 2. Verfahren über Anträge auf Entscheidung des Gerichts

Vorbemerkung 1.2:

(1) Die Gebühren entstehen für jedes Verfahren gesondert.

(2) Ist in den Fällen der Nummern 120 und 123 das Zwangs- oder Ordnungsgeld geringer als die Gebühr, so ermäßigt sich die Gebühr auf die Höhe des Zwangs- oder Ordnungsgeldes.

120	Verfahren über einen Antrag auf Entscheidung des Gerichts über die Androhung oder die Festsetzung eines Zwangsgeldes nach § 62a Abs. 3 Satz 1 WPO: Der Antrag wird verworfen oder zurückgewiesen	160,00 EUR
121	Verfahren über einen Antrag auf Entscheidung des Gerichts über eine vorläufige Untersagungsverfügung nach § 68b Satz 4 i. V. m. § 62a Abs. 3 Satz 1 WPO: Der Antrag wird verworfen oder zurückgewiesen	100,00 EUR
122	Verfahren über einen Antrag auf Entscheidung des Gerichts über die Verhängung eines Ordnungsgeldes nach § 68c Abs. 2 i. V. m. § 62a Abs. 3 Satz 1 WPO: Der Antrag wird verworfen oder zurückgewiesen	360,00 EUR
123	Verfahren über einen Antrag auf Entscheidung des Gerichts über die Notwendigkeit der Zuziehung eines Bevollmächtigten nach § 68 Abs. 6 Satz 4 WPO: Der Antrag wird verworfen oder zurückgewiesen	100,00 EUR

Nr.	Gebührentatbestand	Gebührenbetrag oder Satz der jeweiligen Gebühr 110 bis 114
	Abschnitt 2. Verfahren vor dem Oberlandesgericht	
	Unterabschnitt 1. Berufung	
210	Berufungsverfahren mit Urteil	1,5
211	Erledigung des Berufungsverfahrens ohne Urteil Die Gebühr bemisst sich nach der Maßnahme, die Gegenstand des Verfahrens war. Maßgeblich ist die Maßnahme, für die die höchste Gebühr bestimmt ist. Die Gebühr entfällt bei Zurücknahme der Berufung vor Ablauf der Begründungsfrist.	0,5
	Unterabschnitt 2. Beschwerde	
220	Verfahren über eine Beschwerde gegen die Verwerfung eines Antrags auf berufsgerichtliche Entscheidung (§ 86 Abs. 1 WPO): Die Beschwerde wird verworfen oder zurückgewiesen	1,0
221	Verfahren über eine Beschwerde gegen den Beschluss, durch den ein vorläufiges Tätigkeits- oder Berufsverbot verhängt wurde, nach § 118 Abs. 1 WPO: Die Beschwerde wird verworfen oder zurückgewiesen	250,00 EUR
222	Verfahren über sonstige Beschwerden im berufsgerichtlichen Verfahren, die nicht nach anderen Vorschriften gebührenfrei sind: Die Beschwerde wird verworfen oder zurückgewiesen Von dem Berufsangehörigen wird eine Gebühr nur erhoben, wenn gegen ihn rechtskräftig eine der in § 68 Abs. 1 und § 68a WPO genannten Maßnahmen verhängt worden ist.	50,00 EUR
	Abschnitt 3. Verfahren vor dem Bundesgerichtshof	
	Unterabschnitt 1. Revision	
310	Revisionsverfahren mit Urteil oder mit Beschluss nach § 107a Abs. 3 Satz 1 WPO i. V. m. § 349 Abs. 2 oder Abs. 4 StPO	2,0
311	Erledigung des Revisionsverfahrens ohne Urteil und ohne Beschluss nach § 107a Abs. 3 Satz 1 WPO i. V. m. § 349 Abs. 2 oder Abs. 4 StPO	1,0

Nr.	Gebührentatbestand	Gebührenbetrag oder Satz der jeweiligen Gebühr 110 bis 114
	Die Gebühr bemisst sich nach der Maßnahme, die Gegenstand des Verfahrens war. Maßgeblich ist die Maßnahme, für die die höchste Gebühr bestimmt ist. Die Gebühr entfällt, wenn die Revision vor Ablauf der Begründungsfrist zurückgenommen wird.	

Unterabschnitt 2. Beschwerde

Nr.	Gebührentatbestand	Gebührenbetrag oder Satz der jeweiligen Gebühr 110 bis 114
320	Verfahren über die Beschwerde gegen die Nichtzulassung der Revision nach § 107 Abs. 3 Satz 1 WPO: Die Beschwerde wird verworfen oder zurückgewiesen	1,0
321	Verfahren über eine Beschwerde gegen den Beschluss, durch den ein vorläufiges Tätigkeits- oder Berufsverbot verhängt wurde, nach § 118 Abs. 1 WPO: Die Beschwerde wird verworfen oder zurückgewiesen	300,00 EUR
322	Verfahren über sonstige Beschwerden im berufsgerichtlichen Verfahren, die nicht nach anderen Vorschriften gebührenfrei sind: Die Beschwerde wird verworfen oder zurückgewiesen Von dem Berufsangehörigen wird eine Gebühr nur erhoben, wenn gegen ihn rechtskräftig eine der in § 68 Abs. 1 und § 68a WPO genannten Maßnahmen verhängt worden ist.	50,00 EUR

Abschnitt 4.
Rüge wegen Verletzung des Anspruchs auf rechtliches Gehör

Nr.	Gebührentatbestand	Gebührenbetrag oder Satz der jeweiligen Gebühr 110 bis 114
400	Verfahren über die Rüge wegen Verletzung des Anspruchs auf rechtliches Gehör Die Rüge wird in vollem Umfang verworfen oder zurückgewiesen	50,00 EUR

Abschnitt 5.
Verfahren über den Antrag auf Aufhebung eines vorläufigen Tätigkeits- oder Berufsverbots nach § 120 WPO

Nr.	Gebührentatbestand	Gebührenbetrag oder Satz der jeweiligen Gebühr 110 bis 114
500	Verfahren über den Antrag auf Aufhebung eines vorläufigen Tätigkeits- oder Berufsverbots nach § 120 Abs. 3 Satz 1 WPO: Der Antrag wird in vollem Umfang verworfen oder zurückgewiesen	50,00 EUR

Für handschriftliche Notizen

Für handschriftliche Notizen

Für handschriftliche Notizen

Für handschriftliche Notizen

Für handschriftliche Notizen

Für handschriftliche Notizen

Für handschriftliche Notizen

Für handschriftliche Notizen

Für handschriftliche Notizen

Für handschriftliche Notizen

Für handschriftliche Notizen

Für handschriftliche Notizen

Für handschriftliche Notizen

Für handschriftliche Notizen

Für handschriftliche Notizen

Für handschriftliche Notizen

Für handschriftliche Notizen

Für handschriftliche Notizen

Für handschriftliche Notizen

Für handschriftliche Notizen

Für handschriftliche Notizen

Für handschriftliche Notizen

Für handschriftliche Notizen

Für handschriftliche Notizen

Für handschriftliche Notizen

Für handschriftliche Notizen

Für handschriftliche Notizen

Für handschriftliche Notizen

Für handschriftliche Notizen

Für handschriftliche Notizen

Für handschriftliche Notizen

Für handschriftliche Notizen